Thomas Dreiskämper

Grundfragen der Medienbetriebslehre

Thomas Dreiskämper

Grundfragen der Medienbetriebslehre

BWL für Medien- und Kommunikationsmanager

DE GRUYTER
OLDENBOURG

ISBN 978-3-11-051955-6
e-ISBN (PDF) 978-3-11-051958-7
e-ISBN (EPUB) 978-3-11-051995-2

Bibliografische Information der Deutschen Nationalbibliothek
Die Deutsche Nationalbibliothek verzeichnet diese Publikation in der Deutschen Nationalbibliografie; detaillierte bibliografische Daten sind im Internet über http://dnb.dnb.de abrufbar.

Umschlaggestaltung: scanrail/iStock/Getty Images
Satz: le-tex publishing services GmbH, Leipzig
Druck und Bindung: CPI books GmbH, Leck

www.degruyter.com

Vorwort

Dieses Lehr- und Lernbuch entstand aus zwei Erkenntnissen, die ich in den vergangenen eineinhalb Jahrzehnten Lehrerfahrung im Bereich medienökonomischer Fächer gesammelt habe:

1. Studierende aus den Bereichen des Medien- und Kommunikationsmanagements mögen weder die Mathematik noch die BWL.
2. Die Standardwerke in der BWL-Einführungsliteratur beziehen sich in ihren Erläuterungen, Beispielen und mathematischen Anwendungen auf typische Unternehmen der materiellen Großindustrie.

Der Transfer von abstrakten Beispielen und Berechnungen aus der Holz-, Stahl- oder sonstigen Großindustrie fällt vielen Studierenden schwer. Dies führt dazu, dass sich die erstgenannte Zielgruppe nicht abgeholt fühlt, sich die Vorurteile gegen die BWL verfestigen und die Abneigung gegen alles Betriebswirtschaftliche wächst. Die Folgen sind unübersehbar: Die Studierenden entwickeln zu wenig Verständnis für betriebswirtschaftliche Zusammenhänge und nehmen den Wert der durch die BWL angebotenen Lösungskonzepte nicht wahr.

Ohne Einsicht in die Relevanz des angebotenen Lernstoffs kann sich auch keine Lernlust entwickeln. Das Ergebnis besteht im schlechtesten Fall aus unzureichend für betriebswirtschaftliche Fragestellungen sensibilisierte Medien- und Kommunikationsmager.

Mit diesem Lehrbuch zur Medienbetriebslehre soll ein Schritt dahingehend gemacht werden, betriebswirtschaftliche Begriffe, Verfahren und Zusammenhänge auf die konkreten Herausforderungen in großen wie kleinen Medienunternehmen anzuwenden, zu erläutern und die Medien-BWL als das darzustellen, was sie ist: ein Hilfsinstrument zur Analyse und Bewältigung von Managementproblemen in der Medienwirtschaft.

Eine weitere Besonderheit dieses Buches liegt darin, dass die am häufigsten benutzten Analyse- und Planungsinstrumente der Betriebswirtschaftslehre separat als Block abgearbeitet und nicht – wie üblich – den einzelnen Betriebsfunktionen zugeordnet werden. So entsteht die Möglichkeit, die Instrumentensammlung als einen Werkzeugkasten kennenzulernen, den Medien- und Kommunikationsmanager im Betriebsalltag nutzen. Der Gedanke, der mich zu dieser Systematik bewogen hat ist, dass Werkzeuge letztendlich nützlich oder wertlos sind. Entscheidend ist, wozu sie eingesetzt werden und weniger, wozu sie im Prinzip entwickelt wurden. Deswegen werden die einzelnen Kennzahlen, Kennzahlensysteme und Analyse-Tools auch nicht, wie sonst üblich, im Umfeld der für sie typischen Einsatzgebiete oder Betriebsfunktionen erklärt, sondern in einem separaten Kapitelbereich (Kapitel 9 bis 11) losgelöst beschrieben. Warum soll denn auch beispielsweise die Produktivität oder die Wirtschaftlichkeit als Kennzahl im Bereich der Produktion abgearbeitet

https://doi.org/10.1515/9783110519587-201

werden, wenn auch Personal-, Standort- oder Kapitalproduktivitäten etc. berechnet werden könnten? Diese Struktur erleichtert dem Leser nicht zuletzt das Auffinden von Lösungswegen einschlägiger Fragestellungen.

Auch sind einzelne Funktionsbereiche in Medienbetrieben nicht streng gattungsspezifisch eingeordnet, sondern der modernen Sicht auf Medienunternehmen folgend, gattungsübergreifend. So können heute beispielsweise Autoren oder Produzenten nicht mehr den einzelnen Gattungen Print, Rundfunk oder Internet zugeordnet werden, wenn die Realität sinnvoll abgebildet werden soll. Die Wirklichkeit im Betriebsalltag sprengt mittlerweile jede Gattungsgrenze.

Diese Publikation ist mit zahlreichen Merkkästen für wichtige Begriffe sowie einer Vielzahl von erklärenden Tabellen und Grafiken ausgestattet. Aufgabenstellungen runden die Möglichkeit des Selbststudiums ab.

Die einzelnen Kapitel können chronologisch, aber auch unabhängig von den jeweils vorstehenden Kapiteln gelesen werden. Daher eignet sich das Buch sowohl als Lernbuch als auch als Buch zur Auffrischung bereits (v)erlernter Wissensgebiete vergangener Semester, um Bekanntes noch einmal reflektieren oder neu in relevante Zusammenhänge einordnen zu können. Dem begrenzten Umfang dieses Buches ist es allerdings geschuldet, dass die Kapitel, die sich mit eher allgemeinen Fragestellungen (z. B. Investition, Finanzierung und Rechnungswesen) beschäftigen, nur einführenden Charakter haben. Hier sei zur Vertiefung auf die zahlreiche betriebswirtschaftliche Literatur verwiesen, die an den entsprechenden Stellen angeben ist.

Den vielen Kollegen in der Lehre mag dieses Buch helfen, praxis- und branchennahe BWL-Beispiele nicht selbst suchen und ausarbeiten zu müssen.

Gedankt sei an dieser Stelle vor allem meiner Familie für ihr Verständnis während der vergangenen eineinhalb Jahre sowie den zahlreichen Studierenden für ihre Anregungen. Kerstin Frings und Sarah Markitant danke ich für die Durchsicht des Manuskriptes und den Verlagsmitarbeitern für die Geduld und die professionelle Unterstützung.

Velbert 2018, Thomas Dreiskämper

Inhalt

Teil II: Besonderheiten von Mediengütern, Medienunternehmen und Medienmärkten

Teil V: Leistungsverwertung und Leistungssicherung in Medienunternehmen

Abbildungsverzeichnis

https://doi.org/10.1515/9783110519587-202

Alle Abbildungen im Buch sind, sofern nicht anders gekennzeichnet, eigene Darstellungen.

Tabellenverzeichnis

https://doi.org/10.1515/9783110519587-203

Alle Tabellen im Buch basieren, sofern nicht anders gekennzeichnet, auf eigenen Schemata und Daten.

Abkürzungsverzeichnis

a. a. O. am angegeben Ort
AdöR Anstalt des öffentlichen Rechts
AfA Absetzung für Abnutzung
AG Aktiengesellschaft
AktG Aktiengesetz
AO Abgabenordnung
AR Aufsichtsrat
ARPU Average Revenue Per User
Art. Artikel
ATL Above-the-Line
BDZV Bundesverband Deutscher Zeitungsverleger e. V.
BE Break-Even
BFH Bundesfinanzhof (oberste deutsche Gerichtsinstanz für Steuer- und Zollangelegenheiten)
BGB Bürgerliches Gesetzbuch
BSC Balanced Scorecard
BTL Below-the-Line
BVDA Bundesverband Deutscher Anzeigenblätter e. V.
BWL Betriebswirtschaftslehre
CD Compact Disk
CFROI Cash-Flow Return on Investment
CLV Customer Lifetime Value
CPA Cost per Action
CPC Cost per Click oder Cost per Conversion
CPI Cost per Interest
CPL Cost per Lead
CPM Cost per Mille (= TKP)
CPO Cost per Order
CPV Cost per View
CRM Customer Relationship Management
CVA Cash Value Added
DB; db Deckungsbeitrag; Stückdeckungsbeitrag (Deckungsspanne)
DBR; dbr Deckungsbeitragsrate; Stückdeckungsbeitragsrate
DG Distributionsgrad
DQ Distributionsqualität
DTO Download to Own
DTR Download to Rent (Zeitspanne von etwa 24 oder 48 Stunden, oder Streaming-Angebote)
DVD Digital Video Disc oder Digital Versatile Disc (digitales, vielseitiges optisches Speichermedium)
E bzw. U Erlös (= Umsatz)
ebda. ebenda
EBIT Earnings Before Interest and Taxes
EBITA Earnings Before Interest, Taxes and Amortization
EBITDA Earnings Before Interest, Taxes, Depreciation and Amortization
EK Eigenkapital
EST Electronic sell through (Download to Own; eine Unterform von Video on Demand)
EStG Einkommensteuergesetz

https://doi.org/10.1515/9783110519587-204

et al.	et alii (und andere)
etc.	et cetera (und so weiter)
EU	Europäische Union
EVA	Economic Value Added
f.	folgend
FCC	First Copy Costs (Produktionskosten für das Urmaster)
ff.	fortfolgend
FFA	Filmförderungsanstalt
FK	Fremdkapital
forts.	fortsetzend
FSK	Freiwillige Selbstkontrolle der Filmwirtschaft
GbR	Gesellschaft bürgerlichen Rechts (auch: BGB-Gesellschaft)
GE	Geldeinheit
GenG	Genossenschaftsgesetz
GF	Geschäftsfeld
GG	Grundgesetz
GK	Gesamtkapital
GmbH	Gesellschaft mit beschränkter Haftung
GmbHG	Gesetz betreffend die Gesellschaften mit beschränkter Haftung
GoB	Grundsätze ordnungsgemäßer Buchführung
GRP	Gross Rating Point (Maßzahl für Werbekontakte)
GRS	Grenzrate der Substitution
GWB	Gesetz gegen Wettbewerbsbeschränkungen (Zentralnorm des Kartell- und Wettbewerbsrechts)
HF	Hörfunk
HGB	Handelsgesetzbuch
Hrsg.	Herausgeber
HV	Hauptversammlung
i. d. R.	in der Regel
i. e. S.	in engeren Sinne
IfM	Institut für Mittelstandsforschung Bonn
IFRS	International Financial Reporting Standards
Inc.	Incorporated (amerikanische Bezeichnung von im Handelsregister eingetragen Kapitalgesellschaften)
InsO	Insolvenzordnung
ISIC	International Standard Industrial Classification
IVW	Informationsgemeinschaft zur Feststellung der Verbreitung von Werbeträgern e. V.
JuSchG	Jugendschutzgesetz
K; k	Kosten (Gesamtkosten); Stückkosten (Durchschnittskosten)
K′	Grenzkosten
Kap.	Kapitel
KDB	Kundendeckungsbeitrag
K_f; k_f	fixe Gesamtkosten (Fixkosten); fixe Stückkosten (fixe Durchschnittskosten)
KG	Kommanditgesellschaft
KGaA	Kommanditgesellschaft auf Aktien
KKV	Komparativer Konkurrenzvorteil
KKW	Kultur- und Kreativwirtschaft
KLR	Kosten- und Leistungsrechnung
KMU	Kleine und mittlere Unternehmen

KPI	Key Performance Indicator
K_v; k_v	variable Gesamtkosten; variable Stückkosten (variable Durchschnittskosten)
LMA	Landesmedienanstalt
LpA	Leser pro Ausgabe
Ltd.	Limited (Formzusatz zur Private Limited Corporation, der engl. Form der GmbH)
MA	Marktanteil (absoluter)
MaFo	Marktforschung
Mio.	Millionen
MKK	Minimalkostenkombination
MMOG	Massively Multiplayer Online Game
MP3	Verfahren zur Speicherung und Übertragung von Musik auf Computern, Smartphones, im Internet und auf tragbaren Musikabspielgeräten (MP3-Player)
Mrd.	Milliarden
NIÖ	Neue Institutionenökonomik
NpM	Unique User/Nutzer pro Monat
OHG	Offene Handelsgesellschaft
o. Jg.	ohne Jahrgang
o. S.	ohne Seite
OTC	Opportunity to Contact (Durchschnittskontakte; medienneutral gemessen)
OTH	Opportunity to Hear (Durchschnittskontakte im Hörfunk)
OTS	Opportunity to See (Durchschnittskontakte im Fernsehen)
PA-Fkt.	Preis-Absatz-Funktion
POS	Point of Sale
PR	Public Relations
PublG	Publizitätsgesetz
p(x)	Preis-Absatz-Funktion
RBeitrStV	Rundfunkbeitragsstaatsvertrag
ReWe	Rechnungswesen
RF	Rundfunk
RFinStV	Rundfunkfinanzierungsstaatsvertrag
RMA	Marktanteil (relativer)
RoI	Return on Investment
RSTV	Rundfunkstaatsvertrag
RW	Reichweite
SCI	Social Climate Index
SE	Societas Europaea (Europäische Form der AG)
SGF	Strategisches Geschäftsfeld
SJCR	Strategic Job Coverage Ratio
SMM	Social-Media-Marketing
SVoD	Subscriptional VoD (Abonnements)
TKG	Telekommunikationsgesetz
TKP	Tausend-Kontakt-Preis
TMG	Telemediengesetz
TNP	Tausend-Nutzer-Preis
TVoD	Transactional VoD (Einzeltransaktionen)
TV	Television
U	Umsatz (siehe auch Erlös)
u. a.	unter anderem
UG	Unternehmergesellschaft (Variante der GmbH)

UGB	Unternehmensgesetzbuch
UNO	United Nations Organization (Vereinte Nationen)
UrhG	Urhebergesetz
USK	Unterhaltungssoftware Selbstkontrolle
u. v. a. m.	und viele andere mehr
v. a.	vor allem
VDZ	Verband Deutscher Zeitungschriftenverleger
VGR	Volkswirtschaftliche Gesamtrechnung
VkF	Verkaufsförderung
VoD	Video on Demand
VVaG	Versicherungsvereine auf Gegenseitigkeit
VWL	Volkswirtschaftslehre
WMK	Wirtschaftsministerkonferenz
x(p)	Nachfragefunktion
ZG	Zielgruppe
zit. n.	zitiert nach
ZMG	Zeitungs Marketing Gesellschaft mbH & Co. KG
zzgl.	zuzüglich

Teil I: **Definition medienbetrieblicher Fragestellungen und Erkenntnisgegenstände**

1 Was untersucht und leistet die Medienbetriebslehre?

Der Begriff Medienbetriebslehre ist ein Kompositum und setzt sich aus drei Begriffen zusammen: Medien, Betrieb und Lehre. Wie in germanischen Sprachen üblich, bestimmt das Erstglied eines zusammengesetzten Begriffes das Zweitglied und dieses wiederum – wenn vorhanden – das Drittglied. Die Grammatik spricht hier von einem Determinativkompositum, weil ein Über- und Unterordnungsverhältnis in der Wortzusammensetzung aufgezeigt wird. Es liegt also eine Wortkomposition vor, bei der ein Wortteil (Basiswort) durch einen anderen Wortteil (Bestimmungswort) näher bestimmt wird (vgl. Kessel/Reimann 2005: 104). Das letztgenannte Substantiv, „Lehre", das als Basiswort die Bedeutung des gesamten Begriffs bestimmt, verweist darauf, dass angeleitet, unterwiesen und vermittelt wird. Der dem Basiswort vorangestellte Begriff, „Betrieb", spezifiziert, dass sich diese Lehre mit Betrieben beschäftigt. Und das wiederum dem Begriff „Betrieb" vorangestellte Bestimmungswort „Medien" spezifiziert, dass sich die hier gemeinten Betriebe mit Medien beschäftigen.

Letztendlich handelt sich also um eine Betriebswirtschaftslehre (BWL), die sich ausschließlich mit den Problemstellungen von Betrieben beschäftigt, die Medien produzieren oder bereitstellen. Die Medienbetriebslehre wird mitunter auch Medienbetriebswirtschaftslehre, Medienbetriebsökonomie oder Medienwirtschaftslehre genannt. Betriebswirtschaftslehren, die sich mit Betrieben aus einer ganz bestimmten Branche beschäftigen, gehören zu den „Speziellen Betriebswirtschaftslehren".

Wie Wissenschaften allgemein systematisiert werden können und wo genau die Spezielle BWL „Medienbetriebslehre" verortet werden kann, zeigt Kapitel 1.1.

1.1 Die Medienbetriebslehre im System der Wissenschaften

Wissenschaften haben die Aufgabe, Erkenntnisse über die Wirklichkeit bzw. Ausschnitte der Wirklichkeit zu gewinnen. Sie untersuchen und beschreiben Sachverhalte systematisch, intersubjektiv und mit nachvollziehbaren Methoden, um Erkenntnisse über die wesentlichen Eigenschaften, kausalen Zusammenhänge und Gesetzmäßigkeiten ihrer Erkenntnisgegenstände zu gewinnen. Insofern ist Wissenschaft ein System von Produktion, Sammlung und Ordnung von Wissen (vgl. Schülein und Reitze 2016: 22 ff.). Die Erkenntnisse werden dann in Form von Begriffen, Hypothesen, Theorien, Gesetzen und Maßbestimmungen fixiert.

Je nachdem, welche Sachverhalte untersucht werden, sind unterschiedliche Wissenschaften zuständig. Obwohl es aktuell keine allgemeingültige Systematik der Wissenschaftsdisziplinen gibt, soll hier eine Typologie angeboten werden, die weitestgehend konsensiert ist.

https://doi.org/10.1515/9783110519587-001

Formalwissenschaften beschäftigen sich mit Fragestellungen, die abstrakte und logische Zusammenhänge untersuchen. Dazu gehören die Mathematik, die Logik und die Philosophie. Den Formalwissenschaften gegenüber stehen die Realwissenschaften, zu denen die beiden großen Gruppen der Naturwissenschaften und der Kulturwissenschaften gehören. Während sich die Naturwissenschaften, wie z. B. die Astronomie, die Physik, die Biologie oder die Chemie dadurch auszeichnen, dass ihr Forschungsgegenstand die belebte und unbelebte Materie ist und gesetzmäßige Zusammenhänge in der Natur beschreiben, beschäftigen sich die Kulturwissenschaften mit Fragestellungen und Gegenstandsbereichen, die beispielsweise mit kulturellen, historischen, politischen oder medialen Phänomenen zusammenhängen. Auch die Sozial- und die Wirtschaftswissenschaften gehören in dieser Systematik zu den Kulturwissenschaften (vgl. Anzenbacher 1981: 22).

Die wirtschaftswissenschaftlich ausgerichteten Disziplinen beschäftigen sich mit Fragestellungen, die den rationalen Umgang mit Gütern, die nur beschränkt verfügbar sind, thematisieren (vgl. hier und fortfolgend Dreiskämper 2013: Kap. III). Die beiden Kernbereiche der Wirtschaftswissenschaften bilden die Volkswirtschaftslehre (VWL) und die Betriebswirtschaftslehre (BWL). Während die VWL einerseits grundlegende Zusammenhänge und Gesetzmäßigkeiten aggregierter Systeme untersucht (Bereich Makroökonomik) und andererseits das Verhalten einzelner Wirtschaftseinheiten beschreibt (Bereich Mikroökonomik), untersucht die BWL die wirtschaftlichen Zusammenhänge und Gesetzmäßigkeiten in konkreten oder idealtypischen Unternehmen und liefert Erkenntnisse über betriebliche Strukturen und Prozesse. Hierbei werden die gesamten unternehmensinternen Entscheidungs-, Organisations- und Planungsprobleme der Wirtschaftssubjekte explizit in die Betrachtung mit einbezogen.

Herausforderungen, die über alle Betriebe hinweg untersucht werden können, werden in der Allgemeinen BWL untersucht. Fragen, die nur für bestimmte Unternehmen oder Unternehmensteile relevant sind, werden in der Speziellen BWL beantwortet.

Die Fachgebiete innerhalb der Speziellen BWL können noch einmal dahingehend differenziert werden, ob einzelne Betriebsfunktionen analysiert werden sollen oder ob das Erkenntnisinteresse branchenwirtschaftlicher Natur ist. Gilt Ersteres, rücken die einzelnen Unternehmensfunktionen der Leistungserstellung und Leistungsverwertung sowie die betriebsbegleitenden Funktionen (z. B. das Rechnungswesen und die Finanzierung) oder die Koordination und Steuerung des Unternehmens (Unternehmensführung) ins Zentrum des Untersuchungsinteresses. Gilt Letzteres, dann werden die Betriebe als Teilnehmer besonderer Märkte (z. B. Medienwirtschaft, Bankenwirtschaft, Industrie oder Touristikbetriebe etc.) betrachtet. Diese institutionelle Sicht auf die Unternehmen macht Sinn, weil Unternehmen in unterschiedlichen Branchen häufig auch speziellen Bedingungen ausgesetzt sind und auf diese branchenspezifisch reagieren müssen (vgl. Wöhe 2013: 42 ff.).

Was genau untersucht wird und welche Zusammenhänge im Fokus des Interesses stehen, ist noch einmal abhängig von der jeweiligen Perspektive, aus der auf den Betrieb geschaut wird und der konkret untersuchten Fragestellung. Vier grundlegend verschiedene Ausrichtungen der Betriebswirtschaftslehre können heute unterschieden werden (vgl. Vahs und Schäfer-Kunz 2012: 20 und Gläser 2013):

1. **Produktionsfaktororientierte Betriebswirtschaftslehre**
   Im Mittelpunkt steht die Gestaltung der Produktionsfaktorenkombination in Betrieben. Dieser produktions- und kostenorientierte Ansatz geht auf Erich Gutenberg zurück.
2. **Entscheidungsorientierte Betriebswirtschaftslehre**
   Im Mittelpunkt steht die Entwicklung von Modellen für die in Betrieben zu treffenden Entscheidungen. Dieser entscheidungstheoretische Ansatz geht auf Edmund Heinen zurück.
3. **Systemorientierte Betriebswirtschaftslehre**
   Im Mittelpunkt steht die Entwicklung kybernetischer Systeme zur Abbildung der in und zwischen Betrieben und Haushalten vorhandenen Regelkreise. Dieser managementorientierte Ansatz geht auf Hans Ulrich zurück.
4. **Institutionenorientierte Betriebswirtschaftslehre**
   Im Mittelpunkt steht die Gestaltung der Regeln und der Rahmenbedingungen für Tauschprozesse zwischen den Wirtschaftssubjekten. Dieser vertragstheoretische Ansatz geht auf Ronald Coase (vgl. Coase 1937) zurück.

Insofern gehört die Medienbetriebslehre zur Gruppe der speziellen (institutionellen) Betriebswirtschaftslehren (vgl. Tab. 1.1). Sie betrachtet den Medienbetrieb aus dem Blickwinkel der BWL und bedient sich auch der Methoden und Instrumente der BWL. Dabei berücksichtigt sie die produktions- und kostentheoretischen sowie institutionenökonomischen Besonderheiten, die einen Medienbetrieb charakterisieren (vgl. Dreiskämper 2013: 146).

Tab. 1.1: Betriebswirtschaftslehre (BWL)

allgemeine BWL	spezielle BWL	
	funktionenorientierte BWL	institutionenorientierte BWL
Führungslehre Organisationslehre Betriebliche Steuerlehre Materialwirtschaftslehre Entscheidungstheorie Investitionstheorie Produktions- und Kostentheorie etc.	Management Beschaffung Produktion Marketing Vertrieb Rechnungswesen Investition und Finanzierung etc.	Medienbetriebslehre Handelsbetriebslehre Industriebetriebslehre Bankbetriebslehre Versicherungsbetriebslehre Handwerksbetriebslehre Touristikbetriebslehre etc.
Untersuchung allgemeiner wirtschaftlicher Zusammenhänge, die in allen Betrieben in gleicher Art auftreten.	Untersuchung spezifischer wirtschaftlicher Zusammenhänge, die in speziellen Betriebsfunktionen auftreten.	Untersuchung spezifischer wirtschaftlicher Zusammenhänge, die in Betrieben spezieller Branchen auftreten.

?

Fragen zu Kapitel 1.1

1. Welche Aufgaben kommen der Wissenschaft im Allgemeinen zu?
2. Welche Wissenschaften gehören zur Gruppe der Wirtschaftswissenschaften?
3. Beschreiben Sie bitte kurz die vier grundlegend verschiedenen Ausrichtungen der Betriebswirtschaftslehre.
4. Zu welcher Betriebswirtschaftslehre gehört die Medienbetriebslehre? Bitte begründen Sie Ihre Antwort.

Im Folgenden soll nun diese wissenschaftstypologische Verortung der noch relativ jungen medienbetriebswirtschaftlichen Disziplin durch die Beschreibung ihres Gegenstandsbereichs und ihres konkreten Aufgabenfeldes ergänzt werden.

1.2 Die Medienbetriebslehre und ihre Schwesterdisziplinen

Da die Medienbetriebslehre mit der Untersuchung der betrieblichen Belange von Medienunternehmen einen sehr engen Erkenntnishorizont hat, sind die einschlägigen Erkenntnisinteressen und Fragestellungen der Medienbetriebslehre nicht deckungsgleich mit denen der Wissenschaft, die in der Fachliteratur als „Medienökonomie“ bezeichnet wird und auch nicht deckungsgleich mit den Analyseinteressen der Disziplin, die unter der Bezeichnung „Medienmanagement“ abgearbeitet werden. Es gibt zwar Schnittfeldinteressen, aber keine Deckungsgleichheit. Die Disziplinen ergänzen einander. Sie sind komplementär im Erkenntnisinteresse und den Analyseinstrumenten.

Die **Medienökonomie** als Standbein medienwirtschaftlicher Untersuchungen hinterfragt, wie Wettbewerb und Märkte von, für und durch Medien entstehen und funktionieren (vgl. Dreiskämper 2013, Albarran 2010 oder Picard 1989). Dabei ist es von untergeordneter Bedeutung, welche Medieninhalte und Medienträger kreiert, produziert, distribuiert oder konsumiert werden. Es können Informationsgüter (z. B. redaktionelle Inhalte), Unterhaltungsmedien (z. B. Filme, Musiken, Games) oder Werbemedien (z. B. absatzfördernde Botschaften der werbetreibenden Wirtschaft) sein (vgl. Dreiskämper 2013, Gläser 2014). Ein engeres Verständnis über das, was die Medienökonomie zu leisten hat, konzentriert die Analyseinteressen auf die Bedingungen ausschließlich journalistischer Produktionen bzw. Produkte im Umfeld marktwirtschaftlich organisierter Wirtschaftssysteme (vgl. Kiefer und Steininger 2013 oder Heinrich 2010).

Während das erste Verständnis die Medienökonomie als typische wirtschaftswissenschaftliche (i. e. S. volkswirtschaftliche) Disziplin verortet, definieren die Vertreter des engeren Verständnisses die Medienökonomie als Teildisziplin der Publizistik- und Kommunikationswissenschaften und konzentrieren sich hauptsächlich auf die journalistischen Bedingungen und sozialen Aspekte der Medienwirtschaft (vgl. Wirtz 2016: 21).

Aber obwohl das, was die Medienökonomie leisten kann und leisten soll, zwischen Ökonomen und Publizisten unterschiedlich breit definiert wird, geht es in beiden Disziplinverständnissen prinzipiell um die gleichen von volkswirtschaftlichen Fragestellungen getriebenen Analysen:

- Die **makroökonomischen Analysen** der Medienökonomie beziehen sich auf die Strukturen und volkswirtschaftlichen Prozesse der Medienwirtschaft als Industrie. Im Fokus stehen vor allem Fragestellungen der Leistungsfähigkeit der gesamten Medienindustrie oder die der einzelnen Branchen. Darüber hinaus sind die zu beobachtenden Konzentrationstendenzen in den einzelnen Branchen sowie das Konvergenzstreben der Medienindustrie mit den Komplementärindustrien (z. B. Telekommunikation und Informationstechnologie) von großem Interesse. Auch werden das Phänomen Marktversagen und die Regulierung der Medienwirtschaft thematisiert.
- Die **mikroökonomischen Analysen** untersuchen die Entscheidungskalküle der medienwirtschaftlich aktiven Marktteilnehmer (z. B. Produzenten, Konsumenten und der Staat) und modellieren vor allem die Preisbildung auf den unterschiedlichen Märkten sowie die Funktionsweise der (Netzwerk-)Gütermärkte.

Das **Medienmanagement** als zweites Standbein medienwirtschaftlicher Untersuchungen nähert sich den einschlägigen Fragestellungen über die Sichtweise einer funktionalen Betriebswirtschaftslehre, indem das Management als Führungsfunktion verstanden wird und die allgemeinen Fragestellungen der BWL auf die besondere Situation von Medienmanagern übertragen werden (vgl. Wirtz 2016: 22). Diese instrumentelle Funktion umfasst das zielgerichtete Entscheiden, gestaltende Eingreifen und ergebnisorientierte Kontrollieren innerhalb eines Wertschöpfungsprozesses bzw. einer Organisation (vgl. Macharzina und Wolf 2012: 35 ff. und Scholz 2006: 13). Zudem ist das Medienmanagement auch immer gleichzeitig marktorientiert und befasst sich dabei „vor allem mit den strategischen und handlungsorientierten Optionen in Bezug auf den Absatz medienspezifischer Produkte und Dienstleistungen unter besonderer Berücksichtigung des medienspezifischen Umfelds“ (Wirtz 2016: 23).

Andererseits wird auch das Managementverständnis und damit der Anspruch dessen, was Management ist und zu leisten hat, in der Literatur höchst unterschiedlich interpretiert. Das heißt, es gibt Forschungsansätze, die das Medienmanagement jenseits der wirtschaftstheoretischen Perspektive auch aus verhaltens-, politik- oder systemtheoretischer Sicht untersuchen. Welche paradigmatischen Grundausrichtungen mit dem Medienmanagement verbunden werden können, zeigt Martin Gläser (2013: Kap. 1) in beeindruckend kurzgefasster und gleichzeitig Übersicht generierender Art.

Die **Medienbetriebslehre** als drittes Standbein medienwirtschaftlicher Untersuchungen umfasst „einerseits die Darstellung der Besonderheiten der Medienbranche bezogen auf die Märkte und Produkte und beschreibt andererseits die branchenspezifischen Besonderheiten der klassischen betriebswirtschaftlichen Funktionen, deren

Tab. 1.2: Medienwirtschaftliche Disziplinen

	Medienbetriebslehre	Medienmanagement	Medienökonomie
Ausrichtung	institutionell betriebswirtschaftlich	funktional betriebswirtschaftlich	volkswirtschaftlich (mikro- und makroökonomisch)
Aufgabe	Beschreibung, Analyse und Erklärung von Besonderheiten, die einen Medienbetrieb nach innen und hinsichtlich seiner Schnittstellen nach außen charakterisieren	Beschreibung, Analyse und Erklärung des Managementprozesses, der auf die Steuerung der ressourcen- und marktorientierten Wertschöpfungskette in Medienbetrieben abzielt	Beschreibung, Analyse und Erklärung von Akteursverhalten in medienökonomischen Situationen sowie davon, wie Wettbewerb und Märkte von, für und durch Medien entstehen und funktionieren
Ziel	Formulierung brancheninterner verallgemeinerungsfähiger Zustände, Ergebnisse und Wirkungszusammenhänge medienbetrieblicher Prozesse	Entwicklung von Handlungsanleitungen und Gestaltungsvorschlägen in Entscheidungssituationen von Medienbetrieben	Erarbeitung von Handlungsempfehlungen für die Wirtschaftspolitik, insbesondere die Ordnungs-, Wettbewerbs- und Medienpolitik

Probleme in generalisierender Form bereits Gegenstand der Allgemeinen Betriebswirtschaftslehre sind“ (Breyer-Mayländer und Werner 2003: 8). Medienbetriebliche Fragestellungen thematisieren demnach die unternehmerische Sicht auf das eigene Leistungsangebot sowie das der Wettbewerber. Allerdings nimmt die Medienbetriebslehre auch Bezug auf andere Wissenschaften und bedient sich deren Erkenntnisse, um konkretisierende Aussagen über ihren originären Gegenstandsbereich machen zu können (vgl. Dreiskämper 2013 und Zydorek 2013: 11).

Tab. 1.2 gibt die beschriebene Dreiteilung der Wissenschaften, die sich mit der Medienwirtschaft aus primär ökonomischer Sicht befassen, wieder. Alle drei Disziplinen stehen in der Tradition wirtschaftswissenschaftlicher Disziplinen.

?

Fragen zu Kapitel 1.2

1. Was leistet die Medienbetriebslehre als betriebswirtschaftliche Wissenschaftsdisziplin?
2. Was leistet das Medienmanagement als medienwirtschaftlich orientierte Wissenschaftsdisziplin?
3. Was leistet die Medienökonomie als volkswirtschaftlich orientierte Wissenschaftsdisziplin?

1.3 Arbeitsweise der Medienbetriebslehre

Wie in Kapitel 1.2 dargestellt, hat die Medienbetriebslehre grundsätzlich die Aufgabe, die Besonderheiten, die einen Medienbetrieb nach innen und hinsichtlich seiner Schnittstellen nach außen charakterisieren, zu beschreiben, zu analysieren und zu erklären. Das Ziel dieser Bemühungen ist die Formulierung brancheninterner verallgemeinerungsfähiger Ergebnisse und Wirkungszusammenhänge medienbetrieblicher Prozesse.

Um dies leisten zu können, muss die Medienbetriebslehre – wie alle anderen Wissenschaften auch – systematisch vorgehen. Diese Vorgehensweise kann durch fünf aufeinander aufbauende **Stufen der Theoriebildung** beschrieben werden (vgl. folgend Wolf 2013: 2, 8 ff.):

1. **Die Begriffsbildung**
   Zunächst müssen die Gegenstände und Sachverhalte definiert werden, um allen Beteiligten die Möglichkeit zu geben, eine eindeutige und präzise Vorstellung vom Wesen der diskutierten Sachverhalte zu gewinnen. So wird gewährleistet, dass eine einheitliche Begriffsvorstellung und -verwendung existiert. Die Verwendung einer eindeutigen Terminologie hat auch den Vorteil, dass eine kürzere Ausdrucksweise möglich wird, weil nicht alles immer wieder neu erklärt werden muss.
2. **Die Beschreibung**
   Mithilfe dieser Terminologie werden dann beobachtbare Zustände, Ausprägungen oder Phänomene beschrieben. Von Interesse sind vor allem typische Gegebenheiten, die verallgemeinerungsfähig sind. Beschreibungen können statischer Natur (Modellierung von Ist-Zustände) sein oder dynamisch (unter Berücksichtigung von zeitlichen Veränderungen) abgebildet werden. Außerdem können sie sich im Komplexitätsgrad unterscheiden. Das heißt, sie können Ausschnitte beschreiben (Partialmodelle) oder größere Gesamtzusammenhänge abbilden (Totalmodelle). Häufig werden solche Beschreibungen mathematisch ausgedrückt (z. B. als Kostenfunktion).
3. **Die Erklärung**
   Auf die Phase der Beschreibung folgt die der Erklärung bzw. Theoriebildung. Hier werden Ursache-Wirkungs-Zusammenhänge gesucht und als Wenn-Dann-Aussagen formuliert. Sie dienen als Hypothesen oder Theorien für die weitere Arbeit. Aufgrund einer Kostenfunktion kann beispielswiese erklärt werden, wie sich Kosten bei sich verändernden Zuständen verhalten.
4. **Die Prognose**
   Aufgrund der Beschreibung von Zusammenhängen folgt die Formulierung von Aussagen, welche Entwicklungen abzusehen sind. Die Basis dieser beschreibenden Prognosen sind rational nachvollziehbare Argumente. Das Ziel besteht in der Ausformulierung von vermutlichen Veränderungen in der Zukunft, wenn bestimmte Variablen geändert werden. So kann mithilfe der Kostenfunktion pro-

gnostiziert werden, wie sich die Kosten bei einer spezifischen Veränderung der Produktionsmenge verhalten werden.

5. **Die Empfehlung**
   Mit der Lieferung von Hilfestellungen (Handlungsempfehlungen) zur Lösung von Problemen schließt der wissenschaftliche Prozess ab. So kann das Wissen um die mengenbezogenen Kostenveränderungen beispielsweise dazu führen, dass von einer weiteren Mengenausweitung abgeraten oder dass sie empfohlen wird.

Welcher der Empfehlungen, die die Wissenschaft zur Lösung eines Problems bietet, das Management letztlich folgt, ist eine Anschlussüberlegung, die sich der originären Fragestellung der BWL entzieht. Wenn beispielsweise Kosten im Unternehmen reduziert werden sollen, kann die BWL Lösungsvorschläge liefern, die zielführend sind. Welche der Handlungsempfehlungen allerdings vom Management aufgegriffen wird, ist eine Frage, die nur mithilfe der Entscheidungstheorie und der Ethik beantwortet werden kann. Die Entscheidungstheorie liefert Ansatzpunkte, wie unter Unsicherheit Wahlhandlungen ausgewählt werden können. Die Ethik hinterfragt die Folgen von Handlungen.

Der Gegenstandsbereich der Medienbetriebslehre, für den Begriffe definiert, Zustände beschrieben und Erklärung gefunden werden müssen, ist der Medienbetrieb und das ihn umgebende bzw. beeinflussende Umfeld. Damit gilt es zunächst, ein einheitliches Begriffsverständnis über die zentralen Erkenntnisgegenstände herzustellen. Dies geschieht nun in den folgenden Unterkapiteln. Zunächst sollen die allgemeinen Erkenntnisgegenstände und Erkenntnismotive dargestellt werden, die mit denen der allgemeinen BWL identisch sind. Im Anschluss werden die speziellen Erfahrungsobjekte der Medien-BWL definiert.

1.4 Allgemeiner Gegenstandsbereich der Medienbetriebslehre

Der allgemeine Gegenstandsbereich der Medien-BWL wird durch Erkenntnisgegenstände gebildet, die generell in betriebswirtschaftlichen Fragestellungen von Bedeutung sind. Allem voran muss geklärt werden, wer die wirtschaftlichen Akteure sind und welches Verhalten diese zeigen, wenn sie sich in Situationen wirtschaftlicher Knappheit befinden. Hier ist von besonderem Interesse, welche Eigenschaften und Motive die Akteure antreiben, bestimmte Verhaltensweisen zu zeigen bzw. bestimmte Verhaltensweisen zu unterlassen. Darüber hinaus wird untersucht, welche Eigenschaften Güter als Produktionsfaktoren und bedürfnisbefriedigende Nutzenbündel haben und nach welchen Prinzipien sie hergestellt und verwendet werden. Zudem ist von allgemeinem Interesse, nach welchen Zielen die Akteure ihr Handeln ausrichten und welche Eigenschaften Ziele haben müssen, um als brauchbare Orientierungshilfen genutzt werden zu können.

Diesen Gedanken folgend werden zunächst die Akteure vorgestellt. Im Anschluss werden die Motive und Handlungsweisen der Akteure beschrieben. Darüber hinaus wird gezeigt, wie Güter ihren Eigenschaften entsprechend systematisiert werden können. Abschließend wird dargestellt, welche Ziele die Akteure verfolgen, wie diese Ziele aufgebaut sind und überprüft werden können. Diese Ausführungen sind allgemeingültiger Natur und gelten nicht nur für die Medienwirtschaft.

1.4.1 Haushalte, Betriebe und Unternehmen

Die am Wirtschaftsleben beteiligten Parteien bzw. Akteure werden Wirtschaftseinheiten genannt und abhängig davon, welches Wirtschaftsziel sie haben, in Haushalte und Betriebe unterteilt (vgl. hier und folgend Wöhe und Döring 2013: 27 ff., Vahs und Schäfer-Kunz 2012: 2 ff. sowie Thommen et al. 2017: 40). Haushalte gehören zu den Konsumtionswirtschaften. Der Konsum und gegebenenfalls die Produktion von Gütern dienen der Deckung des Eigenbedarfs. Betriebe gehören zu den Produktionswirtschaften. Die Produktion von Gütern dient primär der Fremdbedarfsdeckung. Insofern werden Wirtschaftssubjekte grundsätzlich danach unterschieden, ob deren Aktivitäten primär auf den Eigen- oder den Fremdbedarf ausgerichtet sind.

Ein zweites Kriterium, das Wirtschaftssubjekte grundsätzlich systematisiert, ist die Trägerschaft. Hier werden private von öffentlichen Wirtschaftssubjekten unterschieden. Private und öffentliche Wirtschaftseinheiten können Haushalte, aber auch Betriebe sein. Das heißt, sie können der Eigen- oder Fremdbedarfsbedarfsdeckung dienen und in privatem Eigentum stehen oder im öffentlichen. So werden grundsätzlich private von öffentlichen Haushalten und private von öffentlichen Betrieben unterschieden. Hinsichtlich der Einteilung von Betrieben werden, über die beiden Extremvarianten „privat" und „öffentlich" hinaus, auch gemischtwirtschaftliche Wirtschaftseinheiten erkannt. Das Kapital dieser Betriebe ist zum Teil in öffentlicher, zum Teil aber auch in privater Hand (z. B. Unternehmen wie die Lufthansa, die Deutsche Bahn oder Volkswagen). Betriebe in privater Hand werden **Unternehmen** genannt (vgl. Tab. 1.3).

Tab. 1.3: Systematik der Wirtschaftseinheiten

Bedarfsdeckung **Trägerschaft**	Eigenbedarfsdeckung **(Konsumtionswirtschaften)**	Fremdbedarfsdeckung **(Produktionswirtschaften)**
öffentliche Hand	öffentliche Haushalte (Bund (z. B. Militär), Länder (z. B. Ministerien), Gemeinden (z. B. Rathaus))	öffentliche Betriebe und Verwaltungen (Sparkassen, öffentlicher Nahverkehr, Entsorgungsunternehmen, Anstalten des öffentlichen Rechts etc.)
öffentliche und private Hand	nicht relevant	gemischtwirtschaftliche Betriebe (VW, Lufthansa, Deutsche Bahn etc.)
private Hand	private Haushalte (Ein- oder Mehrpersonenhaushalte)	private Betriebe (**Unternehmen**)

Die Erscheinungsform des Haushalts und damit verbundene Analysen sollen im Folgenden vernachlässigt werden. Untersuchungsgegenstand der Betriebswirtschaftslehre ist der Betrieb.

! **Merke:**

Ein **Betrieb** ist eine Organisationseinheit, die durch die dauerhafte Kombination von Produktionsfaktoren Güter und Dienstleistungen herstellt und absetzt. Primäre Aufgabe des Betriebs als Produktionswirtschaft ist die Fremdbedarfsdeckung.

Öffentliche Betriebe arbeiten nach dem Kostendeckungsprinzip oder dem Zuschussprinzip. Das heißt, dass öffentliche Betriebe entweder Leistungen zu Preisen abgeben, die ohne Gewinnaufschlag kalkuliert werden oder dass sie durch die öffentliche Hand bezuschusst werden, damit die Betriebskosten gedeckt werden können. Beispiele für Betriebe, die nach dem Kostendeckungsprinzip arbeiten (sollen), sind Ver- und Entsorgungsbetriebe, der öffentliche Nahverkehr oder städtische Kindergärten. Beispiele für Betriebe, die nach dem Zuschussprinzip arbeiten, sind Theater, Museen, Opern, öffentlich-rechtliche Rundfunkanstalten oder Sozialeinrichtungen.

Zu den konstituierenden Eigenschaften (Prinzipien) des öffentlichen Betriebs gehören (vgl. Vahs und Schäfer-Kunz 2012: 4)

- das **Prinzip des Gemeineigentums**, das besagt, dass die Verfügungsrechte über das betriebliche Kapital mehrheitlich in der öffentlichen Hand (dem Bund, den Ländern oder den Gemeinden) liegen,
- das **Organprinzip**, das besagt, dass staatliche Stellen ein Mitbestimmungsrecht bei den Entscheidungen der betrieblichen Organe haben. Betriebe werden nicht autonom, sondern als Teileinheiten des öffentlichen Gesamtkörpers gesehen sowie
- das **Gemeinnützigkeitsprinzip**, das fordert, dass gesellschaftliche Aufgaben wahrgenommen werden und keine oder nur sozial vertretbare Gewinne erwirtschaftet werden dürfen.

Private Betriebe arbeiten nach eigenverantwortlichen Leistungsprinzipien, d. h. private Betriebe sind eigennützig ausgerichtet und in ihrer Existenzsicherung auf sich gestellt. Hier wird privates Kapital eingesetzt, das je nach Markterfolg der angebotenen Leistungen vermehrt oder gemindert wird. Zu den konstituierenden Eigenschaften (Prinzipien) des privaten Betriebs gehören (vgl. Vahs und Schäfer-Kunz 2012: 4):

- das **Prinzip des Privateigentums**, das aussagt, dass die Verfügungsrechte am Kapital des Unternehmens letztlich bei Privatpersonen liegen,
- das **Autonomieprinzip**, das die Selbstbestimmung eines Unternehmens über seinen Wirtschaftsplan fordert. Ein autonomes Unternehmen entscheidet demnach individuell, welche Produkte oder Dienstleistungen es bereitstellt. Es entscheidet außerdem, zu welchen Preisen diese Produkte oder Dienstleistungen verkauft

werden. Jedes Unternehmen hat also die Freiheit, Entscheidungen nach eigenem Ermessen treffen zu können;
- das **erwerbswirtschaftliche Prinzip**, das besagt, dass Unternehmen nach (höchstmöglichem) Gewinn streben.

Konstituierend für alle (öffentlichen und privaten) Produktionswirtschaften sind die drei folgenden Merkmale:
- das **Prinzip der Fremdbedarfsdeckung**, das verlangt, dass über den Eigenbedarf hinaus produziert und angeboten wird,
- das **ökonomische Prinzip** (auch **Wirtschaftlichkeitsprinzip** genannt), das verlangt, dass keine Ressourcen verschwendet werden dürfen und
- das **Prinzip des finanziellen Gleichgewichts**, das verlangt, dass allen Auszahlungen auf Dauer (mindestens) Einzahlungen in gleicher Höhe gegenüberstehen müssen.

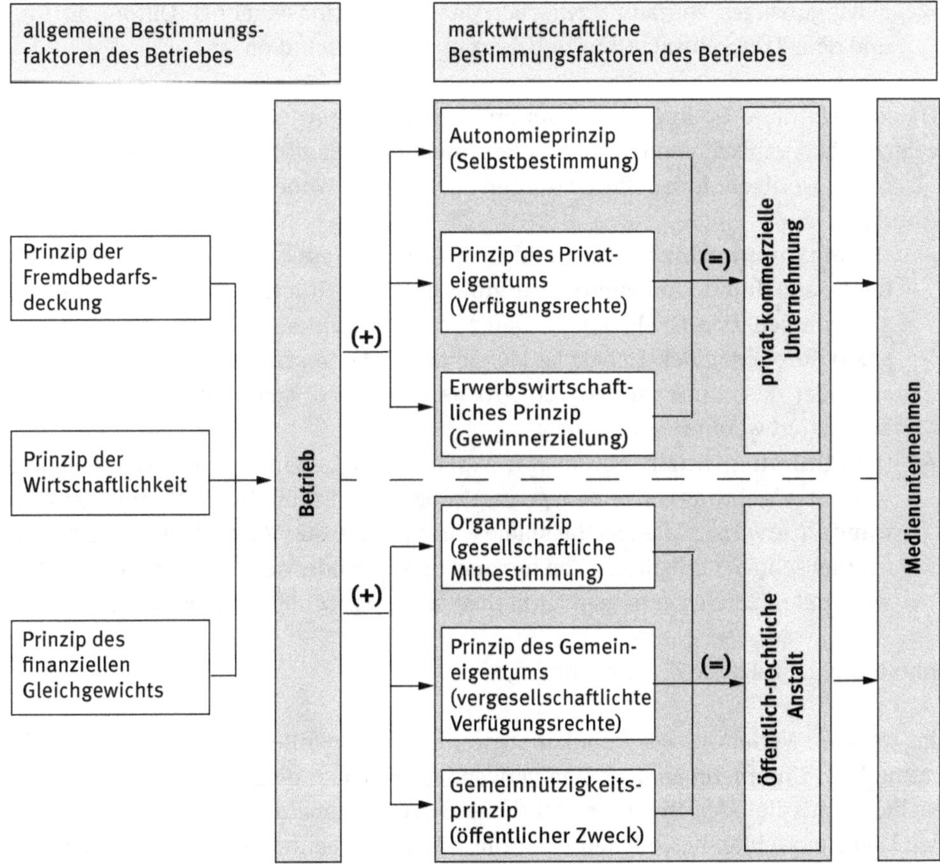

Abb. 1.1: Konstitutive Bestimmungsfaktoren des (Medien-)Betriebes

Betriebliches Handeln ist also immer darauf ausgerichtet, dass Güter, die Fremdbedarf befriedigen, unter Einhaltung des ökonomischen Prinzips hergestellt werden. Darüber hinaus zielt betriebliches Handeln grundsätzlich darauf ab, das Prinzip des finanziellen Gleichgewichts einzuhalten. Dementsprechend gelten diese drei Eigenschaften auch als die Grundprinzipien, die einen Betrieb auszeichnen (vgl. Gutenberg 1982: 457 ff. und Wöhle 2012: 24). Auskunft über die Zusammenhänge gibt Abb. 1.1.

Während das Prinzip der Fremdbedarfsdeckung und das des finanziellen Gleichgewichts weitgehend selbsterklärend sind, soll das ökonomische Prinzip, das durchaus als tragendende Säule betrieblichen Handelns bezeichnet werden kann, etwas näher erläutert werden:

Das **ökonomische Prinzip** besagt allgemein, dass das Verhältnis aus Produktionsergebnis (Output oder Ertrag) und Produktionsfaktoreinsatz (Input oder Aufwand) zu optimieren ist. In dieser allgemeinen Formulierung wird das Wirtschaftlichkeitsprinzip als Optimumprinzip formuliert:

- Das **Optimumprinzip** (auch Extremumprinzip genannt) besagt, dass ein möglichst günstiges Verhältnis zwischen dem Produktionsergebnis (Output; Ertrag) und dem Faktoreinsatz (Input; Aufwand) zu erwirtschaften ist.

Da das geforderte Optimum auf zwei unterschiedliche Arten erreicht werden kann, zeigt das ökonomische Prinzip zwei unterschiedliche Ausprägungen, die mengentechnisch oder werttechnisch definiert werden können (vgl. Wöhe und Döring 2013: 34 und Abb. 1.2):

- Das **Maximumprinzip** (Maximalprinzip) besagt, dass bei einem gegebenen Faktoreinsatz (Input, Aufwand) eine größtmögliche Gütermenge (Output, Ertrag) zu erwirtschaften ist. Beispiele wären, dass mit einem definierten Budget von 5.000 Euro eine höchstmögliche Menge an Werbebroschüren produziert werden soll oder dass innerhalb von 20 Arbeitsstunden so viele Kunden wie möglich kontaktiert werden.
- Das **Minimumprinzip** (Minimalprinzip) besagt, dass eine gegebene Gütermenge (Output oder Ertrag) mit einem geringstmöglichen Faktoreinsatz (Input oder Aufwand) zu erwirtschaften ist. Beispiele wären, dass exakt 10.000 Werbebroschüren in einer schnellstmöglichen Zeit herzustellen sind oder dass ein vorgegebener Gewinn mit möglichst geringem Kapitaleinsatz erwirtschaftet werden soll.

Abbildung 1.2 zeigt die Zusammenhänge.

Im weiteren Verlauf dieser Publikation werden die Begriffe Betrieb und Unternehmung bzw. Unternehmen synonym verwendet und auch nicht besonders herausgestellt, ob private oder öffentlich-rechtliche Betriebe gemeint sind. Wenn in speziellen Fällen ausschließlich die Betriebsform „öffentlich-rechtliche Anstalt“ gemeint ist,

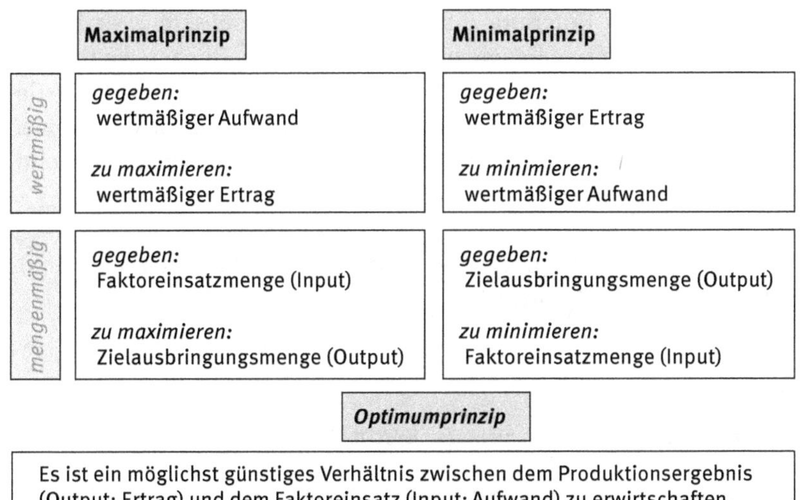

Abb. 1.2: Ökonomisches Prinzip und seine drei Ausprägungen

wird diese auch explizit angesprochen.[1] Natürlich kennt die BWL nicht nur die Unterscheidung von privaten und öffentlichen Betrieben, sondern eine Vielzahl an Typologisierungen. Diese werden in Kapitel 4 vorgestellt.

Um hier schon ein Gefühl für solche Unterscheidungen zu bekommen, sei einführend vorweggenommen, dass die drei am häufigsten genannten Unterscheidungsmerkmale für Betriebe die folgenden sind (vgl. Vahs und Schäfer-Kunz 2012: 5 f. oder Wöhe und Döring 2013: 30 ff.):

- Die **Güterart**, die erstellt wird: In diesem Fall werden Sachleistungs- und Dienstleistungsunternehmen unterschieden. Zu den Sachleistungsunternehmen gehören insbesondere Industrie- und Handwerksbetriebe. Zu den Dienstleistungsbetrieben gehören alle Unternehmen, die primär immaterielle Güter herstellen; also Bank-, Versicherungs-, Beratungs-, Software- oder Medienunternehmen etc.
- Die **Unternehmensgröße**: Hier werden kleine von mittleren und großen Unternehmen unterschieden. Maßstäbe für die Zuordnung sind beispielsweise die Bilanzsumme, die Höhe der Umsatzerlöse und die Beschäftigtenzahl. Welche Grenzen hier gezogen werden, bestimmen vor allem das Publizitätsgesetz (§ 1 PublG) und das Handelsgesetzbuch (§ 276 HGB).

1 Obwohl öffentliche Betriebe eher Betrachtungsgegenstand der sogenannten „Öffentlichen Betriebswirtschaftslehre“ (Verwaltungsbetriebslehre) sind und nur rund zwei Prozent der Unternehmen in Deutschland öffentlich-rechtlich organisiert sind, erscheint die Gegenüberstellung in Anbetracht, dass einige der größten Marktteilnehmer in der hiesigen Medienwirtschaft öffentlich-rechtliche Anstalten sind, dennoch als durchaus geboten.

- Das **Betriebsziel**: Dieses Kriterium differenziert die Betriebe in erwerbswirtschaftlich ausgerichtete Unternehmen, die im marktwirtschaftlichen Wettbewerb stehen und an Gewinnerzielung ausgerichtet sind und in Betriebe, die keine Gewinnerzielungsabsicht haben. Diese Betriebe werden Non-Profit-Organisationen genannt. Non-Profit-Unternehmen verfolgen soziale, kulturelle, karitative, politische oder ökologische Ziele.

Eine differenzierte Darstellung der Unterscheidungen von Medienunternehmen als spezielle Betriebe wird in Kapitel 4 angeboten.

?

Fragen zu Kapitel 1.4.1

1. Unterteilen Sie bitte die Wirtschaftssubjekte nach Art der Trägerschaft und Art der Bedarfsdeckung.
2. Welche Gemeinsamkeiten haben private Betriebe und öffentlich-rechtlichen Betriebe und worin unterscheiden sie sich?
3. Was versteht die Ökonomie unter dem ökonomischen Prinzip und welche Ausprägungen kann dieses annehmen?
4. Bilden Sie bitte jeweils ein Beispiel für eine Handlungsanweisung nach dem Minimum- sowie dem Maximumprinzip, wenn in einem Call-Center Kunden kontaktiert werden sollen.
5. Nennen Sie bitte drei grundsätzliche Unterscheidungsmerkmale für Unternehmen und zeigen Sie auf, welche Kriterien innerhalb der drei Kategorien beispielhaft herangezogen werden können.

1.4.2 Bedürfnisse, Güter und wirtschaftliches Handeln

Betriebe produzieren Güter, die menschliche Bedürfnisse befriedigen und von Wirtschaftssubjekten nachgefragt werden. Als **Bedürfnisse** werden in der Ökonomie Mangelzustände verstanden, die mit dem Wunsch verbunden sind, den Mangel zu überwinden. Solche Bedürfnisse sind höchst unterschiedlicher Art. Zum einen gibt es sehr existenzielle Bedürfnisse, wie beispielsweise Hunger und Durst, zum anderen aber auch Luxusbedürfnisse, wie der Wunsch nach einer Segeljacht oder der Wunsch nach individueller Talententfaltung. Maslow (vgl. hier und folgend Maslow 1954: 80 ff.) hat im Umfeld der Erforschung von Mitarbeiterinteressen eine fünfstufige Bedürfnispyramide entwickelt, die das hierarchische Verhältnis unterschiedlicher Bedürfnisqualitäten aufzeigt (vgl. Abb. 1.3) und verdeutlicht, dass es sowohl materielle als auch immaterielle Güter zur Bedürfnisbefriedigung gibt.
1. Die Befriedigung physiologischer Grundbedürfnisse bildet die Basis der existenziellen Grundsicherung. Ohne sie ist keine Existenzsicherung gewährleistet.
2. Ist die reine Existenzsicherung gesichert, folgt das Bedürfnis zur Abdeckung zukünftiger Lebensrisiken (z. B. Obdach, Gesundheitsvorsorge, Schutz, Gesetze, Ordnung).

3. Ist auch das Schutzbedürfnis weitgehend befriedigt, treten soziale Bedürfnisse in den Vordergrund. Diese werden vornehmlich in Kleingruppen erfüllt (z. B. Partnerschaft, Liebe, Geborgenheit).

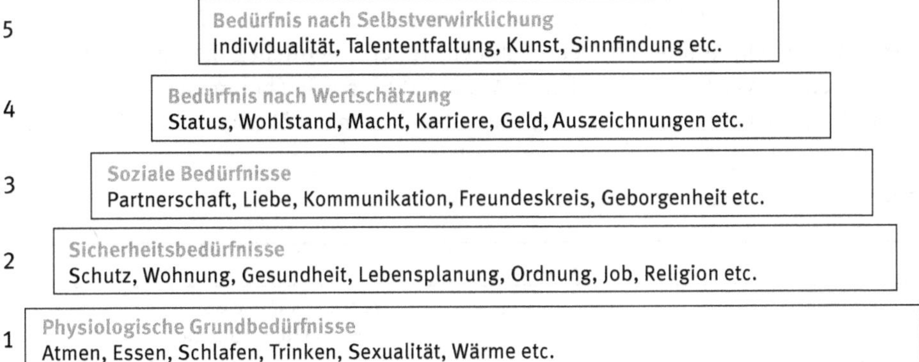

Abb. 1.3: Bedürfnispyramide nach Maslow

Diese drei Bedürfnisebenen beschreiben sogenannte **Defizitbedürfnisse**. Sie zeichnen sich dadurch aus, dass die Bedürfnisdringlichkeit bei Befriedigung abnimmt. Die motivierende Wirkung lässt mit zunehmender Befriedigung nach. Die nach Maslow auf die Defizitbedürfnisse folgenden beiden Bedürfnisebenen zählen zu den **Wachstumsbedürfnissen.** Wachstumsbedürfnisse sind unendlich präsent.

4. Das Bedürfnis nach Wertschätzung wird vor allem angetrieben durch den Wunsch nach Wertschätzung und Anerkennung mit den dazu gehörenden Ausstattungsmerkmalen und Verwirklichungsvarianten (z. B. Wohlstand, Karriere, Ansehen).
5. Die oberste Motivationsklasse bilden die Bedürfnisse nach Selbstverwirklichung. Aus rein existenzieller Sicht handelt es sich hier um Luxusbedürfnisse; beispielsweise tun und lassen zu können, was man will oder Bedürfnisse nach Information, Wissen und Sinnfindung zu stillen.

Natürlich vereinfacht die Pyramide stark und möglicherweise gilt sie auch nicht universell für alle Menschen in allen Kulturkreisen, aber sie schematisiert eine naheliegende Infrastruktur der Bedürfnisbefriedigung und hat ihren Verdienst darin, dass sie verdeutlicht, wann, warum und in welcher Intensität bzw. mit welcher Preisbereitschaft Menschen Güter nachfragen. Die unerfüllten Wünsche der Menschen können somit als Motor der Güterproduktion angesehen werden.

Güter, die die Natur nicht in ausreichender Menge bereitstellt, werden Wirtschaftsgüter genannt. Güter, die die Natur in ausreichender Menge bereitstellt, müssen hingegen nicht bewirtschaftet werden. Sie sind aus ökonomischer Sicht nicht von Interesse.

Wirtschaftsgüter sind Leistungsergebnisse von Produktions- und Dienstleistungsbetrieben und bilden den Oberbegriff für materielle Produkte, Dienstleistungen und Rechte, die in den Produktionsprozess eingebracht werden oder aus ihm hervorgehen. Zu den generellen Eigenschaften von Wirtschaftsgütern zählen, dass sie der Bedürfnisbefriedigung dienen, nicht zu jeder Zeit und an jedem gewünschten Ort in der gewünschten Qualität und Menge zur Verfügung stehen und auf Märkten gehandelt werden. Wirtschaftsgüter können nach ganz unterschiedlichen Merkmalen systematisiert werden (vgl. Schierenbeck und Wöhle 2012: 4 sowie Thommen et al. 2017: 37 f.). Tabelle 1.4 zeigt eine Übersicht über die Güterarten in der ökonomischen Literatur.

Tab. 1.4: Gütermerkmale und Güterarten

Gütermerkmale	Güterart
1. Verfügbarkeit	Freie und knappe Güter
2. Abstraktionsgrad	Real- und Nominalgüter
3. Beschaffenheit	Materielle und immaterielle Güter
4. Stellung im Transformationsprozess	Input- und Outputgüter
5. Nutzungszweck	Produktions- und Konsumgüter
6. Verwendungsart/Nutzungsdauer (Produktion)	Repetierfaktoren und Potenzialfaktoren
7. Verwendungsart/Nutzungsdauer (Konsumtion)	Verbrauchs- und Gebrauchsgüter
8. Verbundenheit	Substitutions- und Komplementärgüter

1. **Freie und knappe Güter:**
   - Güter, die im Prinzip unbegrenzt von der Natur bereitgestellt werden und keine Kosten verursachen, müssen nicht bewirtschaftet werden (z. B. Luft, Meerwasser, Sonnenschein etc.) und stehen frei zur Verfügung. Folgerichtig werden sie als „freie Güter" bezeichnet.
   - Güter, die endlich vorhanden sind, werden „knappe Güter" bzw. „Wirtschaftsgüter" genannt.
2. **Real- und Nominalgüter:**
   - Realgüter sind Ergebnisse eines Produktions- oder Dienstleistungsprozesses.
   - Nominalgüter sind Geld oder stellen einen in Geld ausgedrückten Nennwert (z. B. Forderungen oder Wertpapiere) dar.
3. **Materielle und immaterielle Güter:**
   - Materielle Güter haben eine physikalische Substanz und werden oft auch Sachgüter genannt.
   - Immaterielle Güter haben keine physikalische Substanz. Zu ihnen zählen Informationen, Dienstleistungen (z. B. journalistischer Beitrag) und Rechte (z. B. Lizenzen).
4. **Input- und Outputgüter:**
   - Inputgüter geben in den Produktionsprozess ein und dienen der Produktion von Outputgütern. Sie werden auch Produktionsfaktoren genannt.
   - Outputgüter stellen das Endergebnis eines Produktionsprozesses dar.

5. **Produktions- und Konsumgüter:**
   - Produktionsgüter sind Outputgüter, die zugleich auch Inputgüter (Produktionsfaktoren) für nachgelagerte Prozesse darstellen (z. B. Maschinen, Werkzeuge) und dazu führen, dass Konsumgüter produziert werden können (z. B. Blu-Rays, Bücher, Schuhe).
   - Konsumgüter sind Outputgüter, die produziert werden, weil sie direkt dazu beitragen, menschliche Bedürfnisse befriedigen zu können. Der Nutzen von Produktionsgütern ist derivativer Natur, d. h. sie sind nicht direkt an der Bedürfnisbefriedigung von Haushalten beteiligt. Sie helfen vielmehr, Konsumgüter produzieren zu können. Ihr Nutzen ist aus dem Nutzen der Konsumgüter, deren Herstellung sie unterstützen, abgeleitet.
6. **Repetierfaktoren und Potenzialfaktoren:**
   - Repetierfaktoren werden auch als Werkstoffe bezeichnet und stellen produktive Wirtschaftsgüter dar, die sich mit ihrer Nutzung (durch ihren Einsatz) im Produktionsprozess verbrauchen oder in das herzustellende Produkt eingehen. Ihre Beschaffung muss „repetiert" (wiederholt) werden. Repetierfaktoren werden in Roh-, Hilfs- und Betriebsstoffe differenziert.
     (a) Rohstoffe bilden die Grundlage für ein Produkt und gehen in den Produktionsprozess ein (z. B. Metall, Plastik, Holz etc.). Sie werden zu einem Bestandteil des Produktes.
     (b) Hilfsstoffe gehen ebenfalls in das Produkt mit ein, sind aber kein wesentlicher Bestandteil des Produktes (z. B. Klebstoffe, Farbstoffe, Schrauben, Nägel, Additive etc.) und spielen wert- und mengenmäßig nur eine untergeordnete Rolle.
     (c) Betriebsstoffe gehen nicht in das Produkt ein, sondern werden bei der Fertigung verbraucht (z. B. Energieträger, Schmiermittel, Kühlmittel etc.).
   - Potenzialfaktoren sind materielle oder immaterielle Elementarfaktoren, die über einen längeren Zeitraum für die Leistungserstellung gebraucht werden (z. B. Maschinen, Produktionsanlagen, Gebäude, Rechte, Patente, Wissen). Häufig werden sie auch Betriebsmittel oder Investitionsgüter genannt.
7. **Verbrauchs- und Gebrauchsgüter:**
   - Verbrauchsgüter sind Konsumgüter (konsumtive Wirtschaftsgüter), die sich mit ihrer Nutzung (durch ihren Einsatz) im Konsumprozess verbrauchen (z. B. Nahrung, Reinigungsmittel etc.).
   - Gebrauchsgüter erlauben eine längerfristige Nutzung (z. B. Kleidung, DVD, Auto).
8. **Substitutions- und Komplementärgüter:**
   Produkte und Dienstleistungen können mit anderen Produkten und Dienstleistungen in einer Beziehung stehen. Diese Beziehung ist entweder ersetzender oder ergänzender Natur.
   - Ist die Beziehung ersetzender Natur (substitutional), handelt es sich um Substitutionsgüter. In diesem Fall befriedigt der Güternutzen der Produkte auf-

grund ähnlicher Funktionen das gleiche Bedürfnis. Die Güter konkurrieren miteinander hinsichtlich ihres Nutzens (z. B. Streichhölzer und Feuerzeuge, Nachrichtenportale im Internet und Nachrichtensendungen im Fernsehen). Das eine Produkt kann das andere Produkt ersetzen (substituieren).

– Ergänzender Natur (komplementär) sind Güternutzen hingegen, wenn ein Bedürfnis erst durch den kombinierten Einsatz von Gütern befriedigt werden kann, bzw. ein Gut erst einen Sinn bekommt, wenn ein weiteres Gut zusätzlich eingesetzt wird. So macht eine TV-Übertragung erst dann Sinn, wenn es TV-Empfangsgeräte und Bildschirme gibt. Auch eine DVD, eine PC-Tastatur oder ein Kugelschreibergehäuse allein stiftet keinen Nutzen. Erst durch den kombinierten Einsatz von Gütern entsteht eine bestimmte Bedürfnisbefriedigung. Dementsprechend bedingt auch der Besitz eines Komplementärgutes die Nachfrage nach einem passenden Komplementärgut: Der Besitz eines PCs führt beispielsweise zur Nachfrage von Tastatur, Maus und Monitor.

! **Merke:**

Wirtschaftsgüter sind Leistungsergebnisse von Produktions- und/oder Dienstleistungsbetrieben und bilden den Oberbegriff für materielle Produkte, Dienstleistungen und Rechte, die in den Produktionsprozess eingebracht werden oder aus ihm hervorgehen. Wirtschaftsgüter haben die generelle Natur, dass sie der Bedürfnisbefriedigung dienen, nicht zu jeder Zeit und an jedem gewünschten Ort in der gewünschten Qualität und Menge zur Verfügung stehen und auf Märkten gehandelt werden.

Die Knappheit von Gütern und andererseits die Unbegrenztheit von Bedürfnissen führt zum Problem der **Knappheitsbewältigung**. Diese Knappheitsbewältigung bildet das Kernproblem aller Gesellschaften und damit auch aller ökonomischen Wissenschaften. Die Frage, die es immer zu beantworten gilt, lautet: Wie können mit den begrenzten Ressourcen möglichst viele Bedürfnisse befriedigt werden; also ein möglichst hohes Wohlstandsniveau erreicht werden?

Die Antwort führt zur allgemeinen Forderung, dass das ökonomische Prinzip immer und systematisch umgesetzt werden muss. Geschieht dies nicht, werden mehr Ressourcen verbraucht als nötig. Verschwendete Ressourcen stehen anderen Produktionsprozessen nicht mehr zur Verfügung. Darunter leidet sowohl die Bedürfnisbefriedigungsmöglichkeit des einzelnen als auch die der gesamten Gesellschaft, weil weniger Güter zur Verfügung gestellt werden, als es theoretisch möglich wäre. Das Problem der Güterknappheit würde nur suboptimal gelöst. Deswegen ist es ein Gebot der Vernunft, dass mit knappen Gütern (Wirtschaftsgütern) ökonomisch umgegangen werden muss. Aus betrieblicher Sicht geht die Verschwendung von Ressourcen einher mit einer geringeren Absatzmenge und Gewinnerwirtschaftungsmöglichkeit.

Folgerichtig weitergedacht, kann die **Wirtschaft** als ein System von Institutionen (= Regelwerke) und Prozessen interpretiert werden, die direkt oder indirekt der

Befriedigung menschlicher Bedürfnisse und Wünsche nach knappen Gütern dienen. Wirtschaften bedeutet somit, knappe Güter so einzusetzen, dass die Bedürfnisbefriedigung in möglichst vorteilhafter Weise erfolgt (vgl. Vahs und Schäfer-Kunz 2012: 9). Möglichst vorteilhaft bedeutet in diesem ökonomischen Zusammenhang, dass bei der Herstellung der Güter das ökonomische Prinzip eingehalten wird.

Merke: !

Wirtschaftliches Handeln ist das Umgehen mit knappen Ressourcen unter Beachtung ökonomischer Leitlinien und damit das Umsetzen eines optimalen Verhältnisses zwischen eingesetzten Mitteln und erwünschtem Zweck. Da aufgrund begrenzter Mittel nicht alle Bedürfnisse gleichermaßen befriedigt werden können, müssen Entscheidungen zwischen Handlungsalternativen getroffen werden.

Im folgenden Kapitel 1.4.3 sollen gängige Entscheidungsprobleme, unterschiedliche Ziele und Zielbeziehungen, die im Unternehmensalltag vorkommen sowie für alle Betriebe gültige Maßstäbe beschrieben werden, mit denen Handlungsalternativen und Zielerreichungsgrade bewertet werden können.

Fragen zu Kapitel 1.4.2 ?

1. Definieren Sie bitte die Begriffe Bedürfnis und Wirtschaftsgüter.
2. Welche Arten von Bedürfnissen können grundsätzlich unterschieden werden?
3. Erläutern Sie bitte die Maslow'sche Bedürfnispyramide und erklären Sie den Unterschied zwischen Wachstums- und Defizitbedürfnissen.
4. Nennen Sie bitte vier unterschiedliche Güterarten und die jeweils dazu gehörenden Gütermerkmale.
5. Was versteht die Ökonomie unter wirtschaftlichem Handeln?
6. Erläutern Sie bitte kurz das ökonomische Problem der Knappheitsbewältigung.

1.4.3 Entscheidungsfelder, Ziele und Erfolgsmaßstäbe

Wird die Medienbetriebslehre als angewandte BWL verstanden, muss sie Lösungen für praktische Entscheidungsprobleme liefern. Entscheidungen prägen den Erfolg und den Misserfolg von Unternehmen. Eine Entscheidung ist ganz allgemein „die Wahl zwischen mindestens zwei Alternativen, von denen eine die sogenannte Unterlassungsalternative sein kann" (Vahs und Schäfer-Kunz 2012: 51).

Entscheidungen können strategischer oder auch taktischer bzw. operativer Art sein. Strategische Entscheidungen sind grundlegender Art. Sie wirken langfristig und sind nur schwer zu korrigieren. Überdies ist das Problemfeld sehr komplex, da bis weit in die Zukunft geplant wird, aber es besteht eine echte Wahlmöglichkeit, da nur wenige Bedingungen, die Wahlalternativen prädisponieren. Taktische und operative Entscheidungen sind mittel- bzw. kurzfristig umgesetzt, wirken zeitnah bzw. sofort und können relativ schnell korrigiert werden. Sie ordnen sich strategischen Entscheidungen unter und sind damit von Nebenbedingungen abhängig. Andererseits sind die Folgerisiken von Entscheidungen nicht so unsicher wie bei den strategischen Problemfeldern.

Eine stringente Unterscheidung von strategischen und taktischen bzw. taktischen und operativen Entscheidungen ist nicht immer möglich. Die Übergänge sind fließend. Grundsätzliche Unterscheidungskriterien stellt Tab. 1.5 heraus. Da taktische und operative Entscheidungen im Betriebsalltag häufig ineinander übergehen, werden sie hier zusammengefasst.

Strategische Entscheidungen sind Entscheidungen darüber, wie sich das Unternehmen dem Wettbewerb stellen will (wollen wir Qualitäts- oder Massenware produzieren?), wie es wachsen will (wollen wir unser Produktportfolio ausbauen oder die Vertriebswege ausweiten?) oder wie es den Markt, auf dem es tätig ist, segmentieren will (wollen wir Massenmärkte bearbeiten oder Märkte in Teilmärkte differenzieren?), sind strategischer Art. Das Gleiche gilt für Fragestellungen des Internationalisierungsgrades (wollen wir uns national ausrichten oder global agieren?) oder des Markteintritts (wollen wir Pionier sein oder als Folger auf bestehende Märkte gehen?). Auf der Hand liegt, dass auch alle konstitutiven Entscheidungen (Rechtsformwahl, Standortwahl etc.) strategisch sind.

Tab. 1.5: Strategische und taktisch/operative Entscheidungsqualitäten

Merkmale	strategische Entscheidungen	taktische bzw. operative Entscheidungen
Ausrichtung	Effektivität, bzw. „zielführendes Handeln“	Effizienz, bzw. „zielführendes Handeln optimieren“
Eigenschaften	– strukturbestimmend, konstitutiv – frei wählbare Alternativen – langfristig orientiert – verzögert wirksam – schwierig zu korrigieren	– ablaufbestimmend, situativ – Alternativen von Nebenbedingungen abhängig – mittel- und kurzfristig orientiert – weitgehend sofort wirksam – leicht und schnell zu korrigieren
Situations-bedingungen	– komplexes Problemfeld – hohe Unsicherheit – ganzheitliches Denken gefordert	– überschaubares Problemfeld – weitgehend einschätzbares Risiko – partikulares Denken dominiert

Beispiele	– konstitutive Entscheidungen über die Rechtsform, den Standort etc.
	– Wettbewerbsstrategien
	– Wachstumsstrategien
	– Marktsegmentierungsstrategien
	– Absatzraumstrategien
	– Markteintrittsstrategien
		– eher taktisch ausgerichtet:
		  – Personalplanung
		  – Finanzplanung
		  – Planung des Marketingmixes
		– eher operativ ausgerichtet:
		  – Alltagsentscheidungen in allen betrieblichen Funktionsbereichen

Taktische Entscheidungen basieren auf strategischen und werden aus ihnen abgeleitet (vgl. Olfert 2005: 116). Werden beispielsweise qualitativ hochwertige Informationsprodukte hergestellt, werden fachlich besser ausgebildete Redakteure benötigt als wenn Boulevardthemen verarbeitet werden. Wenn nun also die Personalabteilung geeignete Mitarbeiter bereitstellen soll, muss sie ein Programm aufsetzen, das geeignete Mitarbeiter ausbildet, weiterbildet oder neu einstellt. Solche Programme wirken nun aber nicht unmittelbar auf die Produktqualität, sondern zeitlich leicht versetzt. Auch der Marketingmix (Gesamtheit der Produkt-, Preis-, Kommunikations- und Vertriebsentscheidungen) wird abhängig von strategischen Entscheidungen unterschiedlich gestaltet).

Eher **operativ ausgerichtete Entscheidungen** fallen im Tagesgeschäft. Die Hauptaufgabe operativer Entscheidungen liegt in der Ausgestaltung des Betriebsalltags und stellt damit die konkreteste Form der Betriebsführung dar. Hier werden detaillierte Einzelziele verfolgt (Entscheidungen über konkretes Tun). Ob nun diese oder jene Headline den Titel einer Sendung oder eines Berichtes ziert, welche Beiträge in eine Sendung kommen, welche Maschine genutzt wird oder welche konkrete Aufgabe von welchem Mitarbeiter erledigt wird, sind Beispiele für operative Entscheidungen. Operative Entscheidungen sind kurzfristig umgesetzt, wirken sofort und können schnell korrigiert werden. Allerdings müssen auch zahlreiche Nebenbedingungen bei der Entscheidungsfindung berücksichtigt werden. Dafür sind aber die Folgerisiken der Entscheidungen nicht so unsicher wie bei den strategischen und taktischen Problemfeldern.

Da sich operative Entscheidungen den taktischen unterordnen und diese wiederum den strategischen, muss ein Entscheidungssystem aufgebaut werden, das in sich widerspruchsfrei ist. Die Logik, der dieses Entscheidungssystem folgt, ist in den Zielen verankert, die durch die Entscheidungen umgesetzt werden sollen.

Im Zusammenhang mit Entscheidungen rücken also die **Ziele** der unternehmerischen Tätigkeit in den Vordergrund der Betrachtung. Aber auch Ziele „schweben nicht frei im Wunschraum" der betrieblichen Entscheidungsträger. Oft werden sie begleitet von Nebenbedingungen, die zu berücksichtigen sind. Nebenbedingungen können unterschiedliches Gewicht haben und bewegen sich zwischen „muss unbedingt gewährleistet sein" und „sollte realisiert werden". Zu den letzteren Bedingungen gehören all die Festlegungen, die für das Überleben des Unternehmens nicht direkt zwingend sind (z. B. Arbeitsplatzzufriedenheit, gerechte Gehälterstruktur, korrektes Verhalten gegenüber unternehmensexternen Personen oder Gruppen etc.).

Unbedingt gewährleistet sein muss hingegen die langfristige Existenzsicherung des Betriebes. Diese Mindestbedingung fordert, dass die Vermögensauszehrung durch Dauerverluste vermieden und die Zahlungsfähigkeit des Unternehmens gewahrt bleiben muss (vgl. Wöhe und Döring 2013: 38). Für private Unternehmen gilt diese Mindestbedingung auch als formales Oberziel, denn ein Unternehmen, das zahlungsunfähig wird, muss Insolvenz anmelden und das Insolvenzverfahren endet in der Mehrzahl der Fälle mit der Einstellung der unternehmerischen Tätigkeit. Unternehmen, die dem

Wettbewerb nicht ausgesetzt sind, wie beispielsweise die öffentlich-rechtlichen Rundfunkanstalten, sind in ihrer Existenz gesichert. Das vergleichsweise geltende Oberziel wäre hier, dass die Kosten der Medienproduktion und der Medienbereitstellung das über die Haushaltsabgaben bereitgestellte Budget nicht überschreiten dürfen.

Eine zweite allgemeine Nebenbedingung bzw. das zweite formale Oberziel privatwirtschaftlicher Unternehmen fordert, dass Gewinne erwirtschaftet werden müssen. Im Hinblick auf die Gewinnerwirtschaftung gilt allgemein, dass ein Mehr an Gewinn einem Weniger vorzuziehen ist. Für öffentlich-rechtliche Rundfunkanstalten gilt dieses Ziel ebenfalls nicht. Das vergleichsweise geltende Oberziel wäre hier, dass möglichst viele Bürger mit hochwertigen Informationen und wertevermittelnder Unterhaltung versorgt werden. Der gesellschaftliche Funktionsauftrag soll bestmöglichst erfüllt werden.

Ziele beschreiben entweder **was** (formal) erreicht werden soll oder **wie** das (formal) Festgelegte erreicht werden soll. Dementsprechend werden Ziele grundsätzlich in Formalziele und Sachziele differenziert (vgl. Thommen et al. 2017: 114):

- **Sachziele** beziehen sich auf das konkrete Handeln eines Unternehmens innerhalb der einzelnen betrieblichen Funktionen (z. B. Management, Beschaffung, Produktion, Absatz) und somit auf die konkrete Steuerung des Unternehmens. Sachziele (z. B. Verkauf einer bestimmten Menge von Produkten) richten sich nach den Formalzielen.
- **Formalziele** stellen übergeordnete Ziele dar und geben den Sachzielen Orientierung. Formalziele werden auch Erfolgsziele genannt, weil in ihnen der Erfolg des Unternehmens ausgedrückt wird. Sie sind immer direkt messbar.

Werden Sachziele und Formalziele nach den Handlungsbereichen, auf die sie wirken, differenziert, ergeben sich vielfältige und höchst unterschiedliche Zielarten, die in Betrieben (in der Regel gleichzeitig) realisiert werden müssen. Tabelle 1.6 zeigt eine Übersicht der unterschiedlichen Zielarten und nennt jeweils exemplarische Anwendungsbereiche und Zielparameter (vgl. neben Thommen et al. 2017: 115 ff. auch Vahs und Schäfer-Kunz 2012: 29 ff., Wöhe und Döring 2013: 38 ff. und Heinhold 2010: 11 ff.).

1. Ausgewählte Sachzielbereiche:

- **Leistungsziele** beziehen sich auf den Prozess der Leistungserstellung und Leistungsverwertung. Im Vordergrund stehen produkt- und marktorientierte Ziele, die das Leistungsprogramm und den Absatzbereich des Unternehmens betreffen. Unternehmen entscheiden hier unter anderem über die Menge, Art und Qualität der Leistungen (z. B. Information oder Unterhaltung), die hergestellt und verbreitet werden sollen, welche Ressourcen eingesetzt und vorgehalten werden, welches Qualitätsniveau zu erreichen ist oder auf welchen Märkten bzw. für welche Zielgruppen das Unternehmen aktiv sein soll.

- **Finanzziele** lassen sich aus dem finanzwirtschaftlichen Leistungsprozess ableiten. Im Vordergrund stehen daher Entscheidungen über die Versorgung des Unternehmens mit Kapital, die Aufrechterhaltung der Liquidität und Kreditwürdigkeit, die Optimierung der Kapital- und Vermögensstruktur sowie die Steigerung des Unternehmenswertes.
- **Führungs- und Organisationsziele** prägen die Gestaltung und Steuerung des Unternehmens. Im Vordergrund stehen Entscheidungen über den Führungsstil, also die Art und Weise der Mitarbeiterführung und den Prozess der Entscheidungsfindung sowie über die Art und Weise, wie die einzelnen Leistungsstellen zusammenarbeiten oder das Unternehmen aufgebaut wird. So werden beispielsweise Internetagenturen völlig anders geführt und aufgebaut als klassische Medienunternehmen.
- **Macht- und Prestigeziele** betreffen den gewünschten Grad an Unabhängigkeit des Unternehmens sowie Einflüsse, die das Unternehmen auf Beziehungsgruppen (Stakeholder) geltend machen kann. Auch das Unternehmensimage oder die Weiterführung der Unternehmenstradition stehen im Fokus dieser Zielsetzungen. So wollen Verlage häufig meinungsbildend wirken und streben eine möglichst hohe Reputation an.
- **Soziale Ziele** stellen einerseits darauf ab, die Zufriedenheit und die Weiterentwicklung der Mitarbeiter zu optimieren, Arbeitsplätze zu sichern und Gehaltsgefüge gerecht zu gestalten. Andererseits werden auch gesellschaftsgezogene Ziele, die Einfluss auf den eigenen Unternehmenserfolg haben können, verfolgt. Gesellschaftsbezogene Ziele können auch rein auf ethischen oder publizistischen Überlegungen basieren; z. B. Beiträge zur Lösung gesellschaftlicher Probleme zu leisten, Transparenz herzustellen oder Hilfe zur Alltagsbewältigung bereitzustellen. Solche Ziele dienen unter anderem der Aufrechterhaltung demokratischer Prinzipien. Im Umfeld von Medienunternehmen stehen die internen sozialen Ziele auf dem gleichen Bedeutungsniveau, wie in jedem anderen Unternehmen auch. Die Relevanz der externen sozialen Ziele wird von den einzelnen Marktteilnehmern allerdings höchst unterschiedlich eingeschätzt; z. B. im Pressewesen höher als in der digitalen Spieleindustrie.
- **Ökologische Ziele** zielen darauf ab, Umweltstandards zu sichern oder zu erhöhen. Im Vordergrund steht hier der schonende Umgang mit natürlichen Ressourcen, belastende Emissionen und Abfälle zu vermeiden, zu vermindern oder zu verwerten und Gefahrenpotenziale für die Umwelt zu reduzieren. Ökologische Ziele sind für Medienunternehmen eher von untergeordneter Bedeutung, da sie die betrieblichen Erfolgsziele kaum berühren.

2. Ausgewählte Formalzielbereiche:

- **Absolute Erfolgsziele** werden als eine direkt messbare Größe (z. B. in Euro) ausgewiesen. Sie sind einfach und schnell zu überprüfen und weisen den Erfolg des betrieblichen Handelns aus. Zu den Erfolgszielgrößen gehören Parameter wie beispielsweise der Umsatz, die Kosten, der Gewinn und andere mehr.

- **Relative Erfolgsziele** verbinden zwei Erfolgsfaktoren zu Quotienten. Durch die Verbindung kann verdeutlicht werden, nach welchen Regeln gehandelt werden soll, da der Quotient sinnvolle Aussagen oder Handlungsanweisungen ableitbar macht. Wichtige Basiskennziffern sind die Produktivität, die Wirtschaftlichkeit, die Rentabilität, die Liquidität und andere mehr (vgl. auch Kapitel 9):
  - Die **Produktivität** gibt Auskunft darüber, wie ergiebig die Einsatzfaktoren arbeiten bzw. eingesetzt werden und misst dies am Mengenverhältnis zwischen Output und Input des Produktionsprozesses. Dadurch können höchst unterschiedliche Produktivitäten berechnet werden. Solche werden auch Teilproduktivitäten genannt, weil sie die Produktivität des Gesamtunternehmens nach spezifischen Produktionsfaktoren gliedern. Solche Teilproduktivitäten sind beispielsweise die Arbeitsproduktivität, die Maschinenproduktivität oder die Verkaufsflächenproduktivität.
  - Die **Wirtschaftlichkeit** vergleicht im Unterschied zur Produktivität nicht Mengenverhältnisse, sondern sie bringt das *wertmäßige* Verhältnis von Ertrag und Aufwand im Sinne einer Nutzen-Kosten-Relation zum Ausdruck. Da beide Größen in Geldeinheiten dargestellt werden, ergibt sich mathematisch eine dimensionslose Kennzahl. Diese dimensionslose Kennzahl gibt Auskunft darüber, ob der betriebene Aufwand lohnenswert ist oder nicht. Um tatsächlich wirtschaftlich zu arbeiten, muss dieser Quotient größer als eins sein. Ist er genau eins, so liegt lediglich eine Kostendeckung vor. Ist er kleiner als eins, wird Verlust gemacht, da in diesem Fall der Aufwand größer ist als der Ertrag.
  - **Rentabilität** ist eine finale Zielgröße erwerbswirtschaftlich tätiger Unternehmen. Sie drückt aus, in welchem Verhältnis der Gewinn zu dem für die Erwirtschaftung dieses Gewinns durchschnittlich eingesetzten Kapitals steht. Rentabilitätskennzahlen setzen immer eine Ergebnisgröße (Gewinn, Jahresüberschuss, Cash-Flow oder Bruttogewinn etc.) ins Verhältnis zu einer Kapital- oder Vermögensgröße (z. B. Eigenkapital, Gesamtkapital etc.) (vgl. Wöhe und Döring 2013: 861). Solche Kennzahlen machen Unternehmensvergleiche möglich, die aufgrund absoluter Kennzahlen nicht sinnvoll sind. Es würde z. B. wenig Sinn machen, den Gewinn zweier sehr unterschiedlich großer Unternehmen zu vergleichen, da das jeweils eingesetzte Kapital ebenfalls höchst unterschiedlich sein kann. Als Rendite (Gewinn in Prozent) ausgedrückt, wird der Vergleich hingegen sinnvoll. So können z. B. die Eigenkapitalrentabilität, die Gesamtkapitalrentabilität oder die Umsatzrentabilität berechnet werden.
  - **Liquidität** ist eine Kennziffer, die auf einen bestimmten Zeitpunkt bezogen Auskunft über die Zahlungsfähigkeit eines Unternehmens zur Abdeckung der kurzfristigen Verbindlichkeiten gibt. Sie wird in drei unterschiedlichen Graden berechnet, da die kurzfristigen Verbindlichkeiten in Bezug zu un-

terschiedlichen Vermögensgegenständen (z. B. liquide Mittel, Forderungen, Vorräte etc.) gesetzt werden können. Illiquidität (Zahlungsunfähigkeit) ist eine der häufigsten Gründe für Insolvenzverfahren. Hingegen ist auch eine sehr hohe Liquidität nicht sinnvoll, denn sie bewirkt Rentabilitätseinbußen. Wer Zahlungsmittel hortet, kann zwar alle Zahlungsverpflichtungen leicht erfüllen, verzichtet aber zumindest auf die übliche Verzinsung des Kapitals und verliert durch Inflation einen Teil seines Vermögens (vgl. Wöhe und Döring 2013: 538).

Tab. 1.6: Zielarten und beispielhafte Anwendungsbereiche/Zielparameter

Zielarten	**Anwendungsbereiche**
1. *Sachziele*	
Leistungsziele	Güterprogramm, Ressourcenqualität, Marktstellung etc.
Finanzziele	Zahlungsfähigkeit, Kreditfähigkeit, Unternehmenswert etc.
Führungs- und Organisationsziele	Führungsstil, Entscheidungsfindung, Arbeitsteilung etc.
Macht- und Prestigeziele	politischer Einfluss, Unabhängigkeit, Unternehmensimage etc.
soziale Ziele	Arbeitszufriedenheit, Personalentwicklung, Einkommen etc.
ökologische Ziele	Umweltschutz, Ressourcenschonung, Risikominimierung etc.
2. *Formalziele*	
absolute Erfolgsziele	Gewinn, Erlös, Kosten, Deckungsbeitrag etc.
relative Erfolgsziele	Produktivität: Arbeits-, Maschinen-, Flächen-, Kapitalproduktivität etc. Wirtschaftlichkeit: Effizienzfeststellung; Effizienzvergleiche Rentabilität: Eigenkapital-, Gesamtkapital-, Umsatzrentabilität etc. Liquidität: Zeitpunktbezogene Zahlungsfähigkeit ... und andere mehr

Zielbildung und Zielkonkretisierung

Ziele dienen als Maßstäbe, an denen unternehmerischer Handlungserfolg gemessen wird. Daher sind die Zielbildung und die Zielkonkretisierung eine unverzichtbare Aufgabe des Managements. Das bedeutet, dass es Aufgabe des Managements ist, dafür Sorge zu tragen, dass die von ihm definierten Ziele bestimmte Eigenschaften haben. Diese Eigenschaften werden mit dem Akronym SMART beschrieben. SMART steht für spezifisch, messbar, anspruchsvoll (bzw. attraktiv oder akzeptiert), realistisch und terminiert. Nur ein durch SMART-Faktoren formuliertes Ziel ist ein im Sinne der Unternehmenssteuerung brauchbares Ziel, weil nur dann konkrete Handlungsoptionen abgeleitet werden können (vgl. Tab. 1.7).

Damit wird deutlich, dass die im Unternehmensalltag häufig formulierten Ziele wie: „Wir müssen unser Image verbessern", „Das Produkt muss deutlich attraktiver für

Tab. 1.7: SMART-Faktoren der Zieldefinition

Zielfaktor	Ausprägung
Spezifisch	Die Zielsetzung muss konkret sein.
Messbar	Die Zielsetzung muss messbar (operationalisiert) sein, damit sie kontrollierbar ist.
Anspruchsvoll	Die Zielsetzung muss den Beteiligten einen Impuls zur Verbesserung der Ausgangssituation liefern.
Realistisch	Die Zielsetzung muss erreichbar sein.
Terminiert	Die Zielsetzung muss eine Zeitangabe beinhalten, bis zu der das Ziel erreicht sein soll.

den Konsumenten werden", „Wir müssen die Mitarbeiterzufriedenheit erhöhen" oder „Wir müssen neue Kunden gewinnen" alles andere als brauchbar sind. Sie lassen im engeren Sinne offen, was konkret verlangt wird, wann das Ziel erreicht sein soll oder wie das Ziel bzw. der Zielerreichungsgrad überprüft werden kann. Ziele, denen es an Genauigkeit fehlt, weil nicht konkret ausgedrückt wird, was genau erreicht werden soll, werden qualitative (oder vorökonomische) Ziele genannt.

Qualitative Ziele sind Ziele, die nicht direkt messbar sind. Um messen zu können, müssen Stellvertretergrößen gefunden werden, die hilfsweise messen können, was direkt nicht gemessen werden kann. Soll beispielsweise gemessen werden, ob die Kundenzufriedenheit hoch ist, kann nicht einfach eine Messlatte oder ein Maßstab angelegt werden, die bzw. der Auskunft darüber gibt, ob oder wie hoch die Kundenzufriedenheit ist. Hier muss ein Ergebnis über „Umwege" ermittelt werden. Es müssen Parameter gefunden werden, die direkt messbar sind und in einem ursächlichen Zusammenhang mit dem „eigentlich" zu messenden Phänomen stehen. Es könnte im Zusammenhang mit der Kundenzufriedenheit beispielsweise überprüft werden, wie hoch die Beschwerdequote ist und wie viele Beschwerdegespräche positiv enden etc. Die Ergebnisse solcher Stellvertretermessungen geben dann bestenfalls Hinweise auf die Qualität der Kundenzufriedenheit. Deswegen reicht auch die Stellvertretermessung anhand eines einzigen oder zweier Ersatzgrößen in der Regel nicht aus, um valide darüber Auskunft zu geben, ob das Ziel erreicht ist oder nicht. Das Messbarmachen von nicht direkt messbaren Phänomenen wird **Operationalisierung** genannt. Die Operationalisierung von komplexen Phänomenen, wie beispielsweise das Image, die Attraktivität, die Zufriedenheit oder Glück, ist in der Regel kein einfaches Unterfangen.

Quantitative Ziele sind Ziele, die direkt messbar sind und in konkreten, festdefinierten Maßeinheiten darstellbar sind. Die Messgrößen sind Geld, Gewicht, Temperatur, Länge, Prozent etc. Konkrete Handlungsziele wären beispielsweise: „Die Reichweite des Verlagsproduktes X bis zum Ende des kommenden Quartals um 15 Prozent zu erhöhen" oder „die Kosten für die Produktion von Auslandsreportagen ab sofort um zehn Prozent zu senken". Beide Ziele sind konkret, messbar und terminiert. Solche Ziele werden quantitative Ziele genannt. Dass die Beispielsziele auch anspruchsvoll und realistisch sind, sei hier unterstellt.

Das Gewinnziel der privat-kommerziellen Medienunternehmen ist beispielsweise eindeutig und direkt (z. B. in Euro) messbar. Das Ziel öffentlich-rechtlicher Medienunternehmen, die Bevölkerung bestmöglichst mit brauchbaren Informationen zu versorgen, kann hingegen nicht direkt gemessen werden. Es bedarf der Interpretation. Denn ohne weitere Erklärungen ist weder zu entscheiden, was unter einer „bestmöglichen" Erfüllung des Funktionsauftrags zu verstehen ist noch, was eine brauchbare Information ist. Dies kann beispielsweise bedeuten, dass einfach möglichst viele Bürger erreicht und mit Alltagsinformationen versorgt werden sollen. Es kann aber auch bedeuten, dass eine höchstmögliche Güterqualität angeboten werden soll oder, dass auch Randgruppen mit ausschließlich sie interessierenden Inhalten versorgt werden. Die Definition des Ziels bedarf der Operationalisierung, um rationale Handlungsalternativen entwickeln und auswählen zu können. Des Weiteren wäre ohne Operationalisierung auch die Messbarkeit des Zielerreichungsgrades nicht möglich.

Welche Maßnahmen das Management nach der Zieldefinition einleitet, um die Ziele zu realisieren, ist im Anschluss zu klären und nicht in der Zieldefinition enthalten. Aber bei der Auswahl der Maßnahmen muss zum einen darauf geachtet werden, dass untergeordnete Ziele den Zielerreichungsgrad übergeordneter Ziele nicht negativ beeinflussen. Es würde beispielsweise wenig Sinn machen, die Reisekosten für die Auslandsreportagen zu senken, wenn dadurch die Produktionszeiten wesentlich verlängert würden und sich dadurch die Kapitalumschlagshäufigkeit verringert. Zum anderen muss darauf geachtet werden, dass, wenn mehrere Maßnahmen ergriffen werden, diese nicht in ihrer Wirkung konkurrieren. Sowohl eine Senkung des Preises für das Verlagsprodukt X als auch eine Erhöhung seiner inhaltlichen Qualität können zur Ausweitung der Reichweite (Menge an Leserkontakten) führen, aber beide Maßnahmen gleichzeitig umzusetzen, würde zu erheblichen Problemen führen.

Zusammenfassend lassen sich Ziele hinsichtlich ihrer grundsätzlichen Klassifikationsmerkmale (Zieldimension und Zielausprägung) wie in Tab. 1.8 (in Anlehnung an Wöhe und Döring 2013: 69 f.) dargestellt, unterscheiden:

Tab. 1.8: Zieldimensionen und Zielausprägungen

Zieldimensionen	Zielausprägungen
1. Zielsetzungsinstanz	individuell, institutionell
2. Zielinhalt	quantitativ (ökonomisch), qualitativ (vor-ökonomisch)
3. Zielausmaß	begrenzt, unbegrenzt
4. Zeitbezug	kurzfristig, langfristig (jeweils zeitpunkt- oder zeitraumbezogen)
5. Zielbeziehung	komplementär, konkurrierend, indifferent
6. Rangordnung	übergeordnet, untergeordnet (Ober-, Zwischen-, Unterziele)

1. Die **Zielsetzungsinstanz** ist diejenige, die das Ziel formuliert. Eine solche Instanz kann eine Person sein oder eine Organisation. Da Zielformulierungen immer in-

teressengesteuert sind, können sich sowohl an individuellen als auch an institutionellen (organisationalen) Interessen orientieren. Dementsprechend können sich Teilziele deutlich unterscheiden, obwohl das finale Ziel identisch ist. Ein Redakteur könnte daran interessiert sein, ein möglichst hohes Gehalt zu bekommen. Das Interesse des Verlages liegt hingegen eher in der Reduktion der Personalkosten. Beide hingegen wollen Arbeitsplätze im Verlag sichern und Gewinn erwirtschaften.

2. Der **Zielinhalt**, der festlegt, was erreicht werden soll, kann konkret in Mengen-, Zeit- oder Geldeinheiten etc. beziffert oder als allgemeine Richtschnur formuliert werden. Direkt messbar sind alle Ziele, die als absolute Größen (z. B. Produktionsmenge, Umsatz) oder als relative Größen (z. B. Arbeitsproduktivität, Umsatzrentabilität) formuliert werden. Solche Ziele werden quantitative Ziele bzw. ökonomische Ziele genannt. Ziele können auch definiert werden, indem sie „prinzipiell" verdeutlichen, was erreicht werden soll. Diese Ziele werden den qualitativen (vorökonomischen) Zielen zugeordnet und müssen noch operationalisiert (messbar gemacht) werden, bevor sie konkret handhabbar werden. Solche Ziele sind beispielsweise die Bekanntheit, die Zufriedenheit, die Reputation, das Image etc. zu erhöhen. „Vor-ökonomisch" werden diese Ziele genannt, weil sie in der Regel erreicht werden müssen, bevor die im engeren Sinne ökonomischen Ziele erreicht werden können. Ein hier grundlegender Gedanke lautet exemplarisch: Erst wenn ein Produkt bekannt ist, wird es gekauft.
3. Das **Zielausmaß** definiert, ob es sich um endliche bzw. abzählbare Ziele handelt (z. B. drei Mio. Euro Umsatz) oder ob das Ziel im Ausmaß offen ist (z. B. Existenzsicherung, Wachstum, Gewinne erwirtschaften).
4. Der **Zeitbezug** eines Ziels definiert einerseits die Fristigkeit des Ziels (langfristig oder kurzfristig) oder andererseits, ob das Ziel zu einem bestimmten Zeitpunkt bzw. in einem bestimmten Zeitraum erreicht werden soll.
5. Die **Zielbeziehung** gibt Auskunft darüber, ob sich die gesetzten Ziele gegenseitig unterstützen, behindern oder ob sie neutral zueinanderstehen. Komplementär werden zwei Ziele genannt, wenn der Zielerreichungsgrad des einen Ziels den Zielerreichungsgrad des anderen Ziels unterstützt (z. B. Erhöhung des Gewinns und Reduktion der Fehlerquote). Konkurrierend sind Ziele dann, wenn der Zielerreichungsgrad des einen Ziels durch den Zielerreichungsgrad des anderen Ziels negativ beeinträchtigt wird (z. B. Produktqualität erhöhen und Produktionskosten senken). Indifferent sind Ziele dann, wenn die Ausmaße der einzelnen Zielerreichungen keinen gegenseitigen Einfluss haben (z. B. Erweiterung des Fuhrparks und Anschaffung einer neuen Abrechnungssoftware).
6. Die **Rangordnung** von Zielen definiert die hierarchische Ordnung in einem System von Zielen. Der Betriebsalltag wird von der Verfolgung konkreter (operationalisierter) Ziele bestimmt. So bekommt beispielsweise der Grafiker die Anweisung, eine bestimmte Menge an Bildern pro Zeiteinheit zu bearbeiten. Dieses Ziel ist dem Ziel der Redaktion, die Layoutkosten für ein Magazin zu reduzieren, unter-

geordnet. Und dieses Ziel wiederum ist dem Oberziel des Verlages untergeordnet, die Gewinne aus dem Printsektor zu erhöhen. Unternehmerische Oberziele sind in der Regel nicht geeignet, als Richtschnur für konkretes Handeln zu gelten. Sie können aber den Zwischen- und Unterzielen eine „Richtung" geben. Daher werden Unternehmensziele hierarchisch geordnet. Oberziele geben die Richtung vor, Zwischenziele werden hauptsächlich für einzelne Geschäftsfelder oder Unternehmensabteilungen definiert, Unterziele lenken das Handeln innerhalb der einzelnen Funktionsbereiche (Marketing, Vertrieb, Rechnungswesen, Controlling etc.).

Während die bisherigen Ausführungen in dieser Publikation unabhängig von der Branchenzugehörigkeit für alle Betriebe gelten, sollen im folgenden Kapitel 1.5 die spezifischen Erkenntnisgegenstände für die Medienbetriebslehre definiert und dargestellt werden. Die besonderen Erkenntnisgegenstände sind die Güter, die hergestellt werden, die Märkte, auf denen Güter bereitgestellt und getauscht werden und die Akteure, die als Teilnehmer auf den Märkten aktiv sind.

Fragen zu Kapitel 1.4.3 ?

1. Was ist eine Entscheidung und worin liegt der Unterschied zwischen einer strategischen und einer operativen Entscheidung?
2. Worin besteht der Unterschied zwischen einem Sach- und einem Formalziel? Nennen Sie im Anschluss jeweils zwei Beispiele je Zielbereich nebst konkretem Anwendungsbereich.
3. Nennen Sie bitte drei Arten von Zielbeziehungen und geben Sie für jede Art der Zielbeziehung ein Beispiel an.
4. Erläutern Sie kurz, welche Anforderungen Ziele erfüllen sollen.
5. Was versteht die Ökonomie unter der Operationalisierung qualitativer Ziele und warum ist sie wichtig?

1.5 Spezieller Gegenstandsbereich der Medienbetriebslehre

Der spezielle Gegenstandsbereich der Medien-BWL wird durch medienspezifische Erkenntnisgegenstände gebildet. Zunächst ist zu klären, wie der Medienbegriff in der betrieblichen Praxis von anderen Begriffsverständnissen abzugrenzen ist. Danach konzentrieren sich die Ausführungen auf Güterbegriff. Es wird geklärt, was Mediengüter sind und welche allgemeinen Eigenschaften sie haben. Im Anschluss wird die Betrachtungsperspektive erweitert und definiert, was Medienunternehmen sind und wie sie von anderen Unternehmen abgegrenzt werden können. Abschließend wird die Perspektive noch einmal erweitert und geklärt, welche Branchen und Märkte durch die Güter und die Produzenten gebildet werden. Das Ergebnis dieser Ausführungen liegt in der Abgrenzung der Medienindustrie von anderen Industrien in der Volkswirtschaft.

1.5.1 Dimensionen und Facetten des modernen Medienverständnisses

Es gibt kaum einen Begriff, der mehrdimensionaler diskutiert wird, als der Medienbegriff. Dementsprechend befassen sich viele unterschiedliche Wissenschaftsdisziplinen und Forschungsprojekte mit den Medien. Etliche Sozialwissenschaften, Ingenieurswissenschaften oder philosophische Disziplinen (z. B. die Ethik) sowie interdisziplinäre und industrielle Forschungen bemühen sich um grundsätzliche Erkenntnisse oder konkrete Anwendungen mit dem Phänomen Medien (vertiefend zu diesem Thema vgl. Dreiskämper 2013).

Tab. 1.9: Mehrdimensionalität des Medienbegriffs

Dimension	Themenfeld und Ausprägung
wirtschaftliche Dimension	Medien befriedigen Bedürfnisse nach Information und Unterhaltung, müssen aber produziert werden und verbrauchen Ressourcen im Wertschöpfungsprozess, die anderen Produktionsprozessen nicht mehr zur Verfügung stehen. Sie aktivieren den Güter-Geld-Umlauf, beschleunigen den Warenumschlag und dynamisieren den Wirtschaftskreislauf.
publizistische Dimension	Medieninhalte werden in verschiedenen Formen (Genres, journalistische Darstellungsformen etc.) mit unterschiedlichen Medienträgern (z. B. Zeitung, Rundfunk, Internet) für kleine oder große Öffentlichkeiten verfügbar gemacht. Der journalistische Bereich nimmt hier eine besondere und grundgesetzlich geschützte gesellschaftliche Stellung ein (vgl. Pressefreiheit; Art. 5 GG).
ethische Dimension	Inhalteschaffende tragen ethische Verantwortung hinsichtlich der Auswirkungen medialer Berichterstattungen. Diese Stellung macht eine Analyse von Motiven und Umständen, die zu Fehlverhalten in den Medien führen, notwendig. Als Gegenleistung für den grundgesetzlichen Schutz wird von der Presse insbesondere die Wahrhaftigkeit in der Berichterstattung gefordert (vgl. Pressekodex des Deutschen Presserates).
kulturelle Dimension	Medien ermöglichen Wissens- und Wertepräsenz und helfen der Gesellschaft, ihre kulturellen Errungenschaften an nachfolgende Generationen weiterzugeben. Medien verkörpern und dokumentieren quasi den Entwicklungsprozess einer Gesellschaft.
logistische Dimension	Medien transportieren Symbole und Bedeutungsinhalte auf unterschiedlichen Kanälen und unterschiedliche Art. Hier kommt der Digitalisierung eine besondere Bedeutung zu, da sie die Medienwirtschaft grundsätzlich revolutioniert hat.
technologische Dimension	Medien verbinden die Systeme Gesellschaft, Wirtschaft und Politik zu einem Netzwerk, dessen Entwicklung sie stimulieren. Netzwerke öffnen Systeme und ermöglichen die Globalisierung. Medientechnologie instabilisiert die Systeme durch ihr Sprungpotenzial und hält es für Veränderungen offen.
politische Dimension	Medien bilden das Spannungsverhältnis zwischen Subjekt und Gesellschaft ab, indem sowohl die Erwartungen der Bürger als auch die Entscheidungen des politischen Systems thematisiert werden. Über die Herstellung von Öffentlichkeit wird die Teilnahme an der politischen Willensbildung ermöglicht.

Tab. 1.9: (Fortsetzung)

Dimension	Themenfeld und Ausprägung
soziale Dimension	Medien üben soziale Funktionen aus. Sie bauen soziale Strukturen auf und bilden sie ab. Sie vermitteln Normen und Werte und damit Handlungsmuster für Rollenverhalten. Sie erleichtern die soziale Orientierung in großen Systemen (Gesellschaften) und helfen, Alltagsprobleme zu bewältigen. Sie wirken sozial integrierend, indem sie Massenloyalität in Bezug auf geltende Normen herstellen.
rechtliche Dimension	Aufgrund der überragenden Bedeutung der Medien für den Einzelnen und die Entwicklung der Gesellschaft regelt das Medienrecht die Nutzung und Nutzbarkeit medial übertragener Inhalte. Dazu gehören die Gewährleistung einer allgemein zugänglichen Kommunikationsinfrastruktur, die Sicherung der Meinungsvielfalt, der Schutz der Mediennutzer, der Datenschutz, aber auch der Schutz geistigen Eigentums. Klassische Gegenstände des Medienrechts sind Presse, Rundfunk und Film sowie der Multimediabereich und das Internet. Darüber hinaus regelt das Telekommunikationsrecht die technische Seite der Übermittlung von Inhalten.

Die in Tab. 1.9 dargestellte Mehrdimensionalität und die damit verbundene Facettenvielfalt des Medienbegriffs unterstreicht deutlich, dass die ökonomische Dimension der Medienwirtschaft nur einen Teilbereich des Gesamtspektrums abdeckt.[2]

Das Alltagsverständnis über den Medienbegriff reduziert diese neun Dimensionen auf vier grundsätzliche Perspektiven: Es wird von den Medien gesprochen, wenn auf die Presse oder die Rundfunkanstalten mit ihren aktuellen Berichterstattungen abgehoben wird. Gemeint ist dann der Journalismus. Es wird von Medien gesprochen, wenn die Übertragungswege und Transportmittel wie Plattformen und Netzwerke gemeint sind. Es wird von den Medien gesprochen, wenn Organisationen, wie z. B. der WDR, der De Gruyter-Verlag oder der Bertelsmann-Konzern gemeint sind. Und es werden schließlich auch die informierenden oder unterhaltenden Inhalteträger, die auf Märkten bereitgestellt werden, als Medien bezeichnet. Gemeint sind dann Filme, Musik-Downloads, Berichte oder Nachrichten etc.

Wird dieses Alltagsverständnis systematisiert, so ergeben sich vier unterschiedliche Perspektiven für Betriebe, wie Tab. 1.10 zeigt (vgl. Dreiskämper 2013: 15–25).

1. Da die **funktionale Facette** eher normative Diskussionen eröffnet, entzieht sie sich dem Zugriff der Medienbetriebslehre. Im normativen Verständnis – also in Bezug auf die Fragestellung, was sollen Medien leisten – besteht der Anspruch darin, einerseits individuelle Bedürfnisse nach Information und Unterhaltung effektiv und effizient zu befriedigen und andererseits gesellschaftsrelevante Funktionen auszuüben. Hinsichtlich der gesellschaftsrelevanten Funktionen wird der Journalismus beispielsweise oft als vierte Gewalt im Staat bezeichnet (vgl. Fabris 1981), da er zur öffentlichen Meinungsbildung beiträgt und die anderen Staatsgewalten

2 In Bezug auf kommunikationswissenschaftliche Funktionen der Medien nehmen Burkart 2002: 278–413 und Kiefer 2005: 378–382 Stellung.

Tab. 1.10: Die vier betrieblichen Perspektiven des Medienverständnisses

Facetten des Medienbegriffs	Ausprägung
1. funktional	Die funktionale Facette des Medienbegriffs zielt darauf ab, Medien als Funktionsträger zu charakterisieren, denen bestimmte Aufgaben zugeordnet werden. Als Funktionsträger sollen Mediengüter, Medienunternehmen und Medienmärkte sowohl individuelle als auch gesellschaftliche Aufgaben erfüllen.
2. technisch	Die technische bzw. technologische Facette des Medienbegriffs zielt darauf ab, Medien als Speicherorte oder Transporteure von Inhalten zu charakterisieren und erforscht bzw. realisiert die Bereitstellung und Verknüpfung von Inhalten und Plattformen. Die Technologie erforscht, was machbar ist und bildet den Motor medialer Entwicklungen. Die Technik realisiert, was im Sinne der Nützlichkeit brauchbar ist.
3. organisational	Die organisationale Facette des Medienbegriffs zielt darauf ab, Medien als betriebliche Systeme (Organisationen) zu charakterisieren, die Medienprodukte produzieren oder Mediendienstleistungen bereitstellen. Die Größe, die Rechtsform und die Zielausrichtung der Organisation spielen dabei zunächst keine Rolle. Im Allgemeinen kann auch von güterproduzierenden und dienstleistungsanbietenden Medienakteuren gesprochen werden.
4. gütertypologisch	Die gütertypologische Facette des Medienbegriffs zielt darauf ab, Medien als materielle oder immaterielle Leistungsträger zu charakterisieren, die individuelle und gesellschaftliche Mehrwerte (Nutzen) bieten.

(Exekutive, Legislative und Judikative) kritisieren soll. Dass Medien, Medienunternehmen und Medienmärkte beide Funktionen erfüllen, liegt auf der Hand, welche der Funktionen aber Priorität genießen soll, ist allerdings nur normativ zu beantworten.[3] Weil die Medienbetriebslehre aber eine beschreibende Wissenschaft ist und keine bewertende, kann sie hier nicht weiterhelfen.

3 Da eine effiziente Versorgung der Konsumenten mit Medieninhalten nicht zwingend mit einer adäquaten Versorgung der Gesellschaft mit Medieninhalten gleichzusetzen ist, sondern hier sogar deutliche Widersprüche zu erkennen sind, kann von einer Dissoziativität in Bezug auf die Funktionsträgerschaft der Medien, Medienunternehmen und Medienmärkte gesprochen werden (vgl. Dreiskämper 2013: 22–24). Dissoziativität bedeutet, dass eine Funktionsstörung vorliegt. Diese Funktionsstörung existiert sowohl auf der Ebene der Medien, als auch auf der Ebene der Medienunternehmen und der Medienmärkte: Mediengüter dienen einerseits der Befriedigung individueller Informations- und Unterhaltungsbedürfnisse, andererseits dienen sie als Instrument zur Abbildung, Stabilisierung und Veränderung sozialer, kultureller und politischer Systembedingungen. Medienunternehmen sind einerseits privat beauftragte Angebotsoptimierer, andererseits aber auch öffentlich beauftragte Hilfedienstleister (vgl. auch Rau 2007: 28 und Röpke 1979: 171 ff.). Medienmärkte sind einerseits Handlungsorte eigennützig konkurrierender Akteure, andererseits aber auch sanktionsfreie Orte publizistischer Vielfalt. Die Ökonomie kann und will aber keine Aussagen über die gesellschaftlichen Wirkungen von

2. Die **technische Facette** dient zwar der Ausgestaltung betrieblicher Entscheidungen, weil sie Geschäftsmodelle ermöglicht, aber die Medienbetriebslehre nutzt lediglich die von der Technologie oder der Informatik bereitgestellten Möglichkeiten. Daher gehört auch diese Facette nicht zu den originären Gegenständen medienbetrieblicher Fragestellungen. Sie liefert lediglich Rahmenbedingungen des technologischen Status Quo im Betriebsalltag und wird als externes (nicht vom Betrieb beeinflussbares, gegebenes) Faktum angenommen und in die betrieblichen Entscheidungen eingebunden.

3./4. Die **organisationale** und die **gütertypologische Facette** gehören hingegen zu den ganz zentralen Erkenntnisgegenständen der Medienbetriebslehre. Einerseits werden hier die unterschiedlichen Organisationsformen von Medienunternehmen sowie deren Geschäftsmodelle analysiert und andererseits die verschiedenen Leistungsangebote sowie deren Wertschöpfungs- und Vermarktungsumfelder untersucht.

Da die Gütereigenschaften und deren Produktionsbedingungen die Gestaltung der organisationalen Rahmenbedingungen bestimmen, werden zunächst die Medien als Güter und deren Leistungsergebnis definiert. Im darauffolgenden Kapitelabschnitt werden dann die Medien als betriebliche Organisationen vorgestellt.

1.5.2 Mediengüter, Mediennutzen und Medienleistungen

Mediengüter entstehen einerseits automatisch, wenn beispielsweise Nutzer bzw. Anwender Texte schreiben, Motive fotografieren oder Objekte zeichnen. Gegenstand der Medienbetriebslehre sind allerdings die Güter, die technisch hergestellt und bereitgestellt werden, um Fremdbedarfe nach Information und Unterhaltung zu befriedigen. Daher sind **Medien** im Sinne der ökonomischen Gütertypologie Leistungsergebnisse von Produktions- und/oder Dienstleistungsbetrieben, die Kommunikationsinhalte kreieren, sammeln und bündeln, Kommunikationsmittel produzieren und Kommunikationsträger bereitstellen.

Merke: !

Kommunikationsinhalte sind Informationen (Wissenseinheiten), Informationsbündel (z. B. journalistische Darstellungen oder Werbebotschaften) und Kommunikationselemente, die der Unterhaltung dienen (z. B. Kurzweiliges, Witziges, Spannendes). Diese Inhalte (Contents) bilden den zentralen Kern der Medienleistung, da sie es sind, die die Bedürfnisse der Konsumenten nach Information und Unterhaltung befriedigen.

Medieninhalten machen oder darüber, ob und wie das Mediensystem durch nicht-ökonomische Handlungen beeinflusst werden soll (vgl. Dreiskämper 2013: 24).

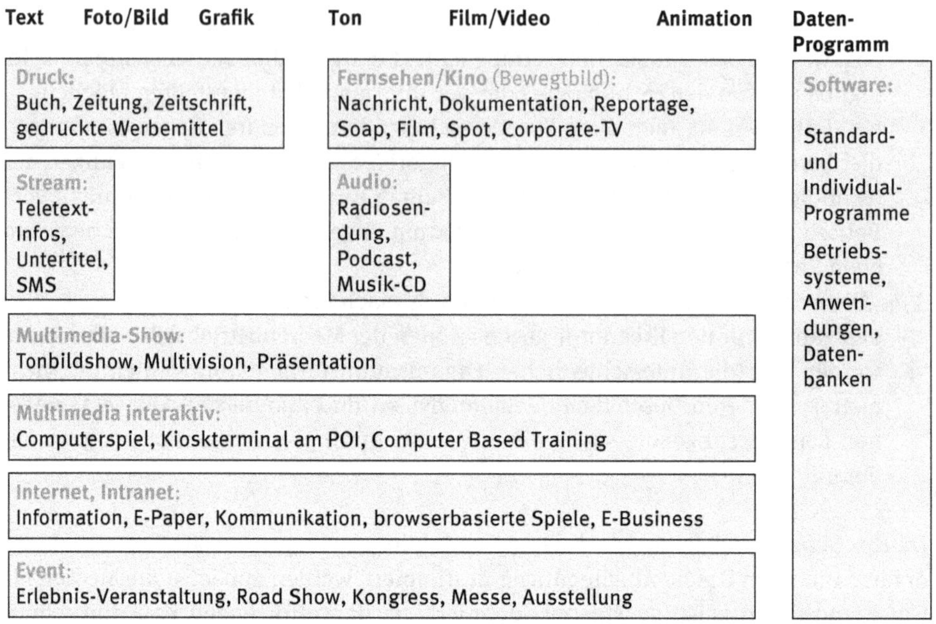

Text **Foto/Bild** **Grafik** **Ton** **Film/Video** **Animation** **Daten-Programm**

Druck:
Buch, Zeitung, Zeitschrift, gedruckte Werbemittel

Fernsehen/Kino (Bewegtbild):
Nachricht, Dokumentation, Reportage, Soap, Film, Spot, Corporate-TV

Software:
Standard- und Individual-Programme
Betriebssysteme, Anwendungen, Datenbanken

Stream:
Teletext-Infos, Untertitel, SMS

Audio:
Radiosendung, Podcast, Musik-CD

Multimedia-Show:
Tonbildshow, Multivision, Präsentation

Multimedia interaktiv:
Computerspiel, Kioskterminal am POI, Computer Based Training

Internet, Intranet:
Information, E-Paper, Kommunikation, browserbasierte Spiele, E-Business

Event:
Erlebnis-Veranstaltung, Road Show, Kongress, Messe, Ausstellung

Abb. 1.4: Kommunikationsträger und Kommunikationsmittel als Medienbestandteile

Kommunikationsmittel machen die inhaltliche Botschaft sinnlich wahrnehmbar (z. B. Texte, Grafiken, Filme, Zeitungsberichte, Werbeanzeigen, Werbebanner).
Kommunikationsträger speichern und transportieren (übertragen) die in den Kommunikationsmitteln dargestellten Medieninhalte (z. B. Bücher, Zeitungen, Rundfunk, DVD, Online-Medien) an die Konsumenten.

Bezogen auf die **Kernleistung der Medien**, Informationen, Bildung, Unterhaltung und Werbebotschaften bereitzustellen, können Mediengüter auch (verkürzt) definiert werden als Inhalte (Contents), die bei einem bestimmten Kreis von Rezipienten einen bestimmten Nutzen generieren und aus verschiedenen Kommunikationsmitteln (Assets) zusammengesetzt werden. Welche Assets (Elemente) dies sind, verdeutlicht Abb. 1.4 (vgl. Gläser 2014: 102): Text als semantische Zeichen bzw. Bedeutungsvermittler, Fotos als reale unbewegliche Bilder, Grafiken als unbewegliche künstliche Darstellungen, Töne als akustische Signale oder Klangereignisse, Filme und Videos als zusammenhängende reale Bewegtbilder, Animationen als bewegte zusammenhängende künstliche Bilder und letztlich Daten als digitale Informationen, zur Steuerung von Betriebssystemen und sonstigen digitalen Anwendungen.

Hinsichtlich der Zielgruppen und der spezifischen Leistungsfunktion der Medien unterscheidet Gläser (vgl. Gläser 2014: 104 ff. und 130 ff.) zwischen zwei unterschiedlichen Medienprodukten:

1. Medien als Vorleistungen für Unternehmen

Als Vorleistungen für Unternehmen zeichnen sich Medien dadurch aus, dass sie die Geschäftsprozesse der nachfragenden Unternehmen fördern. Sie unterstützen den Wertschöpfungsprozess von Wirtschaftsunternehmen und werden in allen Teilbereichen des Wertschöpfungsprozesses eingesetzt; insbesondere in der (internen) Kommunikation, im Marketing und im Vertrieb (vgl. hierzu ausführlich Gläser 2014: 130–132). Das Intranet beispielsweise gilt heute nicht nur als moderne Variante der klassischen Mitarbeiterzeitung, das Mitteilungen des Unternehmens an die Mitarbeiter transportiert, sondern auch als Weiterbildungskanal sowie als Speicherort für die Inhalte des unternehmensinternen Wissensmanagements. Das Internet wiederum fördert den Informationstransfer an und von den Kunden, wird aber auch als aktiver Vertriebsweg genutzt. Software stützt die Kommunikation, aber auch das Beschaffungs- und Absatzmanagement der Betriebe. Datenbanken verwalten das Wissen der Unternehmung, unterstützen aber auch alle anderen Unternehmensbereiche. Letztlich spielen Medienprodukte vor allem in der Außenkommunikation mit den Stakeholdern (Beziehungsgruppen eines Betriebes) eine bedeutende Rolle; insbesondere in der Werbung und der Öffentlichkeitsarbeit. Neben vielen eigenerstellten Produkten wie etwa eine Präsentation, ein DIA-Vortrag, eine Multimediavision für Messen und ähnliche Veranstaltungen oder eine Gebrauchsanweisung für Produkte, werden mediale Vorleistungen auch häufig von externen Agenturen erbracht. Werbe- und PR-Agenturen erstellen Spots und Filme, Internetauftritte, Image- und Produktbroschüren und viele andere Medienprodukte für ihre Auftraggeber.

2. Medien als publizistische Endprodukte

Publizistische Endprodukte zeichnen sich dadurch aus, dass sich ihre Zweckbestimmung beim Konsumenten (Zuschauer, Zuhörer, Leser oder User) entfaltet. Hierzu gehören vor allem die Massenmedien, die von Verlagen, Rundfunkanstalten, Internet-Dienstleistern etc. gegen direktes Entgelt vom Konsumenten und/oder über die Werbung finanziert, auf den Markt gebracht werden. Solche Endprodukte erscheinen als Printausgaben oder in elektronischer Form. Es ist aber festzustellen, dass sich diese beiden „Produktwelten" (Gläser 2014: 104) immer weiter ausdifferenzieren. Zusätzlich zum Buch, zur Zeitung oder zur Zeitschrift erscheinen E-Books, E-Paper und Online-Magazine. Außerdem werden Produktfamilien geschaffen und als Markenkonzepte vereint (z. B. SPIEGEL, SPIEGEL-TV, SPIEGEL-Online oder die GEO- bzw. BILD-Produktfamilie). Medieninhalte werden sowohl thematisch als auch zeitlich ausdifferenziert und damit als unterschiedliche Nutzungsversionen auf dem Markt angeboten.

! **Merke:**

Medien sind Inhalte (Contents), die bei einem bestimmten Kreis von Rezipienten einen informativen, bildenden und/oder unterhaltenden Nutzen generieren, aus verschiedenen Kommunikationsmitteln (Assets) zusammengesetzt sind und über unterschiedliche Kanäle bzw. Träger distribuiert werden können. Sie werden als publizistische Endprodukte oder Vorleistungen für Unternehmen auf Märkten gehandelt oder bereitgestellt.

Ausschlaggebend für den Erwerb eines Mediengutes ist sein **Nutzen** (vgl. „Uses and Gratifications-Ansatz" in Katz et al. 1974 sowie in Bonfadelli und Friemel 2015: Kap. 2.5). Der Erwerber (Rezipient oder Unternehmen) entscheidet aus seiner spezifischen Bedürfnis- und Interessenlage heraus, ob und was für ein Medienangebot er nutzt. Das aktuelle Bedürfnis eines Konsumenten könnte beispielsweise darin bestehen, der Wirklichkeit zu entfliehen, Informationen zu sammeln, sich weiterzubilden oder unterhalten zu werden. Sein Interesse könnte sich dabei auf bestimmte Inhalte oder auf bestimmte Formate konzentriert sein. Die Nutzung eines Mediums richtet sich also nach der Nutzenerwartung und der Bedürfnisbefriedigung des Medienangebots. Vermarktet werden können nur Produkte, Dienstleistungen oder Rechte, die den Käufer einen Gebrauchswert (Nutzen) liefern, der von ihnen größer eingeschätzt wird, als der Wert der Gegenleistung, die für das Gut verlangt wird (vgl. Meffert et al. 2015: 16). Solche Gegenleistungen können z. B. Aufmerksamkeit, Zeit und/oder Entgelt der Nutzer sein.

Die überwiegende Mehrzahl der Güter werden als **Nutzenbündel** vermarktet (vgl. Kotler et al. 2015: 35); beispielsweise, indem zu dem Produkt auch Beratungs- und Garantieleistungen gehören oder eine Hotline-Betreuung zugeschaltet wird etc. Außerdem haben Güter im Allgemeinen unterschiedliche Nutzenfacetten. Sie tragen einen primären Nutzen (**Grundnutzen**), der technisch-funktional bestimmt wird sowie einen psychologischen Zusatznutzen. Der psychologische Zusatznutzen wird üblicherweise in zwei Sphären wirksam: Als **Erbauungsnutzen** in der persönlichen Sphäre des Nutzers und als **Geltungsnutzen** in der Sozialsphäre des Nutzers (vgl. Vershofen 1940). Diese Nutzenfacetten können an folgendem Beispiel verdeutlicht werden: Wenn sich jemand einen DVD-Player kauft, soll dieser natürlich DVDs abspielen können (technisch-funktionaler Nutzen). Darüber hinaus werden die zur Verfügung stehenden Geräte auch hinsichtlich ihrer äußeren Ästhetik vom potenziellen Käufer bewertet (Erbauungsnutzen). Nicht zuletzt wird auch die Geräte-Marke und das damit verbundene Prestige beurteilt (Geltungsnutzen).

Werden Medien als ökonomische Güter betrachtet, müssen diese drei Facetten auch bei ihnen erfüllt sein. Dass dies so ist, lässt sich leicht belegen: Wenn jemand die Nachrichten liest oder sich einen Spielfilm anschaut, wird der Nachrichtenkonsum dazu führen, dass der Leser informiert wird. Der Filmkonsum führt dazu, dass der Zuschauer unterhalten wird. Beide Nutzen gehören zum funktionalen Grundnutzen. Der Erbauungsnutzen wirkt insofern in die persönliche Sphäre, als dass sich der Leser besser fühlt, wenn er aktuell informiert ist und der Zuschauer sich wohl fühlt, wenn er einen tollen Film sieht. Der in die soziale Sphäre wirkende Geltungsnutzen könnte beispielsweise dadurch realisiert werden, dass sowohl der Leser als auch der Zuschauer „mitreden" können, wenn die einschlägigen Themen in seinem Freundeskreis angesprochen werden.

Alles in allem besteht der **Leistungskern der Mediengüter**, obwohl sie häufig auch als Produkte auf den Markt gebracht werden, aus Informationen bzw. gebündelten (redaktionell oder künstlerisch bearbeiteten) Inhalten. Diese Leistungsergebnisse sind immaterieller Natur. In den Fällen, in denen Informationen und andere Assets kombiniert und/oder bereitgestellt werden, ist das Ergebnis der Arbeitsleistung Inhalteschaffender eine Dienstleistung.

Merke: !

Eine **Dienstleistung** ist eine selbstständige, marktfähige Leistung, die mit der Bereitstellung und/oder dem Einsatz von Leistungspotenzialen interne und externe Faktoren kombiniert. Sie wird mit dem Ziel erbracht, an Menschen oder Objekten nutzenstiftende Wirkungen zu erzielen.

Dienstleistungen haben ganz spezielle Eigenschaften, die sie deutlich von materiellen Gütern unterscheiden. **Dienstleistungen** sind anders als materielle Güter nicht nur ergebnisorientiert, sondern ganz deutlich auch potenzial- und prozessorientiert (vgl. Hilke 1984: 17 ff. sowie Meffert et al. 2015: 13 oder Knoblich und Oppermann 1996: 17):

- **potenzialorientiert** sind Dienstleistungen, weil sowohl Anbieter als auch Nachfrager bestimmte Fähigkeiten und Bereitschaften benötigen, um ein gewünschtes Austauschergebnis erzielen zu können;
- **prozessorientiert** sind Dienstleistungen, weil die Beziehung der Beteiligten von der Kontaktqualität der Beteiligten und der Qualität der jeweiligen Inputfaktoren (z. B. Know-how, Engagement, Rahmenbedingungen etc.) abhängt;
- **ergebnisorientiert** sind Dienstleistungen, weil das Ergebnis der Dienstleistung am Markt gehandelt und über Marktpreise bewertet wird. Im Unterschied zu Waren steht nicht die materielle Produktion oder der materielle Wert eines Endproduktes im Vordergrund, sondern die zu einem Zeitpunkt oder in einem Zeitrahmen erbrachte Tätigkeit zur Deckung eines Bedarfs.

So braucht ein Journalist, der einen Artikel schreibt, Wissen über Zusammenhänge und die Fähigkeit, diese deutlich zu machen. Der Leser wiederum benötigt mehr oder weniger Vorkenntnisse, um den Artikel verstehen zu können (Potenzialorientierung). Das Ergebnis des Schreibens/Lesens besteht darin, Zusammenhänge zu vermitteln/erkennen (Ergebnisorientierung) und dieses Ergebnis ist mit davon abhängig, welches Engagement und sonstige Faktorqualitäten beide aufbringen (Prozessorientierung). Ob eine Dienstleistung eher prozessorientiert oder ergebnisorientiert ist, muss im Einzelfall geprüft werden. Das Vergnügen einen Kinofilm zu betrachten, ist eher prozessorientiert, das Informiertwerden ist eher ergebnisorientiert.

Dienstleistungen werden entweder an Objekten oder an Menschen erbracht und sind im Ergebnis materiell oder immateriell:
- **an Objekten orientiert** ist eine Dienstleistung, wenn „Gegenstände" bearbeitet werden (z. B. Zeitungs- oder Filmproduktion, Autoreparatur);
- **an Menschen orientiert** ist eine Dienstleistung, wenn der Nutzen einer Person oder einer Personengruppe zugutekommt (Unternehmensberatung, Vorlesung, Haarschnitt);
- **im Ergebnis materiell** sind Dienstleistungen, wenn die am Markt platzierte Leistung gegenständlicher Natur ist (z. B. Zeitung, Zeitschrift oder Buch):
- **im Ergebnis immateriell** sind Dienstleistungen, wenn die am Markt platzierte Leistung nicht gegenständlich ist (z. B. journalistischer Bericht, Kinovorführung, Online-Game oder Datenbank).

Es gibt noch eine Reihe anderer Kriterien, die von Bedeutung sind, wenn die Art des Absatzgutes genauer bestimmt werden soll, um sie besser vermarkten zu können; z. B. anhand des Interaktions- bzw. Integrationsgrads und Individualisierungsgrades (vgl. Engelhardt et al. 1992: 35 sowie Corsten und Gössinger 2007 und Meffert 1994: 524 ff.). Auch die Kontaktmöglichkeit bzw. die Kontaktintervalle sowie der Originalitätsgrad können Dienstleistungen unterscheiden. Insofern können Absatzgüter (mediale Produkte oder Dienstleistungen) wie in Tab. 1.11 dargestellt, differenziert werden:

1. Der **Interaktionsgrad** (**Integrationsgrad**) führt zu einer Differenzierung zwischen quasi-industriellen und interaktionsorientierten Leistungen. So können eine Zeitung, ein Film oder eine Standardsoftware etc. weitgehend autonom, d. h. ohne den externen Faktor (Rezipient oder Nutzer) aktiv einzubinden, erstellt werden. Der Konsum des Medieninhalts ist allerdings ohne die Integration des externen Faktors (des Rezipienten) nicht möglich. Der Rezipient muss zumindest ein gewisses Maß an Aufmerksamkeit einbringen, um Wissenstransfer oder Unterhaltung entstehen zu lassen.

   Eine Maßanfertigung, eine Beratung oder ein Seminar kann hingegen nur von Beginn an mit integriertem externen Faktor durchgeführt werden, d. h. die Beteiligten müssen zeitlich und räumlich gleichzeitig anwesend und aktiv beteiligt sein, um die Dienstleistung entstehen zu lassen (**Uno-actu-Prinzip**). Die Synchronizität von Produktion und Konsum ist beispielsweise auch bei der Übertragung einer Fernseh- oder Hörfunksendung gegeben. Der synchrone Kontakt kann allerdings auch hier durch Träger- bzw. Speichermedien ausgehebelt werden. Dann beispielsweise, wenn virtuelle Kontakte zwischen dem Leistungsanbieter und dem Leistungsempfänger hergestellt werden. Dies ist beispielsweise der Fall, wenn das Dienstleistungsergebnis „Informationsvermittlung" oder „Unterhaltung" durch den Gebrauch von Trägermedien (DVD, Satelliten- oder Kabelverbindung) entsteht. Während die Arbeitsleistung des Medienschaffenden auch ohne den Auftraggeber erbracht werden kann, entsteht die finale Dienstleistung erst durch die Integration des externen Faktors.

2. Der **Individualisierungsgrad** führt zu einer Differenzierung zwischen einer eher kundenbezogenen Bereitstellung und Durchführung von Leistungen (Beratung, Schulung, Werbemittelerstellung etc.) und einer eher standardisierten Leistungserstellung (Seminar, Zeitungsartikel, Film etc.). Während die Customized-Variante für ein konkretes Individuum erstellt wird, ist das Merkmal von standardisierten Dienstleistungen, dass sie für einen fiktiven Durchschnittskunden erbracht werden.

3./4. Nicht zuletzt können Dienstleistungen auch nach dem Nutzungskontaktintervall oder dem Originalitätsgrad unterschieden werden. Das **Nutzungsintervall** kann diskreter oder kontinuierlicher Art sein. Der **Originalitätsgrad** differenziert ein Kontinuum zwischen kreativer und repetitiver Arbeit (vgl. Meffert und Bruhn 2015: 47 f.). Diskret sind Dienstleistungen dann, wenn sie auf direkte Anfrage oder nach einem konkreten Zeitplan bzw. innerhalb eines konkreten Zeitintervalls entstehen (z. B. Beratung, Filmvorführung, TV- oder Radioprogramm). Kontinuier-

Tab. 1.11: Mediale Dienstleistungsqualitäten

Differenzierungskriterium	Ausprägung	Beispiel
1. Interaktions- bzw. Integrationsgrad	autonom	eigenständig erstelltes Ergebnis (z. B. Zeitung, Film, Standardsoftware)
	integrativ	Ergebnis kommt nur bei Interaktion zustande (z. B. Seminar/Präsentation, Rezeption von Medieninhalten, Spezialsoftware)
2. Individualisierungsgrad	standardisiert	standardisierte Leistungserstellung (Seminar, Zeitungsartikel, Film etc.) für fiktiven, durchschnittlichen Leistungsempfänger
	individualisiert	kundenbezogene Durchführung von Leistungen (Beratung, Werbemittelerstellung etc.) für einen konkreten Leistungsempfänger
3. Nutzungsintervall bzw. Kontaktmöglichkeit	diskret	auf direkte Anfrage oder nach einem konkreten Zeitplan bzw. innerhalb eines konkreten Zeitintervalls entstehende Leistungen (z. B. Beratung, Filmvorführung, TV- oder Radioprogramm)
	kontinuierlich	Leistungsergebnis kann dauerhaft genutzt werden (z. B. Telefonverbindungen, Zeitungsausgabe, frei zugängliche Internetinhalte etc.)
4. Originalitätsgrad	kreativ	Ergebnisse sind intellektueller oder emotionaler Natur und lösen kognitive bzw. affektive Prozesse aus (z. B. journalistische oder unterhaltende Produkte)
	repetitiv	Wiederholungscharakter der Leistung steht im Vordergrund (z. B. die Leistung einer Datenbank oder die von Software etc.)

lich sind sie dann, wenn das Leistungsergebnis dauerhaft genutzt werden kann (z. B. Telefonverbindungen, Zeitungsausgabe, frei zugängliche Internetinhalte etc.). Eher kreativ sind Dienstleistungen dann, wenn die Ergebnisse intellektueller oder emotionaler Natur sind und kognitive bzw. affektive Prozesse auslösen und beanspruchen (z. B. journalistische oder unterhaltende Produkte). Repetitiv sind Dienstleistungen, wenn der Wiederholungscharakter im Vordergrund steht (z. B. die Leistung einer Datenbank oder die von Software etc.).

Eine **Abgrenzung zwischen Sach- und Dienstleistungen** ist für die überwiegende Mehrzahl der Absatzobjekte nicht immer einfach oder möglich. Beide Begriffe werden „eher als Extremausprägungen eines Kontinuums aufgefasst, bei dem Dienstleistungen im Vergleich zu Sachleistungen eher immateriell und integrativ sind" (Meffert und Bruhn 2015: 38).

Insbesondere für Medienleistungen wird die Unterscheidung allerdings von besonderer Bedeutung, wenn berücksichtigt wird, dass die Eigenschaft der Immaterialität Folgen für die Bewertungssicherheit hat. Ein Sachgut ist relativ einfach hinsichtlich seiner Eigenschaften (Beschaffenheit und Qualität) für den Empfänger zu beurteilen. Spätestens, wenn er es nutzt, wird er feststellen können, ob das Sachgut (auch materielles Gut genannt) die geforderten Eigenschaften hat oder nicht. Bei immateriellen Gütern ist dies anders. Hier fehlt die Transparenz. Das heißt, niemand, der eine Dienstleistung anfordert, weiß im Vorfeld, wie das Ergebnis aussehen wird. Mitunter ist die Qualität nicht einmal nach dem Konsum feststellbar. Wenn beispielsweise ein journalistischer Bericht gelesen oder eine anwaltliche Beratung wahrgenommen bzw. eine ärztliche Diagnose empfangen wurde, ist es dem Leistungsempfänger, der über viel weniger Wissen verfügt als der Leistungserbringer, faktisch nicht möglich, die tatsächliche Qualität beurteilen zu können. Allenfalls kann der Leistungsempfänger Vermutungen über die Qualität anstellen. Auch Unterhaltungsmedien tragen Qualitätsbewertungsschwächen, denn objektive Kriterien für die Unterhaltungsqualität gibt es nur wenige. Die Mehrzahl der Kriterien ist eher subjektiv. „Qualität ist damit nur begrenzt planbar und als Aktionsparameter für den Kommunikator verwendbar" (Gläser 2014: 139). Das heißt, dass der Kommunikator die Unwissenheit des Konsumenten ausnutzen kann, um geringe Qualität anzubieten (vgl. zu den ökonomischen Konsequenzen der Mediengütereigenschaften Kapitel 3).

Daher macht es Sinn, in Anlehnung an Woratschek (vgl. Woratschek 1998: 23 ff.) die Eigenschaft der Immaterialität durch die der Bewertungsunsicherheit (Woratschek spricht von „Verhaltensunsicherheit") für die Systematik von Dienstleistungen zu ersetzen. So können insbesondere Mediendienstleistungen deutlicher verortet werden. Abbildung 1.5 zeigt (in Anlehnung an Woratschek 2001: 265) eine solche informationsökonomische Typologie medialer bzw. mediengetragener Leistungen.

Zwar werden auch auf diesem Wege Sachgüter immer noch nicht eindeutig von Dienstleistungen trennbar (vgl. analoge oder digitale Zeitungsausgabe und Zeitungs-

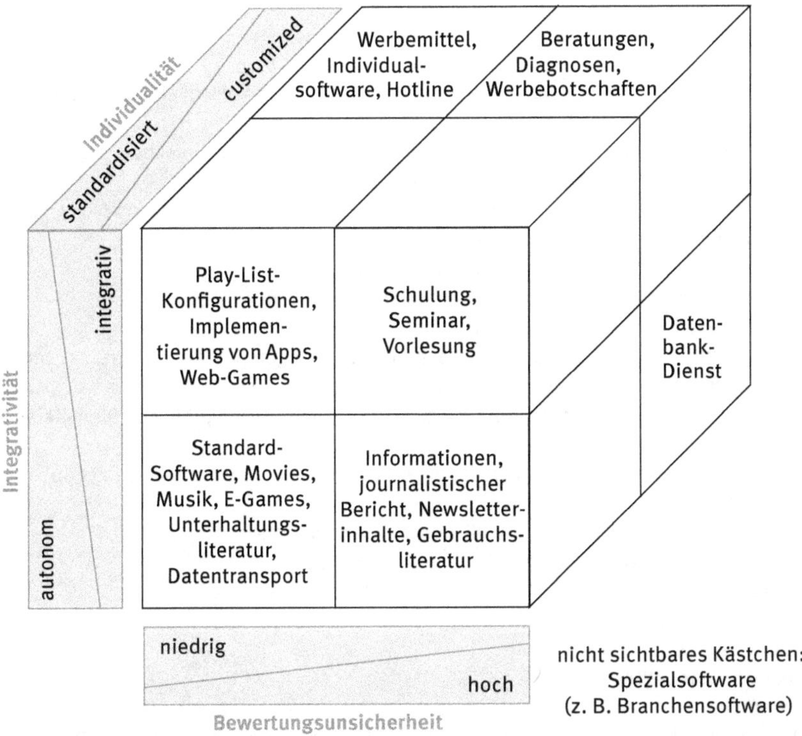

Abb. 1.5: Informationsökonomische Typologie von mediengetragenen Dienstleistungen

bericht), aber die Systematisierung im Würfel verdeutlicht die Besonderheiten, die für die Produktion und die Vermarktung von Mediendienstleistungen gelten.

Merke:

Die Kernleistung von medialen Angeboten ist eine Dienstleistung und damit immaterieller Natur. Die Möglichkeit der Leistungsbewertung ist für den Konsumenten mehrheitlich sehr schwierig (vgl. journalistische Produkte) oder zumindest dominant von subjektiven Kriterien bestimmt (vgl. unterhaltende Produkte). Mediendienstleistungen sind in der Mehrzahl autonom und standardisiert produzierbar (vgl. Filme, Zeitungen etc.), können aber auch in hohem Maße integrativ und individuell erstellt werden (z. B. Schulungen, Play-List-Konfigurationen etc.).

Aus diesen Eigenschaften ergeben sich sehr spezifische, aber auch sehr weitreichenden Konsequenzen für die Handhabung dieser Güter. Diese Konsequenzen wirken sowohl auf Seiten der Nutzer als auch auf Seiten der Anbieter, wie in Kapitel 3 noch gezeigt wird.

?

Fragen zu Kapitel 1.5.2

1. Zeigen Sie kurz und beispielhaft auf, dass die ökonomische Dimension nur einen Teilbereich des Gesamtspektrums der Medienwirtschaft abdeckt.
2. Beschreiben Sie kurz den Unterschied zwischen der funktionalen, technischen, organisationalen und gütertypologischen Perspektive auf die Medien.
3. Unterscheiden Sie bitte Kommunikationsinhalte von Kommunikationsmitteln und Kommunikationsträgern.
4. Definieren Sie bitte den gütertypologischen Medienbegriff.
5. Aus welchen Kommunikationsmitteln können sich Inhalte zusammensetzen?
6. Definieren Sie bitte, was eine Dienstleistung ist.
7. Erläutern Sie bitte kurz, was es bedeutet, dass Dienstleistungen potenzial-, prozess- und ergebnisorientiert sind.
8. Erläutern Sie bitte kurz, warum die dominante Leistung der Mediengüter aus Dienstleistungsbestandteilen besteht.
9. Unterscheiden Sie bitte Medien als Vorleistungen für Unternehmen und Medien als publizistische Endprodukte.
10. Welche Nutzenfacetten hat ein Mediengut? Beschreiben Sie bitte kurz.
11. Geben Sie bitte jeweils ein Beispiel für Medienleistungen, die
    (a) autonom bzw. integrativ,
    (b) standardisiert bzw. individualisiert,
    (c) diskret bzw. kontinuierlich sowie
    (d) kreativ bzw. repetitiv
    erstellt werden.
12. Worin besteht der Unterschied in der Qualitätsbewertung von Sachleistungen und Dienstleistungen für den Leistungsempfänger und wie kann der Leistungsanbieter diesen Unterschied ausnutzen? Erläutern Sie und untermauern Sie Ihre Erläuterung mit einem Beispiel.

1.5.3 Medienunternehmen und Unternehmen der Medienindustrie

Wie jedes andere Unternehmen auch, ist ein Medienunternehmen zunächst eine **rechtliche Einheit**, die als **soziotechnisches System** (vgl. Ulrich 1970: 112) definiert wird. Als ein soziotechnisches System sind Medienunternehmen komplex, selbstorganisiert, soziotechnisch, offen, dynamisch und ziel- und marktgerichtet in ein jeweils allgemeines und ein spezifisches Umfeld eingebettet.

- Rechtlich sind Medienunternehmen als Einzelunternehmen, als Personengesellschaft, als Kapitalgesellschaft oder als öffentlich-rechtliche Anstalt am Markt tätig (vgl. Kapitel 4.3). Soziotechnisch sind Unternehmen, weil Menschen und Maschinen interagieren und dabei arbeitsteilig und organisiert auf gemeinsame Ziele hin ausgerichtet zusammenarbeiten.
- Der Komplexitätsgrad eines Unternehmens ist abhängig von seiner Größe. Diese wird wiederum definiert durch die Menge der miteinander verbundenen Elemente und Prozesse sowie durch die Vielschichtigkeit, d. h. die hierarchische Tiefe

der Organisation. Eine kleine Autorengemeinschaft ist dementsprechend weniger komplex aufgebaut als beispielsweise ein Zeitschriftenverlag.

- Selbstorganisiert sind Unternehmen, weil sie ihre Strukturen und Prozessabläufe autonom bilden. Niederschlag findet diese Eigenschaft darin, dass Unternehmen unterschiedlich aufgebaut sind und Arbeitsabläufe unternehmensspezifisch definiert werden.
- Die Offenheit des Systems zeigt sich darin, dass Unternehmen Beziehungen zu ihrem Umfeld eingehen. Das Umfeld wiederum besteht aus verschiedenen Märkten, aber auch aus der sonstigen Umwelt, die beispielsweise durch die gesamtgesellschaftlichen Rahmenbedingungen gebildet werden.
- Dynamisch ist ein Unternehmen, weil es lernfähig ist und sich verändert. Diese Veränderungen werden durch das Umfeld, das auf das Unternehmen einwirkt, aber auch durch autonome Entscheidungen bewirkt.
- Zielgerichtet ist das System, weil es an Zielen ausgerichtet wird.
- Die Marktgerichtetheit schließlich äußert sich darin, dass Unternehmen im Wettbewerb mit anderen Unternehmen stehen, also auch deren Aktivitäten in ihren Planungen und Entscheidungen berücksichtigen müssen und nur dann überleben können, wenn sie Leistungen herstellen, die am Absatzmarkt nachgefragt werden (vgl. zum systemtheoretischen Ansatz: Ulrich 1970: 112 f.). Alle inneren Bedingungen des Unternehmens können als interne Umwelt zusammengefasst werden (vgl. Stapleton 2000).

Bezogen auf ihre Leistung (Output) sind Medienunternehmen in nennenswertem Ausmaß an der Wertschöpfungskette von Medienprodukten bzw. Contents beteiligt, da sie auf deren Konzeption, Redaktion, Bündelung, Produktion und/oder Distribution ausgerichtet sind (vgl. Gläser 2014: 69). Nennenswert ist das Ausmaß, wenn der gewöhnliche Betrieb des Unternehmens eine kaufmännische Buchführung notwendig macht. Solche Unternehmen werden auch als „Player auf den Medienmärkten“ bezeichnet (vgl. Weber und Rager 2006).

Wenig Einigkeit herrscht in der Literatur allerdings, wenn es um die konkrete Bestimmung des Kreises der Unternehmen geht, die zu den Medienunternehmen zu zählen sind. Hier stehen sich zwei grundlegend verschiedene Verständnisse gegenüber (vgl. hier und folgend Weber und Rager 2006: 120 und Dreiskämper 2013: 55 ff.): Auf der einen Seite die eher **ökonomisch geprägte Philosophie** mit ihrer weiten Definition über das, was zum Kreis der Medienunternehmen zu zählen sei. Auf der anderen Seite die vornehmlich **publizistisch geprägte Sichtweise**, mit ihrem wesentlich engeren Verständnis.

Die **weiteste Perspektive** definieren Schumann et al. (2014: 9), indem sie zwischen „Medienunternehmen 1.0“ (Publisher und Broadcaster) und „Medienunternehmen 2.0“ (Plattformbetreiber) unterscheiden und damit die gesamte Palette von Medienleistungen in das Aktionsfeld von Medienunternehmen verankern: von Autoren über Buchverlage, Content-Provider und Content-Broker, Druckereien, Plattenlabel, Rundfunkveranstalter sowie Speichermedienhersteller, Service-Provider, Suchmaschinenbetreiber und soziale Netzwerke bis hin zu Zeitungs- und Zeitschriftenverlagen.

Die **engste Perspektive** definieren Heinrich und Sjurts, indem sie konstatieren, dass zu den Medienunternehmen nur die Unternehmen zu zählen sind, die ihren wirtschaftlichen Schwerpunkt in der aktuellen journalistischen Produktion von Informationen haben. Dies sind vor allem Zeitungs- und Zeitschriftenverlage sowie Rundfunkveranstalter (vgl. Heinrich 2010: 28).

Beide Perspektiven sind nicht unumstritten. Die weite Perspektive zählt auch Hersteller von Komplementärgütern und Komplementärdienstleistungen zum Kreis der Medienunternehmen; also Hersteller von Unterhaltungselektronik oder Speichermedien sowie Datenlogistiker, Druckereien, Pressegrossisten und reine Netzbetreiber. Diese Marktakteure produzieren keine Inhalte, sondern nur technische Güter oder Anschlussdienstleistungen, die der Verteilung und Speicherung von Medieninhalten dienen. Diese Zugehörigkeit kann ebenso diskutiert werden, wie andererseits der Ausschluss der Buch-, Film-, Musik- und Game-Industrie sowie der der selbstständigen Autoren und Reporter, Rechtehändler und der Werbe- und PR-Agenturen, wie sie die enge Perspektive der journalistisch getragenen Definition fordert. Sjurts unterscheidet wegen dieser Abgrenzungsprobleme konsequent zwischen „Medienunternehmen“ und „Unternehmen der Medienwirtschaft“ (Sjurts 2011: 400). Programm-Input-Produzenten sowie Nachrichten- und Pressebüros etc. zählen demensprechend zur letztgenannten Kategorie. Ganz glücklich erscheint diese Differenzierung jedoch nicht, denn Medienunternehmen sind letztendlich auch Unternehmen der Medienwirtschaft.

Eine Reduktion des Kreises der Medienunternehmen auf aktuelle journalistische Produktionseinheiten greift sicherlich zu kurz. Sie kann allenfalls mit der besonderen gesellschaftlichen Relevanz journalistischer Produkte begründet werden, stellt damit aber auch eine ökonomisch unzulässige Wertung dar. Andererseits würde der Einbezug von reinen Netzwerkbetreibern und Plattformanbietern, Hardwareherstellern und Gebrauchssoftwareherstellern in den Kreis der Medienunternehmen die Grenzen beliebig machen. Allerdings muss auch konstatiert werden, dass die technische Entwicklung – insbesondere die Digitalisierung – die Abgrenzungen verschwimmen lassen und dafür sorgen, dass unterschiedliche Branchen konvergieren. So ist das Telekommunikationsunternehmen T-Online mittlerweile sowohl in der Telekommunikationsindustrie als auch in der Medienwirtschaft aktiv. Apple ist einerseits Hersteller von Software und Unterhaltungselektronik, andererseits auch Distributor von Unterhaltungsmedien. Google ist ein Suchmaschinenbetreiber, aber auch Intermediär für die werbetreibende Wirtschaft. Zu welchen Industrien diese drei beispielhaft genannten Unternehmen zu zählen sind, kann heute nur noch geschäftsfeldbezogen beantwortet werden.

Wenn einerseits der besonderen Stellung journalistischer Inhalteproduzenten Rechnung getragen und andererseits auch die Konvergenzentwicklungen und die unterstützenden Dienstleitungen in der Medienindustrie berücksichtigt werden sollen, ergibt sich folgerichtig eine **dreistufige Einteilung von Medienunternehmen**. Tabelle 1.12 (in Anlehnung an Schumann et al. 2014: 9 sowie Sjurts 2011: 400) zeigt eine

Tab. 1.12: Typen von Medienunternehmen

Abgrenzungskriterien	Medienunternehmen im engeren Sinne	Medienunternehmen im weiteren Sinne	Unternehmen der erweiterten Medienindustrie
Leistungsangebote	journalistische Inhalte (analog/elektronisch)	nicht-journalistische, künstlerisch/unterhaltende Produkte	Vervielfältigung, Transport, Vernetzung
Kompetenzschwerpunkte	Kreation, Redaktion, Bündelung informativer oder unterhaltender Inhalte, Produktion der First Copy		technologische Kompetenzen
Beispiele	Journalisten, Reporter, Mediengestalter, Zeitungs-/Zeitschriftenverlage, Rundfunkveranstalter, Online-Plattformenbetreiber, Nachrichtenagenturen	Autoren, Lektoren, Buchverlage, Film-Produzenten, Musikverlage, Game-Entwickler, Publisher, PR- und Werbe-Agenturen	Meinungsplattformenbetreiber, Suchmaschinen, Netzwerkbetreiber (Social Media), Druckereien, Grossisten, Medien-Stores, Filmverleiher

Systematik, die diese Vielfalt an unterschiedlichen Leistungserbringern im Umfeld der Medienwirtschaft abbildet.

In dieser Publikation wird – angelehnt an das grundsätzliche Verständnis von Gläser (vgl. 2014: 69 f.) – ein Medienunternehmen umfassend als jedweder Betrieb verstanden, der sich entlang der medialen Wertschöpfungskette bewegt. Im Fokus stehen dabei – mit ausdrücklichem Verweis auf ihre publizistische Verantwortung – Medienunternehmen, die als bivalente Organisationen verstanden werden können. Deren strategische Kernkompetenz liegt in der Kreation und Redaktion, der Bündelung, Produktion oder der Verteilung (bzw. dem öffentlichen Zugänglichmachen) von journalistischen, bildenden, unterhaltenden und werblichen Inhalten in den Branchen Print, Rundfunk, Film, Game oder Internet. Das Sachziel aller Medienunternehmen besteht dabei in der Herstellung von Öffentlichkeit bzw. der Produktion und Bereitstellung von Gütern und Dienstleistungen, die der Öffentlichkeit zugeführt werden sollen.

Die **Bivalenz** (Doppelwertigkeit) bezieht sich auf die publizistische und die ökonomische Dimension des Tätigkeitsumfeldes, einerseits gesellschaftliche Verantwortung zu tragen und andererseits Wertschöpfung zu betreiben. Aus der Bivalenz der Medienunternehmen folgt, dass sie sowohl publizistische als auch ökonomische Ziele verfolgen (vgl. Bentele und Brosius 2012: 372 und 123 sowie Dreiskämper 2013: 58 ff.). Die publizistischen Ziele unterscheiden sich im unterschiedlichen Anspruch an die Bereitstellung von Kulturgütern (z. B. Boulevardthemen versus „Qualitätsthemen"). Die ökonomischen Ziele unterscheiden sich hinsichtlich der grundsätzlichen Gewinnerzielungsabsicht (Non-Profit- versus For-Profit-Unternehmen), bzw. der Höhe der Renditeerwartung („Gewinnmaximimum" versus „kapitalmarktorientierte Rendite"). Weitere Ausführungen zur Zielausrichtung von Medienunternehmen finden sich in Kapitel 4.6.

Merke:

Medienunternehmen sind bivalente Organisationen, deren strategischer Fokus auf der Kreation, Redaktion, Bündelung und/oder Produktion sowie ggfs. der Verteilung von journalistischen, bildenden, unterhaltenden und werblichen Inhalten, die der breiten Öffentlichkeit zugänglich gemacht werden sollen, liegt.

In diesem Sinne gehören Komplementärgüterhersteller (Hardwareindustrie), reine produktionstechnische Vervielfältiger (z. B. Druckereien, Kopieranstalten etc.) und reine Netzwerkbetreiber (Plattformanbieter, Telefon- und Kabelnetzbetreiber etc.) oder reine Distributoren (Film-Verleiher, Grossisten, Einzelhändler etc.) nicht zu den Medienunternehmen, sondern zu den „Unternehmen der erweiterten Medienindustrie". Andererseits gehören alle Einzelwirtschaften, die sich direkt mit der Erstellung, Bündelung oder der Produktion von Inhalten beschäftigen, direkt zum Kreis der Medienunternehmen. Die Distribution der Inhalte ist kein K.o.-Kriterium. Sie kann durch Medienunternehmen selbst organisiert sein (direkte Übermittlung z. B. über Verlage, Rundfunksender oder Inhalteplattformen) oder durch Absatzmittler erfolgen (indirekt Übermittlung z. B. über Händler, Druckereien, Satelliten- oder Netzwerk-/Plattformbetreiber etc.).

Medienunternehmen sind planvoll organisierte Wirtschaftseinheiten, deren strategischer Fokus auf der autonomen oder integrierten

- urheberschaftlichen Erstellung von informativen, unterhaltenden oder werblichen Inhalten,
- Bündelung eigen- und fremderstellter Inhalte und/oder
- Transformation solcher Inhalte auf ein speicherfähiges Trägermedium liegt.

Die Herstellung von Öffentlichkeit/Distribution ist optional.

Kreation informativer, unterhaltender und/oder werblicher Inhalte	Bündelung eigen- und fremderstellter Inhalte
– Autorenschaften – sonst. Kreativleistungen	Zusammenstellung (Kompilierung) – redaktioneller Inhalte (Informationen und Unterhaltung) – Werbebotschaften
Transformation der Inhalte auf ein speicherfähiges Medium	**Distribution der Inhalte an Rezipienten oder Intermediäre**
Aufbringung/Abspeicherung der Inhalte auf ein Trägermedium, das dem Inhaltetransport dient	Direkte Übermittlung der Medieninhalte bzw. Medienträger (Herstellung von Öffentlichkeit)

Abb. 1.6: Definition und Abgrenzungskriterien eines Medienunternehmens

Für eine Definition von Medienunternehmen kann auch die konkrete Aktivität des Betriebes innerhalb der medienschaffenden Wertschöpfungskette (Value Chain; vgl. Porter 2014: 64) herangezogen werden. In diesem Fall werden die Stufen der Wertschöpfung als ein geordneter Prozess von Tätigkeiten dargestellt, in dem Ressourcen verbraucht werden, um Güter höheren Wertes zu schaffen. Abbildung 1.6 verdeutlicht (als Abwandlung von Wirtz 2016: 17), welche konstitutiven Merkmale die Wertschöpfungskette eines Medienunternehmens erfüllt.

Der spezifische Wertschöpfungsprozess von Medienunternehmen zeigt, dass zunächst Ideen und Konzepte entwickelt, dann die Inhalte gebündelt und produziert (auf ein Trägermedium aufgesetzt) und schließlich den Adressaten zur Verfügung gestellt werden. Die einzelnen Prozessschritte können autonom oder integriert durchgeführt werden (vgl. Kapitel 4.2.1).

Fragen zu Kapitel 1.5.3 ?

1. Erläutern Sie bitte, warum ein Medienunternehmen ein offenes und dynamisches soziotechnisches System ist.
2. Unterscheiden Sie bitte die Begriffe „Medienunternehmen" und „Unternehmen der erweiterten Medienindustrie".
3. Was bedeutet es, dass Medienunternehmen bivalente Unternehmen sind?
4. Welche konstitutiven Eigenschaften hat ein Medienunternehmen?

1.5.4 Medienwirtschaft, Medienbranchen und Medienmärkte

Ebenso schwierig wie die Abgrenzung der Medienunternehmen, ist die Definition der Medienwirtschaft. Diese Schwäche ist störend, denn nur, wenn volkswirtschaftliche Sektoren, Branchen oder Märkte klar abgegrenzt sind, können sie auch analysiert werden. Je verschwommener die Grenzen sind, desto unschärfer und damit unbrauchbarer werden die Analysen. Die Abgrenzungen können aus volkswirtschaftlicher oder aus betriebswirtschaftlicher Sicht erfolgen.

- **Aus volkswirtschaftlicher Sicht** sind exakte Analysen notwendig, weil die Bereitstellung von Daten hilft, wirtschaftspolitische Entscheidungen treffen zu können. Solche wirtschaftspolitischen Entscheidungen sind beispielsweise im Umfeld der Wettbewerbspolitik zu treffen. Um aber Marktdaten zusammentragen zu können, müssen Märkte – und damit auch Marktgrenzen bzw. -zugehörigkeiten – definiert werden. Um beispielsweise den Beitrag und damit die Leistungskraft der Medienwirtschaft in der Volkswirtschaft angeben zu können, muss definiert sein, welche Unternehmen zur Medienwirtschaft gehören. Um andererseits entscheiden zu können, ob der Wettbewerb funktioniert oder die Wettbewerbspolitik regulierend eingreifen sollte, muss wiederum klar herausgestellt werden können, welche Unternehmen miteinander in Wettbewerb stehen (vgl. Knieps 2008).

Hier hilft vor allem die industrieökonomische bzw. branchenökonomische Analyse (vgl. Bester 2012) weiter. Sie beschäftigt sich mit den Interaktionen zwischen Unternehmen und Märkten und versucht unter anderem zunächst die Strukturen eines Marktes zu erklären. Um diese Strukturen fassen zu können, müssen wiederum zunächst die Märkte abgegrenzt werden (vgl. Bain 1956 und 1968).

– Auch **aus betriebswirtschaftlicher Sicht** ist es wichtig zu wissen, welche Unternehmen mit dem eigenen in Konkurrenz stehen, also auf dem gleichen Markt aktiv sind. Dieses Wissen ist Basis für Managemententscheidungen, die sich mit Strategieoptionen beschäftigen. Marktabgrenzungen sind darüber hinaus die Basis für das gesamte Marketing eines Unternehmens. Das Marketing spricht in diesem Zusammenhang von **Marktsegmentierung**. Marktsegmentierung bedeutet die Einteilung eines heterogenen Gesamtmarktes in spezielle, homogene Einzelmärkte, um diese spezifisch bearbeiten zu können (vgl. Becker 2009). Der Zeitschriftenmarkt ist beispielsweise ein heterogener Gesamtmarkt. Zu diesem Markt gehören alle Unternehmen und Produkte, die dem Zeitschriftenwesen angehören. Aber es macht einen großen Unterschied, ob ein Unternehmen z. B. eine Fachzeitschrift herausgibt, die Computerthemen publiziert oder eine sogenannte General-Interest-Zeitschrift, die sich mit allgemeinen Themen aus Politik und Zeitgeschehen etc. beschäftigt. Obwohl es sich also volkswirtschaftlich um einen Gesamtmarkt handelt, bilden sich aus Sicht des Marketings hier sehr unterschiedliche Teilmärkte.

Im ökonomischen Sinne ist die **Medienwirtschaft** ein Teilbereich der Volkswirtschaft und gehört zum sogenannten Dienstleistungssektor. Dieser Sektor wird auch als tertiärer Sektor der Wirtschaft bezeichnet und stellt im Gegensatz zu den Bereichen Land- und Forstwirtschaft (primärer Sektor) und produzierendes Gewerbe (sekundärer Sektor) keine Sachgüter her. Zumindest sind die Sachgüter nicht wesentlicher Bestandteil der Wertschöpfung. Innerhalb des Tertiärsektors (Banken, Handel, Verkehrs- und Gesundheitsbetriebe etc.) gehört die Medienwirtschaft zu den Kulturbetrieben. Aber diese Eingrenzung ist viel zu weit gefasst, als dass sie hilfreich bei der Analyse der Medienwirtschaft sein könnte. Zu den **Kulturbetrieben** gehören beispielsweise auch die Oper, das Theater, der Tanz, das Kunsthandwerk etc. Dieser umfassende Kulturbegriff ist also kaum geeignet, einen Wirtschaftsraum zu definieren, der aus Teilnehmern besteht, die redaktionelle und werbliche Medieninhalte kreieren, produzieren, absetzen und/oder konsumieren.

Auch die Umschreibung der Medienwirtschaft als **Unterhaltungs- und Informationswirtschaft** ist noch zu diffus. Das wird schnell deutlich, wenn berücksichtigt wird, dass zur Unterhaltungswirtschaft beispielsweise auch Sport- und Wettveranstaltungen zählen. Zur Informationswirtschaft wiederum zählen auch beispielsweise das Bibliothekswesen und Unternehmen der Nachrichtentechnik.

Nicht zuletzt greift auch die von der Wirtschaftsministerkonferenz (WMK) im Jahre 2009 definierte **Kultur- und Kreativwirtschaft**, die ein komplexes Konstrukt spezifisch erwerbswirtschaftlich tätiger Unternehmen und Selbstständige umfasst (vgl. Deutscher Bundestag 2007: 340 ff., 348), zu weit. Zum einen zählen zur Kultur- und Kreativwirtschaft auch Architekturleistungen, das Kunsthandwerk und die darstellende Kunst als einschlägige Teilmärkte, andererseits werden aber nur Einzelwirtschaften zum Kreis der Marktakteure gezählt, die mit ihren Leistungen Einkommen erzielen wollen. Letzteres hat zur Folge, dass beispielsweise die öffentlich-rechtlichen Rundfunkanstalten nicht erfasst werden.

Ausgehend davon, dass Industrien durch einen Zusammenschluss von miteinander verbundenen Märkten und Märkte durch die Aggregation von Unternehmen, die ähnliche Güter anbieten, gebildet werden und weiter unterstellend, dass Unternehmen wiederum durch ihre Marktleistungen systematisiert werden, kann die Medienindustrie als Zusammenschluss von Branchen definiert werden, in denen Mediengüter hergestellt und gehandelt werden.[4]

Merke: !

Die **Medienwirtschaft** ist ein volkswirtschaftlicher Teilbereich, der aus Märkten und Einzelwirtschaften besteht, deren strategischer Fokus auf der Kreation und Redaktion, der Produktion und/oder der Verteilung von journalistischen, bildenden, unterhaltenden und werblichen Inhalten in den Branchen Print, Rundfunk, Film, Musik, Digital Games oder Internet liegt.
Innerhalb dieser Grenzen werden Güter von Einzelwirtschaften für Medienunternehmen oder eine breite Öffentlichkeit kreiert, produziert und entsprechenden Distributionskanälen oder Intermediären zugänglich gemacht. Vervollständigt wird dieser Wirtschaftssektor durch seine spezifischen Rahmenbedingungen und Institutionen.

Nun aber davon auszugehen, dass mit der angebotenen Definition das Abgrenzungsproblem der Medienwirtschaft eindeutig gelöst ist, erweist sich schnell als Irrtum. Es ist geklärt, dass alle Einzelwirtschaften, die keine Informations- oder Unterhaltungsdienstleistungen (inklusive Werbebotschaften) bzw. entsprechende Nutzungsrechte herstellen oder anbieten, ausgeschlossen sind. Es ist ebenfalls geklärt, dass auch alle Anbieter ausgeschlossen sind, die keine technischen Hilfsmittel zur Produktion oder zur Distribution der Inhalte benötigen. Denn werden keine technischen Hilfsmittel für die Produktion oder für die Verteilung benötigt, ist in der Regel auch keine Fremdbedarfsdeckung beabsichtigt oder das Publikum ist unmittelbar (direkt) adressiert und

4 Ein solch spezifisches Verständnis über die Medienwirtschaft kennt weder die „Volkswirtschaftliche Gesamtrechnung“ (VGR) des statistischen Bundesamtes noch die ISIC („International Standard Industrial Classification“) des Departments of Economic and Social Affairs der UNO (United Nations Organization, deutsch: Die Vereinten Nationen), das für die Förderung der internationalen Zusammenarbeit der 193 Mitgliedsstaaten zuständig ist und eine ähnliche Klassifizierung der Wirtschaftszweige vornimmt, wie das deutsche statistische Bundesamt. Für Medienökonomen bedeutet dies, wer Informationen aus dem originären Bereich der Medienwirtschaft benötigt, muss in mühseliger Einzelrecherche suchen, was er an Informationen finden möchte.

überschaubar groß.[5] Und zum Dritten ist geklärt, dass auch alle lediglich mediennahen Industrien, die ausschließlich technische Komplementärgüter herstellen, nicht zur Medienwirtschaft im engeren Sinne zu zählen sind. Damit gehören ausschließlich transportierende Inhaltedistributoren, wie Telekommunikations- und Infrastrukturanbieter, Kabelnetz-, Satellitenbetreiber oder Online-Provider zu den Anbietern von Komplementärgütern. Eine ähnliche Einschätzung gilt für die reinen Vervielfältiger wie Druckereien oder Kopierwerke.

Im Umfeld der **Komplementärgüteranbieter**[6] ist es wie schon im Umfeld der Definitionen von Medienunternehmen daher angeraten, von einer „**mediennahen**" bzw. einer „**medienbestimmten**" oder einer „**Verbundindustrie**" zu sprechen. Das Gleiche gilt für Gebrauchssoftwareanbieter, wie Microsoft oder für Google, soweit nur das Suchmaschinensegment betrachtet wird. Bildet die an Inhalten orientierte Kreativarbeit, die Inhalteproduktion oder die Kompilierung (Bündelung von Bestehendem zu Neuem) von Inhalten nicht das Kerngeschäft eines Unternehmens, muss also jeweils konkret abgeprüft werden, inwiefern der Bezug zur Medienindustrie gegeben ist.

Problematisch erscheint allerdings immer noch, ob oder inwieweit die **Musikindustrie** und Unternehmen, die Internetdienstleistungen anbieten, zur Medienwirtschaft zu zählen sind. Im Hinblick auf die Musikindustrie ist die Abgrenzung noch relativ einfach: Da sich Fragestellungen der Ökonomie weniger mit Darstellungs- und Kunstformen (z. B. akustischen Ausdrucksformen) beschäftigen, soll der zur Medienwirtschaft zu zählende Bereich des Musikmarktes hier eingeschränkt werden auf technische Produktionsteilnehmer; also auf Teilnehmer, die mit der Erstellung des Musikmasters, der Vervielfältigung sowie der Verwertung und Distribution befasst ist (vgl. Wirtz 2016: 594). Dieses eingeengte Verständnis verortet die Produzenten und Verlage zur Medienwirtschaft im engeren Sinne sowie die Tonträgerhersteller und vor allem die Distributoren zur Medienwirtschaft im weiteren Sinne (mediennahe bzw. medienbestimmte Industrie). Der Bereich Interpretation (Künstler), Instrumentenbau (Handwerk) und Kreation (Urheber) verbleibt in der Kulturindustrie.

Im Umfeld der **Internetdienstleistungen** besteht ein ähnliches Abgrenzungsproblem. Soweit originäre Leistungen der Medienwirtschaft erstellt werden, wie z. B. im Fall eines E-Papers oder eines Content-Portals, ist die Zugehörigkeit zur Medienbranche unstrittig. Soweit lediglich Komplementärdienste, wie beispielsweise der reine Transport medialer Inhalte durch Internet Service Provider angeboten werden, also lediglich

---

5 Eventveranstalter, deren Darstellungen und Inszenierungen den Live-Charakter betonen und für ein raumzeitlich präsentes und überschaubar großes Publikum gedacht sind, werden hier ebenfalls zur Kulturindustrie, nicht aber zur Medienindustrie gezählt: so z. B. Theater- und Tanzaufführungen, Konzerte etc.

6 Komplementär sind Güter, die gemeinsam nachgefragt werden, weil sie sich in ihrem Nutzen ergänzen (vgl. Goolsbee, Levitt und Syverson 2014: 19). Solche Komplemente sind z. B. TV-Programm und TV-Empfangsgeräte, Zeitungsinhalte und Papier, Musikdateien und MP3-Player oder PC-Spiele und Konsolen.

Internet-Konnektivität bereitgestellt wird und Datenpakete transportiert werden, ist die Zuordnung zur Telekommunikation oder die Bezeichnung **„Unternehmen der Medienindustrie"** (vgl. Kapitel 1.3.5) die logischere Variante. Grenzwertig erscheinen aber Leistungsangebote, die Inhalte klassifizieren und systematisiert bündeln. Solche Anbieter monitoren von beliebigen Kommunikatoren veröffentlichten Content und konfektionieren diesen beispielsweise in Form von nach Themen geordneten, verlinkten Ausschnitten. Die Anbieterleistung besteht hier in der (automatisierten) Kontextuierung von Inhalten (z. B. google News). Wenn dieses eher formale Leistungsangebot als eigenständige publizistische Leistung interpretiert wird, dann wäre es als ein medienwirtschaftliches Angebot einzuordnen. Zwar wird hier keine Urheberschaft an Inhalten begründet und auch nicht redaktionell eingegriffen, aber ein Anzeigenblatt aus der Printindustrie zeigt ähnliche Produktionsbedingungen. Aus ökonomischer Sicht spricht also zunächst nichts dagegen, diese Leistung als medienwirtschaftliche einzuordnen.

Aus Sicht der Ökonomie hat sich in Bezug auf die Beschreibung von Internet-Märkten ein geschäftsmodellbezogener Ansatz als sinnvoll erwiesen (vgl. hier und folgend Wirtz und Becker 2002: 85 ff. sowie Wirtz: 2016: 758–773 und Gläser 2014: 123–127). Dieser Ansatz scheint das immer noch einzig umfassend brauchbare Konzept zu sein, da es die Digital-Märkte ausschließlich über die Marktleistung abgrenzt und nicht über die inhaltliche Ausdrucksform oder die Gattungszugehörigkeit definiert. Wirtz und Becker (2002: 85 ff.) sehen vier unterschiedliche Basisklassifikationen für **internetgetragene Geschäftsmodelle** (4C-Net-Business):

- Das Segment **Content** umfasst das Angebot digitaler Inhalte (Stichwort: Online-Nachrichten, Musik-Downloads etc.). Hier angesiedelte Unternehmen kreieren und/oder kompilieren Inhalte, stellen sie dar und machen sie einer breiten Öffentlichkeit zugänglich. Dieser Bereich ist definitiv der Medienwirtschaft zuzuordnen.
- Das Segment **Context** beinhaltet die Angebote, die Inhalte klassifizieren und systematisieren. Dazu gehören auch Suchmaschinen, die ausschließlich Dokumente nach Stichworten durchsuchen und bereitstellen. Dieser Bereich ist als mediennah oder medienbestimmt einzuordnen.
- Im Bereich **Connection** werden Möglichkeiten des Zugangs, der Kontaktaufnahme und des Informationsaustausches zur Verfügung gestellt. Hier sind alle Social Media-Plattformanbieter angesiedelt. Eine eindeutige Zuordnung zur Medienindustrie ist nur bedingt möglich, da im Umfeld dieses Leistungsbereiches viele hybride Geschäftsmodelle umgesetzt werden, die zum Teil deutlich medienwirtschaftliche Berührungspunkte haben; zum Teil aber auch als reine Netz- bzw. Plattformanbieter fungieren.
- Im Bereich **Commerce** stehen die Anbahnung, die Aushandlung und/oder die Abwicklung von Internet-Transaktionen im Mittelpunkt (Stichwort: Auktionsplätze (z. B. eBay), Malls (z. B. Amazon) sowie Hersteller-Shopsysteme). Die Leistungen in diesem Bereich sind mediengetragen, gehören aber nicht zur Medienwirtschaft, sondern zum elektronischen Handel (E-Commerce).

Ein weiteres Problemfeld zur Abgrenzung der Medienwirtschaft zeigt sich, wenn sie nicht über die Güter bzw. Leistungen bestimmt werden soll, sondern über die Unternehmen, die die Leistungen herstellen. Dies deswegen, weil immer mehr Unternehmen gerade aus den extramedialen Bereichen (der Komplementärgüterindustrie) über separate Geschäftsfelder auf die originären Medienmärkte drängen. Diese Unternehmen gehören zur **TIME-Industrie**.

Wenn davon ausgegangen wird, dass Branchen durch eine Aggregation von Unternehmen entstehen, die nah verwandte Substitute herstellen (vgl. Porter 2013: 39), dann sollte es auch möglich sein, die Medienwirtschaft über Unternehmen abzugrenzen. Unternehmen gehören dann zu einer Branche, wenn sie Wettbewerber sind. Wettbewerber sind sie dann, wenn sie nach den gleichen Zielen streben, die Ziele aber in einer konfliktären Beziehung stehen (vgl. Lange 2008: 63). Sind nun aber beispielsweise die Telekom, Apple, der Springer Verlag, RTL und Sony Wettbewerber? Auf den ersten Blick lautet die Antwort eher „Nein". Die Telekom bietet z. B. Datenübertragungen an, Apple vor allem PC-Hard- und Software, der Springer Verlag veröffentlicht u. a. journalistische Print-Produkte und Sony beispielsweise TV-Empfangsgeräte und MP3-Player.

Etwas genauer hingeschaut, ergeben sich jedoch Zweifel an der strikten Abgrenzungsmöglichkeit: Alle Marktteilnehmer bieten u. a. mediale Informations- und Unterhaltungsangebote in mannigfaltiger Form an (Nachrichten, Filme, Apps etc.). Sie konkurrieren um die Aufmerksamkeit der Konsumenten, um die Nachfrage der Werbetreibenden und um die Kooperationsintensität mit Komplementärgüterherstellern.

Diese neueren Abgrenzungsprobleme resultieren aus den strategischen Geschäftsfelderweiterungen der Unternehmen, die sich aufgrund der Veränderung von politischen Rahmenbedingungen und technischer Möglichkeiten anbieten. Andererseits passen sich die Unternehmen auch sich veränderndem Mediennutzungsverhalten an, das die Ausweitung und die Individualisierung des Leistungsspektrums sinnvoll macht.

Gläser (vgl. 2014: 71 ff.) nähert sich deshalb der Medienwirtschaft auf einer ersten Ebene, indem er die sogenannte **TIME-Industrie** ausdifferenziert. Das Akronym TIME, das im Zuge der Konvergenz von Medienindustrien und mediennahen bzw. komplementären Branchen gebildet wurde, steht für die Teilmärkte:
- **T**elekommunikation (Netzbranche),
- **I**nformationstechnik (Computerbranche),
- **M**edien (Contentbranche) und
- **E**ntertainment-Electronics (Branche der Unterhaltungselektronik).

Abbildung 1.7 (in Anlehnung an Gläser 2014: 71) zeigt die TIME-Branche als Konzept einerseits separater und spezifischer Industrieunternehmen, andererseits als sich zunehmend wettbewerblich nicht mehr nur ergänzender, sondern auch substituierender Leistungsanbieter. Die Sektoren konvergieren über ihr Leistungsangebot und zwar intersektoral; d. h. über die Grenzen der einzelnen Industrien hinweg.

Dieses **Konvergenzstreben** geht aber in der Regel nicht von den Unternehmen der Medienwirtschaft aus, sondern von den drei anderen Industriezweigen in Rich-

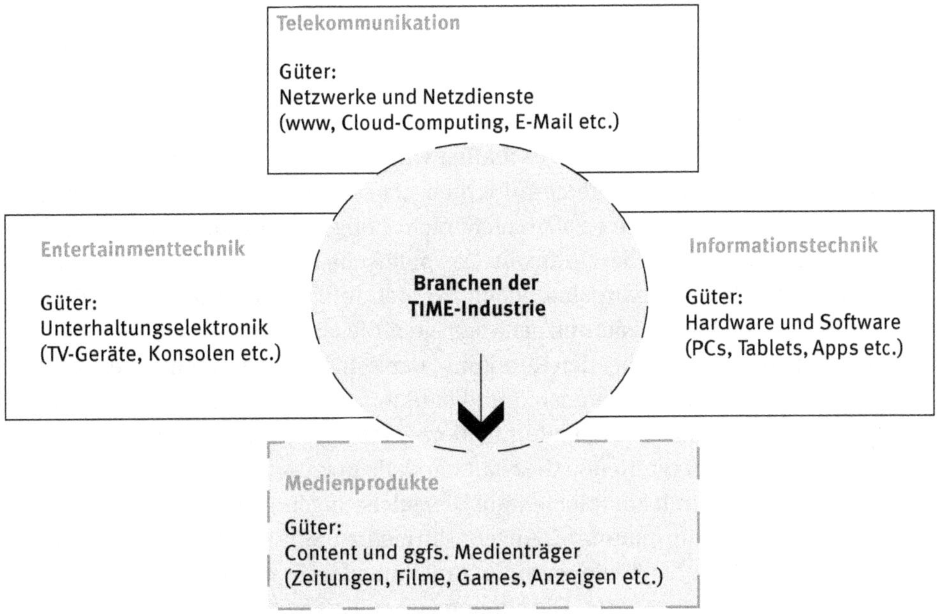

Abb. 1.7: Konvergenz der TIME-Branchen zur TIME-Industrie

tung Medienwirtschaft. D. h., ein Fernsehsender beginnt nicht, PCs zu konstruieren oder technikgetragene Datentransportnetze aufzubauen. Das Know-how ist völlig anders ausgerichtet und die notwendigen Investitionen wären gigantisch. Das Mittel der Kooperation erscheint hier strategisch viel sinnvoller. Anders verhält es sich umgekehrt: Wenn die Hardware existiert oder Netzwerke aufgebaut sind, ist es relativ leicht möglich, digitale Inhalte selbst zu produzieren, zu vervielfältigen und zu vermarkten.

Dass sich die TIME-Industrie als Branchenverbund ursprünglich separat funktionierender Teilmärkte gebildet hat und die Medienwirtschaft bzw. die Leistungsangebotsmöglichkeiten der Unternehmen bereichert, ist aber nicht nur auf technologische Aspekte (d. h., die Digitalisierung der Leistungen) zurückzuführen, sondern auch auf die Deregulierung der Märkte und auf die durch die Änderung des Mediennutzerverhaltens angepasste Fragmentierung der Medienangebote (vgl. hier und folgend Wirtz 2016: 61 ff. sowie Wirtz und Pelz 2006: 275):

- Die **Digitalisierung** hat zunächst neue Möglichkeiten der Produktion und Distribution von Inhalten geschaffen. Diese technologische Entwicklung bildet die Basis der Konvergenz (vgl. Rayport und Jaworski 2001: 366). Sie hat dazu geführt, dass sich originäre Inhalteanbieter wie z. B. Zeitungsredaktionen oder Rundfunksender zunehmend der Dienste von Technologieanbietern bedienen. Umgekehrt sehen nun aber auch Technologieanbieter wie z. B. Telekommunikationsunternehmen, oder Unternehmen aus der Unterhaltungselektronik und der Informationstechnik eine Chance darin, neben den Netzzugängen, Übertragungskanälen und Kommunikationsplattformen sowie sonstigen medienbezogenen Komplementärgütern (z. B. Konsolen, Smartphones etc.), auch Inhalte bereitstellen zu können.

- Die **Deregulierung** der Märkte ist die politische Antwort auf die Möglichkeiten, die durch die Digitalisierung geschaffen wurden. Es wurden neue ordnungspolitische Rahmenbedingungen erforderlich. Da es beispielsweise keine Frequenzknappheit mehr gab, war es auch nicht mehr nötig, den Rundfunk auf öffentlich-rechtliche Anbieter zu beschränken. Das politische Ergebnis liegt im Abbau oder in der Vereinfachung von staatlichen Normen und Vorschriften. Diese Deregulierung – auch Liberalisierung genannt – hat die Märkte (insbesondere die Telekommunikationsbranche, den Rundfunk, den schienengebundenen Verkehr und die Stromversorgung) dynamisiert und Markteintrittsbarrieren abgebaut. Nun ist es z. B. Unternehmen der Kommunikations-, Informations- und Medienindustrie möglich, marktübergreifende Geschäftsmodelle umzusetzen. Eigene Kernkompetenzen werden durch komplementäre Dienstleistungen ergänzt.
  Mit der Deregulierung nahm das Angebot an mediengetragenen Leistungen sprunghaft zu und führt bis heute zu einer zunehmenden Fragmentierung (Zergliederung) des Medienangebotes. Die ökonomischen Folgen der Deregulierung zeigen sich in einem auf der Digitalisierung basierendem cross-sektoralen Wettbewerb.
- Die **Änderung des Mediennuzterverhaltens** ist eine Folge der durch die Digitalisierung der Medienleistungen ermöglichten Individualisierung des Medienkonsums. Die technische Machbarkeit und die nutzenbezogene Brauchbarkeit von Teilleistungen führte schnell zu einer an die Wünsche der Konsumenten angepasste Fragmentierung der Medienangebote. Der Wunsch der Nachfrager nach bedarfsorientierten Angeboten wurde schnell von den Leistungserstellern aufgegriffen und in konkrete Angebote umgewandelt. So ermöglichen Netzdienste die bedürfnisorientierte Zusammenstellung und den Abruf von digitalem Content, Mobilfunkdienste bieten Apps im Umfeld des 4C-Net-Business an, klassische TV-Programmanbieter ermöglichen On-demand-Angebote im Internet und Zeitungen werden als Online-Varianten zugänglich. Mit anderen Worten: Mediendienstleistungen werden zunehmend individualisiert und personalisiert. Die Fragmentierung des Angebotes wiederum führt zu einer „Fragmentierung des Medienkonsums" (Wirtz 2016: 63), da sie dem Wunsch der Konsumenten entspricht. Schlussendlich schaffen die zunehmenden Nutzungsmöglichkeiten neue Nutzerpräferenzen. D. h. der multifunktionale Einsatz von Informations- und Computertechnologien verändern die Mediennutzungsgewohnheiten nachhaltig (vgl. Gläser 2014: 71). Damit ist der Konvergenzprozess der Industrien nicht mehr aufzuhalten.

Das Ergebnis besteht darin, dass die einzelnen Branchen hinsichtlich ihrer Marktleistungen zusammenwachsen. So wurde beispielsweise die Telekom als Netzbetreiber auch zum Contentanbieter, indem sie ihr auf technische Möglichkeiten beruhendes Geschäftsmodell um redaktionelle Dienstleistungen erweiterte. Die Apple Com-

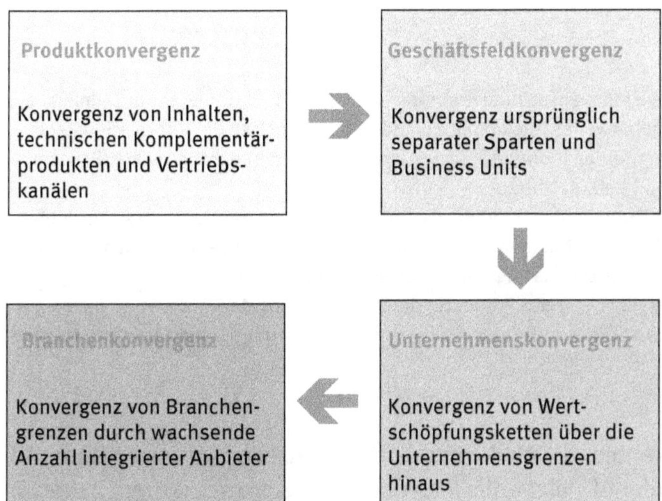

Abb. 1.8: Prozessmodell der Medien-Konvergenz

puter Inc. nutzt die Möglichkeit, über den 2001 auf den Markt gebrachten portablen MP3-Player iPod in den Musik-, Video- und Büchermarkt einzutreten und installiert ab 2003 entsprechende Stores als Online-Dienste. So z. B. die iTunes-, App- oder iBook Stores. Die Entwicklung von Softwareanwendungen, wie beispielsweise sogenannte Content Management Systeme, ermöglicht die stark vereinfachte Verarbeitung und Mehrfachverwertung von Inhalten in verschiedenen Medien, weil der Content medienneutral gespeichert wird. Damit werden Texte, Bilder etc. universell verwendbar und können von jedem Unternehmen praktisch auf allen Medienträgern veröffentlicht werden. Damit verschwimmen die Grenzen in der Medienwirtschaft gänzlich und die vereinfachte Logistik von Content bietet allen Herstellern oder Bereitstellern von Komplementärgütern ein großes Einfallstor in die Medienbranchen.

Abbildung 1.8 (in Anlehnung an Wirtz 2016: 65) zeigt, wie Produktinhalte, technische Komplementärprodukte und Distributionskanäle konvergieren. Auf dieser Basis konvergieren im nächsten Schritt die Geschäftsfelder von Unternehmen, da die einzelnen Sparten enger aufeinander abgestimmt werden. Diese Geschäftsfeldkonvergenzen führen zum Zusammenwachsen ehemals unterschiedlicher bzw. zur Erweiterung gegebener Wertschöpfungsketten.

Auch integrieren erfolgreiche Hersteller oder Distributoren vor- und nachgelagerte Betriebe sowie Unternehmen auf der gleichen Marktstufe. Letztendlich steigt die Anzahl der Unternehmen, die in mehreren Branchen gleichzeitig aktiv sind. „Diese Form der Konvergenz ist als finale Stufe im Konvergenzprozess anzusehen und führt schließlich zur allmählichen Auflösung ehemaliger Branchengrenzen“ (Wirtz 2016: 65).

> **Merke:**
>
> Als **TIME-Industrie** wird ein Branchenverbund ursprünglich separat funktionierender Teilmärkte bezeichnet, der aus Unternehmen der Telekommunikation (Netzbranche), der Informationstechnik (Computerbranche), der Medien (Contentbranche) und der Entertainmenthardware (Branche der Unterhaltungselektronik) gebildet wird.
> Als **medienwirtschaftliche Branchenkonvergenz** wird der Prozess verstanden, dass Unternehmen der einzelnen TIME-Branchen hinsichtlich ihrer Marktleistungen zusammenwachsen. Die Branchenabgrenzungen werden durchlässig oder lösen sich ganz auf.
> Gründe dafür sind die Digitalisierung der Produkte, die Deregulierung der Märkte und die Fragmentierung der Angebotsleistungen aufgrund der veränderten Nutzungspräferenzen der Nachfrager.

Soll dennoch versucht werden, die Medienindustrie in einzelne Gattungen auszudifferenzieren, kann dies anhand vieler unterschiedlicher Abgrenzungskriterien geschehen. Eine detaillierte Ausdifferenzierung und Problematisierung würde den Rahmen dieser Arbeit sprengen. Die ökonomisch relevantesten Konzepte sollen dennoch kurz angesprochen werden, da sie für die strategische Aufstellung der Medienunternehmen relevant sind.

Medienmärkte und damit **Mediengattungen** können beispielsweise anhand der Technizität, der Reichweite oder der Leistung der Medienträger ausdifferenziert werden. Eine solche Ausdifferenzierung wird in der BWL **Segmentierung** genannt (vgl. auch Kapitel 5.3).

- Der **Grad der Technisierung** des Produktions- und Empfangsprozesses segmentiert die Medienmärkte (Mediengattungen) in die Märkte von Druckerzeugnissen und elektronischen Medien.
  - **Gedruckte Medien** umfassen alle Medien, die Papier als Trägermedium für Inhalte nutzen. Beispielsweise Bücher, Zeitungen, Zeitschriften, Plakate etc. Diese Medien bedürfen der Drucktechnik, um hergestellt zu werden, sind aber ohne technische Hilfestellung rezipierbar.
  - **Elektronische Medien** hingegen umfassen alle auditiven und audiovisuellen Medien, die Töne und Bewegtbilder über elektromagnetische Wellen transportieren; beispielsweise Tonträger oder Rundfunkübertragungen. Soweit die elektronischen Medien mit digitalen Codes arbeiten, handelt es sich um digitale Medienträger; beispielsweise internetbasierte Medien (Websites, E-Mails etc.) oder computerbasierte Medien (CD, DVD etc.). Digitale Medien ermöglichen Multifunktionalität sowie eine Vielzahl an Interaktionen. Elektronische Medien können nur mithilfe technischer Geräte produziert und genutzt werden (vgl. Pross 1979 und Faßler 1997).
- Die **Reichweite** bzw. die **Anzahl der Kommunikatoren**, die an einem Kommunikationsprozess beteiligt sind, segmentiert die Medienmärkte in Individual-, Gruppen- und Massenmedien (vgl. Wersig 1985).

- **Individualmedien** dienen der 1:1-Kommunikation (das Telefonat, der Brief, die persönliche SMS oder Email etc.). Individualmedien werden – wenn sie über den persönlichen Gebrauch hinaus produziert und bereitgestellt werden – insbesondere im Umfeld des Direktmarketings eingesetzt.
- Typisch für den Einsatz von Medien der Gruppenkommunikation (n:n-Kommunikation) sind die sozialen Netzwerke oder beispielsweise die Gruppenfunktion des Chat-Dienstes Skype von Microsoft und beliebige Diskussionsforen.
- Massenkommunikation (1:n-Kommunikation) bildet die Basis der **Print- und Rundfunkmedien**, die zusammengefasst auch als „klassische Medien" bezeichnet werden. Aber auch die computertechnologisch getragene Kommunikation kann zum Teil der Massenkommunikation zugerechnet werden. Und zwar immer dann, wenn die Inhalte im Internet öffentlich zugänglich sind und kein Rückkanal vom Rezipienten zum Absender existiert. Deswegen spricht die Literatur (vgl. Hickethier 2010: 318 ff.) im Kontext des Internets auch von einem **Hybridmedium** bzw. Integrationsmedium, da je nach Anwendung sowohl Massen-, als auch Individual- und Mischformkommunikationen möglich sind.

In Anlehnung an die ursprüngliche Darstellung des European Communication Council Reports (vgl. Feldmann und Zerdick 2004: 24) sowie der (erklärungsfreien) Aktualisierung durch Friedrichsen, Grüblbauer und Haric 2015:17) können die Medien reichweitenorientiert abbildet und nach **Mikro-**, **Meso-** und **Makromedien**, wie in Abb. 1.9 dargestellt, unterschieden werden. Abbildung 1.9 zeigt die bedeutendsten Medien nach ihrer Reichweite geordnet, verzichtet aber auf eine deutlichere Ausdifferenzierung der Mikromedien.

- Wird die **Leistung** der Medienträger als Abgrenzungsparameter gewählt, so gewinnt die betriebswirtschaftliche Sicht deutlich an Relevanz. Aus dieser Sicht spielt aber die Branchenzugehörigkeit kaum noch eine Rolle. Entscheidend ist, welchen Leistungsnutzen die Medien für die Empfänger erbringen. Insofern verschwimmen beispielsweise die Gattungsgrenzen zwischen Printprodukten und elektronischen Angeboten. Dies ist beispielsweise dann der Fall, wenn ein Konsument die Zeitungsausgabe am Kiosk mit der Online-Ausgabe im Internet oder den Kinobesuch mit einem Blu-Ray-Abend Zuhause als vom Nutzen für ihn gleich bewertet. Leistungsbezogene Marktabgrenzungen spielen im Marketing eine herausragende Rolle, wie noch ausführlich ausgeführt wird.

Reale Marktabgrenzungen werden häufig durch eine Kombination der Konzepte definiert. So entstehen schlussendlich unterschiedliche Mediengattungen; z. B. allgemein: Printmedien und elektronische Medien oder aktuelle und nicht aktuelle Medien. Spezieller wäre die Systematisierung in: Zeitungen, Zeitschriften, TV, Radio, Internet etc. Jeder einzelne Markt wiederum kann weiter ausdifferenziert werden. Der Konkretisierungsgrad ist letztlich abhängig von der Fragestellung, die beantwortet werden soll.

Die größte Herausforderung im Umfeld sektoralökonomischer Abgrenzungen in der Medienwirtschaft stellt heute die Einordnung der **Online-Medien** und deren Produzenten dar. Eine formale räumliche, sachliche und zeitliche Abgrenzung macht bei Online-Medien selten Sinn. Das Internet ist räumlich nicht begrenzt. Sachlich ist es in Bezug auf Mediendienstleistungen ebenfalls nicht beschränkt, da diese multimedial vorliegen und insofern die meisten Medien potenziell substituieren können. Auch zeitlich sind die Güter kaum trennscharf einzuordnen, da die Inhalte sowohl aktuell als auch archiviert vorliegen (Vgl. Rimscha und Siegert 2015: 47). Selbst die technische Abgrenzung ist nicht immer zwingend und eindeutig möglich. So können beispielsweise die Interaktionsmöglichkeiten im Internet höchst unterschiedlich ausgeprägt sein. Erst in Verbindung mit dem Zielgruppennutzen der Güter können solche Abgrenzungen sinnvoll werden.

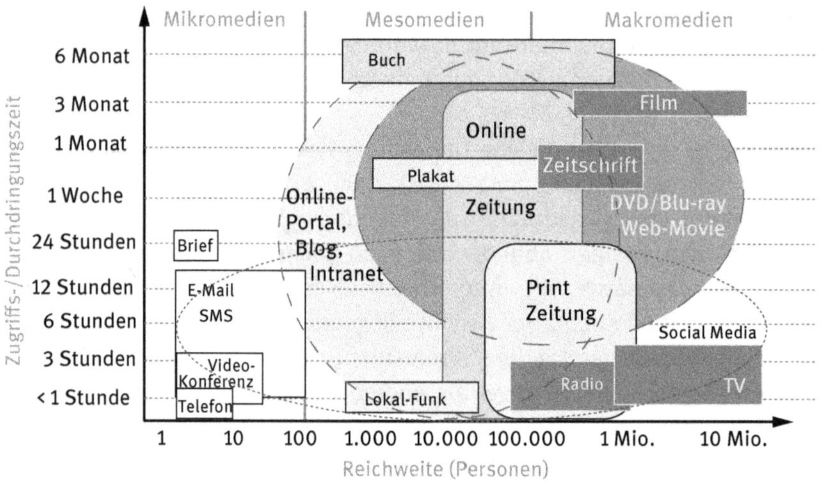

Abb. 1.9: Mikro-, Meso- und Makromedien

Fragen zu Kapitel 1.5.4

1. Erläutern Sie bitte, worin der Unterschied zwischen der volkswirtschaftlichen und betriebswirtschaftlichen Abgrenzung der Medienwirtschaft liegt und warum die Abgrenzungen wichtig sind.
2. Grenzen Sie bitte die Medienwirtschaft ab von der Unterhaltungs- und Informationswirtschaft sowie von der Kultur- und Kreativwirtschaft.
3. Welche Unternehmen sind als zur Medienwirtschaft und welche als zur mediennahen Industrie gehörend einzuordnen?
4. Begründen Sie bitte, welche Teile der Musikindustrie und welche Internetdienstleistungen zur Medienwirtschaft zu zählen sind.

5. Welche Branchen gehören zur TIME-Industrie und was ist in diesem Zusammenhang unter dem Begriff Konvergenzstreben zu verstehen?
6. Welche drei Hauptgründen führten dazu, dass die TIME-Branchen konvergieren und wie funktioniert der Konvergenzprozess?
7. Grenzen Sie bitte die Medienbranchen anhand von drei unterschiedlichen Parametern ab.

Um besser verstehen und im weiteren Verlauf der späteren Ausführungen leichter nachvollziehen zu können, warum sich Unternehmen oder Konsumenten so verhalten, wie in den nachfolgenden Kapiteln beschrieben, muss kurz auf die entscheidungs- bzw. verhaltensbezogenen Paradigmen[7] der Wirtschaftswissenschaften und deren zugrundeliegenden Modellvorstellungen eingegangen werden. Durch diese Betrachtung wird auch deutlich, dass in den Grenzen der Medienwirtschaft nicht mehr alle klassischen Paradigmen vollumfänglich gültig sind.

7 Ein Paradigma (pl. Paradigmen) bezeichnet eine grundsätzliche Haltung zu einer Klasse von Phänomenen oder die Zusammenfassung einer bestimmten Menge grundsätzlicher Annahmen, die im Zusammenhang einer Theorie von Bedeutung sind (z. B. bestimmte Denkmuster).

2 Welche der klassischen Paradigmen gelten auch für die Medienbetriebslehre?

Die wirtschaftswissenschaftliche Dogmatik[1] vertritt in weiten Teilen die Auffassung, dass Menschen mit ganz spezifischen Motiven und nach ganz bestimmten Entscheidungs- und Verhaltensregeln auf Märkten agieren. Die ökonomische Theorie nimmt dabei nicht für sich in Anspruch, jedes menschliche Verhalten in jeder Situation vollständig erklären zu können, aber sie liefert Modelle, die plausibel erklären, wie sich Menschen grundsätzlich *in wirtschaftlichen Situationen* verhalten (vgl. Dreiskämper 2013: Kap. III.2 sowie Kiefer 2005: 225 ff. und Homann und Suchanek 2005). Dabei ist es völlig gleichgültig, ob Nachfrager oder Anbieter, Unternehmen oder Haushalte betrachtet werden. Das Modell besticht vor allem durch seine Einfachheit. Diese Einfachheit wiederum stattet den Erklärungsansatz mit nahezu universeller Erklärungskraft aus.[2] Der zentrale Kern besteht darin, den Egoismus als verlässliches Motiv für Handlungen und das Optimierungsanliegen als verlässliches Motiv für Entscheidungen einzuordnen. Verlässlichkeit ist wichtig, weil es Berechenbarkeit (Vorhersagemöglichkeit) garantiert.

Im Folgenden werden zunächst die Modellvorstellungen dargestellt, die die Ökonomie für das wirtschaftliche Handeln von Beteiligten anbietet. Danach wird untersucht, wie Unternehmen zielorientiert ausgerichtet werden und welche Ansprüche sie erfüllen (sollen). Jeder Kapitelabschnitt wird abgeschlossen mit einer Problematisierung des Beschriebenen in Bezug auf die speziellen Bedingungen im Medienumfeld.

2.1 Menschliches Verhalten in ökonomischen Situationen

Um menschliches Verhalten in ökonomischen Situationen erklären zu können, müssen zunächst die Begriffe „Verhalten“ und „ökonomische Situation“ geklärt werden.

Merke:

Verhalten ist beobachtbares Tun, Dulden oder Unterlassen. Es kann zweckorientiert, affektgesteuert oder habituell sein, ist auf Menschen oder Objekte ausgerichtet und zielt in sozialen Kontexten auf Reaktionen oder Aktionen anderer ab.

1 Unter einem Dogma (Meinung, Lehrsatz) wird eine grundlegende (Lehr-)Meinung verstanden, deren Wahrheitsanspruch als unumstößlich gilt.

2 Gerade dieser Anspruch führt in interdisziplinären Diskussionen nicht selten zum Vorwurf des Erklärungsimperialismus der Ökonomie (vgl. Dreiskämper 2013: 363). Jedoch kann dieser Vorwurf insofern als unbegründet abgewehrt werden, als dass die Ökonomie nur Situationen und Entscheidungsverhalten zu erklären versucht, die von wirtschaftlichen Motiven geleitet werden.

https://doi.org/10.1515/9783110519587-002

Ökonomische Situationen können als die Gesamtheit von Bedingungen verstanden werden, die im Kontext einer Mangelsituation, die jemand zum eigenen Vorteil überwinden will, vorherrschen.

Verhalten ist in ökonomischen Situationen in der Mehrzahl der Fälle zweckorientiert (rational), kann aber auch affektgesteuert (durch äußere Reize hervorgerufene, emotionale Handlungen) oder habituell (auf Gewohnheit beruhend) sein. Eine ökonomische Situation (Mangelsituation) ruft dann Verhalten hervor, wenn der Mangel als störend empfunden wird und überwunden werden soll. Im Mittelpunkt dieses Verhaltens steht das Individuum, das ein Bedürfnis hat und dieses ausgleichen will (vgl. Kapitel 1.2.3). Das Verhalten ist in diesen Fällen darauf ausgerichtet, das Bedürfnis auszugleichen.

Die Frage, die sich stellt ist, gibt es grundsätzliche Einstellungen, Verhaltens- und Entscheidungsregeln, nach denen das Akteursverhalten modelliert, d. h. beschrieben, erklärt und prognostiziert werden kann? Soweit dies möglich ist, würde das Modell helfen, Verhalten nachvollziehbar und vorhersagbar machen zu können. Und dies würde wiederum dazu beitragen, verlässliche Anreize schaffen zu können, die Verhalten zu steuern in der Lage sind. Damit wäre es schließlich auch möglich, gebotenes, erlaubtes oder verbotenes Handeln zweckorientiert zu sanktionieren, d. h. dienliches Verhalten zu fördern oder Fehlverhalten zu unterbinden.

Die Ökonomie unterstellt grundsätzlich den **Eigennutzen**. Eigennutzen bedeutet, dass Individuen egoistisch eigene Interessen verfolgen, wenn sie handeln (vgl. Kiefer 2005: 225). Das heißt, die ökonomische Theorie unterstellt den Egoisten, der auf sich selbst bezogen autonom entscheidet und dabei seinen Vorteil sucht. Dabei wird mitunter auch in Kauf genommen, dass der eigene Vorteil zum Nachteil anderer verfolgt wird. Der Volksmund übersetzt dieses Prinzip mit dem Bonmot: „Jeder ist sich selbst der Nächste". Die Vorstellung, „anderen etwas Gutes zu tun" ist im Entscheidungskalkül der Ökonomie nur existent, wenn damit auch eigene Vorteile verbunden sind (z. B. als Win-Win-Situation). Diese Modellvorstellung macht Akteure berechenbar, da ihre Motive verständlich, nachvollziehbar und glaubhaft sind. Egoismus ist ein plausibles Motiv (vgl. hierzu vertiefend Dreiskämper 2013: Kap. II.2.5 und III.1).

Neben dem Eigennutzen als Handlungsmotiv wird des Weiteren unterstellt, dass der Einzelne seine Wahlentscheidungen so ausrichtet, dass er im Rahmen der ihm zur Verfügung stehenden Alternativen genau die wählt, die ihm den höchsten Nutzen generiert (**Optimierungsprinzip**). Welcher Nutzen als der höchste angesehen wird, ist von Individuum zu Individuum unterschiedlich. Das ökonomische Nutzenkonzept geht davon aus, dass der Wert eines Gutes subjektiv davon abhängt, welches Bedürfnis vorherrscht, wie dringend das Bedürfnis ist und welchen Beitrag das Gut zur Bedürfnisbefriedigung beiträgt. Wenn jemand Entspannung sucht, wird er Musik oder einen Film als nützlicher empfinden als ein Fachbuch. Insofern kann „Nutzen" auch mit „subjektivem Gebrauchswert" übersetzt werden (vgl. Zydorek 2013: 27). Wenn anderseits ein Produzent mit der Produktion von Unterhaltungsmedien mehr Gewinn erzielen kann als mit der Produktion von Informationsmedien, wird er prinzipiell lieber unterhaltende Medieninhalte herstellen.

Eine weitere Annahme besteht darin, dass die Marktteilnehmer permanent versuchen, den Nutzen aus ihren Handlungen zu optimieren. Da Güter, die wirtschaftliche Bedürfnisse befriedigen, ebenso knapp sind, wie die Budgets oder Ressourcen, die aufgewendet werden müssen, um diese Güter zu erwerben oder herzustellen, handeln die Marktteilnehmer rational (vgl. Wirtschaftlichkeitsprinzip in Kapitel 1.3.1). Entscheidungen werden davon abhängig gemacht, welches Verhältnis von Input oder Aufwand gegenüber dem erwarteten Output oder Ertrag größer ist. Damit besteht das **Entscheidungskalkül** grundsätzlich in einer Kosten-Nutzen-Abwägung durch den Betroffenen.

! **Merke:**

Antrieb für ökonomisches Verhalten ist Egoismus (Eigennutzen).
Das **Entscheidungskalkül in ökonomischen Situationen** besteht in einer Kosten-Nutzen-Abwägung. Ein höherer Ertrag wird einen geringeren Ertrag und ein geringerer Aufwand einem höheren Aufwand vorgezogen. Die Differenz zwischen Ertrag und Aufwand wird als Nettonutzen bzw. Nettogewinn bezeichnet. Um Nettonutzen bzw. -gewinn zu maximieren, wird nach dem ökonomischen Prinzip gehandelt.

Das Entscheidungskalkül erklärt beispielsweise den negativen Verlauf der Nachfrage- und den positiven Verlauf der Angebotsfunktion. Das heißt, Konsumenten neigen dazu, weniger von einer Ware zu kaufen, wenn der Preis dieser Ware steigt. Steigt der Preis bei sonst gleichen Bedingungen, sinkt der Nettonutzen der Konsumenten. Vielleicht wird er sogar negativ. Das wäre dann der Fall, wenn der Preis höher wäre als der Nutzen, der aus dem Konsum gezogen werden kann. Anbieter wiederum sind bei steigenden Preisen bereit, mehr Waren anbieten (vgl. Samuelson und Nordhaus 1998: 69), da ihre Aussicht auf Rendite wächst. Umgekehrt gilt die analoge Reaktion der Marktteilnehmer: Werden Waren billiger, sind weniger Anbieter bereit, sie zu produzieren, aber mehr Nachfrager bereit, sie zu kaufen.

Andererseits bestimmt auch die Höhe des Einkommens die Nachfrage. Steht mehr Einkommen zur Verfügung, können mehr Güter nachgefragt werden. Sind weniger Ressourcen vorhanden, sinkt die Nachfrage. Nicht zuletzt ist die Nachfrageänderung bei sich verändernden Preisen auch davon abhängig, wie stark die Güter substituiert werden können. Ist es eher leicht, ein bestimmtes Bedürfnis durch mehrere (funktional) gleiche Produkte zu befriedigen, würden Nachfrager bei Preiserhöhungen abwandern und ein preiswerteres Substitut nutzen. Schlussendlich werden die Marktteilnehmer auch die Nachfrage- und Angebotsmenge, die auf dem Markt gegeben ist, in ihr Entscheidungskalkül einbeziehen. Je höher der Konkurrenzdruck auf einer Marktseite, desto deutlicher wird die Auswirkung auf der anderen Marktseite Niederschlag finden. Bei hohem Angebotsdruck, wird der Preis sinken, da ein Überangebot vorliegt. Bei hohem Nachfragedruck werden die Preise steigen, da sich tendenziell ein Nachfrageüberhang bildet (vgl. Varian 2011: Kap. 5 und 6 sowie Pinkdyck und Rubinfeld 2005: Kap. 2).

Wenn beispielsweise die Preise für eine TV-Programmzeitschrift angehoben werden oder Einkommen real sinken, werden einige Nutzer zu den kostenlosen Online-Angeboten abwandern, weitere Nutzer werden auf andere, preiswertere TV-Programmzeitschriften zurückgreifen. Wie stark die Fluktuationsbewegungen sind, hängt aber auch davon ab, wie stark die Bindungen zwischen dem jeweiligen Medium und den Nutzern ist. Sowohl die Nachfrage als auch das Angebot unterliegen also nicht nur einer generellen Bedürfnissituation, sondern auch Preis-, Mengen-, Einkommens- und Substitutionseffekten.

Das Verhalten der Marktteilnehmer kann damit grundsätzlich als ökonomisches Optimierungsmodell dargestellt werden. Abbildung 2.1 zeigt das Kaufverhalten der Nachfrager.

Spürt ein Mensch einen Mangel, den er ausgleichen möchte, beginnt die Suche nach Gütern, die helfen, das **Bedürfnis** zu stillen. Diese Suche ist abhängig von den eigenen Ressourcen, die für die Beschaffung und für die Bedürfnisbefriedigung eingesetzt werden können (z. B. Budget, Zeit, Interesse etc.). Die Aufmerksamkeit richtet sich auf das Güterangebot auf dem Markt, das bezahlt werden könnte. Die Objektausrichtung wird von eigenen Erfahrungen und von Erfahrungen anderer Personen mit dem Güterangebot beeinflusst. Das mit Kaufkraft ausgestattete Bedürfnis nennt der Ökonom **Bedarf**. Nun beginnt der Suchende mit dem Alternativenvergleich, wenn verschiedene Güter das Bedürfnis befriedigen können. Indem der Suchende beispielsweise in Geschäfte geht oder sich Online erkundigt, wird die Suche marktrelevant. Marktrelevanten Bedarf nennt der Ökonom **Nachfrage**. Die Nachfrage ist am Markt angezeigter Bedarf und wird den Anbietern sichtbar. Abhängig von den Alternativen, die der Nachfrager gefunden hat und abhängig von den sonstigen Beschaffungsdispo-

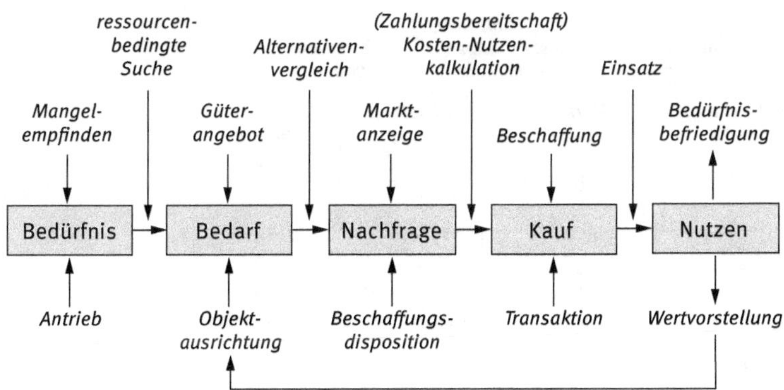

Abb. 2.1: Prozessmodell der Kaufentscheidung als Optimierungsprozess

sitionen (Zeit, Budget, Verfügbarkeit etc.), führt der Betroffene Kosten-Nutzen-Kalkulationen durch, d. h., er überlegt, mit welchem Gut er bei eigenem gegebenem Budget die höchstmögliche Bedürfnisbefriedigung erreicht, bzw. mit welchem Gut er ein bestimmtes Bedürfnisbefriedigungsniveau unter Einsatz geringstmöglicher Geldmittel realisiert. Er entscheidet nach dem Wirtschaftlichkeitsprinzip. Das ausschlaggebende Element für die Nachfrage ist die **Zahlungsbereitschaft**, die der Nachfrager für ein bestimmtes Gut hat. Und dieses wiederum ist u. a. abhängig von der Dringlichkeit des Bedürfnisses und dem unterstellten Nutzen, den sich der Nachfrager vom Gut erhofft. Wenn sich der Nachfrager entschieden hat, findet die Transaktion (der Tausch, **Kauf**) statt. Abgeschlossen wird der gesamte Prozess durch die persönliche Nützlichkeitsbewertung. Das hieraus resultierende Werturteil findet Niederschlag in der nächsten Objektbeurteilung, da sich der Erfahrungsschatz des Nachfragers erweitert.

Während sich die Suche nach dem Optimum im Bereich der Konsumenten (Haushalte) darauf konzentriert, welche Budgetverwendung in Bezug auf einen bestimmten Warenkorb die nutzenmaximale ist, suchen Produzenten in der Regel nach der Minimalkostenkombination in der Herstellung einer definierten Output-Menge und am Markt nach dem bestmöglichen Preis für ihr Produkt.

Wird das Angebotsverhalten als Optimierungsprozess gezeichnet, zeigt sich ein ähnliches Bild wie bei den Nachfragern, da das Entscheidungskalkül (die Kosten-Nutzen-Abwägung) bei allen Marktteilnehmern grundsätzlich identisch ist (vgl. Abb. 2.2).

Wenn der Nachfrager am Markt anzeigt, dass er bestimmte Produkte haben möchte oder im Vorfeld die Marktforschung von Unternehmen belegt, dass bestimmte Bedürfnisse von Personen mit Kaufkraft ausgestattet würden, zeigt dies den potenziellen Anbietern, dass sie mit einer entsprechenden Angebotsleistung Geld verdienen bzw. Gewinne erzielen könnten. Unternehmen werden nun recherchieren, ob diese Marktleistungen schon existieren und welche Anbieter diese Güter mit welchem Preis-Leistungs-Verhältnis anbieten. Die existierenden Alternativen werden verglichen und infolge dessen entschieden, ob das eigene Unternehmen ähnliche, bessere oder güns-

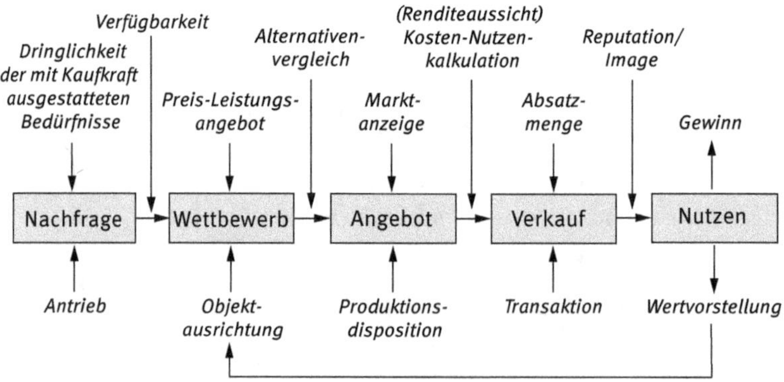

Abb. 2.2: Prozessmodell der Angebotsentscheidung als Optimierungsprozess

tigere Problemlösungen herstellen könnte. Wird die Frage positiv beantwortet, bleibt zu kalkulieren, ob mit der eigenen Variante Gewinn erzielt werden könnte. Je höher die Renditeaussicht für das Unternehmen ist, desto stärker wird es auf den Markt drängen und die erforderliche Menge produzieren (vgl. Pinkdyck und Rubinfeld 2005: Kap. 2). Die produzierte Menge wird mit dem höchstmöglichen marktgängigen Preis ausgezeichnet und verkauft. Das Marktergebnis wiederum beeinflusst die künftigen Entscheidungen hinsichtlich der Weiterentwicklung des eigenen Angebotes im Verhältnis zu den Angeboten der Wettbewerber.

Zusammenfassend kann festgehalten werden, dass das auf Eigennutz ausgerichtete Rationalitätsprinzip die natürliche Grundorientierung der Akteure beschreibt und die Ausrichtung der individuellen Handlungsbasis bildet. Ziel des ökonomischen Handelns ist in der Regel die Nutzenmaximierung. Als Analyseinstrument für die Suche nach der effizientesten Lösung dient der Kosten-Nutzen-Vergleich. Als Koordinationsmechanismus auf den Märkten dient der Preis. Die Nachfrager zeigen an, welchen Preis sie bereit sind zu zahlen und die Anbieter zeigen an, welchen Preis sie fordern. Bei Übereinstimmung beider Vorstellungen kommt es zum Kauf. Die VWL spricht von Markträumung bei Gleichgewichtspreisen (vgl. Mankiw und Taylor 2012: 93).

Formalanalytisch betrachtet, sind alle Marktteilnehmer auf der Suche nach „Optima unter der Nebenbedingung beschränkter Ressourcen“ (Dreiskämper 2013: 131). Das Effizienzkriterium ist aber nur dann erfüllt, wenn keine Ressourcen verschwendet werden, da eingesetzte Mittel immer auch alternativen Verwendungsmöglichkeiten entzogen werden. Dafür ist es nötig, dass den Entscheidern alle notwendigen Informationen zur Verfügung stehen und dass sie alle Informationen auch objektiv bewerten können.

Ob diese Modellvorstellungen realistisch sind und auch uneingeschränkt auf die Medienmärkte übertragen werden können, soll nun im folgenden Kapitel 2.2. überprüft werden.

Fragen zu Kapitel 2.1 ?

1. Erläutern Sie bitte, welche grundsätzliche Einstellung das Verhalten eines Marktteilnehmers nach der ökonomischen Theorie antreibt und welches Entscheidungskalkül dieser Marktteilnehmer zugrunde legt.
2. Stellen Sie bitte den Kaufentscheidungsprozess dar und erläutern Sie ihn bitte anschließend.
3. Stellen Sie bitte das Angebotsverhalten von Marktteilnehmern dar und erläutern Sie bitte den Prozess.
4. Erklären Sie bitte, warum und wie der Preis das Nachfrage- und Angebotsverhalten auf Märkten steuert.

2.2 Das Optimalitätsgebot der ökonomischen Theorie auf dem Prüfstand

Es wurde bereits festgestellt, dass menschliche Bedürfnisse im Prinzip unbegrenzt vorhanden, jedoch Güter, die Bedürfnisse befriedigen können, knapp sind. Diese Knappheit soll bestmöglichst überwunden werden. Dies ist nur möglich, wenn die Ressourcen, die zur Erstellung der Güter notwendig sind, optimal eingesetzt werden. Je bedachter die Unternehmen mit ihren Produktionsmitteln und die Haushalte mit ihren Budgets umgehen, desto mehr kann produziert werden bzw. desto mehr Waren können erworben werden. „Aufgrund dieser Logik beschränkt sich nahezu die gesamte ökonomische Modellwelt auf Effizienzüberlegungen bzw. die Suche nach optimalen Einsatzverhältnissen" (Dreiskämper 2013: 130). Ziel aller ökonomischen Überlegungen ordnen sich der Suche nach Optimalität unter. Dieses Prinzip wird hier **Optimalitätsgebot** genannt. Den Bewertungsmaßstab für Optimalität liefert das ökonomische Eigennutzaxiom[3], d. h. optimal ist das, was für den Entscheider optimal ist.

Einen optimalen Zustand erreichen zu wollen oder eine optimale Entscheidung zu fordern, ist eine Sache. Ihn erreichen oder sie finden zu können und auch sicher bewerten zu können, ob der erreichte Zustand optimal ist, eine ganz andere. Der Maßstab „besser als" ist noch relativ einfach anzuwenden, aber entscheiden zu können, ob „die beste" Lösung erreicht wurde, ist alles andere als trivial. Wenn die Optimierung aber die zentrale Philosophie der BWL darstellt, dann muss sie auch messbar gemacht werden können, sonst macht die Forderung keinen Sinn.

Um eine optimale Entscheidung treffen zu können, müssen fünf Bedingungen erfüllt sein. Diese fünf Problembereiche werden im Folgenden auf ihre Qualität überprüft.

1. Problembereich: Die mangelhafte Markttransparenz

Um eine optimale Entscheidung unabhängig von Zufällen treffen zu können, muss der Entscheider rational zwischen Alternativen auswählen können. Um rational auswählen zu können, müssen alle zur Verfügung stehenden Alternativen bekannt sein. Wie sonst soll bewertet werden können, welche Alternativen gewählt werden können?

Diese **Transparenzforderung** ist jedoch in der Realität nicht umzusetzen. Niemand wird vor einer Entscheidung alle Informationen recherchieren (können), die hilfreich sind, eine rationale Entscheidung zu treffen. Die Zeit, die hier aufzuwenden wäre, würde eine Entscheidung ins Unendliche hinauszögern. Insofern muss diese klassische Modellvorstellung relativiert werden: Wirtschaftsakteure fällen ihre Entscheidungen nicht rational, sondern nur bedingt rational. Wenn sie meinen, genug

3 Ein Axiom ist eine Aussage, die nicht in der Theorie bewiesen werden soll, sondern für wahr gehalten und beweislos vorausgesetzt wird (vgl. Prechtl 2016: 81).

Informationen gesammelt zu haben, beenden sie ihre Suchaktivitäten. Genug Informationen sind immer dann vorhanden, wenn der Aufwand der weiteren Suche nach weiteren Informationen größer ist als der daraus zu ziehende Nutzen (vgl. Frey 1990).[4]

Heinrich spricht aufgrund dessen, dass abgewogen wird, ob es sich noch lohnt, weitere Informationen zu suchen oder auf weitere zu verzichten, von der „Entscheidung unter rationaler Ignoranz" (Heinrich 2010: 68). Optimalität im Sinne der modernen Ökonomie ist dann erreicht, wenn der zusätzliche Nutzen durch eine weitere Informationseinheit (Grenznutzen) gerade noch so hoch ist, wie der Aufwand, den die Beschaffung der weiteren Informationseinheit (Grenzkosten) verursacht. Würde der Nachfrager weitersuchen, wäre der Grenzaufwand höher als der Grenznutzen.

2. Problembereich: Die Bewertungsunsicherheit

Um beurteilen zu können, ob eine Entscheidung optimal ist, muss der Entscheider nicht nur alle zur Verfügung stehenden Alternativen kennen, sondern die Alternativen auch hinsichtlich ihrer Entscheidungswirkung einordnen bzw. bewerten können. Was hilft es beispielsweise einem Konsumenten, wenn er weiß, dass aktuell bestimmte Kinofilme laufen oder bestimmte Zeitungen am Kiosk liegen, wenn er entscheiden soll, welcher der Filme oder welche der Zeitungen ihm den größten Nutzen bringen wird? Auch in diesem Punkt muss die vereinfachte Modellwelt der Ökonomie relativiert werden. Entscheider haben nicht die Möglichkeit, alle vorhandenen Informationen entscheidungsrelevant bewerten zu können. Dies gilt für die Nutzeneinschätzung von Medieninhalten in ganz besonderem Maße.

Medieninhalte sind keine Sachgüter, deren Nutzen relativ klar definiert werden kann, sondern Dienstleistungsergebnisse, die vor dem Konsum nicht oder nur sehr bedingt bewertet werden können. Ob der Kinofilm gefallen wird oder die Zeitung informativ ist, weiß der Nutzer erst nach dem Konsum. Dann aber ist es für eine Entscheidung, ob das eigene Budget investiert werden soll oder nicht, zu spät. Hier helfen allemal vielleicht Erfahrungen. Der Nachfrager kann z. B. die Reputation einer Zeitung oder Erfahrungen mit dem Filmgenre, den Schauspielern und dem Regisseur heranziehen oder gegebenenfalls Filmtrailer anschauen bzw. den Cover-Text eines Buches lesen, um Entscheidungshilfen zu bekommen, aber die Entscheidungssicherheit, die Konsumenten bei Sachgütern (z. B. Autos, Computern oder Möbel etc.) haben, gibt es auf Medienmärkten nicht. Ganz im Gegenteil: Da auch die Medieninhalteanbieter als

4 Die Einwände haben dazu geführt, dass das neoklassische Erklärungskonzept des Homo Oeconomicus (vgl. Dahrendorf 2010 oder Starbatty 1999) heute weitgehend durch das um sozialpsychologische Kriterien erweiterte RREEMM-Konzept abgelöst wurde. Das RREEMM-Modell wurde von Lindenberg (vgl. 1985) entwickelt und steht für „Resourceful Restricted Evaluating Expecting Maximizing Man" (dt.: Mit Ressourcen ausgestatteter, Einschränkungen unterworfener, hinsichtlich der eigenen Ziele bewertender, wegen nicht ausreichender Informationen auf subjektive Einschätzungen angewiesener Nutzenmaximierer). Das Ergebnis dieser Einschränkungen ist der Homo Oeconomicus als Satisficer statt Maximizer (vgl. Kiefer 2005: 231).

egoistische Nutzenmaximierer am Markt agieren, werden sie alle Informationen, die verkaufsschädlich sein könnten, verschweigen. Sie geben im Vorfeld der Leistungserbringung lediglich ein Leistungsversprechen ab. Tatsächlich herrscht eine hohe **Informationsasymmetrie** zwischen Anbietern und Nachfragern vor und diese Informationsasymmetrie verhindert einen optimalen Ressourceneinsatz und damit auch eine optimale Budgetverwendung. Denn kein Marktteilnehmer wird freiwillig Informationen preisgeben, die ihm zum Nachteil geraten.

3. Problembereich: Die Nichtoffenlegung der Wertschätzung

Während die Anbieter Gütereigenschaften verschweigen oder vorhandene Eigenschaften werblich „aufwerten", nutzen die Nachfrager die Informationsasymmetrie aus, indem sie ihre tatsächliche Zahlungsbereitschaft (bzw. die Dringlichkeit des Bedarfes) für die angebotenen Güter nur bedingt oder gar nicht offenlegen.

Die ökonomische Theorie interpretiert den Konsumenten als Marktsouverän, d. h. Produzenten stellen nur die Güter her oder bereit, die Konsumenten nachfragen. Der Ökonom spricht vom Theorem[5] der **Konsumentensouveränität**: es wird nur das produziert, was der Konsument nachfragt. Verweigern die Nachfrager die Finanzierung von bestimmten Gütern auf Dauer, weil sie ihren Präferenzen nicht entsprechen, sanktioniert dieser Marktmechanismus die Produzenten. Sie verschwinden vom Markt. Wer Gewinne erzielen will, produziert das, was Konsumenten wünschen und bezahlen.

Wie stark das Interesse der Hersteller anzubieten ist, ist abhängig von der Dringlichkeit des Bedarfes bzw. von der Wertschätzung des Gutes und des Einkommens seitens der Nachfrager. Die Wertschätzung und das Einkommen bestimmen die Preisbereitschaft. Die Preisbereitschaft wiederum signalisiert den Produzenten, welche Renditeaussichten sie haben. Je höher die Gewinnerwartung, desto größer ist die Bereitschaft, die geforderten Güter anzubieten und das für die Bereitstellung der Güter erforderliche Kapital zu investieren.

Dieses System funktioniert aber nur so gut, wie der Preis als Informationsmechanismus tatsächlich widerspiegelt, welchen Wert ein Gut für den jeweiligen Marktteilnehmer hat bzw. wie knapp ein Gut ist. Da das Optimalitätsgebot aber auf dem Eigennutzaxiom basiert (optimal für den Entscheider ist das, was für ihn selbst optimal ist), wird weder der Produzent seine tatsächlichen Kosten offenlegen noch der Haushalt seine tatsächliche Zahlungsbereitschaft. Die Anbieter werden durch Marketingmaßnahmen den subjektiven Wert ihrer Güter zu steigern versuchen und die Nachfrager werden versuchen, ihre tatsächliche Zahlungsbereitschaft (und damit die Dringlichkeit des Bedürfnisses, die Wertschätzung und den Nutzen der Leistung für sie) zu verbergen. Wenn es faktisch möglich ist oder durch die Anbieter

5 Ein Theorem ist ein Lehrsatz oder eine Aussage innerhalb einer Theorie, die aus den Grundannahmen der Theorie hergeleitet wird.

nicht verhindert werden kann, werden Konsumenten die Angebotsleistungen auch unentgeltlich nutzen. Dieser Umstand trifft gerade die Medienunternehmen ganz deutlich.

Während jemand, der ein Auto, einen PC oder eine Pizza haben möchte, den dafür ausgezeichneten Preis bezahlen muss, können beispielsweise digitale Produkte leicht kopiert und ohne dass der Hersteller dies verhindern oder ein Nutzer einen Gebrauchsnachteil davon hätte, mehrfach genutzt und anderen überlassen werden. Den monetären Schaden oder Nachteil trägt immer der Hersteller. So werden Musikstücke millionenfach raubkopiert, in der Straßenbahn liegen gebliebene Zeitungen von Dritten gelesen und das Programm von Rundfunkanbietern kostenlos von Zuschauern genutzt.

Mediengüter werden in der überwiegenden Mehrzahl nicht entsprechend ihres Nutzens (Wertes) für den Konsumenten von diesen bezahlt. Sehr häufig sogar unentgeltlich konsumiert. Dieses sogenannte **Trittbrettfahrer-Verhalten** (vgl. Kiefer 2005: 152) verzerrt den Markt gewaltig. Der Hersteller kann seine Eigentumsrechte nicht so durchsetzen, wie es bei den meisten Sachgütern (materiellen Gütern) der Fall ist (diese und weitere Eigenschaften von Mediengütern werden in Kapitel 3 vertieft). Der Medienmarkt ist demnach weit davon entfernt, optimal zu funktionieren. Denn Optimalität im Sinne der ökonomischen Theorie bedeutet klassischer Weise, dass der, der etwas nutzen will, dafür ein angemessenes monetäres Entgelt zu zahlen hat.

4. Problembereich: Die Aushebelung des Preissystems

Das vierte Problem bei der Suche nach und der Bestimmung von optimalen Entscheidungen besteht darin, dass die Austauschbeziehungen zwischen Produzent und Konsument auf Medienmärkten nicht immer direkt über das Preissystem gesteuert werden (vgl. Kiefer 2005: 228). Dieses Problem herrscht auf allen Medienmärkten vor, die werbefinanzierte Medieninhalte anbieten.

Auf werbefinanzierten Märkten wird automatisch ein Überangebot an Medien produziert, da das Angebot von der Zahlungsbereitschaft der Konsumenten entkoppelt wird, die quantitative Nutzung der Medien durch die Konsumenten andererseits aber den Preis für die Werbetreibenden bestimmt. Der Medienkonsum wird damit zu einem erheblichen Teil aus den monetär bestimmten Optimalitätsüberlegungen der Haushalte herausgelöst. Dies muss zu einer (zumindest volkswirtschaftlichen) Fehlallokation der Ressourcen führen. An die Stelle des finanziellen Budgets tritt das Zeitbudget bzw. die von den Werbungstreibenden erhoffte Aufmerksamkeit der Verbraucher als einzusetzende Ressource.

Den Unternehmen, die Medien bereitstellen, mag es egal sein, wer die Produktionskosten bezahlt und den Gewinn finanziert, volkswirtschaftlich bedeutet ein Überangebot aber immer die Verschwendung von Ressourcen. Ressourcen, die für die Produktion „überflüssiger“ Medien eingesetzt werden, stehen der Herstellung „sinnvollerer“ Güter nicht mehr zur Verfügung.

5. Problembereich: Die Objektivitätsforderung

Um beurteilen zu können, ob eine Entscheidung optimal ist, muss es letztlich auch eine Messvorschrift und einen Maßstab geben, der das Ergebnis der Entscheidung auf einer Mess-Skala genau einordnen kann. Die Messvorschrift kann darin bestehen, dass z. B. Temperaturen, Längen oder Geschwindigkeiten festgestellt, Mengen oder Werte gezählt oder Gegenstände gewogen werden. In solchen Fällen werden physische Zustände, Veränderungen oder Objekte klassifiziert. Die Messung und die Einordnung der Messwerte machen in der Regel wenig Schwierigkeiten. Wenn beispielsweise Gewinne verglichen werden, dann gelten 500 Geldeinheiten (GE) als mehr als 300 GE. Sollen aber theoretische Konstrukte einer Messung unterzogen werden, sieht die Sache ganz anders aus. Ein solches theoretisches Konstrukt ist beispielsweise der „unternehmerische Erfolg" oder der „Nutzen" eines Konsumenten. Ein Konstrukt ist immer mehrdimensional und nicht direkt messbar. So tragen viele Parameter dazu bei, dass ein Unternehmen als erfolgreich angesehen werden kann und auch viele unterschiedliche Parameter bestimmen den Nutzen eines Gutes oder Güterbündels für den Konsumenten. Dazu kommt, dass die Bewertung schwierig zu fassen und der Bewertungsmaßstab fast unmöglich zu objektivieren ist.

Damit sind die beiden größten Probleme im Zusammenhang mit der Beurteilung von theoretischen Konstrukten die Findung geeigneter Messparameter und die Skalierung der Messwerte. Ohne eindeutige und vergleichbare Werte können aber keine objektiven[6], reliablen[7] und validen[8] Ergebnisse erzielt werden.

Wie kann beispielsweise der Unternehmenserfolg festgestellt werden und wann ist er höher als der von anderen Unternehmen? Wenn ein Verlag 50 Mio. Euro Gewinn gemacht und dazu beigetragen hat, dass er zwei Mio. Menschen gut (was auch immer das ist) unterhalten hat. Ein anderer Verlag hat 30 Mio. Gewinn gemacht, 10 Mio. Euro karitativ gespendet, einen Skandal aufgedeckt und drei Mio. Menschen geholfen, an der politischen Willensbildung teilnehmen zu können. Welcher Verlag war erfolgreicher? Kann Unternehmenserfolg überhaupt durch die gewählten Parameter ausgedrückt werden? Und welche der gewählten Parameter sind wie zu gewichten? Was wiegt stärker: der Gewinn, das Spendenengagement oder der produzierte Unterhaltungs- oder Informationswert? Die Wahl und die Gewichtung der Messparameter unterliegen sehr häufig subjektiven Wertvorstellungen!

---

6 Objektiv (unabhängig) ist ein Messergebnis, wenn es unabhängig vom Untersuchungsleiter ist; wenn die Messung auch bei unterschiedlichen Untersuchungsleitern das gleiche Ergebnis ausweist.

7 Reliabel (zuverlässig) ist ein Messergebnis, wenn es keine Messfehler gibt; wenn auch eine wiederholte Messung zum gleichen Ergebnis kommt.

8 Valide (gültig) ist ein Messergebnis, wenn die erhobenen Werte geeignete Kennzahlen für die zu untersuchende Fragestellung liefern; wenn das gemessen wurde, was gemessen werden sollte; wenn das Ergebnis verallgemeinerungsfähig ist.

Im Umfeld der Konsumenten und Haushalte sieht die Problemlage nicht anders aus: Während der eine lieber in die Oper statt ins Kino geht, liest der andere lieber eine Abenteuergeschichte anstatt ein Sachbuch über Forellen, wenn er sich unterhalten lassen will.

Kann der Erfolg oder der Nutzen denn wenigstens genau gemessen werden, wenn Einigkeit über die Parameterauswahl besteht? Nein, auch hier kann es erhebliche Schwierigkeiten geben. Zwar ist es einfach, direkt messbare Parameter (Gewinn, Deckungsbeitrag, Umsatz, Absatz etc.) exakt auszudrücken und in eine klar skalierte Rangfolge[9] zu bringen. Anders verhält es sich, wenn wiederum mehrdimensionale theoretische Konstrukte bewertet werden sollen.

Niemand ist in der Lage, genau bewerten zu können, wie viel mehr oder weniger ihm eine Pizza gegenüber einer Portion Spagetti wert ist. Der Nutzen ist individuell und nur ordinal zu messen; also hierarchisch in eine Reihenfolge zu bringen („lieber als, weniger lieb als“ oder Ausprägungen zwischen „langweilig“ und „spannend“ etc.). Wer würde schon wahrhaftig behaupten können, dass ihm die Star-Wars-Episode „Die dunkle Bedrohung“ 2,342-mal besser gefallen hat als die Episode „Angriff der Klonkrieger“ und 1,019-mal schlechter als „Die Rache der Sith“?

Dieser Mangel ist allerdings aus Sicht des Marketings von eher untergeordneter Bedeutung. Es reicht zunächst für alle Marktteilnehmer aus zu wissen, was von ihnen selbst oder von anderen als mehr und was als weniger nutzenstiftend (gewinnbringend) interpretiert wird, um Alternativen vergleichen zu können.

Was prinzipiell in der Ökonomie als sicher angenommen wird ist, dass Menschen ein Mehr von einem bedürfnisbefriedigenden Gut einem Weniger von diesem Gut vorziehen. Umgekehrt gilt, dass ein Weniger an Aufwand bei gleichem Zielerreichungsgrad einem Mehr an Aufwand vorgezogen wird. Aber auch diese Annahmen gelten nicht uneingeschränkt. Wer sich entscheiden soll, ob er lieber wenig Geld oder viel haben will, wird sich für viel entscheiden; je mehr desto besser. Wer sich hingegen entscheiden soll, ob er ein bisschen lernen will oder viel, wird sich für weniger entscheiden; je weniger, desto besser.

Wer mit Heißhunger ein Stück Sahnetorte isst, wird das zweite, dritte, vierte etc. wahrscheinlich mit abnehmendem Genuss zu sich nehmen. Wenn sich Übelkeit einstellt, wird gar nicht mehr von Nutzen die Rede sein. Auch wer einen Führerschein hat, wird nicht aufgrund der Freude über die Fahrerlebnisse noch einen Führerschein machen wollen. Und wer sich gerade die Nachrichten angeschaut hat, wird sich die Sendung nicht gleich noch einmal anschauen wollen. D. h. mit zunehmendem Konsum eines Gutes nimmt der Nutzen des zusätzlich konsumierten (identischen) Gutes ab. So ist auch die Freude über die erste geschenkte Million Euro wesentlich höher als die über die nachfolgenden. Dennoch müssen Marktteilnehmer in der Regel entscheiden, wie viel eines bestimmten Gutes sie erwerben oder herstellen wollen; d. h., wie

9 Die Statistik spricht hier von einer kardinalen oder metrischen Messung.

viel von einem Gut ausreicht, um ein bestimmtes Bedürfnis als befriedigt zu empfinden. Sie müssen ihr Konsumniveau bzw. ihr Produktionsniveau bestimmen.

Den Nutzenzuwachs, den ein Wirtschaftssubjekt beim Konsum eines Gutes durch den Konsum einer zusätzlichen Einheit dieses Gutes erfährt, nennt die Ökonomie **Grenznutzen.** Der Grenznutzen gibt an, um wieviel sich der Nutzen verändert, wenn die Gütermenge x_i um eine (marginale) Einheit verändert wird. Dieser Grenznutzen nimmt mit jeder weiteren Konsumeinheit ab.

Dass dies prinzipiell so ist, hat Hermann Gossen schon Mitte des 19. Jahrhunderts (vgl. Gossen 1854) mit dem **„Gesetz vom abnehmenden Grenznutzen“** (1. Gossen'sches Gesetz) formuliert: *Der Nutzen weiterer Konsumeinheiten wächst unterproportional.* Es kann Sättigung eintreten (der Grenznutzen ist Null). Es kann sogar Negativnutzen eintreten (Grenznutzen ist kleiner Null). Stiftet eine weitere Gütereinheit keinen zusätzlichen Nutzen mehr (ein zweiter Führerschein, eine weitere Ausgabe dieser Publikation) ist die Sättigung erreicht. Stiftet eine weitere Gütereinheit Schaden (ein Übel), liegt Negativnutzen vor (Alkoholvergiftung, Übelkeit, Gewinnreduktion etc.).

Hermann Gossen ist darüber hinaus aufgefallen, dass Menschen ihr Budget auf viele bedürfnisbefriedigende Güter verteilen müssen und deswegen versuchen, ihre Ressourcen so einzusetzen bzw. zu verteilen, dass ein möglichst großes Gesamtbefriedigungsniveau (optimales Güterbündel) erreicht wird. Da in der Regel Haushalte nicht alle Bedürfnisse befriedigen können, versuchen Menschen ihre Ressourcen so zu verteilen, dass sie bei jedem einzelnen Bedürfnis den gleichen Grenznutzen erreichen (vgl. Herdzina und Seiter 2009: 77). Dieses Verhalten ist im **2. Gossen'schen Gesetz** festgehalten: *Ein Haushalt befindet sich dann in einem Haushaltsoptimum, wenn seine Grenznutzen für alle Güter, jeweils geteilt durch den Preis des Gutes, übereinstimmen.* Andernfalls könnte er seinen Nutzen steigern, da sich eine Umstrukturierung des Konsums in der Form vornehmen ließe, dass eine Ausgabenreduzierung bei einem Gut weniger Nutzeneinbuße nach sich zieht als eine entsprechende Ausgabenerhöhung bei einem anderen Gut an Nutzenzuwachs bringt.

An dieser Stelle sei kritisch angemerkt, dass es möglicherweise interessant ist zu wissen, wie sich der Nutzen für den Konsumenten ändert, wenn er eine infinitesimal kleine Menge mehr von dem einen oder anderen Gut bekäme, aber wer kennt schon seine Nutzenfunktionen in Bezug auf alle möglichen Haushaltspläne und wer würde eine infinitesimale Mengenänderung erwägen, wenn sie denn überhaupt möglich wäre? Ein Kinobesuch ist, genau wie ein Buch zu kaufen oder einen Film auszuleihen, beispielsweise immer ein ganzzahliges Erlebnis. Und selbst wenn marginale Änderungen praktisch möglich sind, wie z. B. im Fall der Investition von Zeit, wen würde es interessieren oder für wen würde es einen praktischen Nutzen haben, wenn er wüsste, wie sich eine minimale Änderung seines Zeitinvests in seinen Werbefilmkonsum auf seine sonstigen Aktivitäten auswirken? Zudem würde die Berechnung voraussetzen, dass er ihr eine Nutzenfunktion zugrunde legen kann. Diese müsste aber erst einmal (mathematisch) exakt und realitätsgetreu formuliert werden.

So soll vereinfacht festgehalten werden, dass jeder Haushalt – wenn auch in der Regel nur intuitiv und nicht rational – sein Nutzenmaximum sucht und er immer das Güterbündel auswählt, dessen Wert er am höchsten schätzt. Da ein zur Verfügung stehendes Budget restringierende Wirkung hat, wird der Haushalt immer den Konsumplan verwirklichen, der budget-technisch gerade noch realisierbar ist. Im Umfeld produktions- und kostentheoretischer Analysen (vgl. Kapitel 9–11) wird gezeigt, dass Unternehmen hier exaktere Entscheidungsmöglichkeiten haben bzw. nutzen und sich in diesem Punkt im Alltag von Haushalten unterscheiden.

Allein diese fünf bedeutenden Problembereiche, die von der Ökonomie als Anomalien diskutiert werden, zeigen deutlich, dass das Modell des rational nach individuellen Präferenzen und zeit- bzw. budgettechnischen Nebenbedingungen entscheidenden Nutzenmaximierers nicht ohne Einschränkungen funktioniert (vgl. ausführlich in Kiefer 2005: 225–247). Für die Medien- und Informationsgütermärkte sind diese Abweichungen von besonderer Bedeutung, wie im weiteren Verlauf dieser Publikation noch ausführlich gezeigt wird.

Spezifische Anomalien, die Mediengüter aufweisen und damit Modelle der orthodoxen[10] ökonomischen Theorie auf den Prüfstand stellen, werden in Kapitel 3 behandelt.

Merke: 

Nach der ökonomischen Theorie gilt, dass das **Verhalten der Marktteilnehmer** prinzipiell (wenn auch nicht ausschließlich):
- egoistisch motiviert und ausgerichtet ist,
- nach dem ökonomischen Prinzip ausgestaltet wird,
- auf bedingt rationalen Entscheidungen beruht,
- autonom an individuellen Kosten-Nutzen-Erwägungen orientiert wird,
- danach strebt, (langfristig) den eigenen Nutzen zu maximieren.

Das **Nutzenmaximum** ist dann erreicht, wenn der Nutzen einer zusätzlichen Gütereinheit genauso hoch ist, wie Kosten, die eine zusätzliche Einheit zu bekommen, verursacht. Der Nachfrager hört also auf zu konsumieren und der Anbieter hört auf zu produzieren, wenn die jeweiligen Grenzkosten gleich dem jeweiligen Grenznutzen einer zusätzlichen Einheit sind.

Frage zu Kapitel 2.2 ?

Erläutern und problematisieren Sie die Aussagen im vorstehenden Merksatz.

---

10 Orthodox werden Theorien dann genannt, wenn sie die vorherrschende Lehrmeinung wiedergeben. Allerdings betrachtet sich jede Lehrmeinung selbst als orthodox, sodass die Beurteilung bzw. Zuschreibung der Orthodoxie eine Frage des persönlichen Standpunktes ist.

2.3 Ökonomisierung versus Kommerzialisierung

Aus managementorientierter Sicht ist ein Unternehmen „ein offenes, dynamisches, komplexes, autonomes, marktgerichtetes produktives soziales System" (Thommen et al. 2017: 43). Dieses System hat nach dem Wirtschaftlichkeitsprinzip zu agieren, damit keine Ressourcen verschwendet werden und wird in der Regel Profite erzielen wollen. Während jedoch der ökonomische Umgang mit dem eigenen Kapital eine Selbstverständlichkeit ist (ein Zuwiderhandeln wäre nicht rational), ist die Renditeerwirtschaftung nur eine von mehreren Normen, denen sich ein Unternehmen unterordnen kann.

Wie bereits in Kapitel 1.3.1 ausgeführt, unterscheiden sich die Unternehmen unter anderem in ihrem Betriebsziel: Entweder sind sie erwerbswirtschaftlich ausgerichtet und stehen im marktwirtschaftlichen Wettbewerb oder sie haben einen eher öffentlichen bzw. gesellschaftlichen Versorgungsauftrag und sind den Gesetzen des Wettbewerbs (in Teilen) enthoben. Sind sie mit privatem Kapital ausgestattet und erwerbswirtschaftlich ausgerichtet, ist die Forderung der Kapitalgeber, Gewinne zu erwirtschaften, eine logische Konsequenz. Das Unternehmen und die von ihm angebotenen Marktleistungen dienen den Eigentümern als Mittel zum Zweck, Gewinne zu erzielen. Die Rendite gilt als Entgelt für das Risiko. Im schlimmsten Fall wird aber nicht nur keine Rendite erzielt, sondern auch das investierte Kapital geht verloren.

Betriebe, die keine oder nur eine sozial verträgliche (was auch immer das sein mag) Gewinnerzielungsabsicht haben, verfolgen soziale, kulturelle, karitative, politische oder ökologische Ziele. Sie werden öffentlich gefördert, weil sie einen dienenden Zweck verfolgen. Insofern verwaltet das Unternehmen Fremdgelder. Das Ziel besteht in der optimalen Verwendung der Fremdgelder. Nicht Rendite, sondern das höchstmögliche Ausmaß an Hilfeleistung zu generieren, ist Ziel des Unternehmens. Insofern unterliegen beide Unternehmenstypen dem Maximierungsgebot.

Dieses Maximierungsgebot fordert in beiden Fällen die **Ökonomisierung** des Betriebs. Ökonomisierung bedeutet ganz allgemein das bewusste Berücksichtigen von Wirtschaftlichkeitsprinzipien in der Produktion und der Verteilung von Gütern, um Ressourcenverschwendungen vorzubeugen. In diesem Sinne ist Ökonomisierung als Prozess zu verstehen, der dazu beiträgt, Verschwendungssituationen zu beseitigen oder zu verhindern. Die Berücksichtigung von Wirtschaftlichkeitsprinzipien ist dabei keinesfalls zwangsläufig mit dem Ziel der Gewinnmaximierung verbunden; nicht einmal zwingend mit dem Ziel der Gewinnerwirtschaftung. Ökonomisierung stellt ausschließlich darauf ab, Input- und Outputverhältnisse – und damit Effizienz – zu optimieren. Und auch der Optimierungsbegriff ist nicht zwingend gewinnbelastet: Das, was optimal ist, ist immer abhängig vom definierten Ziel und das Ziel kann viele unterschiedliche ökonomische und nichtökonomische Ausprägungen haben (vgl. Dreiskämper 2013: 64).

Wenn das Ziel erwerbswirtschaftliche Motive hat, wird aus der Forderung nach Ökonomisierung die Forderung nach **Kommerzialisierung**. Der Kommerzbegriff kommt aus dem Bereich des Warenhandels und wird heute in Kontexten verwendet, in denen der Handel auf Gewinnerzielungsinteressen basiert. Damit ist die Kommerzialisierung ein Prozess, der renditeorientierte Absichten verstärkt berücksichtigt. Kommerzialisierung ist also eine Teilmenge der Ökonomisierung, nicht aber eine zwingende Folge oder gar identisch. In diesem Sinne ist die Ökonomisierung eine Art Minimalbedingung, dass eben Fehlverteilungen (Fehlallokationen) von Ressourcen zwingend zu vermeiden sind (vgl. Dreiskämper 2013: 64 f.). Kommerz ist ohne Berücksichtigung ökonomischer Prinzipien nicht möglich. Ökonomische Prinzipien können hingegen ohne Gewinnerzielungsabsicht eingehalten werden. Die Kommerzialisierung ist die privatwirtschaftliche Variante der Ökonomisierung. Ihr Ziel besteht in der langfristigen Gewinnmaximierung.

Merke: !

Ökonomisierung bedeutet das bewusste, geplante und rückhaltlose Berücksichtigen von Wirtschaftlichkeitsprinzipien in der Produktion und der Verteilung von Gütern, um Ressourcenverschwendungen vorzubeugen. Ökonomische Prinzipien können ohne Gewinnerzielungsabsicht eingehalten werden.
Die **Kommerzialisierung** ist die privatwirtschaftliche Instrumentalisierung der Ökonomisierung. Ihr Ziel besteht in der langfristigen Gewinnmaximierung. Sie orientiert sich an renditespezifischen Effizienzkriterien.

In Bezug auf Medienunternehmen unterstreicht diese Begriffsdifferenzierung ein sehr bedeutendes Problemfeld. Da Medien heute in der überwiegenden Anzahl durch erwerbswirtschaftlich organisierte Unternehmen produziert werden, liegt die Vermutung nahe, dass Medienproduktionen mehrheitlich an renditeorientierten Effizienzkriterien ausgerichtet werden.

Hier setzt die **Kritik der Publizisten** ein: Medienleistungen dürften nicht zum Zweck rein wirtschaftlicher Erfolgsvorstellungen instrumentalisiert werden (vgl. Rühl 1998: 178, Kiefer 2005: 42 ff., Meier und Trappel 2001: 164 sowie Karmasin und Winter 2000: 30). Es müsse verhindert werden, dass die Kommerzialisierung der Medien dazu führe, sie von ihrem öffentlichen Auftrag zu lösen (vgl. Dreiskämper 2013: 198 ff.).

Die Kommerzialisierung scheint tatsächlich eine deutliche Gefahr für die Unabhängigkeit der Medienproduzenten zu sein; zumindest für den aktuellen Journalismus. Einerseits könnte das Gebot der Gründlichkeit dem der Geschwindigkeit untergeordnet werden, andererseits existiert eine besondere Abhängigkeit zu werbetreibenden Unternehmen, und nicht zuletzt werden Mainstream-Inhalte aus absatzpolitischen Gründen Nischenthemen vorgezogen. Eine betriebswirtschaftlich auf Rendite hin ausgerichtete Wertschöpfungsstrategie muss auf kosteneffiziente und reichweitenoptimierte Mainstream-Programme abstellen (vgl. zu diesem Aspekt auch Kapitel 16.3).

Für alle Wirtschaftsteilnehmer gilt das Gebot des wirtschaftlichen Umgangs mit den vorhandenen Ressourcen, d. h. sie unterliegen ohne Einschränkung den Forderungen der Ökonomisierung. Unabhängig vom eigenen inhaltlichen Anspruch der Medienproduzenten sind Mediengüter immer Wirtschaftsgüter und immer auch Kulturgüter. Sie sind bivalent. Die Kulturgütereigenschaft ist gegeben, weil sie „Funktionen von Information und Unterhaltung erfüllen mit herausragender Bedeutung für den Zusammenhalt der Gesellschaft und die Demokratie" sind (Bentele 2013: 372, 123). Die Wirtschaftsgütereigenschaft ist gegeben, weil sie Bedürfnisse befriedigen und Ressourcen bei der Herstellung verbrauchen, die alternativen Verwendungsmöglichkeiten nicht mehr zur Verfügung stehen. Dass sie auch Erlösträger sein können, ist in diesem Zusammenhang weniger relevant. Je deutlicher aber die Wirtschaftsguteigenschaft im Vordergrund steht, desto nebensächlicher wird die Kulturguteigenschaft.

?

Fragen zu Kapitel 2.3

1. Erläutern Sie bitte, was unter Ökonomisierung und was unter Kommerzialisierung verstanden wird und worin sich beide Konzepte unterscheiden.
2. Problematisieren Sie bitte kurz, warum die Kommerzialisierung im Umfeld der Medienproduktion kritisch gesehen werden kann.

2.4 Shareholder- versus Stakeholderansatz

Der Grad der Kommerzialisierung von Medienunternehmen ist mit einem zweiten Problemkomplex behaftet; nämlich der Antwort auf die Frage, wer am Unternehmenserfolg partizipieren soll. Je nachdem, ob wirtschaftswissenschaftlich oder sozialwissenschaftlich orientierte Fachvertreter die Frage beantworten, fällt das Urteil sehr unterschiedlich aus. Klassische Betriebswirtschaftler vertreten den sogenannten Shareholderansatz; sozialwissenschaftlich orientierte Betriebswirte präferieren den sogenannten Stakeholderansatz (vgl. hier und folgend Wöhe und Döring 2013: 49–54).

Shareholder sind Anteilseigner (Gesellschafter, Aktionäre etc.). „Nach dem Shareholder-Konzept hat die Unternehmensleitung die Aufgabe, unternehmerische Entscheidungen so zu treffen, dass die Einkommens- und Vermögensposition der Shareholder (= Eigenkapitalgeber) verbessert wird." (Wöhe und Döring 2013: 50)

Dieser Ansatz geht davon aus, dass sowohl der Unternehmenserfolg (Gewinn) als auch das Unternehmensrisiko (Verlust) in vollem Umfang die Eigentümer trifft. Deswegen sei es folgerichtig, dass die Eigentümer bzw. ihre Vertreter (Manager) das Unternehmen so führen, wie sie es für richtig halten und dass ihre Ziele Priorität haben. Indem also die Shareholder privates Kapital zur Verfügung stellen, anstatt es anderweitig zu verwenden, stehe ihnen auch die unternehmerische Entscheidungsgewalt über die Ausrichtung des Unternehmens zu. Das im Shareholder-Konzept ausgegebene Ziel lautet in der Regel dem wirtschaftswissenschaftlichen Ansatz des egoistischen Optimierungsgebots folgend, die Gewinne zu maximieren.

Stakeholder sind Anspruchsgruppen, d. h. interne und externe Personengruppen, die vom Unternehmenshandeln direkt oder indirekt betroffen sind. „Nach dem Stakeholder-Konzept (Harmoniemodell) hat die Unternehmensleitung die Aufgabe, die Interessen der Anspruchsgruppen im Verhandlungsweg zusammenzuführen und alle Stakeholder in angemessener Weise am Unternehmenshandeln und am Unternehmenserfolg teilhaben zu lassen." (Wöhe und Döring 2013: 51)

Dieser Ansatz geht davon aus, dass ein Unternehmen als eine Koalition verschiedener Anspruchsgruppen zu interpretieren sei, da alle Stakeholder (Kapitalgeber, Mitarbeiter, Kunden, Lieferanten, allgemeine Öffentlichkeit etc.) einen Beitrag zum Unternehmen beisteuern. Folgerichtig dürfe auch nicht die Gewinnmaximierung der Eigentümer, sondern die Steigerung des Allgemeinwohls oberstes Ziel des Unternehmens sein. Dieses Allgemeinwohl entstünde durch einvernehmliche Verhandlungen zwischen den Anspruchsberechtigten.

So gut gemeint dieser Ansatz aber auch ist, er ist schwierig zu realisieren, d. h. ohne Effizienzeinbußen kaum umzusetzen, da er permanent an unüberbrückbaren Interessensgegensätzen zu scheitern droht (vgl. Döring 2004: 119 ff.). Effizienzeinbußen wiederum führen zu Nachteilen im Wettbewerb. Nachteile im Wettbewerb gefährden die Existenz des Unternehmens und damit auch den Erfolg der Stakeholder. Damit wäre es kontraproduktiv, Koalitionäre, die nicht am unternehmerischen Risiko beteiligt sind, an Unternehmensentscheidungen teilhaben zu lassen. Stakeholder sind durch gesetzliche Rahmenbedingungen angemessen abzusichern. Solche Schutzmechanismen bieten z. B. der Gläubigerschutz, die Mitbestimmungsgesetze, Arbeitsschutzvorschriften sowie der Verbraucher- und der Umweltschutz.

Damit auch große Unternehmen, die managergeführt sind, effizient im Sinne des gesamten Unternehmens geführt werden, gewinnt ein Instrument, das **Corporate Governance** genannt wird, zu nehmend an Bedeutung. Als Corporate Governance wird der „rechtliche und faktische Ordnungsrahmen bezeichnet, der die Unternehmensleitung veranlassen soll, ihre Gestaltungsmacht uneigennützig zum Wohl des gesamten Unternehmens einzusetzen." (Wöhe und Döring 2013: 63) Ein sehr großes Problem managementgeführter Unternehmen besteht nämlich darin, dass die Manager neben den Zielen der Eigentümer und des Unternehmens immer auch eigene Ziele verfolgen. Sie haben die Leitungsbefugnis, tragen aber nicht das unternehmerische Risiko. Das verbleibt bei den Eigentümern. Hier ergeben sich schnell Interessenskonflikte.[11] Diese Konflikte sollen durch einen Ordnungsrahmen abgemildert werden, der für Transparenz sorgt, der Kontrolle ermöglicht, die Gewaltenteilung sicherstellt und ein Nachhaltigkeit sicherndes Anreizsystem installiert. Der Ordnungsrahmen besteht aus gesetzlichen Vorschriften (müssen befolgt werden), Empfehlungen (sollen befolgt werden) und Anregungen (können befolgt werden) (vgl. Bruton 2016, Schoppen 2015, Schewe 2015 oder Welge und Eulerich 2014).

11 Solche Konflikte werden z. B. in der Institutionenökonomik innerhalb der Prinzipal-Agent-Theorie untersucht (vgl. Dreiskämper 2013: 168 ff., Döbler 2007: 59 sowie Richter und Furubotn 2003).

Frage zu Kapitel 2.4

Erläutern Sie bitte, warum der Shareholderansatz gegenüber dem Stakeholderansatz im Verständnis um die Teilhabe an Unternehmensentscheidungen und Unternehmenserfolgen in der „westlichen Welt" Priorität genießt.

2.5 Die Leistungs- und Funktionsparadoxien in der Medienindustrie

Wenn es darum geht, die Anforderungen an Mediengüter, Medienunternehmen und Medienmärkte zu definieren, ist die Antwort auf den ersten Blick einfach zu geben:
- Medieninhalte sollen informieren, bilden oder unterhalten.
- Medienunternehmen sollen Mediengüter bedarfsgerecht produzieren und bereitstellen.
- Medienmärkte sollen Güter erreichbar machen und nachfragegerecht verteilen.

Wenn die Verantwortung von Medienmanagern für die Folgen ihres Entscheidens und Tuns ins Zentrum der Betrachtung rückt (vgl. Dreiskämper 2008), zeigt sich aber schnell, dass die Anforderungen an die Medienwirtschaft ganz so einfach nicht zu beschreiben sind. Alle drei Objekte (Mediengüter, Medienunternehmen und Medienmärkte) sind immer mit einer **Bivalenz** (Zweiwertigkeit) behaftet. Bivalenz bedeutet, dass die Güter, Unternehmen und Märkte der Medienindustrie immer einen kostengetragenen ökonomischen und einen informations- bzw. unterhaltungsgetragenen kulturellen Wert haben. Diese Doppelwertigkeit im Sein ist untrennbar und hat deutliche Auswirkungen auf die Einstufung der Relevanz beider Wertedimensionen (vgl. Kapitel 2.5.1).

Desweiteren erfüllen alle drei Objekte auch zweifach ausdifferenzierbare Anforderungen: Sie sind immer Funktionsträger und Leistungsträger gleichzeitig. Der Funktionsbegriff umschreibt die Aufgabe, die ein Objekt erfüllt bzw. erfüllen soll oder die Aufgabe, die einem Objekt zugeordnet wird. Leistung ist hingegen das Ergebnis einer zweckorientierten Handlung und wird anhand der gesetzten Ziele bewertet.

Während nun die Funktion und die Leistung beispielsweise eines Musikstückes oder eines Bildes kaum große Interpretationsdiskussionen eröffnet, sind vor allem die Ansprüche an die aktuelle Berichterstattung (Pressewesen und Teile des Rundfunks) sehr ambivalent (in sich widersprüchlich). Der Journalismus, aber auch Teile der Unterhaltungsindustrie haben individuelle und gesellschaftliche Funktionen zu erfüllen und ebenso differenziert werden deren Leistungserwartungen formuliert (vgl. hier und fortfolgend Dreiskämper 2013: Kap. I.2 und I.3).

Die Funktion vieler Unterhaltungsmedien liegt einfach nur darin, Entspannung zu ermöglichen, den Bedarf nach Ablenkung und Entlastung vom Alltag zu ermöglichen. Ihre Leistung wird daran gemessen, in welchem Maße sie dieser Funktion entsprechen. Bewertungsmaßstab ist das subjektive Gefallen oder Nicht-Gefallen. Aber auch hier „schleichen" sich schon gesellschaftliche Ansprüche und Bewertungsmaßstäbe ein. Unterhaltungsmedien sollen ihrer Rekreationsfunktion (Erholungsfunktion) entsprechend auch zur Stabilisierung der Gesellschaft beitragen, indem sie zur Rückgewinnung verbrauchter Kräfte und dem Wiederherstellen der Leistungsfähigkeit der Menschen beitragen (Vgl. Burkart 2002: 378).

Probleme beginnen dann aufzutreten, wenn die individuellen Maßstäbe nicht mit den gesellschaftlichen übereinstimmen. So könnte stundenlanges Gaming oder der Konsum gehörschädigender lauter Musik dem Einzelnen gefallen und Alltagsentlastung bieten. Die Gesellschaft würde möglicherweise anders urteilen. Welche Ansprüche aber hätten Priorität?

Noch deutlicher werden die unterschiedlichen Ansprüche, wenn es um die aktuelle bzw. informative Berichterstattung (den Journalismus) in den Medien geht. Die Presse soll informieren und den Einzelnen auf „Geschehnisse außerhalb des direkt zugänglichen persönlichen Erlebnisfelds" (Burkart 2002: 403 f.) aufmerksam machen. Sie soll Werte der Gesellschaft vermitteln. Sie soll kritisieren, kontrollieren, Integration ermöglichen (vgl. Burkart 2002: 378 ff.). Sie soll staatsbürgerliche Handlungskompetenzen fördern (vgl. Kiefer 2005: 141). Diese Medienfunktionen sind der Grund dafür, dass die Verfassung der Bundesrepublik Deutschland die Pressefreiheit schützt und Zensur nicht stattfindet (vgl. Art. 5 GG). Die Meinungsfreiheit und das Recht, sich aus allgemein zugänglichen Quellen ungehindert unterrichten zu können, werden ebenfalls in Art. 5 des Grundgesetzes (GG) gewährleistet.

Was aber ist, wenn Konsumenten keine Lust haben, sich zu informieren und leichten Unterhaltungsmedien inhaltlich hochwertigen Medieninhalten den Vorrang geben? Diese Konsumenten werden dadurch geschützt, dass Medienkonsum im Alltag nicht verordnet werden kann (Ausnahme: Schulpflicht). Und was ist, wenn ein Medienunternehmen das gesellschaftliche Verantwortungskonzept zwar kennt, aber mehr daran interessiert ist, mit wenig aufwendigen Produkten hohe Gewinne zu erzielen? Diese Medienunternehmen werden geschützt durch das Prinzip der Privatautonomie: Kein privates Unternehmen kann gezwungen werden, Güter herzustellen anzubieten, die es nicht anbieten will.

Auch hier stellt sich die Frage, welche Ansprüche, Forderungen und Konzepte Vorrang genießen sollen. Solche Fragen kann die BWL nicht beantworten. Hier ist die Politik gefragt. Aufgabe der BWL ist es aber, im Umfeld der Managementausbildung auf die Herausforderungen aufmerksam zu machen, damit sich Manager im Bedarfsfall bewusst mit der Problematik auseinandersetzen. Welche Schlüsse die Beteiligten dann aus der Diskussion ziehen, ist individuell höchst unterschiedlich.

Um diesem ethischen Problemfeld des Medienmanagements Rechnung zu tragen, soll abschließend die Bivalenz der Leistungs- und Funktionsträgerschaft sowie die Dissoziativität (Aufgabenstörung) der Funktionsträgerschaft in allen drei Erkenntnisobjekten der Medienwirtschaft deutlich herausgestellt werden.

2.5.1 Die Herausforderungen der Bivalenz von Medienleistungen

Leistungen, definiert als das Ergebnis zweckorientierter Handlung oder Einrichtungen, werden anhand ihres Zielerreichungsgrades bewertet. In diesem Sinne erbringen sowohl Güter, als auch Unternehmen und Märkte spezifische Leistungen. In der Medienwirtschaft (wie beispielsweise auch im Gesundheits- oder im Bildungswesen) werden diese Leistungen aber nicht an einfachen Zielerreichungsgraden, sondern anhand eines doppelten Zielekanons gemessen und bewertet.

- Die **Bivalenz der Leistungsträgerschaft von Mediengüter**n liegt darin begründet, dass sie einerseits Inhalte (Bedeutungen, Wissen etc.) transportieren und andererseits durch ihre Herstellung Kosten verursachen. Ob die Inhalte redaktionell oder werblich ausformuliert sind, ob sie hochwertig oder trivial sind oder ob mit ihnen gegebenenfalls auch Erlöse erwirtschaftet werden können, spielt auf dieser Betrachtungsebene keine Rolle. Altmeppen und Karmasin sprechen in diesem Zusammenhang von der „Janusgesichtigkeit der Medien" (Altmeppen und Karmasin 2003: 22). In der Eigenschaft, publizistisches Redaktionsprodukt zu sein, kommt die Kulturguteigenschaft zum Ausdruck. In der Eigenschaft Kosten zu verursachen, kommt die Wirtschaftsguteigenschaft zum Ausdruck (vgl. Tab. 2.1).
- Die **Bivalenz der Leistungsträgerschaft von Medienunternehmen** wird dadurch deutlich, dass sie einerseits Öffentlichkeit herstellen und die Inhalte zugänglich machen (publizistische Dimension), gleichzeitig aber auch als Wertschöpfer tätig sind. Sie kombinieren Ressourcen und transformieren sie zu Gütern höheren Wertes (ökonomische Dimension). Die Eigenschaft, dass Gewinne erzielt werden können oder sollen, ist in diesem Zusammenhang nicht relevant. Ein Medienbetrieb ist also nicht dadurch ein Wirtschaftsunternehmen, weil er Gewinnerzielungsabsichten verfolgt, sondern weil er Ressourcen einsetzt und verbraucht, um Werte zu generieren. Aus publizistischer Sicht hingegen sind Kostenbetrachtungen sekundär und aus politischer Sicht ist die Entwicklung von Erlösmodellen mitunter nicht einmal gewünscht. Die Verbreitung von (gesellschaftlich nützlichen) Inhalten steht hier im Vordergrund (vgl. Tab. 2.1).
- Die **Bivalenz der Leistungsträgerschaft von Medienmärkten** ist dadurch geprägt, dass Medienmärkte gleichzeitig Kulturplattformen und Transaktions- bzw. Kooperationsräume sind. Sie sind reale oder virtuelle Orte, auf denen Inhalte bereitgestellt, also öffentlich zugänglich gemacht werden. Bezogen auf die Medienmärkte bedeutet Bivalenz, dass sie öffentliche Transparenz für Themen herstellen und als Diskussionsplattformen dienen (publizistische Dimension). Die ökonomische Dimension der Medienmärkte liegt hingegen in ihrer Leistung, Orte des Tausches zu sein sowie Preisforderungen, Preisbereitschaften und Mengenbereitstellungen effizient nach dem Gebot der Konsumentensouveränität aufeinander abzustimmen. Der Konsument signalisiert, dass er bereit wäre, ein bestimmtes Mediengut zu kaufen und Produzenten reagieren auf diese Nachfrage mit der Herstellung und Bereitstellung. Durch diese Art der Organisation soll eine effiziente Allokation der vorhandenen Ressourcen (Produktionsmittel oder Haushaltsbud-

gets) sichergestellt werden, da nur produziert wird, was nachgefragt wird. Welches Gut dringlicher produziert wird als andere, hängt von der Nachfragestärke und der Preisbereitschaft der Konsumenten ab (vgl. Tab. 2.1).

Tab. 2.1: Die Medienwirtschaft als bivalenter Leistungsträger

Leistungen der Medienwirtschaft	Mediengüter	Medienunternehmen	Medienmärkte
aus ökonomischer Sicht	*Kostenträger und Erlöspotenzialträger*	*Wertschöpfer*	*effiziente Allokations- und Tauschinstanzen*
aus publizistischer Sicht	redaktionelle, künstlerische und werbliche Inhalteträger	Hersteller von Öffentlichkeit	Instanz zur Inhaltebereitstellung

Sich selbst überlassene, freie Märkte gelten in der ökonomischen Theorie als optimal für eine effiziente Ressourcenallokation und als Garant für eine permanent höchstmögliche Produktionseffizienz. Strittig ist allerdings, was unter welchen Bedingungen als effizient gelten kann. Denn eine ökonomische Betrachtung kommt in diesem Zusammenhang zu völlig anderen Ergebnissen als eine politisch-publizistische. Diese Diskussion lässt sich am Vielfaltsbegriff darstellen: Ein ökonomisch organisierter und funktionierender Markt bringt der Theorie folgend exakt die Gütervielfalt hervor, die der Konsument wünscht (vgl. Heinrich 2010: 105 ff.). Dies deswegen, weil ja gerade der Konsument durch seine Nachfrage signalisiert, was er haben möchte und was nicht. Zeigen beispielsweise die Einschaltquoten im TV-Sektor, dass Daily Soaps sehr hohe Nachfrage auf sich ziehen und Nachrichtensendungen eher geringe Quoten verzeichnen, wäre dies ein eindeutiges Indiz dafür, dass mehr Soaps als Nachrichtensendungen produziert werden sollten. Nur dann würden die vorhandenen Produktionsressourcen im ökonomischen Sinne richtig eingesetzt (d. h., effizient allokiert).

Dieser liberal-ökonomischen Schlussfolgerung bzw. Wertung widersprechen etliche Sozialwissenschaftler vehement. Die Publizistik oder die Politologie beispielsweise weisen darauf hin, dass ein solch autonomes Ressourcenverteilungsprinzip extrem gesellschaftsschädigend sein kann. Wenn Bürger gut unterhalten verblöden oder uninformiert sind, geraten schließlich auch viele Werte demokratischer Gesellschaften in Gefahr; so z. B. die Freiheit und die Möglichkeit der Mitwirkung an demokratischen Willensbildungsprozessen. Deswegen sollte, so meinen viele Kritiker, durch höhere Instanzen (beispielsweise den Staat) in den Markt eingegriffen werden. Der Markt dürfe nicht sich selbst überlassen bleiben, wenn unliebsame Zustände vermieden werden sollen.

Folgerichtig prallen in der Diskussion um die Bivalenz der medienwirtschaftlichen Leistungsträgereigenschaften zwei normative Anspruchskonzepte aufeinander, die schwierig miteinander in Einklang zu bringen sind. Welches Konzept – das ökonomische oder das publizistische – höherwertig eingeordnet wird, kann nur jeder Diskussionsteilnehmer individuell für sich beantworten.

2.5.2 Die Dissoziativität der Medienfunktionen

Ebenso, wie die Leistungsansprüche an die Medien unterschiedlich bewertet werden können, können auch die Ansprüche an die Funktionen – verstanden als die Aufgabe, die ein Objekt erfüllen soll –, unterschiedlich priorisiert werden. Dies gilt ganz besonders für die aktuell berichterstattenden Massenmedien. Diese Funktions-, Identitäts- oder Aufgabendefinitionsstörung wird hier **Dissoziativität** genannt. Rau (2007: 28) spricht von „Schizoidität in der Rollen- und Funktionsstruktur der Presseorgane".

- Die **Dissoziativität von Mediengütern** besteht darin, dass Mediengüter einerseits individuelle Bedürfnisse nach Information und Unterhaltung effektiv befriedigen sollen, andererseits aber auch gesellschaftsrelevante Funktionen, wie beispielsweise die Abbildung, Stabilisierung oder Weiterentwicklung der demokratisch organisierten Gesellschaft zu erfüllen haben (vgl. Tab. 2.2). Aus ökonomischer Sicht werden die Medienschaffenden von den Nachfragern beauftragt, Güter zu produzieren, die ihre persönlichen Bedürfnisse befriedigen. Was nicht ausreichend nachgefragt wird bzw. bei nicht mindestens kostendeckender Preisbereitschaft, wird nicht produziert. Würde der Staat hier nicht eingreifen, wäre das wahrscheinlich das Aus vieler Schulbücher.

  Auch ein weit verbreitetes Verlagsverhalten, Mainstream-Literatur künstlich zu verteuern, um mit den zusätzlichen Überschüssen Nischen-Literatur zu finanzieren (preiswerter anbieten zu können), verbietet sich aus Sicht des ökonomischen Wohlfahrtsgedankens. Hier wird hier der Bücherabsatz von Trivialliteratur gegenüber der Marktgleichgewichtsmenge künstlich verringert. Der Preis wird verlagsseitig erhöht, um die Preisbereitschaft der Konsumenten abzuschöpfen. Das hat zur Folge, dass weniger Bücher zu höheren Preisen verkauft werden und dass der Umsatz aufgrund der relativ unelastischen Nachfrage[12] steigt. Der Mehrumsatz wird dann genutzt, um weniger stark nachgefragte Nischen-Literatur zu drucken und zu einem künstlich reduzierten Preis anzubieten. Im Endeffekt heißt dies aber, dass die eher einkommensschwächeren Taschenbuchleser z. B. den teuren Bildband, den sich eher Besserverdienende leisten, subventionieren. Dies führt zur Fehlallokation von Ressourcen. Ein solches Angebotsverhalten der Verlage mag gesellschaftlich gewünscht sein und hat auch sicherlich große bildungspolitische Vorteile. Aus Sicht der ökonomischen Theorie handelt es sich aber schlicht um Ressourcenverschwendung zu Lasten der Mainstream-Literaturleser und um eine sozial ungerechte Bevorteilung der Nischen-Literatur-Leser.
- Die **Dissoziativität von Medienunternehmen** besteht darin, dass sie einerseits ein auf die Nachfrage ausgerichtetes Angebot bereitstellen (sollen) und andererseits verpflichtet sind oder sich verpflichtet fühlen (sollen), Hilfestellungen zur

12 Liegt eine unelastische Nachfrage vor, bedeutet dies, dass eine höhere Preisforderung zu einem nicht sehr starken Absatzmengenrückgang führt. Im Resultat steigen die Umsätze des Verlages, weil eine immer noch große Menge an Lesern den Roman auch zu höheren Preisen kauft.

Alltagsbewältigung anzubieten bzw. bereitzustellen (vgl. Tab. 2.2). Diese Hilfestellungen erfolgen in Form von Wissens-, Werte- und Normenvermittlungen etc. Die privatwirtschaftliche Beauftragung ist an der Konsumentensouveränität ausgerichtet, die öffentliche Beauftragung ist hingegen an einem Konstrukt der Fremdverantwortung ausgerichtet, das Gesellschaftsvertrag genannt wird (vgl. Dreiskämper 2013).

– Die **Dissoziativität von Medienmärkten** besteht darin, dass es jedem Teilnehmer möglich sein soll, nach eigenen Vorstellungen und im Wettbewerb mit anderen eigennützige Ziele zu verfolgen. Im Sinne der darwin'schen Evolutionstheorie überlebt der, bzw. erzielt der die besten Ergebnisse, der am besten an die Marktbedingungen angepasst ist. Das Zusammenspiel eigennützig agierender Individuen führt der ökonomischen Theorie zufolge zu den besten Ergebnissen hinsichtlich der Angebote, Angebotsmengen und der entsprechenden Preis-Leistungs-Verhältnisse. Im Spannungsverhältnis zu den ökonomischen Postulaten steht die politisch-publizistische Forderung, Medien innerhalb geschützter Räume produzieren und handeln zu können (vgl. Tab. 2.2).

  Diese Schutzräume werden abgesichert durch die Pressefreiheit und den Wunsch nach Sanktionsfreiheit für gesellschaftsrelevante Medienangebote (öffentlich-rechtlicher Rundfunk); insbesondere Minderheitenangebote (z. B. das Angebot der Fernsehsender ARTE oder PHOENIX). Dieser Ansatz sagt aus, dass wenn Wissen, Bildung, Normen und Werte etc. nachhaltig vermittelt werden sollen, nicht das Prinzip „Survival of the Fittest" gelten kann. Es muss dann vielmehr darauf geachtet werden, dass auch meritorische Bedürfnisse befriedigt werden. Meritorisch werden Bedürfnisse dann genannt, wenn die Gemeinschaft einen höheren Konsumbedarf fordert, als der Einzelne zu konsumieren bereit ist.[13]

Tab. 2.2: Die Medienwirtschaft als dissoziativer Funktionsträger

Funktionen der Medienwirtschaft	Mediengüter	Medienunternehmen	Medienmärkte
aus ökonomischer Sicht	*Konsumgüter zur Befriedigung individueller Informations- und Unterhaltungsbedürfnisse*	*privat beauftragte Angebotsoptimierer*	*Handlungsorte eigennützig konkurrierender Akteure*
aus publizistischer Sicht	Instrument zur Abbildung, Stabilisierung und Veränderung sozialer, kultureller und politischer Systembedingungen	gesellschaftlich beauftragte Hilfedienstleister	sanktionsfreie Orte publizistischer Vielfalt

13 Dies ist z. B. auch im Bereich der Bildung gegeben. Bildung ist ein Gut, das vom Einzelnen im geringeren Maße konsumiert wird, als es die Gesellschaft für wünschenswert hält.

In der Diskussion um die Dissoziativität in der Medienindustrie prallen ebenfalls zwei normative Anspruchskonzepte aufeinander, die ebenfalls kaum miteinander zu vereinbaren sind (vgl. Tab. 2.2). Welches Konzept – das ökonomische oder das publizistische – höherwertig eingeordnet werden soll, kann auch hier jeder Diskussionsteilnehmer nur individuell für sich beantworten. Eine beschreibende Wissenschaft wie die BWL kann hier nicht weiterhelfen.

In den folgenden Kapiteln werden alle weiteren Themenfelder ausschließlich aus der ökonomischen Sicht der Betriebswirtschaft diskutiert. Dies stellt keine Wertung dar, sondern ist der Notwendigkeit geschuldet, die Themenabarbeitung in dieser Publikation überschaubar zu halten. Leser, die sich für den medienwirtschaftlichen Spagat zwischen ökonomischen und publizistischen Forderungen interessieren, seien insbesondere auf die Werke von Dreiskämper (2013), Kiefer und Steininger (2013), Lobigs (2005) oder Karmasin und Winter (vgl. 2000) sowie die jeweils dort angegebenen Literaturhinweise verwiesen.

? **Fragen zu Kapitel 2.5**

1. Erläutern Sie bitte, welche Funktionen Mediengüter, Medienunternehmen und Medienmärkte in modernen Gesellschaften erfüllen können und warum diese Funktionen bivalent sind.
2. Erläutern Sie bitte, welche Leistungen Mediengüter, Medienunternehmen und Medienmärkte in modernen Gesellschaften erfüllen können und warum diese Leistungen bivalent sind.
3. Erläutern Sie bitte, was grundsätzlich unter der Dissoziativität von medienwirtschaftlichen Funktionen verstanden wird.
4. Klären Sie für sich selbst, ob oder inwieweit ökonomische oder publizistische Anforderungen an die Medienwirtschaft für Sie Priorität haben.

Teil II: Besonderheiten von Mediengütern, Medienunternehmen und Medienmärkten

3 Warum sind Medien besondere ökonomische Güter?

Ökonomische Güter (Produkte, Dienstleistungen oder Rechte) sind bereits in Kapitel 1.3.2 insofern definiert worden, als dass sie ein Bedürfnis befriedigen (also einen Nutzen stiften), dass sie knapp sind (also nicht unbegrenzt zur Verfügung stehen), dass sie am Markt gehandelt werden (also auf Nachfrage treffen) und dass sie einen Preis erzielen können (also nicht kostenlos von jemandem genutzt werden können, wenn der Hersteller dies nicht will) (vgl. Abb. 3.1). Für ökonomische Güter gilt vor allem das Knappheitsgebot: Je knapper ein Gut ist, desto höher ist sein Wert.

In Kapitel 1.3.4 sind Mediengüter als Inhalte spezifiziert worden, die bei einem bestimmten Kreis von Rezipienten einen informativen, bildenden oder unterhaltenden Nutzen generieren und als publizistische Endprodukte oder Vorleistungen für Unternehmen auf Märkten gehandelt werden.

Insofern sind viele ökonomische Eigenschaften von Wirtschaftsgütern auch bei Mediengütern ganz offensichtlich erfüllt. Sie befriedigen ein Bedürfnis, sie werden nachgefragt und sie können am Markt gehandelt werden. Was aber ist beispielsweise mit der geforderten Knappheit bzw. dem Knappheitsgebot? Und was ist mit der Durchsetzung von Preisforderungen seitens der Eigentümer? In diesen Eigenschaftsbereichen zeigen sich mitunter schnell Probleme, die aus betriebswirtschaftlicher Sicht dramatisch sein können.

1. Nicht nur knappe Güter sind teuer

Gold ist begehrt und knapp und deswegen teuer. Eine Spielfilmlizenz für einen Blockbuster oder ein Exklusivinterview mit einem Star ist ebenfalls begehrt, knapp und deswegen teuer. Aber es gibt auch digitale Mediengüter, die begehrt, aber nicht knapp und trotzdem teuer sind (z. B. ein E-Book, eine Musikdatei oder ein digitales Game). Mitunter bestimmt auch nicht mehr die Knappheit den Wert eines Gutes, sondern es gilt genau das Gegenteil: Der Preis des Produktes wird durch die Benutzerhäufigkeit in die Höhe getrieben. Dies ist beispielsweise bei Softwareprodukten oder Werbebotschaften der Fall. Eine Software, die kaum jemand nutzt, kostet nicht viel, da die Daten nur zwischen wenigen Usern ausgetauscht werden können. Eine Software, die von Millionen Menschen eingesetzt wird, gewinnt hingegen deutlich an Wert. Insofern lohnt es sich auch für die Hersteller, die Software zu Beginn ihrer Markteroberung zu verschenken und erst später, wenn viele das Produkt nutzen, einen hohen Preis von allen Neunutzern zu fordern. Auch ein Werbeplatz steigt in seinem Wert, wenn er eine hohe Reichweite hat. Werbebotschaften, die kaum zur Kenntnis genommen werden können, sind eher preiswert zu platzieren.

https://doi.org/10.1515/9783110519587-003

2. Nicht jeder, der konsumiert, zahlt

Eine zweite besondere Eigenheit von Medienprodukten liegt in der oft mangelhaften Durchsetzung von Eigentumsrechten. Wer ein Brot möchte, muss nicht so viel bezahlen, wie jemand, der Gold möchte, aber er muss, wenn er es konsumieren möchte, dem Hersteller bzw. dem Händler zumindest ein Entgelt zahlen. Wer nicht bezahlen will, bekommt kein Brot. Der Eigentümer kann seine Eigentumsrechte durchsetzen.

Wenn nun aber jemand einen Home-Video-Abend organisiert und zehn Freunde einlädt, wird er Videos abspielen, die er sich ausgeliehen oder on Demand bestellt hat. Die zehn Freunde werden jedoch aus Sicht des Filmanbieters zum Nulltarif unterhalten. Noch schlimmer für den Produzenten wäre es, wenn der Gastgeber Raubkopien abspielt. In diesem Fall erhält er überhaupt kein Entgelt. Das gleiche Schicksal ereilt einen Verlag, der eine Nachricht oder eine Story über seine Medien (Zeitung, Onlineportal etc.) verteilt. Ist der Inhalt erst einmal veröffentlicht bzw. gelesen worden, kann die Geschichte von jedem Leser weitererzählt werden, ohne dass der Verlag entgolten wird. Nicht ohne Grund hängt der Kioskbesitzer oder der Zeitungsstandinhaber am Bahnhof Schilder auf, die darauf hinweisen, dass die Zeitungen und Zeitschriften nicht vor Ort gelesen, sondern gekauft werden sollen. Aber was soll er machen, wenn jemand einen Artikel bereits gelesen hat? Zurückfordern kann er das Wissen um den Inhalt nicht.

Natürlich könnte jede unerlaubte Nutzung juristisch verfolgt werden. Viele könnten auch technisch verhindert werden (eingeschweißte Zeitungen; codierte TV-Übertragungen etc.). Wenn aber der Aufwand für die Strafverfolgung oder die Verhinderung unberechtigter Nutzung größer ist als der Schaden, der verhindert wird, wären die Maßnahmen betriebswirtschaftlich kontraproduktiv.

Das einzige Wertäquivalent, das Produzenten von den Konsumenten immer bekommen, ist Konsumzeit oder Aufmerksamkeit. Aber auch die Aufmerksamkeit ist mal stärker und mal weniger stark ausgeprägt und damit kein sehr sicheres oder kalkulierbares Entgelt. Abbildung 3.1 (als Weiterentwicklung von Friedrichsen et al. 2015: 6) fasst die ökonomischen Eigenschaften von Mediengütern zusammen.

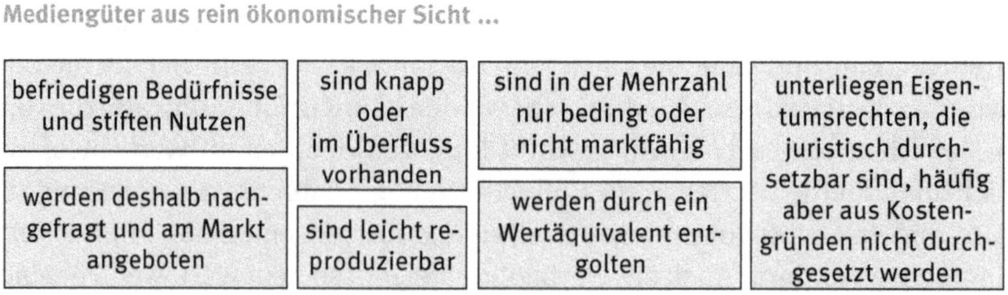

Mediengüter aus rein ökonomischer Sicht ...

befriedigen Bedürfnisse und stiften Nutzen

werden deshalb nachgefragt und am Markt angeboten

sind knapp oder im Überfluss vorhanden

sind leicht reproduzierbar

sind in der Mehrzahl nur bedingt oder nicht marktfähig

werden durch ein Wertäquivalent entgolten

unterliegen Eigentumsrechten, die juristisch durchsetzbar sind, häufig aber aus Kostengründen nicht durchgesetzt werden

Abb. 3.1: Medien als Wirtschaftsgüter

Die Medienlandschaft ist voll von Leistungsbeispielen, die sich von üblichen Sachgütereigenschaften „normaler" Produkte unterscheiden. Diese Unterscheidungen bergen Unannehmlichkeiten oder Risiken für den Anbieter, aber auch Chancen. So ist z. B. die leichte und hinsichtlich der Qualität verlustfreie Herstellung von Kopien nicht nur ein Fluch, sondern auch ein Segen für Produzenten. In Form der Produktpiraterie kann sie zur Existenzbedrohung werden. In Form eines Downloadangebots, das einmal erstellt und millionenfach vermarktet werden kann, wird die leichte Reproduzierbarkeit wiederum zur gewinnmaximierenden Eigenschaft. Gerade bei digitalen Medien ergeben sich ständig neue Verwertungsmöglichkeiten, die erfolgreich von findigen Unternehmern genutzt werden können.

So begründen Gütereigenschaften den Entscheidungsspielraum und die Handlungsmöglichkeiten der Anbieter und Nachfrager. Die Eigenschaften bestimmen, was zu tun möglich oder angeraten ist und was nicht. Aus der Gütereigenschaft, dass Informationen beispielsweise mündlich, gedruckt oder digital verbreitet werden können, folgt unter anderem, dass die Informationsanbieter Wahlmöglichkeiten hinsichtlich der Aufbereitung, der Verteilung, der zeitlichen Zurverfügungstellung etc. nutzen können. Und die Konsumenten wiederum können entscheiden, wie und wann sie die Informationen rezipieren wollen. Die Konsumentenwünsche und die Herstellermöglichkeiten werden in Einklang gebracht. Irgendeine Verhaltenskombination wird sich für den Produzenten als die ökonomisch erfolgreichste herauskristallisieren und die „Gewinner" von den „Verlierern" separieren. Wenn etwa Verlage den wachsenden Wunsch nach digitalem Content ihrer Leser ignorieren und weiterhin ausschließlich analoge Printprodukte produzieren, werden sie am Markt abgestraft, da die Nachfrage sinkt. Eine sinkende Nachfrage führt zu Umsatzrückgang. Umsatzrückgang führt zu Gewinneinbußen. Die Gütereigenschaften bestimmen also die Verhaltensoptionen und Entscheidungsalternativen der beteiligten Akteure maßgeblich mit. Das Ergebnis der Entscheidungen und Handlungen der Akteure beeinflusst das Marktergebnis. Richtiges Verhalten wird belohnt, falsches Verhalten wird bestraft.

Tabelle 3.1 zeigt sieben spezifische Charakteristika mediengetragener Marktleistungen, die Auswirkungen auf das unternehmerische Verhalten der Anbieter und das Konsumverhalten von Nachfragern haben.

Diese Eigenschaften, ihre Ausprägungen und betriebswirtschaftlichen Folgen werden in den folgenden Kapiteln näher beschrieben.

Tab. 3.1: Elementare Charakteristika von Mediengütern

Besonderheiten von Mediengütern	Ausprägung und betriebswirtschaftliche Folgen
1. Verbundenheit	Mediengüter sind auf unterschiedliche Arten miteinander verbunden: (a) Sie befriedigen individuelle Bedürfnisse nach Unterhaltung und Information und können gleichzeitig auch gesellschaftliche Funktionen erfüllen (Bivalenz). Insofern tragen insbesondere aktuell berichterstattende Medienunternehmen große Verantwortung. (b) Medieninhalte können miteinander in Konkurrenzbeziehung (Substitutionalität) stehen. Güter, die dieselben oder ähnliche Bedürfnisse stillen werden vom Konsumenten als austauschbar betrachtet. Dies erfordert vom Anbieter, seine Produkte zu differenzieren. (c) Medieninhalte sind an einen Medienträger gekoppelt. Sie bedürfen häufig technischer Geräte, um rezipiert werden zu können (Komplementarität). Die Medienträgerbindung macht es möglich, Medieninhalte auf unterschiedliche Arten bereitzustellen. (d) Medieninhalte können aus redaktionellen und werblichen Botschaften bestehen (Kuppelprodukt). Insofern haben Mediengüter einen Doppelnutzen und Medienunternehmen können unterschiedliche Finanzierungsquellen nutzen. Diese Verbundenheit kann von den Anbietern strategisch genutzt werden.
2. Immaterialität/ Dienstleistung	Der Kern von Medienleistungen ist immateriell. Dies hat produktions- und vermarktungstechnisch Vor- und Nachteile, da die Medieninhalte leicht reproduzierbar sind. Im Fall von medialen Dienstleistungen kann das Uno actu-Prinzip ausgehebelt (verzögert) werden.
3. Informations-asymmetrie/ Qualitäts-unsicherheit	Mediengüterleistungen sind Leistungsversprechen und leiden unter einer hohen Informationsasymmetrie. (a) Sie stellen Vertrauens- und Erfahrungsgüter dar. Diese kann zum Vorteil der Anbieter ausgenutzt werden. (b) Es entsteht ein Informationsparadoxon zu Lasten der Anbieter. (c) Die mangelhafte Möglichkeit der Qualitätsbewertung geht zu Lasten der Nachfrager und macht eine permanente Überprüfung der Qualität durch den Konsumenten notwendig. Viele Anbieter werden die Qualität kosteninduziert minimieren. (d) Es können „lemon-markets“ entstehen mit viel Raum für Signaling- und Screening-Aktivitäten.
4. Wertstabilität/ Zeitelastizität	Medieninhalte sind unterschiedlich wertstabil (zeitelastisch). Informationsgüter verlieren sehr schnell ihren Wert. Unterhaltungsgüter haben eine hohe Zeitelastizität. Durch eine niedrige Zeitelastizität entsteht Geschwindigkeitswettbewerb. Hohe Zeitelastizitäten ermöglichen unterschiedliche Vermarktungsmöglichkeiten.
5. Markt(un)fähigkeit	Mediengüter sind unterschiedlich marktfähig. Nur Werbeplätze erfüllen alle an die Marktfähigkeit von Gütern gekoppelten Eigenschaften. Marktunfähige Mediengüter können nur über Werbung oder Marktersatzlösungen finanziert werden.

Tab. 3.1: (Fortsetzung)

Besonderheiten von Mediengütern	Ausprägung und betriebswirtschaftliche Folgen
6. externe Effekte/ Netzeffektgüter	Kein Medienkonsum ohne externen Effekt. Medieninhalte können meritorische oder demeritorische Wirkungen haben. Meritorische Wirkungen werden durch den Staat gefördert, demeritorische indiziert oder verboten. Als Netzwerkgüter zeigen Medien positive oder negative, direkte oder indirekte Netzeffekte. Externe Effekte können strategisch genutzt werden, um Komplementärgüter zu vermarkten. Marktersatzlösungen können Medienwirkungen abfedern.
7. Einzelfertigung/ Subadditivität der Kosten	Mediengüter sind zunächst immer Unikate mit hohen First Copy-Costs. Erst durch die Vervielfältigung/Verteilung werden sie zu Massengütern. Die Kosten der Produktion steigen nicht oder nur unterproportional mit der Ausbringungsmenge (durchgehende Kostendegression). Daraus resultieren extrem hohe Economies of Scale. Auch Economics of Scope verursachen Kostendegressionseffekte. Die Subadditivität führt zu starken Konzentrationstendenzen.

3.1 Eigenschaft und Folgen der Verbundenheit

Güter können miteinander verbunden sein, d. h. die Leistungen von Gütern können miteinander in Verbindung stehen. Sie können aber auch nicht verbunden sein. So hat eine Pizza mit einem Notizblock genau so wenig zu tun, wie ein Pferd mit einem Pantoffel. Sind Güter hingegen miteinander verbunden, können sie dies auf unterschiedliche Arten sein (vgl. hier und folgend Gläser 2014: 147 f.; Dreiskämper 2013: 12 ff.; Zydorek 2013: 136 ff.; Friedrichsen et al. 2015: 10 f.; Beyer und Carl 2012: 11 f.; Kiefer 2005: 134; Sjurts 2004: 162, 2005: 8 ff.; Karmasin und Winter 2000: 29 ff.).

3.1.1 Die Bivalenz

Die Verbundenheit, gleichzeitig Wirtschafts- und Kulturgut zu sein, ist bereits ausführlich in Kapitel 2.5 thematisiert worden. Besondere Bedeutung erhält die Bivalenz im Umfeld der publizistischen Massenmedien: Sie sollen individuelle Bedürfnisse nach Unterhaltung und Information befriedigen und gleichzeitig die gesellschaftlichen Funktionen erfüllen, Integration, Meinungs- und Willensbildung, Kritik und Kontrolle zu ermöglichen. Insofern sind sie einerseits ganz normale, an Angebot und Nachfrage ausgerichtete Konsumgüter, andererseits aber auch journalistische Informationsprodukte, die einen besonderen Schutz genießen (vgl. Art. 5 GG, Pressefreiheit). Der gesellschaftlich bedeutendste Auftrag von Presse und Rundfunk ist es, durch Berichterstattung und öffentliche Diskussion das politische Geschehen transparent zu machen. Im politischen System der Gewaltenteilung sollen die journalistischen Medien Machtmissbrauch verhindern oder aufdecken und bilden neben Exekutive, Legislative und Judikative die sogenannte „Vierte Gewalt" im Staat.

Insofern kommt dem Management von Medienunternehmen eine besondere Verantwortung zu, derer es sich jederzeit bewusst sein sollte (aber wohl bei weitem nicht immer ist).

3.1.2 Die Substitutionalität

Können Güter durch andere Güter ersetzt werden, liegt eine substitutionale Beziehung vor. Dieses Substitutionsverhältnis kann unterschiedliche Gründe haben.

Mediengüter können sich gegenseitig im Nutzen ersetzen (z. B. verschiedene Nachrichtenmagazine, Unterhaltungssendungen oder E-Games). In diesem Fall sind sie aus Sicht der Nachfrage **nutzentechnisch Konkurrenzprodukte**. Als Substitute werden aber nicht nur identische Güter betrachtet (z. B. ein und derselbe Film auf Blu-Ray und als Streaming-Angebot). Es reicht aus, wenn das Produkt aus Sicht eines Konsumenten bzw. Nachfragers den gleichen Nutzen stiftet. So können beispielsweise zwei ganz unterschiedliche Movies, die zur Wahl stehen, den gleichen Unterhaltungswert haben oder zwei unterschiedliche Werbeträger eine gleichhohe Kontaktleistung bieten. Die Medienvielfalt und die Verbreitungstechnologien führen zu einem hohen Substitutionsgrad der Medienangebote.

Die **Substitutionskonkurrenz** kann aber auch **zeitlicher Natur** sein. Kurzfristig stehen z. B. Medienprodukte im Nachfragewettbewerb, die zur gleichen Zeit angeboten werden (beispielsweise gleichzeitig ausgestrahlte Rundfunkprogramme). Hier muss sich der Konsument entscheiden, welches Angebot er innerhalb eines bestimmten Zeitkorridors nutzen will. Und selbst, wenn es technisch möglich ist, mehrere Produkte gleichzeitig zu nutzen, bleiben Zeit und Aufmerksamkeit knappe Ressourcen, die nur mit abnehmender Qualität gleichzeitig mehrfach verwendet werden können. Dieses Substitutionsverhältnis steigert ebenfalls den Angebotswettbewerb und fordert von den Anbietern, dass sie ihre Produkte so entwickeln und positionieren, dass möglichst viele Konsumenten eine Präferenz für das angebotene Produkt generieren. Die Lösung wird in einer differenzierten Marktbearbeitung gesucht. Hier stehen sich Reichweite (viele Konsumenten zu erreichen) und Personalisierung (möglichst hochwertige Kontakte und Kundenbindungen zu erreichen) als bipolare Lösungskonzepte gegenüber.

Langfristig stehen Medienprodukte in Konkurrenz, wenn sie technologisch abgelöst werden können (z. B. Audiokassette durch CD oder VHS durch DVD oder Blu-Ray und diese wiederum durch Online-Versionen der Inhalte). Hier finden Medienunternehmen Herausforderungen, die ihr langfristiges Überleben betreffen.

Letztendlich stehen alle Produkte auch in einem **budgettechnischen Konkurrenzverhältnis**, da der Nachfrager sein begrenztes Budget auf viele Angebotsleistungen verteilen muss.

3.1.3 Die Komplementarität

Während die Substitutionalität die Überlebensfähigkeit eines Unternehmens herausfordert bzw. den Wettbewerb um Nachfrager steigert, ist die Komplementarität eine Eigenschaft, die Unternehmen nutzen, ihre Position am Markt zu stärken. Ist das Beziehungsverhältnis von Gütern komplementär, so ergänzen sie sich oder sind zur Nutzung aufeinander angewiesen und werden deswegen häufig auch zusammen nachgefragt. Perfekte Komplemente sind beispielsweise PC, Tastatur, Maus, Monitor und Drucker. Ziel der Unternehmen ist es, Produkte und Leistungen eng aneinander zu binden, damit sich höhere Gewinnpotenziale ergeben und die Abhängigkeit der Nachfrager stärker ausgebaut wird. Ein sehr breites Angebot von Komplementärprodukten bildet beispielsweise die Apple-Produktfamilie inklusive der hier bereitgestellten Zusatzprodukte (Apps und Store-Inhalte sowie Kopfhörer und Schutztaschen bis hin zu speziellen Systemanschlüssen in der Automobilindustrie etc.).

Komplementarität ist vor allem **technisch basiert**. Eine grundlegende Verbundenheit zeigt sich darin, dass Medieninhalte, verstanden als sinnhafte Zusammenstellungen von bedeutungstragenden Assets (Zeichen, Bilder, Töne, Avatare etc.), immer an einen materiellen oder immateriellen Medienträger gekoppelt sind (Papier, Rundfunkwellen, Zelluloid, Datenspeicher etc.). Medien sind Güter, deren immaterielle Leistung nur konsumiert werden kann, wenn komplementäre Güter den Konsum möglich machen. Abgesehen von den menschlichen Elementarmedien (Sprache, Mimik, Gestik), benötigt jeder Medieninhalt nicht nur einen Träger, um transportiert werden zu können, sondern auch technische Hilfsmittel, um sie produzieren oder rezipieren zu können (vgl. Pross 1970: 129; Faßler 1997: 147): Ohne Papier, keine Zeitung; ohne Abspielgerät, kein Film- oder Datenkonsum etc.

Die **Medienträgerbindung** macht es den Anbietern möglich, Medieninhalte auf unterschiedliche Arten bereitzustellen und Nachfragern möglich, Medieninhalte auf unterschiedliche Arten zu konsumieren. Ein Bericht kann gleichzeitig (und identisch) als analoge Ausgabe in mehreren Printmedien, als Rundfunkübertragung oder als Downloadangebot auf verschiedenen Online-Portalen in unterschiedlichen Formaten und mit unterschiedlicher Verfügbarkeit auf den Markt gebracht werden. Das Trägermedium bzw. die Übertragungstechnik definiert die Vermarktungsqualität und die Verwertungsformen der Medieninhalte.

Komplementaritätsverhältnisse werden anbieterseits genutzt, um strategische Vorteile auf Absatzmärkten zu generieren (vgl. hierzu die Ausführungen zum Marketing von Medienunternehmen). Dies ist insbesondere bei digitalen Medienprodukten, die immer eines Komplementärgutes bedürfen, der Fall.

Doch obwohl es die Kommunikationspolitik der Gerätehersteller in der Unterhaltungselektronik mittlerweile geschafft hat, dass die Nutzer den Transport-, Abruf- oder Abspielgeräten (Smartphones, Tablets, Flat Screens, PCs oder MP3-Playern) eine hohe Bedeutung zumessen, ist es dennoch nicht der Medienträger, die Technik oder der ästhetische Wert der Gebrauchsgüter, sondern immer der Inhalt, der den maßgeblichen Wert eines Mediums ausmacht.

Komplementarität kann auch **inhaltlich begründet** sein. Dies ist dann der Fall, wenn sich Inhalte ergänzen. Genutzt wird diese Möglichkeit von den Anbietern, wenn z. B. Themenabende im Fernsehen konzipiert werden. Hier wird ein Grundthema, z. B. inspiriert durch ein aktuelles Ereignis (Jahrestag einer Besonderheit, Tod einer bekannten Person, Naturereignis, Trendbewegung etc.) konzeptionell ausgebaut, um Zuschauerbindung zu erreichen. Beispielsweise führte der Ausbruch des Vulkans Eyjafjallajökull (Island) im Jahr 2010 dazu, dass die Programmveranstalter nicht nur über das Ereignis selbst berichteten, sondern ebenfalls Dokumentationen, Reportagen und sonstige „Vulkan-Themen" bündelten und als Themenabend ausstrahlten.

3.1.4 Die Produktionsbedingungen

Güter können auch durch den Produktionsprozess miteinander verbunden sein. Solche im Angebot verbundene Güter werden auch **Kuppelprodukte** genannt. Kuppelprodukte fallen in der Verbundproduktion an. Dies ist ein Fertigungstyp, bei dem zusätzlich zum Hauptprodukt (gewollt oder ungewollt) automatisch Nebenprodukte anfallen.

Ungewollte Nebenprodukte werden häufig mit der Vorsilbe „Ab-" versehenen (Abfall, Abwasser, Abwärme etc.). Mitunter können diese Nebenprodukte aber auch verwertet bzw. vermarktet werden. Dies ist beispielsweise im Fall der Fleischproduktion der Fall. Die zusätzlich anfallende Haut der Tiere wird als Leder vermarktet. Auch die heute als Holzpellets für die Heizung verkauften Sägewerkabfälle wären ein Beispiel.

Kuppelprodukte können aber auch gezielt hergestellte Produktionsergebnisse darstellen. Dies ist insbesondere bei publizistischen Medienerzeugnissen der Fall. Sie können bewusst aus redaktionellen bzw. bildenden oder unterhaltenden und aus werblichen Botschaften zusammengestellt werden. Dies gilt natürlich nur für mindestens teilweise werbefinanzierte publizistische Medienprodukte. Diese gezielte Verkopplung dient der Refinanzierung der nicht-werblichen Inhalte durch die werbungtreibende Wirtschaft oder erhöht das Gewinnpotenzial der Medienunternehmen, da die Inhalte gleichzeitig auf zwei unterschiedlichen Märkten gehandelt werden (Konsumentenmarkt und Werbemarkt). Durch die Verkopplung entstehen „zweiseitige Märkte", auf denen die Anbieter zum Intermediär werden. Ein **Intermediär** ist ein Vermittler. Auf den Medienmärkten vermittelt er (das Medienunternehmen) zwischen den werbetreibenden Unternehmen bzw. dem Werbemarkt und den Konsumenten bzw. den Rezipientenmarkt. Ein **zweiseitiger Markt** ist deswegen gegeben, weil sich Änderungen auf einem Markt auf den anderen Markt auswirken. Konkret: Auf zweiseitigen Medienmärkten sind Reichweite und Werbepreise positiv sowie Reichweite und Copypreise zum Teil negativ verbunden (ausführlich zu diesem Thema vgl. Kapitel 6).

Aus dieser Sicht haben mindestens zum Teil werbefinanzierte Medieninhalte einen **Doppelnutzen**: Sie befriedigen in der Regel Bedürfnisse zweier Kundengruppen gleichzeitig. Medieninhalte richten sich einerseits direkt an Konsumenten in ihrem privaten Kontext, indem sie Informationen und Unterhaltungselemente bieten. Die über die Inhalte generierte Aufmerksamkeit bei den Konsumenten wird aber auch genutzt, um Werbebotschaften zielgerichtet zu transportieren. Dieser Medienwert kommt den werbetreibenden Wirtschaftsunternehmen zugute, die den Medienträger nutzen, um die Konsumenten preiswerter zu erreichen, als es ihnen über Direktkontakte möglich wäre.

Fragen zu Kapitel 3.1 ?

1. Erläutern Sie bitte das Phänomen der Verbundenheit von Mediengütern.
2. Welche Auswirkungen hat die nutzenbezogene, zeitliche und technische Substitutionalität von Mediengütern auf die Angebotsleistungen von Medienunternehmen?
3. Welche Auswirkungen hat die inhaltliche und technische Komplementarität von Mediengütern auf die Angebotsleistungen von Medienunternehmen.
4. Was sind Kuppelprodukte und welcher Doppelnutzen ist hier im Umfeld von Mediengütern zu beobachten?
5. Was ist ein Intermediär im Umfeld der Medienwirtschaft?
6. Definieren Sie bitte den zweiseitigen Markt.

3.2 Eigenschaft und Folgen der Immaterialität

Der Kern von Medienleistungen ist immateriell. Es sind Informationen oder die durch eine kreative Arbeitsleitung vorgenommene Bündelung (auch Kompilierung oder Packaging genannt) von Medienelementen, die den Wert von Medieninhalten ausmachen. Das heißt, die Kommunikationsinhalte sind entscheidend für den Konsumenten, nicht der Kommunikationsträger. Die materielle Komponente ist i. d. R. nur der Transportfähigkeit geschuldet. Eine DVD speichert und transportiert lediglich Daten. Gekauft wird die DVD aber nicht um ihrer selbst willen, sondern wegen der Inhalte, die genutzt werden können. Auch kauft niemand eine Zeitung, weil er am Papier interessiert ist (vgl. Dreiskämper 2013: 54 f.; Kiefer und Steiniger 2013: 16).

Liegt Materialität vor, wird das Medium zu einem **Sachgut**. Die Sachguteigenschaft unterstützt die Verbreitung und die Verfügbarkeit von Medieninhalten und damit die Umwandlung von Unikaten zu Massenprodukten. Zur Verbreitung ist eine Materialisierung aber nicht zwingend notwendig, wie die elektronische Distribution von TV-, Hörfunk- oder Internet-Inhalten über Funk, Kabel oder Satellit zeigt. Dennoch spielt der Medienträger eine bedeutsame Rolle für die Verwertungsmöglichkeit der Inhalte (vgl. Zydorek 2013: 17).

Dass die **Kernleistung immateriell** ist, hat produktions- und vermarktungstechnisch Vor- und Nachteile. Durch die Immaterialität sind Medienleistungen leicht zu reproduzieren, verbrauchen nur wenige Ressourcen in der Vervielfältigung, leiden aber aus Sicht der Anbieter auch darunter, dass sie als Produzenten ihre Eigentumsrechte („property rights") nach Veröffentlichung nur schwer durchzusetzen können (vgl. Dreiskämper 2013: 14). Wenn Informationen erst einmal veröffentlicht sind, sind sie auch gegen Nicht-Zahlungswillige nicht mehr zu verteidigen, d. h. der Produzent kann keinen Preis mehr durchsetzen bzw. Nutzer nicht vom Konsum ausschließen. Und jeder Konsument, der eine Leistung nutzen kann, ohne dafür bezahlen zu müssen, wird diese Chance wahrnehmen. Einem Produzenten hingegen, der seine Eigentumsrechte nicht durchsetzen kann und nicht angemessen für seinen Ressourceneinsatz entlohnt wird, fehlt die Motivation, Güter zu produzieren. Dieses Motivationsdefizit kann nur durch Ersatzfinanzierungen ausgeglichen werden, wie sie beispielsweise die Werbung innerhalb publizistischer Medien oder die Haushaltsabgabe darstellen.

Auch die **Produktpiraterie** ist Ausdruck der leichten Reproduzierbarkeit und kann Unternehmen schnell an den Rand des Ruins bringen. Während die Urheber viel Geld in die Entwicklung ihrer Produkte investieren, müssen die Produktpiraten nur das Endergebnis vervielfältigen. Im Sachgüterbereich (z. B. Uhren, Textilien, Medikamente oder Autoteile) müssen sich Produktpiraten (bzw. Markenpiraten) noch die Mühe machen, die einzelnen Gegenstände herzustellen. Immaterielle Leistungen (z. B. Software, Games, Filme, Musik oder Texte) können sie einfach kopieren oder zum Download bereitstellen. Die Kopierverfahren sind preisgünstig und schnell. Ein Downloadangebot verursacht so gut wie keine Distributionskosten.

Dem legalen Kunden bzw. dem illegalen Nutzer ist es hingegen (abgesehen von vielleicht moralischen Erwägungen) bei vielen Mediengütern nahezu gleichgültig, ob er eine Raubkopie, ein File-Sharing-Angebot oder ein Original nutzt, da die Qualität und Funktionalität identisch sind. Der Unterschied liegt häufig ausschließlich im Preis begründet. Der Schaden, der hier den Urhebern oder Lizenzinhabern allein in Deutschland entsteht, ist immens. Beispielsweise beläuft sich die Menge eindeutig illegal bezogener Musik, also exklusive Streamripping[1], im Jahre 2010 auf 2,315 Mio. Musiktracks. „Multipliziert man die Anzahl entgangener Käufe mit dem Durchschnittspreis für Musiktitel, so beläuft sich der Gesamtschaden der Musikumsätze durch Piraterie auf 524 Mio. Euro, das entspricht 35 Prozent der Musikverkäufe im Jahr 2010 in Deutschland" (vgl. Martens et al. 2012: 21). Der in Deutschland im Jahr 2010 durch Film-Piraterie entstandene wirtschaftliche Schaden für Kino, DVD-Verkauf und DVD-Verleih beträgt ca. 156 Mio. Euro. Dies entspricht sechs Prozent der Umsätze in 2010 (vgl. Martens et al. 2012: 31). Auch im Games- und Software-Bereich

1 Streamripping: Mit spezieller Software wird eine als kontinuierlicher Datenstrom heruntergeladene Mediendatei dauerhaft als Datei gespeichert. So kann z. B. mit einem kostenlosen Programm ein Musikvideo auf YouTube „gestreamt" und dabei eine Musikdatei im MP3-Format gespeichert werden (vgl. Martens et al. 2012: III).

richten illegale Kopien enormen Schaden für die Rechteinhaber an. Untersuchungen zeigen, dass nur 34 Prozent aller Webaktiven ausschließlich legal erworbene Games besitzen (Wöbken et al. 2010: 4) und dass lediglich Zweidrittel der auf privaten Computern installierten Softwareeinheiten in Deutschland legal beschafft sind (Business Software Alliance (BSA) 2011: 9).

In Kapitel 1.3.4 ist ausführlich beschrieben worden, dass die Leistungen von Medienpütern auch als **Dienstleistung** am Markt angeboten werden. Es ist festgestellt worden, dass Dienstleistungen immaterielle Güter sind, die für den fremden Bedarf produziert werden, aber nicht eigenständig durch den Leistungsanbieter erbracht werden können. Sie erfordern neben den anbieterseitigen Potenzialfaktoren (Können, Wissen etc.) die Integration des externen Faktors (Maleri 1994: 121). Der externe Faktor ist entweder der Kunde selbst oder ein von ihm eingebrachtes Objekt (vgl. Pepels 2009: 1073). Kiefer und Steiniger (vgl. 2014: 148 ff.) stellen zudem fest, dass die Erzeugung und der Verbrauch der Dienstleistung zeitlich zusammenfallen (Uno actu-Prinzip) und dass das Dienstleistungsergebnis nicht lagerfähig oder übertragbar ist.

Im Fall von medialen Dienstleistungen kann das Leistungsergebnis (ein Film, eine Internetpräsenz, ein Musikstück etc.) allerdings auf ein Trägermedium übertragen werden (DVD, Online-Plattform, CD etc.). Mithilfe des Trägermediums kann das **Uno actu-Prinzip** – also die Synchronizität von Produktion und Konsum (vgl. Gläser 2014: 138) – ausgehebelt (verzögert) werden und das Arbeitsergebnis der Anbieter als gebündelter Produktionsfaktor lagerfähig und übertragbar gemacht werden.

Das Uno-actu-Prinzip kann vorhanden sein (z. B. wenn ein Fernsehsender ein Live-Programm ausstrahlt), muss aber nicht. Wenn das Programm auf einen Datenträger gespeichert und erst später vom Konsumenten abgerufen wird, wird auch die Dienstleistung (Unterhaltung produzieren) erst zum Konsumzeitpunkt entstehen. Der z. B. auf DVD kopierte Film wird als Produktionsfaktor des Anbieters in den Prozess eingebracht und zusammen mit den externen Produktionsfaktoren (Equipment, Sofa, Chips, Humankapital, Zeit und Aufmerksamkeit etc.) gebündelt. Erst jetzt wird das immaterielle Gut „Unterhaltung" entstehen. Insofern produziert sich der Zuschauer im Sinne der Becker'schen Konsumtheorie (vgl. Becker 1965) seine Unterhaltung selbst.

Eine weitere Besonderheit dieser Leistungserstellung ist, dass die Konsumenten zwar den erworbenen Medienträger, die erlebte Unterhaltung, den höheren Wissensstand oder den Zuwachs an Bildung, den sie durch den Medienkonsum erfahren haben, ihr Eigen nennen können, aber der Medieninhalt selbst geht nicht in ihr Eigentum über. Er erwirbt allenfalls **Nutzungsrechte** (Verfügungsrechte) an den medialen Leistungen der Anbieter. Anders als in der Konsumgüterindustrie gehen die Leistungen der Anbieter nicht in das Eigentum der Käufer über. Zwar gehört dem Käufer die Zeitung oder die DVD (der materielle Medienträger), die er gekauft hat, aber über die Inhalte kann er lediglich im Rahmen allgemeiner oder spezieller Nutzungsrechte verfügen, die vertraglich festgelegt werden. Anders als ein Brot, das im Konsum untergeht (gegessen werden kann) oder eine Hose, die getragen, verändert, verschenkt oder weiterveräußert werden kann, darf ein Käufer zwar auch das Trägermedium Zeitung oder DVD veräußern, aber an den Inhalten hat der Erwerber nur Nutzungsrechte erworben (vgl. Urheberrecht im UrhG sowie Literatur zur Property Rights-Theorie der Neuen Institutionenökonomik sowie als Übersicht in Dreiskämper 2013: 136).

Die Immaterialität erlaubt es dem Rechteinhaber nicht nur, Mediengüter auf verschiedene Weisen bereitzustellen, sondern auch unterschiedliche Urheber- oder Eigentumsrechte zu vermarkten. Die Folge sind unterschiedliche Geschäftsmodelle.

Filme oder Musikstücke sowie andere digitale Produkte können z. B. sowohl über einen Medienträger vermarktet werden (DVD oder CD) als auch über ein Downloadangebot zur Verfügung gestellt werden. In beiden Fällen kann der Nutzer im Rahmen der erworbenen Nutzungsrechte frei und ohne zeitlich limitiert zu sein über sein Produkt verfügen. Beide Medieninhalte können aber auch über einen Streamingdienst zur Verfügung gestellt werden. Dann erwirbt der Nutzer keinerlei Rechte an den Produkten, außer, dass er sich die Inhalte während des Streamingvorgangs anschauen bzw. anhören darf. „Die Daten werden beim Streaming lediglich aus technischen Gründen zur Wiedergabe auf dem Endgerät des Nutzers zwischengespeichert, während die Eigentumsrechte beim Anbieter verbleiben“ (Schumann et al. 2014: 25). Eine solche Nutzungsart ist nur bei Informationsgütern möglich.

?

Fragen zu Kapitel 3.2

1. Begründen Sie bitte, dass die Kernleistungen der Mediengüter immateriell sind.
2. Erläutern Sie bitte, welche Eigenschaften von Dienstleistungen im Falle von Mediendienstleitungen ausgehebelt werden können.
3. Stellen Sie kurz dar, warum sich der Konsument mediale Leistungsergebnisse selber produzieren muss.

3.3 Eigenschaft und Folgen der Informationsasymmetrie

Der Herstellungs- oder Entstehungsprozess einer Dienstleistung unterscheidet sich ganz grundsätzlich vom Sachgüterproduktionsprozess. Dienstleister bieten kein fertiges Produkt an, sondern lediglich ein Leistungsversprechen (vgl. Kiefer 2005: 132). Während ein Konsument relativ leicht vor dem Kauf entscheiden kann, ob das von ihm ausgewählte Auto, Kleidungsstück oder TV-Gerät die Leistungen erbringen wird, die er sucht, ist es schon wesentlich schwieriger vor dem Kauf bzw. der Nutzung zu bewerten, ob eine Pizza schmecken wird oder ein Urlaubsort die Erholung bietet, die gesucht wird. Noch schwieriger ist die Einschätzung einer reinen Dienstleistung: Ob die Diagnose des Arztes, die Beratung des Anwalts, die Reparatur eines Smartphones oder der journalistische Bericht korrekt sein wird, kann vom Auftraggeber vor der Durchführung der Dienstleistung überhaupt nicht bewertet werden. Häufig kann nicht einmal nach einer Diagnose, Beratung oder dem Lesen des Berichtes eingeschätzt werden, ob die Leistung optimal war. Das liegt daran, dass die Anbieter und Nachfrager unterschiedliche Wissensstände über die Marktleistungen haben. Es liegt eine Informationsasymmetrie zwischen den Marktteilnehmern vor.

3.3.1 Unterschiedliche Güterkategorien

Abhängig vom Ausmaß der Informationsasymmetrie werden drei unterschiedliche Güterkategorien unterschieden (vgl. Abb. 3.2). Dabei muss allerdings einschränkend festgestellt werden, dass eine eindeutige Zuordnung der Güter zu einer der drei Kategorien nur selten hundertprozentig möglich ist. So ist es beispielsweise leicht zu prüfen, ob ein Tisch aus einem bestimmten Holz besteht, aber ob dieses Holz nun wirklich nachhaltig abgebaut wurde, ist für den Nachfrager nicht so einfach festzustellen (vgl. Zydorek 2013: 146 und Kiefer 2005: 132 f.):

- Als **Inspektionsgüter** (auch Sach- oder Suchgüter genannt) werden Güter bezeichnet, bei denen die Beschaffenheit oder Qualität ohne oder mit nur geringem Aufwand an Transaktionskosten[2] vom Käufer vor (ex ante) dem Kauf erkannt oder überprüft werden kann. Da der Informationsstand der Tauschpartner weitgehend gleich ist, liegt bei Inspektionsgütern keine oder nur eine geringe Informationsasymmetrie vor. Der Käufer kann seine Entscheidung für oder gegen den Kauf mit weitgehender Sicherheit hinsichtlich des Güternutzen treffen, da er Gütermerkmale „suchen" und vergleichen kann. Ein Sonderfall der Inspektionsgüter sind die sogenannten neoklassischen Güter. Hier sind alle Merkmale normiert, d. h. jeder Tauschpartner hat zu jeder Zeit die gleichen Informationen über das Gut. Dies ist beispielsweise bei Edelmetallen und DIN-normierte Güter der Fall.
- Als **Erfahrungsgüter** werden Güter bezeichnet, die vom Käufer nicht vor, aber nach (ex post) dem Kauf bzw. dem Verbrauch oder Gebrauch hinsichtlich ihrer Eigenschaften bewertet werden können. Hier entscheidet der potenzielle Käufer mit relativer Unkenntnis. Vor dem Kauf von Erfahrungsgütern muss er hoffen, die richtige Entscheidung zu treffen, nach dem Gebrauch oder Verbrauch, kann er hingegen einschätzen, ob die Gütereigenschaften vorlagen, die versprochen wurden. Niemand weiß beispielsweise vor seinem Restaurantbesuch, vor seinem Urlaub, vor dem Nachhilfeunterricht, dem Friseurbesuch oder dem Kinobesuch, ob er im Nachhinein zufrieden sein wird. Diese Unkenntnis kann der Anbieter zu seinem Vorteil ausnutzen. Die Gütermerkmale hinsichtlich der Qualität eines Gutes

2 Transaktionskosten sind Kosten der Marktbenutzung bzw. Tauschkosten. Verkürzt ausgedrückt sind es Kosten, die mit der Anbahnung (Suche, Informationsbeschaffung etc.), der Abwicklung (z. B. Vertragsgestaltung, Transport) sowie der Kontrolle (z. B. Warenprüfung) etc. verbunden sind und zum Preis des Gutes bei der Übertragung von Eigentumsrechten (Tausch) hinzugerechnet werden müssen (vgl. Williamson 1990).

ergeben sich aus Erfahrungswerten des Nutzers mit diesem Gut. Deswegen werden solche Güter Erfahrungsgüter genannt. In der Regel sind dies Güter, die eine Mischung aus materiellen Bestandteilen und Dienstleistungen darstellen. Übertragen auf die Medienwirtschaft reihen sich hier die publizistischen Marken ein (Tagesschau, Tatort, BILD, FAZ etc.). Kein Rezipient weiß, ob die nächste Ausgabe eines Mediums seinen Erwartungen entspricht, aber er kann die Reputation der Marke und seine eigenen Erfahrungen als Anhaltspunkte für seine Erwartung nehmen.

– Als **Vertrauensgüter** werden Güter bezeichnet, die vom Nutzer weder vor noch nach dem Kauf bzw. der Nutzung faktisch bewertet werden können. Die Überprüfung würde so hohe Transaktionskosten verursachen, dass sie sich nicht lohnt oder gar ökonomisch verbietet. Wer eine medizinische Diagnose, eine anwaltliche Beratung oder einen journalistischen Bericht faktisch überprüfen wollte, müsste ein entsprechendes Studium absolvieren oder im Falle einer Nachricht vor Ort fahren, um die Sachlage zu überprüfen. Auf die zugesicherten Eigenschaften von Vertrauensgütern kann der Nutzer eben nur vertrauen. Allenfalls bleibt dem Nachfrager die Möglichkeit, sich seinem subjektiven Gefühl hinzugeben. Bei Vertrauensgütern zeigt sich die größte Informationsasymmetrie zwischen Anbietern und Nachfragern. Diese Informationsasymmetrie wird insbesondere in den Medien, der Werbung und bei allen Dienstleistungen anbieterseits ausgenutzt, um Vorteile zu generieren.

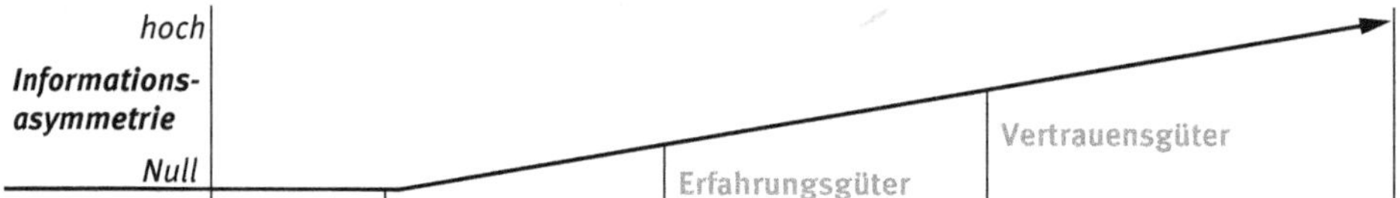

hoch
Informations-asymmetrie
Null

Güterart	neo-klassische Güter	Inspektionsgüter	Erfahrungsgüter	Vertrauensgüter
Güter-Qualität/-Nutzen	ex ante bewertbar	ex ante bzw. beim Konsum bewertbar	ex post bewertbar	aus faktischer Sicht kaum, aber subjektiv bewertbar
Entscheidungsbasis	Sicherheit	weitgehende Sicherheit	relative Unkenntnis	Unkenntnis und Unsicherheit
Güter-Merkmale	Such-merkmale	Suchmerkmale	vorwiegend Erfahrungsmerkmale	vorwiegend Vertrauensmerkmale
Güter-beispiele	normierte Güter	Computer, Kleidung, Maschinen etc.	Nahrungsmittel, Touristikleistungen, Medienmarken etc.	journalistischer Bericht, anwaltliche Beratung, medizinische Diagnose etc.

Abb. 3.2: Güterkategorien nach Informationseigenschaften

3.3.2 Das Informationsparadoxon

Medienprodukte haben also in hohem Maße Erfahrungs- und Vertrauensgütereigenschaften. Dadurch fehlt die Transparenz im Hinblick auf die Qualität im Stadium der Wahlentscheidung der Konsumenten. Das wiederum führt zur paradoxen Konsequenz, dass der Medieninhalt erst konsumiert werden muss, bevor ihn der Nutzer bewerten kann. Wenn er ihn aber konsumiert hat bzw. genügend Informationen hat, um bewerten zu können, braucht er den Medieninhalt nicht mehr, da er ihn ja schon kennt (vgl. Gläser 2014: 139). Die ökonomische Theorie spricht hier vom sogenannten Informationsparadoxon von Medienprodukten.

Während die Informationsasymmetrie häufig zum Vorteil der Anbieter genutzt werden kann, indem Produzenten Spannung, Information etc. versprechen (aber nicht unbedingt liefern) und über dramatische Headlines inhaltsschwache Zeitungen oder über actionbetonte Trailer langweilige B-Movies vermarkten, führt das Informationsparadoxon eher zu Nachteilen für den Anbieter.

3.3.3 Kosteninduziertes Qualitätsmanagement

Gerade die Eigenschaft der schwierigen bis mangelhaften Qualitätsbeurteilung von Vertrauensgütern ist deutlich marktrelevant für den Mediensektor. Einen objektiven Qualitätsmaßstab für Medienprodukte zu definieren, ist nur in engen Grenzen möglich; beispielsweise für journalistische Inhalte (Stil, Struktur, Sprache, Relevanz, Wahrheitsgehalt etc.). Abgesehen von der rein technischen Aufbereitung, wird der Unterhaltungswert von Medieninhalten hingegen wohl überwiegend subjektiv gemessen. Inhalte, die den einen begeistern, langweilen andere. Dies liegt vor allem darin begründet, dass jeder einzelne Rezipient als externer Produktionsfaktor im Leistungsprozess andere Potenzialfaktoren mitbringt: Rezipienten haben unterschiedliche Einstellungen und Interessen, unterschiedliches Vorwissen, unterschiedliche Gemütslagen zum Zeitpunkt des Konsums etc. Insofern ist es auch müßig, einen einheitlichen Qualitätsmaßstab für Unterhaltungsinhalte zu suchen. Sie ließen sich zwar hinsichtlich der technischen Aufbereitung bewerten, nicht aber hinsichtlich ihres subjektiven Unterhaltungswertes. Da das Angebot der Medienschaffenden immer ein Spiegel der Nachfrage ist, hat der ökonomischen Theorie folgend jeder Markt genau das Angebot, das der Nachfrager verlangt.

Die mangelhafte Möglichkeit der Qualitätsbewertung macht daher eine permanente Überprüfung der Qualität durch den Konsumenten notwendig. Nur so kann er auf Dauer überprüfen, ob die angebotenen Inhalte noch den eigenen Ansprüchen oder den Qualitätsversprechen der Anbieter genügen.

Insbesondere die negativen Erfahrungen der Nutzer führen dazu, dass die Zuschauer, Leser, Hörer etc. dem Medienangebot eher skeptisch gegenüberstehen. Diese Skepsis kann nur ausgeräumt werden, wenn die Anbieter große Teile ihrer Medieninhalte transparent machen. Damit erhöht sich möglicherweise die Konsumbereitschaft, es sinkt gleichzeitig aber auch die Zahlungs- und Preisbereitschaft. Das heißt, Inhalteanbieter müssen ausgeklügelte Angebote konstruieren, damit die Konsumenten bereit sind, Entgelte für die Inhalte zu entrichten. Drei bewährte Methoden sind hier der Aufbau von Medienmarken, personalisierte und differenzierte Medienangebote sowie die Etablierung zielgruppenspezifischer, wiedererkennbarer Medienformate (vgl. Swoboda et al. 2006, S. 789–813 sowie Kap. 16).

Für nicht zahlungswillige Rezipienten hingegen wird in der Regel ein gerade noch aus Sicht der mit eher wenig spezifischem Humankapital ausgestatteten Nachfrager akzeptables Qualitätsniveau bereitgestellt, das über seinen Unterhaltungswert eine hohe Reichweite erzielt (z. B. Programm der frei empfangbaren privaten Rundfunkveranstalter). Der Betriebswirt spricht hier von kosteninduziertem (kostengesteuertem) Qualitätsmanagement.

3.3.4 Lemon-Markets

Die größte Gefahr für ein auf breiter Ebene und dauerhaftes Absinken des Qualitätsniveaus liegt im Enttäuschungspotenzial der Konsumenten und der damit einhergehenden, verschärft sinkenden Zahlungsbereitschaft. In der Volkswirtschaft wird dieses Problem unter dem Stichwort „Lemon-Market" („Markt für Zitronen"; im Sinne eines Marktes für minderwertige Produkte) diskutiert (vgl. Akerlof 1970: 489).

Akerlof hat festgestellt, dass wenn Käufer vor Vertragsabschluss die Qualität des angebotenen Produktes nicht beurteilen können, sie auch keine optimalen Entscheidungen fällen können. Sie werden im Durchschnitt weniger zahlen, als sie zahlen würden, wenn sie wüssten, dass die Güter auf dem Markt von hoher Produktqualität sind. Sie berücksichtigen das Risiko, eine „Zitrone" zu erwischen. Durch die sinkende Zahlungsbereitschaft werden Anbieter hoher Produktqualitäten vom Markt verdrängt.[3] Damit wiederum sinkt die Zahlungsbereitschaft noch weiter, weil die Chance ein qualitativ hochwertiges Produkt zu erwischen, kleiner geworden ist. Dieser Prozess kann so lange laufen, bis kaum noch hochwertige Produkte am Markt angeboten werden. Denn auch die Anbieter von Produkten mit hoher Qualität werden zunehmend geringerwertige Güter produzieren, um nicht vom Markt verdrängt zu werden. Möglicherweise wird nur eine Handvoll Markenprodukte mit einer kleinen Abnehmerschaft übrigbleiben. Das restliche Angebot sinkt auf ein Mindestniveau.

---

3 Dieses Phänomen wird in der Neuen Institutionenökonomik unter dem Begriff „Adverse Selektion" diskutiert. Adverse Selektion (Negativauslese) bedeutet, dass auf dem Markt ein Prozess abläuft, der aufgrund von Informationsasymmetrie bzw. durch das Vorhandensein von verborgenen (Produkt)Eigenschaften (engl. hidden characteristics) systematisch zu dem Ergebnis führt, dass die eher minderwertigen Produkte bevorzugt ausgewählt werden (vgl. Erlei et al. 2007, Jost (Hrsg.) 2001).

Die Beseitigung oder Abmilderung der Informationsasymmetrie durch beide Marktparteien wäre (und ist) eine Lösung. Diese ist aber mit zusätzlichen Kosten verbunden. Auf Seiten der Qualitätsmedienanbieter wird „signalisiert“. Auf Seiten der interessierten Nachfrager wird „gescreent“ (vgl. Gläer 2014: 139 f.). Unter dem Begriff des **Signaling** wird der Versuch verstanden, positive Signale an die schlechter informierte Marktseite auszusenden, um das Angebot attraktiver zu machen. Es werden Referenzen angegeben, Reputation aufgebaut, Marken gebildet, Garantieversprechen formuliert oder prominente Akteure eingebunden, die eine hohe Glaubwürdigkeit transportieren. Unter dem Begriff **Screening** wird der Versuch verstanden, Informationsdefizite seitens der schlechter informierten Marktseite durch Informationsbeschaffungsaktivitäten abzubauen. Hier können auch spezialisierte Dritte unterstützend eingeschaltet werden (Informanten, Kritiker, Suchmaschinen, Berater, Verbraucherzentralen etc.). Ausschlaggebend ist in beiden Aktionsbereichen die Höhe der für die aktive Marktseite entstehenden Kosten.

Fragen zu Kapitel 3.3

?

1. Erläutern Sie, was unter Informationsasymmetrie zu verstehen ist.
2. Charakterisieren Sie bitte Inspektions-, Erfahrungs- und Vertrauensgüter.
3. Warum ist ein journalistischer Bericht ein Vertrauensgut, eine Zeitungsausgabe aber eher ein Erfahrungsgut?
4. Was versteht die ökonomische Theorie unter einem Informationsparadoxon im Zusammenhang mit Medieninhalten und welche Auswirkungen hat dieser Umstand auf die Vermarktung von Medienprodukten?
5. Was versteht ein Medienmanager unter „kosteninduziertem Qualitätsmanagement“?
6. Begründen Sie kurz, warum die mangelhafte Möglichkeit der Qualitätsbewertung bei Medienprodukten eine permanente Überprüfung der Qualität durch den Konsumenten notwendig macht.
7. Wozu dienen das Signaling und das Screening im Zusammenhang mit dem Thema Informationssymmetrie?

3.4 Eigenschaft und Folgen der Wertstabilität (Zeitelastizität)

Güter unterliegen unterschiedlichen Verwendungsarten und Nutzungsdauern (vgl. Kapitel 1.3.2). Als Maß für die Eigenschaft, unterschiedlich lang gebräuchlich (von Wert) zu sein, kann der Begriff der Wertstabilität in Bezug auf die fortschreitende Zeit zur Abgrenzung von Mediengütern benutzt werden. In diesem Sinne ist der Wert eines Medieninhaltes entweder abhängig von seiner Aktualität oder er behält seinen Wert dauerhaft. Die Veränderung des Güterwertes in Bezug auf die Veränderung des Zeitfaktors wird als Zeitelastizität bezeichnet.[4] Ändert sich der Güterwert im Zeitverlauf nur gering, so handelt es sich um ein zeitelastisches Gut. Das heißt, die Zeitelastizität des Gutes ist hoch. Ändert sich der Güterwert im Zeitverlauf stark bzw. schnell, so handelt es sich um ein zeitunelastisches Gut. Das heißt, die Zeitelastizität des Gutes ist gering. Ein zeitelastisches Gut ist demnach ein weitgehend wertstabiles Gut, ein zeitunelastisches Gut ein wertinstabiles Gut.

In diesem Sinne kann sowohl die Wertstabilität als auch die Zeitelastizität als Kriterium zur Gütersystematisierung eingesetzt werden. Wird einer der Parameter benutzt, so können Verbrauchsgüter von Gebrauchsgütern differenziert werden. Die Frage, die sich stellt ist, gilt die Unterscheidung in Verbrauchs- und Gebrauchsgüter auch für Medieninhalte bzw. Medienleistungen?

Im ersten Gedanken mag dies verneint werden, denn eine Information ist ja nicht verbraucht, nur weil sie zur Kenntnis genommen wurde. Medieninhalte können beliebig lang gespeichert und beliebig häufig in Originalqualität genutzt werden. In diesem Sinne würden Mediengüter (Medienträger und Medieninhalte) ausschließlich Gebrauchsgüter sein. Bei näherer Betrachtung macht es allerdings Sinn, sich von dieser Einschätzung zu distanzieren. Ein Inhalt unterliegt keiner Abnutzung. Ihren Wert können Inhalte, insbesondere Informationen, jedoch durchaus verlieren; dann nämlich, wenn sie ihren Wert aus der Aktualität schöpfen (vgl. hier und folgend Zydorek 2013: 156 f.). Es macht schließlich keinen Sinn, einen Börsenkurs, eine Nachricht oder ein Fußballergebnis ein zweites Mal zu erfahren. Das heißt, der Wert eines Medieninhaltes kann durchaus „untergehen".

3.4.1 Zeitunelastische (flüchtige) Medienleistungen

Wenn der Medieninhalt seinen Wert verloren hat, ist das Gut gewissermaßen verbraucht und damit ein **Verbrauchsgut.** Der Wert sinkt rapide mit zunehmender Verbreitung bzw. fortlaufender Zeit; mitunter sogar völlig. Das Gut wird wertlos. Mediale Verbrauchsgüter sind zeitunelastisch. Solche Güter finden sich vor allem in der aktuellen Berichterstattung. Hier ist Aktualität gefordert. Jeder Verlag weiß, dass „nichts so alt ist, wie die Zeitung von gestern".

Dieser **Geschwindigkeitswettbewerb** ist allerdings für die Redaktionen (insbesondere für Nachrichtenredaktionen) sehr belastend und geht häufig zulasten der Arbeitsatmosphäre und der Arbeitsqualität. Das zeigt auch ein Beispiel aus dem Jahre 2012 als im Juni der US-amerikanische Supreme Court sein Urteil zu Präsident Obamas Gesundheitsreform fällte und CNN (fälschlicherweise) zunächst die Niederlage Oba-

4 Die Elastizität ist in der Ökonomie ein Maß für die relative Änderung einer abhängigen Variablen aufgrund der relativen Änderung der sie bewirkenden unabhängigen Variablen (vgl. Frantzke 1999: 80). In Bezug auf die Größen Zeit und Güterwert ist die Zeit die unabhängige Variable und der Güterwert die von der Zeit abhängige Variable.

mas verkündete.[5] Was war passiert? Da während der Urteilsverkündung keine Kameras zugelassen sind, nahmen die Reporter die schriftliche Begründung des Supreme Courts und überflogen die ersten Seiten des Urteils, die die Gesundheitsreform sehr kritisch reflektierten. Eile war geboten, um Einschaltquoten zu sichern und als erster mit der Nachricht auf Sendung gehen zu können. „Das Herzstück der Gesundheitsreform verstößt gegen die Verfassung", berichtete der Sender und die Moderatoren diskutierten minutenlang den „schweren Schlag gegen Präsident Obama". Daraufhin feierten die republikanischen Abgeordneten sofort auf Twitter den "großen Sieg für die Freiheit und die Verfassung". „Die Nachrichtenlage änderte sich, als die Fernsehleute bis zur vierten Seite des Urteils vorgelesen hatten. Dort stand die eigentliche Nachricht: Die Gesundheitsreform von Präsident Obama ist im Kern verfassungsgemäß" (Zydorek 2013: 145).

3.4.2 Zeitelastische (wertstabile) Medienleistungen

Andererseits gibt es auch Medieninhalte, die dauerhaft oder immer wieder genutzt werden (z. B. Kultfilme, Musik- und Buchklassiker oder Software). Der Wert dieser Inhalte ist wesentlich zeitelastischer. Insofern können derartige Produkte auch als Gebrauchsgüter eingeordnet werden, da sie ihren Wert nicht mit der einmaligen Verwendung verlieren, sondern über einen längeren Zeitraum bzw. mehrmals genutzt werden (vgl. Sjurts 2005: 11 f.).

Zeitelastische Medieninhalte stehen weniger deutlich im Geschwindigkeitswettbewerb bzw. unter Verfallsdruck. So werden literarische Werke, Filme oder Musikstücke nicht nur intensiver „auf Herz und Nieren geprüft", bevor sie auf den Markt gebracht werden, sondern auch differenzierter vermarktet bzw. verwertet. Ein Buch erscheint z. B. als Hardcover, Taschenbuch, E-Book und möglicherweise auch als Hörbuch. Ein Film wird im Original, in unterschiedlichen Sprachversionen, auf DVD, Blu-Ray oder Download bzw. Streaming und auch im sogenannten Directors Cut auf den Markt gebracht. Auch Musikstücke werden höchst unterschiedlich vermarktet, bis sie schließlich auf verschiedenen Complitations gepresst werden (Best of, Greatest Hits etc.).

Solchen Versionen können zeitliche, inhaltliche oder qualitative Differenzierungen zugrunde liegen. **Zeitliche Differenzierungen** setzen auf unterschiedliche Dringlichkeiten. Die Verlängerung der Wertschöpfungskette ist eine in der Digitalindustrie häufig umgesetzte Vermarktungsmethode; insbesondere im Filmsektor. Diese Methode wird **Windowing** genannt. Windowing bedeutet, dass Produkte in nacheinander folgenden Zeitfenstern vermarktet werden, um die Erlöspotenziale zu maximieren. Hier werden unterschiedliche Preisbereitschaften der Käufer ausgenutzt. So wird ein Film in der Regel zunächst im Kino, dann über Pay-per-View, Video, Pay-TV und

5 Das Beispiel ist Zydorek: 2013: 145 entnommen und geht auf die Berichterstattung der SZ vom 20.06./01.07.2012, S. 21 zurück.

schließlich im Free-TV ausgestrahlt. Der einmal produzierte Film wird letztendlich fünfmal verkauft (vgl. Gläser 2014: 361).

Inhaltliche Differenzierung zeigen Produkte mit unterschiedlichem Leistungsumfang. Qualitative Differenzierungen beruhen in der Regel auf unterschiedlichen Präsentationsformen (verschiedene Auflösungen, unterschiedliche Layouts etc.). Immer sind solche Vermarktungen mit unterschiedlichen Preisen ausgestattet (vgl. Gläser 2014: 153). Diese Art der Verwertung wird **Versioning** bezeichnet. Versioning bedeutet, dass vorhandene Medieninhalte (oder Software) in unterschiedlichen Versionen mehrfach verwertet werden (vgl. Sjurts 2011: 636).

Sowohl das Versioning als auch das Windowing wird im Umfeld des Produktmarketings noch einmal ausführlich aufgegriffen (vgl. Kapitel 16). Tabelle 3.2 (in Anlehnung an Linde 2005: 10) gibt einen Überblick über die unterschiedliche Zeitelastizität bzw. Wertstabilität verschiedener Mediengüter.

Unterschiedliche Zeitelastizitäten bzw. Wertstabilitäten im Zeitverlauf schlagen sich also deutlich in der Vermarktungsstrategie der Güter nieder und bedingen auch den Produktionsprozess. Je schneller der Werteverfall der Inhalte, desto schneller muss auch die Produktion und die Bereitstellung (Distribution) der Medien abgewickelt werden. Je wertstabiler das Produktionsergebnis ist, desto aufwendiger kann produziert und desto vielfältiger kann vermarktet werden.

Etwas differenzierter muss das Produkt **Werbung** betrachtet werden (vgl. Tab. 3.2). Entscheidend ist, aus welcher Perspektive die Werbung betrachtet wird. Aus Sicht der Verlage oder der RF-Veranstalter ist die Werbung ein Verbrauchsgut, da der Werbeplatz, den sie vermarkten, mit der Buchung durch die werbungtreibenden Unternehmen verbraucht ist. Er steht keinem anderen Unternehmen zur Verfügung (vgl. Sjurts 2004: 166). Der Werbeinhalt jedoch steht nicht nur vielen verschiedenen Rezipienten zur Verfügung, sondern kann seine Leistung (Aufmerksamkeit erzeugen) auch bei Mehrfachkontakten mit ein und demselben Rezipienten erbringen (vgl. Zydorek 2013: 157). Aus Sicht der Rezipienten wird die Werbung (konkret: der Werbeinhalt) damit zu einem Gebrauchsgut.

Tab. 3.2: Zeitelastizität/Wertstabilität unterschiedlicher Medienleistungen

zeitunelastische Medienleistungen **(Verbrauchsgüter)**	zeitelastische Medienleistungen **(Gebrauchsgüter)**
– aktuelle Informationen (Nachrichten etc.) – Marktinformationen (Kurse, Preise, Produktinformationen, sonstige Analyse- und MaFo-Daten) – Werbeplätze	– Medienträger – Betriebssysteme – Anwendungssoftware – Spiele, Musik, Filme, Literatur – Datenbanken – Lizenzen, Rechte – werbliche Informationen
Zeitelastizität und Wertstabilität niedrig	Zeitelastizität und Wertstabilität hoch

Fragen zu Kapitel 3.4

?

1. Erläutern Sie bitte, warum Medieninhalte unterschiedliche Zeitelastizitäten aufweisen und welche Auswirkungen dies auf die Wertstabilität der Leistungsangebote hat.
2. Was bedeutet Versioning in der Produktpolitik von Medienunternehmen?
3. Was bedeutet Windowing in der Produktpolitik von Medienunternehmen?
4. Warum muss hinsichtlich der Wertstabilität von Werbung zwischen Werbeplatz und Werbewirkung unterschieden werden?

3.5 Eigenschaft und Folgen der Markt(un)fähigkeit

Als Marktfähigkeit bezeichnet die Ökonomie die Eigenschaft von Gütern, am Markt gehandelt werden zu können. Im Umfeld der Marktwirtschaft gilt das Prinzip der Zahlungswilligkeit und der Zahlungsfähigkeit: Nur derjenige erhält ein Gut, der bereit und in der Lage ist, den für das Gut geforderten Preis zu zahlen. Käufer zeigen durch ihre Zahlungsbereitschaft an, welchen Wert ein Gut für sie hat (Präferenzen werden offengelegt). Damit ein Wirtschaftsgut in diesem Umfeld optimal vermarktet werden kann, müssen zwei Bedingungen unbedingt erfüllt sein.

Erstens muss der Eigentümer seine Eigentumsrechte durchsetzen können, wenn er das will. Das heißt, er muss Konsumenten, die die geforderte Gegenleistung nicht erbringen wollen, vom Nutzen ausschließen können. Diese Eigenschaft wird **Ausschlussfähigkeit** genannt. Ist die Ausschlussfähigkeit nicht oder nur eingeschränkt gegeben, ergeben sich Probleme. Dies ist dann der Fall, wenn der Eigentümer nicht die notwendige Verfügungsgewalt hat oder durchsetzen kann. Der Markt droht zu versagen oder entsteht erst gar nicht.

Zweitens soll ein Wirtschaftsgut optimaler Weise, wenn es von jemandem genutzt wird, anderen nicht zur Verfügung stehen. Hilfsweise reicht es aber auch aus, wenn der Nutzen des Gutes durch weitere Nutzer (der sogenannte Grenznutzen) eingeschränkt ist oder abnimmt. Diese Eigenschaft wird **Nutzenrivalität** genannt. Ist die Nutzenrivalität nicht oder nur eingeschränkt gegeben, ergeben sich ebenfalls Probleme. Auch dann droht der Markt zu versagen oder er entsteht erst gar nicht.

Tabelle 3.3 (als Weiterentwicklung von Blankart 1994: 64) gibt Auskunft, wie die beiden Ausprägungen zusammenhängen und welche Eigenschaftenkombinationen Märkte funktionieren lassen bzw. Marktversagen begründen. Es sei aber darauf hingewiesen, dass die Einteilung idealisiert ist, da beide Ausprägungen jeweils auf einem Kontinuum zwischen „nicht erfüllt“ und „voll erfüllt“ eingeordnet werden können. Eindeutige Zuordnungen von Gütern und Leistungen sind häufig schwierig. Durch die Abgrenzung ergeben sich vier verschiedene Güterklassen, die sich im Grad ihrer Ausschlussfähigkeit und Nutzenrivalität und damit auch im Grad der Marktfähigkeit unterscheiden. Anders als im sonstigen Güterbereich, sind Medienleistungen in der

Tab. 3.3: Mediengütereigenschaften und Marktfähigkeit

Gütereigenschaften		Nutzenrivalität gegeben	Nutzenrivalität nicht gegeben
Ausschluss vom Konsum gegeben oder erwünscht		*private Güter* (voll marktfähig)	Club-Güter (bedingt marktfähig)
	Medien-Güter	Werbezeit, Werberaum, Bücher, Zeitungen, Zeitschriften und sonstige Printprodukte, Social-Media-Konten	Pay-TV-Programme, private, über DVB-T2 verteilte Rundfunkprogramme, login-geschützte Internet-/Intranet-Inhalte, Kinofilm-Vorführungen etc.
	sonstige Güter	technische Komplementärgüter zum Medienkonsum, Kleidung, Nahrungsmittel, Anlagevermögen etc.	Vereinsleistungen, Seminarangebote, Fitness-Studio-Angebote, Golf-Club-Anlage etc.
Ausschluss vom Konsum nicht gegeben oder nicht erwünscht		Allmende-Güter (nicht marktfähig)	öffentliche Güter (nicht marktfähig)
	Medien-Güter	Public Viewing	z. B. terrestrisch verteilte öffentlich-rechtliche Rundfunkprogramme, frei zugängliche Internetinhalte, Plakatinhalte und frei zugängliche Werbebotschaften
	sonstige Güter	öffentliche Parkanlagen, Spielplätze, Wälder und Straßen etc.	Deichanlagen, Landesverteidigung, Leuchtturmfeuer etc.

Mehrzahl mit Marktdefekten ausgestattet und damit zu großen Teilen marktunfähig. Dies gilt sowohl für mediengetragene Gebrauchs- als auch für mediengetragene Verbrauchsgüter.

3.5.1 Private Güter

Private Güter sind dadurch gekennzeichnet, dass Ausschlussfähigkeit und Nutzenrivalität gegeben sind. Wer beispielsweise eine Blu-Ray oder eine Hose haben möchte, muss sich eine Blu-Ray oder eine Hose kaufen. Der Hersteller bzw. Eigentümer kann Einfluss darauf nehmen, wer sein Produkt bekommt. Allgemein: Er kann seine Eigentumsrechte durchsetzen. Wer den geforderten Gegenwert nicht aufbringen will oder kann, wird vom Konsum ausgeschlossen.

Wird die Blu-Ray von jemandem mit nach Hause genommen oder die Hose von Käufer getragen, kann sie kein anderer benutzen. Verleiht er sie, kann er sie selbst nicht nutzen bzw. tragen. Das heißt, auch die Nutzenrivalität greift.

Im Fall von Verbrauchsgütern ist der Fall noch klarer: Wer Brötchen möchte, muss sie bezahlen. Und wenn er eines der Brötchen gegessen hat, steht es keinem anderen mehr zur Verfügung. Gleiches gilt für den Werberaum: Wenn ein Verlag Fläche oder Zeit an ein werbungstreibendes Unternehmen verkauft hat, steht dieser Platz oder diese Zeit anderen Werbern nicht mehr zur Verfügung.

Private Güter sind demnach **vollends marktfähig**, weil das ökonomische Konzept, dass Anbieter für Ihre Leistungen von denen bezahlt werden, die die Leistung nutzen, nicht umgangen werden kann. Alle materiellen Güter besitzen diese Eigenschaften: Kleiderschränke, Autos, TV-Geräte, Radios, DVDs etc. Im engeren Sinne der Medienleistungen ist allerdings nur die Platzierung von Werbung (Nachfrage der werbungtreibenden Unternehmen) ein privates Gut: Wer Werbung schalten will, muss dafür zahlen und wenn Werbung geschaltet ist, passt auf diesen Platz oder in dieses Zeitfenster keine andere Werbung.

Güter können aber nicht immer eindeutig zugeordnet werden. So kann beispielsweise ein Printprodukt (Buch, Zeitung, Zeitschrift etc.) durchaus den privaten Gütern zugeordnet werden (vgl. Gläser 2014: 142). Das Printprodukt bzw. sein Inhalt kann aber auch von mehreren Nutzern gleichzeitig rezipiert werden kann, ohne dass der Nutzen der nachfolgenden Leser eingeschränkt würde. Dies ist dann der Fall, wenn jemand anderen den Inhalt vorliest oder der Inhalt von mehreren Nutzern gleichzeitig gelesen wird. In diesem Fall würde das Private Gut zu einem Clubgut. Lässt jemand sein Printprodukt im Zug liegen, würde es sogar zu einem öffentlichen Gut für den Finder, da der ursprüngliche Eigentümer seine Eigentumsrechte nicht mehr durchsetzen will und der Finder keinen Nachteil dadurch hat, dass die Zeitung schon gelesen wurde.

3.5.2 Club-Güter

Güter, die zwar über die Ausschlussfähigkeit verfügen, nicht aber rival im Konsum sind, sind nur bedingt marktfähig. Solche Güter werden Club-Güter genannt. Club-Güter sind nur **bedingt marktfähig**, weil sie zwar Umsatzpotenzial in sich tragen, da sie nur dem zugutekommen, der bereit ist, ein Entgelt zu zahlen. Aber es fehlt die Eigenschaft der Rivalität. Das Produkt verbraucht sich nicht und steht mehreren Nutzern gleichzeitig zur Verfügung, ohne dass die Beteiligten einen Nachteil davon hätten.

Damit verringert sich das Umsatzpotenzial der Anbieter, das bei Rivalität gegeben wäre. So kann das Pay-TV-Angebot zwar nur von Zuschauern empfangen werden, wenn die notwendigen technischen und vertraglichen Voraussetzungen erfüllt sind, aber die vom Anbieter freigeschaltete Sendung kann dann leicht von vielen (auch nichtzahlenden) Zuschauern gleichzeitig angeschaut werden. Konsumrivalität liegt nicht vor. Die Ausschlussfähigkeit von Konsum hingegen ist gegeben.

Im Medien- und im Bildungsbereich finden sich viele Güter, die die Club-Gut-Eigenschaften voll erfüllen. Es gibt aber auch viele Club-Güter, deren Club-Gut-Eigenschaft der Nichtrivalität leidet, wenn zu viele Nutzer gleichzeitig aktiv werden wollen. Wenn also der Kino-Saal beispielsweise voll ist, ist es auch mit der Nichtrivalität vorbei.

3.5.3 Allmende-Güter

Güter, die zwar die Konsumrivalität besitzen, nicht aber die Ausschlussfähigkeit, werden Allmende-Güter oder quasi-öffentliche Güter genannt. Quasi-öffentliche Güter sind **nicht marktfähig**, weil der Eigentümer seine Eigentumsrechte nicht durchsetzen kann. Der Leistungsempfänger ist nicht gezwungen, ein Entgelt zu zahlen, wenn er die Leistung nutzen will.

Im Umfeld der Medienleistungen greift hier das durch Städte und Gemeinden organisierte Public Viewing. Es ist ein quasi-öffentliches Gut, weil jedermann freien Zugang zu den Aufführungsflächen hat. Aber je mehr Besucher die Darbietung frequentieren, desto schlechter wird die Sicht auf die Leinwand. Es besteht Nutzenrivalität zwischen denen, die früh und denen, die später kommen.

Mit Allmende-Gütern kann kein Umsatz erzielt werden, da niemand ausgeschlossen werden kann; auch dann nicht, wenn keine Zahlungsbereitschaft vorliegt. Wenn keine Gegenleistung von den Nutzern verlangt werden kann oder soll, sind die Güter nicht marktfähig. Es werden keine Märkte entstehen, weil kein privates Unternehmen diese Güter produzieren und anbieten würde. Warum sollte ein Unternehmen eigenes Kapital einsetzen, um Güter herzustellen, wenn dieses Kapital verloren wäre? Die fehlende Ausschlussmöglichkeit führt zur Verhinderung von Märkten. Dass dennoch öffentliche Parkanlagen, Straßen und Spielplätze existieren, ist dem Umstand zu verdanken, dass der Staat diese Güter bereitstellt oder in Auftrag gibt.

Wenn hingegen Parkanlagen oder Straßen von Privaten bewirtschaftet oder einfach gebührenpflichtig werden, heißt dies, dass die Leistungsangebote „umdefiniert werden". Über die Parkgebühr oder die Mautgebühr wird Ausschlussfähigkeit geschaffen. Da Konsumrivalität schon besteht, wird das Allmende-Gut nun zum privaten Gut.

3.5.4 Öffentliche Güter

Güter, die weder über Konsumrivalität noch über Ausschlussfähigkeit verfügen, werden „öffentliche Güter" genannt. Auch öffentliche Güter sind **nicht marktfähig.** Musterbeispiele für öffentliche Güter sind das Leuchtturmfeuer oder die Deichanlage sowie der frei empfangbare Rundfunk und frei zugängliche Internetinhalte.

Niemand würde für Güter, die er unentgeltlich nutzen kann, ein Entgelt zahlen. Dieses Verhalten wird Free-Rider-Verhalten oder Trittbrettfahrer-Verhalten genannt (vgl. Kiefer und Steiniger 2013; Heinrich 2010). Auch solche Güter würden nicht von privaten Unternehmen hergestellt, da auch hier das investierte bzw. gebundene Kapital nicht wieder über Umsätze zurückfließen würde.

Dass frei empfangbare Rundfunkprogramme oder Internetinhalte von privaten Unternehmen angeboten werden, liegt daran, dass die Werbevermarktung als privates Gut alle Leistungen und Kosten der Programmveranstalter refinanziert. Öffentlich-rechtliche Rundfunkangebote werden über die Haushaltsabgaben und Wissensportale wie Wikipedia über Spenden finanziert. Diese Finanzierungformen stellen Marktersatzlösungen dar.

Fragen zu Kapitel 3.5

?

1. Erläutern Sie bitte den Begriff „Marktfähigkeit" und welche Voraussetzungen gegeben sein müssen, damit Güter marktfähig sind.
2. Erläutern Sie bitte die Begriffe „private Güter", „Club-Güter", „quasi-öffentliche Güter" und „öffentliche Güter" und problematisieren Sie sie hinsichtlich ihrer Eigenschaften aus Anbietersicht.

3.6 Eigenschaften und Folgen des Medienkonsums

Der Konsum von oder die Investition in Güter entfaltet Wirkungen. Diese Wirkungen beeinflussen den Zustand des Verursachers, weil seine Bedürfnisse befriedigt werden. Die Produktion oder der Konsum von Gütern kann aber auch Auswirkungen auf jene haben, die die Güter weder produzieren noch konsumieren. Die Umweltverschmutzung oder Überfischung der Weltmeere sind typische Beispiele für negative Auswirkungen. Die Zunahme des allgemeinen Bildungsniveaus durch die zunehmende Anzahl an Studierenden und die damit verbundene Steigerung des gesellschaftlichen Wohlstands wäre ein Beispiel für positive Auswirkungen. Solche Wirkungen stellen Effekte dar, die nach „außen" auf Unbeteiligte wirken.

Da es auch Güter gibt, deren Nutzen sich nicht nur durch den Konsum, sondern zusätzlich auch dadurch entfaltet, dass sie mit anderen Gütern verbunden sind, entsteht noch eine weitere Art von Effekten: sogenannte Netzeffekte.

Beide Effektkategorien stellen im Umfeld von Medienleistungen bedeutende Einflussgrößen dar und werden im Folgenden erläutert.

3.6.1 Externe Effekte (Meritorik und Demeritorik)

Medienträger transportieren Leistungen, die ihre Wirkung in zwei unterschiedlichen sozialen Sphären entfalten. Zunächst dienen Mediengüter der Befriedigung individueller Konsumentenbedürfnisse und ggfs. den Bedürfnissen werbetreibender Unternehmen. Darüber hinaus wirkt das individuell Konsumierte aber immer auch über den Erlebnishorizont oder den Nutzenbereich des Konsumierenden hinaus. Das heißt, Medienkonsum führt immer zu direkten und gleichzeitig auch zu indirekten Wirkungen.

Solche indirekten Wirkungen werden auch externe Effekte genannt. **Externe Effekte** liegen vor, wenn sich individuelle Aktivitäten auf die Wohlfahrt unbeteiligter Dritter positiv oder negativ auswirken (vgl. Kiefer und Steininger 2013: 137 f.; Heinrich

2010: 95 f.; Fritsch 2014, Dreiskämper 2010). Gehen die Auswirkungen nicht als Kosten oder Erlöse bzw. Nachteile oder Vorteile in die Wirtschaftsrechnungen der Akteure ein, werden sie Externalitäten genannt. Externe Effekte und Externalitäten werden immer bei einer gesamtwirtschaftlichen Betrachtung sichtbar (vgl. Gläser 2014: 141).

Jede politische Nachricht, jede Wirtschaftsinformation über Unternehmen etc. hat Auswirkungen auf weitere Zustände. Sie kann unternehmerische Strategieänderungen bewirken, Wählerverhalten oder Börsenkurse beeinflussen etc. Medienthemen beeinflussen die Werte einer Gesellschaft und verändern Einstellungen der Menschen (vgl. Heinrich 2001: 96). Das bedeutet, individuell konsumierte Medieninhalte wirken immer auch auf gesellschaftliche Bereiche ein, indem sie beispielsweise zur Meinungsbildung in der Bevölkerung beitragen, Werte transportieren oder integrativ wirken (vgl. Dreiskämper 2013: Kap. 1). Insbesondere massenmediale Produkte (z. B. Zeitungsinhalte oder TV-Sendungen) haben immer dann gesellschaftliche Relevanz, wenn es einen bedeutenden Beitrag zur Alltagsbewältigung der Menschen und zur Zukunftssicherung der Gesellschaft leisten und damit einen wichtigen gesellschaftlichen Funktionsauftrag erfüllen (thematisieren, aufklären, kritisieren etc.).

Medieninhalte mit besonderer gesellschaftlicher Relevanz werden **meritorische Güter** genannt. Meritorik bedeutet gesellschaftliche Erwünschtheit bzw. ein im gesellschaftlichen Sinne Verdienstvollsein von etwas (vgl. Musgrave 1957; Dreiskämper 2013: 111 ff.; Piper 2007). Meritorisch sind Güter dann, wenn der Einzelne sie weniger nutzt als von der Gesellschaft gewünscht. Dies ist z. B. bei Bildungsgütern der Fall. Wegen der Erwünschtheit, wird Bildung staatlich gefördert.

Medieninhalte können aber auch den gegenteiligen Effekt produzieren. Solche Medieninhalte werden **demeritorische Güter** genannt. Demeritorisch sind Güter dann, wenn der Einzelne sie häufiger nutzt als von der Gesellschaft gewünscht (vgl. Musgrave 1957; Dreiskämper 2013: 111 ff.; Piper 2007). Dies ist insbesondere bei übertriebenem Gaming der Fall, aber auch jede Art strafrechtlich relevanter Pornografie oder die Darstellung von Gewalt etc. gehören dazu (ebenso wie alle suchterzeugenden Güter). Wegen der Unerwünschtheit, werden solche Konsumaktivitäten indiziert (z. B. als jugendgefährdende Medien gekennzeichnet; vgl. JuSchG) und ggfs. strafrechtlich sanktioniert.

Sowohl die Eigenschaft der Meritorik als auch die der Demeritorik führt zu externen Effekten. „Externe Effekte sind aus ökonomischer Sicht ein Störfaktor für die Wirksamkeit des Marktmechanismus, da nicht alle relevanten positiven und negativen Wirkungen im Preismechanismus und im Austausch von Angebot und Nachfrage zum Ausdruck kommen“ (Gläser 2014: 141). Hier wird das **Verursacherprinzip** ausgehebelt. Externe Effekte führen dazu, dass eine optimale Güterverteilung be- oder verhindert wird, da Kosten auf die Gemeinschaft abgewälzt werden können oder es kommen ihr ungerechtfertigt Erlöse zugute.

Produktionen, die mit negativen externen Effekten behaftet sind, werden dadurch, dass in der Kalkulation nicht alle Kosten berücksichtigt werden, zu preiswert bzw. mengentechnisch in zu großer Anzahl am Markt angeboten. Würden beispielsweise auch alle möglichen therapeutischen Folgekosten der Gamingindustrie in die Produktpreise internalisiert, wären etliche Spiele mit Suchtfaktor sicherlich um einiges teurer. Andererseits müsste der Staat beruflich erfolgreichen Absolventen privater Hochschulen wegen der Meritorik ihrer Leistungen einen Großteil der Ausbildungskosten zurückzahlen, da sie mit ihrem Lebenseinkommen zu deutlich höheren Steuereinnahmen beitragen und anders als die Studierenden öffentlicher Hochschulen und Universitäten nicht während ihrer Ausbildung gefördert wurden.

In den meisten der hier beschriebenen Fälle beeinflusst der Staat den Markt und hebelt damit die Automatismen der Marktwirtschaft bewusst und gezielt aus. Ob und wie stark der Staat eingreift ist allerdings abhängig von politischen Einschätzungen und Machtverhältnissen und damit alles andere als zuverlässig.

3.6.2 Direkte und indirekte Netzwerkeffekte

Ein Sonderfall von externen Effekten sind Effekte, die in Netzwerken auftreten. **Netzwerke** sind „raumgreifende, komplex verzweigte Transport- und Logistiksysteme für Güter, Personen oder Informationen (v. Weizsäcker 1997: 572).

Netzwerke können materiell, also physisch verbunden sein. Dies ist beispielsweise bei Straßennetzen, Wasserversorgungsnetzen oder leitungsgebundenen Telefonnetzen der Fall. Netze können aber auch immateriell sein. In diesem Fall sind sie virtuell oder potenziell verbunden. Dies ist z. B. bei Datenbanken- oder Buchungssystemen, Konsolenbesitzern oder Betriebssystemanwendern der Fall. Sie sind nicht direkt verbunden, können aber zusammenarbeiten, wenn sie dies wollen oder stellen zumindest stellen eine „Gemeinschaft" dar.

Güter, die ihren Nutzen in Netzwerken entfalten, werden Netzwerkgüter genannt. **Netzwerkgüter** gewähren nicht nur einen Nutzen aus ihren Eigenschaften (Basisnutzen), sondern stiften dem einzelnen Konsumenten einen darüberhinausgehenden zusätzlichen Nutzen durch die Gesamtzahl der anderen Nutzer. Dieser Nutzen wird Netzeffektnutzen bzw. **Netzwerkeffekt** genannt. Dabei gilt allgemein, dass das Netz bzw. Gut mit der größeren Teilnehmerzahl einen größeren Nutzen stiftet als ein kleineres. Je größer die Nutzerzahl eines Netzwerkgutes ist, desto größer der Nutzen für alle, sowohl für diejenigen, die neu hinzukommen als auch für die, die bereits dabei sind.

Netzwerkeffekte entstehen dann, wenn der Wert eines Gutes für den Einzelnen mit zunehmender Verbreitung (mit jedem weiteren Nutzer) steigt. Die Anzahl von Teilnehmern an einem Netzwerk ist die entscheidende Größe. Solche Netzeffekte können positiv oder negativ, direkt oder indirekt sein (vgl. hier und folgend Zerdick et al. 2001: 157 f.; Zydorek 2013: 157 und Dewenter 2015: 43 f.):

- **Positive Netzwerkeffekte** entstehen dann, wenn der Nutzen des Produktes für einen Teilnehmer steigt, sobald ein zusätzlicher Teilnehmer hinzukommt. Typische Beispiele sind im Telekommunikationsnetz oder in sozialen Netzen zu finden.

- **Negative Netzwerkeffekte** entstehen dann, wenn ein System begrenzte Kapazitäten hat und zusätzliche Nutzer den Wert des Netzwerkes für die bereits involvierten Teilnehmer senken. Typische Beispiele sind Mobilfunknetze, Internet- oder Serverkapazitäten.
- **Direkte Netzwerkeffekte** liegen dann vor, wenn die Teilnehmer- oder Güteranzahl den Wert eines Netzwerkes unmittelbar beeinflusst. Profitieren Konsumenten davon, dass andere Konsumenten ebenfalls das gleiche Produkt verwenden, entstehen positive direkte Netzeffekte; sinkt der Nutzen mit der Anzahl der Konsumenten, die das gleiche Produkt benutzen, liegt ein negativer direkter Netzeffekt vor. Der Zugang zum Netzwerk erhält einen eigenen Wert. So ist der Käufer eines Telefons oder eines internetfähigen Endgeräts nicht primär am Produkt interessiert, sondern eher am Zugang zum jeweiligen Teilnehmernetz.
- **Indirekte Netzwerkeffekte** entstehen vornehmlich bei Systemprodukten, denn die Nutzungsmöglichkeit bzw. der Wert des Produkts hängt hier ab von der Verfügbarkeit von Komplementärgütern und damit von der Größe eines zweiten Netzwerkes. Steigt zum Beispiel das Netzwerk der Nutzer eines bestimmten Computersystems, so steigt damit auch die Zahl der zur Verfügung stehenden Hard- und Software, die mit diesem System kompatibel ist (z. B. Peripheriegeräte, Plug-ins oder Apps etc.).

Eine spezielle Form indirekter Netzeffekte liegt vor, wenn zwei Netzwerke über indirekte Effekte verbunden sind und diese durch einen Intermediär miteinander verbunden sind. Ein solcher Intermediär kann z. B. ein Verlag sein, der den Rezipienten- mit dem Werbemarkt verbindet oder auch ein Plattformbetreiber, der zwei Zielgruppen zusammenbringt (z. B. Dating-Börsen). Intermediäre bedienen zweiseitige Märkte (vgl. Kapitel 7.3.2).

Während direkte Netzwerkeffekte immer **Externalitäten** verursachen, da Kosten- oder Nutzenbelastungen wirtschaftlich Unbeteiligter nicht im Güterpreis internalisiert werden (können), können indirekte Netzwerkeffekte Externalitäten verursachen oder auch nicht (vgl. Tab. 3.4 in Anlehnung an Linde 2000: 25).

Wenn die Preise von Komplementärprodukten beispielsweise durch die zunehmende Nachfrage nach dem Primärprodukt sinken oder steigen, liegen zwar sogenannte pekuniäre (monetäre) externe Effekte vor, aber es werden keine Externalitäten verursacht. Der Markt leidet in solchen Fällen nicht. Es ist eher unwahrscheinlich, dass es zu Marktversagen kommt. Je mehr Werbung beispielsweise in einem Verlagsprodukt abgebildet wird, desto stärker kann der Copy-Preis für die Konsumenten gesenkt werden. Und je billiger Drucker vermarktet werden, desto höher wird der Preis für Druckerpatronen gesetzt.

Hingegen entstehen Externalitäten, wenn ein steigender oder sinkender Teilnehmernutzen für einzelne nicht über den Markt ausgeglichen wird. Mac-Nutzer, profitieren z. B. von zusätzlichen Hardwarekäufern stärker als jene selbst, weil jeder zusätzliche Käufer den Anreiz der Softwareindustrie verstärkt, ein umfangreicheres Angebot

Tab. 3.4: Netzwerkgüter und Netzwerkeffekte

Art des Effektes	direkte Netzwerkeffekte (immer Externalitäten)		indirekte Netzwerkeffekte (nicht immer Externalitäten)
Art des Netzwerkgut	positive	negative	positive/negative
reales Netzwerkgut (z. B. Telefon, Internet)	Kommunikationsvorteile (z. B. Anzahl der Telefonverbindungen)	Kommunikationsnachteile (z. B. Überlastung von Internet-Servern)	Angebot an Komplementärprodukten und -leistungen
virtuelles Netzwerkgut (z. B. DVD-Player, Software)	Vorteile bei Kooperationen und Austausch (z. B. Standards)	Nachteile bei Kooperationen und Austausch (z. B. Sicherheit)	

an Programmen und Zubehör bereitzustellen. Der neue Käufer wird dabei für den Nutzen, den er den alten Nutzern stiftet, nicht entgolten.

Für das Management von Medienunternehmen oder Anbietern mediennaher Unternehmensleistungen werden damit die Größe des Netzwerkes, Kooperationen mit anderen Anbietern, die Konnektivität (Vernetzungsfähigkeit) der Güter und einschlägige Wechselbarrieren, mit denen Kunden gehalten werden können, zum Wettbewerbstreiber. Für das Netzwerkunternehmen bedeutet dies, dass es zunächst ein Netzwerk aufbauen muss, das genügend Teilnehmer einbindet, um ausreichend große Netzeffekte zu ermöglichen. Eines der Hauptziele besteht hier darin, Standards zu schaffen, an denen sich eine wachsende Anzahl an Nutzern orientieren. Ist die sogenannte kritische Masse an Teilnehmern erreicht, steigt die Nutzerzahl exponentiell an und der Erfolg wird zum Selbstläufer. Wird die kritische Masse nicht erreicht, so wird das Netzwerk auf Sicht immer mehr an Masse verlieren und schließlich vom Markt verschwinden (vgl. Entwicklungen von Facebook zum Marktführer und StudiVZ zum Insolvenzprojekt[6]).

Fragen zu Kapitel 3.6

?

1. Erläutern Sie bitte den Begriff „externer Effekt" und grenzen Sie ihn von dem der „Externalität" ab.
2. Unterscheiden Sie bitte die verschiedenen Ausprägungen von externen Effekten.
3. Welche Bedeutungen haben Netzwerkeffekte für das Management von Netzwerkunternehmen?

6 Ab 2012 firmierten die vom Holtzbrinck-Verlag an die Investmentgesellschaft Vert Capital verkauften VZ-Netzwerke unter dem Namen poolworks (Germany). Am 7. September 2017 meldete Poolworks Insolvenz an.

3.7 Folgen und Kosten der Produktionsbedingungen

Die Produktionsbedingungen, d. h., die Art und Weise, wie produziert wird, hat deutliche Auswirkungen auf das Ausbringungsmengenpotenzial, die Herstellungskosten, das Ziel und das Herstellungsrisiko für den Produzenten. Auch in diesen Punkten zeigen die Medien Besonderheiten gegenüber den Produktionssituationen, in denen sich viele Produzenten anderer Güter befinden. Dieser Aspekt wird in den folgenden beiden Abschnitten erläutert.

3.7.1 Einzelfertigung mit hohen First Copy Costs (Herstellungsrisiken)

In der Betriebswirtschaftslehre werden unterschiedliche Fertigungstypen und Fertigungsverfahren unterschieden (vgl. Abb. 3.3). „Bei der Festlegung des Fertigungstyps geht es um die Bestimmung der Fertigungseinheiten, d. h. die Aufteilung der gesamten Produktionsmenge in einzelne Mengeneinheiten, die in einem nicht unterbrochenen Produktionsprozess gefertigt werden" (Thommen et al. 2017: 180). Abgrenzungskriterium ist die Häufigkeit der Wiederholung eines Fertigungsvorgangs.

Abb. 3.3: Fertigungstypen und Fertigungsverfahren

Hinsichtlich der Fertigungstypen (vgl. folgend Tab. 3.5) ist die Einzelfertigung das in der Inhalte-Industrie vorherrschende Fertigungsverfahren. Jeder Artikel, jede Filmszene, jedes Foto, jeder Fernseh- und Radiobeitrag und jedes Game wird als Unikat angefertigt. Auch jede Zeitung, jede Rundfunksendung, jeder Film und jeder Web-Auftritt ist als Gesamtprodukt ein Unikat. Unikate sind Produkte, die eindeutig identifizierbar sind und als einzige Einheit angefertigt werden.

Die Mehrfachfertigung zeichnet sich dadurch aus, dass Produkte nicht einmalig, sondern eben mehrfach hergestellt werden. Wenn der Produktionsprozess über eine längere Zeit ununterbrochen wiederholt wird, ohne dass ein Ende absehbar ist, handelt es sich um die sogenannte Massenfertigung. Diese wird auf Produktionsanlagen durchgeführt, die speziell für diesen Prozess angeschafft und eingerichtet werden. Umrüstungen sind in der Regel kaum notwendig.

An der Menge des Outputs orientiert und damit zwischen der Unikatsproduktion und der Massenproduktion angesiedelt, liegt die Serienfertigung mit ihren unterschiedlichen Facetten. In der **Serienfertigung** werden meistens mehrere Produkte hintereinander in einer begrenzten Stückzahl hergestellt. Es handelt sich um eine Kleinserienproduktion, wenn nur wenige gleiche Produkte hergestellt werden (z. B.

Tab. 3.5: Charakteristika der Fertigungstypen

Fertigungstypen	Charakteristika	Beispiele
Einzelfertigung	einzelne Stücke oder Aufträge	Medieninhalte (Urmaster), Maßanzug, Schiffbau und Brückenbau
Massenfertigung	unbegrenzt viele Produkte über längere Zeit auf gleicher Anlage	Jogurt, Zement, Gummibärchen, Zigaretten
(reine) Serienfertigung	mehrere Einheiten verschiedener Produkte in begrenzter Stückzahl auf gleichen Anlagen (mit höherem Umrüstungsaufwand) oder auf unterschiedlichen Anlagen	Druckerzeugnisse der tagesaktuellen Massenmedien, PKW, LKW, Elektrogeräte, Wohnungsbau, Pharmaprodukte,
Sortenfertigung	mehrere Einheiten verschiedener (verwandter) Produkte in begrenzter Stückzahl auf gleichen Anlagen und mit einheitlichem Ausgangsmaterial	Visitenkarten, DVD-Produktion, Buchproduktion, Textil-Kollektionen (Herrenanzüge, Wintermäntel etc.), Schrauben, verschiedene Schuhe, Fruchtjoghurts, Gartenzwerge
Chargenfertigung (Partienfertigung)	ähnlich der Massenfertigung, aber Maschinen können nicht endlos verarbeiten. Produkte können sich leicht unterscheiden, da produktionstechnisch oder ausgehend von der Rohstoffbeschaffenheit Unterschiede entstehen können	chemische Prozesse, Bier, Wein

Möbel oder Einfamilienhäuser, kleinere Datenträger-Auflagen). Von einer Großserie wird gesprochen, wenn die Produktion über einen längeren Zeitraum läuft und/oder der Output hohe Stückzahlen umfasst (Zeitungen, Zeitschriften, Autos, Pharmaprodukte etc.). Die Sortenfertigung und die Chargenfertigung sind Spielarten der Serienfertigung. Die Abgrenzung von der reinen Serienfertigung ist allerdings nicht eindeutig definiert. Während die Sortenfertigung eher mehrere unterschiedliche Einheiten von einem Produkt hergestellt (z. B. Visitenkarten eines Unternehmens, die für mehrere Personen angefertigt werden oder verschiedene Fruchtjoghurts), liegt Chargenfertigung vor, wenn begrenzte Produktionskapazitäten (z. B. ein Keramikbrennofen oder ein Weinfass) oder leicht unterschiedliche Rohstoffbeschaffenheiten (z. B. Mineralien, Weintrauben etc.) dafür verantwortlich sind, dass die Produkte leicht unterschiedliche Beschaffenheiten aufweisen.

Die **Mass Customization** ist eine moderne Form der individualisierten Massenproduktion, weil sie die Vorteile der Massenproduktion (hohe Stückzahlen, vereinheitlichter Produktionsprozess) mit der Individualität besonderer Kundenanforderungen (spezifische Wünsche) verbindet. So können sich Kunden heute häufig über einen sogenannten Produktkonfigurator ebenso einen Neuwagen als auch ein spezielles Müsli oder einen Newsletter zusammenstellen bzw. individuelle Fotobücher herstellen lassen.

Die Produktion muss aber nicht nur in Abhängigkeit von der Wiederholunganzahl eines Fertigungsvorgangs optimiert werden, sondern auch hinsichtlich der Gestaltung der Fertigungsverfahren. „Bei der Festlegung des Fertigungsverfahrens geht es um die innerbetriebliche Standortwahl. Es handelt sich um die organisatorische Gestaltung der Bearbeitungsreihenfolge der Erzeugnisse und die Zuordnung der Aufgaben zu den Arbeitsplätzen" (Thommen et al. 2017: 181). Grundsätzlich werden hier neben der Werkstattfertigung, die Gruppenfertigung und die Fließfertigung unterschieden.

Bei der rein handwerklichen (auch künstlerischen) Fertigung wird ein Produkt vollständig von einer Person an einem Arbeitsplatz hergestellt. Diese Organisationsform findet sich heute nur noch in Kleinbetrieben oder beispielsweise Ein-Personen-Agenturen oder bei Freiberuflern. Die **Werkstattfertigung** wird ebenfalls häufig in der kundenauftragsbezogenen Einzel- oder Kleinserienfertigung eingesetzt. Sie ist dadurch charakterisiert, dass „Maschinen und Arbeitsplätze mit gleichartigen Arbeitsverrichtungen zu einer fertigungstechnischen Einheit, einer Werkstatt, zusammengefasst werden" (Thommen et al. 2017: 181). Solche Werkstattorganisationen sind beispielsweise im Bereich der Requisitenproduktion angesiedelt; insbesondere dann, wenn aufwendige Masken, Bühnenbilder, Vorrichtungen oder reale Spezialeffekte etc. produziert werden müssen. Der Vorteil liegt in der Flexibilität sowohl der Arbeitsorganisation als auch der qualitativen Anpassungsfähigkeit der Herstellung an Kundenanforderungen. Nachteile liegen in der Überbrückung notwendiger Transportwege zwischen den Werkstätten, dem möglicherweise Anlegen von Zwischenlagern und den entstehenden Leerkosten. Logistische Nachteile und Lagerkosten sind allerdings in der Digitalindustrie zu vernachlässigen. Das dritte Fertigungsverfahren des Werkstattprinzips ist die sogenannte Baustellenfertigung. Hier werden alle Produktionsmittel an einen festen Produktionsstandort verbracht. Dies ist beispielsweise der Fall, wenn Filme (allgemein: Einzelfertigungsobjekte) vor Ort produziert werden.

Für größere Serien- und Massenproduktionen werden in der Regel Fließfertigungsverfahren eingesetzt. **Fließfertigungsverfahren** sind dadurch gekennzeichnet, „dass die Anordnung der Arbeitsplätze und Anlagen der am Produkt durchzuführenden Arbeiten entspricht" (Thommen et al. 2017: 182). Um die Vorteile des Fließprinzips vollständig auszunutzen, wird der Fertigungsprozess in zeitlich gleiche Arbeitszeittakte eingeteilt. Ein Arbeitsgang entspricht genau einer Taktzeit bzw. einem Vielfachen davon. Ein typisches Beispiel ist die Fließbandfertigung in der Automobilindustrie. In der Druckindustrie wird die Fließbandfertigung sogar zur vollautomatischen Fertigung. Die Produktivität dieser Verfahren ist hoch, außerdem werden Zwischenlager weitgehend ausgeschaltet. Nachteile sind die Störungsanfälligkeit und die Monotonie der Arbeit für die Ausführenden bzw. Prozessüberwachenden (vgl. Paul 2015: 510).

Für die Medienindustrie sind Fließfertigungsverfahren immer dann interessant, wenn materielle Medienträger in größerer Zahl hergestellt werden. Für die Herstellung von komplexen Medieninhalten (Filme, Zeitungen, Games etc.) sind allerdings **Gruppenfertigungsverfahren** wesentlich bedeutender. Im Falle von Gruppenfertigungsverfahren werden Funktionsgruppen nach Aufgabenstellungen zusammengestellt und in fertigungstechnische Einheiten aufgeteilt. So entstehen Fertigungsinseln, die nach dem Baukastenprinzip zusammengesetzt werden können.

Sowohl Fertigungstypen als auch Fertigungsverfahren haben deutliche Auswirkungen auf die konkrete Kostensituation während der Produktion und die Kostensituation zwischen den Produktionsphasen. Während die Massenproduktion den Vorteil hat, dass durch die identische und automatisierte Wiederholung gleicher Produktionsschritte Produkte pro Stück sehr kostengünstig hergestellt werden können, sind die Anschaffungskosten der Produktionsmaschinen enorm hoch. Auch ein Stillstand der Maschinen wirkt betriebswirtschaftlich verheerend. Andererseits entstehen dem Freiberufler keine Produktionskosten, wenn er nichts tut, aber wenn er aktiv ist, werden alle Kosten auf das eine Produkt, dass er gerade entstehen lässt, abgewälzt. Damit wird das Unikat mit sehr hohen Entstehungskosten belastet.

Medieninhalte werden grundsätzlich nach dem Einzelfertigungsprinzip hergestellt. Erst durch die Vervielfältigung werden Medien zu Serien- oder Massenprodukten. Das macht die Produktion teuer und die Vervielfältigung kostengünstig. Diese Herstellungsbedingungen machen Medien ökonomisch gesehen zu etwas Besonderem. Denn die Entstehung eines Medieninhaltes ist mit hohen Kosten behaftet. Die Entstehungskosten des Urmasters, der ersten Ausgabe, – im englischen Sprachgebrauch wird von der First Copy gesprochen –, von der später die Kopien gezogen werden, können gewaltig sein, wie Tab. 3.6 beispielhaft vermittelt (die Beispiele sind Gläser 2014: 134 entnommen).

Das Problem, das Produzenten mit den Herstellungskosten des Urmasters (First Copy Costs) haben, ist aber nicht nur darin zu sehen, dass sie enorm hoch sind, son-

Tab. 3.6: Herstellungskostenbeispiele in der Medienproduktion

Medienprodukt	Kosten in Euro
Radio-Werbespot (30 Sek.)	5.000–20.000
aktuelles Radio-Magazin (1 Std.)	3.000
TV-Werbespot (30 Sek.)	150.000–200.000
deutscher TV-Film (90 Min.)	1–3 Mio.
Event-Movie (Medium Budget)	5–9 Mio.
Event-Movie (High Budget)	50–500 Mio.
Soap-Folge (24 Min.)	30.000–80.000
Corporate Video (20 Min.)	20.000–250.000
Computer-Animation (komplex, pro Sek.)	3.000
Computer-Spiel	3 Mio.–200 Mio.
Internet-Auftritt	20.000–300.000

dern sie gelten auch als versunkene Kosten (Sunk Costs). First Copy Costs zu finanzieren, ist für jeden Produzenten eine enorme Herausforderung. Deswegen wirken sie auch als Markteintrittsbarriere. Potenziell neue Player am Markt sind selten in der Lage, die gewaltigen Budgets aufzubringen. Dass es nicht einfach ist, Finanziers zu finden, liegt aber nicht nur an der Höhe der erforderlichen Geldsummen, sondern vor allem auch daran, dass die Gelder unwiederbringlich verloren sind, wenn das Produkt floppt. Sie sind irreversibel verloren (versunken), wenn das Produkt ein Misserfolg wird, da sie nicht (nicht einmal in Teilen) rückgängig gemacht werden können. Verkauft sich die Zeitungsausgabe am Kiosk nicht, gehen die Zuschauer für einen Film nicht ins Kino oder nehmen Spieler ein bestimmtes Game nicht an, dann gibt es keine Möglichkeiten, die Herstellungskosten irgendwie zurückzugewinnen oder das Produkt zum halben Preis oder in einzelnen Teilen zu vermarkten. Deswegen werden diese Art von Kosten auch Sunk Costs genannt.

! **Merke:**

First Copy Costs sind die Kosten, die aufgewendet werden müssen, um das Urmaster (die First Copy) eines Mediums zu finanzieren.
Sunk Costs sind Kosten, die bereits entstanden sind (oder noch entstehen werden) und nicht rückgängig gemacht werden können. Sie sind irreversibel (unwiederbringlich) verloren.

Das Risiko, dass sich Investitionen nicht refinanzieren, können nur finanzstarke Marktteilnehmer eingehen. Und dies wiederum führt dazu, dass die starken Marktteilnehmer weiter an Stärke gewinnen und die Teilnehmerzahl am Markt begrenzt bleibt; in der Regel sogar schrumpft. Der Markt konzentriert sich und die Machtkonzentration im Mediensektor nimmt zu (vgl. Gläser 2014: 135).

Das Problem der Sunk Costs ist auch dafür verantwortlich, dass im Medienbereich nur eine geringe Bereitschaft existiert, innovative Konzepte umzusetzen. Sie sind erfolgstechnisch nur schwer einzuschätzen. Ist der Erfolg bzw. Misserfolg absehbar, ist es für eine Korrektur zu spät. Da erscheint es sicherer bzw. risikoärmer, gewohnte Erfolgsrezepte weiter zu pflegen, anstatt Neues auszuprobieren. Das Ergebnis liegt darin, dass Themen, Filme, Spiele etc. immer nach dem gleichen Muster „gestrickt" werden und dass alle Produzenten mehr oder weniger „das Gleiche" produzieren.

Die hohen Herstellungskosten des Urmasters sind aber nur die eine Seite „der Medaille"; die „dunkle". Die Einschätzung der ökonomischen Situation ändert sich sofort, wenn es in die Vervielfältigungsphase geht. Während die First Copy Costs unabhängig von der Zahl der Rezipienten – also fix – sind (die Produktionskosten des Urmasters sind unabhängig davon, wie viele Rezipienten im Anschluss das Werk nutzen), sind die Vervielfältigungskosten mengenabhängig – und damit variabel.

Dieser bedeutende Umstand soll im nachfolgenden Kapitelabschnitt thematisiert werden.

3.7.2 Massenfertigung mit sinkenden Durchschnittskosten (Kostenverläufe)

Die Medienbetriebslehre beschäftigt sich intensiv mit den Kosten, die in einem Medienunternehmen entstehen. Kosten sind die in Geld ausgedrückten Werteinsätze, die benötigt werden, um eine bestimmte Produktionsmenge herzustellen. Im Allgemeinen gilt: Die Gesamtkosten (K) steigen, wenn die Produktionsmenge (x) steigt.

In Abhängigkeit von der Produktionsmenge, setzen sich die Gesamtkosten aus zwei verschiedenen Kostenbestandteilen zusammen. Ein Kostenbestandteil ist dadurch charakterisiert, dass er sich nicht ändert, wenn sich die Ausbringungsmenge ändert. Er ist produktionsmengenunabhängig. Diese Kosten werden **fixe Kosten** oder Fixkosten genannt. Allgemein: „Fixe Kosten ändern sich innerhalb eines bestimmten Beschäftigungsintervalls nicht, wenn sich die Beschäftigung ändert" (Vahs und Schäfer-Kunz 2012: 470). Der andere Kostenbestandteil ist dadurch charakterisiert, dass er sich ändert, wenn sich die Ausbringungsmenge ändert. Er ist produktionsmengenabhängig. Diese Kosten werden **variable Kosten** genannt. Es gilt also: „Variable Kosten ändern sich innerhalb eines bestimmten Beschäftigungsintervalls, wenn sich die Beschäftigung ändert" (Vahs und Schäfer-Kunz 2012: 471).

Merke: !

Fixkosten (FK oder K_f) sind beschäftigungsmengenunabhängige Kosten, die innerhalb einer Periode gleichbleiben.
Variable Kosten (VK oder K_v) sind einsatzmengenabhängige Kosten. Sie steigen oder sinken in Abhängigkeit von der Produktionsmenge (bzw. dem Beschäftigungsgrad).

Fixkosten (FK oder K_f) belasten Betriebe in besonderer Weise, weil sie eben beschäftigungs- bzw. auslastungsunabhängig anfallen; also auch dann, wenn nichts im Betrieb getan wird. Fixe Kosten sind unter anderem die Gehälter für Festangestellte, die Mieten für Räumlichkeiten oder die Abschreibungen (Wertminderungen) auf Anlagevermögen (z. B. Maschinen). So hat es beispielsweise keine Auswirkungen auf die Gehaltsüberweisung am Ende des Monats, ob ein Redakteur fleißig, faul, im Urlaub oder krank war. Auch wird die Miete für etwas fällig, unabhängig davon, ob die Sache genutzt wurde oder nicht. Und schließlich verlieren auch Maschinen und andere Sachanlagen mit der Zeit an Wert, gleichwohl, ob auf ihnen produziert wurde oder nicht. Bedeutende Fixkosten im Alltag medienproduzierender Unternehmen sind vor allem die First Copy Costs. Ist das Urmaster eines Films, einer Zeitung, eines Games oder Musikstücks fertig produziert, stehen die Kosten für die Herstellung fest. Sie ändern sich nicht mehr. Ob das Werk kein einziges Mal oder millionenfach kopiert wird, hat keinen Einfluss auf die First Copy Costs.

Fixkosten sind allerdings nur bis zur Kapazitätsgrenze unveränderlich. Wird die Kapazitätsgrenze überschritten, erhöhen sie sich schlagartig. Das heißt genau betrachtet sind Fixkosten nur intervallfix. Müssen beispielsweise neue Büroräume angemietet werden, weil alle vorhandenen Arbeitsplätze genutzt werden oder muss eine zusätzliche Maschine angeschafft werden, weil die vorhandene an ihre Beschäftigungsgrenze stößt, steigen die Kosten sprunghaft an. In diesen Fällen spricht die BWL von sprungfixen Kosten.

! **Merke:**

Sprungfixe Kosten sind Kosten, die innerhalb eines Mengenintervalls gleich hoch bleiben, zwischen den Intervallen aber sprunghaft ansteigen oder abfallen.

Sprungfixe Kosten sind dadurch charakterisiert, dass sie innerhalb eines Intervalls gleichbleiben, zwischen den Intervallen allerdings sprunghaft steigen oder sinken. Ein neuer Mitarbeiter lässt die Kosten sprunghaft ansteigen, die Freisetzung eines Mitarbeiters hingegen lässt sie sprunghaft absinken.

Variable Kosten (VK oder K_v) sind beispielsweise Materialkosten, Energiekosten oder die Kosten (Honorare) für freie Mitarbeiter. Sie fallen nur an, wenn Beschäftigung stattfindet; also produziert wird bzw. Produktionsfaktoren eingesetzt werden. Die variablen Kosten können sich im Verlauf der Produktion proportional, degressiv oder progressiv entwickeln.

- Ein proportionaler Verlauf liegt dann vor, wenn jede weitere Ausbringungseinheit gleich viele Produktionskosten verursacht. Die Kostenfunktion hat hier eine lineare Steigung, weil der Kostenzuwachs je Outputeinheit gleichbleibt.

- Degressiv sind Kostenverläufe, wenn jede weitere Ausbringungsmengeneinheit weniger Kosten verursacht als die zuvor produzierte. Dies kann z. B. durch Mengenrabatte bei den Materialkosten verursacht werden. Der Kostenzuwachs sinkt.
- Steigen die Kosten im Verlauf der Produktion progressiv, bedeutet dies, dass jede weitere Produktionseinheit mehr Kosten verursacht als die zuvor produzierte. Dieser Umstand liegt dann vor, wenn beispielsweise Löhne durch Zuschläge steigen. Der Kostenzuwachs steigt.

In der Medienproduktion sind die variablen Kosten für die Vervielfältigung der First Copy von großer Bedeutung. Die besondere Eigenschaft: Die Vervielfältigung verursacht nur geringe Kosten je Produktionseinheit. Das heißt, eine DVD, eine Zeitungskopie etc. kann sehr kostengünstig hergestellt werden, weil u. a. der Materialeinsatz kaum ins Gewicht fällt.

Mitunter fallen auch gar keine **Vervielfältigungskosten** an. Dies ist z. B. in der Rundfunkwirtschaft oder der Digitalindustrie der Fall. Es macht innerhalb eines bestehenden Sendegebietes kostentechnisch keinen Unterschied, ob eine Rundfunksendung einen Menschen oder ein millionenfaches Publikum erreicht. Und ein Downloadangebot kann ebenfalls von beliebig vielen Konsumenten genutzt werden, ohne dass weitere Kosten für die Verteilung entstehen.

Ausgehend von den Kostenzuwächsen in der Produktion oder der Verteilung (Distribution) definiert die BWL die sogenannten **Grenzkosten** (GK oder K′). Grenzkosten sind die Kosten, die eine zusätzliche Produktionseinheit zusätzlich verursacht. Anders ausgedrückt: Grenzkosten sind die Kosten, um die die Gesamtkosten ansteigen, wenn eine weitere Ausbringungseinheit produziert wird. Sie charakterisieren die Steigung der Kostenfunktion. Das Wissen um den Verlauf der Grenzkostenkurve (algebraisch: 1. Ableitung der Kostenfunktion nach der Menge; $\partial K/\partial x$ oder K') ist wichtig für das Management, um festlegen zu können, ob aus Sicht der Produktionskostenentwicklung eher mehr oder eher weniger Menge produziert werden sollte.

Merke:

Grenzkosten (GK bzw. K′) sind die Kosten, um die die Gesamtkosten ansteigen, wenn eine Mengeneinheit mehr produziert wird. !

Während die Grenzkosten den Kostenzuwachs für jede einzelne Mengeneinheit beziffern, können die Gesamtkosten auch einer Durchschnittsbetrachtung unterzogen werden. Werden **Durchschnittskosten** (DK oder k) betrachtet, geht es nicht darum herauszufinden, wie hoch die Kosten pro produziertem Stück steigen (= Grenzkosten), sondern wie hoch sie im Durchschnitt pro Stück bei einer bestimmten Ausbringungsmenge sind. Die BWL spricht hier von **Stückkosten.**

! **Merke:**

Durchschnittskosten (DK bzw. k) sind die Kosten, die bei einer bestimmten Produktionsmenge im Durchschnitt pro Stück anfallen (arithmetisches Mittel). Sie werden auch Stückkosten genannt. In diesem Fall werden die Gesamtkosten pro Stück berechnet (K/x = k).

Die Stückkosten können insgesamt, aber auch bezogen auf die variablen oder fixen Gesamtkosten berechnet werden. Stückkosten (k) werden dadurch berechnet, dass die Gesamtkosten (K) durch die Anzahl der produzierten Einheiten (x) geteilt werden. Die anteiligen variablen Stückkosten (k_v) berechnen sich analog, indem die gesamten variablen Kosten (K_v) durch die Anzahl der produzierten Einheiten geteilt werden. Die stückfixen Kosten (k_f) wiederum ergeben sich bei Division der fixen Gesamtkosten (K_f) durch die Ausbringungsmenge (x).

Insgesamt zeigt sich ein Zusammenhang wie in Tab. 3.7 dargestellt.

Tab. 3.7: Kostenfunktionen

Funktion	algebraische Darstellung
Gesamtkosten (K(x))	$K = K_f + K_v = (k_f \cdot x) + (k_v \cdot x)$
Stückkosten (k(x))	$k = \frac{K}{x} = \frac{K_f}{x} + \frac{K_v}{x} = k_f + k_v$
Grenzkosten (K′(x))	K' bzw. $\frac{dK}{dx}$

Legende
- x = Menge [Einheit]
- $K(x)$ = Kostenfunktion [€]
- $K'(x)$ = Grenzkostenfunktion [€]
- K_f = Fixe Kosten [€]
- k_f = fixe Stückkosten [€/Stck.]
- K_v = variable Kosten [€]
- k_v = variable Stückkosten [€/Stck.]

Angesichts der hohen Fixkosten (z. B. First Copy Costs) und der geringen variablen Vervielfältigungskosten liegt es auf der Hand, dass Medienunternehmen versuchen, größtmögliche Auflagen am Markt unterzubringen. Denn wenn sehr hohe Fixkosten vorliegen und die Produktion von zusätzlichen Mengeneinheiten nur sehr geringe variable Stückkosten verursachen, ist es attraktiv, so viele Kopien wie möglich zu produzieren. Der hier beabsichtigte Effekt liegt in der Verteilung der Fixkosten auf die steigende Ausbringungsmenge. Dieser Effekt wird Kostendegression genannt. Wenn sich speziell die Fixkosten auf die Menge verteilen spricht die BWL von der sogenannten **Fixkostendegression.** Fixkostendegression bedeutet die Verteilung der fixen Kosten auf eine steigende Ausbringungsmenge.

! **Merke:**

Fixkostendegression bezeichnet den Automatismus, dass sich die fixen Kosten auf eine zunehmende Ausbringungsmenge verteilen. Je höher die Menge, desto geringer wird der Wert für die stückfixen Kostenanteile (k_f).
Die Fixkostendegression gehört zu den Skaleneffekten (Economies of Scale).

Der Effekt wird deutlich, wenn in Erinnerung gerufen wird, dass sich die stückfixen Kosten berechnen, indem die Fixkosten (K_f) durch die Ausbringungsmenge (x) dividiert werden. Je größer die Menge (x) wird, desto kleiner wird der Quotient ($k_f = K_f/x$). Diesen Effekt zu verdeutlichen, ist recht einfach, wie das folgende Beispiel zeigt (in Anlehnung an Gläser 2014: 136).

Beispiel. Der Film „Titanic" hat Produktionskosten (also First Copy Costs) von ca. 200 Mio. Euro verursacht. Um in die Kinos gebracht zu werden, müssen Kopien angefertigt werden. Angenommen, eine Kopie für ein Kino herzustellen koste 1.500 Euro (k_v). Nun werden 2.000 Kopien (x) in Europa hergestellt, um 2.000 Kino mit dem Film zu bestücken. Damit ergibt sich folgende Rechnung:

$$K = K_f + k_v \cdot x$$

$$\Rightarrow \quad K = 200.000.000 + (1.500 \cdot 2.000) = 203.000.000$$

Während also das Urmaster 200 Mio. € an Produktionskosten verschlungen hat, kosten 1.500 Exemplare herzustellen gerade einmal 3 Mio. € zusätzlich. Die Durchschnittskosten (k) pro Filmkopie sinken von 200 Mio. € auf 101.500 € (= 203 Mio./ 2.000). Verantwortlich ist der Effekte der Fixkostendegression. Jede weitere Kopie würde den Effekt verstärken. Die Stückkosten sinken immer weiter auf die variablen Stückkosten (1.500 €) zu.

Wenn nun unterstellt wird, dass jedes Kino von 40.000 Besuchern aufgesucht wird, dann werden rund 80 Mio. Zuschauer den Film sehen. Um die Produktions- und Kopierkosten in Höhe von 203 Mio. Euro zu decken, müsste jeder der 80 Mio. Zuschauer bereit sein, ca. 2,55 € Eintritt zu zahlen.

$$\frac{200.000.000 + (1.500\ 2.000)\,€}{80.000.000\ \text{Besucher}} \approx 2{,}55\ €/\text{Besucher}$$

Wird aber unterstellt, dass der Film floppt und es würden nur 1.000 Personen in jedes der 2.000 Kino gehen, dann sieht die Rechnung schon ganz anders aus; nämlich: 203 Mio. €/2 Mio. Zuschauer = 101,50 € pro Zuschauer. Diesen Preis würden die Filminteressierten sicherlich nicht bezahlen wollen.

Letztlich sei angenommen, dass der Film im Internet zum Download angeboten wird und es würden keinerlei Vertriebskosten (Vervielfältigungskosten) anfallen. In diesem Fall wäre es kostenneutral, wie viele Downloads auch immer abgerufen würden. Es fallen keine variablen Kosten an. Die Gesamtkosten bleiben bei jeder Menge Downloads auf der Höhe von 200 Mio. Euro. (First Copy Costs) stehen. Damit sorgt jeder neue Nutzer für ein Absinken der Durchschnittskosten. Während die Kostenuntergrenze bei physischen Produkten aber die variablen Stückkosten (z. B. Materialkosten) sind, liegt die Untergrenze für immaterielle Leistungen ohne variable Kostenanteile bei null. Das heißt die Durchschnittskosten sinken ad infinitum gegen null, weil keine Grenzkosten existieren.

Die absolute Kostenuntergrenze für Kinovorstellungen liegt in Höhe der Filmkopiekosten pro Zuschauer, die Untergrenze für eine Blu-Ray liegt in Höhe der Produktionskosten für den Filmträger und die Untergrenze für Downloadangebote liegt bei null. Nur bei rein digitalen Gütern können die Grenzkosten null betragen.

3.7.3 Einsparungseffekte durch Größenvorteile (Economies)

Unternehmen streben nach Wachstum und Größe. Einen Eindruck, warum das so ist, hat bereits der vorstehende Kapitelabschnitt zeigen können: sinkende Durchschnittskosten (Kostendegression) sind mengenabhängig und große Unternehmen haben eben einen höheren Output als kleinere und damit deutliche Kostenvorteile. Das heißt, starke Degressionseffekte stärken die Starken am Markt.

Insbesondere (aber nicht ausschließlich) kommen in der Medienökonomie noch weitere Gründe dazu, warum große, kapitalstarke Unternehmen Vorteile gegenüber kleineren Medienbetrieben haben: Einerseits sind es die hohen First Copy Costs und das Problem der Sunk Costs. Andererseits sind es die niedrigen Grenzkosten und damit der Unterschied zwischen hohen Fixkosten und geringen Vervielfältigungskosten in der Produktion. Und last but not least, können Unternehmen mit einer größeren Palette an Produkten Content mehrfach verwenden und größere Lerneffekte in der Produktion ausnutzen.

Hohe Produktionskosten und das Risiko, das eingesetzte Kapital in Gänze verlieren zu können, muss sich ein Unternehmen leisten können, ohne jedes Mal die gesamte Existenz aufs Spiel zu setzen. Andererseits bestimmt der Unterschied zwischen den fixen und den variablen Kosten die Heftigkeit der Kostendegression. Dazu kommt, dass durch Mehrfachverwertungen die Produktionskosten auf mehrere Produkte verteilt werden können und das jede Produktion zu Erfahrungen führt, die mit der Zeit kostensenkend umgesetzt werden können.

Damit ergeben sich drei grundsätzliche Vorteile, die Unternehmen nutzen können. Die Ökonomie spricht von Einsparungseffekten (Economies). Die Effekte sind umso größer, je höher die zugrunde gelegten Ausgangsdaten sind. Das bedeutet, dass große, finanz- und ausbringungsstarke Unternehmen, deutlich stärkere Effekte nutzen können als kleinere. Aber die Effekte selbst wirken grundsätzlich und damit in Unternehmen jedweder Größenordnung.

1. Economies of Scale

Je höher die Produktions- bzw. Absatzmenge und je höher die Fixkosten im Verhältnis zu den variablen Kosten sind, desto stärker und tiefer sinken die Stückkosten. Die BWL spricht hier von größenordnungsbezogenen Einsparungseffekten bzw. von Skaleneffekten (engl. Economies of Scale). Die Fixkostendegression (das Absinken der durchschnittlichen Fixkostenanteile je Ausbringungseinheit mit steigender Produktionsmenge) gehört zu den Economies of Scale. Das Grundschema dieses Effektes und der Unterschied zwischen den Effekten bei materiellen und digitalen Gütern zeigt das folgende Beispiel.

Ein Buchverlag will eine Publikation produzieren. In einer Variante wird sie als materielles Printprodukt und in einer anderen Variante als digitales E-Book hergestellt. Der Einfachheit halber sei in der Buchproduktion ein linearer Kostenverlauf unterstellt, d. h., dass jedes Buch in der Druckerei in diesem Beispiel gleichhohe Produktionskosten von fünf Euro verursacht. Da die E-Books zum Download angeboten werden, sollen die Grenzkosten der E-Book-Verteilung mit Null angenommen werden. Die First Copy Costs (Autorenhonorar plus Lektorat, Grafikarbeiten und Marketing) werden hier auf 5.000 Euro veranschlagt. Weitere Kosten werden vernachlässigt.

Abb. 3.4 zeigt den Unterschied zwischen den Kostenverläufen des Buches und des E-Books. Im oberen Bereich der Abbildung wird die jeweilige Gesamtkostenentwicklung im unteren Bereich die Stückkostenentwicklung dargestellt.

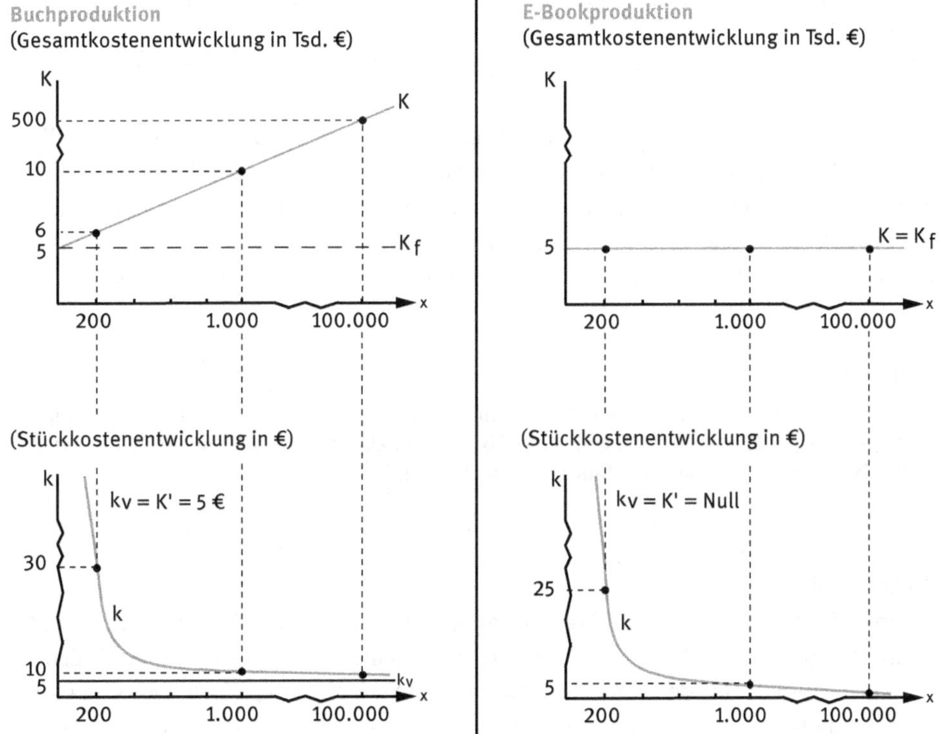

Abb. 3.4: Kostenverläufe in der analogen und digitalen Buchproduktion

Die Abbildung zeigt einerseits den deutlichen Unterschied in der Gesamtkostenentwicklung: Während in der materiellen Produktion jeweils pro Buch fünf Euro Materialkosten etc. entstehen (variable Stückkosten sind gleich fünf Euro), verursacht die Bereitstellung als digitale Variante keine zusätzlichen Kosten. Das heißt, jeder beliebigen Ausbringungsmenge stehen ausschließlich die First Copy Costs in Höhe von 5.000 Euro gegenüber. Die variablen Stückkosten liegen bei null. Da für eine lineare Kostenfunktion immer gilt, dass die durchschnittliche Steigung auch der Kostensteigung je Ausbringungsstück entspricht (sonst wäre die Funktion nicht linear), liegen auch die Grenzkosten (zusätzliche Kosten pro zusätzlicher Mengeneinheit bzw. 1. Ableitung der Funktion) bei jeweils fünf Euro bzw. bei null.

Wird die Stückkostenfunktion (K/x bzw. k), die sich aus den fixen und den variablen Kostenbestandteilen jeder einzelnen Mengeneinheit zusammensetzt, betrachtet, so ist deutlich zu erkennen, dass die Durchschnittskosten der Digitalvariante etwas stärker fällt und ad infinitum gegen null strebt. Die Stückkostenfunktion des materiellen Produkts nähert sich hingegen immer weiter den variablen Stückkosten in Höhe von fünf Euro an. Das heißt, die Produktion jedes einzelnen Buches wird immer mindestens die fünf Euro Materialkosten etc. verursachen. Immer aber gilt: je größer die Anzahl der produzierten Menge ist, desto kleiner wird der Fixkostenanteil je Buch ($k_f = 5.000/x$).

Für den Verlag bedeutet dies, dass in beiden Fällen bei einem gegebenen Preis jede größere am Markt abgesetzte Menge einer kleineren vorgezogen wird. Hier greifen die Größenvorteile der Ausbringungsmenge (Economies of Scale)also ganz deutlich. Jeder Verlag kann den Effekt nutzen, aber ein Verlag, der deutlich höhere Produktionsmengen herstellt als ein kleinerer kann auch größere Effekte genießen. Je größer die Produktionsmenge, desto geringer sind die Durchschnittskosten des Produktes. Damit entstehen Preissetzungsvorteile oder höhere Gewinnmargen der Anbieter.

!

Merke:

Economies of Scale sind Skaleneffekte (Größenordnungseffekte), die darauf beruhen, dass eine steigende Produktionsmenge zu geringeren Fixkostenanteilen pro Stück führen; d. h., der Anteil der Fixkosten an den Kosten pro Stück sinkt bei höherer Stückzahl.

2. Economies of Scope

Einen weiteren Größenvorteil (Skaleneffekt), den insbesondere die Big Player der Medienwirtschaft nutzen können, bezeichnet die BWL als Verbundvorteil (engl. Economies of Scope). Unter dem Begriff Economies of Scope werden Kostenvorteile eingeordnet, die bei einer steigenden Produktvielfalt durch einen Verbundvorteil entstehen. So können bei der Herstellung mehrerer verschiedener Medienprodukte durch dasselbe Unternehmen oder durch Kooperationen verschiedener Unternehmen Kostenvorteile entstehen (vgl. Gläser 2014: 137). „Wenn die Gesamtkosten der Produktion mehrerer Produkte niedriger sind als die Summe der Produktionskosten der einzelnen Produkte bei getrennter Fertigung, stellen sich die genannten Economies of Scope ein“

(Gläser 2014: 137). Dies ist beispielsweise der Fall, wenn einzelner Content in mehreren Produkten verwendet werden kann oder Produktionsanlagen und Vertriebskanäle mehrfach genutzt werden können.

In der Praxis führt dies beispielsweise zu Kooperationen verschiedener Medienunternehmen im Bereich der journalistischen Recherche oder des Vertriebs oder auch zur Integration von TV-Sendern, Onlineportalen und Printverlagen in konglomerate Medienunternehmen.

Merke:

!

Economies of Scope sind Verbundeffekte, die darauf beruhen, dass bei einer steigenden Produktvielfalt oder durch Unternehmenskooperationen Kostenvorteile oder Synergieeffekte entstehen; d. h. die Gesamtkosten der Verbundproduktion sind geringer als die Summe der Einzelkosten bei getrennter Produktion.

3. Economies of Experience

Der dritte Größenvorteil, den Unternehmen generieren können liegt darin, Erfahrungen, die mit steigender Produktionstätigkeit gewonnen werden, auszunutzen. Dieser Erfahrungs- oder Lernkurveneffekt wird Economies of Experience genannt. Economies of Experience treten auf, wenn die Grenz- und Durchschnittskosten aufgrund von Erfahrungen, die das Unternehmen in die Produktion einbringt, sinken (vgl. Dewenter 2015: Kap. 2.3.5). Allerdings muss festgehalten werden, dass sich Erfahrungseffekte nicht automatisch einstellen. Erfahrungen bieten Kosteneinsparungs*potenziale*. Bleiben sie ungenutzt, verpuffen sie wirkungslos. Es sinken auch nur jene Kosten, die der Wertschöpfung unterliegen; also sinken beispielsweise Materialkosten dadurch nicht. Das Erfahrungskurvenkonzept besagt allgemein, dass die Stückkosten um 20 bis 30 Prozent sinken, wenn sich die kumulierte Ausbringungsmenge (aufaddierte Produktionsmenge der Vergangenheit und Gegenwart) des Unternehmens verdoppelt.

Merke:

!

Economies of Experience sind Erfahrungseffekte, die darauf beruhen, dass Erfahrungen und Ergebnisse von Lernprozessen so in den Produktionsprozess eingebracht werden, dass die Durchschnittskosten bzw. die Grenzkosten der Produktion sinken. Sie stellen sich nicht automatisch ein, sondern bieten zunächst nur Kosteneinsparungspotenziale und müssen aktiv umgesetzt werden.

Damit liegen drei ganz wesentliche Gründe vor, das Wachstum des Unternehmens (der Ausbringungsmenge) als Priorität zu betrachten, denn es folgt sowohl der Logik der Fixkostendegression als auch der der Verbundvorteile und der des Erfahrungskurvenkonzeptes. Das Managementziel liegt darin, möglichst schnell große Marktanteile zu gewinnen, um durch hohen Output die internen Kosten senken zu können und dadurch Wettbewerbsvorteile zu erlangen.

Damit sind die wesentlichen Güter- und Produktionseigenschaften von Mediengütern abgearbeitet. Das folgende Kapitel widmet sich nun den institutionellen Einheiten, die Mediengüter produzieren; also den Medienunternehmen.

?

Fragen zu Kapitel 3.7

1. Unterschieden Sie die unterschiedlichen Fertigungstypen und begründen Sie welche für die Medienwirtschaft eine besondere Bedeutung haben.
2. Begründen Sie, warum First Copy Costs Sunk Costs darstellen.
3. Beschreiben Sie, worin der Unterschied zwischen Stückkosten, variablen Stückkosten und den Grenzkosten besteht.
4. Erläutern Sie den Begriff der Fixkostendegression und überprüfen Sie, welche Bedeutung dieser Effekt für Unternehmen aus den Medienbranchen hat.
5. Erklären Sie das Konzept der Größen- und der Verbundvorteile („Economies of") und welche Bedeutung diese für die Medienunternehmen haben.
6. Worin besteht der wesentliche Unterschied zwischen der Fixkostendegression und den Erfahrungskurveneffekten?

4 Wie können Medienunternehmen typisiert werden?

Der Betriebsalltag ist geprägt von vielen verschiedenen Entscheidungen. Eine **Entscheidung** ist die Wahl einer Handlung aus mindestens zwei möglichen Handlungsalternativen unter Beachtung der übergeordneten Ziele. Solche Entscheidungen können unterschiedlich große Tragweite haben. Mitunter gibt es Situationen in der betrieblichen Realität, in denen konstitutive (grundlegende) Entscheidungen getroffen werden müssen. Konstitutiv sind Entscheidungen dann, wenn sie strategische Auswirkungen haben, d. h. langfristig wirken, schwierig zu korrigieren sind und die Zielerreichung grundsätzlich beeinflussen.

Solche Entscheidungen liegen beispielsweise der Standortwahl, der Wahl unternehmerischer Zusammenarbeit, dem Produktportfolio oder auch der Wahl der Rechtsform zugrunde. Werden die Ergebnisse der Entscheidungen sichtbar, helfen sie Unternehmen zu typisieren.

Eine **Typologie** bildet Einheiten, indem einzelnen Objekten (hier: Unternehmen) als wesentlich erachtete Elemente oder charakteristische Eigenschaften so zugeordnet werden, dass homogene Objektgruppen entstehen. Das Vorhandensein eines Merkmals bestimmt die Zugehörigkeit. Anders als bei einer Klassifikation von Objekten, in der die Zugehörigkeit von Objekten eine strenge Entweder-Oder-Frage ist (gehört dazu oder gehört nicht dazu), zieht eine Typologie keine so klaren Grenzen. Es gibt in einer Typologie vielmehr Elemente, die einen Typ besonders gut repräsentieren, und andere, die ihm gerade noch marginal zugeordnet werden können. Das heißt, es gibt Abstufungen im Grad der Zugehörigkeit. Es entstehen Schnittmengen. Ein Objekt kann auch mehreren Typen angehören und es gibt häufig auch Objekte, deren Zuordnung strittig ist. Auch können Objekte aus verschiedenen Klassen einem Typus (Typen) angehören. (Vgl. Lehmann o. Jg., o. S.).

Bei der Betrachtung von Unternehmen wird schnell deutlich, dass eine überschneidungsfreie **Klassifikation** von Medienunternehmen nur hinsichtlich ganz spezifischer Fragestellungen (Merkmalsausprägungen) möglich ist. Sobald fließende Übergänge konstruierbar sind, d. h. ein Bewertungskontinuum zwischen den Ausprägungen „idealtypisch" und „marginal erfüllt" möglich ist, greift nur noch die Typologie als Ordnungsschema zur Systematisierung.

Eindeutig und überschneidungsfrei klassifiziert werden können Betriebe immer anhand von quantifizierbaren Merkmalen wie Umsatz, Kapital, Mitarbeiter oder Geschäftsfläche etc. So können dann z. B. Großbetriebe von mittelgroße Betrieben und Kleinbetrieben unterschieden werden. Eindeutig sind aber auch alle qualitativen „Ja-Nein-Ausprägungen". Hier wären die unterschiedlichen Rechtsformen zu nennen. Ein Medienunternehmen kann nicht mehrere Rechtsformen gleichzeitig annehmen.

Auf die überwiegende Mehrzahl moderner Medienunternehmen treffen heute mehrere der einschlägig zur Auswahl stehenden Merkmalsausprägungen bzgl. eines

https://doi.org/10.1515/9783110519587-004

Kriteriums zu. Typologisch interessant sind vor allem die Kriterien Produktangebot bzw. Gattungszugehörigkeit, Zielgruppenausrichtung, Kommerzialisierungsgrad sowie Autonomie- bzw. Integrationsgrad. Selten würde es hier gelingen, eindeutige Klassen abzugrenzen zu können.

So kann z. B. ein Verlag Zeitungen und TV-Veranstaltungen produzieren und dabei sowohl autonom als auch gleichzeitig in Kooperation mit anderen Unternehmen Printprodukte und digitale Produkte herstellen. Diese wiederum können sowohl journalistischen als auch unterhaltenden Content beinhalten und auch gleichzeitig national wie international vermarktet werden.

Durch die zunehmende Konvergenz der Medienindustrie und die Globalisierung der Märkte müssen die Kriterien schon sehr eng definiert werden, um überhaupt noch sinnvolle Abgrenzungen im Sinne einer Klassifikation konstruieren zu können. Eine Typologie erlaubt hier einen größeren Spielraum und erscheint als die sinnvollere Möglichkeit, trotz aller Überschneidungen eine Systematik von Medienunternehmen erarbeiten zu können.

Einen Überblick über die aus betriebswirtschaftlicher Sicht wichtigsten Systematisierungsansätze liefern die folgenden Kapitelabschnitte. Sie knüpfen damit an die Ausführungen in Kapitel 1.3.5 an, in dem ausgeführt worden ist, was ein Unternehmen (bzw. ein Betrieb) im Allgemeinen und ein Medienunternehmen im Speziellen ist und welche konstitutiven Prinzipien den privaten und öffentlichen Betrieben zugrunde liegen.

4.1 Die Typisierung aus der Güter- bzw. Geschäftsfeldperspektive

Medienunternehmen stellen Produkte (Inhalte) her und stellen diese über geeignete Transportwege zur Verfügung. Festgestellt wurde schon in Kapitel 1.3.5, dass es aus der Produktperspektive Sinn macht, zwischen Medienunternehmen im engeren und weiteren Sinne zu unterscheiden. Zu den Medienunternehmen im engeren Sinne werden die Unternehmen gezählt, die journalistische Produkte herstellen. Zu den Medienunternehmen im weiteren Sinne werden die Unternehmen gezählt, die unterhaltende Produkte produzieren. Als „Unternehmen der Medienindustrie“ werden ergänzend zu den ersten beiden Unternehmenstypen die Unternehmen bezeichnet, die im Bereich der Vervielfältigung, des Transports und der Vernetzung aktiv sind (vgl. Tab. 1.12 und Abb. 1.6 in Kapitel 1.3.5). Insofern werden Medienunternehmen am häufigsten nach den Produktaufgaben (Produktnutzen) oder nach Produktmärkten (bzw. Gattungszugehörigkeit) typisiert.

1. **Typisierung nach Güternutzen:**
   - Hersteller von unterhaltenden Produkten (z. B. Verlage, Filmproduzenten, Studios, Game-Entwickler)
   - Hersteller von journalistischen Produkten (z. B. Presse, Nachrichtenbüros, Online-Dienste)

   - Hersteller von bildenden Produkten (z. B. Bildungseinrichtungen)
   - Hersteller von werblichen Produkten (z. B. Werbeagenturen, Grafiker)
   - Hersteller von PR-Produkten (z. B. PR-Agenturen, Bildagenturen)
   - Produktionstechnische Dienstleister (Postproductioner, Spezialagenturen, Vervielfältiger)
   - Vertriebstechnische Dienstleister (z. B. Druckereien, Kabelnetz- und Plattformbetreiber, Filmverleiher)
2. **Typisierung nach Teilmärkten (Gattungszugehörigkeit):**
   - Hersteller von Printmedien (Zeitung, Zeitschriften, Plakate, Bücher)
   - Hersteller von klassischen elektronischen Medien (Filme, TV- und Radiosendungen, Musik)
   - Hersteller von interaktiven elektronischen Medien (Internetgüter (Contentangebote), Video- und PC-Spiele)

Schnell wird deutlich, dass die Schnittmengen sehr groß sind, die anhand der Güter, die Medienunternehmen hervorbringen und anhand der Teilmärkte, auf denen bzw. Gattungen, in denen Medienunternehmen aktiv sind, gebildet werden können. Dennoch wird allgemein von TV-Veranstaltern, Zeitungsverlagen, Publishern oder Werbeagenturen gesprochen (vgl. Kapitel 6). Während allerdings vor Jahren derartige Bezeichnungen noch über das konkrete Bestätigungsfeld Auskunft gab, geht der Trend heute immer mehr in die Richtung, dass die Bezeichnung nur noch Hinweise auf das dominante Tätigkeitsfeld geben. Das Problem dieser Art der Abgrenzung nach Geschäftsfeldern ist auch bereits in den Ausführungen zur TIME-Industrie als intersektorales Konvergenzgebilde (vgl. Kapitel 1.3.6) beschrieben worden.

4.2 Typisierung aus der Wertschöpfungsperspektive

Die Wertschöpfung ist ein zentraler Vorgang in der betriebswirtschaftlichen Betrachtung von Unternehmen. Die Wertschöpfung entsteht in einem Prozess von Teilaktivitäten, in dem von außen zugeführte Inputfaktoren in marktfähige Güter transformiert werden. Die Art und Weise, wie die Transformation organisiert ist und auf welchem Qualitätsniveau sie stattfindet, begründet Stärken oder Schwächen von Unternehmen (vgl. Porter 2014). Das Konzept der Wertschöpfungskette ist von Porter als Instrument zur Identifikation von Wettbewerbsvorteilen entwickelt worden (vgl. Macharzina und Wolf 2008: 305).

Die Ausgestaltung und der Umfang der Wertschöpfungskette kann aber auch zur Typisierung von Unternehmen, Branchen, Branchenzugehörigkeiten oder zur Klassifizierung strategischer Unternehmensausrichtungen eingesetzt werden. Diese Aspekte sollen im Folgenden untersucht werden.

Im engeren Sinne bezeichnet die BWL mit dem Begriff **Wertschöpfung** die Differenz zwischen den von einem Unternehmen geschaffenen Werten und den von außen in den Produktionsprozess zugeführten Güterwerten vorgelagerter Produktionsstufen. Dieses Begriffsverständnis wird auch als innerbetriebliche (intraorganisationale) Wertschöpfung bezeichnet. Davon abgegrenzt wird die überbetriebliche (interorganisationale) Wertschöpfung, die den Entstehungsweg eines Produktes von der Urproduktion bis zur Nutzung abbildet. Sie kann sowohl mehrere Unternehmen als auch mehrere Branchen umfassen. (Vgl. Porter 2014: 63 ff.)

Ein Beispiel für die **intraorganisationale Wertschöpfung** wäre die Produktion einer Website, die von der Recherche bis zur Onlinestellung ins Internet durch ein einziges Unternehmen vorgenommen wird. Ein Beispiel für eine **interorganisationale Wertschöpfung** wäre die Zeitungsproduktion, mithilfe fremder und eigener Zulieferungen (Beiträge) sowie der technischen Produktion (Drucklegung) und Verteilung durch externe Partner. Auch der gesamte Produktionsprozess ausgehend von der Erdölförderung bis hin zum Produkt DVD-Schutzhülle wäre ein Beispiel für die interorganisationale Wertschöpfung.

! **Merke:**

Wertschöpfung ist die Differenz zwischen den von einem Unternehmen geschaffenen Werten und den von außen in den Produktionsprozess zugeführten Güterwerten.
Kurz: Wert des produzierten Ergebnisses abzüglich der integrierten Vorleistungen anderer Unternehmen bzw. Leistungen vorgelagerter Produktionsstufen.

Porter hat die betriebliche Organisation des Wertschöpfungsprozesses als erster allgemein – wie in Abb. 4.1 (in Anlehnung an Porter 2014: 64) dargestellt – modelliert. Der Verdienst dieser Darstellung liegt darin, dass dieses Modell so konzipiert ist, dass es auf eine prinzipielle Art die grundlegende Wertschöpfungsarchitektur jedes Unternehmens abbildet. Werden die Wertketten mehrerer Unternehmen hintereinandergeschaltet, zeigt sich die interorganisationale Wertkette als Ergebnis verschiedener Wertkettenstufen.

Das Modell in Abb. 4.1 (oberer Darstellungsbereich) differenziert die komplette Wertschöpfungsaktivität eines Unternehmens in zwei unterschiedliche Bereiche. Ein Bereich ist durch waagerechte Strukturen, der andere Bereich durch senkrecht angeordnete Strukturen dargestellt. Porter nennt diese beiden Typen von Wertschöpfungsaktivitäten: die unterstützenden und die primären Unternehmensaktivitäten (vgl. hier und folgend Porter 2014: 67–73):
– **Primäre Aktivitäten** befassen sich mit der physischen Herstellung des Produktes, dessen Verkauf und Übermittlung an den Abnehmer sowie dem Kundendienst.
– **Unterstützende Aktivitäten** begleiten die objektorientierten Aktivitäten und bilden das betriebliche Korsett, das betriebsüberspannend wirkt.

Die Art und Weise, wie die Strukturen gelebt und wie die Wertaktivitäten ausgeführt werden ist entscheidend dafür, ob das Unternehmen Wettbewerbsvorteile kostentechnischer oder qualitativer Art generiert oder nicht.

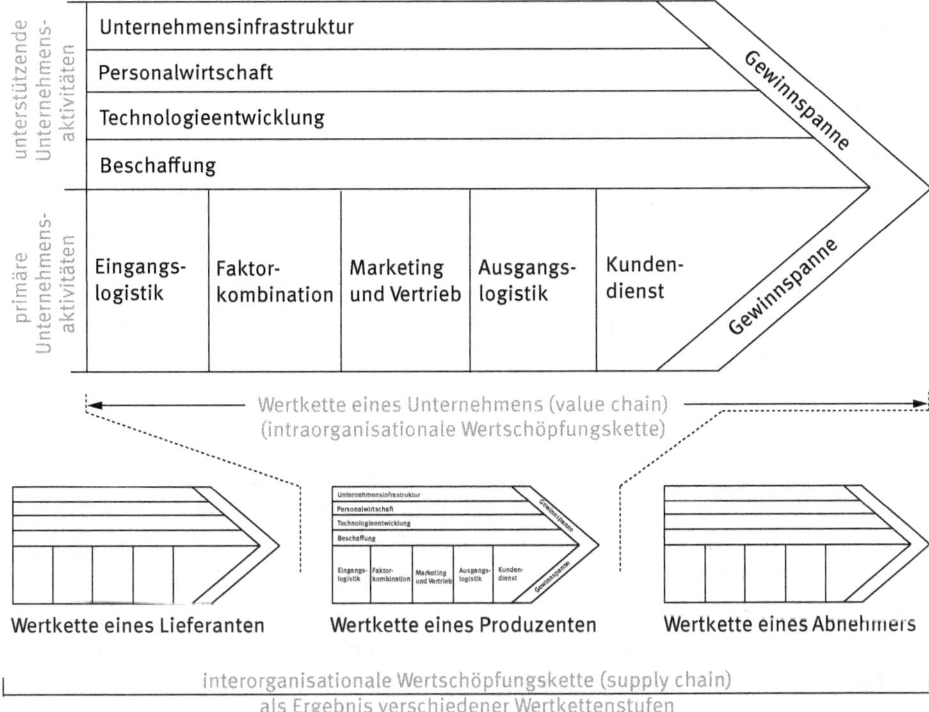

Abb. 4.1: Intra- und interorganisationales Wertkettenmodell nach Porter

Auf Medienunternehmen übertragen, zeigen die **unterstützenden Aktivitäten** keine wesentlichen Besonderheiten im Vergleich zu Unternehmen anderer Branchen:

- Im Bereich der **Unternehmensinfrastruktur** geht es um eine ganze Reihe von Aktivitäten. Dazu gehören die Tätigkeiten im Umfeld der Geschäftsführung, Controlling, Investition und Finanzen, Rechnungswesen, Rechtsfragen etc. Diese Aktivitäten steuern sowohl einzelne Unternehmenseinheiten (z. B. Konzerngesellschaften) als auch die Ebenen in den einzelnen Unternehmenseinheiten sowie die Beziehungen zwischen den sekundären Ebenen und Phasenaktivitäten im primären Bereich.
- Im Bereich **Personalwirtschaft** geht es um alle Konzepte und Tätigkeiten im Umfeld mit der Rekrutierung, Einstellung, Aus- und Fortbildung und Freisetzung jedweder Art von Personal.
- Im Bereich der **Technologieentwicklung** geht es darum, verwendete Technologien, Verfahren, Know-how, Arbeitsabläufe etc. zu definieren und zu optimieren. Auch der Bereich Forschung & Entwicklung gehört in diesen Bereich.
- Im Bereich der **Beschaffung** geht es darum, betriebsübergreifend Einkaufsmethoden, Richtlinien und Kompetenzen zu definieren; nicht so sehr darum, konkrete Inputs einzukaufen.

Eingangslogistik	Generierung von Content		Packaging	Marketing und Vertrieb		Ausgangslogistik	Kundendienst
	Faktorkombination (Ur-Produktion)						
Ideen-Entwicklung Informationsbeschaffung Rechteeinkauf	Konzeption und Programmplanung (Auswahl)	Eigenproduktion Coproduktion Koordination Fremdproduktion	Programm – Bündelung – Redaktion – Layout – Design – Verpackung	Programmmarketing Preis-Mengen-planung Kommunikation Lizenzvertrieb	technische Vervielfältigung – Druck – Pressung	logistische Distribution – Direkvertrieb – Indirekter Vertrieb	Beratung, Services, Add-ons
ggfs. Werbeakquisition			ggfs. Werbeplatzierung		– Ausstrahlung – Web-Hosting		

Abb. 4.2: Primäre Wertkettenfunktionen eines Medienunternehmens

Die **primären Aktivitäten** sind hingegen unternehmensspezifisch ausgestaltet. Abb. 4.2 zeigt den Ausschnitt „primäre Aktivitäten" aus Abb. 4.1, wie er auf Medienbetriebe übertragen werden kann (vgl. in Anlehnung an Gläser 2014: 349 ff. und Wirtz 2016: 75 f.). Die Prozessdarstellung modelliert den medialen Wertschöpfungsprozess der Entstehung, Herstellung und Vermarktung von Medienprodukten ohne Berücksichtigung gattungsspezifischer Ausprägungen; also die primären Aktivitäten innerhalb eines Modellunternehmens aus der Medienbranche (vgl. auch Kapitel 13.8).

- **Eingangslogistik**: In der ersten Phase werden konkrete Umsetzungsideen recherchiert und ausgearbeitet, fertiger Content aus eigenen Quellen (z. B. Archivmaterial, eigenes Programmvermögen) organisiert, Rechte (Abdruckrechte, Ausstrahlungsrechte etc.) eingekauft bzw. die Herstellung neuen Contents beauftragt und ggfs. allgemeine und kontextbezogene Werbeaufträge akquiriert.
- **Faktorkombination**: Die zweite Phase umfasst drei Stufen und ist nicht identisch mit der Phase der Produktion in der herkömmlichen Sachgüterindustrie. Hier werden anders als üblich, nicht alle Produktionsaktivitäten zusammengefasst, sondern es erscheint vorteilhaft, hier zwischen planerischem Tun, konkretem Kreieren/Produzieren und Ausgestalten (auch Bündelung oder Kompilation genannt) zu unterscheiden. Ein weiterer deutlicher Unterschied zur herkömmlichen Sachgüterindustrie liegt vor allem darin, dass Medienunternehmen in dieser Phase die **Urmaster** produzieren; nicht das Massenprodukt.
  - Auf der 1. Stufe der Faktorkombination (**planerische Aktivitäten**) werden die Produkte (Zeitungsausgabe, RF-Sendung, Film etc.) oder Produktbestandteile (Bericht, Beitrag, Bild, Interview etc.) des Programms (Fachressorts, Zeitungskonzept, Sendeplätze) konkret konzipiert und ausgewählt.
  - Auf der 2. Stufe der Faktorkombination (**herstellende Aktivitäten**) findet die Kreation (künstlerische Umsetzung) bzw. die technische Produktion der Produktbestandteile statt. Die technische Produktion wird üblicherweise in die Phasen Pre Production, Production und Post Production unterteilt. Begleitend findet die organisatorische Koordination der eigenen und fremden Herstellungsaktivitäten statt.

  - Auf der 3. Stufe der Faktorkombination (**ausgestaltende Aktivitäten**) findet das sogenannte Packaging (Bündeln, Kompilieren) statt. Dieses beinhaltet alle Tätigkeiten, die im Zusammenhang mit der Gestaltung der Produkte zu marktfähigen Endprodukten stehen. Hier werden die Printprodukte (z. B. Zeitung, Zeitschrift) thematisch zusammengestellt, Sendeabläufe (z. B. TV, Radio) festgelegt, Design und Titel erarbeitet, ggfs. Verpackungen konzipiert (z. B. bei materiellen Endprodukten wie eine Musik-CD) und auch ggfs. akquirierter Werberaum platziert (bei werbefinanzierten Medien).
- **Marketing und Vertrieb**: In dieser Phase sind die Aktivitäten darauf ausgerichtet, die Programme marktgerecht zu gestalten. Zu unterscheiden sind Aktivitäten, die in das Aufgabenfeld des Marketings gehören und Aktivitäten, die dem Vertrieb zugeordnet werden können
  - Das **Marketing** umfasst Entscheidungen zum Produkt oder Produktprogramm (Akzeptanz, Reputation), zum Preis-Leistungs- und Preis-Mengenverhältnis (Qualität, Kosten, Einnahmensicherung) und zur Kommunikation (Bekanntheit, Image). Auch der Lizenzhandel (Verkauf von konfiguriertem Content an Zweitverwerter) ist Bestandteil dieser Phase.
  - Der **Vertrieb** umfasst Entscheidungen zur Mengenoptimierung (Reichweite), Lagerhaltung und zur Sicherstellung der Versorgung der Kunden mit Produkten in der gewünschten Anzahl. Daher kann (muss nicht) auch die Vervielfältigung der Ur-Master (die Herstellung des Massenproduktes) in diesen Bereich eingeordnet werden. Es muss aber deutlich unterschieden werden, ob ein materielles oder ein immaterielles Produkt auf den Markt gebracht wird.
    - Ein **materielles Endprodukt** muss zwingend körperlich hergestellt werden. Dies geschieht durch den Druck (Printprodukte) oder durch die sogenannte Pressung (z. B. CD-Produktion).
    - Im Umfeld **immaterieller Produkte** (elektronische Medien) entfällt der Vervielfältigungsschritt. Hier ist die Vervielfältigung an die Bereitstellung des Produktes (z. B. Ausstrahlung von Rundfunkprogramm oder Web-Hosting von Internetcontent) geknüpft und fällt mit der Distribution zusammen. In diesem Fall ist die Vervielfältigung mit der Distribution gleichzusetzen.
- **Ausgangslogistik**: Diese Phase ist durch die Verteilung der Endprodukte gekennzeichnet. Die logistische Auslieferung zum Kunden (Konsument oder Unternehmen) muss bei materiellen Produkten körperlich stattfinden. Entweder verteilen die Produzenten ihre Produkte selbst – dann spricht die BWL von **direktem Vertrieb** – oder es werden Handelsorganisationen (z. B. Großhandel, Einzelhandel) eingeschaltet. In diesem Fall liegt **indirekter Vertrieb** vor. Wenn immaterielle Produkte distribuiert werden sollen, werden sie über die Sendetechnik von Kabelnetz- oder Satellitenbetreibern verbreitet bzw. als Downloadangebote von Web-Hostern oder Plattformbetreibern bereitgestellt. Hier fallen die Vervielfältigung und die Verbreitung zusammen.

- **Kundendienst**: Die den Wertschöpfungsprozess abschließenden Aktivitäten umfassen eine Vielzahl von Serviceleistungen für Konsumenten, Werbungtreibende oder sonstige Kunden. Hierunter fallen programmbegleitende Informationen, Hotlines, digitale Add-On-Leistungen und sonstige Hilfestellungen und Kundenbindungsaktivitäten.

Wird die Wertschöpfungskette als typenbildendes Merkmal zur Systematisierung von Medienunternehmen herangezogen, können Spezialisten von Generalisten anhand des Integrationsgrades unterschieden werden. Es können aber auch autonom arbeitende von vernetzt arbeitenden Unternehmen anhand des Autonomiegrades unterschieden werden.

4.2.1 Typisierung nach dem Integrationsgrad der Leistungserstellung

Unternehmen müssen auf der Ebene der Unternehmensführung festlegen, in welchen Geschäftsfeldern das Unternehmen tätig sein will. Hier wird entschieden, welche Produkte auf welchen Märkten angeboten werden. Ein **Geschäftsfeld** ist eine abgegrenzte Produkt-Markt-Kombinationen. Da jeder strategischen Geschäftsfeldeinheit (SGE) klar definierte Aufgaben zugewiesen sind, müssen für diese Produkt-Markt-Bereiche wettbewerbsorientierte Leistungsprogramme (Geschäftsfeldstrategien) entwickelt werden (vgl. Zentes et al. 2013: 39 f.).

Ein Medienunternehmen muss also für sich entscheiden, ob es beispielsweise Bücher oder Filme, Games oder Musik etc. herstellen möchte. Es muss auch entscheiden, an wen sich die Güter richten, welche Aufgaben die Produkte erfüllen sollen und mit welcher Technologie die Güter produziert werden. So können beispielsweise Kinderbücher oder Fernsehdokumentationen für Naturliebhaber oder webbasierte Strategiespiele für den deutschen Markt produziert werden (vgl. Bühner 2004: 211).

Auf der Ebene der SGE werden Wettbewerbsstrategien definiert. Wettbewerbsstrategien beantworten die Frage, wie das Unternehmen Wettbewerbsvorteile gegenüber anderen Anbietern auf dem Markt generieren möchte.

Porter (vgl. Porter 2013) unterscheidet hier drei generische **Wettbewerbsstrategien**, auf die in Kapitel 16 noch genauer eingegangen wird. Verkürzt dargestellt, entscheiden sich Unternehmen alternativ für die Kostenführerschaft, die Differenzierung (Qualitätsführerschaft) oder die Nischenstrategie:

- **Qualitätsführerschaft**: Unternehmen versuchen die besten Produkte anzubieten.
- **Kostenführerschaft**: Unternehmen versuchen, das Kostenmanagement zu optimieren, um kostengünstiger als die Wettbewerber zu produzieren und Preisvorteile am Markt generieren zu können.

- **Nischenspezialisierung**: Unternehmen konzentrieren sich auf ein spezielles Leistungsprogramm. Gerade in der Medienindustrie gibt es eine Menge an Unternehmen, die ganz spezielle Dienstleistungen anbieten und auch nur einen engen Fokus auf ausgewählte Leistungen haben (z. B. Spezialagenturen).

Beide Entscheidungsbereiche, sowohl die geschäftsfeldstrategischen als auch die wettbewerbsstrategischen, haben deutlichen Einfluss auf die Ausgestaltung der betrieblichen Wertschöpfung. Denn die Wertschöpfungsarchitektur und die Qualität der ausführenden Aktivitäten innerhalb der Wertschöpfungsstufen bilden die Grundlage für das Geschäftsmodell. Die Wertschöpfungsarchitektur definiert die Produktspezifik. Sie bestimmt, ob beispielsweise Endprodukte oder Vorprodukte hergestellt werden und definiert damit auch, welche Ressourcen (Assets und Kompetenzen) im Unternehmen vorhanden sein müssen. Die konkrete Ausgestaltung der Aktivitäten innerhalb der Wertschöpfungskette konfiguriert hingegen die Wertaktivitäten und damit die Qualität des Outputs.

Allerdings erscheinen im Umfeld der Medienwirtschaft nur die Spezialisierung bzw. nicht Spezialisierung als typbildendes Merkmal geeignet zu sein. Denn es ist relativ leicht für Außenstehende sichtbar, ob ein Unternehmen spezialisiert ist oder nicht. Die Qualität oder die Kostensituation als Abgrenzungskriterium heranzuziehen ist hingegen weniger geeignet, Unterschiede deutlich zu machen. Das deshalb, weil das Qualitätsmerkmal schwierig zu objektivieren ist (was dem einen „gefällt" ist für andere „nicht ausreichend"). Qualität beruht häufig auf subjektiven Einschätzungen. Andererseits wird die Kostensituation nach außen so gut wie überhaupt nicht sichtbar, da die Produktpreise am Markt nicht eindeutig an die Kostensituation gekoppelt sind. Anders als in sonstigen Wirtschaftsbereichen gibt es in der Medienwirtschaft (vor allem in der Unterhaltungsindustrie) kaum eine Differenzierungsmöglichkeit in hochwertige Markenprodukte und preiswertere Discountwaren.

4.2.1.1 Das Tätigkeitsspektrum als Betriebsmerkmal

Ein Unternehmen kann sich spezialisieren und eine ganz bestimmte Wertschöpfungsstufe in der interorganisationalen Wertschöpfungskette bedienen. Zum anderen können Unternehmen auch den gesamten Wertschöpfungsprozess in der Medienproduktion abdecken bzw. als relevanter Player auf allen wesentlichen Stufen der Wertschöpfungskette beteiligt sein. Dementsprechend unterscheidet die Betriebswirtschaft zwischen:

- **Spezialisten/Fokussierer**: Solche Unternehmen zählen zu den Nischenanbietern. Dazu gehören die Freiberufler (z. B. Designer, Fotografen, Filmer, Autoren) und die Spezialagenturen (z. B. Presseagenturen, Media Agenturen und Creative Agenturen). Aber auch TV- und Werbefilm-Produzenten, Ton-Studios, Content-Broker, Rechtehändler, Fachbuchverlage, Druckereien sowie Betreiber von Vertriebskanälen etc. können in den meisten Fällen zu den Spezialisten gezählt werden. Sie zeichnen sich dadurch aus, dass sie über Spezialkenntnisse und spezielle Assets (z. B. Produktionsmittel) verfügen. Aufgrund des engen Leistungsportfolios werden sie auch Fokussierer genannt.

- **Generalisten**: Solche Unternehmen sind breit aufgestellt, d. h., die stellen viele Produkte her oder produzieren ihre Produkte weitgehend autonom. Hierzu gehören zahlreiche große Medienkonzerne (Bertelsmann, Time Warner, Springer, öffentlich-rechtliche Rundfunkanstalten etc.), die von der Erstellung, über die Bündelung bis zum Vertrieb der Medienleistungen alle Aktivitäten maßgeblich durchführen und kontrollieren. (Vgl. Gläser 2014: 73 und Wirtz 2016: 904 ff.).

!

Merke:

Generalisten sind Medienunternehmen, die die gesamte (zumindest sehr große Teile der) Wertschöpfungskette in der Medienproduktion abdecken, d. h., sie führen weitgehend alle Aktivitäten der Medienproduktion (von der Kreation über die Bündelung bis hin zum Vertrieb) durch.
Spezialisten (Fokussierer) sind Medienunternehmen, die nur einen speziellen Ausschnitt aus der Wertschöpfungskette bedienen, d. h., sie fokussieren ihre Tätigkeiten auf Teilaufgaben.

Die Managementliteratur differenziert Spezialisten und Generalisten durch den Grad der Integration eigener Wertschöpfungstätigkeiten. **Integration** bedeutet dabei zunächst allgemein, dass Teilaufgaben zu Aufgabenkomplexen gebündelt werden und stellt damit das Gegenteil zur Differenzierung dar. **Differenzierung** bedeutet entsprechend, die Aufgliederung der unternehmerischen Gesamtaufgabe in Teilaufgaben (vgl. Macharzina 2008: 552). Auch Medienunternehmen müssen sich entscheiden, in welchem Umfang und wo sie sich innerhalb der interorganisationalen Wertschöpfungskette positionieren wollen (vgl. Gläser 2014: 352 f.).

4.2.1.2 Der Integrationsgrad als Betriebsmerkmal

Der Grad der Integration bzw. Differenzierung wird anhand von zwei Kriterien gemessen: Einerseits durch die sogenannte Produktionstiefe, andererseits durch die Produktionsbreite der Wertschöpfung. So gibt der Grad der Integration bzw. die Integrationsform Auskunft darüber, wie unabhängig das Unternehmen vom Input Dritter abhängig ist bzw. wie viele der Tätigkeitsstufen im Unternehmen selbst erledigt werden und wie viele unterschiedliche Tätigkeitsfelder im Unternehmen abgearbeitet werden.

Der Bezugspunkt Produktionsbreite (horizontaler Integrationsgrad)

Wird die Produktions- bzw. Programmbreite als typbildendes Merkmal für Medienunternehmen herangezogen, so wird zwischen breit auf gestellten und schmal aufgestellten Medienunternehmen unterschieden. Die Produktionsbreite in der Fertigung definiert die angebotene Anzahl unterschiedlicher Produkte im Portfolio (vgl. Schierenbeck und Wöhe 2012: 47 ff.)

Die geringste Breite zeigen hier Ein-Produkt-Unternehmen. Die größte Breite zeigen die „Big Player" der Medienindustrie. Sie stellen sowohl eng verwandte Güter im Sortimentsverbund her (verschiedene Zeitschriften etc.), können sich aber auch für ein stark diversifiziertes Produktprogramm, das jeweils separat hergestellt wird, entscheiden (z. B. TV- und Printprodukte).

Die Breitenaufstellung der Medienunternehmen ist im Zuge der Digitalisierung und den damit verbundenen Kostenvorteilen in der Produktion deutlich gestiegen, da sich Inhalte leicht und kostengünstig auf materiellen und gleichzeitig elektronischen Trägermedien abbilden lassen. Dadurch entstehen deutliche Verbundeffekte (Economies of Scope), die sich vor allem auf der Ertragsseite auswirken. So ermöglicht beispielsweise die Erweiterung des Printmedienprogramms um elektronische Varianten deutlich höhere Erträge bei nur geringer Kostenzunahme.

In Bezug auf die Programmbreite des Portfolios (Gesamtheit der Unternehmensleistungen) spricht die BWL von **horizontaler Integration**. Im Rahmen einer horizontalen Integration weiten Medienunternehmen ihr Leistungsangebot auf bereits bestehenden Wertschöpfungsstufen aus. Das heißt, sie versuchen, Synergien zu generieren, indem sie neue Märkte oder neue Marktsegmente besetzen. Dies tun sie durch die Gründung neuer Unternehmen (interne Ausdehnung) oder durch die Beteiligung an bestehenden Unternehmen (externe Ausdehnung), die auf der gleichen Marktstufe tätig sind. So entstehen Unternehmensgruppen (z. B. Senderfamilien, wie ProSiebenSat.1 Media SE), deren einzelne Unternehmen (z. B. Sat.1, Kabel eins, ProSieben, ProSieben Maxx, Sixx etc.) bestimmte Marktsegemente besetzen.

So entstehen aber auch internationale Marktbesetzungen. Dies durch die Beteiligung bestehender Unternehmen an anderen am Markt bereits aktiven Wettbewerbern (z. B. die RTL-Beteiligung an der französischen TV-Groupe M6 sowie anderen europäischen Sendeveranstaltern). Durch die zunehmende horizontale Integration werden die Unternehmen aber nicht nur unanfälliger gegenüber Krisenzeiten, sondern auch immer komplexer, unübersichtlicher und schwerfälliger.

4.2.1.3 Der Bezugspunkt Produktionstiefe (vertikaler Integrationsgrad)

Das zweite Kriterium für die Bestimmung des Integrationsgrads eines Unternehmens ist die Produktionstiefe (auch Wertschöpfungs- oder Fertigungstiefe genannt), die den Eigenfertigungsanteil an der Gütererstellung angibt (vgl. Schierenbeck und Wöhe 2012: 47 ff.). Ökonomen sprechen in Bezug auf die Bewältigung der Fertigungstiefe von vertikaler Integration.

Die **vertikale Integration** eines Betriebes hat Einfluss auf die organisatorische Gestaltung des Unternehmens (vgl. Macharzina und Wolf 2008: 552 f.). Je mehr Stufen der Produktion innerhalb eines Unternehmens integriert sind, desto komplexer wird die Organisation und desto autonomer wird das Unternehmen hinsichtlich der Herstellung des finalen Produktes.

Wenn beispielsweise ein Radiosender von der Urheberschaft der Beiträge, über die Produktion bis hin zur Ausstrahlung der Sendung autonom arbeitet, muss der Betrieb zwangsläufig differenzierter und komplexer aufgestellt sein, als die Einzelwirtschaft „freier Radioreporter", der nur seine Reportagedienste gegen Entgelt zur Verfügung stellt. Die Leistungserstellung des Radiosenders kann hingegen alle Teilaufgaben der Radioproduktion umfassen: Von der Autorenschaft über die redaktionelle Arbeit, die technische Produktion und Distribution. Damit würde der Sender alle Wertschöpfungsstufen der Wertkette eines Radioprogrammveranstalters abdecken. Der Reporter als Freiberufler hingegen deckt nur den Teil der Kreativarbeit ab.

Eine ebenso geringe Fertigungstiefe wie der Reporter zu Beginn des Wertschöpfungsprozesses zeigt beispielsweise ein Unternehmen, das nur die Endfertigung eines Produktes vornimmt. Die höchste Fertigungstiefe liegt bei großen Medienkonzernen vor. So integriert die Bertelsmann AG beispielsweise durch unterschiedliche Tochtergesellschaften alle Stufen der medialen Wertschöpfung.

Zum Konzernverbund gehören u. a. die Fernsehgruppe RTL Group (60 Fernsehsender und 31 Radiostationen sowie viele Produktionsgesellschaften weltweit), die Buchverlagsgruppe Penguin Random House (rund 250 Verlage), der Zeitschriftenverlag Gruner + Jahr, das Musikunternehmen BMG, der Dienstleister Arvato (Datenmanagement, CRM-Lösungen und IT-Kundenservices) und die Bertelsmann Printing Group (Unternehmen der Druckindustrie) (vgl. Website Bertelsmann.de). Das Unternehmensnetzwerk ermöglicht quasi alle Medienprodukte eigenständig zu kreieren, zu produzieren und zu distribuieren. Abhängigkeiten von Zulieferer oder Abnehmern werden damit geringgehalten.

Sieht ein Unternehmen Lücken in der Aufstellung ihrer vertikalen Wertschöpfungskette, die es ausfüllen möchte, hat es die Möglichkeit, sich um vorgelagerte oder nachgelagerte Tätigkeiten zu ergänzen. Die BWL spricht hier von

- **Rückwärtsintegration**, wenn das Unternehmen seine Fertigungstiefe in Richtung seiner Bezugsquellen erweitert. Das integrierte Wertkettenglied liegt näher am Wertschöpfungsursprung. Die Rückwärtsintegration dient der Sicherung von Bezugsquellen und sorgt für eine bessere Kontrolle über Einkaufspreise und Qualitäten (vgl. Gläser 2014: 353). Die Beteiligung eines TV-Veranstalters an einer TV-Produktionsunternehmung stellt eine solche Rückwärtsintegration dar. Ein Beispiel wäre die Beteiligung der RTL Group an der UFA Film & TV Produktion. Die Wertschöpfungsaktivität kann aber auch durch den Aufbau einer eigenen Produktionseinheit, die in die Produktionskettenlücke passt, erweitert werden.
- **Vorwärtsintegration**, wenn das Unternehmen seine Fertigungstiefe in Richtung Kunde erweitert. Von Vorwärtsintegration wird deswegen gesprochen, weil die neue Stufe ausgehend von der Position des Unternehmens in der Wertschöpfungsprozesslogik näher am Kunden angesiedelt ist. Vorwärts integriert sich ein Unternehmen, wenn auch Tätigkeiten erledigt werden, die das bisherige Endergebnis des Produktionsprozesses weiterentwickeln oder wenn der Betrieb auch den Vertrieb übernimmt, der zuvor anderen Unternehmen überlassen wurde. So

könnte sich ein TV-Veranstalter eine Videoplattform aufbauen oder sich an einer Videoplattform beteiligen. Ein Beispiel wäre die Übernahme von Maxdome als Video-on-Demand-Angebot der ProSiebenSat.1 Group. Auch ein Verlag, der sich an einer Druckerei beteiligt oder eigene Druckfacilities anschafft, integriert sich vorwärts.

4.2.1.4 Der Bezugspunkt Geschäftsfelddiversifikation (lateraler Integrationsgrad)

Eine dritte Form der Integration wird **laterale Integration** genannt. Im Rahmen der lateralen Integration von Wertschöpfungsstufen wird der Versuch unternommen, in völlig neuen Märkten mit neuen Produkten Fuß zu fassen, um aktuell gegebene Abhängigkeiten von bestehenden Märkten und Produkten zu reduzieren. Sonys Eintritt in den Markt für Videokonsolen, Apples Einstieg in den Musikmarkt oder der Kauf von YouTube durch den Suchmaschinenbetreiber Google sind Beispiele.

Letztendlich sind es die modernen Integrationsstrategien (vgl. Tab. 4.1), die die Gattungsgrenzen in Bezug auf das Tätigkeitsfeld der Unternehmen auflösen und für eine Klassifikation von Medienunternehmen unbrauchbar machen.

Das heißt, eine Klassifizierung von Medienunternehmen anhand der Integrationsgrade ist ebenso wie die anhand der Qualität oder der Kostensituation kaum möglich. Entweder sind die Zuordnungen der Merkmalsausprägungen zu fließend, subjektiv oder nicht sichtbar. Als Typisierungsmerkmal hilft der Integrationsgrad aber Spezialisten von Generalisten zu unterscheiden und damit die eher Know-how-treibenden Unternehmen (Spezialagenturen) von den Folgern auf dem Markt abzugrenzen.

Tab. 4.1: Integrationsformen der betrieblichen Wertschöpfung

Integrationsform	Ausdehnungsrichtung	Umsetzung	Bedeutung
horizontale Integration	intern	Bildung von Unternehmensgruppen	Ausweitung des Leistungsspektrums auf bestehende Wertschöpfungsstufen
	extern	Beteiligung an Wettbewerbern	
vertikale Integration	intern	Aufbau neuer Wertschöpfungsstufen	Ausweitung des Leistungsspektrums um vorgelagerte oder nachgelagerte Stufen der Wertschöpfungskette
	extern	Beteiligung an Lieferanten (Rückwärtsintegration) oder Abnehmer (Vorwärtsintegration)	
laterale Integration	intern	Einstieg in neue Märkte	Ausweitung des Leistungsspektrums auf neue Märkte oder neue Wertschöpfungsketten
	extern	Akquisition branchenfremder Unternehmen	

?

Fragen zu Kapitel 4.2.1

1. Was ist ein Geschäftsfeld?
2. Welche Wettbewerbsstrategien werden nach Porter unterschieden?
3. Worin unterscheiden sich fokussierte Medienunternehmen von integrierten?
4. Welche unterschiedlichen betrieblichen Integrationsformen können unterschieden werden?
5. Welche Folgen hat die Integration auf die Größe, die Komplexität und die Struktur von Unternehmen?
6. Warum sind weder die Produktqualität noch die Kostenstrategie eines Unternehmens geeignet, Unternehmens ausreichend deutlich zu typisieren?
7. Warum helfen Integrationsgrade Medienunternehmen zu typisieren, nicht aber zu klassifizieren?

4.2.2 Typisierung nach dem Autonomiegrad in der Zusammenarbeit

Angelehnt an die Typisierung über den Integrationsgrad in der Fertigung, ist das Merkmal des Freiheitsgrades hinsichtlich der unternehmerischen Entscheidungsfindung und damit die Frage der wirtschaftlichen und rechtlichen Souveränität des Unternehmens.

Um eine Marktleistung arbeitsteilig herzustellen, können unterschiedliche **Intensitäten in der Zusammenarbeit** gewählt werden. Die Marktleistung (vgl. Eisenführ und Theuvsen 2004: 148–158):

- kann selbstständig durch ein Unternehmen erbracht werden, indem es im Wettbewerb mit anderen Unternehmen agiert,
- kann das Ergebnis einer Kooperation zwischen selbstständigen Unternehmen sein, die ein gemeinsames Ziel verfolgen,
- kann das Ergebnis eines Zusammenschlusses von Unternehmen (Unternehmenskonzentration) sein, die wirtschaftlich gemeinsam agieren oder
- das Ergebnis von verschmolzenen Unternehmen (Unternehmensfusion) sein, die als neue Einheit am Markt agiert.

Auskunft über die wesentlichen Formen der betrieblichen Zusammenarbeit gibt Abb. 4.3. Die einzelnen Formen unterscheiden sich im Grad der Entscheidungsautonomie bzw. im Grad der Bindungsintensität.

Die einzelnen Formen der Zusammenarbeit werden im Folgenden erläutert.

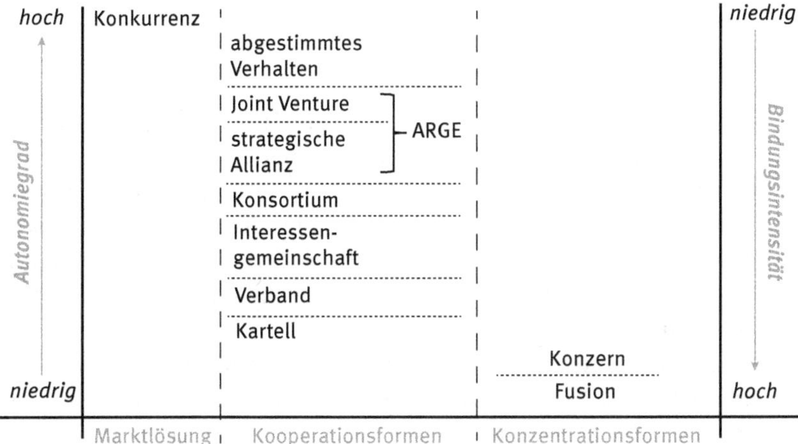

Abb. 4.3: Intensitäten unternehmerischer Zusammenarbeit

4.2.2.1 Medienleistungen als Marktlösungen

Wird ein Produkt oder ein Produktbestandteil nur durch ein Unternehmen hergestellt, ist die Souveränität des Unternehmens hinsichtlich der Entscheidungsfreiheit ohne Einschränkung gegeben. Das Management entscheidet im Rahmen der üblichen Abhängigkeiten zu anderen Marktteilnehmern autonom. Es herrscht **Wettbewerb** vor und es ergeben sich typische **Marktlösungen** von Angebot und Nachfrage. Eigenständig entscheidende Medienunternehmen gelten als das Rückgrat der Medienwirtschaft und ihre Vielzahl gilt als Garant für die mediale Vielfalt. Selbstständige Unternehmen arbeiten häufig als Spezialisten, die sich auf ein bestimmtes Produktsegment fokussieren. Sie können insofern auch als Fokussierer bezeichnet werden.

Absolut autonom durchgeführt werden die Prozessschritte, wenn ein Unternehmen alle Tätigkeiten innerhalb der Wertschöpfungskette ohne fremderstellte Teilleistungen einzubinden, abarbeitet. Diese Produktionsweise bildet in der Realität sicherlich einen Ausnahmefall. In der Regel werden sowohl Leistungen freier Mitarbeiter (z. B. Autoren, Schauspieler und sonstige Kreative) als auch Rechte (Nutzungsrechte über Artikel, TV-Beiträge etc.) am Markt eingekauft und in das Produkt (Print-Medium, Rundfunk-Sendung, E-Game, Online-Präsenz etc.) integriert. Auch ist der Distributionsprozess häufig ausgelagert.

Allerdings unterscheiden sich die Unternehmen z. T. erheblich durch den Komplexitätsgrad ihrer Tätigkeiten. Journalistenbüro beliefern Verlage und beenden ihre jeweilige Tätigkeit mit der Abgabe des Manuskriptes. TV-Produzenten liefern einzelne Magazinbeiträge für die Programmveranstalter. Synchronstudios erstellen eine neue Sprachversion von einem Film. Musik-Studios endfertigen Musikaufnahmen. Grossisten, Filmverleiher oder Infrastrukturanbieter hingegen distribuieren lediglich fremderstellte Medienträger und werden deswegen zur Kategorie der „Unternehmen der Medienindustrie" gezählt. Diese fokussierten Unternehmen unterscheiden sich wiederum erheblich in Struktur, Größe und Komplexität von den eher breit aufgestellten, integrierten Unternehmen.

Verfolgt ein Unternehmen eine **Fokussierungsstrategie**, konzentriert es sich in seinen Aktivitäten auf eine einzelne Stufe oder einen kleinen Ausschnitt aus der medialen Wertkette, um hier möglicherweise Qualitäts- oder Kostenvorteile zu generieren (vgl. Porter 2014: 38 f.). Solche Einzelwirtschaften sind in der Regel Zulieferer oder Abnehmer vor- oder nachgelagert aktiver Medienbetriebe. Das breite Feld der Freiberufler ist hier angesiedelt, aber auch TV-Produktionsunternehmen, Studios, leistungsspezialisierte Agenturen u. v. a. m.

Diese dem liberalen Marktmodell am nächsten kommende Produktionsform, stellt zwar die eine potenziell höchstmögliche Produktqualität in Aussicht, birgt jedoch auch Schwierigkeiten in sich. Dem liberalen Marktmodell am nächsten liegt diese Produktionsform, weil rechtlich und wirtschaftlich selbstständige Unternehmen unabhängig von rechtlichen oder wirtschaftlichen Einflussnahmen Dritter miteinander um die Beauftragung konkurrieren und so automatisch dafür Sorge getragen wird, dass der Preis für die Zulieferleistungen niedrig bleibt und die Qualität im definierten Rahmen liegt. Die Schwierigkeiten liegen aber darin, dass die Verfügungsrechte verdünnt werden und die Transaktionskosten mit der steigenden Anzahl an Projektbeteiligten rasch und stark ansteigen. Denn je mehr Rechteinhaber an einem Werk mitwirken, desto schwieriger wird die Projektabstimmung, desto länger dauert die Produktion und desto höher sind die Anbahnungs-, Durchführungs- und Kontrollkosten für die Beteiligten (vgl. Picot et al. 2003: 53 ff.; Heinrich 2010: 63 ff. und Williamson 1990).

Fokussierer mit ihrem hohen Grad an Autonomie produzieren Qualität und Vielfalt, sind aber auch dafür verantwortlich, dass hohe Transaktionskosten entstehen, die die Marktlösungen ineffizient (zumindest sehr teuer) machen können. Um diese Nachteile auszugleichen, aber auch um Synergien aufbauen und nutzen sowie Risiken reduzieren zu können, kooperieren Unternehmen.

4.2.2.2 Medienleistungen als Ergebnis von Kooperationen

Die Kooperation ist eine Form der Zusammenarbeit zwischen Unternehmen, in der die Kooperationspartner ihre rechtliche Selbstständigkeit voll erhalten. Die wirtschaftliche Selbstständigkeit wird in von der Kooperation betroffenen Segmenten oder Projektrahmen in Teilen aufgegeben bzw. abgestimmt. Kooperationen können durch „lockere" Agreements begründet werden, aber auch auf fester vertraglicher Basis gelebt werden. Die kooperierenden Unternehmen gehen davon aus, dass sie ihre Ziele zusammen besser erreichen können als alleine. Kooperationen sollen Erträge steigern, Risiken minimieren oder Zugang zu Ressourcen ermöglichen, die sie sonst nicht hätten (vgl. Wirtz 2016: 843).

Es können fünf unterschiedliche **Typen von Kooperationen** unterschieden werden (vgl. im Folgenden Führmann und Theuvsen 2004: 149 f. und Gläser 2014: 91 f.). Diese sind wie folgt geordnet:

- **Arbeitsgemeinschaft** (ARGE): zeitlich begrenzte, projektbezogene Zusammenarbeit von Unternehmen (häufig als Joint Venture oder strategische Allianz am Markt aktiv).
- **Konsortium** (Syndikat): Gelegenheitsgemeinschaft; am häufigsten im Versicherungswesen und im Bank- und Börsenwesen zur Eingrenzung von Risiken eingesetzt, aber auch zum Einkauf von Filmkontingenten eingesetzt.
- **Interessengemeinschaft**: dauerhafte Zusammenarbeit von Unternehmen zur Wahrung und Förderung eines gemeinsamen Interesses.
- **Verband** (Wirtschaftsverbände, Industrie- und Handelskammern, Arbeitgeberverbände): Zusammenschluss von Unternehmen, um gemeinsame Interessen und Aufgaben nach Branchen, Regionen und/oder Aufgaben organisiert zu vertreten.
- **Kartell**: Zusammenschluss von Unternehmen, der den Wettbewerb in einer Branche hinsichtlich bestimmter Parameter beschränken soll. Kartelle sind zunächst einmal generell verboten (vgl. GWB; Kartellgesetz), da unterstellt wird, dass marktbeherrschende Stellungen zum Nachteil Dritter ausgenutzt werden. Es gibt allerdings Ausnahmen. Kommen Ausnahmeregelungen in Frage, müssen die Kartelle bei der Kartellbehörde angemeldet, mitunter müssen sie auch bei der Kartellbehörde beantragt und durch die genehmigt werden.

Zwei besondere **Formen der Kooperation** (konkret: der Arbeitsgemeinschaft) sind das Joint Venture und die strategische Allianz. Beide Formen sind insbesondere geeignet, Markteintritts- und Marktbearbeitungsstrategien auf neuen oder internationalen Märkten umzusetzen (vgl. folgend Macharzina und Wolf 2008: 268 ff. sowie Wirtz 2016: 844 ff., Gläser 2014: 92 f. und Sjurts 2005):

- Ein **Joint Venture** ist eine von zwei oder mehreren Unternehmen gemeinsam getragene Körperschaft, die befristet oder unbefristet angelegt ist. Joint Ventures verknüpfen einzelne Unternehmensaktivitäten organisatorisch und bündeln Ressourcen (wie z. B. Lizenzen, Rechte, Kundenstamm, Produktionsanlagen oder Finanzmittel) in der gemeinsam geführten Gesellschaft. Joint Ventures werden oft bei der Umsetzung von multinationalen Strategien genutzt. Das sind Strategien, innerhalb derer an die Gastländer angepasste Strategien verfolgt werden. Hier werden durch eine heimische und ausländische Unternehmung Tochterunternehmen gegründet, um im ausländischen Markt Fuß zu fassen. Die Anteile an der Gesellschaft sind häufig paritätisch verteilt, müssen es aber nicht sein.

Die Vorteile von Joint Ventures liegen vor allem in den Bereichen der Economies of Scale und Economies of Scope. Skaleneffekte treten vor allem bei horizontalen Joint Ventures auf; also zwischen Unternehmen auf der gleichen Wertschöpfungsstufe. Verbundeffekte treten vor allem bei der Verbindung von Unternehmen mit komplementären Ressourcen auf. Die Nachteile liegen vor allem in der Gefahr des Know-how-Abgangs, des erhöhten Koordinationsaufwandes und in möglichen kulturellen Differenzen.

- Eine **strategische Allianz** ist eine Partnerschaft zwischen Unternehmen, die sich auf einen konkreten Kooperationsbereich beschränkt und auf die Bildung eines rechtlich selbstständigen Unternehmens sowie auf eine wechselseitige Kapitalbeteiligung verzichtet. Die strategische Allianz ermöglicht, dass sich die Teilnehmer einerseits auf ihre jeweiligen Kernkompetenzen konzentrieren, aber gleichzeitig ein deutlich breiteres Marktangebot schaffen können, ohne dabei einen höheren Ressourcenbedarf (z. B. Know-how, Personal, Technik oder Kapital) zu benötigen oder die unternehmerische Flexibilität einzubüßen. Aus diesem Grund ist die strategische Allianz ein Instrument geworden, das in der Medienwirtschaft alltäglich ist und heute auf allen Stufen des Wertschöpfungsprozesses umgesetzt wird.

Die Potenziale strategischer Allianzen für Medienunternehmen können auf folgenden Ebenen realisiert werden (Picot und Neuburger 2006: 423 ff.):

- **Allianzen auf der Ebene der Inhalteerstellung**: Strategische Allianzen beispielsweise zwischen Autoren, Künstlern, Komponisten und Studios, um fachliche Ressourcen zu bündeln und so erforderliche Inhalte gemeinsam in kürzerer Zeit und höherer Anzahl zu erstellen oder ergänzend eine größere Vielfalt an Inhalten zu erzeugen zu können (Beispiele: Autorengemeinschaft, die sich fachlich ergänzt und gemeinsam vielfältigere oder komplettere Inhalteangebote kreieren können; klassische Studiotechnik, die sich durch das Angebot digitaler Spezialeffekte ergänzt etc.).
- **Allianzen auf der Ebene der Redaktion und Bündelung von Inhalten**: Hier entstehen neuartige Möglichkeiten der Bündelung vorhandener Inhalte und zusätzliche Konfigurationen neuartiger Angebote. So können zusätzliche Zielgruppen erreicht werden können bzw. vielfältigere Medienprodukte angeboten werden (Beispiele: Bücher können zu Hörbüchern werden, Fachbücher werden mit CD-Material ergänzt, Verlage ergänzen ihre Angebote durch die Abbildung des Inhalts auf Internet-Portalen und erweitern die Nutzung um interaktive und multimediale Möglichkeiten etc.).
- **Allianzen auf der Ebene der Distribution**: Unternehmen nutzen identische Distributionskanäle (Beispiele: zwei konkurrierende Zeitungen nutzen denselben Vertriebs- und Zustellweg; zwei Informationsanbieter stellen ihre unterschiedlichen Inhalte über dasselbe Medium zur Verfügung). In diesen Fällen werden deutliche Skaleneffekte erzielt. Es können aber auch Verbundeffekte genutzt werden; z. B., wenn mehrere Unternehmen Distributionsprozesse ergänzend abwickeln (Beispiel: Kooperation zwischen Internet Service Providern und Payment-Diensten, die erforderliche Abrechnungsprozesse gemeinsam organisieren).

Die Vorteile der strategischen Allianz sind vielfältig und liegen in den Bereichen: Kosten, Risiken, Kompetenzbündelung und Flexibilität. Im Ergebnis entstehen deutliche Wettbewerbsvorteile für die Kooperationspartner. Die Marktdurchdringung und Marktentwicklung kann deutlich schneller und risikoärmer erarbeitet werden. Dies gilt insbesondere für das Angebot von Leistungsbündeln oder Komplementärprodukten. Dabei ist zu beachten, dass dieselbe strategische Allianz auch von unterschiedlichen Konkurrenten genutzt werden kann. So stellt beispielsweise ein Internetportal verschiedenen Unternehmen eine Kundenzugangsplattform zur Verfügung, auf der diese ihre Produkte und Leistungen anbieten.

Kooperationen begründen **Netzwerkstrategien.** Netzwerkstrategen bilden sogenannte Business Webs, die Picot und Neuburger wie folgt beschreiben:

> Bei Business Webs handelt es sich um Gruppen von Unternehmen, bei denen die beteiligten Unternehmen komplementäre Teilleistungen erstellen, die sich zu einem Systemprodukt ergänzen. Mit diesen Systemprodukten erhalten die Nachfrager ganzheitliche Problemlösungen, die für die Nachfrager einen höheren Wert darstellen als die einzelnen Teilleistungen [...] Voraussetzung für die Existenz von Business Webs sind direkte oder indirekte Netzwerkeffekte. Denn je mehr Unternehmen sich am Business Web beteiligen, desto größer wird aufgrund von Netzeffekten der Wert des Systemprodukts für den Nachfrager. Gleichzeitig erhöht sich der Anreiz für weitere Unternehmen, sich am Business Web zu beteiligen. Somit wirken auf Grund von Netzwerkeffekten immer mehr neue Kunden und Hersteller von Komplementärprodukten an einem Business Web mit. (Picot und Neuburger 2006: 426).

Innerhalb des **Business Webs** kooperieren die beteiligten Unternehmen, außerhalb des Business Webs stehen sie in Konkurrenzbeziehungen. Dieses Verhaltensprinzip (Kooperation bei gleichzeitiger Konkurrenz), wird als Coopetition bezeichnet und ist das wesentliche Merkmal von Business Webs. Solche Webs sind vor allem für die IT- und die Beratungsbranche interessant, werden aber auch in der Filmproduktion und Musikindustrie zunehmend relevant.

4.2.2.3 Medienleistungen als Ergebnis von Konzentrationen

Neben der Kooperation gilt auch die **Konzentration** und damit der **Zusammenschluss von Unternehmen** als typbildendes Merkmal für die Einordnung von Unternehmen. Die Unternehmenskonzentration kann in Form der Konzernbildung (engl.: „Acquisition") oder als Fusion (Verschmelzung, engl. „Merger") realisiert werden. Beide Formen der Zusammenarbeit sind deutliche Wachstumstreiber in der Medienwirtschaft und werden häufig dann realisiert, wenn das Unternehmen auf dem Weg zum „Global Player" ist.

Auf Basis der **Konzernbildung**, die sich aus Unternehmensakquisitionen ergibt, erfolgt die Zusammenarbeit durch Unternehmen, die in ihrer rechtlichen Eigenständigkeit erhalten bleiben, ihre wirtschaftliche Eigenständigkeit aber weitgehend aufgeben (müssen), da durch Kapitalverflechtungen oder Verträge Abhängigkeiten begründet werden.

Unternehmensverbünde werden laut Aktiengesetz (§ 15) in fünf Arten unterschieden[1]: Es sind verbundene Unternehmen, die rechtlich selbständig sind und

- im Verhältnis zueinander in Mehrheitsbesitz stehen/mit Mehrheit beteiligt sind (Beteiligungsquote oder Stimmrechte größer als 50 Prozent);
- abhängige und herrschende Unternehmen darstellen (ein Unternehmen hat unmittelbar oder mittelbar herrschenden Einfluss auf ein Unternehmen);
- Konzernunternehmen sind (ein Verbund von Unternehmen steht unter der Leitung eines Unternehmens. Im Unterordnungskonzern herrscht eine Muttergesellschaft. Im Gleichstellungskonzern ist keines der Unternehmen abhängig vom anderen);
- wechselseitig aneinander beteiligt sind (gegenseitig besitzen alle Gesellschaften mehr als 25 Prozent der Anteile an den anderen Gesellschaften) oder
- als Unternehmen Vertragsteil eines Unternehmensvertrags sind (die Leitung des Unternehmens liegt bei einem anderen Unternehmen; Basis ist ein Beherrschungs- oder Gewinnabführungsvertrag).

Auf der Basis von **Fusionen**, die sich aus Verschmelzungen von Unternehmen ergeben, entstehen neue Unternehmen. Entweder entsteht eine neue Rechtspersönlichkeit, indem die beteiligten Unternehmen in einem neuen Unternehmen aufgehen (vgl. Zusammenschluss von AOL und Time Warner im Jahre 2000 zu AOL Time Warner Corp.). In diesem Fall spricht die BWL von **Verschmelzung durch Neubildung.** Es können Unternehmen aber auch in ein bestehendes Unternehmen integriert werden (vgl. die für 2017 geplante Übernahme von Time Warner durch AT&T). Hier spricht die BWL von **Verschmelzung durch Aufnahme**. Solche Integrationen müssen nicht immer einvernehmlich stattfinden. Sie können auch als feindliche Übernahme realisiert werden (vgl. die Übernahme von Mannesmann durch Vodafone im Jahre 1999).

Für den Fall, dass Unternehmen in einem wirtschaftlichen Verbund rechtlich selbstständiger Unternehmen organisiert sind, „drückt sich die Intensität der kapitalmäßigen Verflechtung in der Höhe der jeweiligen Beteiligungsquoten aus, die von den angegliederten Unternehmen gehalten werden.“ (Schierenbeck und Wöhle 2016: 60) Die Abstufungen der kapitalbezogenen Verflechtung sehen wie folgt aus: Unter 25 Prozent Kapitalbeteiligung liegt eine Minderheitsbeteiligung vor, von 25 % bis unter 50 % eine Sperrminderheitsbeteiligung, ab 50 Prozent bis unter 75 Prozent eine Mehrheitsbeteiligung, ab 75 Prozent bis unter 95 Prozent eine Dreiviertelmehrheitsbeteiligung und über 95 Prozent eine Eingliederungsbeteiligung.[2] Die Verflechtungen der Unternehmen untereinander können über einen sogenannten Beteiligungsstammbaum abgebildet werden.[3]

---

1 Die Einzelnormen sind AktG §§ 15–19, 291, 292.

2 Zu den rechtlichen Grundlagen im AktG und HGB vgl. einführend und übersichtlich Schierenbeck und Wöhle 2016: 61 f.

3 Über Beteiligungsstammbäume führender Medienkonzerne geben die Media Perspektiven – Basisdaten jährlich Auskunft.

Konzentrationen (Konzernbildungen und Fusionen) können rechtlich heikel sein. In bestimmten Fällen sind sie verboten oder anzeigepflichtig. Im Brennpunkt medienwirtschaftlicher und medienpolitischer Interessen stehen vor allem die Senderfamilien und die großen Medienkonzerne.[4] Zum einen wegen der publizistischen Brisanz (Abbau von Vielfalt; Aufbau von Meinungsmacht) und zum anderen wegen der zunehmenden ökonomischen Marktmacht gegenüber den Zulieferern, den Kunden und den bestehenden Wettbewerbern. Konzentrationen im Mediensektor sind einer spezifischen und kontinuierlichen Kontrolle durch die Kommission zur Ermittlung der Konzentration im Medienbereich (KEK) und dem Bundeskartellamt unterworfen. So untersagte beispielsweise im Jahre 2005 das Bundeskartellamt aufgrund des Votums der KEK die Übernahme der ProSiebenSat.1 AG durch die Axel Springer AG.

Fragen zu Kapitel 4.2.2

?

1. Was beschreibt das Merkmal des Autonomiegrades in der Wertschöpfung?
2. Welche Autonomiegrade können unterschieden werden? Unterstützen Sie Ihre Systematik mit Beispielen.

4.3 Typisierung durch Clusterbildung

Fusionen und die Bildung von Unternehmensverbänden werden von Integrierern bevorzugt. Das heißt bezogen auf den jeweiligen Autonomiegrad der Akteure, dass Fokussierer und Integrierer weitgehend autonom handeln, Netzwerker hingegen einen eher geringen Autonomiegrad realisieren.

Werden die Wertschöpfungsstufen mit den Organisationsformen der Medienproduktion kombiniert, bildet sich eine von Gattungsgrenzen befreite Übersicht wie in Abb. 4.4 dargestellt:

Fokussierer können den höchsten Autonomiegrad realisieren. Natürlich sind sie von ihren Abnehmern im Sinne der marktwirtschaftlichen Gesetze abhängig, d. h., autonom zu entscheiden, etwas zu produzieren, was niemand will, ist möglich, aber sinnfrei. Dennoch genießen sie die größtmögliche unternehmerische Entscheidungsfreiheit gegenüber allen anderen Marktteilnehmern.

Integrierer sind ebenfalls noch weitgehend entscheidungsfrei, da sie den gesamten Wertschöpfungsprozess oder zumindest weite Teile davon abdecken. Aber sie müssen schon erhebliche Einschränkungen dergestalt in Kauf nehmen, als dass sie auf die Kompetenzen und Ressourcen der verbundenen Unternehmen Rücksicht nehmen müssen. Den geringsten Autonomiegrad erleben Netzwerker. Ein Netzwerk

4 Nicht selten stehen große Medienkonzerne und Konzerne der TIME-Branchen für mehrere Hundert Unternehmensbeteiligungen im In- und Ausland.

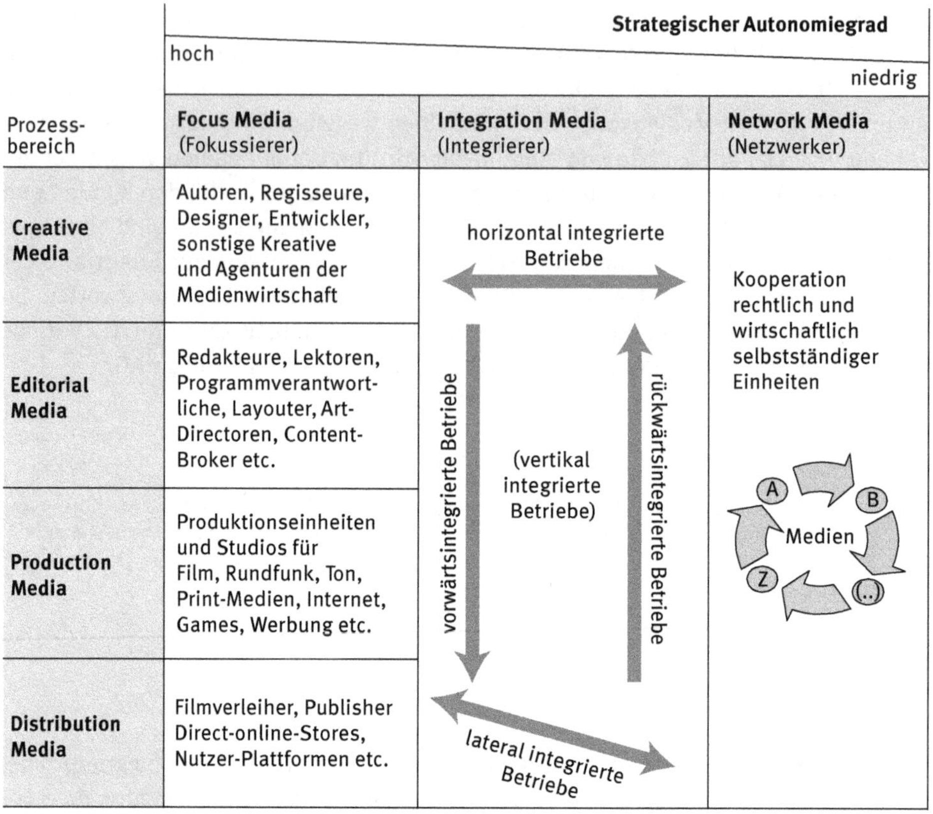

Strategischer Autonomiegrad: hoch → niedrig

Prozess-bereich	Focus Media (Fokussierer)	Integration Media (Integrierer)	Network Media (Netzwerker)
Creative Media	Autoren, Regisseure, Designer, Entwickler, sonstige Kreative und Agenturen der Medienwirtschaft	horizontal integrierte Betriebe	Kooperation rechtlich und wirtschaftlich selbstständiger Einheiten
Editorial Media	Redakteure, Lektoren, Programmverantwortliche, Layouter, Art-Directoren, Content-Broker etc.	vorwärtsintegrierte Betriebe (vertikal integrierte Betriebe) rückwärtsintegrierte Betriebe	A, B, Medien, Z, (..)
Production Media	Produktionseinheiten und Studios für Film, Rundfunk, Ton, Print-Medien, Internet, Games, Werbung etc.		
Distribution Media	Filmverleiher, Publisher Direct-online-Stores, Nutzer-Plattformen etc.	lateral integrierte Betriebe	

Abb. 4.4: Wertstufenorientierte Organisationsformen der Medienproduktion

macht nur Sinn, wenn die Abläufe und einzelnen Wertaktivitäten aufeinander abgestimmt sind. Ein Netzwerk kann schnell und flexibel agieren, verteilt Risiken und erweitert Beschaffungs- oder Absatzmöglichkeiten, aber immer zum Preis höherer Abhängigkeiten.

In Anlehnung eine gattungsbefreite Differenzierung von wertstufenorientierten Medienunternehmen in Abb. 4.4 zeigt Tab. 4.2 abschließend einen Überblick über die jeweils dominante **Verhaltensstrategie** in der Herstellung von Medienprodukten aus Sicht der einzelnen Geschäftsfelder. Es wird deutlich, dass es die Tätigkeitsschwerpunkte und nicht die gattungsspezifischen Differenzierungen sind, die die Umsetzungsstrategien und damit den Autonomiegrad von Medienunternehmen bestimmen. Damit gewinnt das Portfolio (strukturierte Gesamtheit der Leistungen) eines Medienunternehmens deutlich an Typisierungsrelevanz. Durch unterschiedliche Portfoliostrukturen (differenziert in breit oder eng) werden Unternehmenscluster in der Medienwirtschaft gebildet, die aussagekräftiger sind als die klassischen Einteilungen unter der Bezugsgröße „Mediengattung“.

Tab. 4.2: Geschäftsfeldtypen und dominante Unternehmensstrategie

Geschäftsfeldtyp	**dominante Unternehmensstrategie**	**Medienunternehmen**
Content-Kreation (Creative Media)	Fokussierung (Focus Media)	Freiberufler (Autoren, Designer, Regisseure etc.), spezialisierte Agenturen, Entwicklerbüros etc.
Content-Präsentation (Distribution Media)		Druckereien, Presse-Grosso, Kinos, Bereitsteller von Infrastruktur, Plattformbetreiber mit standardisiertem Markt-Content
Content-Bündelung (Editorial Media)	Netzwerkbildung (Network Media)	kleinere Verlage, Film- und Musikproduzenten, Plattformbetreiber mit originärem Content-angebot, Game-Publisher, Werbeagenturen, sonstige Fokussierer
Content-Produktion (Production Media)		
Komplettanbieter (Integration Media)	Integration (Integration Media)	Zeitungs- und Zeitschriftenverlage, Radio- und TV-Programmveranstalter, große Publisher, konvergierende TIME-Unternehmen

Trennscharf sind allerdings weder Klassifizierungsversuche nach dem Integrationsgrad noch nach dem Autonomiegrad. Deswegen ist auch hier von einer Typisierung (Typologie oder Clusterbildung) zu sprechen (vgl. Abb. 4.5). Die Übergänge sind fließend.

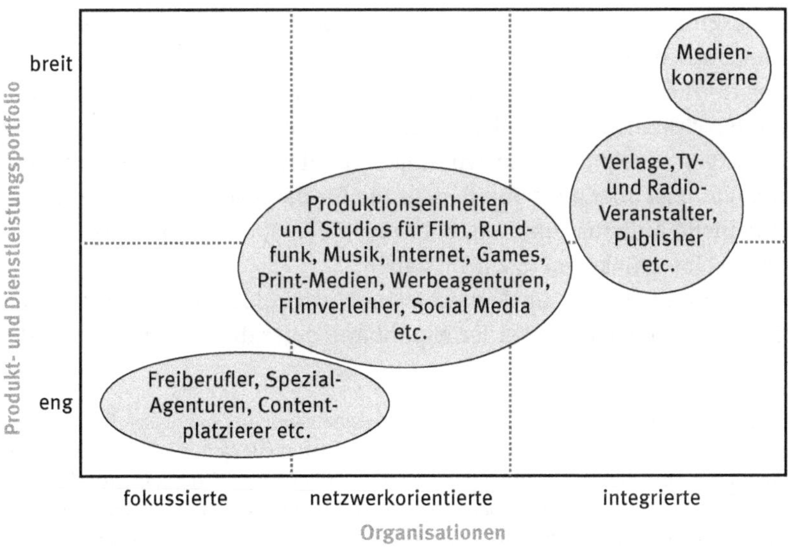

Abb. 4.5: Portfolioorientierte Clusterbildung in der Medienwirtschaft

?

Fragen zu Kapitel 4.3

1. Welche Argumente unterstützen eine Systematik der Medienunternehmen in Cluster?
2. Welche Clusterbildungen wäre sinnvoll, um Medienunternehmen in noch ausreichend homogene Gruppen einordnen zu können?
3. Macht eine Segmentierung heute überhaupt noch Sinn? Diskustieren Sie.

4.4 Klassifizierung nach der Betriebsgröße

Die Ausführungen über Skalen- und Verbundeffekte (vgl. Kapitel 3.7) haben den in der Regel positiven Zusammenhang zwischen Unternehmenserfolg und Größe des Betriebes schon verdeutlicht. Größeneffekte im Produktionsprozess verursachen Stückkostensenkungen. Verbundeffekte können für Synergien sowohl in der Organisation, der Finanzierung sowie in der Produktion und der Verwertung der Leistungen sorgen. Die Forderung nach immer mehr Größe stößt allerdings auf eine zunehmende Skepsis, denn der Erfolg der „Mega-Konzerne" bleibt häufig genug aus. Vor allem gilt: „Je höher der Diversifikationsgrad der Produktarchitektur und je differenzierter die Wertschöpfungsprozesse, desto höhere Komplexitätskosten sind zu erwarten." (Gläser 2014: 76)

Wann ein Unternehmen die „richtige" Größe hat, also weder noch zu klein oder schon zu groß ist, ist allenfalls aus Sicht der Produktionstheorie sicher zu bewerten. Denn die Produktionstheorie legt eindeutig fest, dass der Betrieb die optimale Größe hat, dessen Kapazitäten genau ausreichen, die Menge zu produzieren, bei der die Stückkosten im Minimum liegen. Alle anderen Perspektiven und Argumentationen zur Unternehmensgröße transportieren mehr oder weniger begründete Meinungen und werden kontrovers diskutiert.

Es gibt aber Normen, die Unternehmen handelsrechtlich (§ 267 HGB) oder EU-einheitlich in unterschiedliche Größenkategorien einordnen.[5] Diese Einordnung hat wirtschaftspolitische und rechtliche Auswirkungen (Förderung, Mitbestimmung, Publizitätspflichten etc.), ist aber auch von Bedeutung für das Verständnis, warum Betriebe unterschiedliche Aufbaustrukturen, Führungsphilosophien, Angebotsflexibilitäten, Reaktionsgeschwindigkeiten u. v. a. m. haben.

So werden Unternehmen in „Großunternehmen" und „kleine und mittlere Unternehmen" (KMU) differenziert. Die Kriterien, anhand derer die Systematik gebildet

5 Es gibt unterschiedliche Definitionsansätze von Unternehmensgrößen: handelsrechtliche gem. § 267 HGB und § 221 UGB, die Einordnung des Instituts für Mittelstandsforschung Bonn (IfM) sowie die hier verwendete EU-rechtliche Empfehlung (gem. Titel I, Artikel 2 der EU-Kommissionsempfehlung vom 06.05.2003; 2003/361/EG). Die neue Definition ist das Ergebnis von weitreichenden Diskussionen zwischen der Kommission, den Mitgliedstaaten, Unternehmensverbänden und Experten sowie von zwei öffentlichen Konsultationen im Internet auf der Basis der wirtschaftlichen Entwicklung seit 1999.

Tab. 4.3: Größenklassifizierung von Unternehmen nach EU-Norm

Größenklasse	Anzahl Beschäftigte		Jahresumsatz		Bilanzsumme	Unternehmen Anzahl	in %
Kleinstunternehmen	0–9	und	≤ 2 Mio. €	oder	≤ 2 Mio. €	3,301 Mio.	90,5
kleines Unternehmen	10–49	und	≤ 10 Mio. €	oder	≤ 10 Mio. €	0,274 Mio.	7,5
mittleres Unternehmen	50–249	und	≤ 50 Mio. €	oder	≤ 43 Mio. €	0,059 Mio.	1,6
Großunternehmen	ab 250		ab 51 Mio. €		ab 44 Mio. €	0,014 Mio.	0,4

wird, sind die Beschäftigtenzahl, die Umsatz- und die Bilanzsumme. Da insofern eine eindeutige Zuordnung möglich ist, ist das Ergebnis der Systematisierung keine grobe Typologie, sondern eine eindeutige Klassifizierung. Diese sieht wie in Tab. 4.3 dargestellt aus (gültig EU-weit seit 01.01.2005). Die Regel der Klassifizierung gilt wie folgt: Ein größenbestimmendes Merkmal ist die Anzahl der Beschäftigten und dazu muss eines der beiden anderen Kriterien (Umsatzhöhe oder Bilanzsumme) erfüllt sein. Die rechte Spalte „Unternehmen" gibt zusätzlich an, wie die Verteilung in Deutschland aussieht.

In der Medienwirtschaft bereitet aber insbesondere das Merkmal der Beschäftigtenanzahl Probleme, da viele Unternehmen zahlreiche freie Mitarbeiter beschäftigen. Zum Teil sind sie so stark in den Wertschöpfungsprozess eingebunden, dass das Tarifvertragsgesetz (§ 12 a) von „Festen freien Mitarbeitern" spricht und sie den Festangestellten z. B. im Bereich des Kündigungsschutzes und des Urlaubsanspruchs weitgehend gleichstellt (vgl. Gläser 2014: 78).

Den Daten der Destatis[6] (Statistisches Bundesamt) ist zu entnehmen, dass von den ca. 3,6 Mio. Unternehmen in Deutschland rund 99,5 Prozent der Unternehmen zu den KMU gezählt werden. Von den rund 125.000 Unternehmen, die in Deutschland mit der Kreation und Bündelung von Medienprodukten (inkl. Bereiche Games, Musik und Werbung) befasst sind (vgl. Dreiskämper 2017: 108) und insgesamt rund 100 Mrd. € erwirtschaften (vgl. Dreiskämper 2017: 106) gehören allerdings – gemessen am bundesdeutschen Durchschnitt – unverhältnismäßig viele Unternehmen in die Kategorie Großunternehmen. Dies liegt einerseits an hohen Investitionskosten und andererseits an den hohen First Copy Costs und den damit verbundenen Risiken. Beide Marktbarrieren bevorteilen also große und kapitalstarke Unternehmen.

Allerdings ist die Größenstruktur in den unterschiedlichen Teilbranchen der Medienindustrie unterschiedlich ausgeprägt. Die klassischen Kernbereiche Zeitung, Zeitschrift, Fernsehen und Hörfunk werden aber deutlich von Großunternehmen dominiert. Die Film-/TV- und Musikwirtschaft zeigt hingegen einen hohen Anteil an mittelständischen und vor allem kleinen und Kleinstunternehmen. Ebenso mittelständisch,

6 https:/www.destatis.de/DE/ZahlenFakten/GesamtwirtschaftUmwelt/UnternehmenHandwerk/Unternehmensregister/Tabellen/UnternehmenRechtsformenWZ2008.html (Abruf am 14.02.2017).

wenn auch mit einem geringeren Anteil an Kleinstunternehmen, ist das Buchverlags- und das Agenturwesen sowie die Druckindustrie strukturiert (vgl. Gläser 2014: 78).

Im internationalen Vergleich spielen deutsche Medienunternehmen eine eher untergeordnete Rolle. Die Bertelsmann SE & Co. KGaA, Deutschlands mit großem Abstand umsatzstärkster Medienkonzern, rangiert im internationalen Vergleich lediglich auf dem 11. Platz (vgl. Tab. 4.4; Quelle: IfM Stand: 2016)[7].

Der Alphabet-Konzern (Holding, die im Zuge der Umstrukturierung der Google Inc. im Jahre 2015 entstanden ist) und Comcast (Kabelnetzbetreiber, Internetdiensteanbieter und Telefongesellschaft) erzielen jeder für sich in etwa den gleichen Umsatz, auf den die gesamte deutsche Medienwirtschaft im engeren Sinne (klassische Medien) kommt.[8]

Tab. 4.4: Die zehn größten deutschen und weltweit größten Medienkonzerne 2016

Rang	größte deutsche Medienunternehmen	Umsatz in Mrd. €	Rang	größte Medienkonzerne weltweit	Umsatz in Mrd. €
1.	Bertelsmann (Gütersloh)	16,675	1.	Alphabet Inc. (Mountain View/USA)	67,588
2.	ARD (München/Berlin)	6,284	2.	Comcast (Philadelphia/USA)	67,156
3.	Axel Springer SE (Berlin/Hamburg)	3,295	3.	The Walt Disney Company (Burbank/USA)	47,287
4.	ProSiebenSat.1 SE (Unterföhring)	2,876	4.	News Corp. Ltd.//21st Century Fox (New York/USA)	33,907
5.	Bauer Media Group (Hamburg)	2,300	5.	AT&T Entertainment Group (DirecTV) (El Segundo/USA)	31,811
6.	Hubert Burda Media (Offenburg)	2,211	6.	Time Warner Inc. (New York/USA)	25,343
7.	ZDF (Mainz)	2,114	7.	Viacom Inc./CBS Corp. (New York/USA)	24,474
8.	Verlagsgruppe Georg von Holtzbrinck (Stuttgart)	1,727	8.	Sony Entertainment (Tokyo/JP)	22,917
9.	Funke Mediengruppe (Essen)	0,929	9.	Apple Inc. (Cupertino/USA)	17,944
10.	Verlagsgruppe Weltbild (Augsburg)	0,610	10.	Altice Group (Amsterdam/NL)	17,495

7 http:/www.mediadb.eu/de/rankings/deutsche-medienkonzerne-2016.html sowie http:/www.mediadb.eu/datenbanken/internationale-medienkonzerne.html (Abrufe am 14.02.2017).

8 Einen strukturierten Überblick über jeden einzelnen Konzern findet der Leser in den Datenbanken auf der Homepage des IfM: www.mediadb.eu.

4.5 Typisierung nach räumlichen Strukturmerkmalen

Eng verbunden mit der Größe des Medienunternehmens, ist der Grad der Internationalisierung vor allem auf den Absatzmärkten (vgl. Gläser 2014: 83). Natürlich können auch produktionstechnische und kostenorientierte Überlegungen dazu führen, über eine Ausbreitung oder Verlagerung zumindest von Teilen des Unternehmens nachzudenken. Aber anders als in vorwiegend materiellen Güterindustrien, sind die Vervielältigungskosten wenig personalbelastet und eher technologiegetrieben. Die Kreativkosten wiederum fallen häufig an bestimmten Orten an und sind nicht in nennenswerten Größenordnungen auszulagern. Daraus folgt, dass der Standort des Unternehmens gesamtbetrieblich wohlüberlegt sein muss, alle weiteren Wachstumsbemühungen aber eher an den Absatzmärkten ausgerichtet werden.

Hinsichtlich der geografischen Verortung und Ausbreitung eines Medienunternehmens stehen damit drei Entscheidungen im Vordergrund: Zunächst ist die **Standortwahl** zu treffen und im Weiteren ist darüber zu befinden, ob sich das Unternehmen auf einen Produktionsort und ein Absatzgebiet beschränken soll, oder ob es sich im Wachstum dezentralisiert. Ein über die Grenzen des nationalen Absatzraums hinausgehende Expansion ist in der Regel nur über eine Dezentralisierung möglich. Hier greift auch der dritte Fragenkomplex, den das Management zu beantworten hat: Welche Absatzmärkte sollen erschlossen werden und welche Expansionsstrategie soll hier umgesetzt werden?

Zusammenfassend kann festgestellt werden, dass eine Standortwahl insbesondere, aber eben nicht nur bei Gründung des Unternehmens ansteht. Auch immer dann, wenn das Unternehmenswachstum neue Anforderungen stellt, die der alte Standort nicht (mehr) erfüllt, muss über den bzw. weitere Standorte entschieden werden. Sowohl die Standortwahl (und damit auch implizit die Wahl der regionalen Abgrenzung der Unternehmensaktivitäten) als auch die Entscheidung für oder gegen eine Internationalisierung gehört zu den konstitutiven Entscheidungen eines Unternehmens und hilft Unternehmen zu typologisieren, wie in den beiden Folgeabschnitten dargestellt wird.

4.5.1 Die Wahl des Standortes

Der Standort ist der geografische Ort, an dem ein Unternehmen seine Produktionsfaktoren kombiniert (vgl. Thommen et. al 2017: 38). Um entscheiden zu können, welcher Standort (Land, Region, Stadt) für das Unternehmen der richtige ist, werden die Anforderungen, die das Unternehmen an den Standort stellt, mit den örtlichen Gegebenheiten der Standorte verglichen, die zur Auswahl stehen. Diese Anforderungen können je nach Wertstufe, die betrachtet wird, sehr unterschiedlich sein. So können die Ansprüche, die die Produktion des Urmasters stellt (z. B. qualifiziertes Personal), völlig anders ausgestaltet sein als die Bedarfe, die die technische Vervielfältigung und die

Distribution fordern (z. B. logistische Infrastruktur oder Kundennähe). Beide Anforderungsbündel wiederum können sich noch einmal grundsätzlich von den Bedingungen unterscheiden, die das Unternehmen als Ganzes stellt (z. B. die Steuerbelastung).

Praxisbeispiele:
Exemplarisch sei angenommen, dass ein Buchverlag Haus- oder Abschlussarbeiten von Studierenden ohne ernsthafte Qualitätsprüfung veröffentlicht. In diesem Fall laden die Studierenden ihre Arbeiten über ein Online-Portal hoch. Der Verlag beantragt eine ISBN-Nummer und bedient viele Verkaufsplattformen mit dem neuen Titel. Dieser Titel kann nun weltweit käuflich erworben werden. Soweit eine Printausgabe nachgefragt wird, werden die Dateien von einem externen Partner on demand endfertig gedruckt und versendet. Die Bezahlung und Verrechnung erfolgt über digitale Bezahlsysteme.

Für dieses Geschäftsmodell ist eine gute IT-Logistik vonnöten; mehr nicht. Der Standort des Verlages ist völlig ohne Belang, soweit eine gute IT-Anbindung gegeben ist. Das Gleiche gilt für jegliche Art digitaler Dienstleistungen. Wenn beispielsweise Kataloge gestaltet oder Fotos bearbeitet werden müssen, dann ist es (eine gute technische Verbindungslogistik vorausgesetzt) völlig gleichgültig, wo der Dienstleister domiziliert ist; ob in Neu-Delhi oder in einem Vorort einer deutschen Kleinstadt.

Anders sieht es aus, wenn ein Verlag eine lokale Zeitung produziert. Die Redaktion muss örtlich vertreten sein, um an ihre „Geschichten" zu kommen und auch die Druckerei muss in relativer Absatzraumnähe stehen, weil ein Transport über Ländergrenzen hinweg die Zuverlässigkeit pünktlicher Lieferungen etc. beeinträchtigen würde.

Noch differenzierter zu betrachten wäre die Standortwahl einer TV-Filmproduktionsgesellschaft. Der Postproduktionsprozess im Studio und die Vervielfältigung des Films über ein Kopierwerk kann an einem beliebigen technisch geeigneten Standort abgearbeitet werden. Auch die Produktionslocations sind weitgehend von den vorgesehenen Drehorten bestimmt. Sie ändern sich projektbezogen permanent und sind unabhängig vom Standort der Produktionsgesellschaft.

Wenn es aber darum geht, potenzielle Kooperationspartner, Fachpersonal, Schauspieler und auch Kunden (z. B. TV-Anstalten) kontakten und ein entsprechendes Beziehungsnetzwerk pflegen zu können, dann hat der Standort eine große Bedeutung. Nicht ohne Grund existieren in Deutschland vier Hotspots der Filmindustrie – die Ökonomie spricht hier von **Clusterbildungen** – in denen z. B. Know-how-Träger kumuliert angesiedelt sind. Diese Hotspots sind Berlin, Hamburg, Köln und München.

Um den geeigneten Standort oder vielleicht die geeigneten Standorte für verschiedene Betriebsfunktionen zu finden, stellt ein Unternehmen einen Katalog von Standortfaktoren zusammen. Standortfaktoren sind die Kriterien, die die Wahl eines Standortes maßgeblich beeinflussen. Hier werden **Muss-Kriterien**, die unbedingt erfüllt sein müssen, und **Wunsch-Kriterien** unterschieden, bei denen lediglich der Erfüllungsgrad von Bedeutung ist. Allgemein von Bedeutung sind vor allem die folgenden Standortfaktoren (vgl. Tab. 4.5 und fortfolgend Thommen et al. 2017: 39 f.):

Tab. 4.5: Standortfaktoren und Wahlkriterien

Standortfaktoren	Wahlkriterien (Beispiele)
arbeitsbezogene	Anzahl zur Verfügung stehender Arbeitskräfte, deren berufliche Qualifikationen sowie die Kosten der Arbeitskräfte.
materialbezogene	Transportkosten, Zuliefersicherheit und damit verbundene Vorratshaltung, die Art des Produktes (z. B. materielles oder immaterielles Produkt; leicht verderblich, transportsensibel, sperrig etc.).
absatzbezogene	Kundennähe (direkter Kontakt notwendig?), vorhandene Wettbewerber (Konkurrenzdichte), (potenzielle) Nachfrage (Menge), Transportfähigkeit der Produkte und Frist zwischen Aufkommen des Bedarfs und dem angestrebten Zeitpunkt der Versorgung des Kunden im Vordergrund.
verkehrsbezogene	Ausbaugrad der Infrastruktur bzw. die Vielfalt der Verkehrsmittel und deren Anbindungen.
immobilienbezogene	Immobilienpreise, Mieten, Verfügbarkeit, Größe und Qualität der Immobilien.
umweltbezogene	Gesetzesvorgaben zum Landschafts-, Lärm- und Gewässerschutz
abgabenbezogene	Höhe der Steuern, Beiträge und Gebühren.
clusterbezogene	Möglichkeiten des engen Zusammenspiels (Ansammlungen) von Know-how-Trägern und weiteren Faktoren, die gebündelt sind (z. B. Produktionsfacilities)
politisch-rechtliche	Stabilität des Landes oder der Region und die damit verbundene Rechtssicherheit, Wechselkursschwankungen oder das Subventionsklima

Welche Relevanz die einzelnen in Tab. 4.5 gelisteten Faktoren für die geografische Verortung von Medienunternehmen haben, muss das jeweilige Unternehmen individuell entscheiden. Hier unterscheiden sich aktuell berichterstattende Unternehmen mit großer kultureller Nähe zu den Kunden (z. B. Zeitungsverlage) sicherlich stark von international agierenden Unternehmen der kulturübergreifenden Unterhaltungsindustrie (z. B. Musik- oder Gameindustrie).

Um die Standortwahl in den Grenzen der methodischen Möglichkeiten zu objektivieren, werden **Nutzwertanalysen** durchgeführt. Eine Nutzwertanalyse unterstützt die rationale Entscheidungsfindung bei komplexen Problemen und gehört zu den qualitativen, nicht-monetären Methoden. Nutzwertanalysen werden auch Punktbewertungsverfahren oder Scoring-Modelle genannt. Im Umfeld betrieblicher Entscheidungsfindungen werden sie häufig und in allen Unternehmensfunktionen angewandt: von der Standortwahl, über die Produkt- oder Kundenanalyse bis hin zur Personalauswahl (nähere Ausführungen Nutzwertanalyse und ein Beispiel zur Standortwahl findet der Leser in Kapitel 10.2).

4.5.2 Die Wahl der geografischen Ausbreitung

Der Grad der geografischen Ausbreitung eines Unternehmens ist weniger davon abhängig, wo das Rechtsgebilde seinen „Sitz" hat, als mehr davon, wie die Unternehmenstätigkeit räumlich strukturiert ist (vgl. Schierenbeck und Wöhle 2016: 51 ff.).

Ein Unternehmen kann zentralisiert aufgestellt sein. Dies ist der Fall, wenn die Produktion an einem Standort gebündelt ist und der die Warenlogistik so aufgestellt ist, dass auch der Absatz des Leistungsangebotes auf eine Region konzentriert ist. Ein Unternehmen ist hingegen dezentral aufgestellt, wenn dies nicht der Fall ist. Als Einteilungskriterium für die Ausbreitung des Unternehmens dienen der Ort bzw. die Orte, an denen das Unternehmen aktiv ist (vgl. folgend Thommen et al. 2017: 38 f. und Gläser 2014: 82). Die BWL unterscheidet hier die in Tab. 4.6 aufgeführten Standortkategorien bzw. Unternehmenstypen:

Tab. 4.6: Unternehmenstypen und geografische Ausbreitung

Unternehmenstyp	geografische Ausbreitung	Ausprägung/Beispiele
lokale Unternehmen	lokaler Standort	Das Unternehmen ist mit seinen Aktivitäten in erster Linie auf einen lokal begrenzten Raum, eine Stadt oder ein Ballungsgebiet konzentriert. Typische Beispiele sind lokale Rundfunkanstalten, kleine Agenturen, Studios und Druckereien.
regionale Unternehmen	regionaler Standort	Das Unternehmen ist in einer Region aktiv (Bundesland oder Metropolen, wie das Ruhrgebiet). Dabei ist es unerheblich, ob das Unternehmen zentral oder dezentral in der Region aufgestellt ist. Typische Beispiele sind die öffentlich-rechtlichen Rundfunkanstalten der ARD, Privatradios oder regionale Zeitungsverlage.
nationale Unternehmen	nationaler Standort	Das Unternehmen ist bundesweit tätig und unterhält auch verschiedene Betriebsstätten im Inland. Typische Beispiele sind die privaten TV-Sender (RTL, Sat.1 etc.) und die überregional aktiven öffentlich-rechtlichen TV-Anstalten (ARD, ZDF), aber auch überregionale Printverlage (Zeitung, Zeitschrift und Buch) und kleinere Musikverlage sowie Internet-Contentanbieter.
internationale Unternehmen	internationaler Standort	Das Unternehmen produziert hauptsächlich im Inland, exportiert seine Produkte aber auch in andere Länder. Typische Beispiele sind größere Musik-Verlage, Game-Publisher oder die internationale Filmindustrie.
multinationale Unternehmen	multinationale Standorte	Das Unternehmen kennt hinsichtlich seiner Leistungserstellung und -verwertung keine Landesgrenzen. In der Regel werden in verschiedenen Ländern Tochtergesellschaften unterhalten. Typische Beispiele sind Zeitungs-und Zeitschriftenverlage, aber auch die Senderfamilien der privaten Rundfunkunternehmen

Während in der herkömmlichen Sachgüterindustrie die internationale (bis hin zur globalen) Ausbreitung der Unternehmen zunehmend an Bedeutung gewinnt, ist die Medienbranche vor allem für die multinationale Dezentralisierung prädestiniert. Dies deswegen, weil Medienprodukte insbesondere kulturelle Besonderheiten, wie beispielweise sprachliche Barrieren, berücksichtigen müssen. Um Reibungsverluste so klein wie möglich zu halten, wachsen viele Unternehmen über Kooperationen, Beteiligungen (vor allem Joint Ventures) und Akquisitionen oder die Gründung von Tochtergesellschaften (vgl. Kapitel 4.2.2).

Fragen zu Kapitel 4.5

?

1. Ist die Standortwahl für Medienunternehmen relevant? Begründen Sie bitte Ihre differenzierte Antwort.
2. Welche Faktoren können die Standortwahl beeinflussen?
3. Wie kann eine Standortanalyse durchgeführt werden?

4.6 Klassifizierung nach der Rechtsform

„Jedes Unternehmen in Deutschland muss in Form einer der gesetzlich zugelassenen Rechtformen geführt werden." (Paul 2015: 197). Die Rechtsform hat weitreichende und langzeitliche Auswirkungen auf viele Lebensbereiche des Unternehmens. Damit gehört die Wahl der Rechtsform neben der Standortwahl ebenfalls zu den konstitutiven Entscheidungen, die ein Unternehmer zu treffen hat.

Die Entscheidung, in welcher Rechtsform ein Betrieb geführt werden soll, steht zwingend an, wenn das Unternehmen entsteht. Die Frage kann sich aber auch neu ergeben, wenn sich beispielsweise die Eignerstrukturen ändern oder wenn das Unternehmen ein bestimmtes Größenwachstum hinter sich gebracht hat und sich dadurch Rahmenbedingungen ändern. Solche Rahmenbedingungen können die Kapitalbeschaffung sein, die Haftung, die Geschäftsführungsbefugnisse, die Gewinnverteilung etc.

Durch die Rechtsform werden die Regeln bestimmt, nach denen Unternehmen ihre Beziehungen im Innenbereich und im Außenbereich gestalten können oder müssen. Im Innenbereich geht es vor allem um die Beziehungen zwischen den Gesellschaftern bzw. Anteilseignern und den Mitarbeitern. Im Außenverhältnis werden die Beziehungen geregelt, die das Unternehmen zu Kunden, Lieferanten und Gläubigern pflegt. Die Rechtsnormen sind vor allem im Gesellschaftsrecht hinterlegt; insbesondere im Bürgerlichen Gesetzbuch (BGB), im Gesetz betreffend die Gesellschaften mit beschränkter Haftung (GmbHG), im Aktiengesetz (AktG) und im Handelsgesetzbuch (HGB).

Grundsätzlich werden die privatwirtschaftlichen Formen der Einzelunternehmungen, der Personen- und Kapitalgesellschaften sowie Mischformen und einige wenige sonstige Rechtsformen (Genossenschaft, Versicherungsvereine auf Gegenseitigkeit (VVaG) und Stiftungen) unterschieden. Davon abgegrenzt werden öffentlich-rechtliche Formen ohne und mit eigener Rechtspersönlichkeit. Hier ist vor allem die Anstalt des öffentlichen Rechts für die Medienwirtschaft interessant (vgl. Abb. 4.6 in Anlehnung an Gläser 2014: 84).

In Einzelunternehmungen vereint eine natürliche Person alle Rechte und Pflichten auf sich. Personengesellschaften sind ein Zusammenschluss natürlicher Personen, Kapitalgesellschaften sind hingegen sind juristische Personen, die eine eigene Rechtspersönlichkeit haben und deren Existenz nicht an bestimmte natürliche Personen gebunden ist. Eine Anstalt des öffentlichen Rechts (AdöR) ist eine mit einer öffentlichen Aufgabe betraute Institution, deren Aufgabe ihr gesetzlich oder satzungsmäßig zugewiesen worden ist. Sie sind rechtlich aus der allgemeinen Staatsverwaltung ausgegliedert und daher selbst rechtsfähig.

In den folgenden Kapitelabschnitten werden insbesondere **die für die Medienwirtschaft wichtigsten Gesellschaftsformen** anhand der relevantesten Merkmale beschrieben. Diese Merkmale sind: Rechtsgrundlagen, Leitungsbefugnis, Kontroll-

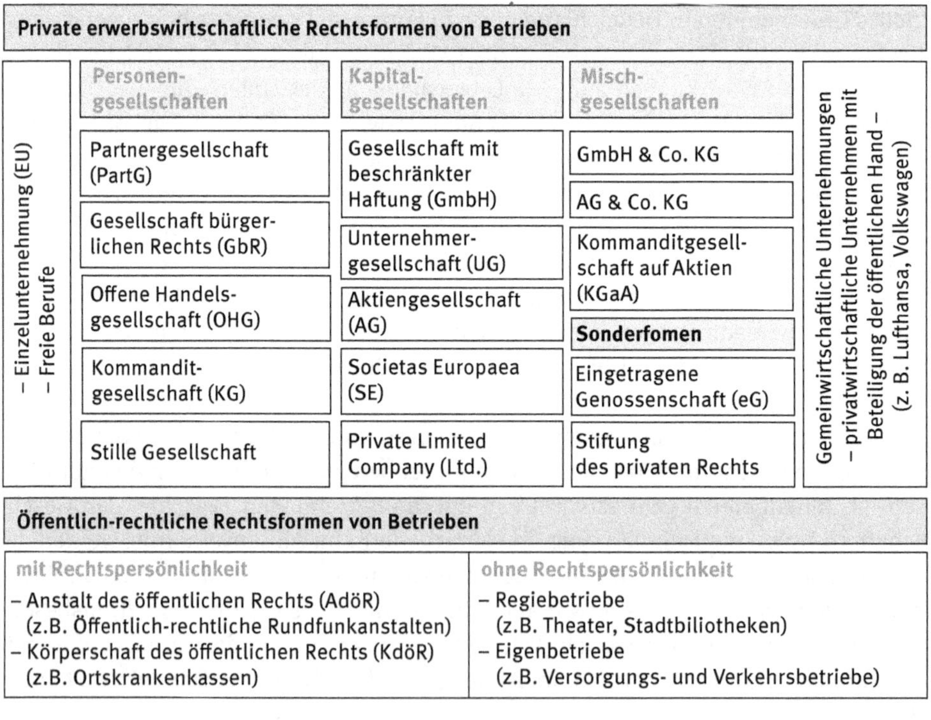

Abb. 4.6: Rechtsformen von Betrieben in der Medienwirtschaft

rechte, Haftung, Kapitalausstattung, GuV-Verteilung, Finanzierungspotenzial, Publizitätspflichten und Mitbestimmungsrechte für Arbeitnehmer (vgl. hier und folgend Schierenbeck und Wöhle 2016: 38 ff.; Paul 2015: 196 ff., Gläser 2014: 84 ff.; Wöhe und Döring 2013: 212 ff., Olfert 2005: 43 ff.; Eisenführ und Theuvsen 2004: 129 ff.).

4.6.1 Einzelunternehmen und Freiberufler

Als Einzelunternehmen gilt jeder Gewerbebetrieb, der von einer einzelnen natürlichen Person geführt wird. In Deutschland existieren 2017 rund 2,3 Mio. Gewerbebetriebe, die von Einzelunternehmern geführt werden. Das sind etwas mehr als 60 Prozent aller Unternehmen (ca. 3,65 Mio.). Ein Gewerbe muss beim Gewerbeamt angemeldet werden. Das Amt stellt daraufhin den Gewerbeschein aus.

Merke: !

Ein **Gewerbe** ist eine nach außen erkennbare, erlaubte, selbstständige wirtschaftliche Tätigkeit, die auf Dauer angelegt ist, zum Zwecke der Gewinnerzielung ausgeübt wird und nicht zu den freiberuflichen Tätigkeiten gezählt wird.

In der Regel (nicht immer) führen Kaufleute ein Unternehmen. Der Kaufmannsbegriff kann ökonomisch und rechtlich interpretiert werden. Im Umfeld der Unternehmensformen ist nicht der Kaufmann als Unternehmer gemeint, sondern der rechtliche Begriff im Sinne des Handelsgesetzbuches.

Merke: !

Ein **Kaufmann**/eine **Kauffrau** im Sinne des Handelsgesetzbuches (HGB) ist nach § 1 Abs. 1 HGB, wer ein Handelsgewerbe betreibt.
Es werden im Wesentlichen drei **Kaufmannsarten** unterschieden:

1. Istkaufmann nach § 1 HGB: Jeder, der ein Handelsgewerbe betreibt.
2. Kannkaufmann nach § 2 HGB: Kleingewerbetreibender und im handelsrechtlichen Sinne zunächst kein Kaufmann und damit nicht den Regelungen des HGB unterworfen. Er kann seine Firma aber ins Handelsregister eintragen lassen und wird damit zum Kaufmann.
3. Formkaufmann nach § 6 HGB: Jedes Privatrechtssubjekt, das aufgrund seiner Rechtsform als Kaufmann einzuordnen ist (Handels- und Kapitalgesellschaften sowie Genossenschaften).

4.6.1.1 Die Einzelunternehmung (EU)

Der **Einzelunternehmer** ist ein Kaufmann im Sinne des HGB (§ 1 Abs. 1 HGB), außer in den Ausnahmefällen, in denen „das Unternehmen nach Art oder Umfang einen in kaufmännischer Weise eingerichteten Geschäftsbetrieb nicht erfordert“[9] (§ 1 Abs. 2 HGB).

Der Kaufmann ist nach § 29 HGB verpflichtet, die **Firma** in das Handelsregister eintragen zu lassen. Die Firma ist der Name, unter dem ein Kaufmann seine Geschäfte betreibt. Ausgewiesen wird die Eintragung durch die Deklaration als „eingetragener Kaufmann“ (e. Kfm.) oder „eingetragene Kauffrau“ (e. Kfr.). Üblich ist aber auch die geschlechtsneutrale Abkürzung „e. K.“ (Beispiel: Willi Wuchtig DVD-Handel e. K.)

Die Rechtsgrundlagen für das Einzelunternehmen finden sich in §§ 1 bis 104 HGB. Hier ist u. a. geregelt, dass die Einzelfirma keine eigene Rechtspersönlichkeit besitzt, aber ein Kaufmann unter seiner Firma klagen und verklagt werden kann (§ 17 Abs. 2 HGB). Träger von Rechten und Pflichten ist der Unternehmer als natürliche Person. Dementsprechend liegen auch alle Leistungs- und Kontrollbefugnisse in seinen Händen. Allerdings trägt er auch die volle finanzielle Verantwortung. Für die Verbindlichkeiten des Unternehmens haftet der Einzelunternehmer persönlich und unmittelbar mit seinem gesamten Betriebs- und Privatvermögen. Gewinne und Verluste werden ausschließlich dem Unternehmer zugeordnet.

Die Kapitalausstattung des Unternehmens erfolgt durch Einlagen in das Betriebsvermögen. Entnahmen verringern die Kapitalausstattung. Im Falle, dass Fremdfinanzierungen notwendig sind, prüfen die Banken die privaten Vermögensverhältnisse sowie die persönliche Reputation.

Um das Unternehmen (insbesondere steuerlich) prüfen zu können, ist der Kaufmann verpflichtet Bücher zu führen und einen Jahresabschluss zu erstellen. Eine Publikation des Jahresabschlusses ist nicht erforderlich. Das Gleiche gilt auch für die Prüfung des Abschlusses durch einen Wirtschaftsprüfer.

In der Medienwirtschaft betrifft diese Rechtsform nur sehr wenige Teilnehmer. Die Teilnehmerzahl erhöht sich ganz leicht, wenn auch Komplementärgüteranbieter hinzugerechnet würden.

---

9 Wann ein Unternehmen einen in kaufmännischer Weise eingerichteten Geschäftsbetrieb erfordert (also die Kaufmannseigenschaft und nicht ein Kleingewerbe vorliegt), ist nicht einheitlich geregelt, sondern wird nach dem Gesamtbild der Verhältnisse beurteilt. Dabei geht § 238 HGB von der Vermutung zu Gunsten der Kaufmannseigenschaft aus, die im Einzelfall widerlegt werden kann. Als kritische Größen werden u. a. die Höhe des Anlage- und Umlaufvermögens herangezogen, die Vielfalt und der Umfang des Leistungsprogramms, der Umsatz, die Anzahl der qualifizierten Beschäftigten und die räumliche Ausdehnung des Betriebes.

4.6.1.2 Der freie Beruf

Freiberufler sind Angehörige der „freien Berufe" und gehören nicht in die Kategorie Gewerbetreibende. Dementsprechend sind Freiberufler auch keine Kaufleute und nicht dem Kaufmannsrecht, das im HGB kodifiziert ist, unterworfen. Eine Anmeldung im Handelsregister ist nicht vorgesehen.

Der Freiberufler führt keine Firma, d. h., er „firmiert" unter seinem Namen. Zu den freiberuflichen Tätigkeiten gehört die selbstständige Erbringung von Dienstleistungen, die sich durch besondere berufliche Qualifikation oder schöpferische Begabung auszeichnet und persönlich, eigenverantwortlich und fachlich unabhängig erbracht werden. Sie werden von gewerblichen Tätigkeiten abgegrenzt.

Zu den freien Berufen gehören laut Einkommensteuergesetz (EStG) alle Berufe, die selbstständig ausgeübt werden und wissenschaftlicher, künstlerischer, schriftstellerischer, unterrichtender oder erzieherischer Art sind: Journalisten, Bildberichterstatter, Regisseure, Schriftsteller, Künstler, Rechtsanwälte und Notare, Ingenieure, Architekten, Steuerberater und Wirtschaftsprüfer, Ärzte, Masseure, Hebammen, Physiotherapeuten und Heilpraktiker sowie Dolmetscher, Übersetzer, Lotsen, Wissenschaftler, Lehrer und Erzieher.

Für die Medienwirtschaft haben die Vertreter freier Berufe eine große Bedeutung, da sie einen großen Anteil an der kreativen Wertschöpfung zur Medienproduktion beitragen. Ausgehend von der umsatzsteuerrechtlichen Kleinunternehmensgrenze nach § 19 UStG arbeiten in Deutschland ca. 18.000 Journalisten und Pressefotografen, fast 8.000 Schriftsteller und einige zehntausend Dienstleister im Umfeld von Design, Film und Funk. In diese Mengen sind gemäß § 19 UstG nur Wirtschaftseinheiten eingerechnet, die mehr als 17.500 Euro jährlich umsetzen (vgl. Dreiskämper 2017: 126). Die unzähligen nebenberuflich Tätigen werden statistisch nicht erfasst.

Da Freiberufler ihren (vor allem steuerrechtlich vorteilhaften) Status nur dann behalten, wenn sie eben keine gewerblichen Tätigkeiten ausüben, müssen sie aufpassen (vgl. Hofert 2012: 21 ff.). Denn der Verkauf ihrer Leistungen stellt in der Praxis ein häufiges Problem dar: Wenn ein Designer, ein Schriftsteller oder ein Regisseur seine Dienstleistung vermarktet, ist er freiberuflich tätig. Wenn er aber ein Bild, ein Buch oder einen Film verkauft, betreibt er Handel. Selbst wenn nur zwei Prozent gewerblicher Umsätze getätigt wurden, erlischt die Freiberuflichkeit steuerrechtlich insgesamt (vgl. BFH-Urteil vom 11.08.1999; das Steuerecht spricht hier von der „Infektionstheorie"). Die Rechtsfolgen werden in der Regel dadurch vermieden, dass die gewerblichen und die freiberuflichen Umsätze in separaten Gesellschaften getätigt werden.

Für den freiberuflich Tätigen gelten, mit Ausnahme der gewerberechtlichen Bestimmungen, die gleichen Bedingungen wie für den Einzelunternehmer: Der Freiberufler ist alleiniger Träger von Rechten und Pflichten, hält alle Leistungs- und Kontrollbefugnisse in seinen Händen, trägt allein die finanzielle Verantwortung und haftet für alle Verbindlichkeiten persönlich und unmittelbar mit seinem gesamten Betriebs- und Privatvermögen. Gewinne und Verluste werden ausschließlich dem Unternehmer zugeordnet.

Die Kapitalausstattung des Unternehmens erfolgt durch private Einlagen in das Betriebsvermögen. Um das Jahresergebnis zu ermitteln, ist der Freiberufler verpflichtet, seine Gewinne/Verluste durch eine Einnahmen-Überschuss-Rechnung festzustellen. Eine Publikation ist nicht erforderlich.

4.6.2 Personengesellschaften

Eine Personengesellschaft ist ein Zusammenschluss von mindestens zwei Personen (natürliche und/oder juristische) zur Erreichung eines gemeinsamen Zweckes. Eine Personengesellschaft ist keine juristische Person, kann aber trotzdem Träger von Rechten und Pflichten sein. Das heißt, sie verfügt über eine eingeschränkte Rechtsfähigkeit und kann Rechte erwerben und Verbindlichkeiten eingehen (vgl. § 14 BGB).

Personengesellschaften zeichnen sich vor allem dadurch aus, dass die beteiligten Gesellschafter (die Menschen) im Mittelpunkt stehen. Das wiederum zeigt sich konkret z. B. daran, dass bei einer Personengesellschaft der Gewinn im Wesentlichen nach Köpfen bzw. nach dem Beitrag des Gesellschafters zum Unternehmenserfolg verteilt wird und nicht die Kapitalhöhe allein über den Gewinnanteil entscheidet; dass sie die Geschäftsführung innehaben und die Gesellschaft nach außen vertreten; dass die Gesellschafter namentlich im Handelsregister verzeichnet werden (vgl. § 106 Abs. 2 Nr. 1 HGB) und dass Regelungen getroffen werden, was nach Ausscheiden bzw. Tod eines Gesellschafters geschieht.

Darüber hinaus ist für Personengesellschaften gültig, dass kein Mindestkapital vorhanden sein muss und dass nicht die Gesellschaft, sondern die Gesellschafter der Einkommensteuer unterliegen.

Rund zwölf Prozent der Unternehmen in Deutschland nutzen die Rechtsformen von Personengesellschaften. Zu ihnen gehören die Partnergesellschaft (PartG), die Gesellschaft des bürgerlichen Rechts (GbR oder BGB-Gesellschaft), die Offene Handelsgesellschaft (OHG), die Kommanditgesellschaft (KG) und die Stille Gesellschaft.

4.6.2.1 Die Gesellschaft bürgerlichen Rechts (GbR)

Die Gesellschaft bürgerlichen Rechts ist eine auf Vertrag beruhende Gemeinschaft von mindestens zwei (natürlichen oder juristischen) Personen, die einen gemeinsamen Zweck verfolgen. Dieser Zweck kann ganz unterschiedlich sein: von der Lotto-Tipp- oder Fahrgemeinschaft, über Journalistenbüros und Gemeinschaftspraxen oder -kanzleien bis hin zu Arbeitsgemeinschaften z. B. im Baubereich. Häufig werden sie als Gelegenheitsgesellschaften auf Zeit (für Projekte) gegründet. Der Gründungsvertrag kann mündlich, schriftlich oder durch konkludentes Handeln abgeschlossen werden.

Rechtsgrundlage der GbR sind die §§ 705–740 BGB. Die GbR ist keine juristische Person, hat also keine eigene Rechtspersönlichkeit. Sie ist also i. d. R. nicht selbst Trägerin von Rechten und Pflichten. Stattdessen treffen die einzelnen Gesellschafter persönlich die Rechte und Pflichten. Nach neuster Rechtsprechung des BGHs wird jedoch die Rechtspersönlichkeit teilweise angenommen. Dies soll laut BGH der Fall sein, wenn die GbR nach außen deutlich sichtbar geschäftlich tätig geworden ist. Insofern kann eine GbR also doch selbst Rechtsinhaberin sein und klagen oder verklagt werden.

Eine GbR hat keine Firmeneigenschaften und kein eignes Vermögen. Das Vermögen ist Gesamthandseigentum, über das die Gesellschafter nur gemeinsam verfügen können. Die Leitung (Geschäftsführung und Vertretung) und damit auch alle Kontrollrechte obliegen allen Gesellschaftern gemeinsam.

Für die Verbindlichkeiten der Gesellschaft haftet neben dem Gesamthandseigentum alle Gesellschafter mit ihrem gesamten Vermögen als Gesamtschuldner (§§ 420 ff. BGB). Ausgleichsansprüche gegenüber Mitgesellschaftern werden im Innenverhältnis geregelt. Wegen der gesamtschuldnerischen und unbegrenzten Haftung der einzelnen Gesellschafter hat der Gesetzgeber auf eine Mindestkapitalausstattung der Gesellschaft verzichtet. Die Finanzierung der Gesellschaft speist sich aus den Einlagen der Gesellschafter. Das Finanzierungspotenzial durch Fremdkapital richtet sich an der Kreditwürdigkeit der Gesellschafter.

Soweit nicht anders vertraglich vereinbart, partizipieren alle Gesellschafter zu gleichen Teilen an Gewinnen bzw. Verlusten. Diese werden – soweit kein in einer kaufmännischen Weise eingerichteter Geschäftsbetrieb vorliegt – in einer Einnahme-Überschussrechnung ermittelt. Ein handelsrechtlicher Jahresabschluss muss nicht erstellt werden. Prüfungs- und Publizitätspflichten existieren ebenfalls nicht. Das Gleiche gilt für Mitbestimmungsrechte der Arbeitnehmerschaft.

Die GbR gilt als Urform aller Personengesellschaften Im Umfeld der Medienwirtschaft findet sich die GbR als Gesellschaftsform häufig in Kreativbereichen (Journalismus, Design, Filmproduktion).

4.6.2.2 Die Partnergesellschaft (PartG)

Viele Freiberufler teilen sich mit Kollegen Büroräume, Equipment, Personal und andere Facilities, die der gemeinschaftlichen Berufsausübung dienen, weil es kostengünstiger ist, solche Gemeinkosten zu verteilen. Am häufigsten ist die Partnergesellschaft wohl im Bereich der Anwaltskanzleien, Arztpraxen[10] und journalistischen Gemeinschaften zu finden.

Diesen Bedürfnissen der Freiberufler entspricht die Rechtsform der Partnergesellschaft (PartG). „Die Partnergesellschaft ist als eine Personengesellschaft konzipiert, die kein Handelsgewerbe ausübt (§ 1 I PartGG) und – im Gegensatz zur GbR – unter ihrem Namen Rechte erwerben kann, grundbuchfähig ist, klagen und verklagt werden kann." (Eisenführ und Theuvsen 2004: 133). Soweit im Partnerschaftsgesetz (PartGG)

10 Hier muss dann begrifflich zwischen der Gemeinschaftspraxis und der Praxisgemeinschaft unterschieden werden. Die Gemeinschaftspraxis ist häufig eine GbR und die Praxisgemeinschaft als Zusammenschluss von selbstständigen Ärzten oder Arztgemeinschaften eine Partnergesellschaft.

nichts anderes bestimmt ist, finden die Vorschriften des Bürgerlichen Gesetzbuches (§§ 705–740) und des Handelsgesetzbuchs (§§ 105–160) über die Gesellschaft Anwendung.

Die Firma trägt den Namen mindestens eines Partners sowie den Zusatz „und Partner“ oder „Partnerschaft“ sowie die Berufsbezeichnung aller vertretenen Berufe. Sie muss ins Partnerschaftsregister eingetragen werden. Angehörige einer Partnerschaft können nur natürliche Personen sein. Bloße Kapitalbeteiligung ist nicht zulässig. Das Rechtsverhältnis der Partner untereinander richtet sich nach dem Partnerschaftsvertrag. Tod und Ausscheiden eines Partners führt nicht zum Erlöschen der Gesellschaft.

Alle Partner haften den Gläubigern für die Verbindlichkeiten der Gesellschaft unbeschränkt und gesamtschuldnerisch. Durch vertragliche Regelung kann aber die Haftung für Ansprüche aus fehlerhafter Berufsausübung auf den Verschuldenden konzentriert werden. In diesem Fall legt der Partnervertrag fest, dass jeder Partner seinen Beruf eigenverantwortlich ausübt und für sein berufliches Handeln persönlich haftet (vgl. hier und folgend Laukemann 2016 sowie Wehrheim und Wirtz 2013).

Partnerschaften können als Gewinn den Überschuss der Betriebseinnahmen über die Betriebsausgaben ansetzen. Die Aufteilung von Gewinn und Verlust auf die Partner ist regelmäßig im Partnerschaftsvertrag geregelt. Trifft der Partnerschaftsvertrag keine Aussage darüber, sind die §§ 110–116 Abs. 2, §§ 117–119 des Handelsgesetzbuchs entsprechend anzuwenden (§ 6 Abs. 3 PartGG). Einkommensteuerpflichtig ist nicht die Partnerschaft, sondern jeder einzelne Partner. Die Partnerschaft ist aber Unternehmer im Sinne des Umsatzsteuergesetzes.

Partnergesellschaften können im journalistischen Bereich als Bürogemeinschaft und im produzierenden Medienbereich (TV-Produktion, Musikstudio etc.) gefunden werden, wenn sich mehrere Unternehmer Personal, vor allem aber Equipment und Räumlichkeiten teilen.

4.6.2.3 Die offene Handelsgesellschaft (OHG)

Die offene Handelsgesellschaft (OHG) ist eine Personengesellschaft, die ein Handelsgewerbe unter gemeinschaftlicher Firma durch zwei oder mehr Personen betreibt, die gegenüber den Gesellschaftsgläubigern unbeschränkt mit ihrem gesamten Vermögen haften. Die Bezeichnung OHG ist zwingender Namensbestandteil der Firma. Ebenso die Eintragung ins Handelsregister. Die OHG ist keine juristische Person. Rechtsgrundlagen sind die §§ 105–160 HGB.

Aufgrund der Vollhaftung aller Gesellschafter verzichtet der Gesetzgeber auch hier auf eine Mindestkapitalausstattung. Das Recht zur Leitung (§ 114 HGB) und Kontrolle (§ 118 HGB) steht allen Gesellschaftern zu. Durch Gesellschaftsvertrag können die Leitungsbefugnisse (nicht die Kontrollrechte) aber auch auf einzelne Gesellschafter konzentriert werden. Die Eigenfinanzierung geschieht über Einlagen, könnte aber auch über die Aufnahme weiterer Gesellschafter organisiert werde. Letztere Variante stellt aber einen Ausnahmefall dar, wegen des engen persönlichen Vertrauensverhältnisses der Gesellschafter in einer OHG (es handelt sich häufig um Familienunternehmen). Die Fremdfinanzierung ist auch hier von der Kreditwürdigkeit der Gesellschafter abhängig.

Die Verteilung von Gewinnen und Verlusten richtet sich nach den Vereinbarungen im Gesellschaftsvertrag. Wenn hier keine Verteilungsbestimmung abgebildet sein sollte (was selten der Fall ist), greifen die Bestimmungen nach § 121 HGB. Hier wird bestimmt, dass die Verlustverteilung nach Köpfen durchgeführt wird. Die Gewinne jedoch werden in einem zweistufigen Procedere verteilt: Zunächst werden die Kapitalanteile der Gesellschafter mit vier Prozent des Kapitalanteils berücksichtigt und dann der übrig gebliebene Gewinn nach Köpfen verteilt.

Beispiel. Die OHG hat vier Gesellschafter. Zwei von ihnen (A und B) haben Kapitalanteile in Höhe von 50.000 Euro. Die beiden anderen (C und D) jeweils 100.000 Euro. Der Gewinn beträgt 412.000 Euro.

Gewinnverteilung: Zunächst erhalten die Gesellschafter A und B jeweils 2.000 Euro (4 Prozent von 50.000) und die Gesellschafter C und D jeweils 4.000 Euro (4 Prozent von 100.000). Die restlichen 400.000 Euro werden nach Köpfen verteilt: Also erhalten die Gesellschafter A bis D zusätzlich noch 100.000 Euro.

Aufgrund der Kaufmannseigenschaft ist die OHG verpflichtet, Bücher zu führen und handelsrechtliche Jahresabschlüsse zu erstellen. Eine Publizitäts- und Prüfungspflicht durch Sachverständige ist nicht vorgeschrieben.

Der Unterschied zwischen einer GbR und einer OHG liegt im Wesentlichen darin, dass die OHG immer dann vorliegt, wenn ein Gewerbe betrieben wird und ein in kaufmännischer Weise eingerichteter Geschäftsbetrieb gegeben ist.

Im Umfeld der Medienwirtschaft ist die OHG als Gesellschaftsform häufig im Verlagswesen (Bücher, Filme, Internetdienstleistungen etc.) oder im Bereich des Medienvertriebs vertreten.

4.6.2.4 Die Kommanditgesellschaft (KG)

Die Kommanditgesellschaft (KG) ist – wie auch die OHG – eine Personengesellschaft, deren Zweck auf den Betrieb eines Handelsgewerbes unter gemeinschaftlicher Firma gerichtet ist und bei der mindestens ein Gesellschafter gegenüber den Gesellschaftsgläubigern unbeschränkt (Komplementär) und mindestens ein Gesellschafter nur mit seiner Einlage haftet (Kommanditist). Den rechtlichen Rahmen zur KG bilden die §§ 161–177a HGB.

Der Unterschied zur OHG liegt vor allem in der Zweiteilung der Gesellschafterstruktur. Es gibt nicht nur Vollhafter, sondern Vollhafter, die mit ihrem gesamten Vermögen gesamtschuldnerisch haften (die Gesellschafter werden Komplementäre genannt) und es gibt Gesellschafter, die in Höhe ihrer vertraglich festgelegten Kapitaleinlage für die Verbindlichkeiten der Gesellschaft haften (§ 171 HGB). Diese Gesellschafter werden Kommanditisten genannt. Von beiden Gesellschaftertypen müssen jeweils mindestens einer vorhanden sein.

Die Rechte und Pflichten der Komplementäre entsprechen bezüglich der Leitungs- und Kontrollbefugnisse denen der OHG-Gesellschafter. Die Kommanditisten sind – wenn der Gesellschaftsvertrag nichts anderes besagt – von der Geschäftsführung (aber nicht vom Kontrollrecht) ausgeschlossen. Die Rechtsverhältnisse der Gesellschafter untereinander sind frei vereinbar; so auch die Gewinn- und Verlustverteilung. Gibt es keine Vereinbarung bezüglich der Gewinnverteilung, so greift § 168 HGB. Auch hier wird die Vier-Prozent-Regel auf die Kapitaleinlage angewendet. Darüber hinaus sollen die Gewinnanteile angemessen verteilt werden. Was angemessen ist, muss innerbetrieblich oder ggfs. gerichtlich geklärt werden.

Die Firma muss im Handelsregister eingetragen werden und trägt die Bezeichnung „Kommanditgesellschaft“ oder „KG“ im Namen.

Das Finanzierungspotenzial setzt sich aus den Vermögensverhältnissen der Komplementäre und der Möglichkeit zusammen, die Einlagen der Kommanditisten zu erhöhen oder neue Kommanditisten aufzunehmen. Darüber hinaus kann Fremdkapital akquiriert werden. Hier greifen ähnliche Bedingungen wie in der OHG.

Auch die KG ist verpflichtet, Bücher zu führen und handelsrechtliche Jahresabschlüsse zu erstellen, aber auch sie braucht die Abschlüsse weder zu publizieren noch prüfen zu lassen.

Im Umfeld der Medienwirtschaft wird die Rechtsform der KG sehr häufig als Mischform (GmbH & Co. KG) angesiedelt (vgl. Ausführungen zur Mischform).

4.6.2.5 Die stille Gesellschaft

Die stille Gesellschaft ist eine Personengesellschaft, bei der sich eine Person, die als stiller Gesellschafter bezeichnet wird, an dem Handelsgewerbe einer anderen Person mit einer Einlage beteiligt. Diese Einlage geht in das Vermögen des Gesellschafters des Handelsgewerbes und nicht in das Vermögen des Handelsgewerbes über. Die Beteiligung ist nach außen nicht erkennbar (deswegen „stille“ Gesellschaft) und daher als eine reine Innengesellschaft zu sehen. Ein paar wenige Vorschriften finden sich in §§ 230–237 HGB.

Die stille Gesellschaft hat den Vorteil für den Geschäftsinhaber, dass er Kapital bekommt, ohne Leistungsbefugnisse abgeben zu müssen und ohne, dass es nach außen als Fremdkapital sichtbar wird. Der stille Gesellschafter, der keine Geschäftsführungsbefugnisse, sondern nur Kontrollrechte hat, genießt den Vorteil, dass er am Gewinn partizipiert, aber kein Verlustrisiko trägt. Im Falle der Insolvenz kann er sein Kapital zurückfordern. Die Verlustbeteiligung des „stillen Kapitals“ kann also vertraglich ausgeschlossen werden.

Zur Häufigkeit der stillen Gesellschaft kann logischer Weise keine gesicherte Aussage gemacht werden.

4.6.3 Kapitalgesellschaften

Kapitalgesellschaften sind Gesellschaften, bei denen nicht die Gesellschafter im Mittelpunkt stehen, sondern das Kapital das ausschlaggebende Kriterium darstellt. Das zeigt sich u. a. darin,
- dass das Ausscheiden oder der Tod eines Gesellschafters keinerlei Auswirkungen auf die Existenz der Gesellschaft hat,
- dass Gesellschafter das Unternehmen nicht führen müssen, sondern die Geschäftsführung an Manager delegieren können,
- dass Gewinn- oder Verlustzuweisungen ausschließlich an Kapitalanteilen festgemacht werden und
- dass die Haftung für die Verbindlichkeiten der Gesellschaft auf das Gesellschaftsvermögen beschränkt ist. Gesellschafter haften nicht ihrem Privatvermögen. Gesellschaft und Gesellschafter sind strikt getrennt zu betrachten.

Aufgrund der Haftungsbeschränkung sieht der Gesetzgeber vor, dass Kapitalgesellschaften mit einem Mindestkapital ausgestattet werden müssen. Zudem gelten für alle Kapitalgesellschaften die Vorschriften des HGB, weil sie automatisch – und unabhängig davon, welche Tätigkeiten sie ausüben – als Kaufmann eingeordnet werden. Eine Kapitalgesellschaft ist kraft ihrer Rechtsform immer eine Kauffrau. Das HGB spricht von einem Formkaufmann (§ 6 Abs. 2 HGB). Eine Kapitalgesellschaft entsteht erst mit ihrer Handelsregistereintragung. Handlungsfähig wird die Gesellschaft erst, wenn die Gesellschafter natürliche Personen beauftragen tätig zu werden.

Kapitalgesellschaften haben eine eigenständige Rechtspersönlichkeit. Sie sind juristische Personen. Juristische Personen sind Träger von Rechten und Pflichten – also rechtsfähig – und handeln durch ihre gesetzlichen Vertreter, d. h., Vertreter unterschreiben Verträge und verpflichtet bzw. begünstigt wird die Gesellschaft. Nicht die Gesellschafter, sondern die juristische Person baut Vermögen auf (vgl. Aktivseite der Bilanz) und häuft Schulden an (vgl. Passivseite der Bilanz). Die Geschäftsanteile sind erblich und können verkauft werden. Die Gesellschaft, nicht der Gesellschafter ist der Kaufmann.

In Deutschland sind rund 700.000 Kapitalgesellschaften aktiv. Das sind rund 19 Prozent aller Unternehmen. Die bekanntesten Vertreter der Kapitalgesellschaften sind die Gesellschaft mit beschränkter Haftung (GmbH) und die Aktiengesellschaft (AG). Aber auch die europäische Variante der AG und die englische Variante der GmbH (SE bzw. Ltd.) sind in Deutschland aktiv. Dazu gibt es seit dem Jahre 2008 noch eine Sonderform der GmbH, die Unternehmergesellschaft.

Auch diese Gesellschaftsformen sollen in den folgenden Ausführungen anhand der zu Beginn des Kapitels aufgezählten Kriterien dargestellt werden.

4.6.3.1 Die Gesellschaft mit beschränkter Haftung (GmbH)

Die Gesellschaft mit beschränkter Haftung (GmbH) ist die bevorzugte Rechtsform für kleine und mittlere Betriebe, deren Gesellschafter ihre Haftung auf die Kapitaleinlage beschränken wollen. Die Gründung erfolgt durch eine oder mehrere (natürliche oder juristische) Personen. Dazu ist ein Gesellschaftsvertrag zu formulieren, der notariell beurkundet werden muss. Rechtsgrundlage ist das GmbH-Gesetz (GmbHG).

Das von den Gesellschaftern einzubringende Mindestkapital (Stammkapital) beträgt 25.000 Euro. Gestückelt werden können die Anteile in 100 Euro-Teile. Das Vermögen der Gesellschaft dient in voller Höhe der Haftung gegenüber den Gläubigern. Gesellschafter haften also nur mit ihrer Kapitaleinlage. Bis die Gesellschaft ins Handelsregister eingetragen ist – dies ist der Entstehungszeitpunkt der juristischen Person – haften die Gesellschafter, die Rechtshandlungen vornehmen, allerdings persönlich und gesamtschuldnerisch.

Die Firma der GmbH kann eine Personenfirma oder eine Sachfirma sein oder einen Fantasienamen tragen, muss aber immer den Zusatz „Gesellschaft mit beschränkter Haftung" in irgendeiner allgemeinverständlichen Form tragen; beispielsweise Nick Nolte GmbH, Filmgesellschaft m.b.H. oder Gesellschaft für Träume mit beschränkter Haftung.

Um die juristische Person nach innen und außen vertreten zu können, braucht die Gesellschaft **Organe**. Diese sind:

1. Der oder die **Geschäftsführer**. Die Geschäftsführer leiten die GmbH. Sie können, müssen aber nicht Gesellschafter der GmbH sein.
2. Die **Gesellschafterversammlung**. Die Gesellschafterversammlung ist das beschließende Organ der GmbH. Sie bestellt und entlastet den/die Geschäftsführer, stellt den Jahresabschluss fest und legt die Verteilung des Reingewinns fest. Der Geschäftsführer hat jedem Gesellschafter auf Wunsch unverzüglich Auskünfte über Vorgänge in der Gesellschaft zu geben.

Gesellschaften, die der Mitbestimmung unterliegen, haben zudem einen Arbeitsdirektor. Ein **Arbeitsdirektor** ist dann zu bestellen, wenn die GmbH mehr als 2.000 Arbeitnehmer beschäftigen. Bei mehr als 500 Beschäftigten muss zudem ein Aufsichtsrat[11] gebildet werden. Der **Aufsichtsrat** überwacht die Geschäftsleitung.

Das Stimmrecht der Gesellschafter ist proportional zur Höhe der Kapitalanteile verteilt. Ebenso verteilt ist die Zurechnung von Gewinnen oder Verlusten. Zum Schutz der Gläubiger hat der Gesetzgeber allerdings eine Ausschüttungssperre in Höhe des Stammkapitals installiert (§ 30 GmbHG).

---

11 Das Betriebsverfassungsgesetz (BetrVG) schreibt die Bildung eines Aufsichtsrats ab 500 Beschäftigten vor. In diesem Fall muss der Aufsichtsrat zu einem Drittel von der Belegschaft gewählt werden. Das Mitbestimmungsgesetz (MitbG) verlangt die Bildung des Aufsichtsrats zu gleichen Teilen durch Anteilseigner und Arbeitnehmer, wenn die Gesellschaft mehr als 2.000 Angestellte hat.

Tab. 4.7: Prüfungs- und Offenlegungsvorschriften

Größenklasse	Prüfung nach § 316 HGB durch Wirtschaftsprüfer	Offenlegung gem. § 325 HGB bzw. § 1 PublG
kleine Kapitalgesellschaften	keine Prüfungspflicht	– Bilanz und Anhang – verkürzte Form – elektronischer Bundesanzeiger
mittelgroße Kapitalgesellschaften	Prüfungspflicht für – Jahresabschluss – Lagebericht	– Jahresabschluss und Lagebericht – verkürzte Form – elektronischer Bundesanzeiger
große Kapitalgesellschaften und sonstige Großunternehmen	Prüfungspflicht für – Jahresabschluss – Lagebericht	– Jahresabschluss und Lagebericht – verkürzte Form – elektronischer Bundesanzeiger

Die Finanzierungsmöglichkeit der GmbH durch Fremdkapital ist durch die Haftungsbegrenzung eingeschränkt. Häufig machen die Banken die Vergabe von Krediten von der Stellung zusätzlicher Sicherheiten abhängig. Beliebt sind vor allem Grundschulden, Forderungsabtretungen oder Bürgschaften durch die Gesellschafter. Übernimmt ein Gesellschafter eine Bürgschaft, wird der Gedanke der beschränkten Haftung ausgehebelt.

Hinsichtlich der Prüfung und Publizität, aber auch der Bestimmungen zur Mitbestimmung unterliegt die GmbH den gleichen gesetzlichen Regelungen wie alle anderen Kapitalgesellschaften (inkl. der GmbH Co.KG, die in diesem Punkt den Kapitalgesellschaften nach § 264a HGB gleichgestellt wird). Diese Bestimmungen sind größenklassenabhängig (vgl. Tab. 4.3 und Tab. 4.7 in Anlehnung an Wöhe und Döring 2013: 225).

Die Prüfungen erfolgen jeweils durch einen vereidigten Wirtschaftsprüfer. Die Jahresabschlüsse werden zur Publikation beim „Bundesanzeiger" elektronisch eingereicht.

Im Umfeld der Medienwirtschaft ist die GmbH die vielleicht beliebteste Gesellschaftsform für kleinere und mittelgroße Gesellschaften im produzierenden Gewerbe. Aber auch Tochtergesellschaften werden häufig in Form einer GmbH gegründet.

4.6.3.2 Die Unternehmergesellschaft (UG)

Die Unternehmergesellschaft (UG) ist eine **Mini-GmbH**, deren Mindeststammkapital nur einen Euro betragen muss (§ 5a GmbHG) und bis 24.900 Euro betragen kann. Ansonsten gelten alle Bestimmungen des GmbHG auch für die Mini-GmbH. Mit einer Ausnahme: Zur Kompensation der mangelhaften Kapitalausstattung muss eine Mini-GmbH eine gesetzliche Rücklage bilden. § 5a Abs. 2 GmbHG bestimmt, dass ein Viertel des jeweils laufenden Jahresgewinns in die Rücklagen einzustellen ist, bis 25.000 Euro

Stammkapital angesammelt worden sind. Sind 25.000 Euro angespart, so hat die Gesellschaft die Wahl, ob sie zukünftig als GmbH auftreten möchte oder nicht.

Die Mini-GmbH dient der Erleichterung von Existenzgründungen und baut die Gründungsbarriere der Mindestkapitalanforderung für sogenannte Start-ups ab. Die Auswirkungen auf die Fremdkapitalbeschaffung liegen auf der Hand, denn Banken scheuen das hohe Ausfallrisiko, das die geringe Eigenkapitalausstattung mit sich bringt.

4.6.3.3 Die Aktiengesellschaft (AG)

Die Aktiengesellschaft (AG) ist eine Kapitalgesellschaft, die strengeren gesetzlichen Regelungen als die GmbH unterliegt. Diese sind im Aktiengesetz (AktG) zu finden. Die Aktiengesellschaft ist eine Handelsgesellschaft mit eigner Rechtspersönlichkeit, an denen sich Eigenkapitalgeber durch den Erwerb von Aktien beteiligen. Die Firma trägt den Namenszusatz AG.

In Deutschland existieren rund 8.000 Aktiengesellschaften, rund 900 davon haben eine Börsenzulassung. Die 30 größten Aktiengesellschaften sind im Deutschen Aktienindex DAX gelistet.

Die AG wird von einer oder mehreren Personen gegründet. Zur Gründung der AG wird ein Gesellschaftsvertrag festgeschrieben, der Satzung genannt wird. Das Mindestkapital der AG beträgt 50.000 Euro und muss bei Gründung zu mindestens einem Viertel eingezahlt werden. Die Stückelung des Kapitals beträgt ein Euro (Nennbetrag) pro Aktie.

Das Grundkapital (von den Aktionären bei der Gründung mindestens aufzubringende Eigenkapital) berechnet sich als Produkt von Nennbetrag und Aktienanzahl. Aktien dürfen nicht unter ihrem Nennwert (unter pari), durchaus aber über ihrem Nennwert (über pari) ausgegeben werden. Die Differenz zwischen Ausgabewert und Nennwert heißt Agio.

Die **Aktie** ist ein Wertpapier, dass seinem Inhaber vier grundsätzliche Rechte garantiert:
- Stimmrecht in der Hauptversammlung (Ausnahme: Vorzugsaktien)
- Recht auf Gewinnbeteiligung (Dividende genannt)
- Aktienbezugsrecht bei Kapitalerhöhung
- Anteil am Liquidationserlös.

Die Aktiengesellschaft hat drei Organe, auf die die Leitungs- und Kontrollrechte in der Gesellschaft verteilt sind: der Vorstand, der Aufsichtsrat (AR) und die Hauptversammlung (HV). Zusätzlich Kontrollrechte liegen beim Abschlussprüfer, der die Buchhaltung und den Jahresabschluss gem. § 316 HGB prüft. Die Organe der Aktiengesellschaft übernehmen die in Tab. 4.8 gelisteten Aufgaben (in Anlehnung an Wöhe und Döring 2013: 224):

Tab. 4.8: Organe und Kompetenzenverteilung in der Aktiengesellschaft

Organe	Kompetenzen
Vorstand (gem. §§ 76 bis 94 AktG)	– leitet die Gesellschaft in eigner Verantwortung – ist nicht an Weisungen des AR oder der HV gebunden – erstellt den Jahresabschluss – besteht meistens aus mehreren Personen – wird durch AR für maximal fünf Jahre bestellt (Wiederwahl ist möglich) – hat weitgehende Berichtspflichten gegenüber dem AR
Aufsichtsrat (gem. §§ 95 bis 116 AktG)	– überwacht den Vorstand – bestellt und ruft Vorstandsmitglieder ab – besteht aus drei bis 21 Mitgliedern – Mitglieder werden durch HV für maximal vier Jahre bestellt – Belegschaft bestimmt AN-Vertreter im AR in mitbestimmten Unternehmen

Hauptversammlung (gem. §§ 118 bis 147 AktG)	– Versammlung der Aktionäre
	– Eine Stimme pro stimmberechtigter Aktie
	– Wichtige Rechte der HV gem. § 119 AktG:
	  – Bestellung der AR-Mitglieder (jenseits Mitbestimmung)
	  – Verwendung des Bilanzgewinns
	  – Bestellung von Abschlussprüfern bzw. Sonderprüfern
	  – Satzungsänderungen, Kapitalveränderungen
	  – Auflösung der Gesellschaft

Die Aktiengesellschaft haftete für ihre Verbindlichkeiten mit ihrem gesamten Vermögen; der Aktionär nur bis zur Höhe des Aktiennennbetrages seines Aktienbestandes. Ist der Betrag voll eingezahlt, ist der Aktionär von einer weitergehenden Haftung für die Verbindlichkeiten der Gesellschaft befreit. Als Gläubigerschutz dient die Ausschüttungssperre für das Gesellschaftsvermögen in Höhe des Grundkapitals.

Gewinne und Verluste werden gleichmäßig auf alle Aktien gleich verteilt. Sonderegeln existieren für Vorzugsaktien. Aktionäre haben Anspruch auf die Hälfte des Jahresüberschusses (§ 58 AktG). Die andere Hälfte kann der Vorstand in „Gewinnrücklagen" für spätere Verwendungszwecke einstellen.

Die Finanzierungsmöglichkeiten einer Aktiengesellschaft sind hervorragend. Sie kann neue Aktien ausgeben und Gewinne einbehalten (Eigenfinanzierung) oder Kapital von außen zuführen (Fremdfinanzierung). Die Prüfungs- und Publizitätspflichten der AG sind mit denen der GmbH identisch. Mitbestimmungsrechte der Arbeitnehmer orientieren sich an der Branche, in der die AG tätig ist und anhand der Unternehmensgröße.

4.6.3.4 Die Societas Europaea (SE)

Die Rechtsform der Societas Europae (SE) basiert auf der europäischen Verordnung (EG) Nr. 2157/2001 sowie der Richtlinie 2001/86/EG über die Beteiligung der Arbeitnehmer und wurde im Jahre 2004 eingeführt.

Die Societas Europaea wird auch **Europa-AG** genannt und ist für Unternehmen geschaffen worden, die bereits supranational in Europa (also in verschiedenen EU-Staaten) tätig sind. Eine Neugründung als SE ist nicht möglich. Sie kann sie nur von bereits bestehenden Kapitalgesellschaften gegründet werden, deren Sitze sich in verschiedenen Mitgliedstaaten der Europäischen Union befinden (sog. Mehrstaatlichkeitspostulat). Auch der Sitz der SE muss in dem Mitgliedsstaat liegen, in dem sich die Hauptverwaltung der SE befindet.

Die Gründung der (supranationalen) Gesellschaft beruht auf der Idee grenzüberschreitender Umwandlungen bzw. Neuorganisationen von Unternehmen, damit sie in einer rechtlich einheitlichen Organisation ohne Gründung ausländischer Tochterunternehmen (für die verschiedene nationale Gesetze gelten würden) expandieren können. Auch die Sitzverlegung der Gesellschaft in andere Länder der EU ist nun ohne Auflösung oder Neugründung möglich.

Das gezeichnete Kapital einer SE beträgt mindestens 120.000 Euro. Die SE kann in ihrer Satzung zwischen dem monistischen System nach angelsächsischem Modell mit einem einheitlichen Verwaltungsrat (Board of Directors) und dem deutschen dualistischen System mit einem Aufsichtsrat und einem Vorstand wählen (vgl. Gläser 2013: 621 f.).

Die Vorteile einer SE liegen darin, dass internationale Konzerne durch die Gründung einer SE eine einheitliche Holding-Gesellschaft errichten können, die im Ergebnis schlankere und kostengünstigere Strukturen aufweist. Darüber hinaus müssen auch nicht mehr die Gewinne aus den (vielen) Tochtergesellschaften in den einzelnen EU-Staaten durch jeweilige Gewinnausschüttungen zusammengetragen werden, sondern entstehen automatisch innerhalb der SE. Dieses Procedere gestaltet die Verwendung wesentlich einfacher.

Aktuell[12] sind rund 2.700 Gesellschaften in Europa in Form der Societas Europaea tätig. Im Umfeld der Medienwirtschaft findet das neue Modell häufig dann Anwendung, wenn hoch diversifizierte Unternehmen mit einem breiten Portfolio im In- und Ausland strategisch als Global Player auftreten wollen. Beispiele sind die Medienkonzerne Axel Springer SE und ProSiebenSat.1 Media SE oder Bertelsmann SE & Co. KGaA (deren Geschäftsführung bei der Komplementärin, der Bertelsmann Management SE liegt).

4.6.3.5 Die Private Limited Company (Ldt.)

Die Private Limited Company (Ltd.) ist vergleichbar mit der deutschen GmbH. Allerdings kann eine Ldt. theoretisch mit einem Gründungskapital von nur einem britischen Pfund (ca. 1,17 Euro; Stand: Februar 2017) ausgestattet werden. Da im Vergleich zur GmbH auch eine notarielle Beurkundung nicht erforderlich ist, liegen auch die Gründungskosten bei der Ltd. geringer.

---

12 Quelle: http:/ecdb.worker-participation.eu (Abruf am 17.02.2017).

Allerdings unterliegt diese Rechtsform grundsätzlich dem britischen Recht (mit Unterhalt eines „Registered Office“ in England), sodass in Verbindung mit der Unterstellung der Zweigniederlassung in Deutschland (als Kapitalgesellschaft mit eigener Rechtspersönlichkeit) unter das deutsche Handels- und Steuerrecht ein höherer laufender, rechtsformbedingter Aufwand entsteht.

Obwohl es sich um eine Kapitalgesellschaft handelt, ist nach britischem Recht in Krisenzeiten die Haftung nicht nur auf das Gesellschaftsvermögen beschränkt. Falls der Geschäftsführer nicht entsprechende Maßnahmen zur Vermeidung einer Insolvenz durchgeführt hat, haftet er mit seinem Privatvermögen (vgl. Schierenbeck und Wöhle 2016: Kap. 2.2). Im Umfeld der deutschen Medienwirtschaft ist die Ldt. kaum vertreten.

4.6.4 Mischformen und Sonderformen

Zu den bekanntesten Mischformen der Gesellschaftsformen gehören GmbH & Co. KG bzw. die AG & Co. KG als Personengesellschaften und die Kommanditgesellschaft auf Aktien (KGaA). Die wahrscheinlich bekanntesten Sonderformen stellen die Genossenschaft und die Stiftung dar. Alle Rechtsformen sind auch im Umfeld der Medienwirtschaft aktiv.

4.6.4.1 Die GmbH & Co. KG bzw. die AG & Co. KG

Die GmbH & Co. KG und die AG & Co. KG sind Spezialformen der KG, bei die juristische Person – die AG bzw. die GmbH – die Funktion des Komplementärs übernimmt. Dabei können die Gesellschafter der AG oder der GmbH gleichzeitig auch Kommanditisten der KG sein.

Die Firma muss den Namen des Komplementärs enthalten. Dazu kommt der Zusatz „& Co. KG“, Dadurch wird die Haftungsbeschränkung, die der Konstruktion innewohnt, gekennzeichnet. Beispiele: Spiegel Verlag Rudolf Augstein GmbH & Co. KG oder Klassik Radio GmbH & Co. KG.

Durch die spezielle Konstruktion dieser Rechtsform ist einerseits die Haftung aller natürlichen Personen, die an einer solchen Unternehmung beteiligt sind, auf ihre Kapitaleinlage beschränkt, andererseits erfolgt die Beschränkung der vollen Haftung des Komplementärs auf das Vermögen der juristischen Person. Darüber hinaus gelten für die Kommanditisten die gesetzlichen Vorschriften zur KG als Personengesellschaft, was insbesondere aus steuerlichen Gründen vorteilhaft sein kann. Spezielle Unterschiede zwischen den beiden Formen AG & Co. KG und GmbH & Co. KG sind in den Unterschieden der beiden Grundformen AG bzw. GmbH zu suchen. (Vgl. Schierenbeck und Wöhle 2016: Kapitel 2.2)

4.6.4.2 Die Kommanditgesellschaft auf Aktien (KGaA)

Die Kommanditgesellschaft auf Aktien ist eine Kombination von KG und AG, wobei die KGaA als juristische Person der AG nähersteht als der KG (und entsprechend auch im AktG geregelt ist). Häufig sind es Familienunternehmen, die eine größere Kapitalbasis suchen, die sich in eine KGaA umwandeln. Das Mindestkapital liegt bei 50.000 Euro. Rechtsgrundlagen bilden die §§ 161–177 HGB sowie §§ 278–290 AktG.

Das Kommanditkapital ist in Aktien verbrieft, mindestens ein Gesellschafter haftet aber als Komplementär unbeschränkt persönlich und ist damit auch zur Geschäftsführung und Vertretung der Gesellschaft befugt.

Die Kommanditaktionäre haben weitgehend die gleichen Rechte und Pflichten wie die Aktionäre einer AG (vgl. folgend Wöhe und Döring 2013: 227). Sie
- leisten eine Einlage in Höhe des Grundkapitals,
- üben als Aktieninhaber das Stimmrecht in der Hauptversammlung (HV) aus, die wiederum den Aufsichtsrat (AR) bestimmt und
- partizipieren am Gewinn bzw. Verlust nach Maßgabe ihrer Aktienzahl.

Der Komplementär muss eine Einlage leisten (§ 281 AktG), die in der Satzung festgelegt wird. Die Aufteilung der Gewinne bzw. Verluste wird in der Satzung geregelt. Gegenüber den anderen Organen der Gesellschaft hat der Komplementär eine ausgesprochen starke Stellung. Er
- hat Leitungsbefugnis kraft Gesetz (§ 278 Abs. 2 AktG), wird also nicht durch AR bestellt,
- hat bei wichtigen Hauptversammlungsbeschlüssen ein Vetorecht (§ 285 Abs. 2 AktG) und
- unterliegt einer schwächeren Kontrolle durch den AR als der Vorstand einer AG.

Die KGaA verbindet die Vorteile der AG (insbesondere was die Finanzierungsmöglichkeiten betrifft) mit der starken Stellung der persönlich haftenden Gesellschafter einer KG. Aufgrund der starken Position der Komplementäre wird diese Rechtsform gerne von Familienunternehmen gewählt, da sie es einerseits ermöglicht, eine breite Kapitalbasis auszuschöpfen (möglicher Börsengang), andererseits aber weitgehend resistent ist gegenüber feindlichen Übernahmeversuchen.

Bekannte Beispiele für Unternehmen, die in der Rechtsform der KGaA verfasst sind, sind Henkel, Merck, Fresenius und Fresenius Medical Care (alles DAX-Unternehmungen). Auch die Lizenzspielerabteilungen einiger Bundesligavereine sind in der Form der KGaA verfasst. So zum Beispiel Borussia Dortmund GmbH & Co. KGaA, Hertha BSC GmbH & Co. KGaA, 1. FC Köln GmbH & Co. KGaA und andere mehr. Im Mittelpunkt dieser Verfassungen steht vor allem die Übernahmeresistenz der Unternehmen.

4.6.4.3 Die eingetragene Genossenschaft (eG)

Die Genossenschaft ist eine Gesellschaft mit eigener Rechtpersönlichkeit (juristische Person) und einer nicht geschlossenen Anzahl an Mitgliedern, die einen wirtschaftlichen Zweck verfolgen. Geregelt werden die Bedingungen der Genossenschaft im Genossenschaftsgesetz (GenG).

Genossenschaften finden sich häufig im Kreditwesen (Volksbanken) und Produktionsgewerbe (Winzergenossenschaften), aber auch vereinzelt in der Medienwirtschaft. Bekannte Vertreterin ist „Die Tageszeitung (taz) Verlagsgenossenschaft eG".

Die Genossen sind i. d. R. natürliche Personen, können aber auch juristische Personen sein. Zur Gründung sind sieben Mitglieder notwendig, die ein Statut (Satzung) formulieren und die Genossenschaft ins Genossenschaftsregister eintragen, das beim Amtsgericht geführt wird. Die Firma kann eine Sach-, Personen oder Fantasiefirma sein, muss aber immer den Zusatz e.G. im Namen tragen.

Mit Eintritt in die Genossenschaft übernimmt das Mitglied den satzungsmäßig festgelegten Geschäftsanteil, der auch zu mindestens einem Zehntel sofort eingezahlt werden muss. Das Eigenkapital der Genossenschaft besteht aus der Summe aller Geschäftsanteile. Durch Ein- und Austritte von Genossen schwankt dieses mehr oder weniger. Das kann zu Finanzierungsproblemen führen, denn Austritte reduzieren einerseits die Eigenkapitalbasis und damit andererseits auch das Haftungskapital.

Als juristische Person verfügt die Genossenschaft über drei Organe: dem Vorstand, dem Aufsichtsrat und der Generalversammlung. Der Vorstand, der aus mindestens zwei Personen bestehen muss, leitet die Gesellschaft. Der Aufsichtsrat, der aus mindestens drei Personen bestehen muss, kontrolliert den Vorstand. Die Generalversammlung wählt den Vorstand und den Aufsichtsrat und entscheidet über die Gewinnverwendung. Jedes Mitglied hat – unabhängig von der Höhe des Geschäftsanteils – eine Stimme (Abweichungen können satzgemäß verankert werden). Die Gewinnanteile der Genossen bemessen sich hingegen an der Höhe der einzelnen Geschäftsanteile.

Genossenschaftliche Jahresabschlüsse unterliegen grundsätzlich der Prüfung (§ 53 GenG). Bezüglich der Mitbestimmung gelten die gleichen Regelungen wie für Kapitalgesellschaften.

4.6.4.4 Die Stiftung des privaten Rechts

Unter einer Stiftung des privaten Rechts (gem. §§ 80 ff. BGB) wird ein Vermögen verstanden, „das von einer Person zu einem von ihr festgesetzten dauernden Zweck in der Weise verselbständigt wird, dass das Vermögen aus dem Rechtskreis des Stifters ausgeschieden und mit eigener Rechtspersönlichkeit ausgestattet wird." (Meier-Hayoz und Forstmoser 1978: 58)

Sie ist „eine juristische Person, die vom Stifter mit Vermögenswerten ausgestattet wird. Eine Stiftung ist auf Dauer einem vom Stifter festgesetzten Zweck gewidmet. Bei der Abfassung der Stiftungsverfassung hat der Stifter volle Entscheidungsfreiheit."

(Olfert und Rahn 1999: 131). Die Führung der Stiftung liegt beim Vorstand und die Vermögenserträge der Stiftung dienen in der Regel einem wohltätigen Zweck, der in der Satzung definiert ist.

Das in der Medienindustrie bekannte Beispiel ist die Bertelsmann-Stiftung, die 1977 von Reinhard Mohn gegründet wurde und gem. § 2 unter anderem der Förderung der Medien-Wissenschaft, Förderung der Bildung und der Erforschung und Entwicklung von innovativen Führungskonzepten in Wirtschaft und Staat dient.

Eine Stiftung ist eine juristische Person, die nur dem Satzungszweck verpflichtet ist. Niemand ist berechtigt, das Stiftungsvermögen entgegen dem Satzungszweck zu verwenden. Das gilt insbesondere auch für den Stifter selbst. Das Stiftungsvermögen gehört nicht mehr zum Vermögen des Stifters. Er hat damit keine freie Verfügungsgewalt mehr über das Vermögen.

Da die Stiftung nicht als Gesellschaftsform für erwerbswirtschaftliche Unternehmen gedacht und geeignet ist, werden nicht die Unternehmen in Stiftungen umgewandelt, sondern Anteile des Unternehmens in die Stiftung übertragen. Die Stiftung wird also (Mit-)Eigentümer des Unternehmens. So gehört der Bertelsmann-Konzern seit 1993 mehrheitlich der Bertelsmann Stiftung, besitzt jedoch keine Stimmrechte. (Vgl. Paul 2015: 225 f.)

4.6.5 Öffentlich-rechtliche Rechtsformen

Öffentliche Betriebe stehen ganz oder teilweise im Eigentum der öffentlichen Hand (Bund, Länder und Gemeinden) (vgl. Kapitel 1.3.1). Hält die öffentliche Hand Anteile an privatrechtlich geführten Unternehmen (z. B. Lufthansa, Volkswagen), so werden diese Unternehmen gemeinwirtschaftliche Unternehmen genannt.

Die öffentlich-rechtlichen Rechtsformen werden unterschieden in Betriebe ohne und mit eigener Rechtspersönlichkeit. Bei den öffentlich-rechtlichen Betrieben ohne eigene Rechtspersönlichkeit werden in der Hauptsache Regiebetriebe und Eigenbetriebe unterschieden; bei den öffentlich-rechtlichen Betrieben mit eigener Rechtspersönlichkeit Körperschaften und Anstalten des öffentlichen Rechts. (Vgl. folgend Bieback 1976 und Wirtschaftslexikon24[13])

4.6.5.1 Regiebetriebe und Eigenbetriebe

Regiebetriebe sind als Bestandteile der öffentlichen Verwaltung eng an die Gebietskörperschaften (Städte, Kreise, Länder, Bund) gebunden, von denen sie als ausgegliederte Abteilungen durch Beamte auf der Grundlage der Gemeindeordnungen bzw. der Kreisordnungen geführt werden. Sie besitzen kein abgegrenztes Betriebsvermögen,

13 http:/www.wirtschaftslexikon24.com/d/rechtsform-oeffentlich-rechtliche/rechtsform-oeffentlich-rechtliche.html (Abruf am 18.04.2018).

sondern sind in den gemeindlichen Haushalt eingeordnet. Wie die ihn führende Kommune ist der Regiebetrieb insolvenzunfähig. Regiebetriebe sind also rechtlich unselbständige Einheiten der Trägerkörperschaft, die finanzwirtschaftlich kein Sondervermögen der Gemeinde darstellen, sondern in die Haushaltswirtschaft des Gemeindehaushalts der Trägerkörperschaft integriert sind. Der Regiebetrieb ist hauptsächlich für kleinere Betriebseinheiten gedacht (z. B. Kindergärten, kleine Museen und Theater, Stadtbüchereien, Friedhöfe sind häufig als Regiebetriebe konzipiert).

Eigenbetriebe weisen gegenüber den Regiebetrieben eine höhere Selbstständigkeit auf, die sich u. a. in der Erstellung eines eigenen Wirtschaftsplans und in einer größeren Entscheidungskompetenz bei der Führung der laufenden Geschäfte niederschlägt. Eigenbetriebe sind aus dem Haushalt der Trägerkörperschaft ausgegliedert und bilden ein eigenes kommunales Sondervermögen, das gesondert verwaltet wird. Mangels Rechtspersönlichkeit ist der gesetzliche Vertreter von Eigenbetrieben der (Ober-)Bürgermeister der Trägerkörperschaft, sofern kein Betriebsleiter bestellt ist (§ 2 EigenbetriebsVO). Durch die fehlende eigene Rechtspersönlichkeit können Eigenbetriebe keine Verpflichtungen eingehen und keine Rechte erwerben. Das kann zunächst nur durch den gesetzlichen Vertreter der Gemeinde, den Bürgermeister, vorgenommen werden (soweit kein Betriebsleiter bestellt ist). Beispiele für Eigenbetriebe sind vor allem städtische Versorgungs- und Verkehrsbetriebe, aber auch Theater, Museen und Krankenhäuser werden als Eigenbetriebe geführt. Der kommunale Eigenbetrieb ist als rechtlich unselbständige öffentlich-rechtliche Organisationseinheit einer Gemeinde ebenso insolvenzunfähig wie der Regiebetrieb.

Abgegrenzt von den Regie- und Eigenbetrieben werden Körperschaften des öffentlichen Rechts. Diese sind juristische Personen und nehmen durch gesetzliche Regelungen für sie eigens vorgesehene spezielle Aufgaben wahr. Hierzu zählen die Körperschaften des öffentlichen Rechts und die Anstalten öffentlichen Rechts sowie und die öffentlich-rechtlichen Stiftungen (z. B. Volkswagen-Stiftung).

4.6.5.2 Körperschaften des öffentlichen Rechts (KdöR)

Die Körperschaft des öffentlichen Rechts (KdöR) kann völkerrechtlich konzipiert sein (z. B. internationale Organisationen), staatsrechtlich (Träger ist dann der Bund) ausgestaltet sein (z. B. Deutsche Rentenversicherung, die Berufsgenossenschaften, die Agentur für Arbeit, z. T. Krankenkassen, aber auch das Deutschlandradio) oder auch landesrechtlich (Träger ist dann ein Bundesland) verankert sein (z. B. z. B. Universitäten, Fachhochschulen, z. T. Krankenkassen etc.). Die kleinste Gebietskörperschaft ist die Gemeinde.

Das Deutschlandradio ist die einzige Rundfunkanstalt, die eine Körperschaft des öffentlichen Rechts darstellt. Die tragenden Mitglieder des Radios sind die Landesrundfunkanstalten der ARD sowie das ZDF (§ 1 Abs. 1 Deutschlandradio-Staatsvertrag). Die anderen öffentlich-rechtlichen Rundfunkanstalten sind hingegen Anstalten des öffentlichen Rechts, da sie Benutzer und keine Mitglieder haben.

4.6.5.3 Anstalten des öffentlichen Rechts (AdöR)

Auch die Anstalt des öffentlichen Rechts (AdöR) ist rechtlich selbständig und mithin auch eine juristische Person. Sie erfüllt einen bestimmten, in der Satzung festgeschriebenen Nutzungszweck und ist im Unterschied zu den Körperschaften des öffentlichen Rechts nicht mitgliederschaftlich organisiert, sondern dienen stattdessen Benutzern. Das Verhältnis zwischen den Benutzern und der Anstalt wird in der Anstaltsordnung festgeschrieben.

Die Trägerschaft kann beim Bund liegen. In diesem Fall wird von Bundesanstalten gesprochen (z. B. die Kreditanstalt für Wiederaufbau,). Die Trägerschaft kann aber auch beim Land oder der Kommune liegen. Dies ist beispielsweise bei den Landesbanken oder den Sparkassen der Fall.

Die im Umfeld der Medienwirtschaft interessanten Landes-AöRs sind die öffentlich-rechtlichen Rundfunkanstalten der ARD und das ZDF (nicht aber das Deutschlandradio; siehe Körperschaft des öffentlichen Rechts). Die ARD (Arbeitsgemeinschaft der öffentlich-rechtlichen Rundfunkanstalten der Bundesrepublik Deutschland) ist ein 1950 gegründeter Verbund öffentlich-rechtlicher Rundfunkanstalten in Deutschland. Zum Verbund gehören die Landesrundfunkanstalten BR, HR, MDR, NDR, RB, RBB, SWR, SR und der WDR. Die Arbeitsgemeinschaft gab sich 1950 eine Satzung, die durch den Rundfunkstaatsvertrag (RStV) ergänzt wird. Auch die Landesmedienanstalten sind AöRs. Zu den Aufgaben der Landesmedienanstalten gehören die Überwachung der privaten Rundfunkanbieter, der Fernsehanstalten und Telemedien sowie die Vergabe von Sendelizenzen an private Hörfunk- und Fernsehveranstalter.

Geleitet werden die Landesrundfunkanstalten der ARD und das ZDF durch den Intendanten. Kontrolliert werden diese durch den Rundfunkrat (bei den ARD-Anstalten) bzw. dem Fernsehrat (beim ZDF) und den Verwaltungsrat (ARD-Anstalten und ZDF). Der Intendant hat die Aufgabe die Anstalt zu leiten und sie nach außen zu vertreten. Er trägt die Verantwortung für die Programmgestaltung sowie für den gesamten Betrieb. Er hat dafür zu sorgen, dass das Programm den gesetzlichen Vorschriften entspricht. Der Fernseh- bzw. Rundfunkrat vertritt die Allgemeinheit. Er überwacht das Programm, genehmigt den vom Verwaltungsrat beschlossenen Haushalt und wählt den Intendanten. Er setzt sich aus Vertretern gesellschaftlich, sozial, kulturell, religiös und politisch relevanter Interessensvertretungen zusammen (Rechtgrundlagen und Regelungen finden sich in den Staatsverträgen der jeweiligen Anstalten).

Der Verwaltungsrat beschließt den Haushaltsplan und überwacht Tätigkeit des Intendanten insbesondere in Haushaltsfragen. Er besteht aus 14 Mitgliedern, darunter fünf Vertreter der Bundesländer und ein Vertreter des Bundes. Die weiteren acht Mitglieder werden vom Fernsehrat gewählt und dürfen keiner Regierung oder gesetzgebenden Körperschaft angehören.

Das ZDF, die den in der ARD zusammengeschlossenen Landesrundfunkanstalten und das Deutschlandradio bilden den öffentlich-rechtlichen Rundfunk in Deutschland. Auch der staatliche Auslandsfunk, die Deutsche Welle, gehört zu den AdöR, untersteht aber der Rechtsaufsicht durch die Bundesregierung.

Fragen zu Kapitel 4.6

?

1. Was unterscheidet private Unternehmen von öffentlich-rechtlichen?
2. Wie können private Unternehmen und öffentlich-rechtliche systematisiert werden?
3. Worin bestehen die Unterschiede zwischen Personen- und Kapitalgesellschaften?
4. Was charakterisiert eine PartG?
5. Was charakterisiert eine UG?
6. Welche Eigenschaften unterscheidet eine GbR von einer OHG?
7. Welche Eigenschaften unterscheiden eine OHG von einer KG?
8. Welche Eigenschaften unterscheiden eine GmbH von einer AG?
9. Ist eine GmbH & Co. KG eine Personen- oder eine Kapitalgesellschaft? Begründen Sie Ihre Antwort
10. Aus welchen Gründen würden Sie die Gründung einer GmbH & Co. KG einer GmbH vorziehen?
11. Welche Eigenschaften unterscheiden eine AG von einer SE?
12. Welche Grundcharakteristiken zeigt eine AdöR?
13. Wenn Sie sich als freiberuflicher Journalist selbstständig machen wollen, welche Rechtsform wählen Sie? Begründen Sie Ihre Antwort.
14. Sie wollen einen Buchverlag gründen, welche Rechtsform wählen Sie? Begründen Sie Ihre Antwort.
15. Sie wollen TV-Filme produzieren, welche Rechtsform wählen Sie? Begründen Sie Ihre Antwort.

4.7 Typisierung aus der Betriebszielperspektive

Ein weiterer Ansatz, Medienunternehmen zu systematisieren, besteht darin, sie hinsichtlich ihrer Zielsetzung bzw. ihres Geschäftszwecks einzuordnen (vgl. Kapitel 1.3.5). Medienunternehmen können kommerziell ausgerichtet sein oder als Non-Profit-Unternehmen am Markt agieren (zum Kommerzialisierungsbegriff vgl. Kapitel 2.3).

Kommerziell agierende Unternehmen sehen den Sinn ihrer Existenz darin, Gewinne zu erwirtschaften. Sie stellen dementsprechend ökonomische Ziele wie die Erwirtschaftung einer höchstmöglichen Rendite in den Mittelpunkt ihres Tuns und gestalten ihre Leistungsangebote anhand des Kriteriums der kommerziellen Vermarktbarkeit der Produkte. Diese Zielsetzung gilt vor allem für Medienunternehmen, die Unterhaltungsprodukte anbieten.

Der kommerziellen Medienindustrie gegenüber stehen Medienunternehmen, die gemeinnützig ausgerichtet sind. Im Mediensektor der Bundesrepublik Deutschland wird diese Art der Unternehmensausrichtung vor allem durch den öffentlich-rechtlichen Rundfunk repräsentiert. Darüber hinaus existiert aber auch noch ein kleiner Bereich privat getragener, nicht kommerzieller Rundfunkunternehmen, zu denen sogenannte „offene Kanäle“ und „freie Radios“, wie TV-Bürgerkanäle, der Universitätsrundfunk oder private Spartenkanäle wie Bibel-TV etc. gehören (vgl. Gläser 2014: 89).

Während im kommerziellen Medienbereich über alle Gattungen hinweg Effizienz und Rentabilität als Leitwerte gelten und sich damit das mediale Angebot an den Konsumentenpräferenzen orientiert, zeichnet sich der durch die Gesellschaft (über Haushaltsbeiträge) finanzierte Medienbereich (ausschließlich öffentlich-rechtlicher Rundfunk) aus durch die Leitwerte Transparenz und Hilfestellung zur Alltagsbewältigung (vgl. Dreiskämper 2013: Kapitel VI.).

Das mediale Angebot der öffentlich-rechtlichen Sender dient der von Politik (Staat) und Wirtschaft unabhängigen Grundversorgung der Bürger mit Informationen und Unterhaltung. Hier werden auch Randgruppeninteressen programmtechnisch berücksichtigt, während kommerzielle Unternehmen Mainstreaminhalte in den Mittelpunkt ihrer Programminhalte setzen. Die Herstellung des Programms hat aber ebenfalls nach Wirtschaftlichkeitsprinzipien zu erfolgen. Das Programm selbst ist hingegen nicht mehr ausschließlich an Konsumentenpräferenzen ausgerichtet. Die Einschaltquote ist nicht das alleinige Erfolgskriterium.

Kollektiv durch die Gesellschaft finanzierte Rundfunkunternehmen verfolgen also ganz deutlich auch gesellschaftsrelevante Ziele. Der Rezipient soll befähigt werden, am demokratischen Willensbildungsprozess aktiv und qualifiziert teilnehmen zu können. Diesem Zweck dienliche Programmteile werden dem Rezipienten quasi unabhängig davon, ob eine konkrete Nachfrage besteht, „vorgesetzt". Die Programmverantwortlichen wirken insofern als Elite, die für die breite Masse an Zuschauern und Zuhörern stellvertretend entscheiden, welche Programminhalte für sie als sinnvoll, nützlich und förderlich erachtet werden. Die Konsumentensouveränität wird also zum Teil ausgehebelt. (Vgl. Dreiskämper 2013, Kiefer 2005 oder Karmasin 2001, Karmasin und Winter 2000 und 2001).

Eine solche bipolare Positionierung der Medienunternehmen bildet die Realität in der Medienwirtschaft allerdings nicht angemessen ab. Sie verkürzt zu stark. So zählen beispielsweise Gamepublisher, private Rundfunkveranstalter, Filmproduzenten und die überwiegende Mehrzahl der Agenturen und Freiberufler eindeutig zu den renditeorientierten Medienunternehmen. Was aber ist mit den tagesaktuellen journalistischen Printmedienproduzenten, den Zeitungsverlagen, oder den Zeitschriften- und Buchverlagen, die Qualitätsprodukte publizieren?

Da auch diese Verlage privatwirtschaftlich agieren, privates Kapital zur Produktion einsetzen und die Programmaufwendungen über Markterlöse refinanzieren müssen, ist auch hier eine grundsätzliche Renditeorientierung stark zu vermuten. Aber trotz kommerzieller Ausrichtung unterscheiden sich diese sicherlich – zumindest graduell – von den Anbietern von ausschließlich Mainstream-Inhalten. Diese vielleicht als Qualitätsmedien-Unternehmen zu bezeichnenden Betriebe tarieren renditeorientierte und publizistische Ziele aus.

Dementsprechend können in einem Kontinuum zwischen absolut renditeorientierten und absolut informationsversorgenden (inhalteorientierten) Unternehmensleistungen drei unterschiedliche **Typen von Medienunternehmen** unterschieden werden (vgl. Schumann et al. 2014: 10 und Tab. 4.3):

1. Medienunternehmen, die erwerbswirtschaftliche Ziele in den Mittelpunkt stellen und ihre Gewinne maximieren wollen. Die publizistische Leistung wird als Neben-

bedingung gesehen, die erfüllt werden müssen, um die ökonomischen Ziele erreichen zu können (z. B. private Rundfunkanbieter, Film-, Musik-, Onlinecontent-Produzenten, Boulevardpresse, Mehrzahl der Agenturen und Freiberufler etc.).
2. Medienunternehmen, die erwerbswirtschaftliche und publizistische Ziele austarieren und gleichermaßen verfolgen (z. B. journalistische Qualitätspresse wie SPIEGEL, FAZ, Die Welt, taz etc.). Diese Inhalteanbieter verfolgen nicht die Maximierung ihrer Gewinne. Sie zielen ab auf eine angemessene Renditeerwirtschaftung[14] unter Berücksichtigung des öffentlichen Funktionsauftrags journalistischer Massenmedien: die aktuelle, faktenbezogene und professionelle Fremdbeobachtung relevanter Gesellschaftsbereiche.
3. Medienunternehmen, die den öffentlichen Funktionsauftrag der Massenmedien erfüllen müssen und für die Versorgung der Gesellschaft mit journalistisch relevanten Informationen und Unterhaltungsangeboten alimentiert werden (öffentlich-rechtliche Rundfunkanstalten). Hier stehen ausschließlich publizistische Ziele zur Diskussion. Wirtschaftliche Ziele sind auf die Umsetzung des ökonomischen Prinzips beschränkt. Es dürfen keine Budgets verschwendet werden.[15]

Tabelle 4.9 zeigt die verschiedenen Ausrichtungen dieser unterschiedlich stark kommerzialisierten Medienunternehmen.

Im Umfeld einer klassischen Medienbetriebslehre werden die publizistischen Normen vor allem der öffentlich-rechtlichen Medienunternehmen und des Pressewesens nicht diskutiert. Diese Diskussion ist dem Themenfeld, das das Medienmanagement bereitstellt, vorbehalten (vgl. vor allem Gläser 2014 oder Wirtz 2016) oder findet in der Publizistik und Politik statt. Deswegen konzentrieren sich die Ausführungen in dieser Publikation weitgehend auf rein ökonomische Zielkonzeptionen (zum Thema Ziele im Allgemeinen, betriebliche Zielbereiche, den Zielformulierungsbedingungen und Zielbeziehungen gibt Kapitel 1.3.3 Auskunft).

Welche Fragen und Probleme im Umfeld der BWL zu diskutieren sind, zeigt die hier einschlägige basisökonomische Zielkonzeption. Diese teilt die Zielbereiche in Erfolgsziele sowie Finanzziele und Leistungsziele (vgl. Tab. 4.10). Die erstgenannten gehören zu den Formalzielen, Finanz- und Leistungsziele sind ökonomischen Sachziele (vgl. Kapitel 1.3.3). Auskunft über die wesentlichen in Tab. 4.10 abgebildeten Kennziffern gibt auch Kapitel 9.

Anhand dieser Zielkonzeption werden Unternehmen im engeren Sinne ökonomisch ausgerichtet. Die Zusammenhänge werden in späteren Ausführungen (z. B. im Bereich Marketing und Rechnungswesen) erläutert.

---

14 Was eine „angemessene" Rendite ist, ist allerdings kaum objektiv festzulegen. Hilfsweise könnte die Höhe des jeweils aktuellen Kapitalmarktzinses zuzüglich eines individuell bemessenen Risikozuschlags herangezogen werden.

15 Wann „Budgetverschwendung" einsetzt oder welche Budgets in welcher Höhe für welche Programmteile verausgabt werden sollten, ist ebenfalls Gegenstand vieler und langwieriger sowie kontroverser Diskussionen.

Tab. 4.9: Leistung-Ziel-Matrix unterschiedlicher Typen von Medienunternehmen

Medienunternehmen	Leistung	Ausrichtung	Sachziel	Formalziel
primär rendite-orientierte Unternehmen	Informations- und Unterhaltungsangebote mit Mainstreamcharakter	privat-kommerziell	Optimierung der Reichweite	Optimierung der Rendite
primär publizistisch Unternehmen	Informationsangebote unter Berücksichtigung von nicht monetär defizitären Nischenprogrammen	austariert zwischen Rendite und Qualität, privat-kommerziell	Hilfe zur Alltagsbewältigung und Entspannung sowie politische Meinungsbildung	Meinungsführerschaft, Optimierung der Reichweite und angemessene Renditeerwirtschaftung
primär versorgungs-orientierte Unternehmen	Bildungsorientierte, Mündigkeit und gesellschaftliche Transparenz fördernde Inhalte, die Wissen, Werte, Normen und Wir-Gefühl vermitteln	non-kommerziell, öffentlich-rechtlich	Hilfe zur Alltagsbewältigung, gesellschaftliche Integration, Teilhabe an der politischen Willensbildung	gesellschaftlicher Funktionsauftrag bei Einhaltung von Kosteneffizienz

Tab. 4.10: Basisökonomische Zielkonzeption

Erfolgsziele	Finanzziele	Leistungsziele
– Umsatzvolumen und -struktur – betriebliche Wertschöpfung – Kostenstruktur – Gewinn – Rentabilität – Unternehmenswertsteigerung – etc.	– Zahlungsfähigkeit – Kapitalstruktur – Kapitalbeschaffung – Ausschüttungshöhe/-quote – Struktur und Volumen des Investitions- und Finanzierungsprogramms – etc.	– Art und Struktur des Produktions- und Absatzprogramms – Faktor- und Produktqualitäten – Marktanteile – Produktions- und Absatzmengen – Produktionsstandorte und Absatzwege – etc.

?

Fragen zu Kapitel 4.7

1. Erklären Sie bitte, wie in Bezug auf Medienunternehmen zwischen absolut renditeorientierten und absolut informationsversorgenden (inhalteorientierten) Unternehmensleistungen (abgestuft) unterschieden werden kann.
2. Erklären Sie bitte, warum es einen Unterschied macht, ob die Reichweitenoptimierung als Formalziel oder als Sachziel verfolgt wird.

4.8 Sonstige Klassifizierungs- und Typisierungskriterien

Medienunternehmen können auch anhand weiterer Kriterien typisiert werden. So z. B. anhand der Zielgruppen, die sie zu erreichen versuchen. Mit dem Zielgruppenmerkmal ist auch die Einordnung hinsichtlich der Art und Weise, wie sich das Unternehmen finanziert, verbunden.

Typisierung anhand der Zielgruppe
Medienunternehmen können vier unterschiedliche Zielgruppen haben:
1. Rezipienten als Leser, Zuschauer, Zuhörer oder Nutzer,
2. werbetreibende Unternehmen als Nachfrager von Werbeleistungen,
3. Unternehmen als Nachfrager von medialen Zulieferungen bzw. medialen Vorleistungen (z. B. Dienstleistungen, Inhalte und Rechte) und/oder
4. Unternehmen als Nachfrager medialer Endprodukte bzw. Rechte (Lizenzen)

Typisierung anhand der Finanzierung
Medienunternehmen können sich den Zielgruppen entsprechend unterschiedlich finanzieren. Dabei werden sind die Finanzierungsformen häufig gemischt:
1. über Rezipientenentgelte (je Produkt oder im Abo)
2. über Werbeeinnahmen (je Platz- oder Zeiteinheit)
3. über Nutzungsentgelte nachgelagerter Wertstufen (je Menge und Qualität)
4. über Lizenzen (in Abhängigkeit von den zu übertragenen Nutzungsrechten)

Nicht zuletzt kann auch der geografische Absatzmarkt Auskunft über die räumliche Ausbreitung des Unternehmens geben.

5 In welche Umwelten sind Medienunternehmen eingebettet?

Medienunternehmen sind soziotechnische Systeme, die zu externen Marktplayern (Akteuren) und Systemen (z. B. Märkten) Austauschbeziehungen pflegen (vgl. Beyer und Carl 2012: 23). Das innere Umfeld eines Medienunternehmens ist bereits in Kapitel 1.5.3 vorgestellt worden. Das externe Umfeld, in das Medienunternehmen eingebettet sind, besteht aus einer makroökonomischen und einer mikroökonomischen Umwelt. Beide Umwelten sind Erklärungsgegenstand dieses Kapitels.

Die **makroökonomische Umwelt** wird durch die gesamtgesellschaftlichen Rahmenbedingungen definiert, denen das Unternehmen ausgesetzt ist. Zu diesen Rahmenbedingungen gehören politisch-rechtliche, ökonomische, soziokulturelle, technologische und ökologische Gegebenheiten und Grundlagen. Diese Einflüsse sichern, fördern oder beschränken Unternehmensentscheidungen und Vorhaben.

Die **mikroökonomische Umwelt** wird durch marktliche Einflussfaktorbündel gebildet. Dazu gehören die Bedingungen, die auf den unterschiedlichen Beschaffungs- und Absatzmärkten herrschen. Zu den Einflussfaktoren zählen aber auch die Aktivitäten der Wettbewerber sowie die Anzahl und Güte von Substitutions- und Komplementärgütern.

Einen Überblick über die Systemwelten, in die ein Medienunternehmen eingebettet ist, gibt Abb. 5.1.

Die folgenden beiden Kapitel 5.1 und 5.2 setzen sich erläuternd mit den äußeren Umwelten der Medienunternehmen auseinander. Kapitel 5.3 beschreibt abschließend die Probleme der gattungsspezifischen Marktabgrenzungen und bietet einen neuen Zugang zur Abgrenzung der Medienwirtschaft an.

5.1 Die Makroumwelt von Medienunternehmen

Eine Umwelt, die Medienunternehmen im Prinzip weder kontrollieren noch beeinflussen können, wird durch die gesellschaftlichen Rahmenbedingungen gebildet und geprägt. Diese Rahmenbedingungen wirken auf Unternehmen, weil sie Managemententscheidungen beeinflussen. Sie können die Chancen und Risiken für einzelne Geschäftsfelder fördern oder behindern.

Die Zahl der Einflussfaktoren ist sehr groß und die Komplexität der Makroumwelt wird noch dadurch erhöht, dass sich die Einflussfaktoren auch wechselseitig bedingen, „so dass eine Veränderung an einer Stelle zu mehreren gleich- oder gegenläufigen Entwicklungen auch an anderer Stelle führen kann.“ (Hungenberg 2011: 89) Wenn beispielsweise neue Technologien oder Produktanwendungen am Markt etabliert werden, kann das deutliche Auswirkungen auf das Mediennutzungsverhalten der Konsumenten haben und damit Märkte verändern, aber auch Auswirkungen auf rechtli-

https://doi.org/10.1515/9783110519587-005

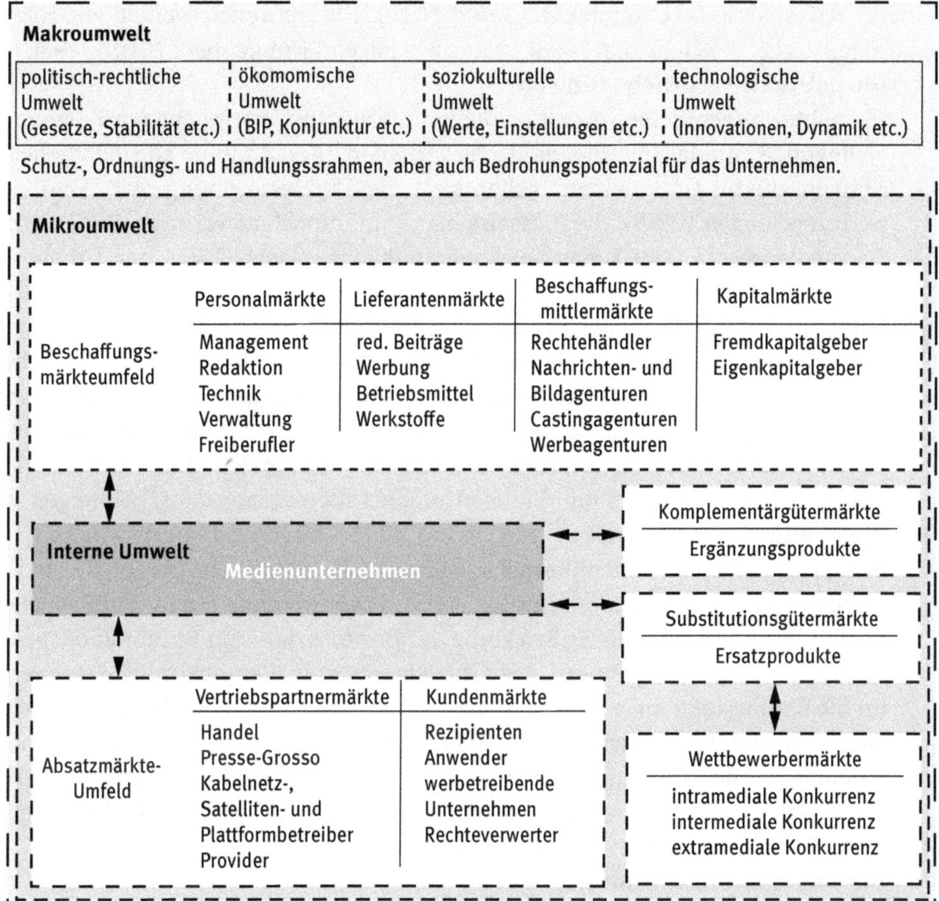

Abb. 5.1: Medienunternehmen und ihre drei Umfeldsysteme

che und politische Fragestellungen haben. So hat beispielsweise die Entwicklung von Tablets, Apps oder E-Books nachhaltigen Einfluss auf das Rezipientenverhalten ausgeübt, die Printmedien- und Werbemärkte verändert und darüber hinaus Fragen im Datenschutz und umsatzsteuerrechtliche Fragen aufgeworfen.

Die gesellschaftlichen Rahmenbedingungen liefern einen **Ordnungs- und Schutzrahmen**, aber auch Risiken, die einen Unsicherheitsfaktor für die Unternehmen darstellen. Weder die Intensität bewirkter Veränderungen noch die Häufigkeit von Veränderungen ist sicher zu prognostizieren. Das schafft Unsicherheit.

Um dieses superkomplexe und dynamische Umfeld in Entscheidungsmodellen der Unternehmen berücksichtigen zu können, muss es systematisiert und modelltheoretisch vereinfacht werden. Das Ergebnis besteht in der Differenzierung politisch-rechtlicher, makroökonomischer, soziokultureller, technologischer und ökologischer Einflüsse. Diese Einflüsse zu untersuchen ist beispielsweise zwingender Bestandteil einer SWOT-Analyse (vgl. Kapitel 11.3.3 und 11.3.7). Die Umwelten werden wie folgt charakterisiert (vgl. Machazina 2008: 14 ff. sowie folgend Hungenberg 2011: 93–97):

- **Die politisch-rechtliche Umwelt**
  Die politisch-rechtliche Umwelt beinhaltet die staatlich vorgegebenen Rahmenbedingungen für das unternehmerische Verhalten. Hierzu zählen alle rechtlichen Normen, die für Unternehmen gelten (z. B. die Abgabenordnung (AO), Wettbewerbsregelungen (GWB), die Pressefreiheit, Rundfunkstaatsverträge (RStV), das Telemediengesetz (TMG), das Telekommunikationsgesetz (TKG), das Urheberschutzrecht, die Leistungsschutzrechte, Pressefusionskontrolle, die Buchpreisbindung etc.). Hierzu zählen aber auch die Art und Weise der Rechtshandhabung, die in einem Staat realisiert wird, die Stabilität des politischen Systems, das Subventionsklima sowie die Vielfalt, die Machtverhältnisse und Einflussstärke von politischen und gesellschaftlichen Interessensgruppen. Neben den nationalstaatlichen Einflüssen wirken natürlich auch die supranationalen Einrichtungen wie die EU mit ihren Gesetzen und Gremien auf die Unternehmensentscheidungen.
- **Die ökonomische Umwelt**
  In der makroökonomischen Umwelt stehen volkswirtschaftliche (nationale sowie weltwirtschaftliche) Faktoren im Vordergrund. Als wichtige Einflussgrößen gelten hier der Stand und die Entwicklung des Bruttosozial- und Bruttoinlandsprodukts, der Inflation, der Zinsen, des Arbeitsmarktes etc. Verantwortliche Motoren für die Einflussfaktoren sind die Finanz-, Wirtschafts- und Geldpolitik, aber auch die Entwicklung einzelner Absatzmärkte, die Qualität der Infrastruktur, das Vorhandensein von Produktionsfaktoren oder die Struktur der Kapitalmärkte. Indiz für die Zugehörigkeit eines Faktors ist die branchen- und geschäftsfeldübergreifende Bedeutung einer ökonomischen Größe.
- **Die soziokulturelle Umwelt**
  Jedes Unternehmen ist auch gesellschaftlichen Einflüssen ausgesetzt. So können die Bevölkerungsstruktur und das Bildungssystem ebenso Einfluss auf Unternehmensentscheidungen haben, wie die Werte, Normen und Einstellungen, nach denen die Gesellschaft lebt. Die Medienlandschaft wird nicht nur deutlich beeinflusst von den Zielgruppengrößen, deren Struktur und Bildungsniveau, sondern auch von den religiösen und kulturellen Rahmenbedingungen. Auch das Konsum- und Freizeit- oder Mediennutzungsverhalten der Mitglieder einer Gesellschaft bedingt die Chancen und Risiken von Unternehmensentscheidungen.
- **Die technologische Umwelt**
  Die technologische Umwelt gehört zu den maßgeblichen Entwicklungstreibern den Medienbranchen. Es gibt wohl kaum einen Einflussfaktor, der die Gesellschaft stärker und rasanter verändert hat als die Entwicklung in der Informations- und Kommunikationstechnologie. Märkte haben sich verändert, Geschäftsfelder sind auf- oder abgebaut worden und Arbeitsprozesse sind deutlich effizienter geworden. Ohne die Weiterentwicklung der Informationstechnologie gäbe es beispielsweise kein E-Business und keine elektronischen Märkte und auch keine Videokonferenzen.

- **Die ökologische Umwelt**
  Auch die Ausstattung und der Umgang mit der natürlichen Umwelt hat Einfluss auf Unternehmensentscheidungen. Hier greifen Faktoren wie die Anzahl und Menge natürlicher Ressourcen, Fragen des Klima- und Umweltschutzes oder der Umgang mit Abfällen und Altlasten. Für die Medienbranchen, insbesondere die digitalbasierten, spielt dieser Umweltsektor wohl eher eine untergeordnete Bedeutung.

Aufgrund der komplexen Bedingungen und Interdependenzen, die die Makroumwelt bereitstellt, müssen Unternehmen die Einflussgrößen im Blick haben. Sie haben entscheidenden Einfluss auf die Entwicklung strategischer Pläne und aktueller Entscheidungen in Unternehmen. Analysiert wird das Makroumfeld mit der sogenannten PEST-bzw. PESTEL-Analyse im Rahmen des strategischen Managements (vgl. Kapitel 11.3.3).

Fragen zu Kapitel 5.1 ?

1. Welche Einflussbündel zählen zur Makroumwelt von Medienunternehmen und welche Einflüsse werden hier wirksam?
2. Welche Faktoren spielen für Medienunternehmen eine mehr oder auch weniger wichtige Rolle?

5.2 Die Mikroumwelt von Medienunternehmen

Eine Umwelt, die ein Medienunternehmen im Prinzip zwar nicht kontrollieren, aber zumindest in Grenzen beeinflussen kann, wird durch die Branchenbedingungen gebildet und geprägt. Diese Rahmenbedingungen wirken – anders als die Makrobedingungen – nicht mehr auf alle Unternehmen einer Volkswirtschaft in gleicher oder ähnlicher Weise, sondern spezifisch auf spezifische Unternehmen, weil sie den Wettbewerb in einer Branche beeinflussen. Auch sie können die Chancen und Risiken einzelner Geschäftsfelder fördern oder behindern und müssen daher im Blickfeld des Unternehmensmanagements bleiben. Das bekannteste Analyseinstrumentarium liefert hier die Five-Forces-Analyse von Porter (vgl. Kapitel 11.3.4).

Um die Bedingungen der eigenen Mikroumwelt verstehen zu können, muss ein Unternehmen zunächst bestimmen, welche Einflussfaktoren auf die eigenen Geschäftsfelder wirken. Damit kommt der Abgrenzung der Branche, zu der das Unternehmen zu zählen ist, eine besondere Bedeutung zu. Die Branchenabgrenzung ist gerade für die Unternehmen der Medienwirtschaft ein nicht immer leichtes Unterfangen, da die Konvergenzentwicklungen innerhalb der TIME-Branchen die Konturen verwischen und verschwimmen lassen (vgl. Kapitel 1.3.7). Zur näheren Branchenbestimmung wird das Konzept der Substitution herangezogen, d. h. es wird untersucht, ob Wettbewerbsbeziehungen greifen. Konkurrieren Unternehmen mit ihren Produkten und Dienstleistungen um die gleichen Kunden? Konkurrieren sie um die gleichen Ressourcen? Werden sie von Handlungen anderer in ihrem eigenen Erfolg begrenzt oder gefördert? Wenn diese Fragen zu bejahen sind, gehören die Kunden, Lieferanten oder Märkte zum relevanten Umfeld.

Abbildung 5.1 hat bereits eine Übersicht gezeigt, wie komplex dieses Umfeld ist.

5.2.1 Die Beschaffungsmärkte

Zu den Beschaffungsmärkten gehören alle Märkte, auf denen sich die Medienunternehmen mit notwendigen Ressourcen versorgen. Ziel ist es, alle zur Produktion benötigten Mitarbeiter, Sachgüter, Dienstleistungen und Rechte in ausreichender Menge, in der erforderlichen Qualität, zur richtigen Zeit und zu möglichst geringen Kosten im Unternehmen bereitzustellen. Zu den Beschaffungsmärkten zählen

- die **Personalmärkte**, auf denen der eigenen Personalplanung entsprechend die richtigen Mitarbeiter (Manager, technische, redaktionelle, künstlerische Mitarbeiter, Verwaltungskräfte etc.) rekrutiert werden,
- die **Lieferantenmärkte**, über die Fremdinhalte (redaktionelle Beiträge und Werbeanzeigen), aber auch Betriebsmittel (Potenzialfaktoren) und Werkstoffe (Repetierfaktoren) (vgl. Kapitel 1.3.2) zugeliefert werden,
- die **Beschaffungsmittlermärkte**, über die Rechte und künstlerisches Potenzial beschafft werden (dazu gehören u. a. die Rechte-, Nachrichten-, Bild-, Casting- und Werbeagenturen etc.) sowie
- die **Kapitalmärkte**, auf denen sich die Unternehmen Eigen- und Fremdkapital besorgen. Fremdkapital wird in der Mehrzahl über Kredite aufgebracht. Hier spricht die BWL von Außenfinanzierung. Eigenkapital wird in der Regel über Gewinne oder Beteiligungen beschafft. Finanzierungen durch Gewinne stellen eine Form der Innenfinanzierung dar. Beteiligungsfinanzierungen fallen unter die Außenfinanzierung (vgl. Kapitel 17).

Insbesondere die inhaltsbezogenen Lieferanten- und Mittlermärkte haben eine besondere Bedeutung für Medienunternehmen, da ein nicht unerheblicher Teil der spezifischen Endprodukte (Zeitung, TV-Programm etc.) auf den Inhalte- und Rechtemärkten bezogen werden bzw. direkte Auftragsarbeiten darstellen, die durch freie Mitarbeiter oder Produktionsunternehmen ausgeführt werden. Der Kreativbereich Content ist Engpassfaktor. Weniger kritisch ist die Bereitstellung technischer Equipments zu sehen oder die Bedeutung logistischer Prozesse physischer Produktionsfaktoren. Mit Ausnahme der Printbranchen spielt die Lieferung physischer Materialien (z. B. Papier) kaum eine zeitsensible Rolle.

5.2.2 Die Absatzmärkte

Zu den Absatzmärkten gehören alle Märkte, auf denen sich die Medienunternehmen refinanzieren. Dies sind vor allem die Konsumenten-, die Werbe- und die Rechtemärkte.

- **Konsumentenmärkte** sind Märkte, die sich an die Endnutzer bzw. Endverbraucher wenden. Dazu zählen die Rezipientenmärkte und die Anwendermärkte. Zu den Rezipientenmärkten zählen insbesondere die Leser-, Zuschauer- und Zuhörermärkte. Zu den Anwendermärkten gehören vor allem die Multi-Media-, die App- und die E-Game-Märkte.

Ziel der Konsumentenmärkte ist die Versorgung der Endverwender mit nachgefragten Medieninhalten und Medienträgern. Aus Sicht der Medienunternehmen gilt allerdings als vordringlichstes Ziel die Refinanzierung ihrer Produktions- und Verteilungsaktivitäten. Kommerziell agierende Medienunternehmen haben keinen Selbstzweck. Ihr selbstdefinierter Versorgungsauftrag ist dem Ziel der Gewinnerwirtschaftung untergeordnet (vgl. Kapitel 4.6).

Optimal wäre es für die Anbieter, wenn die Verwender immer direkte Entgelte für den Konsum von Medienleistungen zahlen müssten. Das Prinzip „wer nutzt, der zahlt" ist allerdings bei der Mehrzahl der Mediengüter nicht durchzusetzen. Allenfalls bei auf materiellen Trägern aufgebrachten oder login-geschützten Medieninhalten ist es möglich, von wenigstens einem Käufer Entgelte fordern zu können (vgl. Clubgüter in Kapitel 3, Tab. 3.3). Was allerdings nach Aushändigung bzw. Verkauf einer Zeitung, eines Buches, einer CD oder nach Einloggen in einen geschützten Inhaltebereich mit den Inhalten geschieht, entzieht sich weitestgehend dem Einfluss der Produzenten. Hier stellen auch staatliche Hilfsinstrumente wie beispielsweise Geräteabgaben auf den Verkauf von Kopierern, Druckern und CD-/DVD-Brennern etc. an VG Wort[1] nach dem Urheberrechtsgesetz oder Beiträge für die Überwindung technischer Empfangsbarrieren (z. B. Set top-Boxen oder DVBT-2) keine leistungsgerechte Entlohnung her.

In vielen Fällen sind Abonnentenmodelle noch attraktiv genug, damit Rezipienten Zahlungsbereitschaft zeigen, aber dem Freerider-Verhalten (vgl. Dreiskämper 2013 und Kiefer 2005 sowie Kapitel 3 dieser Publikation) von Nichtzahlungswilligen kann damit kein Einhalt geboten werden.

- **Werbemärkte** sind Märkte, auf denen die werbetreibenden Unternehmen Werbezeiten und Werbeplätze bei den Intermediären nachfragen.

Die Werbemärkte bilden für die Mehrzahl der Medienunternehmen den zentralen Anker für die Refinanzierung ihrer Leistungen. Da Werbung ein privates Gut ist (vgl. Kapitel 3, Tab. 3.3), sind alle Nutzer gezwungen, Entgelte zu zahlen, wenn sie das Leistungsangebot (Werbezeiten oder Werbeflächen) nutzen wollen. Je stärker das Free-

1 VG Wort (Verwertungsgesellschaft Wort) ist ein Wirtschaftsverein, der Tantiemen aus Zweitverwertungsrechten für Autoren verwaltet.

rider-Verhalten der Inhaltekonsumenten technisch möglich ist und ausgenutzt wird, desto stärker muss der Beitrag der Werbewirtschaft sein, um die Medienprodukte und -dienstleistungen quer zu finanzieren. Mitunter stellen die Werbeeinnahmen auch die weitgehend alleinige Einnahmequelle der Medienunternehmen dar.

So müssen der private Rundfunk und Anzeigenblätter nahezu völlig durch Werbung finanziert werden. Selbst der Pay-TV-Bereich ist mittlerweile mit Werbeeinspielungen durchsetzt.

Um ihre Chancen am Werbemarkt erhöhen zu können, haben die TV-Anstalten eigene Vermarkter gegründet[2], weil diese Spezialisten besser mit den Werbeagenturen und werbetreibenden Unternehmen interagieren zu können. Auch Zeitungen, Zeitschriften, Games und Kinofilme werden zu einem erheblichen Teil über Werbung mitfinanziert. Allenfalls der Buch- und der Musikmarkt ist noch weitgehend werbefrei.

Da Werbeleistungen aber nicht nur von Medienunternehmen, sondern auch von branchenfremden Unternehmen angeboten werden, erhöht sich auch hier der Druck auf die Medienwirtschaft. So bieten auch Kundenzeitschriften und Internetsites von E-Commerce-Händlern häufig Werbeflächen an.

– **Rechtemärkte** sind Märkte, auf denen die Medienunternehmen Verfügungsrechte nachfragen, fremderstellte Medieninhalte nutzen zu dürfen.

Auf Rechtemärkten werden Verwertungs- oder Nutzungsrechte gehandelt. Einkäufer und Verkäufer sind Medienunternehmen, aber auch medienfremde Branchenteilnehmer. So kann ein Verlag von einem anderen Verlag Abdruckrechte (für Beiträge, Fotos oder Kreuzworträtsel etc.) erwerben, TV-Anstalten kaufen Ausstrahlungs- bzw. Übertragungsrechte (für Spielfilme, Serien, Sportereignisse) und medienfremde Unternehmen erwerben möglicherweise digitale Inhalte oder Dienstleistungen, die sie auf eigenen Kommunikationsträgern verwenden. So werden beispielsweise Wetterberichte, Aktienkurse oder Tagesrezepte in die eigene Homepage eigearbeitet.

Je höher der Anteil an Fremdproduktionen im eigenen Programm ist, desto größere Bedeutung hat der Rechtemarkt für den Verlag, die Sendeastalt etc. Der Rechtemarkt ist für die Anbieter ein Absatzmarkt und für die Nachfrager ein Beschaffungsmarkt.

5.2.3 Die Vertriebspartnermärkte

Ein Vertriebspartner ist ein Händler oder Vermittler (Intermediär), der Produkte im Auftrag Dritter oder auf eigene Rechnung vertreibt. Vertriebspartner unterstützen die Absatzaktivitäten der Auftraggeber und helfen, das Vertriebssystem zu optimieren. Solche Vermittler können den Absatz auf zwei Arten unterstützen: akquisitorisch und logistisch.

2 So z. B. RTL mit „IP Deutschland“, RTL II mit „El Cartel Media“, Pro7Sat.1 mit „SevenOne Media“, Sky mit „Sky Media Network“ oder die ARD mit „ARD Sales & Services“

- Helfen Vermittler beim Verkauf der Produkte, zählen sie zur **akquisitorischen Distribution** des Medienunternehmens.
- Helfen sie bei der physischen oder elektronischen Zustellung (Bewegung) der Produkte, zählen sie zur **logistischen Distribution** des Medienunternehmens.

Immer dann, wenn es für den Hersteller kostengünstiger und/oder lukrativer ist, Kunden durch dritte Waren zugänglich zu machen, schalten sie Vertriebspartner ein. Im Resultat entstehen dadurch direkte Vertriebskanäle sowie indirekte Vertriebskanäle (vgl. Pepels 2015):
- **Indirekter Vertrieb** liegt dann vor, wenn der Hersteller nicht selbst, sondern Vertriebspartner die Versorgung der Kunden bzw. den Verkauf übernehmen.
- **Direkter Vertrieb** ist dann gegeben, wenn der Hersteller ohne Zwischenschaltung rechtlich selbstständiger Vertriebsorgane die Distributionsaufgaben selbst erledigt.

Im Umfeld des unterstützten Vertriebs gibt es zwei unterschiedliche Absatzorgane: Absatzmittler und Absatzhelfer.
- **Absatzmittler** sind rechtlich und wirtschaftlich selbstständige Vertriebspartner, die als Bindeglied zwischen Hersteller und Endkunde tätig werden. Sie erwerben das Eigentum an einem Produkt und verkaufen dies ohne es zu ändern in eigenem Namen und auf eigene Rechnung. Typische Absatzmittler sind der Großhandel und der Einzelhandel.
- **Absatzhelfer** hingegen sind rechtlich selbstständige akquisitorische Unterstützer des Warenabsatzes, die Produkte auf fremde Rechnung an Verwender vermitteln, ohne das Eigentum an der Ware zu erwerben. Zu den Absatzhelfern gehören beispielsweise Handelsvertreter, Agenturen und Kommissionäre. (Vgl. Winkelmann 2012: 73 ff.)

Mediengüter werden Käufern bzw. Verwendern über eine Vielzahl von Vertriebskanälen angeboten. Grundsätzlich gilt das **Prinzip der Ubiquität**. Ubiquität (Allgegenwärtigkeit) bedeutet im Kontext der Distributionspolitik, dass eine Ware praktisch überall erhältlich sein soll.

5.2.4 Die Gütermärkte

Zur Mikroumwelt eines Medienunternehmens gehören auch die Gütermärkte, die den eigenen Güterabsatz der Hersteller behindern oder unterstützen können.

Komplementärgütermärkte

Mediengüter der dritten und vierten Generation (tertiäre und quartäre Medien) können ohne technische Hilfsmittel weder produziert noch konsumiert werden (vgl. Technizität der Medien in Kapitel 1.3.7.) Der Medienkonsument bedient sich unterstützender Produkte, wenn er Inhalte nutzen will (vgl. Kapitel 1.3.2). Ohne den Einsatz komplementärer Güter, z. B. mp3-Player, Fernseh- und Hörfunkempfangsgeräte etc. können elektronisch verteilte Medieninhalte nicht rezipiert werden.

Da Medienunternehmen i. d. R. aber keine technischen Komplementärgüter herstellen, ergeben sich hier Möglichkeiten und Notwendigkeiten der strategischen Allianz mit den technologischen Zulieferern. Solche Allianzen haben dem VHS-Standard und den Blu-Ray-Standard zum Durchbruch verholfen. Aktuell wirkt noch der Kampf um den Lesestandard bei E-Books. Ob dieser durch Amazons Kindle, durch den Tolino der führenden deutschen Buchhändler (Hugendubel, Thalia, Mayersche, Weltbild etc.) oder durch den kanadischen E-Book-Reader Kobo entschieden wird, ist noch offen.

In jedem Fall zeigt sich aber sehr deutlich, dass die technologische Entwicklung in der Informations- und Kommunikationsindustrie eng verbunden ist mit den Vertriebsmöglichkeiten der Medienindustrie.

Substitutionsgütermärkte

Mediengüter stehen hinsichtlich ihres Nutzens für den Endverwender in einem Ersatzverhältnis. Substitutionsmöglichkeiten bestehen zwischen Medien der gleichen Kategorie, aber auch zwischen Medien unterschiedlicher Gattungen:

- Der Wettbewerb von Medieninhalten gleicher Gattungen wird **intramedialer Wettbewerb** genannt.
  So stehen Zeitungen mit anderen Zeitungen, Bücher mit anderen Büchern sowie die Fernsehprogramme der Sendeanstalten, die Musikstücke, Filme oder Internetportale miteinander im Wettbewerb um die Gunst der Kunden.
- Der Wettbewerb von Medieninhalten unterschiedlicher Gattungen wird **intermedialer Wettbewerb** genannt.
  Hier konkurrieren Bücher mit Kino-Filmen, Kino-Filme mit TV-Sendungen, E-Paper substituieren zunehmend gedruckte Zeitungen etc.

Auch Werbemärkte verschieben sich. Das Werbevolumen in den klassischen Medien sinkt, das in den internetgetragenen Medien steigt.

In diesem Zusammenhang ist es für die Medienunternehmen entscheidend, Inhalte und/oder Services anzubieten, die sich von denen der Wettbewerber unterscheiden. Nur die Anbieter, die sich durch Alleinstellungsmerkmale auszeichnen, werden am Markt erfolgreich sein.

5.2.5 Die Wettbewerbermärkte

Die Substitutionsintensität auf der Güterebene wird durch das Angebot der Wettbewerber definiert. Dementsprechend wird der intramediale und intermediale Wettbewerb durch die Angebote der Konkurrenten bestimmt. Als **intramedialer Wettbewerb** wird der Wettbewerb zwischen Unternehmen der gleichen Gattung bezeichnet (Zeitungsverlag gegen Zeitungsverlag; TV-Anbieter gegen TV-Anbieter etc.). Als **intermedialer Wettbewerb** gilt der Wettbewerb zwischen Unternehmen über die eigenen Gattungsgrenzen hinaus (Zeitungsverlag gegen TV-Programmanbieter etc.).

Aber darüber hinaus stoßen auch medienfremde Produkt- oder Dienstleistungsanbieter auf Medieninhaltemärkte vor (vgl. TIME-Industrie und Konvergenzstreben in Kapitel 1.3.7). So bietet die Telekom als Netzbetreiber Content an (vgl. t-online.de), Apple unterhält Medienstores (vgl. iTunes- oder iBook-Stores) und Sony als PlayStation-Hersteller versorgt den Markt mit Musik, Videos und Spielen. Der durch dieses Eindringen provozierte Wettbewerb mit Branchenfremden wird **extramedialer Wettbewerb** genannt.

Fragen zu Kapitel 5.2 ?

1. Wodurch wird die Mikroumwelt von Medienunternehmen bestimmt?
2. Wie strukturieren sich die Beschaffungsmärkte von Medienunternehmen und was wird auf ihnen gehandelt?
3. Wie strukturieren sich die Absatzmärkte von Medienunternehmen und was wird auf ihnen gehandelt?
4. Welche Faktoren bestimmen die Funktionsweise von Absatzmärkten?
5. Wie können Produktmärkte strukturiert werden und welche Güterarten werden hier gehandelt?
6. Welchen Wettbewerbern sind Unternehmen auf Medienmärkten ausgesetzt? Argumentieren Sie gattungsspezifisch.

5.3 Das Problem der intermedialen Marktabgrenzung

Marktabgrenzungen erfüllen unterschiedliche Zwecke. Im Wesentlichen aber sollen sie Klarheit über die Zugehörigkeit oder Einordnung von Unternehmen in marktliche Kontexte schaffen. Sie ermöglichen die Definition von Wirtschaftszweigen, indem sie eine Gesamtheit von (verschiedenen) Merkmalen beschreiben, daraus Einheiten bilden und die Unternehmen, die den Merkmalen bestimmter Einheiten entsprechen, zuordnen (vgl. Tatievskaya 2003: 56).

Märkte definieren Branchen und Industrien und damit auch die Zugehörigkeit von Unternehmen. So ist es relativ einfach einen Lebensmittelhersteller von einem Anlagebauer oder einer Bildungseinrichtung zu unterscheiden. Eine auf den Gegenstand abstellende Kategorienbildung ist aber nur dann möglich, wenn die Merkmale, die gebündelt werden, durchgängig für alle Güter oder Güterleistungen auf einem Markt gültig sind. Wie schwierig das ist, ist schon in Kapitel 4.3 deutlich geworden. Es hat sich gezeigt, dass Märkte über die Zugehörigkeit von Unternehmen, die über ihre Tätigkeit definiert werden, nicht mehr möglich ist. Aber auch, wenn Kategorien über Medieninhalte- und Medienträgereigenschaften gebildet werden sollten, zeigt sich schnell, dass so gut wie keine überschneidungsfreien Gruppen von Merkmalsausprägungen gebildet werden können. Und wenn sie es ermöglichen, sind die Kategorien wenig aussagekräftig. Zwar ist es möglich, gedruckte von elektronischen Medien zu unterscheiden, aber der Sinn dieser Differenzierung wird schon dadurch obsolet, weil jedes Printprodukt auch elektronisch produziert wird. Auch die weitgehend übliche Unterscheidung zwischen klassischen Medien und neuen Medien macht heute überhaupt keinen Sinn mehr. Zumal dann nicht, wenn unter dem Begriff „neue Medien“ alles Digitale oder Internetgetragene subsummiert wird. Für einen heute 20- bis 30-Jährigen sind solche Medien Alltag. Für die noch jüngeren Zielgruppen gilt dies sogar uneingeschränkt. Selbst für eine engere Differenzierung über die konkrete technische Ausprägung (Erscheinungsweise) gilt diese Nichteignung in ähnlicher Art.

Nicht einmal die Kommunikationsform, die über viele Jahrzehnte als Abgrenzungskriterium herangezogen wurde, indem zwischen Individual-, Gruppen und Massenmedien unterschieden wurde, bietet heute noch Differenzierungssicherheit. Allenfalls können Gattungsgrenzen noch über Kundengruppen, Leistungsangebote oder Kundenbedürfnisse (Leistungsnutzen) definiert werden. Aber auch diese Marktgrenzen sind durchlässig. Nach Leistungsangeboten oder Leistungsnutzen differenziert, ergeben sich journalistische, unterhaltende, bildende oder werbliche Märkte. Dennoch gibt es zahlreiche Angebote, die diese Leistungsangebote oder Nutzungsmotive zusammenführen. Allenfalls könnte eine Aufteilung in publizistische Endprodukte und mediale Vorleistungen Märkte abgrenzen, weil so Konsumer- von Business-Märkten abgegrenzt werden können. Aber leistungsstark im Sinne einer Kategorisierung der gesamten Medienwirtschaft wäre eine solche Differenzierung nicht.

Abbildung 5.2 zeigt die vielperspektivische Auswahl möglicher Bezugspunkte zur Kategorisierung der Medienwirtschaft. Sie zeigt auch, dass jede Klassifikation insofern auf ihre Grenzen stößt, als dass in keinem Fall eine ausnahmslose gattungsspezifische Zugehörigkeit jeder einzelnen Ausprägung der unterschiedlichen Mediengüter bestimmt werden kann. Gleichgültig, welcher Ansatz gewählt wird, kein einziger ist universell brauchbar. Sie liefern nur eine „im Prinzip“ gültige Kategorisierung und müssten durch weitere Parameter spezifiziert werden. Im wissenschaftlichen Sinne sind die Ergebnisse solcher Marktabgrenzungsversuche alles andere als befriedigend.

<table>
<tr><th colspan="3" rowspan="2">Mediengattungen</th><th rowspan="2">technische Ausprägung</th><th rowspan="2">Kommuni-
kationsform</th><th>Leistungs-
angebot</th><th>Leistungs-
nutzen</th></tr>
<tr><th colspan="2">Fokussierungs- und Zerstreuungsmedien</th></tr>
<tr><td rowspan="2">gedruckte Medienträger</td><td rowspan="6">klassische Medien</td><td rowspan="2">Print-Medien</td><td>Bücher</td><td rowspan="6">1:n</td><td rowspan="11">Journalismus
und Bildung:
– Information
– Meinungsbildung
– Transparenz etc.
– Wissen
– Kritikfähigkeit etc.

Unterhaltung
und Bildung:
– Kurzweil
– Spannung
– Entertainment
– Infotainment etc.

Medien der
Absatzförderung:
– Marktstimulation
– mediale Vorleistungen
– Entscheidungshilfe etc.</td><td rowspan="11">Rezipienten:
– Zerstreuung
– Entspannung
– Erbauung
– Wissen
– Orientierung etc.

Werbetreibende
Unternehmen:
– Aufmerksamkeit
– Reichweite
– Kundenbindung
– Verkaufsförderung etc.

Gesellschaft:
– Thematisierung
– Werte- und Normenvermittlung
– Integration
– Stabilität etc.</td></tr>
<tr><td>Zeitungen, Zeitschriften, Supplements und Anzeigenblätter</td></tr>
<tr><td rowspan="9">elektronische (digitale) Medienträger</td><td rowspan="2">auditive Medien</td><td>Radio</td></tr>
<tr><td>Musik</td></tr>
<tr><td rowspan="2">audio-visuelle Medien</td><td>TV</td></tr>
<tr><td>Film</td></tr>
<tr><td rowspan="5">„neue“ Medien</td><td>Streamings und Podcasts</td><td>auditive/ audio-visuelle Inhalte (Film, Musik etc.)</td><td rowspan="5">1:1
1:n
n:n</td></tr>
<tr><td rowspan="2">multifunktionale Medien</td><td>E-Book, E-Paper, Multimedia, Offline Singleplayer Games</td></tr>
<tr><td>Internet (Websites etc.) Multiplayer-Games</td></tr>
<tr><td rowspan="2">interaktive Medien</td><td>Interaktive Echtzeit-Medien (z. B. MMOGs, MORPG)[1]</td></tr>
<tr><td>Soziale Medien (z. B. Facebook, google+, YouTube, Xing, wikis etc.)</td></tr>
<tr><td colspan="7">[1]= MMOG: Massively Multiplayer Online Game; MMORPG: Massively Multiplayer Online Role-Playing Game</td></tr>
</table>

Abb. 5.2: Typologie zur Bildung von Mediengattungen und Medienmärkten

5.3.1 Die klassischen Abgrenzungen von Medienmärkten und Mediengattungen

Klassisch werden Märkte abgegrenzt, indem der „relevante Markt" eines Unternehmens bestimmt wird. Hier gilt die Aufteilung eines Gesamtmarktes in sachlich, räumlich, zeitlich und technologisch homogene Teilmärkte sowie in Abnehmergruppen (Zielgruppen), dessen Kaufverhalten ähnlich ist. Damit entstehen unterschiedliche Geschäftsfelder bzw. Produktportfolios von Unternehmen. Abell (vgl. Abell 1980: Kap. 3) schlägt vor, den relevanten Markt eines Unternehmens oder einer Leistung

- über die Kundengruppen, an die sich das Unternehmen wendet,
- über die Kundenbedürfnisse, die es befriedigt und
- über die Technologie zur Erfüllung des Zwecks

abzugrenzen (vgl. Kotler und Bliemel 2009: 116 f.).

Eine Anlehnung an diese marketingorientierte Differenzierungsmöglichkeit zeigt eine Abgrenzungsmethodik, die auf die **Nutzungsart** der Medienleistungen abstellt. Wird auf die Nutzungsart abgestellt, können die sogenannten Lean-back-Medien von den Lean-forward-Medien unterschieden werden. Diese Bezeichnungen gehen auf die innere Haltung der Rezipienten gegenüber dem Medieninhalt zurück oder können aufgrund der Körperhaltung der Mediennutzer während des Konsums abgeleitet werden. **Lean-back-Medien** sind geprägt von einer eher passiven reaktiven Konsumption. Lean-back-Medien gehören zu den Zerstreuungsmedien. **Lean-forward-Medien** hingegen werden in der Regel aktiv angesteuert; mitunter findet auch eine direkte Interaktion statt. Lean-forward-Medien gehören zu den Fokussierungsmedien. Je nach innerer Betroffenheit der Rezipienten in Bezug auf die dargestellten Inhalte, gehören die Werbemedien (den Abverkauf steigernde Medien) zu der einen oder anderen Kategorie; in der Mehrzahl allerdings zu den Zerstreuungsmedien.

- **Fokussierungsmedien** (Aufmerksamkeitsmedien) sind Medien, deren Erwartungs- und Nutzenhorizont auf die Aufmerksamkeit der Rezipienten abstellt. So beispielsweise Nachrichtensendungen, Printmedien, Blogs, aber auch Live-Events, Videospiele oder Fachbücher etc.

Diese Medien fokussieren einerseits auf Wissensvermittlung, geben Alltagsorientierung und wirken transparenzschaffend und meinungsbildend. Sie ergänzen andererseits aber auch die individuellen Erfahrungen der Empfänger durch medial vermittelte Realitäten (vgl. Burkart 2002: 378 f.).

Soweit dieses Leistungsangebot durch journalistische Medien bereitgestellt wird, steht weniger der Erlebnis-, sondern mehr der rationale Charakter möglicher Medienwirkungen im Vordergrund. Die journalistischen Produkte haben darüber hinaus noch eine weitere Aufgabe zu bewältigen. Diese Aufgabe entspringt einem sogenannten „öffentlichen Auftrag", den die Gesellschaft an die Presse definiert (vgl. Weischenberg 1992: 69, Dornbach 1987: 112, Dreiskämper 2013). Im Umfeld dieses Auftrags haben Pressemedien dafür Sorge zu tragen, das Öffentlichkeit hergestellt wird (vgl. Ronneberger 1974), um gesellschaftsrelevante politische, soziale, kulturelle etc. Themen transparent zu machen. Die Presse hat hier eine für demokratische Gesellschaften unverzichtbare Vermittlungsfunktion (vgl. Kapitel 1.3.4).

Soweit dieses Leistungsangebot über Unterhaltungsmedien transportiert wird, steht der aktive Interaktionsprozess oder die aktive Auseinandersetzung mit den Inhalteangeboten im Vordergrund. So bezieht sich dieser Interaktionsprozess in der Regel auf die Steuerung der Medieninhalte wie beispielsweise über die Nutzung von Links oder Spielekonsolen.

- **Zerstreuungsmedien** sind Inhalteträger, die es dem Rezipienten aus einer passiven Haltung heraus ermöglichen, für sich selbst Kurzweil zu produzieren. Zu den Zerstreuungsmedien gehören Programmangebote (z. B. Entertainment- oder Infotainmentelemente etc.), die über das Fernsehen, das Radio, den Boulevardmedien, Social Networks und anderen Kommunikationsträgern zur Verfügung gestellt werden.

Der Nutzen für die Empfänger liegt darin, dass sie in einer Lean-back-Atmosphäre Zerstreuung und Ablenkung finden können. Zerstreuungsmedien ermöglichen es den Menschen, sich zu erholen, von der Arbeit abzulenken und sich so weit zu entspannen, dass sie ihre Probleme bzw. die Anforderungen in ihrem Leben bewältigen können (vgl. „Rekreationsfunktion der Medien“ nach Ronneberger (1971) bzw. „Gratifikationsfunktion“ nach Saxer (1974), Schenk (2007) und Teichert (1972/1973)).

- **Werbemedien** sind alle Inhalteträger, die in direkter oder indirekter Art werblichen Zwecken dienen. Die Aufgabe der Medienunternehmen besteht im Zusammenhang mit den Werbemedien hauptsächlich darin, die vorproduzierten Medieninhalte zu distribuieren. Als Gegenleistung erhalten die Medienunternehmen ein Entgelt.

Für die werbetreibenden Unternehmen als Auftraggeber liegt das finale Leistungsangebot der Medien in der Absatzförderung bzw. der gezielten Stimulation von Warenkreisläufen etc. Der Nutzen für die werbetreibende Wirtschaft liegt in der (erhofften) Aufmerksamkeit der Rezipienten und in der Reichweite, die durch die Medieninhalte generiert wird. Letztendlich sind aber auch die Abgrenzungen, die aufgrund der unterschiedlichen Leistungsangebote der Medienwirtschaft bzw. der Erwartungshorizonte der Auftraggeber möglich sind, nicht engmaschig genug oder ausreichend konturenscharf, um Mediengattungen analytisch sauber definieren zu können.

Da Fokussierungsmedien unterschiedliche Nutzen entfalten und damit sowohl journalistische als auch bildende und unterhaltende Zwecke verfolgen, ist auch hier eine eindeutige Abgrenzung der Märkte bzw. Gattungen nicht möglich. Gleiches gilt für die Zerstreuungsmedien. So kann auch ein informatives oder bildendes Angebot durchaus auch der Rekreation dienen. Verantwortlich für das Verschwimmen der Grenzen sind die zwei „Tainment“-Angebote, die als hybride Medienleistungen auf den Markt gebracht werden und Informations- mit Unterhaltungselemente kombinieren:

- **Edutainment-Angebote** beziehen sich auf Konzepte der Wissensvermittlung, bei dem die Inhalte spielerisch und gleichzeitig auch unterhaltsam vermittelt werden. Dazu gehören Fernsehprogramme, Computer- und Videospiele und etliche Multimedia-Softwaresysteme.
- **Infotainment-Angebote** dienen der Informationsvermittlung, werden aber mit Unterhaltungsattributen ausgestattet, um eine höhere Reichweite zu generieren. Oft geht es darum, komplexe Sachverhalte aus Wissenschaft, Wirtschaft und Politik auf unterhaltende Weise zu vermitteln. Beispielhaft wären hier die „TERRA X"-Reihe (ZDF) oder die ProSieben-Produktion „Galileo" zu nennen. Doch obwohl beide Sendungen zum gleichen Genre gezählt werden können, sind die qualitativen Unterschiede zwischen den ZDF-Edel-Features und den eher niveauschwachen P7-Produktionen mehr als nur deutlich sichtbar.

Die Übergänge zwischen informations- und unterhaltungsdominanten Elementen oder boulevardesken und wissenschaftlichen Themen innerhalb der einzelnen Medienkategorien sind ebenso fließend, wie die individuell und gesellschaftlich relevanten Inhaltenutzen.

Solche Abgrenzungsprobleme durchziehen eine nach der Leistung oder dem Nutzen von Medieninhalten geordnete Systematik durchgängig. Denn wenn sowohl ein Zeitungsartikel als auch ein Kinofilm oder ein Ego-Shooter-Spiel zu den Fokussierungsmedien gehören und andererseits sowohl ein Gedichtband von Goethe als auch die US-amerikanische Horror-Splatter-Filmreihe „Saw" zu den Zerstreuungsmedien gezählt werden können, offenbart sich die Durchlässigkeit der Medienkategorien.

Allein die Werbemedien können eindeutig zugeordnet und abgegrenzt werden, da sie als „geschlossenes System" angeliefert bzw. in andere Medienprodukte oder Medienträger integriert werden. Zudem werden sie auf einem separaten Markt – dem Werbemarkt – gehandelt. Diese formale Abgrenzung ist so definitionsstark, dass es wenig relevant erscheint, dass auch Werbung informativ und/oder unterhaltsam sein kann bzw. ist. Werbung erfüllt eine parallel zu nicht-werblichen Contents bestehende Brückenfunktion zwischen Anbietern und Nachfragern. Der Kern des Leistungsangebotes „Werbung" liegt in der Absatzförderung. Der Kern des Rezipientennutzens liegt in der Entscheidungshilfe, die angeboten wird.

Diese Durchlässigkeit mag gemessen an einem Wunsch nach Ordnung, frustrierend sein, entspricht aber der heute weitgehend gültigen Ausgestaltung des medienunternehmerischen Alltags: „Medieninstitutionen operieren [...] nicht in einzelnen Gattungen, sondern in Mediengattungs-Portfolios, wodurch es wenig zielführend ist, die klassische Clusterung beizubehalten" (Friedrichsen, Grübelbauer und Haric 2015: 20). Mit anderen Worten: Wenn die Modelle die Realität nicht mehr ausreichend widerspiegeln, verlieren sie an Schärfe und müssen geändert werden.

5.3.2 Neue Zugänge zur Abgrenzung der Medienwirtschaft

Der Überblick, den Abb. 5.2 anbietet, zeigt nicht nur die vielperspektivische Auswahl möglicher Bezugspunkte zur Kategorisierung der Medienwirtschaft. Er zeigt auch die Grenzen einer Klassifikation. Dies wird ganz besonders deutlich, wenn Online-Medien betrachtet werden. Es braucht neue Ansätze zur Abgrenzung der Medienwirtschaft. Der strenge Gattungsbegriff ist in Zukunft aufzugeben. Ein neuer Zugang zur Medienwirtschaft muss gefunden werden.[3] „Zeitgemäße Systematisierungen müssen sich [.] auf Dimensionen beziehen, die einerseits technikneutral sind und andererseits auf Anbieter- und Nutzerseite Relevanz haben, also sowohl auf den Beschaffungs- als auch auf den Nachfragemärkten der Marktabgrenzung dienen können." (Rimscha und Siegert 2015: 44) In diesem Sinne schlagen Rimscha und Siegert vor, die Distributions- und die Produktionstechnik in einen Zusammenhang zu stellen oder einerseits inhaltliche Kriterien und andererseits die Serialität als Abgrenzungsdimensionen zu nutzen. Insbesondere das letztgenannte Zuordnungsbegriffspaar ermöglicht eine vom Übertragungskanal unabhängige Zusammenfassung publizistischer Angebote, die in einem gemeinsamen Markt miteinander konkurrieren (vgl. Rimscha und Siegert 2015: 45).

Dieser Ansatz ist insofern interessant, als dass der Nutzen der Medieninhalte für den Rezipienten ins Zentrum der Betrachtung rückt und damit gleichzeitig über die Inhaltsdimension definiert wird, welche Ressourcen in der Produktion eingesetzt werden. Die so entstehende „transmediale Angebotsmatrix" (Rimscha und Siegert 2015: 45 und Abb. 5.3) zeigt exemplarisch, welche Medienformate miteinander konkurrieren und damit Märkte abgrenzen.

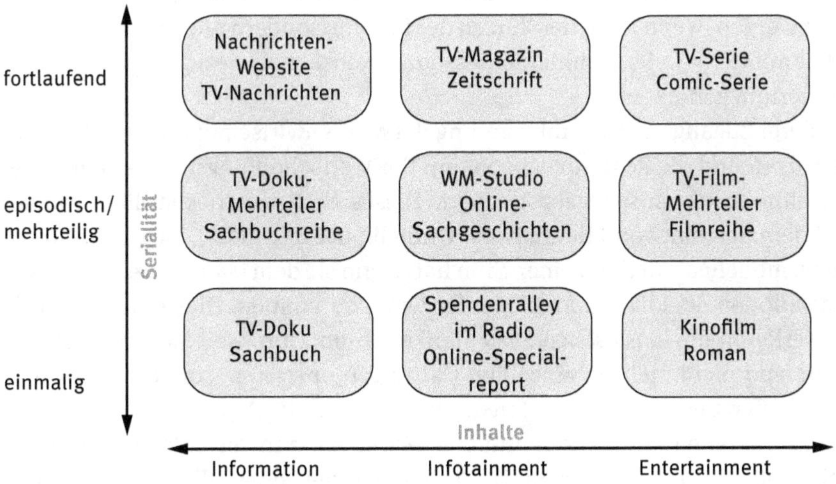

Abb. 5.3: Transmediale Angebotsmatrix der Medienwirtschaft (Rimscha und Siegert 2015)

3 Hier hat sich ein Forschungsfeld generiert, das noch viele Fragen zu beantworten hat.

Die Schwäche dieses Ansatzes liegt darin, dass er auf der einen Seite „Nutzen“ sehr abstrakt interpretiert und sich auf der anderen Seite auf nur drei Inhaltekategorien beschränkt. Für z. B. Edutainmentangebote aus Bildung und Kultur bietet die Matrix zunächst keinen Platz. Diese Kritik wäre allerdings schnell durch eine geringfügige Erweiterung des Modells aus der Welt gebracht. Anders sieht es mit der Abstrahierung des Nutzenarguments aus.

Die Abgrenzung „relevanter Märkte“ im Sinne von Abell (vgl. Abell 1980: Kap. 3) zeichnet sich mindestens dadurch aus, dass sie Zielgruppen und Produkteigenschaften abstimmt. Selbst wenn die Technizität des Produktes als Eigenschaft vernachlässigt wird, d. h. also darauf verzichtet wird, die technische Ähnlichkeit (Stoff, Verarbeitung, Form, technische Gestaltung etc.) zu fordern (was in der Mehrzahl der Fälle auch dringend Sinn macht), bleibt die Bedingung der Substitutionsfähigkeit. D. h., die Produkte oder Dienstleistungen müssen den gleichen oder einen zumindest sehr ähnlichen Nutzen für die Zielgruppenmitglieder (Konsumenten) stiften, um als austauschbar und damit einem Markt zugehörig identifiziert werden zu können.

Hier setzt die Kritik an der „transmedialen Angebotsmatrix“ an, denn dass in einer idealisierten Art und Weise ein Kinofilm ebenso wie ein Roman oder ein Game entertaint, ist nachvollziehbar. Ob ein Unterhaltung Suchender die drei Güter aber auch als gegenseitig ersetzbar ansieht, kann bezweifelt werden. Das Gleiche gilt sicherlich auch für die TV-Doku gegenüber dem Sachbuch etc. Sieht der Nutzer die Angebote aber nicht als Substitute an, handelt es sich auch nicht um einen gemeinsamen Markt, sondern um zwei oder mehr Märkte. Insofern greift die Systematik der „transmedialen Angebotsmatrix“ zur Abgrenzung von Medienmärkten in weiten Teilen der Medienwirtschaft, aber nicht uneingeschränkt. Möglicherweise kann dieser Nachteil ausgeräumt werden, wenn nicht der Nutzen der Inhalte, sondern die Wertschöpfungsstufe und damit der jeweils dominante Ressourceneinsatz als dezidiertes Systematisierungskriterium genutzt wird.

Ein anderer Zugang zur Systematisierung der Medienwirtschaft öffnet sich, wenn nicht der Nutzen und die Ressourcen, sondern der Wertschöpfungsprozess eines Medienunternehmens als Ausgangsbasis dient. Dieses betriebswirtschaftliche Modell basiert auf dem Postulat von Friedrichsen, Grübelbauer und Haric, dass die Bildung von Gattungsmodellen nur dann einen Sinn hat, wenn sie dem Management hilft, Medienorganisationen effektiver und effizienter leiten zu können. Dies unterstellt und gefordert, verlieren die klassischen Systematiken ihren Sinn, weil Medienunternehmen zunehmend nicht mehr in einzelnen Gattungen operieren, sondern Leistungsportfolios schaffen und steuern (vgl. Friedrichsen et al. 2015: 20).

Portfolios bestehen aus Marken und eine Marke kann in verschiedenen Gattungen beheimatet sein. Die Marken BILD (Springer-Verlag) oder DER SPIEGEL (Spiegel-Verlag) beispielsweise sind, wie viele andere Printmedien-Marken, sowohl in den klassischen Medien (Print/Tageszeitung/Zeitschrift) vertreten als auch in den elektronischen Medien (Internet/E-Paper bzw. App-basierte elektronische Zeitung/Zeitschrift). Es sind Familienmarken, die etliche Einzelmarken in unterschiedlichen

Mediengattungen führt. Für das Management der Verlage ist aber nicht die Gattungszugehörigkeit einer Marke bzw. eines Produktes entscheidend, sondern – genau im Gegenteil – dass die im Produkt gebündelten Inhalte möglichst gattungsübergreifend (intermedial) vermarktet und möglichst crossmedial verknüpft werden können.

Solche Vermarktungsmodelle ermöglichen Synergieeffekte, die sich sowohl auf der Kosten- als auch auf der Erlösseite positiv auswirken können. Sie führen beispielsweise zu Kosteneinsparungen im redaktionellen Herstellungsprozess und gleichzeitig zu einer höheren Reichweite am Rezipientenmarkt. Die höhere Reichweite wiederum führt zu höheren Werbe- und ggfs. auch höheren Vertriebseinnahmen. Damit wird das Geschäftsmodell – bzw. der Dreiklang aus Beschaffungs-, Herstellungs- und Vermarktungspolitik – zum zentralen Anker für die Charakterisierung eines Medienunternehmens und nicht der Output oder der Ressourceneinsatz.

Konsequent weitergedacht, führt diese Managementperspektive auf die Medienwirtschaft zu einem neuen Bezugspunkt: Nicht mehr die Materialität oder die Leistungen sind die entscheidenden Klassifikationsmerkmale für einen praxisrelevanten Mediengattungsbegriff. Deutlich an Relevanz gewinnen vielmehr die Stellung der Medienunternehmen im Wertschöpfungsprozess sowie ihr Integrationsgrad.

Das Modell des in Abb. 5.4 dargestellten Betriebes zeigt den gesamten Bereich der objekt-orientierten Wertkette eines vertikal voll integrierten Medienunternehmens. Ein solches Unternehmen stellt eine Medienleistung ohne Hilfestellung anderer autonom fertig. Verzichtet wurde in der Darstellung auf die sekundären Wertaktivitäten, da sie modelltechnisch keinen Einfluss auf die Abbildung der produktbezogenen Wertschöpfung haben. Dargestellt sind ausschließlich die primären Unternehmensfunktionen (vgl. Porter 2014: 64 f. sowie die Abb. 4.1 und Abb. 4.2 dieser Publikation). Dieser primäre Bereich visualisiert ausschließlich die an der Leistungsentstehung direkt beteiligten Unternehmensabteilungen.

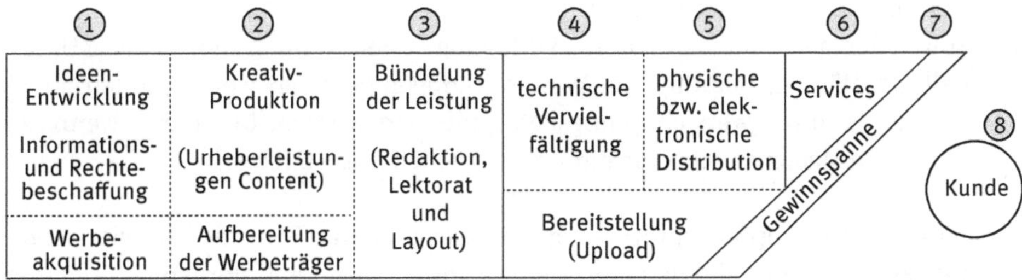

Abb. 5.4: Wertschöpfungsprozess eines voll integrierten Medienunternehmens

Ein Medienunternehmen kreiert diesem Modell folgend zunächst

1. Ideen und beschafft sich Informationen und ggfs. notwendige Nutzungsrechte für fremderstellte Inhalte. Darüber hinaus werden die zur Verfügung stehenden Werbeplätze oder Werbezeiten vermarktet.

2. Im Anschluss (der Übergang ist i. d. R. fließend) beginnt der konkrete am Produkt orientierte Kreativprozess. Dieser Schritt ist geprägt von den Urheberleistungen der Autoren, Regisseure, Kameraleute, Designer, Künstler etc. Parallel dazu werden die Zulieferungen der Werbeagenturen oder werbetreibenden Unternehmen technisch für die weitere Verwendung aufbereitet.
3. Hier werden die Einzelelemente (Bilder, Texte, sonstige Contents) ausgewählt, redaktionell endbearbeitet und dem Gesamtkonzept entsprechend zusammengestellt. Es entsteht das Urmaster (z. B. Zeitungsausgabe, TV-Magazin oder ähnliches).
4. Im vierten Schritt wird das Unikat technisch vervielfältigt, wenn es auf einen materiellen Medienträger aufgebracht werden muss (CD, DVD, Papier etc.). Es entsteht das Massenprodukt. Handelt es sich um ein digitales Endprodukt, so entfällt die technische Vervielfältigung. Der Medieninhalt muss nur elektronisch abgelegt und zugänglich gemacht werden.
5. Letztlich wird die Medienleistung oder das Produkt distribuiert. Die Distribution kann physisch erfolgen. Dies ist dann der Fall, wenn ein materieller Medienträger vorliegt (Buch, Zeitung, Blu-Ray etc.). Die Distribution kann auch eine rein technische sein, d. h. ein TV-Beitrag wird z. B. ausgestrahlt, eine Internetpräsenz wird ins Netz gestellt etc. Handelt es sich um Rundfunkleistungen fallen Vervielfältigung und Verteilung in einem Prozessschritt gleichzeitig an. Handelt es sich um Online-Medien, sind die Prozessschritte getrennt. Der Distributionsaufwand wird aber auf die Kunden abgewälzt.
6. Soweit das Unternehmen Services im Umfeld des Mediums anbietet, greifen diese abschließend. Solche Leistungen können Leserservices, Hot-Lines, Garantien etc. sein.
7. Die Gewinnspanne ergibt sich schließlich aus der Differenz zwischen dem Verkaufserlös und der Summe der Kosten, die zur Herstellung und Bereitstellung des Mediums aufgebracht werden mussten.
8. Soweit der Medieninhalt nicht zur Verfügung gestellt werden soll, sondern Unterhaltung, Wissen, Bildung oder Werbewirkungen generiert werden sollen, muss der Kunde in die Wertschöpfungskette integriert werden. Denn erst, wenn der Kunde die Medieninhalte konsumiert, entstehen diese Effekte.

Aus diesem Wertschöpfungsprozess können zwei getrennte Bereiche bzw. vier mögliche Tätigkeitsschwerpunkte separiert werden, innerhalb derer Unternehmen singulär oder kombiniert (integriert) tätig sind:
- der Kreativprozess (Creative Media) und
- der Redaktionsprozess (Editorial Media)

sowie
- der Produktionsprozess (Production Media) und
- (ergänzend) der Distributionsprozess (Distribution Media).

Wird das grundsätzliche Gattungssystem, das schon in Abb. 5.2 dargestellt ist, auf diesen Ansatz übertragen, ergibt sich die in Abb. 5.5 dargestellte neue Matrix, die den Mediengattungsansatz und die Wertschöpfungsstufen kombiniert.

Creative Media	Autoren, Regisseure, Designer, Entwickler, sonstige Kreative und Spezialagenturen etc.				
Editorial Media	Redakteure, Lektoren, Programmverantwortliche, Layouter, Art-Direktoren etc.				
Production Media	mobile Produktionseinheiten, Studios für Film, Rundfunk und Musik, Print-, Internet-, Game-Produzenten, Werbeagenturen				
(Distribution Media)	*Filmverleiher, Publisher, Presse-Grosso, Verlage, Content-Broker, Direct-Online-Stores, Nutzer-Plattformen etc.*				
	Print-Medien	***auditive Medien***	***audio-visuelle Medien***	***multi-funktionale Medien***	***interaktive Medien***

Abb. 5.5: Mediengattung-Wertschöpfungsstufen-Matrix

Dieser Perspektivenwechsel und die damit verbundenen Abgrenzungen generieren nicht zwingend mehr Trennschärfe gegenüber den in den vorstehenden Kapiteln diskutierten gattungsspezifischen Abgrenzungsparametern, aber die Abgrenzungen verlieren an Komplexität und gewinnen damit deutlich an unternehmenspraktischer und medienökonomischer Relevanz für die Unternehmensführung. Dies deshalb, weil der Integrationsgrad eines Unternehmens eine produkt- oder gattungsersetzende Zuordnung erlaubt und sowohl den Spezialisten (z. B. die Autorengemeinschaft, die Produktionsfirma etc.) als auch den integrierten Medienkonzern systematisch erfasst.

Fragen zu Kapitel 5.3

?

1. Warum können Branchen heute nicht mehr sinnvoll über die Gütereigenschaften abgegrenzt werden? Argumentieren Sie und belegen Sie ihre Argumente mit Beispielen.
2. Wie erfolgt die Marktabgrenzung nach Abell?
3. Kann die marketingorientierte Marktabgrenzung von Abell auf die Medienwirtschaft übertragen werden? (Wenn ja, wie?)
4. Ist eine Abgrenzung der Märkte aus Sicht der Praxis überhaupt notwendig? Diskutieren Sie.

6 Welche Einzelmärkte bedienen Medienunternehmen?

In diesem Kapitel werden die Funktionsweise und Größenverhältnisse der einzelnen Gattungsmärkte, wie sie in der Marktforschung und der orthodoxen Literatur abgegrenzt werden, vorgestellt. Allerdings wird weitgehend darauf verzichtet, die publizistische Seite darzustellen. Dies sei der einschlägigen kommunikationswissenschaftlichen und publizistischen Literatur vorbehalten. Abgestellt wird im Folgenden hauptsächlich auf die ökonomischen Facetten der jeweiligen Medienmärkte. Dabei werden die Daten und Fakten der Märkte sehr kompakt gebündelt. Ausführliche Darstellungen einzelner Märkte findet der interessierte Leser in der einschlägigen volkswirtschaftlichen Literatur zur Medienökonomie und in den Publikationen zum Medienmanagement sowie in den vielen Veröffentlichungen der jeweiligen Verbände und Forschungsinstitute.

Die im Folgenden dargestellte Systematik orientiert sich an den Finanzierungsformen der gehandelten Medien. Zunächst konzentrieren sich die Ausführungen auf nicht oder nicht dominant durch Werbung finanzierte Märkte, in denen die Vertriebseinnahmen deutlich umsatzbestimmend sind. Anschließend werden die Märkte vorgestellt, die deutlich mischformfinanziert oder sogar ganz dominant durch Werbeeinnahmen finanziert werden.

Zu den ausschließlich vertriebsfinanzierten Medien gehören insbesondere Bücher, Musik und sonstige Tonträger wie beispielsweise Hörspiele etc. Der **Buchmarkt** und der **Musikmarkt** werden ganz eindeutig durch Angebot und Nachfrage bestimmt. Obwohl auch diese Märkte durch Netzwerkeffekte mitbestimmt werden[1], können sie in Bezug auf die Finanzierungsformen als einseitige Märkte betrachtet werden.

Als „einseitig" werden Märkte betrachtet, wenn sie unabhängig von anderen Märkten jeweils durch Angebot und Nachfrage auf dem eigenen Markt bestimmt werden. „Zweiseitig" sind hingegen Märkte, wenn sie mit anderen Märkte so verbunden sind, dass sie sich gegenseitig direkt beeinflussen und Netzwerkeffekte die Märkte voneinander abhängig machen. Insofern beeinflussen Angebot und Nachfrage auf ei-

1 Durch Netzwerkeffekte bestimmt werden alle Medienmärkte allein schon dadurch, dass die Inhalte digitalisiert werden können und damit Komplementärprodukte benötigen, um genutzt werden zu können (vgl. Kapitel 3.1 und 3.6). Publizistische Netzwerkeffekte bestehen z. B. in der sozialen Anschlusskommunikation („Mit anderen über einen Medieninhalt reden können"). Technisch bedingte Netzwerkeffekte kommen immer dann auf, wenn Komplementärgüter eingesetzt werden müssen, um Medieninhalte rezipieren bzw. nutzen zu können. Dies ist bei allen digitalen Medieninhalten der Fall. Diese beiden Kategorien von Netzwerkeffekte sollen im Folgenden nicht weiter betrachtet werden. Hier soll ausschließlich auf die Effekte abgestellt werden, die durch die Werbefinanzierung von Inhalten entstehen.

https://doi.org/10.1515/9783110519587-006

nem Markt Angebot und Nachfrage auf einem anderen Markt. Dies ist ganz besonders der Fall, wenn Medien (auch) durch Werbung finanziert werden (vgl. im Detail Abb. 7.1 in Kapitel 7.3).

Aus technischer Sicht gehören alle Medieninhaltemärkte, die digitalen Content handeln, zu den zweiseitigen Märkten, da diese Medieninhalte technische Hilfsmittel benötigen, um rezipiert werden zu können (und damit Netzwerkgüter darstellen; vgl. Kapitel 3.6). Aber wenn nur auf die beiden Finanzierungsquellen Vertrieb und Werbung sowie den hier wirkenden indirekten Netzwerkeffekten abgestellt werden soll, fallen die Buch- und Musikindustrie aus dem Rahmen heraus.

Auch der **Filmmarkt** und der **Games-Markt** können zu dieser Kategorie gezählt werden, weil beide Märkte deutlich von Rezipientenreaktionen auf das Angebot und den Marketingmaßnahmen der Medienunternehmen beherrscht werden. Die Finanzierungsmodelle der Anbieter basieren ebenfalls weitestgehend auf Erlösen, die über Vertriebskanäle erwirtschaftet werden. Nichtsdestotrotz werden insbesondere etliche Filme und auch Games deutlich durch Werbeeinnahmen querfinanziert. Das gesamte Werbeaufkommen in diesen beiden Branchen wirkt allerdings insgesamt nicht so dominant auf das Angebot und die Geschäftsmodelle der Hersteller. Dementsprechend sind diese Branchen nicht eindeutig „einseitig", aber auch noch nicht deutlich „zweiseitig" und sollen in einem separaten Themenblock vorgestellt werden.

Einem dritten Block werden die Märkte zugeordnet, die deutlich vertriebs- und werbefinanziert sind; also der **Zeitungs- und Zeitschriftenmarkt** und die **Rundfunkmärkte**. Auf diesen Märkten herrschen besondere Bedingungen, die durch ein Wirkungsspiel zwischen Werbe- und Inhaltemärkte bestimmt werden. Dementsprechend müssen insbesondere Zeitungs- und Zeitschriftenmärkte sowie Rundfunkmärkte in Bezug auf die Finanzierung als „**zweiseitige Märkte**" gesehen werden.

Merke: **!**

Ein **einseitiger Markt** liegt dann vor, wenn er weitgehend unabhängig von anderen Märkten durch Angebot und Nachfrage auf dem eigenen Markt koordiniert wird.
Ein **zweiseitiger Markt** liegt dann vor, wenn zwei unabhängig voneinander funktionierende Märkte so miteinander verbunden sind, dass Änderungen auf einem Markt Auswirkungen auf den anderen Markt haben.

Da die Produkte auf allen Märkten sowohl auf materiellen Medienträgern als auch immateriell vermarktet werden bzw. werden können, erscheint es hier nicht notwendig, eine separate Rubrik Online-Medien anzubieten.[2]

2 Ausführliche branchenwirtschaftliche Einzelbetrachtungen über die einzelnen Medienmärkte findet der Leser in der Managementliteratur von Wirtz (2016) und Gläser (2014).

6.1 Medienmärkte ohne werbebestimmte Netzwerkeffekte

Sowohl der Buchmarkt als auch der Musikmarkt (Markt der Tonträger) werden nicht durch Werbung querfinanziert. Hier werden hauptsächlich Vertriebseinnahmen durch die Leser oder Hörer generiert. Aus diesem Grunde gibt es auch keine Verbindung zwischen den Inhalte- und den Werbemärkten.

6.1.1 Der Buchmarkt als einseitiger Markt

Ein Buch ist ein nichtperiodisches Druckwerk, das einen Umfang von wenigstens drei Druckbögen zu je 16 Seiten hat und von einem Umschlag oder durch Heftung zusammengefasst wird (vgl. Hiller und Füssel 2006: 58 sowie Schönstedt 1999: 9).[3] Diese Definition ist nicht sehr konturenscharf, da auch E-Books als Bücher gelten. E-Books sind aber nicht papiergetragen. Beide Formate haben hingegen gemeinsam, dass sie einen längeren Gebrauchswert haben als andere Druckerzeugnisse (wie beispielsweise Zeitungen oder Zeitschriften) und in mehreren Auflagen erscheinen können. Bücher werden in drei Gattungen bzw. Warengruppen unterschieden: Belletristik, Sachbücher und Bücher in kommerzieller Verwendung (Adressbücher etc.).

Um Bücher von gedruckten oder elektronischen Presseerzeugnissen abzugrenzen, scheint die Periodizität das abgrenzungsstärkste Kriterium zu sein (vgl. Wirtz 2016: 266). Kataloge oder Verzeichnismedien (Telefonbücher, Branchenverzeichnisse etc.) können hingegen über die Bezugskriterien Markt und Nutzungsart von Büchern separiert werden. Bücher im engeren Sinne werden auf dem Lesermarkt angeboten und dienen der Entspannung, Erbauung, dem Wissenstransfer etc. Kataloge und Verzeichnismedien haben reinen Informationswert und werden häufig über den Werbemarkt finanziert. Die Vermarktung von Werberaum hat für den Büchermarkt hingegen eine nur sehr geringe Bedeutung.

Jedes Jahr werden rund 90.000 Titel produziert. In etwa 87 Prozent dieser Titel sind Erstauflagen, 13 Prozent Neuauflagen. Die jährliche Gesamtbuchauflage liegt geschätzt bei einer Mrd. Bücher. 2015 wurden 27 Mio. E-Book-Exemplare am Publikumsmarkt abgesetzt.

Der Branchenumsatz liegt bei rund 9,2 Mrd. Euro, 400 Mio. Euro davon entfallen auf den E-Book-Umsatz. Der größte Anteil entfällt auf Belletristik (32 Prozent Anteil am Buchverkauf; über 80 Prozent am E-Book-Verkauf), gefolgt von Kinder- und Jugendbüchern (16 bzw. 4 Prozent), Ratgebern (15 bzw. 4 Prozent) und Sachbüchern (10 bzw. 5 Prozent). Die restlichen Umsätze verteilen sich auf die Warengruppen Schule,

3 Weitere kompakt dargestellte Ausführungen zum Buch, zur Buchgattung und zum Buchmarkt unter Berücksichtigung ökonomischer wie auch publizistischer Aspekte, findet der Leser auch in Schellmann et al. 2017: S. 153–155. Ansonsten sei auf die ausführlichen Ausführungen in Gläser 2014 und Wirtz 2016 verwiesen.

Reise, Wissenschaften. 50 Prozent der Bücher werden im Sortimentsbuchhandel (Thalia, Mayersche, Weltbild, Hugendubel etc.) erzielt, 20 Prozent setzen die Verlage direkt um, der Internetbuchhandel (v. a. Amazon) steuert rund 18 Prozent des Umsatzes hinzu und die sonstigen Verkaufsstellen (Versand, Kiosk, Warenhäuser etc.) erzielen 12 Prozent. (Vgl. Börsenverein des deutschen Buchhandels 2017)

Die Buchbranche ist gekennzeichnet durch ein mittelständisch geprägtes Angebotsoligopol, das durch viele kleine Anbieter ergänzt wird. Umsatzstarke Verlage dominieren den Markt. Die 100 größten Verlage bzw. Verlagsgruppen vereinen etwa 85 Prozent des Gesamtumsatzes in der Branche auf sich. Rund 1.500 Verlage erwirtschaften die verbleibenden 15 Prozent (vgl. Wirtz 2016: 268 f. und Gläser 2014: 187). Der ökonomische Konzentrationsgrad ist verglichen mit dem publizistischen Konzentrationsgrad hoch und nimmt weiter zu. Auch die Filialisierung im Buchhandel (Ausbau von Buchhandlungsketten) nimmt weiter zu. Kleinere, inhabergeführte Buchhandlungen verschwinden immer stärker vom Markt.

Die Preiselastizität der Nachfrage (vgl. Kapitel 10.2.2) ist eher gering. Das heißt, dass der Bücherabsatz auch bei leichten Preisänderungen relativ stabil bleibt. Die Tagesreichweite (Personen ab 14 Jahre) von Büchern liegt bei durchschnittlich 21 Prozent, wobei die Altersgruppe von 14 bis 19 Jahre vergleichsweise häufiger Bücher liest (fast 24 Prozent). Die durchschnittliche Lesedauer pro Tag liegt bei rund 22 Minuten. Zweidrittel der Konsumenten kaufen mindestens einmal pro Jahr Bücher. Die Pro-Kopf-Ausgaben für Bücher liegen bei rund 117 Euro pro Jahr (Vgl. Wirtz 2016: 276 f. und Gläser 2014: 186).

Die Erlöse der buchproduzierenden Unternehmen entstehen zum überwiegenden Teil durch den Abverkauf der Bücher auf den Rezipientenmärkten. Ein weiterer Teil der Umsätze wird auf den Rechte- und Lizenzmärkten erzielt. Erlöse durch den Rechteverkauf ergeben sich durch den Verkauf von Rechten für geografisch eingegrenzte Buchausgaben (Übersetzungen). Erlöse durch Lizenzierungen können durch die Herausgabe von Taschenbüchern erzielt werden oder durch den Verkauf von Filmrechten und Merchandising-Rechten. Anzeigenerlöse sind hingegen die Ausnahme. Allenfalls in Sachbüchern werden vereinzelnd Werbeanzeigen geschaltet. (Vgl. Wirtz 2016: 289 f.)

Die Kostenstruktur der buchproduzierenden Unternehmen kennzeichnet Wirtz (Wirtz 2016: 290) wie folgt:

Tab. 6.1: Kostenstruktur und Gewinnanteil der Buchbranche

Content-produktion	Marketing	Verwaltung	Druck	Vertrieb	Marge Großhandel	Marge Einzelhandel	Gewinn
First Copy Costs				*Distribution inkl. Handelsspanne*			
17 %	12 %	10 %	18 %	5 %	15 %	14 %	9 %

Tabelle 6.1 macht deutlich, dass die größten Kostenpositionen die Contentproduktion (Kosten für Manuskripte und Verwertungsrechte), der Druck und die Distribution sind. Aus diesem Grunde ist es nicht verwunderlich, dass Verlage das E-Book bevorzugen und den Direktvertrieb präferieren. Hier liegen deutliche Kostensenkungspotenziale. Ein E-Book muss nicht materialisiert werden. Somit entfallen die Druckkosten. Und wenn der Verlag einen größeren Anteil am Absatz selbst vertreibt, kann er die auf diesen Absatz entfallende Handelspanne internalisieren (vgl. Wirtz 2016: 291). Damit liegt das Kostensenkungspotenzial bei 52 Prozent (23 Prozent Produktions- und Distributionskosten plus 29 Prozent Handelspanne).

6.1.2 Der Musikmarkt als einseitiger Markt

Der Musikmarkt – hier auch bezeichnet als Tonträgermarkt – wird durch diejenigen Akteure formiert, die sich mit der Produktion und Speicherung, Vermarktung, Verwertung und Distribution von musiktragenden Tonträgern beschäftigen.[4] Dazu gehören die Musikverlage (auch als Publisher bezeichnet), die Musiklabels (auch als Tonträgerhersteller oder Plattenfirmen bezeichnet) und die Produzenten bzw. Tonstudios. Die einschlägigen stationären Handelsorganisationen, Online-Marktplätze und die Rundfunk- sowie die Filmindustrie ergänzen die Teilnehmerschaft als Distributoren bzw. Multiplikatoren.

Die **Musikverlage** (Publisher) verwalten und vermarkten die von den Künstlern übertragenen Nutzungsrechte und erheben die Gebühren für die Verwertung dieser durch Dritte (z. B. Radio, TV, Werbe- und Filmindustrie) (vgl. Wirtz 2016: 594). Vertrieben werden die Musikstücke durch die **Musiklabels** (Tonträgerunternehmen). Diese übernehmen auch das Marketing für ihre Titel. Die Bezeichnung „Label" leitet sich ab von den Etiketten (englisch: „label"), die auf Tonträgern aufgeklebt sind. Sie tragen u. a. das Logo des Tonträgerunternehmens. Der Verlag oder das Label beauftragen einen Produzenten mit der Herstellung des Titels als Tonträger oder Musikvideo.

Der Musikmarkt wird heute mit einem Marktanteil von weltweit über 60 Prozent im Verlagsgeschäft und fast 75 Prozent im Bereich der Label beherrscht von drei Musikkonzernen (die „Big Three" genannt):

- Universal Music Group (23 Prozent Marktanteil im Verlags- und 33,5 Prozent im Tonträgergeschäft),
- Sony Music Entertainment (28 Prozent Marktanteil im Verlags- und 22,6 Prozent im Tonträgergeschäft) und
- Warner Music Group (12,5 Prozent Marktanteil im Verlags- und 17,1 Prozent im Tonträgergeschäft).

4 Weitere kompakt dargestellte Ausführungen zum Musikmarkt unter Berücksichtigung ökonomischer wie auch publizistischer Aspekte, findet der Leser auch in Schellmann et al. 2017: S. 172–175. Ansonsten sei auf die ausführlichen Ausführungen in Gläser 2014 und Wirtz 2016 verwiesen.

Die großen Marktteilnehmer agieren als integrierte Anbieter, die die gesamte Wertschöpfungskette der Musikindustrie abdecken.

Obwohl der Absatz an physischen Tonträgern seit 15 Jahren permanent rückläufig ist, werden 2015 immer noch rund 82 Mio. Tonträger am deutschen Markt abgesetzt. Im Jahre 2001 waren es noch fast 213 Mio. Sowohl der Absatz von CD-Alben als auch die Anzahl der Musikdownloads ist rückläufig. Hingegen rasant ansteigend sind die Anzahl der Streamings.

Entsprechend der Absatzentwicklung zeigt sich auch die Entwicklung im Umsatz: Während die Umsätze im traditionellen Musikmarkt dramatisch sinken, werden die Gesamtumsätze durch die Steigung im Digitalsegment leicht überkompensiert, sodass der Gesamtumsatz der Branche seit 2013 wieder leicht ansteigt. Der Gesamtumsatz aus dem physischen und digitalen Musikverkauf in Deutschland liegt 2016 bei rund 1,6 Mrd. Euro. Der Umsatzanteil physischer Tonträger liegt noch bei 62 Prozent, der Umsatz im Digitalbereich liegt hingegen bereits bei 38 Prozent; davon sind fast 70 Prozent im Segment Streaming erwirtschaftet worden. Seit 2011 haben sich die Umsätze im Bereich des Musikstreamings im Abonnement (Subcription) jährlich nahezu verdoppelt auf heute 385 Mio. Euro.

Bezogen auf die Vertriebskanäle entfallen 34 Prozent der Umsätze physischer Tonträger auf den stationären Handel und 30 Prozent auf den Onlinehandel. Im Absatzkanal Online-Service Musikdownload sind heute mehr als 37 Mio. Songs verfügbar. Der Marktführer ist iTunes mit mehr als 26 Mio. verfügbaren Songs (vgl. Wirtz 2016: 611). Apple hat hier frühzeitig auf eine technisch basierte Konvergenzstrategie gesetzt „und mit dem iTunes-Store, der iTunes Musik-Management-Software und dem iPod (Abspielgerät) einen Produktsystemverbund aufgebaut [.], der dem Nutzer hohe Kompatibilität und einfach Nutzung ermöglicht.“ (Wirtz 2016: 611)

Die Preiselastizität der Nachfrage (vgl. Kapitel 10.2.2) auf diesem Oligopolmarkt ist hoch. Das bedeutet, dass Preisänderungen große Wirkungen auf den Mengenabsatz haben und die Preispolitik der Anbieter große Auswirkungen auf den Erfolg des Geschäftsmodells hat. Als Beleg für diesen Zusammenhang kann die erfolgreiche absatztechnische Umstellung vom physischen Album als Komplettlösung mit relativ hohem Preis auf Downloadangebote zum Einzelpreis und die Erweiterung dieser Variante zum Streamingangebot auf Abonnementbasis gesehen werden.

Ein breites Repertoiresegment und die crossmediale Verwertungskompetenz haben neben der Promotion-Kompetenz die größte Bedeutung für Verlage und Hersteller in der Musikindustrie. Während die Promotion-Kompetenz sicherstellt, dass durch eine massenwirksame Platzierung viele Hörer erreicht werden, liegt die crossmediale Verwertungskompetenz darin, die Titel in allen Vertriebskanälen zu vermarkten und die dafür notwendigen technischen Lösungen bereitzuhalten. Für die etablierten Unternehmen ist dies umso wichtiger, als dass die Markteintrittsbarrieren als eher gering einzuordnen sind und sowohl durch neue Marktakteure leicht durchbrochen werden können als auch für Unternehmen aus Komplementärgüterindustrien als verführerisch niedrig erachtet werden (siehe Apple) (vgl. Gläser 2014: 219).

Die Kostenstruktur der Unternehmen in der Tonträgerindustrie (Segment physische Datenträger) kennzeichnet Wirtz (Wirtz 2016: 619) wie folgt:

Tab. 6.2: Kostenstruktur und Gewinnanteil der Tonträgerindustrie

Master-produktion	**Marketing**	**Verwaltung**	**Tonträger-produktion**	**Lizenzen**	**GEMA**	**Distribution**	**Marge Handel**	**Gewinn**
First Copy Costs						*Distribution inkl. Handelsspanne*		
18 %	10 %	7 %	8 %	10 %	6 %	15 %	20 %	6 %

Tabelle 6.2 macht deutlich, dass die Herstellung der First Copy und die direkt damit verbundenen Kosten (Produktion, Marketing und Verwaltung) mit insgesamt 35 Prozent rund ein Drittel der gesamten Kosten in der Leistungserstellung ausmachen. Zur Disposition strategischer Überlegungen im Kostenmanagement stehen die Positionen Tonträgerproduktion (Vervielfältigung), Lagerung und Distribution und Handelsmarge. Mit einem verstärkten Engagement im digitalen Vertrieb können die Vervielfältigungskosten stark reduziert werden. Damit reduzieren sich auch die Distributions- und die Lagerhaltungskosten. Wird der Vertrieb außerdem stärker selbst durch die Hersteller organisiert, reduzieren sich auch die Aufwendungen für die Handelsunternehmen. Allerdings muss berücksichtigt werden, dass bei einem stärkeren Direktvertrieb nicht die Reichweite in Mitleidenschaft gezogen wird. Das würde zu Absatzreduktion führen. Die technische Auslieferung, der Online-Shop und die Abrechnungssysteme verursachen auf lange Sicht eher vernachlässigbare Kosten (gemessen am Einsparungspotenzial).

6.2 Medienmärkte mit schwachen werbebestimmten Netzwerkeffekten

Sowohl der Computer- und Videospielemarkt als auch der Filmmarkt werden nicht maßgeblich durch Werbung finanziert. Auch hier werden hauptsächlich Vertriebseinnahmen durch die Nutzer oder Zuschauer generiert. Aus diesem Grunde gibt es zwar eine Verbindung zwischen den Inhalte- und den Werbemärkten, diese ist aber nicht so ausgeprägt, dass sehr starke Rückwirkungen von der Reichweite auf das Werbevolumen oder vom Werbevolumen auf die Qualität des Medieninhaltes ausgehen.

Findet Werbung statt, handelt es sich um eine spezifische Art der Werbung, die anders angelegt ist als die in den klassischen Medien Zeitung, Zeitschriften oder Rundfunk. In Video- oder Computerspielen wie auch in Filmen wird Werbung nicht separat ausgewiesen, sondern zum Gegenstand der Handlung oder des Sets. Diese Werbung kann – ohne hier weiter zu differenzieren – unter dem Begriff Produktplatzierung (engl.

Productplacement) subsummiert werden. Ein Beispiel aus dem Spielebereich wäre die Bandenwerbung im Fußballstadion. Ein Beispiel aus dem Filmbereich wären die besonders herausgestellten Produkte oder Marken, die von den Darstellern in Spielszenen benutzt werden. Trotz der eher untergeordneten Bedeutung für die gesamte Branche, können die Werbeeinnahmen in Einzelfällen sehr großen Umfang einnehmen; vor allem im Filmgeschäft. Verlässliche Zahlen über die Häufigkeit des Einsatzes von Werbemitteln oder den Umsatz, der hier branchenweit erzielt wird, gibt es nicht.

6.2.1 Der Games-Markt als schwach ausgeprägter zweiseitiger Markt

Der Games-Markt ist grob differenziert in Konsolenspiele (Videospiele), die auf eigens geschaffenen Geräten in Verbindung mit einem TV-Bildschirm gespielt werden, und Computerspiele (PC-Spiele).[5] Der Oberbegriff für beide Systeme heißt E-Game.

Eine klar definierte, an Genres orientierte Kategorisierung der E-Games gibt es nicht, da viele Spiele mehreren Genres zugeordnet werden können. Genres wäre beispielsweise der Ego-Shooter (First-Person-Shooter), bei dem die virtuelle Spielwelt aus der Ich-Perspektive dargestellt wird; das Adventure, bei dem oft Rätsel in die Geschichte eingefasst sind und die Reaktionsschnelle gegenüber dem Nachdenken in den Hintergrund tritt; Strategiespiele, bei denen es darum geht, eine Umwelt aufzubauen und strategisch gegen einen Gegner vorzugehen; Rollenspiele, in denen es vor allem um die spezifische Ausprägung der Fertigkeiten eines virtuellen Charakters ankommt sowie etliche Jump-'n'-Run- und Sportspiele und Simulationen.

Computerspiele werden überwiegend im sogenannten Einzelspieler-Modus gespielt. Viele Spiele unterstützen aber auch den Mehrspielermodus. E-Games können lokal, lokal vernetzt und online gespielt werden. Online-Spiele lassen sich technisch auch noch einmal grob in zwei Kategorien unterteilen: Zum einen gibt es browserbasierte Online-Spiele (Browserspiele, Social Network Games; Single- oder Multiplayer-Versionen), die auf reinem HTML-Code basieren oder zusätzliche Browser-Plug-Ins (z. B. Flash oder Java) benötigen. Zum anderen gibt es clientbasierte Multiplayer-Online-Spiele, die die Installation einer Client-Software voraussetzen. Die Client-Software verbindet sich dann entweder mit anderen Clients auf Basis einer Peer-to-Peer-Architektur oder sie stellt eine Verbindung zu einem Spielserver her. Die Peer-to-Peer-Architektur ist besonders bei Strategie- und Actionspiele für kleine Spielerzahlen verbreitet. Leistungsstarke Spielserver werden hingegen bei den meisten Online-Ego-Shooter-Spielen und bei sämtlichen MMOGs (Massively Multiplayer Online Games) eingesetzt.

5 Weitere kompakt dargestellte Ausführungen zum Markt der Video- und Computerspiele unter Berücksichtigung ökonomischer wie auch publizistischer Aspekte, findet der Leser auch in Schellmann et al. 2017: S. 176–179. Ansonsten sei auf die ausführlichen Ausführungen in Gläser 2014 und Wirtz 2016 verwiesen.

Der Konsolenspielbereich wird von drei unterschiedlichen Plattformen beherrscht: von Nintendo mit der Wii, Sony mit der PlayStation und Microsoft mit der Xbox. Daneben existiert noch ein Markt für tragbare Plattformgeräte (Nintendo DS und Game-Boy, PSP und PS Vita) sowie ein Markt für Smartphone-Spiele.

Die E-Games-Branche ist – wie auch die Musikbranche – eine typische Systembranche. Das heißt, dass die Spielesoftware und die Spielehardware nur im Verbund genutzt werden können. Insofern stellen sie Komplementärgüter dar, die eine gegenseitige Anhängigkeit auch der Hardwarehersteller und der Unternehmen aus der Softwareindustrie begründen (vgl. Wirtz 2016: 657). Damit ist die Spieleindustrie ein typisches Ergebnis der TIME-Konvergenz (vgl. Kapitel 1.5.4). Hier arbeiten Spieleentwickler (Software), Publisher (Vertrieb) und Plattformprovider (Hardware) Hand in Hand.

Im Jahr 2015 sind in Deutschland rund 45,5 Mio. Computer- und Videospiele verkauft worden. Der Absatz ist rückläufig. 2013 lag der Absatz noch bei fast 70 Mio. Stück. Der Anteil der Downloads am Absatz liegt 2016 bei 33 Prozent. Der Anteil von Downloads am Umsatz liegt bei 21 Prozent. Der Umsatz durch den Verkauf liegt im gleichen Zeitraum bei fast 1,2 Mrd. Euro. Der größte Anteil der Umsätze (66 Prozent) wird im stationären Konsolenbereich erwirtschaftet, gefolgt von PC-Spielen (24 Prozent) und Mobile-Umsätzen (10 Prozent). Der Gesamtumsatz der Branche liegt bei 2,1 Mrd. Euro. Hierin enthalten sind mit einem deutlichen Anteil von fast 660 Mio. Euro der Umsatz mit kostenpflichtigen virtuellen Zusatzinhalten (sogenannte Mikrotransaktionen). (Vgl. Statista 2017)

Die Preiselastizität der Nachfrage (vgl. Kapitel 10.2.2) ist als relativ gering anzusehen; ebenso die Reaktanz gegenüber der Werbung, soweit sie „natürlich“ ins Umfeld passt (z. B. die Bandenwerbung in Fußballspielen). Das bevorzugte Gaming-Gerät ist mittlerweile das Smartphone geworden; gefolgt vom Laptop und PC. Erst an vierter Stelle stehen die stationären Spielekonsolen. Auf dem Smartphone spielen rund 29 Mio. Nutzer (42 Prozent der Bevölkerung) mindestens ab und zu. 43 Prozent der Gamer sind männlich. 50 Prozent der Nutzer geben Geld für das Spielen von E-Games aus. Für virtuelle Zusatzinhalte investieren sie durchschnittlich zwölf Euro pro Monat.

Auf dem Konsolenmarkt werden 2015 über 2,1 Mio. Spielekonsolen verkauft. Marktführend mit großem Abstand ist hier die Playstation 4 von Sony mit 1,37 Mio. Stück; gefolgt von Nintendo 3DS (455.000 Stück) und Xbox One von Microsoft (270.000 Stück). (Vgl. Statista 2017)

Der Markt der Konsolenhersteller ist stark von direkten und indirekten Netzwerkeffekten geprägt. Konsolenhersteller mit nur geringen Marktanteilen leiden unter dem indirekten Absatzrisiko, dass auch das Spieleangebot gering bleibt und damit der Nutzen für die Spieler gering bleibt. Umgekehrt: Je größer die quantitative Nutzerbasis für eine Plattform ist, desto attraktiver ist es für die Publisher und Entwickler, passende Spiele auf den Markt zu bringen. Auch für den Konsumenten zeigen derartige Netzwerkeffekte Wirkung: Je größer die Spielergemeinschaft, desto größer ist auch die Anzahl der potenziellen Verbindungen und die Möglichkeiten des Erfahrungsaustausches. Der Plattformmarkt ist damit ein typischer „Winner-takes-all-market“.

Aus diesem Grunde werden Konsolen häufig von den Herstellern subventioniert, um möglichst schnell eine hohe Marktdurchdringung zu erzielen. Da eine Plattform ein proprietäres System darstellt, werden dementsprechend auch Log-in-Effekte auf der Konsumentenseite erzielt. Ein Wechsel der Plattform wird umso teurer und lernintensiver, je länger ein Spieler im System verhaftet ist. Neue Wettbewerber haben es schwer, auf dem Markt Fuß fassen zu können. (Vgl. Wirtz 2016: 667 f.)

Marktbarrieren existieren auch für die Softwarehersteller. Diese sind zwar nicht so stark wie auf dem Konsolenmarkt, aber dennoch wirksam, da sich die etablierten Unternehmen zunehmend integrieren und damit immer mehr Marktmacht entwickeln. Zudem sind die Markteinführungskosten (insbesondere die Marketingaufwendungen) für Spiele sehr hoch. Letztlich besteht auch das Problem, dass Spielkopien unter den Konsumenten verbreitet oder durch professionelle Kopierpiraten auf den Markt gebracht werden. In der Industrie der Spieleentwickler verursachen Raubkopien jährlich Einbußen in Milliardenhöhe.

Die Kostenstruktur der Unternehmen in der Game-Industrie ist aufgrund der sehr unterschiedlichen Qualität und dem unterschiedlichen Innovationsgrad differenziert zu betrachten. Bezogen auf einen durchschnittlichen Standard und den Fall, dass physische Datenträger hergestellt und distribuiert werden, kennzeichnet Wirtz (Wirtz 2016: 697) wie folgt:

Tab. 6.3: Kostenstruktur und Gewinnanteil der Game-Industrie

Spiele-entwicklung	**Marketing**	**Lizenzen**	**Verwaltung**	**Spielekopien-produktion**	**Distribution**	**Marge Handel**	**Gewinn**
First Copy Costs					*Distribution inkl. Handelsspanne*		
21 %	12 %	4 %	7 %	6 %	7 %	27 %	16 %

Tabelle 6.3 macht deutlich, dass die First-Copy-Costs (Entwicklung inkl. Programmierung, Marketing, Lizenzen für Franchise Content und Verwaltung) mit 44 Prozent sehr stark ins Gewicht fallen. Wie hoch die absolute Summe der First-Copy-Costs (FCC) sind, hängt ab von der Spielequalität und den Lizenzgebühren, die abzuführen sind (z. B. durch das Ausmaß der Nutzung an Franchise-Content). Die Lizenzgebührenhöhe im Bereich der Vervielfältigung sind abhängig von den Abgaben an die Gerätehersteller. Deswegen sind die Kosten für Konsolenspiele wesentlich höher als für PC-Spiele. Die Marketingkosten sind abhängig von der Größe des Marktareals und von der angestrebten Marktposition. Distribution und Handelsmarge schlagen noch einmal mit insgesamt 34 Prozent zu Buche. Diese Kosten entfallen weitgehend bei einer eigenen Online-Vermarktung. Allerdings müssen dann Kosten für die technische Auslieferung und Kosten für das Abrechnungssystem etc. berücksichtigt werden.

6.2.2 Der Filmmarkt als schwach ausgeprägter zweiseitiger Markt

Ein Film ist eine Kunstform, ein Medium und eine Wirtschaftsware. Im Zusammenhang mit den folgenden Ausführungen wird hauptsächlich auf den Warencharakter abgestellt. Filme können in unterschiedliche Kategorien eingeteilt werden. Die zentrale Leistungskategorie besteht aus Kinofilmen, gefolgt von Fernsehfilmen. Eine dritte Kategorie besteht aus Werbefilmen; eine vierte aus Industriefilmen.[6]

Kino- und Fernsehfilme (Filmmarkt) werden auch als „programmfüllende Filme" bezeichnet, wenn sie eine Mindestlänge von 79 Minuten haben (bei Kinderfilmen reicht eine Länge von 59 Minuten aus). Die Inhalte haben fiktionalen oder dokumentarischen Charakter. Die Produktionsergebnisse sind Realfilme oder Animationsfilme. Kinofilme werden allerdings aufwendiger produziert als Fernsehfilme und weisen eine längere Verwertungskette auf. Jedoch kann festgestellt werden, dass auch die Vertriebskette von Fernsehproduktionen mittlerweile auf Einzelverwertungskanäle erweitert wird; so z. B. Fernsehserien und Dokumentationen, die auf DVD oder Blu-Ray vertrieben werden.

Die folgenden Ausführungen beziehen sich auf eine Gesamtmarktbetrachtung der „programmfüllenden Filme", da die Branchendaten hier nicht streng zwischen Kino- und Fernsehfilmen differenzieren oder allein auf Kinofilme abstellen. Andererseits werden Werbefilme der Werbewirtschaft zugeordnet und separat erfasst. Die Produktion von Industriefilmen hingegen wird nicht zuverlässig in eigenen Statistiken ausgewiesen und geht in den Marketingaufwendungen der Unternehmen unter, die Industriefilme zu Werbe- oder PR-Zwecken bzw. Business-TV-Produktionen zu internen Kommunikationszwecken produzieren lassen.

Die Filmwirtschaft zählt im Jahr 2016 rund 121 Mio. Kinobesucher. Die Anzahl der Kinos in Deutschland beträgt 1.654 (vgl. hier und folgend SPIO.de). Die Anzahl der hier betriebenen Kinoleinwände beträgt 4.739. Der Umsatz, der in Kinos erzielt wird, liegt bei etwas mehr als eine Mrd. Euro. Diese wird mit 655 erstaufgeführten Kinofilmen (517 Spielfilme und 138 Dokumentationen) erwirtschaftet, 166 davon sind deutsche Spielfilme. Der Marktanteil deutscher Kinofilme liegt bei 32 Prozent.

Gemessen am Kino-Gesamtmarkt, spielen die deutschen Produktionen eine eher untergeordnete Rolle. Amerikanische Produktionen dominieren auch den hiesigen Kinomarkt deutlich mit Dreiviertel Anteil an den Kinobesuchern. Der Markt wird beherrscht von den US-amerikanischen Majors (Big Six Players: Warner Bros., Walt Disney, 20th Century Fox, Universal Studios, Sony Pictures, Paramount Pictures) mit ihrem angeschlossenen Filmverleih. Deswegen sind die deutschen Produzenten eher auf Fernsehproduktionen ausgerichtet.

6 Weitere kompakt dargestellte Ausführungen zum Film- und Kinomarkt unter Berücksichtigung ökonomischer wie auch publizistischer Aspekte findet der Leser auch in Schellmann et al. 2017: S. 164–167. Ansonsten sei auf die ausführlichen Ausführungen in Gläser 2014 und Wirtz 2016 verwiesen.

Der Kinoumsatz in Höhe von 1,023 Mrd. Euro wird ergänzt durch Videoumsätze (DVD, Blu-Ray, Online) in Höhe von rund 1,8 Mrd. Euro. Diese 1,8 Mrd. Euro teilen sich auf in Verleihumsätze in Höhe von 584 Mio. Euro und 1,224 Mrd. Euro durch den Verkauf von Medienträgern. Zusammen mit der TV-Vermarktung kommt der Umsatz der Branche Herstellung von Filmen, Videofilmen und Fernsehprogrammen in Deutschland auf jährlich rund 4,5 Mrd. Euro. Dieser Umsatz wird von 864 aktiven Film- und Fernsehproduktionsunternehmen generiert. Jedoch sind nur 233 deutsche Produktionsfirmen an der Herstellung von Spielfilmen beteiligt.

Die öffentlich-rechtlichen Fernsehanstalten strahlen deutlich mehr Kinofilme und TV-Movies als Premierenveranstaltungen aus. Im Jahre 2016 wurden von den 94 im TV-Programm übernommenen deutschen Kinofilmen 73 von den öffentlich-rechtlichen und 21 von den privaten TV-Veranstaltern als Free-TV-Premieren ausgestrahlt. Im Bereich der TV-Movies[7] wurden von den 284 Produktionen 256 im öffentlich-rechtlichen Programm erstausgestrahlt.

Die drei mit Abstand größten Filmproduzenten in Deutschland sind die MME-Gruppe mit 66.600 Programmminuten, gefolgt von UFA (RTL-Gruppe) mit 51.300 und Constantin Film mit 49.700 Minuten Programm. Dieser Dreiergruppe folgen zwei Zweiergruppen von Programmanbietern mit jeweils rund 35.000 und rund 30.000 Programmminuten. Dies sind Studio Hamburg und die ITV Studios sowie die Fernsehmacher und Janus TV. Mit im Durchschnitt jeweils 20.000 Programminuten folgen weitere vier Produzenten (ZDF Enterprises, Bavaria Film, Endemol Deutschland und Fandango Film).

Der Konzentrationsgrad der produzierenden Branche ist eher gering und kann – über den gesamten Markt betrachtet – als atomistisch organisiert betrachtet werden (Polypol). Soweit es um die Produktion von Spielfilmen oder qualitativ hochwertigen TV-Movies geht, verdichtet (konzentriert) sich der Markt allerdings deutlich. Dies liegt in den hohen Produktionskosten begründet. Diese liegen für rein deutsche Produktionen im Durchschnitt bei 2,3 Mio. Euro; für deutsch-ausländische Koproduktionen bei rund 8 Mio. Euro (vgl. Gläser 2014: 213).

Der Konzentrationsgrad im Bereich des Filmverleihs ist absolut gemessen auch eher gering, denn die 655 Neuveröffentlichungen werden durch rund 60 Filmverleiher herausgebracht. Die relative Konzentration hingegen ist doch eher als hoch zu bezeichnen, „da ein Großteil der Filme von einigen wenigen großen Filmverleihunternehmen veröffentlicht wird“ (Wirtz 2016: 337). Hier sind vor allem die Vertriebskanäle der schon eingangs erwähnten US-amerikanischen Majors zu nennen.

Die Preiselastizität der Nachfrage (vgl. Kapitel 10.2.2) ist als mittel einzuordnen und dürfte zwischen der Preiselastizität von Zeitungen und Zeitschriften liegen. Der Erlebnischarakter des Kinobesuchs dürfte dafür verantwortlich sein, dass die Substi-

7 TV-Movies sind Filmproduktionen oder Filmreihen, die nicht für das Kino produziert werden, aber deutlich Spielfilmcharakter haben (z. B. Tatort und Polizeiruf etc.).

tutionsgefahr nicht ganz so hoch ist, wie die im Zeitschriftenbereich. Dieser Erlebnischarakter führt auch zu einer sehr geringen Reaktanz gegenüber der Kinowerbung. Mehr als die Hälfte der Kinobesucher (53,7 Prozent) zählt die Darbietung von Werbung im Kino sogar als zum Kinoerlebnis zugehörend (vgl. statista).

Die jährliche Reichweite des Kinos liegt bei 44 Prozent in der Zielgruppe 10+. Die Besuchsintensität liegt im Durchschnitt bei 4,4 Besuchen pro Jahr. Die durchschnittlichen Eintrittspreise im Kino liegen bei 8,45 Euro, der durchschnittliche Preis für eine DVD beträgt 11,48 Euro, der für eine Blu-Ray 14,84 Euro. Die Einzeltransaktion On-Demand liegt bei rund 3,74 Euro pro Transaktion.

Die Erlöse werden durch den Verleih (Kinoverwertungsrechte) und das Einräumen von Nebenverwertungsrechten (Vermarktung im TV, Home Entertainment und Merchandising etc.) erzielt. Der Verleihmarkt wird zu 90 Prozent von den vier großen Abnehmern (Multiplex-Kino-Ketten) Cinestar, Cinemaxx, UCI Kinowelt und Kinopolis beherrscht.

Der Film-Kaufmarkt wird dominiert durch den Absatz von DVDs (Volumen: 715 Mio. Euro), gefolgt von Blu-Rays (Volumen: 391 Mio. Euro Umsatz) und dem EST (Volumen: 118 Mio. Euro Umsatz).[8] EST (Electronic sell through) ist eine Unterform von Video on Demand (VoD) und misst die über das Internet erworbenen, zeitlich unbegrenzten Nutzungsrechte an Videos. Im Bereich Verleih dominiert der Absatz via SVoD (Subscriptional VoD (Abbonnements); Volumen: 326 Mio. Euro), gefolgt von TVoD (Transactional VoD (Einzeltransaktionen); Volumen: 101 Mio. Euro Umsatz). Der Verleih von materiellen Trägern (DVD und Blu-Ray) nimmt seit Jahren kontinuierlich ab und beläuft sich 2016 auf zusammen noch 121 Mio. Euro Umsatz (79 Mio. Euro entfallen auf den DVD-, 42 Mio. Euro auf den Blu-Ray-Verleih). In Jahre 2012 lag dieser Umsatz noch beim Dreifachen.

Die Kostenstruktur der mit Filmproduktion, Filmverleih und Rechtehandel sowie sonstiger Filmverwertung befassten Unternehmen ist sehr unterschiedlich. Bezogen auf den reinen Kinofilmbereich können, Wirtz folgend, Kosten durchschnittlich in folgende Blöcke differenziert werden (Wirtz 2016: 363):

Tab. 6.4: Kostenstruktur und Gewinnanteil der Kinofilmproduktion und Verwertung (ohne Video und TV)

Content-Produktion	Marketing	Verwaltung	Kino-Distribution	Verleih	Gewinn
First Copy Costs					
36 %	7 %	6 %	33 %	14 %	4 %

8 Alle Daten beziehen sich auf das Jahr 2016; Datenquelle: Spitzenorganisation der Filmwirtschaft (SPIO.de).

Tabelle 6.4 zeigt, dass die First Copy Costs mit insgesamt 49 Prozent deutlich ins Gewicht fallen. 33 Prozent der Erlöse an den Kinokassen entfallen auf die Kinobetreiber und der Filmverleih erhält 14 % der Einnahmen. Der durchschnittliche Gewinn liegt bei 4 Prozent. Der Gewinnanteil macht hier besonders deutlich, wie stark Durchschnittswerte von positiven, wie auch negativen Spitzenwerten abweichen. Filme wie „Der Schuh des Manitu“ mit fast 12 Mio. Besuchern, „(T)Raumschiff Surprise“ mit über 9 Mio. Besuchern oder „Fack Ju Göhte“ mit fast 7,5 Mio. Besuchern, stehen hier einer großen Anzahl von Flops gegenüber, die (z. T. trotz Subventionen von der Filmförderung) nicht einmal die Produktionskosten einspielen. Schlechte Filme lassen sich ebenso wenig vermarkten, wie Filme mit einer zu kleinen Zielgruppe. Hier steht schlimmsten Falls ein Totalverlust ins Haus, da First Copy Costs immer auch die Eigenschaften von Sunk Costs haben (vgl. Kapitel 3.7).

Der Vorteil großer Produktionsunternehmen und Filmverleiher liegt hier in der Möglichkeit der Risikostreuung. Je höher die Anzahl der Kinofilme ist, die auf den Markt gebracht werden, desto größer ist die Chance, dass das Durchschnittsergebnis positiv bleibt.

Auch die Filmverwertung durch die Filmtheaterbetreiber ist nicht risikolos. Zum einen stehen hier hohe Investitionen in die Vorführungstechnologie und die Infrastruktur an und zum anderen sind auch die Kinos abhängig von der Zulieferung erfolgreicher Filme. Das Geschäftsmodell der Lichtspielhäuser basiert dementsprechend auch nicht nur auf der Kinovorführung, sondern darüber hinaus auf den Säulen Verkauf von Werberaum (Volumen: ca. 95 Mio. Euro) und Verkauf von Waren bzw. Angebot von gastronomischen Leistungen. Letztendlich können Kinobetreiber für deutsche Produktionen auch Fördergelder von der Filmförderungsanstalt (FFA) beantragen.

6.3 Medienmärkte mit starken werbebestimmten Netzwerkeffekten

Die klassischen Medienmärkte wie der Zeitungs-, der Zeitschriften- und die Rundfunkmärkte sind maßgeblich durch Werbung (mit)finanziert. Hier werden zu einem großen Teil Vertriebseinnahmen durch die Rezipienten (Leser, Zuschauer, Zuhörer) generiert. Zu einem anderen Teil werden deutlich Einnahmen über die Platzierung von Werbung erzielt. Wie hoch die jeweiligen Anteile sind, ist sehr unterschiedlich, aber gemein ist all diesen Märkten, dass sie ganz deutlich als zweiseitige Inhaltemärkte identifiziert werden können. Es gibt nicht nur eine Verbindung zwischen dem Markt redaktioneller Inhalte und den Werbemärkten, sondern diese sind darüber hinaus auch so ausgeprägt, dass sehr starke Rückwirkungen von der Reichweite auf das Werbevolumen oder vom Werbevolumen auf die Qualität des Medieninhaltes ausgehen.

6.3.1 Der Zeitungsmarkt als stark ausgeprägter zweiseitiger Markt

Eine Zeitung ist ein meist täglich oder wöchentlich erscheinendes, journalistisches Druckerzeugnis von mäßigem Seitenumfang, das öffentlich erscheint und mit aktuellem und universellem Inhalt gefüllt wird. Der Inhalt besteht aus mehreren in sich abgeschlossenen Texten aus den Bereichen Politik, Wirtschaft, Zeitgeschehen, Kultur, Unterhaltung und Sport, die von eigenständigen Ressorts erstellt werden (vgl. Statistisches Bundesamt 1996: 6). Die vier einschlägigen Kriterien, die ein Druckerzeugnis erfüllen muss, um als Zeitung zu gelten sind Aktualität (zeitnahe Berichterstattung), Periodizität (regelmäßiges Erscheinen), Publizität (öffentlich zugänglich) und Universalität (inhaltliche Vielfalt).[9] Es ist unerheblich, ob das Presseorgan entgeltlich oder unentgeltlich am Markt erhältlich ist. Aus diesem Grunde zählen auch Anzeigenblätter zu den Zeitungen. Auch die Eigenschaft, von Papier getragen zu sein, verliert an Bedeutung. Deswegen zählen auch die Online-Versionen der Druckerzeugnisse (E-Paper) als Zeitungen bzw. zum Zeitungsmarkt.

Jeden Tag werden in Deutschland durchschnittlich rund 18,7 Mio. Zeitungen verkauft.[10] Etwa 80 Prozent davon (rund 15 Mio. Exemplare) entfallen auf Tageszeitungen, zwei Mio. Exemplare auf Sonntagszeitungen, 1,7 Mio. auf Wochenzeitungen und noch einmal 1,1 Mio. auf E-Paper. Die Gesamtauflage der verkauften Exemplare verteilt sich auf rund 370 verschiedene Zeitungstitel, die von 324 Verlagen herausgegeben werden. Allerdings zählt die Branche nur 121 publizistische Einheiten.[11] Sowohl die Absatzzahlen als auch die Anzahl der publizistischen Einheiten sind seit Jahren stark rückläufig. Im Jahre 1991 lag die verkaufte Auflage aller Zeitungen zusammengenommen noch bei 24,7 Mio. Exemplaren. Diese verteilten sich auf 423 Titel, die von 410 Verlagen herausgegeben wurden. Die Anzahl der publizistischen Einheiten betrug im Jahr 1991 158.

---

9 Weitere kompakt dargestellte Ausführungen zur Zeitung als Produkt und zum Zeitungsmarkt unter Berücksichtigung ökonomischer wie auch publizistischer Aspekte, findet der Leser auch in Schellmann et al. 2017: S. 144–147. Ansonsten sei auf die ausführlichen Ausführungen in Gläser 2014 und Wirtz 2016 verwiesen.

10 Alle aktuellen Angaben in diesem Kapitelabschnitt beziehen sich – soweit nicht anders ausgewiesen – auf das Jahr 2015; Datenquellen: BDZV, BVDA, IVW, ZMG, Statista 2017 und eigenen Berechnungen.

11 Eine publizistische Einheit (auch Vollredaktion genannt) ist ein pressestatistischer Zählbegriff, der Tageszeitungen bezeichnet, die in ihrem Mantelteil weitgehend übereinstimmen. Dazu gehören alle Blätter, die den gesamten redaktionellen Teil (und damit sämtliche Ressorts) wie auch den Anzeigenteil selbstständig erarbeiten und verantworten. Die einzelnen Zeitungen können dabei redaktionell und wirtschaftlich selbstständig sein und in jeweils abweichenden Ausgaben erscheinen. Im Titel, im lokalen Text- und Anzeigenteil heben sie sich unterschiedlich stark voneinander ab. Sehr viele Lokal- und Regionalzeitungen (sogenannte redaktionelle Einheiten) übernehmen den überregionalen Teil („Mantel") von einer Mantelredaktion. Sie produzieren lediglich noch den Lokalteil selbst. Die vermehrte Verwendung von extern produzierten Mantelteilen sowie die Abnahme der publizistischen Einheiten sind wesentliche Merkmale für den Prozess der publizistischen Konzentration (vgl. Pürer 2015: 52 f.).

Einen umgekehrten Trend zeigen die Online-Angebote der Zeitungen. In den Jahren 1995 bis 2003 nahm die Anzahl der Internetauftritte sprunghaft zu und stieg von fünf auf 631 Angebote. Zwischen 2003 und 2016 stiegen die Online-Angebote der Zeitungsverlage auf 692; 121 Angebote sind hier mit Paid-Content bestückt, die von 2,1 Mio. Rezipienten genutzt werden.

Der Branchenumsatz mit Tages-, Wochen- und Sonntagszeitungen liegt bei 7,65 Mrd. Euro. Davon entfallen rund 2,8 Mrd. auf Anzeigenumsätze und 1,8 Mrd. auf Werbeeinnahmen in Anzeigenblättern und Beilagen.

Die Zeitungsbranche ist im Bereich der überregionalen Zeitungen durch ein Angebotsoligopol gekennzeichnet. Der regionale bzw. lokale Zeitungssektor besteht eher aus Angebotsmonopolen (vgl. Gläser 2014: 175). Neue Akteure sind im Zeitungsmarkt kaum zu erwarten. Die Verlagslandschaft ist ökonomisch und publizistisch stark konzentriert. Die fünf größten Verlagshäuser vereinen rund 42 Prozent Marktanteil auf sich. Hier steuern die größte Verlagsgruppe, die Axel Springer SE, 14 Prozent, die zweitgrößte, Verlagsgruppe, Stuttgarter Zeitung/die Rheinpfalz und Südwest Presse, rund zehn Prozent und die drittgrößte, die Funke Mediengruppe, fast acht Prozent bei. Werden die zehn größten Verlagsgruppen gezählt, steigt der kumulierte Umsatz auf rund 60 Prozent. Die restlichen 40 Prozent verteilen sich auf eine Vielzahl eigenständiger, kleinerer Verleger.

Die Netto-Reichweite von Zeitungen (Print und digital) liegt 2015 bei 86,3 Prozent (vgl. ZMG 2017). Das heißt, dass 86,3 Prozent der deutschsprachigen Bevölkerung ab 14 Jahren täglich Zeitung (wenigstens zum Teil) lesen oder durchblättern bzw. Online-Auftritte der Zeitungsverlage besuchen. Die Grundgesamtheit beträgt hier rund 70 Mio. Menschen. 61 Mio. davon nutzen Zeitungen. Dabei liegt die Reichweite der Printausgaben (LpA = Leser pro Ausgabe) bei 62,3 Prozent und die der Digitalausgaben (NpM = Unique User/Nutzer pro Monat) bei 57,3 Prozent. Durch die digitalen Angebote werden 16,7 Mio. Leser mehr erreicht als nur mit der gedruckten Version.

Bei Zeitungen (und Zeitschriften) werden verschiedene Auflagenkennziffern benutzt. Insbesondere wird zwischen der gedruckten Auflage, der verkauften Auflage und der verbreiteten Auflage unterschieden (vgl. Richtlinien der IVW). Die gedruckte Auflage gibt Auskunft über die die Stückzahl der gedruckten Exemplare. Die verkaufte Auflage besteht aus den Abo-Exemplaren und dem Einzelverkauf (abzüglich der Remittenden) sowie den Lesezirkel- und den Bord-Exemplaren. Das Verhältnis von Abonnements zum Einzelkauf beträgt im Zeitungsmarkt 70:30. Die verbreitete Auflage schließlich umfasst zu den verkauften Exemplaren zusätzlich die im Rahmen von Marketingaktionen verteilten Freistücke.

Die Preiselastizität der Nachfrage (vgl. Kapitel 10.2.2) ist relativ gering; ebenso die Reaktanz[12] gegenüber Werbeanzeigen. Während junge Zielgruppen E-Paper bevorzugen, nutzen ältere Zielgruppen eher Printausgaben. Im Umfeld der Online-Angebo-

12 Reaktanz = Reaktion (Widerstand) auf empfundene Einengungen von Freiheitsspielräumen oder gegen oktroyierte Meinungen (vgl. Raab et al. 2000: 65). Während zum Beispiel 78 Prozent der Befrag-

te gewinnen künftig Apps zunehmend an Bedeutung, da der mobile Internetzugang in der Zielgruppe 12 bis 19 Jahre den Zugang über Computer oder Laptop deutlich dominiert.

Die Erlöse der Zeitungsverlage werden hauptsächlich auf zwei Märkten erzielt: dem Lesermarkt und dem Werbemarkt. Das Verhältnis der Vertriebserlöse gegenüber den Werbeerlösen liegt im Bereich der Tages-, Wochen- und Sonntagszeitungen bei 64 Prozent zu 36 Prozent. Gratiszeitungen, Anzeigenblätter und Beilagen werden zu 100 Prozent durch Werbeeinnahmen finanziert. Schließlich wird noch ein kleinerer Teil der Erlöse auf Rechtemärkten erzielt, indem Verwertungsrechte an redaktionellem Content für geografisch eingegrenzte Ausgaben eingeräumt werden.

Die Kostenstruktur der Zeitungsverlage (und Zeitschriftenverlage) kennzeichnet Wirtz (vgl. Wirtz 2016: 219) mit folgenden Durchschnittsangaben:

Tab. 6.5: Kostenstruktur und Gewinnanteil der Zeitungs- und Zeitschriftenbranche

Redaktion	Werbe-akquisition	Verwaltung	Druck	Vertrieb	Gewinn
First Copy Costs					
20 %	12 %	10 %	28 %	20 %	10 %

Tabelle 6.5 macht deutlich, dass die Kosten der originären Leistungserstellung (First Copy Costs) mit insgesamt 42 Prozent einen sehr großen Anteil an den Gesamtkosten haben. Innerhalb dieses Kostenbereiches (Redaktion, Werbeakquisition und Verwaltung) haben die Redaktionskosten den größten Anteil. Da die Verlagsprodukte immer noch hauptsächlich physisch produziert und vertrieben werden, stellen auch die Druck- und Vertriebskosten große Kostenblöcke dar.

Der wirtschaftliche Druck auf die Zeitungsverlage führt dazu, dass kleine Redaktionen aufgelöst oder zusammengelegt werden, Verlage häufiger kooperieren (gemeinsame Rechercheabteilungen oder Korrespondentennetze) und Online-Angebote ausgebaut werden. Der Ausbau der Online-Angebote von Tageszeitungen geschieht vor dem Hintergrund einer verschärften Konkurrenz durch andere Anbieter tagesaktueller Nachrichten im Internet. Solche Anbieter sind teilweise mit anderen Printverlagen (wie z. B. bei SPIEGEL Online), teilweise mit Nachrichtenformaten anderer Mediengattungen (beispielsweise tagesschau.de oder heute.de) verbunden. Hinzu treten schließlich auch Zeitungsakteure, die nur im Internet vertreten sind oder die Nachrichtenangebote aus unterschiedlichen Quellen aggregieren wie es u. a. Google oder facebook mit ihren News-Angeboten tun (vgl. Hans-Bredow-Institut 2008: 25).

ten auf Werbung im Fernsehen gut verzichten könnten, halten nur 38 Prozent der Leser Anzeigen in der Tageszeitung für überflüssig. Dabei profitiert die Werbung in der Zeitung auch von der Glaubwürdigkeit des redaktionellen Teils (vgl. BDZV.de).

6.3.2 Der Zeitschriftenmarkt als stark ausgeprägter zweiseitiger Markt

Eine Zeitschrift ist ein wöchentlich, 14-tägig oder monatlich, mindestens aber viermal jährlich erscheinendes Periodikum, das mit der Absicht eines unbegrenzten Erscheinens herausgegeben wird und keine Zeitung ist (vgl. Heinrich 2010: 217). Insofern unterscheiden sich Zeitschriften von Zeitungen zunächst in den Kriterien Periodizität und Aktualität. Dadurch, dass Zeitschriften thematisch sehr breit gefächert sind, handelt es sich auch um ein sehr heterogenes Medium, sodass auch das Kriterium der thematischen Universalität, das ein Definitionsmerkmal der Zeitungen ist, häufig nicht zutrifft.

Die Publikationen auf dem Zeitschriftenmarkt werden in fünf Kategorien, die von höchst unterschiedlicher publizistischer und wirtschaftlicher Bedeutung sind, differenziert.[13] Die Abgrenzungen sind allerdings fließend und nicht einheitlich definiert (vgl. Breyer-Mayländer und Werner 2003: 109 f. sowie Pürer 2015: 100 f.):

- **Publikumszeitschriften**: Umfassen alle journalistisch erstellten General-Interest-Zeitschriften (Bunte, Stern etc.) und klassischen Illustrierten (Regenbogenpresse) sowie Nachrichten- und Wirtschaftsmagazine (z. B. Spiegel, Fokus etc.) und Programmzeitschriften. Darüber hinaus können auch alle Special-Interest-Zeitschriften dazu gezählt werden. Diese umfassen alle auf inhaltlich abgegrenzte Sachgebiete (Kultur, Sport, Auto, Lifestyle, Wohnen, Technik, Reise etc.) ausgerichteten Zeitschriften. Bei Special Interest-Zeitschriften mit klar umrissener Zielgruppe spricht man auch von Zielgruppenzeitschriften (Männer-, Frauen-, Eltern-, Jugend- und Kinderzeitschriften etc.).
- **Fachzeitschriften**: Umfassen alle Zeitschriften, die sich überwiegend mit einem klar eingegrenzten Fachgebiet befassen und an berufsmäßig interessierte Leser adressiert sind. Die Zielgruppe von Fachzeitschriften unterscheidet sich durch ihre professionelle und fachliche Orientierung von derjenigen einer Special-Interest-Zeitschrift und ist äußerst homogen (z. B. MedienWirtschaft, Horizont, Werben & Verkaufen, Deutsches Ärzteblatt, TextilWirtschaft etc.).
- **Mitgliederzeitschriften** (Verbands- und Vereinszeitschriften): Zeitschriften für Mitglieder von Organisationen (z. B. journalist, ADAC Motorwelt, VDI Nachrichten etc.).
- **Kunden- und Mitarbeiterzeitschriften**: Zeitschriften, die sich an die Kunden oder die Mitarbeiter eines Unternehmens wenden und Inhalte mit oder ohne Unternehmensbezug transportieren. Sie dienen dem Wissensaufbau, der Verkaufsförderung, Imagebildung sowie der Bindung etc. Mitarbeiterzeitschriften ergänzen häufig das Intranet als Kommunikationsträger.

---

13 Weitere kompakt dargestellte Ausführungen zur Zeitschrift als Produkt und zum Zeitschriftenmarkt unter Berücksichtigung ökonomischer wie auch publizistischer Aspekte, findet der Leser auch in Schellmann et al. 2017: S. 148–151. Ansonsten sei auf die ausführlichen Ausführungen in Gläser 2014 und Wirtz 2016 verwiesen.

Viele Mitglieder-, Kunden- und Mitarbeiterzeitschriften ähneln Publikumszeitschriften und werden auch von der Informationsgemeinschaft zur Feststellung der Verbreitung von Werbeträgern (IVW) zu den Publikumszeitschriften gezählt. Marketingtechnisch zählen sie zum sogenannten Corporate Publishing.

– **Amtspublizistik**: Alle periodischen Veröffentlichungen von Behörden und amtliche Mitteilungen.

Verlässliche Zahlen über den gesamten Zeitschriftenmarkt zu bekommen, ist kaum möglich. Schätzungsweise sind rund 20.000 Titel auf dem Markt (vgl. Meyn und Tonnemacher 2012: 88). „Auf diesem Markt herrscht ein permanentes Kommen und Gehen, sodass es sich als äußerst schwierig erweist, verlässliche Statistiken zu erstellen. Noch am ehesten besteht Klarheit über den Markt der Publikumszeitschriften, über den der Verband Deutscher Zeitschriftenverleger (VDZ) jährlich Markteintritts- und Marktaustrittszahlen ermittelt und bekannt gibt" (Pürer 2015: 101). Die im Folgenden zusammengestellten Zahlen beziehen sich daher weitgehend nur auf den Markt der Publikumspresse (Quellen folgend: VDZ 2017, Statista 2017 und MediaPerspektiven 2016).

Im Jahr 2016 wurden insgesamt rund 98 Mio. (Druck- und Digitalversionen) Publikumszeitschriften in Deutschland verkauft. Etwas weniger als die Hälfte der Exemplare werden im Abonnement abgesetzt. Seit 14 Jahren sinken die Absatzzahlen Jahr für Jahr. Zehn Jahre zuvor wurden noch 120 Mio. Exemplare verkauft. Andererseits steigt die Anzahl der Titel, die am Markt erhältlich sind. Das Produkt „Publikumszeitschrift" wird immer weiter ausdifferenziert. In den vergangenen 10 Jahren, in denen der Gesamtabsatz um 19 Prozent gesunken ist, stieg die Anzahl der Titel um rund 19 Prozent (von 1.334 auf 1.589 Titel).

Einen umgekehrten Trend zeigen die Online-Angebote der Zeitschriftenverlage, die sogenannten eMagazine[14]. Wurden im Jahr 2015 noch rund 0,8 Mio. Nutzer mit eMagazinen erreicht, so stieg die Zahl im Jahr 2016 bereits auf 1,2 Mio. Schätzungen gehen davon aus, dass sich diese Anzahl bis 2019 noch einmal verdoppelt. Wurden im Jahr 2015 noch rund 35 Mio. Euro mit e-Magazinen umgesetzt, so stiegen die Erlöse 2016 bereits auf 51 Mio. Euro. Für 2017 werden rund 1,6 Mio. Nutzer und 70 Mio. Euro Umsatz erwartet. Pro Nutzer werden rund 40 bis 42 Euro umgesetzt (= ARPU, engl. Average Revenue Per User).

---

14 „eMagazine sind digitale Kopien gedruckter Publikumszeitschriften, Wirtschafts- oder Handelsmagazine. eMagazine können auf verschiedenen Endgeräten wie eReadern (z. B. Kindle), Tablets, Smartphones oder Computern gelesen werden. eMagazine werden in der Regel über Abonnements vertrieben, stehen zum Teil aber auch als Einzeldownload zur Verfügung. Nicht inbegriffen in der Definition sind digitale Bezahlinhalte auf Webseiten von Magazinen oder Fachzeitschriften sowie Printausgaben oder sogenannte gebündelte Abonnements, die digitale Editionen zusätzlich zu Printausgaben frei zur Verfügung stellen" (statista).

Der Branchenumsatz mit Zeitschriften liegt 2016 bei 14,7 Mrd. Euro. Davon entfallen 11,18 Mrd. Euro auf den Inlands- und 3,52 Mrd. Euro auf den Auslandsumsatz. 3,2 Mrd. Euro setzt der Zeitschriftenmarkt über Vertriebserlöse um. Der Anteil der Erlöse im Digitalbereich liegt bei rund 140 Mio. Euro. Die Nettowerbeeinnahmen der Publikumszeitschriften sinken seit Jahren und liegen 2015 noch knapp über der Eine-Mrd.-Grenze. Fachzeitschriften kommen noch auf rund 860 Mio. Euro.

Die Zeitschriftenbranche ist durch ein Angebotsoligopol gekennzeichnet. Der Konzentrationsgrad im Bereich der Publikumszeitschriften ist hoch und wird durch fünf große Verlagshäuser dominiert. Bauer, Burda, Funke, Grunar+Jahr sowie Springer vereinen rund 64 Prozent des Marktanteils auf sich (vgl. Mediaperspektiven 2016). Ein Drittel der Zeitschriften wird in reinen Zeitschriftenverlagen produziert, Zweidrittel in Verlagen, die auch andere Printprodukte herstellen. Der Fachzeitschriftenmarkt ist weniger stark konzentriert. Auch die Wettbewerbsintensität ist als sehr hoch einzuordnen. Das zeigt die Fluktuationsrate der Titel. 2012 gab es 479 Neutitel und 421 Einstellungen (vgl. Gläser 2014: 181). Die Nettoanzahl der Titel ist leicht steigend.

Die Netto-Reichweite von Zeitschriften (Print und digital) liegt 2015 bei 94 Prozent (vgl. VDZ 2017). Das heißt, dass 94 Prozent der deutschsprachigen Bevölkerung ab 14 Jahren täglich eine Zeitschrift (wenigstens zum Teil) lesen oder durchblättern bzw. Online-Angebote der Zeitschriftenverlage besuchen. Die Grundgesamtheit beträgt hier rund 70 Mio. Menschen. 66 Mio. davon nutzen Zeitschriften. Dabei liegt die Reichweite der Printausgaben (LpA = Leser pro Ausgabe) bei durchschnittlich 2,07 Mio. und die der Digitalausgaben (NpM = Unique User/Nutzer pro Erscheinungsintervall) bei 2,12 Mio. Die Schnittmenge (Doppelnutzer) zwischen beiden Medienangeboten beträgt 210 Tsd. (vgl. VDZ). Publikumszeitschriften erzielen mit ihren Online-Angeboten die größte Reichweite verglichen mit den anderen klassischen Mediengattungen (Zeitung, Rundfunk).

Die Preiselastizität der Nachfrage (vgl. Kapitel 10.2.2) auf dem Publikumszeitschriftenmarkt ist hoch; auf dem Fachzeitschriftenmarkt eher gering (vgl. Gläser 2014: 181). Das bedeutet, dass die Wechselbereitschaft der Leser bei Preisänderungen in Bezug auf Fachzeitschriften eher gering ist, in Bezug auf Publikumszeitschriften eher hoch. Während junge Zielgruppen digitale Angebote präferieren, nutzen ältere Zielgruppen lieber Printausgaben. Durchschnittlich gibt ein Mehrpersonenhaushalt mit durchschnittlichem Einkommen rund zehn Euro im Monat für Zeitschriften aus. Publikumszeitschriften werden in hohem Maße über den Einzelverkauf erworben; im Fachzeitschriftenvertrieb dominiert das Abonnement.

Die Erlöse der Zeitschriftenverlage gliedern sich in mittlerweile in vier Blöcke. Rund 60 Prozent der Umsätze werden durch klassischem Vertrieb und Werbeanzeigen erwirtschaftet (Verhältnis: 60:40), 18 Prozent über digitale Dienstleistungen (Paid Content, Bannerwerbung, Search, Rubrikengeschäft etc.) und 22 Prozent über sonstige Dienstleistungen (Corporate Publishing, Bücher, DVDs etc.)

Die Kostenstruktur der Zeitschriftenverlage ist mit der aus dem Zeitungssektor weitgehend vergleichbar (vgl. Wirtz 2016: 219 und Tab. 6.5). Kostengünstiger ist allerdings der Vertrieb, da Zustelldienste in der Regel eingespart werden können. „Zeitschriften werden in den meisten Fällen per Post ausgeliefert“ (Wirtz 2016: 223).

Der wirtschaftliche Druck auf die Zeitschriftenverlage kommt in der Fluktuationsrate der Titel und der steigenden Titelanzahl zum Ausdruck. Auch der Ausbau der Online-Angebote geschieht vor dem Hintergrund einer verschärften Konkurrenz um Reichweite und Werbevolumen. Letztlich mündet der Wettbewerbsdruck in einer deutlichen Dominanz von Integrationsstrategien. Wertschöpfungskettenstufen werden soweit wie möglich integriert und horizontale Zusammenschlüsse wirken darauf hin, dass Synergieeffekte generiert werden, indem Ressourcen gebündelt und Märkte (insbesondere in den osteuropäischen Bereich) erweitert werden.

6.3.3 Der Fernsehmarkt als stark ausgeprägter zweiseitiger Markt

Der Begriff Fernsehen kann technisch, programmlich, aktivitätenbezogen und institutionell verstanden werden. Technisch handelt es sich um ein Empfangs- und Wiedergabegerät von Fernsehsignalen. Programmlich handelt es sich um ausgestrahlte Fernsehsendungen; bezogen auf die Aktivität, um das Wahrnehmen von audiovisuellem Programm. Institutionell stellt der Fernsehbegriff auf die Organisationen ab, die Rundfunkinhalte verantworten und senden oder senden lassen (vgl. Breyer-Mayländer und Werner 2003: 133).

Bezogen auf die Betrachtung des Fernsehmarktes steht die institutionelle Interpretation im Mittelpunkt. Darüber hinaus werden auch hier – wie schon im Bereich der Filmwirtschaft – die ökonomischen Facetten des Marktes betrachtet und die publizistischen bzw. kommunikationswissenschaftlichen vernachlässigt.[15]

Produkttechnisch wird der Fernsehmarkt geprägt durch die Immaterialität und Flüchtigkeit des Outputs für den Rezipienten. Allerdings nehmen die On-Demand-Angebote der TV-Veranstalter zunehmend Platz in der Nutzerpräferenz insbesondere jüngerer Zuschauer ein. Der Output im klassischen Verständnis von Rundfunk besteht dabei aus der Übertragung einer zeitlich geordneten Folge von Inhalten (vgl. § 2 RStV). Die Inhalte setzen sich aus einer Vielzahl verschiedener Programminhalte wie Information, Bildung, Unterhaltung und Werbung zusammen (vgl. Heinrich 2010: 40). Alle Güter des Rundfunkmarktes sind frei von Rivalität. Das heißt, dass beliebig viele Menschen das Programm einer TV-Anstalt nutzen können, ohne dass jemand einen Nachteil durch die Nutzung der anderen hätte (vgl. Kapitel 3.5). Ob hingegen auch die Eigenschaft der Ausschlussfähigkeit gegeben oder gewünscht ist, hängt von der Finanzierungsform des Veranstalters ab.

---

15 Weitere kompakt dargestellte Ausführungen zum Medium Fernsehen und zum Fernsehmarkt unter Berücksichtigung ökonomischer wie auch publizistischer Aspekte, findet der Leser auch in Schellmann et al. 2017: S. 158–163. Ansonsten sei auf die ausführlichen Ausführungen in Gläser 2014 und Wirtz 2016 verwiesen.

Der Fernsehmarkt – als der audiovisuelle Teil des Rundfunks – kann anhand von sechs Kriterien differenziert werden:

- **Trägerschaft**: Der deutsche Fernsehmarkt (wie auch der Hörfunkmarkt) ist Teil eines dualen Rundfunksystems, das durch ein Nebeneinander von öffentlich-rechtlichen und privat-kommerziellen Sendeanstalten geprägt ist.
  Die öffentlich-rechtlichen Sender sind Anstalten des öffentlichen Rechts und tragen keinerlei Existenzrisiko.
  Die privat-kommerziellen TV-Veranstalter sind hingegen juristische Personen des Privatrechts und tragen das volle Marktrisiko für ihr Tun. Sie benötigen für die Marktteilnahme eine Lizenz, die durch die Landesmedienanstalten für einen Zeitraum von zehn Jahren erteilt werden. Unterteilt werden privat-kommerzielle Sendeanstalten in primär werbefinanzierte und primär direkt konsumentenfinanzierte TV-Unternehmen.
  Die dritte Säule des Rundfunks bildet der nicht-kommerzielle Rundfunk (Bürgerfunk). Als solcher werden Radio- und Fernsehsender bezeichnet, die nicht mit Gewinnerzielungsabsicht betrieben werden und nicht staatlich oder Teil des öffentlich-rechtlichen Rundfunks sind. Dieser Teil soll nicht weiter betrachtet werden.

Im marktwirtschaftlichen Sinne konkurrieren einerseits die beiden Teilnehmergruppen und andererseits auch die Teilnehmer der Gruppen untereinander um die Gunst (Anzahl) der Zuschauer bzw. um deren Zeit und Aufmerksamkeit.

- **Programmauftrag**: Eng an die Merkmale der Trägerschaft gebunden, ist die Aufgabe, die die Sendeanstalten zu erfüllen haben. Die öffentlich-rechtlichen Anstalten müssen einen staatlich festgelegten Programmauftrag erfüllen. Dieser ist zwar sehr allgemein gehalten, legt aber die allgemeinen Ziele und Aufgabenstellungen fest (vgl. RStV). Öffentlich-rechtliche Programmveranstalter haben die Grundversorgung der Bürger mit Informationen, Kultur-, Bildungs-, Beratungs- und Unterhaltungsangeboten sicherzustellen. Diese Grundversorgung umfasst nach Auffassung des Bundesverfassungsgerichtes die flächendeckende Empfangbarkeit sowie die Qualität, Ausgewogenheit, Vielfalt, Objektivität und Unparteilichkeit der Programminhalte (vgl. Beyer und Carl 2012: 54). Wie die öffentlich-rechtlichen Sendeanstalten ihren Programmauftrag erfüllen, unterliegt der Programmautonomie der jeweiligen Sender. Aufgrund der marktlichen Unabhängigkeit (vgl. Kriterium „Finanzierung“) orientiert sich der Programminhalt am Formalziel der Versorgung und ist damit weitgehend angebotsorientiert.

Zwar müssen sich auch die „Privaten“ den allgemeinen Bestimmungen des Rundfunkstaatsvertrages (RStV) unterwerfen, unterliegen aber keinem konkreten staatlichen Programmauftrag. Die Programmveranstaltung hat das Ziel, Gewinne für die Eigentümer zu erwirtschaften. Aufgrund der marktlichen Risiken, denen die Veranstalter ausgesetzt sind, orientiert sich der Programminhalt ausschließlich an der Nachfrage und führt zu Mainstreamprogrammen.

- **Programmart**: Die TV-Veranstaltung unterscheidet zwischen Vollprogrammen, Spartenprogrammen und dem Teleshopping.
  Das **Vollprogramm** ist „ein Rundfunkprogramm mit vielfältigen Inhalten, in welchem Informationen, Bildung, Beratung und Unterhaltung einen wesentlichen Teil des Gesamtprogramms bilden" (§ 2 Abs. 2 Nr. 3 RStV). Vollprogramme bieten u. a. Das Erste, ZDF und Die Dritten sowie RTL und Vox bzw. kabel eins, ProSieben und Sat.1 an.
  Ein **Spartenprogramm** ist ein Rundfunkprogramm mit im Wesentlichen gleichartigen Inhalten (vgl. § 2 Abs. 2 Nr. 4 RStV). Das Bundesverfassungsgericht definiert Spartenkanäle als „Programme, die auf bestimmte Arten von Information, Bildung oder Unterhaltung spezialisiert sind, [...] sich nur an einen begrenzten Teilnehmerkreis richten und auch thematisch begrenzt sind, so dass sie für sich genommen umfassende Information und Meinungsbildung nicht ermöglichen." (BVerfGE 74, 297, 345)
  Teleshopping ist eine Form des DRTV (Direct Response Television). Im Rundfunkstaatsvertrag ist Teleshopping formuliert als „die Sendung direkter Angebote an die Öffentlichkeit für den Absatz von Waren oder die Erbringung von Dienstleistungen, einschließlich unbeweglicher Sachen, Rechte und Verpflichtungen gegen Entgelt." (§ 2 Abs. 2 Nr. 10 RfStV). Insofern bietet das Teleshopping Raum für Impulskäufe, der auf die Interaktion zwischen Anbieter und Zuschauer setzt.
- **Finanzierung**: Öffentlich-rechtliche Rundfunkanstalten werden zum größten Teil durch den Haushaltsbeitrag finanziert, der von jedem Haushalt zu entrichten ist, der die technische Möglichkeit hat, Rundfunk empfangen zu können (vgl. § 2 und 3 RBeitrStV). Der Zweck der Beitragspflicht besteht in der funktionsgerechten Finanzausstattung des öffentlich-rechtlichen Rundfunks. Die Beitragshöhe bemisst sich nach dem Bedarf der Anstalten (vgl. § 8 RFinStV). Ein kleiner Teil (ca. 5 Prozent) der Einnahmen wird aus Werbeeinnahmen erzielt. Werbung darf hier aber nur werktäglich im Vorabendprogramm von ARD und ZDF gesendet werden.

Die Finanzierung der privat-kommerziellen Free-TV-Sender erfolgt hauptsächlich durch Werbeeinnahmen oder im Fall von Pay-TV-Sendern über Entgelte der Zuschauer. Hier haben sich die Bedingungen allerdings mittlerweile deutlich aufgeweicht. Zum einen haben auch die Pay-TV-Sender die Werbung als Einnahmequelle für sich entdeckt. Zwar senden sie keine Unterbrecherwerbung während der Sendungen, aber sie platzieren Werbeblöcke zwischen den Sendungen (vgl. Sky). Zum anderen verschlüsseln ehemalige Free-TV-Sender einen Teil ihres Programms (konkret: die in HD ausgestrahlten Programme), sodass die Zuschauer gezwungen werden, Entgelte für die Entschlüsselung zu zahlen, wenn sie HD-Qualität genießen wollen. Dementsprechend kann also nicht mehr allgemein von Free-TV gesprochen werden, wenn nicht das klassische Bezahl-Fernsehen gemeint ist. Zudem „hinkt" die umgangssprachliche Bezeichnung Free-TV für unverschlüsselt ausgestrahltes privat-kommerzielles Programm ohnehin.[16]

Da die Gefahr besteht, dass im werbefinanzierten Fernsehprogramm unangemessen viel Werbung gesendet wird, unterliegt das Werbevolumen rechtlichen Rahmenbedingungen: 20 Prozent der Gesamtsendezeit (12 Minuten pro Stunde) darf mit Werbeplatzierungen belegt werden; allerdings müssen die Werbespots zu Blöcken zusammengefasst werden. Dafür gibt es keine Einschränkungen, wann Werbung ausgestrahlt wird.

- **Verbreitungsgebiet**: Das Verbreitungsgebiet von Rundfunksendungen kann national, lokal oder auf Ballungsgebiete ausgerichtet sein. Auf dieses Kriterium soll nicht weiter eingegangen werden.
- **Vertriebsweg**: Rundfunksignale können terrestrisch (DVB-T2), via Kabel oder Satellit und über das Internet (IPTV) gesendet und empfangen werden. Insbesondere das internetgetragene Fernsehen (PC-basiert, Set-Top-Box-basiert, UMTS-basiert etc.) gewinnt deutlich an Bedeutung und zieht branchenfremde Anbieter an, die in Konkurrenz zu den Rundfunkbetreibern treten.

In Deutschland sind der Statistik der Landesmedienanstalten (LMA) 2017 zufolge 21 öffentlich-rechtliche Sender aktiv (13 davon bieten Vollprogramme an). 217 Sender mit insgesamt 403 TV-Programmen (davon 86 Pay-TV-Angebote) gehören in die Kategorie privat-kommerziell (15 davon bieten ein Vollprogramm; 22 zählen als Teleshoppingsender). Durchschnittlich empfängt jeder Haushalt in Deutschland 74 TV-Sender.

Die Anzahl der TV-Haushalte in Deutschland beträgt rund 38 Mio. Die größte technische Reichweite haben das ZDF, die ARD, die großen RTL- und die großen P7S1-Sender mit rund 37 bis 38 Mio. Haushalten. Aktuell (2016) liegt der Marktanteil der Haushalte, die ihr Programm über Satellit empfangen bei 45,1 Prozent (ca. 17 Mio. Haushalte). Über Kabel werden 42,3 Prozent (ca. 16 Mio. Haushalte), über Terrestrik 5,4 Prozent (ca. 2 Mio. Haushalte) und über IPTV 7,2 Prozent der Haushalte (ca. 3 Mio. Haushalte) erreicht (vgl. statista). 8,2 Mio. Haushalte (ca. 21 Prozent) empfangen Pay-TV-Angebote.

Die Netto-Erlöse der Fernsehsender im Jahr 2016 betragen insgesamt 14,6 Mrd. Euro. Hinsichtlich der Finanzierungsform werden hier auf dem Fernsehmarkt vier unterschiedliche Erlösformen umgesetzt (die allerdings mehrheitlich in Mischformen umgesetzt werden):

---

16 Die Bezeichnung Free-TV ist dann falsch, wenn damit ausgedruckt werden soll, dass das Programm kostenlos empfangen wird, denn hier würde nicht berücksichtigt, dass die rein werbefinanzierten Programme indirekt durch Produkte finanziert werden, für die Werbung geschaltet wird. Die Preise dieser Güter internalisieren die Werbekosten und werden an die Konsumenten weitergegeben. Insofern finanzieren die Konsumenten dieser Güter das Fernsehprogramm. Auch auf den technischen Empfang kann künftig nicht mehr eindeutig abgestellt werden, weil der neue DVB-T2-Standard privat-kommerzielles Programm (in HD ausgestrahlt) nur noch gegen Entgelt empfangbar macht.

- **Haushaltsabgabe**: Die öffentlich-rechtlichen Sender werden über die Haushaltsabgabe finanziert, die dem Charakter einer Steuer relativ nahekommt. Bezahlt werden muss der Beitrag, wenn ein Haushalt technisch in der Lage ist, Rundfunk empfangen zu können. Der monatliche Beitrag liegt bei 17,50 Euro pro Haushalt. Insgesamt kommt die Haushaltsabgabe auf 5,3 Mrd. Euro für die öffentlich-rechtlichen TV-Sendeanstalten.
- **Werbung**: Die frei empfangbaren privat-kommerziellen Sendeprogramme werden hauptsächlich über die Vermarktung von Werbezeiten finanziert. Mittlerweile ist auch das Pay-TV-Angebot (z. B. das Sky-Programm) mit Werbung durchsetzt. Nicht zuletzt werden auch Video-on-Demand-Angebote z. T. werbefinanziert. Diese Ad-supported Programme knüpfen den Stream der Videos an Werbespots. Werbeeinnahmen finanzieren die TV-Veranstalter mit insgesamt 4,5 Mrd. Euro.
- **Abonnement**: Pay-TV-Angebote werden verschlüsselt gesendet. Die Verschlüsselung dient der Abschöpfung von Zahlungsbereitschaften bzw. der Durchsetzung von Kostenpflichtigkeit. Zuschauer, die das Programm empfangen wollen, müssen dafür bezahlen und bekommen im Gegenzug auf die Entgelthöhe bzw. Angebotspakete abgestellte Zugriffsrechte (Pay-per-Channel). 4,7 Mrd. Euro entfallen auf Abonnement- und Pay-TV-Dienste.

Letztere Umsätze teilen sich auf originäre Pay-TV-Anbieter und ehemals reine Free-TV-Anbieter auf. „Während es vor einigen Jahren noch sehr klar abgrenzbar war, welches Geschäftsmodell ein bundesweiter TV-Anbieter nutzt, haben sich die Grenzen zwischen Free- und Pay-TV heute weitgehend aufgelöst: Die einst allein im Free-TV-Markt agierenden Anbieter drängen weiter auf den Pay-Markt, um ihre Abhängigkeit von konjunkturellen Schwankungen der Werbewirtschaft zu reduzieren. Auf der anderen Seite vermarkten Pay-Anbieter wiederum ihre Reichweiten zusätzlich im lukrativen TV-Werbemarkt." (ALM-Jahrbuch 2014/16: 102)

- **Video-on-Demand**: Anstatt des linearen Angebotes können Zuschauer auch einzelne Sendungen gegen Entgelt abrufen. Im gesamten Video-on-Demand-Segment beträgt der Umsatz 2016 etwa 14,6 Mrd. Euro; davon entfällt der größte Teil auf den Bereich Subcription (SVoD) mit einem Volumen von rund 8,7 Mrd. Euro, gefolgt von Downloads (EST) in Höhe von fast 3 Mrd. Euro und Pay-per-View (TVoD) von 2,9 Mrd. Euro. Der durchschnittliche Erlös pro Nutzer (ARPU) beträgt aktuell (2016) rund 47,50 Euro. (Vgl. statista)
- **DRTV**: Sendungen im Bereich Direct Response Television (ausgestrahlt über eigene Kanäle oder über Fensterprograme), Infomercials, Video-Malls, interaktives Tele-Shopping und Call-in Shows setzen jährlich rund 1,9 Mrd. Euro um. Diese Veranstaltungen werden frei ausgestrahlt und finanzieren sich ausschließlich über die Rezipientenmärkte. Allerdings werden hier die Zuschauer direkt angesprochen und aufgefordert, bestimmte Aktionen auszuführen (z. B. Waren kaufen oder anzurufen). Dazu werden permanent Bestellmöglichkeiten eingeblendet, Informationen abgegeben oder Gewinnspiele promotet (vgl. zu den einzelnen Formaten Wirtz 2016: 454–457).

Die Preiselastizität der Nachfrage (vgl. Kapitel 10.2.2) ist auf den einzelnen Märkten sehr unterschiedlich. Bezogen auf das öffentlich-rechtliche Programmangebot ist die Elastizität Null, d. h. völlig unelastisch. Dies liegt daran, dass Gebührenpflicht bei technischer Empfangsmöglichkeit besteht. Gleichgültig welche Gebührenhöhe besteht, die Anzahl der Haushalte, die öffentlich-rechtliches Programm empfangen kann, ändert sich dadurch nicht.

Im Umfeld der Pay-per-View-Angebote ist die Elastizität der Nachfrage vergleichbar mit der Elastizität auf dem Werbemarkt und entspricht der Elastizität normal verlaufender Preisabsatzfunktionen (vgl. Kapitel 10.2): Bei hohen Preisen ist die Konsumbereitschaft bzw. die Bereitschaft der Werbeplatzierung niedrig, bei geringen Preisen hoch. Für TV-Veranstalter liegt das Problem darin, einen umsatzmaximalen Preis zu finden. Kostengesichtspunkte spielen für den Anbieter im Prinzip keine Rolle, da kaum oder keine Grenzkosten existieren.

Die Kostenstruktur in der Fernsehlandschaft sieht, Wirtz folgend, wie in Tab. 6.6 ausgewiesen aus (vgl. Wirtz 2016: 463):

Tab. 6.6: Kostenstruktur und Gewinnanteil in der privaten Fernsehbranche

Content-Produktion	Marketing & Vertrieb	Verwaltung	Distribution	Gewinn
First Copy Costs				
61 %	8 %	9 %	12 %	10 %

Tabelle 6.6 zeigt, dass First Copy Costs mit insgesamt 78 Prozent lediglich einem Zwölf-Prozentanteil an Distributionskosten gegenüberstehen. Diese Kostenstruktur betont die Bedeutung der Reichweite für Rundfunkunternehmen. Kostentechnisch werden die Distributionskosten an dem Aufwand für die technische Ausstrahlung festgemacht, nicht an der Anzahl erreichter Rezipienten. Die Kostendegressionseffekte sind dementsprechend für reichweitenstarke Programme wesentlich höher als für reichweitenschwache. Umgekehrt verhält es sich mit den Werbeeinnahmen; sie sind höher bei hoher Reichweite.

Dieser Zusammenhang stellt ein Dilemma für die zahlreichen regionalen und lokalen Rundfunksender (2015 sendeten 222 Anbieter in diesem Segment) dar. Der Kostendeckungsgrad privater lokaler TV-Sender in nicht so bevölkerungsreichen Gegenden liegt im Durchschnitt gerade einmal zwischen 79 und 93 Prozent. Das bedeutet, dass in der Mehrzahl der Fälle nicht Gewinn, sondern Verlust gemacht wird. Die Kosten überschreiten die Einnahmen (mit Ausnahme von Rheinland-Pfalz und Nordrhein-Westfalen) um 21 bis sieben Prozentpunkte. Zum Schutz der Lokalprogrammanbieter ist den nationalen Anbietern mit dem Inkrafttreten des 18. Rundfunk-Änderungsstaatsvertrags zum 01.01.2016 regionalisierte Werbung de facto untersagt worden. (Vgl. Deutscher Bundestag 2016: 112–115).

Der wirtschaftliche Druck auf die TV-Veranstalter führt zur Sendergruppenbildung, da hier sowohl eine breitere Programmvermarktung als auch eine höhere Angebotsvielfalt gegenüber der Werbeindustrie realisiert werden kann. Sendergruppen können Synergieeffekte ausnutzen, die einzelnen Sendern eben nicht zur Verfügung stehen. Auch der Ausbau der Online-Angebote geschieht vor dem Hintergrund einer verschärften Konkurrenz um Reichweite und Werbevolumen. Letztlich mündet der Wettbewerbsdruck auch in der TV-Senderlandschaft in einer deutlichen Dominanz von Integrationsstrategien. Wertschöpfungskettenstufen werden soweit wie möglich integriert und horizontale Zusammenschlüsse wirken darauf hin, dass Synergieeffekte generiert werden, indem Ressourcen stärker gebündelt und Zielgruppenmärkte besser abgedeckt werden.

6.3.4 Der Radio-Markt als stark ausgeprägter zweiseitiger Markt

Auch der Begriff Radio kann – analog zum Fernsehbegriff – technisch, programmlich, aktivitätenbezogen und institutionell verstanden werden. Technisch handelt es sich um ein Empfangs- und Wiedergabegerät von Radiosignalen. Programmlich handelt es sich um ausgestrahlte Radiosendungen; bezogen auf die Aktivität, um das Wahrnehmen von auditivem Programm. Institutionell stellt der Radiobegriff auf die Organisationen ab, die Rundfunkinhalte verantworten und senden oder senden lassen (vgl. Breyer-Mayländer und Werner 2003: 121).

Bezogen auf die Betrachtung des Radiomarktes steht die institutionelle Interpretation im Mittelpunkt. Aber auch hier werden – wie schon im Bereich der TV- und Filmwirtschaft – die ökonomischen Facetten des Marktes betrachtet und die publizistischen bzw. kommunikationswissenschaftlichen vernachlässigt.[17] Die ökonomische Bedeutung des Hörfunkmarktes ist allerdings bei weitem nicht so hoch einzuordnen, wie die der TV-Industrie.

Als Teil des Rundfunkmarktes wird auch der Hörfunk aus produktlicher Sicht geprägt durch die Immaterialität und Flüchtigkeit des Outputs sowie der Nichtrivalität der Leistungsangebote für den Rezipienten (vgl. Kapitel 3.5 und 6.3.4). In Anlehnung an den Rundfunkstaatsvertrag (vgl. § 2 Abs.1 Satz 1 RStV) soll hier unter dem Begriff Radio ein Mix aus akustischen Veranstaltungen (Informationen und Musik) verstanden werden, der über verschiedene Übertragungskanäle (Terrestrik, Kabel, Satellit, Internet) an eine große Anzahl von Rezipienten gesendet wird.

Der Hörfunkmarkt ist der älteste elektronische Medienmarkt in Deutschland. Die erste Radiosendung wurde 1923 ausgestrahlt. Die Anbieterstruktur des Marktes ist – genauso, wie der TV-Markt – dual organisiert, d. h. es gibt öffentlich-rechtliche und

17 Weitere kompakt dargestellte Ausführungen zu Radiomarkt unter Berücksichtigung ökonomischer wie auch publizistischer Aspekte, findet der Leser auch in Schellmann et al. 2017: S. 168–171. Ansonsten sei auf die ausführlichen Ausführungen in Gläser 2014 und Wirtz 2016 verwiesen.

private Programmanbieter. Insgesamt sind im Jahre 2017 422 Radiosender am Markt aktiv; 66 davon sind öffentlich-rechtlich. Weitere 108 Anbieter fallen in die Rubrik „sonstige Anbieter". Das sind vor allem offene Kanäle oder studentische Campusradio-Angebote. 248 Sender sind sogenannte private Sender. Während die öffentlich-rechtlichen Sender landesweit aktiv sind, haben die privaten Programme in der überwiegenden Mehrzahl eine lokale Reichweite. Lediglich 30 Prozent der Angebote werden landesweit ausgestrahlt und nur etwa 5 Prozent bundesweit (z. B. RTL Radio oder Klassik Radio). Insofern kann eigentlich nicht von einem gesamtdeutschen Radiomarkt gesprochen werden. Zutreffender wäre es, von vielen landesweiten oder sehr vielen unterschiedlichen regionalen bzw. lokalen Radiomärkten zu sprechen.

Weniger fragmentiert zeigt sich der Radiomarkt, wenn die Eigentümerstrukturen analysiert werden. Hier zeigt sich eine deutliche ökonomische Konzentration. „Neben den örtlichen Zeitungsverlagen sind auch die großen Medienkonzerne, wie RTL Group, Axel Springer AG, Hubert Burda Media Holding GmbH&Co.KG, Bauer Media Group in Deutschland an Radiounternehmen beteiligt." (Wirtz 2016: 531)

Wenn das Radioangebot nicht als Rundfunkleistung[18], sondern in Form von Telemedien[19] transportiert wird, erweitert sich der Radiomarkt extrem. Da Telemedien – anders als Rundfunk – nach § 54 Abs. 1 RStV zulassungs- und anmeldefrei sind (vgl. § 20 Abs. 2 Satz 3 RStV), ist hier eine große Markteintrittsbarriere für neue Anbieter weggefallen. Da es darüber hinaus keine Frequenzknappheit im Internet gibt, ist die Menge der theoretisch möglichen Web-Radio-Programme, die parallel angeboten werden, unbegrenzt. Im Jahre 2016 liegt die Anzahl der Web-Radio-Angebote (Streamings) in Deutschland bei 2.453. Davon sind 1.781 sogenannte Online-Only-Anbieter (ggü. den sogenannten Simulcast-Web-Radios, die ihre klassischen UKW- bzw. DAB+Programme eins-zu-eins im Internet übertragen). Die Struktur der Audio-Inhalte ist in beiden Bereichen nahezu identisch. An erster Stelle steht Musik, gefolgt von Nachrichten und regionale Informationen.

Die Tagesreichweite des Radios liegt insgesamt bei 77 Prozent der Bevölkerung ab 10 Jahre, die Hörfunknutzung bei rund 180 Min. täglich (vgl. Mediaperspektiven 2016).

---

18 Der Rundfunkstaatsvertrag definiert den Rundfunkbegriff als „linearer Informations- und Kommunikationsdienst; er ist die für die Allgemeinheit und zum zeitgleichen Empfang bestimmte Veranstaltung und Verbreitung von Angeboten in Bewegtbild oder Ton entlang eines Sendeplans unter Benutzung elektromagnetischer Schwingungen." (§ 2 Abs. 1 RStV). Es muss sich also um eine zeitlich geordnete Folge von (journalistisch-redaktionellen) Inhalten handeln, die in einem Plan festgelegt ist.

19 Telemedien sind gem. Telemediengesetz (TMG) elektronische Informations- und Kommunikationsdienste, soweit die nicht Rundfunk oder reine technische Telekommunikationsdienste sind. Zu den im TMG geregelten Telemedien gehören (nahezu) alle Angebote im Internet (Suchmaschinen, Webportale, Podcasts, Chatrooms, Blogs, Webshops, Online-Auktionshäuser, Informationsdienste, private Websites etc.). Eine Besonderheit ist, dass Internetradios, deren Programm im Streaming-Verfahren mehr als 500 Nutzern parallel angeboten wird, der zuständigen Landesmedienanstalt gegenüber anzeigepflichtig sind. On-Demand-Angebote sind Telemedien. Eine trennscharfe Abgrenzung von Telemedien und Rundfunk ist kaum möglich. Hier besteht dringender Regelungsbedarf.

Beide Werte sind seit Jahren relativ stabil. Die überwiegende Mehrzahl der Rezipienten in Deutschland empfängt Radioprogramm terrestrisch (ca. 53 Mio. Teilnehmer). Rund 20 Mio. Empfänger nutzen Kabelanschlüsse, 15 Mio. Satellitenverbindungen und noch einmal fast 7 Mio. Bürger setzen das Smarthone als Empfangsgerät ein. Mittlerweile nutzen 30 Mio. Nutzer in Deutschland Web-Radio-Angebote, um das laufende Programm oder Programmangebote zeitversetzt zu hören. (Vgl. Statista 2017).

Die formalen Programmangebote der Radiosender können analog zu denen aus dem TV-Bereich strukturiert werden. Es gibt Vollprogramme (z. B. WDR 2 oder RSH (Radio Schleswig-Holstein)), Spartenprogramme (Kultur-, Klassikmusik-, Sportsender etc.), Fensterprogramme (Programmangebote, die sich Sender teilen oder die in ein Programm eines anderen Senders eingebettet sind) sowie regionale Sender (z. B. Antenne Niedersachen oder das Domradio) und lokale Programme (Stadtteilradios wie Antenne Düsseldorf etc.).

Die bedeutendste Finanzierungsquelle im Hörfunk ist die Haushaltsabgabe für die öffentlich-rechtlichen Radiosender. Der Radioanteil an den Abgaben liegt bei 2,22 Euro monatlich. Da ein Cent Beitrag 4,35 Mio. Euro im Jahr entspricht, liegen die rechnerischen Einnahmen bezogen auf den Radioanteil im Rundfunkbeitrag bei insgesamt 966 Mio. Euro. Da die Länder den Landesrundfunkanstalten im Hörfunk nach dem Rundfunkstaatsvertrag bis zu 90 Minuten Werbung werktäglich im Jahresdurchschnitt einräumen können (vgl. §15 Abs.5 Satz 1 RStV), erzielen Anstalten durch den Werbefunk noch einmal Netto-Erlöse in Höhe von 217 Mio. Euro. (Vgl. ARD.de)

Für die privaten Hörfunkveranstalter ist die Werbung die stärkste Einnahmequelle. Neben den klassischen Hörfunkspots spielen hier auch noch Sponsorings oder Werbegewinnspielsendungen eine Rolle. Insgesamt kommen die Werbespendings in diesem Bereich im Jahre 2016 auf rund 740 Mio. Euro.

Die Kostenstruktur der hörfunkproduzierenden Medienunternehmen kennzeichnet Wirtz (vgl. Wirtz 2016: 551) wie folgt:

Tab. 6.7: Kostenstruktur und Gewinnanteil in der privaten Hörfunkbranche

Content-Produktion	Werbe-akquisition	Marketing	Verwaltung	Distribution	Gewinn
First Copy Costs					
61 %	12 %	7 %	4 %	7 %	9 %

Tabelle 6.7 zeigt, dass First Copy Costs mit insgesamt 84 Prozent einem Distributionskostenanteil von 7 Prozent gegenüberstehen. Damit wird deutlich, dass die Reichweite auch in diesem Mediensektor eine überragende Rolle einnimmt. Denn die Ausweitung der technischen Reichweite wird bei gleichbleibenden Produktionskosten den Kostendegressionseffekt deutlich fortführen. Wirtz stellt darüber hinaus fest, dass die

Gewinnspannen zwar durchschnittlich bei neun Prozent liegen, aber je nach Anbietertyp aufgrund der Kostendegression erhebliche Unterschiede ausweisen können. Gemessen am Kostendeckungsgrad arbeiten die landesweiten Programmveranstalter am effizientesten. Es verwundert aber nicht, dass die Gleichartigkeit der Programme im Radiobereich sehr deutlich ausgeprägt ist. Nahezu 90 Prozent der Veranstalter setzen auf Mainstreaminhalte der werberelevanten Zielgruppe der 14–49-Jährigen (vgl. Wirtz 2016: 554 f.).

Nachdem nun die Absatzmärkte, auf denen Medienunternehmen agieren, hinreichend skizziert sind, um die Leistungsangebote gegeneinander abgrenzen zu können, soll in einem nächsten Schritt erläutert werden, welche ökonomischen Besonderheiten die Medienmärkte formen und damit die Entscheidungen des betrieblichen Managements beeinflussen.

Sind diese Zusammenhänge erkannt, wird es einfacher, die strategischen Handlungsspielräume eines Medienbetriebs und die operativen Optionen der Umsetzung zu verstehen und nachvollziehen zu können.

Fragen zu Kapitel 6 ?

1. Was ist ein zweiseitiger Markt und welche Bedeutung hat ein solcher für Medienunternehmen?
2. Charakterisieren Sie einseitige Märkte in der Medienwirtschaft. Unterstützen Sie Ihre Argumentation mit einem Beispiel.
3. Charakterisieren Sie zweiseitige Märkte in der Medienwirtschaft, in denen Netzwerkeffekte eher schwach ausgeprägt sind. Unterstützen Sie Ihre Argumentation mit einem Beispiel.
4. Charakterisieren Sie zweiseitige Märkte in der Medienwirtschaft, in denen Netzwerkeffekte stark ausgeprägt sind. Unterstützen Sie Ihre Argumentation mit einem Beispiel.
5. Welche Bedeutung haben die First Copy Costs für Medienunternehmen? Argumentieren Sie mit den Begriffen Kostenstruktur und Risiko.

7 Welche ökonomischen Besonderheiten zeigen Medienabsatzmärkte?

Abgesehen davon, dass den Medienmärkten, auf denen aktuell berichterstattende Inhalte bereitgestellt werden, aus gesellschaftlicher Sicht eine Sonderstellung zugesprochen wird, ist allen Medienmärkten gemeinsam, dass sie ökonomische Eigenschaften haben, die ihr Funktionieren deutlich mitbestimmen. Diese Markteigenschaften haben ganz besonderen Einfluss auf den Unternehmenserfolg und bestimmen die Verhaltensoptionen, die den Unternehmen zur Verfügung stehen, maßgeblich mit. Die Markteigenschaften wirken als Erfolgsfaktoren für die Marktteilnehmer.

Die spezifischen Eigenschaften, auf die in diesem Kapitel abgestellt wird, werden durch die unterschiedlichen Güterarten, durch die Kostenarten und Kostenstrukturen der Leistungserstellung und durch Netzwerkeffekte bestimmt. Darüber hinaus wirken auch faktische und psychologische Log-in-Effekte, in denen die Nutzer verhaftet sind, auf den Unternehmenserfolg.

Die Zusammenhänge zwischen den Bedingungen und den durch sie bewirkten Markteigenschaften werden im Folgenden diskutiert.[1] (Vgl. Dewenter und Rösch 2015: Kap. 2)

7.1 Der Einfluss der Güterart

Märkte werden unter anderem durch Güter definiert (vgl. Kapitel 1.5.4). Je nachdem, welche Eigenschaften die Güter haben, ändern sich auch die Eigenschaften von Märkten. Und diese Eigenschaften wiederum lassen Märkte effizient funktionieren oder eben nicht. Medienmärkte zeigen sich insgesamt als sehr störanfällig.

7.1.1 Die Informationsasymmetrie als marktbeeinflussendes Güterkriterium

In Kapitel 3.3 sind Güter hinsichtlich der ihnen anhaftenden Informationsasymmetrie zwischen Käufern und Verkäufern über die Qualität der Güter und die sonstigen Produkteigenschaften in Inspektions-, Erfahrungs- und Vertrauensgüter eingeteilt worden.

Abhängig vom Grad der Informationsasymmetrie kann es zu einer Über- oder Unterversorgung mit dem betroffenen Gut kommen oder der Marktpreis wird nicht leistungsgerecht festgelegt. Asymmetrisch zum Nachteil der Konsumenten verteilte Informatio-

1 Ausführliche und ergänzende Darstellungen zu den hier vorgestellten Eigenschaften von Medienmärkten findet der Leser in Dewenter und Rösch 2015, deren Argumentation auch hier gefolgt wird, sowie in Clement und Schreiber 2013 und der Standardliteratur aus den Themenfeldern Medienökonomie und Medienmanagement.

https://doi.org/10.1515/9783110519587-007

nen über die Qualität und die Eigenschaften eines Produktes können in letzter Konsequenz dazu führen, dass die Konsumenten auf das Produkt verzichten, obwohl es für sie nützlich wäre. Akerloff (vgl. Akerlof 1970) hat darüber hinaus gezeigt, dass hochwertige Produkte von minderwertigen Produkten verdrängt werden können. Dieses Phänomen wird als **adverse Selektion** (= Negativauslese) bezeichnet (vgl. Kapitel 3.3).

Gerade im Medienbereich können viele Produkte vor dem Kauf nur schlecht beurteilt werden. Ein Musiktitel oder ein Game, die Qualität belletristischer Werke oder Ergebnisse einer Suchmaschine etc. können erst nach dem Konsum eingeschätzt werden. Die Qualität eines Fachbuches, eines Zeitungs- oder Zeitungsartikels oder Rundfunkberichtes kann nicht einmal nach dem Konsum sicher beurteilt werden. Einzig Inspektionsgüter (= materielle Güter) haben Eigenschaften, die es erlauben, vor dem Kauf prüfen zu können, ob die gewünschte Qualität vorliegt. Da die engere Leistung der Mediengüter aber in der Informationsbündelung oder der redaktionellen bzw. künstlerisch-dramaturgischen Aufbereitung liegen, haben allenfalls die Komplementärgüter, die zur Rezeption der Inhalte notwendig sind, Inspektionsgütereigenschaften.

Diese eingeschränkten Möglichkeiten bzw. die Unmöglichkeit der Beurteilung von Inhalteleistungen hat Folgen. Der Markt funktioniert nicht effizient. Da der Konsument unsicher ist, wird auch seine Preisbereitschaft geringer sein als sie wäre, wenn er alle benötigten Informationen über das Gut vor dem Kauf hätte. Andererseits kann auch der Hersteller seinen Informationsspielraum nutzen, um geringere Qualität anzubieten als er anbieten würde, wenn sie vom Konsumenten beurteilt werden könnte.

Um die Informationsasymmetrie abzubauen, kommen die Anbieter in Zugzwang: Sie müssen Informationen preisgeben (vgl. Informationsparadoxon in Kapitel 3.3.2), Freiexemplare verteilen, Probe-Abonnements anbieten oder auch Geld-Zurück-Garantien versprechen und Test-Nutzungen zulassen. Insbesondere bei Vertrauensgütern wie z. B. journalistische Leistungen kann es schnell zu drei verschiedenen Ineffizienzen am Markt kommen (vgl. Dewenter und Rösch 2015: Kap. 2.2.2.3):

- **Unterversorgung**: Anbieter nutzen die Unsicherheit der Konsumenten aus und bieten ihnen schlechtere Qualität an als sie benötigen.
- **Überversorgung**: Der Anbieter weiß genau, was der Konsument benötigt, verkauft ihm aber ein funktionsstärkeres (teureres) Produkt, als notwendig wäre.
- **Überpreisung**: Der Anbieter berechnet ein erhöhtes Entgelt für seine Dienstleistung, da der Konsument die Qualität der erbrachten Leistung nicht einschätzen kann.

Konsumenten kaufen bei zu hoher Informationsasymmetrie entweder gar nicht oder werden mit minderwertiger Qualität versorgt. Ein Ausweg aus dem Dilemma besteht darin, dass Anbieter **Reputationsmanagement** betreiben, d. h. sich durch wiederholt hochwertige Leistungen einen guten Ruf aufbauen. Deswegen werden Medienmarken aufgebaut. Eine Marke verspricht gleichbleibende Qualität und mindert die Unsicherheit des Konsumenten bei der Wahl zwischen Produkten (vgl. Esch 2010a). Insofern können die jeweiligen Inhalte (z. B. ein TV-Bericht) als „Vertrauensgüter mit Erfahrungsgütereigenschaften" eingeordnet werden. Die Marke (z. B. Tagesschau, ARD) hingegen ist eher umgekehrt als „Erfahrungsgut mit Vertrauensgütereigenschaften" aufzufassen. Je größer der Erfahrungsgüteranteil ist, desto geringer ist die Gefahr des Marktversagens und desto geringer ist auch der Spielraum der Anbieter, schlechte Güter für gute auszugeben oder Überrenditen zu erwirtschaften, indem zu hohe Preise abverlangt werden.

7.1.2 Die Rivalität und Ausschließbarkeit als marktbeeinflussende Kriterien

Zwei weitere Gütereigenschaften, die Medienmärkte versagen lassen können, sind in Kapitel 3.5 vorgestellt worden. Dort ist ausgeführt worden, dass Güter auch nach dem Grad der Konsumrivalität und dem der Konsumausschlussfähigkeit unterschieden werden. Das Ergebnis dieser Systematisierung ist die Einteilung der Güter in private, öffentliche, Club- und Allmendegüter.

Die meisten Güter außerhalb der Medienindustrie sind private Güter. „Der Marktmechanismus und ausreichend Wettbewerb sorgen bei privaten Gütern für die Bereitstellung und effiziente Verteilung. Im Optimalfall also dafür, dass alle Konsumenten mit einer Zahlungsbereitschaft größer oder gleich den Produktionskosten das Gut konsumieren können" (Dewenter und Rösch 2015: Kap. 2.2.1). Potenzielle Nutzer, die keine oder keine angemessene Gegenleistung erbringen wollen, können durch den Hersteller vom Nutzen ausgeschlossen werden. Werden die privaten Güter genutzt, stehen sie keinem anderen Nutzer zur gleichen Zeit zur Verfügung.

So muss ein Unternehmen, das Werbungplätze bucht, den dafür vereinbarten Preis zahlen. Der gebuchte Platz steht dann keinem anderen Unternehmen für eigene Werbezwecke zur Verfügung. Auch ein Konsument, der eine Musik-CD, eine Blu-Ray, ein Buch oder irgendeinen anderen Medienträger haben möchte, muss ebenfalls ein Entgelt zahlen. Ist der Werbeplatz oder der Medienträger bezahlt, steht er dem Zahler zur Verfügung. Ein Konsument kauft aber einen Medienträger nicht um seiner selbst willen, sondern weil er die Inhalte nutzen will. Die Inhalte sind aber keine privaten Güter mehr, da ihnen mindestens die Eigenschaft der Rivalität fehlt (vgl. Kapitel 3.5).

Bei nicht privaten Gütern sieht die Situation anders aus. Öffentlichen Gütern fehlen sowohl die Eigenschaft der Rivalität als auch die der Ausschließbarkeit. Liegt Nicht-Ausschließbarkeit vor, ist das Gut auch nicht marktfähig, weil niemand vom Konsum ausgeschlossen werden kann (vgl. Kapitel 3.5).

Dies ist beispielsweise bei veröffentlichten Informationen der Fall. Nicht-Ausschließbarkeit führt zum Trittbrettfahrer-Verhalten, d. h. Konsumenten, die das Gut nutzen wollen, nutzen es, ohne dafür zu bezahlen. Es kommt zum Marktversagen, da kein produktionskostendeckender Preis vom Hersteller durchgesetzt werden kann.

Liegt vollständige Nicht-Rivalität vor, sinkt der Grenznutzen nicht; also der Nutzen für einen weiteren Nutzer, wenn das Gut schon von jemanden in Anspruch genommen wird. Ganz im Gegenteil, er bleibt gleich oder er steigt sogar. Deutlich wird dies an einer Fußballübertragung. Der Genuss steigt mitunter sogar, wenn die Übertragung durch mehrere Zuschauer gemeinsam erlebt wird. Vor allem aber entstehen auch keine Grenzkosten (Kosten einer zusätzlichen Einheit eines Gutes) durch die mehrfache Nutzung. Und das bedeutet, dass auch der effiziente Preis für die Bereitstellung null beträgt.

Weil die zusätzlichen Konsumenten einen Nutzen haben, die Anbieter aber nicht bereit sind, die Leistung ohne Gegenleistung bereitzustellen, wäre zwar die Bereitstellung der Leistung effizient, nicht aber die Produktion. Aus diesem Grund versagt der Markt. Die Güter würden auf einem privatwirtschaftlich organisierten Markt nicht angeboten. Der Staat wird die Leistungen anbieten und über Steuern oder Abgaben finanzieren. (Vgl. Dreiskämper 2013, Kiefer 2005 und Dewenter und Rösch 2015).

Liefern private Organisationen Kommunikationsinhalte als öffentliche Güter, werden diese bewusst unentgeltlich bereitgestellt, weil kommunikationspolitische Ziele im Vordergrund stehen und/oder weil die Inhalte durch andere Konsumgüter bzw. die Werbung querfinanziert werden. So zum Beispiel die freizugänglichen Internetpräsenzen der Unternehmen und das frei empfangbare Rundfunkangebot.

Bei Allmendegütern existiert zwar die Konsumrivalität, nicht aber die Ausschließbarkeit. Bezogen auf Medien wäre hier das Public Viewing einzuordnen. Die Rivalität ist auf den steigenden Abstand zur Leinwand bei wachsender Zuschauermenge zurückzuführen. Da aber niemand vom Zuschauen ausgeschlossen werden kann, muss auch diese Leistung durch die öffentlichen Haushalte finanziert werden. Allmendegüter sind ebenfalls nicht marktfähig.

Die überwiegende Anzahl der Medienleistungen stellen Clubgüter dar. Hier existiert keine Rivalität, aber Ausschlussfähigkeit. Das macht Clubgüter marktfähig. Der Ausschluss ist ohne viel Zusatzaufwand möglich, wenn Inhalte vermarktet werden, die auf materiellen Datenträgern gespeichert sind. Von dieser Möglichkeit machen Lichtspieltheater seit langem Gebrauch. Sie schließen Zuschauer aus, die den Eintrittspreis nicht zahlen wollen oder können. Zu den Clubgütern gehören nicht zuletzt auch alle elektronisch verbreiteten Paid-Contents oder login-geschützen Contents. Die Inhalte (z. B. kostenpflichtige E-Papers, ein Online-Videos, Streamingdienste etc.) können sowohl zeitgleich als auch zeitversetzt von Konsumenten genutzt werden. Der Anbieter kann aber jeden Konsumenten, der nicht zahlungsbreit ist, über technische Verschlüsselungen vom Zugriff auf die Daten ausschließen, wenn er das will. Seit neuestem verschlüsseln auch Free-TV-Anbieter einen Teil ihrer Leistungen. Die HD-Programme der privaten TV-Anbieter sind nur noch gegen Entgelt zu empfangen.

Obwohl Ausschlussfähigkeit herzustellen nur eine Frage des Aufwands ist, verzichten Anbieter z. T. darauf und stellen ihre Leistungen auf den Rezipientenmärkten als öffentliche Güter unentgeltlich zur Verfügung. Dies tun beispielsweise viele Rundfunkanbieter, Verlage mit ihren Gratiszeitungen oder Medienunternehmen mit ihren Internetservices.

Trotzdem können die frei verfügbaren Angebote für die Anbieter hoch profitabel sein. Dies ist deshalb der Fall, weil die Grenzkosten der Inhaltebereitstellung null sind, der Grenznutzen durch die weiteren Konsumenten, die das Angebot unentgeltlich nutzen, aber positiv ist; sogar mit zunehmender Rezipientenzahl wächst. Verkauft wird das Aufmerksamkeitspotenzial, dass sich hier bildet. Dieses Potenzial wird aggregiert und der Werbewirtschaft als Gesamtheit (Leserschaft, Zuschauerschaft etc.) zur Verfügung gestellt. Verkauft wird also die Reichweite, die das Medium erzielt an die werbetreibenden Unternehmen, nicht der Inhalt an die Rezipienten.

?

Fragen zu Kapitel 7.1

1. Was bedeutet Informationsasymmetrie und welche Auswirkungen hat diese auf den Markt, das Anbieter- und das Käuferverhalten?
2. Welche Auswirkungen haben die Gütereigenschaften der Rivalität und Ausschließbarkeit auf die Medienmärkte und wie gehen Anbieter damit um?

7.2 Der Einfluss der Kostenarten

Werden die Kosten eines Unternehmens analysiert, gibt es verschiedene Betrachtungsperspektiven, die allerdings keineswegs überschneidungsfrei sind. Es können einzelne Kosten für bestimmte Tätigkeiten bzw. Kostenträger analysiert oder Kostenblöcke für Bereiche untersucht werden. Das Interessante ist, dass sich die Kosten in unterschiedlichen Mediengattungen auch unterschiedlich verhalten.

Werden Tätigkeiten im Betrieb wie beispielsweise das Beschaffen von Inputfaktoren oder das Produzieren und Distribuieren von Gütern betrachtet, so macht es Sinn, die Kosten hinsichtlich ihrer mengenabhängigen Entwicklung in fixe und variable Kosten zu unterteilen (vgl. Kapitel 3.7). So handelt es sich im Falle von Materialkosten um mengenabhängige, also variable Kosten und in Falle von Gehältern für Festangestellte um mengenunabhängige, also fixe Kosten. Je mehr Material eingekauft oder verbraucht wird, desto höher werden die Kosten, hingegen ist es kostentechnisch nicht relevant, ob ein Festangestellter viel oder wenig arbeitet. Er bekommt ein (Fest-)Gehalt, das von seinem Output unabhängig ist.

Bezogen auf Mediengattungen kann festgestellt werden, dass sich beispielsweise die Kosten in materiell getragenen Produktionen anders entwickeln als in nicht materiell getragenen Produktionen. Je höher die Auflage einer Zeitung ist, desto höher steigen die Gesamtkosten. Auf dem Rundfunk- oder Internetmarkt herrschen hingegen andere Bedingungen. Es macht nämlich kostentechnisch keinen Unterschied, ob eine Sendung oder eine Datei von einem Rezipienten oder von millionen konsumiert wird. Allerdings fallen auf beiden Märkten sehr hohe Fixkosten an. So stellen sowohl die Redaktionskosten als auch die Server- oder technischen Übertragungskosten beispielsweise Fixkosten dar, die weitgehend unabhängig von der Anzahl der Rezipienten sind, die das Produkt konsumieren.

7.2.1 Kostenverläufe als marktbeeinflussende Kriterien

Die Kosten können diesem Beispiel folgend auch hinsichtlich ihrer Entwicklung in Bezug zum Output untersucht werden (vgl. Kapitel 3.7). In diesem Fall betrachtet der Manager den Verlauf der Durchschnittskosten oder den der Grenzkosten. **Durchschnittskosten** und Grenzkosten können sich im Verlauf ihrer Entwicklung verändern oder gleichbleiben. So können die Materialkosten pro Stück weitgehend gleichbleiben oder sie sinken, wenn z. B. Mengenrabatte erzielt werden. Entsprechend verhalten sich die Grenzkosten.

Die **Fixkosten** je Stück sinken hingegen automatisch aufgrund des Degressionseffektes mit steigender Ausbringungsmenge (vgl. Fixkostendegression in Kapitel 3.7.2). Da in allen Mediengattungen hohe First Copy Costs (= Fixkosten) existieren, spielt die Fixkostendegression eine überragende Rolle in der gesamten Medienwirtschaft.

Die **Grenzkosten** sind wiederum abhängig von den variablen Stückkosten. Die Grenzkosten der Güterverteilung in der Digitalindustrie sind null. Werden materielle Medienträger hergestellt und verteilt, sind die Grenzkosten größer als null, aber immer noch relativ gering.

Je nach Geschäftsmodell der Medienunternehmen variieren die Höhe und die Entwicklung der Grenzkosten und der variablen Kosten sowie die Höhe der Fixkosten sehr stark. In jedem Fall aber haben Unternehmen mit einer großen Ausbringungsmenge durch die stark fallenden Durchschnittskosten deutliche Kostenvorteile gegenüber Unternehmen, die nur einen geringen Output realisieren (vgl. Economies of Scale in Kapitel 3.7.3).

Werden hingegen Kostenträger[2] untersucht (z. B. eine Zeitungsausgabe, ein TV-Bericht oder ein E-Game), so werden die Kosten in Abhängigkeit ihrer Zurechenbarkeit zur hergestellten Leistung betrachtet und in Einzelkosten und Gemeinkosten unterteilt (vgl. Kapitel 20.2). Können die Kosten direkt dem Kostenträger zugeordnet werden, handelt es sich um **Einzelkosten**. Können die Kosten nicht direkt, sondern nur über einen Verteilungsschlüssel zugeordnet werden, handelt es sich um **Gemeinkosten**. So handelt es sich bei den Kosten für das Papier einer Zeitung um Einzelkosten, bei den Kosten für die Druckmaschine um Gemeinkosten, wenn auf ihr mehrere Produkte hergestellt werden.

Gemeinkosten können darüber hinaus auch noch dahingehend differenziert werden, ob sie „stand-alone" oder „inkrementell" (= schrittweise) anfallen. „**Stand-alone-Kosten** einer Leistung sind diejenigen Kosten, die anfallen, wenn die Leistung nicht im Verbund mit anderen Leistungen erstellt wird. **Inkrementalkosten** sind hingegen die Kosten einer Leistung, die *zusätzlich* anfallen, wenn diese Leistung im Verbund mit bestehenden anderen Leistungen erstellt wird." (Friedl et al. 2017: 52) So handelt es sich bei den Produktionskosten eines Spielfilms um Stand-alone-Kosten, bei den

---

2 Als Kostenträger werden in der Betriebswirtschaftslehre die in einem Unternehmen hergestellten Produkte oder Dienstleistungen bezeichnet.

zusätzlichen Redaktionskosten im Zusammenhang mit der Herstellung eines E-Papers ergänzend zu einer Printausgabe um Inkrementalkosten.

Finden in den Medienunternehmen also Verbundproduktionen statt, ist die Kostenentwicklung weniger stark ausgeprägt als in Stand-alone-Produktionen. Hier liegt ein Grund mehr, analoge Produkte auch als Digitalvariante zu produzieren. Die Kostensteigerung ist immer unterproportional. Das heißt, dass die Herstellung einer weiteren Produktvariante wesentlich kostengünstiger ist als die erste (vgl. Economies of Scope oder Economies of Experience in Kapitel 3.7.2).

Die Kostenverläufe in der Produktion von Mediengütern lassen die Märkte konzentrieren. Große Unternehmen haben eindeutig kleineren gegenüber strategische Vorteile am Markt.

7.2.2 Kostenstrukturen als marktbeeinflussende Kriterien

Kosten können auch dahingehend differenziert werden, welche Strukturen sie annehmen. In diesem Fall wird hinterfragt, ob beispielsweise die fixen Kosten oder die variablen Kosten dominant sind oder wie die Anteile einzelner Kostenbereiche bzw. Kostenblöcke an den Gesamtkosten verteilt sind.

Beispiele für die Kostenstrukturen in den einzelnen Mediengattungen sind in Kapitel 6 dargestellt worden. In den Mediengattungen zeigt sich deutlich, dass die First Copy Costs als Kostenblock – bestehend aus Herstellung des Masters, den zugehörigen Marketing- sowie den direkt mit der Urproduktion verbundenen Verwaltungskosten – eine Größenordnung einnehmen, die zwischen einen Drittel und der Hälfte der Gesamtkosten ausmachen, wenn materielle Medienträger hergestellt werden. Weitere Kostenblöcke stellen hier die Vervielfältigung und die Distribution dar. Im Bereich rein digitaler Dienstleistungen steigen die First Copy Costs auf bis zu 80 Prozent der Gesamtkosten, weil die die Vervielfältigungskosten gänzlich entfallen und die Distributionskosten drastisch sinken, wenn die technische Infrastruktur erst einmal eingerichtet ist.

Diese Zusammenhänge sind für Medienunternehmen von besonderer Bedeutung, weil die First Copy Costs irreversibel sind. Sie stellen Sunk Costs (versunkene Kosten) dar (vgl. Kapitel 3.7) und verkörpern einen Großteil des finanziellen Risikos, das Medienunternehmen eingehen, wenn sie am Markt aktiv sind. Technische Anlagen können abgebaut und am Markt veräußert werden. In die First Copy investierte Gelder sind extrem verwendungsspezifisch und können nicht rückgängig gemacht werden. Sie sind verloren, wenn das Projekt floppt.

Zusammenfassend kann festgestellt werden, dass die Medienproduktion zwar mit sehr hohen Fixkosten für die Urproduktion belastet ist, ansonsten aber deutlich von Kostenvorteilen in der Vervielfältigung und Verteilung sowie der Verbundproduktion geprägt ist. Sowohl die produktionsmengentechnischen Kostenverläufe als auch die unternehmerischen Kostenstrukturen protegieren große Unternehmen. Aus diesem Grund ist die zunehmende Oligopolisierung der Medienmärkte nicht verwunderlich.

In der volkswirtschaftlichen Literatur wird ein Markt, in denen diese Bedingungen vorherrschen und Konzentrationsprozesse automatisch initiiert werden, „natürliches Monopol" genannt. Herrschen natürliche Monopolbedingungen vor, kann ein Hersteller Güter kostengünstiger herstellen als es zwei oder mehr Anbieter tun könnten. Die Ökonomie spricht von der Subadditivität der Kosten. Auf Dauer wird nur ein Marktteilnehmer überleben, wenn der Markt sich selbst überlassen wird. (Vgl. Heinrich 2001: 56)

Fragen zu Kapitel 7.2 ?

1. Inwiefern wirken sich die Kostenverläufe auf Medienunternehmen und Marktstrukturen aus?
2. Inwiefern wirken sich Kostenstrukturen auf Medienunternehmen und Marktstrukturen aus?

7.3 Der Einfluss von Netzwerkeffekten

Eine herausragende ökonomische Besonderheit der Medienindustrie ist, dass der Wert der Produkte, die von den Medienunternehmen bereitgestellt werden, in der Regel mit ihrer Verbreitung steigt und dass verschiedene Märkte darüber hinaus miteinander verknüpft sind. Dies ist durchaus außergewöhnlich, denn üblicherweise steigt der Wert eines Gutes nicht mit seiner Verbreitung, sondern durch seine zunehmende Knappheit. Und auch die Verknüpfung von verschiedenen Märkten durch Produkte ist durchaus nicht üblich. Beide Phänomene werden im Folgenden erläutert.

7.3.1 Direkte Netzwerkeffekte als marktbeeinflussende Kriterien

Wer sich eine Brille, ein Bücherregal oder einen Schreibtisch kauft, zieht seinen Nutzen aus dem Gegenstand selbst und nicht daraus, wie viele andere Menschen solche Gegenstände nutzen. Der Nutzen beispielsweise der Brille ist nicht davon abhängig, ob noch andere Menschen Brillen nutzen. Wer hingegen in einem sozialen Netzwerk aktiv ist, ist darauf angewiesen, dass das Netzwerk auch von anderen genutzt wird. Je größer das Netzwerk ist, desto wertvoller ist es für den einzelnen Teilnehmer. Auch steigt der Wert des Blu-Ray-Standards beispielsweise dadurch, dass sich viele Videonutzer für diese technische Variante und nicht für den HD-DVD-Standard entscheiden. Je mehr Käufer sich für das gleiche System entscheiden, desto größer ist die Anzahl der Tauschmöglichkeiten für die Besitzer.

In beiden Fällen entstehen im Unterschied zur Gemeinschaft der Bücherregalbesitzer Netzwerkeffekte, die direkt mit der Menge der Nutzer verbunden sind. Will sich jemand einen Schreibtisch kaufen, ist es für ihn nicht interessant zu wissen, wie viele andere ebenfalls einen Schreibtisch nutzen. Wer hingegen vor der Entscheidung steht, ob der sich die eine oder andere Spielekonsole, für den einen oder anderen elektronischen Marktplatz oder dieses oder jenes technische Darstellungsgerät bzw. eine Software entscheiden soll, wird die Variante mit der größeren Kundenbasis wählen. Der erwartete Nutzen ist abhängig von der Anzahl der Nutzer. Es handelt sich um ein Netzwerkgut.

Für den Anbieter von Netzwerkgütern wird es entscheidend, möglichst schnell ein Netzwerk aufzubauen, das so viele Konsumenten wie möglich überzeugt. Es entstehen direkte Netzwerkeffekte.

Merke:

Direkte Netzwerkeffekte liegen dann vor, wenn eine Vergrößerung des Netzwerkes unmittelbar positive (oder negative) Auswirkungen für alle bisherigen Netzwerkteilnehmer hat.

Demzufolge ist der Produktnutzen für einen Konsumenten abhängig von der gesamten Nutzerzahl (vgl. Telefonnetz, Soziale Netze, Softwarelösungen etc.). Die Größe des Netzwerkes stellt einen Wettbewerbsvorteil für den Betreiber dar. (Vgl. Clement und Schreiber 2013: 54 f.)

Das Netzwerkunternehmen steht somit vor dem Problem, Konsumenten vom Netzwerknutzen zu überzeugen und möglichst schnell eine kritische Masse an Teilnehmern aufzubauen. Ist die kritische Masse erreicht, werden sich immer mehr Konsumenten für den Kauf oder die Teilnahme entscheiden. Das Produkt oder die Dienstleistung wird zum Selbstläufer. Es handelt sich um einen sich selbstverstärkenden Prozess. Wird die erforderliche kritische Masse nicht erreicht oder wieder unterschritten, wird das Angebot vom Markt verschwinden. So ist es beispielweise den VZ-Netzwerken passiert als Facebook seinen Siegeszug antrat.

Um in der Anfangsphase möglichst viele Konsumenten anzulocken, kann das Unternehmen verschiedene Strategien verfolgen. Ein Konsolenanbieter kann beispielsweise ausgewählte Spiele vergünstigt anbieten oder sogar verschenken. Oft wählen Unternehmen auch eine dynamische Preisstrategie, um Leistungen für Konsumenten interessant zu machen: Zuerst wird der Preis geringgehalten, um möglichst viele Nachfrager anzulocken und später, wenn viele Konsumenten das Produkt nutzen und das Produkt an Attraktivität gewonnen hat, wird der Preis angehoben. Diese Strategie wird als Penetrationsstrategie in der Preispolitik bezeichnet. „Das Unternehmen subventioniert die ersten Käufer, um so ein Netzwerk aufzubauen. Später kann die höhere Zahlungsbereitschaft aufgrund der höheren Netzeffekte, dann durch höhere Preise abgeschöpft werden“ (Dewenter und Rösch 2015: Kap. 2.4.1).

Märkte mit Netzeffekten sind in der Regel hoch konzentriert, d. h. es werden nur Unternehmen überleben, die große Netzwerke bilden können. Die Existenz großer

Netzwerke bildet wiederum eine hohe Markteintrittsbarriere für Unternehmen, die diesen Markt betreten wollen. Damit wird die Netzwerkgröße zum absoluten Erfolgsfaktor. Schlussendlich wird in einem freien Wettbewerbsgefüge nur ein Unternehmen am Markt überleben.

Solche Märkte werden als ***tippy*** bezeichnet. Ein Markt ist *tippy*, wenn nur einer von mehreren Konkurrenten es schafft, die kritische Masse zu erreichen, und sich dadurch durchsetzt. Märkte, die *tippy* sind, sind gleichzeitig **Winner-takes-it-all-Märkte** bzw. Loser-gets-nothing-Märkte (vgl. Shapiro und Varian 1999: 175 f.).

7.3.2 Indirekte Netzwerkeffekte als marktbeeinflussende Kriterien

Während direkte Netzwerkeffekte darauf basieren, dass eine Vergrößerung des Netzwerkes unmittelbar den Nutzen für die Teilnehmer beeinflusst, entstehen indirekte Netzwerkeffekte dadurch, dass der Nutzen eines Netzwerkes von der Größe eines anderen Netzwerkes abhängt. So bedingt die Anzahl der verkauften PCs oder Apple-Computer die Anzahl der am Markt angebotenen Softwaren für die Systeme. Gleiches gilt für die Spielekonsolen und die Anzahl der kompatiblen Spiele. Da elektronische Informationsgüter immer eines Ausgabegerätes bedürfen, entstehen immer auch indirekte Netzwerkeffekte. Die Nutzenniveaus der komplementären Netzwerke bzw. ihrer Güter sind interdependent. „Je mehr Filme im Blu-ray Format angeboten werden, desto mehr Konsumenten werden sich Player zulegen, die dieses Format abspielen können. Je mehr solche Player im Markt sind, desto größer wird das Filmangebot im Blu-ray-Format sein.“ (Clement und Schreiber 2013: 129)

Merke: !

Indirekte Netzwerkeffekte liegen dann vor, wenn der Nutzen eines Gutes nicht direkt auf das Produkt zurückzuführen ist, sondern auf die Nutzung darauf basierender Anwendungen bzw. komplementärer Produkte, die gemeinsam nachgefragt werden.

Eine spezielle Form indirekter Netzwerkeffekte liegt vor, wenn die verbundenen Netzwerke über eine **Plattform** bzw. einen **Intermediär** koordiniert werden. Plattformen koordinieren immer zweiseitige Märkte (vgl. Kapitel 6). Beispiele für solche Plattformen sind werbefinanzierte Medienmärkte, Märkte für Softwareprodukte, Dating-Börsen, Einkaufszentren etc. Den Plattformbetreibern (Intermediären) kommt dabei die Aufgabe zu, die beiden Märkte miteinander zu verbinden. Das Ziel der Intermediäre liegt darin, die Bedingungen beider Märkte so zu verknüpfen, dass alle Marktteilnehmer einen höchstmöglichen relativen Nutzen durch die Verknüpfung erreichen. Der Intermediär wiederum profitiert dann von den indirekten Netzwerkeffekten, wenn die positiven Netzwerkeffekte in der Summe überwiegen.

Medienunternehmen als Intermediäre

Die Zweiseitigkeit von Medienmärkten und die Rolle des Medienunternehmens als Intermediär kann besonders gut am Beispiel mindestens zum Teil werbefinanzierter Medien verdeutlicht werden. Prominente Beispiele sind der private Rundfunkmarkt oder der Zeitungs- und Zeitschriftenmarkt.

Auf dem **Werbemarkt** stellen werbungtreibende Unternehmen Produktinformationen zur Verfügung, die geeignet sind, Konsumenten von den Vorteilen der beworbenen Produkte zu überzeugen und den Abverkauf zu fördern. Die Konsumenten nehmen die Informationen zur Kenntnis und kaufen (eventuell) die beworbenen Produkte.

Auf dem Markt für redaktionelle Inhalte stellen Medieninhalteproduzenten Informationsbündel zur Verfügung, die geeignet sind, die Rezipienten zu informieren, zu bilden oder zu unterhalten. Die Bürger suchen sie interessierende Inhalte und rezipieren sie.

Auf dem **Inhaltemarkt** wird also redaktioneller Content gehandelt. Auf dem Werbemarkt werden die Abbildung und der Transport von Werbebotschaften gehandelt. Beide Märkte funktionieren unabhängig voneinander. Das belegen z. B. der Büchermarkt als reiner Inhaltemarkt und der Out-of-Home Media-Markt (Plakate etc.) als Werbemarkt.

Auf beiden Märkten ist die Reichweite (= erreichte Personen) ein Engpassfaktor. Sowohl die werbetreibenden Unternehmen als auch die Inhalteproduzenten wollen möglichst viele Konsumenten erreichen. Aber kein Konsumgüterhersteller, Filmproduzent oder Journalist könnte eine große Menge an Zielgruppenhaushalten kosteneffizient mit seinen Informationen versorgen. Verstärkt wird das Problem durch den zweiten Engpassfaktor in der Informationsversorgung: der in der Regel geringen Aufmerksamkeit der Konsumenten. Denn selbst wenn die Informationen für den Konsumenten erreichbar gemacht wurden, ist längst noch nicht gewährleistet, dass sie auch die Aufmerksamkeit der potenziellen Empfänger genießen. Die Aufmerksamkeit bzw. die Reaktanz[3] gegenüber der Werbung steigt bzw. sinkt in einem passenden Themenumfeld.

Nun kommen die Verlage und Rundfunkanstalten als **Intermediäre** ins Spiel. Da sie bereits ein Distributionsnetz aufgebaut haben und Inhalte so bündeln, dass sie auf eine bestimmte Zielgruppe abgestimmt sind, bieten sie den Produzenten von redaktionellen Inhalten und den Werbetreibenden ein Umfeld attraktiver Inhalte mit großer Reichweite für passende Themen und Werbebotschaften. Die Inhalte werden auf dem passenden Beschaffungsmarkt eingekauft.

Auf der anderen Seite bieten die Plattformen (Zeitung, Zeitschrift, TV-Programm etc.) den Werbetreibenden Zugang zu den eigenen Zielgruppen an und erhalten im Gegenzug ein Entgelt für den bereitgestellten Werberaum bzw. die Werbezeit.

---

3 Unter Reaktanz versteht die Psychologie die Motivation zu komplexen Abwehrreaktion, die als Widerstand gegen äußere oder innere Einschränkungen aufgefasst werden kann. Reaktanz wird durch psychischen Druck (z. B. Nötigung oder Drohungen) oder die Einschränkung von Freiheitsspielräumen (z. B. Verbote) ausgelöst. Sie ähnelt dem Trotzverhalten. (Vgl. Dickenberger, Gniech und Grabitz 2002).

Nun werden Werbebotschaften und passende redaktionelle Inhalte gebündelt und auf dem Rezipientenmarkt abgesetzt. Wenn es sich in dem Medium um ein privates Gut oder ein Club-Gut handelt, erhalten die Intermediäre zusätzlich noch ein Entgelt von den Rezipienten. Handelt es sich um ein im weitesten Sinne öffentliches Gut (z. B. frei empfangbares RF-Programm, Internetportalinhalte), müssen die Werbeeinnahmen ausreichen, die Leistungserstellung und -verbreitung zu finanzieren. In diesem Fall zahlen die Konsumenten ausschließlich mit ihrer Zeit bzw. bestenfalls mit ihrer Aufmerksamkeit.

Der Intermediär verbindet die beiden Märkte und vereint den Werbemarkt und den Inhaltebeschaffungsmarkt im **Rezipientenmarkt**, der damit zum zweiseitigen Inhalteabsatzmarkt wird (vgl. Dreiskämper 2016: 31 und Abb. 7.1). Die Zeitungs-, Zeitschriften-, Rundfunkmärkte und in weiten Teilen viele Internetmärkte (z. B. Nachrichten- oder E-Paper-Portale) funktionieren erst durch die Verbindung von Werbe- und Inhaltemarkt wirklich gewinnbringend. Wie stark die beiden Märkte miteinander verbunden sind und von welchem Markt aus die stärkere Wirkung ausgeht, muss im Einzelnen geprüft werden.

Die Werbung kann für die Rezipienten eine sinnvolle Informationsquelle sein; insbesondere dann, wenn sie zielgruppenspezifisch platziert ist. In diesem Fall wäre der Nutzen der Werbebotschaften auf den Gesamtmedieninhalt positiv. Werbung kann aber auch störend wirken. Dann würde eine Zunahme an Werbeinhalten den Nutzen des Informationsbündels senken. Wäre der Konsument der Werbung gegenüber indifferent, verliert der Markt seine Zweiseitigkeit. Auf der anderen Seite profitieren die Werbetreibenden von einer steigenden Anzahl an Rezipienten. Je mehr (werberelevante) Rezipienten das Medium nutzen, desto größer ist der Anreiz für die Unternehmen, in dem Medium Werbung zu schalten.

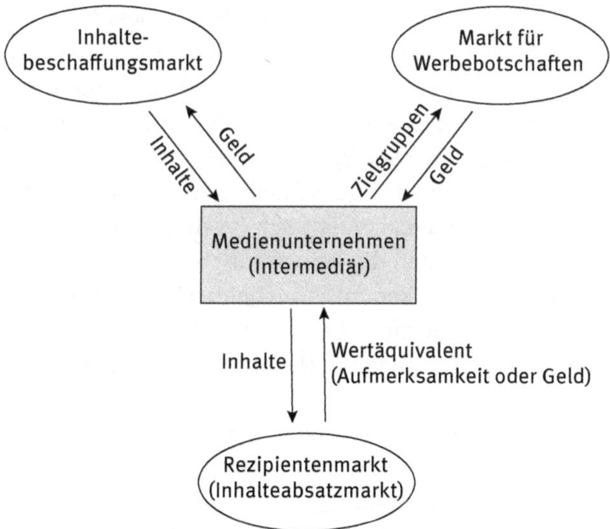

Abb. 7.1: Interdependenz zweiseitiger Medienmärkte (Rezipientenmarkt/Inhalteabsatzmarkt)

Die Fragen, die sich die Intermediäre stellen müssen, lauten:

- *Wie viel Werbung verträgt das Medium bevor der Nutzenzuwachs für den Konsumenten negativ wird?*

Grundsätzlich kann davon ausgegangen werden, dass der Grenznutzen zusätzlicher Werbung für die Rezipienten auf dem Inhalteabsatzmarkt sinkt, aber welchen konkreten Verlauf der Grenznutzen für den einzelnen Leser, Zuschauer, Hörer etc. annimmt, ist sicherlich individuell unterschiedlich. Ebenso grundsätzlich kann davon ausgegangen werden, dass der Nutzen für die Werbetreibenden mit der Reichweite des Mediums steigt. Ob der Grenznutzen über- oder unterproportional verläuft, ist abhängig von der Zielgruppe und ihren Interessen, der Art der Werbung und der Nützlichkeit der Werbung.

- *Von welchem Markt gehen die stärkeren Effekte aus?*

Wie stark wirkt sich die Werbemenge auf die Reichweite aus und wie stark wirkt sich der Copyabsatz auf die Werbeattraktivität für die Wirtschaftsunternehmen aus? Grundsätzlich gilt: Die Marktseite mit den schwächeren Netzeffekten subventioniert die Marktseite mit den stärkeren Netzeffekten (vgl. Haucap und Wenzel 2011).

- *Welcher Preis ist auf beiden Märkten zu setzen und wie groß muss die Reichweite sein, damit der Profit maximiert wird?*

Hinsichtlich der Preissetzung ist die Preiselastizität der Nachfrage (vgl. Kapitel 9.1.6) und die Höhe der Grenzkosten zu beachten. Preiserhöhungen am Rezipientenmarkt führen zu einer Reduktion der Reichweite und damit auch zu einer Schrumpfung des Anzeigenkundenkreises (et vice versa). Die Ausweitung der Reichweite verursacht hingegen nur geringe oder gar keine Kosten, erhöht aber die Attraktivität des Mediums auf dem Werbemarkt und damit die Preisbereitschaft der Werbekunden.

„Typisch für zweiseitige Märkte ist eine asymmetrische Preisgestaltung. Wenn also Werbekunden aus einer hohen Auflage einen größeren Nutzen ziehen als Leser aus einem großen Anzeigenvolumen, d. h. ein relativ stärkerer Netzeffekt vom Lesermarkt ausgeht, so würde daraus ein tendenziell geringer Preis für Leser und ein höherer Preis für Anzeigenkunden resultieren." (Clement und Schreiber 2013: 154) So kann die Gratisabgabe der Inhalte an die Rezipienten als Ausgleich für den Negativnutzen von Werbung interpretiert werden, da ansonsten die Reichweite sinken wird. Soweit beide Nutzeneffekte gegenseitig positiv wirken, kommt es auf beiden Märkten zu einer Zunahme des Nutzens (vgl. Dewenter und Haucap 2008: 6). Abbildung 7.2 (in Anlehnung an Gieseking 2009: 41) zeigt die Möglichkeiten der Nutzensteigerung auf beiden Märkten.

Die Grenzkosten spielen insofern eine Rolle für die Preissetzung, als dass sie kennzeichnen, wie die Kosten zunehmen, wenn die Reichweite um eine Einheit erhöht wird bzw. ein zusätzlicher Werbeplatz erstellt werden muss. Da sie in beiden Fällen sehr ge-

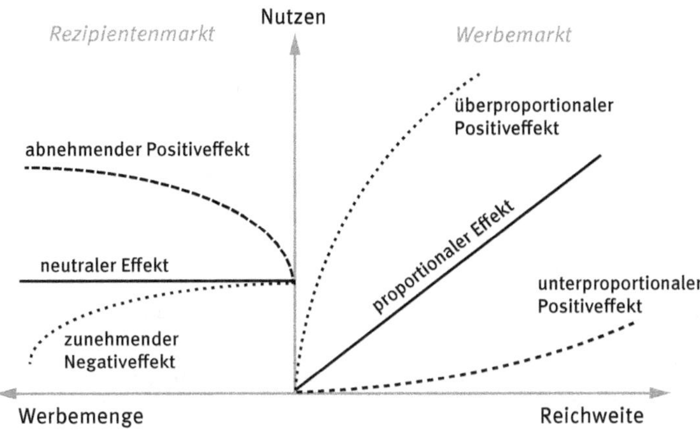

Abb. 7.2: Indirekte Netzwerkeffekte auf zweiseitigen Märkten

ring sind (sogar null sein können), ist es aus Kostensicht rational, beide Mengen zu maximieren.

Die Preiselastizität zu berücksichtigen ist insofern relevant, als dass davon auszugehen ist, dass die Preiselastizität der Nachfrage am Rezipientenmarkt höher ist als auf der Werbemarktseite. „Zum einen gibt es mehrere konkurrierende Angebote, zum anderen können Kunden bei einer Preiserhöhung schnell zu anderen Anbietern wechseln" (Clement und Schreiber 2013: 156).

Wie sich der grundsätzliche **Wirkungszusammenhang** zwischen dem Rezipientenmarkt und dem Werbemarkt dem Intermediär zeigt, kann anhand der Auflagen-Anzeigen-Spirale im Printmedienbereich bzw. der Quoten-Spot-Spirale im Rundfunkbereich gezeigt werden (vgl. Abb. 7.3).

Ausgehend von einem Rezipientenmarkt, auf dem ein Medium (z. B. Zeitung oder TV-Film) mit einer bestimmten Qualität und darauf aufbauend einer bestimmten Reichweite angeboten wird, wird nun unterstellt, dass sich die Qualität (der Rezipientennutzen) und damit die Reichweite positiv verändert (vgl. linke Seite in Abb. 9.1 abgebildete Wirkungskette). Unternehmensintern sinken die Durchschnittskosten aufgrund der Kostendegression. Da sich zunächst der Preis für die Werbeanzeigen nicht ändert, sinkt der Preis pro erreichtem Konsumenten automatisch. In den klassischen Medien spricht die Mediaplanung vom sogenannten Tausend-Kontakt-Preis (TKP). Der TKP bezeichnet die Kosten, die aufgebracht werden müssen, um Tausend Kontakte mit der Werbeanzeige herstellen zu können.[4] Preissenkungen führen zur Nachfrageerhöhung.

4 Berechnet wird der TKP, indem die Schaltkosten für eine Anzeige oder einen Spot durch die Brutto-Reichweite dividiert wird. In Falle von Bruttoreichweitenwerten werden auch Mehrfachkontakte mit einer Person berücksichtigt. Das Ergebnis wird dann mit 1.000 multipliziert, um „handhabbare" Eurobeträge ausweisen zu können. Beispiel: Eine Anzeige kostet 20.000 Euro und erreicht durchschnittlich

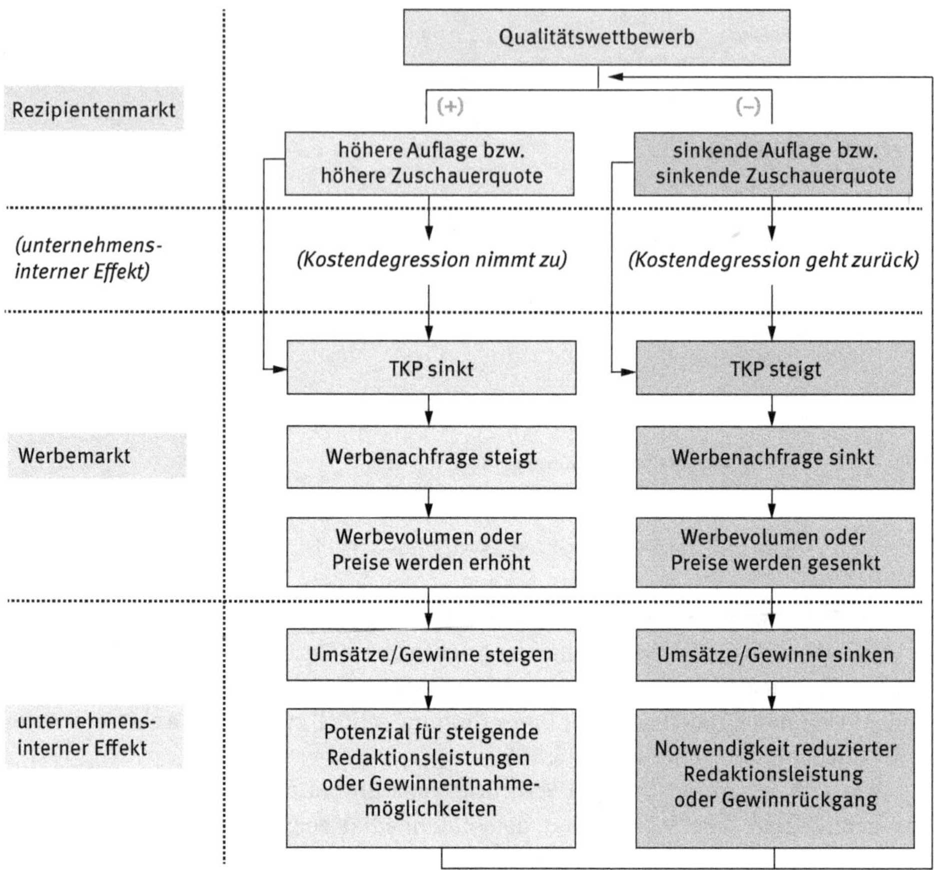

Abb. 7.3: Auflagen-Anzeigen- bzw. Quoten-Spot-Spirale (indirekte Netzwerkeffekte auf Medienmärkten)

Nun hat der Intermediär die Möglichkeit, entweder die Werbeanteile im Medium auszuweiten oder die Preise für die Werbeschaltung zu erhöhen, um die Nachfrage nach Werbeplätzen wieder zu reduzieren. Welche Maßnahme gewählt wird, hängt ab von der erwarteten Reaktion auf dem Rezipientenmarkt. Akzeptiert der Rezipient voraussichtlich die Volumenausweitung, wird der Werbeanteil erhöht. Ist das wahrscheinlich erträgliche Maß an Werbedichte erreicht, wird der Preis für die Werbung erhöht. Es wird immer die Alternative (oder Mischform) gewählt, die im Ergebnis zur Umsatzsteigerung führt. Die mit der Umsatzsteigerung einhergehenden Zusatzgewinne können nun in die Qualität des Mediums investiert werden, um eine Spiralwirkung zu erzielen (der Wirkungsprozess beginnt dann von vorn) oder der Intermediär ist

600.000 Kontakte. Damit liegt der TKP bei: (20.000/600.000) · 1.000 = 33,33 Euro. Steigt nun bei gleichem Anzeigenpreis die Bruttoreichweite auf 680.000, so sinkt der TKP auf 29,41 Euro.

mit den aktuellen Gegebenheiten zufrieden und nutzt die Zusatzgewinne in anderer Form.

Allerdings kann die Spirale auch einen Negativverlauf annehmen, wenn Qualität und Reichweite sinken (vgl. rechte Seite in Abb. 9.1). Damit verliert das Medium an Attraktivität für die Werbewirtschaft, weil der TKP steigt. Das Medium wird an Werbespendings verlieren.

Fragen zu Kapitel 7.3

1. Was sind Netzwerkeffekte und welcher Unterschied besteht zwischen direkten und indirekten Netzwerkeffekten. Definieren Sie und bilden Sie Beispiele.
2. Was ist ein Intermediär und welche Rolle spielt dieser im Zusammenhang mit Netzwerkeffekten?
3. Beschreiben Sie die Verbundenheit von Inhalte- und Werbemärkten.
4. Welche Fragestellungen sind für Intermediäre, die Inhalte- und Werbemärkte verbinden, aus ökonomischer Sicht relevant?
5. Beschreiben Sie den exakten Verlauf der Auflagen-Anzeigen-Spirale und begründen Sie anschließend, warum dieser Effekt einen Beleg für die Verbundenheit von Märkten darstellt.

7.4 Der Einfluss von Lock-in-Effekten

Die Kundenbindung ist eine entscheidende Größe für den Markterfolg von Unternehmen bzw. die Stabilität des eigenen Absatzmarktes. Gelingt es einem Unternehmen, seine Kunden an sich zu binden, ist die Wahrscheinlichkeit, wirtschaftlich erfolgreich zu sein wesentlich höher als wenn ein Unternehmen permanent um neue Kunden kämpfen muss.

Dieser Gedanke hat dazu geführt, dass das rein **transaktionskostenorientierte Marketing** zu einem **beziehungsorientierten Marketing** weiterentwickelt wurde. Rein transaktionskostenbezogen[5] ist das Marketing dann ausgerichtet, wenn es darauf abzielt, die Austauschkosten[6] zwischen Kunden und Anbieter so gering wie möglich zu halten. Dagegen ist das Marketing beziehungsorientiert aufgebaut, wenn das Leistungsangebot des Unternehmens aus der Produktleistung selbst plus weiterer kundenorientierter Wertqualitäten zusammengesetzt ist (vgl. Bruhn 2015:12). Solche Werte können in der Beziehung (Interaktion) begründet sein oder in Services etc. Im

5 Transaktionskosten sind die Kosten, die im Zusammenhang mit dem Gütertausch am Markt entstehen (z. B. Informationsbeschaffungskosten, Abwicklungskosten oder Kontrollkosten). Ronald Coase bezeichnet sie in seiner nobelpreisgekrönten Unternehmenstheorie als Marktbenutzungskosten (vgl. Coase 1937: 386 ff.).

6 Austauschkosten (= Transaktionskosten) sind beispielsweise Kosten der Verpackung, der Warenpräsentation, Werbekosten, Kosten der Verkaufsflächen etc. Discounter verfolgen hier beispielsweise eine ganz andere Philosophie als der gehobene Handel oder Hersteller von hochwertigen Markenprodukten.

ersten Fall erhält der Kunde ein Maximum an standardisierter Güterfunktionalität für den Gegenwert, den er anbietet („Discountprinzip"). Im zweiten Fall werden die Leistungen des Anbieters an den individuellen Kundenbedürfnissen ausgerichtet und eine intensive Bindung des Kunden an das Unternehmen angestrebt („Premiumprinzip"). Zu beiden Marketingverständnissen wird weiter hinten ausgeführt (vgl. „Marketing" in Kapitel 16).

Welche Marketingphilosophie erfolgversprechender ist, hängt ab von der Art der betrachteten Branche in Zusammenhang mit den Leistungstypen, die auf den jeweiligen Märkten gehandelt werden. Hier werden Individual- von Standardleistungen unterschieden. Marktlich kann zwischen **Substitutionsmärkten** und **Differenzierungsmärkten** unterschieden werden (vgl. in Anlehnung an Jackson 1985: 122 f. zitiert nach Bruhn 2015: 17 f.).

Auf Substitutionsgütermärkten werden austauschbare Güter gehandelt und es ist eher einfach, alternative Angebote zu finden. Das Abhängigkeitsverhältnis zwischen den Vertragsparteien ist ehr schwach ausgeprägt. Märkte mit einer starken Leistungsdifferenzierung sind hingegen geprägt von Leistungsangeboten, die nicht leicht ausgetauscht werden können, weil sich die Güter bzw. die Güternutzen deutlicher unterscheiden. Ein Wechsel zu Wettbewerberangeboten gestaltet sich schwieriger und ist mit höheren Kosten für den Kunden behaftet.

Werden die Leistungstypen unterschieden, ergeben sich Standard- und Individualleistungen. Je austauschbarer die Leistungen sind, desto größer ist die Gefahr, dass Kunden abwandern. Je differenzierter das Angebot am Markt ist, desto weniger schnell werden Kunden zu potenziellen Wettbewerbern wechseln.

Die Systematik, hier anhand von Beispielen aus der Medien- bzw. mediennahen und digitalen Industrie konkretisiert, veranschaulicht Tab. 7.1.

Da Medienunternehmen und Unternehmen der Netzwerkindustrien immer auf eine größtmögliche Kundenanzahl abzielen und aus einer aggregierten Betrachtung auf keinen Kunden verzichten können, müssen auch die Leistungsanbieter beider Markttypen Kundenbindungsstrategien umsetzen. Es liegt aber nahe, dass diese Strategien nicht identischer Natur sein können. Der Grund liegt darin, dass Kundenbindung sehr teuer werden kann. Leistungsangebote auf Substitutionsgütermärkten müssen aber preiswert sein, um ein Abwandern der Kunden wegen zu hoher Preise zu verhindern.

Die Kundenbindung kann auf ganz unterschiedliche Arten hergestellt werden. In jedem Fall müssen Lock-in-Effekte, auch Wechselbarrieren genannt, (vgl. Tab. 7.2) generiert werden.

! **Merke:**

Lock-in-Effekte sind Gegebenheiten, die Kunden aufgrund von Wechselbarrieren an einen Anbieter binden. Diese Wechselbarrieren können faktischer Art oder psychologischer Art sein. Die Bindungsqualität der Wechselbarrieren ist höchst unterschiedlich.

Tab. 7.1: Markt-/Leistungstypen-Matrix und Relationship-Effekte

	Substitutionsgütermärkte	Märkte mit Leistungsdifferenzierung
Individualleistungen	individualisierte Text-, Grafik- und Programmierangebote	individuelle On-Demand-Angebote (personalisierte Newsletter; individuelle Printprodukte), Beratungsleistungen und sonstige Dienstleistungen; unternehmensindividuelle Sofwarelösungen etc.
Standardleistungen	Tageszeitungen, klassisches Rundfunkprogramm, Kinoveranstaltungen, Telekommunikationsangebote, etc.	Bücher, Zeitschriften, standardisierte On-Demand-Angebote (Newsletter, Musik, Videos, Games etc.), Standard-Softwarelösungen
Abhängigkeitsverhältnis zwischen Anbietern und Nachfragern	eher gering, kann aber künstlich ausgebaut werden	kann auf hohem Niveau stabilisiert werden
Kundenbindungscharakter	eher gering ausgeprägt	eher höher ausgeprägt
Kundenbindungsart	Indifferenz oder Gebundenheit	Gebundenheit oder Verbundenheit

Kundenbindung – gleichgültig, ob faktisch oder emotional – führt dazu, dass den Kunden ein Wechsel zu anderen Anbietern oder Produkten erschwert oder gar unmöglich gemacht wird. Die bei einem Wechsel auftretenden Hindernisse können vom Anbieter aktiv aufgebaut werden. Je höher das Hindernis, desto größer die Wechselkosten und damit das Risiko für den Kunden. Märkte die eine hohe Gebundenheit/Verbundenheit der Tauschpartner aufweisen sind innerhalb bestimmter Zeitspannen als stabil anzusehen. Kundenwechsel führen zur Vergrößerung des gewinnenden Netzwerkes und zur Schwächung des abnehmenden Netzwerkes.

Tab. 7.2: Wechselbarrieren auf Medienmärkten

Barrieren-Art	Beispiele	Bindungsart aus Sicht des Kunden
faktisch		
Investitionskosten	Suchkosten für die Recherche nach Alternativen; neue Güter (z. B. Technologien) kaufen müssen (z. B. für den Umstieg von PC- auf Appleprodukte); Anschlusskosten, Vertragsstrafen etc.	unfreiwillig (Gebundenheit)
Lernkosten	Kosten für den Lernaufwand zur Einarbeitung	unfreiwillig (Gebundenheit)
Verträge	vertragliche Bindung (zeit- oder mengenbasierte Laufzeiten)	unfreiwillig (Gebundenheit)

Tab. 7.2: (Fortsetzung)

Barrieren-Art	Beispiele	Bindungsart aus Sicht des Kunden
Technik/ Netzwerk	Systemwechsel; Standardprodukte vs. proprietäre Produkte (Konsolenmarkt, Softwaremarkt, E-Reader etc.), Abhängigkeit zu komplementären Produkten, Aufbau von Inkompatibilitäten	unfreiwillig (Gebundenheit)
pekuniäre Vorteile	Abonnementnachlässe, Rabatte, Kundenkartenvorteile, Gewinnspiele, Treuepunkte etc.	freiwillig (Verbundenheit)
Service-angebote	After-Sales-Services, Foren, Gratisleistungen, Garantien etc. oder Individualleistungen	freiwillig (Verbundenheit)
psychologisch		
Gewohnheit	Gewöhnungseffekte (Habitualisierung) durch dauerhaften oder wiederholten Gebrauch (Zeitung, Game, TV-Sendungen, Portale etc.), Bequemlichkeit; Suchtverhalten (z. B. Internet, Gaming)	freiwillig, aber nicht beabsichtigt (Gebundenheit)
Zufriedenheit	dauerhaft positive Wahrnehmung der Angebotsleistung (z. B. Vertrauen in ein Medium durch Erfahrung des Nutzers); Entwicklung von Präferenzen für Produkte/Marken	freiwillig (hohe Verbundenheit)
Erlebnis/ Kontakt	Identifikation mit der Erlebniswelt einer Marke, „Wir-Gefühl" in Gemeinschaften oder Clubs, Teilhabe an Inszenierungen (Events), Aufbau von persönlichen Beziehungen	freiwillig (hohe Verbundenheit)
Loyalität	innere Verpflichtetheit gegenüber einem Unternehmen/ einer Marke; hohe Identifikation mit den Zielen eines Medienunternehmens	freiwillig (sehr hohe Verbundenheit)

In Anlehnung an die Systematik in Tab. 7.2 können vier unterschiedliche **Kundentypen** identifiziert werden, wenn einerseits der Grad der Gebundenheit und andererseits der Grad der Verbundenheit als Maßstab gewählt wird (vgl. in Anlehnung an Plinke und Söllner 2017: 80 und Bruhn 2015: 98 Abb. 7.4). Als Gebundenheit wird dabei ein mehr oder weniger unfreiwilliger Bindungszustand innerhalb eines bestimmten Zeitraums bezeichnet. Verbundenheit hingegen zielt darauf ab, dass eine vom Kunden wahrgenommene Vorteilhaftigkeit der Beziehung dazu führt, diese Beziehung als nützlicher oder erfolgversprechender einzuordnen als die Nicht-Beziehung oder eine Beziehung zu anderen Unternehmen (vgl. Bruhn 2015: 98).

– Der Kundentyp **„zufrieden Gebundener"** ist einerseits an ein Unternehmen bzw. ein Leistungsangebot gebunden, andererseits aber auch freiwillig mit dem Partner verbunden. Er ist zufrieden mit dem Produkt, das er nutzt, aber eben auch z. B. technisch-funktional, emotional oder vertraglich „gefangen". Typische Beispiele könnten hier der Nutzer einer speziellen Anwendungssoftware sein oder ein Zeitungsabonnent oder ein Konsolen-Gamer.

- Der Kundentyp „**Fan**“ fühlt sich stark mit dem Angebot verbunden, schätzt die Leistung, ist aber nicht (oder nur in einem geringen Ausmaß) an das Angebot oder den Anbieter gebunden. Fans finden sich häufig im Umfeld emotional ausgerichteter und aktueller Lifestyle-Marken (vgl. Eggert 2001). Auch die begeisterten Nutzer einer Suchmaschine oder eines Informationsportals im Internet könnten hier verortet werden.
- Der Kundentyp „**Transaktionskunde**“ möchte keine (intensiven) Geschäftsbeziehungen eingehen oder aufrechterhalten. Er kauft ein bestimmtes Produkt, wenn er es benötigt und zwar dort, wo es am günstigsten angeboten wird oder er kauft spontan (Impulskauf). Solche Kunden finden sich vor allem im Umfeld der Abverkäufe von Zeitungs- oder Zeitschriftentiteln im Einzelhandel oder in Bahnhofsbuchhandlungen.
- Der Kundentyp „**Gefangener**“ ist dadurch charakterisiert, dass er eine Bindung eingegangen ist, weil es keine Alternativen gab oder gibt. Innerlich fühlt er sich ausgeliefert oder ausgebeutet (vgl. Tomczak et al. 2009). Dies umso stärker, wenn sich später Alternativen ergeben. „Solche Kunden lehnen sowohl die Intensivierung der Geschäftsbeziehung oder die Weiterempfehlung des Anbieters häufiger ab als verbundene Kunden“ (Bruhn 2015: 99 in Anlehnung an Eggert 2001). Beispielhaft könnten hier Softwarenutzer genannt werden, die keine Programmalternative finden oder bereits viel in eine bestimmte Software investiert haben und einen Wechsel aus ökonomischen oder vertraglichen Gründen nicht vollziehen können. Aber auch im Umfeld der Telekommunikation oder des Pay-Content (Abonnements) sind häufig „Gefangene“ zu finden.

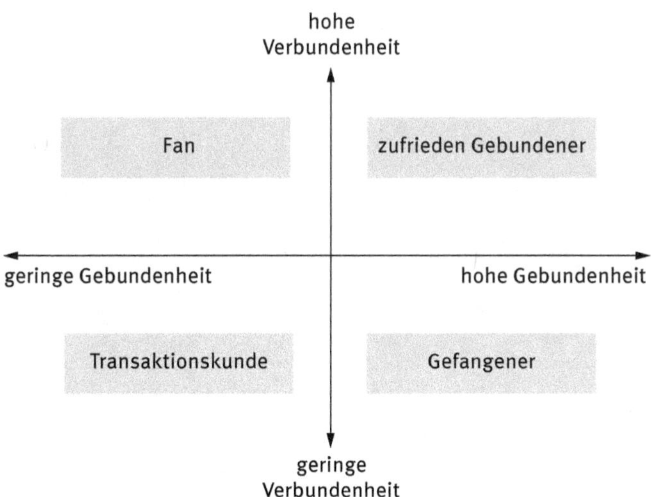

Abb. 7.4: Kundenbindungstypen

Allgemein gilt: Ohne Verbundenheit besteht die Kundenbindung nur so lange, wie die Wechselbarrieren dafür sorgen, dass die Wechselkosten höher sind als die Wechselnutzen; so lange also, „wie die vertraglichen, technisch-funktionalen oder ökonomischen Ursachen der Gebundenheit gegeben sind" (Bruhn 2015: 99).

Damit sollen die Betrachtungen der allgemeinen Bedingungen, die weitestgehend außerhalb des Betriebes angesiedelt sind und Einfluss auf die Medienunternehmen haben, abgeschlossen werden. Im Weiteren widmen sich die Ausführungen der Innenperspektive. Im Sinne der porter'schen Wertkette werden dabei zunächst übergeordnete (sekundäre) Betriebsfunktionen vorgestellt und dabei untersucht, welche Aufgaben den sekundären Betriebsfunktionen in Medienbetrieben zugeordnet werden.

?

Fragen zu Kapitel 7.4

1. Was sind Lock-in-Effekte und in welchem Zusammenhang spielen sie eine Rolle für Medienunternehmen?
2. Welche Leistungen eignen sich besser zur Kundenbindung: Standard- oder Individualleistungen? Begründen Sie.
3. Welche Wechselbarrieren kann ein Medienunternehmen aufbauen? Systematisieren Sie nach Barrieren-Art und Bindungsqualität.
4. Welche Kundenbindungstypen unterscheidet das Marketing? Beschreiben Sie auch die Charakteristika der einzelnen Typen.

Teil III: Selbstverständnis, Kennzahlen und Werkzeuge des Medienmanagements

8 Was bedeutet es, Medienunternehmen zu managen?

Wird von Unternehmen gesprochen, drängt sich ein Bild auf, das ein zur Außenwelt deutlich abgegrenztes, durch Arbeitsteilung und Spezialisierung geprägtes, mehr oder weniger stark integriertes System darstellt. Die Grenzen zur Außenwelt werden durch Bürogebäude, Produktionsstätten, Lager etc., aber auch durch Menschen und Prozesse definiert. Aus dieser Sicht sind Menschen entweder Mitarbeiter oder Außenstehende und Prozesse laufen intern ab oder führen nach außen.

Welche Kontakte ein solches System im Umfeld der Medienhersteller nach außen – z. B. zu den Zulieferer- und Absatzmärkten – pflegt, ist bereits in den vorstehenden Kapiteln dargestellt worden. Nunmehr geht es darum, die Innensicht eines Medienunternehmens zu beleuchten. Das allerdings ist nicht ganz so einfach, wie es zunächst den Anschein hat. Die Bedingungen, denen ein modernes Medienunternehmen ausgesetzt ist, haben sich tiefgreifend verändert. Die Wettbewerbsbedingungen sind von Innovationen, von der Internationalisierung, der Digitalisierung und den damit einhergehenden stark veränderten Arbeitsbedingungen geprägt. Eine klassische Abgrenzung von Unternehmen im Sinne von innen und außen, zugehörig und nicht zugehörig, ist zunehmend schwieriger geworden. Medienunternehmen arbeiten zum großen Teil in Netzwerken und bieten verstärkt auf elektronischen Märkten an. Damit verschwimmen die Grenzen.

Auch die maßgeblichen Wettbewerbsfaktoren für den globalen, wie auch den lokalen Wettbewerb heißen heute Flexibilität und Geschwindigkeit. Erst an zweiter Stelle stehen die klassischen Wettbewerbsfaktoren Kosten und Qualität (vgl. Picot et al. 2003: 2–12)

Damit wird die Information als zweckorientiertes Wissen (vgl. Wittmann 1959) und ihre zeitnahe Verfügbarkeit zum Engpassfaktor für die Unternehmensführung. Ideen müssen aussortiert oder verwirklicht werden, Gesamtaufgaben müssen zerlegt und einzelnen Aufgabenträgern zugeordnet werden, Betriebsfunktionen, Arbeitsschritte und Kooperationen müssen koordiniert und Interessenskonflikte gelöst werden (vgl. Picot et al. 2003: 25 f.). Diese Aufgaben und deren zielgerichtete Umsetzung fallen in den Kompetenzbereich der Unternehmensführung.

Grundsätzlich können die Begriffe Unternehmensführung und Management synonym verwendet werden. Im engeren Sinne bezeichnet aber der Begriff Unternehmensführung das System, in dem das Grundverständnis für das konkrete Managen ausgerichtet wird bzw. der Ordnungsrahmen der das Management mit Methoden und Werten ausgestattet. Damit gilt das **Management als übergeordnete Betriebsfunktion.** In diesem Sinne wird das Management auch als betriebliche Querschnittsfunktion bezeichnet.

https://doi.org/10.1515/9783110519587-008

Die Literatur ist mannigfaltig gefüllt mit Fachbüchern und Nachschlagewerken über das Thema Unternehmensführung bzw. Management von Unternehmen.[1] Dort werden zahlreiche unterschiedliche Theorien, Konzepte und Methoden vorgestellt und abgearbeitet.

In Bezug auf das Management von Medienunternehmen ist die Literatur zwar weniger stark vertreten, aber dennoch mehr als ausreichend stark aufgestellt, um die Besonderheiten des Medienmanagements im Kontext der allgemeinen Managementlehre zu beschreiben und zu problematisieren.[2] Eine vollständige Abbildung der medienwirtschaftlichen Managementkonzepte würde den Rahmen dieser Publikation mehr als deutlich sprengen, daher sollen hier nur grundsätzliche, auf das Wesentliche verkürzte Ausführungen angeboten werden. Vertiefende Darstellungen finden sich in der angegebenen Literatur.

8.1 Managementverständnisse in der Unternehmensführung

Grundsätzlich kann der Managementbegriff prozessual, funktional und institutionell erklärt werden. Die prozessuale Sicht fokussiert auf Abläufe in der Steuerung von Unternehmen. Die funktionale Sicht fokussiert auf Aufgaben in der Führung von Unternehmen. Die institutionelle Sicht fokussiert auf die Legitimation der Führungsgewalt.

8.1.1 Das prozessuale Verständnis von Management

Der Leistungsanspruch an die Unternehmensführung umfasst die Formulierung, Erreichung und Sicherung von unternehmerischen Zielen und Beziehungen. Aus Sicht der klassischen Prozessperspektive beinhaltet das Leistungsspektrum der Unternehmensführung damit folgende chronologisch geordnete Tätigkeiten (vgl. Steinmann und Schreyögg 2005):

- **Zielsetzung**: Formulierung konkreter und messbarer Ziele sowohl strategischer als auch operativer Natur, um den Betriebszweck zu erfüllen.
- **Planung und Organisation**: Gedankliche Vorwegnahme des zukünftigen Geschehens bzw. zukünftiger Zustände. Die Planung zeigt auf, auf welchen Wegen und mit welchen Mitteln die Ziele zu erreichen sind. Die Organisation umfasst den Personal- und Mitteleinsatz; auch im Hinblick auf die Zeitperspektive.

1 Exemplarisch kann hier u. a. auf die Literatur von Robbins et al. (2014), Wolf (2013), Hungenberg (2011), Macharzina und Wolf (2008), Steinmann und Schreyögg (2005), Bleicher (2004), Picot et al. (2003), Hinterhuber und Matzler (2002) verwiesen werden.

2 Insbesondere kann hier auf die Literatur von Gläser (2014) und Wirtz (2016) verwiesen werden. Das besonders zu empfehlende Werk von Gläser bietet hier eine kompakte Übersicht an (vgl. Gläser 2014: Teil A: 3–64).

- **Entscheidung**: Auswahl der Handlungsmöglichkeiten im Hinblick auf die Zielsetzung.
- **Durchführung**: Initiierung und Steuerung der Umsetzung des Geplanten in die betriebliche Praxis.
- **Kontrolle**: Permanenter Soll-Ist-Vergleich zwischen Gegebenem und zu Erreichendem.

Diese Prozessperspektive ist gut geeignet, die Steuerung von Wertschöpfungsprozessen zu analysieren und zu optimieren.

In diesem Sinne ist Management die systematische und rationale **Steuerung von Zielerreichungsprozessen**.

8.1.2 Das funktionale Verständnis von Management

Unternehmensführung im funktionalen Sinn steht für die konkrete Aufgabengestaltung und die damit verbundenen Aufgaben im Prozess der Leistungserstellung. Manager haben die Arbeiten anderer zu steuern und zu koordinieren. Das funktionale Verständnis sieht das Management als Leitungs- bzw. Steuerungsfunktion. Das heißt, das Management ist zuständig für die innerbetriebliche Koordination und den damit verbundenen Informationsfluss, die strategische und operative Planung, die Organisationsgestaltung, die Mitarbeiterführung und die Kontrolle des Geschehens (vgl. Wöhe und Döhring 2016. 177).

Die **Koordination** ist durch die Installierung eines Kommunikationssystems aufrecht zu halten. Zur Funktion **Planung** gehören die Festlegung der Ziele und Pläne, um Aktivitäten koordinieren zu können. Zur Funktion der **Organisation** gehört die Festsetzung dessen, wer was macht. Zur **Mitarbeiterführung** gehören die Motivation, die Führung und alle sonstigen Aktivitäten in Bezug zur Lenkung der Mitarbeiter. Zur **Kontrolle** gehört die formale Überprüfung des Geschehens.

Im modernen BWL-Verständnis werden diese Managementfunktionen im **Controlling** zusammengeführt. Das Controlling übernimmt den Aufbau eines umfassenden Informationssystems, das regelmäßig, strukturiert und komprimiert relevante Steuerungsinformationen zusammenstellt und zugriffsbereit hält und wird damit zu einer Teilfunktion der Unternehmensführung. Es versorgt das Management mit allen notwendigen Informationen und Werkzeugen, die dieses benötigt, um das Unternehmen kurz- und langfristig auf Kurs zu halten und dient damit der Überwachung von Aktivitäten zur Sicherstellung der effizienten Zielerreichung (vgl. Robbins et al. 2014: 27 f.).

Da die Maßstäbe hinsichtlich der Zielerreichung die Effektivität und hinsichtlich der Ressourceneinsätze die Effizienz der Maßnahmen sind, liefert das Controlling geeignete Kennzahlen, Kennzahlensysteme und komplexe Analyse- und Planungsinstrumente, mit denen die jeweiligen Zielparameter mess- und überprüfbar gemacht werden. Zu diesen Kennzahlen und Werkzeugen führen die Kapitel 9 und Kapitel 10 aus.

Im funktionalen Sinne ist das Management also eine **Querschnittsfunktion**, d. h. eine bereichsübergreifende (abteilungs- bzw. funktionsüberspannende) dispositive (anordnende, bestimmende) Lenkungsaufgabe, aus der sich alle anderen Kompetenzen (Planung, Organisation und Kontrolle) ableiten. Planung, Organisation und Kontrolle gelten somit als derivative Funktionen der Leitungs- bzw. Steuerungsfunktion.

8.1.3 Das institutionelle Verständnis von Management

Die Führung von Unternehmen im institutionellen Sinn stellt ab auf das Recht bzw. die Legitimation von Gremien oder Personen, Weisungsbefugnis auszuüben. Die gesetzlichen und anderen regulativen Rahmenbedingungen der Unternehmensführung sind in der Corporate Governance (deutsch: Grundsätze der Unternehmensführung) festgehalten. Ziel einer Corporate Governance ist es den wirtschaftlichen Gesamtnutzen aller Beteiligten (interne wie externe) zu verbessern und das Handeln von Menschen in einer Hierarchie (Unternehmung) nachhaltig zu lenken (vgl. Schoppen 2015 oder Welge und Eulerich 2014).

In diesem Sinne ist das Managen gleichzusetzen mit der **Übernahme von Fremdverantwortung**.

? **Fragen zu Kapitel 8.1**

1. Beschreiben Sie den Unterschied zwischen dem Verständnis von Management als Prozess und dem aus der funktionalen Sicht.
2. Was Bedeutet die Aussage, dass Management eine Querschnittsfunktion ist?
3. Wodurch sind Manager legitimiert, Unternehmen führen zu dürfen?

8.2 Unternehmensführung aus Sicht der Wissenschaftstheorie

Die Sicht auf die Unternehmensführung, d. h., die Auffassung, nach welchem Grundverständnis das Management ausgerichtet wird und mit welchen Methoden und Werten es ausgestattet wird, kann sehr unterschiedlich sein.

Kurz vorgestellt seien hier drei unterschiedliche Modellwelten: das klassisch ökonomische, das verhaltenswissenschaftliche und das politische Verständnis von Management. Je nachdem, nach welcher Auffassung das Management ausgerichtet wird, kann sich ein sehr unterschiedlicher Stil der Unternehmensführung zeigen. Damit verbunden sind auch immer deutliche Auswirkungen auf die Ausgestaltung des Betriebsalltags und welcher Anspruch an den eigenen Output in einem Medienunternehmen gelebt wird.

8.2.1 Management aus der klassischen ökonomischen Perspektive

Die ökonomische Theorie modelliert menschliches Verhalten in Situationen der Knappheit, das darauf ausgerichtet ist, die Knappheit bestmöglich zu überwinden. Dabei unterstellt sie, dass sich die Beteiligten rational verhalten. Dementsprechend versucht die BWL Methoden zu entwickeln und Handlungsanweisungen zu beschreiben, die Betriebe in die Lage versetzen, vernünftige Entscheidungen treffen zu können und Prozesse hinsichtlich der Zielerreichung zu optimieren. Die **Prozessorientierung** gehört dementsprechend zu den klassischen Managementansätzen der Wirtschaftstheorie, die ungebrochen auch heute noch Gültigkeit haben.

Ein zweiter ökonomischer Ansatz rekrutiert sich aus institutionenökonomischen Überlegungen. Diese beschäftigen sich mit der **Lösung wiederkehrender Interaktionsprobleme** und befassen sich „mit der Frage, welche Regelsysteme geeignet sind, erwünschte Interaktionen zu ermöglichen und unerwünschte zu unterbinden" (Homann und Suchanek 2005: 22).

Soll ein Betrieb (bzw. eine Kooperation) funktionieren, muss es Regeln geben, aus denen abgeleitet werden kann, welches Verhalten erlaubt, verboten oder angeraten ist. Ihr Sinn besteht darin, Interaktionen möglichst problemlos, zügig und kostengünstig durchführen zu können (vgl. Homann und Suchanek 2005: 21). Darüber hinaus wird das ökonomische Verhalten von Unternehmen und Menschen vorhersagbar, soweit sie sich an die Regeln halten. Dass sie sich wiederum an die Regeln halten, ist vernünftig, weil sich nicht an die Regeln zu halten, langfristig teurer ist, als sich daran zu halten.

Dementsprechend ist das Management ein **Regelwerk** (eine Institution), das individuelles Verhalten abstimmt und arbeitsteilig verbundene Mitarbeiter veranlasst, gemeinsam Ziele zu verfolgen und Einzelinteressen hinten an zu stellen. Darüber hinaus definiert das Management die Regeln, nach denen sich die Individuen richten müssen [inklusive der positiven wie auch negativen Sanktionen bei (Nicht-)Beachtung]. Die hier vertretenen Führungsstile sind eher autoritär ausgerichtet oder basieren auf einer bürokratischen Herrschaftslegitimation.

8.2.2 Management aus Sicht der Verhaltenswissenschaft

Aus der verhaltenstheoretischen Sicht auf das Management verliert das reine prozessorientierte Denken an Relevanz. In den Mittelpunkt rückt hier der Mitarbeiter als komplexes Wesen, dessen Beitrag zum System Unternehmen durch die Qualität seiner sozialen Beziehungen und seiner eigenen Zufriedenheit definiert wird. Er wird damit nicht mehr als „mechanischer Aufgabenerfüller" gesehen, sondern als Teil eines sozialen Systems, in dem Menschen freiwillig und auf der Basis von Anreizen kooperieren (vgl. Wolf 2013: 244 ff.). In der Literatur wird dieser Ansatz durch die Stichworte

„mitarbeiterorientierte Unternehmensführung“ und „kooperative Führungsstile“ vertreten. Die Geschäftsprozesse werden im Idealfall von leistungsfähigen und motivierten Mitarbeitern getragen. Der Mensch wird hierbei als **Humankapital** angesehen, dessen Output-Menge und Leistung durch Motivation und Befähigung optimiert werden sollen (vgl. Kamiske und Brauer 1995: 110).

Eine zweite Möglichkeit, verhaltenstheoretische Ansätze auszuformulieren, besteht in der entscheidungsorientierten Perspektive auf die Unternehmensführung. Hier geht es darum, die Zielvorstellungen des Entscheidungsträgers in einer Zielfunktion abzubilden und infolge auf mathematisch fundierte Weise die optimale Lösung zu finden. Die **Optimalität** ist dabei abhängig von der Sicherheits- bzw. Risikoeinschätzung der realen Situation und den jeweiligen Erwartungsparametern.

Eine einheitliche Theorie über das Verständnis von mitarbeiterorientierter Unternehmensführung existiert nicht. Vielmehr gibt es hier höchst unterschiedliche Interpretationen, die deutlich unterschiedliche Lösungsansätze haben, hier aber nicht weiter ausgeführt werden können (vgl. zur Übersicht: Gläser 2014: 22 f.).

8.2.3 Management aus Sicht des politiktheoretischen Verständnisses

Soweit eine Organisation als ein System verstanden wird, in dem Personen oder Gruppen Einfluss nehmen, um Forderungen und Ziele gestalten und durchsetzen zu können, stellen sich Fragen nach Macht und Interessen sowie dem Austarieren unterschiedlicher Einflussnahmen (vgl. Schubert und Klein 2011). In diesem Sinne rücken die Stakeholdergruppen mit ihren unterschiedlichen Einflusspotenzialen in den Fokus des Managements.

Der **Stakeholderansatz** ist für Medienunternehmen dann von besonderer Bedeutung, wenn der Output gesellschaftliche Relevanz hat. Dies ist ganz deutlich der Fall, wenn es sich im Output um journalistische Berichterstattungen handelt und weniger bedeutend, wenn eher unterhaltende Güter mit überwiegend individuellem Nutzen hergestellt werden.

Fragen zu Kapitel 8.2

1. Was versteht die Ökonomie unter einer Institution?
2. Worin bestehen die Unterschiede zwischen der verhaltenswissenschaftlichen und der polittheoretischen Sicht auf das Management?

8.3 Unternehmensführung aus konzeptioneller Sicht

Als bedeutende Stakeholdergruppen eines Medienunternehmens können insbesondere die Kunden, die Mitarbeiter, die Anteilseigner und die Gesellschaft identifiziert werden. Dementsprechend haben sich unterschiedliche Unternehmensführungskonzeptionen herausgebildet, die einmal die eine, einmal die andere Stakeholdergruppe in den Fokus der Unternehmensausrichtung setzt oder versucht, zwischen ihnen auszutarieren. Als integrierte Gesamtkonzeptionen haben sich fünf Positionierungen ausgebildet, die das Spektrum möglicher Medienmanagement-Konzeptionen abbilden (vgl. Gläser 2014: 24 ff. und 924 ff.):

- **(Absatz-)Marktorientierte Unternehmensführung**: Im Vordergrund steht die Gestaltung der Kundenbeziehung. Die Begründung ist darin zu suchen, dass ein kundenorientiertes Leistungsangebot am besten geeignet ist, Kundenzufriedenheit zu generieren und das Überleben des Unternehmens zu sichern. Die konzeptionelle Lösung wäre das Customer-Relationship-Management und die damit verbundene Schaffung eines „komparativen Konkurrenzvorteils" (Wagner 1998:90). In diesem Verständnis steht die Unternehmensführung unter dem Primat des Marketings.
- **Mitarbeiterorientierte Unternehmensführung**: Die Beziehungen zu den eigenen Mitarbeitern haben Priorität. Die Begründung ist darin zu suchen, dass zufriedene Mitarbeiter leistungsstärker und leistungsbereiter sind. Die konzeptionelle Lösung wäre das Human-Relationship-Management. In Verbindung mit einer besonderen Berücksichtigung des Kostenmanagements spricht die Literatur auch von einer ressourcenorientierten Unternehmensführung.
- **Anteilseignerorientierte Unternehmensführung**: Die Zielsetzungen der Eigentümer stehen im Fokus des Managements. Die Begründung ist darin zu suchen, dass Anteilseigner das Risiko tragen, dementsprechend die Entscheidungsgewalt innehaben und Auftraggeber des Managements sind. Die konzeptionelle Lösung wäre das Shareholder-Value- bzw. Investor-Relationship-Management. In der Literatur wird dieser Shareholder-Value-Ansatz auch als wertorientierte Unternehmensführung diskutiert.
- **Politikorientierte Unternehmensführung**: Alle Stakeholdergruppen werden gleichermaßen berücksichtigt und ein bestmöglicher Interessensausgleich gesucht. Die Begründung ist darin zu suchen, dass es willkürlich sei, einer einzelnen Gruppe den Primat für die Unternehmensausrichtung zuzuschreiben. Die konzeptionelle Lösung wäre das Stakeholder-Value-Management.
- **Gesellschaftsorientierte Unternehmensführung**: Die Beziehung zur Öffentlichkeit wird als besonders relevant herausgestellt. Dies trifft weitgehend nur auf Non-Profit-Organisationen zu sowie auf die wenigen Unternehmen, die sich in besonderer Form gesellschaftlich oder sozial verantwortlich ausrichten. Die konzeptionelle Lösung wäre das Public-Relationship-Management.

Insbesondere die journalistisch ausgerichteten Qualitätsmedien werden eher in die Nähe der gesellschaftsorientierten Organisationen einzuordnen sein. Bleicher unterscheidet hier allerdings zwischen fallweise opportunistisch ausgerichteten Unternehmen und Unternehmen, die einer gesellschaftlich verankerten Verpflichtungspolitik folgen (vgl. Bleicher 2004: 174 ff.). Die eher der Unterhaltung dienenden Güterproduzenten der Musik-, Game- und Boulevardindustrie etc. fahren in der Regel eine Mischung aus absatz- und anteilseignerorientierter Unternehmensführung. Beide Konzepte ergänzen sich langfristig sehr gut, da beide deutlich auf Renditeerzielung ausgerichtet sind.

?

Frage zu Kapitel 8.3

1. Ausgehend von den in Kapitel 8.3 vorgestellten Ansprüchen an das Management: Welche der Konzeptionen hat aus Ihrer Sicht Priorität. Begründen Sie aus ihrer persönlichen Sicht.

8.4 Management aus der Kompetenzperspektive

Um führen zu können, bedarf es verschiedener Fähigkeiten. Es müssen Menschen angeleitet und deren Handeln auf Ziele ausgerichtet werden. Es müssen Arbeitsabläufe strukturiert und koordiniert werden. Es müssen Netzwerke aufgebaut und bedient werden. Es müssen Situationen analysiert und bewertet werden. Es müssen Ziele definiert, Entscheidungen getroffen und Strategien entwickelt werden etc. Entsprechend der Aufgabenvielfalt werden drei verschiedene, ineinandergreifende Kompetenzbereiche unterschieden (vgl. Robbins et al 2014: 31 f.):

- **Fachliche Kompetenzen**: Die Fähigkeit, mit fachbezogenem Wissen und Kenntnissen Arbeitsaufgaben korrekt und effizient zu erledigen.
- **Soziale Kompetenzen**: Die Fähigkeit, mit Einzelpersonen und Gruppen von Menschen gut zusammenarbeiten zu können, sie zu motivieren, zu führen und deren Vertrauen zu gewinnen.
- **Konzeptionelle Kompetenzen**: Die Fähigkeit, abstrakte und komplexe Situationen gedanklich zu erfassen, zu verstehen und zielgerichtet zu analysieren.

Diese drei **Kompetenzbündel** sind auf unterschiedlichen Handlungs- und Entscheidungsebenen unterschiedlich relevant und gewichtet. Während die fachlichen Fähigkeiten auf der untersten Führungsebene ausschlaggebend sind, werden die interpersonellen Fähigkeiten insbesondere auf der mittleren Ebene verlangt. Die konzeptionellen Fähigkeiten zeichnen hingegen den Topmanager aus.

Manager zu sein, hat Vorteile. Manager sind in der Lage, die Arbeitsatmosphäre zu gestalten. Sie dürfen und müssen kreativ denken und sie sind für die Leistung der Organisation (mit-)verantwortlich. Dafür erhalten sie ein ansprechendes Gehalt und sonstige leistungsabhängige Vergütungen.

Manager zu sein, kann aber auch mit Nachteilen verbunden sein. Nicht alle Aufgaben sind abwechslungsreich und herausfordernd. Insbesondere auf der unteren Ebene heißt Managementarbeit auch häufig genug bürokratische Aufgaben zu erfüllen, Berichte zu erstellen und Alltagsroutinen abzuarbeiten. Auf der mittleren Ebene muss auf eine Vielzahl sehr unterschiedlicher Menschen eingegangen werden.

Gerade in Zeiten des Wandels und der Unsicherheit ist es alles andere als einfach, Wissen, Fähigkeiten, Motivationen, Erfahrungen und eigenen Zielvorstellungen eines vielschichtigen Teams zu einem harmonischen und erfolgreichen Ganzen zusammenzuführen. Letztendlich ist der Erfolg eines Managers immer auch von der Arbeitsleistung anderer abhängig. (Vgl. Robbins et al. 2014: 38)

Fragen zu Kapitel 8.4 ?

1. Welche Kompetenzen müssen Manager haben? Nennen und beschreiben Sie die Kompetenzen.
2. Welche Kompetenzen haben auf welcher Managementebene Priorität? Begründen Sie.

8.5 Management als Führungsfunktion

Führung bedeutet aus unternehmerischer Sicht die Lenkung und Koordination der betrieblichen Teilprozesse auf ein Ziel hin. Aus personeller Sicht bedeutet Führung, andere zu befähigen, Ziele zu erreichen. Um beiden Aufgaben gerecht werden zu können, müssen Manager Führungstechniken beherrschen und geeignete Führungsstile einsetzen, um die gesetzten Ziele einerseits ressourcenschonend und andererseits leistungsoptimal zu erreichen.

8.5.1 Management aus Sicht der Führungstechnik

Im Unternehmen müssen zielorientierte Entscheidungen auf allen Unternehmensebenen umgesetzt werden. Dabei ist darauf zu achten, dass einerseits die knappen Führungsressourcen geschont und andererseits die Leistungspotenziale auf der Mitarbeiterebene so weit wie möglich ausgeschöpft werden. Dies verlangt eine sinnvolle Aufgabenverlagerung von der Führungs- auf die Mitarbeiterebene. Zur Lösung dieser Herausforderung hat die Managementpraxis verschiedene Führungstechniken entwickelt, die als Management-by-Konzepte bezeichnet werden. Zielsetzungen dieser Konzepte sind die Entlastung der Vorgesetzten von Routineaufgaben, die Förderung der Leistungsmotivation und Selbstständigkeit von Mitarbeitern und damit die Ausrichtung aller organisatorischen Aktivitäten auf die Unternehmensaufgaben und unternehmerischen Ziele. (Vgl. Wöhe und Döring 2013: 118)

Das Ergebnis sind integrierte, ganzheitliche Umsetzungsempfehlungen für Manager mit Personalverantwortung (vgl. Staehle 1999: 839). Die bekanntesten Konzeptmodelle sind die folgenden (vgl. Staehle 1999: 545 f. und S. 852 f.):[3]

- **Management by Delegation**: Führung heißt hier, dass der Vorgesetzte Aufgaben, Kompetenzen und Entscheidungsverantwortung an seine Mitarbeiter überträgt. Der Vorgesetzte greift nur ein, wenn Probleme anfallen, die der Mitarbeiter nicht lösen kann. Insofern übernimmt der Mitarbeiter die Handlungsverantwortung. Die Führungsverantwortung verbleibt beim Vorgesetzten.

Dies ist beispielsweise der Fall, wenn ein Fernsehproduzent (engl. Executive Producer) einen TV-Producer (engl. Line Producer) als ausführendes und überwachendes Organ für die Produktion einer TV-Sendung (mit inhaltlicher und organisatorischer Projektverantwortung für eine Folge, Show oder ähnliches) vor Ort einsetzt. Auch im Redaktionsmanagement spielt diese Führungstechnik eine große Rolle. So entscheidet beispielsweise der „Chef vom Dienst“ bzw. der „Geschäftsführende Redakteur“, wie er die mit der Verlagsführung vereinbarten publizistischen und betriebswirtschaftlichen Ziele in Einklang bringt und zeitgleich die vorhandenen Ressourcen (Geld, Personal, Technik etc.) effizient einsetzt.

Das Führungskonzept entlastet die Führungsspitze durch Dezentralisierung von Umsetzungsentscheidungen sowie die Förderung der Leistungsmotivation, Eigeninitiative und Verantwortungsbereitschaft von Mitarbeitern. Außerdem wird so sichergestellt, dass Entscheidungen dort gefällt werden, wo sie vom Sachverstand her hingehören und dass durch diesen partizipativen Führungsstil Hierarchieebenen abgebaut werden können. Es besteht aber auch die Gefahr, dass die Führungsebene einfach lästige Routineaufgaben auf die Mitarbeiterebene verlagert, der Motivationseffekt damit verloren geht und die Zielorientierung der Aufgabenbewältigung an Präzision verliert.

- **Management by Objectives**: Führung heißt hier, dass Vorgesetzte und Mitarbeiter gemeinsam Ziele vereinbaren, aber der Mitarbeiter den Weg zum Ziel selbstständig bestimmt. Zwar werden hier die Zielerreichungsgrade permanent überprüft und die Ziele können ggfs. auch an neue Umfeldbedingungen angepasst werden, aber in der Wahl der Umsetzungsmaßnahmen bleibt der Mitarbeiter unabhängig. Die Leistungskontrolle und Leistungsbewertung erfolgt über Soll-Ist-Vergleiche.

Ziel dieser Technik ist ebenfalls die Entlastung der Führungsspitze durch Dezentralisierung von Umsetzungsentscheidungen sowie die Förderung der Leistungsmotivation, Eigeninitiative, Verantwortungsbereitschaft und Weiterentwicklung der

3 Weitere Erläuterungen und ergänzende Konzeptionen zur Personalführung finden sich bei Schierenbeck und Wöhle 2016: Kap. 4.2.7, Macharzina und Wolf 2008: Kap. 8 sowie Wöhe und Döring 2013: Kap. 4.4, aber auch in allen einschlägigen Fachbüchern im Umfeld der Managementlehre bzw. Unternehmensführung sowie in der zahlreichen Literatur zur Personalführung.

Selbstorganisationsfähigkeiten von Mitarbeitern. Außerdem wird so angestrebt, dass Mitarbeiter ihr Handeln an klaren Zielen ausrichten und objektiv reflektieren. Die Zielerreichung bzw. der Zielerreichungsgrad ist auch ein geeigneter Indikator für eine leistungsbezogene Bezahlung des Mitarbeiters. Nicht zuletzt ergeben sich auf diesem Wege auch hohe Bereitschaften der Mitarbeiter an der Verbesserung der Organisationsstruktur und des Prozessdesigns von Abläufen mitzuwirken.

Dieses Management-Konzept findet sich heute in nahezu allen Unternehmen. Vor allem im Top- und im mittleren Management, aber auch auf Sachbearbeiterebene. Hervorragend geeignet ist das Konzept für Mitarbeiter im Vertrieb und für die Führung von Unternehmensbereichen, die als Profit-Center geführt werden. Problematisch kann aber die Zerlegung der Unternehmensziele in mitarbeiterspezifische Einzelziele sein sowie die Vereinbarung gemeinsam getragener und als „gerecht“ interpretierter Ziele. Darüber hinaus fördert dieses Konzept auch den „Abteilungsegoismus“.

- **Management by Exception**: Führung heißt hier, dass Vorgesetzte nur in Ausnahmefällen oder Ausnahmesituationen eingreifen, Mitarbeiter in Normalsituationen und Routinefällen hingegen weitgehend autonom entscheiden und handeln. Wann Ausnahmen gegeben sind, die die Führungskraft entscheiden sollte oder muss, kann anhand von individuellen Parametern festgelegt werden (z. B. abhängig von den Fähigkeiten des Mitarbeiters) oder auf bürokratischen Regeln beruhen.

So kann beispielsweise geregelt sein, dass ein Mitarbeiter in der Anzeigenakquisition bestimmte Rabatte bis zu einer fest definierten Höhe einräumen darf. Erst wenn der Kunde höhere Rabatte fordert, muss der Mitarbeiter nachfragen. Andererseits findet sich dieses Führungskonzept auch häufig im Umfeld von Projektaufgaben. Der Projektleiter hat klare Zuständigkeiten und führt sein Projekt eigenständig soweit „alles im grünen Bereich läuft“. Erst wenn projektgefährdende oder stark zeitverzögernde Umstände einsetzen oder erkannt werden, wird der Vorgesetzte eingeschaltet. Unabhängig von Risikosituationen wird ein aussagefähiges Berichtswesen gepflegt und ein regelmäßiger oder gebündelter Informationsfluss zum Vorgesetzten sichergestellt.

Dieses Management-Konzept verhindert, dass zu viele Aufgaben als Führungsaufgaben interpretiert werden und Führungskräfte mit Entscheidungen befasst sind, die keine echten Führungsentscheidungen sind, aber in Summe sehr viel Zeit in Anspruch nehmen.

Problematisch kann allerdings die Plausibilität der Definition von Ausnahmesituationen für die Mitarbeiter werden, wenn individuelle, an den Kompetenzen des Mitarbeiters ausgerichtete, Maßstäbe angelegt werden. Auch die Förderung von Eigeninitiative und Übernahme von Ergebnisverantwortung wird nur in geringem Maße akzentuiert.

Das Delegationskonzept ist dem Ausnahmekonzept sehr ähnlich. Der Unterschied liegt hauptsächlich darin, dass das Ausnahme-Konzept eher auf Rechten basiert, das Delegationskonzept hingegen eher auf Können.

8.5.2 Management aus Sicht der Führungsstile

Manager sind für die ökonomische Zielerreichung verantwortlich, müssen aber auch dafür sorgen, dass der atmosphärische Unternehmensalltag positiv gestaltet ist. Das heißt, die Führungsfunktion ist aus Sicht des Vorgesetzten mit einem **Leistungsanspruch** und einem **Motivationsaspekt** ausgestattet (vgl. Ulrich und Fluri 1995). „Das eigentliche Führungsproblem ist in der Regel in der Integration dieser beiden Aspekte zu sehen" (Schierenbeck und Wöhle 2016: 127).

Damit wären grundsätzlich zwei Fragen zu beantworten:
- Wie können Mitarbeiter durch Vorgesetzte motiviert werden, um die erwarteten Leistungen zu generieren?
- Werden die Mitarbeiter einfach als ökonomische Ressource gesehen oder tritt ihnen das Unternehmen bzw. der Vorgesetzte mit einer ethisch-sozialen Verpflichtung gegenüber?

Die Antworten liefern die Führungsstile, d. h. die Art und Weise, wie Führung durch Vorgesetzte ausgeübt wird.

Führungsverhalten kann primär leistungsorientiert oder personenorientiert ausgerichtet werden. Auf einer Extremskala werden fünf unterschiedliche Führungsverhalten identifiziert (vgl. Blake und Mouton 1986 und Tab. 8.1).

Aus der Klassifikation ist leicht ableitbar, dass das sogenannte Team-Management das beste Führungsverhalten und das Überlebensmanagement das schlechteste Führungsverhalten darstellt. Das Befehl-Gehorsam-Management empfinden die meisten Leser wahrscheinlich als ebenso überholt wie ethisch-sozial fragwürdig. Allerdings muss relativierend festgehalten werden, dass die Art und Weise, wie ein Vorgesetzter führen kann, auch abhängig ist vom sogenannten Reifegrad des Mitarbeiters.

Der **Reifegrad eines Mitarbeiters** setzt sich zusammen aus einer Kombination von psychologischer Reife, die die Motivation eines Mitarbeiters bestimmt und der Arbeitsreife, die die Fähigkeit eines Mitarbeiters bestimmt. Dementsprechend gibt es willige und fähige Mitarbeiter, nicht willige und nicht fähige Mitarbeiter sowie Mitarbeiter, die Kombinationen positiver und negativer Ausprägungen zeigen (vgl. Yukl 2013). Dieser von Paul Hersey und Ken Blanchard 1977 entwickelten Modellvorstellung vorausgegangen ist die Arbeit von Douglas McGregor zu zwei verschiedenen Menschenbildern aus dem Jahre 1960, auf die er Führungsphilosophien aufbaut. McGregor stellt zwei völlig unterschiedliche **Menschenbilder** in den Mittelpunkt seiner Betrachtung und konkretisiert sie in seinen Theorien X und Y (vgl. McGregor 1960: 43 ff. und 59 ff.):
- Die **Theorie X** nimmt an, dass der Mensch eine natürliche Abneigung gegen Arbeit hat. Er ist faul und versucht der Arbeit so gut es geht aus dem Weg zu gehen. Daran ändern auch vorteilhafte Arbeitsbedingungen und gute Löhne wenig. Theorie X unterstellt, dass wenn überhaupt, der Mensch nur von außen motiviert werden kann. Das heißt, er wird weitestgehend nur über extrinsisch ausgerichtete Maßnahmen (Belohnung und Bestrafung) angetrieben und scheut die Verantwortung.

Tab. 8.1: Managementklassifikation nach Blake und Mouton

Führungsverhalten		leistungsorientiert	
		niedrig	hoch
	hoch	Glacehandschuh-Management Zwischenmenschliche Beziehungen werden betont und die sozialen Bedürfnisse der Mitarbeiter weitgehend befriedigt. Daraus folgt eine Führungstätigkeit, die eine freundliche Arbeitsatmosphäre schafft. Das Arbeitstempo und Arbeitsergebnis ist eher gering.	Team-Management Die Führungskraft stimmt aufgaben- und personenbezogene Bedürfnisse aufeinander ab. Die Mitarbeiter bringen hohe Arbeitsleistung. Ziele werden als gemeinsame Ziele angesehen.
personenorientiert		Organisationsmanagement Versuch der Ausgewogenheit zwischen genügend Arbeitsleistung und der Notwendigkeit, auch Mitarbeiterwünsche zu berücksichtigen. Die Mitarbeiter sind motiviert, allerdings behindern ständige Kompromisse zwischen Leistungsanforderung und individuellen Bedürfnissen das Arbeitsergebnis.	
	niedrig	Überlebensmanagement Die Mitarbeiter sind unmotiviert und faul. Soziale Beziehungen sind nicht besonders ausgeprägt. Zielerreichungen werden zur Nebensache. Die Führung besteht aus Laissez-faire-Verhalten.	Befehl-Gehorsam-Management Es stehen die Arbeitsergebnisse im Zentrum. Auf die Bedürfnisse der Mitarbeiter kein Wert gelegt. Charakteristisch wird dieser Stil bei Akkordarbeiten angewandt, da nur eine Ergebnisorientierung vorliegt.

Entspricht der Mitarbeiter eher dem Menschenbild der Theorie X, so müssen die Führungsprinzipien darauf ausgerichtet werden, dass detaillierte Handlungsschritte vorgegeben und streng kontrolliert werden. Die Inaussichtstellung von Belohnung und die Androhung von Strafen sind feste Bestandteile des Führungskonzeptes. Diskussionen werden unterbunden.

– Die **Theorie Y** geht davon aus, dass der Mensch ehrgeizig ist und sich zur Erreichung sinnvoller Zielsetzungen bereitwillig Selbstdisziplin auferlegt. Er sieht Arbeit als Quelle der Zufriedenheit und hat Freude an seiner Leistung. Verantwortungsbewusstsein, Integrationswille und Partizipationswünsche prägen dieses Menschenbild.

Entspricht der Mitarbeiter eher dem Menschenbild der Theorie Y, so können die Führungsprinzipien darauf ausgerichtet werden, dass Freiraum geschaffen wird, innerhalb dessen sich der Mitarbeiter einbringen kann. Er will Eigeninitiative entwickeln und Verantwortung übernehmen. Externe Kontrolle kann auf ein Minimum reduziert werden, da der Mitarbeiter intrinsisch motiviert ist und die Unternehmensziele auch zu seinen eigenen Zielen macht. Natürlich werden auch hier Motivationskonzepte und Anreizsysteme in den Arbeitsalltag eingebaut, die von außen auf den Mitarbeiter wirken. Diese sind aber weitestgehend nur unterstützender Art.

Es dürfte auf der Hand liegen, dass nicht alle Mitarbeiter den jeweiligen Extrembildern entsprechen. Weder sind sie nur der Theorie X oder Y entsprechend einzuordnen noch haben sie in Bezug zu allen Betriebsaufgaben den gleichen Reifegrad. Auch steht außer Frage, dass nicht in jeder Situation auf die gleiche Art und Weise geführt werden sollte. In hektischen oder in Krisenzeiten bleibt häufig keine Zeit für lange Diskussionen. In Zeiten normaler Arbeitsbelastung ist es hingegen nicht sinnvoll, Einbringungen der Mitarbeiter unbeachtet zu lassen.

In der Betriebspraxis haben sich **Führungsstile** entwickelt, die auf unterschiedliche Reifegrade und Menschenbilder reagieren, aber auch die inneren Einstellungen der Vorgesetzten reflektieren. Allerdings gibt es bislang keine geschlossene Theorie über Führungsstile. Allenfalls bietet die Literatur hier ein großes Kaleidoskop unterschiedlicher Konzepte. Das größte Problem ist immer noch, dass bisher keine allgemeingültigen Kausalketten zwischen Führungsstil und Arbeitsergebnis aufgezeigt werden konnten.

Die wohl immer noch zu den bekanntesten Führungsstilen gehörenden Klassifikationen stammen von Kurt Lewin und Max Weber.

Der Sozialpsychologe Kurt Lewin unterscheidet die sogenannten klassischen Führungsstile: den autoritären, den kooperativen (demokratischen) und den Laissez-faire-Führungsstil: (vgl. Lück 1996: 98)

- **Autoritärer Führungsstil**: Der Vorgesetzte entscheidet und kontrolliert, Mitarbeiter führen aus. Kritik und Widerspruch werden nicht geduldet. Fehler werden bestraft.

Die Folge ist ein distanziertes Verhältnis. Die Vorteile liegen darin, dass Entscheidungen schnell getroffen werden, Rollen und Kompetenzen eindeutig verteilt sind und Aktivitäten leichter koordiniert und kontrolliert werden können. Kurzfristig können Arbeitsleistungen deutlich erhöht werden. Nachteile liegen darin, dass Mitarbeiter wenig motiviert werden und ihre Kompetenzen brachliegen. Selbstständigkeit wird nicht gefördert. Wenn der Entscheidungsträger ausfällt oder Fehlentscheidungen trifft, kommt es zu Problemen in der Organisation. Geringe Wertschätzung und Fremdbestimmtheit des Mitarbeiters führt bei diesem zu einer geringen Identifikation mit der Organisation. Dieser Führungsstil ist auf der untersten Mitarbeiterebene vorherrschend.

- **Kooperativer Führungsstil**: Der Vorgesetzte bezieht seine Mitarbeiter in das Betriebsgeschehen mit ein. Diskussionen sind erlaubt, sachliche Unterstützungen werden erwartet. Delegation ist möglich. Fehler werden nicht zwingend bestraft, sondern bieten Anlass zur Hilfe.

Fremdkontrolle wird (teilweise) durch Eigenkontrolle ersetzt. Die Vorteile liegen darin, dass Leistungsfähigkeit und Selbstständigkeit gefördert werden, der Vorgesetzte entlastet und die Gefahr von Fehlentscheidungen reduziert wird. Nachteile liegen darin, dass sich die Entscheidungsgeschwindigkeit verlangsamt und ein funktionierendes Informationssystem unterhalten werden muss. Der kooperative Führungsstil setzt kompetente und engagierte Mitarbeiter voraus. Die hohe Wertschätzung und die geringere Fremdbestimmtheit des Mitarbeiters sowie das bessere Verständnis für Zusammenhänge führen bei den Mitarbeitern zu einer höheren Identifikation mit der Organisation. Die hierarchische Organisationsstruktur bleibt erhalten. Autonome Selbstregulierungsprozesse gibt es nicht. Dieser Führungsstil ist auf der mittleren Mitarbeiterebene vorherrschend.

– **Laissez-faire Führungsstil**: Der Vorgesetzte greift nicht in das Abteilungsgeschehen ein. Die Mitarbeiter haben volle Freiheit, wie sie ihre Arbeit und Aufgaben organisieren und ausführen. Entscheidungen und Kontrollen liegen bei der Gruppe.

Die Vorteile liegen darin, dass die Mitarbeiter einen hohen Individualisierungsgrad realisieren können. Die Nachteile liegen darin, dass Kompetenzstreitigkeiten und Rivalitäten aufkommen können, Unordnung entsteht, informelle Teilgruppen gebildet werden, Disziplinlosigkeit nicht reguliert wird und schlechtere Gruppen „auf der Strecke bleiben". Dieser Führungsstil ist vor allem in Kreativabteilungen zu finden.

Führungsstile, wie sie der Soziologe Max Weber definiert, gehen auf **Herrschaftsformen** zurück. Weber formuliert drei Formen der Herrschaft: Tradition, Charisma und Bürokratie (vgl. Weber 1922: Kapitel III). Diese sind in die Führungslehre übernommen worden und definieren entsprechend drei idealtypische Führungsstile:

– **Autokratischer/patriarchalischer Führungsstil**: Das Leitbild des autokratischen und patriarchalischen Führungsstils ist die Autorität und ein streng gegliederter Führungsapparat. Der Patriarch unterscheidet sich dabei vom Autokrat durch das Moment der „väterlichen Wärme", für seine Mitarbeiter „da zu sein".

In beiden Fällen sind die Mitarbeiter zum Gehorsam verpflichtet. Widerspruch wird nicht geduldet. Der Autokrat leitet seine Macht aus gegebenen Herrschaftsstrukturen ab (beispielsweise aus der Funktion Geschäftsführer oder Vorstand). Konkurrenz hat er nicht zu befürchten. Der Herrschaftsanspruch des Patriarchen wird mit seinem Alters-, Wissens- und Erfahrungsvorsprung begründet. Der Autokrat ist häufig an der Spitze von Großunternehmen zu finden, der Patriarch in der Geschäftsführung mittelständischer und Familienunternehmen. Beide Führungsstile sind als autoritär einzustufen.

– **Charismatischer Führungsstil**: Das Leitbild dieses Führungsstils basiert auf der natürlichen Fähigkeit, andere Menschen durch eine ausgeprägte persönliche Ausstrahlungskraft zu führen. Mitarbeiter folgen ohne zu hinterfragen.

Der Vorgesetzte fühlt sich nur sich selbst gegenüber verpflichtet. Es entsteht eine hohe Abhängigkeit der Mitarbeiter von den Vorgesetzten. Charismatische Führer können in Krisenzeiten Zuversicht vermitteln und Dinge nach vorne bringen. Gefunden werden sie oft an der Spitze von Bewegungen, in innovativen Unternehmen und in der Politik.

- **Bürokratischer Führungsstil**: Dieser Führungsstil basiert auf festgeschriebenen Regeln und Dienststellenbefugnissen (Richtlinien, Stellenbeschreibungen, Dienstanweisungen etc.).

Der bürokratische Führungsstil ist nicht an Personen, sondern an Positionen gebunden. Die Position wiederum ist mit Befugnissen ausgestattet. Die Führung ist dementsprechend auf Zeit angelegt und übertragbar. Diesem Führungsstil mangelt es an Flexibilität und Effizienz. Er ist in Verwaltungen zu finden.

Die Herausforderung, der sich die Theorie und Praxis der Unternehmensführung stellt und auch in Zukunft weiter stellen muss, ist, dass Führungsmodelle an der Quantifizierung der Erfolgsmessung scheitern, weil sich alternativspezifische Erfolge nicht berechnen lassen. Mit anderen Worten: Es ist zwar darstellbar, was unter einem bestimmten Führungsstil an Ergebnissen erarbeitet wurde, ob und inwieweit diese Erfolge aber auf das Führungsverhalten der Vorgesetzten zurückzuführen sind und was in derselben Situation andere Konzepte gebracht hätten, ist nicht in Zahlen auszudrücken. Insofern bleibt es auch in Zukunft der Betriebspraxis überlassen herauszufinden, welche Führungsstile in der konkreten Unternehmung geeignet sind, um einerseits zufriedene Mitarbeiter und andererseits unternehmerische Erfolgsziele erreichen zu können. Der Führungsstil muss zum Aufgabenumfeld, den Mitarbeitern und den Ansprüchen an sie sowie dem Charakter des Vorgesetzten passen.

?

Fragen zu Kapitel 8.5

1. Welche Management-by-Konzepte werden zur Führung von Mitarbeitern eingesetzt? Nennen Sie die Konzepte und beschreiben Sie deren Charakteristika.
2. Was versteht die Managementlehre unter einem Führungsstil?
3. Welches Führungsverhalten können nach Blake und Mouton im Zusammenhang mit der Leistungs- und Personenorientierung unterschieden werden?
4. Erläutern Sie die Theorien X und Y von McGregor sowie deren Folgen auf das Führungsverhalten von Vorgesetzten.
5. Welche Führungsstile werden nach Kurt Lewin unterschieden?
6. Welche Führungsstile werden nach Max Weber unterschieden?
7. Worin besteht der Unterschied zwischen der Führungsstilkonzeption von Lewin und Weber?

8.6 Unternehmensführung aus Sicht des Planungsprozesses

Während die Führung die personelle Dimension der Managementfunktion darstellt, beschreibt die Planung eher die prozessuale und strukturelle Dimension. Sie ist als Bindeglied zwischen der Zielsetzung[4] und der Durchführung von Maßnahmen die wahrscheinlich wichtigste Teilfunktion des Managements. Begonnen wird der Planungsprozess mit der Situationsanalyse. Abgeschlossen wird der Planungsprozess mit der Entscheidung. Realisiert wird die Planung mit der operativen Umsetzung des Plans.

Planung ist vorausschauendes, vorwegnehmendes Überlegen. Planung gibt die Richtung vor, Ziele zu erreichen. Planung reduziert Unsicherheit und Risiken und macht Handlungen effektiver. Planung reduziert die Gefahr der Ressourcenverschwendung (Kriterium der Effizienz). Durch Planung können Standards entwickelt werden und Planung macht die Bewertung und Kontrolle von Ergebnissen möglich. (Vgl. Robbins et al. 2014: 221) Definitorisch versteht das Management unter Planung einen systematischen Prozess, der dazu dient, die angestrebten Ziele festzulegen und zukünftige Probleme vorausschauend zu identifizieren und zu lösen. Planung ist vorwegnehmend, rational (überlegt, nachvollziehbar) und gestaltend. Das Ergebnis der Planung ist ein Plan oder ein System von Plänen. (Vgl. Friedl et al. 2017)

Planungsprozesse sind entweder **deterministisch**, **stochastisch** oder **heuristisch** angelegt. Deterministisch sind Ermittlungsverfahren, wenn jeder Zustand kausal von anderen, vorherigen Zuständen, abhängig ist und von diesem bestimmt wird. Stochastisch (zufällig) sind sie, wenn der angestrebte Zustand nur mit einer gewissen Wahrscheinlichkeit aus anderen Zuständen folgt. Hier können statistische Gegebenheiten (z. B. Mittelwerte) angenommen oder beispielsweise Verbräuche aus der Vergangenheit hochgerechnet werden. Deterministische Zusammenhänge können hingegen mit einer höheren Sicherheit geplant werden. Heuristisch sind Verfahren dann, wenn die Planung auf Schätzwerten basiert (vgl. auch Kapitel 8.6 und 11.2.1).

Die **Struktur eines Planungsprozesses** ist jedoch immer gleich; unabhängig davon, was geplant wird.[5] Strukturell besteht der Planungsprozess grundsätzlich aus vier Phasen: (vgl. Wöhe und Döring 2013: 72 f.)

- **Zielbildung**: Festlegung des Maßstabs, an dem unternehmerisches Handeln gemessen wird.

Diese Ziele können sich auf das ganze Unternehmen beziehen (Steigerung des Gewinns oder des Unternehmenswertes = Oberziele). Sie können sich auf Geschäftsfelder beziehen (Aufbau eines neuen Produktsegmentes = Mittelziele) oder auf konkrete Leistungen (Steigerung des Absatzes von Musik-CDs mit gegebenem Marketingbudget

4 Fragestellungen der Zieldefinition sind bereits in Kapitel 1.4.3 ausführlich dargestellt worden.

5 Eine detaillierte Darstellung des Planungsprozesses findet der Leser in Schierenbeck und Wöhle 2016: Kap. 4.1.

um zehn Prozent p.a. = Unterziele). Mittel- und Unterziele dienen der Umsetzung von Oberzielen und konkretisieren damit die Planung.

- **Problemanalyse**: In der Phase der Problemanalyse wird der relevante Ist-Zustand festgestellt. Die Relevanz wird durch das Ziel bestimmt.

Das Ergebnis besteht in der Zusammenstellung der Faktoren, die aktuell oder künftig die gesetzten Ziele beeinflussen. Von besonderem Interesse sind die Störfaktoren. Sind diese festgestellt, muss noch bewertet werden, in welchen Zusammenhängen und mit welcher Priorität die Faktoren zueinander und zum Ziel stehen. In dieser Teilphase geht es um die Problemstrukturierung.

- **Alternativenermittlung**: In dieser Phase geht es um die Frage, welche Handlungsmöglichkeiten geeignet sind, das erkannte Problem zu lösen.

Solche Alternativen können aus Einzelmaßnahmen oder aus Bündeln von Teilmaßnahmen bestehen. Abschließender Teil und Ziel der Alternativenermittlung ist es, die Frage zu beantworten, welche Konsequenzen bei Umsetzung der unterschiedlichen Handlungsalternativen zu erwarten sind.

- **Alternativenbewertung**: In dieser Phase werden die geprüften Handlungsalternativen hinsichtlich ihres Zielerreichungsgrades verglichen. In der Regel werden die Zielerreichungsgrade wahrscheinlichkeitsgewichtet.

Da häufig mehrere Ziele gleichzeitig verfolgt werden, ist eine Abstimmung der Maßnahmen mit denen aus anderen Unternehmensbereichen zu berücksichtigen. Ggfs. muss eine Rangordnung der Ziele, Maßnahmen und Einsatzmittel festgelegt werden. Um einen solchen Bewertungsprozess sinnvoll gestalten zu können, ist das Wertesystem mit einem Messsystem (Messskala) auszustatten und eine Risikoanalyse durchzuführen. Solche Messskalen können nominal, ordinal oder bestenfalls kardinal aufgebaut sein (Ein Beispiel wird in Kapitel 11.1.3 geliefert).

Messskalen benötigen einen Maßstab (eine Skalierung), um vergleichbare Aussagen liefern zu können. Im Wesentlichen werden hier drei Messniveaus (mathematische Eigenschaften der von den Skalen gelieferten Messwerte) unterschieden: nominale, ordinale und metrische Skalen (vgl. Berekoven et al. 2009 64 f.):

- **Nominale Messskalen** klassifizieren Messwerte lediglich. Sie ordnen jedem Objekt eine Messwerteigenschaft zu, die im Vergleich entweder identisch oder nicht identisch sind (=//≠). Es gibt keine Rangfolge zwischen den Ausprägungen. Jede Untersuchungseinheit kann genau einer Kategorie zugeordnet werden (Beispiele: Geschlecht, Wohnort, Betriebstyp etc.).
- **Ordinale Messskalen** sortieren Variablen mit Ausprägungen, zwischen denen eine Rangordnung besteht (= oder ≠; < oder >). Hat ein Objekt einen höheren Rang, besitzt es auch eine höhere Ausprägung hinsichtlich des betrachteten Merkmals als ein Objekt mit einem niedrigeren Rang. Über die Größe des Merkmalsunterschieds zwischen den Objekten, d. h. die Abstände zwischen den Rangplätzen,

lässt sich aber keine Aussage treffen (Beispiele: ist risikoreicher, weniger risikoreich oder trägt das gleiche Risiko; ist zielführender, weniger zielführend oder gleich gut etc.)

– **Metrische Messskalen** (Kardinalskalen) definieren nicht nur eine Reihenfolge der Merkmalswerte, sondern legen die Größe des Abstandes zwischen zwei Werten eindeutig fest. Eine metrische Skala macht Aussagen über den Betrag der Unterschiede zwischen zwei Klassen. Alles, was exakt gemessen werden kann, ist metrisch skaliert (Temperaturen, Gewichte, Tempi, Entfernungen, Geldbeträge etc.). Metrische Skalierungen haben den höchsten Nutzenwert in der Ökonomie.

Im Anschluss an die Alternativenbewertung erfolgt die Entscheidung, welche der Alternativen gewählt wird. Auch der Entscheidungsprozess soll rational aufgestellt sein und ist deswegen im Betriebsalltag formalisiert. Da in jeder Situation unterschiedliche Entscheidungsbedingungen vorliegen können, werden die Rahmenbedingungen von Entscheidungsprozessen im Folgeabschnitt vorgestellt. Auf die verschiedenen Entscheidungstechniken, also die Art und Weise, wie Entscheidungen getroffen werden, geht Kapitel 11.1 ausführlich ein.

Fragen zu Kapitel 8.6 ?

1. Definieren Sie den Begriff Planung und beschreiben Sie den Sinn der Planung im betriebswirtschaftlichen Zusammenhang und ihre Eigenschaften.
2. Beschreiben Sie die formale Struktur eines Planungsprozesses.
3. Worin unterscheiden sich deterministische, stochastische und heuristische Planungsprozesse.
4. Wozu werden Messskalen benötigt und welche können unterschiede werden. Bilden Sie abschließend Beispiele für die einzelnen Messskaleneinsätze.

8.7 Unternehmensführung aus Sicht des Entscheidungsprozesses

Unternehmen zu führen heißt, Entscheidungen zu treffen.[6] Die BWL fordert, dass solche Entscheidungen rational getroffen werden. **Rationalität** bedeutet in diesem Umfeld, dass alle entscheidungsrelevanten Parameter vernünftig, logisch und objektiv abgewogen werden. Da dies, wie schon in Kapitel 2.2 gezeigt wurde, in der Regel nicht möglich ist, soll zumindest bedingt rational entschieden werden.

Eine **eingeschränkt rationale Entscheidung** führt in der Regel zu einer zufriedenstellenden Lösung. Es kann aber auch zu deutlichen Ausnahmen kommen. Dies

---

6 Die Ausführungen in diesem Kapitelabschnitt basieren auf den Ausführungen von Robbins, Coulter und Fischer 2014: 169–182, die zudem noch gute Beispiele zu den einzelnen Bereichen liefern.

ist dann der Fall, wenn die Entscheidung beispielsweise von der Organisationskultur, der internen Unternehmenspolitik oder von persönlichen Karriere- oder Machtüberlegungen beeinflusst wird.

Ein dritter **Entscheidungsansatz** liegt in der Nutzung von **Intuitionen**. Solche Entscheidungen basieren auf Erfahrungen (Wissen, Ausbildung) und Gefühlen. Sich ausschließlich auf seine Intuition zu verlassen, ist sicherlich alles andere als angeraten, Intuition kann aber deutlich helfen, den Entscheidungsprozess abzukürzen. Dies ist dann der Fall, wenn der Entscheidungsträger beispielsweise ähnliche Entscheidungssituationen aus Erfahrung kennt und nun weniger Informationen benötigt, um das Problem und die Lösungsmöglichkeiten einzugrenzen und damit Entscheidungen schneller treffen zu können. Die Intuition greift insbesondere bei Routine-Entscheidungen.

Um die **Entscheidungsqualität** so weit wie nötig (nicht: so weit wie möglich) von der Subjektivität zu lösen, sind viele Entscheidungsfindungsprozesse in Betrieben formalisiert, d. h. es gibt Vorschriften darüber, welche Personen in welcher Form in den Prozess einzubinden sind.

Neben den subjektiven Entscheidungsansätzen wirken auch noch zwei individuelle Einflussfaktoren auf die Entscheidungsqualität: der Denkstil und die Voreingenommenheit. Der Denkstil charakterisiert die Art und Weise, wie ein Mensch zu Entscheidungen kommt. Hier werden zwei grundsätzlich verschiedene Denkstile unterschieden:

- der **lineare Denkstil**: Dieser wird durch die Präferenz geprägt, externe Daten und Fakten zu verwenden und diese Informationen mithilfe rationaler und logischer Denkprozesse zu verarbeiten;
- der **nichtlineare Denkstil**: Dieser wird durch die Präferenz geprägt, interne Informationsquellen zu verwenden und diese mithilfe von persönlichen Einsichten, Gefühlen und Ahnungen zu verarbeiten.

Die **Voreingenommenheit** eines Entscheiders ist ebenfalls in seiner persönlichen Einflusssphäre verankert. Diese Voreingenommenheit kann vorteilhaft sein; dann nämlich, wenn sie zu brauchbaren Heuristiken (Faustregeln) führt, die den Entscheidungsprozess vereinfachen. Voreingenommenheit kann aber auch verheerend wirken. An vorderster Stelle stehen hier die Einflussfaktoren Selbstüberschätzung, Eigennutz und der Ankereffekt. Insbesondere der Ankereffekt ist ein häufig zu beobachtendes, manipulativ wirkendes Phänomen. Hier werden früher erhaltene Informationen (Ideen, Fakten, Eindrücke etc.) stärker gewichtet als später erhaltende Informationen (Effekt des „ersten Eindrucks“). Aber auch andere Faktoren wirken deutlich auf die Voreingenommenheit eines Entscheiders. Zu nennen wären hier vor allem die selektive Wahrnehmung, die Bestätigung, die Präsentationsform und die Sinnsuche. Die selektive Wahrnehmung führt dazu, dass bestimmte Informationen stark beachtet, andere vernachlässigt werden. Das Phänomen der Bestätigung meint, dass Fakten, die der eigenen vorgefassten Einschätzung entsprechen, stärker beachtet werden als widersprechende. Die Präsentationsform fokussiert die Aufmerksamkeit auf ganz bestimmte Informationen und vernachlässigt andere; mitunter auch ohne Berücksichtigung der tatsächlichen Relevanz. Und die Sinnsuche zielt auf den allgemeinen Bias (Befangenheit) ab, Zusammenhänge auch zwischen Informationen zu suchen und zu finden, die zufällig gegeben sind.

Es gibt noch eine ganze Reihe weiterer individueller Einflussfaktoren, die hier aber vernachlässigt werden sollen.

8.7.1 Rahmenbedingungen von Entscheidungsprozessen

Neben den vorstehend beschriebenen Entscheidungsansätzen gibt es noch vier spezifische Rahmenbedingungen, die die Qualität von Entscheidungen beeinflussen können. Zwei der vier Bedingungen beziehen sich auf die Problemstellung:

- **gut strukturierte Probleme**: Das Problem ist bekannt, es liegen umfassende Informationen vor und das Ziel ist definiert. In solchen Fällen können programmierte Entscheidungen getroffen werden. Solche Entscheidungen werden ohne viel Aufwand routinemäßig getroffen. Solche Routinen werden durch Regeln oder Richtlinien bestimmt.

Gut strukturierte Probleme liegen beispielsweise in der Materialbestellung und der Logistik vor, aber auch in sehr vielen Bereichen und Belangen des Unternehmensalltags. Programmierte Entscheidungen werden auf der unteren Managementebene automatisiert abgearbeitet.

- **unstrukturierte Probleme**: Das Problem ist bekannt, es liegen nicht ausreichende Informationen vor. Zwar ist das Ziel grundsätzlich definiert, aber es gibt mehrdeutige Informationen und entsprechend unterschiedliche Ziel- und Lösungsmöglichkeiten. In solchen Fällen greifen nichtprogrammierte Entscheidungen. Solche Entscheidungen werden mit unterschiedlich hohem Aufwand erzeugt und auf die spezifische Problemlage hin individuell getroffen.

Unstrukturierte Probleme liegen im strategischen Bereich vor und werden entsprechend auf der oberen Führungsebene gelöst. Charakteristisch ist hier die Einmaligkeit der spezifischen Problemstellungen. Charakteristisch für den Lösungsweg ist die Kreativität (statt Routine).

Die beiden anderen Rahmenbedingungen der Entscheidungsfindung beziehen sich auf die Informationsqualität. Informationen können drei unterschiedliche Qualitäten haben:

- **Sicherheit**: Es liegen vollständige Informationen vor.

Die Qualität Sicherheit bezeichnet die Situation, dass dem Manager alle notwendigen Informationen zur Verfügung stehen, alle Auswirkungen unterschiedlicher Maßnahmen bekannt sind und die Auswirkungen von Variablenveränderungen exakt einschätzbar sind. Solche Situationen werden unterstellt, wenn Funktionen berechnet werden, die Extremwerte berechnen lassen. Ein einfaches Beispiel wäre aber auch gegeben, wenn überschüssige liquide Mittel zu einem bestimmten Zinssatz bei einer Bank angelegt werden. Solche Situationsbedingungen sind eher selten gegeben.

– **Risiko**: Es liegen mit Wahrscheinlichkeiten gewichtete Informationen vor.

Die Qualität Risiko bezeichnet die Situation, dass der Manager den Eintritt künftiger Ereignisse mit einer bestimmten Wahrscheinlichkeit angeben kann. Diese Situation dürfte im Betriebsalltag die häufigst anzutreffende Situationsvariante sein. Überlegt ein Verlag beispielsweise, ob er eine neue Zeitschrift auf den Markt bringen will, dann liegen verlässliche Daten über die Zielgruppengröße, das Involvement, die Preisbereitschaft etc. vor. Außerdem kann der Verlag aus Erfahrung einschätzen, welche redaktionellen und produktionstechnischen Aufgaben etc. auf ihn zukommen. So könnte nun der Verlag zwei bis vier unterschiedliche Marktbedingungen formulieren und deren Eintreten mit Wahrscheinlichkeiten ausstatten und infolge dessen abschätzen (oder berechnen), wie hoch der Zielerreichungsgrad bestimmter Maßnahmen sein wird. Anhand der Ergebnisse kann eine – wenn auch mit Risikopotenzial ausgestattete – Entscheidung getroffen werden.

– **Ungewissheit**: Es liegen keine Einschätzungen über die Wertigkeit der Information vor.

Die Qualität Ungewissheit bezeichnet die Situation, dass der Manager den Eintritt künftiger Ereignisse nicht einmal mit einer bestimmten Wahrscheinlichkeit angeben kann. Diese Situation ist im Betriebsalltag eine eher selten anzutreffende Situationsvariante, bestimmt aber die Charakteristik von strategischen Entscheidungen. Müssen solche unsicherheitsbehafteten Entscheidungen getroffen werden, kann der Manager sich also nicht auf die Eintrittswahrscheinlichkeiten von Ereignissen berufen. Hier kommt der persönlichen Risikoneigung des Entscheiders eine ausschlaggebende Bedeutung zu.

Je nachdem, welche Problemstellungen und welche Informationsqualitäten gegeben sind, unterschieden sich die Entscheidungstechniken in die Betrieben angewandt werden. Hierzu führt Kapitel 11.1 aus.

8.7.2 Konstitutive Entscheidungen im Unternehmenslebenszyklus

Konstitutive Entscheidungen sind (strategische) Führungsentscheidungen unter Unsicherheitsbedingungen, die für das Unternehmen aber von grundlegender Bedeutung sind und darüber hinaus einmalig bzw. sehr selten zu treffen sind (vgl. Wöhe und Döring 2013: 209). Aus evolutionärer Sicht auf das Unternehmen, in der dieses als (juristische) Persönlichkeit aufgefasst wird, stehen ausnahmslos mindestens vier konstitutive Entscheidung an: Die Gründung inklusive der Festlegung des Unternehmenszwecks und die Wahl des Standortes sowie die Rechtsformwahl zu Beginn des Lebenszyklusses und die Liquidation des Unternehmens am Ende des Lebenszyklusses.

Neben diesen „lebenszyklusabhängigen" identitätsbildenden Entscheidungen fallen im Laufe der organisationalen Existenz auch leistungsbezogen identitätsbildende Entscheidungen an. Zu diesen zählen Entscheidungen zum Güterportfolio (Erweiterungen oder Verkürzungen), Entscheidungen zu Neupositionierungen wie z. B. die grundlegende Änderung von Geschäftsplänen (z. B. Marktbearbeitungsstrategien) oder Organisationsplänen, Standortänderungen (inkl. Erweiterungen und Schließungen) sowie Entscheidungen hinsichtlich der kooperativen Leistungserstellung. Wenn sich beispielsweise die Bedingungen auf den Beschaffungs- oder Absatzmärkten ändern, steht die Frage nach zeitlich befristeten oder dauerhaften Kooperationen mit anderen Unternehmen im Raum. Soweit hier ein Zusammenschluss in Frage kommt, gehört auch diese Entscheidung zu den konstitutiven.

Die Wahlalternativen zu den „geburtsrechtlich" identitätsbildenden Entscheidungen sind bereits in Kapitel 4 als Typisierungsmerkmale vorgestellt worden. Die Entscheidungsalternativen, die zu den leistungsbezogen identitätsbildenden zählen, werden in Teil IV. erläutert.

Fragen zu Kapitel 8.7 ?

1. Was bedeutet die Aussage, dass Entscheidungen rational zu treffen sind?
2. Worin bestehen die Unterschiede zwischen gut und weniger gut strukturierten Problemen?
3. Differenzieren Sie die Entscheidungsqualitäten „Sicherheit", „Risiko" und „Ungewissheit".
4. Was versteht die Betriebswirtschaftslehre unter einer konstitutiven Entscheidung und wann stehen solche an?

9 Welche Kennzahlen nutzt das Management zur Analyse und Planung?

Die Ist-Situation zu analysieren ist oberstes Gebot, bevor irgendetwas im Betrieb geplant oder Ziele gesetzt werden. Die Ausgangslage bildet schließlich die Grundlage für Veränderungen.

Das wahrscheinlich bedeutendste Instrument in diesem Zusammenhang ist die SWOT-Analyse. Diese stellt ein umfassendes Werkzeug dar, das aus vier Teilbereichen besteht, die in Kapitel 11.3.7 ausführlich beschrieben werden.

Zu den eher komplexen Untersuchungen gehören auch die Systemanalysen, die Wertanalysen oder die Netzplantechnik. Systemanalysen helfen, betriebliche Teilbereiche und deren Kooperationsbedingungen zu optimieren (vgl. Krallmann und Bobrik 2013). Wertanalysen werden eingesetzt, wenn Wertsteigerungspotenziale von Produkten, Unternehmensbereiche oder das gesamte Unternehmen hinterfragt werden (vgl. Marchthaler 2016). Die Netzplantechnik wird vor allem im Projektmanagement eingesetzt, um logische Beziehungen zwischen Vorgängen und der zeitlichen Lage der Vorgänge zu planen (vgl. Gessler 2011).

Zu den einfachen, aber ebenso sinnvollen und schnell einzusetzenden Analysetechniken zählen hingegen z. B. Check-List-Verfahren. Weit verbreitet und oft im Betriebsalltag verwendet werden zuvorderst aber spezifische Kennzahlen (Key Performance Indicators) und Kennzahlensysteme. Aus analytischer Sicht bildet die **Kennzahlen-Technik** die Basis betriebswirtschaftlicher Analysen.

Betriebswirtschaftliche Analysen haben natürlich keinen Selbstzweck. Sie dienen der Bewertung von Situationen und damit der Planungsvorbereitung. Denn auf die Auswertung der Analyse und der einhergehenden Zielformulierung folgt die Planung des Weges, wie die Ziele erreicht werden können. Die Personalplanung beispielsweise sorgt für die richtigen Mitarbeiter in ausreichender Anzahl und Qualifikation zum gewünschten Zeitpunkt. Die Materialbeschaffungsplanung sorgt für die art-, mengen- und zeitgerechte Materialbedarfsdeckung im Betrieb. Die Produktionsplanung sorgt für die Herstellung absatzstarker Produkte in der richtigen Menge und Qualität zu optimalen Kosten etc. Kein Unternehmensbereich ist planungsfrei.

Im **Planungsprozess** werden sogenannte Schnellplanungsverfahren von mathematischen Planungsverfahren unterschieden. **Schnellplanungsverfahren** dienen in der Regel der Klassifizierung von zusammengefassten (aggregierten) Größen. Dazu gehören vor allem die Kundenwertanalyse oder die Warenwertanalyse. **Mathematische Planungsverfahren** dienen der Optimierung ökonomischer Einzelgrößen. Wenn das Problem auf ein Gleichungssystem reduziert werden kann, können Vorteilshaftigkeitsvergleiche zwischen Verfahren oder Wertebereichen berechnet werden. In diesem Fall würden beispielsweise Break-Even-Points berechnet. Diese Punkte geben Auskunft darüber, welche Produktionsmengen Gewinn erwirtschaften, wenn sie vermarktet werden und welche nicht. Die Differentialrechnung wird in der Planung eingesetzt,

https://doi.org/10.1515/9783110519587-009

wenn Extremwerte ermittelt werden sollen. So werden Umsatz- und Gewinnmaxima oder Kostenminima berechnet. Außerdem lassen sich mithilfe der Differenzialrechnung beispielsweise Lagerhaltungsprobleme lösen oder Minimalkostenkombinationen einer Produktionsmenge finden. Methoden der Linearen Optimierung hingegen eignen sich, wenn eine Zielgröße von mehreren Variablen gleichzeitig abhängt und der Lösungsraum durch Restriktionen eingeschränkt wird. Auf diese Weise können unter anderem Maschineneinsatzzeiten oder Produktionspläne optimiert werden. Darüber hinaus gibt es noch eine ganze Reihe weiterer mathematischer Planungsverfahren, die hier aber nicht weiter berücksichtigt werden sollen.[1]

Die Planung geht praktisch schwellenlos aus der Analyse hervor. Insofern ist die Trennung der Werkzeuge aus dem Bereich der Analyse und dem der Planung eher theoretischer als praktischer Natur. So kann beispielsweise die weiter unten beschriebene ABC-Analyse als Werkzeug genutzt werden, um die gegebene Kundenstruktur abzubilden oder um die künftigen Betreuungskonzepte zu planen. Beide Werkzeugpaletten werden in dieser Publikation deswegen nicht getrennt, sondern zusammen abgearbeitet. Vor allem soll dadurch deutlich werden, dass der Werkzeugkasten, den die BWL bereitstellt, Hilfsmittel anbietet, die auf viele verschiedene Arten genutzt werden können.

Werkzeuge sind letztendlich nützlich oder wertlos. Entscheidend ist, wozu sie eingesetzt werden und weniger, wozu sie im Prinzip entwickelt wurden. Deswegen werden die einzelnen Kennzahlen, Kennzahlensysteme und Analyse-Tools auch nicht, wie sonst üblich, im Umfeld der für sie typischen Einsatzgebiete oder Betriebsfunktionen erklärt, sondern in einem separaten Kapitelbereich losgelöst beschrieben. Warum soll denn auch beispielsweise die Produktivität oder die Wirtschaftlichkeit als Kennzahl im Bereich der Produktion abgearbeitet werden, wenn auch Personal-, Standort- oder Kapitalproduktivitäten etc. berechnet werden könnten.

Im Folgenden werden zunächst wichtige betriebswirtschaftliche Kennzahlen und Kennzahlensysteme, aber auch zentrale Parameter der Werbeerfolgsmessung vorgestellt.[2] Die ausgewählten Kennzahlen sind wie folgt strukturiert:

- Basiskennzahlen im betrieblichen Alltag (Produktivität, Wirtschaftlichkeit, Rentabilität und Liquidität),
- Kennzahlen aus dem Preismanagement (Umsatz, Kosten, Margen, Deckungsbeitrag),
- Kennzahlen aus Kundenperspektive (Kundenquoten, Customer-Lifetime-Value),
- Kennzahlen aus der Marktperspektive (Marktkennziffern und Marktanteilsquoten, Vertriebskennzahlen).

1 Ausführlich mit den unterschiedlichen Planungsverfahren beschäftigt sich vor allem ein zwar in die Jahre gekommenes, aber im Selbststudium lesbares Lehrbuch über Planungstechniken von Reiner Brehler (Brehler 1998).

2 Einen guten Ein- und Überblick über betriebliche Kennzahlen und Kennzahlensysteme im Controlling bieten die Werke von Krause 2016 und Preißler 2008.

Ergänzt werden die betrieblichen Kennzahlen durch die Vorstellung zentraler Parameter der Werbeerfolgsmessung.
- Kennzahlen aus der Kommunikationspolitik (verschiedene Reichweiten- und Werbedruck-Kennzahlen, Tausender-Preise).

Im Anschluss an die Erklärung dieser Erfolgsparameter werden zwei komplexere Werkzeuge der Erfolgsanalyse, sogenannte Kennzahlensysteme, vorgestellt:
- RoI-Schema und
- Leverage-Effekte (Hebel-Effekte unterschiedlicher Kosten- oder Kapitalstrukturen).

Häufig genutzte Werkzeuge des Managements stellen auch die rein quantitativen Analyseverfahren dar, die Planungsprobleme mithilfe mathematischer Gleichsetzungsverfahren oder der Differentialrechnung gelöst werden. Dazu gehören vor allem:
- Erlösverlaufsanalysen (Suche nach dem Umsatzmaximum),
- Elastizitätenanalyse (Preiselastizität der Nachfrage; Kreuzpreiselastizität),
- Kostenverlaufsanalysen (Suche nach dem Kostenminimum),
- Analyse der optimalen Produktion (Bestimmung der Minimalkostenkombination)
- Break-Even-Analyse (Gewinnschwellenanalyse),
- Gewinnverlaufsanalye (Suche nach dem Gewinnmaximum),
- Trade-off-Analyse (klassische Lagerhaltungsoptimierung),
- lineare Optimierung (Lösung von Gleichungssystemen) und
- Verfahren der statischen und dynamischen Investitionsrechnung

Im Anschluss werden drei verschiedene Typen von Werkzeugen vorgestellt, die für die Analyse und Bewertung von Situationen in der betriebswirtschaftlichen Praxis große Bedeutung haben.

Der erste Typ Werkzeug gehört zu den kumulierenden Verfahren, das eindimensionale Größen zusammenfasst und aggregiert bewertet. Es entstehen Objektgruppen, die als Ganzes eingeordnet und analysiert werden. Die Eindimensionalität ist daran erkennbar, dass die Bezugsgrößen in der Regel Geldeinheiten oder Stückzahlen sind. Die Objektgruppen können Kunden, Märkte oder Materialien etc. sein:
- die ABC-Analyse (quantitativ kumulierendes Verfahren).

Der zweite Typ Werkzeug gehört ebenfalls zu den kumulierenden Verfahren, untersucht die Objektgruppen aber mehrdimensional. Die Mehrdimensionalität ist daran erkennbar, dass die Bezugsgrößen aus höchst unterschiedlichen Bereichen zusammengesetzt werden. Die untersuchten Parameter können sowohl quantitativer als auch qualitativer Natur sein. Es entstehen sogenannte Portfolios. Solche Portfolios können Kunden, Märkte, Mitarbeiter, Assets u. v. a. m. sein. Auch dieses Tool ist quasi universell einsetzbar:
- Portfolio-Analyse (Matrix-Technik; qualitativ kumulierendes Verfahren).

Der dritte Typ Werkzeug stellt ein Verfahren dar, das ebenfalls mehrdimensional ausgerichtet ist, die Problemstellung aber im Zusammenhang mit einem konkreten Objekt untersucht und nicht auf eine Objektgruppe angewendet wird. Die Ergebnisse der Untersuchung sind also nicht für eine Objektgruppe relevant, sondern für ein konkretes Objekt oder Vorhaben. Die Mehrdimensionalität ist auch hier daran erkennbar, dass höchst unterschiedliche (monetäre und nicht-monetäre) Einflüssen untersucht werden:
– die Nutzwertanalyse (Scoring-Modelle; individualisiert und quantitativ ausgerichtet).

Abgeschlossen wird die Vorstellung ausgewählter Werkzeuge im Analyse- und Planungsbereich mit der Darstellung mehrdimensionaler Analyse- und Planungstools im Medienbereich wie der
– Balanced Scorecard als mehrdimensionales Führungssystem,
– Marktsegmentierung (Bestimmung des relevanten Marktes)
– PESTEL-Analyse (Untersuchung der Makroumweltbedingungen),
– Five-Forces-Analyse (Untersuchung der Mikroumweltbedingungen),
– Asset-Analyse (Untersuchung der Ressourcen)
– VRIO-Analyse (Untersuchung der Kernkompetenzen)
– SWOT-Analyse als komplexestes Werkzeug im strategischen Management.

Die SWOT-Analyse wird noch einmal im Themenumfeld der strategischen Unternehmensführung beispielbezogen und ausführlich abgearbeitet (vgl. Kapitel 11.3.7). Das Gleiche gilt für zwei spezifische Matrix-Werkzeuge des Managements, die Zustände in Quadranten bündeln und zur Findung von Normstrategien für die grundsätzliche Ausrichtung eines Medienbetriebes oder eines Unternehmensbereiches wichtig sind. Diese Werkzeuge gehören zur Portfolioanalyse und werden häufig in unterschiedlichsten Betriebsbereichen eingesetzt. Zu den bekanntesten Portfoliotechniken zählen die
– Marktwachstum-Marktanteil-Analyse (BCG-Analyse)
– Marktattraktivität-Wettbewerbsvorteil-Analyse (McKinsey-Analyse).

Auch diese beiden Werkzeuge sind Themengegenstand des strategischen Managements und helfen, die Geschäftsfelder von Medienunternehmen separat auszurichten (vgl. auch zusätzlich Kapitel 17.1).

Sowohl für den Analyse-, Planungs- als auch für den Bewertungs- und den Entscheidungsprozess sind Managementwerkzeuge entwickelt worden, die helfen, Medienunternehmen rational zu führen. Die bekanntesten Managementtechniken werden im Folgenden vorgestellt. Dabei folgt die Vorstellung dem Prozessgedanken, der mit der Abfolge von Analyse, Planung, Bewertung und Entscheidung verbunden ist.

9.1 Wichtige betriebliche Basiskennzahlen

Entscheidungsträger benötigen ein Instrumentarium, das ihnen entscheidungsrelevante Informationen über die wichtigsten betrieblichen Sachverhalte liefert – und das möglichst übersichtlich und in konzentrierter Form (vgl. Preißler 2008: 3 ff.). Die Betriebswirtschaftslehre hat dementsprechend eine große Anzahl an Kennzahlen entwickelt, mit Hilfe derer die Situation in Betrieben oder der Erfolgsgrad von Maßnahmen analysiert werden kann. Einen ersten Eindruck, wie vielschichtig dieses System ist, wurde schon in Kapitel 4.6 vermittelt. Dort gibt vor allem Tab. 4.10 einen komprimierten Überblick über wichtige Parameter. Auch in Kapitel 1.4.3 wurden bereits erste Kennzahlen im Zusammenhang mit der Beschreibung von absoluten und relativen Erfolgszielen vorgestellt (vgl. Tab. 1.6).

Kennzahlen sind nichts anderes als Maßstäbe bzw. quantitative Informationen, die Auskunft über bestimmte Sachverhalte geben. Sie haben die Aufgabe, aus der Flut der betrieblichen Informationen das Wesentliche herauszufiltern. Kennzahlen sind ein unverzichtbares unternehmerisches Führungsinstrument, um die Gesamtzusammenhänge in einem Unternehmen sichtbar zu machen und damit das wichtigste Analyseinstrument zur Erkennung möglicher Schwachstellen (vgl. Preißler 2008: 4). Die Auskunft kann in absoluter Form erfolgen (z. B. Kosten oder Gewinn in Euro oder Beschäftigtenzahl) oder als relativer Wert (z. B. Gewinn im Verhältnis zum Umsatz oder die Eigenkapitalquote, ausgedrückt in Prozent). Sie können Summen darstellen (z. B. Umsatz oder Bilanzsumme), Differenzen ausweisen (z. B. Gewinn oder Deckungsbeitrag) oder Mittelwerte darstellen (z. B. durchschnittlicher Absatz oder durchschnittliche Lagerdauer) etc. Des Weiteren können sie Bestände aufzeigen (z. B. Forderungen, Verbindlichkeiten, Personenbestand, Auftragsbestände etc.) oder Bewegungen innerhalb von Zeiträumen aufzeigen (z. B. Umsätze, Vertriebskosten, Veränderungen im Forderungsbestand etc. je Monat, Quartal oder Jahr).

Für jeden Betriebsbereich (Produktion, Logistik, Finanzierung, Marketing, Personal etc.) gibt es spezifische Kennzahlen. Sie messen den Erfolg eines Unternehmens, machen Perioden-, Standort- und Unternehmensvergleiche möglich, dienen der Beurteilung von Zielerreichungsgraden, lassen Zusammenhänge erkennen und bieten Ansatzpunkte für neue Planungen und Zielsetzungen.

Das zentrale **Problem im Kennzahleneinsatz** liegt darin, dass nicht die Menge, sondern die Aussagekraft und die Sinnhaftigkeit der Kennzahlen entscheidend ist. Deswegen müssen auf das eigene Unternehmen zugeschnittene Kennzahlen entwickelt werden. Die Auswahl sollte immer an den Besonderheiten des jeweiligen Wirtschaftszweiges und der besonderen Situation des Unternehmens ausgerichtet sein. Das heißt: „Jedes Unternehmen, jede Branche, jede Größe erfordert eine spezifische Kennzahlenstruktur, Kennzahlenauswahl und Interpretation“ (Preißler 2008: 9).

So werden Unternehmen, die industrietechnisch produzieren, sicherlich wissen wollen, wie hoch der Material-, der Personal- oder der Energiekostenanteil an einem Produktionsvorgang ist. Das wiederum interessiert einen Filmproduzenten wahrscheinlich eher sehr untergeordnet. Dafür wird ein Unternehmen, das Online-Werbeplätze nutzt, sicherlich wissen wollen, in welchem Umfang ein Werbebanner auf einem Portal Internet-Nutzer dazu animiert, eine konkrete Klick-Reaktion auszuführen oder wie viele Werbekontakte hier auch zu Bestellungen führen.

Alle Unternehmen wiederum haben sicherlich Interesse daran in Erfahrung zu bringen, wie hoch die Kundenabwanderungsquote oder die Mitarbeiterzufriedenheit etc. ist, wie hoch die Deckungsbeiträge der Produkte und Dienstleistungen sind oder der Wert einzelner Kunden oder Kundengruppen bzw. wie oder ob sich all diese Werte im Zeitablauf verändert haben.

Betriebswirtschaftliche Kennzahlen (auch **Key Performance Indicators** (KPI) genannt) unterliegen häufig der Geheimhaltung, werden aber zum Teil auch von den Unternehmen selbst veröffentlicht oder können aus Jahresabschlüssen ermitteln werden.[3]

9.1.1 Produktivität und Wirtschaftlichkeit

Die Produktivität ist eine Kennzahl, die in zwei Varianten berechnet werden kann: entweder als mengen- oder als wertorientierte Effizienz.

Die Produktivität als technische Effizienz

bezeichnet das *mengenmäßige* Verhältnis zwischen Output (Ergebnis der Faktorkombination) und Input (Faktoreinsatz) des Produktionsprozesses. Sie wird wie folgt berechnet:

$$\textbf{technische Produktivität} = \frac{\text{Arbeitsergebnis [ME]}}{\text{Faktoreinsatz [ME]}}$$

Ein Verlag will vielleicht wissen, wie produktiv seine einzelnen Redaktionen arbeiten. Ein Blu-Ray-Produzent will möglicherweise in Erfahrung bringen, welche Kopierstraße am effizientesten funktioniert und eine Druckerei ist eventuell auf der Suche nach verbesserten Rohstoffkombinationen für die Hochglanzveredelung von Druckerzeugnissen.

Immer wird das Produktionsergebnis ins Verhältnis gesetzt zur Einsatzmenge einer bestimmten Ressource. Es können höchst unterschiedliche Produktivitäten berechnet werden. Solche werden auch Teilproduktivitäten genannt, weil sie die Produktivität des Gesamtunternehmens nach spezifischen Produktionsfaktoren gliedern.

3 Eine Vergleichbarkeit von Unternehmen verschiedener Länder ist allerdings oft nur bedingt möglich, da viele Kennzahlen von den Rechnungslegungsvorschriften abhängen, die sich international unterscheiden.

Solche Teilproduktivitäten sind beispielsweise die Arbeitsproduktivität (= Arbeitsergebnis/Arbeitsstunde), die Maschinenproduktivität (= Output in Stück/ Maschinenstunde) oder die Flächenproduktivität (Umsatz/Quadratmeter Ladenfläche).

Da bei der Messung von technischen Effizienzen verschiedene Mengeneinheiten ins Verhältnis gesetzt werden, ergeben sich hier immer Kennziffern wie beispielsweise „Stück/MA", „Beratungszeit/Kunde" oder „Material/Produkt" etc.

Beispiel. Ein Zuliefererbetrieb für einen Musikverlag fertigt am Standort Dortmund mit 60 Mitarbeitern 3.500 Verpackungen für eine Special Edition CD. Der Betrieb hat eine Gesamtfläche von 1.800 qm. Am zweiten Standort in Velbert fertigen im gleichen Zeitraum 55 Mitarbeiter weitere 3.300 Verpackungen auf einer Fläche von 1.700 qm. Die Geschäftsleitung will wissen, welcher Standort die höhere Arbeits- und Flächenproduktivität hat.

$$\text{Arbeitsproduktivität} = \frac{3.500\ \text{Verpackungen}}{60\ \text{MA}} \quad \text{bzw.} \quad \frac{3.300\ \text{Verpackungen}}{55\ \text{MA}}$$

$$\text{Flächenproduktivität} = \frac{3.500\ \text{Verpackungen}}{1.800\ \text{qm}} \quad \text{bzw.} \quad \frac{3.300\ \text{Verpackungen}}{1.700\ \text{qm}}$$

Es zeigt sich, dass der Standort Dortmund mit 58,33 Verpackungen pro Mitarbeiter leicht weniger produktiv ist als der Standort in Velbert mit vergleichsweise 60 Verpackungen. Die Flächenproduktivität hingegen ist mit 1,94 Verpackungen pro Quadratmeter in etwa gleichhoch.

Wenn die technische Produktivität in eine pekuniäre Produktivität (in Geldeinheiten gemessen) übersetzt werden soll, wird die wirtschaftliche Ergiebigkeit analysiert.

Die Produktivität als wirtschaftliche Effizienz

bezeichnet das *wertmäßige* Verhältnis zwischen Output (Ergebnis der Faktorkombination in Geldeinheiten) und Input (Faktoreinsatz in Mengeneinheiten) des Produktionsprozesses. Sie wird wie folgt berechnet:

$$\textbf{wirtschaftliche Produktivität} = \frac{\text{Arbeitsergebnis [GE]}}{\text{Faktoreinsatz [ME]}}$$

Die Ergebnisse dieser Kennzahlen drücken beispielsweise ökonomische Ergiebigkeiten aus wie beispielsweise Materialkosten je Erzeugnis, Umsatz je Quadratmeter Verkaufsfläche oder Personalkosten je Stunde.

Die Wirtschaftlichkeit als Kosten-Nutzen-Relation

gibt an, wie das *wertmäßige* Verhältnis von Ertrag und Aufwand ist. Sie weist die Nutzen-Kosten-Relation aus, während die Produktivität Mengen- oder Geld-Mengen-Verhältnisse beschreibt. Die Wirtschaftlichkeit wird wie folgt berechnet:

$$\textbf{Wirtschaftlichkeit} = \frac{\text{Ertrag [GE]}}{\text{Aufwand [GE]}} \quad \text{bzw.} \quad \frac{\text{Leistung [GE]}}{\text{Kosten [GE]}}$$

Da beide Größen in Geldeinheiten dargestellt werden, ergibt sich mathematisch eine dimensionslose Kennzahl. Diese dimensionslose Kennzahl gibt Auskunft darüber, ob der betriebene Aufwand lohnenswert ist oder nicht. So kann der Verlag nicht nur berechnen, wie viele Zeilen seine Redaktionen pro Arbeitsstunde produzieren, sondern auch darstellen, wie hoch der in Geld ausgedrückte Wertzuwachs (Ertrag bzw. Leistung) gegenüber dem in Geld bewerteten Güterverzehr (Aufwand bzw. Kosten) ist. Um tatsächlich wirtschaftlich zu arbeiten, muss dieser Quotient größer als eins sein. Ist er genau eins, so liegt lediglich eine Kostendeckung vor. Ist er kleiner als eins, wird Verlust gemacht, da in diesem Fall der Aufwand größer ist als der Ertrag.

Beispiel. Eine Fernseh-Crew besteht aus insgesamt 30 Mitarbeitern und produziert ein Wochenformat mit 25 Sendeminuten. Die Gehälter der Team-Mitglieder liegen insgesamt bei 90.000 Euro pro Monat. Zusätzlich fallen First-Copy-Costs in Höhe von 30.000 Euro je Sendung an. Weitere Kosten sollen hier nicht berücksichtigt werden. Das Wochenformat spielt rund 280.000 Euro an monatlichen Werbeeinnahmen ein. Damit ist die Wirtschaftlichkeit dieses Formates 1,33.

$$\text{Wirtschaftlichkeit} = \frac{280.000\,€}{90.000\,€ + 4 \cdot 30.000\,€} = 1{,}33$$

Die Wirtschaftlichkeit ist ein zentrales Kriterium für Investitionsentscheidungen. Sie kann auch – multipliziert mit 100 – in Prozent ausgedrückt werden. Im vorliegenden Fall spräche die Kennziffer für eine Weiterführung des Formates. Je höher das Ergebnis, desto wirtschaftlicher ist das Projekt. Die Kennziffer kann auch eingesetzt werden, wenn der Kostendeckungsgrad eines Projektes ermittelt werden soll.

Aufgaben.

1. Ein Medienbetrieb hat eine 20-köpfige Redaktionsmannschaft, die im Durchschnitt 40 Zeitungsberichte je Tag verfasst. Die Gehälter der Redakteure liegen insgesamt bei 80.000 Euro pro Monat. Die Zeitung wird mit einer Auflage von 100.000 Exemplaren zum Preis von 2,50 Euro verkauft.
   (a) Wie hoch ist die Arbeitsproduktivität je Mitarbeiter?
   (b) Wie hoch ist die Wirtschaftlichkeit der Redaktion?
   (c) Im Folgejahr hat sich die wertmäßige Wirtschaftlichkeit um zehn Prozent erhöht. Nennen Sie bitte mögliche Ursachen dieser Erhöhung.
2. Drei freiberufliche Grafiker (A, B und C) stellen hochwertige Fotocollagen her. Es sind folgende Informationen bekannt: Grafiker A hat einen Honorarsatz von 10 Euro, B von 15 Euro und C von 25 Euro. Innerhalb einer Woche (40 Arbeitsstunden) stellt Grafiker A 30 Collagen, B 24 Collagen und C 20 Collagen her. Die Werke werden am Markt mit unterschiedlichen Preisen gehandelt. Eine Collage

von Grafiker A hat einen Verkaufspreis von 50 Euro, von B einen Verkaufspreis von 120 Euro und jede Collage von Grafiker C kostet 280 Euro. Wie hoch ist
(a) die Produktivität der einzelnen Grafiker und
(b) die Wirtschaftlichkeit der Grafiker?

9.1.2 Die Rentabilität und Liquidität

Die Rentabilität ist eine finale Zielgröße erwerbswirtschaftlich tätiger Unternehmen. Dabei werden die Begriffe Rentabilität und Rendite synonym verwendet.

Die Rentabilität als finanzwirtschaftliche Erfolgskennzahl
drückt aus, in welchem Verhältnis der Gewinn zu dem für die Erwirtschaftung dieses Gewinns durchschnittlich eingesetzten Kapitals steht. Zwei bedeutende Rentabilitätsgrößen sind die Kapitalrentabilität oder die Umsatzrentabilität. Sie werden wie folgt berechnet:

$$\textbf{Kapitalrentabilität}\ (r_K) = \frac{\text{Gewinn}}{\varnothing\ \text{eingesetztes Kapital}} \cdot 100$$

$$\textbf{Umsatzrentabilität}\ (r_U) = \frac{\text{Gewinn}}{\varnothing\ \text{erzielter Umsatz}} \cdot 100$$

Rentabilitätskennzahlen setzen immer eine Ergebnisgröße (Gewinn, Jahresüberschuss, Cash-Flow etc.) ins Verhältnis zu einer Kapital- oder Vermögensgröße (z. B. Eigenkapital, Gesamtkapital, Umsatz etc.) (vgl. Wöhe und Döring 2013: 861).

Solche Kennzahlen machen Unternehmensvergleiche möglich, die aufgrund absoluter Kennzahlen nicht sinnvoll sind. Es würde z. B. wenig Sinn machen, den Gewinn oder den Umsatz zweier sehr unterschiedlich großer Unternehmen zu vergleichen, da das jeweils eingesetzte Kapital ebenfalls höchst unterschiedlich sein kann. Als Rendite (Gewinn in Prozent) ausgedrückt, wird der Vergleich hingegen sinnvoll. So können z. B. unterschiedliche Kapitalrentabilitäten ausgerechnet werden:

$$\textbf{Eigenkapitalrentabilität}\ (r_{EK}) = \frac{\text{Gewinn}}{\text{Eigenkapital}} \cdot 100$$

$$\textbf{Gesamtkapitalrentabilität}\ (r_{GK}) = \frac{\text{Gewinn} + \text{FKZinsen}}{\text{Gesamtkapital}} \cdot 100$$

(mit FKZinsen = Fremdkapitalzinsen) „Für alle kapital- oder umsatzbezogenen Rentabilitätskennzahlen gilt: Je höher ihr Wert, desto besser ist die relative Ertrags- bzw. Selbstfinanzierungskraft des Unternehmens zu beurteilen“ (Krause 2016: 9).

Beispiel. Eine Kreativ-Agentur erwirtschaftet jährlich rund 850.000 Euro Umsatz. Der Gewinn der vergangenen Jahre lag bei durchschnittlich 200.000 Euro. Das Eigenkapital der Agentur wird auf 50.000 Euro beziffert. Das Fremdkapital (Bestand an Verbindlichkeiten) beträgt durchschnittlich 40.000 Euro. Bankkredite nimmt die Agentur so gut wie nicht in Anspruch. Der Umsatz ist also eigenfinanziert.

Damit errechnen sich folgende Kennziffern für die Gesamtkapital- (r_{RGK}), Eigenkapital- (r_{EK}) und Umsatzrentabilität (r_U):

$$\mathbf{r}_{GK} = \frac{200.000\,€}{90.000\,€} \cdot 100 \approx 222\,\%$$

$$\mathbf{r}_{EK} = \frac{200.000\,€}{50.000\,€} \cdot 100 = 400\,\%$$

$$\mathbf{r}_{U} = \frac{200.000}{850.000} \cdot 100 \approx 23{,}53\,\%$$

Die Agentur ist sicherlich besser aufgestellt als viele umsatzmilliardenschwere Industrieunternehmen.

Die Rentabilitätskennziffern zeigen auch auf, dass es immer mehrere Möglichkeiten gibt, Situationen zu verändern. Situationen verändern sich, wenn entweder die Werte im Nenner oder/und die Werte im Zähler verändert werden. Insbesondere bei zusammengesetzten Werten wie die Umsatzrendite wird die Vielschichtigkeit der Hebelansätze sehr deutlich, wie die folgende Formel zeigt (vgl. Krause 2016: 368):

$$\mathbf{r}_U = \frac{\textbf{Gewinn}}{\textbf{Umsatz}} = \frac{\text{Umsatz} - (\text{variable} + \text{fixe Stückkosten}) \cdot \text{Absatzmenge}}{\text{Absatzpreis} \cdot \text{Absatzmenge}}$$

Deutlich wird, dass es vier verschiedene Ansätze gibt, die Umsatzrentabilität zu verändern: über den Güterpreis, die Absatzmenge sowie über die variablen und die fixen Kosten.

Angenommen ein Zeitungsverlag erhöht seine Auflage und erhöht daraufhin seine Werbepreise. Damit steigt der Umsatz. Gleichzeitig gelingt es dem Verlag vielleicht auch noch, die variablen und fixen Stückkosten je Zeitung zu senken (z. B. durch höhere Mengenrabatte beim Papierlieferanten und günstigere Ausnutzung der Produktionskapazitäten). Der Wert im Zähler steigt. Die Rendite steigt.

Gleiches wäre der Fall, wenn der Umsatz sinkt, aber Einsparungen dazu führen, dass die Kosten stärker sinken als der Umsatz.

Es ergeben sich insgesamt 13 Situationskombinationen, die Auswirkungen auf die Umsatzrentabilität haben können: Drei Möglichkeiten, wie die Relation von Zähler und Nenner unverändert bleiben und jeweils fünf Möglichkeiten, wie der Wert der Relation wachsen bzw. sinken kann (vgl. vertiefend Krause 2016: 369 ff.).

Aufgabe. Ein Medienbetrieb erzielt 750.000 Euro Umsatz. Die Kosten, die für diesen Umsatz entstehen, liegen bei 650.000 Euro. Das Eigenkapital des Unternehmens liegt bei 50.000 Euro und das Gesamtkapital bei 950.000 Euro. Ermitteln Sie bitte
(a) die Eigenkapitalrentabilität
(b) die Gesamtkapitalrentabilität und
(c) die Umsatzrentabilität.

Die Liquidität als finanzwirtschaftliche Erfolgskennzahl
ist eine Kennziffer, die auf einen bestimmten Zeitpunkt bezogen Auskunft über die Zahlungsfähigkeit eines Unternehmens zur Abdeckung der kurzfristigen Verbindlichkeiten gibt. Sie bezeichnet deshalb auch die Verfügbarkeit über ausreichend Zahlungsmittel und wird in drei unterschiedlichen Graden berechnet (vgl. Wöhe und Döring 2013: 538):

Liquidität 1. Grades:
Es werden zur Abdeckung der kurzfristigen Zahlungsverpflichtungen allein die liquiden Mittel (Zahlungsmittel) berücksichtigt.

$$\textbf{Liquidität 1. Grades} = \frac{\text{Zahlungsmittel (ZM)}}{\text{kurzfristige Verbindlichkeiten}}$$

Zu den Zahlungsmitteln (ZM) zählen die bilanziellen Aktiv-Positionen Kassenbestand, Bankguthaben und Schecks. Die kurzfristigen Verbindlichkeiten sind der bilanziellen Passivseite zu entnehmen.

Liquidität 2. Grades:
Es werden zur Abdeckung der kurzfristigen Zahlungsverpflichtungen die liquiden Mittel sowie die kurzfristigen Forderungen (kF) berücksichtigt.

$$\textbf{Liquidität 2. Grades} = \frac{\text{ZM + kurzfristige Forderungen (kF)}}{\text{kurzfristige Verbindlichkeiten}}$$

Liquidität 3. Grades:
Es werden zur Abdeckung der kurzfristigen Zahlungsverpflichtungen die liquiden Mittel sowie die kurzfristigen Forderungen und die Vorräte an Roh-, Hilfs- und Betriebsstoffen, unfertigen und fertigen Erzeugnissen berücksichtigt.

$$\textbf{Liquidität 3. Grades} = \frac{\text{ZM + kF + Vorräte}}{\text{kurzfristige Verbindlichkeiten}}$$

Allgemein gilt: „Je größer der Prozentsatz, desto stabiler erscheint die Liquidität gesichert [...]. Im Allgemeinen sollte der Wert 100 % übersteigen. Er kann jedoch auch unterhalb dieser Schwelle liegen, wobei dann davon ausgegangen wird, dass kurzfristig auf weitere Bankkredite zurückgegriffen werden kann." (Krause 2016: 56).

Für die Liquidität dritten Grades gilt allgemein, dass ein Wert von ca. 200 Prozent gefordert wird („Banker's Rule" genannt). „Im Umkehrschluss bedeutet dieses Zahlenverhältnis, dass das kurzfristige Umlaufvermögen zu 50 % mit langfristigem Vermögen finanziert werden sollte." (Krause 2016: 59).

Aufgabe. Ein Medienbetrieb hat 2.000 Euro in der Kasse und 200.000 Euro Guthaben auf dem Bankkonto. Die kurzfristigen Verbindlichkeiten (Eingangsrechnungen) liegen bei 75.000 Euro, die kurzfristigen Forderungen (Ausgangsrechnungen) liegen bei

120.000 Euro. Außerdem verfügt das Unternehmen über halbfertige Produkte (Filmaufnahmen) im Wert von 15.000 Euro. Berechnen Sie bitte die Liquiditätsgrade 1 bis 3 für das Unternehmen.

9.1.3 Zentrale betriebliche Kostengrößen

Kosten sind ganz allgemein negative Folgen der Produktion bzw. der in Geldeinheiten bewertete Verbrauch an Produktionsfaktoren bei der Herstellung von Gütern und Dienstleistungen. Sie dokumentieren den Werteinsatz von Gütern und Dienstleistungen, die zur Leistungserstellung benötigt werden und werden sowohl im internen Rechnungswesen als auch im externen Rechnungswesen sowie in der Kostentheorie thematisiert. (Vgl. Freidank 2012: 10–87).

Kosten können mannigfaltige Bezugspunkte haben und höchst unterschiedliche Fragen des Managements beantworten. Zum einen will das Management beispielsweise wissen, wie hoch die betrieblichen Belastungen sind, die zu Ausgaben führen. Zum anderen müssen Güterpreise berechnet oder die Wirtschaftlichkeit einzelner Betriebsbereiche miteinander verglichen werden. Hierzu ist es notwendig, auch Kosten zu berücksichtigen, die nicht zu Ausgaben geführt haben. Und letztendlich muss auch Klarheit darüber bestehen, wie unterschiedliche Ausbringungsmengen auf die Kostensituation in der Produktion wirken.

Aufgrund dieser verschiedenen Fragestellungen unterscheidet die BWL drei grundsätzlich unterschiedliche Kostenbegriffe:

- Der **pagatorische Kostenbegriff des externen Rechnungswesens**:
  Der Grundsatz der Pagatorik (ital. pagare = zahlen) besagt, dass alle in der Buchführung bzw. der Bilanzierung erfassten Erträge und Aufwendungen auf tatsächlichen Zahlungsvorgängen beruhen müssen. Demnach müssen sämtliche erfassten Erträge auf Einzahlungen, sämtliche erfassten Aufwendungen auf Auszahlungen beruhen. Die Basis des pagatorischen Kostenbegriffs bilden die entsprechenden Buchhaltungsbelege (vgl. Kapitel 19.4).
- Der **kalkulatorische Kostenbegriff des internen Rechnungswesens**:
  Der Grundsatz der Kalkulation (lat. calculatio = Berechnung) dient der Ermittlung der Kosten, die die Leistungserstellung verursacht hat und welchen Leistungen oder Leistungsstellen sie zuzurechnen sind. Kalkulatorischen Kosten müssen kein oder kein gleich hoher Aufwand gegenüberstehen, wie es im externen Rechnungswesen der Fall ist. Der kalkulatorische Kostenbegriff (vgl. Kapitel 18.2) dient der Preiskalkulation, indem auch Kostengrößen in die Preisfindung einbezogen werden, die nicht durch Auszahlungen belegt werden können. Beispiele wären die fiktive Miete für eigene Gebäude, der kalkulatorische Unternehmerlohn oder kalkulatorische Wagniszuschläge. Würden solche Größen bei der Preisfindung nicht berücksichtigt, könnte der festgelegte Preis nicht alle erforderlichen Kosten berücksichtigen und zu niedrig ausfallen.

- Der **produktionstechnische Kostenbegriff der Kostentheorie**:
  Das interne Rechnungswesen basiert auf der Kostentheorie und diese wiederum baut auf der Produktionstheorie auf (vgl. Vahs und Schäfer-Kunz 2015: 448). Während die Produktionstheorie mittels Produktionsfunktionen Zusammenhänge zwischen dem quantitativen Faktoreinsatz und der daraus resultierenden Ausbringungsmenge untersucht, zeigt die Kostentheorie den funktionellen Zusammenhang zwischen den Kosten, die durch den Faktoreinsatz entstehen und der Ausbringungsmenge. Während also die Produktionstheorie den Verbrauch von Mengen und die dadurch bewirkte Mengenerzeugung darstellt, bewertet die Kostentheorie diesen Faktorverbrauch in Geldeinheiten, um die Verbräuche unterschiedlicher Mengen pekuniär vergleichen zu können (vgl. Kapitel 3.7.2 und 10.4.5).

Die jeweiligen Kostenbegriffe werden in den angegebenen Kapiteln näher betrachtet und mit medienrelevanten Beispielen belegt.

9.1.4 Der Deckungsbeitrag (Deckungsspanne)

Der Deckungsbeitragsbetrachtung liegt die Idee zugrunde, dass der Verkaufspreis eines Gutes mindestens die variablen Kosten des Produktes decken muss, da sonst Verluste entstehen, *weil* produziert wird. Wenn beispielsweise der Preis eines Buches nicht einmal die Papier- und Druckkosten decken würde, macht es ökonomisch keinen Sinn, das Buch zu produzieren. Die Untergrenze für einen Produktpreis liegt diesem Gedanken grundsätzlich folgend bei den variablen Kosten, die durch die Produktion etc. entstehen.

Aber selbst wenn diese direkten, ausbringungsmengenabhängigen Kosten erwirtschaftet werden, ist ein Unternehmen auf Dauer kaum überlebensfähig. Die am Markt angebotenen Güter müssen schließlich alle Kosten des Unternehmens – auch die Fixkosten – finanzieren. Erst, wenn das Produkt über die variablen Kosten hinausgehende Beträge erwirtschaftet, bleiben Einnahmen übrig, die zur Deckung der Fixkosten herangezogen werden können. Diese Beträge werden in der Betriebswirtschaft Deckungsbeitrag genannt.

! **Merke:**

Der **Deckungsbeitrag** (DB) ist die Differenz zwischen Erlös und variablen Gesamtkosten ($DB = E - K_V$). Er dient der Deckung der Fixkosten. Nur wenn der Deckungsbeitrag größer ist als die Fixkosten, liegt Gewinn vor. Ist er kleiner, wird Verlust erwirtschaftet. Ist der Deckungsbeitrag gleichhoch wie die Fixkosten, liegt ein Gewinn von null vor. An dieser Stelle liegt ebenfalls der Break-Even-Punkt.

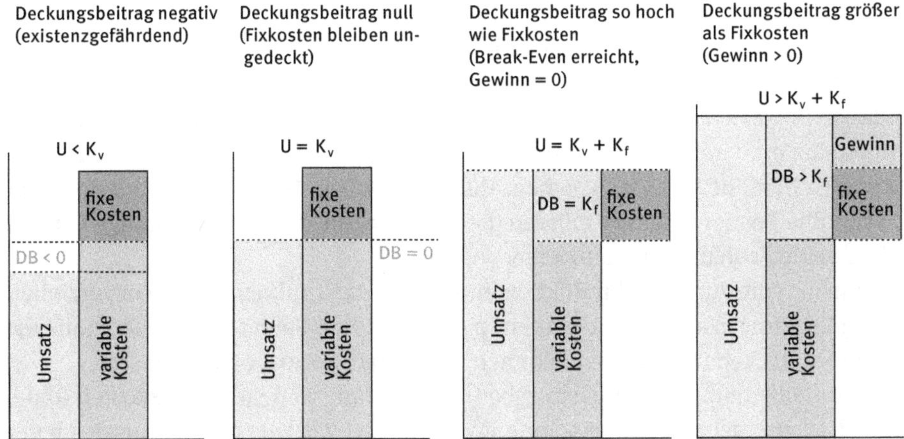

Abb. 9.1: Die Logik des Deckungsbeitrags

Die Logik dieser Definition gibt Abb. 9.1 wieder.

Unter normalen betrieblichen Bedingungen ist nur der Fall ökonomisch von Interesse, in dem der Deckungsbeitrag hoch genug ist, um Gewinne zu erwirtschaften.

Der Deckungsbeitrag als Orientierungsgröße für die Preisgestaltung
bezeichnet die Differenz zwischen Erlösen und variablen Kosten eines Produktes oder einer Dienstleistung. Dieser Geldbetrag dient der Deckung der fixen Kosten in einem Unternehmen.

Wird der Deckungsbeitrag mathematisch definiert, kann er als absoluter Betrag oder in Prozent des Preises bzw. des Umsatzes ausgedrückt werden. Wird der Deckungsbeitrag (auch Deckungsspanne genannt) für ein einzelnes Produkt berechnet, handelt es sich um den Stückdeckungsbeitrag. Bezogen auf die gesamte Absatzmenge, handelt es sich um den Gesamtdeckungsbeitrag. In Prozent ausgedrückt (= relativer Deckungsbeitrag) wird er auch Deckungsbeitragsquote genannt.

Der absolute Deckungsbeitrag
Der absolute Deckungsbeitrag (DB) bzw. Deckungsbeitrag pro Stück (db) wird in Geldeinheiten ausgedrückt und wie folgt berechnet:

$$\mathbf{DB} = \text{Erlös} - \text{variable Gesamtkosten} = E - K_V$$

$$\mathbf{db} = \text{Preis} - \text{variable Stückkosten} = p - k_V$$

Der Deckungsbeitrag kann für Güter, für Produktbereiche, für Perioden und andere Bezugsobjekte (Betriebsbereiche, Verkaufsbezirke, Länder, Personal, Einzelauftrag, Kundensegment etc.) berechnet werden.

Der Deckungsbeitrag gilt als eine der wichtigsten Kennziffern im Betriebsalltag und wird wie folgt hergeleitet:

Die Gesamtkosten teilen sich in variable und fixe Kosten auf. Die variablen Kosten sind dabei produktionsmengenabhängig; die Fixkosten nicht. Würde in einem Betrieb nichts produziert, würden auch keine variablen Kosten anfallen, sondern nur fixe. Diese Fixkosten müssen bezahlt werden. Bezahlt werden können sie also nur, wenn produziert wird, d. h. die Waren- oder Dienstleistungsabgabe erwirtschaftet das notwendige Geld, um die Fixkosten bezahlen zu können. Da bei der Produktion aber auch variable Kosten anfallen, müssen die Umsätze, die durch die Leistungen erzielt werden, beide Kostenarten finanzieren.

Wenn nun die durch die Produktion entstehenden variablen Kosten vom erzielten Preis der Leistungen abgezogen werden ($p - k_V$), müssen Gelder übrigbleiben, die die Fixkosten abdecken (ausgleichen) können, wenn kein Verlust entstehen soll.

Diese Geldsumme wird Deckungsbeitrag genannt, weil sie die Fixkosten abdecken soll. Wenn mehr Deckungsbeitrag erwirtschaftet wird als für den Ausgleich der Fixkosten notwendig ist, entsteht Gewinn. Ist der Deckungsbeitrag kleiner als die Fixkosten, entsteht Verlust. Allgemein gilt: Je höher der Deckungsbeitrag eines Produktes ist, desto attraktiver ist das Leistungsangebot für das Unternehmen.

Die formale Herleitung für den Deckungsbeitrag eines Produktes sieht wie folgt aus:

$$G = U - K$$

$$G = (p \cdot x) - [(k_V \cdot x) + K_f]$$

$$G = x \cdot (p - k_V) - K_f$$

$$p - k_V = \frac{G + K_f}{x}$$

Mit $(p - k_V) = db$ (Stückdeckungsbeitrag) und $x \cdot db = DB$ (Gesamtdeckungsbeitrag) gilt dementsprechend auch für den Gesamtdeckungsbeitrag:

$$DB = x \cdot db = x \cdot (p - k_V) = U - K_V$$

Da, wie oben abgebildet, allgemein gilt:

$$G = U - K$$

Damit gilt auch:

$$G = U - K_V - K_f$$

$$G = DB - K_f$$

$$DB = G + K_f$$

Aus beiden Herleitungen bzw. Schlussformeln wird ersichtlich, dass der Deckungsbeitrag für den Fall, dass der Gewinn null ist, exakt so hoch ist wie die Fixkosten, diese also vollends abdeckt. Über den Deckungsbeitrag (DB) bzw. den Stückdeckungsbeitrag (db) kann dementsprechend auch eine Gewinnschwellenanalyse durchgeführt werden (vgl. Break-Even-Point in Kapitel 10.1.6).

Mithilfe des Deckungsbeitrags können wichtige produktions- und marktbezogene Eckpunkte hergeleitet werden, wie das folgende Beispiel zeigt.

Beispiel. Die Fixkosten (K_f) eines Medienbetriebs liegen bei 42.000 Euro. Die Produktionsmenge bzw. Absatzmenge (x) beträgt 20.000 Einheiten, wenn alle Kapazitäten voll ausgenutzt werden. Die variablen Kosten pro Mengeneinheit (k_v) liegen bei 18 Euro. Der am Markt erzielbare Preis (p) beträgt derzeit 24 Euro.

1. Die Geschäftsleitung möchte zunächst einmal wissen, wie hoch der Mindestabsatz (also die kritische Absatzmenge sein muss, um wenigstens keinen Verlust (G = 0) zu erwirtschaften. Dies ist genau dann der Fall, wenn der Deckungsbeitrag genau so groß ist, wie die Fixkosten im Unternehmen.

Die Geschäftsleitung rechnet (die obige Gleichung für die Berechnung des Stückdeckungsbeitrags (db) nutzend) für die Ermittlung der kritischen Absatzmenge ($x_{krit.}$) wie folgt:

$$db = p - k_v = \frac{G + K_f}{x}$$

nach der Menge (x) umgestellt folgt:

$$x_{krit.} = \frac{G + K_f}{db} = \frac{G + K_f}{p - k_v} = \frac{0 + 42.000}{24 - 18} = 7.000 \text{ Stck} .$$

Bei dem gegebenen Preis von p = 24 Euro muss der Betrieb mindestens 7.000 Stück (= kritische Absatzmenge) absetzen, um keinen Verlust (G = 0) zu machen.

2. Jetzt will die Geschäftsleitung noch wissen, wie stark der Bruttogewinnzuschlag (siehe oben „Gewinnmarge") auf jedes Stück maximal zurückgehen darf, ohne dass Verluste erwirtschaftet werden. Das heißt, es wird der Mindeststückdeckungsbeitrag ($db_{krit.}$) gesucht, der sich bei Erreichen der Gewinnschwelle ergibt, wenn die Vollbeschäftigung aufrechterhalten werden soll.

Die Geschäftsleitung rechnet wie folgt:

$$db_{krit.} = \frac{G + K_f}{x} = \frac{0 + 42.000}{20.000} = 2{,}10 \text{ Euro}$$

Also liegt die kritische Preisgrenze, die bei Vollbeschäftigung gerade noch die Kosten deckt, bei einem Preis von 20,10 (= 18 Euro + 2,10 Euro Stückdeckungsbeitragsaufschlag).

Der relative Deckungsbeitrag (Deckungsbeitragsrate)

Der relative Deckungsbeitrag oder auch Deckungsbeitragsrate genannt, gibt Auskunft darüber, wie hoch der Anteil des Deckungsbeitrags am Umsatz bzw. der Deckungsspanne am Preis ist und wird in Prozent angegeben.

$$\mathbf{DBR} = \frac{DB}{U} \cdot 100$$

$$\mathbf{dbr} = \frac{db}{p} \cdot 100$$

Je höher die Deckungsbeitragsrate ist, desto größer ist die Attraktivität des Leistungsangebotes, denn es zeigt, wieviel Prozent des Umsatzes bzw. des Preises nicht von den variablen Kosten in Anspruch genommen werden.

Ist die durchschnittliche Deckungsbeitragsrate, die ein Produkt oder ein anderes Bezugsobjekt erwirtschaftet bekannt, kann das Management beispielsweise leicht sehen, wie weit der Betriebsbereich umsatztechnisch noch von der Gewinnschwelle entfernt ist, bzw. wie weit diese schon überschritten wurde.

Dieser Punkt wird auch **Cash Point** genannt. „Vor allem in Krisenzeiten mit geringer Nachfrage (und knapper Liquidität) sowie meist erheblich unterausgelasteten Kapazitäten ist dieser Schwellenwert von besonderer betriebswirtschaftlicher Bedeutung." (Schierenbeck und Wöhle 2016: 197).

Beispiel. Das Management will wissen, wie hoch der kritische Umsatz ist, um die Gewinnschwelle zu erreichen. Das heißt, wieviel Umsatz das Unternehmen machen muss, um keinen Verlust zu erwirtschaften. Die Vergangenheit hat gezeigt, dass die Deckungsbeitragsrate einer Region in Bezug auf die Unternehmensleistung bei 40 Prozent liegt. Die Fixkosten der Region, die durch den Deckungsbeitrag gedeckt werden müssen, liegen bei 20.000 Euro pro Periode. Das Management rechnet (die obige Gleichung für die Berechnung der Deckungsbeitragsrate (DBR) nutzend) wie folgt:

$$\text{DBR} = \frac{\text{DB}}{\text{U}} \quad \Rightarrow \quad \text{U}_{\text{krit.}} = \frac{\text{DB}}{\text{DBR}}$$

$$\text{U}_{\text{krit.}} = \frac{\text{DB}}{\text{DBR}} = \frac{20.000 \text{ Euro}}{0{,}40} = 50.000 \text{ Euro}$$

In der Region müssen also 50.000 Euro Umsatz gemacht werden, um die Fixkosten aus eigener Kraft decken zu können. Jeder Umsatz über 50.000 Euro hinaus ist Gewinn.

Neben der rein mathematischen Betrachtung kann der Deckungsbeitrag auch inhaltlich definiert und berechnet werden. Dies geschieht in der **Deckungsbeitragsrechnung**, die im internen Rechnungswesen eingesetzt wird. Mithilfe dieses Instrumentes werden die einzelnen Umsatz- und Kostenbestandteile in spezifischen Kategorien aufgeteilt und zusammengetragen. Das Ergebnis besteht aus unterschiedlichen Deckungsbeitragsgraden, die sehr hilfreich sein können, wenn Produkte oder Produktbereiche hinsichtlich ihrer Rentabilität bzw. ihrem Beitrag zum Betriebsgewinn o. ä. untersucht werden sollen.

Wie die Deckungsbeitragsrechnung innerhalb des praktischen Unternehmensalltags von Medienbetrieben aufgebaut ist und funktioniert, wird in Kapitel 20.2 erläutert.

Aufgabe. Ein Verlag produziert 420.000 Taschenkalender. Die fixen Kosten betragen 50.000 €. Die gesamten variablen Kosten liegen bei 126.000 €. Der Markt diktiert einen Preis in Höhe von 0,50 € pro Kalender.

1. Wie hoch ist der Deckungsbeitrag je Taschenkalender?
2. Wie hoch ist die Deckungsbeitragsrate je Taschenkalender?
3. Wie hoch ist der Periodenerfolg (Gewinn)?

4. Wie hoch muss die Auflage mindestens sein, um keinen Verlust zu erwirtschaften?
5. Wie hoch muss der Umsatz mindestens sein, um keinen Verlust zu erwirtschaften?

9.1.5 Die Handels- und Gewinnspanne (Margen)

Zu den im Preismanagement einschlägigen Grundlagenkennzahlen gehören neben dem Deckungsbeitrag insbesonendere die Handelsspanne, die Gewinnspanne sowie die Preiselastizität der Nachfrage. Sie dienen vor allem dem Marketing, um marktfähige bzw. nachfrageorientierte Preise definieren zu können.

Die Handelsspanne als Größe des Rohertrags für Handelsunternehmen
ist eine Kennziffer, die ausdrückt, wie groß der Unterschied zwischen dem Nettoverkaufspreis und dem Einstandspreis einer Ware ist. Andere Kosten als der Waren- bzw. Materialeinsatz werden nicht berücksichtigt. Deswegen spricht die BWL auch von Rohertrag. Die Handelsspanne wird in Geldeinheiten oder Prozent angegeben.

Als absolute Kennziffer wird sie entweder für eine Periode oder pro Stück wie folgt berechnet:

$$\textbf{Handelsspanne}\text{ in €} = \text{Nettoverkaufspreis} - \text{Einstandspreis}$$

Der Nettoverkaufspreis berechnet sich dabei als Listenpreis (Bruttoverkaufspreis) abzüglich eingeräumter Rabatte, Boni und Skonti etc. Der Einstandspreis berechnet sich aus Einkaufspreis zuzüglich Bezugskosten. Die Umsatzsteuer spielt hier keine Rolle und wird nicht berücksichtigt.

Die Handelsspanne ist Bestandteil des Verkaufspreises und kann dementsprechend auch prozentual ausgedrückt werden.

$$\textbf{Handelsspanne}\text{ in \%} = \frac{\text{Nettoverkaufspreis} - \text{Einstandspreis}}{\text{Nettoverkaufspreis}} \cdot 100$$

In diesem Fall gibt die Handelsspanne an, wie groß der Anteil der absoluten Handelsspanne am Nettoverkaufspreis ist.

Beispiel. Ein Elektronikmarkt verkauft Musik-CDs. Er kauft die CDs zu einem Stückpreis von 9,75 Euro ein. Die Bezugskosten liegen bei 0,25 Euro. Der Wareneinstandspreis liegt damit bei 10,00 Euro. Der Listenpreis im Laden beträgt 14,00 Euro. In einer Werbeaktion will der Elektronikmarkt 20 Prozent (2,80 Euro) Rabatt auf den Listenpreis einräumen.

Die Handelspanne beträgt außerhalb der Werbeaktion 4 Euro; während der Werbeaktion 1,20 Euro pro Stück. Prozentual liegt die Handelsspanne bei 28,57 Prozent bzw. 10,71 Prozent:

$$\text{Handelsspanne}_{\text{normal}}\text{ in \%} = \frac{14\text{ Euro} - 10\text{ Euro}}{14\text{ Euro}} \cdot 100 = 28{,}57\,\%$$

$$\text{Handelsspanne}_{\text{Werbeaktion}}\text{ in \%} = \frac{11{,}20\text{ Euro} - 10\text{ Euro}}{11{,}20\text{ Euro}} \cdot 100 = 10{,}71\,\%$$

Anmerkung: Die Handelsspanne ist das Komplement zur Wareneinsatzquote. Liegt beispielsweise der Wareneinsatz bei 10 Euro und der Umsatz bei 14,00 Euro bzw. 11,20 Euro, so beträgt die Wareneinsatzquote rund 71,43 Prozent bzw. 89,29 Prozent.

Wenn Handelsunternehmen ausgehend vom Einstandspreis einen festen Kalkulationszuschlag berechnen wollen, um ihre Marge zu sichern, berechnen sie einen Aufschlag auf den Einstandspreis. Diese Größe wird auch **Aufschlagspanne** genannt.

$$\textbf{Kalkulationszuschlag} \text{ in } \% = \frac{\text{Nettoverkaufspreis} - \text{Einstandspreis}}{\text{Einstandpreis}} \cdot 100$$

Bezogen auf das Beispiel des Elektronikmarktes, ergibt sich somit ein Kalkulationszuschlag außerhalb der Werbeaktion in Höhe von 40 Prozent und innerhalb der Werbeaktion in Höhe von 12 Prozent.

Die Gewinnspanne als Ergebnisgröße für Unternehmen
ist eine Maßzahl für den Erfolg, der mit einem Produkt bzw. einer Produktgruppe oder mit einer Dienstleistung erzielt wird.

Als absolute Gewinnspanne (Erlös – Kosten) drückt sie aus, wie hoch der Gewinn pro Leistungseinheit ist.[4] Als prozentuale Größe kann sie je nach gewählter Bezugsbasis den Charakter eines prozentualen Gewinnaufschlags oder Gewinnabschlags besitzen. Bei der Berechnung des Gewinnabschlags wird untersucht, wie hoch der im Verkaufspreis inkludierte Gewinnanteil ist. Wird der Gewinnaufschlag berechnet, gibt er an, wieviel Prozent auf die Selbstkosten aufgeschlagen werden, um den Verkaufspreis zu berechnen.

$$\textbf{Gewinnspanne} \text{ in } € = \text{Nettoverkaufserlös} - \text{Selbstkosten}$$

$$\textbf{Gewinnspanne}_{\text{Aufschlag}} \text{ in } \% = \frac{\text{Nettoverkaufspreis} - \text{Selbstkosten}}{\text{Selbstkosten}} \cdot 100$$

$$\textbf{Gewinnspanne}_{\text{Abschlag}} \text{ in } \% = \frac{\text{Nettoverkaufspreis} - \text{Selbstkosten}}{\text{Nettoverkaufspreis}} \cdot 100$$

Selbstkosten setzen sich aus den Herstellungs-, Verwaltungs- und Vertriebskosten zusammen. Die Herstellungskosten setzen sich aus den Material- und den Fertigungskosten zusammen. Die Selbstkosten zuzüglich der Gewinnmarge ergeben den Verkaufspreis. Aussagekräftiger als diese absolute Zahl ist der Anteil der Gewinnspanne an den Selbstkosten bzw. am Netto-Verkaufspreis.

4 Im Bereich der Kosten- und Leistungsrechnung (vgl. Kapitel 20.2) wird hier zwischen dem Nettogewinn und dem Bruttogewinn unterschieden. Der Nettogewinn wird bei Vollkostenbetrachtung berechnet; und zwar aus der Differenz von Umsatzerlösen und den Vollkosten des Produktes. Der Bruttogewinn wird bei Teilkosten berechnet; und zwar als Differenz aus Umsatzerlösen und Einzelkosten. Werden die Einzelkosten als variable Kosten definiert, ist der Bruttogewinn gleich dem Deckungsbeitrag.

Beispiel. Ein PC-Game wird für 35 Euro in den Handel gegeben. Die Kosten für Herstellung, Marketing und Vertrieb liegen bei 20 Euro je Exemplar. Der Netto-Stückgewinn liegt entsprechend bei 15 Euro je Stück. Der Gewinnspannenaufschlag liegt bei 75 Prozent und der Gewinnspannenabschlag liegt bei rund 42,85 Prozent pro Game. Das bedeutet kalkulatorisch, dass auf die Selbstkosten 75 Prozent aufgeschlagen werden, um den Verkaufspreis zu bestimmen. Umgekehrt müssen rund 42,85 Prozent vom Verkaufserlös abgezogen werden, wenn die Gewinnmarge bestimmt werden soll.

Tabelle 9.1 gibt anhand eines fiktiven Beispiels Auskunft über die Margenstruktur von Absatzkanälen und verdeutlicht das Kalkulationsprinzip der Marktbeteiligten für ein beliebiges Produkt:

Tab. 9.1: Margenstruktur am Beispiel von Absatzkanälen

	Hersteller	Distributor	Einzelhändler
Kosten bzw. Einkaufspreis	20 €	40 €	50 €
Aufschlag	100 %	25 %	39 %
Verkaufspreis	40 €	50 €	69,5 €
Spanne	50 %	20 %	28 %

In diesem Beispiel beträgt der gesamte Aufschlag der Vertriebskette 49,50 Euro und damit 247,5 Prozent der Herstellungskosten. Die Spanne der gesamten Vertriebskette beträgt 70,37 Prozent [= (67,50 Euro – 20 Euro)/67,50 Euro) · 100].

Aufgabe. Eine Blu-Ray wird vom Filmproduzenten mit einem Gewinnaufschlag von 50 Prozent an einen internationalen Distributor verkauft. Die Herstellungskosten je Blu-Ray liegen bei 7,85 Euro je Exemplar für den Hersteller.

Der Distributor hat sonstige Warenbezugskosten in Höhe von 0,20 Euro je Blu-Ray. Er verkauft die Blu-Rays für 15,35 Euro an den Einzelhandel und dieser wiederum für 20,75 Euro an seine Endkunden. Die logistischen Warenbezugskosten für den Einzelhändler liegen bei 0,40 Cent je Blu-Ray. Die Verwaltungskosten der drei Marktbeteiligten liegen bei jeweils 0,15 Euro.

1. Wie hoch sind die jeweiligen Netto-Stückgewinne?
2. Wie hoch sind die jeweiligen Gewinnspannenaufschläge?
3. Wie hoch sind die prozentualen Handelspannen bzw. Gewinnmargen?
4. Wie hoch muss der Einzelhandelspreis gesetzt werden, wenn der Händler einen grundsätzlichen Kalkulationszuschlag (Handelsmargenaufschlag) in Höhe von 30 Prozent berechnet?

9.1.6 Kundenquoten und Customer-Lifetime-Value (CLV)

Im Hinblick auf die Kundenperspektive sind häufig ganz einfache Kennzahlen wie beispielsweise die Kundenzugangsquote und die Kundenabgangsquote alltagsrelevant, aber auch Kennzahlen, die – wie der Customer-Lifetime-Value (CLV) – wesentlich komplexer sind. Von besonderem Interesse sind solche Quoten im Umfeld des Kundenbeziehungsmanagements (Customer Relationship Management, CRM).

Kundenzugangs- bzw. Kundenabgangsquoten
geben prozentual Auskunft darüber, wie hoch die Anzahl der neuen bzw. beendeten Kundenbeziehungen in Bezug auf die Menge der Anfangsbestandskunden in einem Zeitraum ist.

$$\text{Kundenzugangs(abgangs)quote} = \frac{\text{Anzahl neuer (bzw. beendeter) Kundenbeziehungen}}{\text{AnfangsbestandanKundenbeziehungen}} \cdot 100$$

Die Quoten werden auch als Hilfsgrößen herangezogen, wenn die Zufriedenheit der Kunden eruiert werden soll oder wenn ermittelt wird, ob sich die Präferenzen der Kunden im Laufe der Zeit ändern. Nicht zuletzt können mit diesen Kennzahlen auch Rückschlüsse auf den Erfolg eigener Werbeaktionen bzw. auf den Erfolg von präferenzschaffenden Aktionen der Wettbewerber gezogen werden. Besonders interessant wird die Auswertung, wenn damit festgestellt werden kann, ob es sich bei den gewonnenen oder verlorenen Kunden um A-, B- oder C-Kunden handelt (vgl. Kapitel 11.2.1).

Customer-Lifetime-Value (CLV)
gibt in Geldeinheiten gemessen Auskunft darüber, ob eine aktuelle oder potenzielle Kundenbeziehung aus investitionspolitischer Sicht als ökonomisch positiv zu bewerten ist. Dabei bezeichnet der Begriff „Lifetime" die Dauer der Kunden- bzw. Geschäftsbeziehung. Dieser Wert wird erhoben, weil daraus ablesbar wird, wie viel Budget z. B. die Marketingabteilung bei einer vorgegebenen Gewinnmarge freigeben kann, um einen Kunden zu binden oder zu akquirieren (vgl. Krause 2016: 159).

Der Customer-Lifetime-Value misst den abgezinsten Kapitalwert (Netto-Deckungsbeitrag) eines Kunden. Er bewertet Kundenbeziehungen zukunftsorientiert. Die Berechnung gehört zu den dynamischen Verfahren der Investitionsrechnung. Der CLV wird allgemein wie folgt berechnet:

$$CLV_0 = -A + \sum_{t=0}^{n} d_t \cdot (1 + i)^{-t}$$

(mit CLV_0 = Kapitalwert in Periode t = 0, t = Periodenindex, n = Zahl der betrachteten zukünftigen Perioden (meist Jahre), A = Anfangsinvestition, d_t = Einzahlungsüberschüsse in Periode t, i = Kalkulationszinsfuß).

Soweit der Wert größer als null ist, ist die berechnete Investition in den Kunden sinnvoll. Diese Wertermittlung unterliegt allerdings einer großen Irrtumsbehaftung, da künftige Umsätze prognostiziert werden. Außer für den Fall, dass vertraglich festgelegte Ein- und Auszahlungsströme vorliegen, muss genau abgeprüft werden, wie wahrscheinlich die getroffenen Zukunftsannahmen sind.

Beispiel. Ein selbstständiger Medienberater bereitet einen exklusiven Jahresanfangsevent vor, zu dem er seine wichtigen Kunden einladen möchte. Je Kunde wird der Event rund 2.500 Euro kosten. Zwar sieht der Medienberater den Event als Kundenbindungsmaßnahme und Investition in die Kundenbeziehung, aber er möchte nur Kunden einladen, die auf den Zeitpunkt des Events abgezinst mindestens einen Kundendeckungsbeitrag in Höhe von 25.000 Euro erbringen.

Da sich der Kundenberater bei einem Kunden, der umsatztechnisch im mittleren Bereich liegt, nicht sicher ist, ob er ihn einladen soll, überlegt er wie folgt: Die Geschäftsbeziehung mit diesem Kunden ist vertraglich auf drei Jahre ausgelegt. In dieser Zeit erwirtschaftet der Berater im ersten Jahr 15.000 Euro, im zweiten Jahr 5.000 Euro und im dritten Jahr 10.000 Euro Kundendeckungsbeitrag (= Umsatz – kundenspezifische Kosten). Der Berater rechnet mit einem Diskontierungsfaktor von 8 %.

Damit ergibt sich nach der Kapitalwertmethode folgende Rechnung:

$$\text{CLV} = -2.500 + \frac{15.000}{1{,}08^1} + \frac{2.000}{1{,}08^2} + \frac{15.000}{1{,}08^3} \approx 25.011 \text{ Euro}$$

Mit insgesamt rund 25.000 Euro Kundendeckungsbeitrag erfüllt dieser Kunde gerade noch die Mindestbedingung des Gastgebers und kann sich über eine Einladung freuen.

Schwieriger wird die Berechnung, wenn deutlich mehr Daten in die Berechnung einfließen und Durchschnittsgrößen über alle Kunden hinweg zu ungenau werden. So könnten verschiedene Kundensegmente auch unterschiedliche Kennziffern aufweisen und auch die Beziehungszeit und die Wiederkaufsrate (Retention Rate) liegt nicht immer vertraglich fest, sondern muss über Wahrscheinlichkeiten oder Durchschnittswerte des betreffenden Kundensegments geschätzt werden. Da auch der Diskontierungsfaktor einen großen Einfluss auf die Höhe des Kapitalwertes hat, muss auch dieser mit Bedacht gewählt werden. Er sollte die Kapitalkosten und das Risiko widerspiegeln. Denn wenn der Kunde trotz aller Prognosen abspringt, wird die Amortisation der Akquisitionskosten unmöglich. Sie müssten abgeschrieben werden.

Eine Berechnungsweise des CLV mit Berücksichtigung von Unsicherheit kann beispielsweise wie folgt aussehen:

$$\text{CLV}_0 = -\text{AK} + \sum_{t=0}^{n} \frac{(\text{KDB}_t - \text{MK}_t) \cdot \text{RR}^t}{(1+i)^t}$$

(mit CLV = Kapitalwert des Kunden in Periode t = 0, t = Periodenindex, n = Zahl der betrachteten zukünftigen Perioden (meist Jahre), AK = Akquisitionskosten für einen bestimmten Kunden, KDB = Kundendeckungsbeitrag (Kundenumsatz – Kundenbetreuungskosten), RR = Retention Rate (Wiederkaufsrate), i = Kalkulationszinsfuß)

Beispiel. Ein Grafiker betreut viele kleinere Kunden im Bereich Web-Design. Da sich ein freier Mitarbeiter für eine Beteiligung an der Agentur interessiert, will der Grafiker wissen, wie hoch der durchschnittliche Wert seiner Kunden auf heute diskontiert ist, um einen Preis für die Beteiligung nennen zu können.

Es liegen folgende Daten vor: Der jährliche Umsatz je Kunde beträgt ungefähr 2.000 Euro. Der aus diesem Umsatz resultierende Kundendeckungsbeitrag liegt bei ca. 1.500 Euro. Die direkten Kundenbetreuungskosten betragen durchschnittlich 200 Euro pro Jahr. Die Wiederkaufsrate der Kunden liegt erfahrungsgemäß bei 85 Prozent. Die Geschäftsbeziehung hält in der Regel fünf Jahre. Die Akquisitionskosten betragen durchschnittlich 400 Euro pro Kunden. Die Kapitalkosten und das Risiko des Kundenausfalls kalkuliert der Grafiker mit einem Zinssatz in Höhe von insgesamt zehn Prozent.

Er rechnet wie folgt:

$$\begin{aligned} \text{CLV} &= -400 + \frac{1.300 \cdot 0{,}85^1}{1{,}1^1} + \frac{1.300 \cdot 0{,}85^2}{1{,}1^2} + \frac{1.300 \cdot 0{,}85^3}{1{,}1^3} \\ &\quad + \frac{1.300 \cdot 0{,}85^4}{1{,}1^4} + \frac{1.300 \cdot 0{,}85^5}{1{,}1^5} \\ &= 3.202{,}25 \end{aligned}$$

Jeder der Kunden, der in die gewählte Kategorie gehört, ist heute rund 3.200 Euro wert.

Aufgabe. Ein neues Produkt soll entwickelt und auf den Markt gebracht werden. Die F&E-Kosten betragen 10.000 Euro. Die Markteinführungskosten liegen bei rund 80.000 Euro. In diesen 80.000 Euro ist eine Lizenz für 10.000 Euro enthalten. Alle Aufwendungen fallen im Jahre 2018 an. Im Jahr 2018 – also bereits im Jahr der Investition – werden voraussichtlich schon 10.000 Euro Überschuss erwirtschaftet. In den Folgejahren liegen die Überschüsse höchstwahrscheinlich bei 30.000 Euro. Aber es werden auch noch jeweils zusätzlich Werbeaufwendungen in Höhe von 5.000 Euro p.a. fällig. Die Lebenszeit des Produktes wird wahrscheinlich vier Jahre nach Einführung (2022) enden. 2022 kann die Lizenz noch für 5.000 Euro weiterverkauft werden. Der Unternehmer muss die Investition voll über Kredite finanzieren. Der Kapitalmarktzins liegt derzeit bei 6 Prozent. Das Risiko, dass die Umsätze nicht erreicht werden, will sich der Unternehmer mit zusätzlich 4 Prozent Risikozuschlag bezahlen lassen.

1. Lohnt sich die Markteinführung unter diesen Bedingungen?
2. Wie sieht die Situation aus, wenn der Unternehmer noch vorsichtiger rechnet und unter sonst gleichen Bedingungen annimmt, dass die Wahrscheinlichkeit, dass die jährlichen Einnahmeüberschüsse generiert werden, in den ersten zwei Jahren bei 90 Prozent und in den letzten beiden Jahren nur bei 85 Prozent liegen und lediglich der Lizenzverkauf umsatzsicher ist?

9.1.7 Marktvolumen, Marktpotenzial und Marktsättigungsgrad

Die Marktperspektive macht die Sicht des Managements auf die externen Umfelder, in die ein Medienbetrieb eingebettet ist, sichtbar. Diese Sicht ist immer dann von Bedeutung, wenn die Attraktivität (z. B. Größe, Potenzial etc.) des Marktes und die eigene Wettbewerbsposition in diesem Markt oder in Bezug zu den Wettbewerbern bestimmt werden soll. Letztendlich wird der Unternehmenserfolg maßgeblich auch von diesen externen Größen beeinflusst. Zu den wichtigen Basiskennzahlen der Marktperspektive gehören das Marktvolumen, das Marktpotenzial, der Marktsättigungsgrad, der absolute und relative Marktanteil sowie der Grad der Verfügbarkeit der Unternehmensleistungen. Marktliche Kennzahlen untersuchen also die Situation auf den Absatzmärkten. Diese Kennzahlen werden im Folgenden kurz skizziert.

Marktvolumen

Das Marktvolumen entspricht dem realisierten Absatz oder Umsatz aller Anbieter in einem Markt. Dementsprechend kann das Marktvolumen mengen- oder wertmäßig formuliert werden.

Beispiel. Das Netto-Werbemarktvolumen im Bereich Fernsehen lag im Jahr 2016 bei rund 4,56 Mrd. Euro, das des Tageszeitungmarktes bei 2,53 Mrd. und das der Anzeigenblätter bei 1,92 Mrd. Euro (vgl. Dreiskämper 2017: 131). Der Gamesmarkt hatte zwischen November 2013 und März 2017 ein Gesamtmarktvolumen von 89 Mio. verkauften stationären Konsolen.

Marktpotenzial

Das Marktpotenzial umfasst das bestehende und das noch nicht ausgeschöpfte Marktvolumen. Das Marktpotenzial gibt somit die maximal erreichbare Absatzmenge (bzw. den maximal erreichbaren Umsatz) an, wenn alle potenziellen Käufer ihren Bedarf decken würden. Berechnet wird es wie folgt:

$$Q = n \cdot x \cdot q \cdot p \cdot t$$

(mit Q = Marktpotenzial, n = Anzahl der potenziellen Käufer, x = Kaufmenge je Kaufakt, q = Kauffrequenz je Jahr, p = Durchschnittspreis des Gutes, t = Dauer des Produktlebenszyklus in Jahren).

So wird beispielsweise zu berechnen versucht, wie groß das Potenzial für den Verkauf von virtuellen Gütern in kostenlosen Online-Spielen ist, um das Geschäftsmodell zu untermauern oder um die Profitabilität kostenloser Games zu prognostizieren. Auch produktionstechnischen Investitionsentscheidungen liegen Marktpotenzialanalysen zugrunde. Sie sind z. B. ausschlaggebend dafür, ob Produktionskapazitäten weiter ausgebaut werden sollten. Im Übrigen ist ein Markt mit noch großem Potenzial (in der Regel ein junger Markt) auch aus kostentechnischer Sicht attraktiver, weil es einfacher und kostengünstiger ist, Kunden zu gewinnen, die noch nicht an eine Marke gebunden sind als Verdrängungswettbewerb betreiben zu müssen, weil Wachstum nur noch durch Abwerbung von Konkurrenzkunden möglich ist.

Marktsättigungsgrad

Der Grad der Marktsättigung (in Prozent) gibt an, wieviel des gesamten Marktpotenzials bereits befriedigt ist. Die Marktsättigung als Kennziffer relativiert das Marktvolumen im Verhältnis zum Marktpotenzial. Das Volumen und das Potenzial werden beide jeweils entweder in Euro oder in Stück angegeben:

$$\textbf{Marktsättigungsgrad}\text{ in \%} = \frac{\text{Marktvolumen}}{\text{Marktpotenzial}} \cdot 100 \qquad (1)$$

Ein Markt gilt dann als gesättigt, wenn der realisierte Absatz dem maximal möglichen Marktpotenzial entspricht. Marktwachstum ist hier nicht mehr möglich. Allenfalls kann der eigene Anteil am Marktvolumen durch Verdrängungswettbewerb zulasten der Konkurrenten erzielt werden.

Beispiel. In einem Marktsegment für Tonträger wurde im vergangenen Geschäftsjahr ein Marktvolumen von 500.000 Euro erzielt. Dies entspricht einem Marktsättigungsgrad von 72 Prozent. Die Geschäftsführung eines der Marktteilnehmer will wissen, wie hoch das Marktpotenzial gewesen ist. Der Marketingmitarbeiter rechnet wie folgt:

Ist der Marktsättigungsgrad bekannt, kann das Marktpotenzial durch Umstellung der Gleichung dargestellt werden. Aus (1) folgt:

$$\textbf{Marktpotenzial}\text{ in €} = \frac{\text{Marktvolumen in €}}{\text{Marktsättigungsgrad in \%}} \cdot 100$$

Damit ergibt sich:

$$\text{Marktpotenzial} = \frac{500.000}{72} \cdot 100 = 694.444{,}44\,€$$

9.1.8 Marktanteile und Distributionsgrade

Der Marktanteil ist eine Kennziffer, die den Marktanteil des eigenen Unternehmens ins Verhältnis setzt zur Größe des Marktes oder zur Größe eines Konkurrenten (in der Regel: des größten Konkurrenten) und kann durch zwei verschiedene Kennziffern zwei grundverschiedene (!) Aussagen machen. Beide Kennziffern werden im strategischen Management sehr häufig verwendet.

Der absolute Marktanteil

Der absolute Marktanteil (MA) gibt an, wie stark das eigene Unternehmen (oder ein Geschäftsfeld des Unternehmens) am relevanten Absatzmarkt beteiligt ist. Er kann mengen- und wertmäßig angegeben werden:

$$\textbf{MA}\text{ in \% der Menge} = \frac{\text{eigener Unternehmensabsatz}}{\text{Gesamtabsatzmenge aller Anbieter}} \cdot 100$$

$$\textbf{MA}\text{ in \% des Wertes} = \frac{\text{eigener Unternehmensumsatz}}{\text{Gesamtumsatz aller Anbieter}} \cdot 100$$

Allgemein gilt, je größer der Marktanteil ist, desto stärker ist die Position am Markt. Dies deswegen, weil unterstellt werden kann, dass Größenvorteile auch zu entsprechenden Skaleneffekten führen (z. B. Fixkostendegression) und dies Auswirkungen auf die Preisbildung haben kann. Mengen- und der wertmäßige Marktanteil können sich aber unterscheiden. Dies ist dann der Fall, wenn beispielsweise höhere oder niedrigere Preise am Markt erzielt werden als der Durchschnittspreis. Deswegen sagt der Marktanteil allein auch nicht unbedingt etwas über die Gewinnsituation im Unternehmen aus. Hohe Marktanteile können schließlich auch auf Kosten der Rendite generiert worden sein.

Der relative Marktanteil

Der relative Marktanteil (RMA) gibt an, wie stark das eigene Unternehmen (oder ein Geschäftsfeld des Unternehmens) gegenüber dem größten Wettbewerber aufgestellt ist. Auch dieser Wert kann mengen- und wertmäßig berechnet werden:

$$\text{RMA} = \frac{\text{Marktanteil (Menge oder Umsatz) des eigenen Unternehmens}}{\text{Marktanteil (Menge oder Umsatz) des größten Konkurrenten}}$$

Die Kennziffer ist dimensionslos und kann drei Größenordnungen annehmen:

$\text{RMA} < 1 \Rightarrow$ es gibt mindestens einen Wettbewerber, der größer ist als das eigene Unternehmen
(Achtung: es können einer, mehrere oder auch alle anderen Marktteilnehmer größer sein)

$\text{RMA} = 1 \Rightarrow$ das eigene Unternehmen ist genauso groß wie der größte Wettbewerber
(Achtung: es können auch alle Marktteilnehmer gleich groß sein oder alle anderen Wettbewerber bis auf dieser eine kleiner sein als das eigene Unternehmen)

$\text{RMA} > 1 \Rightarrow$ das eigene Unternehmen ist Marktführer. Alle anderen Marktteilnehmer machen weniger Absatz oder Umsatz.

Insbesondere dem relativen Marktanteil kommt im strategischen Management eine große Bedeutung zu. Die Kennziffer wird beispielsweise im Rahmen der Portfolioanalyse eingesetzt. So z. B. in der Vier-Feld-Matrix der Analyse des Marktanteil-Marktwachstum-Portfolios (BCG-Matrix), um herauszufinden, wie die einzelnen Geschäftsfelder im Vergleich zur Konkurrenz positioniert sind (vgl. Kapitel 17.1.1).

Beispiel. Ein Medienunternehmen bietet seine Produkte auf dem deutschen Markt an. Der Markt wird ganz wesentlich von drei Unternehmen (A, B, C) dominiert. Unternehmen A will die aktuelle Unternehmenspolitik ggfs. neu ausrichten und analysiert die Marktsituation. Es liegen folgende Daten vor:

1. Im Jahr 2016 haben A 350 Mio. Euro und B 150 Mio. Euro in Deutschland umgesetzt.
2. Vom Marktteilnehmer C liegen keine Umsätze vor, jedoch wird dessen Marktanteil für Deutschland auf 30 Prozent geschätzt.

Die Geschäftsführung von A will wissen, wie hoch das Absatzvolumen von C ist und wie hoch die Marktanteile von A und B sind.

(zu 1) Das Marktvolumen von A und B zusammen beträgt 500 Mio. Euro (= 350+150). Da Unternehmen C einen Marktanteil von 30 Prozent hat, müssen die 500 Euro Umsatz einen Marktanteil von zusammen 70 Prozent ausmachen. Daraus folgt für das gesamte Marktvolumen (gerundet): 500 Mio. Euro/0,70 ≈ 714,29 Mio. Euro.

(zu 2) Damit lässt sich nun auch der Marktanteil der beiden Unternehmen A und B und das Absatzvolumen von C berechnen:

$$MA_A = \frac{350}{714{,}29} \cdot 100 \approx 49\,\%$$

$$MA_B = \frac{150}{714{,}29} \cdot 100 \approx 21\,\%$$

$$\text{Marktvolumen}_C = 714{,}29\,€ \cdot 0{,}30 \approx 214\text{ Mio. }€$$

Aufgaben.

1. Bezogen auf den Zuschauermarkt 2016 verteilen sich die Marktanteile für einzelne TV-Sender in der Zielgruppe 3+ wie folgt: Das ZDF hat einen Zuschauermarktanteil von 13 Prozent. Die ARD kommt auf 12,1 Prozent; ebenso die ARD-Dritten. RTL kommt hier auf 9,7 Prozent, Sat.1 auf 7,3 Prozent und Vox auf 5,2 Prozent und ProSieben auf 5,0 Prozent und Sky Deutschland 1,2 Prozent (Quelle AGF).
   Wie hoch sind die relativen Marktanteile in dieser Zielgruppe von RTL, Sky Deutschland und vom ZDF. Was sagen die Kennziffern aus?
2. Zwischen November 2013 und März 2017 sind auf dem Konsolenmarkt 89 Mio. Hardwareeinheiten (Konsolen) verkauft worden. 60 Mio. davon entfallen auf die Playstation 4 von Sony, 26 Mio. auf die Xbox One von Microsoft und 3 Mio. auf die im März 2017 neu im Markt eingeführte Nintendo Switch, die die Wii U von Nintendo ablöst.
   Wie hoch ist der Marktanteil der jeweiligen Konsolen und wie hoch sind die relativen Marktanteile? Welche Bedeutung haben der absolute und relative Marktanteil des Nintendo-Produktes?
3. Sie analysieren ein Oligopol mit vier Anbietern. Das Marktpotential beträgt 520.000 Euro bei einer Marktsättigung von 65 Prozent. Anbieter A hat einen Marktanteil von 30 Prozent. Von den anderen drei Anbietern stehen Ihnen lediglich die Umsätze zur Verfügung: Anbieter B: 77.000 Euro, Anbieter C: 75.600 Euro und Anbieter D: 84.000 Euro.
   Ermitteln Sie das Marktvolumen, den Umsatz von Anbieter A und die Marktanteile der Anbieter B, C und D.

Der Einsatz von Distributionskennziffern

Distributionskennziffern geben Auskunft darüber, wie hoch die Marktpräsenz (Erhältlichkeit) eines Gutes im relevanten Markt ist. „Relevanter Markt“ bedeutet in diesem Zusammenhang, dass die Erhältlichkeit eines Gutes nur in Bezug auf die Verkaufsstellen betrachtet wird, an denen der Kunde das Gut auch erwartet. Niemand würde beispielsweise eine Musik-CD beim Bäcker oder im Schuhladen erwarten und nachfragen. Der Distributionsgrad kann in drei Varianten berechnet werden:

Der numerische Distributionsgrad

Der numerische Distributionsgrad (DG) gibt Auskunft darüber, in wieviel Prozent der Verkaufsstellen, in denen ein Produkt vom Kunden erwartet wird, dies auch erhältlich ist. Der numerische Distributionsgrad gibt die prozentuale Menge der produktführenden Verkaufsstellen an und wird wie folgt berechnet:

$$\mathbf{DG_{num.}}\text{ in }\% = \frac{\text{Anzahl der Verkausstellen, die das jeweilige Produkt führen}}{\text{Anzahl der Verkaufsstellen, die die entsprechende Warengruppe führen}} \cdot 100$$

Ein numerischer Distributionsgrad von 80 Prozent bedeutet, dass das betrachtete Produkt in 80 Prozent der Läden, in denen die Warengruppe geführt wird, erhältlich ist.

Beispiel. Ein Kino-Film wird in 950 Lichtspieltheatern gezeigt. Insgesamt gibt es in Deutschland 1.648 Filmtheater. Damit beträgt der numerische Distributionsgrad dieses Films rund 58 Prozent. Der Film wird also in etwas mehr als der Hälfte der Kinos gezeigt.

Der gewichtete Distributionsgrad

Der gewichtete Distributionsgrad gibt Auskunft darüber, wie hoch der Umsatz der Verkaufsstellen ist, in denen das Produkt erhältlich ist, gemessen an dem Umsatz aller Verkaufsstellen, in denen die Warengruppe vertreten ist. Der wertmäßig und in Prozent gewichtete Distributionsgrad gibt also an, ob das Produkt in den eher umsatzstärkeren oder umsatzschwächeren Verkaufsstellen gelistet ist. Er wird wie folgt berechnet:

$$\mathbf{DG_{gew.}}\text{ in }\% = \frac{\text{Umsatz der Verkausstellen, die das jeweilige Produkt führen}}{\text{Umsatz der Verkaufsstellen, die die entsprechende Warengruppe führen}} \cdot 100$$

Beispiel. Die 950 Lichtspieltheater, in denen der Kino-Film gezeigt wird, machen insgesamt 550 Mio. Euro Umsatz. Die Kino-Branche macht insgesamt 1.167 Mio. Euro Umsatz (Jahr: 2016). Damit beträgt der gewichtete Distributionsgrad dieses Films rund 47 Prozent. Der Film wird also in den eher umsatzschwächeren Kinos gezeigt.

Der Distributionsgrad ist eine Kennzahl, die die Vertriebswegepolitik quantitativ bewertet. Dabei gilt: Je höher die Werte sind, desto erfolgreicher ist das Produkt im Markt platziert. Gerade für Markenartikel ist ein hoher Distributionsgrad wichtig. Aber es muss deutlich unterschieden werden zwischen sogenannten Convenience Produkten, von denen Ubiquität (Überallerhältlichkeit) erwartet wird, und hochwertigen Spezialprodukten, die eher in exklusiven Läden geführt werden. So hat eine erfolgreiche Tageszeitung einen numerischen Distributionsgrad von mindestens 75 Prozent und eine gewichteten Distributionsgrad von mindestens 90 Prozent. Eine hochwertige HiFi-Anlage wird dabei eher einen numerischen Distributionsgrad von mindestens 10 Prozent und einen gewichteten Distributionsgrad von mindestens 25 Prozent haben.

Die Distributionsqualität

Die Distributionsqualität (DQ) signalisiert, ob das Produkt durchschnittlich stärker in den umsatzstarken oder in den umsatzschwachen Verkaufsstellen vertreten ist. Berechnet wird sie als Quotient aus gewichtetem und numerischem Distributionsgrad:

$$\text{DQ} = \frac{\text{gewichteter Distributionsgrad}}{\text{numerischer Distributionsgrad}}$$

Die Distributionsqualität kann drei Größendimensionen annehmen und bedeutet jeweils Folgendes:

$DQ < 1 \Rightarrow$ Das Produkt ist in umsatzschwachen Verkaufsstellen überdurchschnittlich hoch vertreten

$DQ = 1 \Rightarrow$ Das Produkt ist in allen Verkaufsstellenkategorien gleichstark vertreten

$DQ > 1 \Rightarrow$ Das Produkt ist in umsatzstarken Verkaufsstellen stärker vertreten als in den umsatzschwachen.

Beispiel. Der Kino-Film hat eine Distributionsqualität von (47/80) = 0,59. Das bedeutet, dass er wahrscheinlich nicht in den großen, umsatzstarken Kino-Ketten (Cineplex, CineStar, CineMaxx, UCI und Kinopolis) gezeigt wird.

Mainstreamfilme haben eine Distributionsqualität, die immer über dem Wert „1“ liegt. Güter des täglichen Bedarfes liegen im Durchschnitt bei einer Distributionsqualität von 1,2. In der Regel gilt ebenfalls, dass je exklusiver ein Produkt ist, desto höher ist die Distributionsqualität. Dies deswegen, weil hier zwar der numerische Anteil der warenführenden Geschäfte gering, aber der Umsatz dieser Geschäfte überproportional hoch ist.

Aufgabe. Eine lokale Tageszeitung ist an 1.000 von 1.200 möglichen Verkaufsstellen erhältlich. Der Umsatz der diese Tageszeitung führenden Verkaufsstellen beträgt 900.000 Euro. Insgesamt machen die zeitungsführenden Verkaufsstellen 920.000 Euro Umsatz. Wie hoch sind die beiden Distributionsgrade und die Distributionsqualität und was sagen die drei Kennziffern aus?

Wichtig, aber im Rahmen dieser Publikation über eine thematische Grundlageneinführung in die Medien-BWL nicht weiter verfolgt werden hier Kennzahlen im Personalbereich oder im Bereich der Geschäftsprozesse. Auch die spezielle Finanzperspektive eines Unternehmens mit ihren zahlreichen Kennzahlen kann hier nicht weiter abgearbeitet werden. Hier sei auf die einschlägige und empfohlene Literatur verwiesen.

Allerdings sei abschließend angemerkt, dass einzelne Kennzahlen nur eine beschränkte Aussagekraft haben und eine isolierte Betrachtung darstellen. Die Aussagekraft der Kennzahlen kann allerdings deutlich gesteigert werden, wenn es gelingt, Kennzahlensysteme als hierarchisch geordnete Gesamtheit zu konzipieren, in denen einzelne Werte sinnvoll verknüpft sind (vgl. Preißler 2008: 17).

9.2 Messgrößen des Werbeerfolgs

Um den Erfolg von Werbemaßnahmen oder Mediaplänen beurteilen zu können, werden Kennzahlen benötigt, die möglichst genau darüber Auskunft geben, wer oder wie viele Personen innerhalb eines Zeitintervalls Kontakt mit einem Werbeträger hatten oder wie große der ausgeübte Werbedruck auf die Zielgruppenmitglieder war.

Den größten Wirkungserfolg versprechen Maßnahmen, die möglichst viele Menschen möglichst häufig erreichen. Dem Gedanken entgegen steht die praktische Restriktion, dass nur begrenzte Budgets zur Verfügung stehen und die ökonomische Forderung, ein bestimmtes Ziel mit minimalem Aufwand zu erreichen. Deswegen müssen sich die Marketer zwischen zwei Kommunikationszielen entscheiden (vgl. Schnettler und Wendt 2003):

1. Möglichst viele Personen einer Zielgruppe erreichen.
2. Die Zielgruppenmitglieder möglichst häufig kontakten.

Das erste Ziel wird erreicht, wenn die **Reichweite** maximiert wird. Hier werden so viele Werbeträger wie möglich belegt. Da beschränktes Budget zur Verfügung steht, wird in diesem Fall in Kauf genommen, dass jede Zielgruppenperson nur selten kontaktiert wird. Das zweite Ziel wird erreicht, wenn der **Werbedruck** maximiert wird. Hier wird so viel Werbung wie möglich in ausgewählten Werbeträgern geschaltet und in Kauf genommen, dass nicht alle Zielgruppenpersonen erreicht werden.

In der Regel werden Kompromisse gesucht, in denen ein Parameter unter der Nebenbedingung, dass der andere Parameter eine Mindestgröße annimmt, maximiert werden soll. Der in der Praxis gewählte Kompromiss orientiert sich am **Involvement** der Zielgruppenmitglieder. Das Involvement beschreibt die innere Betroffenheit oder Einstellung, mit der ein Zielgruppenmitglied dem Werbeobjekt gegenübersteht (vgl. Kroeber-Riel und Esch 2004). Dieses Gefühl der Eingebundenheit kann hoch oder niedrig sein.

Ist das Involvement hoch, spricht der Marketer von High-Involvement-Produkten. Liegt **High-Involvement** vor, wird ein Mediaplan auf seine Reichweite hin optimiert, da die betroffenen Zielgruppenmitglieder nur wenige Anstöße brauchen, um sich mit dem Werbeobjekt zu beschäftigen. Hier macht es Sinn, so viele Betroffene wie möglich zu erreichen und Wiederholungskontakte zu reduzieren.

Ist das Involvement niedrig, spricht der Marketer von Low-Involvement-Produkten. Liegt **Low-Involvement** vor, wird ein Mediaplan auf seinen Werbedruck hin optimiert, da die betroffenen Zielgruppenmitglieder viele sich wiederholende Anstöße brauchen, um sich mit dem Werbeobjekt zu beschäftigen. Hier macht es Sinn, ausgewählte Betroffene so häufig wie möglich zu erreichen und die Reichweite zu reduzieren.

Darüber hinaus muss das Marketing auch entscheiden, wie der Werbedruck (und damit das Budget) verteilt werden soll. Die Verteilung des Werbedrucks kann innerhalb eines Kampagnenzeitraums konstant sein, steigen, abnehmen oder in Wellen erfolgen. Er kann aber auch auf bestimmte enge Kampagnenphasen zeitlich begrenzt sein und zwischen den Phasen ausgesetzt werden.

Im Folgenden werden ausgewählte Kennzahlen aus dem Bereich der Kommunikationspolitik vorgestellt. Dabei wird zwischen Kennzahlen der klassischen Werbung und Kennzahlen der Online-Werbung unterschieden.

9.2.1 Messgrößen der klassischen Werbung

Zu den wichtigsten Parametern der klassischen Werbung gehören
- die unterschiedlichen Medienreichweiten,
- die Durchschnittskontakte in verschiedenen Mediengattungen (OTC)
- die Gross Rating Points (GRP)
- die unterschiedlichen Tausend-Preise (TKP, TNP etc.)
- die Zielgruppenaffinität (Affinitätsindex)
- der Mediawert

und die aus den Einzelwerten resultierenden
- Kommunikations- und Relevanzwerte.

Derartige Datensätze werden für jedes Medium benötigt, um innerhalb einer Kampagne sinnvolle Mediapläne aufstellen zu können.

Die Medienreichweite beantwortet die Frage, wie viele Personen oder wie viele Kontakte mit einem Werbeträger (Medium) oder einer Kombination von Werbeträgern innerhalb eines bestimmten Zeitraums erreicht werden. Sie stellt das maßgebliche Entscheidungskriterium für die Mediaselektion im Rahmen der Kommunikationspolitik eines Unternehmens dar. Sie ist abhängig von der Anzahl der Werbeträger, die eingesetzt werden und der Anzahl der Schaltungen in den eingesetzten Werbeträgern (vgl. Krause 2016: 168). Darüber hinaus muss zwischen den Reichweiten in der Grundgesamtheit und denen in der Zielgruppe unterschieden werden. Zur Grundgesamtheit zählen alle Personen, die das Medium konsumieren (Leser, Hörer, Zuschauer, Nutzer etc.). Zur Zielgruppe gehört der Teil der Grundgesamtheit, an den die Werbung adressiert ist. Die Reichweite gibt Auskunft über die Verbreitung des Mediums. Diese jeweiligen Medienreichweiten werden wie folgt differenziert quantifiziert (vgl. Schnettler und Wendt 2003 und Unger et al. 2013):

Nettoreichweite:
Die Nettoreichweite drückt aus, wie viele Personen (oder Zielgruppenmitglieder) insgesamt mit einer Belegung des entsprechenden Werbeträgers mindestens einmal erreicht werden.

$$\textbf{Nettoreichweite}(RW_{\text{netto}}) = \text{Anzahl der Personen, die mit einem Werbeträger erreicht werden}\,.$$

Bruttoreichweite:
Die Bruttoreichweite zählt Kontakte, nicht Personen, wodurch Personen (der Grundgesamtheit oder der Zielgruppe) auch mehrfach erfasst werden können.

$$\textbf{Bruttoreichweite}(RW_{\text{brutto}}) = \text{Anzahl der Kontakte, die mit einem Werbeträger hergestellt werden}\,.$$

Kumulierte Reichweite:
Die kumulierte Reichweite gibt an, wie hoch die gesamte Netto-Reichweite ist, wenn mehrere Schaltungen einer Werbung in einem Werbeträger lanciert wird (z. B. ein Werbespot, der mehrmals am Abend auf einem Sender gesendet wird). Mehrfachkontakte pro Person werden herausgerechnet.

$$\textbf{kumulierte Reichweite} = \text{Summe der Nettoreichweiten eines Werbemittels in einem Werbeträger}$$

Kombinierte Reichweite:
Die kombinierte Reichweite gibt an, wie hoch die gesamte Netto-Reichweite ist, wenn mehrere Schaltungen einer Werbung in mehreren Werbeträgern lanciert wird (z. B. eine Werbeplatzierung auf Plakatstellen, in TV-Sendungen oder Zeitschriften etc.). Sämtliche Mehrfachkontakte werden herausgerechnet.

$$\textbf{kombinierte Reichweite} = \text{Summe der intermedialen Nettoreichweiten}$$

Analog berechnet werden Reichweiten, die sich auf Leser, Zuhörer, Zuschauer, Nutzer, Zielgruppen etc. beziehen. Allerdings muss beachtet werden, dass der Kontakt mit dem Medium gezählt wird. Offen bleibt damit, ob auch ein echter Werbekontakt stattgefunden hat.

Die Durchschnittskontaktzahl (OTC):
Die Bruttoreichweite kann auch mit der Nettoreichweite in Beziehung gesetzt werden. Wenn also die Anzahl der Kontakte mit der Anzahl der erreichten Personen in Beziehung gesetzt werden, errechnet sich der sogenannte OTC-Wert; die Opportunity to

Contact oder auf Deutsch: die Durchschnittskontaktzahl:

$$\textbf{Durchschnittskontakte} = \textbf{OTC} = \frac{\text{Bruttoreichweite}}{\text{Nettoreichweite}}$$

„Die Kennzahl Durchschnittskontakte drückt die Anzahl der Kontaktchancen aus, die innerhalb eines Mediaplanes im Durchschnitt auf die erreichten Personen entfallen" (Unger et al. 2013: 87). Der medienneutrale Begriff für die Durchschnittskontakte lautet „Opportunity to Contact" (OTC). Im Hörfunk wird er OTH (Opportunity to Hear) und im Fernsehen OTS (Opportunity to See) genannt.

Wenn beispielsweise vier TV-Spotplatzierungen in einem abendfüllenden Movie untergebracht werden und so fünf Mio. Zuschauer erreicht werden, könnten 20 Mio. Kontakte hergestellt werden, wenn jeder Zuschauer sich auch jede Werbepause ansieht. Jede Person hat in diesem Fall fünf Kontakte gehabt (OTS = 5).

Allerdings hat dieser Wert die Schwachstelle, dass er nichts über die tatsächliche Verteilung der Kontakte unter den erreichten Personen aussagt. Wenn beispielsweise mehrere Personen zusammen einen OTC von 12 haben, dann könnten jeweils höchst unterschiedliche Kontaktkonstellationen zugrunde liegen.

Sollen Mediapläne miteinander verglichen werden, ist es wichtig zu wissen, wie hoch die jeweils durchschnittliche Kontakthäufigkeit (der OTC) ist, aber auch, wie sich die Kontakte über alle Personen verteilen. Alternative Mediapläne können sich beispielswiese darin unterscheiden, dass der eine mehr Personen erreicht und der andere eine höhere durchschnittliche Kontakthäufigkeit realisiert, aber weniger Reichweite. Der erste Plan generiert mehr Reichweite, der zweite mehr Werbedruck. Welcher Plan geeigneter ist, hängt ab vom Involvement der Zielgruppe hinsichtlich des Werbeobjektes. „Generell lässt sich sagen, desto interessanter das zu bewerbende Produkt für die Zielgruppe ist, umso weniger Kontakte sind notwendig und umgekehrt." (Unger et al. 2013: 33)

Die Gross Rating Points (GRP)

Auskunft über diesen Werbedruck geben die sogenannten Gross Rating Points (GRP). Sie quantifizieren, wie viele Kontakte insgesamt innerhalb einer Zielgruppe erzielt werden:

$$\textbf{GRP} = \frac{\text{Bruttoreichweite}}{\text{Nettoreichweite}} \cdot \frac{\text{Nettoreichweite}}{\text{Zielgruppengröße}} = \textbf{OTC} \cdot \textbf{RW}_{\textbf{netto}} \textbf{ in \%}$$

oder

$$\textbf{GRP} = \frac{\text{Bruttoreichweite}}{\text{Zielgruppengröße}} \cdot 100$$

Der GRP-Wert gibt damit an, wie viele Kontakte im Durchschnitt auf 100 Zielpersonen entfallen und drückt damit aus, welcher Werbedruck durch einen Mediaplan umgesetzt wird.

Beispiel. Durch eine Werbebelegung werden von 100.000 Zielpersonen 20.000 Personen erreicht. Jede Person kommt sechs Mal in Kontakt mit der Anzeige. Damit liegt die Bruttoreichweite bei 120.000(= 6 · 20.000) und der OTC ist 6. Die Nettoreichweite liegt bei 10 Prozent (20.000/200.000).

$$\text{GRP} = \frac{120.000}{20.000} \cdot \frac{20.000}{100.000} \cdot 100 = 6 \cdot 20 = 120$$

oder

$$\text{GRP} = \frac{120.000}{100.000} \cdot 100 = 120$$

Der GRP sagt aus, dass auf 100 Zielpersonen im Durchschnitt 120 Kontakte entfallen bzw. dass auf eine Zielperson im Durchschnitt 1,2 Kontakte entfallen.

Eine TV-Kampagne mit der Zielgruppe Frauen im Alter von 20 bis 39 Jahren hat ein Zielgruppenpotenzial 10 Mio. Wenn durch die Werbekampagne 8 Mio. dieser Frauen erreicht werden, beträgt die Nettoreichweite von 80 %. Wenn nun im Durchschnitt jede erreichte Frau der Zielgruppe 3 Spots gesehen hat (OTS = 3), so hat die Kampagne eine Bruttoreichweite von 24,0 Mio. (= 3 × 8 Mio.). Der GRP beträgt demnach:

$$\text{GRP} = \text{OTC} \cdot \text{RW}_{\text{netto}} \text{ in } \% = 3 \cdot 80 = 240$$

Dasselbe GRP-Ergebnis ergibt sich aber auch bei anderen Kombinationen von Nettoreichweite und Durchschnittskontakten: z. B.: 40 % · 6 = 240 oder 20 % · 12 = 240 oder 10 % · 24 = 240. Das heißt, dass der GRP keine Aussage darüber macht, ob er durch einen hohen OTC-Wert bei geringer Nettoreichweite oder durch eine hohe Nettoreichweite bei geringem OTC-Wert zustande gekommen ist (vgl. Unger et al. 2013: 88 f.).

Die Tausend-Preise (TKP, TNP)

Um Belegungspreise miteinander vergleichen zu können, braucht es einen Maßstab. Dieser Maßstab heißt Tausend-Preis. Die sogenannten Tausend-Preise sind die in Geldeinheiten ausgedrückten Gegenwerte, die für die Herstellung von 1.000 Kontakten durch einen Medienträger verlangt werden. Sie bilden die Preisbasis für die Belegung von Werbeträgern in einem Mediaplan. Hier sind vor allem der Tausend-Kontakt-Preis (TKP) und der Tausend-Nutzer-Preis (TNP) von Bedeutung.

Der **Tausend-Kontakt-Preis** ist der allgemeine in Geld gerechnete Gegenwert für die Herstellung von 1.000 Kontakten (Wahrnehmungen) mit einem Werbeträger.

Der Tausend-Nutzer-Preis bezieht sich hingegen auf 1.000 Personen der Zielgruppe. Werden die Kontakte gezählt, ist es unerheblich, wie viele Personen den Werbeträger wahrnehmen. Werden TNPs angegeben, ist es hingegen unerheblich, wie häufig die einzelnen Rezipienten erreicht werden, da nur die Personenanzahl, die Kontakt hat, gezählt wird. Der TNP kann auch als Tausend-Leser-Preis (TLP), Tausend-Hörer-

Preis (THP) etc. ausgewiesen werden.

$$\text{TKP} = \frac{\text{Belegungskosten des Mediums}}{\text{Bruttoreichweite}} \cdot 1.000$$

$$\text{TNP} = \frac{\text{Belegungskosten des Mediums}}{\text{Nettoreichweite}} \cdot 1.000$$

Durch die Berechnung von Tausend-Preisen ergeben sich rechnerisch „übliche“ Eurogrößen und nicht kleine Dezimalwerte (also z. B. 18,70 Euro anstatt 0,01870 Euro). Der Tausenderpreis macht die Kosten für Werbeträgerbelegungen vergleichbar.

Beispiel. Drei 1/1-Seiten 4c in „Focus“ kosten 144.900 Euro. Die Ausgaben werden von 5.880.000 Lesern gelesen. Durch mehrfaches Durchblättern oder Lesen haben diese Personen 9.408.000 Kontakte mit dem Medium (vgl. Unger et al. 2013: 89). Daraus ergeben sich folgende Tausenderpreise:

$$\text{TKP} = \frac{144.900}{9.408.000} \cdot 1.000 = 15{,}40\,€$$

1.000 Kontakte mit dem Werbeträger herzustellen, kostet 15,40 Euro.

$$\text{TNP} = \frac{144.900}{5.880.000} \cdot 1.000 = 24{,}64\,€$$

1.000 Zielpersonen zu erreichen, kostet hier 24,64 Euro.

Der Affinitätsindex

Wenn es darum geht, die Eignung einzelner Werbeträger zu bewerten, wie gut sie die gewünschte Zielgruppe (ZG) erreichen, hilft der Affinitätsindex. Der Affinitätsindex ist eine wichtige Kennzahl, die die Frage beantwortet, ob und wie die Nutzer eines Werbeträgers mit der gewünschten Zielgruppe übereinstimmen bzw. wie groß die Streuverluste sind, wenn in dem Werbeträger geworben würde. Von Streuverlusten wird gesprochen, wenn Personen aus der Grundgesamtheit erreicht werden, die nicht zur Zielgruppe gehören. Streuverluste sind so gut es geht zu vermeiden, da hier Kontakte bezahlt werden, die nicht am Werbeobjekt interessiert sind.

Die prozentuale Größe, wie viele Nutzer eines Mediums zur Zielgruppe der Werbebotschaft gehören, wird Affinität genannt.

$$\text{Affinität} = \frac{\text{absolute Reichweite in der Zielgruppe}}{\text{absolute Reichweite in der Grundgesamtheit}} \cdot 100$$

Beispiel. Angenommen, es lesen 400.000 Menschen eine bestimmte regionale Tageszeitung. Von diesen Lesern interessieren sich durchschnittlich 10.000 Personen für den An- und Verkauf von gebrauchten PKWs. Ein kostenloses, am Donnerstag erscheinendes Anzeigenblatt hat 40.000 Leser. Allerdings ist dieses Blatt bekannt dafür, viele

Kleinanzeigen für den Gebrauchtwagenmarkt anzubieten. Deswegen lesen vor allem Gebrauchtwageninteressierte dieses Wochenblatt: ebenfalls 10.000. Dann liegen die Affinitäten der Medien bezogen auf Gebrauchtwagenanzeigen bei:

$$\text{Affinität}_{TZ} = \frac{10.000}{400.000} \cdot 100 = 2{,}5$$

$$\text{Affinität}_{AB} = \frac{10.000}{40.000} \cdot 100 = 25$$

Obwohl also die Tageszeitung eine zehnmal so große Reichweite als das Anzeigenblatt hat, beträgt der Zielgruppenfaktor nur ein Zehntel. Die Streuverluste wären extrem hoch.

Um Werbeträger hinsichtlich ihrer Zielgruppenaffinität vergleichen zu können, ist die Affinität allein nicht sonderlich aussagekräftig. Ob ein Affinitätswert von 2,5 Prozent oder 25 Prozent als gut oder schlecht zu bewerten ist, hängt vom Zielgruppenanteil an der Grundgesamtheit ab: Beträgt der Anteil der Zielgruppe an der Grundgesamtheit nur 2 Prozent, an den Nutzern eines bestimmten Werbeträgers (= Affinität) jedoch 2,5 oder 25 Prozent, dann sind die Zielpersonen unter den Nutzer des Werbeträgers in beiden Fällen überproportional stark vertreten und die Werbeträger sind demnach gut für diese Zielgruppe geeignet. Hat die Zielgruppe jedoch einen Anteil von 70 Prozent an der Grundgesamtheit, dann sind die Zielpersonen unter den Nutzern dieser Werbeträger in beiden Fällen unterproportional vertreten und eignen sich nicht für diese Zielgruppe. Die Affinität allein macht also über die Eignung des Werbeträgers für eine Zielgruppe noch keine sinnvolle Aussage. (Vgl. Unger et al. 2013: 78)

In diesen Fällen hilft der Affinitätsindex. Er setzt die Affinität (= der prozentuale Anteil der Zielgruppe (ZG) an der Gesamtnutzerschaft des Mediums) ins Verhältnis zum ZG-Anteil in der Grundgesamtheit:

$$\textbf{Affinitätsindex} = \frac{\text{ZG-Anteil an der Nutzerschaft in \%}}{\text{ZG-Anteil in der Grundgesamtheit in \%}} \cdot 100$$

Ist der Anteil einer bestimmten Zielgruppe an der Nutzerschaft eines Werbeträgers gleich dem Durchschnitt der Gesamtbevölkerung, liegt die Zielgruppenaffinität dieses Werbeträgers bei einem Wert von 100. Liegt der Zielgruppenanteil der Nutzerschaft des Werbeträgers über dem Bevölkerungsdurchschnitt, liegt der Wert über 100, umgekehrt, unter dem Bevölkerungsdurchschnitt, dann liegt der Wert unter 100. Werbeträger mit relativ hohen Werten sollten bevorzugt werden (vgl. Unger et al. 2013: 31 f.).

Beispiel. 60 Prozent der Zuschauer einer Koch-Show im Fernsehen sind an speziellen Kochtöpfen interessiert. Der Anteil dieser Zielgruppenmitglieder an der Gesamtbevölkerung liegt bei 30 Prozent. Damit ist das Umfeld dieser TV-Sendung mit einem Affinitätsindex in Höhe von

$$\text{Affinitätsindex}_{\text{Koch-Show}} = \frac{60\,\%}{30\,\%} \cdot 100 = 200$$

ausgestattet. Das bedeutet, dass das Werbeumfeld dieser Sendung als Werbeträger in besonderer Weise für diese Zielgruppe geeignet ist. Der Anteil der Werbeinteressierten ist hier doppelt so hoch wie in der Bevölkerung.

Ebenso wie die Affinität, ist auch die Reichweite (RW) allein wenig aussagekräftig für die Eignung eines Werbeträgers. Ob eine Reichweite von 20 oder 40 Prozent gut ist, kann erst dann beurteilt werden, wenn auch die Reichweite des Werbeträgers in der Grundgesamtheit berücksichtigt wird. Kommt ein Medium auf eine Reichweite von 20 Prozent, in der Zielgruppe aber auf 60 Prozent, dann ist das Medium gut geeignet. Kommt es hingegen auf 60 Prozent, in der Zielgruppe aber nur auf 20 Prozent, dann sieht die Situation wesentlich schlechter aus.

Somit kann der Affinitätsindex auch noch auf eine zweite Weise berechnet werden:

$$\text{Affinitätsindex} = \frac{\text{RW in ZG in \%}}{\text{RW in GG in \%}} \cdot 100$$

Beispiel. Eine Tageszeitung erreicht 400.000 Leser der 8 Mio. Einwohner in NRW. 6 Mio. dieser Einwohner kaufen regelmäßig in einer Discountkette ein. 350.000 dieser Kunden lesen auch die Zeitung. Bezogen auf eine Werbung für „günstiges Grillfleisch" errechnet sich ein Affinitätsindex dieser Tageszeitung in Höhe von:

$$\text{Affinitätsindex}_{\text{Ztsch.}} = \frac{5{,}8\,\%}{5\,\%} \cdot 100 = 116$$

„Die Interpretation der Indexwerte erfolgt genauso wie bei der ersten Formel: Indexwert 100 = neutral, Indexwert > 100 gut, Indexwert < 100 schlecht" (Unger et al. 2013: 80).

Der **Affinitätsindex** ist eine Kennziffer, die über die Feststellung der Selbsteignung eines Werbeträgers hinaus auch zur Beurteilung von Werbeträgervergleichen herangezogen werden kann.

Sollen die Belegungspreise von Werbeträgern miteinander verglichen werden, hilft die Angabe absoluter Eurobeträge nicht weiter. Wie soll sich ein Mediaplaner entscheiden, wenn er beispielsweise die Wahl hat, entweder einen Spot auf RTL zu buchen, eine Seite in einer General Interest-Zeitschrift zu belegen oder einen Hörfunkspot im WDR zu platzieren. Der Spot könnte 20.000 Euro kosten, die Printbelegung vielleicht 70.000 Euro und die Hörfunkzeit kann mit 2.000 Euro zu Buche schlagen.

Der Mediawert

Der Mediawert gibt Auskunft darüber, wie wirkungsstark die Werbung in einem Werbeträger ausfällt. In einer Hierarchie zwischen den Werten eins und fünf abgebildet, wobei eins das Äquivalent für einen niedrigen Wirkungsgrad ist und fünf für einen hohen, liefert die Mediaforschung folgende Erkenntnisse:

Tab. 9.2: Mediawert unterschiedlicher Werbeträger

Werbeträger	Wirkungsgrad
Kino	4–5 bei Zielgruppe < 29 Jahre 3 bei Zielgruppe 30–49 Jahre 2 bei Zielgruppe > 50 Jahre
Publikumszeitschrift	2–5 je nach Zeitschrift und Platzierung
Fernsehen	2–3 je nach Sender und Sendung (Format)
Tageszeitung	2 bei wöchentlicher Schaltung 3 bei täglicher Schaltung
Außenwerbung	4 bei Großplakatierung 2–3 je nach Standort bei kleineren Formaten
Radio	1 da nur Begleitmedium

Der Kommunikationswert

Der Kommunikationswert (KW) einer Kampagne wird berechnet, indem der Affinitätsindex mit dem Mediawert multipliziert wird.

$$\textbf{Kommunikationswert (KW)} = \textbf{Affinitätsindex} \cdot \textbf{Mediawert}$$

Ausführlich:

$$\text{Kommunikationswert} = \frac{\text{Anteil der ZG an der Gesamtnutzerschaft}}{\text{Anteil der ZG an der Gesamtbevölkerung}} \cdot \text{Mediawert}$$

Damit gibt dieser Wert Auskunft darüber, in welcher Beziehung die Eignung des Werbeträgers und die Werbewirkung des Werbeträgers stehen.

Beispiel.

$$\text{Affinitätsindex}(125) \cdot \text{Mediawert TV}(3) = \text{Kommunikationswert}(375)$$

Der Relevanzwert

Der Relevanzwert sagt aus, wie wichtig das Medium für die Mediaplanung ist. Berechnet wird er, indem der Kommunikationswert durch den TKP geteilt wird:

$$\textbf{Relevanzwert} = \frac{KW}{\textbf{TKP}}$$

Ausführlich dargestellt:

$$\textbf{Relevanzwert} = \frac{\frac{\text{Anteil der ZG an der Gesamtnutzerschaft}}{\text{Anteil der ZG an der Gesamtbevölkerung}} \cdot \text{Mediawert}}{\frac{\text{Schaltkosten} \cdot 1.000}{\text{Reichweite}}}$$

Je höher der Relevanzwert, desto besser ist das Budget eingesetzt.

Die Datensätze und ihre Beziehungen in der Übersicht

Die folgende Grafik (vgl. Abb. 9.2) zeigt die Zusammenhänge in der Mediaplanung.

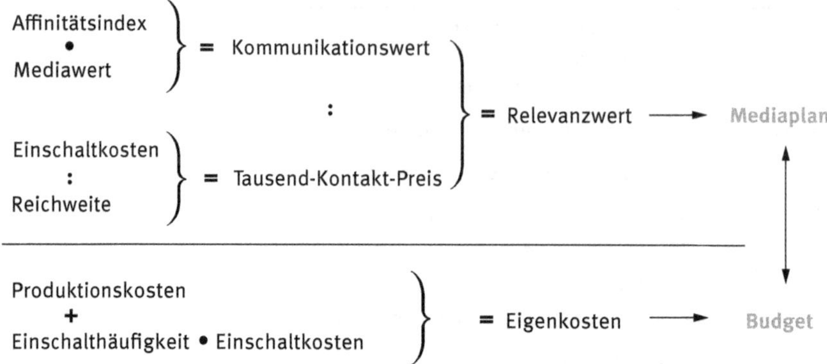

Abb. 9.2: Wichtige Kennziffern der Mediaplanung

9.2.2 Messgrößen der Online-Werbung

Um auch Online-Angebote vergleichbar zu machen, hat auch die kommerzielle Internetwerbebranche Kennzahlen und Messgrößen entwickelt, die Auskunft über die Leistungskraft digitaler Medienträger geben. In Bezug auf die Werbebotschaftenauslieferung dient vor allem das **Targeting** (das gezielte Platzieren von Werbebotschaften) dazu, Streuverluste zu vermeiden. Es gibt im Wesentlichen neun unterschiedliche Arten des Targetings (vgl. vertiefend Kreutzer 2014: 175 ff.):

- **Soziodemografisches Targeting**. Ausgangspunkt: Personenmerkmale des Internet-Nutzers.
- **Geo-Targeting/IP-Targeting**. Ausgangspunkt: regionale Herkunft des Internet-Nutzers.
- **Technisches Targeting**. Ausgangspunkt: technische Spezifikationen der eingesetzten Hardware des Internet-Nutzers.
- **Context-Targeting**/Content-Targeting/Placement-Targeting. Ausgangspunkt: durch den Internet-Nutzer aufgesuchte Websites.
- **Semantisches Targeting**. Ausgangspunkt: durch den Internet-Nutzer aufgesuchte Websites.
- **Behavioral Targeting**. Ausgangspunkt: Surf- und Suchverhalten des Internet-Nutzers in der Vergangenheit.
- **Predictive Behavioral Targeting**. Ausgangspunkt: Surf- und Suchverhalten von Internet-Nutzern.
- **Keyword-Targeting**/Suchwort-Targeting. Ausgangspunkt: verwendete Suchbegriffe des Internet-Nutzers

- **Social-Media-Targeting.** Ausgangspunkt: Profil- und Präferenzdaten der Nutzer von sozialen Netzwerken.

Selbstverständlich werden die einzelnen Targetingansätze auch kombiniert, um möglichst genaue Auslieferungen zu realisieren. Wichtige Ergebniskennzahlen der Auslieferungen sind vor allem die nachstehend beschriebenen. Im Anschluss werden noch einige Kostenkennzahlen der Online-Werbung vorgestellt (vgl. für beide Themenbereiche vor allem Kreutzer 2016: 76 ff. sowie Lammenett 2015: 56 ff., 215 ff.):

Page-Impressions/Page-Views
geben an, wie viele Aufrufe eine Website durch Nutzer erzielt hat. Hier spricht man auch von der Reichweite einer Website. Page-Impressions bzw. Page Views sagen aber nichts darüber aus, ob ein Nutzer das auf einer Website geschaltete Werbemittel auch tatsächlich wahrgenommen hat.

Ad-Impressions/Ad-Views
geben an, ob es zu einem Sichtkontakt mit dem jeweiligen Werbemittel gekommen ist. De facto handelt es sich bei Ad-Impressions bzw. Ad-Views aber auch nicht um die Erfassung eines echten Sichtkontakts. Denn in Abhängigkeit vom eingesetzten Erfassungsverfahren kann auch bereits die Anforderung des Werbemittels gezählt werden, unabhängig davon, ob der Nutzer bei der Auslieferung noch auf der Website ist oder nicht.

Ad-Clicks
erfassen, wie viele Nutzer durch einen kommunikativen Impuls dazu motiviert wurden, einen bestimmten Inhalt einer Website (bspw. ein Online-Werbemittel) anzuklicken.

Click-Through-Rate (CTR)
wird als prozentuale Relation zwischen den Ad-Clicks (bspw. 50) und den Ad-Impressions (bspw. 50.000) ermittelt. Die Click-Through-Rate sagt etwas über die Effizienz der geschalteten Werbemittel aus (hier 0,1 Prozent).

$$\mathrm{CTR} = \frac{\text{Zahl der AdClicks}}{\text{Zahl der AdImpressions}} \cdot 100$$

Bounce-Rate/Absprungrate
nennt den Prozentsatz der Besucher, die eine Website bereits nach wenigen Sekunden wieder verlassen. Die Bounce-Rate bzw. Absprungrate ist ein wichtiger Indikator dafür, ob die durch Banner aufgebauten Erwartungen auch erfüllt werden.

Site-Stickiness/Verweildauer
sagt aus, wie lange ein Nutzer durchschnittlich auf einer spezifischen Website verweilt.

Sign-up/Generierung von Leads (Interessenten)
ist die Erfassung von Nutzerdaten, indem sich ein Interessent (Lead) in eine Mailingliste zum Empfang von Newslettern einträgt, um einen Rückruf bittet oder Informationsmaterial etc. anfordert. Für Leads schwanken die Vergütungsansätze sehr stark. Sie liegen zwischen 0,20 Euro für eine Newslettereintragung bis hin zu 240 Euro, wenn der Lead in einem Vertragsabschluss (für z. B. einen Mobilfunkanbieter) besteht.

Sales/Umsatz (Generierung von Käufern)
Wird nach der Präsentation eines Werbemittels durch dessen Anklicken und die weitere Führung des Nutzers ein Kaufakt getätigt, so wird dieser als Sales (i. S. von Umsatz) oder als Sale (i. S. von Verkauf) bezeichnet. Hier wird zunächst die Anzahl der Käufer erfasst. Über die Verwendung von Coupons oder speziellen Codes für einen späteren Kauf, können sogar Offline-Umsätze einem Online-Werbemittel zugerechnet werden.

Umsatz pro Kaufakt/Coupon
als Kenngröße weist aus, welchen Umsatz Personen bei einem Kaufakt oder pro Coupon generiert haben.

Conversion-Rate (CR)/Umwandlungsquote
prozentualer Anteil der Online-Besucher, die eine gewünschte Handlung vollzogen haben. Die Conversion-Rate misst Klicks, Anfragen, Registrierungen, Anmeldungen, Aufträge etc.

$$\mathbf{CR} = \frac{\text{Zahl der Onlinebestellungen}}{\text{Zahl der AdClicks}} \cdot 1.000$$

Cost-per …
Für die Abrechnung von Online-Werbung kommt zumeist der aus den klassischen Medien bekannte Tausender-Kontakt-Preis (TKP auf Basis von Ad-Impressions) zum Einsatz. Einige Online-Anbieter bieten auch unabhängig von aktuellen Nutzerzahlen Festpreise, beispielsweise für die Buchung eines Werbeplatzes für einen Monat. Selten sind Preismodelle wie Cost-per-Click oder Cost-per-Action zu finden. Die meisten Anbieter halten ihre aktuelle Preisliste für Online-Werbung im Internet bereit, für kleine und mittlere Anbieter übernehmen hingegen professionelle Agenturen die Vermarktung von Online-Werbeflächen. (Vgl. Lammenett 2015: 219)

Die Kosten im Online-Marketing werden in Anlehnung an die bereits beschriebenen Ergebniskennzahlen wie folgt ausgezeichnet (vgl. Kreutzer 2016: 78 f.):
- **Cost per Mille (CPM)/Tausend-Kontakt- bzw. Impressions-Preis (TKP)**
- **Cost per Click (CPC)**
- **Cost per View (CPV)**
- **Cost per Lead (CPL)/Cost per Interest (CPI)**
- **Cost per Order (CPO)/Pay per Sale (PPS)**
- **Cost per Action (CPA)/Cost per Conversion (CPC)**
- **Kosten pro Zeitintervall** (Kosten für die zeitlich limitierte Belegung von Werbeplätzen)
- **Targeting-Kosten** (Kosten für die genaue Zielgruppenansprache)
- **Kosten für das Frequency-Capping** (stellt die begrenzte Auslieferung einer Online-Werbung an eine einzelne IP-Adresse sicher)

Die Kennzahlen erlauben nicht nur die Bewertung laufender Aktivitäten, sondern auch den Vergleich zwischen unterschiedlichen On- und Offline-Maßnahmen.

9.3 Wichtige betriebliche Kennzahlensysteme

„Unter einem Kennzahlensystem wird im allgemeinen eine geordnete Gesamtheit von Kennzahlen verstanden, wobei die einzelnen Elemente in einer sachlich sinnvollen Beziehung (sachlogische und/oder rechnerische Verknüpfung) zueinanderstehen, einander ergänzen und erklären und insgesamt auf ein gemeinsames übergeordnetes Ziel ausgerichtet sind.“ (Groll 1991: 19) Sachlogisch sind sie verknüpft, wenn Beziehungen zwischen einzelnen Faktoren bzw. Einflussgrößen sinnvoll, aber nicht zwingend quantifiziert aufgezeigt werden. Zum Beispiel, dass ein Zusammenhang zwischen Produktqualität, Personalkosten und Entwicklungsgeschwindigkeit besteht. Rechnerisch verknüpft sind die Einflussgrößen, wenn eine Spitzenkennzahl mathematisch in Einzelwerte zerlegt wird und die Beziehungen zwischen den Einzelwerten sachlogisch und quantifiziert aufgezeigt werden. Durch die Zerlegung der Faktoren entsteht die Struktur einer Pyramide. Der Deckungsbeitrag ist ein ganz einfaches Beispiel für ein solches System (bestehend aus absoluten Zahlen). Es können aber auch Beziehungszahlen (Quotienten) als zusammengesetztes Ergebnis anderer Quotienten dargestellt werden, wie das Beispiel der „Pro Kopf-Wertschöpfung“ zeigt. Es setzt sich aus Pro-Kopf-Leistung und Pro-Kopf-Materialverbrauch zusammen. Die dritte Möglichkeit Kennzahlensystem aufzubauen, besteht darin, sachlogische Zusammenhänge mathematisch zu untermauern.

Das wahrscheinlich bekannteste Kennzahlensystem in der BWL ist das 1919 von der Firma Du Pont entwickelte RoI-Schema (auch als DuPont-Schema bekannt), das aufzeigt, wie der „Return on Investment“ (RoI) als zentrale Spitzenkennzahl eines Betriebes zusammengesetzt ist. Dieses grundlegende Kennzahlenschema soll im Folgenden exemplarisch dargestellt werden.

Anschließend wird noch ein interessantes Berechnungssystem vorgestellt, das sogenannte Hebelwirkungen (Leverage-Effekte) aufzeigt. Eine Hebelwirkung – der sogenannte Financial Leverage – zeigt auf, wie die Finanzierungskosten des Fremdkapitals auf die Eigenkapitalverzinsung wirken. Die zweite Hebelwirkung – der sogenannte Operating Leverage – verdeutlicht, welche Auswirkungen die Höhe der Fixkosten auf die Rentabilität hat. Während der erste Effekt für alle Unternehmen eine große Bedeutung hat, spielt der zweite Effekt eine ganz besonders große Bedeutung für Medienunternehmen aufgrund der hohen FCC.

Das eher sachlogische Kennzahlensystem der Balanced Scorecard, die vor allem Ursache-Wirkungszusammenhänge aufzeigt und als Steuerungsinstrument im Betriebsalltag eingesetzt wird, wird später skizziert (vgl. Kapitel 11.3.1), da es weniger zu den Rechensystemen zählt, sondern vielmehr einen Ordnungsrahmen für die Planung bzw. Steuerung durch das Controlling darstellt.

9.3.1 Das RoI-Schema (Du Pont System of Financial Control)

„Das RoI-Konzept ist ein übersichtliches Rechensystem aus wenigen Kennzahlen, das auf wenigen mathematisch verbundenen Globalgrößen aufbaut und trotzdem einen sehr hohen Aussagewert besitzt." (Preißler 2008: 48) Das Kennzahlensystem ist sehr übersichtlich und anschaulich und es kann beliebig durch die Bildung relativer Kennzahlen ausgebaut werden. Das Ergebnis ist die sogenannte Du Pont-Pyramide mit der Spitzenkennzahl „Return on Investment" (RoI), die die Rendite des eingesetzten Kapitals ausweist. Der RoI sagt also aus, wie hoch der Gewinn im Verhältnis zum eingesetzten Kapitals ist. Er kann für das gesamte Unternehmen, aber auch für Projekte oder Produkte und Dienstleistungen ermittelt werden. Allerdings muss bei der Ermittlung von Teilrenditen darauf geachtet werden, dass nur das jeweils relevante (zuordbare) investierte Kapital in der Berechnung berücksichtigt wird.

Als Kurzform formuliert, wird der Return on Investment wie folgt berechnet:

$$\mathbf{RoI} = \frac{\text{Gewinn}}{\text{Gesamtkapital}}$$

Bei genauerer Betrachtung müssten dem Gewinn aber noch die Fremdkapitalzinsen hinzugerechnet werden, da sich der RoI auf das Gesamtkapital und nicht nur das Eigenkapital bezieht. Damit ergibt sich für den RoI auch die Berechnungsweise:

$$\mathbf{RoI} = \frac{\text{Gewinn} + \text{FKZinsaufwand}}{\text{Gesamtkapital}}$$

Die Idee des Du Pont-Schemas liegt nun darin, die Gesamtkapitalrentabilität aus analytischen Zwecken sowohl im Nenner als auch im Zähler des Quotienten um den Umsatz zu erweitern. Diese Kennzahlerweiterung hat den Vorteil, dass besser verdeutlicht werden kann, wie die Gesamtkapitalrentabilität im Einzelnen gesteuert (beeinflusst) werden kann. Durch die Aufsplittung von einzelnen Kennzahlen kann das System deutlich an Aussagekraft gewinnen. Kennzifferntechnisch sieht das wie folgt aus (vgl. Wöhe und Döring 2013: 863):

$$\textbf{RoI} = \frac{\text{Gewinn}}{\text{Gesamtkapital}} = \frac{\text{Gewinn}}{\text{Nettoumsatz}} \cdot \frac{\text{Nettoumsatz}}{\text{Gesamtkapital}}$$

Die beiden entstehenden Quotienten sind nichts anderes als die Umsatzrendite und der Kapitalumschlag. Damit ergibt sich:

$$\textbf{RoI} = \text{Umsatzrendite} \cdot \text{Kapitalumschlag}$$

Mit dieser Kennzahlerweiterung wird deutlich, dass die Gesamtkapitalrentabilität sowohl durch eine Erhöhung der Umsatzrentabilität als auch durch eine Erhöhung des Kapitalumschlages (= Kapitalumschlagshäufigkeit) beeinflusst werden kann.

Der Manager erkennt aus der **Umsatzrentabilität**, wie viel Prozent des Umsatzes als Gewinn verbleibt. Eine Umsatzrendite von 15 Prozent entspricht beispielsweise einem Gewinn von 15 Cent je Euro Umsatz. Eine starke Umsatzrendite ist das Ziel jedes Unternehmens. Eine schwache, im unteren einstelligen Prozentbereich liegende Umsatzrendite deutet hingegen auf einen hart umkämpften, wettbewerbsintensiven Markt hin.

Die **Kapitalumschlagshäufigkeit** andererseits gibt Auskunft über die Nutzungsintensität des eingesetzten Gesamtkapitals. Da das Kapital eines Unternehmens so effektiv wie möglich genutzt werden soll, ist es vorteilhaft, eine hohe Kapitalumschlagshäufigkeit zu erreichen – beispielsweise durch gut ausgelastete Kapazitäten, geringe Warenlagerbestände und/oder niedrige Forderungsbestände. Erhöht sich die Kapitalumschlagshäufigkeit, so bedeutet dies, dass eine Umsatzerhöhung ohne zusätzlichen Kapitaleinsatz vorgenommen werden konnte (vgl. Geyer 2013: 433).

Werden die Kennziffern sukzessive ausdifferenziert, ergibt sich das bekannte Du Pont-Schema. In den jeweiligen Schnittpunkten der Untergrößen sind die Rechenoperationen (plus, minus, geteilt durch, multipliziert mit) angegeben (vgl. Abb. 9.3 in Anlehnung an Horvárth 2011: 503)[5].

Das Schema kann auch insofern abgewandelt werden, als dass die Berechnung des Kapitalumschlags nicht mit der Größe „investiertes Kapitel“ – also Anlagevermögen plus Umlaufvermögen – arbeitet, sondern mit der Größe „Gesamtkapital“. In diesem Fall sind das Eigenkapital und das Fremdkapital zum Gesamtkapital aufzuaddieren. Der Umsatz wird dann durch das Gesamtkapital geteilt, um den Kapitalumschlag zu berechnen. So werden beispielsweise auch die Eigen- und Fremdkapitalrentabilität berechenbar.

5 Weitere (ähnliche oder verfeinerte) Darstellungen finden sich in Preißler 2008: 50 oder Krause 2016: 375 sowie in den meisten Grundlagenwerken der BWL.

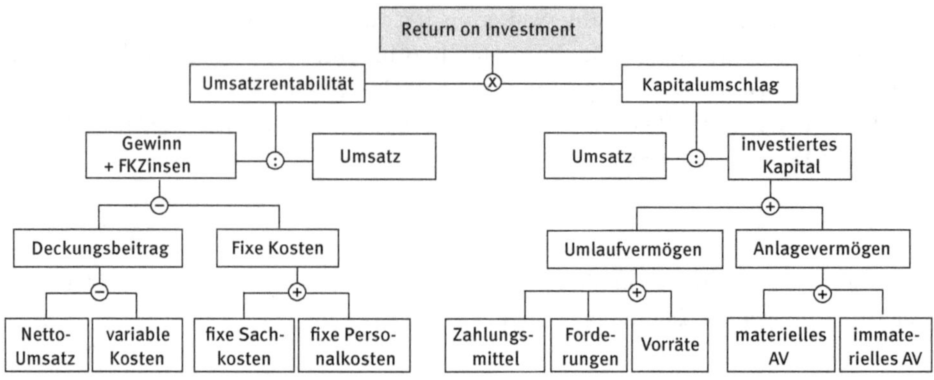

Abb. 9.3: RoI-Schema (Du Pont-Pyramide)

Beispiel. Ein kleines Start-up verkauft selbstproduzierte Comic-Figuren für 7,50 Euro an Handelsunternehmen und setzt 10.000 Stück am Markt ab. Der Handel verlangt allerdings 0,50 Euro Rabatt auf jede Figur und bekommt ihn auch. Die variablen Produktionskosten liegen bei 2,50 je Stück. Dazu kommen noch 2,00 Euro Lizenzabgaben pro Stück. Die Fixkosten liegen bei 18.500 Euro. Das immaterielle Anlagevermögen des Betriebs ist mit 7.500 Euro, die Sachanlagen sind mit 42.000 Euro bilanziert. Finanzanlagen sind in Höhe von 4.000 Euro vorhanden. Die Aktiva des Unternehmens sind mit einem Betrag in Höhe von 10.000 Euro durch Fremdkapital finanziert. Für diese Kredite liegt der Zinssatz (z) bei 8,00 Prozent. Der Rest des Kapitals ist Eigenkapital. Vorräte sind im Wert von 500 Euro vorhanden, Forderungen und Zahlungsmittel betragen 3.000 und 2.000 Euro.

Das Management will wissen, wie hoch der RoI, der Kapitalgewinn, das Eigenkapital, die Eigenkapitalrentabilität und die Fremdkapitalzinsen sind, aber auch wie hoch der Deckungsbeitrag und die Umsatzrentabilität sind.

Lösung. Zunächst werden die (fehlenden) Kennzahlen aus den vorliegenden Angaben ermittelt:

Umsatz: $U = p \cdot x = (7{,}50 - 0{,}50)€ \cdot 10.000 = 70.000€$

Variable Kosten: $K_V = k_V \cdot x = (2{,}50 + 2{,}00)€ \cdot 10.000 = 45.000€$

Anlagevermögen: $AV = 7.500 + 42.000 + 4.000 = 53.500€$

Umlaufvermögen: $UV = 500 + 3.000 + 2.000 = 5.500€$

Gesamtkapital: $GK = EK + FK = AV + UV$

$= 49.000 + 10.000 = 53.500 + 5.500 = 59.000$

Deckungsbeitrag: $DB = U - K_V = 70.000 - 45.000 = 25.000$

Kapitalgewinn: $G_K = DB - K_f + z \cdot FK$

$= 25.000€ - 18.500€ + (0{,}08 \cdot 10.000)€ = 7.300€$

Umsatzrentabilität: $r_U = \frac{G_K}{U} \cdot 100 = \frac{7.300}{70.000} \cdot 100 = 10,43\,\%$

Eigenkapitalrentabilität: $r_{EK} = \frac{G}{EK} = \frac{6.500}{49.000} \cdot 100 = 13,26\,\%$

Kapitalumschlag: $\text{Kapitalumschlag} = \frac{U}{GK} = \frac{70.000}{59.000} = 1,1864$

Fremdkapitalkosten $K_{FK} = 8\,\% \cdot 10.000 = 800\,€$

Gesamtkapitalrentabilität: $r_{GK} = \frac{G + \text{FKZinsen}}{GK} = \frac{7.300}{59.000} \cdot 100 = 12,37\,\%$

$$r_{GK} = r_U \cdot \text{Kapitalumschlag} = 10,43\,\% \cdot 1,1864 = 12,37\,\%$$

Die Eigenkapitalrentabilität berechnet sich durch Division des Reingewinns (G) bezogen auf das Eigenkapital. Die Fremdkosten für die Kredite ergeben sich aus der Multiplikation des Zinssatzes mit dem Fremdkapital. Die Gesamtkapitalrentabilität wiederum ergibt sich auch aus der Division der jeweiligen Teilsummen: (Gewinn + FK – Zinsen)/(EK + FK). Eine Umschlagshäufigkeit von rund 1,19 bedeutet, dass das Unternehmen mit jedem Euro Kapital 1,19 Euro Umsatz erwirtschaftet. Das ist noch nicht sehr erfolgreich, da die Kennzahl nur knapp über dem Wert eins liegt. Entweder müsste der Umsatz erhöht oder der Kapitaleinsatz verringert werden.

Angelehnt an das RoI-Schema sieht die Lösung wie in Abb. 9.4 gezeigt aus:

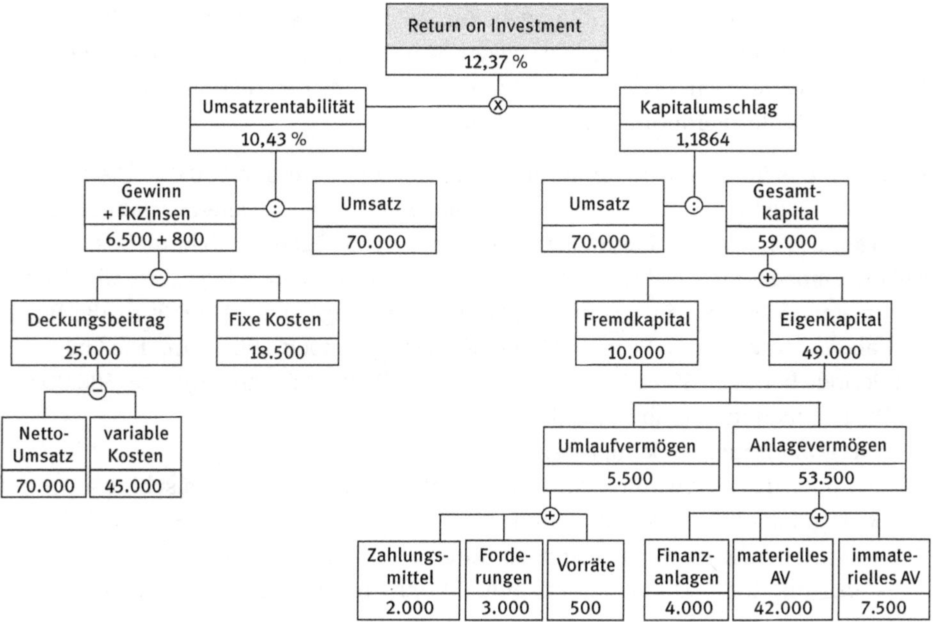

Abb. 9.4: RoI-Schema-Beispiel (Du Pont-Pyramiden-Beispiel)

Der Return on Investment kann auch auf Projekte bezogen werden (a) oder auf Einsparungen durch Investitionen (b) und ähnliche Fragestellungen.

$$\text{RoI} = \frac{\text{Rückflüsse durch eine Investition}}{\text{Investitionskosten}} \tag{a}$$

$$\text{RoI} = \frac{\text{Investitionskosten}}{\text{Einsparungen durch die Investition pro Jahr}} \tag{b}$$

Als Return on Marketing Investment (RoMI) misst er den wirtschaftlichen Erfolg einer Marketing-Kampagne.

$$\text{RoMI} = \frac{\text{Nettoumsatz} - \text{Produktionskosten} - \text{Werbekosten}}{\text{Werbekosten}}$$

Es beschreibt also das Verhältnis zwischen dem mit der Kampagne erwirtschafteten Gewinn (Nettoumsatz abzüglich der Produktions- und Werbekosten) und dem eingesetzten Kapital für eine Kampagne (Werbekosten). Allerdings ist eine genaue Zuordnung der Umsätze auf eine bestimmte Werbekampagne schwierig und allenfalls im Online-Bereich realistisch.

Als Ergebnis kann festgehalten werden, dass die Gesamtkapitalverzinsung gesteigert werden kann, wenn entweder die Umsatzrentabilität gesteigert oder die Kapitalumschlagshäufigkeit erhöht wird. Zur Steigerung der Umsatzrendite eignet sich vor allem das Prinzip der konsequenten Kostensenkung und der Erhöhung des Deckungsbeitrags oder auf der anderen Seite die Steigerung des Umsatzes durch z. B. Preisverbesserungen und Absatzerhöhungen. Zur Steigerung des Kapitalumschlags bieten sich die Verringerung des Anlagevermögens durch strikte Investitionspolitik oder die Verringerung des Umlaufvermögens durch Optimierung der Lagerhaltung und durch ein konsequentes Forderungsmanagement an.

Aufgabe. Das Management kennt folgende Zahlen: Es werden 500.000 Produkte zu einem Absatzpreis in Höhe von 5,00 Euro abgesetzt. Die gesamten variablen Kosten betragen 1.935.000 Euro. Das Sachanlagevermögen beträgt 675.000 Euro. Das immaterielle Vermögen und die Finanzanlagen betragen zusammen 75.000 Euro. Die Vorräte haben einen Wert von 25.000 Euro, die Forderungen liegen bei 60.000 Euro, das Bankguthaben beträgt 20.000 Euro und in der Kasse liegen noch 5.000 Euro. Die Fixkosten der Periode betragen 500.000 Euro und die Fremdkapitalzinsen liegen bei 68.200 Euro. Die Eigenkapitalrentabilität beträgt 25 Prozent.

Das Management möchte wissen,

1. wie hoch das Eigenkapital, die Umsatzrentabilität, der Kapitalumschlag sowie der ROI und der FK-Zinssatz sind und
2. was mit dem ROI und der Eigenkapitalrentabilität passiert, wenn durch eine Sondertilgung 100.000 Euro Fremdkapital durch Eigenkapital ersetzt werden.

9.3.2 Leverage-Effekte (Hebel-Effekte)

Durch die vorstehende Übungsaufgabe, in der die Kapitalrentabilität in zwei ähnlich gearteten Fällen zu berechnet ist, wird am Ergebnis deutlich, dass es nicht zwingend sinnvoll ist, eher mehr als weniger Eigenkapital im Unternehmen arbeiten zu lassen. Denn das korrekte Ergebnis zeigt, dass die EK-Rentabilität sinkt, wenn Fremdkapital durch Eigenkapital ersetzt wird. Dies ist allerdings nur dann der Fall, wenn Fremdkapital zu günstigeren Konditionen aufgenommen werden kann als die Investition an Gesamtkapitalrentabilität erzielt.

Solche Effekte werden als Hebel-Effekte (Leverage-Effekte) in der BWL diskutiert. Leverage-Effekte liegen dann vor, wenn kleine Änderungen an einer Variablen zu großen Ausschlägen im Resultat führen. Sie werden vor allem im Zusammenhang mit unterschiedlichen Kapitalstrukturen (Financial Leverage) und unterschiedlichen Kostenstrukturen (operating leverage) in einem Unternehmen diskutiert (vgl. hier und folgend Schierenbeck und Wöhle 2016: Kap. 3.3. sowie Wöhe und Döring 2013: 613 f.).

Der Financial Leverage

Der Financial Leverage beschreibt den Einfluss der Kapitalstruktur auf die Eigenkapitalrentabilität eines Unternehmens. Die Kapitalstruktur kann mit dem **Verschuldungsgrad** (V) dargestellt werden. Wobei gilt:

$$V = \frac{FK}{EK}$$

Er bringt zum Ausdruck, wie viel Fremdkapital pro Geldeinheit Eigenkapital aufgenommen wurde. Alternativ wird diese Kennzahl auch als Finanzierungskoeffizient bezeichnet. Ein Verschuldungsgrad von null bedeutet, dass das Unternehmen alle Investitionen mit Eigenkapital finanziert. Ein Verschuldungsgrad von drei bedeutet, dass das Unternehmen Investitionen zu 75 Prozent mit Fremdkapital finanziert.

Beispiel. Ein Filmproduktionsunternehmen weist in seiner Bilanz auf der Passivseite Fremdkapital in Höhe von 700.000 Euro aus (Kredite in Höhe von 400.000 und Verbindlichkeiten aus Lieferungen und Leistungen in Höhe von 300.000 Euro). Das Eigenkapital beträgt 300.000 Euro. Das Gesamtkapital (= Bilanzsumme) beträgt damit 1 Mio. Euro. Der Verschuldungsgrad beträgt 2,33 (bzw. 233 Prozent). Die Eigenkapitalquote beträgt 30 Prozent, die Fremdkapitalquote 70 Prozent. Ein Verhältnis zwischen Fremdkapital und Eigenkapital von 1:1 gilt als erstrebenswert. Ein Verhältnis von 2:1 gilt als solide. Und ein Verhältnis von bis zu 3:1 gilt noch als zulässig. Je höher die Fremdkapitalquote ist, desto höher ist der Verschuldungsgrad und damit auch das Risiko einer Überschuldung. Aber eine höhere Fremdkapitalquote hat auch positive Auswirkungen (Leverage-Effekte) auf die Eigenkapitalrentabilität, wie im Folgenden gezeigt wird.

Aus der Grundgleichung für die Gesamtrendite (r_{GK}; interne Verzinsung) lässt sich die Leverage-Formel für die vom Verschuldungsgrad abhängige Eigenkapitalrentabilität (r_{EK}) bei einem gegebenen Fremdkapitalzins (i_{FK}) ableiten:

$$r_{GK} \cdot GK = r_{EK} \cdot EK + i_{FK} \cdot FK$$

$$\Rightarrow \quad r_{GK} = r_{EK} \cdot \frac{EK}{GK} + i_{FK} \cdot \frac{FK}{GK}$$

$$\Rightarrow \quad r_{EK} = r_{GK} + (r_{GK} - i_{FK}) \cdot V$$

„Solange $r_{GK} > i_{FK}$ (positiver Leverage-Effekt), können Investoren mit zunehmender Kreditaufnahme ihre Eigenkapitalrentabilität steigern, weil sie die positive Differenz ($r_{GK} - i_{FK}$) als Zusatzgewinn vereinnahmen können. Gilt dagegen $r_{GK} < i_{FK}$ kommt es zu einem negativen Leverage-Effekt, der [...] mit steigender Verschuldung V zu sinkender und schließlich sogar zu negativer Eigenkapitalrentabilität führt." (Wöhe und Döring 2013: 613)

Beispiel. Ein Musikverlag hat eine Gesamtkapitalrentabilität in Höhe von 10 Prozent. Ein kleiner Zeitungsverlag realisiert eine Gesamtkapitalrendite von 6 Prozent. Der Zinssatz für Kredite liegt bei 8 Prozent. Es werden vier verschiedene Verschuldungsgrade der Unternehmen angenommen: 0 bis 4.

Damit ergeben sich in Abhängigkeit vom Verschuldungsgrad zehn unterschiedliche Leverage-Effekte: Fünf positive beim Musikverlag und fünf negative beim Zeitungsverlag (vgl. Tab. 9.3 in Anlehnung an Wöhe und Döring 2013: 613).

Tab. 9.3: Eigenkapitalrentabilität in Abhängigkeit vom Verschuldungsgrad (V)

$V = \frac{FK}{FK}$	Positiver Leverage-Effekt $r_{GK} > i_{FK}$	Negativer Leverage-Effekt $r_{GK} < i_{FK}$
V	$r_{GK} + (r_{GK} - i_{FK}) \cdot V = r_{EK}$	$r_{GK} + (r_{GK} - i_{FK}) \cdot V = r_{EK}$
0	0,10 + (0,10 – 0,08) · 0 = **0,10**	0,06 + (0,06 – 0,08) · 0 = **0,06**
1	0,10 + (0,10 – 0,08) · 1 = **0,12**	0,06 + (0,06 – 0,08) · 1 = **0,04**
2	0,10 + (0,10 – 0,08) · 2 = **0,14**	0,06 + (0,06 – 0,08) · 2 = **0,02**
3	0,10 + (0,10 – 0,08) · 3 = **0,16**	0,06 + (0,06 – 0,08) · 3 = **0,00**
4	0,10 + (0,10 – 0,08) · 4 = **0,18**	0,06 + (0,06 – 0,08) · 4 = **–0,02**

Das Beispiel des Zeitungsverlags macht deutlich, dass es nicht sinnvoll ist, sich Geld zu acht Prozent zu leihen und das geliehene Geld in das Unternehmen zu investieren, um damit sechs Prozent Rendite zu erwirtschaften. Die Differenz müssten die Eigentümer tragen.

Da in der Realität sowohl der Anspruch an die Mindestverzinsungsansprüche der Eigenkapitalgeber als auch der Fremdkapitalzins nicht unabhängig vom Verschuldungsgrad sind, sondern mit steigendem Grad (Risiko) wachsen, liegt der optimale Verschuldungsgrad (V*) liegt immer dort, wo die durchschnittlichen Kapitalkosten i (= r_{GK}) am niedrigsten sind. Das ist der Punkt, an dem die Durchschnittskapitalkostenfunktion ihr Minimum hat. Zum Thema „Optimierung des Verschuldungsgrades" sei auf die Ausführungen in der weiterführenden Literatur zur Finanzpolitik verwiesen.

Der Operating Leverage

Eine ähnliche Hebelwirkung wie die (fixen) Zinsen auf die (variable) Eigenkapitalrentabilitätswirkung besteht zwischen den Fixkosten des Unternehmens und der Umsatzrentabilität. Diese Hebelwirkung wird Operating Leverage (Gewinnhebel) genannt. Der Operating Leverage beantwortet die Frage, welche Auswirkungen eine Absatz- bzw. Produktionsmengenänderung (bei gegebenen Preisen) auf die Umsatzrentabilität hat (vgl. Schierenbeck und Wöhle 2016: 89).

Um den Operating Leverage nachvollziehen zu können, sollen zunächst zwei Kennzahlen ins Gedächtnis gerufen werden: Der Deckungsbeitrag im Verhältnis zum Umsatz (auch Deckungsbeitragsrate (DBR) genannt) und die Fixkostenbelastung des Umsatzes:

$$\mathbf{DBR_U} = \frac{DB}{U} \cdot 100 = \frac{(p - k_v)}{p} \cdot 100$$

Dieser **Deckungsbeitragsanteil am Umsatz** (Deckungsbeitragsrate, DBR) sagt aus, wie hoch der Anteil des Deckungsbeitrags am Umsatz ist bzw. wie sich Umsatzänderungen auf den Periodengewinn auswirken.

Der **Fixkostenanteil am Umsatz** sagt aus, wie hoch der Anteil der Fixkosten am Umsatz ist bzw. welcher Anteil des Umsatzes zur Deckung der Fixkosten nötig ist:

$$\mathbf{Fixkostenanteil}_U = \frac{K_f}{U} \cdot 100 = \frac{k_f}{p} \cdot 100$$

Ein wichtiger Zusammenhang ist des Weiteren darin zu sehen, dass aus dem Saldo von DB_U und FK_U stets die **Brutto-Umsatzrentabilität** ($r_{U-brutto}$) resultiert. Dies lässt sich wie folgt herleiten (vgl. Schierenbeck und Wöhle 2013: 90 f.):

$$\mathbf{r_{U-brutto}} = \frac{\text{Betriebsergebnis}}{\text{Umsatz}} = \frac{DB - K_f}{U} = \frac{DB}{U} - \frac{K_f}{U} = DB_U - FK_U$$

Daraus folgt die Erkenntnis, dass bei einem gegebenen Kostenvolumen und gegebenen Erlösen der DB_U umso größer (umso niedriger) ist, je niedriger (je höher) die variablen Kosten an den Gesamtkosten sind bzw. je höher (je niedriger) der Fixkostenanteil und damit die Fixkostenbelastung des Umsatzes FK_U ist. Das bedeutet also, dass hohe DB_U-Werte mit hohen Werten für die FK_U einhergehen (und vice versa) (vgl. Schierenbeck und Wöhle 2013: 91).

Beispiel. [6] Gegeben seien zwei Unternehmen, die das gleiche Produkt produzieren und der gleichen Marktsituation gegenüberstehen. Intern bezüglich der Produktionsbedingungen unterscheiden sie sich allerdings wie folgt: Sie produzieren mit unterschiedlichen Fixkosten und mit unterschiedlichen variablen Kosten. Allerdings sei angenommen, dass beide den gleichen Break-Even-Punkt haben; dass sich also die Unterschiede in den Fixkosten durch die Unterscheide in den variablen Kosten ausgleichen, da die Gewinnschwelle identisch ist.

Während bei Unternehmen 1 der Fixkostenanteil an den Gesamtkosten im Break Even-Fall 40 Prozent ausmacht, liegt er bei Unternehmen 2 bei nur 20 Prozent. Dafür sind aber die variablen Stückkosten in Unternehmen 2 um ein Drittel höher, d. h. statt 3 GE sind es 4 GE. Die Marktpreise und die Absatzmengen seien in beiden Unternehmen gleichhoch unterstellt. Der Preis liegt bei p = 5 GE. Die unterstellten Absatzmengen (x) liegen alternativ bei 500, 1.000 oder 2.000 Stück.

Damit kann die Frage beantwortet werden, welche Auswirkungen Absatz- bzw. Produktionsmengenänderungen (bei gegebenen Preisen) auf die Umsatzrentabilität haben (vgl. Tab. 9.4.)

Tab. 9.4: Änderungen der Brutto-Umsatzrentabilität in Abhängigkeit vom Operating Leverage

Parameter	Unternehmen 1			Unternehmen 2		
	Fixkostenanteil: 40 % bei x = 500 (Break-Even) variable Stückkosten = 3 GE			Fixkostenanteil: 20 % bei x = 500 (Break-Even) variable Stückkosten = 4 GE		
Situation	A	B	C	A	B	C
x	500	1.000	2.000	500	1.000	2.000
p	5	5	5	5	5	5
U	2.500	5.000	10.000	2.500	5.000	10.000
k_v	3	3	3	4	4	4
K_f (FK)	1.000	1.000	1.000	500	500	500
DB_U	40 %	40 %	40 %	20 %	20 %	20 %
FK_U	40 %	20 %	10 %	20 %	10 %	5 %
$r_{U-brutto}$	**0 %**	**20 %**	**30 %**	**0 %**	**10 %**	**20 %**

Das Beispiel zeigt, dass die Rentabilitätseffekte des Operating Leverage am stärksten ausgeprägt sind, wenn relativ hohe Fixkosten nur relativ geringen variablen Stückkosten gegenüberstehen. Bei gutem Geschäftsverlauf und entsprechend hoher Auslastung erhöhen Fixkosten die Rentabilität. Sie können sie jedoch auch stark belasten, wenn sich das Geschäft des Unternehmens schlecht entwickelt und die Auslastung zurückgeht. Die Fixkosten führen dazu, dass sich Umsatzschwankungen jeweils überproportional auf die Entwicklung des Gewinns auswirken.

6 Das Beispiels ist Schierenbeck und Wöhle 2016: 92 entnommen.

10 Welche Werkzeuge nutzt das operative Management zur Analyse und Planung?

Zu den sonstigen quantitativen Analyse- und Planungsverfahren werden hier die Berechnungen gezählt, die sich etwas aufwendiger darstellen als die Ermittlung von einfachen Kennzahlen, andererseits aber immer noch gemessen werden in z. B. Mengen- oder Geldeinheiten.

Dazu zählen die Umsatz-, Kosten- und Gewinnentwicklungsanalysen, aber auch die Ermittlung der Elastizitäten unterschiedlicher Funktionen und die der Minimalkostenkombination in der Produktion sowie typische Trade-off-Analysen.

10.1 Die Erlösverlaufsanalyse (Umsatzverlaufsanalyse)

Der Erlös (auch Umsatz genannt) eines Unternehmens dient der Finanzierung und soll – dem Postulat des finanziellen Gleichgewichts folgend (vgl. Kapitel 1.4.1) – mindestens die Kosten, die im Unternehmen entstehen, abdecken. Erwirtschaftet wird Umsatz durch den Abverkauf von Leistungen. Mathematisch zeigt die Umsatzfunktion (Erlösfunktion) die Abhängigkeit des Umsatzes von der Absatzmenge und den Güterpreisen:

$$E(x) = p \cdot x$$

Bei gleichbleibenden Produktpreisen steigt der Erlös mit der Zunahme der abgesetzten Produkteinheiten geradlinig an. Werden Mengenrabatte o. ä. eingeräumt, sinkt der Preis mit zunehmender Absatzmenge in Intervallen. Der Erlös steigt innerhalb eines Intervalls weiterhin geradlinig an, aber die Zunahme der Erlöse wird von Intervall zu Intervall kleiner. Das heißt, die Erlösfunktion würde jeweils flacher. Eine dritte, grundsätzlich andere Möglichkeit der Erlösentwicklung zeigt sich, wenn der Preis eines Produktes in der Weise vom Absatz abhängt, dass bei hohem Preis weniger und bei gesunkenem Preis mehr Einheiten verkauft werden. In diesem Fall wird der Erlös bei zunehmender Absatzmenge und sinkenden Preisen so lange steigen, wie die Absatzzunahme wertmäßig die Preissenkung kompensiert. Bei weiterer Absatzsteigerung wird der Gesamterlös sinken. Die Erlösfunktion nimmt den Verlauf eines umgekehrten U's an. Die Höhe des Erlöses ist damit immer maßgeblich abhängig von der Preisvorstellung des Unternehmens und der gewünschten Absatzmenge.

Eine bestimmte Preis- oder Absatzvorstellung zu haben, ist eine Sache, doch diese Vorstellung auch am Markt realisieren zu können eine ganz andere. Die Marktsituation gibt die Möglichkeiten, die ein Unternehmen hat vor. So liegen auch den beiden grundsätzlich unterschiedlichen Umsatzentwicklungssituationen zwei grundsätzlich unterschiedliche Marktsituationen zugrunde: Entweder vereint ein Unternehmen ei-

https://doi.org/10.1515/9783110519587-010

nen großen Anteil der gesamten Marktnachfrage auf sich oder einen eher kleinen Teil. Die Nachfrage, die ein Unternehmen für sich selbst erwartet, wird **konjekturale Nachfrage** genannt und ist ein Teil der Gesamtnachfrage.

Sind die konjekturale Nachfrage und die gesamte Marktnachfrage identisch, werden sie durch einen einzigen Marktteilnehmer bedient. In diesem Fall handelt es sich um einen Monopolisten bzw. ein Monopol. Dies wäre z. B. im lokalen Zeitungsmarkt der Fall. Hier gibt es meistens nur einen Tageszeitungsanbieter, der lokal agiert. Einen eher kleineren Teil der gesamten Nachfrage bedienen Unternehmen, die viele Wettbewerber haben (atomistische Konkurrenzsituation). Dies ist auf vielen anderen Medienmärkten der Fall.

Die Folgen der unterschiedlichen Marktbedingungen für die Umsatzsituation der Medienunternehmen sind groß. So kann ein Monopolist Preise und Mengen nach eigenen Vorstellungen setzen. Ein Wettbewerber hingegen, der viele Konkurrenten hat, muss einen Preis akzeptieren, der sich am Markt durch Angebot und Nachfrage gebildet hat. Setzt er einen Preis, der höher ist als der Marktpreis, so wird der Anbieter viele Kunden verlieren. Umgekehrt gewinnt er viele Kunden, wenn er einen Preis verlangt, der unter denen der Wettbewerber liegt.

Diesem Konkurrenzdruck wollen sich Anbieter entziehen. Deswegen versuchen sie, ihre Produkte so zu gestalten, dass Kunden Unterschiede feststellen, die für sie bedeutend sind. In diesem Fall gewinnt der Anbieter an Handlungsspielraum, denn er weiß, dass sich seine Kunden den Produkten verbunden fühlen. Diese Verbundenheit kann auf die Medieninhalte, die Qualität, das Image und viele andere Facetten bezogen sein. Verbundenheit erzeugt eine höhere Substitutionsbarriere. Das heißt, Kunden sind nicht so schnell bereit auf andere Medienangebote auszuweichen, wenn der Preis des Mediums, das sie konsumieren wollen, höher ist als bei Vergleichsangeboten. Ist eine solche Situation von den Anbietern über z. B. Marketingaktivitäten geschaffen worden, resultiert daraus eine dritte Marktform, die zwischen dem Monopol und der atomistischen Konkurrenz liegt.

Diese Marktform wird „monopolistische Konkurrenz“ genannt. Sie bedeutet, dass es zwar Wettbewerbsprodukte am Markt gibt, diese werden aber soweit sich das zu substituierende Produkt innerhalb eines bestimmten Preisniveaus bewegt, von den Nachfragern in nur geringem Maße als Substitutionsalternative genutzt.

Dieser situationsbezogenen Dreiteilung folgend, ergeben sich drei unterschiedliche Erlösfunktionsverläufe bzw. drei charakteristische Preis-Absatz-Funktionen. Diese drei Formen werden nun im Anschluss an die Herleitung der Erlösfunktion vorgestellt.

10.1.1 Allgemeine Betrachtung: Von der Nachfragefunktion zur Erlösfunktion

Grundsätzlich gilt auf Märkten, dass die Nachfrage vom Preis abhängig ist. Der Preis (p) ist damit dafür verantwortlich, wie hoch die am Markt nachgefragte Menge (x) ist. Das heißt, die Nachfragefunktion zeigt folgenden Zusammenhang:

$$x = x(p) \qquad \textbf{(Nachfragefunktion)}$$

und bedeutet, dass der Preis eines Gutes die nachgefragte Menge bestimmt bzw., dass die absetzbare Menge durch den Preis bestimmt wird (Absatzmenge ist abhängig vom Preis).

Wird hier die Umkehrfunktion gebildet, ergibt sich die Preis-Absatz-Funktion (PA-Fkt.) eines Unternehmens:

$$p = p(x) \qquad \textbf{(Preis-Absatz-Funktion)}$$

Sie sagt aus, wie hoch der Preis sein muss, um eine bestimmte Menge am Markt absetzen zu können (Preis ist abhängig von der Wunschabsatzmenge).

Nachfragefunktionen und Preis-Absatz-Funktionen sind Umkehrfunktionen, was bedeutet, dass die jeweiligen Relationen von Preis und Absatzmenge identisch sind. Verschieden ist nur die Interpretation der Parameterabhängigkeiten. Innerhalb der Nachfragefunktion ist der Preis die unabhängige und die Menge die abhängige Variable. Innerhalb der PA-Fkt. ist es umgekehrt.

Da die Erlösfunktion durch Preis mal Menge gebildet wird, d. h.

$$E(x) = p \cdot x \qquad \textbf{(Erlösfunktion)}$$

folgt daraus, dass der Durchschnittserlös (= Erlös pro Stück) gleich dem Preis ist bzw. die Durchschnittserlösfunktion gleich der Preis-Absatz-Funktion ist, wie die folgende Umstellung zeigt:

$$e(x) \quad \text{bzw.} \quad DE(x) = \frac{E(x)}{x} = \frac{p \cdot x}{x} \qquad \textbf{(Durchschnittserlösfunktion)}$$

$$= \frac{p(x) \cdot x}{x} = p(x)$$

Die Zunahme oder die Abnahme des Erlöses je weiterer Produkteinheit wird durch den Grenzerlös ausgedrückt. Der Grenzerlös sagt aus, um wieviel GE der Erlös steigt oder sinkt, wenn ein weiteres Produkt am Markt verkauft wird. Mathematisch wird dies durch die 1. Ableitung der Erlösfunktion beschrieben. Grafisch ist es die Steigung der Erlösfunktion:

$$E'(x) \quad \text{bzw.} \quad GE(x) = \frac{dE(x)}{dx} \qquad \textbf{(Grenzerlösfunktion)}$$

Der Grenzerlös kann gleichhoch bleiben oder sinken. Ersteres ist der Fall, wenn alle Mengen zu gleichen Preisen angeboten werden können. Letzteres ist der Fall, wenn eine zusätzliche Menge nur mit Preisabschlägen realisiert werden kann.

Da auch die PA-Fkt. und die Durchschnittserlösfunktion entweder nicht steigen oder fallen, sind auch die 1. Ableitungen dieser Funktionen für alle Mengen (x) gleich oder kleiner als null:

$$\frac{dp(x)}{dx} \leq 0 \quad \text{und äquivalent} \quad \frac{dDE(x)}{dx} \leq 0$$

Dies bedeutet, dass der Preis, zu dem ein Unternehmen einen höheren als den aktuellen Absatz realisieren kann, entweder gleichhoch oder niedriger sein muss als der aktuelle Preis.

Schlussendlich kann auch festgestellt werden, dass bei einer fallenden Preis-Absatz-Funktion auch die Grenzerlöse (GE bzw. $E'(x)$) wegen der sinkenden Preise geringer sind als die Durchschnittserlöse. Denn die Durchschnittserlöse bilden sich ja aus dem arithmetischen Mittel der Grenzerlöse. Das bedeutet für den Grenzerlös:

$$\begin{aligned} GE(x) = \frac{dE(x)}{dx} = \frac{d[p(x)x]}{dx} &= p(x) + xp'(x) \\ &< p(x) = DE(x)\,. \end{aligned}$$

Das heißt, bei fallenden Preis-Absatz-Funktionen (Preise sinken bei Mengenausweitung; die marginale Preisänderung ist negativ) sind die Grenzerlöse immer etwas kleiner als die Durchschnittserlöse. Fallende Preis-Absatz-Funktionen liegen in Märkten vor, die nicht atomistische Wettbewerbsstrukturen aufweisen (Monopol, Oligopol und monopolitische Konkurrenz).

Weist die Preis-Absatz-Funktion keine Steigung auf (hier ist der Preis als externes Marktdatum gegeben; es herrscht atomistische Konkurrenz vor), sind die Grenzerlöse gleich den Durchschnittserlösen.

$$\begin{aligned} GE(x) = \frac{dE(x)}{dx} = \frac{d[p(x)x]}{dx} &= p(x) + 0 \\ &= p(x) = DE(x)\,. \end{aligned}$$

Diese Zusammenhänge werden nun anhand der drei unterschiedlichen Marktsituationen erklärt.

10.1.2 Erlösverlaufsanalyse und Preissetzung im Monopol

Auch ein Unternehmen, das keine Wettbewerber hat, kann nicht jeden beliebigen Preis für ein Gut verlangen. Es gibt immer einen Preis, der so hoch ist, dass kein Konsument mehr Interesse hat oder sich niemand das Produkt mehr leisten kann. Dieser Preis wird Prohibitivpreis (lat. prohibere = behindern, verhindern, abhalten) genannt. Auf der anderen Seite wird es immer eine maximale Menge geben, die nachgefragt wird. Diese wird aber nur dann realisiert, wenn das Gut zum Preis von null angeboten wird. Diese Menge wird Sättigungsmenge genannt.

Den Prohibitivpreis, der auf der Ordinate abgebildet wird, weil die Absatzmenge hier null beträgt und die Sättigungsmenge, die auf der Abszisse abgebildet wird, weil hier der Preis null ist, verbindet die Preis-Absatz-Funktion bzw. die Nachfragefunktion. Beide Funktionen zeigen, zu welcher Absatzmenge welcher Preis gehört bzw. welcher Preis welche Absatzmenge realisiert.

Da der Monopolist die gesamte Marktnachfrage befriedigt, sind Marktnachfrage und konjekturale Nachfrage identisch. Die Nachfragemenge steigt mit sinkendem Preis, d. h., die Preis-Absatz-Funktion, die anzeigt, welcher Absatz bei welchem Preis realisiert wird, ist negativ geneigt.

Sinkende Preise erhöhen zunächst den Umsatz, da der Mengenzuwachs deutlicher wirkt als der Preisnachlass. Ab dem Umsatzmaximum wirken sich hingegen weitere Preissenkungen negativ auf den Umsatz aus, da der Mehrabsatz den Preisverfall nicht mehr ausgleicht. Modelle, denen sinkende Preise bei Mengenausweitungen zugrunde liegen, zeigen eine negativ geneigte PA-Fkt. und einen umgekehrt U-förmigen Verlauf der Erlösfunktion, wie in Abb. 10.1 ausgewiesen.

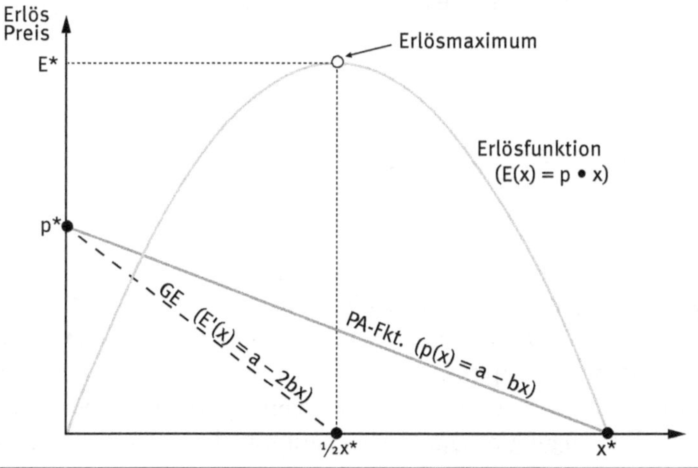

p* = Prohibitivpreis | x* = Sättigungsmenge | E(x) = Erlösfunktion
PA-Fkt. = Preis-Absatz-Funktion | GE = E'(x) = Grenzerlösfunktion

Abb. 10.1: Preis-Absatz- und Umsatzfunktion eines Monopolisten (Modell fallender Preise)

Bei welcher Menge genau das Erlösmaximum in dieser Marktsituation liegt, ist recht leicht zu bestimmen und kann auf unterschiedliche Weise durchgeführt werden; abhängig davon, welche Funktionen bekannt sind:

1. Bestimmung des Maximums der Erlösfunktion über die 1. Ableitung der Erlösfunktion.
2. Bestimmung der Nullstelle der 1. Ableitung der Preis-Absatz-Funktion.
3. Bestimmung des Wertes, an dem die Elastizität der Nachfragefunktion den Wert von 1 hat (vgl. Kapitel 9.3.2).

Beide Ableitungen aus dem Lösungsweg a. und b. zeigen den Verlauf der Grenzumsatzfunktion. Ist die Erlösfunktion bekannt, muss die 1. Ableitung null gesetzt und der dazu gehörende x-Wert ausgerechnet werden. Ist die PA-Fkt. bekannt, muss nur die maximale Akquisitionsmenge (Sättigungsmenge) halbiert werden, um die Absatzmenge, bei der der Umsatz maximal ist, zu bestimmen. Dies deshalb, weil die Grenzerlösfunktion die doppelte Steigung der PA-Fkt. hat. Dies sei kurz bewiesen:

Allgemein hat die PA-Fkt. die Form

$$p = a - bx$$

(mit a = Prohibitivpreis und b = Steigung der Funktion).

Die Erlösfunktion lautet

$$E = p \cdot x$$

Durch Einsetzen von p aus der PA-Fkt. in die Erlösfunktion (E) ergibt sich:

$$\begin{aligned} E(x) &= (a - bx) \cdot x \\ &= ax - bx^2 \end{aligned}$$

Wird die 1. Ableitung gebildet, ergibt sich:

$$E'(x) = a - 2bx .$$

Damit hat die PA-Fkt. die Steigung von „b“ und die Grenzumsatzfunktion die Steigung von „2b“. Die Grenzumsatzfunktion halbiert also die auf der x-Achse abgetragene Menge (vgl. Abb. 10.1) im Schnittpunkt mit der x-Achse. Dieser Punkt sagt aus, dass die Steigung der Umsatzfunktion und damit die Steigerung des Umsatzes an dieser Stelle genau null ist. Eine Steigung von null ist wiederum auch eine Bedingung für das Maximum einer Funktion. An diesem Punkt muss auch die Grenzumsatzfunktion, die ja die Steigung der Erlösfunktion widerspiegelt, gleich null sein.

Beispiel. Angenommen, ein Buchverlag will ein Buch herausgeben, das ein Bestseller sein könnte. Aus Erfahrung weiß der Verlagsverantwortliche, dass das Buch eine maximale Fangemeinde von ca. einer Million Leser hat. Diese kann in Gänze aber nur erreicht werden, wenn das Buch vom Verlag verschenkt wird. Aufgrund eines Tippfehlers bei der Preisauszeichnung hat der Verlag die Erfahrung gemacht, dass ein solches Buch (es sollte 10 Euro kosten) bei einem Preis von 100 Euro keinen Absatz findet. Der Verlag vermutet, dass von diesen 100 Euro ausgehend der Absatz um jeweils 100.000 Exemplare gesteigert werden kann, wenn der Preis um jeweils 10 Euro gesenkt wird.

Unter Nutzung des Lösungsweges b. (siehe oben) ist sofort ersichtlich, dass die zum Umsatzmaximum gehörende Absatzmenge 500.000 Stück ist. Doch wie hoch muss der Preis gesetzt werden, wenn der Verlag das Umsatzmaximum erreichen will? Und wie hoch ist das Umsatzmaximum?

Sowohl Menge als auch Preis und Erlös sollen hier mathematisch bestimmt werden.

Zunächst muss die PA-Funktion ($p(x) = a - bx$) für das Buch gebildet werden:

$$p(x) = 100 - \frac{100}{1.000.000}x = 100 - \frac{1}{10.000}x$$

Um das Erlösmaximum zu finden, muss zunächst aus der PA-Funktion die Erlösfunktion $E(x) = p \cdot x$ gebildet werden.

$$E(x) = p(x) \cdot x = \left(100 - \frac{1}{10.000}x\right) \cdot x = 100x - \frac{1}{10.000}x^2$$

Dann ist das Maximum dieser Funktion zu bestimmen, indem die 1. Ableitung gebildet und null gesetzt wird.

$$E'(x) = 100 - \frac{1}{5.000}x$$

$$0 = 100 - \frac{1}{5.000}x$$

$$\Rightarrow \quad x = 500.000$$

Der Wert für die umsatzmaximale Menge (x) muss dann nur noch in die PA-Funktion eingesetzt werden, um den Preis zu bestimmen.

$$\Rightarrow \quad p = 100 - \frac{1}{10.000}x = 100 - \frac{1}{10.000} \cdot 500.000 = 50$$

Werden nun die ermittelten Werte p und x in die Erlösfunktion eingesetzt, zeigt sich das Erlösmaximum.

$$\Rightarrow \quad E(x) = p \cdot x = 50 \cdot 500.000 = 25.000.000$$

Die 2. Ableitung der Grenzerlösfunktion ($E'(x)$) muss kleiner als null sein. Dies ist offensichtlich der Fall. Also liegt ein Maximum vor. Das heißt, der Verlag muss den Preis auf 50 Euro je Exemplar setzen, dann wird er 500.000 Exemplare verkaufen können. Der Umsatz liegt dann bei 25 Mio. Euro. Läge der Preis unter oder über 50 Euro, würde der Verlag weniger Umsatz machen.

10.1.3 Erlösentwicklung und Preissetzung bei atomistischem Wettbewerb (Polypol)

Sind viele Anbieter, die vergleichbare Güter anbieten und räumlich relativ dicht beieinanderliegen oder deren Güter ohne großen Aufwand für die Kunden erreichbar sind, am Markt tätig, fällt auf jeden dieser Wettbewerber nur ein kleiner Marktanteil. Damit hat das einzelne Unternehmen praktisch keine Möglichkeit von dem Preis, der sich durch Angebot und Nachfrage gebildet hat, abzuweichen. Es würde auch kaum Sinn machen, den Marktpreis zu unter- oder zu überbieten. Bei einer Preisforderung über dem Gleichgewichtspreis würden die Kunden abwandern. Bei einer Preisforderung unterhalb des Gleichgewichtspreises würde der Anbieter die gesamte Nachfrage

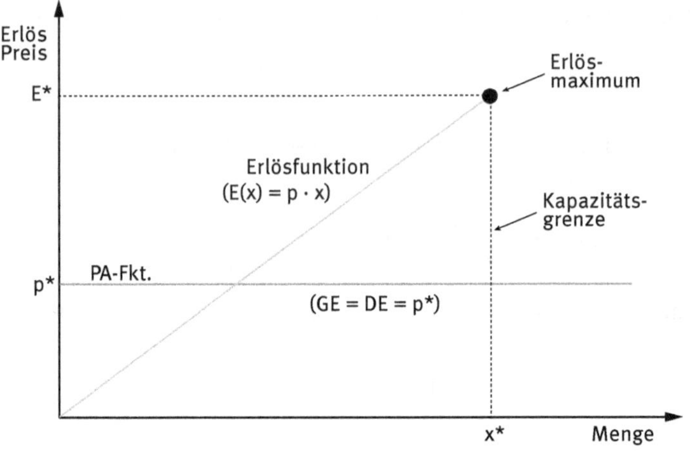

p* = Marktpreis | x* = maximale Ausbringungsmenge |
PA-Fkt. = Preis-Absatz-Funktion | GE = E'(x)= Grenzerlösfunktion
DE = e(x) = Durchschnittserlös | E(x) = Erlösfunktion

Abb. 10.2: Preis-Absatz- und Umsatzfunktion bei konstanten Preisen (Polypol bzw. atomistische Konkurrenz)

des Marktes auf sich ziehen. Diese könnte der Anbieter aufgrund seiner beschränkten Kapazität aber gar nicht bedienen. Deswegen wird der Marktpreis zu einem externen Datum für den Anbieter, das er hinnehmen muss. Wenn der Marktpreis niedriger ist als die Stückkosten des Gutes, kann der Anbieter am Markt tätig werden. Wenn die Stückkosten höher wären als der Preis, der am Markt erzielt werden kann, würde kein Angebot auf dem Markt lanciert.

Modelle, in denen Anbieter keinen Einfluss auf die Marktpreise haben[1], zeigen eine waagerecht zur Mengenachse verlaufende PA-Fkt. Dies ist der Fall, weil zu einem gegebenen Marktpreis jede Teilmenge der Gesamtnachfrage abgesetzt werden kann. Da sich der Marktpreis nicht ändert, sind die PA-Fkt., die Grenzerlösfunktion und die Durchschnittserlösfunktion identisch:

$$p(x) = GE(x) = DE(x)$$

Abbildung 10.2 zeigt diesen Zusammenhang. Entspricht der Angebotspreis dem Marktpreis, kann der Anbieter jede für ihn mögliche Absatzmenge absetzen. Liegt er darüber, wird er (im Prinzip) seinen gesamten Absatz verlieren. Liegt der Preis unter dem Marktpreis, wird er (theoretisch) den gesamten Absatz in seinem Absatzgebiet gewinnen.[2] Das Umsatzmaximum dieses Marktteilnehmers liegt immer an der Kapazitätsgrenze.

1 Die Mikroökonomik spricht hier von einem Polypol auf einem vollkommenen Markt.

2 Transaktionskosten werden diesen Effekt allerdings verhindern. Beispielsweise wird das preiswertere Angebot mit zunehmendem Anfahrtsaufwand für die Konsumenten an Attraktivität verlieren.

Beispiel (forts.). Das vom Verlag produzierte Buch (siehe vorstehendes Beispiel) wird nun im Handel zum Verkauf angeboten. Nun ändert sich der Charakter der PA-Fkt. grundlegend. Der Verlag hat einen Preis in Höhe von 50 Euro vorgegeben und daran sind nun alle Buchhändler gebunden. Der Preis ist für alle Verkäufer zu einem konstanten externen Marktdatum geworden. Der Erlös im Buchhandel ergibt sich aus abverkaufter Menge (x) multipliziert mit dem Buchpreis ($p = 50$). Jedes verkaufte Buch erhöht den Umsatz um 50 Euro ($GE = 50$). Damit ist auch der Durchschnittserlös pro Buch gleich 50 Euro ($DE = 50$). Und jeder Händler bedient jede auf ihn fallende Nachfrage. Sein Erlösmaximum liegt im Punkt der maximalen (regionalen) Absatzmenge.

10.1.4 Erlösentwicklung und Preissetzung bei monopolistischer Konkurrenz

In einer Monopolstellung mit einem Produkt zu sein, ist für jedes Unternehmen wünschenswert, weil es den Preis und die Angebotsmenge für das Gut unabhängig von anderen festsetzen kann. So wünschenswert der Fall aber auch ist, er ist selten. Andererseits dem Markt „ausgeliefert" zu sein, weil sehr viele Wettbewerber ein sehr ähnliches Produkt anbieten, ist hingegen nicht sehr komfortabel, aber häufiger der Fall.

Schon früh haben Unternehmen deswegen überlegt, wie sie ihre Situation verbessern könnten und sind auf die Idee gekommen, das eigene Produkt mit Eigenschaften auszustatten, die andere Produkte, die als Substitute infrage kommen, nicht haben. Das Marketing spricht hier von Differenzierung (vgl. Kapitel 16). Differenzierungsmerkmale können mannigfaltig in Erscheinung treten: Qualität, Bekanntheit, hohe Funktionsspezifik etc. Das wahrscheinlich am deutlichsten positiv wirkende Unterscheidungsmerkmal ist das Image bzw. die Reputation einer (Medien-)Marke.

Ziel dieser Differenzierungsbemühungen ist es, Alleinstellungsmerkmale zu konstruieren, die das eigene Leistungsangebot der Vergleichbarkeit mit anderen Leistungsangeboten entziehen. Unternehmen, deren Angebote im Wahrnehmungsraum ihrer Kunden als nicht austauschbar gelten, haben einen größeren Preisspielraum als leicht substituierbare Güter. Das heißt, innerhalb eines bestimmten Preiskorridors nehmen diese Produkte eine fiktive Monopolstellung in der Kundenvorstellung ein. Damit verfügt jeder Anbieter über einen gewissen monopolistischen Spielraum, innerhalb dessen es ihm möglich ist, ähnlich wie in einem Monopol, Preis oder Menge festzulegen (vgl. Hardes und Uhly 2007: 247).

Modelltheoretisch ergibt sich hier zwischen dem Prohibitivpreis und dem maximalen akquisitorischen Potenzial des Unternehmens eine fallende, abschnittsweise definierte Preis-Absatz-Funktion, die aus drei Bereichen besteht (vgl. Abb. 10.3):

- oberer polypolistischer Bereich ($0 < x < x_1$): In diesem Bereich reagieren die Absatzmengen relativ stark auf Preisänderungen;
- monopolistischer Bereich ($x_1 < x < x_2$): In diesem Bereich reagieren die Absatzmengen weniger stark auf Preisänderungen;
- unterer polypolitischer Bereich ($x_2 < x < x_{max.}$): In diesem Bereich reagieren die Absatzmengen wieder relativ stark auf Preisänderungen.

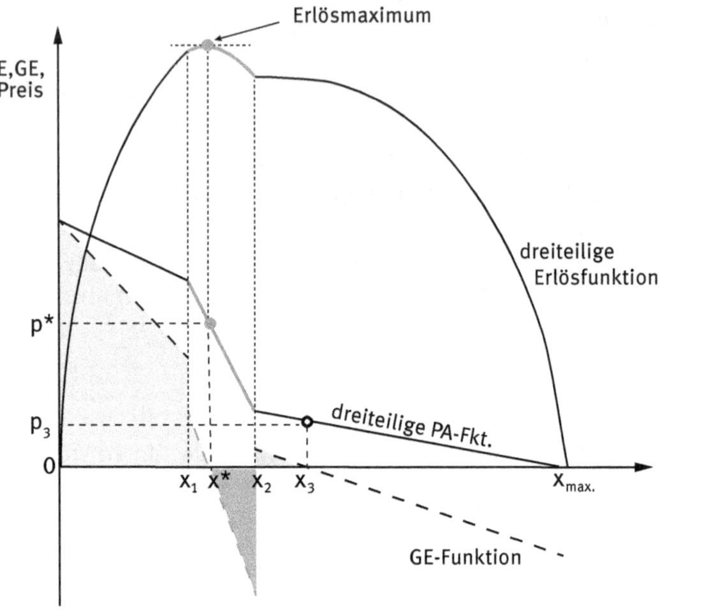

p* = umsatzmaximaler Preis | x* = umsatzmaximale Ausbringungsmenge
x_i = Mengen| PA-Fkt. = Preis-Absatz-Funktion | GE = Grenzerlös

Abb. 10.3: Doppelt geknickte Preis-Absatz- und Umsatzfunktion bei monopolistischer Konkurrenz

Das Umsatzmaximum wird auch hier nach der Regel GE = 0 bestimmt. Es zeigt sich aber in Abb. 10.3, dass zwei Punkte diese Bedingung erfüllen: einmal bei der Menge x^* und einmal bei x_3.[3] Deswegen bedarf es der Klärung, welche Menge angestrebt werden soll, um den Umsatz zu maximieren.

Der Verlauf der Grenzerlöskurve zeigt, dass der Grenzerlös bis zur Absatzmenge x^* positiv ist. Das heißt, jede zusätzlich verkaufte Einheit erhöht den Umsatz. Die Höhe des Grenzumsatzes wird durch die hellgrau unterlegte Fläche dargestellt. Im Bereich zwischen x^* und x_2 ist der Grenzerlös negativ. Das heißt, jede zusätzlich verkaufte Einheit senkt den Umsatz, da die zusätzlich akquirierte Menge den Verlust durch die Preisreduktion nicht auszugleichen vermag. Die Höhe des negativen Grenzumsatzes wird durch die dunkelgrau unterlegte Fläche dargestellt. Im Absatzbereich zwischen x_3 und $x_{max.}$ ist der Grenzumsatz wieder positiv. Dies bedeutet, dass eine weitere Ausdehnung der Menge (durch weitere Preissenkung) einen zusätzlichen Umsatz verspricht. Die Höhe des Grenzumsatzes wird durch die wieder hellgrau unterlegte Fläche dargestellt. Ist dieser dritte Bereich größer als der zweite, lohnt es sich für den Anbieter, seinen Preis soweit zu senken, bis der Punkt (x_3; p_3) erreicht wird.

3 Bei Betrachtung der Grafiken muss beachtet werden, dass auf der Ordiante zwei unterschiedliche Maßstäbe gelten: der für den Preis und der für den Erlös. In einer einheitlich maßstabgetreuen Abbildung würde das Umsatzmaximum weit oderhalb der Preis-Absatz-Funktion verlaufen.

Der Anbieter hat bei der Wahl des Preises jedoch ein Problem. Hat er beispielsweise den umsatzmaximalen Punkt (x^*, p^*) gefunden, würde jede kleine Preisänderung eine Umsatzeinbuße bedeuten. Er weiß häufig aber nicht, was sich hinter dem Bereich mit den negativen Grenzerlösen befindet und ob es sich überhaupt lohnt, den Preis soweit zu reduzieren, da die Größe des dann wieder positiven Grenzerlösbereiches häufig unbekannt ist.

Ein Trial-and-Error-Verfahren könnte verheerende Folgen haben. Aus diesem Grund kann es vorkommen, dass Preise auf einem hohen Niveau verharren, wenn nicht der Verlauf der gesamten PA-Fkt. bekannt ist.

Sind alle Daten bekannt, gibt es auch kein Berechnungsproblem. In Abb. 10.3 wird auch optisch deutlich, dass der größere Umsatz bei (x^*, p^*) und nicht bei $(x_3; p_3)$ liegt, denn das jeweilige Umsatzrechteck berechnet sich ja schließlich aus der Fläche $x_i \cdot p_i$.

Beispiel. Ein Game-Publisher plant die Markteinführung eines Spiels, das auch auf CD vertrieben werden soll. Unsicher, welcher Preis für die CD festgesetzt werden soll, beauftragt der Publisher ein Marktforschungsunternehmen, das das Konsumverhalten in Abhängigkeit des Preises ermitteln soll. Das Institut legt folgende Ergebnisse vor: Bei einem Preis von 100 Euro wird keine Einheit abgesetzt. Eine Preisreduktion auf 75 Euro würde zu einem Absatz von 50.000 Einheiten führen. Bei einer weiteren Preissenkung auf 25 Euro, werden 100.000 Einheiten abgesetzt. Wird der Preis auf 21 Euro gesenkt, könnten sogar 120.000 Einheiten abgesetzt werden.[4]

Die Geschäftsführung will wissen, wie die abschnittsweise definierte Preis-Absatz-Funktion und die Umsatzfunktion definiert werden. Zusätzlich sollen der Preis und die Menge bestimmt werden, bei dem der Umsatz maximiert wird. Der Marketer rechnet wie folgt (vgl. Tab. 10.1):

Tab. 10.1: Lösung für den Game-Publisher

Mengenbereich	Preis-Absatzfunktion $p(x)$	Erlösfunktion $E(x)$	Grenzerlösfunktion $E'(x)$
$x \in [0; 50.000]$	$p(x) = 100 - 0{,}0005 \cdot x$	$E(x) = 100x - 0{,}0005x^2$	$E'(x) = 100 - 0{,}001x$
$x \in [50.000; 100.000]$	$p(x) = 125 - 0{,}001 \cdot x$	$E(x) = 125x - 0{,}001x^2$	$E'(x) = 125 - 0{,}002x$
$x \in [100.000; 120.000]$	$p(x) = 45 - 0{,}0002 \cdot x$	$E(x) = 45x - 0{,}0002x^2$	$E'(x) = 45 - 0{,}0004x$

Durch Nullsetzen der Grenzerlösfunktionen ergeben sich nun folgende Werte:

- Für den Bereich $x \in [0; 50.000] \Rightarrow x_1 = 100.000$. Dieser Wert liegt außerhalb des zulässigen Bereiches.
- Für den Bereich $x \in [50.000; 100.000] \Rightarrow x_2 = 62.500$.
- Für den Bereich $x \in [100.000; 120.000] \Rightarrow x_3 = 112.500$.

4 Das Beispiel ist in Anlehnung an Hutzschenreuter 2015: 191 ff. konstruiert worden.

Durch Einsetzen der x-Werte in die Erlösfunktionen lässt sich nun der zugehörige Umsatz berechnen:

$$E(62.500) = 3.906.250 \text{ Euro}$$
$$E(112.500) = 2.531.250 \text{ Euro}$$

Das Erlösmaximum wird also bei einer Menge von x = 62.500 erreicht. Der Umsatz beträgt hier 3.906.250 Euro. Und die PA-Fkt. zeigt, dass der Preis hier bei $p = 125 - 0{,}001 \cdot 62.500$Stück = 62,50 Euro liegt.

Die Geschäftsführung wird also keinesfalls die maximale Absatzmenge wählen, wenn sie den Umsatz maximieren will, da der Preisverfall die Absatzausweitung überkompensiert. Dieses Charakteristikum haben das Monopol und die monopolitische Konkurrenzsituation gemeinsam.

10.2 Die Elastizitäten-Analyse

Unternehmer versuchen Zusammenhänge und Abhängigkeiten in ihren Betrieben über mathematische Funktionen zu fassen. Ist dies möglich, sind Analysen und Prognosen und damit schlussendlich auch Entscheidungen weniger irrtumsbehaftet.

So werden Nachfrage- bzw. Preis-Absatz-Funktionen, Produktionsfunktionen, Kostenfunktionen, Konsumfunktionen und viele andere Beziehungen zwischen zwei Größen definiert. Diese Funktionen beschreiben die Abhängigkeit zwischen einer unabhängigen Variablen und einer von ihr abhängigen Variablen. Das Maß für die Reagibilität einer abhängigen Variablen auf eine Veränderung der unabhängigen Variablen wird in der Ökonomie Elastizität genannt.

! **Merke:**

Die **Elastizität** ein Maß, das die relative Änderung einer abhängigen Variablen auf eine relative Änderung einer unabhängigen Variablen angibt.
Im x-y-Funktionsbereich handelt es sich um die prozentuale Änderung von y, die durch eine einprozentige Änderung von x bewirkt wurde (= Bogenelastizität) bzw. um die Änderung von y durch eine infinitesimal kleine Änderung von x ($\Delta x \to 0$ = Punktelastizität). Das Ergebnis ist immer eine dimensionslose Zahl.
Berechnet wird die **Bogenelastizität** durch:

$$\varepsilon_{y,x} = \frac{\frac{\Delta y}{y} \cdot 100}{\frac{\Delta x}{x} \cdot 100} = \frac{\Delta y}{\Delta x} \cdot \frac{x}{y}$$

(mit $\varepsilon_{x,y}$ = Elastizität des Wertes von y in Bezug auf x, x = unabhängige Variable, Δx = initiierte Änderung bei der unabhängigen Variablen, y = abhängige Variable und Δy = bewirkte Änderung bei der abhängigen Variablen).

Berechnet wird die **Punktelastizität** durch:

$$\varepsilon_{y,x} = \frac{dy}{dx} \cdot \frac{x}{y} = f'(x) \cdot \frac{x}{f(x)}$$

(mit $\varepsilon_{x,y}$ = Elastizität der Funktion f(x) in Bezug auf x, x = unabhängige Variable, $f'(x)$ = Steigung der Funktion f(x) am Punkt x).
Eine zweite Möglichkeit, die Elastizität zu berechnen, lautet folgerichtig:

$$\varepsilon_{f,x} = \text{Grenzfunktion} \cdot \frac{x}{\text{Funktion}} = \frac{\text{Grenzfunktion}}{\frac{\text{Funktion}}{x}} = \frac{\text{Grenzfunktion}}{\text{Durchschnittsfunktion}}$$

Das Ergebnis zeigt jeweils, ob eine unterproportionale, eine proportionale und eine überproportionale Reaktion bewirkt wird. Unterproportional (unelastisch) ist die Reaktion, wenn $0 < |\varepsilon| < 1$ ist (d. h. y ändert sich relativ weniger stark als x). Proportional (proportional elastisch) ist die Reaktion, wenn $|\varepsilon| = 1$ (d. h. die relative Änderung von y ist gleich der von x). Und überproportional (elastisch) ist die Reaktion, wenn $|\varepsilon| > 1$ (d. h. y ändert sich relativ stärker als x). Ist $|\varepsilon| = 0$ reagiert y nicht auf eine Änderung von x (vollkommen unelastisch). Strebt $|\varepsilon| \rightarrow \infty$, ist die relative Reaktion von y selbst bei kleinsten Änderungen von x unendlich hoch (vollkommen elastisch).

So kann beispielsweise untersucht werden,
- wie eine Produktionsfunktion (bzw. die Ausbringungsmenge) auf eine Veränderung eines bestimmten Einsatzfaktors reagiert,
- wie eine Kostenfunktion (bzw. die Gesamtkosten) auf einer Veränderung der Ausbringungsmenge reagiert,
- wie die Konsumneigung auf Preisänderungen oder Einkommensänderungen reagiert oder
- wie die Nachfrage nach Gütern auf eine Preisveränderung reagiert (vgl. Kapitel 10.2.1).

Ausgehend von der allgemeinen Elastizitätenformel gilt:

$$\varepsilon_{y,x} = f'(x) \cdot \frac{x}{f(x)}$$

Im Folgenden sind einige Beispiele berechnet:[5]
- die Elastizität der Produktionsfunktion $x(r_1) = 5 \cdot r_1^{0,4}$

$$\varepsilon_{x,r} = 0,4 \cdot 5r_1^{-0,6} \cdot \frac{r_1}{5r_1^{0,4}} = 0,4$$

Die Produktion reagiert also unelastisch auf eine Veränderung des Einsatzfaktors R. Wird der Input um ein Prozent verändert, reagiert der Output um den Faktor 0,4 auf die Inputveränderung.

5 Die Beispiele sind z. T. Purkert 2001: 291 entnommen.

- die Elastizität der Kostenfunktion $K(x) = x^3 - 12x^2 + 54x + 248$

$$\varepsilon_{K,x} = 3x^2 - 24x + 54 \cdot \frac{x}{x^3 - 12x^2 + 54x + 248} = \frac{3x^3 - 24x^2 + 54x}{x^3 - 12x^2 + 54x + 248}$$

  Würde die Elastizität für $x = 1$ oder $x = 10$ berechnet, so würde sich zeigen, dass die Kostenfunktion an $x = 1$ mit $e \approx 0{,}11$ unelastisch und an $x = 10$ mit $\approx 1{,}94$ elastisch auf eine Outputveränderung reagiert. Das heißt, ausgehend von einer Menge von eins reagieren die Kosten mit dem Faktor 0,11 und damit unterproportional gegenüber der Mengenänderung. Bei größeren Mengen reagieren die Kosten überpropotional auf Mengenänderungen: Eine einprozentige Mengenänderung – ausgehend von zehn produzierten Einheiten – würde zu einer 1,94-prozentigen Veränderung der Kosten führen. Die hier beschriebenen Reaktionen sind typisch für Sattelfunktionen.
- die Einkommenselastizität der Konsumfunktion eines 4-Personenhaushaltes

$$C(x) = 8.400 \frac{(x + 700)}{(x + 7.500)}$$

  Unter Anwendung der Quotientenregel[6] zeigt sich:

$$\varepsilon_{C,x} = \frac{6.800x}{(x + 700) \cdot (x + 7.500)}$$

Bei einem Einkommen in Höhe von beispielsweise $x = 5.000$ Euro würde die Konsumneigung um den Faktor 0,4772 auf eine Einkommensänderung reagieren.

Die Relevanz der Funktionselastizitäten für Medienbetriebe

In den Medienbetrieben, in denen Unikate hergestellt werden, dürften Erkenntnisse über die Produktionselastizität oder Kostenelastizität und ähnliche Reagibilitäten innerhalb ihrer Herstellungsprozesse kaum eine Rolle spielen. Wieviel Sinn sollte auch die Frage machen, wie stark die Kostenhöhe auf die Produktion einer weiteren marginalen Einheit eines Buches, Filmes oder einer Zeitungsausgabe reagiert?

Für Vervielfältiger sieht die Situation etwas anders aus. Aber die technischen Abläufe bei der Herstellung von Massenmedien (Druckereien, Datenträgerhersteller etc.) stehen weniger im Fokus dieser Publikation. Sie werden zumindest aus produktionstechnischer Sicht nicht betrachtet.

Zwei Elastizitäten hingegen sind auch für Medienbetriebe im engeren und erweiterten Sinne relevant; also für Produzenten journalistischer und unterhaltender Medien. Diese Elastizitäten sind die Einkommenselastizität der Konsumausgaben und die Preiselastizität der Nachfrage. Üblicherweise werden diese beiden Themenfelder aber in der Mikroökonomik behandelt. Da insbesondere aber die Preiselastizität der Nachfrage ganz unmittelbare Auswirkungen auf die Preispolitik der Medienhäuser hat, soll

6 Quotientenregel: aus $C(x) = \frac{u}{v}$ folgt $\varepsilon_{C,x} = \frac{u' \cdot v - v' \cdot u}{v^2} \cdot \frac{x}{C(x)}$.

diese (auch stellvertretend für viele andere Reaktionskoeffizienten) nun ausführlich vorgestellt werden. Dadurch wird es dem Leser auch möglich, ein Verständnis für das Grundprinzip aller Teilelastizitäten zu gewinnen.

Unternehmen können Marktpreise auf verschiedene Arten bestimmen: z. B. kostenorientiert, nachfrageorientiert und marktformorientiert. Bei der Kostenorientierung dienen die Herstellungskosten als Basis für die Preisfestlegung (vgl. Kapitel 18). Bei der marktformorientierten Preisfindung konzentrieren sich die Unternehmen auf die Wettbewerbssituation. Das heißt, ein Monopolist setzt seine Preise anders als ein Marktteilnehmer, der starker Konkurrenz, die mit sehr ähnlichen Produkten handeln, ausgesetzt ist (vgl. Kapitel 16.3.2). Werden Preise nachfrageorientiert festgelegt, berücksichtigen Unternehmen vor allem die Dringlichkeit und die Wertschätzung, die die Kunden den Gütern gegenüber empfinden sowie die Austauschbarkeit der Produkte und Dienstleistungen (vgl. Kapitel 16.3.2).

In Abhängigkeit zur Nachfrage, wollen Unternehmer beispielsweise wissen, wie hoch der Preis sein darf, wenn eine bestimmte Menge am Markt abgesetzt werden soll. Dieses Wissen ist vor allem dann interessant, wenn einerseits die Produktionskapazitäten ausgelastet werden und andererseits die Preise der Nachfrage entsprechend optimiert werden sollen. Unter Umständen interessiert sich das Management auch dafür, wo das Umsatzmaximum für ein bestimmtes Gut liegt. Dies ist insbesondere für Güter interessant, deren Grenzkosten extrem niedrig oder sogar null sind, weil dann das Gewinn- und das Umsatzmaximum zusammenfallen. Dies ist bekanntlich bei digitalen Gütern der Fall.

Oft geht es aber auch einfach um die Frage, was eine Preisveränderung bei gegebenen Preisen grundsätzlich an der Absatzsituation ändert. Ist eine starke oder eine eher schwache Mengenreaktion zu erwarten? Solche Fragen können über die Elastizität der Nachfragefunktion bzw. der Preis-Absatz-Funktion für das betreffende Gut beantwortet werden, wie nun gezeigt werden soll.

10.2.1 Nachfragefunktion vs. Preis-Absatz-Funktion

Aus der VWL ist bereits bekannt, dass je höher der Preis eines Gutes, desto geringer die Nachfrage nach diesem Gut am Markt ist (et vice versa). Der Zusammenhang wird durch die Nachfragefunktion beschrieben, die wie folgt aussieht:

$$x(p) = a - bp$$

(mit a = Prohibitivpreis, x = Nachfragemenge, p = Preis und –b = negative Steigung bzw. Abfallen der Funktion).

Diese **Nachfragefunktion** beantwortet die Frage, wieviel Menge bei einem bestimmten Preis nachgefragt wird. Die VWL untersucht damit die Abhängigkeit der Nachfragemenge vom Preis. Als Funktion ausgedrückt: $x = f(p)$ oder kurz $x(p)$. Die Volkswirtschaft sucht den Gleichgewichtspreis und will damit wissen, wie viele Produkte nachgefragt werden, wenn der Preis eine bestimmte Höhe hat.

Die BWL untersucht den gleichen Zusammenhang, dreht allerdings die Fragelogik um. Sie fragt, in welcher Abhängigkeit der Preis von der produzierten Menge ist. Als Funktion ausgedrückt: $p = f(x)$ oder kurz $p(x)$. Diese Funktion wird **Preis-Absatz-Funktion** (PA-Fkt.) genannt. Sie gibt an, welchen Preis der Anbieter fordern kann, wenn er eine bestimmte Menge absetzen will. Das Unternehmen denkt in Mengeneinheiten und sucht den dazugehörenden Preis des Gutes.

In der VWL ist also der Preis die unabhängige Variable und die Menge die vom Preis abhängige Variable. In der BWL ist die Menge die unabhängige und der Preis die abhängige Variable. In beiden Fällen führt der funktionale Zusammenhang der beiden Variablen zum gleichen Ergebnis. Das bedeutet, es handelt sich um inverse Funktionen. Die Nachfragefunktion der VWL wird in der BWL Preis-Absatz-Funktion eines Unternehmens genannt.[7] Allerdings sind beide Funktionen nur dann identisch, wenn das Unternehmen ein Monopolunternehmen ist und alle Nachfrager auf dem Markt bedient. Ansonsten zeigt die die PA-Fkt. eines Unternehmens nur eine Teilmenge der gesamten Nachfragemenge: die sogenannte konjekturale Nachfragemenge. Beide Funktionen können von Unternehmen herangezogen werden, um Preise der Nachfrage entsprechend festzulegen.

Nachfragefunktionen bzw. PA-Fkt. können unterschiedlich steil oder flach verlaufen. Im Normalfall verlaufen sie im x-p-Koordinatensystem aber immer von oben links nach unten rechts. Dies deswegen, weil hohe Preise geringe Nachfragen und niedrige Preise hohe Nachfragen nach sich ziehen. Je steiler die Funktion ist, desto weniger empfindlich reagiert die Absatzmenge auf unterschiedliche Preise. Bei flachem Verlauf zeigt sich hingegen, dass schon kleinere Preisänderungen zu großen Nachfragereaktionen führen. Diese Reaktionsempfindlichkeit wird als Elastizität bezeichnet.

10.2.2 Die Preiselastizität der Nachfrage

beantwortet die Frage, wie sehr die abgesetzte Menge auf eine Preisänderung reagiert. Sie bezeichnet die Elastizität der Nachfrage in Bezug auf Preisänderungen. Berechnet wird sie, indem die prozentuale Mengenreaktion in Bezug zur sie bewirkenden prozentualen Preisaktion ins Verhältnis gebracht wird. Mathematisch dargestellt:

$$e_{x,p} = \frac{\frac{\Delta x}{x} \cdot 100}{\frac{\Delta p}{p} \cdot 100} = \frac{\Delta x}{\Delta p} \cdot \frac{p}{x}$$

(mit $e_{x,p}$ = Preiselastizität der Nachfrage nach einem Gut X, x = Menge, Δx = bewirkter Mengenunterschied, p = Preis und Δp = initiierte Preisänderung).

7 Genau genommen würde die Nachfragefunktion x(p) nach dem Preis aufgelöst (umgestellt). So wird aus der Funktion $x(p) = a - b \cdot p$ die Preis-Absatz-Funktion $p(x) = a/b - (1/b) \cdot x$. Die Preis-Absatz-Funktion sagt damit aus, welchen Preis ein Unternehmen setzen muss, um eine bestimmte Menge am Markt absetzen zu können.

Das Ergebnis ist immer eine dimensionslose Zahl, die im Normalfall auch immer negativ ist. Die Eigenschaft negativ zu sein, hat die Zahl deswegen, weil entweder Δx oder Δp negativ ist und damit der gesamte Term negativ wird.

Beispiel 1. Der Preis für einen Bildband wird vom Verlag von 90 Euro auf 70 Euro gesenkt. In der Folge steigt der Absatz von 1.500 auf 2.000 Exemplare. Die Preiselastizität der Nachfrage beträgt hier:

$$e_{x,p} = \frac{\frac{\Delta x}{x} \cdot 100}{\frac{\Delta p}{p} \cdot 100} = \frac{\frac{2.000-1.500}{1.500} \cdot 100}{\frac{70-90}{90} \cdot 100} = \frac{33{,}33\,\%}{-22{,}22\,\%} = -1{,}5$$

bzw. alternativ berechnet:

$$e_{x,p} = \frac{\Delta x}{\Delta p} \cdot \frac{p}{x} = \frac{500}{-20} \cdot \frac{90}{1.500} = -1{,}5$$

Das Ergebnis bedeutet konkret, dass wenn der Preis um 22,22 Prozent gesenkt wird, der Absatz um das 1,5-fache des ursprünglichen Absatzes (auf 33,33 Prozent) ansteigt. Allgemein bedeutet es, dass die Menge um das 1,5-fache der Preisänderungen steigt (sinkt), wenn der Preis gesenkt (erhöht) wird.

Beispiel 2. Ein Blu-Ray-Player kostet 199 Euro und wird auf 249,75 Euro angehoben. Daraufhin sinkt der Absatz von 30.000 auf 28.000 Stück. Wie hoch ist die Preiselastizität des Blu-Ray-Players?

$$e_{x,p} = \frac{\frac{28.000-30.000}{30.000} \cdot 100}{\frac{249{,}75-199}{199} \cdot 100} = \frac{-6{,}66\,\%}{25{,}50\,\%} = -0{,}26$$

bzw. alternativ berechnet:

$$e_{x,p} = \frac{-2.000}{50{,}75} \cdot \frac{199}{30.000} = -0{,}26$$

Das Ergebnis bedeutet, dass wenn der Händler den Preis um 25,5 Prozent erhöht, der Absatz um das 0,26-fache absinkt. Allgemein bedeutet es, dass die Menge um das 0,26-Fache der Preisänderungen steigt (sinkt), wenn der Preis gesenkt (erhöht) wird.

Allgemein gilt für die **Preiselastizität der Nachfrage** die Formulierung:

Der „Absatz in Prozent" verändert sich um „e · Preisänderung in Prozent".

Die Elastizität kann unterschiedlich reaktionsstark sein:
- Ein Gut hat eine elastische Nachfrage, wenn eine Erhöhung (Verringerung) des Preises zu einer überproportionalen Verringerung (Erhöhung) der Nachfrage führt.
- Ein Gut hat eine unelastische Nachfrage, wenn eine Erhöhung (Verringerung) des Preises zu einer unterproportionalen Verringerung (Erhöhung) der Nachfrage führt.

Während der Mengenabsatz beim Bildband relativ heftig auf Preisänderungen reagiert und deswegen elastisch ist, reagiert der Blu-Ray-Verkauf unterproportional, weil die Nachfrage unelastisch ist.

- Ist die Nachfrage elastisch (siehe Bildbände), nimmt die Preiselastizität einen Wert an, der kleiner ist als –1, d. h., $e < -1$ bzw. in einer Betragsgröße ausgedrückt: $|e| > 1$.
- Ist die Nachfrage unelastisch (siehe Blu-Ray-Player), liegt die Preiselastizität zwischen Null und –1, d. h., $0 < e > -1$ bzw. $-1 < e < 0$ oder $|e| < 1$.

Abbildung 10.4 zeigt deutlich, dass die Mengenreaktion bei gleicher Preisänderung abhängig von der (negativen) Steigung der Funktion ist. Bei einer insgesamt elastischen Nachfragefunktion (die Funktion verläuft relativ flach) erfolgt eine heftige (überproportionale) Mengenreaktion. Bei einer insgesamt weniger elastischen Funktion (die Funktion verläuft relativ steil) erfolgt eine unterproportionale Mengenreaktion. Unterproportional (unelastisch) sind die Reaktionen dann, wenn das Produkt nicht leicht zu substituieren ist. Dies ist bei starker Kundenbindung z. B. an Markenprodukte der Fall. Überproportional (elastisch) ist die Reaktion, wenn das Produkt leicht oder leichter austauschbar ist. Dies ist beispielsweise bei Produkten der Fall, die aufgrund ihres geringeren Preises gekauft werden (Discountware).

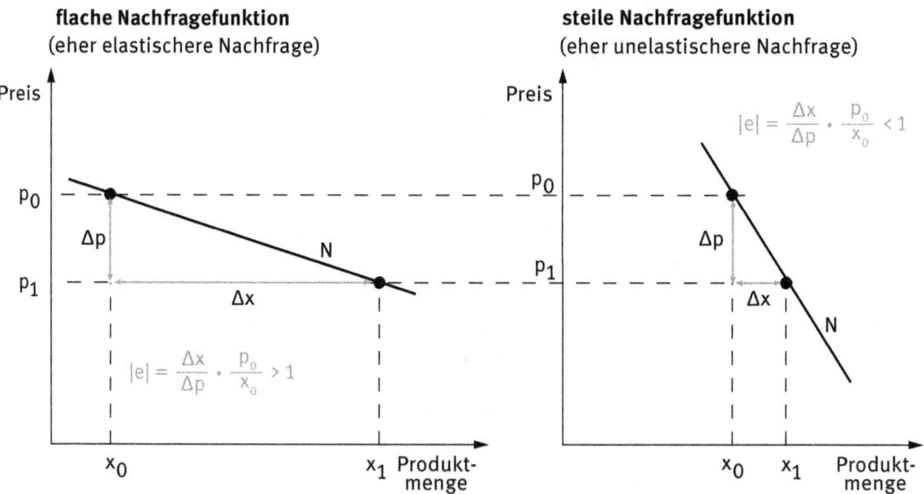

Abb. 10.4: Preiselastizitäten unterschiedlich steiler Nachfragefunktionen

Kennt ein Unternehmen die eigene Nachfrage- oder Preis-Absatz-Funktion, dann wird es möglich, vorauszusagen, was eine Preisänderung am Markt absatztechnisch bewirken wird. Solche Funktionen resultieren beispielsweise aus einer langzeitigen Marktbeobachtung und werden häufig von Fachverbänden geliefert. Die Preiselastizitäten der Nachfrage sind für die meisten Nahrungsmittel bekannt; ebenso die für Kraftfahrzeuge, Flugreisen und für den Energiemarkt.[8] Im Bereich der Medien liegen lediglich Langzeituntersuchungen für den Kinosektor vor. Kinofilme haben eine Preiselastizität von –0,87. Das bedeutet, dass Kinobesucher nur unterproportional auf Preiserhöhungen reagieren.

Funktionen haben an jedem Punkt eine unterschiedliche Elastizität

Werden Funktionen genauer analysiert, zeigt sich, dass an jedem einzelnen Punkt der Funktion unterschiedliche Elastizitäten existieren. Das bedeutet, dass eine Funktion nicht nur als Ganzes betrachtet werden kann, sondern dass die Änderung der unabhängigen Variable in Abhängigkeit vom aktuellen Wert (Ausgangswert, von dem aus gemessen wird) unterschiedlich wirken.

Wie stark also beispielsweise die Menge auf die Preisänderung reagiert und welche Auswirkungen die Preisänderung auf den Umsatz hat, ist also nicht nur vom grundsätzlichen Verlauf der Preis-Absatz-Funktion abhängig, sondern auch davon, ob aktuell ein eher hoher oder eher niedriger Preis am Markt realisiert wird. Die folgende Abb. 10.5 zeigt eine Nachfragefunktion, die in ihre einzelnen Elastizitätsbereiche aufgegliedert ist.

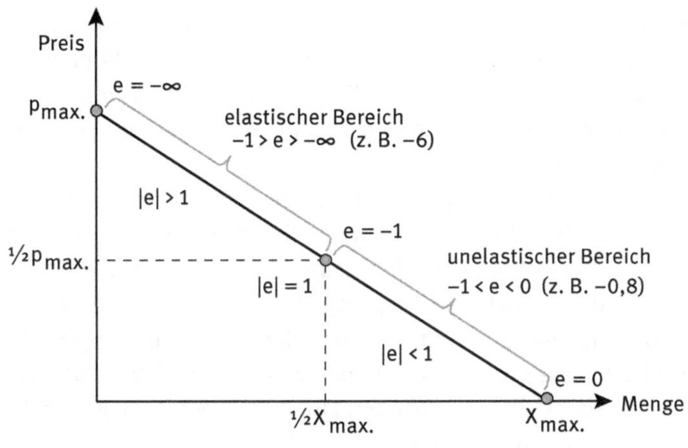

Die Elastizität (e) ist in jedem Punkt der Funktion anders.

Abb. 10.5: Funktionen und ihre Bereichselastizitäten

8 Bekannte Preiselastizitäten (Beispiele): Kaffee: –0,25; Backwaren: –1,80; Tomaten: –4,60, Schweinefleisch: –0,45; Äpfel: –1,30; Kraftfahrzeuge: –1,35; Benzin –0,30; Restaurantmahlzeiten: –1,63; Flugreisen: –0,70; Wein: –0,34, Theater, Oper: –0,18 etc.

Die Preis-Absatz- bzw. Nachfragefunktion zeigt drei Elastizitätenbereiche:
- einen (Mittel-)Punkt der Funktion, an dem die Elastizität den Wert von −1 annimmt,
- einen Bereich, in dem die Elastizität Werte zwischen null und −1 annimmt und
- einen Bereich, in dem die Elastizität Werte annimmt, die unter −1 liegen.

Da die Elastizität im Normalfall immer negativ ist, hat es sich eingebürgert, nur den Betragswert der Elastizität |e| zu nennen und das Minuszeichen wegzulassen. Die Bereiche werden dann wie folgt definiert:
- einen (Mittel-)Punkt, an dem der Betragswert der Elastizität |e| den Wert von 1 annimmt,
- einen Bereich, in dem Betragswert der Elastizität |e| Werte < 1 annimmt und
- einen Bereich, in dem Betragswert der Elastizität |e| Werte > 1 annimmt.

In Abhängigkeit von den Bereichen, zeigen die Funktionen unterschiedliche Reagibilitäten zwischen Preis und Absatzmenge. Abbildung 10.6 zeigt die Nachfragefunktion eines Gutes, der vier unterschiedliche Situationen zugrunde gelegt sind.

Die Nachfragefunktionen zeigen die Situation zweier Unternehmen, die das gleiche Gut anbieten. Das erste Unternehmen (obiger Teil der Darstellung) liegt mit seinem Gut im Hochpreissegment (im elastischen Bereich der PA-Fkt.), das zweite im Niedrigpreissegment (im unelastischen Bereich der PA-Fkt.). Die Rechtecke (Flächen) in Abb. 10.6 geben Auskunft über die Umsatzsituationen und Umsatzreaktionen bei Preisaktivitäten der Unternehmen. Dies deshalb, weil der Umsatz als Preis mal Menge berechnet wird; grafisch ist das die Fläche, die sich bei einem bestimmten Preis und der dazu gehörenden Menge ergibt.

Die Nachfragefunktion (oben) zeigt die Situation des Unternehmens, das im Hochpreissegment mit dem Gut liegt. In ersten Fall (oben links) erhöht das Unternehmen den Preis von p_0 auf p_1. Die Folge ist ein deutlicher Umsatzverlust. Der Absatz sinkt um Δx. Dadurch sinkt der Umsatz von $(p_0 \cdot x_0)$ auf $(p_1 \cdot x_1)$. Der durch die Preiserhöhung bewirkte Umsatzzugewinn und der durch die Preiserhöhung bewirkte Umsatzrückgang sind grafisch ausgewiesen. Die Differenz beider Flächen zeigt einen deutlichen Gesamtumsatzrückgang. Für den zweiten Fall (oben rechts) zeigt sich bei einer Preisreduzierung der genau umgekehrte Fall.

Die Nachfragefunktion (unten) zeigt die Situation des Unternehmens, das mit diesem Gut im Niedrigpreissegment liegt. Hier führt, wie ebenfalls deutlich zu sehen ist, eine Preisreduktion zu Umsatzverlust (Abb. 10.6 unten rechts) und eine Preiserhöhung zu Umsatzgewinn (Abb. 10.6 unten links).

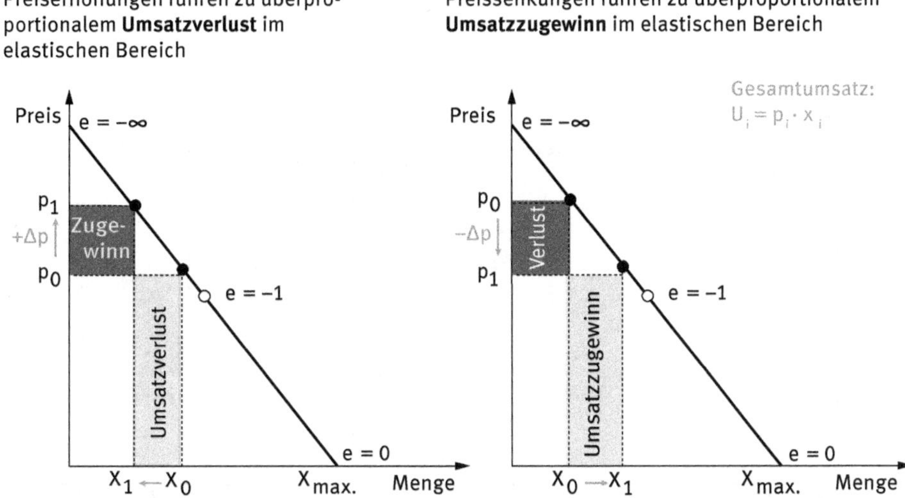

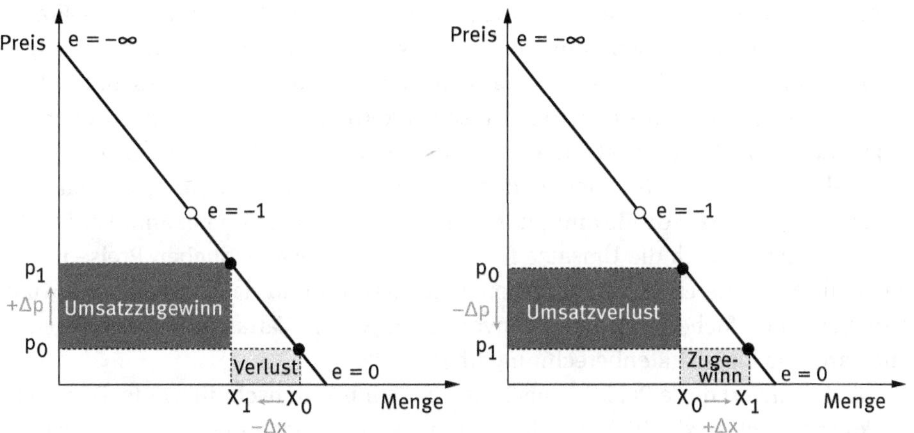

Abb. 10.6: Umsatzreaktionen in unterschiedlichen Elastizitätenbereichen der Nachfragefunktion

Wird die Preis-Absatz-Funktion (PA-Fkt.) durch die dazugehörende Umsatzfunktion ergänzt (vgl. Abb. 10.7), wird die Umsatzveränderung auch auf der Umsatzfunktion ablesbar.

Werden die zu einem Preis gehörenden Absatzmengen der PA-Fkt. auf die Umsatzfunktion abgetragen und diese Punkte auf die Ordinate gespiegelt, ergeben sich die zu den Mengen gehörenden Umsätze.

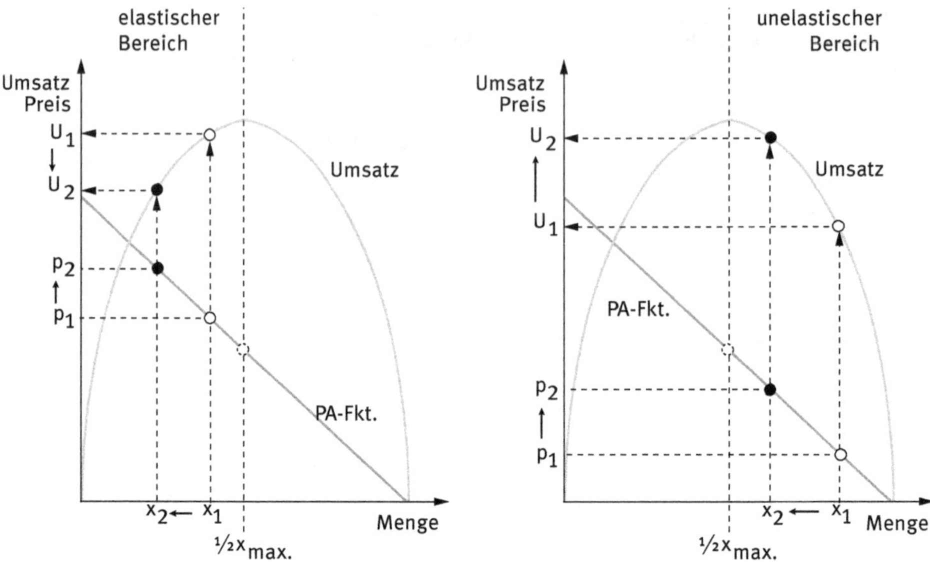

Abb. 10.7: Umsatz- und Absatzwirkungen von Preiserhöhungen in unterschiedlich elastischen Bereichen der PA-Fkt.

Interessant zu sehen ist auch die Tatsache, dass an der Stelle, an der die Elastizität = −1 ist, das Umsatzmaximum liegt. Dies ist deswegen der Fall, weil die Steigung der Funktion null ist. Das bedeutet ja nichts anderes, als dass in diesem Punkt die (positiv oder negativ) preisbewirkte Umsatzänderung genau der (negativ oder positiv) mengenbewirkten Umsatzänderung entspricht (vgl. auch Kapitel 9.3.1).

Bisher sind Fälle betrachtet worden, bei denen die Preisänderung (Δp) immer eine deutlich messbare Größe annimmt und die Mengenreaktion bekannt ist. Insofern könnten auch einfach die Umsätze für die beiden unterschiedlichen Preise und die dazu korrespondierenden Mengen berechnet werden und das Management wüsste durch einen einfachen Umsatzgrößenvergleich, welche Variante die bessere ist. Damit wäre eine Elastizitätenberechnung überflüssig.

Zudem liefert diese Reaktionsmessung auch nur Durchschnittswerte. Dass das so ist, kann schnell verdeutlicht werden, wenn die Nachfragefunktion nicht linear, sondern – was mitunter realistischer ist – konvex fallend dargestellt wird. In solch einem Fall würde die berechnete Elastizität eine durchschnittliche Reaktionsheftigkeit der Menge auf Preisveränderungen zeigen, da das arithmetische Mittel aller Elastizitäten im Bereich Δp gebildet wird (vgl. Abb. 10.8). Deswegen spricht der Mathematiker in solchen Fällen auch von einer sogenannten **Bogenelastizität.**

Um die Elastizität – und damit die Mengenreaktion – für jeden beliebigen Preis berechnen zu können, muss nur die Preisänderung (gedanklich) extrem klein angedacht werden. In diesem Fall wird das Δp infinitesimal. Das Ergebnis einer solchen Betrachtung ist nichts anderes als die Analyse der Steigung der Funktion in einem Punkt; also

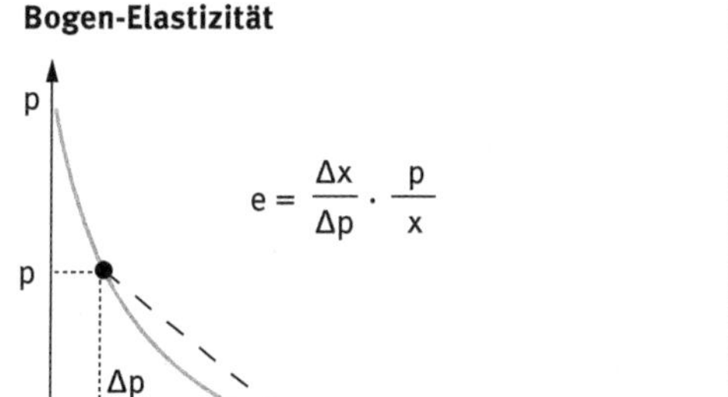

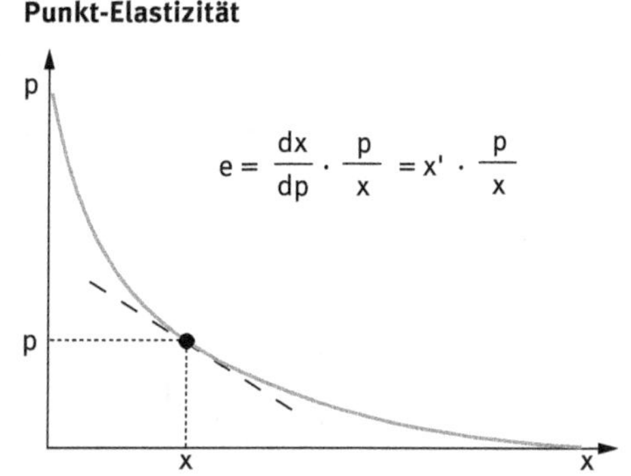

Abb. 10.8: Bogen- und Punktelastizität

die 1. Ableitung. Dementsprechend berechnet sich die Punktelastizität (vgl. Abb. 10.8) wie folgt:

$$\varepsilon_{x,p} = \frac{dx}{dp} \cdot \frac{p}{x(p)} = x' \cdot \frac{p}{x(p)}$$

10.2.3 Bestimmung des Umsatzmaximums über die Elastizität

Auf Grundlage der Punktelastizität kann nun nicht nur für jeden beliebigen Preis auf der Funktion die grundsätzliche Mengenreaktion festgestellt werden. Darüber hinaus kann so auch die **umsatzmaximale Preis-Mengen-Kombination** ermittelt werden. Denn die liegt genau bei der Kombination von Preis und Menge, bei der die Elastizität (als Betragswert dargestellt) genau den Wert 1 annimmt (vgl. Abb. 10.7). An diesem Punkt bewirkt die (negative oder positive) Preisreaktion genau den gleichen Umsatzeffekt, wie die (positive oder negative) Mengenreaktion. Im **Umsatzmaximum** gilt also:

$$|e| = \left| x' \cdot \frac{p}{x} \right| = 1$$

Beispiel. Die Preis-Absatz-Funktion p(x) eines Zeitschriftenverlages lautet:

$$p = 20 - 0{,}0001x$$

Daraus folgt durch Umstellung der Funktionsgleichung die Nachfragefunktion x(p):

$$x = 200.000 - 10.000p$$

Durch Nullsetzen der einzelnen Parameter ist leicht zu erkennen, dass die Zeitung von niemandem gekauft wird, wenn sie für 20 Euro am Kiosk angeboten wird, d. h. $p = 20$, wenn $x = 0$ ist. Umgekehrt wird die gesamte Leserschaft (200.000 Leser) nur dann erreicht, wenn die Zeitung verschenkt wird, d. h. $p = 0$, wenn $x = 200.000$.

Die Verlagsleitung spielt Alternativen durch und will wissen, wie die Nachfrage auf eine Preisänderung reagiert, wenn der Preis derzeit bei 2 Euro oder alternativ bei

18 Euro läge? Sie will auch wissen, welchen Preis der Verlag am Rezipientenmarkt verlangen sollte, wenn er seinen Vertriebsumsatz maximieren will?

Lösung 1. Zu welcher Mengen- und Umsatzreaktion kommt es am Vertriebsmarkt, wenn der aktuelle Preis bei 2 Euro liegt und geändert würde?

Ausgehend von der Nachfragefunktion: $x = 200.000 - 10.000p$ wird deutlich, dass bei einem Preis von 2 Euro der Absatz bei $x = 180.000$ Exemplaren liegt. Wird mit diesem Wert die Elastizität bei einem Preis von 2 Euro berechnet, ergibt sich:

$$\varepsilon_{x,p} = x' \cdot \frac{p}{x} = -10.000 \cdot \frac{2}{180.000} \approx -0{,}1111$$

Das Ergebnis bedeutet, dass eine 1 %ige Preisänderung bei einem Preis von zwei Euro zu einer Mengenreaktion von $-0,\,11$ % führt. Wird der Preis um beispielsweise 10 Prozent von 2 Euro auf 2,20 Euro erhöht, dann wird der Absatz um $-1{,}11$ ($= 10 \cdot -0{,}11$) Prozent von 180.000 auf rund 178.000 Exemplare sinken. Der Absatzrückgang beträgt also ca. 2.000 Exemplare. Der Umsatz steigt aber von 360.000 Euro auf 391.600 Euro.

Bei einer Preissenkung von 10 Prozent ($p = 1{,}80$ Euro), steigt der Absatz um rund das $1{,}11(= -10 \cdot -0{,}1)$ Prozent auf rund 182.000. Der Umsatz geht aber von 360.000 auf 327.600 Euro zurück.

Lösung 2. Zu welcher Mengen- und Umsatzreaktion kommt es am Vertriebsmarkt, wenn der aktuelle Preis bei 18 Euro liegt und geändert würde?

Ausgehend von der Nachfragefunktion: $x = 200.000 - 10.000p$ folgt (analog zu 1.) für einen Preis in Höhe von 18 Euro ein Absatz von $x = 20.000$ Exemplaren liegt. Wird mit diesem Wert die Elastizität für den Preis von 18 Euro berechnet, ergibt sich:

$$\varepsilon_{x,p} = x' \cdot \frac{p}{x} = -10.000 \cdot \frac{18}{20.000} = -9$$

Das Ergebnis bedeutet, dass eine 1%ige Preisänderung zu einer Mengenreaktion von $-9 \cdot 1$ % führt. Wird der Preis also um beispielsweise 10 Prozent erhöht ($p = 19{,}80$), dann wird der Absatz um 90 ($= 10 \cdot -9$) Prozent von 20.000 auf rund 2.000 Exemplare sinken. Der Absatzrückgang beträgt also ca. 18.000 Exemplare. Der Umsatz sinkt gewaltig von 360.000 Euro auf 39.600 Euro.

Bei einer Preissenkung von 10 Prozent ($p = 16{,}20$ Euro), steigt der Absatz um 90 ($= -10 \cdot -0{,}9$) Prozent auf 38.000. Der Umsatz steigt gewaltig von 360.000 auf 615.600 Euro.

Lösung 3. Wo liegt nun der umsatzmaximale Preis und die umsatzmaximale Menge sowie das Umsatzmaximum?

Wieder ausgehend von $x = 200.000 - 10.000p$ folgt daraus unter Berücksichtigung der Formel

$$\left|x' \cdot \frac{p}{x}\right| = \left|-10.000 \cdot \frac{p}{x}\right| = 1$$

$$\Rightarrow \quad 10.000p = x$$

Unter Berücksichtigung der Nachfragefunktion ergibt sich durch Einsetzen des x-Wertes in die Gleichung der umsatzmaximale Preis:

$$10.000p = 200.000 - 10.000p$$
$$\Rightarrow \quad p_{U\max.} = 10 \text{ Euro}$$

Wird nun der p-Wert in die Nachfragefunktion eingesetzt, ergibt sich:

$$x = 200.000 - 10.000 \cdot 10$$
$$\Rightarrow \quad x_{U\max.} = 100.000 \text{ Exemplare}$$

Werden jetzt die beiden ermittelten p- und x-Werte als Umsatzfunktion dargestellt, kann der maximale Erlös durch einfache Multiplikation der beiden Werte berechnet werden:

$$E = p \cdot x = 10 \cdot 100.000 = 1.000.000 \text{ Euro}$$

Will der Verlag das Umsatzmaximum im Vertrieb realisieren, muss er einen Copypreis von 10 Euro wählen und würde damit 100.000 Exemplare am Markt absetzen.

Aufgaben. Ein Filmproduzent meint die Preis-Absatz-Funktion p(x) für seine Kino-Filme zu kennen und formuliert sie wie folgt:

$$p = 50.000 - 4x$$

(p steht für den Preis einer Lizenz pro Kinobetreiber und x für die Anzahl der Lichtspieltheater).

Wie hoch ist die Preiselastizität der Nachfrage der Kinobetreiber bei einem Lizenzpreis von 30.000 Euro bzw. einem von 10.000 Euro? Ist einer dieser Preise für den Filmproduzenten geeignet, maximalen Umsatz zu generieren? Wenn nicht, welcher Preis wäre geeignet und wie viele Copies wird er dann absetzen können?

10.3 Die Kreuzpreiselastizität der Nachfrage (Triffin'scher Koeffizient)

Bei der nachfrageorientierten Preisbestimmung werden nicht nur die Nachfragereaktionen auf unterschiedliche Preise für einzelne Güter oder Güterkategorien bei der Preisfindung berücksichtigt. Auch die Konkurrenzbeziehung zu den Gütern anderer Anbieter, die als Substitute am Markt gehandelt werden oder die Komplementaritätsbeziehungen zu verwandten Gütern werden bei der Preissetzung berücksichtigt.

Immer dann, wenn ein Produkt eine (ersetzende oder ergänzende) Nutzenbeziehung zu anderen Produkten hat, kann die Kreuzpreiselastizität (auch Triffin'scher Koeffizient genannt) Auskunft darüber geben, wie die Absatzmenge eines Gutes auf die sie bewirkende Preisveränderung eines anderen Gutes reagiert:

$$\varepsilon_{A,B} = \frac{\frac{dx_B}{x_B}}{\frac{dp_A}{p_A}} = \frac{dx_B}{dp_A} \cdot \frac{p_A}{x_B}$$

Kann ein Produkt oder eine Dienstleistung leicht durch ein anderes Gut ersetzt werden, ist die Kreuzpreiselastizität in der Regel positiv. Eine negative Kreuzpreiselastizität ist hingegen ein Anzeichen dafür, dass es sich um komplementäre Produkte handelt. Ist die Kreuzpreiselastizität null, sind die Güter nicht verbunden.

Die weitreichende Relevanz negativer Kreuzpreiselastizitäten wird im strategischen Marketing genutzt, um Markt- und Absatzentwicklungen zu beeinflussen. So könnten beispielsweise Blu-Ray-Player oder Drucker eher preiswert und Blu-Rays bzw. Druckerpatronen eher teurer angeboten werden, um Anschaffungshürden durch zu hohe Technikpreise abzubauen (vgl. auch Kapitel 16.3.2). Umso größer der Wert des Koeffizienten ist, desto intensiver sind die Substitutions- oder Komplementaritätsbeziehungen.

Beispiel 1. Im Herbst des Jahres 2016 hob Apple den Preis des iPhone 7 von 850 Euro auf 900 Euro an. Diese Aktion führte zu einem Nachfragerückgang um 150.000 Geräte von 2.600.000 Stück auf 2.450.000 Stück. Der Abverkauf des Galaxy S7 von Samsung stieg infolge allerdings um 80.000 Stück von 2.800.000 auf nun 2.880.000 Geräte.

Während also der Mengenabsatz auf die Preisänderung aufgrund der Elastizität von ca. 0,98 fast ausgeglichen elastisch reagiert und damit der Umsatz von Apple fast gleichbleibt, hatte die Preisänderung deutliche Auswirkungen auf das Konkurrenzprodukt von Samsung:

$$\varepsilon_{A,S} = \frac{80.000}{50} \cdot \frac{850}{2.800.000} \approx 0{,}49$$

Da die Kreuzpreiselastizität positiv ist, handelt es sich um Substitutionsgüter. Eine Kreuzpreiselastizität in Höhe von 0,49 bedeutet konkret, dass auf die Preiserhöhung von Apple in Höhe von rund 6 Prozent der Absatz bei Samsung mit fast 3 Prozent Zunahme reagiert.

Beispiel 2. Es sei unterstellt, dass die Preise für Blu-Rays um 20 Prozent erhöht werden und daraufhin der Chips-Absatz um 10 Prozent zurückgeht. Dann ergibt sich für die Kreuzpreiselastizität:

$$\varepsilon_{B,C} = \frac{-15\,\%}{30\,\%} = -0{,}50$$

Da die Kreuzpreiselastizität negativ ist, handelt es sich um Komplementärgüter. Auf die prozentuale Preisänderung bei den Blu-Rays reagiert der Chips-Absatz mit dem Faktor −0,50.

10.4 Die Kostenverlaufsanalyse

In Kapitel 9.1.3 ist vorgestellt worden, welche unterschiedlichen Kostenbegriffe in Unternehmen benutzt werden. Während sich das Rechnungswesen (vgl. Kapitel 18) mit realen oder kalkulatorischen Verbrauchswerten innerhalb von Herstellungsprozessen beschäftigt, untersucht die Kostentheorie den in Geldeinheiten bewerteten technisch-funktionalen Zusammenhang zwischen Input und Output. Damit entsteht eine enge Verbindung zwischen der Produktionstheorie und der Kostentheorie.

Die Kostentheorie analysiert Einflussgrößen, die die Höhe des Produktionskostenniveaus determinieren und ermöglicht dem Management damit betriebspolitische Entscheidungen hinsichtlich der optimalen Ausbringungsmenge aufgrund der herstellungstechnischen Kostendeterminanten wie beispielsweise der Menge an Einsatzfaktoren und den Faktorpreisen (vgl. Freidank 2012: 33 f.). Die grundsätzlichen Zusammenhänge sind bereits in Kapitel 3.7.2 thematisiert worden.

In der industriellen Massenproduktion nennt Gutenberg fünf große Hauptkosteneinflussfaktoren (vgl. Gutenberg 1982: 344–456): Beschäftigungsgrad, Faktorqualität, Faktorpreise, Betriebsgröße und Fertigungsprogramm. Soweit hier auf Medienunternehmen im engen oder erweiterten Sinne (vgl. Tab. 1.12 in Kapitel 1.5.3) abgestellt wird, also Unternehmensrealitäten beschrieben werden, deren Fokusse auf redaktionellen Produkten liegen, können die Kosteneinflussfaktoren wesentlich vereinfacht werden.

Die Vereinfachungsmöglichkeit ist der Tatsache geschuldet, dass erstens primär keine Massenprodukte, sondern Unikate hergestellt werden, zweitens die Qualität der Leistungen schwierig bis gar nicht bewertbar ist und damit Unterschiede im Produktionsergebnis undeutlich bleiben und drittens auch die Betriebsgröße (z. B. in Form von Maschinenkapazität) häufig nur unwesentliche Auswirkungen auf die konkrete Produktion hat.

Dennoch macht die Herleitung und die Analyse von Kostenfunktionen sowie die Darstellung der grundsätzlichen Funktionscharakteren Sinn, weil dadurch deutlich wird, warum Medienbetriebe bestimmte Produktionsentscheidungen hinsichtlich der Ausbringungsmenge treffen. Denn auch wenn Unikate hergestellt werden, die der individuellen Einzelkalkulation unterliegen, ist die Unikatsproduktion letztlich nicht das Ziel der Medienunternehmen, sondern die möglichst große Verbreitung ihrer Massenkopien.

10.4.1 Die Herleitung und Bestandteile der Kostenfunktion

Die Input-Output-Relation eines Kombinationsprozesses (Produktion) bezeichnet den technischen Zusammenhang zwischen der Anzahl an Produktionsfaktoren und deren Einsatzmenge, die nötig ist, um eine bestimmte Ausbringungsmenge zu produzieren. Dieser Zusammenhang kann in einer **Produktionsfunktion** dargestellt werden, wobei die Ausbringungsmenge (x) die von den Inputmengen der Ressourcen (r_i) abhängige Variable ist. Allgemein dargestellt:

$$x = f(r_i) = f(r_1, r_2, \ldots, r_n)$$

Auf den Betriebsalltag angewendet, beschreibt die Funktion, dass beispielsweise ein Film (x) von dem Einsatz von Kameras (r_1), Kameraleuten (r_2), Schauspieler (r_3) etc. abhängig ist.

Mithilfe der Produktionsfunktion kann geplant werden, wie sich die Ausbringungsmenge bei einer Variation der Faktoreinsatzmengen verändert.

Um die Produktionsfunktion in eine Kostenfunktion zu überführen, müssen die Produktionseinsatzfaktoren mit ihren jeweiligen Preisen multipliziert werden:

$$K(x) = f(r_1 \cdot p_1, r_2 \cdot p_2, \ldots, r_n \cdot p_n)$$

Auf das obige Beispiel übertragen, beschreibt die Funktion nun die Kosten, die für die Herstellung von Filmen bei Einsatz der aufgelisteten Produktionsfaktoren entstehen. So kann geplant werden, wie sich die Kostensituation bei einer Variation der Ausbringungsmenge verändert.

Eine konkrete Produktionsfunktion beschreibt natürlich auch die Menge oder das Verhältnis der Produktionsfaktoren, die bzw. das zur Herstellung einer bestimmten Ausbringungsmenge notwendig ist. Das Verhältnis, in dem Einsatzmengen der Produktionsfaktoren zueinanderstehen, kann höchst unterschiedlich sein (vgl. Kapitel 9.3.5). Dementsprechend werden auch die Kosten je eingesetzter Mengeneinheit in der Kostenfunktion berücksichtigt.

Die Beschäftigung als Kosteneinflussgröße

Der Begriff der Beschäftigung beschreibt in der BWL die Nutzung bzw. Inanspruchnahme eines Betriebsmittels. Werden Fertigungsbereiche getrennt betrachtet, so könnte die Beschäftigung beispielsweise in der Anzahl der ausgebrachten Leistungseinheiten (Produktmengen) gemessen werden. Eine hohe (niedrige) Beschäftigung bedeutet dann eine hohe (niedrige) Ausbringungsmenge.

In industriellen Betrieben macht es deutlich Sinn, die in Inanspruchnahme der Betriebsmittel genauer zu untersuchen. Dies geschieht beispielsweise durch die Messung des Auslastungsgrades und die Messung des Intensitätsgrads der Nutzung von Maschinen und anderen Ressourcen. Solche Messungen können auch in Dienstleistungsbetrieben wichtige Erkenntnisse bringen. Dann z. B., wenn das Management wissen möchte, wie ausgelastet bestimmte Ressourcen sind oder wie hoch der Output einer Ressource gemessen an seiner Soll-Leistung ist.

Die BWL kennt hier insbesondere drei Leistungsparameter (vgl. Freidank 2012: 35):

1. den **Beschäftigungsgrad** als Verhältniszahl von Ist-Beschäftigung und Leistungsvermögen (oder als Produkt von Zeitgrad und Lastgrad),
2. den **Zeitgrad** als Verhältniszahl von Fertigungszeit und Kalenderzeit und
3. den **Lastgrad** als Verhältniszahl von Ist- und Soll-Leistung.

Im Bereich technischer Einsatzmittel sind solche Messungen sinnvoll und erkenntnisstark, im Bereich kreativer Arbeiten kann über die Sinnhaftigkeit solcher Quotienten zumindest diskutiert werden. Dementsprechend liegt hier ein kritisches Diskussionsfeld zwischen redaktionell Verantwortlichen und dem Controlling.

Da sich diese Publikation weniger mit den industriellen Produktionsbedingungen und der damit verbundenen technischen Optimierung der Produktionsanlagen beschäftigt, soll im Folgenden lediglich der Beschäftigungsgrad als hier dominanter Leistungsparameter näher betrachtet werden.

Beschäftigungsunabhängige Kosten

Unter beschäftigungsunabhängigen Kosten versteht die BWL den Werteverzehr, der unabhängig von der Beschäftigung (z. B. dem Output) ist. Solche Kosten entstehen durch die Existenz des Unternehmens und sind unabhängig davon, ob produziert wird oder nicht.

Zur Gruppe der beschäftigungsunabhängigen Kosten gehören die absoluten Kosten und sprungfixen Kosten sowie die Nutzkosten bzw. deren Pendant, die Leerkosten.

Merke: !

Absolute Fixkosten sind quasi die Bereitschaftskosten des Betriebes. Sie verhalten sich völlig unelastisch gegenüber der Variation des Beschäftigungsgrades. Grafisch in einem Mengen-Kosten-Diagramm dargestellt, handelt es sich bei dieser Kostenfunktion um eine Parallele zur Mengenachse, da sich die Kostenhöhe mit der Ausbringungsmenge nicht ändert.
Fixkosten können als Gesamtkosten (K_f) oder als **Fixkosten pro Stück (k_f)** definiert werden.
Sprung- oder intervallfixe Kosten sind Kosten, die innerhalb eines Beschäftigungsintervalls nicht auf Änderungen der Auslastung reagieren, sich beim Über- oder Unterschreiten der Ober- bzw. Untergrenzen aber sprunghaft ändern.

Beispiel. Eine PR-Agentur hat einen neuen Junior-Consultant eingestellt. Er erhält ein monatliches Gehalt in Höhe 3.000 Euro. Zusätzlich ist für ihn ein Computerequipment in Höhe von 3.600 Euro angeschafft worden. Dieses Equipment wird mit monatlich 100 Euro abgeschrieben.

Sowohl das Gehalt des neuen Mitarbeiters und die Abschreibungen für das Equipment als auch die Gehälter und Abschreibungsbeträge für die Equipments aller anderen Angestellten gehören zu den Fixkosten der Agentur. Denn die Höhe der Gehälter und die der Abschreibungsbeträge sind unabhängig vom tatsächlichen Personal- und Equipmenteinsatz und auch unabhängig von der Intensität des Einsatzes. Ob der Mitarbeiter viel oder wenig Leistung erbringt bzw. das Equipment genutzt wird oder nicht, ändert an den Ausgaben nichts. Mit der Neueinstellung und der Neuanschaffung sind die Fixkosten der Agentur aber auch sprunghaft angestiegen. Die Höhe des Kostensprungs wird durch das Gehalt bzw. die Abschreibungsbeträge definiert. Die Breite des Intervalls, in dem sich die Kostensituation nicht ändert, wird durch die Stückzahl angegeben. Das heißt, je Neueinstellung oder Neuanschaffung (bzw. Freisetzung oder Entnahme) steigen (sinken) die Kosten sprunghaft um den jeweils gültigen Betrag.

Werden die Fixkosten durch die jeweilige Beschäftigung des betrachteten Potenzialfaktors dividiert, zeigt sich ein Phänomen, das die BWL Fixkostendegression nennt (vgl. Kapitel 3.7.2).

Merke:

Fixkostendegression bezeichnet den Automatismus, dass sich die fixen Kosten auf eine zunehmende Ausbringungsmenge verteilen. Je höher die Menge, desto geringer wird der Wert für die stückfixen Kostenanteile (k_f) je Einheit.

Die Fixkostendegression ist am stärksten ausgeprägt, wenn der Produktionsfaktor voll ausgelastet ist. Das heißt, die optimale Degression der Fixkosten liegt vor, wenn der Potenzialfaktor an der Kapazitätsgrenze arbeitet, also das jeweilige Leistungsvermögen des Betriebsmittels voll genutzt wird. Dieses Phänomen lässt sich anhand des Einsatzes einer Maschine leicht deutlich machen.

Beispiel. Eine Kopierstraße für Blu-Rays verursacht Fixkosten (K_f) in Höhe von 1.200 Euro und hat ein Leistungsvermögen von 600 Datenträgern (x) je Zeiteinheit. Der Degressionseffekt der fixen Kosten pro Stück (k_f) kann dann wie folgt tabellarisch dargestellt werden:

Tab. 10.2: Degressionseffekt der fixen Kosten pro Stück

x	Stückzahl	1	2	5	10	100	200	400	600
$k_f = K_f/x$	in Euro	1.200	600	240	120	12	6	3	2

Werden mehr als 600 Datenträger in der gleichen Zeit benötigt, müssen weitere Kopierstraßen eingerichtet oder angemietet werden. Dadurch ergeben sich sprungfixe Kosten in Höhe von 1.200 Euro und entsprechend auch Sprünge in den Herstellungskosten pro Stück. Die Entwicklung der fixen Stückkosten bei einem gewünschten Output von 2.000 Blu-Rays lässt sich wie in Tabelle 10.3 darstellen.

Die Tabelle zeigt deutlich, dass durch die Nichtauslastung der vierten Kopierstraße der Degressionseffekt nicht voll genutzt werden kann. Würde es dem Hersteller gelingen, den Kunden davon zu überzeugen, nur 1.800 statt der 2.000 Blu-Rays zu ordern, könnten die Blu-Rays wegen des geringeren stückbezogenen Fixkostenanteils preiswerter angeboten oder ein höherer Stückgewinn erzielt werden.

Grafisch dargestellt, sehen die beiden verschiedenen Situationen wie in Abb. 10.9 abgetragen, aus.

Tab. 10.3: Degressionseffekt bei sprungfixen Kosten pro Stück

Anzahl der Kopierstraßen	Stückzahl	Eurobeträge	
	x	K_f	$(k_f) = K_f/x$
	200	1.200	6
1	400	1.200	3
	600	1.200	2
	800	2.400	3
2	1.000	2.400	2,4
	1.200	2.400	2
	1.400	3.600	2,57
3	1.600	3.600	2,25
	1.800	3.600	2
4	2.000	4.800	2,4

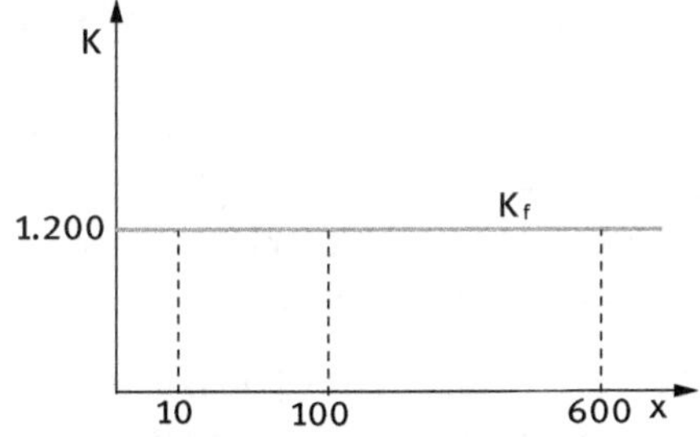

Verlauf der stückfixen Kosten

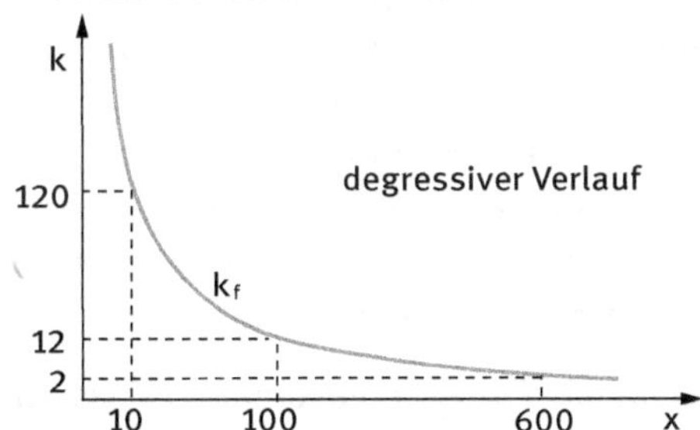

Verlauf intervallfixer Kosten

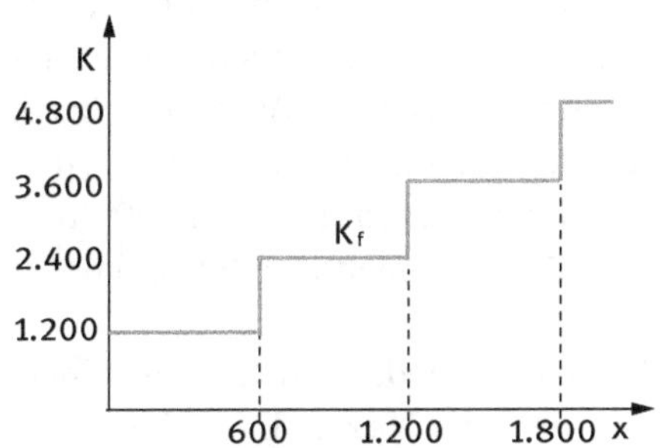

Verlauf der intervallstückfixen Kosten

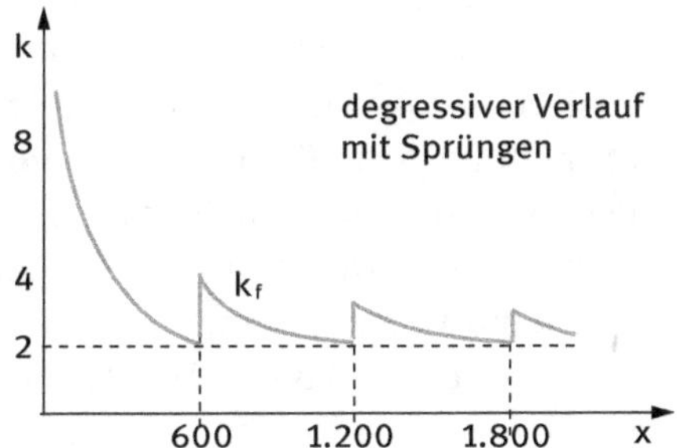

Abb. 10.9: Fixkostenfunktionen und ihre Degressionseffekte

Am schlimmsten für Unternehmen ist die Situation, wenn Potenzialfaktoren (vgl. Kapitel 1.4.2) überhaupt nicht genutzt werden. Aber auch die Nichtauslastung schlägt ökonomisch nachteilig zu Buche, wie die Nichtausschöpfung der Degressionseffekte zeigt. Werden Potenzialfaktoren nicht mit ihrem Gesamtpotenzial genutzt, so spricht die BWL von Überkapazitäten. Diese **Überkapazitäten** können technischer oder qualitativer Art sein. Technischer Art sind sie, wenn Maschinenleistungen beispielsweise quantitativ nicht ausgenutzt werden. Qualitativer Art sind sie, wenn beispielsweise das Personal überqualifiziert oder das Betriebsmittel zu hochwertig ist. Zu hochwertig wäre z. B. eine leistungsstarke Druckmaschine, wenn nur hin und wieder ein paar Kopien hergestellt werden müssen.

Das Problem, das im Betriebsalltag häufig mit den Potenzialfaktoren verbunden ist, ist die Tatsache, dass sie nicht beliebig teilbar sind. Wenn beispielsweise das Redaktionsteam oder eine technische Einrichtung überbeansprucht wird, könnte die Erweiterung Abhilfe schaffen. Doch wenn die Einstellung eines weiteren Redakteurs oder die Anschaffung einer weiteren Maschine mehr Kapazität schafft, als benötigt wird, entsteht Überkapazität.

Für das Management ist es wichtig, den Fixkostenblock genauestens zu analysieren, weil gerade die Fixkosten den Betrieb außerordentlich stark belasten und eine Optimierung absolut angeraten ist.

Aus diesem Grunde differenziert das Management die Fixkosten in den Leistungsprozess unterstützende Fixkosten, also Fixkosten, die einen Nutzen erbringen, und nicht aktiv den Betriebsprozess unterstützende Fixkosten, denen kein Leistungspendant gegenübersteht. Die BWL spricht von Nutzkosten und von den Leerkosten.

Beispiel. Es sei angenommen, dass ein Medienunternehmen 100 Redakteure beschäftigt, die insgesamt Personalkosten in Höhe von 400.000 pro Monat verursachen. Außerdem sei unterstellt, dass die Arbeitszeit jedes Redakteurs 22 Arbeitstage/Monat à 8 Stunden/Tag betrage. Damit stehen dem Betrieb rund 17.600 Arbeitsstunden pro Monat (A_h) zur Verfügung. Wenn nun jeder Redakteur pro Monat einen Urlaubsanspruch von 2 Tagen hat, fallen 1.600 Arbeitsstunden pro Monat weg. Wenn zusätzlich im Schnitt noch ein Krankheitstag pro Monat und Arbeitnehmer hinzukommt, summieren sich die nicht produktiven Zeiten der Redaktion auf insgesamt 2.400 Stunden (h). Umgekehrt gilt: Im Durchschnitt kann das Unternehmen 15.200 Redaktionsstunden pro Monat nutzen.

Das bedeutet, dass im Durchschnitt 86,4 Prozent des redaktionellen Leistungspotenzials genutzt werden kann und rund 13,6 Prozent der Maximalkapazität ungenutzt bleiben. Von den Fixkosten in Höhe von 400.000 Euro werden dementsprechend 345.500 Euro produktiv genutzt. Abbildung 10.10 zeigt die grafische Darstellung einer Nutzkosten- bzw. Leerkostenanalyse anhand des beschriebenen Beispiels.

Solche Berechnungen sind für alle Potenzialfaktoren möglich und sinnvoll (z. B. zur Berechnung von Maschinenauslastungen), um feststellen zu können, wieviel Prozent der Fixkosten durch realisierte Beschäftigung genutzt werden. Eine Berechnung

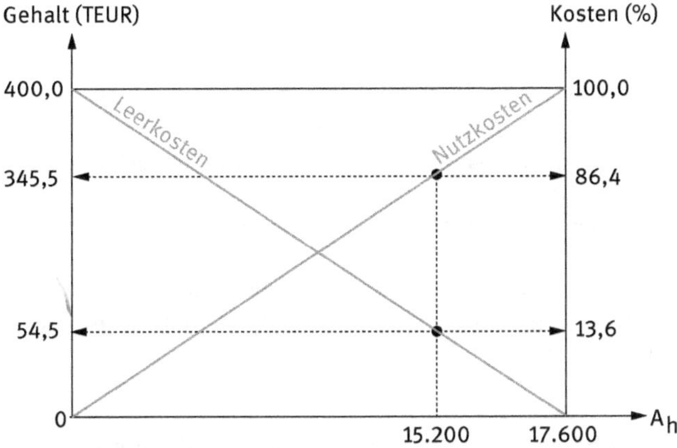

Abb. 10.10: Nutzkosten- und Leerkostenanalyse

ist für jede beliebige Kombination aus realisierter Beschäftigung und Fixkostenhöhe möglich. Mathematisch können die relevanten Größen wie folgt definiert werden:

$$K_f = K^N + K^L = \frac{x^I}{x^P} \cdot K_f + \left(1 - \frac{x^I}{x^P}\right) \cdot K_f$$

(mit K^N = Nutzkosten = $x^I/x^P \cdot K_f$ und K^L = Leerkosten = $(1 - x^I/x^P) \cdot K_f$; x^I = Istbeschäftigung; x^P = Leistungsvermögen (Potenzialbeschäftigung); x^I/x^P = Beschäftigungsgrad).

Aufgabe. Ein Künstler hat eine historische Handpresse für die Produktion von Lithografien erstanden und einen Raum angemietet, in dem er seine Steindrucke herstellt. Die Gesamtkosten summiert er auf jährlich 7.200 Euro für die Ateliermiete und 2.000 Euro für die Abschreibung der antiken Presse. Würde der Künstler ausschließlich Lithografien herstellen, könnte er aus den z. T. schon vorgefertigten Steinen 5.000 Lithografien produzieren. Da er aber solche Projekte nur phasenweise angeht und nicht inflationär produzieren möchte, kommt er gerade einmal durchschnittlich auf 100 Einzelstücke pro Jahr.

Wie hoch sind die Nutz- und die Leerkosten sowie der Beschäftigungsgrad in diesem Betätigungsfeld des Künstlers? Wie würde ein Controller und wie würde der Künstler diese Situation möglicherweise bewerten? Sind beide Parteien zwingend unterschiedlicher Auffassung?

Beschäftigungsabhängige Kosten

Unter beschäftigungsabhängigen Kosten versteht die BWL den Werteverzehr, der mit der Beschäftigung einer Bezugsgrößeneinheit variiert. Solche Kosten werden als variable Kosten bezeichnet.

! **Merke:**

Variable Kosten sind einsatzmengenabhängige Kosten. Sie steigen oder sinken in Abhängigkeit vom Beschäftigungsgrad (z. B. Faktorinput, Produktionsmenge etc.).
Sie können als Gesamtkosten (K_v) oder als **variable Kosten pro Stück** bzw. **durchschnittliche variable Kosten** (k_v) definiert werden.
Dabei gilt: $K_v = k_v \cdot x$, wobei x = Inputfaktor oder Ausbringungsmenge und k_v = Durchschnittskosten pro Stück: $(K_v/x) = k_v$.
Der Änderungsverlauf kann proportional, progressiv, degressiv und in Ausnahmefällen auch regressiv sein. Das durchschnittliche Steigungsmaß einer Gesamtkostenkurve wird durch die variablen Durchschnittskosten bestimmt.

Da sich die variablen Kosten in Abhängigkeit vom Beschäftigungsgrad ändern, ist die Elastizität der Kostenfunktion (vgl. Kapitel. 10.2) auch nicht mehr null, wie im Fall der Fixkostenfunktion, sondern größer als null.

! **Merke:**

Die **Kostenelastizität** zeigt an, um wieviel Prozent sich die Kosten ändern, wenn sich die Beschäftigung um 1 Prozent ändert.
Sie kann als Bogen- und als Punktelastizität berechnet werden.

$$\varepsilon_{K,x} = \frac{\Delta K}{\Delta x} \cdot \frac{x}{K} \quad \text{bzw.} \quad \varepsilon_{K,x} = K'(x) \cdot \frac{x}{K(x)}$$

Grenzkosten als Entscheidungsgröße

Eine besonders interessante Kostengröße im Umfeld der Vervielfältigungsindustrie sind die Grenzkosten.

! **Merke:**

Grenzkosten sind die Kosten, um die die Gesamtkosten ansteigen, wenn eine weitere Ausbringungseinheit produziert wird.
Grafisch zeigen die Grenzkosten den Anstieg der Gesamtkostenfunktion. Mathematisch werden sie durch die 1. Ableitung der Kostenfunktion ermittelt.

$$K'(x) = \frac{\text{Kostenzuwachs } (K_2 - K_1)}{\text{Beschäftigungszuwachs } (x_2 - x_1)} \quad \text{bzw.} \quad K'(x) = \frac{d(K(x)}{dx}$$

Die Grenzkosten geben also nicht wie die Durchschnittskosten das durchschnittliche Steigungsmaß einer Kostenfunktion an, sondern die Steigung der Funktion innerhalb eines eng begrenzten oder infinitesimal kleinen Ausbringungsmengenbereichs.

Mithilfe der Grenzkostenanalyse können Kostenfunktionen auf ihren Verlauf hin untersucht werden. So wird deutlich, ob die Kosten pro weiterer Produktionseinheit im Verhältnis zur letzten Einheit gleichbleiben, steigen oder sinken.

Diese Auskunft ist relevant, wenn das Management entscheiden muss, ob eher viel oder wenig produziert werden soll oder ob die Ausbringungsmenge – unabhängig von der Mengenvariation – pro Stück immer gleichviel kostet.

Beispiel. Wenn ein beliebiges Produkt hergestellt wird und jedes Produkt die gleichen Kosten verursacht, dann ist es produktionstechnisch oder in Bezug auf die Preisforderung für dieses Produkt völlig gleichgültig, ob viel oder wenig produziert wird. Wenn ein Produkt hingegen mit zunehmender Ausbringungsmenge pro Stück kostengünstiger (teurer) in der Herstellung wird, dann können (müssen) sinkende (steigende) Marktpreise für zunehmende Stückmengen angesetzt werden.

Ob und wie sich die Grenzkosten mit veränderter Ausbringungsmenge verändern, ist abhängig vom Verlauf der variablen Kosten je Mengeneinheit. Dieser kann proportional, progressiv, degressiv und in Ausnahmefällen auch regressiv sein.

Proportionale Kostenverläufe

Wenn sich die variablen Kosten im gleichen Verhältnis zur Beschäftigung ändern, so spricht der Betriebswirt von einem proportionalen Kostenverlauf. Diese haben einen Elastizitätsgrad von 1.

Beispiel. Ein Musikproduzent muss für ein Album noch fünf Songs abmischen und bucht dafür ein entsprechendes Studio. Das Studio kostet 400 Euro pro Stunde. Pro Titel veranschlagt der Produzent vier Stunden Studiozeit.

In die Produktionstheorie übersetzt bedeutet dieser Fall:

- Einsatzfaktor (r): das Studio bzw. die Studiozeit in Stunden
- Erzeugnis (m): Musiktitel
- Output (x): Herstellungsmenge (Musiktitelmenge)
- Zeitaufwand: Durchschnittsverbrauch je Titel (Produktionskoeffizient): r/m (4:1)
- Ergiebigkeit des Produktionsfaktors: Durchschnittsertrag je Stunde: m/r (1:4)

Für die Nutzung der Kostentheorie muss nur noch der Preis für den Güterverzehr (Beschaffungskosten) hinzugeführt werden:

- Preis je Studiostunde (p): 400

Damit ergibt sich eine Kostenfunktion wie folgt:

$$K_V(x) = \frac{r}{m} \cdot p \cdot x = \frac{4}{1} \cdot 400 \cdot 5 = 8.000 \tag{1}$$

Werden die variablen Gesamtkosten durch die Anzahl der produzierten Titel geteilt, ergeben sich die durchschnittlichen variablen Kosten pro Titel:

$$k_V(x) = \frac{K_V(x)}{x} = \frac{r}{m} \cdot p = 4 \cdot 400 = 1.600 \tag{2}$$

Der Kostenzuwachs je abzumischendem Titel zeigt die Grenzkosten:

$$K_V'(x) = \frac{dK_V(x)}{dx} = 1 \cdot \frac{r}{m} \cdot p = 4 \cdot 400 = 1.600 \tag{3}$$

In eine Grafik (vgl. Abb. 10.11) übersetzt, zeigt sich der für alle proportionalen Kostenverläufe typische Charakter linearer Kostenfunktionen.

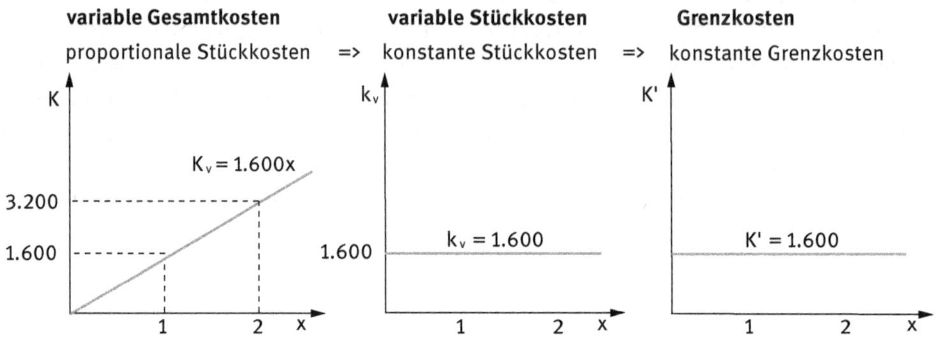

Abb. 10.11: Lineare Kostenfunktion (proportionaler Kostenverlauf)

Progressive Kostenverläufe

Wenn sich die variablen Kosten stärker verändern als die Beschäftigung, so spricht der Betriebswirt von einem progressiven Kostenverlauf. Diese haben einen Elastizitätsgrad von > |1|. Progressiv steigende Kosten kommen im Lohnbereich etc. vor, aber auch in technischen Bereichen; bspw. bei steigender Maschinenauslastung und dem damit verbundenen zunehmenden Verbrauch oder der zunehmenden Reparaturanfälligkeit.

Beispiel. Ein Eventveranstalter beschäftigt Hilfskräfte für den Bühnenaufbau. Diese erhalten einen Stundenlohn von 15 Euro. Da die Wetterverhältnisse schlecht sind und zusätzlich organisatorische Schwierigkeiten aufkommen, bekommen die Arbeiter einen Stundenlohnzuschlag, der mit zunehmender Arbeitszeit (x) wächst; und zwar mit dem Faktor $0,2x^2$.

Damit berechnen sich die Gesamtlöhne (1) bzw. die Löhne pro Stunde (2) sowie der Zuwachs der Löhne ausgehend von einer bestimmten Stundenanzahl (3) wie folgt:

$$K_V = 15x + 0,2x^2 \tag{1}$$

$$k_V = 15 + 0,2x \tag{2}$$

$$K_V' = 15 + 0,4x \tag{3}$$

Die grafische Darstellung der Lohnkostenentwicklung zeigen Abb. 10.12 und Tab. 10.4.

Tab. 10.4: Progressive Kostenentwicklung

Kosten	Std.	1	2	10	30	50	70	100
$K_V = k_V \cdot x$		15,20	30,80	170	630	1.250	2.030	3.500
$k_V = K_V/x$	in Euro	15,20	15,40	17	21	25	29	35
$K'_V = dK_V/dx$		15,40	15,80	19	27	35	43	55

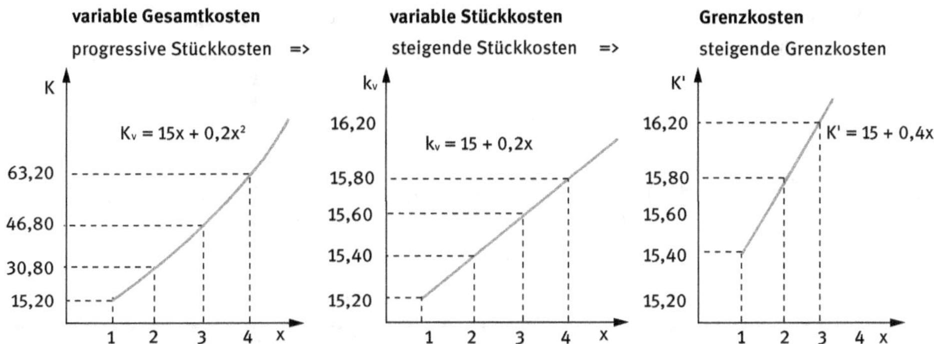

Abb. 10.12: Progressive Kostenfunktion (zunehmender Kostenzuwachs)

Degressive Kostenverläufe

Wenn sich die variablen Kosten relativ schwächer verändern als die Beschäftigung, so spricht der Betriebswirt von einem degressiven Kostenverlauf. Diese haben einen Elastizitätsgrad von $0 < \varepsilon < 1$. Degressiv steigende Kostenverläufe können ein Beispiel für die Wirkung von Mengenrabatten im Einkauf sein oder durch Lernkurveneffekte bewirkte Minderverbräuche in der Produktion.

Beispiel. Ein Verlag bestellt selten gebrauchtes Spezialpapier und handelt mit dem Lieferanten, der sein Lager räumen möchte, einen sehr günstigen mengenabhängigen Preis in Höhe von $p = 20x^{0,5}$ je Paket aus.

Damit berechnen sich die Papierkosten (1) bzw. die variablen Durchschnittskosten (2) sowie der Kostenzuwachs für das Papier ausgehend von einer bestimmten Papiermenge (3) wie folgt:

$$K_V = 20 \cdot x^{0,5} \qquad (1)$$

$$k_V = 20 \cdot x^{-0,5} \qquad (2)$$

$$K'_V = 10 \cdot x^{-0,5} \qquad (3)$$

Die grafische Darstellung der Papierkostenentwicklung zeigen Abb. 10.13 und Tab. 10.5.

Tab. 10.5: Degressive Kostenentwicklung

Kosten	Stück	1	2	4	6	10	20	50
$K_v = k_v \cdot x$		20	28,28	40	48,99	63,25	89,44	141,4
$k_v = K_v/x$	in Euro	20	14,14	10	8,16	6,32	4,47	2,83
$K'_v = dK_v/dx$		10	7,07	5	4,08	3,16	2,24	1,41

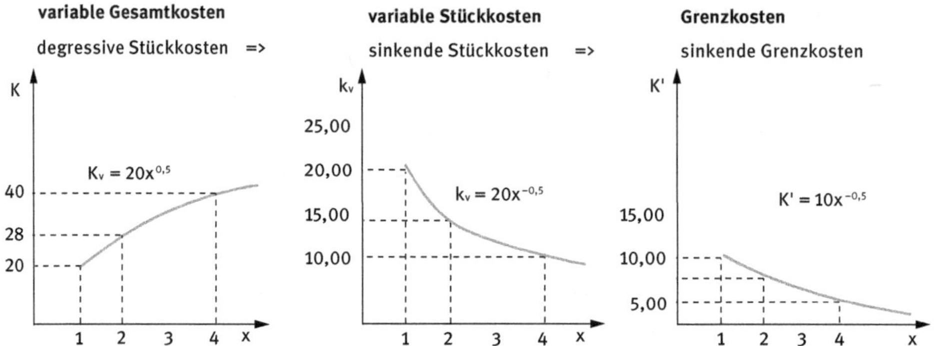

Abb. 10.13: Degressive Kostenfunktion (abnehmender Kostenzuwachs)

Regressive Kostenverläufe

Wenn die variablen Kosten mit Steigerung des Beschäftigungsgrades absolut sinken, so spricht der Betriebswirt von einem regressiven Kostenverlauf. Diese haben einen negativen Elastizitätsgrad ($\varepsilon < 0$), weil die Funktion fällt. Regressiv verlaufende Kostenfunktionen sind äußerst selten. Als Beispiel könnten die Heizkosten in Kinos dienen, die mit zunehmender Menschenmenge abnehmen. Ein anderes Beispiel wären die sinkenden Kosten für Wachdienste, wenn eine Hochschule berufsbegleitende Abendseminare einrichtet. Hier fallen nicht nur die variablen Durchschnittskosten und die Grenzkosten, sondern auch die Gesamtkostenfunktion von Beginn an. Solche Kostenfunktionen sollen im Folgenden nicht weiter berücksichtigt werden.

Zusammenfassung

Tabelle 10.6 (in Anlehnung an Freidank 2012: 52) gibt die Charakteristika der besprochenen Kostenfunktionen in einer Übersicht wieder.

Gesamtkostenverläufe

Wenn Kostenfunktionen aus fixen und variablen Kostenbestandteilen zusammengesetzt werden, so spricht der Betriebswirt von einer Gesamtkostenfunktion. Der Verlauf solcher Funktionen ist abhängig von den zugrundeliegenden Produktionsfunktionen (vgl. Kapitel 10.4.2). Das heißt, um Kostenfunktionen verstehen zu können, müssen die jeweiligen Produktionsbedingungen verstanden sein.

Tab. 10.6: Charakteristika unterschiedlicher Kostenverläufe

Kostenverläufe / **Merkmale**	absolut fixe Kosten	variable Kostenverläufe		
		proportionale	progressive	degressive
Reaktion der Gesamtkosten auf eine steigende Beschäftigung	0	proportional steigend	progressiv steigend	degressiv steigend
Reaktion der Kosten pro Bezugseinheit auf eine steigende Beschäftigung	degressiv fallend	konstant	linear oder progressiv steigend	degressiv fallend
Elastizitätskoeffizient (ε)	$\varepsilon = 0$	$\varepsilon = 1$	$\varepsilon > 1$	$0 < \varepsilon < 1$
Konstanz des Elastizitätskoeffizienten	ja	ja	nein	nein
Beispiele	Miete, Gehälter, FCC	Fertigungsmaterial, Honorare für Freie	Zuschläge, Überbeanspruchung von Betriebsmitteln	Rabatte, Verbräuche bei Lernprozessen

10.4.2 Die Produktionsfunktion als Grundlage der Kostenfunktion

Grundsätzlich werden hier Produktionsfunktionen unterschieden, die feste Faktoreinsatzverhältnisse im Fertigungsprozess verwenden und Produktionsfunktionen, in denen Faktoreinsatzmengen variiert werden können, weil Produktionsfaktoren in bestimmten Grenzen miteinander ausgetauscht werden können. Die erstgenannten Produktionsfunktionen werden limitationale Produktionsfunktionen (auch Leontief- oder Gutenbergfunktion) genannt, die letztgenannten werden substitutionale Produktionsfunktionen genannt (vgl. Schierenbeck und Wöhle 2016: 272). Es gibt unterschiedliche substitutionale Produktionsfunktionen.[9]

Merke: !

Limitationale Produktionsfunktionen zeigen feste Einsatzverhältnisse der Produktionsfaktoren und limitieren den Output, wenn ein Produktionsfaktor nicht in ausreichendem Maße zur Verfügung steht.
Substitutionale Produktionsfunktionen zeigen verschiedene Möglichkeiten, unterschiedliche Produktionseinsatzfaktorverhältnisse zu nutzen. Die Verringerung der Einsatzmenge eines Produktionsfaktors kann bei Konstanz der Ausbringungsmenge durch den verstärkten Einsatz eines anderen Produktionsfaktors ausgeglichen werden.

9 Zu den bekanntesten zählen das Ertragsgesetz und die Cobb-Douglas-Funktion.

Die meisten Produktionsbedingungen in der Industrie sind limitational, d. h. um ein bestimmtes Produkt zu produzieren benötigt der Hersteller eine bestimmte Anzahl von bestimmten Einsatzfaktoren. Damit ist der Faktoreinsatz eindeutig von der Ausbringungsmenge abhängig.

Da die technischen Aggregate, mit denen in der typischen Industriewelt, aber auch in der Welt der Medien produziert wird, mit unterschiedlichen Intensitäten arbeiten können, ist auch der Faktorverzehr häufig nicht nur von der Beschäftigung, sondern auch vom Intensitätsgrad der Nutzung und den (technischen) Eigenschaften einzelner Betriebsmittel, Betriebsabteilungen oder Arbeitskräfte abhängig. Produktionsfunktionen, die auf limitationalen Bedingungen basieren, werden in der BWL auch **Produktionsfunktionen vom Typ B** genannt.

Beispiel. Wenn ein Buch geschrieben wird und auf jeder Buchseite 25 Textzeilen und ein Bild abgebildet werden sollen, dann ist die Autorenschaft streng limitational an die Bedingungen „je Seite 25 Textzeilen plus 1 Bild“ gekoppelt. Weder dürfen dann zwei Bilder bei weniger Text verwendet werden noch kann mehr Text ein Bild ersetzen.

Wenn dieses Buch dann gedruckt wird, ist auch der Papierverbrauch unabhängig von der Geschwindigkeit des Buchdrucks, aber die Druckmaschine kann unterschiedliche Geschwindigkeiten fahren und damit bei unterschiedlichen Geschwindigkeiten auch unterschiedliche Energiemengen verbrauchen und unterschiedlich hohe Abnutzungen verursachen. Zunehmende Intensitäten lassen den Faktorverbrauch zunächst degressiv sinken, dann ein Optimum erreichen und ab diesem Optimum progressiv steigen. Am verständlichsten wird dieser Vorgang sicherlich durch den unterschiedlichen Verbrauch von Betriebsstoffen bei Verbrennungsmotoren, die mit unterschiedlichen Geschwindigkeiten gefahren werden.

Wenn sich die Produktionseinsatzfaktoren substituieren lassen, ändert sich die Charakteristik der Produktionsfunktion. Bei einer substitutionalen Produktionsfunktion kann ein Produktionsfaktor ganz oder innerhalb bestimmter Grenzen durch einen anderen oder durch eine Kombination von anderen Produktionsfaktoren ersetzt werden. Solche Produktionsfunktionen werden auch **Produktionsfunktionen vom Typ A** bezeichnet.

Die Mutter dieses Funktionstyps ist die schon Mitte des 18. Jahrhunderts von Turgot im Umfeld der Agrarindustrie entdeckte ertragsgesetzliche Funktion. Ihre Charakteristik besteht darin, dass die Outputmenge (z. B. Ertrag in der Landwirtschaft) durch veränderte Einsatzmengen nur eines Faktors (z. B. Dünger) bei Konstanz der übrigen Faktormengen beeinflusst werden kann. Mit Erhöhung der Düngerzugabe wird der Ertrag zunächst progressiv ansteigen, dann einen Wendepunkt erreichen und nur noch degressiv weiter steigen und schließlich (durch Überdüngung) sogar regressiv werden. Der Gesamtertrag wird absolut abnehmen.

Der Verlauf dieser Produktionsfunktion führte zur Formulierung des Gesetztes vom abnehmenden Grenzertrag (Ertragsgesetz). Abnehmende Grenzerträge zeigen auch Funktionen, die zum Typ A gehören und Cobb-Douglas-Funktionen genannt werden. Der Grenzertrag dieser Funktionen sinkt permanent, d. h., die Funktion wird zunehmend flacher, weil der Ertrag zusätzlicher Einsatzmengen sinkt.

Beispiel. Wenn an dem Buch, das bereits zuvor betrachtet wurde, zwei Autoren arbeiten, wird das Buch schneller erstellt, aber die Zeit wird nicht zwingend doppelt so kurz sein, wie es ein Autor schaffen würde. Bei drei oder mehr Autoren wird der Geschwindigkeitsgewinn absolut immer noch gegeben sein, aber immer geringer. Die in einem Koordinatensystem abgebildete Produktionsfunktion, in der auf der x-Achse die Autorenanzahl und auf der y-Achse die Herstellungsgeschwindigkeit abgebildet würde, wird immer flacher steigen.

Vielleicht würde das Buch aber auch zunächst an Herstellungsgeschwindigkeit deutlich zunehmen, aber mit zunehmender Autorenanzahl immer langsamer wachsen und schließlich durch zu viele Koordinationsarbeiten wieder absolut an Geschwindigkeit abnehmen.

Im ersten Fall wäre eine Cobb-Douglas-Funktion, im zweiten Fall eine ertragsgesetzliche Produktionsfunktion erkennbar.

Für den Verlauf von Kostenfunktionen ist es erheblich, welche Art Produktionsfunktion dem Herstellungsprozess zugrunde liegt. Dies ist deshalb der Fall, weil die Kostenfunktion ja nichts anderes ist als die mit Faktorpreisen ausgestattete Produktionsfunktion. Die in der Medienwirtschaft relevanten Kostenfunktionen werden im Folgenden skizziert.

10.4.3 Die Analyse linearer Gesamtkostenfunktionen

Der einfachste und in der Unikatsproduktion deutlich dominante Kostenverlauf ist der lineare.

Eine lineare Kostenfunktion setzt sich aus Fixkosten und variablen Kosten zusammen, wobei die variablen Kosten für jede Ausbringungsmenge pro Stück identisch sind. Das heißt die Steigung der Funktion ist an jedem Punkt gleich hoch. In diesem Fall (und nur in diesem Fall!) sind die variablen Stückkosten immer gleich den Grenzkosten.

Mathematisch ausgedrückt:

$$K = K_f + K_v = K_f + k_v \cdot x \tag{1}$$

$$K' = \frac{dK(x)}{dx} = k_v \tag{2}$$

Die Stückkosten berechnen sich aus den stückfixen Kosten plus den variablen Kosten:

$$k = \frac{K(x)}{x} = \frac{K_f + K_v}{x} = \frac{K_f}{x} + \frac{K_v}{x} = k_f + k_v \qquad (3)$$

Da diese Funktion zwei auf Mengenentwicklungen unterschiedlich reagierende Parameter hat, verläuft die Stückkostenfunktion anders als die Gesamtkostenfunktion nicht linear. Sie verläuft degressiv.

Dies liegt daran, dass die variablen Stückkosten zwar unabhängig von der Ausbringungsmenge gleichbleiben, die Fixkostenanteile pro Stück sich aber auf eine steigende Ausbringungsmenge verteilen und daher immer weiter sinken. Dieser Umstand wird Fixkostendegression genannt.

! **Merke:**

Fixkostendegression bezeichnet die Verteilung der fixen Kosten auf eine steigende Ausbringungsmenge.

Beispiel. Ein Filmproduzent hat einen Schnittplatz für fünf Tage angemietet. Er zahlt dafür eine Pauschale von 1.000 Euro. Die vermietende Postproduktionsgesellschaft stellt auch Cutter zur Verfügung, die der Produzent für 200 Euro am Tag dazubuchen kann, wenn er den Film nicht selber schneiden will. Die Fixkosten betragen also 1.000 Euro. Die variablen Kosten pro Tag 200.

Der Film muss 40 Minuten lang werden. Der Produzent rechnet mit einem festen Ertrag von zehn Sendeminuten pro Tag. Einen zusätzlichen Tag veranschlagt er für die Endfertigstellung des Films (Sprachaufnahme und Abmischung).

Der Produzent will nun die reinen Studiokosten für den Schnitt und die Endfertigung berechnen:

Die Kostenfunktion lautet: $K = 1.000 + 200x$. Bei fünf Einsatztagen (x) wird dieser Produktionsteil also 2.000 Euro kosten. Da die Personalkosten pro Tag gleichbleibend mit 200 Euro ansteigen (die variablen Kosten betragen 200 Euro pro Tag), steigt auch der Kostenanteil pro Tag gleichbleibend mit 200 Euro. Das heißt die Grenzkosten pro Tag liegen ebenfalls bei 200 Euro/Tag. Wird die Postproduktion weniger Zeit beanspruchen, kann der Produzent 200 Euro pro Tag weniger ausgeben. An den Studiokosten wird sich innerhalb des gebuchten Zeitraums allerdings nichts ändern, da der Schnittplatz pauschal für eine Woche gebucht ist. Es handelt sich also um Fixkosten.

Andererseits wird der Schnittplatz pro genutztem Tag durchschnittlich kostengünstiger. Würde der Produzent den Film innerhalb eines Tages herstellen können und er den Schneideplatz nicht anderweitig einsetzen können, hätte ihn dieser eine Tag 1.000 Euro Miete gekostet ($1.000\,€/1\text{ Tag} = 1.000\,€/\text{Tag}$). Bei fünf Tagen Einsatz liegt der Fixkostenanteil pro Tag bei nur noch 200 Euro ($1.000\,€/5\text{ Tage} = 200\,€/\text{Tag}$).

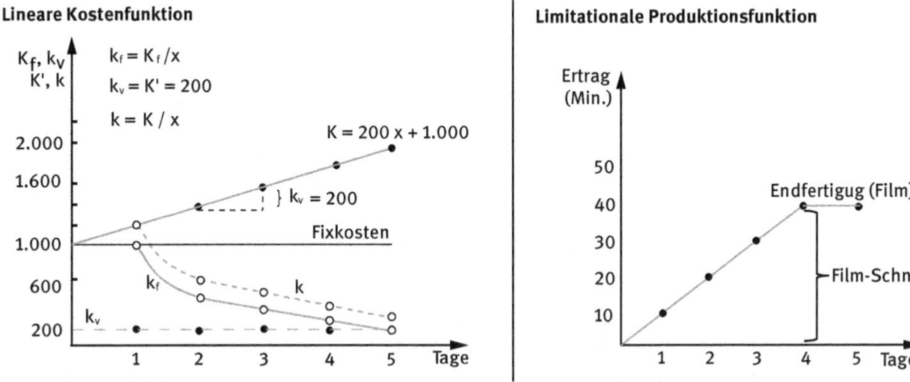

Abb. 10.14: Linearer Gesamtkostenverlauf und Produktionsfunktionsverlauf (Beispiel Filmschnitt)

Schematisch dargestellt, sehen die Kostenfunktionen und eine dazu passende Produktionsfunktion wie in Abb. 10.14 dargestellt aus.

Deutlich wird in der grafischen Darstellung auch, dass der Unterscheid zwischen den Stückkosten (k) und den stückfixen Kosten (k_f) genau die Höhe der variablen Stückkosten (k_v) ist. Dies deshalb, weil $k - k_f = k_v$ ist. Liegt, wie hier im Fall, eine lineare Funktion vor, laufen die Stückkostenkurve und die Kurve der stückfixen Kosten parallel. Bei einer unendlichen Erhöhung der Ausbringungsmenge würden die gesamten Stückkosten (k) immer weiter gegen die variablen Kosten sinken, weil der Anteil der stückfixen Kosten durch den Degressionseffekt immer kleiner wird. Die stückfixen Kosten würden entsprechend gegen null sinken. Sowohl für k als auch für k_f gibt es kein Minimum.

Lineare Funktionen sind im Betriebsalltag leicht zu handhaben. Selbst wenn eine lineare Funktion zunächst nicht bekannt ist, kann sie leicht rekonstruiert werden. Denn wenn ausgewählte Beschäftigungsgrade und dazugehörende Gesamtkosten gegeben sind, können alle notwendigen Funktionsparameter aus den vorliegenden Daten gebildet werden.

Beispiel. Ein Buch ist gedruckt worden. Der Verlag hat bei einer Ausbringungsmenge von 10.500 Exemplaren Gesamtkosten in Höhe von 80.000 Euro verbucht. Bei einer vorherigen Messung wurden 6.500 Bücher ein Betrag in Höhe von 60.000 Euro zugeordnet.

Der Verlagsmanager kann den zuständigen Controller nicht erreichen und hat keinen Zugriff auf die Kalkulationen. Er weiß aber, dass die Kosten bei anderen Produktionen linear verlaufen sind und möchte nun wissen, wie hoch die variablen Kosten und die Fixkosten der Produktion sind. Zum Glück erinnert er sich an sein BWL-Seminar und rechnet wie folgt:

$$k_v = \frac{K_2 - K_1}{x_2 - x_1} = \frac{80.000\,€ - 60.000\,€}{10.500\text{ Stck.} - 6.500\text{ Stck.}} = 5\frac{€}{\text{Stck.}} \quad (1)$$

$$K_f = 80.000\,€ - \left(10.500\text{ Stck.} \cdot 5\frac{€}{\text{Stck.}}\right) = 27.500\,€ \quad (2)$$

bzw.

$$K_f = 60.000\,€ - \left(6.500\text{ Stck.} \cdot 5\frac{€}{\text{Stck.}}\right) = 27.500\,€ \quad (3)$$

$$K = 5\frac{€}{\text{Stck.}} \cdot x + 27.500\,€ \quad (4)$$

Damit ist offensichtlich, dass die Fixkosten 27.500 Euro und die variablen Stückkosten fünf Euro betragen.

Der hier geschilderte Sachverhalt kann auch verallgemeinert dargestellt werden, wie Abb. 10.15 (in Anlehnung an Freidank 2012: 61) verdeutlicht.

Sind das Steigungsmaß (der tan α (Tangens des Winkels α) bzw. die Grenzkosten) zwischen zwei Punkten und die Fixkosten einer linearen Funktion bekannt, so können die Gesamtkosten für jede beliebige Menge bzw. für jeden beliebigen Beschäftigungsgrad berechnet werden.

Im Prinzip gilt dies auch für jede andere Funktion. Da in nichtlinearen Funktionen die variablen Stückkosten aber nicht mit den Grenzkosten übereinstimmen, sondern die Grenzkosten (die Steigungen) an jedem Punkt der Funktion einen unterschiedlichen Wert annehmen, können die Grenzkosten hier nicht als Kostendifferenz zwi-

Steigung $= \tan \alpha = \frac{\text{Gegenkathete}}{\text{Ankathete}} = \frac{K_2 - K_1}{x_2 - x_1} = K' = k_v$

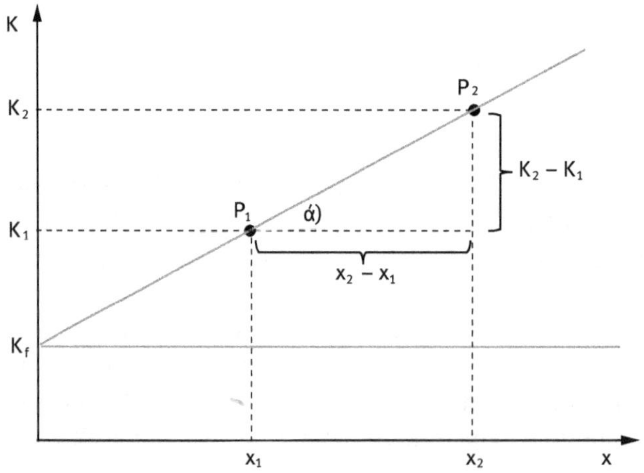

K
K_2
K_1
K_f
P_1
P_2
α)
$K_2 - K_1$
$x_2 - x_1$
x_1
x_2
x

Abb. 10.15: Linearer Gesamtkostenverlauf: Ermittlung der Funktionssteigung

schen zwei Beschäftigungsgraden, sondern nur als 1. Ableitung der Kostenfunktion berechnet werden. (vgl. Freidank 2012: 59 ff.).

10.4.4 Die Analyse nichtlinearer Gesamtkostenfunktionen

Da eine nicht lineare Gesamtkostenkurve sowohl degressiv als auch progressiv verlaufen kann, soll hier eine typische, wenn auch fiktive ertragsgesetzliche Kostenfunktion eines Objektivherstellers diskutiert werden. Eine ertragsgesetzliche Funktion steigt streng monoton und zeigt beide in der Industrie vorkommenden Kostenverläufe in einer Funktion (3. Grades). Zunächst steigt sie degressiv und ab dem Wendepunkt progressiv. Damit sind die einzelnen Funktionsabschnitte jeweils repräsentativ für degressiv steigende und progressiv steigende Kostenfunktionen.

Wenn diese grundsätzlichen Erörterungen abgeschlossen sind, konzentrieren sich die weiteren Diskussionspunkte ausschließlich auf Kostenfunktionen, die für die Vervielfältigungsindustrie in der Medienwirtschaft typisch sind. Die Unternehmen der Kreativwirtschaft haben es in der Regel bei der Herstellung von First Copies mit linearen Kostenfunktionen zu tun. Diese sind bereits vorgestellt worden.

Beispiel. In einem Werk für Kamerazubehör wird ein kleines technisches Zusatzelement für Filmkameras hergestellt, mit dem Spezialeffekte erzeugbar werden. Da bei der Produktion der technischen Einheit viel Handarbeit vonnöten ist und spezifische Materialien eingesetzt werden, ist die Produktionsmenge pro Zeiteinheit kapazitätsbedingt auf $x = 65$ limitiert.

Die Kostenfunktion für die Produktion (in Anlehnung an Freidank 2012: 62 ff.) lautet:

$$K = 500 + 70x - 1{,}6x^2 + 0{,}02x^3 \qquad \text{(Gesamtkostenfunktion)} \qquad (0.1)$$

Damit lassen sich auch alle anderen Funktionen wie folgt bestimmen:

$$K_f = 500 \qquad \text{(Fixkostenfunktion)} \qquad (0.2)$$

$$K_v = 70x - 1{,}6x^2 + 0{,}02x^3 \qquad \text{(variable Gesamtkostenfunktion)} \qquad (0.3)$$

$$\frac{K}{x} = k = \frac{500}{x} + 70 - 1{,}6x + 0{,}02x^2 \qquad \text{(Stückkostenfunktion)} \qquad (0.4)$$

$$\frac{K_f}{x} = k_f = \frac{500}{x} \qquad \text{(Funktion der fixen Stückkosten)} \qquad (0.5)$$

$$\frac{K_v}{x} = k_v = 70 - 1{,}6x + 0{,}02x^2 \qquad \text{(Funktion der variablen Stückkosten)} \qquad (0.6)$$

$$\frac{dK}{dx} = K' = 70 - 3{,}2x + 0{,}06x^2 \qquad \text{(Grenzkostenfunktion)} \qquad (0.7)$$

Die nachstehende Wertetabelle (vgl. Tab. 10.7) gibt das Verhalten der Gesamt-, Stück- und Grenzkosten bis zur maximalen Ausbringungsmenge an.

Tab. 10.7: Kostenentwicklungen bei ertragsgesetzlicher Kostenfunktion

x	K	K_f	K_v	k	k_f	k_v	K′
0	500,00	500,00	0	–	–	0	70,00
1	568,40	500,00	68,42	568,40	500,00	68,42	66,86
5	812,50	500,00	312,50	162,50	100,00	62,50	55,50
10	1.060,00	500,00	560,00	106,00	50,00	56,00	44,00
15	1.250,00	500,00	757,50	83,83	33,33	50,50	35,50
20	1.420,00	500,00	920,00	71,00	25,00	46,00	30,00
30	1.700,00	500,00	1.200,00	56,67	16,67	40,00	28,00
40	2.020,00	500,00	1.520,00	50,50	12,50	38,00	38,00
50	2.500,00	500,00	2.000,00	50,00	10,00	40,00	60,00
60	3.260,00	500,00	2.760,00	54,33	8,33	46,00	94,00
65	3.782,00	500,00	3.282,00	58,18	7,69	50,49	115,50

Die Daten in eine Grafik übertragen, ergeben eine Bild wie in Abb. 10.16 dargestellt.

Abb. 10.16 zeigt die typischen nicht linearen Kostenfunktionsverläufe und die drei kritischen Punkte für die Kostenanalyse des Unternehmens.

Zum einen wird deutlich, dass die Funktion der variablen Gesamtkosten parallel zur Gesamtkostenkurve verläuft und zwar exakt im Abstand $K_f = 500$. Dies deshalb, weil die beiden Funktionen sich ausschließlich durch den Fixkostenanteil unterscheiden. Dieser fehlt in der Funktion der variablen Gesamtkostenfunktion.

Der Steigungsverlauf ist bei beiden identisch. Die zunächst degressiv zunehmende Steigung ist damit zu erklären, dass die Effizienz in der Produktion zunächst mit zunehmender Auslastung steigt. Das Verhältnis von Input zu Output wird zunächst besser und verringert damit die Kosten weiterer Einheiten. Die Effizienzzunahme sorgt also für eine unterproportionale Steigung der Kosten. Das heißt, die Kostenfunktion steigt, die Steigung nimmt aber mit jeder neuen Produktionseinheit leicht ab.

Bei einer bestimmten Ausbringungsmenge erreicht die Kostenfunktion ihren Wendepunkt. Hier beginnt sich die Effizienz in der Produktion zu verschlechtern. Die einzelnen Produktionseinheiten werden nun zunehmend teurer. Die Kostenfunktion beginnt überproportional zu steigen.

Zum anderen wird durch die senkrechte Spiegelung der entscheidungsrelevanten Punkte deutlich, wie die stückbezogenen Kosten mit den Gesamtkostenfunktionen in Verbindung stehen. Und auch der Verlauf der Fixkostendegression ist im unteren Abbildungsbereich abgebildet. Es wird deutlich, wie eine zunehmende Ausbringungsmenge auf die Verteilung der Fixkosten wirkt. Die fixen Stückkostenanteile sinken zunächst dramatisch, dann immer weniger, aber in jedem Fall bis zur Kapazitätsgrenze. Würde nur ein Stück produziert, müsste dieses die gesamten Fixkosten tragen. Bei zwei Mengeneinheiten halbieren sich die Kostenanteile pro Stück und das 65. Stück (Kapazitätsgrenze) bindet nur noch ein fünfundsechzigstel der Fixkosten.

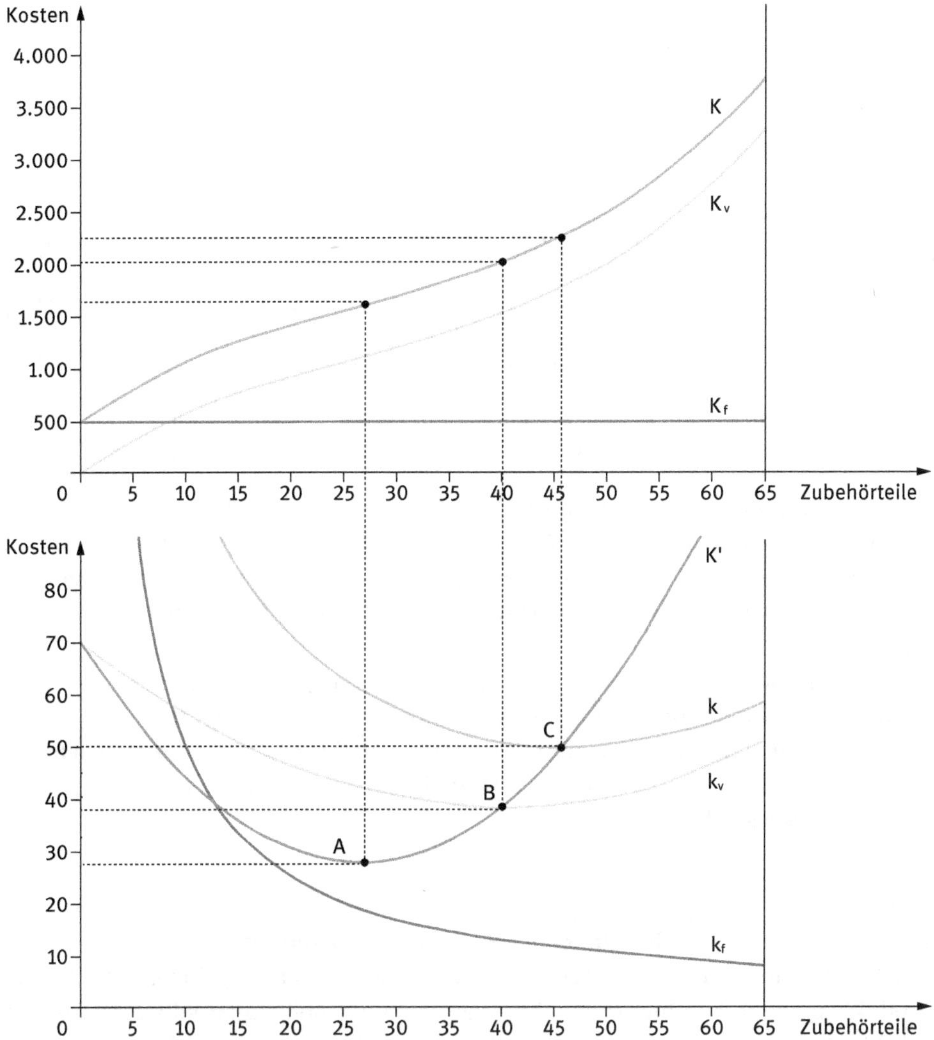

Abb. 10.16: Ertragsgesetzliche Kostenfunktion

Die Fixkostendregression spricht also immer dafür, die maximal mögliche Menge zu produzieren, wenn die Kosten pro Stück minimiert werden sollen. Bei einer ertragsgesetzlichen Kostenfunktion sprechen aber andere Punkte gegen diese Entscheidung.

Punkt A

Mit Punkt A konzentriert sich die Betrachtung auf die **Grenzkosten der Produktion**. Die Grenzkostenfunktion demonstriert den Steigungsverlauf der Gesamtkostenfunktion (und den der variablen Gesamtkostenfunktion). Die Steigung nimmt zunächst ab (die Grenzkostenfunktion sinkt). Dann steigt sie an (die Grenzkostenfunktion steigt). Zwischen den beiden Verläufen befindet sich der Wendepunkt (Punkt A). Hier erreicht die Grenzkostenfunktion ihr Minimum (die Steigung ist null).

Analytisch wird das Minimum der Grenzkostenfunktion (= 1. Ableitung der Gesamtkostenfunktion) durch Nullsetzen der 1. Ableitung der Grenzkostenfunktion bestimmt:

$$K = 500 + 70x - 1{,}6x^2 + 0{,}02x^3 \tag{A.1}$$

$$K' = \frac{dK}{dx} = 70 - 3{,}2x + 0{,}06x^2 \rightarrow \text{Min!} \tag{A.2}$$

$$K'' = -3{,}2 + 0{,}12x \tag{A.3}$$

$$0 = -3{,}2 + 0{,}12x \tag{A.4}$$

$$x = 26{,}66 \tag{A.5}$$

Das **Minimum der Grenzkostenfunktion** liegt (theoretisch) bei 26,66 Zubehörteilen (die 3. Ableitung ist größer null). Das heißt, dass in einer Einzelbetrachtung das 27. Teil die kostengünstigste Produktionseinheit ist, denn sie verursacht nur 27,34 Euro an zusätzlichen Kosten. Die Gesamtkosten steigen bei dieser Stückzahl um 27,34 Euro auf rund 1.617 Euro an.

Da aber nicht nur ein beliebiges Einzelstück aus der Gesamtserie produziert werden kann, sondern auch alle vorstehenden produziert werden müssen, um das 27. Stück herstellen zu können, müssen die variablen Kosten aller Produktionseinheiten betrachtet werden, um ein mengenabhängiges Kostenminimum in der Produktion zu finden. Dieses liefert Punkt B.

Punkt B

Da die variablen Kosten die kurzfristige Preisuntergrenze darstellen, zeigt die variable Stückkostenfunktion, bei welcher Ausbringungsmenge welcher Mindestpreis für ein Produkt vom Markt zu finanzieren ist. Liegt der Marktpreis unterhalb der variablen Stückkosten, würde das Unternehmen Verlust machen, weil es produziert. Das **Minimum der variablen Stückkostenfunktion** repräsentiert das unterste Limit eines kurzfristig gesetzten Preises und wird in der BWL auch **Betriebsminimum** genannt.

Dieses Minimum liegt immer im Schnittpunkt mit der Grenzkostenkurve. Denn solange die Grenzkosten unterhalb der durchschnittlichen variablen Stückkosten liegen, wird jede weitere Produktionseinheit diese Durchschnittskosten weiter sinken lassen. Am Punkt B kommt das Absinken zum Stehen, da an diesem Punkt die Grenzkosten der betreffenden Ausbringungseinheit genauso hoch sind wie die variablen Kosten. Ab Punkt B steigen die Grenzkosten stärker an als die durchschnittlichen variablen Kosten und heben damit den Durchschnitt der Kosten mit jeder weiteren Produktionseinheit an. Dieser Zusammenhang wird auch noch einmal deutlich, wenn bedacht wird, dass die Grenzkosten die Kostensteigerung einer einzelnen Einheit darstellen und die variablen Stückkosten als die durchschnittlichen variablen Kosten einer bestimmten Produktionsmenge (x) berechnet werden.

Wegen dieses logischen Zusammenhangs kann das **Minimum der variablen Durchschnittskosten** auf zwei unterschiedliche Arten ermittelt werden:

1. Durch die Bestimmung des Minimums der variablen Stückkostenfunktion $k_v(x)$ oder
2. Durch die Gleichsetzungsmethode, indem die Funktionen $k_v(x)$ und $K'(x)$ gleichgesetzt werden, das System dann nach x aufgelöst wird und x schließlich der x-Wert in die Funktion $k_v(x)$ eingesetzt wird.

Lösungsweg zu 1.

$$k_v = 70 - 1{,}6x + 0{,}02x^2 \quad \text{(vgl. Formel zu 0.6)} \tag{B.1}$$

$$k_v' = -1{,}6 + 0{,}04x \tag{B.2}$$

$$0 = -1{,}6 + 0{,}04x \tag{B.3}$$

$$x = 40\ \text{Stck.} \tag{B.4}$$

$$k_{v\,\text{min.}} = 70 - 1{,}6 \cdot 40 + 0{,}02 \cdot 40^2 \tag{B.5}$$

$$k_{v\,\text{min.}} = 38\,€ \tag{B.6}$$

Lösungsweg zu 2.

$$k_v = K' \tag{B.7}$$

$$70 - 1{,}6x + 0{,}02x^2 = 70 - 3{,}2x + 0{,}06x^2$$

$$x = 40\ \text{Stck.} \tag{B.8}$$

$$k_{v\,\text{min.}} = 38\,€ \tag{B.9}$$

Das Minimum der variablen Stückkosten liegt bei exakt 38 € pro Stück. Dieses Kostenniveau wird bei einer Ausbringungsmenge von 40 Stück erreicht. Sowohl bei einer kleineren als auch bei einer größeren Produktionsmenge liegen die variablen Stückkosten durchschnittlich höher. Die Grenzkosten sind in diesem Punkt ebenfalls exakt 38 € (vgl. Tab. 10.7).

Ein Preis, der die durchschnittlichen variablen Stückkosten deckt, deckt aber noch nicht die Fixkostenbestandteile der Produktion. Langfristig bilden die gesamten Stückkosten die Preisuntergrenze. Optimal ist die Produktionsmenge, bei denen die Gesamtstückkosten minimal sind. Dieser Punkt wird durch Punkt C repräsentiert.

Punkt C

Da die gesamten Stückkosten die langfristige Preisuntergrenze darstellen, zeigt diese Stückkostenfunktion, bei welcher Ausbringungsmenge welcher Preis für ein Produkt vom Markt zu finanzieren ist. Liegt der Marktpreis unterhalb der Stückkosten, würde das Unternehmen Verlust machen, weil die Fixkosten nicht bezahlt würden. Das

Minimum der gesamten Stückkostenfunktion repräsentiert das unterste Limit eines Preises, der alle Stückkosten abgedeckt. Es wird bei diesem Preis aber kein Gewinn erzielt. Da die Ausbringungsmenge für das Unternehmen optimal ist, bei der das Minimum der Stückkosten erreicht ist, wird dieser Punkt in der BWL auch **Betriebsoptimum** genannt.

Dieses Kostenminimum liegt ebenfalls immer im Schnittpunkt mit der Grenzkostenkurve. Denn solange die Grenzkosten unterhalb der durchschnittlichen Stückkosten liegen, wird jede weitere Produktionseinheit diese Durchschnittskosten weiter sinken lassen. Am Punkt C kommt das Absinken zum Stehen, da an diesem Punkt die Grenzkosten der betreffenden Ausbringungseinheit genauso hoch sind wie die Stückkosten. Ab Punkt C steigen die Grenzkosten stärker an als die durchschnittlichen Stückkosten und heben damit den Durchschnitt der Kosten mit jeder weiteren Produktionseinheit an.

Wegen dieses logischen Zusammenhangs kann auch das Minimum der gesamten Durchschnittskosten wieder durch 1. die Bestimmung des Minimums der Stückkostenfunktion k(x) oder 2. durch die Gleichsetzungsmethode $k(x) = K'$ ermittelt werden.

Lösungsweg zu 1. (auf die Darstellung der Gleichsetzungsmethode soll hier verzichtet werden):

$$k = \frac{500}{x} + 70 - 1{,}6x + 0{,}02x^2 \qquad \text{(vgl. Formel zu 0.4)} \tag{C.1}$$

$$k' = -\frac{500}{x^2} - 1{,}6 + 0{,}04x \tag{C.2}$$

$$0 = -\frac{500}{x^2} - 1{,}6 + 0{,}04x \tag{C.3}$$

$$0 = 0{,}04x^3 - 1{,}6x^2 - 500 \tag{C.4}$$

$$x_3 = 45{,}93 \tag{C.5}$$

$$k_{min.} = \frac{500}{45{,}93} + 70 - 1{,}6 \cdot 45{,}93 + 0{,}02 \cdot 45{,}93^2 \tag{C.6}$$

$$k_{min.} = 49{,}59 \tag{C.7}$$

Das Minimum der gesamten Stückkosten[10] liegt bei rund 49,59 Euro pro Stück. Dieses Kostenniveau wird bei einer Ausbringungsmenge von 46 Stück erreicht. Sowohl bei einer kleineren als auch bei einer größeren Produktionsmenge liegen die Stückkosten durchschnittlich höher. Die Grenzkosten sind in diesem Punkt ebenfalls exakt 49,59 Euro.

10 Zur Ermittlung der Nullstellen kann einer der zahlreichen kostenlosen Polynomrechner im Internet genutzt werden.

Allgemeine Lösungen („Rezepte“). Die Diskussion von Kostenfunktionen folgt immer dem gleichen Rezept. Ist dieses einmal verstanden, dürfte es wesentlich weniger Schwierigkeiten bei den Lösungen geben. Wichtig ist, dass das Vokabular der Diskussionsbegriffe verinnerlicht wird.

Im Folgenden wird die ertragsgesetzliche Kostenfunktion herangezogen, um die Zusammenhänge formal aufzuzeigen, da sie die komplexeste Funktion ist, weil sie alle möglichen Formen annimmt.

$K(x) = ax^3 + bx^2 + cx + d$ (Gesamtkosten) (1)

(mit d = Fixkosten; alle anderen Bestandteile sind variabel. Darauf achten, welche Werte negativ sind; dann ändern sich die Vorzeichen)

$K_V(x) = ax^3 + bx^2 + cx$ (variable Gesamtkosten) (2)

$K'(x) = 3ax^2 + 2bx + c$ (Grenzkosten; gibt Auskunft über die Kostenzunahme) (3)

$K''(x) = 6ax + 2b$ (gibt im Minimum Auskunft über den Wendepunkt) (4)

$k(x) = ax^2 + bx + c + \frac{d}{x}$ (Stückkosten) (5)

$k'(x) = 2ax + b - \frac{d}{x^2}$ (gibt im Minimum Auskunft über das Betriebsoptimum) (6)

$k_V(x) = ax^2 + bx + c$ (variable Stückkosten) (6)

$k_V'(x) = 2ax + b$ (gibt im Minimum Auskunft über das Betriebsminimum) (7)

Beispiel 1 (mittlerer Schwierigkeitsgrad). Eine Special-Effect-Agentur produziert Autorampen für Crash-Szenen. Die Fixkosten belaufen sich auf 600 Euro. Der Rest sind Materialkosten. Werden 2 Rampen gebaut, entstehen monatliche Gesamtkosten in Höhe von 1.392 Euro, werden 4 gebaut liegen sie bei 2.016 Euro und bei 6 Rampen betragen die Gesamtkosten 2.544 Euro.

Wie lautet die Gesamtkostenfunktion (Funktion 3. Grades), bei welcher Mengeneinheit liegt der Wendepunkt der Funktion (was bedeutet der Wendepunkt?) und wie hoch muss der kurzfristige Preis sein, den die Agentur zwingend realisieren muss, wenn sie keine Verluste machen will, weil sie produziert? Versuchen Sie es zunächst ohne Zuhilfenahme des Lösungsansatzes.

Lösungsalternative. Zunächst zusammentragen, was aus dem Aufgabentext abzulesen ist und was allgemein bekannt ist. Bekannt ist die Form der Funktion und es werden 3 Mengenangaben mit Gesamtkosten in Beziehung gebracht. Damit können für die drei Beziehungen auch jeweils eine Funktion aufgestellt werden. Es müssen nur die Mengenwerte für x eingesetzt werden. Das heißt beispielsweise, dass sich für x = 2 aufgrund der Funktionsform die Werte 2, 4 und 8 ergeben. Diese müssen dann mit den

Parametern der Funktion multipliziert werden.

$$K(x) = ax^3 + bx^2 + cx + d \qquad \text{(Gesamtkosten)} \qquad (1)$$

$$K(2) = a8 + b4 + c2 + 600 = 1.392 \qquad \text{(der Lesbarkeit wegen: Parameter umstellen)} \qquad (2)$$

$$K(2) = 8a + 4b + 2c + 600 = 1.392 \qquad \text{(jetzt die weiteren Funktionen bilden)} \qquad (3)$$

$$K(4) = 64a + 16b + 4c + 600 = 2.016 \qquad (4)$$

$$K(6) = 216a + 36b + 6c + 600 = 2.544 \qquad (5)$$

Aus den Gleichungen (3) bis (5) werden nun die 600 Euro Fixkosten herausgerechnet (auf beiden Funktionsseiten subtrahieren) und mit dem Ergebnis wird dann ein lineares Gleichungssystem gebildet, das gelöst werden muss (z. B. mit dem Gaußalgorithmus). Die für die Lösung notwendigen (stufenweise und nacheinander zu vollziehenden) Operationen sind hinter den Gleichungen des ersten Gleichungssystems (6) jeweils untereinander angemerkt:

$$\begin{array}{llll} \text{I.} & 8a + 4b + 2c = 792 & & & (6) \\ \text{II.} & 64a + 16b + 4c = 1.416 & | :4 & | \text{ III} - \text{II} & \\ \text{III.} & 216a + 36b + 6c = 1.944 & | :6 & | -0{,}5 \cdot \text{I} + \text{III} & | \; 0{,}5 \cdot \text{III} - \text{II} \end{array}$$

Wird dieses System gelöst (am einfachsten wahrscheinlich: zunächst c eliminieren, dann b, und schließlich a berechnen), ergibt sich:

$$\begin{array}{ll} \text{I.} & 8a + 4b + 2c = 792 \qquad (6) \\ \text{II.} & 20a + 2b = -30 \\ \text{III.} & -4a = -6 \end{array}$$

Damit gilt für a der Wert 1,5. Diesen Wert in II. einsetzen und es ergibt sich für b der Wert −30. Beide Werte in I. einsetzen und der Wert für c lautet 450. Damit ergibt sich hinsichtlich der Gesamtkostenfunktion (1):

$$K(x) = 1{,}5x^3 - 30x^2 + 450x + 600 \qquad \text{(Gesamtkosten)} \qquad (7)$$

Der **Wendepunkt** berechnet sich, indem die 1. Ableitung der Grenzkostenfunktion (= 2. Ableitung der Kostenfunktion) null gesetzt wird. An dieser Stelle muss die Steigung der 2. Ableitung der Grenzkostenfunktion (bzw. 3. Ableitung der Kostenfunktion) ungleich null sein.

$$K(x) = 1{,}5x^3 - 30x^2 + 450x + 600 \qquad \text{(Gesamtkosten)} \qquad (8)$$

$$K'(x) = 4{,}5x^2 - 60x + 450 \qquad (9)$$

$$K''(x) = 9x - 60 \qquad (10)$$

$$K'''(x) = 9 \qquad (11)$$

Damit sind alle relevanten Funktionen bestimmt. Der Wendepunkt ist auf der Grenzkostenfunktion zu suchen. Es muss ihr Minimum bestimmt werden:

$$\text{Aus (10) folgt:} \quad K''(x) = 0 \quad \Rightarrow \quad 0 = 9x - 60 \quad \Rightarrow \quad x \approx 6{,}67 \tag{12}$$

Die Punktprüfung ergibt mit (11):

$$K''(6{,}67) = 9 > 0 \tag{13}$$

Wird dieser x-Wert in die Kostenfunktion (8) eingesetzt, ergibt sich ein Eurowert von ca. 2.711,94.

Der Wendepunkt liegt also bei WP (6,67 | 2.711,94), d. h. zwischen der Herstellung des 6. und 7. Produktionsteils wechselt der Anstieg der Kostenkurve vom degressiven zum progressiven Bereich. Oder anders formuliert: Zwischen dem 6. und 7. Teil liegt die kleinstmögliche Kostensteigerung des Produktionsprozesses.

Die Suche nach der kurzfristigen Preisuntergrenze ist die Suche nach dem **Betriebsminimum**. Es geht also um die Bestimmung des Minimums der variablen Stückkostenfunktion.

$$k_V(x) = 1{,}5x^2 - 30x + 450 \tag{14}$$

$$k_V'(x) = 3x - 30 \tag{15}$$

$$k_V''(x) = 3 \tag{16}$$

$$k_V'(x) = 0 \quad \Rightarrow \quad x = 10 \tag{17}$$

$$k_V''(10) = 3 > 0 \tag{18}$$

aus (14) folgt

$$k_V(10) = 1{,}5 \cdot 10^2 - 30 \cdot 10 + 450 = 300 \tag{19}$$

Das Minimum liegt bei (10 | 300). Bei der Herstellung von 10 Mengeneinheiten sind die variablen Stückkosten mit insgesamt 300 Euro am geringsten. Die Preisuntergrenze liegt also bei 300 Euro pro Stück.

Beispiel 2 (höherer Schwierigkeitsgrad). Die Kosten einer Produktion betragen unabhängig von der Ausbringungsmenge 60 Euro. Das Betriebsminimum liegt bei 3 Mengeneinheiten. Die Stückkosten bei 2 Mengeneinheiten betragen 40 Euro und die Grenzkosten bei Mengeneinheit 1 liegen bei 4 Euro.

Wie lautet die Kostenfunktion (3. Grades)? Versuchen Sie es zunächst, ohne sich die Lösung anzuschauen.

Lösungsalternative. Zunächst ist wieder die Frage zu beantworten: Was ist bekannt? Das ist typisch für die Lösung einer Steckbriefaufgabe.

Allgemein bekannt ist die allgemeine Form der Kostenfunktion 3. Grades:

$$K(x) = ax^3 + bx^2 + cx + d \tag{0}$$

Mit a, b, c und d liegen also vier Unbekannte vor, die aus dem Steckbrief ableitbar sein müssen, um ein Gleichungssystem aufstellen zu können, das zu einer eindeutigen Lösung führt.

Konkret aus der Aufgabenstellung bekannt ist:

- die Fixkosten liegen bei 60 Euro liegen
- das Betriebsminimum wird durch die 1. Ableitung der variablen Stückkostenfunktion bestimmt und liegt bei $x = 3$ liegt.
- die Stückkosten bei zwei Mengeneinheiten liegen laut Steckbrief bei 40 Euro,
- die Grenzkosten der Mengeneinheit 1 liegen bei 4 Euro.

Dieses Wissen wird nun geordnet und der Übersicht wegen tabellarisch dargestellt:

Tab. 10.8: Von den Fakten zur Kostenfunktion

Fakten	allgemeine Form der Funktion	konkrete Form des Funktionspunktes	Gleichung
$K(0) = 60$	$K_f(x) = 60$	$K_f(x) = 60$	$d = 60$
$k_v'(3) = 0$	$k_v'(x) = 2ax + b$	$k_v'(3) = 2a \cdot 3 + b = 0$	$6a + 1b = 0$
$k(2) = 40$	$k(x) = ax^2 + bx + c + \frac{d}{x}$	$k(2) = a \cdot 2^2 + b \cdot 2 + c + \frac{60}{2} = 40$	$4a + 2b + 1c = 10$
$K'(1) = 4$	$K'(x) = 3ax^2 + 2bx + c$	$K'(1) = 3a \cdot 1^2 + 2b \cdot 1 + c = 4$	$3a + 2b + 1c = 4$

Da die Größe $d = 60$ schon bei der Stückkostendarstellung eingearbeitet wurde, besteht das Gleichungssystem aus drei Gleichungen.

$$\begin{aligned} &\text{I.} \quad 6a + 1b = 0 \\ &\text{II.} \quad 4a + 2b + 1c = 10 \\ &\text{III.} \quad 3a + 2b + 1c = 4 \end{aligned}$$

Wird das Gleichungssystem gelöst, lautet das Ergebnis:

$$a = 6 \qquad b = -36 \qquad c = 58 \qquad (d = 60)$$

$$\text{Wegen (0) gilt:} \quad K(x) = 6x^3 - 36x^2 + 58x + 60$$

10.4.5 Spezifische Kostenfunktionen in der Medienindustrie

Den Produktionen von Unikaten werden in der Praxis Kalkulationen zugrunde gelegt, die einzelne Kostenpositionen zusammenstellen und aufaddieren. Der konkrete Einsatz von (limitationalen) Kostenfunktionen ist eher die Ausnahme im Alltag der Medienbetriebe.

Den Produktionsvorgängen in der Herstellung von Massenmedien (Vervielfältigung) liegen häufig nur leicht konstant steigende, degressive oder sprungfixe Kostenfunktionen zugrunde. Das besondere Merkmal der leicht und linear steigenden Kostenfunktionen sind die sehr geringen und konstanten Grenzkosten (z. B. Serienproduktionen: DVD, Buch). Degressive Funktionen zeichnen sich durch sinkende Grenzkosten aus (z. B. Massenproduktion: Zeitung, Zeitschrift). Und sprungfixe Kostenfunktionen haben innerhalb der Beschäftigungsintervalle gar keine Grenzkosten (First Copy als Vervielfältigungsvorlage). Alle drei Kostenfunktionen deuten damit darauf hin, dass eine große Ausbringungsmenge zu produzieren einem geringen Output herzustellen vorzuziehen ist.

Konstante Grenzkosten liegen dann vor, wenn sich die variablen Stückkosten (z. B. Materialeinsatzkosten) nicht ändern. Sinkende Grenzkosten sind der Tatsache geschuldet, dass sehr große Mengeneinheiten an Medienträgern immer kostengünstiger produziert werden können als kleine und Kapazitätsgrenzen selten existieren. Die Gesamtkostenfunktion steigt also unterproportional. Es kann aber sein, dass sprungfixe Kosten durch Ausweitungen entstehen. Nach dem Intervallsprung wird die Kostenfunktion aber wieder degressiv ansteigen. Intervallsprünge können beispielsweise durch den Ausbau von Redaktionen und Produkten, dem Ausbau der Marketingaufwendungen und Vertriebsgebiete oder der Erweiterung des technischen Equipments entstehen (vgl. Abb. 10.17).

Im oberen Teil von Abb. 10.17 sind drei Teilkostenfunktionen abgebildet, die in der Gesamtkostenbetrachtung vertikal aufaddiert wurden. Die Mengenachse zeigt eine steigende Ausbringungsmenge, die auf eine Vertriebsgebietsausweitung und eine entsprechend steigende Druckauflage zurückzuführen ist. Der untere Teil der Abbildung zeigt die Entwicklung der Stückkosten.

Die **Kosten der First Copy** stellen Fixkosten dar, die wenn überhaupt, sprungfix steigen. Das ist dann der Fall, wenn beispielsweise die Redaktion vergrößert wird, weil infolge der Vertriebsgebietsausweitung mehr Themen bearbeitet werden müssen. Die **Vertriebs- und Marketingkosten** steigen aus dem gleichen Grund, allerdings nicht zwingend sprungfix. Es könnte beispielsweise eine maßnahmenbedingte Steigerung des Etats angenommen werden. Die **Druckkosten** steigen unterproportional, weil eine zunehmende Ausbringungsmenge an Zeitungen oder Zeitschriften produktionstechnisch Vorteile hat. Reicht aber die Kapazität der Druckanlagen nicht mehr aus, müsste zusätzliche Technik eingesetzt und Strukturen aufgebaut werden. Die Kosten würden in diesem Fall noch einmal sprungfix steigen (in Abb. 10.17 nicht dargestellt, da selten notwendig) Die **Stückkosten** entwickeln sich gemäß dem Degressionseffekt. An den neuralgischen Stellen springen sie allerdings zunächst deutlich nach oben, bevor wieder der nächste Degressionseffekt greift.

Im digitalen Güterbereich entstehen keine (oder kaum) Grenzkosten durch die Bereitstellung oder die Verteilung der Inhalte. Damit besteht die Kostenfunktion ausschließlich aus den Fixkosten. Die Kostenfunktion verläuft also parallel zur Mengenachse. Dies hat zur Folge, dass die anteiligen Fixkosten mit steigender Ausbringungs-

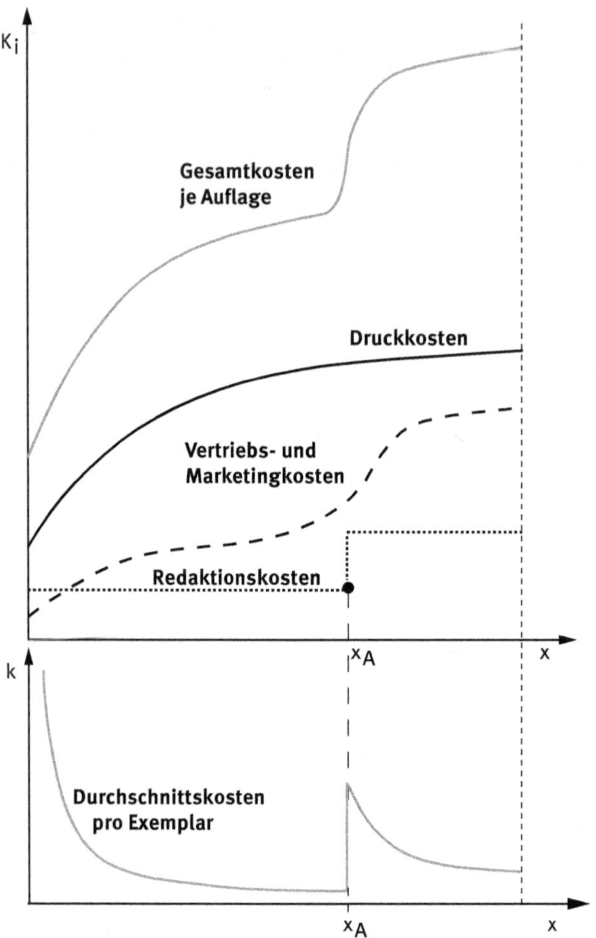

Abb. 10.17: Kostenfunktionen eines Verlages mit aktuellem Printprodukt

menge immer weiter (ad infinitum) sinken. Sie sinken aber nicht – wie in der Herstellung materieller Güter – gegen die variablen Kosten (z. B. Materialkosten), sondern gegen null (vgl. Abb. 10.18).

Wenn keine Grenzkosten entstehen, gibt es auch kein Kostenminimum. Jeder einzelne Download oder jeder zusätzliche Zuhörer, Leser oder Zuschauer verursacht eben keine zusätzlichen Kosten. Jede weitere Erhöhung der Ausbringungsmenge lässt die Stückkosten weiter absinken.

Dem Controller einer Rundfunksendung oder eines Downloadangebotes ist es demnach aus kostentechnischer Sicht vollkommen egal, wie viele Nutzer die Inhalte rezipieren, soweit die technische Kapazität ausreicht, diese zu bedienen. An den Produktionskosten ändert die Mengenvariation nichts. Aus Sicht der Kosten pro Rezipient zeigt sich ein völlig anderes Bild. Während die Fixkosten unverändert bleiben, sinken

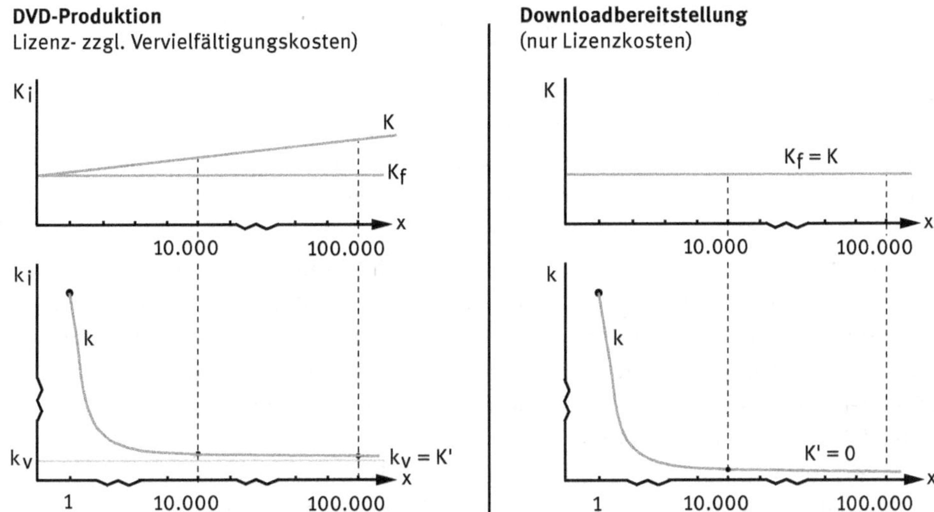

Abb. 10.18: Kostenentwicklung bei materieller und immaterieller Produktion

die Stückkosten immer weiter. Hier ist das Verhältnis von First Copy Costs und Rezipientenzahl das einzig Ausschlaggebende. Je mehr Konsumenten das digitale Produkt nutzen, desto niedriger kann der Marktpreis gesetzt werden oder desto schneller ist das eingesetzte Kapital refinanziert.

10.5 Die Minimalkostenkombination in der industriellen Produktion

Im produzierenden Gewerbe der medialen Komplementärgüterindustrie, aber auch im Bereich der Medienproduktion stehen Unternehmen häufig vor dem Problem, verschiedene betriebliche Leistungsprozesse planen und dabei die Kostenentwicklungen der verschiedenen Produktionsverfahren berücksichtigen zu müssen. Aufgabe des Managements ist es dabei, eine geforderte Menge mit geringstmöglichen Kosten oder eine maximale Menge mit einem bestimmten Budget herzustellen. Dafür muss die Produktion entsprechend geplant werden.

Ziel der Planung ist das Aufspüren der Minimalkostenkombination. Der Begriff **Minimalkostenkombination** steht für die Kombination der Produktionsfaktoren dergestalt, dass es für einen bestimmten Output keine kostengünstigere Herstellungsalternative gibt (vgl. ausführlich zur Produktionsplanung sowie hier fortfolgend: Schierenbeck und Wöhle 2016: Kap. 5.3).

Die Suche nach der Minimalkostenkombination verbindet die Produktions- mit der Kostentheorie, weil auf der einen Seite der Produktionsprozess und die Inputfaktoren ressourcenschonend kombiniert werden müssen und auf der anderen Seite Maschinen-, Material- und Personalkombinationen gefunden werden müssen, die kostenminimal sind, ohne die Qualität und Mengenforderung des Outputs zu gefährden. Es müssen also immer Nebenbedingungen in der Produktion eingehalten werden.

Die Produktionstheorie betrachtet Verfahren und Mengen. Die Kostentheorie verbindet die produktionspolitischen Entscheidungen und Faktorverbräuche mit Werteinheiten (Geld). Produktions- und Kostentheorie sind also zwei Seiten derselben Medaille.

Die (mengen- und kostenorientierte) **Produktionspolitik** ist dafür verantwortlich, dass die bereitgestellten Produktionsfaktoren optimal in den Leistungserstellungsprozess eingesetzt werden. Dem Wesen nach ist der Leistungserstellungsprozess nichts anderes als ein Kombinationsprozess, der Produktion genannt wird. Die Managementaufgaben in der Produktionspolitik können drei unterschiedlichen Aufgabenfeldern zugeordnet werden:

- **Betriebsgrößenplanung**: Das Unternehmen ist so auszubauen, dass die bereitstehenden Kapazitäten (Maschinen, mobiles Equipment, Personal etc.) den Anforderungen, die der Markt stellt, entsprechen (auch langfristige (strategische) Produktionsplanung genannt). Die Betriebsgrößenplanung geht mit der Investitions- und Finanzierungsplanung einher. Die optimale Betriebsgröße ist dann realisiert, wenn die Stückkosten durch eine Ausweitung oder Einschränkung der Ausbringungsmenge nicht reduziert werden können (vgl. Kapitel 10.4.4).
- **Produktionsprogrammplanung**: Das Leistungsprogramm (Portfolio der Produkte und Dienstleistungen) ist so aufzustellen, dass die innerbetriebliche Leistungserstellung optimal auf den Absatzmarkt abgestimmt wird (auch taktische Programmplanung genannt). Diese ist insbesondere dann wichtig, wenn Kapazitätsengpässe oder Kapazitätsgrenzen vorhanden sind. Die Produktionsprogrammplanung geht mit der Deckungsbeitragsrechnung einher. Vorrangig bedient werden die Produkte, die einen höheren Deckungsbeitrag erwirtschaften (vgl. Kapitel 9.1.4).
- **Produktionsdurchführungsplanung**: Die Produktionsdurchführungsplanung beinhaltet die Produktionsaufteilungsplanung, in der festgelegt wird, welche Produktionsfaktoren in welcher Menge kostenminimal einzusetzen sind, wenn ein gegebener Output produziert werden soll. Des Weiteren wird festgelegt, welche Auftragsgrößen in welcher Reihenfolge hergestellt werden. Diese Teilaufgabe wird Auftragsgrößenplanung genannt und erfolgt in der Medienindustrie nur im Bereich der Vervielfältigung. Das Urmaster ist bekanntlich immer ein Unikat. Drittens wird geplant, wie die Produktionsmengen dem Markt gegenüber in zeitlicher Hinsicht bereitzustellen sind. Bei tagesaktuellen Medien erübrigt sich diese Planung weitestgehend. Und letztendlich müssen die Produktionspläne auch zeitlich dahingehend abgestimmt werden, dass festgelegt werden muss, in welcher Reihenfolge welche Ressourcenkapazitäten beansprucht werden, wenn der Leistungserstellung mehrstufige Produktionsprozesse zugrunde liegen. Dies ist mehrheitlich in der Medienindustrie der Fall. Die Produktionsführungsplanung wird auch operative Programmplanung genannt.

Wie in der BWL üblich, werden Betriebe häufig modelltheoretisch auf eine oder mehrere Funktionen reduziert. Das bedeutet, dass alle z. B. nicht produktionstechnischen oder kostentechnischen Einflussgrößen vernachlässigt werden und unter Annahme der certeris paribus-Bedingung so getan wird, als könnten die jeweils aufgestellten Funktionen den Betrieb als Leistungseinheit darstellen. Das ist ebenso unrealistisch wie legitim. Unrealistisch ist dies, weil es eine Unmenge an Einflussgrößen gibt, die einen Betrieb erfolgreich machen oder scheitern lassen. Legitim ist es hingegen, weil ein betriebliches Totalmodell nicht in eine sinnvoll handhabbare Funktion mathematisch abgebildet werden könnte. Deswegen wird ein Realitätsausschnitt modelliert, d. h. alles nicht zwingend zur Klärung der konkreten Fragestellung Notwendige wird aus dem realen Beziehungsgefüge entfernt. Übrig bleibt z. B. eine Produktionsfunktion, die den Zusammenhang zwischen Inputmengen und Outputmengen darstellt oder eine Kostenfunktion, die die Kostenentwicklung der Produktion in Abhängigkeit von der produzierten Menge verdeutlicht.

Wird ein Medienbetrieb oder ein Komplementärgüterunternehmen betrachtet, können zwei grundsätzlich verschiedene Produktionsbedingungen und damit Produktionsfunktionen als mathematische Abbildungen der Produktionsbedingungen unterschieden werden:

- **limitationale Produktionsfunktionen** (feste Einsatzverhältnisse der Produktionsfaktoren limitieren den Output) und
- **substitutionale Produktionsfunktionen** (die Verringerung der Einsatzmenge eines Produktionsfaktors kann bei Konstanz der Ausbringungsmenge durch den verstärkten Einsatz eines anderen Produktionsfaktors ausgeglichen werden (vgl. Schierenbeck und Wöhle 2016: 272).

Eine **Produktionsfunktion** $x = f(r_1, r_2)$ bildet den funktionalen Zusammenhang zwischen den Faktoreinsatzmengen r_1 und r_2 und den Ausbringungsmengen (x) bei technisch effizienter Produktion ab.[11] Wenn das Einsatzverhältnis der Produktionsfaktoren betrachtet werden soll, das zu einer bestimmten Ausbringungsmenge gehört, entstehen die Produktionsisoquanten. Diese können in einem r_1-r_2-Koordinatensystem abgebildet werden.

10.5.1 Produktionsfunktionen und ihre Isoquanten

Eine Isoquante ist der geometrische Ort auf dem alle Faktoreinsatzverhältnisse abgebildet werden, die zu demselben Output führen.

Die Isoquante für ein bestimmtes Ausbringungsniveau, das durch zwei Produktionsfaktoren gebildet wird, ergibt sich durch Auflösung der Produktionsfunktion nach

11 Dass nur zwei Faktoreinsatzmengen in dieser Produktionsfunktion berücksichtigt werden, ist der Vereinfachung geschuldet und geschieht ausschließlich aus didaktischen Gründen.

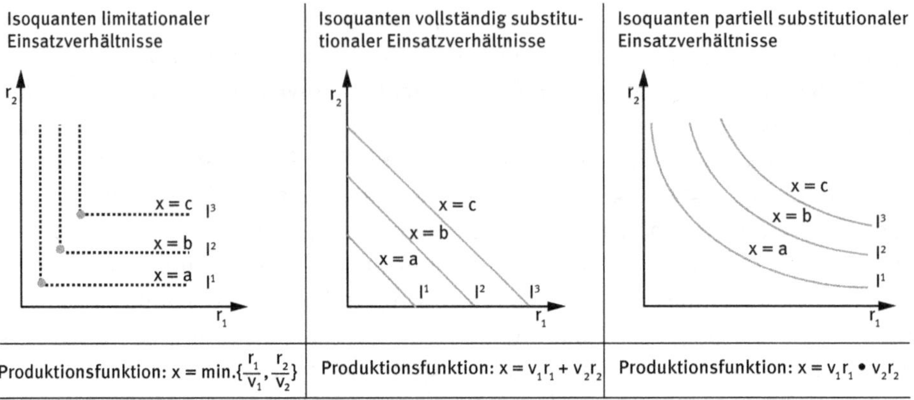

l^i = Isoquante einer Ausbringungsmenge i; x = Produktionsgut; a, b und c = Outputmengen des Gutes x (mit $a < b < c$); v_i = Minimum des Einsatzfaktors r_i

Abb. 10.19: Isoquanten limitationaler und substitutionaler Produktionsfunktionen

einem der beiden Produktionsfaktoren. Abbildung 10.19 zeigt links eine Produktionsfunktion bei der sich eine bestimmte Ausbringungsmenge nur bei exakt definierten Inputkombinationen ergibt. Jede über die exakte Mengenkombination abweichende Kombination der Produktionsfaktoren stellt eine Verschwendung von Ressourcen dar. Das heißt, alle auf den gestrichelten Linien liegenden Kombinationen, erbringen den gleichen Output wie das Einsatzverhältnis im Eckpunkt, erfordern aber mehr Ressourcen von entweder R_1 oder R_2.[12]

Mittig und rechts in Abb. 10.19 sind Isoquanten dargestellt, die jeweils drei unterschiedliche Ausbringungsmengen darstellen, die mit alternativen Faktorkombinationen realisiert werden können. Der Unterschied zwischen der mittigen und der rechten Abbildung liegt darin, dass bei vollständig substitutionalen Produktionsfunktionen ein Faktor völlig durch einen anderen ersetzt werden kann. Das heißt, die Menge $x = a$ kann nur mit der Ressource R_1 oder nur mit dem Einsatzfaktor R_2 hergestellt werden oder durch eine Kombination beider Faktoren. Dass in Abb. 10.19 (Mitte) ein lineares Substitutionsverhältnis gewählt wurde, ist beliebig. Es kann auch nichtlinear sein. In der rechten Darstellung können alle Outputmengen ausschließlich durch den Einsatz beider Produktionsfaktoren hergestellt werden. Fällt ein Faktor heraus, wird keine Menge realisiert.

!

Merke:

Eine **Isoquante** ist der geometrische Ort, auf dem alle Faktoreinsatzverhältnisse abgebildet werden, die zu demselben Output führen.

12 Anmerkung: Üblicherweise werden Güter mit Großbuchstaben, ihre Mengen mit Kleinbuchstaben bezeichnet.

Das Maß, in dem sich die Produktionsfaktoren gegenseitig substituieren können, wird **Grenzrate der Substitution** genannt. Grafisch interpretiert, gibt die Grenzrate der Substitution (GRS) die Steigung der Funktion wider und damit Auskunft darüber, wieviel von einem Faktor durch einen anderen Faktor ersetzt werden kann, um die gleiche Menge an Produkten herzustellen.

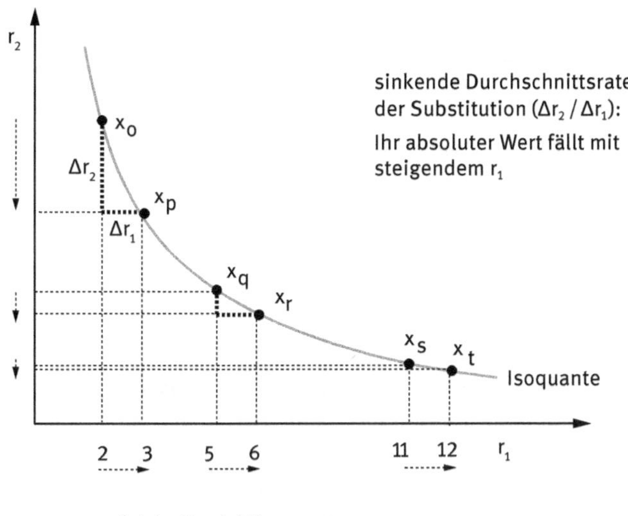

Immer weniger Mengeneinheiten des Faktors 2 sind mit steigender Einsatzmenge des Faktors 1 notwendig, um die gleiche Menge herstellen zu können (et vice versa).

Abb. 10.20: Durchschnittsrate der Substitution einer Isoquante

Abbildung 10.20 zeigt die Durchschnittsrate der Substitution, wenn jeweils eine Einheit von R_1 durch R_2 ersetzt wird. Mathematisch lässt sich die GRS durch die 1. Ableitung der Isoquante bestimmen. Ist der absolute Wert der GRS eines Faktors groß, bedeutet dies, dass eine höhere Anzahl dieses Produktionsfaktors durch eine geringere Menge des anderen Faktors ersetzt werden kann bzw. wenige Einheiten des anderen Faktors notwendig sind, um eine Einheit des ersteren Faktors zu kompensieren.

Die obere Darstellung in Abb. 10.21 zeigt eine infinitesimal kleine Änderung des Faktors R_1 und die entsprechende Reduktionsmöglichkeit von R_2. Im darunterliegenden Abbildungsbereich wird verdeutlicht, welche Auswirkungen eine fallende GRS auf das Einsatzverhältnis hat: Mit steigendem Einsatz von Produktionsfaktor 1 sinkt dessen Wirksamkeit auf die Ausbringungsmenge (et vice versa). Die rechte Darstellung zeigt eine beispielhafte grafische Ausschnittsvergößerung der GRS für die Ausbringungsmenge x und dem Einsatzverhältnis der Produktionsfaktoren von x_q.

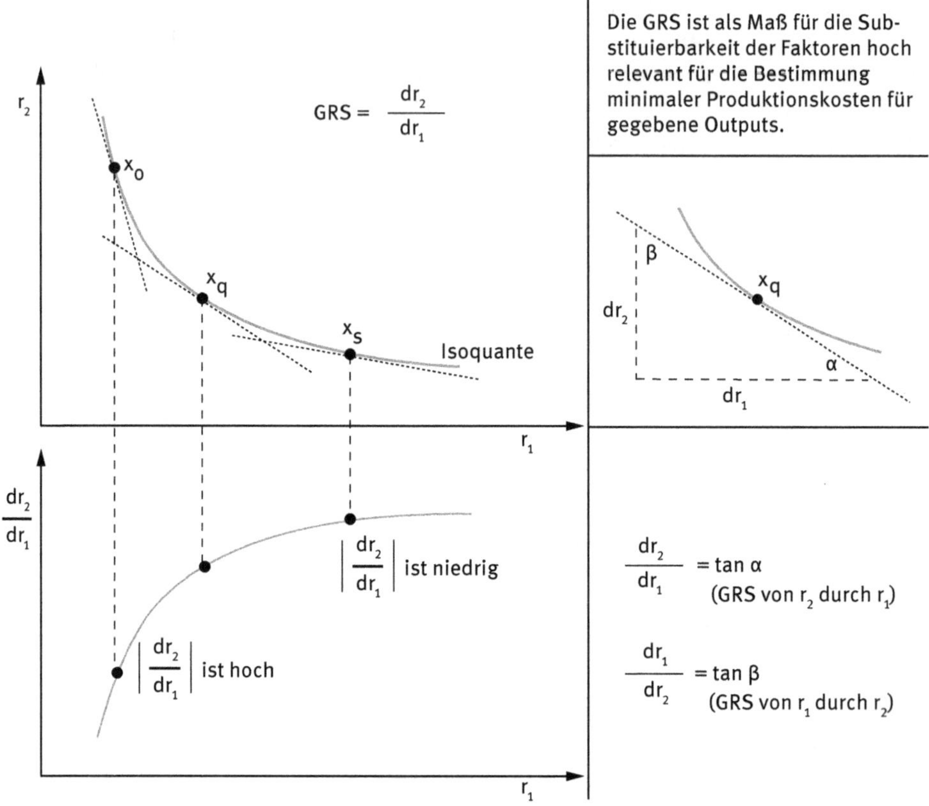

Abb. 10.21: Grenzrate der Substitution einer Isoquante

! **Merke:**

Die **Grenzrate der Substitution** (GRS) ist das Maß für die Substitution eines Produktionsfaktors durch einen anderen, wenn die gleiche Menge an Produkten hergestellt wird.
Grafisch stellt sie die (negative) Steigung der Isoquante dar; mathematisch lässt sich die GRS durch die 1. Ableitung der Isoquante bestimmen.

Wenn die produktionstechnische Seite durch das Management geklärt ist, werden die relevanten Produktionsbedingungen mit den jeweils zuordbaren Kosten bewertet. Denn die Produktionsfunktion allein klärt nur die mengenmäßigen Beziehungen zwischen den Faktoreinsatzmengen und den Ausbringungsmengen. Werden nun die Faktoreinsatzmengen mit ihren Preisen bewertet, ergeben sich die jeweiligen Kostenfunktionen (vgl. Wöhe und Döring 2013: 294).

10.5.2 Kostenfunktionen und ihre Isokostenlinien

Die unterschiedlichen Kostenfunktionen sind bereits in Kapitel 3.8 und in Kapitel 10.4 beschrieben worden. Dort sind die Kostenfunktionen bzw. deren Verläufe allerdings in Bezug zu unterschiedlichen Ausbringungsmengen betrachtet worden. Nunmehr werden die Kostenfunktionen als bewertete Produktionsfunktionen für eine bestimmte Faktormengenkombination betrachtet und in das bereits bekannte r_1-r_2-Koordinatensystem eingearbeitet.

Während im x-K-Koordinatensystem die Kostenentwicklung bei unterschiedlichen Ausbringungsmengen dargestellt wird, zeigt die Kostenfunktion im r_1-r_2-Koordinatensystem die Budgetverwendungsvarianten für unterschiedliche Kombinationen zweier Ressourcen. Eine solche Kostenfunktion wird Kostenisoquante, Isokostenlinie oder Budgetverwendungslinie genannt. Sie stellt den geometrischen Ort aller Inputfaktorkombinationen dar, die mit einem gegebenen Budget realisierbar sind bzw. alle Kombinationen der Einsatzfaktoren, die die gleichen Kosten verursachen.

Merke:

Die **Isokostenlinie** (Kostenisoquante) ist der geometrische Ort aller Inputfaktorkombinationen, die bei einem gegebenen Budget realisierbar sind; also unterschiedliche Kombinationen von Einsatzfaktoren, die zu gleichen Gesamtkosten führen.

Soll die Kostenfunktion

$$K = p_1 \cdot r_1 + p_2 \cdot r_2 \qquad \text{(mit } p_i \text{ als Preise der Faktoren } R_i) \qquad (1)$$

in das r_1-r_2-Diagramm eingezeichnet werden, werden auch hier zunächst die Achsenabschnitte bestimmt, indem angenommen wird, dass das gesamte Budget für jeweils einen der Produktionsfaktoren verausgabt wird. Wird die Menge r_1 von Ressource R_1 bestimmt, die mit dem Budget eingesetzt werden kann, so muss lediglich der Wert für r_2 null gesetzt werden. Wird die Menge r_2 von Ressource R_2 bestimmt, die mit dem Budget eingesetzt werden kann, so muss der Wert für r_1 null gesetzt werden. Es gilt also:

$$r_1 = \frac{K}{p_1} \quad \text{und} \quad r_2 = \frac{K}{p_2} \qquad (2)$$

Der Wert für r_2 zeigt den Schnittpunkt der Isokostenlinie mit der Ordinate, wenn das gesamte Budget für R_2 ausgegeben wird. Der Wert für r_1 zeigt den Schnittpunkt der Isokostenlinie mit der Abszisse, wenn das gesamte Budget für R_1 ausgegeben wird. Werden die beiden Punkte miteinander verbunden, entsteht die Isokostenlinie im Faktoreinsatzdiagramm (vgl. Abb. 10.22).

Mathematisch bedeutet das, dass die gesamte Kostenfunktion nach r_2 umgestellt werden muss:

Aus (1) folgt:

$$r_2 = \frac{K}{p_2} - \frac{p_1}{p_2} \cdot r_1 \tag{3}$$

Die **Steigung der Funktion** ist ausgehend von r_2 negativ und entspricht dem Verhältnis der Preise für die Produktionsfaktoren (p_1/p_2).

Da auch die 1. (partielle) Ableitung der Funktion nach r_1 die Steigung darstellt, gilt ebenfalls:

$$\frac{\partial r_2}{\partial r_1} = r_2' = -\frac{p_1}{p_2} \tag{4}$$

Da, wie eingangs erwähnt, die Verbindungslinie zwischen beiden Punkten die Kombinationen der Produktionsfaktoren bei vollständiger Verausgabung des Kostenbudgets für eine Kombination der beiden Produktionsfaktoren zeigt, sind auch alle Faktorkombinationen unterhalb der Isokostenlinie realisierbar, aber es bleibt Budget übrig. Alle Faktorkombinationen rechts bzw. oberhalb der Linie sind mit dem gegebenen Budget nicht umsetzbar.

Des Weiteren gilt: Eine weiter vom Koordinatenursprung entfernte Isokostenlinie zeigt ein höheres, eine näher zum Ursprung gelegene ein niedrigeres Budget.

Und letztlich: Ändern sich die Faktorpreise bei gleichbleibendem Budget, verschieben sich die Schnittpunkte mit der Achse des Faktors, dessen Preis sich ändert. Verteuerungen verschieben den Schnittpunkt zum Koordinatenursprung, da für das gleiche Budget weniger von diesem Faktor gekauft werden kann. Verbilligungen verschieben den Schnittpunkt dementsprechend nach außen.

Abbildung 10.22 (in Anlehnung an Wöhe und Döring 2013: 295, 296) zeigt unterschiedliche Kostenisoquanten. Auf der linken Seite ist die Situation dargestellt, dass

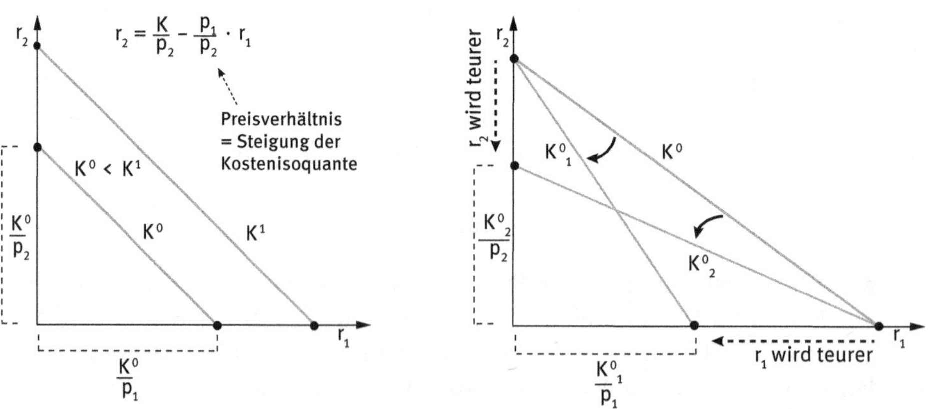

Abb. 10.22: Entwicklung der Kostenisoquanten bei Budget- und Faktorpreisvariationen

sich das Budget ändert. Da die Faktorpreise konstant sind, bleiben auch die Steigungen der Funktionen konstant. Die Steigung wird ja eben durch das Verhältnis der Faktorpreise bestimmt.

Auf der rechten Seite bildet die Kostenisoquante K^0 die Ausgangssituation. Die Veränderung von K^0 auf K_1^0 ergibt sich durch den Preisanstieg von r_1 bei gleichbleibendem Preis von r_2. Die Veränderung von K^0 auf K_2^0 ergibt sich durch den Preisanstieg von r_2 bei gleichbleibendem Preis von r_1. Würden sich beide Faktorpreise ändern, ergäbe sich eine völlig neue Budgetgerade.

Damit sollen die produktions- und kostentechnischen Basiserörterungen abgeschlossen sein.[13] Nun gilt es die Frage zu beantworten, welche der produktionstechnisch effizienten Faktorkombinationen bei vorliegenden Faktorpreisen gewählt werden soll. Diese Frage impliziert die Suche nach der optimalen Produktion bzw. die nach der Minimalkostenkombination (**MKK**) und führt die bisherigen Überlegungen zusammen.

Merke:

Die **Minimalkostenkombination** (MKK; Punkt der optimalen Produktion) zeigt die Umsetzung des ökonomischen Prinzips: Am Punkt der optimalen Produktion wird entweder eine gegebene Menge zu minimalen Kosten hergestellt oder bei gegebenem Kostenbudget die hergestellte Menge maximiert. Sie zeigt die Faktorkombination, die bei gegebenen Faktorpreisen zu minimalen Kosten führt.

10.5.3 Die grafische Bestimmung der kostenoptimalen Produktionsaufteilung

Die Minimalkostenkombination einer bestimmten Ausbringungsmenge ist dann erreicht, wenn sich die vom Nullpunkt ausgehend nach außen verschobene Kostenisoquante und die Mengenisoquante erstmals berühren. Die hier angezeigte Kombination der Inputfaktoren reicht aus, um die geforderte Menge herzustellen: Der Punkt liegt auf der Isoquante. Das Budget reicht aus, die Einsatzfaktoren zu bezahlen: Der Punkt liegt auf der Isokostenlinie. Da eine Verringerung des Budgets nicht möglich ist, weil sich dann die Isokostenlinie und die Isoquante nicht mehr berühren, stellt der Punkt gleichzeitig die kostengünstigste Produktion dar. Eine Visualisierung dieser Situationen liefert Abb. 10.23.

Für den Fall einfacher limitationaler Produktionsverhältnisse (Leontief-Funktionen) gibt es nur eine einzige Rezeptur und damit automatisch auch nur eine einzige relevante Kostensituation (vgl. Abb. 10.23, linke Seite). Die Menge x = a oder x = b kann

13 Eine gute und detaillierte Darstellung der Produktionsplanung bei unterschiedlichen Produktionsfunktionen und Produktionsbedingungen findet der Interessierte bei Schierenbeck und Wöhle 2016: Kap. 5.3. oder bei Wöhe und Döring 2013: Dritter Abschnitt.

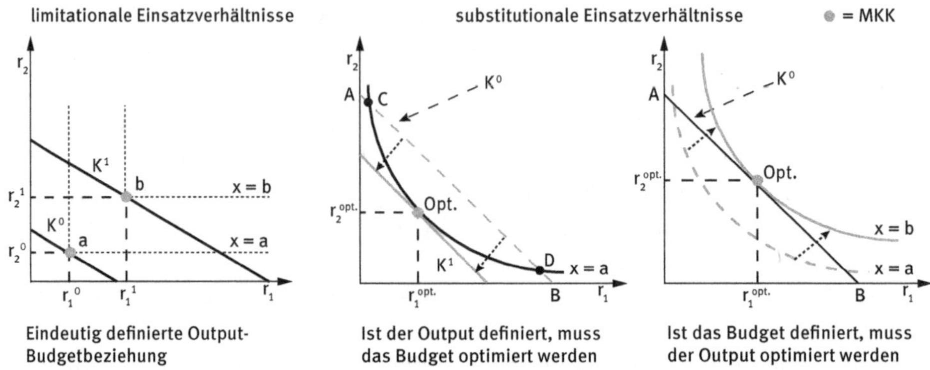

Abb. 10.23: Minimalkostenkombinationen limitationaler und substitutionaler Produktionsfunktionen

nur dann effizient hergestellt werden, wenn genau die Faktorkombination a oder b eingesetzt wird. Mit einer Isokostenlinie unterhalb der Punkte (a oder b) kann die jeweilige Menge nicht hergestellt werden, da das Budget nicht ausreicht. Mit einer Isokostenlinie zwischen den Kombinationspunkten a und b (über a und unter b liegend) würde bei Produktion der Menge x = a Budget übrigbleiben. Die Menge x = b hingegen könnte nicht hergestellt werden, weil das Budget zu gering wäre.

Im Fall, dass substitutionale Produktionsbedingungen vorliegen, können zwei unterschiedliche Situationen konstruiert werden: Entweder soll eine bestimmte Menge kostenminimal produziert werden (Abb. 10.23, mittige Darstellung) oder es soll für ein bestimmtes Budget eine maximal mögliche Produktionsmenge hergestellt werden (Abb. 10.23, rechte Seite).

Die mittige Abbildung zeigt, dass ausgehend von der Isokostenlinie K^0 das gesamte Budget für R_2 oder R_1 ausgegeben werden könnte (Punkte A und B). Da diese Achsenschnittpunkte nicht auf der Isoquante liegen, kann die geforderte Menge (x = a) nicht produziert werden. Die Punkte C und D liegen hingegen auf der Isoquante und auf der Isokostenlinie. Das bedeutet, dass die hier zugrundeliegende Inputfaktorkombination die geforderte Menge herstellt und dass das Budget voll verausgabt wird. Beide Kombinationen sind allerdings nicht kostenoptimal, da eine Verschiebung der Isokostenlinie nach innen von K^0 auf K^1 bis zum Tangentialpunkt beider Funktionen eine Verringerung des Budgets bedeutet, aber die geforderte Menge dennoch realisiert werden kann. Im Punkt $Opt._E$ ist die Minimalkostenkombination erreicht. Jede weitere Verringerung des Budgets würde dazu führen, dass die für die geforderte Menge notwendige Faktorinputkombination nicht mehr realisiert werden könnte.

Die rechte Darstellung in Abb. 10.23 zeigt die Situation, dass die Menge bei einem gegebenen Budget maximiert werden soll. Die zunächst angenommene Menge x = a kann mit dem zur Verfügung gestellten Budget K^0 auf ein höheres Niveau gebracht werden. Das maximale Niveau der Ausbringungsmenge liegt bei x = b. Dieses wird festgestellt, indem in diesem Fall die Isoquante bis zum Tangentialpunkt nach außen verschoben wird.

10.5.4 Die mathematische Bestimmung der kostenoptimalen Produktionsaufteilung

Da bei einer Verschiebung der Kostenisoquante nach außen – ausgehend vom Koordinatenursprung – der Tangentialpunkt der beiden Funktionen der erste Punkt ist, an dem sich die beiden Funktionen berühren, liegt hier auch immer die Minimalkostenkombination. Dieser Grundgedanke ist auch hilfreich bei der mathematischen Bestimmung der MKK. Denn im Tangentialpunkt ist die Steigung der Isokostenlinie gleich der Steigung der Isoquante, d. h. die Ableitungen beider Funktionen haben den gleichen Wert.

Damit gilt allgemein im Punkt der **MKK:**

$$\text{MKK} \quad \Longrightarrow \quad \frac{p_1}{p_2} = \frac{\frac{\partial x}{\partial r_1}}{\frac{\partial x}{\partial r_2}} = \frac{\partial r_2}{\partial r_1}$$

In Worten: „Die Minimalkostenkombination ist erreicht, wenn das Verhältnis der Faktorpreise dem Verhältnis der Grenzproduktivitäten der Faktoren entspricht“ (Schierenbeck und Wöhle 2016: 282).

Folgende **Praxisbeispiele** sollen die Berechnung der MKK verdeutlichen.

10.5.4.1 Minimalkostenkombination bei limitationalen Produktionsbedingungen

Vereinfachend wird angenommen, eine Kamera bestünde aus zwei Komponenten: dem Gehäuse und dem fest eingebauten Objektiv. Nun sollen einsatzfähige Kameras hergestellt und vermarktet werden. Die Produktion verlangt jeweils ein festes Einsatzverhältnis der Produktionsfaktoren; nämlich ein Gehäuse und ein Objektiv. Damit ist auch die Ausbringungsmenge fest mit den Inputfaktoren verbunden (limitiert). Die Substitutionselastizität, mit der die Produktionsfaktoren gegeneinander ersetzt werden können, ist Null. Jede deterministisch planbare Produktion verkörpert im Prinzip eine solche Situation. Hier wird nach „Rezept“ produziert und es ergeben sich konstante Skalenerträge bei Ausweitung der Produktionsmenge (vgl. Expansionspfad in Abb. 10.24, rechte Seite). Die Produktionsfunktion sieht wie folgt aus:

$$f(v) = \min. \left\{\frac{r_1}{a_1}, \frac{r_2}{a_2}, \ldots, \frac{r_n}{a_n}\right\}$$

Bezogen auf das obige Beispiel soll nun das Outputniveau auf 200 Kameras gesetzt werden. Grafisch könnte dies eine der Punkt-Isoquanten in Abb. 10.19 (linke Seite) sein. Für die Produktion von 200 Kameraeinheiten werden konkret Ressourcen in Höhe von 200 Kameragehäusen und 200 Objektiven benötigt. Damit ergibt sich mit r_1 = Kameragehäuse und r_2 = Objektive die konkrete Produktionsfunktion wie folgt:

$$f(\text{Kamera}) = \min. \left\{\frac{200}{1}, \frac{200}{1}\right\}$$

Die dazugehörende Kostenfunktion ohne Berücksichtigung etwaiger fixer Kosten, bildet die mengenabhängigen Produktionskosten ab. Dabei sind p_i die Preise der Produktionseinheiten R_i. Die Kostenfunktion lautet bekanntlich:

$$K_v = p_1 \cdot r_1 + p_2 \cdot r_2 \tag{1}$$

Anwendung (1): Kostenbestimmung bei gegebenem Output

Für den Fall, dass das Gehäuse 150 Euro ($p_1 = 150$) und das Objektiv 75 Euro ($p_2 = 75$) an Kosten verursachen, lautet die konkrete Kostenfunktion wegen (1):

$$K = 150 \cdot 200 + 75 \cdot 200 = 45.000 \tag{2}$$

Die **Minimalkostenkombination** für die Produktion einer bestimmten Menge ergibt sich bei limitationalen Produktionsfunktionen ohne zeitliche oder intensitätsmäßige Variationsmöglichkeiten automatisch für jede Produktionsmenge: Benötigte Menge multipliziert mit den Preisen der Einsatzfaktoren.[14] Das bedeutet, dass die Kombination der Produktionsfaktoreinsätze ($r_1, \ldots, r_n$) bereits eindeutig und optimal ist und mit dem Punkt der Minimalkostenkombination übereinstimmt. Jede Veränderung der Einsatzmengen für eine gewünschte Ausbringungsmenge führt hier entweder zu einem unerwünschten Ergebnis (zu viel oder zu wenig Output) oder verbietet sich aufgrund des Wirtschaftlichkeitsgebotes, weil Ressourcen verschwendet werden.

Die vorstehenden Ausführungen sind in Abb. 10.24 grafisch dargestellt.

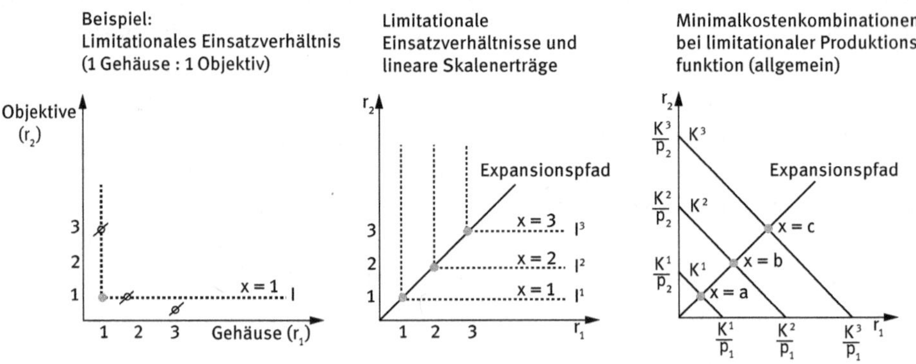

Abb. 10.24: Limitationale Produktionsfunktion, Expansionspfad und Minimalkostenkombination

14 Eine formal sehr gute Darstellung für Varianten der Produktionsaufteilungsplanung bei limitationalen Produktionsfunktionen findet sich bei Schierenbeck und Wöhle 2016: Kap. 5.3.2.3.

Wie aber können die Produktionsmenge und damit die dazugehörigen Faktoreinsatzmengen bestimmt werden, wenn nicht die Produktionsmenge, sondern das Budget vorgegeben ist?

Anwendung (2): Mengenbestimmung bei gegebenem Budget
Anknüpfend an die Vorüberlegungen stehen beispielsweise 45.000 Euro zur Verfügung. Damit könnten 300 Kameragehäuse oder 600 Objektive gekauft werden. Das Problem: Unter der limitationalen Bedingung, dass das Einsatzverhältnis 1:1 beträgt, würde mit den beiden Extremvarianten keine einzige Kamera hergestellt werden können. Es muss also eine 1:1-Kombination beider Produktionsfaktoren eingesetzt werden, die mit dem Budget gerade noch erreichbar ist.

Die Kostenfunktion lautet hier:

$$45.000 = 150 \cdot r_1 + 75 \cdot r_2 \tag{1}$$

Die Nebenbedingung aus dem Faktoreinsatzverhältnis lautet: $r_1/r_2 = 1$. Wird die Kostenfunktion nach r_2 oder r_1 aufgelöst, ergibt sich aus (1):

$$\mathbf{r_2} = \frac{45.000}{75} - 2 \cdot r_1 = \mathbf{600 - 2r_1} \tag{2}$$

$$\mathbf{r_1} = \frac{45.000}{150} - 0{,}5 \cdot r_2 = \mathbf{300 - 0{,}5r_2}$$

Da wegen der Nebenbedingung gilt: $\mathbf{r_1} = \mathbf{r_2} = r_i$

$$\Rightarrow \quad 3 \cdot r_i = 600 \quad \text{bzw.} \quad 1{,}5 \cdot r_i = 300$$

$$\Rightarrow \quad r_i = 200$$

Es können also genau 200 Kameras hergestellt werden.

Werden die Produktionskoeffizienten (Produktionsfaktor pro Produktionseinheit) nicht als konstant angenommen, weil sich die Intensität der Produktion und andere Produktionsbedingungen ändern können[15], wird aus der Leontief-Funktion eine Gutenbergfunktion; benannt nach Erich Gutenberg. Diese Unterscheidung soll hier allerdings nicht weiterverfolgt werden.

10.5.4.2 Minimalkostenkombination bei substitutionalen Produktionsbedingungen

Können Produktionsfaktoren anders als zuvor angenommen, bei konstanter Ausbringungsmenge gegenseitig ersetzt (substituiert) werden, d. h. die Einsatzmengen der Faktoren sind beeinflussbar, ändert sich die Situation.

15 Damit ändert sich je Einsatzzeit sowohl die technische Leistung pro Zeiteinheit als auch der Faktorverbrauch pro technischer Leistungseinheit (vgl. Wöhe und Döring 2015: 310). Dazu führen auch Schierenbeck und Wöhle 2016: 284 ff. detailliert weiter aus.

Typische Beispiele wären die Überlegungen, wie das Text-Grafik-Verhältnis in einer technischen Gebrauchsanweisung sein soll, wenn die Erstellung der beiden Elemente unterschiedlich hohe Kosten verursacht. Oder auch, wenn zwischen dem Einsatz unterschiedlicher Mengen an menschlicher Arbeitskraft und maschineller Produktion etc. unterschieden werden kann. Dabei macht es einen Unterschied, ob ein Faktor einen anderen ganz oder nur zum Teil ersetzen kann. Soll beispielweise eine bestimmte Reichweite erreicht werden, könnte diese über Online-Kanäle oder über Printmedien oder als eine Mischung aus beiden hergestellt werden.

Eine andere im Betriebsalltag häufig gestellte Fragestellung lautet, wie sich der Output entwickelt, wenn nur ein Produktionsfaktor partiell angepasst wird und alle anderen Einsatzfaktoren konstant gehalten werden. Ein Beispiel wäre die Betrachtung einer Absatz- und Kostenfunktion und der Einfluss unterschiedlich hoher Werbebudgets bzw. unterschiedlich vieler Werbemaßnahmen auf die Entwicklung dieser Funktionen.

In allen Fällen liegt es im Aufgabenbereich des Managements, die kostenoptimale Produktionsvariante zu ermitteln. Dafür muss analysiert werden, welchen Einfluss die Produktionsfaktoren auf den Output haben und wie das Preisverhältnis der Produktionsfaktoren zueinander ist.

Beispiel. Es sei angenommen, ein CD-Produzent soll eine „Best of-Kompilation" herstellen. Da mittlerweile die dritte Version herausgegeben wird, die CDs der ersten Kompilation blau sind und die der zweiten gelb, soll der dritte Tonträger in grün produziert werden. Der Vorteil liegt darin, dass die CDs optisch unterscheidbar bleiben und dass auch die Restbestände des noch lagerseitig vorrätigen blauen und gelben Granulats genutzt werden können. Ob der Grünton hell oder dunkel ist, ist aus Sicht des Marketings nicht relevant.

Die **Produktionsfunktion** lautet: $m = r_1 \cdot r_2$. Das noch zur Verfügung stehende Restbudget nach dem Rechteerwerb liegt bei 29.820 Euro. Für dieses Budget sollen so viele CDs wie möglich produziert werden. Das blaue Granulat kostet 42 Euro je Einheit und das gelbe Granulat kostet 30 Euro je Einheit.

Gesucht wird das kostenoptimale Einsatzverhältnis der Faktoren und die dazugehörende maximale Ausbringungsmenge. Das heißt, gesucht wird auch hier wieder der **Tangentialpunkt der Kostenfunktion mit der Produktionsfunktion** (vgl. Abb. 10.25):

Die Kostenfunktion lautet:

$$K = q_1 \cdot r_1 + q_2 \cdot r_2$$

Die Produktionsfunktion hat hier im Beispiel die Form:

$$m = r_1 \cdot r_2$$

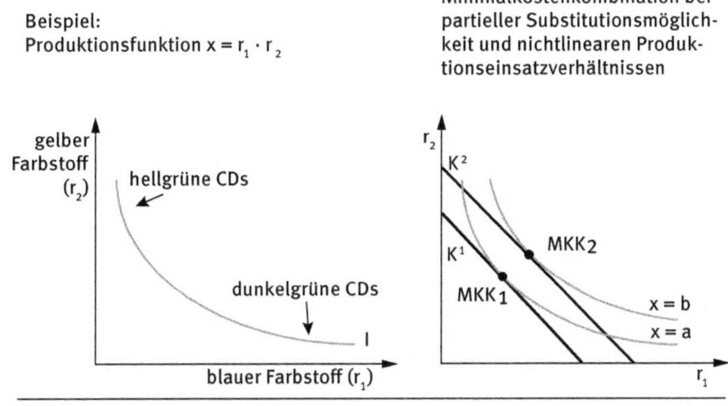

I = Isoquante einer Ausbringungsmenge; x = CD; a und b = Outputmenge (a < b), K^i = Kosten- bzw. Budgetverwendungslinie; MKK = Minimalkostenkombination

Abb. 10.25: Partiell substitutionale Produktionsfunktion und Minimalkostenkombinationen

Zur mathematischen Ermittlung der Minimalkostenkombination (vgl. Abb. 10.25, rechte Seite) können zwei Wege gegangen werden:

1. Die Kostenfunktion K(x) wird mithilfe eines Lagrange-Multiplikators zur Produktionsfunktion M(x) hinzugefügt (bzw. et vice versa) und im Anschluss werden die Grenzraten der Substitution (bzw. Grenzkosten) der Einsatzfaktoren bestimmt.[16] Die GRS (bzw. Grenzkosten) der Einsatzfaktoren lassen sich dadurch bestimmen, dass die Langrange-Funktion partiell nach r_1 und r_2 differenziert und jede Ableitung gleich null gesetzt wird. Da die GRS (bzw. Grenzkosten) beider Faktoren im Produktionsoptimum (Kostenoptimum) gleich sein müssen, werden die beiden Terme aus den partiellen Ableitungen gleichgesetzt. Das Ergebnis zeigt das Einsatzverhältnis der Produktionsfaktoren bei kostenoptimaler Verwendung des zur Verfügung stehenden Budgets (K) und gegebener Ausbringung (m).
2. Die zweite Möglichkeit liegt darin, den Tangentialpunkt gedanklich zu nutzen. In diesem Punkt müssen die Bedingungen (konkret: die Steigungen) beider Funktionen gleich sein. Also könnte die nach r_2 aufgelöste Kostenfunktion in die Produktionsfunktion eingesetzt werden. Im Anschluss wäre das Minimum der Funktion zu bestimmen, indem sie abgeleitet und null gesetzt wird. Das Ergebnis, dass sich für r_1 ergibt, wäre dann wieder in die ursprüngliche nach r_2 aufgelöste Kostenfunktion einzusetzen. Damit wäre das optimale Faktoreinsatzverhältnis bestimmt.

16 Dies deswegen, weil „für die kostenminimale Faktorkombination bei totaler Anpassung gilt, dass durch eine Substitution der Faktoren keine weiteren Kosteneinsparungen (bei gegebener Ausbringung) mehr erzielt werden können. Dies bedeutet nichts Anderes, als dass die Grenzkosten beider Faktoren gleich hoch sein müssen" (Schierenbeck und Wöhle 2016: 281).

Lösungsalternative zu 1. Die Ausgangssituation des Lösungswegs mithilfe des Lagrange-Multiplikators sieht allgemein wie folgt aus:

$$L(m) = r_1 \cdot r_2 - m + \lambda(p \cdot r_1 + p \cdot r_2 - K) \tag{1}$$

Da eine Einheit blaues Granulat (r_1) 42 Euro ($p_1 = 42$) kostet, eine Einheit gelbes Granulat (r_2) 30 Euro ($p_2 = 30$) kostet und der Produzent ein Budget in Höhe von 29.820 Euro hat, folgt aus (1):

$$L(m) = r_1 \cdot r_2 - m + \lambda(42r_1 + 30r_2 - 29.820) \tag{2}$$

Um die GRS zu bestimmen, muss die Funktion partiell nach r_1 und r_2 abgeleitet werden:

$$\frac{\partial L}{\partial r_1} = r_2 + 42 \quad \Rightarrow \quad \lambda = -\frac{r_2}{42} \tag{3}$$

$$\frac{\partial L}{\partial r_2} = r_1 + 30 \quad \Rightarrow \quad \lambda = -\frac{r_1}{30} \tag{4}$$

Werden nun die beiden λ-Werte gleichgesetzt, zeigt sich bei der Umstellung nach beispielsweise r_1 das optimale Faktoreinsatzverhältnis (alternativ kann auch nach r_2 aufgelöst werden):

$$r_1 = \frac{30}{42} r_2 \tag{5}$$

Dieser Wert wird nun in die nach λ abgeleitete und null gesetzte Funktion der konkreten Nebenbedingung (Lagrange-Multiplikator) eingesetzt, da ja hier die kostenoptimale Verwendung des Budgets in Höhe von 29.820 Euro für die beiden Produktionsfaktoren verlangt wird. So können die konkreten Einsatzmengen der Faktoren bestimmt werden:

$$\frac{\partial L}{\partial \lambda} = 42r_1 + 30r_2 - 29.820 = 0 \tag{6}$$

$$\Rightarrow \quad \mathbf{r_1} = 355; \ \mathbf{r_2} = 497$$

Nun wird abschließend durch Einsetzen der Werte die Produktionsmenge ermittelt:

$$\mathbf{m} = r_1 \cdot r_2 = 176.435 \text{ CDs} \tag{7}$$

Es können also mit 355 Einheiten blaues und 497 Einheiten gelbes Granulat und einem Budget in Höhe von 29.820 Euro genau 176.435 grüne CDs hergestellt werden.

Lösungsalternative zu 2. Es gelten die bereits bekannten Bedingungen: Eine Einheit blaues Granulat (r_1) kostet 42 Euro ($p_1 = 42$). Eine Einheit gelbes Granulat (r_2) kostet 30 Euro ($p_2 = 30$). Der Produzent hat ein Budget in Höhe von 29.820 Euro. Die Produktionsfunktion ist mit $\mathbf{m} = \mathbf{r_1} \cdot \mathbf{r_2}$ gegeben. Die Kostenfunktion lautet:

$$29.820 = 42 \cdot r_1 + 30 \cdot r_2 \, . \tag{1}$$

Nach r_2 aufgelöst ergibt sich:

$$r_2 = 994 - \frac{42}{30} \cdot r_1 \tag{2}$$

Da die Werte der beiden Funktionen (Kosten- und Mengenisoquante) im Punkt der Minimalkostenkombination gleich sind (Tangentialpunkt), können alle bekannten Werte der einen Funktion auch in die andere Funktion übertragen werden. Der Wert für r_2 kann also in die Produktionsfunktion $\mathbf{m = r_1 \cdot r_2}$ eingesetzt werden. Damit ergibt sich:

$$m = 994 \cdot r_1 - \frac{42}{30} \cdot r_1^2 \tag{3}$$

Da das Maximum der Ausbringungsmenge gesucht wird, muss die Funktion (m) abgeleitet und null gesetzt werden:

$$\frac{\partial m}{\partial r_1} = m' = 994 - \frac{84}{30} \cdot r_1 = 0 \tag{4}$$

$$\Rightarrow \quad r_1 = 994 - \frac{84}{30} = 0$$

$$\Rightarrow \quad r_1 = 355$$

Damit steht der erste Mengenwert fest. Nun kann und wird dieser Wert für r_1 wieder in die nach r_2 aufgelöste Kostenfunktion eingesetzt:

$$\Rightarrow \quad r_2 = 994 - \frac{42}{30} \cdot 355 = 497$$

Jetzt sind beide Mengen bekannt. Daraus ist zu folgern, dass bei einem Kostenniveau (Budget) von 29.820 Euro die **Minimalkostenkombination** im Punkt $r_1 = 355$ und $r_2 = 497$ liegt.

Zur Prüfung: Da im Punkt der Minimalkostenkombination für die Grenzrate der Substitution in Bezug zum Verhältnis der Faktorpreise gilt:

$$\frac{p_1}{p_2} = \frac{\partial M}{\partial r_1} : \frac{\partial M}{\partial r_2} = \frac{\partial r_2}{\partial r_1}, \tag{5}$$

muss sich diese Bedingung auch in der konkreten Lösung wiederfinden. Die Bedingungen in (5) bedeuten, dass das Faktoreinsatzverhältnis ($r_2 : r_1$) – also die GRS von r_2 durch r_1 – genau dem (umgekehrten) Verhältnis der Faktorpreise ($p_1 : p_2$) entspricht, nämlich 1:1,4. Dies ist der Fall. Die Lösung ist korrekt.

Werden die Werte für r_1 und r_2 nun in die Produktionsfunktion eingesetzt, ergibt sich die kostenoptimale Produktionsmenge:

$$m = 355 \cdot 497 = 176.435 \text{ CDs}$$

Aufgabe. Ein Betrieb produziert bisher mit einem Faktoreinsatzverhältnis von $r_1 = 3$ und $r_2 = 10$ und stellt damit 30 Mengeneinheiten mit einem Etat von 144 GE her. Die Faktoren sind begrenzt substituierbar. Die Produktionsfunktion kann mit $m = r_1 \cdot r_2$ abgebildet werden. Die Faktorpreise für r_1 und r_2 liegen bei 8 bzw. 12 GE. Würden Sie anraten, die Produktion wie bisher durchzuführen oder gibt es eine Einsatzfaktorkombination, die bei max. 144 GE Etat einen höheren Output generiert?

10.6 Break-Even-Analyse (Gewinnschwellenanalyse)

Häufig hat das Management die Qual der Wahl zwischen verschiedenen Alternativen: Es muss entscheiden, ob in der Produktion Maschine A oder B eingesetzt oder ob im Vertrieb mehr auf interne oder externe Mitarbeiter gesetzt werden sollte. Auch ist beispielsweise die Frage zu beantworten, wie hoch der Preis einer Unternehmensleistung sein darf, wenn eine bestimmte Menge am Markt abgesetzt werden soll. Die Minimalanforderung an jede Entscheidung ist immer, dass egal, was gemacht wird, keine Verluste erwirtschaftet werden dürfen.

Ein typisches Werkzeug für die Analyse solcher Alternativbedingungen ist die Break-Even-Analyse, die auch Gewinnschwellenanalyse genannt wird. Mit diesem Instrument können Verfahren und Umsetzungsmethoden dahingehend untersucht werden, in welchen Bereichen die eine oder die andere Möglichkeit kostengünstiger oder gewinnbringender ist. Die Break-Even-Analyse liefert Punkte (sogenannte Break-Even-Punkte), die Verfahrensänderungsgrenzen oder Bereichsvergleiche aufzeigen.

Merke:

Der **Break-Even-Punkt** ist der Punkt, an dem Erlös und Kosten gleich groß sind (E = K). Der Gewinn ist hier gleich null. Der Break-Even-Punkt kann eine Gewinnschwelle oder eine Gewinngrenze darstellen. Gewinnschwellen sind die Punkte, an denen der Gewinnbereich beginnt. Gewinngrenzen sind die Punkte, an denen der Gewinnbereich endet.

Technisch handelt es sich bei der Break-Even- bzw. Gewinnschwellenanalyse um einen einfachen mathematischen Funktionsvergleich, wie anhand typischer Beispiele gezeigt werden kann.

Beispiel (aus der Personaleinsatzplanung). Eine Agentur hat beispielsweise die Wahl, mit einem freiberuflichen Grafiker zusammenzuarbeiten, um Fehlkapazitäten bzw. Auftragsspitzen auszugleichen, oder alternativ einen Grafiker fest anzustellen. Für das Freiberuflermodell kommen zwei Entlohungsvarianten in Frage: Entweder bekommt der Mitarbeiter (M1) ein Grundgehalt von monatlich 400 Euro für allgemeine Koordinationstätigkeiten in der Agentur und zusätzlich 30 Euro je Stunde für die Bearbeitung von konkreten Kundenaufträgen oder er (M2) wird ausschließlich auf Stundenbasis bezahlt und erhält 50 Euro je Einsatzstunde. Der festangestellte Mitarbeiter (M3) würde die Agentur monatlich 3.200 Euro kosten (40 Std-Woche).

Welches Mitarbeitermodell wäre für die Agentur am vorteilhaftesten, wenn der Mitarbeiter 70 Stunden pro Monat mit Grafikarbeiten ausgelastet wäre?

Lösungsvorschlag. Die mathematischen Funktionendarstellungen der drei Varianten lauten:

M1: Fixkosten von 400 Euro + 30 Euro variable Stückkosten ⇒ K = 400 + 30x

M2: 50 Euro variable Stückkosten ⇒ K = 50x

M3: 3.000 Euro Fixkosten ⇒ K = 3.000

Zunächst könnten die beiden Funktionen M1 und M2 gleichgesetzt werden. Damit wird deutlich, bei welcher Stundenzahl (x) die beiden Freiberufler-Varianten gleich teuer sind.

$$400 + 30x = 50x$$

Wird die Gleichung nach x aufgelöst, ergibt sich eine Stundenzahl (x) von 20 Stunden. Das heißt, werden 20 Stunden eingesetzt, kosten beide Varianten 1.000 Euro. Bis zu einer Einsatzzahl von 20 Grafikstunden ist M2 der günstigere Mitarbeiter. Ab 20 Arbeitsstunden ist M1 der günstigere Mitarbeiter (vgl. hier und folgend Abb. 10.26).

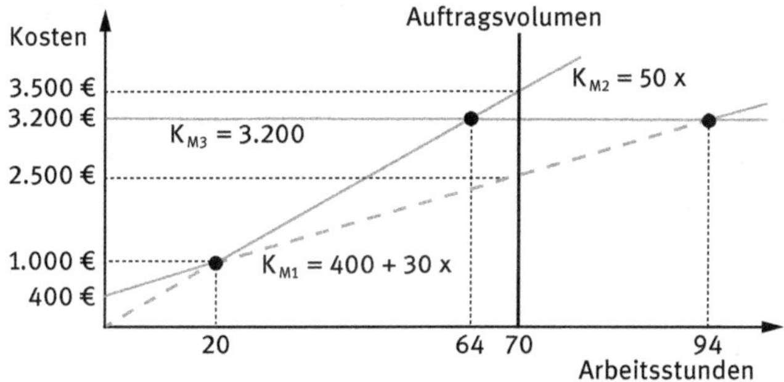

Abb. 10.26: Break-Even-Analyse 1 (Verfahrenswechselberechnung)

Durch den unterschiedlichen Anstieg der Kosten in der M1- und M2-Variante, ergeben sich auch unterschiedliche Vorteilhaftigkeitsintervalle im Vergleich mit der Variante M3: Bis zu einer Einsatzzeit von 64 Arbeitsstunden wäre M2 kostengünstiger als M3. Ab 64 Arbeitsstunden wäre der Festangestellte kostengünstiger. Andererseits liegt M1 bis zu einer Einsatzzeit von 94 Stunden unterhalb der Kosten von M3. Ab 94 Stunden wird wieder M3 die günstigste Variante.

Da konkret 70 Arbeitsstunden ausgefüllt werden sollen, würde M1 monatliche Kosten in Höhe von 2.500 Euro verursachen (400 Euro plus 30 Euro mal 70 Std.). M2 kostet die Agentur in diesem Fall 3.500 Euro (50 Euro mal 70 Std.) und die Variante M3 verursacht 3.200 Euro an Kosten. Aus rein kostentechnischen Gründen würde die Agentur die Version M1 wählen.

Wird allerdings berücksichtigt, dass ein Monat rund 160 Arbeitsstunden hat, könnte die Agentur auch die Variante Festanstellung ins Auge fassen, wenn der künftige Mitarbeiter weitere Aufgaben übernehmen könnte (allerdings müsste nun auch wieder berücksichtigt werden, dass der Festanstellte auch Urlaubsansprüche etc. hat). Der Variantenpfad, der in Abb. 10.26 aus der gestrichelten Linie zusammengesetzt ist, zeigt das jeweils beschäftigungsabhängige optimale Verfahren.

Analog können alle Probleme gelöst werden, die als **Verfahrenswechselberechnung** in der Literatur diskutiert werden. Die Verfahrenswechselpunkte stellen die Kombination dar, bei denen die Verfahren in Bezug auf den auf der Y-Achse dargestellten Wert indifferent sind. Im vorliegenden Beispiel wären das die Kosten. Andere Einsatzgebiete finden sich im Vertriebsbereich, wie das folgende Beispiel zeigen soll.

Beispiel (aus dem Vertriebsbereich). Angenommen ein Verlag oder eine Agentur überlegt, ob sie zur Akquisition von Werbekunden einen eigenen Außendienstmitarbeiter beschäftigen soll oder eher doch einen externen Kollegen auf Provisionsbasis. Das erste Modell belastet das Unternehmen mit Fixkosten, bietet aber einen höheren Einfluss auf den Mitarbeiter[17]. Das zweite Modell würde diesen Einfluss zwar reduzieren, könnte aber stark motivierend auf den Akquisiteur[18] wirken, da Leistung direkt honoriert wird. Nun soll ohne Berücksichtigung sonstiger Entscheidungsmerkmale auf rein kostentechnischer Basis berechnet werden, was vorteilhafter für das Unternehmen ist.

Lösungsvorschlag. Werden die jeweils zugrundeliegenden Kostenstrukturen dargestellt, ergeben sich folgende Kostenfunktionen:

Gesamtkosten angestellter Kundenberater:

$$K_{KB} = K_{fKB} + q_{KB} \cdot U \tag{1}$$

Gesamtkosten freier Akquisiteur:

$$K_A = K_{fA} + q_A \cdot U \tag{2}$$

(mit K_{KB} = Kosten Kundenberater, K_{HV} = Kosten Handelsvertreter; K_{fKB} bzw. K_{fHV} = Fixkosten Kundenberater (bzw. Akquisiteur), q_{KB} bzw. q_A = Provisionssatz in Prozent (variable Kosten; Steigung der Funktion) für den Kundenberater (bzw. Akquisiteur), U = Umsatzvolumen von Werbekunden).

Werden die beiden Kostenfunktionen gleichgesetzt und nach x aufgelöst, ergibt sich folgende Situation für den kritischen Umsatz (Umsatz, bei dem beide Varianten gleich wertvoll sind):

$$\frac{K_{fA} - K_{fKB}}{q_{KB} - q_A} = U_{krit.} \tag{3}$$

Grafisch ergibt sich folgendes Grundlösungsschema (vgl. Abb. 10.27):

17 Rechtlich könnte es sich in diesem Außendienstmitarbeiter um einen Reisenden handeln (vgl. HGB § 84, Abs. 2).

18 Rechtlich könnte es sich in diesem „Vermittler" um einen Handelsvertreter handeln (vgl. HGB § 84, Abs. 1).

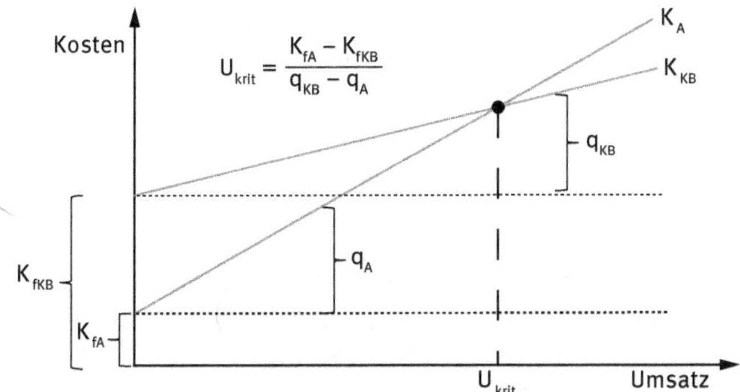

Abb. 10.27: Break-Even-Analyse 2 (Verfahrenswechselberechnung)

Nun sei angenommen, das Grundgehalt eines Kundenberaters soll 1.500 Euro betragen. Seine erfolgsabhängige Provision soll 5 Prozent vom Umsatz ausmachen. Der freie Akquisiteur verhandelt auf Basis eines 300 Euro-Fixums für seine allgemeinen Handlungskosten und möchte 15 Prozent vom Umsatz als Provision. Der angestrebte Umsatz in dem Vertriebsgebiet hat ein Potenzial von rund 15.000 Euro im Monat.

Die analytische Lösung für den kritischen Umsatz rechnet sich aus (3) wie folgt:

$$U_{krit.} = \frac{K_{fA} - K_{fKB}}{q_{KB} - q_A} = \frac{300 - 1.500}{0{,}05 - 0{,}15} = \frac{-1.200}{-0{,}1} = 12.000$$

Das Ergebnis zeigt, dass sich bereits ab einem Umsatz von 12.000 Euro im Monat der festangestellte Kundenberater lohnen würde; zumindest wäre er kostengünstiger.

Auch in der **Gewinnentwicklungsanalyse** wird die Break-Even-Technik eingesetzt. Ganz typisch ist eine solche Darstellung in Business-Plänen, um den potenziellen Investoren eine Vorstellung davon zu vermitteln, bei welchen Verkaufsmengen Gewinne erwirtschaftet werden. Liegen, wie bisher, zwei lineare Funktionen vor, zeigt der **Break-Even-Point** nicht nur die verkaufte Menge, bei der der Umsatz und die Kosten gleichhoch sind, sondern auch den Punkt, ab dem Gewinn erwirtschaftet wird. Zu beachten ist allerdings, dass wenn mindestens eine der Funktionen nichtlinear ist, sich auch mehrere Break-Even-Points ergeben können. Die folgenden Beispiele zeigen beide Situationen.

Beispiel (aus der Mengen-Preis-Variationsanalyse mit konstanten Funktionen). Angenommen ein Unternehmen bedruckt Blu-Rays. Die Druckmaschine, mit der die Label aufgebracht werden, verursacht fixe Kosten in Höhe von 4.000 Euro. Pro Druckvorgang entstehen Kosten in Höhe von 10 Cent. Die Blu-Rays werden angeliefert. Es entstehen keine weiteren Kosten. Die Kostenfunktion lautet also $K = 4.000 + 0{,}10x$.

Der Auftrag wird pro Stück bezahlt. Das Unternehmen erhält 50 Cent je bedruckter Blu-Ray. Bei welcher Menge wird die Gewinnschwelle erreicht?

Lösungsvorschlag. Algebraisch werden die beiden Funktionen wiederum gleichgesetzt und nach der Produktmenge (x) aufgelöst. Das Ergebnis lautet: $4.000 + 0,1x = 0,5x$. Daraus folgt $x = 10.000$. Es müssten also mindestens 10.000 Stück hergestellt werden, bevor die ersten Gewinne erwirtschaftet werden. Da die Kostenentwicklung linear ist, werden auch mit jeder über 10.000 Stück hinausgehenden Absatzmenge proportional höhere Gewinne erzielt.

Beispiel (aus der Mengen-Preis-Variationsanalyse mit nicht linearen Funktionen). Ist mindestens eine der Funktionen nicht linear, können sich auch zwei (mehrere) Break-Event-Punkte ergeben; der erste wäre die **Gewinnschwelle**, der zweite die **Gewinngrenze**. Zwischen der Gewinnschwelle und der Gewinngrenze liegen die Gewinne. Solche Situationen können sich beispielsweise ergeben, wenn der Lieferant seinem Kunden Mengenrabatte einräumt oder die Nachfrage mit steigenden Preisen sinkt bzw. mit sinkenden Preisen steigt. Andererseits aber auch, wenn die Kostenfunktion überproportional steigt oder eine ertragsgesetzliche Kostenfunktion vorliegt (vgl. 9.4.4).

Ein CD-Verpackungshersteller hat Produktionsbedingungen, die mit der Kostenfunktion

$$K(x) = K_f + K_v = 250 + 0{,}004x^2 \qquad (1)$$

ausgedrückt werden können. Der Kunde zahlt einen Maximalpreis von drei Euro pro Verpackungseinheit. Der Preis sinkt mit zunehmender Nachfrage kontinuierlich um den Faktor 0,001. Damit lautet die Preis-Absatz-Funktion:

$$p(x) = 3 - 0{,}001x \qquad (2)$$

Die Erlösfunktion lautet folgerichtig:

$$E(x) = p \cdot x = 3x - 0{,}001x^2 \qquad (3)$$

Um die Break-Even-Punkte (Gewinnschwelle und Gewinngrenze) bestimmen zu können, müssen wiederum die Erlös- und die Kostenfunktion gleichgesetzt werden:

$$250 + 0{,}004x^2 = 3x - 0{,}001x^2 \qquad (4)$$

Es ergibt sich eine quadratische Gleichung mit zwei Nullstellen.

$$x^2 - 600x + 50.000 = 0 \qquad (5)$$

$$\Rightarrow \quad x_1 = 100\,; \quad x_2 = 500$$

Es müssen also mindestens 100 Produkteinheiten hergestellt und verkauft werden, um nicht in der Verlustzone zu bleiben und es dürfen höchstens 500 Produkte produziert werden, um bei dem gültigen Preis nicht wieder in eine Verlustzone zu kommen. Der Mindestumsatz muss also bei 290 Euro liegen. Der maximale Umsatz, der noch Gewinn erwirtschaftet, liegt bei 1.475 Euro. Abbildung 10.28 zeigt die grafische Lösung.[19]

19 Soweit der Verlauf beliebiger Funktionen gezeichnet werden soll, eignet sich das Programm, das im Internet unter https:/mathegrafix.de zur Verfügung gestellt wird.

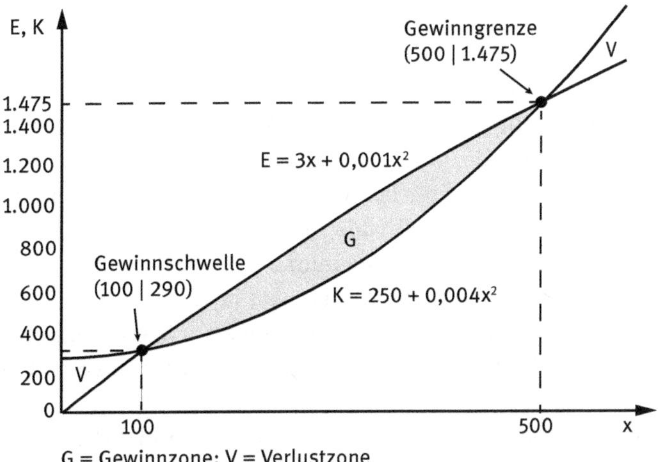

Abb. 10.28: Break-Even-Analyse (Gewinnschwellen- und Gewinngrenzenanalyse)

Eine der Schwächen dieser Analysen ist, dass kein Zeitfaktor eingearbeitet ist. Wann also ein Break-Even-Punkt erreicht wird, geht aus der Analyse nicht hervor. Des Weiteren können sich die Kosten- und Erlösentwicklungen im Zeitablauf auch ändern. Damit würden sich die Punkte verschieben.

Aufgaben.

1. In einem Medienbetrieb soll ein Produkt bei einem konstanten Stückpreis von zwölf Euro und fixen Kosten von 2.500 Euro ohne Verlust vermarktet werden. Die variablen Kosten steigen nach der Funktion $K_V = x^2/100$. Bei jeweils welcher Menge liegen die Gewinnschwelle und die Gewinngrenze?
2. Ein Buch soll zum Preis von 50,- € nicht nur über den Buchgroßhandel, sondern auch direkt an den Endkunden verkauft werden. Der Vertriebskanal kostet den Verlag im Monat 2.000 Euro. Hinzu kommen 2.000,- Euro Fixgehalt plus 6 Prozent Verkaufsprovision für den Kanalbetreuer. Ein Handelsvertreter, der den Buchhandel bedient, würde auf Provisionsbasis arbeiten und verlangt 10 Prozent vom Umsatz. Weitere Kosten fallen im Verlag nicht an. Beide Organe würden wahrscheinlich rund 1.500 Bücher monatlich absetzen.
   (a) Welche Lösung würden Sie bei einem Planungshorizont von einem Jahr empfehlen?
   (b) Wo liegt der kritische monatliche Umsatz, bei dem sich die Vorteilhaftigkeit der Vertriebsalternativen möglicherweise umkehrt?
   (c) Welcher monatlichen Buchanzahl entspricht dies?

10.7 Die Gewinnverlaufsanalyse

Wenn betriebswirtschaftliche Handlungsalternativen geplant werden, besteht das Managementziel immer darin, das optimale Verhältnis von Wirkungsgrößen bzw. das Maximum oder Minimum einer Kennzahl zu finden. Im Kostenbereich ist immer das Minimum entscheidend, in allen anderen Bereichen wird in der Regel das Maximum gesucht. Letztlich ausschlaggebend ist der Gewinn als zentrale Größe. Im marktwirtschaftlichen Umfeld wird hier unterstellt, dass die Gewinnmaximierung das finale Ziel der Unternehmen ist. Ein Unternehmen will also wissen, wie hoch ein Gut bepreist werden soll, wenn bei gegebenen Kosten eine bestimmte Menge am Markt abgesetzt werden soll oder wo das Gewinnmaximum bei gegebenen Preisen und gegebenen Absatzmöglichkeiten liegt.

Gewinn ist die Differenz zwischen Umsatz (= Erlös) und Kosten und damit:

$$G = U - K\,.$$

Um den Gewinn ermitteln zu können, müssen die Kosten vom Erlös (Umsatz) abgezogen werden. Da sich aber sowohl die Umsatzverläufe als auch die Kostenverläufe bei steigender Ausbringungsmenge unterschiedlich entwickeln können, ist die gewinnmaximale Menge oder den gewinnmaximalen Preis zu bestimmen, nicht immer ganz einfach.

Vereinfachend wird in Modellen häufig unterstellt, dass sowohl die Erlös- als auch die Kostenfunktion linear verlaufen (vgl. Abb. 10.29, Nr. 1). Dies dient allerdings eher der Veranschaulichung und geht häufig auf Kosten der Praxisnähe. Kostenfunktionen verlaufen viel häufiger progressiv steigend oder degressiv sinkend oder s-förmig (zunächst sinkende Steigung, dann zunehmende Steigung). Der s-förmige Funktionsverlauf beruht darauf, dass mit zunehmendem Output die Produktivität der Inputfaktoren zunächst steigt, dann aber wieder sinkt. Damit sinken umgekehrt zunächst die Kosten pro Stück und steigen dann wieder an.

Die Erlösfunktionen verlaufen in Abhängigkeit von der Wettbewerbssituation unterschiedlich. Entweder werden sie linear abgebildet – dies ist der Fall, wenn der Markt einen Preis diktiert (atomistische Konkurrenzsituation) – oder umgekehrt u-förmig. Umgekehrt u-förmig verläuft die Umsatzfunktion, wenn die Preise bei zunehmender Absatzmenge fallen. Das heißt, größere Absatzmengen können nur erreicht werden, wenn der Preis sinkt. Dies ist auf Monopolmärkten oder in monopolähnlichen Situationen der Fall. In Abb. 10.29 sind die Funktionen der Monopolmärkte auf der rechten Seite abgebildet. Die linke Seite zeigt die Bedingungen im „Polypol".

Da in der **Medienindustrie** häufig keine oder nur sehr geringe Kapazitätenengpässe bestehen, der Output je Produktionsprozess also kaum unter mangelnden Maschinenkapazitäten leidet, verlaufen die Kostenfunktionen hier eher degressiv. Dies ist z. B. in der Zeitungsproduktion der Fall (vgl. Abb. 10.29, Nr. 3 und 4). In dem Fall, dass sogar „keine" Vervielfältigungskosten anfallen (z. B. bei Downloadangeboten, Streamingdiensten und sonstigen Digitalgütern, die nicht materiell vertrieben werden), stellt die Kostenfunktion sogar eine waagerechte Funktion dar (vgl. Abb. 10.29, Nr. 5 und 6).[20] Dies setzt allerdings voraus, dass vereinfachend angenommen wird, dass keine weiteren IT-Dienstleistungen etc. anfallen. Waagerecht ist der Funktionsverlauf deswegen, weil nur fixe Kosten (die First-Copy Costs) für die Herstellung des Urmasters anfallen, die Vervielfältigung hingegen kostenneutral ist.

Werden die Preise vom Markt vorgegeben (die Volkswirtschaftstheorie spricht hier von einem Polypol), signalisiert in der Regel ein Break-Even-Point, ab welchem Erlös Gewinn erwirtschaftet wird (vgl. Abb. 10.29, Nr. 1, 3, 5). In diesen Fällen liegt das Gewinnmaximum immer bei der maximalen Absatzmenge. In allen anderen Situationen ist die gewinnmaximale Absatz- bzw. Produktionsmenge konkret bestimmbar. Dies gilt insbesondere für alle Marktsituationen, in denen der Marktanteil eines Unternehmens sehr große Nachfragemengen oder sogar die gesamte Marktnachfrage abgedeckt (die Volkswirtschaftstheorie spricht hier vom Monopol oder im Fall von Wettbewerbsmärkten von einer monopolistischen Konkurrenzsituation[21]).

Der Gewinn lässt sich einfach als Differenz zwischen Erlös und Kosten berechnen oder als Integral einer Fläche zwischen zwei Funktionen Wenn aber das Gewinnmaximum bzw. die gewinnmaximale Menge oder der gewinnmaximale Preis geplant oder berechnet werden soll, hilft es wenig, alle möglichen Erlös- und Kostensituationen durchzurechnen und miteinander zu vergleichen. Da es letztlich um Kurvendiskussionen geht, hilft auch hier die Differenzialrechnung weiter.

Das Gewinnmaximum kann auf unterschiedliche Arten berechnet werden: Entweder wird die **Gewinnfunktion** berechnet und dann ihr Maximum bestimmt oder es wird der Punkt berechnet, an dem die Grenzkosten gleich den Grenzerlösen sind ($U' = K'$). Beide Verfahren führen zum gleichen Ergebnis. Dies soll kurz gezeigt werden:

Gewinnfunktion: $G(x) = U(x) - K(x)$

Bestimmung des Gewinnmaximums:

$$G'(x) = U'(x) - K'(x)$$
$$0 = U'(x) - K'(x)$$
$$\Rightarrow \quad U'(x) = K'(x)$$

Die Bedingung $\mathbf{U'(x) = K'(x)}$ gilt auch als allgemeine **Gewinnmaximierungsbedingung**.

Auch aus Sicht des Betriebsalltags macht diese Gewinnmaximierungsbedingung Sinn, denn sie bedeutet, dass ein Anbieter spätestens dann aufhört anzubieten (zu

20 Zu unterschiedlichen Kostenverläufen ist bereits in Kapitel 3.7.2 und den Kapiteln 10.4.3 bis 10.4.5 ausgeführt worden.

21 Eine Monopolistische Konkurrenzsituation liegt dann vor, wenn es zwar für ähnliche Produkte Wettbewerber am Markt gibt, aber ein Unternehmen oder Produkt im Wahrnehmungsraum der Konsumenten eine deutliche Alleinstellung hat. Innerhalb einer gewissen Preisspanne werden diese Kunden nicht auf ein Substitut ausweichen (vgl. Hardes und Uhly 2007: 246, Pindyck und Rubinfeld 2005: 570 sowie Seidel und Temmen 2000: 126).

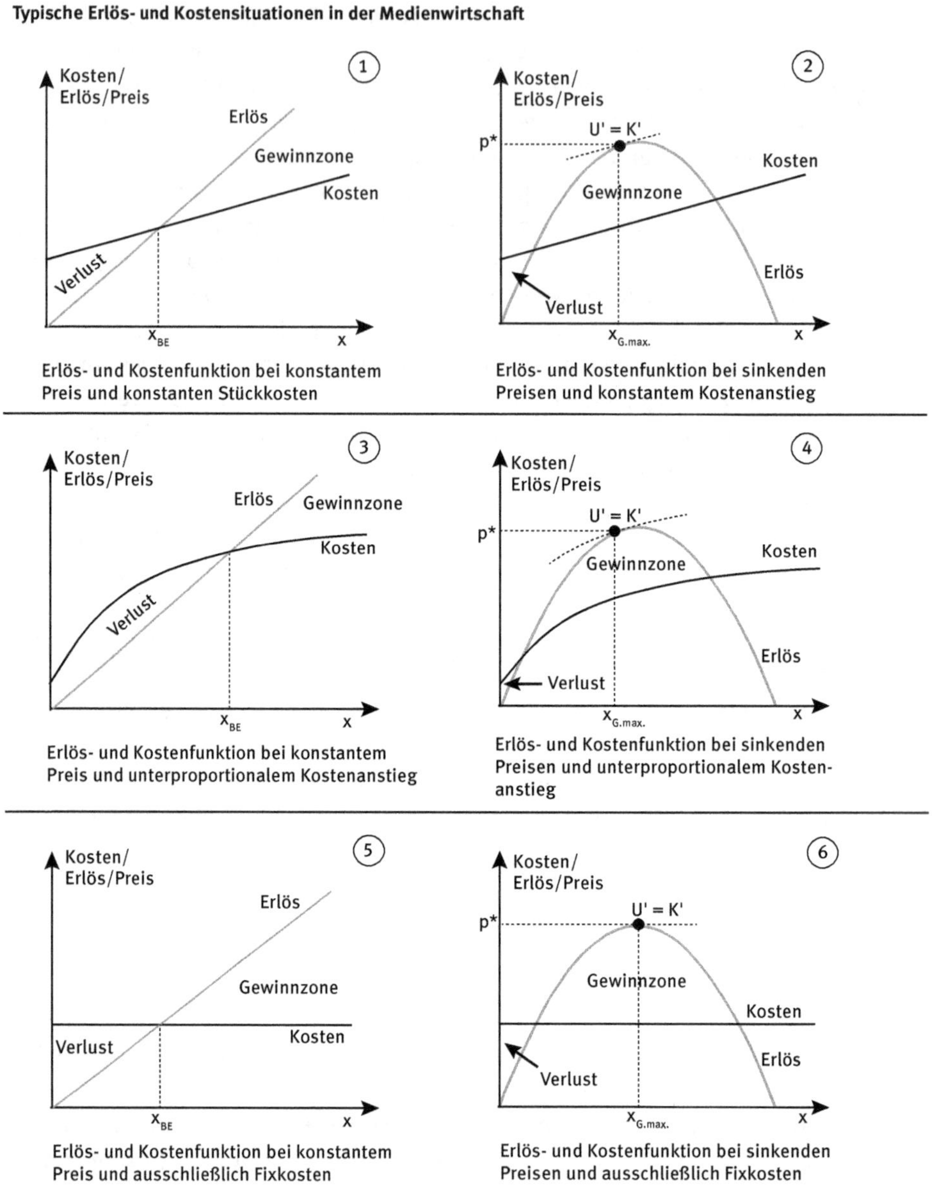

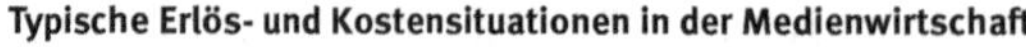

① Erlös- und Kostenfunktion bei konstantem Preis und konstanten Stückkosten

② Erlös- und Kostenfunktion bei sinkenden Preisen und konstantem Kostenanstieg

③ Erlös- und Kostenfunktion bei konstantem Preis und unterproportionalem Kostenanstieg

④ Erlös- und Kostenfunktion bei sinkenden Preisen und unterproportionalem Kostenanstieg

⑤ Erlös- und Kostenfunktion bei konstantem Preis und ausschließlich Fixkosten

⑥ Erlös- und Kostenfunktion bei sinkenden Preisen und ausschließlich Fixkosten

Abb. 10.29: Umsatz- und Kostensituation sowie Gewinnmaximum (U′ = K′) bei konstanten und sinkenden Preisen

produzieren), wenn die Kosten einer zusätzlichen Einheit (= Grenzkosten) genauso hoch sind, wie der Preis, der am Markt erzielt werden kann (= Grenzerlös). Es wäre schließlich kontraproduktiv, Produkte am Markt anzubieten, deren Kosten in der Herstellung höher sind als der Preis, der für sie am Markt erzielt werden kann. Analog dazu macht es hingegen durchaus Sinn, so lange zu produzieren und am Markt anzubieten, wie die Stückkosten durch den Preis gedeckt werden.

Wenn x die Produktionsmenge ist, die am Markt angeboten wird und x^* die Menge ist, bei der die Bedingung $E'(x) = K'(x)$ erfüllt ist, dann gilt

- für $\mathbf{x} < \mathbf{x}^*$: $U'(x) > K'(x)$
  Das heißt, wird die Produktion ausgeweitet, können zusätzliche Gewinne erwirtschaftet werden;
- für $\mathbf{x} > \mathbf{x}^*$: $U'(x) < K'(x)$
  Das heißt, wird die Produktion eingeschränkt, können Verluste reduziert werden.

Da es Medienbetriebe gibt, die materielle Medieninhalteträger produzieren und Medienbetriebe, die ihre Inhalte digital vertreiben, gibt es auch zwei grundverschiedene Produktionsbedingungen bzw. Kostenfunktionen.

- **Hersteller materieller Medienträger** haben immer variable Kosten (z. B. Materialkosten, Maschinenlaufzeitkosten etc.) und damit auch Grenzkosten, da jede Einheit in der Produktion zusätzliche Kosten verursacht. Diese Kosten können konstant sein, steigen oder sinken.
- **Hersteller immaterieller Mediengüter** haben bestenfalls keine variablen Kosten und damit auch keine Grenzkosten, da die elektronische Bereitstellung (z. B. ein Downloadangebot oder ein Onlinespiel) vereinfacht dargestellt keine zusätzlichen Kosten verursacht, wenn es mehrfach heruntergeladen oder rezipiert (gelesen, gesehen, gehört oder gespielt) wird.

Im Folgenden werden vier unterschiedliche Situationen anhand von Beispielen betrachtet, die für Medienbetriebe interessant sind.

10.7.1 Gewinnmaximierung bei materiellen Mediengütern und konstanten Grenzkosten

Der Buchverlag, der den Bestseller herausgibt (vgl. Kapitel 10.1.2), will wissen, welche Auflage er bei Gewinnmaximierung herstellen soll, wie hoch der gewinnmaximale Preis ist und wie hoch der maximal mögliche Gewinn und der Umsatz in diesem Fall ist.

Die bereits hergeleitete PA- und Erlösfunktion lautet:

$$p(x) = 100 - \frac{1}{10.000}x \qquad (1)$$

$$\Rightarrow \quad U(x) = p(x) \cdot x = 100x - \frac{1}{10.000}x^2 \qquad (2)$$

Vereinfachend wird angenommen, dass der Autor ein fixes Honorar in Höhe von 1,8 Mio. Euro bekommt. Die Herstellung des Buches kostet 10 Euro pro Stück. Außerdem fallen weitere 200.000 Euro an Fixkosten an. Es sei unterstellt, dass darüberhinausgehende Kosten nicht entstehen. Daraus ergibt sich die Kostenfunktion:

$$K(x) = 2\text{ Mio. €} + 10x \tag{3}$$

Lösungsvariante 1. Bestimmung der Gewinnfunktion

Die Gewinnfunktion lautet aus (2) und (3) folgend:

$$G(x) = U(x) - K(x) = 100x - \frac{1}{10.000}x^2 - (2.000.000 + 10x) \tag{4.1}$$

$$G(x) = 90x - \frac{1}{10.000}x^2 - 2.000.000 \tag{4.2}$$

Die Grenzgewinnfunktion (null gesetzt) lautet:

$$G'(x) = 90 - \frac{1}{5.000}x = 0 \tag{4.3}$$

Damit ergibt sich nach der Menge aufgelöst das Ergebnis:

$$x = 450.000 \tag{5}$$

450.000 Exemplare repräsentieren die gewinnmaximale Produktionsmenge.

Lösungsvariante 2. Nutzung der Gewinnmaximierungsbedingung

$$U'(x) = K'(x) \tag{6}$$

Aus (2) und (3) folgt:

$$100 - \frac{1}{5.000}x = 10 \tag{6.1}$$

Damit ergibt sich das Ergebnis nach der Menge aufgelöst wieder: $x = 450.000$

Die gewinnmaximale Menge besteht aus 450.000 Buchexemplaren.

Beide Lösungswege führen zum selben Ergebnis.

Fortführung Lösungsvariante 1 und 2. Nun muss die ermittelte Mengenangabe in die PA-Fkt. eingesetzt werden, um den Preis zu bestimmen:

$$p = 100 - \frac{1}{10.000}x = 100 - \frac{1}{10.000}450.000 \tag{7}$$

Damit ergibt sich das Ergebnis nach dem Preis aufgelöst: $p = 55$

Der gewinnmaximale Preis beträgt also 55 Euro. Nun müssen nur noch der berechnete Preis und die berechnete Menge in die Erlös- und Gewinnfunktion eingesetzt werden, um festzustellen, wie hoch im Gewinnmaximum der Erlös und der Gewinn sind:

$$U(x) = p \cdot x = 55 \cdot 450.000 = 24.750.000 \tag{8}$$

$$G(x) = U(x) - K(x) = 24.750.000 - (2.000.000 + 10 \cdot 450.000) = 18.250.000 \tag{9}$$

10.7.2 Gewinnmaximierung bei materiellen Mediengütern und sinkenden Grenzkosten

Der Buchverlag hat festgestellt, dass die Produktionsbedingungen verbessert werden können. Zwar will der Autor immer noch 1,8 Mio. Euro Honorar für sein neues Buch und die sonstigen Fixkosten liegen immer noch bei 200.000 Euro, aber die mengenabhängigen Druckkosten (K_V) lassen sich nunmehr annähernd mit $K_V = 10x^{0,95}$ darstellen. Damit ist die Kostenfunktion nicht mehr linear, sondern sie verläuft leicht degressiv (die Steigung nimmt ab), weil z. B. Rabatte auf steigende Papierlieferungen ausgehandelt wurden oder Erfahrungskurveneffekte in der Produktion wirken.

Die Fragestellung bleibt gleich: Welche Auflage ist dann bei Gewinnmaximierung herzustellen, wie hoch ist der gewinnmaximale Preis und der maximal mögliche Gewinn? Es wird wie folgt gerechnet:[22]

$$U'(x) = K'(x) \quad (1)$$

$$100 - \frac{1}{5.000}x = 10 \cdot 0,95x^{-0,05} \quad (2)$$

$$100 - \frac{1}{5.000} = \frac{9,5}{x^{0,05}} \qquad \Rightarrow \quad x \approx 475.000 \quad (3)$$

$$p(x) = 100 - \frac{1}{10.000}x \qquad \Rightarrow \quad p \approx 52,5 \quad (4)$$

$$U(x) = p \cdot x = 52,5 \cdot 475.000 = 24.937.500 \quad (5)$$

$$G(x) = U(x) - K(x) \quad (6)$$

$$G(x) = 24.937.500 - (2.000.000 + 10 \cdot 475.000^{0,95})$$
$$= 20.466.578,61\,€ \quad (7)$$

Der gewinnmaximale Preis liegt nun bei 52,50 Euro, die gewinnmaximale Menge bei 475.000 Exemplaren. Der Umsatz steigt zwar nur um 187.500 Euro, aber der Gewinn ist nun rund 2,2 Mio. Euro höher als vorher.

10.7.3 Gewinnmaximierung bei immateriellen Mediengütern ohne Grenzkosten

Der Buchverlag überlegt, ob es nicht vielleicht lukrativer wäre, das Buch als E-Book herauszugeben. Der Autor bekommt das vertraglich festgelegte Honorar, aber die Produktionskosten in Höhe von 10 Euro entfallen, da das Buch zum Download angeboten wird. Es sei vereinfachend unterstellt, dass dem Buch die gleiche Preis-Absatzfunktion zugeordnet werden kann und dass keine weiteren Produktions- oder Servicekosten entstehen. Die Grenzkosten sind also null.

22 Auf eine Darstellung des Lösungsweges wird hier verzichtet. Es möge ggfs. ein programmierfähiger Taschenrechner oder ein einschlägiges Berechnungsprogramm, die zahlreich kostenlos im Internet zur Verfügung stehen, genutzt werden.

In diesem Fall lautet die Rechnung:

$$U'(x) = K'(x) \tag{1}$$

$$100 - \frac{1}{5.000}x = 0 \quad \Rightarrow \quad x = 500.000 \tag{2}$$

$$p(x) = 100 - \frac{1}{10.000}x \quad \Rightarrow \quad p = 50 \tag{3}$$

$$G(x) = U(x) - K(x) = 50 \cdot 500.000 - 2.000.000 = 23.000.000 \tag{4}$$

Für den Fall, dass keine Grenzkosten anfallen, könnte der Verlag den Preis also um fünf Euro senken und würde seinen Gewinn um 4,5 Mio. Euro erhöhen. Die umsatzmaximale Menge wäre gleichzeitig auch die gewinnmaximale Menge.

Komplexe Abschlussaufgabe:
In dem bereits aus Kapitel 10.4.4 bekannten Werk für Kamerazubehör wird ein kleines technisches Zusatzelement für Filmkameras hergestellt, mit dem Spezialeffekte erzeugbar werden. Die Produktionsmenge pro Zeiteinheit ist auf $x = 65$ limitiert. Am Markt kann der Hersteller 60 Euro pro Erzeugnis realisieren. Die Kostenfunktion für die Produktion lautet (in Anlehnung an Freidank 2012: 66):

$$K = 500 + 70x - 1{,}6x^2 + 0{,}02x^3$$

Wie viele Einheiten sollte ein gewinnmaximierender Hersteller produzieren und am Markt anbieten, wie hoch sind bei dieser Menge Preis, Umsatz und Gewinn?

10.7.4 Gewinnmaximierung bei zwei Erlösquellen (werbefinanzierte Medien)

Wie gesehen, macht die Bestimmung von Optima im Normalfall keine größeren Probleme. Im Umfeld von Kostenfunktionen werden die Minima, im Umfeld von Gewinnfunktionen die Maxima gesucht.[23] Wenn allerdings berücksichtigt wird, dass Medienunternehmen auch als Intermediäre am Markt tätig sind, die zwei Märkte miteinander verknüpfen, wird die Bestimmung der optimalen Menge und die Bestimmung der optimalen Preise schon schwieriger.

So muss ein Zeitungsverlag beispielsweise nicht nur den Copypreis für ein Zeitungsexemplar planen, sondern auch den Preis für Werbeplatzierungen. Dabei ist zu beachten, dass die Reichweite der Zeitung durchaus vom Copypreis beeinflusst wird und zwar insofern, als dass mit sinkenden Preisen die Anzahl der Käufer bzw. Rezipienten steigt. Andererseits können mit zunehmender Reichweite im Gegenzug die Werbepreise erhöht werden, da die werbetreibenden Unternehmen dem Verlag für Platzierungen mehr zahlen, wenn mehr Konsumenten erreicht werden. Doch wenn zu viel

23 Dass es dennoch in den meisten Medienunternehmen nicht ganz so einfach ist, Preise, Mengen und Gewinne zu planen, wird später im Bereich Marketing noch einmal thematisiert (vgl. Kapitel 14.4).

Werbung in der Zeitung platziert wird, werden die Leser dies nicht gutheißen und auf andere Medien ausweichen, was wiederum zu sinkenden Reichweiten führt. Sinkende Reichweiten führen wiederum zur Abnahme der Werbenachfrage. Dieser Zusammenhang ist für alle mindestens teilweise werbefinanzierten Medien relevant (Zeitung, Zeitschrift, Pay-TV etc.); umso mehr jedoch für die ausschließlich über die Werbung finanzierten Medien (Free-TV, Radio, Anzeigenblätter etc.).

Kommt die Werbung als zweite Erlösquelle zu den Vertriebserlösen hinzu (vgl. Abb. 10.30 in enger Anlehnung an Dewenter und Rösch 2015: Kap. 6.5.1), entstehen Wechselwirkungen (Netzwerkeffekte), die bereits unter dem Stichwort „zweiseitiger Markt" (vgl. u. a. Kapitel 6.3) bzw. dem Thema „Auflagen-Anzeigen-Spirale" (vgl. Kapitel 7.3.2) diskutiert wurden und in der Preispolitik (Marketing) noch einmal konkretisiert wird (vgl. Kapitel 16.3.6).

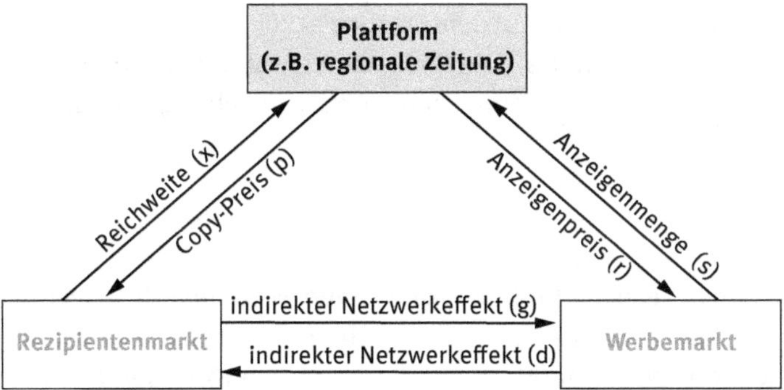

Abb. 10.30: Monopolistische Plattform mit Netzwerkeffekten (z. B. eine regionale Zeitung)

Immer gilt dabei das Grundprinzip, dass die Marktseite mit relativ schwachen Netzeffekten die Marktseite mit stärkeren Netzeffekten subventioniert. Wenn also Werbekunden aus einer hohen Auflage einen größeren Nutzen ziehen als Leser aus einem großen Anzeigenvolumen, so würde daraus ein tendenziell geringer Preis für Leser und ein höherer Preis für Anzeigenkunden resultieren. Denn der relativ stärkere Netzeffekt geht vom Lesermarkt aus (vgl. Clement und Schreiber 2016 sowie Linde 2005).

In Bezug auf das Modell in Abb. 10.30 gilt demnach $g > d$. Da Werbekunden immer von einer größeren Reichweite auf dem Lesermarkt profitieren, ist g immer größer als null ($g > 0$). Leser dagegen können Werbung sowohl wertschätzen ($d > 0$), als auch neutral gegenüberstehen ($d = 0$) oder Werbung als auch als störend empfinden ($d < 0$). Immer aber wird es wegen $g > 0$ einen Netzeffekt geben.

Das Grundprinzip der Gewinnoptimierung auf Monopolmärkten soll nachfolgend einmal algebraisch und einmal grafisch gezeigt werden. Dabei gilt es, das Schema vorzustellen, wie die beiden Märkte zusammenwirken und dass der Intermediär immer beide Märkte im Blick haben muss, um seinen Gewinn optimieren zu können. Wählt der Monopolist eine zu kleine Menge und damit einen zu hohen Preis auf einem Markt, werden die Netzeffekte unteroptimal ausgenutzt. Dies hätte Auswirkungen auf beide Märkte, was insgesamt zu einem geringeren Gewinn führen würde.[24] Beide Szenarien, die nun aufgezeigt werden, zeigen den gleichen Zusammenhang. Welcher Darstellung leichter gefolgt werden kann, ist unerheblich. Es gilt das Prinzip des Netzwerkeffektes zu verstehen. Da das nicht immer einfach ist, werden die beiden Darstellungen im Anschluss noch mit einem Beispiel veranschaulicht.

Analytische Lösung (gewinnmaximale Preis-Mengen-Kombination bei Netzwerkeffekten)

Werden zwei Umsatzquellen, die miteinander verbunden sind, in der Preisbildung berücksichtigt, müssen auch beide Nachfrage- bzw. Preis-Absatz-Funktionen in die Preisfindung einbezogen werden. Formal betrachtet, ergeben sich die Nachfragemengen auf dem Rezipientenmarkt (x) und die auf dem Werbemarkt (s) durch die entsprechenden Nachfragefunktionen f(x) bzw. f(s). Die Preis-Absatzfunktionen f(p) und f(r) als inverse Nachfragefunktion lassen sich damit leicht durch Umstellung der Funktionen bestimmen:

$$x = a_R - b_R \cdot p + d \cdot s \quad \Longrightarrow \quad p = \frac{a_R}{b_R} - \frac{1}{b_R} \cdot x + \frac{d}{b_R} \cdot s \tag{1}$$

(mit x = Reichweite; p = Copy-Preis; a = Prohibitivpreis ohne Netzeffekt; b = Neigung der Funktion (Sinken des Absatzes bei Preiserhöhung um eine Einheit); d = Stärke des Netzwerkeffektes, der vom Werbemarkt ausgeht; s = Anzeigenvolumen (Seiten); Anmerkung: d kann negativ oder positiv sein).

$$s = a_W - b_W \cdot r + g \cdot x \quad \Longrightarrow \quad r = \frac{a_W}{b_W} - \frac{1}{b_W} \cdot s + \frac{g}{b_W} \cdot x \tag{2}$$

(mit r = Anzeigenpreis; a = Prohibitivpreis ohne Netzeffekt; b = Neigung der Funktion (Sinken des Absatzes bei Preiserhöhung um eine Einheit); s = Anzeigenvolumen (Seiten); g = Stärke des Netzwerkeffektes, der vom Rezipientenmarkt ausgeht; x = Reichweite; Anmerkung: g ist positiv; $g > d$).

Die gewinnmaximale Preis-Mengen-Kombination auf den Einzelmärkten ohne Berücksichtigung der Wirkungsparameter g und d kann auf die bekannte Art und Weise mit der Bedingung Grenzerlös (GE) gleich Grenzkosten (GK) berechnet werden. Werden hingegen die Wirkungsparameter berücksichtigt, verändert sich die Situation merklich. Die Stärke und die Richtung der Verbundenheit (der Effekte auf den jeweils anderen Markt) werden durch die Größe und die Vorzeichen der Parameter

24 Das im Folgenden dargestellte Schema ist eine Abwandlung des detailliert abgearbeiteten Einheitsmodells von Dewenter und Rösch 2015: Kap. 6.2.1. Gedankt sei an dieser Stelle Dipl.-Volksw. Ulf Bosserhoff (Hochschule Fresenius) für seinen wertvollen Diskussionsbeitrag.

d und g bestimmt. Die Wirkungsstärke von d steht in Verbindung mit der Größe des realisierten Anzeigenvolumens (s) und der Wertschätzung, die der Werbung gegenüber aufgebracht wird. Die Wirkungsstärke von g wird bestimmt durch die Größe der realisierten Reichweite (x). Grafisch wirkt sich diese Interdependenz als Parallelverschiebung der Preis-Absatz-Funktion aus. Sie verschiebt sich nach außen, wenn der Parameter größer als null ist und nach innen, wenn er einen negativen Wert annimmt (vgl. Abb. 10.31 in Zusammenhang mit Abb. 10.30).

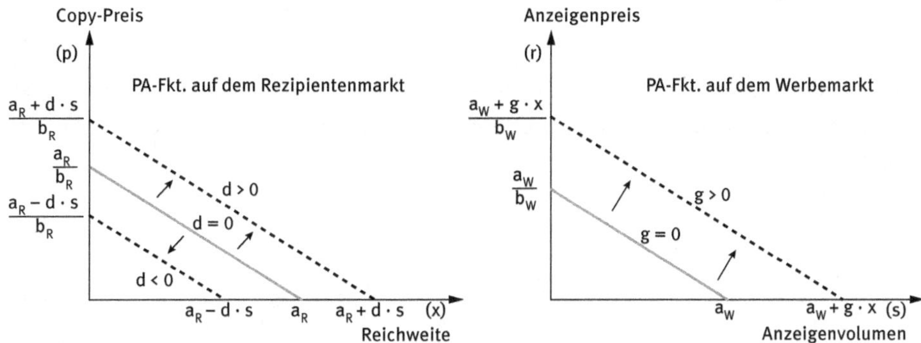

Abb. 10.31: Verbundenheit der Preisbestimmung (Preiseffekte) auf zweiseitigen Märkten

Abbildung 10.31 zeigt die Reaktionsmöglichkeiten auf dem Rezipientenmarkt, wenn die Leser von der Werbung profitieren ($d > 0$; die PA-Fkt. verschiebt sich nach außen), wenn die Rezipienten indifferent auf Werbung reagieren ($d = 0$; die PA-Fkt. ändert sich nicht) oder Werbung als störend empfunden wird ($d < 0$; die PA-Fkt. verschiebt sich nach innen).

Die Einflüsse des Rezipientenmarktes auf den Werbemarkt sind schlechtestenfalls null ($g = 0$). Das könnte bedeuten, dass eine Erhöhung der Reichweite nur möglich ist, wenn nicht zur Zielgruppe der Werbenden gehörende zusätzliche Kontakte hergestellt werden. Im Normalfall ist der Reichweitenzuwachs immer positiv zu bewerten (d. h., $g > 0$). Damit verschiebt sich die Preis-Absatz-Funktion auf dem Werbemarkt nach außen. Das heißt die Preisbereitschaft der Werbungtreibenden steigt. Sie sind bereit, mehr Geld für eine Anzeige zu bezahlen.

Will der Intermediär seinen Gewinn maximieren, muss er die gewinnmaximale Preis-Mengen-Kombination unter Berücksichtigung der Netzwerkeffekte (Parameterwirkungen) bestimmen. Der Gewinn für den Anbieter als Differenz zwischen Umsatz ($= p \cdot x$ bzw. $r \cdot s$) und Kosten ($= k_V \cdot x$ bzw. $k_V \cdot s + K_f$) ergibt sich aus der Summe der Gewinne aus beiden Märkten:

$$G_{x,s} = (p - k_{vR}) \cdot x + (r - k_{vW}) \cdot s - K_f \quad (3)$$

Es soll vereinfachend angenommen werden, dass die variablen Kosten auf beiden Märkten identisch und konstant sind ($k_{vR} = k_{vW} = k_v$). Unter Berücksichtigung der beiden Preis-Absatz-Funktionen (1) und (2) ergibt sich damit eine über die Menge zu maximierende Gewinnfunktion wie folgt:

$$\max!\ G_{x,s} = \left(\frac{a_R}{b_R} - \frac{1}{b_R} \cdot x + \frac{d}{b_R} \cdot s - k_v\right)x + \left(\frac{a_W}{b_W} - \frac{1}{b_W} \cdot s + \frac{dg}{b_W} \cdot x - k_v\right)s - K_f \quad (4a)$$

$$\max!\ G_{x,s} = \frac{a_R}{b_R} \cdot x - \frac{1}{b_R} \cdot x^2 + \frac{d}{b_R} \cdot s \cdot x - k_v x + \frac{a_W}{b_W} \cdot s - \frac{1}{b_W} \cdot s^2 + \frac{g}{b_W} \cdot xs - k_v s - K_f \quad (4b)$$

Zunächst soll der Rezipientenmarkt untersucht werden. Um das Gewinnmaximum zu bestimmen, muss zunächst die partielle Ableitung nach der Menge (Reichweite) gebildet werden:

$$\frac{\partial G}{\partial x} = \frac{a_R}{b_R} - \frac{2}{b_R} \cdot x + \frac{d}{b_R} \cdot s - k_v + \frac{g}{b_W} \cdot s \quad (5a)$$

$$\frac{\partial G}{\partial x} = \frac{a_R}{b_R} - \frac{2}{b_R} \cdot x + \left(\frac{d}{b_R} + \frac{g}{b_W}\right) \cdot s - k_v \quad (5b)$$

Wird nun die partielle Ableitung null gesetzt und nach k_v (= K', wegen k_v = konstant) aufgelöst, ergibt sich die Gewinnmaximierungsbedingung $U' = K'$:

$$\frac{a_R}{b_R} - \frac{2}{b_R} \cdot x + \left(\frac{d}{b_R} + \frac{g}{b_W}\right) \cdot s = k_v \quad (5c)$$

Wird (5c) nach x aufgelöst, ergibt sich die optimale Menge für den Rezipientenmarkt:

$$\frac{2}{b_R} x = \frac{a_R}{b_R} - k_v + \left(\frac{d}{b_R} + \frac{g}{b_W}\right) \cdot s \quad (5d)$$

$$x = \frac{a_R}{2} - \frac{b_R}{2} \cdot k_v + \frac{b_R}{2} \cdot \left(\frac{d}{b_R} + \frac{g}{b_W}\right) \cdot s \quad (5e)$$

$$x = \frac{a_R}{2} - \frac{b_R}{2} \cdot k_v + \left(\frac{b_R d}{2b_R} + \frac{b_R g}{2b_W}\right) \cdot s \quad (5f)$$

$$x_{opt.} = \frac{a_R}{2} - \frac{b_R}{2} \cdot k_v + \left(\frac{b_W d + b_R g}{2b_W}\right) \cdot s \quad (5G)$$

Damit ist die optimale Menge (x) auf dem Rezipientenmarkt bestimmt und muss nun in die Preis-Absatzfunktion (1) eingesetzt werden, um den gewinnoptimalen Preis bestimmen zu können. Damit ergibt sich:

$$p = \frac{a_R}{b_R} - \frac{1}{b_R} \cdot \left(\frac{a_R}{2} - \frac{b_R}{2} \cdot k_v + \left(\frac{b_w d + b_R g}{2b_W}\right) \cdot s\right) + \frac{d}{b_R} \cdot s \quad (5h)$$

$$p = \frac{a_R}{b_R} - \frac{1}{b_R} \cdot \frac{a_R}{2} + \frac{1}{b_R}\frac{b_R}{2} \cdot k_v - \frac{1}{b_R}\left(\frac{b_w d + b_R g}{2b_W}\right) \cdot s + \frac{d}{b_R} \cdot s \quad (5i)$$

$$p = \frac{a_R}{b_R} - \frac{1}{b_R} \cdot \frac{a_R}{2} + \frac{k_v}{2} - \frac{b_w d + b_R g}{b_R \cdot 2b_W} \cdot s + \frac{d}{b_R} \cdot s \tag{5j}$$

$$p = \frac{a_R}{2b_R} + \frac{k_v}{2} + \frac{-b_w d - b_R g}{b_R \cdot 2b_W} \cdot s + \frac{2b_w d}{2b_W b_R} \cdot s \tag{5k}$$

$$p_{opt.} = \frac{a_R}{2b_R} + \frac{k_v}{2} + \frac{b_w d - b_R g}{b_R \cdot 2b_W} \cdot s \tag{5L}$$

Damit ist die gewinnoptimale Preis-Mengen-Kombination **(5G) | (5L)** auf dem Rezipientenmarkt gefunden. Nunmehr muss das Verfahren für den Werbemarkt wiederholt werden. Um die Lösung besser nachvollziehen zu können, soll auch dieser Weg noch einmal detailliert aufgezeigt werden.

Ausgehend von (4b) ergibt sich die partielle Ableitung nach der Anzeigenmenge wie folgt:

$$\frac{\partial G}{\partial s} = \frac{a_W}{b_W} - \frac{2}{b_W} \cdot s + \frac{d}{b_R} \cdot x + \frac{g}{b_W} \cdot x - k_v \tag{6a}$$

$$\frac{\partial G}{\partial s} = \frac{a_W}{b_W} - \frac{2}{b_R} \cdot s + \left(\frac{d}{b_R} + \frac{g}{b_W}\right) \cdot x - k_v \tag{6b}$$

Wird nun die partielle Ableitung null gesetzt und nach k_v (= K′, wegen k_v = konstant) aufgelöst, ergibt sich die Gewinnmaximierungsbedingung U′ = K′:

$$\frac{a_R}{b_R} - \frac{2}{b_R} \cdot s + \left(\frac{d}{b_R} + \frac{g}{b_W}\right) \cdot x = k_v \tag{6c}$$

Wird (6c) nach s aufgelöst, ergibt sich die optimale Menge für den Werbemarkt:

$$\frac{2}{b_W} s = \frac{a_W}{b_W} - k_v + \left(\frac{d}{b_R} + \frac{g}{b_W}\right) \cdot x \tag{6d}$$

$$s = \frac{a_W}{2} - \frac{b_W}{2} \cdot k_v + \left(\frac{b_w d}{2b_R} + \frac{g}{2}\right) \cdot x \tag{6e}$$

$$s_{opt.} = \frac{a_W}{2} - \frac{b_W}{2} \cdot k_v + \left(\frac{b_w d + b_R g}{2b_R}\right) \cdot x \tag{6f}$$

Damit ist die optimale Menge (s) auf dem Werbemarkt bestimmt und muss nun in die Preis-Absatzfunktion (2) eingesetzt werden, um den gewinnoptimalen Preis bestimmen zu können. Damit ergibt sich:

$$r = \frac{a_W}{b_W} - \frac{1}{b_W} \cdot \left(\frac{a_W}{2} - \frac{b_W}{2} \cdot k_v + \left(\frac{b_W d + b_R g}{2b_R}\right) \cdot x\right) + \frac{g}{b_W} \cdot x \tag{6h}$$

$$r = \frac{a_W}{b_W} - \frac{1}{b_W} \cdot \frac{a_W}{2} + \frac{1}{b_W} \cdot \frac{b_W}{2} \cdot k_v - \frac{b_W d + b_R g}{2b_W b_R} \cdot x + \frac{g}{b_W} \cdot x \tag{6i}$$

$$r = \frac{a_W}{2b_W} + \frac{k_v}{2} + \frac{-b_W d + b_R g}{2b_W b_R} \cdot x + \frac{2b_R g}{2b_W b_R} \cdot x \tag{6j}$$

$$r_{opt.} = \frac{a_W}{2b_W} + \frac{k_v}{2} + \frac{b_R g - b_W d}{2b_W b_R} \cdot x \tag{6k}$$

Damit ist auch die gewinnoptimale Preis-Mengen-Kombination **(6f) | (6k)** auf dem Werbemarkt gefunden.

Grafische Lösung (gewinnmaximale Preis-Mengen-Kombination bei Netzwerkeffekten)

Eine grafische Lösung für ein solches Problem soll nun hergeleitet werden. Um sich dem Problem zu nähern, sei zunächst angenommen, dass der Rezipientenmarkt und der Werbemarkt nicht miteinander verbunden sind. Abbildung 10.32 zeigt die beiden Märkte mit ihren jeweiligen Nachfragefunktionen sowie den jeweiligen inversen Funktionen (Preis-Absatzfunktionen, PAF). Über die Verdopplung der Steigungen ausgehend von den jeweiligen Prohibitivpreisen (vgl. Nachweis in Kapitel 10.1.1) kann die jeweilige Grenzerlösfunktion (GE) abgebildet werden. Die Cournot-Lösung für die gewinnmaximalen Preis-Mengen-Kombinationen ergibt sich am Schnittpunkt der Grenzerlösfunktion mit der Grenzkostenfunktion, wenn der Punkt auf die x-Achse/s-Achse bzw. über die PAF auf die Preisachse (p bzw. r) gespiegelt wird. Die Produzentenrenten zeigen sich als Flächen der Preis-Mengen-Kombination oberhalb der Grenzkosten. Das ist die Flächendifferenz zwischen den Umsätzen und den Kosten bei gewinnmaximaler Absatzmenge.

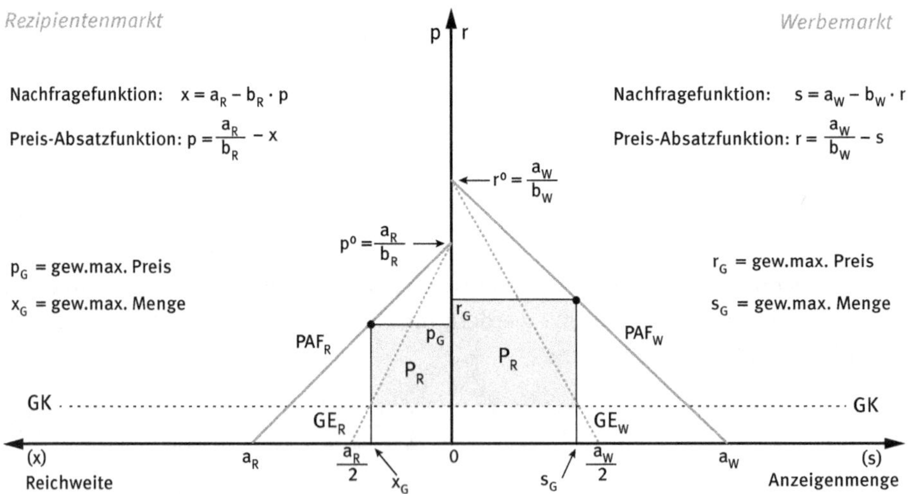

Abb. 10.32: Gewinnoptima und Produzentenrente auf zwei Märkten ohne Berücksichtigung der Netzwerkeffekte

Werden nun die Wirkungsparameter (die Netzwerkeffekte) d und g und damit die Verbundenheit der Märkte berücksichtigt (vgl. auch Abb. 10.31), zeigt sich, dass die Menge der Anzeigenseiten (s) je nach Wirkungsintensität bzw. Nutzengewinn durch Werbung für den Rezipienten (d) auf die Nachfrage und die Preisbereitschaft der Rezipienten wirkt. Umgekehrt gilt das Gleiche für den Werbemarkt. Je mehr der Werbungsanbietende die Reichweite (x) sucht und je stärker diese Wertschätzung (g) wirkt, desto größer ist der Einfluss des Rezipientenmarkt auf den Werbemarkt. In jedem Fall steigen beide Prohibitivpreise und Absatzmengen, soweit die Wirkung von $d \cdot s$ und $g \cdot x$ positiv (größer null) ist. Damit verschieben sich die jeweiligen Preis-Absatzfunktionen nach außen, d. h., die beiden Märkte wirken positiv aufeinander (vgl. Abb. 10.33).

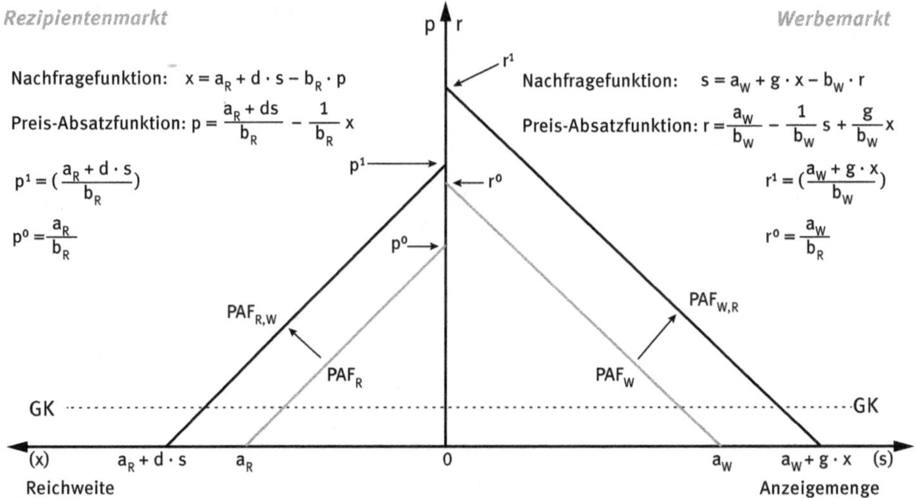

Abb. 10.33: Positive Netzwerkeffekte der PA-Funktionen auf zweiseitigen Märkten

Wird Abb. 10.33 weiterentwickelt, indem nun die Grenzerlösfunktionen ($GE_{R,W}$), die für beide Märkte im Verbund gelten, bestimmt und eingezeichnet werden, zeigt sich, dass sie sich um den Faktor $(d + g) \cdot s$ bzw. $(d + g) \cdot x$ ändern. Damit liegt der Ordinatenabschnitt der Grenzerlösfunktion immer oberhalb des Ordinatenabschnittes der Preis-Absatzfunktion, soweit beide Netzeffekte positiv sind. Ist einer der beiden Netzeffekte negativ, liegt der Ordinatenabschnitt der einen Preis-Absatzfunktion oberhalb des Ordinatenabschnitts der entsprechenden Grenzerlösfunktion sowie der Ordinatenabschnitt der anderen Preis-Absatzfunktion möglicherweise auch unterhalb der korrespondierenden Grenzerlösfunktion (aufgrund der Ursprungslage und der Linksverschiebung der Preis-Absatzfunktion).

Liegen Netzwerkeffekte vor, unterscheidet sich der Verlauf der Grenzerlösfunktionen vom Verlauf der Grenzerlösfunktionen auf einseitigen Märkten. Denn eine Mengenveränderung hat immer Auswirkungen auf beide Märkte. Wenn also die Menge auf einem Markt geändert wird, ändert sich auch die Nachfragemenge auf dem anderen Markt. Diese zweiseitigen Wirkungen wird durch die gemeinsame Grenzerlösfunktion berücksichtigt (vgl. Abb. 10.34). Aus Sicht des Managements bedeutet dies, dass bei der Auflagenbestimmung oder bei der Bestimmung der Werbemenge immer auch der Effekt auf den anderen Markt berücksichtigt werden muss. Für den Fall, dass die Summe der Netzeffekte negativ ist oder wird, würde der zweiseitige Markt ökonomisch keinen Sinn mehr machen. Dies könnte der Fall sein, wenn beide Wirkungen negativ sind oder ein Effekt den anderen überkompensiert. Bezogen auf den Zeitungsmarkt würde dies bedeuten, dass die Werbung begrenzt wird oder in ein Prospekt ausgelagert wird. Der Fernsehmarkt (Free-TV) hingegen würde zusammenbrechen, wenn die Summe der Effekte negativ ist. Denn der Werbemarkt wird ja erst durch den Inhaltemarkt begründet.

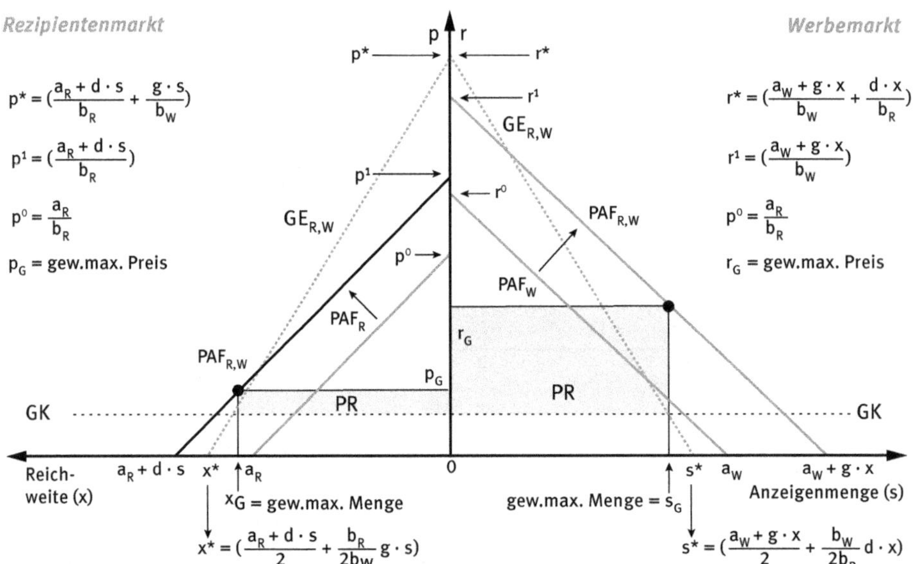

Abb. 10.34: Gewinnmaximale Preis-Mengen-Bestimmung auf zweiseitigen Märkten (z. B. reg. Tageszeitung)

Abbildung 10.34 zeigt beispielhaft aber deutlich, dass die optimale Verbundabsatzmenge den Preis für das jeweilige Gut auf beiden Märkten beeinflusst. Da die Grenzkosten in der Medienindustrie aufgrund ihrer niedrigen Höhe keine große Rolle spielen, ist auch der Fall naheliegend, dass eine Maximierung der Ausbringungsmenge auf dem Rezipientenmarkt zur bestimmenden Maßnahme wird. Liegen die Grenzkosten (GK) bei null, wäre die Menge x* auf dem Rezipientenmarkt optimal. Die dadurch entstehende optimale Absatzmenge auf dem Werbemarkt läge dann bei s*. Die Produ-

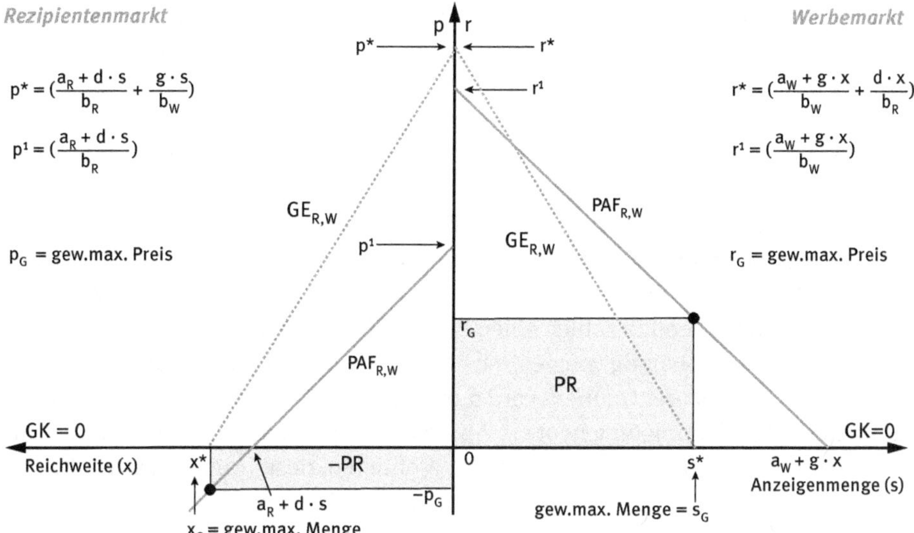

Abb. 10.35: Querfinanzierung auf zweiseitigen monopolistischen Märkten (z. B. Internetportal)

zentenrente könnte noch einmal deutlich gesteigert werden. Zwar würde das Produkt auf beiden Märkten preiswerter angeboten, aber die Mengeneffekte würden die Preiseffekte überkompensieren. Das Gewinnmaximum läge im Umsatzmaximum.

Sollte die Preis-Absatzfunktion auf dem Rezipientenmarkt bei einem sehr niedrigen Prohibitivpreis beginnen, weil die Zahlungsbereitschaft der Rezipienten kaum ausgeprägt ist, verläuft die PA-Fkt. unterhalb der Grenzerlösfunktion (GE). In diesem Fall wäre der Preis für die Copy kleiner als die Grenzkosten und die Produzentenrente wäre negativ. In diesem Fall müsste die Copy durch die Werbepreise querfinanziert werden.

In der Digitalindustrie mit extrem niedrigen oder gar keinen Grenzkosten könnte sogar der Fall eintreten, dass die Reichweitenoptimierung, die zur Optimierung der Werbeumsätze führt, Negativpreise auf dem Rezipientenmarkt verursachen. Das bedeutet, das Unternehmen überlässt seine Leistungen (zum Beispiel eine Plattform zur Verfügung zu stellen) den Nutzern nicht nur unentgeltlich, sondern belohnt sie zusätzlich noch mit „Give-aways“ (Zusatzprogramme, Newsletter oder materielle Güter). In diesem Fall generiert der Rezipientenmarkt eine negative Produzentenrente, die über den Werbemarkt querfinanziert wird (vgl. Abb. 10.35).

Praxistransfer

Werden die Berechnungen und Darstellungen auf relative Beziehungen übertragen – also absolute Preise und Mengen vernachlässigt – zeigen sich ganz einfache Zusammenhänge. Das relative Preis-Menge-Gefüge auf dem Rezipientenmarkt wird durch das Verhältnis (p/s) beschrieben. Das ist der Preis, den der Leser pro Anzeige zahlt. Ist der Wert des Wirkungsparameters d negativ, ist das ein Zeichen dafür, dass die Werbung als störend empfunden wird. In diesem Fall schlägt der Verlag den Schaden, der den Lesern zugefügt wird, auf den Werbepreis auf. Der Schaden kann dann auch in Form von sinkenden Copy-Preisen ausgeglichen werden. „Interessanterweise hängt der Preis pro Anzeige für den Leser aber nicht davon ab, ob Werbung als störend oder nutzenstiftend wahrgenommen wird. Entscheidend ist also nicht, wie die andere Kundengruppe wahrgenommen wird, sondern wie stark Werbekunden von Lesern profitieren." (Dewenter und Rösch 2015)

Die Werbungtreibenden zahlen einen Preis in Höhe von (r/x). Das heißt, der Preis für die Werbung ist abhängig von der Reichweite. Dieser Preis ist bereits als Tausend-Kontaktpreis bekannt (der Quotient wird nur der besseren Lesbarkeit wegen mit 1.000 multipliziert). Der Parameter g hebt die Absatzmenge auf dem Werbemarkt. Das wiederum heißt, je stärker die Anzeigenkunden profitieren, desto weniger zahlen Konsumenten pro Anzeige bzw. desto mehr erhalten sie pro Anzeige.

10.8 Trade-off-Analysen (klassische Lagerhaltungsoptimierung)

Optimierungsprobleme liegen vor allem dann vor, wenn sich die Gesamtkosten aus mindestens zwei Kostenfunktionen zusammensetzen, von denen eine Funktion einen steigenden und die zweite einen fallenden Verlauf hat. Solch gegenläufige Abhängigkeiten bzw. Zusammenhänge kommen im betrieblichen Alltag recht häufig vor. Beispielsweise würde eine Erhöhung des Personalstandes dazu führen, dass die Bearbeitungszeiten bzw. -kosten sinken, aber der Koordinationsaufwand steigt. Auch im Umfeld von Produktionsmaschinen stehen solche Probleme auf der Tagesordnung: Häufige Wartungen führen einerseits zu steigenden Wartungskosten, aber langfristig auch zu sinkenden Reparaturkosten.

Gelöst werden solche Trade-off-Probleme durch die Addierung der beiden Teilkostenfunktionen zu einer Gesamtkostenfunktion. Dann wird das Minimum der Gesamtkostenfunktion bestimmt. Das folgende Beispiel verdeutlicht das Verfahren.

Beispiel. Die elektronische Wartung (w) einer Filmkamera kostet beispielsweise 10 Euro pro Wartung Die variablen Gesamtkosten liegen demnach bei $K_W = 10 \cdot w$. Aus Erfahrung weiß der Cheftechniker des Unternehmens, dass die Reparaturkosten (K_R) mit der Häufigkeit von Wartungen abnehmen. Die Entwicklung der Reparaturkosten zeigen in Abhängigkeit von der Anzahl der Wartungen einen Funktionsverlauf von: K_R = 100 Euro + 20 Euro/Anzahl der Wartungen. Mit zunehmender Anzahl der Wartungen steigen zwar die Wartungskosten, es sinken aber die Reparaturkosten. Was wäre optimal? Wo wären die Gesamtkosten am geringsten?

Lösung. Die Gesamtkostenfunktion lautet:

$$K_G = K_W + K_R = 10w + \left(100 + \frac{20}{w}\right) \quad (1)$$

Die erste Ableitung lautet dann:

$$K_G' = 10 - \frac{20}{w^2} \quad (2)$$

und liefert den positiven W-Wert von $w = 1{,}41$.

Die zweite Ableitung nimmt an dieser Stelle immer einen positiven Wert an. Es liegt also bei 1,41 ein Minimum vor. Das Ergebnis bedeutet, dass die Kamera 1,4 Mal im Jahr (also alle acht bis neun Monate) gewartet werden sollte, um die Gesamtkosten zu minimieren.

Das wahrscheinlich bekannteste Beispiel einer Trade-off-Analyse findet sich in der **Bestellmengenuntersuchung** von Material, das in Lagern vorgehalten wird. Der Trade-off besteht hier darin, das Lager zu betreiben und Bestellungen auszuführen, Kosten verursacht. Je größer das Lager, desto höher die Lagerhaltungskosten. Zudem bindet eingelagertes Material Kapital. Damit entstehen entweder Opportunitätskosten für entgangene Zinsgewinne, soweit Kapital im Unternehmen frei ist, oder es müssen Zinsen aufgewandt werden, wenn Kredite in Anspruch genommen werden müssen. Auf der anderen Seite sinken die Kosten für die Auftragsbearbeitung, Verpackung und Lieferung etc., wenn größere Mengeneinheiten in einem Bestellvorgang eingekauft werden (also weniger häufig bestellt wird). Die grundsätzliche Frage lautet also: Ist es kostengünstiger weniger häufig große Mengen oder häufiger kleinere Mengen zu bestellen?

Insgesamt setzen sich die gesamten **Beschaffungskosten** (K_G) aus drei Kostenbestandteilen zusammen:

1. Den unmittelbaren **Anschaffungskosten** (K_A). Die Anschaffungskosten berechnen sich aus der benötigten Produktmenge (x_B) in einer Periode und dem Einkaufspreis (p) der Produkte
$$K_A = x_B \cdot p \quad (1)$$
2. Den **fixen Bezugskosten** (K_B) je Bestellvorgang (Verwaltungs- und Lieferkosten). Diese Bezugskosten berechnen sich aus der Bestellhäufigkeit, die sich wiederum aus der benötigten Produktmenge (x_B) geteilt durch die Anzahl der bestellten Produkte (q) multipliziert mit den bestellfixen Kosten (k_f) z. B. für Transport und Verwaltung ergeben, d. h.
$$K_B = \frac{x_B}{q} \cdot k_f \quad (2)$$
3. Den **Lagerkosten** (K_L) für die durchschnittlich im Lager gebundenen Warenwerte sowie den sonstigen Lagerkosten. Diese Lagerkosten werden mit einem Lagerkostensatz (Kosten der Kapitalbindung pro Produkt in Prozent) berücksichtigt (k_L). Der Vereinfachung wegen wird angenommen, dass das Material dem Lager

gleichmäßig entnommen wird und bei Leerstand unverzüglich (ohne Zeitverzug) aufgefüllt wird. Damit ist das Lager im Jahresdurchschnitt immer genau halbvoll bzw. ist immer der halbe maximale Kapitalwert (halbe Bestellmenge (q/2) · Produktpreis (p)) gebunden. Der Lagerkostensatz berechnet sich demnach wie folgt:

$$K_L = \frac{q}{2} \cdot p \cdot k_L \tag{3}$$

Insgesamt ergibt sich damit für die Beschaffungskosten eine Gesamtkostenfunktion wie folgt:

$$K_G = K_A + K_B + K_L \tag{4.1}$$

$$K_G = (x_B \cdot p) + \left(\frac{x_B}{q} k_f\right) + \left(\frac{q}{2} \cdot p \cdot k_L\right) \tag{4.2}$$

Der Trade-off-Effekt ergibt sich aus dem Verlauf der steigenden Lagerhaltungskosten bei höheren Bestellmengen und den dabei gleichzeitig sinkenden Bestellkosten (et vice versa). Hier müssen die Anschaffungskosten nicht berücksichtigt werden. Der Zusammenhang soll an einem Beispiel verdeutlicht werden.

Beispiel. Die Enterprise Music GmbH benötigt 15.000 Blu-Ray-Boxsets einer Filmstaffel. Pro Box zahlt die Bestellerin 30 Euro. Die Bearbeitungs- und Lieferkosten (K_B) liegen bei 50 Euro je Lieferung. Lagerhaltungskosten (K_L) fallen in Höhe von 20 Prozent des durchschnittlichen Warenwertes an. Der Controller rechnet wie folgt, um die gesamten Bezugs- und Lagerkosten (K_{BL}) ohne Berücksichtigung der Anschaffungskosten festzustellen:

$$K_{BL} = \left(\frac{x_B}{q} \cdot k_f\right) + \left(\frac{q \cdot p}{2} \cdot k_L\right) \tag{5.1}$$

$$K_{BL} = \left(\frac{15.000}{q} \cdot 50\right) + \left(\frac{q \cdot 30}{2} \cdot 0{,}2\right) \tag{5.2}$$

Soll das Minimum der Funktion bestimmt werden, muss die partielle Ableitung der Funktion nach q gebildet und null gesetzt werden:

$$\frac{\partial K}{\partial q} = K'(q) = -1 \cdot \left(\frac{750.000}{q^2}\right) + \left(\frac{1 \cdot 30}{2} \cdot 0{,}2\right) \tag{6}$$

$$0 = -1 \cdot \left(\frac{750.000}{q^2}\right) + 3$$

$$3 = \left(\frac{750.000}{q^2}\right)$$

$$\Rightarrow \quad q = 500$$

Die zweite Ableitung ist größer als Null, d. h. $q = 500$ ist ein lokales (und globales) Minimum. Bei $q = 500$ liegen die gesamten Bestellkosten (K_{GB}) bei 3.000 Euro (vgl. Abb. 10.36).

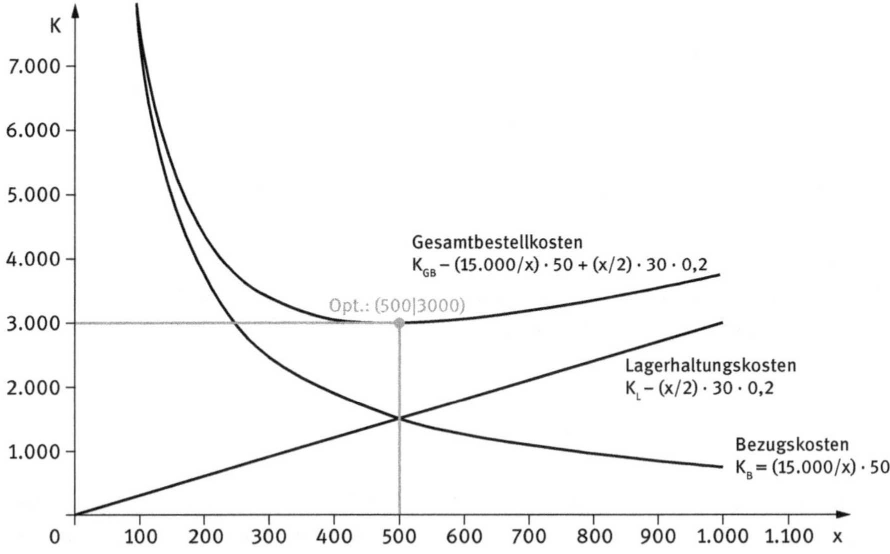

Abb. 10.36: Lagerkostenoptimierung

Bereits vor fast hundert Jahren hat Kurt Andler diesen Zusammenhang erkannt (vgl. Andler 1929) und gefolgert, dass die optimale Bestellmenge genau die Größe hat, bei der die Beschaffungskosten und Lagerkosten gleich hoch sind (vgl. Schuldenzucker 2014: 49). Dies vorausgesetzt folgt aus (5.1):

$$\left(\frac{x_B}{q} k_f\right) = \left(\frac{q \cdot p}{2} \cdot k_L\right) \tag{7}$$

$$\Rightarrow \quad q^2 = \frac{2 \cdot x_B \cdot k_f}{p \cdot k_L}$$

$$q_{opt.} = \sqrt{\frac{2 \cdot x_B \cdot k_f}{p \cdot k_L}} \qquad \text{(opt. Bestellmenge; Andler-Formel)}$$

Diese Methode der optimalen Bestellmengenbestimmung ist als **Andler-Formel** in die Literatur eingegangen.[25]

Wenn nun die Enterprise Music GmbH jeweils 500 Einheiten bestellt, muss sie insgesamt 30 Bestellungen aufgeben, um ihren Bedarf kostenoptimal zu decken. Damit wird die optimale Bestellhäufigkeit formal wie folgt berechnet:

$$n_{opt.} = \frac{x_B}{q_{opt.}} = \sqrt{\frac{x_B \cdot p \cdot k_L}{p \cdot k_f}} \qquad \text{(optimale Bestellhäufigkeit)}$$

25 Der Ansatz wurde jedoch bereits im Jahr 1913 von Ford W. Harris entwickelt (vgl. Harris 1913).

Aufgabe. Ein produzierender Musikbetrieb benötigt 80.000 CD-Rohlinge pro Jahr. Jeder Rohling wird zu einem Preis von 0,30 Euro eingekauft. Jeder Bestellvorgang von Rohlingen verursacht Bestellkosten von 120 Euro. Es wird unterstellt, dass die Lieferungen der bestellten Rohlinge ohne Zeitverzug erfolgen und dass das Lager durch kontinuierliche Entnahme geleert wird. Lagerfläche ist ausreichend vorhanden. Mengenrabatte und ähnliche Preisreduzierungen gibt es nicht. Die Lagerung verursacht Kosten in Höhe von 12 % auf das gebundene Kapital.

Wie groß ist die optimale Bestellmenge? Wie oft muss unter optimalen Bedingungen pro Jahr bestellt werden? Wie viel spart der Musikbetrieb ein, wenn er bisher den gesamten Bedarf am Jahresanfang bestellt hat?

10.9 Die lineare Optimierung

Während die Differenzialrechnung ein brauchbares Werkzeug darstellt, wenn relative Extremwerte differenzierbarer Funktion gesucht werden, hilft die lineare Optimierung, wenn Bedingungen in Form von Ungleichungen vorgegeben sind. Für den Fall, dass einfache lineare Zusammenhänge der Zielgrößen gegeben sind, spricht die Mathematik von linearer Programmierung (vgl. Brehler 1998: Kap. 3.2). Dem Analysten stehen zwei Möglichkeiten zur Verfügung: die grafische Lösungsmethode und die analytische (z. B. Simplexverfahren). Die grafische Lösung greift aber nur, wenn sich das Problem auf zweidimensionale Situationen beschränkt. Beide Verfahren sollen an jeweils einem Beispiel[26] dargestellt werden.

Beispiel. Eine Kreativagentur bietet Dienstleistungen im Bildbearbeitungssegment für vom Fotografen angelieferte Katalogfotos an. Es sind je nachdem, um was für Fotos es sich handelt und wer sie anliefert, drei Arbeitsschritte durchzuführen:

1. Die Bilder müssen geprüft, geordnet und hinsichtlich der Kontraste und Farbe optimiert werden.
2. Dann werden die Objekte freigestellt, wenn sie für den Katalogeinsatz gedacht sind.
3. Schließlich werden die Fotos endbearbeitet, in verschiedenen Formaten abgespeichert und ggfs. in einem Booklet zusammengestellt und ausgedruckt.

Es stehen aktuell zwei Aufträge an: Einmal müssen semiprofessionelle Fotos von einem Event bearbeitet werden und einmal Fotos für einen Katalog. Die Rahmenbedingungen der beiden Aufträge sehen wie folgt aus:

26 Das Beispiel ist (kontextverändert) der sehr guten Publikation zum Prüfungstraining Analysis/Lineare Algebra von Schuldenzucker 2014: Kap. 3.3 entnommen. Weitere ausgearbeitete Beispiele zum Selbstlernstudium finden sich in Brehler 1998: Kap. 3.2.

Eventfotos (x_1): 1 Std. Aufwand für die Bildoptimierung und 2 Std. Aufwand für die Bookletarbeiten.

Katalogfotos (x_2): 1. Std. Aufwand für das Freistellen und 4 Std. Aufwand für die Bookletarbeiten.

Die maximale Arbeitszeitkapazität pro Tag in der Agentur sind wie folgt definiert:

1. Bildoptimierung: max. 10 Std.
2. Bildfreistellung: max. 6 Std.
3. Bildendbearbeitung: max. 32 Std.

Der Deckungsbeitrag je Fotobündel (eine bestimmte Anzahl an Fotos wird jeweils zu einem Angebotsbündel zusammengefasst) liegt bei 30 Euro für die Eventfotos (x_1) bzw. 20 Euro für die Katalogfotos (x_2). Derzeit realisiert die Agentur einen Gesamtdeckungsbeitrag in Höhe von 180 Euro. Die Agentur möchte natürlich den Gesamtdeckungsbeitrag maximieren. Der Geschäftsführer will wissen, wie er die vorhandenen Kapazitäten auf die beiden Aufträge verteilt.

Das Maximierungsproblem und die Nebenbedingungen, die die Produktionskapazitäten liefern, formuliert der Geschäftsführer mathematisch:

Die zu maximierende **Zielfunktion** wird wie folgt definiert:

$$Z(x_1, x_2) = 30 \cdot x_1 + 20 \cdot x_2 \rightarrow \max!$$

Die durch die Produktionskapazitäten gegebenen **Nebenbedingungen** lauten:

$$\begin{aligned} 1x_1 \quad\quad\quad &\leq 10 \\ x_2 \quad\quad\quad &\leq 6 \\ 2x_1 + 4x_2 &\leq 32 \\ x_1\,, \quad x_2 &\geq 0 \end{aligned}$$

Die Lösung kann auf zwei verschiedene Arten hergeleitet werden, wie die folgenden Ausführungen zeigen.

10.9.1 Die grafische Lösungsmethode

Zunächst werden die Ungleichungen als Gleichungen interpretiert: Das bedeutet, dass unterstellt wird, dass die Produktionskapazitäten maximal ausgeschöpft werden.

$$x_1 = 10 \tag{1}$$

$$x_2 = 6 \tag{2}$$

$$2x_1 + 4x_2 = 32 \tag{3}$$

Dann werden die aus den Gleichungen resultierenden Geraden in ein $x_1 - x_2$-Koordinatensystem eingezeichnet. Dies geschieht, indem die jeweiligen Achsenwerte in einer Gleichung durch Nullsetzen des zweiten Achsenwertes bestimmt werden. Damit ergeben sich drei Geraden:

Aus (1) ergibt sich: x_1 ist immer = 10; gleichgültig, wie hoch x_2 gesetzt würde, da x_2 nicht in Anspruch genommen wird.

Aus (2) ergibt sich: x_2 ist immer = 6; gleichgültig, wie hoch x_1 gesetzt würde, da x_1 nicht in Anspruch genommen wird.

Aus (3) ergibt sich: $x_2 = 8 - 0{,}5x_1$.

Wird nun x_1 null gesetzt, ergibt sich für x_2 der Wert (Wert auf der x_2-Achse) 8.
Wird nun x_2 null gesetzt, ergibt sich für x_1 der Wert (Wert auf der x_1-Achse) 16.

Der Bereich, der durch die einzelnen Geraden begrenzt wird, ist der zulässige Lösungsbereich. Um den optimalen Punkt zu finden, muss nun die Zielfunktion eingezeichnet werden. Sie lautet gemäß Aufgabenstellung:

$$Z = 30 \cdot x_1 + 20 \cdot x_2 \tag{4}$$

Da die drei Parameter Z, x_1 und x_2 unbekannt sind, liefert die Funktion keine unmittelbaren Werte für die Lösung. Bekannt sind lediglich die Deckungsbeiträge je Fotobündel. Die liegen bei 30 Euro für die Eventfotos (db_1 von x_1) bzw. 20 Euro für die Katalogfotos (db_2 von x_2).

Bekannt ist weiterhin, dass unabhängig von konkreten Z-, x_1- oder x_2-Werten, die Steigung der Funktion immer gleich ist. Und die Steigung wird durch das Verhältnis von db_1 zu db_2 geliefert.

Um die Steigung zu ermitteln, ist die Zielfunktion nach x_2 aufzulösen. Die (negative) Steigung wird durch das Verhältnis der Stückdeckungsbeiträge sichtbar. Damit zeigt sich der Verlauf der Zielfunktion für jeden beliebigen Z-Wert.[27]

$$x_2 = \frac{Z}{db_2} - \frac{db_1}{db_2} \cdot x_1 \tag{5.1}$$

Werden die bekannten Werte in die Funktion (5.1) eingesetzt, ergibt sich:

$$x_2 = \frac{Z}{20} - \frac{30}{20}x_1 = \frac{Z}{20} - 1{,}5x_1 \tag{5.2}$$

Das Wissen um die Steigung (hier: −1,5) ist elementar. Denn damit kann die Zielfunktion mit jedem beliebigen Z-Wert ausgestattet werden, die Steigung bleibt immer die gleiche.

27 Die Zielfunktion kann einen beliebigen Wert haben, weil nur die Steigung der Funktion relevant ist. Jede Zielfunktion verläuft im Prinzip gleich. Eine weiter vom Ursprung des Koordinatensystems entfernte Zielfunktion hat einen höheren, eine näher zum Koordinatenursprung gelegene Zielfunktion hat einen niedrigeren Ziel-Wert (im Beispiel: der Gesamtdeckungsbeitrag). Aber die Steigung ist immer identisch.

Angenommen der Geschäftsführer weiß, dass der aktuelle Gesamtdeckungsbeitrag bei 180 Euro liegt, dann wird dieser in (5.2) eingesetzt. Daraus folgt:

$$x_2 = \frac{180}{20} - 1{,}5x_1 = 9 - 1{,}5x_1 \quad (6)$$

Durch Nullsetzen der einzelnen x-Werte, errechnen sich auch hier wieder die Schnittpunkte mit den Achsen. Ist x_1 null, folgt daraus, $x_2 = 9$. Ist x_2 null, ist $x_1 = 6$. Werden die beiden Punkt nun miteinander verbunden, zeigt sich hier die Zielfunktion für den Gesamtwert in Höhe von 180 Euro. Es könnte aber auch jeder beliebige Wert für Z eingesetzt werden.

Abbildung 10.37 zeigt, dass die berechnete Zielfunktion nun nach außen parallelverschoben werden muss. Und zwar bis zum äußersten Punkt des Lösungsbereiches. Wo genau dieser (Tangential-)Punkt liegt, ist abhängig von der Form des Lösungsbereiches und der Steigung der Zielfunktion. Der Tangentialpunkt zeigt die Mengenkombination von x_1 und x_2, wenn er auf die x_1- bzw. x_2-Achse abgetragen wird.

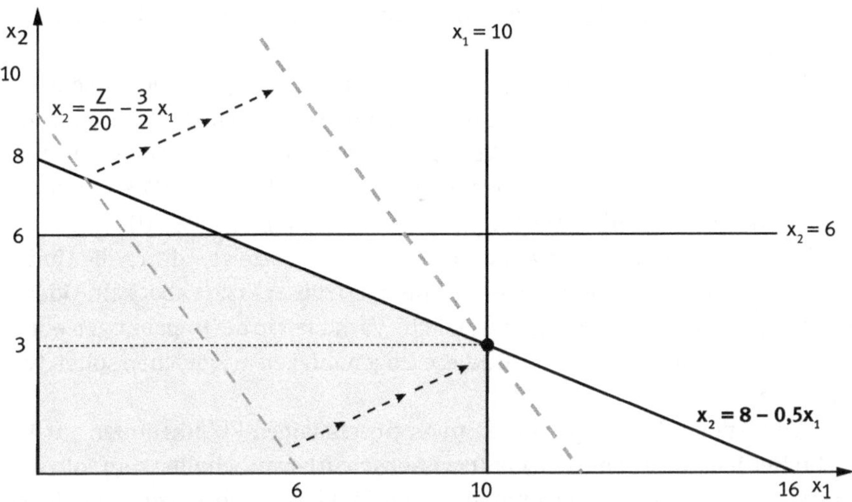

Abb. 10.37: Grafische Lösung eines linearen Optimierungsproblems

Die grafische Lösung zeigt einen x_1-Wert von 10 und einen x_2-Wert von 3. Werden diese beiden Werte in die Zielfunktion eingesetzt, ergibt sich:

$$Z(x_1, x_2) = 30 \cdot 10 + 20 \cdot 3 = 360 \quad (7)$$

Nun weiß der Geschäftsführer, dass er pro Tag 10 Einheiten Eventfotos und 3 Einheiten Katalogfotos bearbeiten lassen sollte, wenn er den Gesamtdeckungsbeitrag maximieren will. Dieser liegt dann bei 360 Euro pro Tag, anstatt wie vorher bei nur 180 Euro.

10.9.2 Die rechnerische Lösungsmethode (am Beispiel Simplex-Verfahren)

Das grafische Lösungsverfahren zeigt deutlich, dass eine eindeutige Lösung immer nur dann auftritt, wenn die Zielfunktionsgerade eine Ecke im zweidimensionalen Lösungsraum berührt. Das rechnerische Lösungsverfahren hingegen löst beliebig dimensionierte Probleme (vgl. Brehler 1998: 41). Das heißt, auf rechnerischem Wege könnte der Geschäftsführer auch noch weitere Produkte in seine Kalkulation einbeziehen. Probleme, die mit dem Simplex-Verfahren gelöst werden können, finden sich häufig im Produktionsbereich, dann beispielsweise, wenn sich die Herstellung von verschiedenen Produkten begrenzte Kapazitäten mehrerer Maschinen oder Personenarbeitszeiten miteinander teilen müssen.

Umgekehrt könnten aber auch Produktionsbedingungen vorliegen, die nicht maximale Mengen, sondern Mindestmengen definieren. Das wäre der Fall, wenn verschiedene Produkte hergestellt werden und bestimmte Mindestmengen nicht unterschritten werden sollen. Des Weiteren könnte es gelten, dass die Zielfunktion nicht maximiert, sondern minimiert werden soll, wie es bei Kostenfunktionen üblich ist. Nicht zuletzt gibt es auch viele Optimierungsprobleme in den Betriebsbereichen Finanzierung und Investitionsplanung.

Auch das Simplex-Verfahren ist eine Eckpunkt-Berechnungsmethode, schränkt aber die Anzahl der Eckpunktvergleiche dadurch ein, dass jede neue Basislösung eine Verbesserung oder zumindest keine Verschlechterung des Zielfunktionswertes zur Folge haben muss und dass der Einbezug unzulässiger Basislösungen (Eckpunkte, die nicht allen Restriktionen genügen) wird verhindert (vgl. Brehler 1998: 41).

Die Eckpunkte werden – wie in der grafischen Lösung gezeigt – durch die Umformung der Ungleichungen in Gleichungen ermittelt. Da dieser Ersatz aber keine identischen Bedingungen abbildet, werden zusätzliche Variablen in die Gleichungen eingeführt (sogenannte Schlupfvariablen), die diese Ungenauigkeit ausgleichen sollen (vgl. Schuldenzucker 2014: 177).

Da die Vorstellung des Simplex-Verfahrens einschlägigen Publikationen zur Mathematik für Betriebswirte oder Wirtschaftswissenschaftler vorbehalten sein soll, werden hier nur das Anfangs- und das Endtableau abgebildet, um zu zeigen, dass die Ergebnisse des grafischen und des mathematischen Lösungsverfahrens identisch sind.[28] Das Beispiel überführt die Problemstellung der Kreativagentur (vgl. oben grafische Lösung) in das Simplex-Verfahren.

Mit Hilfe der Einführung von Schlupfvariablen ergibt sich das erste Tableau (vgl. Tab. 10.9) wie folgt:

28 Eine didaktisch sehr gut aufbereitete Darstellung des Verfahrens (anhand der im grafischen Lösungsbereich angenommenen Aufgabenstellung) findet der Leser in Schuldenzucker 2014: 177–180. Eine weitere Beispiellösung findet sich in Brehler 1998: 41–45.

Tab. 10.9: Simplex-Verfahren Tableau 1

	x_1	x_2	y_1	y_2	y_3	$\vec{b}$
y_1	1	0	1	0	0	10
y_2	0	1	0	1	0	6
y_3	2	4	0	0	1	32
z	−30	−20	0	0	0	0

Dieser Lösungsweg beginnt im Nullpunkt und bedeutet, dass die Agentur nichts tut, also kein einziges Bildpaket bearbeitet. Der Deckungsbeitrag beider Aufträge ist logischerweise null (siehe z-Wert in der rechten Spalte).

Im nächsten Schritt wird das Wachstum des Deckungsbeitrages durch die Produktion von x_1 untersucht, da x_1 den höchsten Deckungsbeitragszuwachs verspricht (siehe z-Wert von $x_1 = -30$).

Tab. 10.10: Simplex-Verfahren Tableau 2

	x_1	x_2	y_1	y_2	y_3	$\vec{b}$
x_1	1	0	1	0	0	10
y_2	0	1	0	1	0	6
y_3	0	4	−2	0	1	16
z	0	−20	30	0	0	300

Nach dem ersten Optimierungsschritt zeigt sich in Tab. 10.10, dass der Koeffizient für x_1 optimiert ist ($x_1 = 1$), der Zielkoeffizient ($z = -20$) für x_2 aber noch kleiner als null ist. Die Lösung kann weiter optimiert werden. Im Anschluss an den nächsten Optimierungsschritt sind alle Zielfunktionskoeffizienten ≥ 0. Das bedeutet, dass die Lösung nicht weiter optimiert werden kann. Das Endtableau sieht dann wie folgt aus (vgl. Tab. 10.11):

Das Ergebnis zeigt, wie schon bekannt: $x_1 = 10$, $x_2 = 3$ und $z = 360$.

Tab. 10.11: Simplex-Verfahren Endtableau

	x_1	x_2	y_1	y_2	y_3	$\vec{b}$
x_1	1	0	1	0	0	10
y_2	0	0	1/2	1	−1/4	3
x_2	0	1	−1/2	0	1/4	3
z	0	0	20	0	5	360

Im Anschluss an die in diesem Kapitelabschnitt vorgestellten Werkzeuge des operativen Managements sollen nun ausgewählte Werkzeuge der strategischen Unternehmensführung erläutert werden. Da diese Instrumente nicht nur Ergebnisse liefern, sondern weil die Ergebnisse der Untersuchungen auch gleichzeitig mit sogenannten Normstrategien ausgestattet sind, sollen sie als Werkzeuge der Entscheidungsfindung ausgezeichnet werden. Allerdings handelt es sich hier eher um eine akademische Trennung. Denn natürlich dienen auch die operativen Analysen der Entscheidungsfindung und die strategischen auch der Situationsanalyse.

10.10 Verfahren der statischen Investitionsrechnung

Mithilfe von Investitionsrechnungen ist es möglich, die quantitativen Aspekte einer Investition zu erfassen und zu bewerten. Sie dienen damit der Planung von Vorteilhaftigkeitsüberlegungen und der Kontrolle von Vorteilshaftigkeitsvergleichen (vgl. folgend Thommen et al. 2017: 342 ff.).

Die statischen Verfahren sind dadurch gekennzeichnet, dass sie den Zeitfaktor in ihren Darstellungen vernachlässigen, damit auf eine Auf- oder Abzinsung von Werten verzichten und nur eine Periode betrachten bzw. mit Durchschnittswerten arbeiten. Zu den statischen Verfahren, die sich großer Beliebtheit erfreuen, weil sie sehr einfach zu handhaben sind, gehören die Kosten- und Gewinnvergleichsrechnung, die Rentabilitäts- und die Amortisationsrechnung, die in aller Kürze zusammengefasst vorgestellt werden sollen.

10.10.1 Die Kostenvergleichsrechnung

In der Kostenvergleichsrechnung werden die Kosten von Investitionsprojekten zusammengestellt und miteinander verglichen. Das Kriterium für Vorteilhaftigkeit ist die Kostenhöhe. Bei vergleichbarer Leistung ist das kostengünstigere Projekt vorzuziehen. Gerechnet werden kann mit den Kosten je Periode oder den Kosten je Leistungseinheit (z. B. bei unterschiedlichen Kapazitäten). In die Vergleichsrechnung gehen aber nur die ursächlich durch die Investition verursachten Kosten ein. Diese können in Betriebskosten und Kapitalkosten unterschieden werden.

- **Betriebskosten** sind fixe oder variable Kosten, die mit der Leistungserstellung anfallen.
- **Kapitalkosten** sind Kosten, die leistungsunabhängig anfallen (z. B. Abschreibungen und Zinsaufwendungen).

Kostenvergleiche können tabellarisch, grafisch oder mathematisch durchgeführt werden. Eine typische grafische Ermittlung wird durch eine Break-Even-Darstellung durchgeführt, indem in einem Koordinatensystem bestehend aus einer Mengenachse

(Abszisse) und der Kostenachse (Ordinate) die Kostenfunktionen abgebildet werden. Der Verlauf der Kostenfunktionen macht einen Kostenvergleich in Abhängigkeit vom Output möglich (vgl. Kapitel 10.4).

Rechnerisch können Kostenvergleiche wie folgt abgebildet werden:

$$K = K_B + K_A + K_Z$$

(mit K = Gesamtkosten, K_B = Betriebskosten, K_A = Abschreibungen, K_Z = Zinsen). Für die Einzelgrößen gilt wie folgt:

$$K_A = \frac{(I - L)}{n} \quad \text{und} \quad K_Z = \frac{(I + L)}{2} \cdot \frac{i}{100}$$

(mit I = Investitionsbetrag, L = Liquidationserlös, n = Laufzeit und i = Zinssatz in Prozent). Die Kosten pro Leistungseinheit berechnen sich typischer Weise, indem die Gesamtkosten durch die Leistungseinheiten geteilt werden (k = K/x).

Tabellarisch an einem fiktiven Beispiel umgesetzt, ergibt sich folgendes Bild:

Tab. 10.12: Kostenvergleichsrechnung (fiktives Beispiel)

Kosten pro Jahr	**Kamera 1**		**Kamera 2**	
Ausgangsdaten				
Anschaffungskosten	100.000		120.000	
Nutzungsdauer in Jahren	5		6	
Liquidationserlös	10.000		18.000	
Kapazität in Std./Periode	12.000		15.000	
Auslastung in Std./Periode	10.000		13.000	
Kapitalkosten/Jahr				
Abschreibungen	18.000		17.000	
Zinsen (5 %)	2.750	20.750	3.250	20.250
Betriebskosten/Jahr				
Verschleiß und Wartung	500		650	
Versicherung	350	850	400	1.050
Gesamtkosten/Jahr		**21.600**		**21.300**

Kosten pro Stunde	**Kamera 1**	**Kamera 2**
Auslastung/Periode	10.000	13.000
Kapitalkosten/Std.	2,075	1,557
Betriebskosten/Std.	0,085	0,081
Gesamtkosten/Std.	2,16	1,64

Im vorliegenden Beispielfall wäre es kostengünstiger, die teure Kamera anzuschaffen; vorausgesetzt die höheren Einsatzstunden, die mit der zweiten Kamera möglich sind, können tatsächlich ausgenutzt werden.

10.10.2 Die Gewinnvergleichsrechnung

Anders als die Kostenvergleichsrechnung bezieht die Gewinnvergleichsrechnung die mit einer Investition erzielbaren Erlöse mit in die Betrachtung ein. Insofern ist eine Gewinnvergleichsrechnung sinnvoller, wenn durch die Investition unterschiedlich hohe Umsätze gemacht werden können. Das Kriterium für die Vorteilhaftigkeit ist die Gewinnhöhe. Projekte mit höheren Gewinnen sind denen mit niedrigeren Gewinnen vorzuziehen.

Allerdings muss auch beachtet werden, dass Gewinnvergleichsrechnungen zwar eine größere ökonomische Aussagekraft haben, diese ist aber auch mit einer höheren Unsicherheit verbunden. Da der Gewinn auch von außerbetrieblichen Faktoren abhängt (z. B. die Nachfrage), werden Prognosen mit zunehmender zeitlicher Intervalllänge der Projektbetrachtung unsicherer.

Der Aufbau einer Gewinnvergleichsrechnung ist ebenso einfach, wie der der Kostenvergleichsrechnung. Letztere wird lediglich um eine Betrachtung der Umsatzseite erweitert. Abschließend wird eine Differenzrechnung zwischen den passenden Kosten- und Erlösgrößen aufgestellt. Um Projekte vergleichen zu können, empfiehlt sich auch hier wieder die Break-Even-Analyse (vgl. Kapitel 10.6).

Auf eine tabellarische Darstellung soll hier verzichtet werden. Auch erscheint es nicht hilfreich, die mathematische Aufarbeitung noch einmal darzustellen. Hier sei auf die Gewinnverlaufsanalysen in Kapitel 10.1.7 verwiesen. Erinnernd soll aber darauf hingewiesen werden, dass im Umfeld von Gewinnvergleichsrechnungen auch auf Kennzahlen, die schon behandelt wurden, zurückgegriffen werden kann. So beispielsweise neben der Gewinnschwelle auch der Deckungsbeitrag oder die Deckungsbeitragsspanne (vgl. Kapitel 9.1.4). Hier gilt: Je höher die Deckungsbeitragsspanne oder je tiefer die Gewinnschwelle liegt, desto vorteilhafter ist die Investition.

10.10.3 Die Rentabilitätsrechnung

Die Rentabilitätsrechnung einzusetzen ist immer dann sinnvoll, wenn Investitionsvorhaben unterschiedliche Kapitaleinsätze erfordern, da hier der durchschnittliche Jahresgewinn durch die Investition in Beziehung gesetzt wird zum durchschnittlich eingesetzten Kapital. So können Projekte in Relation zum eingesetzten Kapital beurteilt werden. Die Aussagekraft ist in vielen Fällen größer als die in Modellen, die mit absoluten Zahlen arbeiten. Vorteilhaft ist das Vorhaben, das die höhere Rendite (Gewinn in Prozent) erwirtschaftet.

Die Kennzahl der Rentabilität ist schon in Kapitel 9.1.2 vorgestellt und erläutert worden. Deswegen soll hier nur der Parametertransfer auf die schon ausgeführten Erläuterungen im Umfeld der Kostenvergleichsrechnung angeboten sein.

$$\text{Rentabilität (r)} = \frac{\varnothing\,\text{Jahresgewinn}}{\varnothing\,\text{eingesetztes Kapital}} \cdot 100$$

Die Rentabilitätsrechnung eignet sich auch für Rationalisierungsinvestitionen, wenn die initiierten Kostenersparnisse durch eine Investition in Beziehung gesetzt wird zum zusätzlichen Kapitaleinsatz:

$$\text{Rentabilität (r)} = \frac{\text{Kostenersparnis pro Periode}}{\text{zusätzlicher}\,\varnothing\,\text{Kapitaleinsatz}} \cdot 100$$

10.10.4 Die Amortisationsrechnung

Die Amortisationsrechnung dient der Ermittlung der Kapitalbindungsdauer einer Investition. Dabei wird die Rückflussdauer einer Investition, d. h. der Zeitraum, in dem sich die Anschaffungskosten aus den jährlichen Gewinnen und Abschreibungen der Investition refinanzieren, berechnet. Das Ergebnis dieser Rechnung ist die Amortisationszeit bzw. die Amortisationsdauer. Ein Investitionsobjekt ist absolut vorteilhaft, wenn seine Amortisationszeit geringer als ein vorgegebener Grenzwert bzw. die Lebensdauer des Objektes ist. Es ist relativ vorteilhaft, wenn seine Amortisationszeit geringer als die eines jeden alternativen Objektes ist.

In ihrer einfachsten Anwendung rechnet die Amortisationsrechnung mit Durchschnittswerten. Diese Methode findet Anwendung, wenn der jährliche finanzielle Rückfluss (der zur Deckung der Anschaffungsauszahlung dient) in gleicher Höhe anfällt.

$$\text{Amortisationszeit} = \frac{\text{Anschaffungskosten-Restwert}}{\text{jährlicher Gewinn} + \text{jährliche Abschreibungen}}$$

Beispiel. Eine Fotoagentur überlegt, ob sie die Datenbankrecherche automatisieren soll. Die dafür notwendige Software kostet 3.000 Euro und die Pflege des Archivs schlägt noch einmal mit 200 Euro pro Monat zu buche. Alternativ kann das Datensystem auch wie bisher manuell durch Mitarbeiter durchsucht und gepflegt werden. Die beiden für diese Aufgaben eingesetzten Teilzeitmitarbeiter kosten zusammen 900 Euro pro Monat. Ein Restwert für die Software kann nicht angesetzt werden. Das erlaubt die Lizenzvereinbarung nicht. Abgeschrieben wird die Anschaffung über fünf Jahre (= 50,00 €/Monat).

$$\text{Amortisationszeit} = \frac{3.000\,€}{(900\,€ - 200\,€) + 50\,€} = 4$$

Die Software hätte sich bereits nach vier Monaten amortisiert.

Die Amortisationsrechnung kann auch mit Größen zur Kostenersparnis eingesetzt werden:

$$\text{Amortisationszeit} = \frac{\text{Anschaffungskosten} - \text{Restwert}}{\text{jährl. Kostenersparnis} + \text{jährl. Abschreibungen}}$$

Die zweite Methode in der Amortisationsrechnung ist die sogenannte Kumulationsrechnung; streng genommen gehört dieses Verfahren aber zu den Verfahren der dynamischen Investitionsrechnungen. Dieses Verfahren wird angewendet, wenn die jährlichen Rückflüsse aus der Investition verschieden hoch sind. Dabei werden die jährlichen Rückflüsse nach Jahren differenziert betrachtet und jährlich schrittweise addiert, bis ihre Gesamtsumme der Investitionssumme entspricht (Amortisationszeitpunkt). Der Amortisationszeitpunkt gilt als erreicht, wenn der kumulierte Barwert positiv wird.

$$\text{Amortisationszeit} = \frac{\text{Anschaffungskosten} - \text{Restwert}}{\text{kumulierte Rückflüsse der Perioden}}$$

Auch hier ist die Vorteilhaftigkeit dann gegeben, wenn die Amortisationsperioden, die notwendig sind, um auch die Vorlaufkosten (Entwicklungs- und Markteinführungskosten) zu decken, geringer sind als die Lebensdauer des Produktes.

Beispiel. Der Geschäftsleitung eines Filmproduktionsbetriebs will in einen Schnittplatz investieren. Die Investitionssumme in t_0 beträgt 40.000 Euro. Die auf das Investitionsjahr folgenden jährlichen (t_1 bis t_4) Einsparungen für die Anmietung fremder Schnittplätze betragen jährlich 13.000 Euro. Zusätzlich werden Umsätze durch die Vermietung des Platzes generiert (1. Jahr: 4.000 €; 2. Jahr: 5.000 €, Folgejahre 6.250). Die Schulung der eigenen Mitarbeiter in der Handhabung der Technik kostet jährlich 600 Euro. Der Schnittplatz wird auf acht Jahre kalkulatorisch abgeschrieben. Die Abschreibungen betragen 5.000 Euro pro Jahr. Der Restwert wird mit null Euro veranschlagt. Die künftigen Einnahmeüberschüsse sollen aufgrund der aktuellen Kapitalmarktsituation mit einem banküblichen Zinssatz für Guthaben in Höhe von 2 Prozent abgezinst werden.

Der Rückfluss für Jahr 1 beträgt hier also 11.400 Euro (= 13.000 € + 4.000 € − 600 € − 5.000 €). Mit 2 Prozent abgezinst, bleibt ein Betrag in Höhe von 11.176,47 Euro übrig. Das Projekt soll durchgeführt werden, wenn sich die Investition binnen vier Jahre rechnet.

Würde die Amortisationsrechnung tabellarisch durchgeführt, sähe dies wie in Tab. 10.13 dargestellt aus:

Tab. 10.13: Einzahlungs-/Auszahlungstabelle der Investition

Zeit	Überschüsse	Barwert (2 %)	kumulierter Barwert
0	−40.000	−40.000,00	−40.000,00
1	11.400	11.176,47	−28.823,53
2	12.400	11.918,49	−16.905,04
3	13.650	12.862,70	−4.042,34
4	13.650	12.610,49	**8.568,15**

Es zeigt sich, dass im vorliegenden Fall die Grenze von vier Jahren eingehalten wird, d. h., die Investitionskosten sind innerhalb der geforderten vier Jahre wieder eingespielt. Alternativ kann bei einem Zeithorizont von vier Jahren auch wie folgt gerechnet werden:

$$\begin{aligned}&\text{Am.zeit}\\&=\frac{40.000\,€-0}{11.400\,€\cdot 1{,}02^{1}+12.400\,€\cdot 1{,}02^{2}+13.650\,€\cdot 1{,}02^{3}+13.650\,€\cdot 1{,}02^{4}}\\&=0{,}74\end{aligned}$$

Da hier ein Zeitraum von vier Jahre (48 Monate) betrachtet wird und die Amortisationszeit 0,74 beträgt, bedeutet das Ergebnis, dass die Amortisation in 39,36 (48 Monate · 0,74) Monaten erreicht ist.

Aufgabe. Wie ändert sich die Rechnung in einer Phase der Hochzinspolitik, wenn beispielsweise 8 % Bankzinsen üblich wären?

10.11 Verfahren der dynamischen Investitionsrechnung

Dynamische Verfahren versuchen, Zahlungsströme über die gesamte Nutzungsdauer zu betrachten und anstatt der Nutzen- und Kostengrößen (wie die statische Rechnung), Einzahlungen und Auszahlungen berücksichtigen. Zudem werden die Zahlungen auf einen bestimmten Zeitpunkt auf- oder abgezinst. Dynamische Verfahren der Wirtschaftlichkeitsrechnung haben den Vorteil, dass sie besser für Berechnungen geeignet sind, die über mehrere Perioden laufen, in denen sich die Bedingungen ändern. Hier werden nicht nur unterschiedliche ein- und Auszahlungsströme, sondern auch Zinsen und Zinseszinseffekte berücksichtigt. Es muss also nicht mehr einperiodisch oder mit Durchschnittswerten gerechnet werden.

10.11.1 Die Barwert- und Kapitalwertberechnung

Der Barwert ist der Wert, den zukünftige Zahlungen in der Gegenwart besitzen. Der **Barwert** wird durch Abzinsung (= Diskontierung) der zukünftigen Zahlungen und anschließendes Aufsummieren ermittelt.

Beispiel. Die Großeltern (beide sind BWLer) eines frisch immatrikulierten Studierenden (Fachbereich Medienmanagement) stellen ihren Enkel vor eine Wahl: Entweder bekommt er in fünf Jahren, wenn er seinen schlussendlich angestrebten Masterabschluss in Händen hält, 10.000 Euro geschenkt oder heute schon den Gegenwert der 10.000 Euro. Er hat die Wahl. Allerdings bekommt er das Geschenk nur, wenn er den Gegenwert korrekt berechnet. Der Kapitalmarktzins liegt bei 4 Prozent.

Solche Probleme werden mit der Barwertbestimmung gelöst. Es ist quasi die „Rückwärtsrechnung" der Zinseszinsrechnung. Soll der Barwert (Z_0) künftigen Zahlung (Z_t) in t Jahren bei einem Zinssatz i ($i = p/100$) auf den heutigen Zeitpunkt berechnet werden, so geschieht dies wie folgt:

$$Z_0 = Z_t \cdot \frac{1}{(1+i)^t} = Z_t \cdot (1+i)^{-t}$$

$(1+i)^{-t}$ wird Diskontierungsfaktor genannt. Auf das Beispiel bezogen, ergibt sich damit:

$$Z_0 = 10.000\,€ \cdot (1{,}04)^{-5} = 10.000\,€ \cdot 0{,}822 = 8.219\,€$$

Die Diskontierungsfaktoren können in der Regel sogenannten Abzinsungstabellen entnommen werden.

Der **Kapitalwert** einer Investition ist die Summe aller diskontierten (abgezinsten) zukünftigen Zahlungen aus einer Investition (Differenz aus Ein- und Auszahlungen) in einer Periode unter Berücksichtigung der Anschaffungsauszahlung. Mit dem Kapitalwert lassen sich Investitionen vergleichen, die über verschiedene Zeiträume laufen, unterschiedlich hoch sind und unterschiedlich hohe Einzahlungsüberschüsse in den Zeitintervallen haben.

Im Wesentlichen ist das Verfahren schon in Kapitel 9.1.6 (Customer-Lifetime-Value) erläutert worden und soll daher hier nur kurzgefasst dargestellt und mit einem allgemeinen Beispiel abgerundet werden.

$$C_0 = -I_0 + \sum_{t=0}^{n} \frac{E_t - A_t}{(1+i)^t} + \frac{L_t}{(1+i)^n} = -I_0 + \sum_{t=0}^{n} D_t \cdot (1+i)^{-t} + L_t \cdot (1+i)^{-n}$$

[mit C_0 = Kapitalwert in Periode $t = 0$, t = Periodenindex, t = Zeitindex, mit $t = 1, 2, 3 \ldots n$, n = Nutzungsdauer der Investition [Anzahl der betrachteten zukünftigen Perioden (meist Jahre)], I_0 = Anfangsinvestition, E_t = Einzahlung in Periode t, A_t = Auszahlung in Periode t, D_t = Einzahlungsüberschüsse in Periode t, i = Kalkulationszinssatz (p/100); L = Liquidationserlös (Restwert)].

Soweit der Wert größer als null ist, ist die berechnete Investition sinnvoll (absolut vorteilhaft). Soweit mehrere Alternativen vorliegen, ist die Investition zu wählen, die den vergleichsweise höchsten Kapitalwert hat (relative Vorteilhaftigkeit). Wenn sich der Investor das Risiko, dass das Projekt nicht die erwarteten Zahlungen erwirtschaftet, bezahlen lassen möchte, würde auf den Zinssatz (i) noch ein Risikozuschlag (r) aufgeschlagen werden. Insgesamt addieren sich die beiden Zinssätze dann und werden entweder über die gesamte Laufzeit oder für bestimmte Perioden berücksichtigt. Es könnte ja beispielsweise sein, dass die ersten Zahlungen vertraglich abgesichert sind und anschließende Einzahlungsüberschüsse nur geschätzt werden können.

Beispiel. Da aktuell die Zinsen für Bankguthaben sehr niedrig sind (2 %), überlegt ein kleines Filmproduktionsunternehmen, das bisher die Postproduktion ausgesourct hat, einen Teil des Jahresüberschusses in einen eigenen Schnittplatz zu investieren. Das Gesamtprojekt inklusive einiger räumlicher Umbauarbeiten würde 40.000 Euro kosten. Die jährlichen Einsparungen im Bereich externer Dienstleister werden auf 13.000 Euro geschätzt. Zusätzlich hofft die Geschäftsleitung, den Schnittplatz auch an Wettbewerber vermieten zu können. Die Mieteinnahmen werden vorsichtig wie folgt geschätzt: Im ersten Jahr 4.000 Euro, im zweiten und dritten Jahr mit jeweils einer Steigerung von 25 Prozent. Danach, so wird geschätzt, bleiben die Umsätze auf dem erreichten Niveau. Grob „über den Daumen gepeilt“, erscheint die Maßnahme also durchaus empfehlenswert zu sein. Da der Schnittplatz aber nur Sinn macht, wenn auch ein Cutter (als fester Freier oder in Teilzeit) beschäftigt wird, müssen auch die höheren Personalkosten in die Kalkulation eingerechnet werden. Diese werden mit jährlich 12.000 Euro angesetzt. Das Projekt wird auf fünf Jahre kalkuliert. Abschreibungseffekte und Restwert (Liquidationserlös) sollen nicht berücksichtigt werden. Damit ergibt sich folgende Rechnung:

1. Für eine Geldanlage bei der Bank:

$$K_n = 40.000 \cdot 1{,}02^5 = 44.163{,}23\,€$$

2. Für die Investition ergibt sich damit folgende Situation (vgl. Tab. 10.14):

Tab. 10.14: Einzahlungs-/Auszahlungstabelle der Investition

Zeit	Einsparungen + Einnahmen	Auszahlungen	Differenz
0		40.000	−40.000
1	13.000 + 4.000	12.000	5.000
2	13.000 + 5.000	12.000	6.000
3	13.000 + 6.250	12.000	7.250
4	13.000 + 6.250	12.000	7.250

Damit ergibt sich die Berechnung des Kapitalwertes wie folgt:

$$C_0 = -40.000 + \frac{5.000}{(1{,}02)^1} + \frac{6.000}{(1{,}02)^2} + \frac{7.250}{(1{,}02)^3} + \frac{7.250}{(1{,}02)^4} + \frac{7.250}{(1{,}02)^5} = -9.235{,}76$$

Wird lediglich ein Zeitraum von fünf Jahren berücksichtigt und darüber hinaus Abschreibungseffekte sowie Restwerte vernachlässigt, zeigt sich die Investition gegenüber der Geldanlage bei der Bank als relativ unvorteilhaft. Auch bei einer absoluten Betrachtung ergäbe sich kein anderes Ergebnis, da der abgezinste Kapitalwert negativ ist. Die Geschäftsleitung muss nun überlegen, wie hoch der Vorteil gewertet werden kann, unabhängig von Kooperationspartnern den Filmschnitt disponieren zu können und ob alle rechnerischen Stellschrauben realistisch sind. Vielleicht werden auch die Realisateure animiert, die Bedienung des Schnittplatzes zu erlernen. Dann fielen nach der Einarbeitungszeit die Kosten für den Cutter weg. Die Einnahmeüberschüsse würden dann jährlich um 12.000 Euro steigen.

Aufgabe. Wie hoch wäre der Kapitalwert, wenn der Cutter eingespart werden würde? Wäre die Investition dann vorteilhafter als die Anlage bei der Bank?

10.11.2 Die interne Zinsfußmethode

Im Rahmen der internen Zinsfußmethode wird derjenige Diskontierungszinssatz errechnet, bei dem sich ein Kapitalwert von Null ergibt; bei dem also die Investition (I_0) genau so hoch ist, wie die finanziellen Netto-Rückflüsse:

$$C_0 = I_0 = \sum_{t=0}^{n} \frac{E_t - A_t}{(1+i)^t} + \frac{L_t}{(1+i)^n} = 0$$

[mit C_0 = Kapitalwert in Periode t = 0, t = Periodenindex, t = Zeitindex, mit t = 1, 2, 3...n, n = Nutzungsdauer der Investition [Anzahl der betrachteten zukünftigen Perioden (meist Jahre)], I_0 = Anfangsinvestition, E_t = Einzahlung in Periode t, A_t = Auszahlung in Periode t, D_t = Einzahlungsüberschüsse in Periode t, i = Kalkulationszinssatz (p/100); L = Liquidationserlös (Restwert)].

Ausgehend von dieser Grundgleichung zeigt sich der interne Zinsfuß, wenn die Gleichung nach i aufgelöst wird. „Bei Investitionsprojekten mit mehr als zwei Nutzungsperioden ergeben sich dabei erhebliche mathematische Lösungsschwierigkeiten, sodass mit Näherungslösungen gearbeitet werden muss“ (Thommen et al. 2017: 351).

Sinngemäß entspricht der interne Zinsfuß der Rentabilität der Investition. Nur dass im Gegensatz zur statischen Rentabilitätsrechnung auch hier der zeitliche Anfall der Zahlungen Berücksichtigung findet. Bei der Kapitalwertmethode wird deutlich, dass ein Investitionsprojekt dann vorteilhaft ist, wenn der Kapitalwert der Zahlungsreihe der Investition positiv ist. Das Ergebnis der Rechnung ist aber ein Betrag und dieser Betrag ist nicht zwingend aussagekräftig. Griffiger wäre es, wenn die Rendite der Investition ausgedrückt würde. Das heißt, anstatt der Angabe, dass die Investition einen Kapitalwert von 25.000 Euro hat, wäre die Angabe, dass sie eine Rendite von 20 Prozent abwirft (eine Verzinsung von 20 Prozent bringt) verständlicher. Hier hilft der interne Zinsfuß weiter.

Aus einer vergleichenden Sichtweise gilt eine Investition dann als lohnend, wenn der interne Zinsfuß nicht kleiner ist als der von dem Unternehmen festgelegte Kalkulationszinsfuß bzw. die Finanzierungskosten (Fremdzinsen) für das Projekt. Würden beispielsweise für einen Kredit sechs Prozent Zinsen aufzubringen sein, so muss der interne Zinssatz mindestens bei sechs Prozent liegen, wenn die Investition vorteilhaft sein soll. Mit anderen Worten: Bei Finanzinvestitionen entspricht der interne Zinsfuß dem Effektivzins. Bei Sachinvestitionen hingegen ist der interne Zinsfuß lediglich ein theoretischer Grenzzinssatz, bis zu dem eine Investition wirtschaftlich wäre.

Das es mehrere interne Zinsfußmethoden gibt, die zu erklären sehr seitenstark werden kann, sei hier auf die einschlägige Literatur verwiesen (z. B. Literatur zur Finanzmathematik oder auch Schierenbeck und Wöhle: 416 ff., 554 ff.)

10.11.3 Die Annuitätenmethode

Die Annuität ist eine periodisch gleichbleibende Zahlung zusammengesetzt aus einem Zins- und einem Tilgungsanteil für einen Kapitalbetrag. Wie auch bei der Kapitalwertmethode wird der Barwert unter Zuhilfenahme von Überschüssen und Abzinsungsfaktoren ermittelt. Anschließend werden die Anschaffungskosten von den summierten Barwerten subtrahiert, um den Kapitalwert (C_0) der Investition zu erhalten. Der letzte Schritt ist die Multiplikation des Kapitalwertes mit dem Annuitätenfaktor (Kapitalwiedergewinnungsfaktor). Das Ergebnis ist die jährliche Annuität, die im besten Fall größer oder gleich Null ist. Nur dann stellt sich die geplante Investition als vorteilhaft heraus. Kurz: Die Annuität (a) ist das Produkt aus Kapitalwert (C_0) und Annuitätenfaktor ($ANF_{n,i}$):

$$a = C_0 \cdot ANF_{n,i}$$

(mit n = Nutzungsdauer, i = Zinssatz in Prozent) Der Annuitätenfaktor mit (q = 1 + i) berechnet sich wie folgt:

$$ANF_{n,i} = \frac{(1+i)^n \cdot i}{(1+i)^n - 1} = \frac{q^{n \cdot (q-1)}}{q^n - 1}$$

Ist die Annuität größer oder gleich Null, kann die Investition empfohlen werden, denn das bedeutet, dass das eingesetzte Kapital mindestens wieder zurückkommt; verzinst mit dem Kalkulationszinsfuß. Die Annuitätenmethode wird im Betriebsalltag eher selten eingesetzt. Deswegen sei auch hier im Bedarfsfall auf die einschlägige Literatur verwiesen.

11 Welche Werkzeuge nutzt das strategische Management zur Entscheidungsfindung?

Strategische Entscheidungen sind vielfach komplizierter als taktische, geschweige denn operative. Die Bedingungen der zeitlich weit in die Zukunft greifenden internen Unternehmensbedingungen sowie der Einfluss diverser Umweltzustände sind risiko-, wenn nicht sogar unsicherheitsbehaftet (vgl. hierzu Kapitel 8.7.1). Die Entscheider wissen schlechthin nicht, was auf sie zukommt; können den vermuteten, künftigen Zuständen häufig nicht einmal Wahrscheinlichkeiten zuordnen. Mit Zunahme der Komplexität und Abnahme der Vorhersagbarkeit steigen die Anforderungen an den Entscheidungsprozess und die Entscheidungstechnik.

Die folgenden Ausführungen zeigen zunächst auf, welcher Entscheidungstechniken sich ein Manager bedienen kann. Im Anschluss werden die am häufigsten eingesetzten Verfahren der Entscheidungsfindung und deren Regeln vorgestellt.

11.1 Grundlagen der Entscheidungstheorie

Eine Entscheidungstechnik ist die formalisierte Art und Weise der Auswahl, wie aus vorliegenden Alternativen eine bestimmte ausgewählt wird. Die Entscheidungstheorie liefert in Abhängigkeit von der gegebenen Informationslage entsprechende Modelle.[1] Eine Übersicht der im Folgenden vorgestellten Konzepte zeigt Tab. 11.1.

Das Grundelement der Entscheidungsmodelle ist als Matrix zusammengesetzt, die die nicht beeinflussbaren (erwarteten) Umweltzustände (U_i) mit den möglichen Handlungsalternativen (H_j) eines Entscheiders in Beziehung setzt. Daraus ergibt sich ein Ereignisraum, der die einzelnen alternativen- und umweltzustandsabhängigen Ergebnisse (e_{ij}) darstellt. Die Umweltzustände können (müssen aber nicht) mit Eintrittswahrscheinlichkeiten (w_i) ausgestattet sein. Der Ergebnisraum wird auch Ergebnismatrix genannt. Das gesamte Grundelement wird als Entscheidungsfeld bezeichnet. Es besteht aus Umweltzustandsraum, Aktionsraum und Ergebnisraum (vgl. Tab. 11.2).

Tabelle 11.2 zeigt ein Entscheidungsfeld, das aus drei Umweltzuständen (U_1 bis U_3) und drei Handlungsalternativen (A_1 bis A_3) besteht. Durch die Kombination von Umweltzuständen und Handlungsalternativen ergeben sich neun einzelne Ergebnisse (e_{ij}), die den Ergebnisraum definieren. Wenn in der Matrix alle möglichen Umweltzustände, die denkbar sind, aufgeführt werden, handelt es sich um ein sogenanntes geschlossenes System. In diesem Fall ist auch Summe der Eintrittswahrscheinlichkeiten w_i (mit $i = 1, \ldots, n$) gleich 1; andernfalls nicht (vgl. Wöhe und Dörng 2016: 89).

1 Ausführlich zur Entscheidungstheorie führen Bamberg, Coenenberg und Krapp (2012) aus. Hinreichende Alternativen findet der Leser bei Wöhe und Döring 2016: 86–96 sowie in allen Standardwerken zur Allgemeinen BWL.

https://doi.org/10.1515/9783110519587-011

Tab. 11.1: Entscheidungstechniken bei unterschiedlichen Informationsqualitäten

Entscheidung unter Sicherheit	Entscheidung unter Risiko	Entscheidung unter Ungewissheit
Daten sind eindeutig und vollständig gegeben. Auch die Konsequenzen des Handels sind bekannt.	Daten sind nicht oder nicht eindeutig gegeben. Es können aber Eintrittswahrscheinlichkeiten für zukünftige Umweltzustände zugeordnet werden. Die Annahme von Erwartungswerten führen je nach Risikoneigung des Entscheiders zu unterschiedlichen Alternativen	Daten sind nicht oder nicht eindeutig gegeben. Es können auch keine Eintrittswahrscheinlichkeiten für künftige Umweltzustände zugeordnet werden. Bekannt sind hingegen die Ergebnisse, wenn bestimmte Umweltzustände eintreten.
Entscheidungstechniken		
– Lagrange-Methode – Lineare Optimierung – sonstige mathematische Lösungsansätze	– Bayes-Prinzip (μ-Prinzip) – (μ,σ)-Prinzip – Bernoulli-Prinzip	– Minimax-Regel – Maximax-Regel – Laplace-Regel – Hurwicz-Regel – Savage-Niehans-Regel

Ob Eintrittswahrscheinlichkeiten gegeben sind oder nicht, hat Auswirkungen auf die spätere Alternativenwahl, spielt aber zunächst für den Aufbau des Entscheidungsfeldes und für die einzelnen Ergebnisse (e_{ij}) im Ergebnisraum keine Rolle.

Tab. 11.2: Entscheidungsfeld mit Umweltzustandsraum, Aktionsraum und Ergebnisraum

		Umweltzustandsraum		
		$U_1(w_1)$	$U_2(w_2)$	$U_3(w_3)$
Aktionsraum	A_1	e_{11}	e_{12}	e_{13}
	A_2	e_{21}	e_{22}	e_{23}
	A_3	e_{31}	e_{32}	e_{33}
		Ereignisraum mit Ergebnisbeiträgen		

Typische Handlungsalternativen in einem Medienbetrieb könnten beispielsweise verschiedene Produktionsalternativen, verschiedene Produktvarianten oder verschiedene Absatzformen sein. Typische Umweltzustände könnten verschiedene Szenarien sein (z. B. Best Case, Real Case und Worst Case) oder unterschiedliche Annahmen über die künftigen Wettbewerbssituationen bzw. das Mediennutzungsverhalten bezüglich bestimmter Medienkanäle etc. Im Ergebnisraum werden dann die einzelnen Beiträge abgebildet, die sich in Abhängigkeit der gewählten Handlungsalternative und dem möglichen Umweltzustand ergeben.

Welche Sachverhalte als konkrete Ergebnisbeiträge aufgeführt werden, ist immer abhängig von der Fragestellung und Zielsetzung des Entscheiders. Wenn beispielsweise unterschiedliche Mediennutzungsverhalten als Umweltzustände angenommen werden und unterschiedliche Produkt- oder Bezahlvarianten als mögliche Handlungen, dann könnten im Ergebnisraum Gewinnbeiträge oder Deckungsbeiträge abgebildet werden, die bei jeder Kombinationsvariante erwartet werden. Wenn andererseits z. B. Produktionsverfahren als Handlungsalternativen und Produktvarianten als nicht beeinflussbare Begebenheiten angenommen, dann könnten im Ereignisraum beispielsweise sowohl die Ausbringungsmengen als auch unterschiedlichen Kosten der Varianten abgebildet werden. Je nach Zielsetzung des Entscheiders werden dann Minima oder Maxima gesucht.

Beispiel. Würde das in Tab. 11.2 gezeigte Entscheidungsfeld auf eine beliebige medienbetriebliche Entscheidungssituation übertragen, könnte dies beispielsweise folgenden Fall beschreiben: Ein Verlag hat die Möglichkeit, drei neue Zielgruppenzeitschriften (ZZ) auf den Markt zu bringen, will jedoch zunächst mit einer Variante Erfahrungen auf dem neuen Markt machen, um nicht unnötige Kapitalrisiken einzugehen. Der Erfolg ist abhängig davon, welche der derzeit aktuellen Thementrends (TT) sich bei der potenziellen Leserschaft weiterentwickeln und durchsetzen werden. Es liegen aktuell keinerlei Informationen darüber vor, welche Thementrends sich als nachhaltig genug erweisen. Bekannt ist hingegen, welche Deckungsbeiträge innerhalb der jeweiligen Zeitschriften-Trendvarianten-Kombinationen zu erwarten sind. Es soll die Variante gewählt werden, die die höchsten Deckungsbeiträge erwirtschaften wird. Dem Entscheider liegt folgende Ergebnismatrix vor:

Tab. 11.3: Deckungsbeitragsmatrix (Angaben in Mio. Euro)

	Trendentwicklung		
Zeitschrift	TT_1	TT_2	TT_3
ZZ_1	*12*	*3*	*16*
ZZ_2	*6*	*10*	*11*
ZZ_3	*8*	*14*	*21*

Die Matrix zeigt, dass in jeder Konstellation andere Deckungsbeiträge erwirtschaftet werden. Sie gibt aber keine Handlungsempfehlung ab. Der verantwortliche Manager muss entweder eine Zufallsauswahl treffen, intuitiv entscheiden oder überlegen, wie er seine Entscheidung begründen kann.

Da Entscheidungen im Management objektiv nachvollziehbar und begründbar sein müssen, muss er einen Algorithmus anwenden, der die Entscheidung vom Zufall löst. Solche Algorithmen bieten Entscheidungstechniken. Die unterschiedlichen Möglichkeiten, die hier gewählt werden können, werden im Folgeabschnitt erläutert. Dabei ist zu beachten, dass die eingangs erwähnte Informationsqualität in einer Situation deutliche Auswirkungen auf die Entscheidungstechnik hat. Hier werden zwei Qualitäten unterschieden: Informationssicherheit und Informationsunsicherheit. Der Zustand der Informationsunsicherheit hat allerdings zwei verschiedene Ausprägungen: Informationsrisiko und völlige Ungewissheit (vgl. ausführlich Kapitel 8.7.1):

- **Sicherheit**: Es liegen alle relevanten Informationen vor.
- **Unsicherheit**: Es liegen nicht alle relevanten Informationen vor. Die Informationslage über die Umweltzustände ist unsicher.
  - **Risiko**: Es können Wahrscheinlichkeiten für das Eintreffen von Umweltzuständen angegeben werden. Die Informationen können mit Wahrscheinlichkeiten gewichtet werden.
  - **Ungewissheit**: Es liegen keine Einschätzungen über die Wertigkeit der Information vor.

Dieser Qualitätsstruktur entsprechend sind auch die Entscheidungstechniken entwickelt und systematisiert worden. Dieser Struktur folgen auch die weiteren Ausführungen.

11.1.1 Entscheidungstechniken im Management

Die Entscheidungstechnik bezeichnet die Form des Auswählens bzw. des Auswahlhandelns in Entscheidungssituationen. Anders formuliert: Die Entscheidungstechnik beantwortet die Frage, wie – also nach welchen Regeln – ein Entscheider auswählt. Das Auswahlverfahren wird formalisiert. Werden Auswahlprozesse beobachtet, zeigt sich sehr schnell, dass Manager in gleichen Situationen höchst unterschiedlich entscheiden. Das liegt daran, dass nicht ausschließlich rein rationale Abwägungen zu einer Entscheidung führen. Menschen sind unterschiedlich optimistisch (bzw. pessimistisch) und unterschiedlich risikobereit (bzw. risikoavers) und diese Grundhaltungen wiederum beeinflussen ihr Entscheidungsverhalten. Ebenso beeinflusst die Informationsqualität in einer Entscheidungssituation die Entscheidungssicherheit eines Managers.

In Abhängigkeit von der Informationsqualität, der Risikoneigung und der Erwartungsgrundhaltung ergeben sich höchst unterschiedliche Entscheidungssituationen, die auch zu unterschiedlichen Entscheidungsregeln führen. Diese Entscheidungsregeln geben dem Manager Handlungsanweisungen, die seiner individuellen Risikoneigung entsprechen (vgl. hier und fortfolgend Wöhe und Döring 2016: 91–96 sowie Bamberg, Coenenberg und Krapp 2012: 67–122).

11.1.2 Entscheidungen bei sicheren Erwartungen

Unter der Annahme sicherer Erwartungen stellen unternehmerische Entscheidungen kein Problem dar. In diesen Fällen liegt eine einfache Rechenaufgabe vor. Im Umfeld von Kostenbetrachtungen wird der geringste, im Umfeld von Gewinngrößen der größte Wert gesucht.

Beispiel (forts.). Hätte der Verlagsmanager die Wahl, welcher der Umweltzustände (Thementrends TT) in Tab. 11.3 sich durchsetzt, wäre die Wahl der Innovation, die auf den Markt gebracht werden sollte, kein Problem. Er würde sofort die Variante (e_{33}) wählen und Zeitschriftprojekt ZZ_3 realisieren, denn hier würde mit 21 Mio. Euro der höchste Deckungsbeitrag (DB) erwirtschaftet.

Ähnlich leicht fällt die Wahl, wenn z. B. Produktionsentscheidungen im Betrieb getroffen werden müssen. Ob und wie viele Produkte mithilfe welcher Produktionseinsatzfaktoren hergestellt werden sollen, ist in der Regel mit einfachen mathematischen Verfahren eindeutig zu bestimmen (vgl. beispielsweise Kapitel 10.5). Alle notwendigen Daten liegen vor bzw. können ermittelt werden.

Die Modellannahme der sicheren Erwartung ist in der Realität aber nicht allzu häufig gegeben; insbesondere dann nicht, wenn langfristig wirksame Entscheidungen anstehen oder wenn sich externe Zustände, auf die das Unternehmen keinen Einfluss hat, ändern können. Je komplexer das Umfeld und je länger der Planungszeitraum, desto unsicherer wird das Ergebnis. Aus diesem Grunde haben sich Mathematiker schon seit Jahrhunderten mit dem Problemfeld Entscheidung unter Unsicherheit beschäftigt und hier auch Ergebnisse geliefert, die in den Folgeabschnitten erläutert werden.

11.1.3 Entscheidungen unter Risiko

Unter Annahme unsicherer Bedingungen, denen allerdings Eintrittswahrscheinlichkeiten zugeordnet werden können, kommen drei Entscheidungstechniken zum Einsatz (vgl. ausführlich Bamberg, Coenenberg und Krapp 2012: 67–108):
- das Bayes-Prinzip (μ-Prinzip)
- das (μ,σ)-Prinzip und
- das Bernoulli-Prinzip.

Um die Schreibweise vieler formalisierter Aussagen in der Mathematik und der Statistik lesen zu können, hilft es, das griechische Alphabet zu kennen. Dies sei kurz vorgestellt, ohne weiter darauf einzugehen:

α Α	alpha	ν Ν	ny
β Β	beta	ξ Ξ	xi
γ Γ	gamma	ο Ο	omikron
δ Δ	delta	π Π	pi
ε Ε	epsilon	ρ Ρ	rho
ζ Ζ	zeta	ς σ Σ	sigma
η Η	eta	τ Τ	tau
ϑ Θ	theta	υ Υ	ypsilon
ι Ι	iota	φ Φ	phi
κ Κ	kappa	χ Χ	chi
λ Λ	lamda	ψ Ψ	psi
μ Μ	my	ω Ω	omega

Abb. 11.1: Das griechische Alphabet

Das Bayes-Prinzip (μ-Prinzip) als Entscheidungstechnik

Das Prinzip des englischen Mathematiker Thomas Bayes, das dieser bereits Mitte des 18. Jahrhunderts entwickelt hat, ist eine mathematische Aussage aus der Wahrscheinlichkeitstheorie, die die Berechnung bedingter Wahrscheinlichkeiten beschreibt. Die Bayes-Regel geht davon aus, dass der Entscheider risikoneutral ist und sich für die Alternative entscheidet, die den höchsten Erwartungswert μ („my“) hat.

Um dieses Prinzip verstehen zu können, müssen zwei Begriffe kurz erklärt werden: der Erwartungswert und die Risikoneigung (vgl. Gigerenzer 2013):

- Der **Erwartungswert** (μ) einer Zufallsvariablen beschreibt die Zahl, die die Zufallsvariable oder eine Gruppe von Zufallsvariablen im Durchschnitt annimmt. Das heißt, wenn für eine Handlungsalternative die zufallsabhängigen Einzelergebnisse (e_{ij}) mit der dazugehörenden Eintrittswahrscheinlichkeit (w) multipliziert werden, so bildet die Summe der Produkte (= Eintrittswahrscheinlichkeit mal Nutzenhöhe; $w_i \cdot e_{ij}$) den Erwartungswert (μ).
  Die Abweichungen der Einzelergebnisse vom Erwartungswert (als arithmetisches Mittel der mit den theoretischen Wahrscheinlichkeiten gewichteten Ausprägungswerte) werden als **Streuung** bezeichnet.
- **Risikoneigung** bedeutet die subjektive Bereitschaft eines Managers bei der Auswahl von Handlungsalternativen, unsichere Ergebnismöglichkeiten in Kauf zu nehmen. Hier unterscheidet die Ökonomie drei Formen der Risikoneigung:
  - **Risikoaversion (Risikoscheu)**: Vermeidung von Risiken ist oberstes Gebot. Das heißt, bei der Wahl zwischen mehreren Alternativen mit gleichem Erwartungswert wählt der Entscheider die Alternative mit dem geringsten Risiko bezüglich des Ergebnisses und somit auch die mit dem geringstmöglichen Verlust bzw. dem sicheren Gewinn (auch wenn dieser klein ausfällt). Die Risikoaversion ist in der klassischen Ökonomie die vorherrschende Risikoneigung der Manager.

- **Risikoaffinität (Risikofreudigkeit)**: „No risk, no fun". Risikofreudigkeit liegt vor, wenn ein Entscheider bei der Wahl zwischen mehreren Alternativen mit gleichem Erwartungswert die Alternative mit dem höchsten Risiko bezüglich des Ergebnisses und somit auch die mit dem höchstmöglichen Gewinn bevorzugt (auch wenn dieser unsicher ist). Die Risikoaffinität ist in der Internetökonomie die dominantere Risikoneigung der Manager, da hier mehr auf Geschwindigkeit als auf Sicherheit gesetzt werden muss.
- **Risikoneutralität:** Nur der Erwartungswert ist ausschlaggebend. Das bedeutet, dass ein Entscheider bezüglich des Risikos indifferent ist. Er trifft seine Entscheidung allein anhand des Erwartungswertes und bezieht das dabei eventuell auftretende Risiko nicht mit in seine Entscheidung ein.

Wie eingangs erwähnt, setzt die Bayes-Regel auf den Erwartungswert bei Risikoneutralität des Managers. Gesucht wird die Alternative mit dem höchsten Erwartungswert (μ):

(**Bayes-Regel**)

$$\mu_i = \sum_1^n e_{ij} \cdot w_j$$

Beispiel (forts.). Angenommen, die Geschäftsleitung des Zeitschriftenverlages (vgl. Tab. 11.3), könnte den Umweltzuständen (Thementrends) Eintrittswahrscheinlichkeiten (w_i) zuordnen, dann würde sich unter Einsatz der Bayes-Regel folgendes Ergebnis berechnen:

Tab. 11.4: Entscheidungsfeld nach der Bayes-Regel (Angaben DB in Mio. Euro)

	Thementrends			Erwartungswert (μ_i)
Zeitschrift-variante	TT_1 ($w = 0{,}4$)	TT_2 ($w = 0{,}5$)	TT_3 ($w = 0{,}1$)	$\mu_i = \sum_1^n e_{ij} \cdot w_j$
ZZ_1	*12*	*3*	*16*	$12 \cdot 0{,}4 + 3 \cdot 0{,}5 + 16 \cdot 0{,}1 = 7{,}9$
ZZ_2	*6*	*10*	*11*	$6 \cdot 0{,}4 + 10 \cdot 0{,}5 + 11 \cdot 0{,}1 = 8{,}5$
ZZ_3	*8*	*14*	*21*	$8 \cdot 0{,}4 + 14 \cdot 0{,}5 + 21 \cdot 0{,}1 = 12{,}3$

Da der Entscheider risikoneutral ist, wählt er die Alternative, die den höchsten Erwartungswert μ hat. Die Empfehlung aus dem Entscheidungsfeld in Tab. 11.4 lautet somit die Zeitschriftenvariante $\mathbf{ZZ_3}$ zu realisieren.

Das μ,σ-Prinzip als Entscheidungstechnik

Im μ,σ-Prinzip (My-Sigma-Prinzip; auch: Erwartungswert-Standardabweichung-Prinzip) findet die Risikoeinstellung des Entscheiders dadurch Berücksichtigung, dass auch die wahrscheinlichen Abweichungen der Einzelergebnisse vom Erwartungswert beachtet werden. Bei risikoneutralen Entscheidern entspricht sie der Bayes-Regel, bei risikoaversen Entscheidern sinkt die Attraktivität einer Alternative mit zunehmender Standardabweichung, bei risikofreudigen steigt sie hingegen. Der Entscheider wählt die Alternative, die seine Präferenzfunktion maximiert.

Um dieses Prinzip verstehen zu können, müssen noch die Begriffe Standardabweichung und Präferenzwert erklärt werden (vgl. Gigerenzer 2013).

- **Standardabweichung** (σ) beschreibt die Abweichung der Einzelergebnisse (e_{ij}) vom Erwartungswert (μ). Sie gibt also an, wie breit die Streuung der Einzelergebniswerte ist (wie weit die Spannbreite der einzelnen Werte ist). Je größer der Wert, desto weiter liegen die Werte auseinander. Die Standardabweichung wird wie folgt berechnet:

$$\sigma_i = \sqrt{\sum_{j}^{n} w_j \cdot (e_{ij} - \mu_i)^2}$$

- Der **Präferenzwert** (P) gibt an, welche Entscheidung in Abhängigkeit von der individuellen Risikoneigung, die durch den Risikopräferenzfaktor (q) operationalisiert wird, zu treffen ist. Zielkriterium für die Auswahlentscheidung ist es, die Alternativen mit dem höchsten Präferenzwert zu wählen.

  (μ, σ-Regel):

$$P(A_i)\ \max! = (A_i) + q \cdot (A_i)$$

  Dabei gilt:
  - Für $q > 0$ gilt: Der Entscheider ist risikofreudig. Eine Alternative mit einer höheren Standardabweichung (σ) wird einer Alternative mit gleichem Erwartungswert, aber niedrigerer Standardabweichung vorgezogen.
  - Für $q < 0$ gilt: Der Entscheider ist risikoavers. Eine Alternative mit niedrigerer Standardabweichung (σ) wird einer Alternative mit gleichem Erwartungswert, aber höherer Standardabweichung (σ) vorgezogen.
  - Für $q = 0$ entspricht die Regel der Bayes-Regel. Der Entscheider ist risikoneutral, die Standardabweichung (σ) hat keinen Einfluss auf die Bewertung der Alternativen.

Beispiel (forts.). Es wird wieder die bereits bekannte Entscheidungssituation des Zeitschriftenverlages zugrunde gelegt und unterstellt, dass der Entscheider eine Risikopräferenz von −0,8 hat. Die Erwartungswerte μ sind bereits aus der Bayes-Berechnung bekannt (= 7,9; 8,5 und 12,3). Nach dem $\mu\sigma$-Prinzip ergibt sich damit die in Tab. 11.5 dargestellte Entscheidungsmatrix.

Da der Entscheider risikoavers ist, erscheint ihm die zweite Zeitschriftenvariante (ZZ_2) wegen der geringsten Risikostreuung ($\sigma = 2{,}06$) am zuverlässigsten hinsichtlich der Ergebniswerte. Es ist die risikoärmste Variante. Der Präferenzwert (individuelle Risikoneigung) ist aber bei Variante ZZ_3 wegen der relativ geringen Unterschie-

Tab. 11.5: Entscheidungsfeld nach dem μσ-Prinzip (Angaben der DB in Mio. Euro)

	Thementrends			Erwartungswert	Risikostreuung	Risikopräferenzfaktor	Präferenzwert
	TT_1 (w = 0,4)	TT_2 (w = 0,5)	TT_3 (w = 0,1)	$\mu = \sum_1^n e_{ij} \cdot w_j$	$\sigma = \sqrt{\sum_j^n w_j \cdot (e_{ij} - \mu_i)^2}$	q	$P = \mu(A_i) + q \cdot \sigma(A_i)$
ZZ_1	*12*	*3*	*16*	*7,9*	*5,03*		*3,88*
ZZ_2	*6*	*10*	*11*	*8,5*	*2,06*	−0,8	*6,85*
ZZ_3	*8*	*14*	*21*	*12,3*	*4,05*		*9,06*

de zwischen den Erwartungswerten und der konstanten individuellen Risikoaversion (q = −0,8) insgesamt höher. Daher ist die Variante ZZ_3 für den Manager attraktiver.

Das Bernoulli-Prinzip als Entscheidungstechnik

Nach dem Bernoulli-Prinzip wird eine Entscheidung in zwei Schritten getroffen. Im ersten Schritt werden die subjektiven Nutzenvorstellungen des Entscheiders in Form einer Nutzenfunktion ermittelt. Das bedeutet, dass die risikobehafteten Einzelergebnisse (e_{ij}) mithilfe einer Nutzenfunktion in risikoadjustierte (auf das Risiko angepasste) Nutzenwerte (u_{ij}) umgerechnet werden. Die individuelle Nutzenfunktion $u(e_{ij})$ spiegelt dabei die Risikoeinstellung des Entscheiders wider. Dabei steht eine

- konkave Nutzenfunktion (Wurzelfunktion) für einen risikoaversen Entscheider,
- konvexe Nutzenfunktion (Quadratfunktion) für eine risikofreudige Haltung und
- lineare Nutzenfunktion für eine risikoneutrale Präferenz (entspricht Bayes-Regel).

Im vorliegenden Fall handelt es sich um einen risikoaversen Entscheider. Dementsprechend sieht die **Nutzenfunktion** wie folgt aus:

$$u_{ij} = \sqrt{e_{ij}}$$

Im zweiten Schritt wird die Wahl der Alternative getroffen, indem die Alternative mit dem höchsten Erwartungswert des Nutzens (nicht des e_{ij}-Wertes) gewählt wird. Das wiederum bedeutet, dass die Nutzenäquivalente (u_{ij}) mit den jeweiligen Eintrittswahrscheinlichkeiten gewichtet und aufsummiert werden. Damit entspricht dem Sinn nach der Präferenzwert einer Alternative aus dem μσ-Prinzip dem Erwartungswert des Bernoulli-Nutzens einer Alternative. Der Gesamtnutzenwert, der zu maximieren ist, berechnet sich damit wie folgt:

(Bernoulli-Regel):

$$\mu(A_i) \text{ max!} = \sum_1^n (w_i \cdot u_{ij})$$

Beispiel (forts.). Es wird auch hier wieder die bereits bekannte Entscheidungssituation des Zeitschriftenverlages zugrunde gelegt. Nach dem Bernoulli-Prinzip ergibt sich damit folgende Entscheidungsmatrix:

Tab. 11.6: Entscheidungsfeld nach dem Bernoulli-Prinzip (Angaben der DB in Mio. Euro)

	Thementrends			u_1	u_2	u_3	Bernoulli-Nutzwert
	TT_1 (w = 0,4)	TT_2 (w = 0,5)	TT_3 (w = 0,1)	mit $u_{ij} = \sqrt{e_{ij}}$			$B_i = \sqrt{\sum_j^n w_j \cdot \mu_{ij}}$
				$b_1 = w_1 \cdot u_{i1}$	$b_2 = w_2 \cdot u_{i2}$	$b_3 = w_3 \cdot u_{i3}$	
ZZ_1	12	3	16	1,38	0,87	0,4	2,65
ZZ_2	6	10	11	0,98	1,58	0,33	2,89
ZZ_3	8	14	21	1,14	1,87	0,46	3,47

Auch hier entscheidet sich der Manager für die Version ZZ_3.

11.1.4 Entscheidungen unter Ungewissheit

Die Entscheidungssituation ändert sich grundlegend, wenn keinerlei Wahrscheinlichkeiten für den Eintritt der Umweltzustände vorliegen. Die Entscheider „tappen im Dunkeln". Sie wissen nicht einmal einzuschätzen, wie sich das externe Unternehmensumfeld entwickeln wird. Auch solche Entscheidungssituationen sind im Betriebsalltag sehr häufig gegeben; vor allem, wenn strategische Entscheidungen getroffen werden müssen.

Im vorliegenden Beispiel des Zeitschriftenverlages würde das bedeuten, dass die Geschäftsleitung keine Wahrscheinlichkeit angeben könnte, wie sich die Thementrends in der Gesellschaft entwickeln werden. Das Einzige, was bekannt ist, sind die Ergebnisse (e_{ij}); im Beispiel also die jeweiligen Deckungsbeiträge.

Für diese Fälle stellt die Literatur fünf Lösungsansätze bereit (vgl. Bamberg, Coenenberg und Krapp 2012: 109–122 sowie die Übersicht in Tab. 11.1):
- Minimax-Regel,
- Maximax-Regel,
- Laplace-Regel,
- Hurwicz-Regel und
- Savage-Niehans-Regel

Die Minimax-Regel als Entscheidungstechnik

Nach der Minimax-Regel wird die Alternative gewählt, die den besten Wert (das Maximum) aller schlechtesten Ergebnisse hat; also das Maximum aller Zeilenminima. Da nur die schlechtestmöglichen Ergebnisse berücksichtigt werden, geht diese Regel von einer extremen Risikoaversion bzw. von sehr hohem Pessimismus aus. Die Möglichkeiten hoher Gewinne einzelner Handlungsalternativen werden nicht berücksichtigt. Es wird überhaupt nur ein Element je Zeile – nämlich der Mindestwert – berücksichtigt. Die Minimax-Regel wird in der Literatur auch nach ihrem Begründer, Abraham Wald, Waldregel genannt.

(Minimax-Regel):

Wähle das Maximum der Zeilenminima.

Beispiel (forts.). Ist der Entscheider pessimistisch oder risikoavers veranlagt, geht er davon aus, dass es eher schlecht als gut läuft bzw. sichere Ergebnisse, unsicheren vorzuziehen sind. Folgerichtig wählt er aus den einzelnen Alternativen die jeweils schlechtesten Ergebnisse aus; also die, die den jeweils niedrigsten (sichersten) Deckungsbeitrag erwirtschaften. Dann vergleicht er die im Fall des Zeitschriftenverlages jeweils schlechtesten Ergebnisse der Zeitschriftenvarianten und entscheidet sich dafür, das Zeitschriftenvorhaben durchzuführen, bei dem das beste der drei schlechtesten Ergebnisse realisiert wird. Um den Pessimismus bzw. die Risikoaversion etwas zu relativieren, unterstellt der Entscheider nun, dass das bestmögliche der schlechten Ergebnisse eintritt und hofft damit kaufmännisch „auf der sicheren Seite“ zu sein. In diesem Fall wählt er also unter Berücksichtigung des Ereignisfeldes e_{31} (Wert = 8 Mio. Euro) die Alternative ZZ_3 (vgl. Tab. 11.7). Dieses Ergebnis bestätigt die schon vorab vorgestellten Entscheidungen der risikoaversen Manager, die mithilfe der Risiko-Techniken entschieden haben.

Die Maximax-Regel als Entscheidungstechnik

Die Maximax-Regel wendet sich an den optimistischen Entscheider bzw. an den Entscheider mit hoher Risikoneigung. Relevant in dieser Technik sind nur die Zeilenmaxima, also die bestmöglichsten Werte im Ergebnisraum einer Alternative. Gewählt wird die Alternative, die das Maximum der bestens Ergebnisse liefert.

(**Maximax-Regel**):

Wähle das Maximum der Zeilenmaxima.

Beispiel (forts.). Wenn der Manager uneingeschränkt optimistisch und höchst risikoaffin ist, würde er den Trend TT_3 unterstellen und die dritte Variante der Zielgruppenzeitschrift (**ZZ_3**) realisieren, weil der erwartete Deckungsbeitrag hier bei 21 Mio. Euro liegt (e_{33}). Möglicherweise denkt der Entscheider „nur wer riskiert, kann auch den Jackpot kassieren“.

Dass sich auch der risikofreudige Manager für die Variante ZZ_3 entscheidet, liegt daran, dass im vorliegenden Sachverhalt zufällig sowohl die beste der schlechtesten

Handlungsalternativen als auch die beste der besten Handlungsalternativen im dritten Zeitschriftenprojekt verankert sind (vgl. Tab. 11.7).

Tab. 11.7: Deckungsbeitragsmatrix; Minimax- und Maximax-Regel (Angaben in Mio. Euro)

	Thementrends			Minimax-	Maximax-
Zeitschrift	TT_1	TT_2	TT_3	Regel	Regel
ZZ_1	*12*	*3*	*16*	**3**	*16*
ZZ_2	*6*	*10*	*11*	*6*	*11*
ZZ_3	*8*	*14*	*21*	***8***	**21**

Die Laplace-Regel als Entscheidungstechnik

Die Laplace-Regel, benannt nach ihrem Begründer Pierre-Simon Laplace, stammt bereits aus dem 18. Jahrhundert und unterstellt zunächst, dass, wenn Ergebnisse nicht vorhersagbar sind, alle Ergebnisse als gleichermaßen wahrscheinlich gelten müssen. Das heißt, die Wahrscheinlichkeit des Eintritts eines Umweltzustandes (w_j) ist für alle Umweltzustände gleich:

$$w_j = \frac{1}{n}$$

(mit j = 1, . . . , n und n = Anzahl der Umweltzustände).

Die Laplace-Regel empfiehlt unter diesen Umständen die Alternative zu wählen, die den höchsten Erwartungswert (μ) hat. Berechnet wird das beste Ergebnis, indem das Maximum der durchschnittlichen Ergebnisse bestimmt wird:

(**Laplace-Regel**):

$$\mu(A_i)\ \mathrm{max!} = \sum_{1}^{n} e_{ij} \cdot w_j = \frac{1}{n}\sum_{1}^{n} e_{ij}$$

Beispiel (forts.). Es gelten weiterhin die bekannten Bedingungen aus dem Verlagsvorhaben. Damit ergibt sich folgendes Entscheidungsfeld:

Tab. 11.8: Deckungsbeitragsmatrix; Laplace-Regel (Angaben in Mio. Euro)

	Thementrends			Laplace-Regel
Zeitschrift	TT_1 w = 1/3	TT_2 w = 1/3	TT_3 w = 1/3	$E = \frac{1}{n}\sum_1^n e_{ij}$
ZZ_1	*12*	*3*	*16*	10,33
ZZ_2	*6*	*10*	*11*	*9*
ZZ_3	*8*	*14*	*21*	*14,33*

Es wäre auch hier wieder Alternative **ZZ_3** zu wählen.

Da die Laplace-Regel aber kein Streuungsmaß (Spannbreite der einzelnen Werte) berücksichtigt und gleiche Wahrscheinlichkeiten unterstellt, ist diese Regel mit Vorsicht zu genießen, wie mit folgendem Beispiel verdeutlicht werden kann:

Beispiel. Es sei unterstellt, dass zwei Gruppen mit jeweils 30 Studierenden die aktuelle BWL-Klausur schreiben. Die Hälfte der ersten Gruppe lernt intensiv, die andere Hälfte gar nicht. In der zweiten Gruppe lernen alle Teilnehmer durchschnittlich intensiv. Daraufhin besteht die Hälfte der ersten Gruppe mit der Note 1,0, die andere Hälfte fällt mit 5,0 durch. In der zweiten Gruppe bestehen alle mit einer 3,0. Der arithmetische Durchschnitt in beiden Gruppen liegt damit bei 3,0. Würde die Wahl zwischen Lernen und Nicht-Lernen von der Laplace-Regel abhängig gemacht, ergäbe sich ein Problem für den Entscheider, denn beide Alternativen wären gleichwertig einzuschätzen. Der Erwartungswert liegt für beide Handlungsalternativen bei 10 (z. B. gilt für Gruppe 1 bei nur ganzzahligen Noten: $1/5 \cdot 15 + 1/5 \cdot 0 + 1/5 \cdot 0 + 1/5 \cdot 0 + 1/5 \cdot 15 = 10$; für Gruppe 2 ergibt sich: $1/5 \cdot 0 + 1/5 \cdot 0 + 1/5 \cdot 30 + 1/5 \cdot 0 + 1/5 \cdot 0 = 10$). Der Grund für diese unrealistische Einschätzung bzw. Empfehlung liegt darin, dass die Wahrscheinlichkeiten, gute oder schlechte Noten zu schreiben, eben nicht unabhängig vom Lerneinsatz ist.

Die Hurwicz-Regel als Entscheidungstechnik

Die Hurwicz-Regel, ebenfalls benannt nach ihrem 2008 verstorbenen Autor, Leonid Hurwicz, vereint die Prinzipien der Minimax- und der Maximax-Regel und bindet die Risikobereitschaft des Managers in das Entscheidungskalkül mit ein. Dies geschieht, indem ein **Optimismusparameter** (λ) eingeführt wird, mit dem die erwarteten Ergebniswerte gewichtet werden. Daraufhin kann die für die jeweilige Risikobereitschaft des Entscheiders passende Auswahl der Alternativen getroffen werden.

Da eine Wahrscheinlichkeit von 1 (= 100 Prozent) den gesamten Wahrscheinlichkeitsraum für einen Umweltzustand abdeckt, kann der Optimismusparameter λ nur zwischen null und 1 liegen ($0 \geq \lambda \geq 1$). Je nach Risikobereitschaft bzw. Pessimismus oder Optimismus wählt nun der Entscheider seinen persönlichen Optimismusparameter und gewichtet (multipliziert) damit den höchsten Ergebniswert einer Alternative. Mit dem ergänzenden Optimismusparameter ($1-\lambda$) gewichtet er den niedrigsten Ergebniswert der jeweiligen Alternative. Ist der Manager risikobereit, wählt er einen hohen λ-Wert und einen entsprechen niedrigen ($1-\lambda$)-Wert. Ist der Manager risikoavers, wählt er umgekehrt. Da diese Regel gegebene Risikoneigungen auf den jeweils höchsten und niedrigsten Wert anwendet, wird sie auch Pessimismus-Optimismus-Regel genannt.

(**Hurwicz-Regel**):

$$(A_i)\ \mathbf{max!} = \lambda \cdot \mathbf{Max}_i + (1 - \lambda) \cdot \mathbf{Min}_i$$

Beispiel (forts.). Es gelten weiterhin die bekannten Bedingungen aus dem Verlagsvorhaben. Der Manager wählt einen Optimismusparameter von $\lambda = 0{,}3$. Er ist also eher risikoscheu.

Tab. 11.9: Deckungsbeitragsmatrix; Hurwicz-Regel (Angaben in Mio. Euro)

	Thementrends			Hurwicz-Regel
Zeitschrift	TT_1	TT_2	TT_3	$E = \lambda \cdot Max_i + (1 - \lambda) \cdot Min_i$
ZZ_1	*12*	*3*	*16*	5,7
ZZ_2	*6*	*10*	*11*	*7,5*
ZZ_3	*8*	*14*	*21*	*14,33*

Es wäre auch hier Alternative **ZZ_3** zu wählen.

Die Savage-Niehans-Regel als Entscheidungstechnik

Die Savage-Niehans-Regel (auch bekannt als Regel des kleinsten Bedauerns) beurteilt die möglichen Handlungsalternativen nicht aufgrund des unmittelbaren Nutzens der Ergebnisse, sondern aufgrund ihrer Opportunitätsverluste im Vergleich zum maximal möglichen Gewinn. Es wird also zunächst untersucht, welches Ergebnis je Umweltzustand und Handlungsalternative den maximalen Ertrag anbietet. Danach wird der Schaden (der Opportunitätsverlust) abgebildet, der gegenüber dem bestmöglichen Ergebnis in einer Umweltsituation entstehen kann. Daraus resultiert die sogenannte Bedauernsmatrix. Im Anschluss wählt der Entscheider diejenige Handlungsalternative, die den potentiellen Schaden minimiert. Der Entscheidungsprozess erfolgt also in drei Stufen:

Schritt 1: Ermittlung des Maximalergebnisses eines Umweltzustandes (Spaltenmaximum).

Schritt 2: Ermittlung der Differenzen zwischen dem zustandsbezogenen Maximalergebnis und den übrigen handlungsabhängigen Einzelergebnissen (Bedauernsmatrix).

Schritt 3: Ermittlung des höchsten Differenzbetrages als größtmögliche negative Abweichung vom zustandsbedingten Maximalwert (Ermittlung des maximalen Bedauerns). Nun erfolgt die Alternativenwahl, indem die Alternative ausgewählt wird, bei der der Differenzbetrag zum bestmöglichen Ergebnis am geringsten ist.

(**Savage-Niehans-Regel**):

Wähle die Alternative, die den potenziellen Schaden minimiert.

Beispiel (forts.). Es gelten auch hier wieder die Bedingungen des schon bekannten Verlagsszenarios. Das relevante Entscheidungsfeld wird nunmehr durch die zwischengeschaltete Bedauernsmatrix ergänzt, bevor die Handlungsempfehlung ausgesprochen werden kann:

Tab. 11.10: Deckungsbeitragsmatrix; Savage-Niehans-Regel (Angaben in Mio. Euro)

	Thementrends			Bedauernsmatrix			maximales Bedauern
Zeitschrift	TT_1	TT_2	TT_3	TT_1	TT_2	TT_3	(min!)
ZZ_1	*12*	*3*	*16*	*0*	*11*	*5*	*11*
ZZ_2	*6*	*10*	*11*	*6*	*4*	*10*	*10*
ZZ_3	*8*	*14*	*21*	*4*	*0*	*0*	*4*

Auch hier zeigt das Ergebnis, dass die Variante $\mathbf{ZZ_3}$ gewählt wird. Auch diese Regel geht prinzipiell von einem risikoscheuen Entscheider aus, der nur geringe Einbußen gegenüber dem bestmöglichen Ergebnis erleiden möchte.

Aufgabe. Berechnen Sie jeweils die optimale Handlungsalternative bei vorgegebener Ausgangssituation und einer Entscheidungssituation bei Unsicherheit nach folgenden Entscheidungsregeln:

- Maximax-Regel
- Minimax-Regel
- Hurwicz-Regel (Lambda = 0,7)
- Savage-Niehans-Regel

Begründen Sie Ihre Antworten mit Nennung der jeweiligen Entscheidungsregel.

	Situation		
Alternative	S_1	S_2	S_3
a_1	*15*	*5*	*30*
a_2	*20*	*35*	*10*
a_3	*40*	*10*	*2,5*

11.1.5 Entscheidungen in Spielsituationen

In den bereits beschriebenen Entscheidungssituationen wurde unterstellt, dass die Umwelt nicht von den Entscheidern beeinflusst werden kann. Es gibt aber auch eine Vielzahl von Situationen, in denen die Aktionen eines Handelnden Reaktionen anderer zur Folge haben oder eigene Entscheidungen abhängig von den (vermuteten) Handlungen anderer sind. In solchen Fällen erweist es sich als vorteilhaft, wenn die möglichen Verhaltensreaktionen der anderen (z. B. der Wettbewerber) mit ins Entscheidungskalkül einbezogen werden. In solchen Fällen wird die eigene Entscheidung auch von der vermuteten Wettbewerberreaktion abhängig.

Derartige Entscheidungssituationen werden vor allem in der **Spieltheorie** untersucht. Dabei wird jede Situation, in der Teilnehmer (Spieler) ihre Entscheidungen mit Rücksicht auf Reaktionsmöglichkeiten anderer Teilnehmer treffen, als Spiel aufgefasst.

In der Spieltheorie wurden Erklärungs- und Entscheidungskonzepte entwickelt, die aufzeigen, welche Verhaltensstrategien gewinnmaximierende Teilnehmer anwenden, wenn Gegenspieler die eigene Zielerreichung beeinflussen können. Die Spieltheorie untersucht darüber hinaus auch Verhaltensstrategien von Verbündeten untereinander und erklärt, wann und warum sich Kooperationspartner regelkonform zeigen oder defektieren (nicht-kooperativ zeigen).

Spieltheoretische Konzepte basieren in der Regel auf dem Rationalitäts- und dem Eigennutzprinzip. Das heißt, es wird unterstellt, dass sich die Teilnehmer vernünftig und konsequent egoistisch verhalten. Durch diese (weitgehend verlässlichen) Annahmen wird es möglich, sich in die Lage des Gegners zu versetzen und sich zu fragen, was der Gegner oder Partner unter bestimmten Bedingungen tun wird. Die Antwort auf diese Frage wird dann in das eigene Entscheidungskalkül einbezogen. Solche Verfahren ermöglichen es, sowohl in sequenziellen Spielen als auch in simultanen Spielen Strategien entwickeln zu können. In einem sequenziellen Spiel entscheiden die Teilnehmer nacheinander; quasi als Reaktion auf die Handlung des Gegners. In simultanen Spielen handeln sie gleichzeitig.

Wenn alle Parteien rational entscheiden und das eigene Wohlergehen ins Zentrum ihres Handels stellen, sind Vorhersagen über die jeweiligen Entscheidungen mit relativ hoher Sicherheit zu treffen.[2] Die beiden wahrscheinlich bekanntesten Entscheidungs- bzw. Handlungskalküle, die spieltheoretische Erkenntnisse widerspiegeln, sind „***Tit for Tat***“ bzw. der Rechtsgrundsatz „***Quit pro quo***“.

Der großen Komplexität des Themas und der vielen verschiedenen Spielarten und Lösungen wegen, kann dieses Thema hier nicht weiter vertieft werden. Zum grundsätzlichen Verständnis spieltheoretischer Entscheidungskalküle sollen drei einfache Szenarien veranschaulicht werden.

Beispiel (forts.). Es könnte nun sein, dass der Verlag, der eine neue Zielgruppenzeitschrift herausgegen möchte, abhängig von der eigenen Entscheidung mit Gegenmaßnahmen eines Wettbewerbers rechnen muss. Der Einfachheit wegen sei angenommen,

2 Es gibt zahlreiche Literatur zum Thema Spieltheorie. Begonnen haben die einschlägigen Veröffentlichungen mit Neumann und Morgenstern (2004; Erstveröffentlichung 1944). Empfohlen werden aber auch u. a. Fisher (2010), Rieck (2010), Berninghaus, Ehrhart und Güth (2010), Diekmann (2009) sowie Winter (2015).

dass auf die Herausgabe oder Nichtherausgabe einer neuen Zeitschrift mit zwei unterschiedlichen Reaktionen gerechnet werden kann: Der Wettbewerber gibt ebenfalls eine themengleiche Zeitschrift heraus oder er tut es nicht.

Da der Markt ein bestimmtes Absatzpotenzial hat, kann der Verlag seine Produktionsmengen und Produktionskosten kalkulieren und aufgrund angenommener Marktpreise Deckungsbeiträge prognostizieren. Weil die beiden Verlage unter ähnlichen Kostenbedingungen produzieren und sich den Rezipienten- und den Werbemarkt teilen müssen, sollen der Einfachheit wegen für beide Verlage gleiche Deckungsbeiträge unterstellt werden. Der Controller stellt folgende Auszahlungsmatrix zur Verfügung:

Tab. 11.11: Auszahlungsmatrix 1 einer spieltheoretischen Situation (DB-Angaben in Mio. Euro)

	Verlag 2	
Verlag 1	gibt Zeitschrift heraus	gibt keine Zeitschrift heraus
gibt Zeitschrift heraus	*10//10*	*20//0*
gibt keine Zeitschrift heraus	*0//20*	*0//0*

Tabelle 11.11 zeigt deutlich, dass wenn Verlag 1 eine zusätzliche Zeitschrift auf den Markt bringt und der Wettbewerber (Verlag 2) dies auch tut, beide Unternehmen einen segmentspezifischen Deckungsbeitrag in Höhe von 10 Mio. Euro erwirtschaften werden. Gibt ein Verlag die Zeitschrift heraus, der andere jedoch nicht, generiert der herausgebende Verlag einen zusätzlichen Deckungsbeitrag in Höhe von 20 Mio. Euro. Verzichten beide Verlage auf die Innovation, können sie auch keine Umsätze generieren, müssen aber auch keine variablen Kosten tragen. Der Deckungsbeitrag liegt in beiden Fällen bei null.

Die Auszahlungsmatrix macht unmittelbar deutlich, dass beide Verlage die Zeitschrift am Markt lancieren werden. Würden beide Verlage auf die Herausgabe verzichten, würden sie auch auf Deckungsbeiträge verzichten. Verzichtet nur ein Verlag auf die Markteinführung, verpasst er nicht nur eine Marktchance, sondern er stärkt damit auch noch den jeweiligen Wettbewerber, denn der würde das gesamte Marktpotenzial akquirieren können und 20 Mio. Deckungsbeitrag erwirtschaften. Es ist also vollkommen rational und im Sinne des Eigennutzmotivs, die Zeitschrift herauszugeben, unabhängig davon, was der Wettbewerber tut. Die Spieltheorie spricht hier von einer dominanten Strategie.

Beispiel (forts.). Nun melden sich aber noch einmal die Controller bei der Geschäftsleitung. Sie haben nunmehr alle Fakten vorliegen und geben zu bedenken, dass der Verlag erhebliche Investitionen tätigen muss, wenn er in diesem neuen Segment aktiv werden will. Die Investitionen führen zu laufenden Fixkosten, die auf absehbare Zeit nur dann durch die spezifischen Segmentdeckungsbeiträge gedeckt werden, wenn der gegnerische Verlag nicht am Markt aktiv wird. Wenn beide Verlage eine Zeitschrift herausgeben, müssten die Investitionen zum Teil durch andere Verlagsprodukte querfinanziert werden. Die Controller legen ihren Vorständen eine neue Auszahlungsmatrix vor. Diese bezieht sich auf die gesamten Verlagsgewinne:

Tab. 11.12: Auszahlungsmatrix 2 einer spieltheoretischen Situation (Gewinn-Angaben in Mio. Euro)

	Verlag 2	
Verlag 1	gibt Zeitschrift heraus	gibt keine Zeitschrift heraus
gibt Zeitschrift heraus	*190//190*	*240//220*
gibt keine Zeitschrift heraus	*220//240*	*220//220*

Tabelle 11.12 zeigt deutlich, dass wenn Verlag 1 seine Zeitschrift auf den Markt bringt und der Wettbewerber (Verlag 2) dies auch tut, beide Unternehmen einen geringeren Gewinn erwirtschaften als aktuell, weil die jeweiligen Deckungsbeiträge im neuen Marktsegment nicht durch die Umsätze gedeckt werden, sondern querfinanziert werden müssten. Die Gewinne sinken jeweils auf 190 Mio. Euro.

Verzichten beide Verlage auf die Markteinführung, bleiben die Gewinne auf dem alten Niveau (jeweils 220 Mio. Euro). Wenn nur einer der Verlage aktiv wird, kann dieser seine Alleinstellung am Markt ausnutzen. In diesem Fall erwirtschaftet er mehr als ausreichende Deckungsbeiträge und erhöht die gesamten Verlagsgewinne um 20 Mio. Euro auf 240 Mio., während der andere Verlag sein altes Gewinnniveau hält (= 220 Mio. Euro). Jetzt wird die Entscheidung spannend. Einerseits will kein Verlag Verluste machen, andererseits aber auch nicht dem Wettbewerber das Feld überlassen.

Unter diesen Umständen würde ein Gespräch zwischen den Verlagsleitungen helfen. Sie könnten sich darauf einigen, dass keiner eine Zeitschrift herausgibt, weil dann kein Verlag seine Gewinne schmälert. Da jeder Verlag aber unter dem Druck steht, Gewinne steigern zu sollen, wäre die Frage, wie verlässlich die Absprache ist. Hält sich einer der konkurrierenden Verlage nicht an diese Absprache, würde er als First-Mover das Rennen für sich entscheiden. Die optimale Strategie für beide wäre, einander zu vertrauen und zu kooperieren, aber da keine Sanktionsmöglichkeiten gegeben sind, den Vereinbarungsbrüchigen zu bestrafen, wäre es sehr riskant zu vertrauen.

Besser wäre es, wenn jeder Verlag seine Entscheidung unabhängig von dem was der andere vermutlich machen wird, fällen könnte. Gibt es eine Möglichkeit, die Handlungsentscheidung des anderen Verlages vorherzusagen und damit eine eigene, rationale Entscheidung treffen zu können?

Lösungsansätze. Der jeweilige Vorstand will nun die für das eigene Unternehmen vorteilhafteste Entscheidung treffen, ohne den Vorstand des anderen Verlages anzusprechen. Er geht davon aus, dass auch der Wettbewerber die für ihn vorteilhafteste Entscheidung treffen wird. Der Gedankengang im Entscheidungsprozess des Vorstands erfolgt in zwei Schritten und sieht wie folgt aus:

1. Wenn der Wettbewerber die Zeitschrift herausgibt, der eigene Verlag sie auch auf den Markt bringt, dann erwirtschaftet der eigene Verlag 190 Mio. Euro Gewinn. Wenn der eigene Verlag sie nicht herausbringt, dann erwirtschaftet der eigene Verlag 220 Mio. Euro Gewinn.

Es ist für den eigenen Verlag also besser, die Zeitschrift nicht herauszubringen, wenn der Wettbewerber sie herausgibt, da wir dann 30 Mio. Euro Gewinn mehr erwirtschaften.

2. Wenn der Wettbewerber die Zeitschrift nicht herausgibt, der eigene Verlag sie aber auf den Markt bringt, dann erwirtschaftet der eigene Verlag 240 Mio. Euro Gewinn. Wenn der eigene Verlag sie nicht auf den Markt bringt, dann erwirtschaftet der eigene Verlag 220 Mio. Euro Gewinn.

Es ist für den eigenen Verlag in diesem Fall besser, die Zeitschrift herauszubringen, wenn der Wettbewerber sie nicht herausgibt, da der eigene Verlag dann 20 Mio. Euro Gewinn mehr erwirtschaftet.

Das heißt in der Gesamtübersicht der Empfehlungen, dass es zunächst für die Verlagsleitung keine eindeutige Empfehlung gibt, die unabhängig vom Tun des Wettbewerbs ist. Es wäre abzuwägen, wie risikobereit die Verlage sind oder was strategisch besser für den eigenen Verlag ist.

Hinsichtlich der Risikobereitschaft und in Unkenntnis der Gegenreaktion (es können keine validen Wahrscheinlichkeiten angegeben werden, was der Wettbewerber tun wird, da diese Entscheidung ja von der eigenen Entscheidung abhängt), könnten sich die Verlagsleitungen nach dem Minimax- oder dem Maximax-Prinzip entscheiden.

Tab. 11.13: Auszahlungsmatrix 3 bei simultanem Spiel (Gewinn-Angaben in Mio. Euro)

Verlag 1	**Verlag 2**		Minimax	Maximax
	gibt Zeitschrift heraus	gibt keine Zeitschrift heraus		
gibt Zeitschrift heraus	*190*	*240*	*190*	*240*
gibt keine Zeitschrift heraus	*220*	*220*	*220*	*220*

Aus dieser Matrix folgen zwei Interpretationsansätze:

1. Wenn die Geschäftsleitung **risikoavers** ist, bedeutet dies: Das Zeilenminimum liegt einmal bei 190 und einmal bei 220. Das maximale Ergebnis der Minima liegt also bei 220. Das gilt im vorliegenden Fall für beide Verlage. Demnach wird sich jeder Verlag gegen die Markteinführung entscheiden.

2. Wenn die Geschäftsleitung **risikofreudig** ist, bedeutet dies: Das Zeilenmaximum liegt einmal bei 240 und einmal bei 220. Das maximale Ergebnis der Maxima liegt also bei 240. Das gilt im vorliegenden Fall für beide Verlage. Demnach wird sich jeder Verlag für die Markteinführung entscheiden.

Wenn es sich aber nicht um eine Entscheidung handelt, die beide Verlage simultan treffen müssen bzw. wenn ein Verlag auch als Folger den Markt betreten könnte, dann kann sich die Situation wieder ändern: Da jeder Verlag damit rechnen muss, dass der andere ihm „das Feld" nicht überlassen wird, wenn er seine Variante erfolgreich herausbringt, wäre abzuschätzen, was dann passiert. Bringt der zweite Verlag im Nachgang eine eigene Variante als Antwort heraus, würden bei beiden die Gewinne sinken; nicht zuletzt, weil die Werbepreise aufgrund der neuen Konkurrenz sinken würden. In diesem Fall würden die Verlage vielleicht auf die Innovation verzichten oder hoffen, dass der Marktvorsprung das entscheidende Kriterium ist.

Der wahrscheinlich populärste Fall der Spieltheorie, der in der Literatur unter dem Stichwort **Gefangenendilemma**[3] diskutiert wird, soll abschließend als drittes Szenario noch beschrieben werden. Das Gefangenendilemma hält entscheidungstheoretisch eine Überraschung bereit und hat damit ein grundsätzliches Paradigma der Ökonomie ins Wanken gebracht. Nämlich das der *unsichtbaren Hand* von Adam Smith. Smith, der Begründer der modernen Nationalökonomie, konstatierte im 18. Jahrhundert, dass das allgemeine, gesellschaftliche Glück maximiert werde, wenn jedes Individuum versucht, sein persönliches Glück zu erhöhen (vgl. Smith 1776/2005). Frei in die Sprache der modernen Ökonomie übersetzt: Auf Eigennutz abgestellter Wettbewerb vieler führt zu optimalen Kollektivergebnissen bzw. zur optimalen Allokation der volkswirtschaftlichen Ressourcen. Das Gefangenendilemma widerspricht dieser These.

3 Das Gefangenendilemma geht auf eine Beschreibung von Albert W. Tucker (vgl. 1950: 228) zurück, durch die er eine soziale Dilemmasituation beschrieb, die zu einer suboptimalen kollektiven Lösung führt, wenn die Beteiligten rational zum eigenen Vorteil entscheiden: Zwei Gefangene werden verdächtigt, gemeinsam eine Straftat begangen zu haben. Beide werden in getrennten Räumen verhört und haben keine Möglichkeit, ihre Aussagen abzustimmen. Die Höchststrafe für das Verbrechen beträgt sechs Jahre. Wenn die Gefangenen sich entscheiden zu schweigen, werden beide wegen kleinerer Delikte zu je zwei Jahren Haft verurteilt. Gestehen jedoch beide die Tat, bekommen sie mildernde Umstände angerechnet und erhalten jeweils vier Jahre Haft. Gesteht nur einer der Gefangenen und der andere schweigt, bekommt der Geständige als Kronzeuge eine einjährige Bewährungsstrafe, der andere bekommt die Höchststrafe von sechs Jahren Haft. Eine Kooperation der beiden würde zu insgesamt vier Jahren Haft führen. Jede andere Kombination aus Gestehen und Schweigen führt zu einer höheren Gesamtstrafe. Fazit: Aus Sicht des Kollektivs (die Gesamtheit der Gefangenen) wäre es optimal zu schweigen; aus sich des Einzelnen ist es rational (besser) zu gestehen; unabhängig davon, was der andere macht.

Beispiel. Angenommen zwei ähnlich erfolgreiche Dating-Portale überlegen im ständigen Kampf um Mitglieder, ob sie weiter Werbung im TV als weitreichenstärkstes Medium schalten sollen oder ob sie die gewaltigen Ausgaben lieber vermeiden. Das Ziel beider Portale besteht in der Gewinnmaximierung. Eine Auszahlungsmatrix, die den Gewinn der beiden Intermediäre für beide Handlungsalternativen abbildet und beiden Vorständen bekannt ist, soll wie folgt unterstellt werden:

Tab. 11.14: Auszahlungsmatrix zweier Dating-Portale (Gewinn-Angaben in Mio. Euro)

	Intermediär 2 (I_2)	
Intermediär 1 (I_1)	macht Werbung	macht keine Werbung
macht Werbung	*20//25*	*40//15*
macht keine Werbung	*10//45*	*30//35*

Grundsätzlich ist die Sachlage und die daraus zu folgernde Entscheidung durch Tab. 11.14 klar dargestellt: Keine Werbung zu schalten erhöht bei beiden Unternehmen den Gewinn gewaltig. Intermediär 1 (I_1) könnte seinen Gewinn auf 30 Mio. Euro anwachsen lassen und Intermediär 2 (I_2) auf 35 Mio. Euro. Und doch würden sich beide Vorstände unabhängig voneinander für die Durchführung von TV-Werbeschaltungen entscheiden. Warum?

Lösung. Auch hier werden sich die Vorstände die gleichen Fragen stellen, wie zuvor die Verlagsgeschäftsführungen:

1. Wenn I_2 Werbung schaltet und I_1 auch, dann erwirtschaftet I_1 20 Mio. Euro Gewinn. Wenn I_1 in dieser Situation aber auf Werbeschaltungen verzichtet, dann erwirtschaftet er nur 10 Mio. Euro Gewinn.

Es ist also für I_1 besser Werbung zu schalten, wenn I_2 Werbung schaltet.

2. Wenn I_2 keine Werbung schaltet, I_1 aber Werbung schaltet, dann erwirtschaftet I_1 40 Mio. Euro Gewinn. Wenn I_1 ebenfalls keine Werbung schaltet, dann erwirtschaftet er nur 30 Mio. Euro Gewinn.
   Es ist also für I_1 auch besser Werbung zu schalten, wenn I_2 keine Werbung schaltet.

Damit ist es für I_1 unabhängig davon, ob I_2 Werbung schaltet oder nicht, immer besser Werbung zu schalten. Bei einer analogen Prüfung des Sachverhalts für I_2 ergibt sich genau das gleiche Ergebnis. Das heißt für jeden einzelnen Intermediär ist es in jeder Situation rational, Werbung zu platzieren, obwohl es aus Sicht des Kollektivs ($I_1 + I_2$) besser wäre, auf Werbung zu verzichten. Auch hier liegt eine absolut dominante Strategie für beide Marktteilnehmer vor. Die jeweils rationalen und individuell optimalen Strategien führen aber zu einer Fehlallokation der Ressourcen. Darin offenbart sich der Charakter des Gefangenendilemmas. Eine kooperative Lösung (nicht der Wettbewerb) würde mehr Gesamtertrag für die Portalbetreiber erbringen.[4]

11.2 Kumulierende Analyse- und Planungsverfahren

Kumulierende Analyse- und Planungsverfahren werden im Vorfeld von Strategieformulierungen oder taktischen Entscheidungen eingesetzt. Sie stellen quasi ein Universalwerkzeug dar, mit dem höchst unterschiedliche Problemstellungen analysiert werden können. Solche Verfahren aggregieren Objekte aufgrund von Messgrößen. Dadurch entstehen Gruppen von Objekten mit strategischer Aussagekraft. Zwei prominente Beispiele sind die ABC-Analyse als ein quantitativ ausgerichtetes Verfahren und die Portfolio-Technik (auch Matrix-Technik genannt) als qualitatives Verfahren. Beide Verfahren können zeitlich auf eine bestimmte Periode bezogen werden oder auch periodenübergreifend angelegt sein.

Ein drittes Universalwerkzeug, das aber nicht Objektgruppen aggregiert, sondern Einzelbewertungen zu einer Gesamtgröße aufaddiert, ist die sogenannte Nutzwertanalyse. Alle drei Verfahren werden im Folgenden erläutert.

11.2.1 Die ABC-Analyse als quantitativ kumulierendes Verfahren

Das wahrscheinlich bekannteste und am häufigsten eingesetzte Schnellplanungsverfahren ist die ABC-Analyse. Sie wird dann genutzt, wenn geplant werden muss, wieviel Aufmerksamkeit das Management einzelnen Objekten widmen sollte. Der Grad der Aufmerksamkeit ist abhängig vom kumulierten Wert der Objekte. Solche Objekte können Produktionsfaktoren, Kunden oder Regionen etc. sein.

Die ABC-Analyse unterscheidet drei unterschiedliche Objekt-Werteklassen. Die größte Bedeutung kommt den A-Objekten zu. A-Objekte sind beispielsweise die wichtigsten oder wertvollsten Waren, die ein Unternehmen von Lieferanten bezieht. Es können auch Kunden oder Regionen sein, die erhebliche Bedeutung für das Unternehmen haben. B-Objekte sind von mittlerem Wert und C-Objekte bilden die große Masse an Gütern, Kunden oder Absatzgebieten, die keine strategische Bedeutung für das Unternehmen haben. Je nach Klassifikation werden die Objekte mit unterschiedlicher Priorität behandelt.

Im Umfeld der Beschaffungspolitik wird das Schnellplanungsverfahren eingesetzt, wenn festgestellt werden soll, welche Produktionsfaktoren zu den wert- oder mengentechnisch bedeutenden bzw. weniger bedeutenden Faktoren gehören. Das

4 Solche, ähnliche und auch viel komplexere Problemlösungsstrategien findet der Leser in der schon dokumentierten Literatur zur Spieltheorie.

gleiche Ziel verfolgen Analysen, die zur Bildung von Kundenwertklassen führen sollen. Um entscheiden zu können, wie viel Energie und Kapital in eine Kundenbeziehung oder eine Absatzregion investiert werden soll, muss klar sein, welche Bedeutung sie für das Unternehmen haben. Sowohl mit wertvollen Produktionsfaktoren als auch mit wertvollen Kunden oder absatzstarken Regionen gehen Unternehmen anders um als mit weniger wichtigen. Das Analyseverfahren dient auch der Feststellung von Abhängigkeiten und damit der Beantwortung der Frage, ob ein bestimmter Kunde, ein bestimmtes Produkt oder eine Region zur Gruppe der existenziell wichtigen zählt oder nicht. Die ABC-Analyse hilft dem Planer damit, das Wesentliche vom weniger Wesentlichen zu trennen und unwirtschaftliche Anstrengungen zu vermeiden.

Die ABC-Analyse teilt eine kumulierte Menge von Objekten in die Klassen A, B und C auf. Die Klassen werden nach absteigender Bedeutung geordnet. Werden große Zahlenreihen berücksichtigt, ergibt sich in der Regel eine dem von Pareto formulierten 80/20-Prinzip weitgehend entsprechende Verteilung. Dieser auch als Pareto-Prinzip bezeichnete Zusammenhang besagt, dass 80 Prozent der Ergebnisse mit 20 Prozent des Gesamtaufwandes erreicht werden. Die verbleibenden 20 Prozent der Ergebnisse beanspruchen aber 80 Prozent der Arbeit (vgl. Haufler 2014: o. S.). Damit liegt ein gewaltiges Missverhältnis zwischen Ertrag und Aufwand vor.

So kann beispielsweise der Materialverbrauch nach Wertgrößen gruppiert werden (vgl. Tab. 11.15):

Tab. 11.15: Typische Verbrauchswerte und Verbrauchsmengen einer ABC-Klassifizierung

Material-Klasse	Gesamtverbrauchswert	Gesamtverbrauchsmenge
A	70–80 %	10–20 %
B	10–20 %	20–30 %
C	5–10 %	60–70 %

Tabelle 11.15 zeigt, dass rund 10–20 Prozent der Inputfaktoren (Materialien) 70–80 Prozent des Beschaffungskapitals binden bzw. umgekehrt, dass rund 60–70 Prozent der zu beschaffenden Materialien nur ca. 5–10 Prozent der kumulierten Kosten verursachen. Weitere typische Beispiele aus der Unternehmenspraxis:

- 80 % des Umsatzes eines Unternehmens werden meist mit 20 % der Produkte erzielt.
- 80 % des Umsatzes eines Unternehmens werden mit 20 % der (Stamm-)Kunden erzielt.
- 80 % der Anrufe führen Mitarbeiter mit 20 % ihrer gespeicherten Kontakte.

Werden die Werte aus Tab. 11.15 in eine Grafik überführt, ergibt sich eine typische Verteilungskurve (vgl. Abb. 11.2):

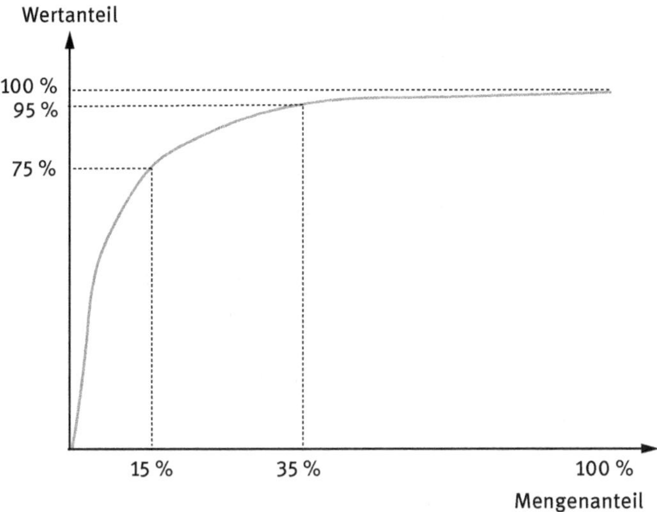

Abb. 11.2: Ergebnisdarstellung der ABC-Analyse (80/20-Regel)

Aus Gründen der Wirtschaftlichkeit werden die A- und ggfs. auch die B-Objekte bedarfsgerecht (deterministisch) und die C-Objekte verbrauchsgesteuert (stochastisch) disponiert bzw. gemanagt. Damit werden drei Planungsverfahren unterschieden:

1. **Deterministische Planungsverfahren** basieren auf genauen Produktionsplänen oder Kundenaufträgen etc. Die Beschaffung ist plan- bzw. bedarfsorientiert.
2. **Verbrauchsgesteuerte Planungsverfahren** berechnen benötigte Einsatzmengen z. B. auf Basis von Durchschnittswerten oder Prognosen.
3. **Heuristische Planungsverfahren** legen benötigte Einsatzmengen durch Schätzverfahren fest; insbesondere dann, wenn notwendige Informationen fehlen oder ein höherer Planungsaufwand nicht sinnvoll wäre. Hier werden Erfahrungswerte genutzt.

Im Bereich der Kundenwertanalyse würde die ABC-Analyse beispielsweise verdeutlichen, welchen Kunden ein eigener Key Accounter zugewiesen werden sollte und welche Kunden zu B-Kunden zusammengefasst werden könnten, die dann durch einen Bereichs-Key Accounter betreut werden. Die verbleibende Menge an C-Kunden würde keine besondere oder intensivere Betreuung erfahren, da es nicht wirtschaftlich wäre, den zusätzlichen Aufwand zu betreiben.

Durchführung einer ABC-Analyse im Vertrieb

Schritt 1: Zunächst werden die Umsatzerlöse der einzelnen Kunden pro Betrachtungsperiode in eine Rangfolge gebracht.

Schritt 2: Nun werden die Umsatzanteile (in Prozent) berechnet.

Schritt 3: Die Umsatzanteile werden kumuliert.
Schritt 4: Die Kunden werden aufgrund der prozentualen Umsatzanteile in A-, B- und C-Kunden klassifiziert.

Durchführung einer ABC-Analyse in der Materialbeschaffung

Schritt 1: Verbrauchswert je Materialposition errechnen (Preis x Verbrauchsmenge) und in eine Rangfolge bringen.
Schritt 2: Den prozentualen Anteil des jeweiligen Verbrauchswertes am Gesamtverbrauchswert ermitteln.
Schritt 3: Die Verbrauchswerte kumulieren.
Schritt 4: Klassenbildung vornehmen. Einteilung der Verbrauchswerte (in %) gemäß ihrem Werteanteil in die Klassen A, B und C.

Beispiel einer ABC-Analyse zur Kundenwertbestimmung

Eine vor zwei Jahren gegründete kleinere Kreativagentur, die Konzepte erstellt, aber auch eine selbst entwickelte App lizensiert, will ihr Kundenbetreuungsprogramm professionalisieren, um sich weiter am Markt entwickeln zu können. Die Geschäftsführung möchte wissen, welchen Kunden sie einen individuellen Betreuer zur Seite stellen soll, um die Umsätze zu optimieren. Andererseits will sie aber auch wissen, in welche Kunden sich intensive Betreuungsaktivitäten zu investieren nicht lohnen. Darüber hinaus möchte die Geschäftsleitung auch wissen, welche Abhängigkeiten sich in den letzten zwei Jahren aufgebaut haben. Nur so kann die Agentur eine Strategie erarbeiten, wie sie weiter den Markt entwickeln soll. Die Fragen liegen auf der Hand. Erstens: Wie können wir unsere Umsätze kostenoptimiert steigern? Zweitens: Sind wir abhängig von einzelnen Kunden und was müssen wir tun, um die Abhängigkeit zu reduzieren? Der Controller liefert die Daten, die Tab. 11.16 im Sinne einer ABC-Analyse geordnet ausweist.

Die Auflistung macht sehr deutlich, dass das wirtschaftliche Wohlergehen der Kreativagentur maßgeblich von zwei Kunden abhängig ist. Ob der dritte Kunde, die Witten KG, mit einem Umsatz von 60.000 Euro noch zu den A- oder schon zu den B-Kunden zu zählen ist, muss die Geschäftsführung entscheiden. Hier gibt es keine „Regel". Möglicherweise würde die Zuordnung davon abhängig zu machen sein, welches Entwicklungspotenzial die Witten KG auszeichnet. In jedem Fall liegt es auf der Hand, dass wenn einer der drei Kunden wegfallen würde, das fatale Auswirkung auf die Existenzsicherheit der Agentur hätte. Deswegen wäre es empfehlenswert, den zwei Großkunden und der Gruppe der B-Kunden jeweils einen speziellen Betreuer zur Seite zu stellen, der sich intensiv mit dem Geschäftsfeld, dem Bedarf und den Wünschen dieser Kunden auseinandersetzt. So könnten diese Mitarbeiter als Schnittstelle zwischen Agentur und Kunde fungieren und das Leistungsangebot der Agentur optimieren. Die größere Kundennähe würde zu einer höheren Kundenzufriedenheit führen und die Kundenbindung festigen.

Tab. 11.16: ABC-Analyse in der Kundenwertbestimmung

Kunde	Umsatz in EUR	Umsatz in %	Umsatz kumuliert in %	Klasse kumuliert	Klassenbildung (A = 75 %, B= 20 %, C = 5 %)
Energie AG	150.000	36,76	36,76		A
Solar GmbH	120.000	29,41	66,17	80 %	A
Witten KG	60.000	14,70	80,87		A/B
Schulziger GmbH	45.000	11,03	91,90	17 %	B
DV KG	21.000	5,15	97,05		B
Edogal GmbH	4.500	1,10	98,15		C
Bitten KG	2.000	0,49	98,64		C
Kontor AG	1.500	0,37	99,01		C
Jawa GmbH	1.000	0,25	99,26		C
Luxur GmbH	800	0,20	99,46	3 %	C
Beram GbR	750	0,18	99,64		C
Gustow e. K.	750	0,18	99,82		C
Bulto GmbH	750	0,18	100		C
Gesamtumsatz	**408.050**	**100**			

Auf der anderen Seite macht Tab. 11.16 ebenfalls sehr deutlich, dass die Umsätze mit den C-Kunden sehr niedrig sind und die Anzahl der C-Kunden sehr gering ist. Hier muss entschieden werden, ob die Umsätze mit diesen Kunden ausgebaut werden können und der Aufwand, den die Agentur diesen Kunden entgegenbringt, tatsächlich wirtschaftlich ist.

Beispiel einer ABC-Analyse in der Materialbeschaffung

Ein Film- und Theaterausstatter, der Bühnenbilder und mobile Großrequisiten baut, will wissen, welche Materialien viel Kapital binden und welche Materialien besonders sorgfältig beschafft werden müssen, damit keine Engpässe entstehen. Der Controller liefert die bereits vorsortierten Daten, die in Tab. 11.17 ausgewiesen sind.

Aus Tab. 11.17 ist zu folgern, dass die beiden gewachsenen Hölzer die wertmäßig wichtigsten Materialien darstellen und erstens mit hoher Sorgfalt hinsichtlich der Lieferanten und zweitens streng deterministisch geplant und eingekauft werden sollten. Damit wird verhindert, dass zu viel Kapital in die Bevorratung investiert wird. Andererseits sollte hier neben dem Hauptlieferanten immer auch eine Lieferantenalternative im Blick gehalten werden. Das hilft, Abhängigkeiten zu reduzieren.

Die B-Güter-Beschaffung kann anhand deterministischer oder stochastischer Bedarfsermittlungsverfahren gelenkt werden. Eine stochastische Bedarfsermittlung erfolgt aufgrund vergangener Verbräuche; z. B. durch Mittelwertbildungen. Auch hier sollten Lieferantenalternativen im Hinterkopf behalten werden. Anders ist dies im Fall von C-Gütern. Häufig lohnt sich hier eine genaue Bedarfsermittlung nicht. Der Aufwand wäre zu hoch. Deswegen werden hier heuristische Verfahren eingesetzt. Heuris-

Tab. 11.17: ABC-Analyse in der Materialbeschaffung

Material	Jahresverbrauch (Stück/Packung)	Stückpreis (EUR)	Verbrauchswerte in EUR	Verbrauchswerte in % vom Gesamtwert	Klasse kumuliert	Klassen-bildung
Nadelholz	1.500	900	1.350.000	37,50	70 %	A
Laubholz	1.000	1.200	1.200.000	33,33		A
Spanholz	3.000	200	600.000	16,67	27 %	B
Stoffe	3.000	125	375.000	10,41		B
Kurzwaren	12.000	2,5	30.000	0,83	3 %	C
Lacke	4.500	5	22.500	0,63		C
Eisenwaren	4.200	5	21.000	0,58		C
Leim	1.000	1,5	1.500	0,04		C
Gesamt	**30.200**		**3.600.000**	**100**		

tische Verfahren sind nicht mehr als Schätzungen, die auf Erfahrung beruhen. Auch der Einkauf erfolgt in der Regel auf der Basis von günstigsten Preis-Leistungsverhältnissen. Lieferanten sind meistens leicht austauschbar.

Bei einer genauen Untersuchung der Bestellmengen in Tab. 11.17, wird der Controller sehen, dass die beiden A-Güter mengentechnisch gerade einmal ca. 10 Prozent der benötigten Materialmenge ausmachen. Die B-Güter vereinen 20 Prozent der Bestellmenge auf sich und die C-Güter rund 70 Prozent. Diese Verteilung spiegelt die durchschnittliche Erfahrung von Betrieben wider, die schon eingangs erwähnt wurde.

Aufgabe. Die Geschäftsführung der PC GmbH will wissen, ob das Bestellwesen optimal organisiert ist und beauftragt den Logistikmanager mit der Untersuchung. Auf Anfrage übermittelt die Lagerhaltung die in Tab. 11.18 ausgewiesenen Daten an den Logistikmanager:

Tab. 11.18: Lagerhaltung der PC GmbH

Artikelnummer	Stückpreis in EUR	Jahresbedarf	Artikelnummer	Stückpreis in EUR	Jahresbedarf
1	16,50	7.300	8	0,30	150.000
2	10,00	25.000	9	6,50	45.600
3	5,00	35.000	10	2.500,00	500
4	1.200,00	800	11	4,50	50.000
5	330,00	1.500	12	23,00	17.500
6	1,23	80.000	13	1,75	60.000
7	0,75	111.000	14	50,00	2.300

Aufgabe des Verantwortlichen ist es nun, Güter mit hoher und solche mit niedriger Kapitalbindung zu identifizieren, sie zu gruppieren und Vorschläge zur Beschaffungspolitik zu machen, um unnötige Kapitalbindung zu vermeiden. Der Logistikmanager beschließt, eine ABC-Analyse des Bestandes durchzuführen und dann festzulegen, welche Güter deterministisch, stochastisch oder hermeneutisch (interpretierend) bzw. heuristisch (nach Faustregeln und Erfahrungen) bestellt werden sollen.

11.2.2 Die Portfolio-Technik als qualitativ kumulierendes Verfahren

Ein Portfolio ist eine Bündelung oder Sammlung von Objekten, die nach gleichartigen Merkmalen geordnet ist. Objekte können Produkte, Vermögensgegenstände, Kunden etc. sein. Somit gibt es Produktportfolios, Wertpapierportfolios, Kundenportfolios u. v. a. m.

Die Portfolio-Technik arbeitet immer mit der gleichen Systematik: Es werden zwei Dimensionen kombiniert, indem ein Merkmal auf der x-Achse und ein Wert auf der y-Achse abgebildet wird. Die Objekte werden hinsichtlich der Dimensionen quantifiziert oder qualifiziert und entsprechend einzelnen Quadranten zugeordnet. Ein Produktportfolio könnte beispielsweise einerseits nach neuen und alten Produkten organisiert sein (Dimension auf der x-Achse) und andererseits ausweisen, ob es technisch einfache oder anspruchsvolle Produkte sind (Dimension auf der y-Achse). Werden die beiden Achsen jeweils in der Mitte senkreicht zur Achse geteilt, ergäben sich vier Felder und damit eine Vier-Feld-Matrix. Diese Vierfeld-Matrix stellt dar, welche und wie viele Produktgruppen neu oder alt sowie technisch aufwendig oder einfach sind.

Der Sinn solch zweidimensionaler Systematiken liegt darin, dass die Betrachtungsobjekte nach bestimmten Merkmalen geordnet werden und damit aufzeigen, wie die Ist-Bestände qualifiziert sind. Zweitens können den einzelnen Gruppen- oder Matrizenquadranten häufig Normstrategien (prinzipielle Handlungsempfehlungen) zugeordnet werden. Die Portfolio-Technik hilft also dem Management ohne viel Aufwand Übersicht über interne Objektbestände zu bekommen, denen durch die BWL schon prinzipielle Handlungsempfehlungen zugeordnet sind. Die Portfoliotechnik ist unverzichtbar für die Strategieformulierung

Die folgenden Beispiele mögen das Prinzip und die unterschiedlichen Einsatzgebiete verdeutlichen.

Beispiel zur Segmentierung von Objekten (Kunden)

Von besonderem Interesse für das Management kann es sein, die Kunden des Unternehmens in Gruppen einzuteilen, die aus mehr Daten zusammengestellt werden als lediglich aus den aktuellen Umsätzen oder Deckungsbeiträgen (vgl. ABC-Analyse). Um das Kundenmanagement präziser steuern zu können, macht es Sinn beispielsweise auch strategische Werte oder das Entwicklungspotenzial eines Kunden etc. zu berücksichtigen. So ist es beispielsweise für eine Medienberatungsagentur von deutlichem Interesse, bekannte, große oder imageträchtige Kunden auf der Referenzliste stehen zu haben. In vielen Fällen ist hier die einzelne Umsatzgröße, die mit diesen Reputationskunden generiert wird, eher zweitrangig. Ähnlich sieht es aus, wenn ein Kunde nur wenig Umsatz generiert, aber das Potenzial hat, künftig ein A-Kunde zu werden. Möglicherweise will die Agentur auch in einer bestimmten Branche Fuß fassen, dann wäre jeder neue Kunde, der aus dieser Branche kommt, wichtig – egal, wie groß das Auftragsvolumen sein sollte.

Will das Unternehmen analysieren, wie viele Kunden in welchen Wertsegmenten vorhanden sind, dann kann die Portfolio-Technik helfen. Der Analyst legt fest, welche Dimensionen in der Matrix das Beziehungsgeflecht darstellen soll und im Anschluss wird definiert, aus welchen Parametern sich die Dimensionen zusammensetzen. Abbildung 11.3 zeigt zwei Kundenwertdimensionen. Auf die Auflistung der Parameter, die die einzelnen Dimensionen messbar machen, soll hier verzichtet werden. Eine solche Auflistung entsteht aus einer Nutzwertanalyse. (vgl. Kapitel 11.2.3). Das Ergebnis des Beziehungsgeflechts zwischen „Aktuellem Kundenwert“ und „Strategischem Kundenwert“ differenziert vier unterschiedliche Kundenwertsegmente (vgl. Abb. 11.3):

strategischer Kundenwert / aktueller Kundenwert	niedrig	hoch
hoch	Potenzialkunden *Beobachten, Bedarfsermittlung*	Premiumkunden *Key Account, Customizing und Preisbereitschaft nutzen*
niedrig	Verzichtskunden *Kontakt abbauen, Preise und Lieferzeiten erhöhen*	Basiskunden *Pflegen und standardisieren*

Abb. 11.3: Kundenwertsegment-Matrix

- **Potenzialkunden**, die einen aktuell noch geringen Kundenwert haben, aber künftig wichtig werden können oder namhafte Unternehmen mit hohem Imagewert etc.;
- **Verzichtskunden**, die weder aktuell noch zukünftig wertvoll für das Unternehmen sind bzw. sein werden. Solche Kunden verursachen oft mehr Arbeit als dass sie Ertrag bringen;

- **Basiskunden**, deren Wert aktuell sehr hoch ist, die aber strategisch nur geringere Bedeutung haben. Oft handelt es sich hier um gute Kunden, die das Unternehmen maßgeblich „ernähren".
- **Premiumkunden**, die die Star-Kunden des Unternehmens sind, weil sie gute Umsätze generieren, aber auch einen hohen Entwicklungswert für das Unternehmen haben.

Da andererseits jedem Segment in der Regel Handlungsanweisungen für das operative Verhalten (Normstrategien) zugeordnet sind, weiß das Management, welche generellen Handlungen bei welchen konkreten Segmentobjekten angeraten sind.

Beispiel zur Segmentierung von Objekten (Produkte)
Die wahrscheinlich bekannteste Produkt-Portfolio-Darstellung ist die **BCG-Matrix**. Sie korreliert das Marktwachstum mit den relativen Marktanteilen von Produktgruppen und wird deswegen auch **Marktanteil-Marktwachstum-Matrix** genannt. Das Ergebnis ist die Zusammenfassung von Produktgruppen als Question Marks, Stars, Cash Cows und Poor Dogs. Jedem Segment sind überdies strategische Handlungsanweisungen zugeordnet: beobachten, investieren, abschöpfen oder desinvestieren. Die BCG-Matrix und ihr Pendant, die 9-Feld-Matrix aus dem Hause McKinsey, werden in Kapitel 17.1.1 und 17.1.2 noch ausführlich erläutert. Aus diesem Grunde soll an dieser Stelle nur eine schematische Darstellung (vgl. Abb. 11.4) angeboten werden.

hoch
Marktwachstum

Questions Marks *Beobachten*	Stars *Investieren*
Poor Dogs *Desinvestieren*	Cash Cows *Abschöpfen*

0
relativer Marktanteil
hoch

Abb. 11.4: BCG-Matrix (Marktanteil-Marktwachstum-Matrix)

Beispiel zur Segmentierung von Strategiealternativen
Shareholderorientierte Medienunternehmen setzen auf Wachstum. Die Frage, die sich durch diese Zielvorgabe ergibt ist, wie ein Unternehmen wachsen kann. Ansoff hat vor rund 50 Jahren **Marktfeldstrategien** entwickelt, die diese Frage beantworten sollen

und eine entsprechende Matrix entworfen (vgl. Ansoff 1966: 132). Abbildung 11.5 zeigt das Ergebnis seiner Überlegungen:

		Markt	
		gegeben	neu
Produkt	gegeben	Marktdurchdringung Verstärkung der Kundenakquisition	Marktentwicklung Erschließung neuer Märkte und ZG
	neu	Produktentwicklung Entwicklung neuer Produkte	Diversifikation Erschließung neuer Märkte mit neuen Produkten

Abb. 11.5: Markt-Produkt-Matrix (Ansoff-Matrix)

Die Matrix zeigt zum einen die beiden Wachstumsdimensionen der sogenannten Produkt-Markt-Matrix (auch Ansoff-Matrix genannt). Wachsen kann ein Unternehmen, so Ansoff, über seine Produkte bzw. deren Verwendungshäufigkeit und über die Vergrößerung seiner Märkte. Zum anderen zeigt die Matrix, welche Wachstumsstrategien sich ergeben, wenn die beiden Dimensionen miteinander verknüpft werden. Dabei differenziert Ansoff die beiden Dimensionen in „entweder bereits gegeben" oder in „neu" bzw. „noch nicht realisiert". Damit ergeben sich vier unterschiedliche Wachstumsstrategien, die der Matrix entnommen werden können: die Marktdurchdringung, die Marktentwicklung, die Produktentwicklung und die Diversifikation. Auf die Strategien wird im Einzelnen später eingegangen (vgl. Kapitel 12.2).

11.2.3 Die Nutzwertanalyse (Punktwertverfahren, Scoring-Modell)

Im Umfeld betrieblicher Entscheidungsfindungen werden Nutzwertanalysen (auch Punktbewertungsverfahren oder Scoring-Modelle genannt) in allen Unternehmensbereichen eingesetzt: von der Standortwahl, über die Produkt- oder Kundenwertanalyse bis hin zur Personalauswahl. Mit der Nutzwertanalyse werden Objektvergleiche möglich. Hier werden die Bewertungsparameter und deren Werte kumuliert und nicht die Objekte zu Objektgruppen zusammengesetzt, wie im Folgenden gezeigt wird. Solche Punktbewertungsverfahren gehören zu den universellen Werkzeugen des betrieblichen Managements.

! **Merke:**

Die **Nutzwertanalyse** (auch Punktwertverfahren oder Scoringmodell genannt) ist eine qualitative, nicht-monetäre und mehrdimensionale Analysemethode der Entscheidungstheorie, die die Entscheidungsfindung bei komplexen Problemen rational unterstützen soll.

Die Nutzwertanalyse ist durch vier (mitunter auch fünf) Stufen gekennzeichnet (vgl. fortfolgend in Anlehnung an Schierenbeck und Wöhle 2016: 192 ff. auf Basis von Schmidt: 2014: 364 und 189 ff.):

1. **Ermittlung der Kriterien, die ein Objekt erfüllen muss bzw. soll.**
   Die ausgewählten Kriterien müssen operationalisiert werden können. Das heißt, es müssen Beurteilungsmaßstäbe entwickelt werden, die es ermöglichen, die Kriterienausprägungen hierarchisieren zu können. Es muss also möglich sein, entscheiden zu können, welche Bedingung bei welcher Ausprägung besser oder schlechter erfüllt ist. Muss-Kriterien sind eindeutig festzulegen, da alle denkbaren Varianten, die diese Bedingungen nicht erfüllen, nicht in die Auswahl kommen.
2. **Gewichtung der Kriterien, die ausgewählt sind.**
   Ausgehend von einer zu verteilenden maximalen Anzahl von Gewichtungspunkten (dies kann eine beliebige, sinnvolle (überschaubare) Menge sein; z. B. 6 (Schulnotenskala)) oder besser in Prozentpunkteanteilen von 100 werden die einzelnen Kriterien mit jeweils der Anzahl von Punkten bzw. Prozentpunkten gewichtet, die das Management für angebracht hält.
   Diese „freihändige“ Vergabe verlangt viel Disziplin vom Management, da favorisierte Kriterien besonders hoch gewichtet werden könnten. Eine Manipulation der Ergebnisse ist hier also leicht möglich. Bevorzugt das Management beispielsweise einen Standort, eine Person oder ein Produkt bei der Wahl, könnten Eigenschaften, die diese haben hoch bewertet und Eigenschaften, die sie nicht haben, die aber wünschenswert wären, niedrig bewertet werden.
   Aus diesem Grund ist die Verwendung einer Präferenzmatrix (vgl. Schmidt 2014: 189 ff.) zu empfehlen, die zu einer „wesentlich tieferen Auseinandersetzung mit den einzelnen Gewichten zwingt und weniger anfällig gegen Gewichtungsmanipulationen ist.“ (Schierenbeck und Wöhle 2016: 193)
   Innerhalb einer **Präferenzmatrix** werden die einzelnen Kriterien paarweise miteinander verglichen. Im Schnittpunkt der jeweiligen Zeilen wird das Kriterium vermerkt, dem im direkten Vergleich die höhere Priorität zugemessen wird. Die abschließenden Gewichtungen der Kriterien ergeben sich dann aus der Anzahl der Nennungen bzw. dem prozentualen Anteil der Nennungen, die ein Kriterium erreicht. Ein Beispiel für eine solche Präferenzmatrix und ihren Einsatz liefert Abb. 11.6.
   Bei der Kriterienauswahl muss immer darauf geachtet werden, dass einzelne Faktorengruppen nicht in unverhältnismäßig viele Einzelkriterien aufgesplittet werden (bzw. das alle Faktorgruppen in ähnlicher Anzahl von Einzelkriterien vertreten sind), da sie sonst auch in unverhältnismäßig hoher Anzahl vertreten sind und das Gesamtergebnis verfälschen können.
3. **Vergabe von Punkten für die Ausprägungen der Kriterien in der Realität**
   Im nächsten Schritt werden die einzelnen Faktoren, wie sie als Ausprägung in der geprüften Realität vorkommen, bewertet. Zunächst wird untersucht, ob alle Muss-Kriterien eingehalten werden. Als nächstes werden die Soll- bzw. Kann-Kri-

terien hinsichtlich ihrer Ausprägung an den unterschiedlichen Standorten bewertet. Dies geschieht, indem den Kriterien eine bestimmte Punktzahl (z. B. zwischen 0 = nicht gegeben und 10 = bestens erfüllt) zugeordnet werden. Es sind aber auch andere Bewertungsmöglichkeiten denkbar (vgl. Abb. 11.7 mit Abb. 11.15).

4. **Multiplikation und Ermittlung der gewichteten Punktsummen**
   Die in Schritt drei vergebenen Punkte müssen mit den Gewichten, die den Werten aus der Präferenzmatrix entsprechen, multipliziert werden. Die Summe der gewichteten Punkttotale errechnet man dann durch spaltenweise Addition der Produkte (vgl. Abb. 5.2). Der Vergleich der Punktsumme je Wahlalternative zeigt, welche der Alternativen die beste Wahl wäre. Allerdings lassen nur deutliche Abstände zwischen den Punktsummen den Schluss zu, dass die höher bepunktete Variante wirklich spürbar besser ist. Im Zweifel ist Schritt fünf – die Sensibilitätsanalyse – durchzuführen.
5. **Die Sensibilitätsanalyse bei nicht eindeutigen Ergebnissen**
   Die Sensibilitätsanalyse untersucht, wie empfindlich die Ergebnisse der Punktsummen reagieren, wenn die Gewichtungen oder die Beurteilungen der Ausprägungen verändert werden. So können beispielsweise Gewichte oder Ausprägungen auf- oder abgewertet werden. Das Ergebnis zeigt, ob und wie sich ggfs. die Reihenfolge der Ergebnisse ändert bzw. wie stabil das zunächst ermittelte Ergebnis ist.

Beispiel (Scoring-Modell und Präferenzmatrix bei der Standortwahl).
Das folgende fiktive (und stark vereinfachte) Beispiel soll erläutern, wie die vorstehenden Schritte grundsätzlich durchgeführt werden.[5] Dem Beispiel zugrunde liegt die Suche nach einem Standort für eine neugegründete Filmproduktionsgesellschaft, die für inländische TV-Anstalten Dokumentationen und semi-aktuelle Magazinbeiträge produzieren will, sich aber aus Gründen der mangelhaften Kapitalbasis zunächst auf redaktionelle Dienstleistungen konzentrieren will und technisches Equipment weitgehend anmieten möchte. Die Gesellschaft hat drei Gesellschafter, die alle mit ihren Familien in Leverkusen (NRW) wohnen. Zur Auswahl stehen die umliegenden Medienstandorte Köln und Düsseldorf, aber auch die Medienhochburgen Berlin, München und Hamburg sowie der medienpolitisch wenig attraktive Heimatort Leverkusen.

In einer ersten grundsätzlichen Bewertung legen die Gesellschafter fest, dass der möglichst schnelle und direkte Kontakt zu den TV-Anstalten ein Muss-Kriterium ist. Ebenso ist die Nähe zu den komplementären Dienstleistern (Kameraleute, Equipmentverleiher und Schnitt-Studios) ein solches Muss-Kriterium. Darüber hinaus wollen zwei der Gesellschafter wegen familiärer Einbindungen auf absehbare Zeit

5 Ein weiteres konkretes Beispiel, in dem verschiedene Produktvarianten, die auf den Markt gebracht werden können, untersucht werden, findet der Leser in Schierenbeck und Wöhle 2016: 195 ff. Ein vereinfachtes Beispiel für eine Standortanalyse findet sich in Thommen et al. 2017: 40.

ihren Wohnort nicht verlegen. Aufgrund des letzten Kriteriums fallen die Standorte Berlin, München und Hamburg aus dem Raster heraus. Es bleiben Köln, Düsseldorf und Leverkusen übrig.

Nun werden die übrigen Kriterien, die die Standortwahl deutlich beeinflussen, herausgearbeitet. Das Ergebnis der Überlegungen ist in Tab. 11.19 abgebildet:

Tab. 11.19: Formulierung der kritischen Standortkriterien (Beispiel)

Standortfaktoren	Kriterien
arbeitsbezogene Standortfaktoren	Kosten der Personalsuche und Gehaltshöhe für das Sekretariat, Honorarkosten für freie Mitarbeiter
absatzbezogene Standortfaktoren	Direkte (persönliche) Nähe zu den wichtigen TV-Anstalten, Konkurrenzdichte weiterer Wettbewerber
verkehrsbezogene Standortfaktoren	Anbindung an die verkehrstechnische Infrastruktur (Autobahn, Bundesbahn etc.), projektbezogene Fahrtkosten, zeitlicher Reiseaufwand
immobilienbezogene Standortfaktoren	Suchkosten, Mieten für Räumlichkeiten, Ambiente der Immobilien
standortbezogene Clusterbildungen	komplementäre Know-how-Träger und produktionstechnische Dienstleister in der Nähe
rechtlich-politische Standortfaktoren	Subventionsklima, da Arbeitsplatzförderungen oder Investitionshilfen in Anspruch genommen werden könnten
umweltbezogene, abgabenbezogene und materialbezogene Standortfaktoren	keine Relevanz gegeben, da an allen Standorten in Deutschland weitgehend vergleichbar

Im nächsten Schritt (Schritt 2) müssen die Kriterien, die gemäß Tab. 11.19 ausgewählt wurden, gewichtet werden. Hier nutzen die Gesellschafter die Präferenzanalyse, da der örtlich ungebundene Gesellschafter unterstellt, dass die beiden Partner Leverkusen eindeutig bevorzugen und dies die Standortwahl korrumpieren würde. Diese Analyse wird in Abb. 11.6 visualisiert.

Der Analyse ist zu entnehmen, welche Gewichtung den einzelnen Kriterien zugesprochen werden sollte. Diese Gewichtung geht nun in die Punktevergabematrix ein (vgl. Abb. 11.7).

Zum Leidwesen des ungebundenen Gesellschafters, der die Büroräume gerne in Köln oder Düsseldorf eröffnet hätte, zeigt die Analyse, dass der Standort Leverkusen aus rein ökonomischen und logistischen Gesichtspunkten tatsächlich attraktiver zu sein scheint.

Wird dieses Procedere auf ein international aktives Medienunternehmen übertragen, ist leicht verständlich, dass durchaus auch mehrere Standorte zu realisieren für

Nennungen			
rel.	abs.		Kriterien
15 %	4	a	Personalkosten
15 %	4	b	Honorarkosten DL
10 %	3	c	Kundennähe
3 %	1	d	Konkurrenzgefährdung
7 %	2	e	Infrastrukturelle Anbindung
25 %	7	f	Mietkosten für Immobilien
15 %	4	g	Nähe komplementärer DL
10 %	3	h	Subventionsmöglichkeiten
100 %	28		

b b c e f f g
a d c f e f
a b f g h
a f c h
f g h
g b
a

Abb. 11.6: Präferenzmatrix in der Nutzwertanalyse (Beispiel)

Standorte		**Leverkusen**		**Düsseldorf**		**Köln**	
Kriterien	**Gew.**	**Pkt.**	**Produkt**	**Pkt.**	**Produkt**	**Pkt.**	**Produkt**
Personalkosten	15 %	8	1,20	6	0,90	5	0,75
Honorarkosten DL	15 %	7	1,05	6	0,90	5	0,75
Kundennähe	10 %	5	0,50	7	0,70	10	1,00
Konkurrenzgefährdung	3 %	8	0,24	6	0,18	5	0,15
Infrastrukturelle Anbindung	7 %	6	0,42	7	0,49	8	0,56
Mietkosten Immobilien	25 %	9	2,25	4	1,00	4	1,00
Nähe komplementärer DL	15 %	3	0,45	7	1,05	10	1,50
Subventionsmöglichkeiten	10 %	9	0,90	6	0,60	8	0,80
Summe	100 %		7,01		**5,82**		**6,51**

Punkte: 1 = Bedingungen schlecht erfüllt; 10 = bestens erfüllt. Summe der Gewichte = 100 %

Abb. 11.7: Punktebewertungsverfahren in der Nutzwertanalyse (Beispiel)

ein Unternehmen sehr attraktiv sein kann. Dies ist insbesondere dann der Fall, wenn die Absatzmärkte des Unternehmens in unterschiedlichen Regionen beheimatet sind.

?

Fragen zu Kapitel 11.2

1. Wozu dient die ABC-Analyse in der Materialbeschaffung und in der Kundenstrukturanalyse und welche Konsequenzen sind aus ihr zu ziehen?
2. Beschreiben Sie die Vor- und Nachteile einer ABC-Analyse.

3. Was bezeichnet die BWL als Portfolio und wie funktioniert die Portfolio-Technik?
4. In welchen Bereichen wird die Portfolio-Technik eingesetzt und was will das Management mit ihr erreichen?
5. Was ist eine Nutzwertanalyse, wozu wird sie eingesetzt und wie ist sie aufgebaut?
6. Wo liegen die Stärken bzw. Schwächen der Nutzwertanalyse?
7. Wie ist eine Präferenzmatrix aufgebaut und inwiefern mindert die Anfertigung einer solchen den Subjektivitätsfaktor in der Nutzwertanalyse?

11.3 Komplexe Analyse- und Planungsverfahren

Im Rahmen unternehmerischer Führungs- und Planungskonzepte ist es oft notwendig, monetäre und nichtmonetäre Zielgrößen miteinander zu verknüpfen. Beispielsweise soll die Gesamtkapitalrentabilität erhöht werden. In der Darstellung des RoI-Schemas (vgl. Kapitel 9.3.1) wurde deutlich, dass dafür beispielsweise die Kosten gesenkt oder die Umsatzumschlagshäufigkeit erhöht werden sollten. Um diese Ziele zu unterstützen, könnte es sinnvoll sein, die Mitarbeiter für Kosten und Kundenzufriedenheit zu sensibilisieren oder mehr Forschung und Entwicklung zu betreiben, um neue Produkte auf den Markt zu bringen bzw. die Qualität der Produkte zu steigern.

Solche Zusammenhänge und Abhängigkeiten zu analysieren oder zu planen, ist eine komplizierte Angelegenheit. Kaplan und Norton ist es gelungen, ein System zu entwickeln, das es erlaubt, komplexe strategische Zielvorgaben in miteinander verknüpfte operative Maßnahmen umzusetzen (vgl. Kaplan und Norton 1997). Das Instrument, das hier genutzt wird, ist die sogenannte **Balanced Scorecard**, die folgend vorgestellt wird.

Im Anschluss werden vier wichtige strategische Untersuchungswerkzeuge vorgestellt: Im Einzelnen ist dies die **PEST(EL)-Analyse**, die das Makroumfeld eines (Medien-)Unternehmens untersucht, die **Five-Forces-Analyse**, die sein Branchenumfeld bewertet und die **VRIO-** sowie **Asset-Analyse**, die sich mit den internen Stärken und Schwächen einer Organisation befasst. Damit der Einsatz dieser vier Werkzeuge Sinn bekommt und vor allem nicht mehr Arbeit abverlangt als notwendig, muss im Vorfeld der Analyse der relevante Markt bestimmt werden. Das heißt, es muss abgegrenzt werden, was zum Untersuchungsbereich gehört und was nicht.

Das Kapitel schließt ab mit der Zusammenführung dieser komplementären Analysen zur SWOT-Analyse. Die **SWOT-Analyse** stellt das wahrscheinlich dominanteste Analysewerkzeug im strategischen Management von Unternehmen dar. Durch sie wird austariert, welche Vorhaben wie stark durch die internen und externen Bedingungen gefördert oder behindert werden. Solche Vorhaben können die Markteinführung neuer Produkte, die Gründung von Tochtergesellschaften, der Aus- oder Abbau von Unternehmensbereichen und viele andere Problemstellungen sein.

11.3.1 Balanced Scorecard als strategisches Führungsinstrument

Die Balanced Scorecard (**BSC**) gehört zu den strategischen Controllinginstrumenten. Zunächst einmal ist sie ein System von Kennzahlen, die die finanzielle Situation eines Unternehmens beschreibt und bewertet. Sie arbeitet aber auch mit einer Vielzahl nicht-monetärer Kennzahlen. „Es ist ein Grundgedanke der Scorecard, dass ein Unternehmen nicht nur nach Finanzkennzahlen gesteuert werden sollte. Finanzkennzahlen haben den Nachteil, dass sie eher die Entwicklung der Vergangenheit beschreiben. Was den Manager aber vor allem interessiert, sind Indikatoren für den *zukünftigen* Erfolg.“ (Paul 2015: 406 f.)

! **Merke:**

Die **Balanced Scorecard** (engl. für ausgewogener Berichtsbogen) ist ein Konzept zur Messung, Dokumentation und Steuerung der Aktivitäten eines Unternehmens oder einer Organisation im Hinblick auf seine Vision und Strategie.

Der künftige und vor allem langfristige Erfolg hängt nicht nur davon ab, wie erfolgreich das Unternehmen aktuell aus der Finanzperspektive aufgestellt ist, sondern entscheidend auch davon, wie qualifiziert und motiviert die Mitarbeiter sind, wie gut die internen Prozesse ablaufen und aufeinander abgestimmt sind und welche Meinung die Kunden über das Unternehmen haben.

Die BSC nimmt diesen Gedanken auf und verbindet die vier wichtigen, ineinandergreifenden Betriebsperspektiven. Diese vier Perspektiven sind die folgenden:
- die Finanzperspektive,
- die Prozessperspektive (alternativ interne Perspektive genannt),
- die Kundenperspektive und
- die Mitarbeiter-Perspektive (alternativ Lern- oder Wissensperspektive genannt).

Für jeden der Bereiche (Perspektiven) werden drei bis fünf Ziele definiert. Diese Ziele werden durch Kennzahlen operationalisiert (messbar gemacht) und durch Vorgaben für einen kommenden Zeitabschnitt konkretisiert. Abschließend werden den Einzelzielen Maßnahmen zugeordnet, mit denen die Vorgaben erreicht werden sollen. Mitunter wird die BSC um eine Ampel-Funktion ergänzt, die eine Tendenz des aktuellen Zielerreichungsgrades mit den Farben grün, gelb und rot visualisiert (vgl. in Anlehnung an Kaplan und Norton 1997: 9 Abb. 11.8).

Die **Finanzperspektive** zeigt, welche Ziele im Gesamtergebnis erreicht werden sollen bzw. welcher finanzielle Ertrag von einer Strategie erwartet wird. Die gewählten Kennzahlen beantworten die Frage, wie der Erfolg gemessen werden soll. Gleichermaßen begrenzen die Vorgaben auch die Parameter für die anderen Perspektiven der Balanced Scorecard. Die Kennzahlen dieser anderen Perspektiven sollten im Kausalzusammenhang zu den finanziellen Zielen stehen (vgl. Küpper 2013: 418 f.)

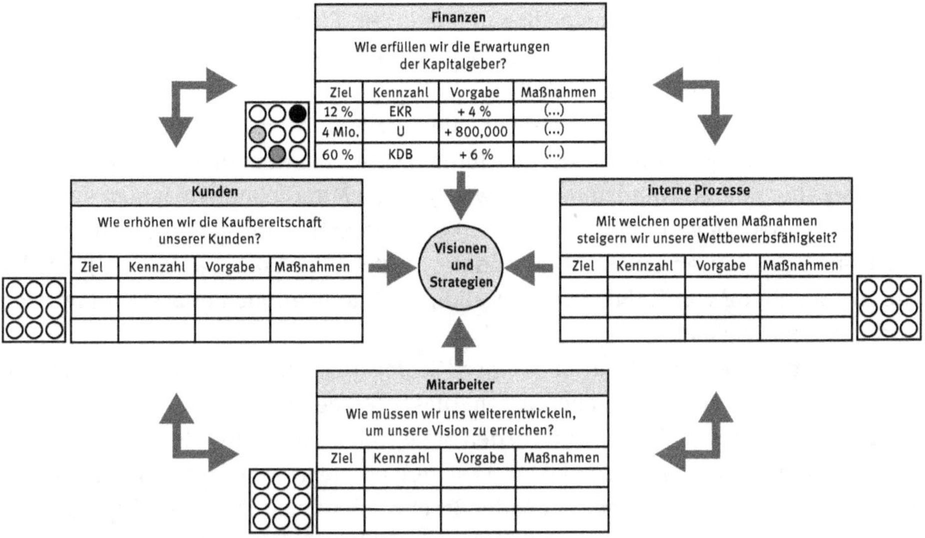

Abb. 11.8: Balanced Scorecard mit Ampelfunktion (Beispiel)

Die Steigerung der Kapitalrendite (RoI) oder die der Eigenkapitalrentabilität (EKR), des Umsatzes (U) oder die des Kundendeckungsbeitrags (KDB) zählen fast immer zu den Zielen im Finanzbereich von Dienstleistern. Dazu sind zunächst detaillierte Potenzialanalysen notwendig. Mit welchen Maßnahmen dann die einzelnen Ziele erreicht werden können, ist im Einzelfall zu prüfen und kann von Unternehmen zu Unternehmen unterschiedlich sein.

Die **interne Prozessperspektive** bildet diejenigen Prozesse ab, die alle Bereiche im Unternehmen und die Schnittstellen des Unternehmens zur Umwelt verbindet. Eine Darstellung und Analyse der kompletten Wertschöpfungskette ist hierbei hilfreich. Beispielsweise könnte erkannt worden sein, dass die Datenpflege im Customer-Relationship-Management (CRM-Datenpflege) verbessert werden muss, um die Transparenz von Kundenbeziehungen zu steigern. Um den Key-Account bestmöglich zu betreuen, könnte es vielleicht nötig sein, zusätzliche EDV-Programme für das CRM zu implementieren oder die Key Account dazu zu verpflichten, diese Tools besser zu nutzen. Möglicherweise zeigen auch logistische Prozesse oder Abteilungsschnittstellen Schwächen, die abgestellt werden können.

Die Kennzahlen der **Mitarbeiterperspektive** (Lern- und Entwicklungsperspektive) beschreiben die Entwicklungsabsichten in den drei Hauptkategorien: Qualifizierung von Mitarbeitern, Leistungsfähigkeit des Informationssystems sowie Motivation und Zielausrichtung von Mitarbeitern (vgl. Küpper, 2013: 419 f.). Hier allerdings geeignete Messparameter zu finden, ist nicht einfach. Wann gilt ein Mitarbeiter als (sehr) qualifiziert oder motiviert; wann als zufrieden etc. Vor allem muss darauf geachtet werden, dass auch die Zielparameter in diesem Leistungssegment die Zielparameter in den anderen Leistungsbereichen unterstützen. Einem Mitarbeiter sehr viel Entscheidungsfreiraum einzuräumen, mag die Zufriedenheit steigern, nicht unbedingt aber auch den Unternehmenserfolg.

Um im Mitarbeiterbereich Aussagen zu generieren, werden ebenso wie im Kundensegment häufig Umfragen durchgeführt. Dieses Instrument ist allerdings sehr fehleranfällig und aufwandsintensiv. Zwei typische Mitarbeiterkennzahlen sind beispielsweise der *Social Climate Index* (SCI) als Messgröße für die Zufriedenheit und Motivation der Betriebsangehörigen und der *Strategic Job Coverage Ratio* (SJCR), der die zur Ausübung von Tätigkeiten notwendigen Qualifikationen erfasst und mit den vorhandenen vergleicht.

Die **Kunden-Perspektive** der Balanced Scorecard bezieht sich auf die Strategie in Verbindung mit den Marktgeschehnissen. Dieser Teil definiert u. a. Betreuungsstrategien und gibt Ziele vor, die Zustände in den Bereichen Kundenzufriedenheit, Loyalität, Kundenbindung oder Marktanteile etc. beschreiben. Gemessen wird hier in Kennzahlen wie dem Zufriedenheitsindex oder der Beschwerderate. Auch hier ist die Definition geeigneter Kennzahlen, realistischer Vorgaben und konkreter Maßnahmen kein einfaches Unterfangen. Wie beispielsweise soll oder kann die Kundenloyalität gemessen werden?

Da der Unternehmenserfolg abhängig ist von der Kundenzufriedenheit, Kauftreue etc. und diese wiederum von der Qualität der internen Prozesse und der Qualität der Mitarbeiter bzw. Produkte oder Dienstleistungen, wird deutlich, wie stark die Betriebsperspektiven miteinander verbunden sind.

Was auch immer im Unternehmen getan wird, um den langfristigen Erfolg zu sichern, wichtig ist, dass es nie mithilfe separat definierter Zielgrößen auf Kurs gehalten werden kann. Die Balanced Scorecard hilft strategische Ansätze zu vernetzen, Ziele zu definieren, die komplementär zueinander sind und Maßnahmen auszuwählen, die Marktverhalten und interne Verhaltensweisen in Bezug auf die Mitarbeiter und die Prozesse aufeinander abstimmen. Deswegen zählt die BSC zu den Managementsystemen.

Es geht also nicht um die Entwicklung und Verfolgung von Kennzahlen (KPIs), sondern um die Entwicklung und Verfolgung einer Strategie. Die Kennzahlen sind lediglich die operationalisierten Indikatoren, mit Hilfe derer erkannt werden kann, ob das Unternehmen auf Kurs und wie weit es noch vom Ziel entfernt ist.[6]

?

Fragen zu Kapitel 11.3.1

1. Erläutern Sie das Ziel und die Aufgabenstellung der Balanced Scorecard.
2. Erläutern Sie, wie die Balanced Scorecard aufgebaut ist und wie sie eingesetzt wird.

---

6 Zur Entwicklung von BSCs gibt die einschlägige Literatur Auskunft. So beispielsweise Kaplan und Norton 1997, Paul 2015, Küpper 2013 sowie in den speziellen Fachzeitschriften zum Controlling.

11.3.2 Bestimmung des relevanten Marktes (Marktsegmentierung)

Wenn es darum geht, neue unternehmerische Wege zu gehen, handelt es sich um eine strategische Entscheidung. Solche strategischen Entscheidungen müssen rational vorbereitet werden. Zur Vorbereitung zählt vor allem die Analyse der Ist-Situation. Aus Gründen der Logik und aus zeittechnischen Gründen sind natürlich nur die Märkte und Marktteilnehmergruppen in die Untersuchung einzubinden, die auch definitiv relevant sind für die konkrete Fragestellung des analysierenden Unternehmens. Aus diesem Grunde fordert Abell (vgl. Abell 1980: Kap. 3), dass vor jeder Marktuntersuchung der relevante Markt bestimmt werden muss. Diese Eingrenzung dient vor allem der arbeitsökonomischen Effizienz, nicht mehr Bedingungen (aber auch nicht weniger) zu untersuchen als notwendig für die Entscheidungsfindung ist.

Merke: !

Der **relevante Markt** ist das Ergebnis der Marktbestimmung und Marktabgrenzung, das ein Unternehmen aus seiner subjektiven Sicht und Problemlage heraus definiert.

Beispiel. Wenn ein Verlag darüber nachdenkt, eine neue Zeitschrift auf den Markt zu bringen, dann ist im engeren Sinne der Zeitschriftenmarkt und wahrscheinlich der Online-Markt für journalistisch unterhaltende Formate im Auge zu behalten. Welche Bedingungen hingegen auf dem Radiomarkt oder dem Musik- bzw. Gamesmarkt vorherrschen, wäre weitgehend irrelevant. Auch könnte sich der Verlag auf den deutschsprachigen Raum konzentrieren, wenn die Zeitschrift in deutscher Sprache erscheinen soll. Sollte es sich um eine Boulevardzeitschrift handeln, dann wäre sogar der Zeitschriftenmarkt und das Internetangebot dahingehend einzuschränken, als dass nur einschlägige Wettbewerbsprodukte und deren Hersteller zu den Einflussfaktoren zu zählen wären, hingegen keine Fachzeitschriften oder spezielle Zielgruppenformate.

Aus betriebswirtschaftlicher Sicht werden unterschiedliche Konzepte zur Abgrenzung von Märkten herangezogen. Allerdings wird nun nicht auf die Branchenzugehörigkeit der Unternehmen oder Produkte abgestellt, sondern auf den Nutzen und die Erreichbarkeit der Leistungsangebote. Das Marketing spricht hier von Marktsegmentierung.

Merke: !

Die **Marktsegmentierung** ist die Aufteilung eines Gesamtmarktes in sachlich, räumlich, zeitlich und technologisch homogene Teilmärkte sowie in Abnehmergruppen (Zielgruppen), deren Kaufverhalten ähnlich ist. Das Ergebnis stellt den relevanten Markt für ein Unternehmen dar.

So werden Märkte nach sachlichen, räumlichen, zeitlichen und technologischen sowie personellen Kriterien segmentiert (vgl. folgend Abell 1980, Bauer 1989, Meffert 2009 und Becker 2009).

1. Die sachliche (funktionale) Marktabgrenzung

Die sachliche Marktabgrenzung stellt auf Produkt- bzw. Leistungsmerkmale oder auf Bedürfnismerkmale und Funktionen ab. Sie können homogen oder heterogen sein. Homogene Güter stehen in Wettbewerb zueinander und bilden einen gemeinsamen Markt. Güter sind austauschbare Produkte und Dienstleistungen, wenn sie aus Sicht der Konsumenten die gleiche Leistung erbringen bzw. den gleichen Nutzen stiften. Hesse (vgl. 2011: 158) spricht von der funktionellen Austauschbarkeit. Zubayr (vgl. 2006: 131) spricht mit Bezug auf Abell (vgl. 1980) von der Abnehmerfunktion der Güter, die dann in Konkurrenz steht, wenn sie gleiche Bedürfnisse befriedigen. Wettbewerber sind diesem Konzeptansatz folgend dann alle Unternehmen, die Güter oder Dienstleistungen herstellen, die für den Nutzer die gleiche Funktion erfüllen.

Eine allein sachliche Abgrenzung von Märkten hat deutliche Schwächen. Denn welche Angebotsleistungen austauschbar sind und welche nicht, kann von Nutzer zu Nutzer oder von Produkt zu Produkt sehr unterschiedlich sein. Zeitungsleser sind beispielsweise an Informationen interessiert, die Leser von E-Paper-Ausgaben ebenfalls. Dennoch werden nicht alle Leser zustimmen, dass die Nutzung der materiellen oder der digitalen Zeitungsausgabe das gleiche Lesevergnügen bereitet. In Bezug auf das Bedürfnis nach Informationen sind sie Substitute, in Bezug auf das Mediennutzungsverhalten der Betroffenen vielleicht nicht. Das Gleiche gilt für viele andere grundsätzlich substitutionale Verhältnisse: Wenn es um das Hören eines bestimmten Musikstückes geht, kann jemand eine CD abspielen oder ein Konzert besuchen. Ebenso kann ein Film über eine DVD oder im Kino angesehen werden. Doch selbst wenn es jeweils die identischen Musikstücke oder Filme sind, aus Sicht des sozialen Erlebnisses bleiben es Nutzensituationen, die nur mehr oder weniger als ähnlich zu bezeichnen sind.

Wenn Güter die gleichen Bedürfnisse befriedigen, also funktionell austauschbar sind, werden sie als **Substitute** bezeichnet und stehen in einem Konkurrenzverhältnis zueinander. Wenn die Güter von unterschiedlichen Unternehmen produziert werden, stehen auch die Unternehmen im Wettbewerb. Unternehmen, die im Wettbewerb stehen, bilden einen Markt. Wenn es hingegen keine Substitute sind, stehen auch die anbietenden Unternehmen nicht im Wettbewerb zueinander. Stehen diese nicht im Wettbewerb, handelt es sich nicht um *einen* Markt, sondern um *zwei* Märkte.

2. Die räumliche Marktabgrenzung

Die räumliche Marktabgrenzung definiert einen Markt über die räumliche Verfügbarkeit von Angeboten. Sie macht nur Sinn im Zusammenhang mit der sachlichen Abgrenzung. Diese Abgrenzung stellt darauf ab, ob bestimmte Güter oder Leistungen in einer bestimmten Region verfügbar sind oder nicht. So stehen beispielsweise Zeitungen oder TV-Programme nur dann in Konkurrenz zueinander, wenn sie jeweils auch in der betrachteten Region zur Verfügung stehen. Dementsprechend bilden sich lokale, regionale, überregionale, nationale oder internationale bzw. globale Märkte.

3. Die zeitliche Marktabgrenzung
Die zeitliche Marktabgrenzung stellt darauf ab, ob Angebote zeitgleich zur Verfügung stehen. So ist eine Wochenzeitung nur bedingt Wettbewerbsprodukt einer Tageszeitung und auch die Sportschau der ARD steht beispielsweise nur bedingt im Wettbewerb zu den Pay-TV-Angeboten, die die Fußballbundesligaspiele live übertragen. Zeitliche Abgrenzungen werden häufig rechtlich begründet durch Patente oder Lizenzen, die es den Nicht-Rechteinhabern verbieten, Güter zu bestimmten Zeiten oder innerhalb bestimmter Zeiträume anzubieten.

4. Die technologische Marktabgrenzung
Die technologische Marktabgrenzung meint die alternativen Möglichkeiten, die technologischer Art bestehen, um dem Kunden die gewünschten Funktionen zur Verfügung zu stellen und seine Bedürfnisse zu befriedigen (vgl. Kürble 2006: 24). So unterscheiden sich beispielsweise Internetmärkte von materiellen Gütermärkten oder eine TV-Doku von einer Call-in-Sendung. Die technologische Lösung ermöglicht verschiedene Interaktionsmöglichkeiten oder unterschiedliche Empfangssituationen.

5. Die personelle Marktabgrenzung
Die personelle Marktabgrenzung berücksichtigt demografische Zustände (z. B. Alter, Geschlecht, Familienstand), psychografische Merkmale (z. B. Einstellungen, Interessen, Motive) und verhaltensbezogene Kriterien (z. B. Mediennutzung, Preisverhalten, Markentreue). D. h., Märkte werden über personenbezogene Parameter gebildet, die mit dem Kauf- oder Nutzerverhalten zusammenhängen. So entstehen Zielgruppen-Märkte.

Zielgruppen-Märkte werden über Personengruppen definiert, die in ihren Marktreaktionen intern sehr homogen und gegenüber anderen Personengruppen sehr heterogen agieren oder reagieren (vgl. Meffert 2009: 181 ff., Becker 2009: 291 ff.). So können beispielsweise Leistungsangebote oder Marketingmaßnahmen genau auf die Anforderungen oder Eigenschaften, Einstellungen und Lebensstile beliebig weit oder eng definierter Rezipienten- bzw. Konsumentengruppen (z. B. Leser regionaler Zeitungen, TV-Serien-Zuschauer, Ego-Shooter-Online-Gamer, Hörer klassischer Musik) abgestimmt werden.

?

Fragen zu Kapitel 11.3.2

1. Was versteht die BWL unter dem Begriff Marktsegmentierung und anhand welcher Kriterien können Märkte segmentiert werden?
2. Was versteht die BWL unter einem „relevanten Markt" und warum ist die Bestimmung dieses Marktes für Unternehmen so wichtig?

11.3.3 Die PESTEL-Analyse der Makroumwelt

Die PESTEL-Analyse untersucht die globalen Umweltbedingungen in der Makroumwelt des Unternehmens. Die Makroumwelt (vgl. Kapitel 5.1), auch ferne oder globale Umwelt (engl. far environment oder generell environment) genannt, fasst alle Faktoren zusammen, die nicht von einer Organisation beeinflusst oder kontrolliert werden können und entweder ganz dezidiert oder zumindest wie eine Art permanentes Hintergundrauschen auf die Entscheidungen des Managements einwirken. Das englische Akronym PESTEL steht für Political, Economical, Sociological, Technological, Ecological und Legal Factors und repräsentiert damit die sechs gesamtgesellschaftlichen Umwelten, die auf Unternehmensentscheidungen wirken können (vgl. hier und folgend Fahey und Narayanan 1986, Keller und Kotler 2006: 85 ff., Lynch 2006: 84 f., Sander 2011: 304 ff. und Hungenberg 2011: 91 ff.).

!

Merke:

Die **PEST(EL)-Analyse** (auch STEP(LE)-Analyse genannt) ist ein Modell der externen Makroanalyse. Aufgabenstellung ist die Analyse der einzelnen Faktoren (Political, Economical, Sociological, Technological, Ecological und Legal), die Einfluss auf die untersuchte Einheit (in der Regel ein Unternehmen oder ein Vorhaben) haben können. Am häufigsten wird die Analyse von Unternehmen eingesetzt, um einen Markt bzw. die Marktchancen zu untersuchen.

Die wichtigsten Einflussfaktoren in den einzelnen Sektoren zeigt exemplarisch zusammengefasst Tab. 11.20.

Zwar sollte die Analyse der globalen Umwelt „möglichst breit angelegt sein, damit potenziell relevante Entwicklungen bzw. Trends erkannt und seitens des Unternehmens in den eigenen Aktionen berücksichtigt werden können. Gleichwohl muss der Anspruch auf Vollständigkeit der Analysefelder aufgegeben werden" (Sander 2011: 304). Die Komplexität einer vollständigen Untersuchung würde jede Analyse überfordern. Auch ist darauf hinzuweisen, dass die Umweltbedingungen nicht unabhängig voneinander, sondern interdependent miteinander verbunden sind. Änderungen in einem Sektor haben immer auch Auswirkungen auf andere Sektoren. So können sich z. B. politische oder technologische Änderungen auf rechtliche Bedin-

Tab. 11.20: Wesentliche Bestandteile der PESTEL-Analyse in der Medienwirtschaft

Umweltsektor	Inhaltliche Faktoren (Beispiele)
politischer Sektor	Staatsform, Regierungsform, Stabilität, Subventionsklima, staatliche Interventionen, Parteienlandschaft, Interessensgruppen und deren Einfluss etc.
makroökonomischer Sektor	Bruttosozial- und Bruttoinlandsprodukt, Konjunktur, Inflationsrate, Zinsniveau, Arbeitsmarktsituation, Investitionsvolumina, Wechselkurse, Energie- und Rohstoffpreise, Globalisierung etc.
soziokultureller Sektor	Demografie, gesellschaftliche Struktur (Schichtenvielfalt und -stärke), Bildungsniveau und -system, Werte und Normen (bezgl. Arbeit, Freizeit, Gesundheit, Familie, Bildung, Religion, Konsum, Umwelt), Mediennutzung, Medienvielfalt etc.
technologischer Sektor	technologische Dynamik, Produkt- und Prozessinnovationen, Patente etc.
rechtlicher Sektor	Gesetze, Verordnungen, Steuerrichtlinien, Wettbewerbsregelungen (GWB), Pressefreiheit, Pressefusionskontrolle, Rundfunkstaatsverträge, Telemediengesetz (TMG), Telekommunikationsgesetz (TKG), Urheberschutz, Leistungsschutzrechte, Buchpreisbindung etc.
ökologischer Sektor	natürliche Ressourcen, Emissionshandel, Umweltbelastung, Klimaschutz, Altlasten etc.

gungen auswirken oder ökonomische Änderungen bewirken. Ein solches Ergebnis zeigt sich beispielsweise in Rahmenbedingungen, die durch den Staat oktroyiert werden. Dies ist beispielsweise im Buchsektor oder im Rundfunkbereich der Fall. Die Buchpreisbindung verzerrt den Wettbewerb ebenso, wie die staatliche Regulierung des Rundfunksektors durch die Lizenzierung von Senderechten.

Neben den Bedingungen (Chancen und Risiken) der aktuellen Ist-Situationen, müssen auch Trends abgeschätzt werden, wie und mit welcher Wahrscheinlichkeit sich die Bedingungen in einzelnen Bereichen ändern könnten (vgl. Sander 2011: 304). Das Ergebnis der Analyse ist die Darstellung eines Chancen- und Risikopotenzials, das die Makroumwelt für das Unternehmen bzw. Projekt bereitstellt oder das hier zu erwarten ist.

Damit identifiziert das Management im Rahmen der PESTEL-Analyse nicht nur, welche Einflüsse im Makroumfeld des Unternehmens relevant sind, sondern auch welche Wirkungskraft die Bedingungen auf die strategischen und taktischen Entscheidungen haben. Für den Fall, dass bestimmte Einflussfaktoren eine nur sehr untergeordnete Rolle spielen, kann die PESTEL-Analyse auch auf eine PEST-Version verkürzt werden, indem die Kriterien der politischen und rechtlichen Bedingungen zusammengefasst werden und die ökologischen Kriterien – wenn sie nur in Teilen oder gar nicht relevant sind – dem ökonomischen oder dem technologischen Bereich zugeordnet oder ganz weggelassen werden. Eine Zusammenfassung der Rechercheergebnisse und Einschätzungen kann in einer Matrix visualisiert werden, wie im folgenden Beispiel exemplarisch gezeigt wird.

Beispiel. Abb. 11.9 zeigt das Ergebnis einer PEST-Analyse am Beispiel einer fiktiven Untersuchung für die Entwicklung und Markteinführung eines nutzerfinanzierten E-Games. Ziel der hier entwickelten Matrix ist es, die relevanten gesamtgesellschaftlichen Rahmenbedingungen für dieses Vorhaben zu identifizieren, zu bewerten und zu visualisieren.

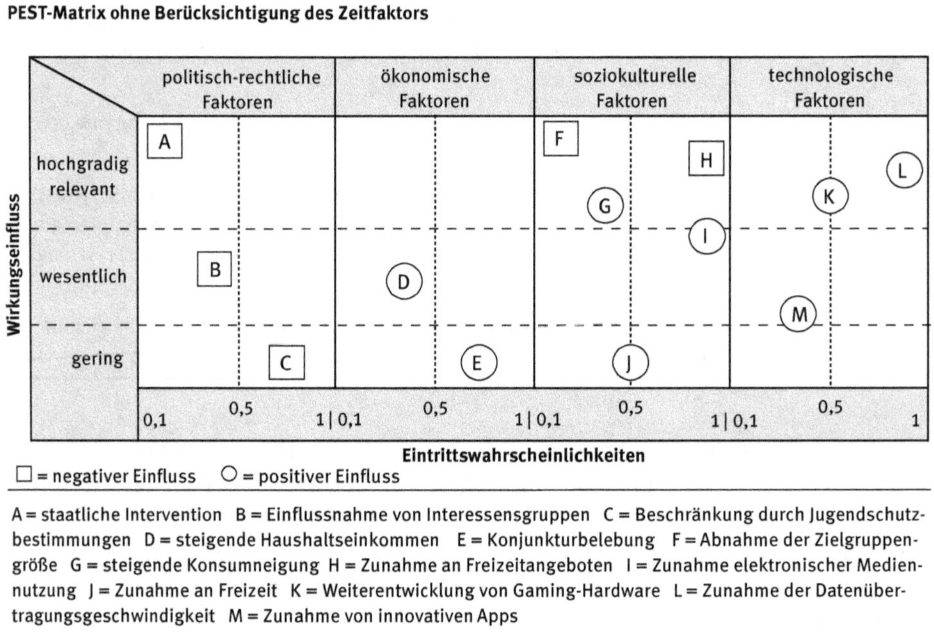

PEST-Matrix ohne Berücksichtigung des Zeitfaktors

politisch-rechtliche Faktoren
ökonomische Faktoren
soziokulturelle Faktoren
technologische Faktoren
Wirkungseinfluss
hochgradig relevant
wesentlich
gering
A
B
C
D
E
F
G
H
I
J
K
L
M
0,1 0,5 1 | 0,1 0,5 1 | 0,1 0,5 1 | 0,1 0,5 1
Eintrittswahrscheinlichkeiten
□ = negativer Einfluss ○ = positiver Einfluss

A = staatliche Intervention B = Einflussnahme von Interessensgruppen C = Beschränkung durch Jugendschutzbestimmungen D = steigende Haushaltseinkommen E = Konjunkturbelebung F = Abnahme der Zielgruppengröße G = steigende Konsumneigung H = Zunahme an Freizeitangeboten I = Zunahme elektronischer Mediennutzung J = Zunahme an Freizeit K = Weiterentwicklung von Gaming-Hardware L = Zunahme der Datenübertragungsgeschwindigkeit M = Zunahme von innovativen Apps

Abb. 11.9: PEST-Matrix ohne Berücksichtigung des Zeitfaktors

Die hier vorgestellte Matrix trennt die einzelnen Einflussbereiche und bildet den jeweiligen funktionalen Zusammenhang zwischen dem Wirkungseinfluss eines konkreten Faktors (abgetragen auf der Ordinate) und seiner Eintrittswahrscheinlichkeit (abgetragen auf der Abszisse) ab. Die Einflüsse können ihrer Wirkung auf das Untersuchungsobjekt (Branche, Unternehmen oder Objekt) entsprechend in unterschiedliche Stärkenkategorien eingeteilt werden. In Abb. 11.9 sind drei unterschiedliche Wirkungsgrade gewählt worden: geringer Einfluss, wesentlicher Einfluss und hochgradig relevanter Einfluss. Ob hier eine stärkere oder weniger ausgeprägte Differenzierung gewählt wird, ist davon abhängig, wie sinnvoll dies für die konkrete Fragestellung ist. Außerdem muss festgelegt werden, was unter „gering“, „wesentlich“ und „hochgradig“ zu verstehen ist.

Den einzelnen Faktoren werden außerdem Eintrittswahrscheinlichkeiten zugeordnet, die zwischen 0,1 und 1 liegen.[7] Dies entspricht der Operationalisierung von Einschätzungen und beziffert die Wahrscheinlichkeit, dass ein bestimmter Faktor seine Kräfte entfalten wird. Eine Eintrittswahrscheinlichkeit von 1 bedeutet, dass der Faktor mit Sicherheit eintritt und auf das Vorhaben, das untersucht wird, einwirken wird.

Eine Stärke dieser Darstellung liegt darin, dass hier ein Gesamtbild entsteht, das dem Leser eine Möglichkeit gibt, einen schnellen Überblick zu bekommen. Eine Schwäche liegt darin, dass kein Zeithorizont abgebildet wird. Damit bleibt offen, wann oder in welchem Zeitraum welcher Faktor seine Wirkung entfalten wird.

Um diese Schwäche abzufedern, kann der Zeithorizont in die Matrix eingearbeitet werden. Eine solche Lösung wird hier wie in Abb. 11.10 dargestellt entwickelt. Die Abbildung konkretisiert das bereits in Abb. 11.9 angedachte Beispiel:

PEST-Matrix mit Berücksichtigung des Zeitfaktors

		politisch-rechtliche Faktoren			ökonomische Faktoren			soziokulturelle Faktoren			technologische Faktoren		
		Eintrittswahrscheinlichkeit											
Wirkungsgrad	Zeithorizont	0,1–0,3	0,4–0,6	0,7–1	0,1–0,3	0,4–0,6	0,7–1	0,1–0,3	0,4–0,6	0,7–1	0,1–0,3	0,4–0,6	0,7–1
hochgradig relevant	< 1 Jahr	□ A										○ K	
	1–3 Jahre									□ H			○ L
	> 3 Jahre							□ F					
wesentlich	< 1 Jahr		□ B							○ I			
	1–3 Jahre					○ D						○ M	
	> 3 Jahre												
gering	< 1 Jahr			□ C									
	1–3 Jahre						○ E						
	> 3 Jahre								○ J				

□ = negativer Einfluss ○ = positiver Einfluss A–Z = Einflussfaktoren

A = staatliche Intervention B = Einflussnahme von Interessensgruppen C = Beschränkung durch Jugendschutzbestimmungen D = steigende Haushaltseinkommen E = Konjunkturbelebung F = Abnahme der Zielgruppengröße G = steigende Konsumneigung H = Zunahme an Freizeitangeboten I = Zunahme elektronischer Mediennutzung J = Zunahme an Freizeit K = Weiterentwicklung von Gaming-Hardware L = Zunahme der Datenübertragungsgeschwindigkeit M = Zunahme von innovativen Apps

Abb. 11.10: PEST-Matrix mit Berücksichtigung des Zeitfaktors

In die Kästchen der Matrix werden die konkreten Einflussfaktoren hinsichtlich der Kombination ihres geschätzten Wirkungseinflusses, des Zeithorizontes und der Eintrittswahrscheinlichkeit eingetragen.

7 Eine Eintrittswahrscheinlichkeit von null anzusetzen, wäre sinnlos, da ein Faktor, der nicht eintritt, auch nicht relevant ist.

Natürlich kann die PEST-Analyse auch noch aufwendiger und detaillierter abgearbeitet werden, aber es kommt hier nicht darauf an, so ausführlich wie möglich zu analysieren, sondern so sinnvoll wie möglich. Die Analyse hat keinen akademischen Selbstzweck. Sie ist ein Hilfsinstrument für das Management, Unsicherheit abzubauen, wenn Entscheidungen getroffen werden müssen. Es sei aber ausdrücklich darauf hingewiesen, dass diese Analyse keine Aufgabe für einen einzelnen Mitarbeiter ist, sondern immer durch ein Expertenteam durchgeführt werden sollte. Nur so können die Subjektivität, die der Faktorenauswahl anhaftet, und die Irrtumswahrscheinlichkeit, die den Einschätzungen zugrunde liegen, auf ein Mindestmaß reduziert werden.

?

Frage zu Kapitel 11.3.3

Wozu dient die PEST(EL)-Analyse und was wird innerhalb der einzelnen Bereiche untersucht?

11.3.4 Die Five-Forces-Analyse der Mikroumwelt

Sind die gesamtgesellschaftlichen Bedingungen untersucht und hinsichtlich ihrer Eigenschaften hinderlich oder förderlich zu sein bewertet, muss die Mikroumwelt des Unternehmens (vgl. auch Kapitel 5.2) analysiert werden. Auch hier besteht das Ziel darin, Bedingungen zu finden, die hinderlich oder förderlich für das geplante Vorhaben sind. Immer wenn Parameter positiv ausfallen, handelt es sich um Chancen; andernfalls um Risiken oder neutrale Faktoren. Letztere sind allerdings nicht relevant, da sie keinen Einfluss ausüben.

Die **Mikroumwelt**, auch nahe Umwelt (engl. near bzw. specific environment) genannt, umfasst die Märkte, Marktteilnehmer und Produkte, die direkt oder indirekt Einfluss auf das eigene Handeln und damit den unternehmerischen Erfolg haben (vgl. Abb. 11.11). Der Unterscheid zwischen den Einflussfaktoren aus der Makroumwelt und denen aus der Mikroumwelt liegt darin, dass das eigene Unternehmen die Einflüsse der Makroumwelt weder kontrollieren noch beeinflussen kann. Zwar können auch die Einflüsse aus der Mikroumwelt nicht durch das eigene Unternehmen kontrolliert werden, aber es besteht zumindest die Möglichkeit, die Einflussfaktoren zu beeinflussen. So sind z. B. die meisten Marketingaktivitäten und das Relationship Management (vgl. Bruhn 2015) darauf ausgerichtet, die Mikroumwelt zu manipulieren. Dennoch ist der Einfluss begrenzt und von vielen externen Faktoren abhängig.

Die beiden am häufigsten eingesetzten Instrumente in der Analyse der Mikroumwelt sind die Stakeholderanalyse und die Branchenattraktivitätsanalyse:

- Die **Stakeholderanalyse** untersucht, welche Beziehungsgruppen Einfluss auf die Leistungserstellung einer Organisation haben.
  Von Interesse sind hier die Identifikation der Beziehungsgruppen und die Einschätzung des Einflusses bzw. des Wirkungsgrades der jeweiligen Einflüsse. „Als

Stakeholder werden alle gesellschaftlichen Anspruchsgruppen eines Unternehmens bezeichnet." (Sander 2011: 350) Diese Anspruchsgruppen umfassen alle unternehmensinternen Gruppen (Manager, Mitarbeiter, Aktionäre etc.) sowie alle unternehmensexternen Gruppen (z. B. Kunden, Lieferanten, Kooperationspartner, Staat, Fremdkapitalgeber, Konkurrenten etc.) (vgl. Becker 2009: 30).
Ziel der Analyse ist, über die Identifikation von relevanten Gruppen und der Qualifizierung ihrer Einflüsse hinaus, Entscheidungen zu treffen, wie sich das Unternehmen gegenüber den Gruppen verhalten sollte. Schließlich kann sich das Verhalten aller beteiligten Parteien deutlich auf den Unternehmenserfolg auswirken.
- Umfassender als die Stakeholderanalyse ist die **Branchenattraktivitätsanalyse** (auch Branchenstrukturanalyse genannt). Einerseits schließt die Branchenattraktivitätsanalyse zwar nur die direkt marktrelevanten Beziehungsgruppen (Kunden, Lieferanten, Konkurrenten) in die Analyse ein, andererseits werden aber auch weitere Erfolgsfaktoren, die innerhalb einer Branche wirken (Marktform, Ersatzprodukte, Imitationsgefahr) berücksichtigt.

Jeder einzelne Teilbereich des Mikroumfelds kann hinsichtlich seiner Marktmacht, die er dem Medienunternehmen gegenüber ausübt, analysiert werden. Ausschlaggebend für den Einfluss auf die Entscheidungen, die Medienunternehmen hinsichtlich ihrer aktuellen und geplanten Ausrichtung treffen, ist die jeweilige Verhandlungsstärke der Marktteilnehmer bzw. das Gefahrenpotenzial, das von den Marktbedingungen ausgeht.

Das bekannteste Schema einer Strukturanalyse von Branchen stammt von Michael E. Porter und ist als **Five-Forces-Modell** (bzw. Marktkräfte-Modell) in die Literatur eingegangen. Übertragen auf die Medienbranche sieht das Five-Forces-Modell wie in Abb. 11.11 (in Anlehnung an Porter 2013: 38) dargestellt aus.

Der gedankliche Ursprung des Five-Forces-Modells von Porter ist im industrieökonomischen Ansatz von Bain zu finden (vgl. Bain 1968). Hier wird eine Branche definiert als Gruppe von Unternehmen, die Produkte bzw. Dienstleistungen herstellen, die sich gegenseitig nahezu ersetzen können. Der Ausgangsgedanke des Ansatzes lautet, dass die Attraktivität einer Branche für ein Unternehmen grundlegend durch die sie bildende Marktstruktur bestimmt wird. Das heißt, dass die Bedingungen, die in einer Branche vorherrschen, großen Einfluss auf das Verhalten eines Unternehmens ausüben. Damit ist auch der Erfolg oder Misserfolg eines Unternehmens zumindest indirekt deutlich abhängig von der Marktstruktur. Deswegen ist die Mikroumwelt, in die das Unternehmen eingebettet ist, zu untersuchen, bevor strategische Marktentscheidungen von der Unternehmensleitung getroffen werden.

Merke:

Eine **Branche** wird durch eine Gruppe von Unternehmen gebildet, die Produkte bzw. Dienstleistungen herstellen, die sich gegenseitig ersetzen können.

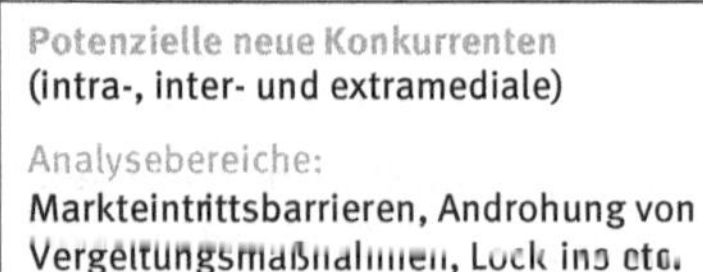

Bedrohung durch Markteintritt

Lieferanten

Autoren, Grafiker, Produzenten, Studios, Agenturen, sonstige Faktorlieferanten

Analysebereiche:
Konzentrationsgrad, Substitionsmöglichkeit, Auftragsvolumen, Bedrohung durch Vorwärtsintegration etc.

Bedrohung durch Verhandlungsstärke

Rivalität unter den aktuellen Wettbewerbern

Zu analysysieren:
Marktform und Marktgröße, Marktalter und Marktdynamik, Differenzierungsgrad, Investitionsvolumina, Austrittsbarrieren etc.

Bedrohung durch Verhandlungsstärke

Kunden

Inhaltekunden, Anwender, Werbekunden, Lizenznehmer etc.

Analysebereiche:
Konzentrationsgrad, Substitionsmöglichkeit, Auftragsvolumen, Bedrohung durch Rückwärtsintegration etc.

Bedrohung durch Substitution und tech. Medienkonvergenz

Ersatzprodukte

Analysebereiche:
Nutzen, Verfügbarkeit, Qualität, Preis, Loyalität, Wechselkosten etc.

Abb. 11.11: Five-Forces-Modell für die Medienbranchen (inkl. Einflussfaktoren)

In den Kapiteln 1.3.7 und 5.3 ist allerdings schon dargelegt worden, dass es gerade in der Medienwirtschaft nicht einfach ist, Branchen bzw. Branchengrenzen zu definieren (vgl. Konvergenz in den TIME-Branchen). Porter schlägt vor, sich innerhalb des relevanten Marktes (vgl. Kapitel 11.3.2) auf fünf Marktkräfte zu konzentrieren und deren Einfluss auf das Unternehmen bzw. Vorhaben (Projekt) zu identifizieren (vgl. Porter 2013: 39 f.). Die fünf Marktkräfte bestehen aus

- der Rivalität unter den am Markt aktiven Wettbewerbern
- der Verhandlungsstärke von Lieferanten
- der Verhandlungsstärke von Kunden
- der Bedrohung durch den Markteintritt neuer Anbieter und
- der Bedrohung durch Ersatzprodukte.

Zusammengenommen definieren diese fünf Marktkräfte die **Wettbewerbsintensität und Rentabilität einer Branche.** Will ein Unternehmen wissen, welche Bedingungen am Markt vorherrschen, muss sich jede Untersuchung immer auf eine konkrete Branche konzentrieren, da die einzelnen Bedingungen in unterschiedlichen Branchen unterschiedlich stark ausgeprägt sind. In den Branchen, in denen Massenmedien hergestellt werden, sind beispielsweise die werbetreibenden Unternehmen die stärkste Kraft, während es in der Buchproduktion (insbesondere in der Sparte E-Book) eher die großen Verlage sind, die als Anbieter den Markt bestimmen. Auf dem Markt der TV-Produktionen sind es hingegen die Sender, die als Kunden die größte Marktmacht auf sich vereinen.

Merke:

!

Die **Five-Forces-Analyse** (auch Branchenattraktivitäts-, Branchenstrukturanalyse oder Fünf-Marktkräfte-Modell genannt) ist ein Hilfsmittel in der strategischen Unternehmensplanung. Untersucht werden die Verhandlungsstärke der Kunden und Lieferanten, die Bedrohung durch Neueinsteiger und Substitute sowie die Rivalität auf dem Markt. Die Ergebnisse dieser Analyse fließen als Mikroumweltanalyse in die SWOT-Analyse ein.

Aufgrund der starken Differenziertheit der einzelnen Medienbranchen muss eine separate Betrachtung der einzelnen Sektoren speziellen Publikationen überlassen bleiben (vgl. z. B. Sjurts 2005 oder Gläser 2014). Hier soll vor allem ein ausführlicher Überblick gegeben werden, welche Faktoren ihre Wirkung innerhalb der einzelnen Marktkräftefelder entfalten. Die folgenden medienökonomischen Ausführungen lehnen sich an die grundsätzlichen Überlegungen von Porter (vgl. Porter 2013: 39–72 und Abb. 11.11) an.

11.3.4.1 Rivalität unter den bereits am Markt aktiven Wettbewerbern

Kernpunkt der Branchenattraktivitätsanalyse stellt die bestehende Konkurrenzsituation am Markt dar. Zentrale Faktoren sind die Anzahl an Wettbewerbern, die Struktur des Wettbewerbs, die Intensität des Leistungs- bzw. Preiswettbewerbs und die Dynamik des Marktes.

Die Anzahl an Wettbewerbern untersucht die Marktform; ob also ein Monopol, ein enges oder breites Oligopol oder eher eine atomistische Konkurrenzsituation vorliegt. Die Struktur des Wettbewerbs belegt, in welcher Konzentration bzw. Menge die Marktteilnehmer je Größenklasse am Markt aktiv sind; ob beispielsweise eher wenige Große und viele kleine Akteure gegeneinander antreten oder die Marktteilnehmerschaft aus Gleichgroßen besteht. Bei der Untersuchung des Preiswettbewerbs wird hinterfragt, ob und wie intensiv die anbietenden Marktteilnehmer versuchen, sich gegenseitig durch Effizienzsteigerungen in ihren Wertschöpfungsketten mit niedrigeren Preisen am Markt zu unterbieten. Bei der Untersuchung des bestehenden Leistungswettbewerbs wird abgefragt, ob und inwieweit die Produktqualität und Zusatzleistungen im Fokus des Wettbewerbs stehen. Die Dynamik des Marktes weist letztlich darauf hin, ob es sich um einen jungen, wachsenden oder eher einen reifen, stagnierenden oder gar schrumpfenden Markt handelt.

Letztlich wird die Bestimmung der Wettbewerbsintensität anhand der folgenden Bedingungen bewertet (vgl. Abb. 11.11):

- **Marktform**: Je höher die Anzahl an gleichgroßen oder größeren Wettbewerbern ist, desto größer ist auch die Wettbewerbsintensität. Die Produktion findet im Bereich der Grenzkosten statt und die Gewinne sind daher eher gering.
- **Marktalter** und **Marktdynamik**: Je jünger ein Markt ist und je schneller das Wachstum, desto lukrativer ist die Branche für die am Markt aktiven Anbieter. Stagnieren oder schrumpfen die Märkte, verlieren sie an Attraktivität, denn wenn die Marktsättigung hoch ist, ist wenig freies Marktpotenzial vorhanden. Bei schrumpfenden Märkten liegen Produktionskapazitäten brach. Ist Wachstum oder die Auslastung der Produktionskapazitäten nur über Verdrängungswettbewerb zu bewerkstelligen, werden die einzelnen Marktteilnehmer intensiver um ihre Marktanteile kämpfen. Die Wettbewerbsintensität wächst und die Branchenattraktivität sinkt.
- **Differenzierungsgrad**: Je größer die Differenzierung von Produkten ist, desto geringer ist die Wettbewerbsintensität. Schaffen es die Unternehmen, ihre Produkte und Leistungen von denen der Konkurrenz abzugrenzen, wird es für Kunden schwieriger, sie zu vergleichen. Aus der (relativen) Einzigartigkeit der Leistungsangebote resultieren Alleinstellungspositionen. Die Folge sind Preissetzungsspieleräume und höhere Gewinnmargen.
- **Investitionsvolumina**: Hohe Fix- oder hohe Lagerkosten üben Druck auf die Unternehmen aus. Aber nicht nur die absolute Höhe der Fixkosten ist entscheidend, sondern auch der Anteil der Fixkosten an der Wertschöpfung. Ist der durch das Unternehmen produzierte Mehrwert gering, besteht demnach ein großer Teil der Kosten aus externen Kosten, können Unternehmen stark unter Druck geraten, wenn die Auslastung geringer wird. Auch wenn Kapazitätserweiterungen nur in großen Einheiten möglich sind, kann eine Ausweitung der Produktionskapazitäten das Marktgleichgewicht temporär stören. Es kommt zu Phasen der Überproduktion und Preissenkung und damit zu sinken Branchenrenditen.
- **Marktaustrittsbarrieren**: Wird die Branche mitbestimmt durch Unternehmen, die große oder sehr spezielle Betriebsmitteleinheiten nutzen (z. B. Druckereien, Rundfunkanstalten etc.), dann wird der Wettbewerb auch dadurch angeheizt, dass Marktaustritte sehr teuer werden. Die Liquidationswerte spezialisierter Aktiva (Anlagevermögen) sind niedrig. Zu den Austrittsbarrieren gehören auch emotionale und strategische Faktoren. Emotionale Faktoren wirken immer dann, wenn beispielsweise die Identifikation mit der Branche hoch ist. Manager weigern sich hier häufig, eine ökonomisch sinnvolle Entscheidung zum Marktaustritt zu treffen. Zu den strategischen Barrieren gehören Austrittverweigerungen, wenn einzelne Geschäftsfelder mit anderen Geschäftsfeldern verbunden sind und beispielsweise technische Anlagen gemeinsam genutzt werden oder das Gesamtimage des Unternehmens in Mitleidenschaft gezogen würde. Geben Unternehmen wenig lukrative oder defizitär arbeitende Bereiche nicht auf, entstehen Überkapazitäten und Preisverfall. Die Renditen sinken branchenweit.

Die Ergebnisse und Einschätzungen der wesentlichen Marktbedingungen ergeben ein Gesamtbild, das durch die Abprüfung der weiteren vier Marktkräfte konkretisiert wird.

11.3.4.2 Die Verhandlungsstärke von Lieferanten

Zulieferer sind integraler Bestandteil jeder Wertschöpfungskette. Dabei können zwei Arten von Lieferanten unterschieden werden: Zulieferer, die allgemeine und Zulieferer, die spezifische Ressourcen (Produkte und Dienstleistungen) bereitstellen. Zu den allgemeinen Lieferanten in der Medienindustrie gehören z. B. die Zulieferer von Roh-, Hilfs- und Betriebsstoffen. Diese sind in der Regel weitgehend austauschbar. Relevant werden sie allenfalls, wenn Versorgungsengpässe auftreten könnten, was selten passiert. Hinzugezählt werden könnten auch die Fremdkapitalgeber und die Arbeitsmarktteilnehmer. Auch hier existiert in der Regel eine wettbewerbliche Situation, die von einem leichten Angebotsüberhang getragen wird. Nur wenn es Engpässe am Arbeitsmarkt gibt, steigt die Verhandlungsmacht potenzieller Mitarbeiter leicht an. Der Kapitalmarktzins für Finanzierungsmittel wiederum steigt und fällt in Abhängigkeit von den verwertbaren Sicherheiten, den Erfahrungen und den Erfolgsraten bereits abgewickelter Projekte eines Medienunternehmens. Auch in diesen Bereichen wirken die Marktkräfte im üblichen Rahmen.

Besondere Marktbedingungen herrschen jedoch im Umfeld der medienspezifischen Zulieferer. Die Faktormarktteilnehmer, die hier zu analysieren sind, sind die Inhaltelieferanten (Kreative, Produzenten, Studios, Agenturen etc.), die Produktionsdienstleister (Druckereien, sonstige Vervielfältiger), die technischen Logistikdiensteanbieter und Produkttransporteure/Verteiler (Satellitenbetreiber, Kabeldienstanbieter und Grossisten) sowie die Hersteller von Betriebsmitteln auf den Investitionsgütermärkten (Hersteller von Sendetechnik, Druckmaschinen etc.).

Werden die Lieferanten hinsichtlich ihres Einflusses auf die unternehmerischen Entscheidungen untersucht, werden vier Kriterien relevant:

– Die **Marktkonzentration**: Je weniger Anbieter einer Leistung am Markt existieren, desto stärker ist die Abhängigkeit des nachfragenden Medienunternehmens. Der am wenigstens attraktive Zustand wäre gegeben, wenn es nur einen Anbieter gäbe. Dieser wäre damit in der Lage, die Bedingungen der Beziehung zu diktieren; sowohl hinsichtlich des Preises für eine Leistung, als auch hinsichtlich der abzunehmenden Mindestmengen oder dem Mindesteinkaufswert einer Transaktion oder der Laufzeit der Beziehung.

Wie sehr der Zulieferermarkt in der Medienindustrie konzentriert ist, kann nicht allgemeingültig definiert werden. Hier ist eine leistungsspezifische Differenzierung unabdingbar. Werden beispielsweise journalistische Kreativleistungen am Markt gesucht, kann jeder Nachfrager (z. B. ein Verlag oder eine RF-Anstalt) aus einer riesigen Anzahl an Anbietern wählen und die Vertragsbedingungen weitgehend diktieren. Werden hingegen spezielle Kreativleistungen am Markt für digitale Gamesentwicklungen gesucht, wendet sich das Blatt zugunsten der Zulieferer. Auch gibt es eine Vielzahl an TV-Produktionsfirmen oder Musikstudios, werden aber Vertragspartner gesucht, die eine Daily Soap produzieren und zuverlässig liefern oder hochwertige Musikproduktionen garantieren können, wandelt sich der atomistische Wettbewerbsmarkt schnell zu einem Anbieteroligopol. Die Abhängigkeit des nachfragenden Unternehmens von den Lieferanten steigt damit dramatisch an. Dies gilt auch für die Filmindustrie. So zwingen die großen Majors (die sieben größten US-amerikanischen Filmstudios) in Hollywood z. B. die internationalen Rechteeinkäufer, große Filmpakete zu kaufen, in denen auch Filme und Serien der zweiten und dritten Wahl enthalten sind, wenn sie an einem erfolgreichen Blockbuster interessiert sind.

– Die **Substitutionsmöglichkeit**: Nicht ganz unabhängig von der Marktkonzentration, aber doch eigenständig betrachtet werden kann der Differenzierungsgrad der von Lieferanten angebotenen Leistungen (Produkte, Dienstleistungen oder Qualifikationen). Je vergleichbarer bzw. ähnlicher die Angebote sind (Standardangebote), desto besser ist die Situation für die nachfragenden Unternehmen, da die Anbieter austauschbar sind. Je deutlicher die Differenzierung der Angebote ausgeprägt ist, desto vorteilhafter wird die Situation für die Anbieter bzw. desto größer ist die Abhängigkeit des Nachfragers.

Ein freiberuflich arbeitender Moderator, der sehr beliebt beim Publikum ist, kann z. B. nicht einfach ausgetauscht werden, wenn seine Honorarforderungen steigen. Ein Redakteur ohne relevantes Alleinstellungsmerkmal hingegen sehr wohl. Auch ein Lieferant von Spezialmaschinen ist nicht einfach zu ersetzen, wenn er höhere Ansprüche auf Kosten des Nachfragers durchsetzen möchte. Von Nachteil für den Abnehmer könnte es auch sein, wenn im Falle des Lieferantenwechsels hohe Umstellungskosten beim Abnehmer anfallen. Dies betrifft vor allem den technischen Bereich.

– Das **Auftragsvolumen**: Die Frage der Marktmacht wird auch damit beantwortet, welches Absatz- bzw. Umsatzvolumen zwischen den Vertragsparteien gehandelt wird. Ist das Volumen gering (es macht nur einen geringen Anteil am Gesamtumsatz des Lieferanten aus), hat auch der Kunde eine eher geringe Bedeutung für den Lieferanten. Er könnte vernachlässigt werden. Ist das Umsatzvolumen hingegen sehr groß und haben die Beschaffungskosten einen hohen Anteil an den gesamten Produktionskosten des Kunden, steigt der Einfluss des Lieferanten auf die Kostenpositionen des Nachfragers. Beide Situationen kann der Lieferant ausnutzen, wenn es nur geringe Ausweichmöglichkeiten für den Nachfrager gibt.
– Die Bedrohung durch **Vorwärtsintegration**: Zulieferer, die in der Lage sind, die Wertschöpfung des Nachfragers selbst darzustellen, z. B. die Produkte selbst weiter zu vermarkten, anstatt sie an den Kunden abzugeben, können damit drohen, sich vorwärts in die Kundenbranche zu integrieren. Vorwärtsintegration bedeutet, dass ein Unternehmen seine Wertschöpfungskette (in Richtung Kunde) erweitert und Aufgaben übernimmt, die sonst von seinen Kunden abgearbeitet werden. Ist diese Drohung glaubhaft, wächst die Marktmacht des Zulieferers in künftigen

Verhandlungen. Die Glaubwürdigkeit der Drohung steigt mit dem Informationsgrad und dem einschlägigen Know-how bzw. dem zur Verfügung stehenden Kapital der Lieferanten

So kann ein Filmproduzent selbst den Vertrieb übernehmen und einen eigenen Filmverleih aufbauen oder verlangen, an dem aktuellen Verleihbetrieb des Kunden beteiligt zu werden. Auch der Handel könnte durch eigene Online-Aktivitäten des Lieferanten ausgehebelt und damit zum Konkurrenten des Kunden werden.

Eine Analyse der Verhandlungsmacht von Lieferanten spiegelt wider, wie stark diese ihre Interessen in einer Geschäftsbeziehung mit dem Nachfrager durchsetzen können. Eine hohe Verhandlungsmacht der Lieferanten wird dazu führen, dass sie höhere Preise verlangen, schlechtere Qualität zum gleichen Preis liefern oder sogar Anteile am Kundenunternehmen erwerben wollen. So können sich die Lieferanten Absatzmärkte sichern und Gewinnpotenziale des Kunden abschöpfen. Je geringer die Verhandlungsmacht der Lieferanten ist, desto attraktiver ist die Branche für den Auftraggeber.

11.3.4.3 Die Verhandlungsstärke von Kunden

Kunden beeinflussen die Grundsituation in einer Branche insofern, als dass versuchen, Preise zu drücken, bessere Qualitäten durchzusetzen oder erweiterte Dienstleistungen zu erzwingen, wenn sie eine hohe Marktmacht haben. Darunter leidet die Profitabilität einer Branche. Ebenso wie bei den Lieferanten ist die Verhandlungsmacht der Abnehmer dadurch bestimmt, wie sehr diese ihre Interessen in einer Geschäftsbeziehung mit dem Abnehmer durchsetzen können. Im Prinzip leitet sich die Marktmacht der Kunden spiegelbildlich zur Marktmacht der Lieferanten ab. Die Indikatoren für eine hohe Verhandlungsmacht der Abnehmer sind dementsprechend die gleichen:

– Die **Marktkonzentration**: Werden die Medienmärkte betrachtet, zeigt sich deutlich, dass die Rezipienten als einzelne Verhandlungspartner (Käufer) über eine extrem geringe Marktmacht verfügen. Wenn eine RF-Anstalt einzelne Zuschauer oder Zuhörer verliert, ist das nicht schön, aber auch nicht weiter tragisch. Springen hingegen werbetreibende Unternehmen ab, kann dies für ein Medienunternehmen fatale Folgen haben. Die Marktmacht liegt hier eindeutig bei den Werbetreibenden. Dies zeigt sich ganz deutlich in der sogenannten Brutto-Netto-Schere der Umsätze in den klassischen Medien (TV, HF, Print). Die Differenz zwischen den von den Medienunternehmen gewünschten Einnahmen (Werbeplätze zu Listenpreisen), die Bruttoerlöse genannt werden, und den Einnahmen, die letztlich in ihren Kassen eingespült werden (Nettoerlöse genannt), beträgt heute bis zu 70 Prozent (vgl. Dreiskämper 2017: 133). Die werbetreibenden Unternehmen nutzen die Preisverhandlungen, um alle möglichen Rabatte und Sonderkonditionen durchzusetzen. Da sich die Kunden immer stärker konzentrieren (die Konzerne werden immer größer), steigt auch deren Marktmacht kontinuierlich an.

Werden die Verlage und Anstalten als Kunden der Kreativwirtschaft betrachtet, zeigt sich hingegen, dass deren Macht gegenüber den Zulieferern mit der zunehmenden Konzentration weiter anwächst. Ein Blick auf die Komplementärgüterindustrie Smartphone-Vertrieb zeigt hingegen, dass auch ein Anbieteroligopol an Einfluss verlieren kann. Dann nämlich, wenn sich die Vertriebskanäle (Abnehmer) vervielfachen oder sich das Kundenverhalten deutlich ändert. So werden heute Smartphones nicht mehr hauptsächlich durch ein paar wenige große Mobilfunknetzbetreiber angeboten, sondern auch über eine Vielzahl kleinerer Provider vertrieben. Zudem werden Handies auch vermehrt ohne Vertrag im Einzelhandel oder online gekauft. Die großen Netzbetreiber als Smartphoneanbieter haben durch strukturelle Marktänderungen (zumindest in diesem Teilsegment) an Einfluss verloren.

– Die **Substitutionsmöglichkeit**: Wie schon im vorstehenden Kapitel 11.3.4.2 für die Lieferantenmacht dargestellt, zählt auch die Substitutionsfähigkeit der Leistungen zu den marktbeeinflussenden Faktoren. Fragen die Abnehmer standardisierte Leistungen am Markt ab, können sie sicher sein, schnell alternative Lieferanten zu finden. Es ist also möglich, die Zulieferer gegeneinander auszuspielen. Dies ist auch der Fall, wenn die Zulieferung einen nur geringen Anteil an der Qualität des Endproduktes hat. Austauschbarkeit sorgt für geringe Renditen beim Lieferanten, da der Kunde seine Verhandlungsmacht in Preisverhandlungen durchsetzen wird. Diese Verhandlungsmacht bekommt beispielsweise jeder junge Freiberufler zu spüren, der erstmals für einen namhaften Kunden arbeiten will.

Haben sich die Lieferanten auf die Herstellung kundenspezifischer Leistungen spezialisiert, entsteht hingegen eine hohe gegenseitige Abhängigkeit. Hier verfügt der Marktteilnehmer über die bessere Position, der im Trennungsfall die geringeren Anpassungskosten oder Umstellungskosten zu tragen hätte. Je größer die Anpassungskosten wären, desto weniger preissensibel werden die Vertragsparteien auf Änderungswünsche reagieren.

– Das **Auftragsvolumen**: Hier gelten ebenfalls die umgekehrten Bedingungen zu den Lieferantenmärkten. Hohe Einkaufsvolumina stärken die Kundenposition, da die Abhängigkeit des Lieferanten wächst. Dieser Umstand fällt umso stärker ins Gewicht, je größer die Fixkostenanteile des Lieferanten bei der Produktion der Lieferprodukte ist. Denn hier ist der Lieferant auf die Abnahme großer Mengen angewiesen; einerseits wegen der Kapazitätenauslastung, andererseits wegen der Fixkostendegression ein bedeutender Wirkungsfaktor ist. Beide Parameter wirken auf die Preisgestaltung des Lieferanten und damit auf seine Rendite.

So können Rechteeinkäufer als Abnehmer für Inhalte produzierende Unternehmen zu einem starken Verhandlungsgegner werden. Je kleiner der Lieferant (Produktionsvolumen) oder je größer der Kunde, d. h., je größer der Anteil des Einkaufsvolumens am Gesamtoutput des Lieferanten ist, desto größer ist die Verhandlungsmacht des Kunden. Die Abhängigkeit eines Marktteilnehmers vom anderen bestimmt auch hier das

Machtverhältnis. Umgekehrt sinkt der Einfluss des Kunden, wenn er auf den Input durch den Lieferanten angewiesen ist.

Bezogen auf Konsumenten als Endkunden kann durchgehend festgestellt werden, dass sie sehr preisempfindlich reagieren, wenn sie Produkte kaufen, die undifferenziert sind, gemessen am Einkommen teuer sind oder wenn sie keinen Wert auf Qualität legen. Businesskunden verhalten sich analog. Einzelhändler oder Rechteverwerter können aber eine große Marktmacht gegenüber den Herstellern gewinnen, wenn sie in der Lage sind, die Kaufentscheidungen der Konsumenten zu beeinflussen. So können eine bestimmte Warenpräsentation (z. B. im Elektronikhandel, Musikstores etc.) oder besondere Programmankündigungen (Kino-Trailer etc.) dazu führen, dass nicht nur die Preissensibilität der Endkunden sinkt, sondern dass auch die Absatzvolumen der Absatzmittler deutlich steigen.

- Die Bedrohung durch **Rückwärtsintegration**: Ein mächtiger Kunde kann mit Rückwärtsintegration in die Zuliefererbranche drohen, wenn er glaubhaft vermitteln kann, selbst die Vorprodukte herstellen zu können. Rückwärtsintegration bedeutet, dass ein Unternehmen seine Wertschöpfungskette (in Richtung Produktionsursprung) ausweitet und Aufgaben übernimmt, die sonst von seinen Lieferanten abgearbeitet werden. In diesem Fall verliert der Lieferant an Einfluss in künftigen Verhandlungen. So könnte ein RF-Unternehmen drohen, die Quote an Eigenproduktionen zu erhöhen oder eine Internetplattform könnte Inhalte, die sie bisher eingekauft haben, selber herstellen. In beiden Fällen würden die Lieferanten Umsätze und Verhandlungsmacht verlieren. Der Kunde könnte sogar gänzlich auf die externe Belieferung verzichten. Ist die Drohung nicht glaubhaft, weil beim Kunden Know-how oder Kapital fehlt, läuft sie ins Leere.

In den Medienbranchen ist die Gefahr der Rückwärtsintegration differenziert zu bewerten. Einerseits liegt dies an den hohen First-Copy-Costs und den notwendigen Personalressourcen, die für die Inhalteproduktion aufgebracht werden müssen. Damit stiege die Höhe der Fixkosten und somit auch das Risiko gewaltig an. Andererseits würde eine Integration aber dann Sinn machen, wenn permanent sich wiederholende Inhalte oder Massengüter (Kopien) hergestellt werden. So kann es deutlich Sinn machen, dass sich beispielsweise Verlage an Druckereien oder TV-Anstalten an TV-Produktionsunternehmen beteiligen.

Je nachdem, welche Bedingungen auf den Absatzmärkten vorherrschen, haben die Kunden eine größere oder eine geringere Marktmacht. Je näher die Bedingungen einem Nachfrageoligopol kommen, desto größer ist die Einflussnahmemöglichkeit der Kunden. Damit sinkt die Attraktivität und Rentabilität dieses Marktes. Aber auch Marktbedingungen können sich im Laufe der Zeit ändern. So herrscht zwar auf dem Markt der Mobiltelefone mit den vier großen Netzbetreibern in Teilen auch heute noch ein Nachfrageoligopol seitens der Absatzmittler, aber dieses hat in den letzten Jahren stark an Bedeutung verloren. Zum einen sind noch einige kleine Provider dem Markt beigetreten, vor allem aber kaufen Endkunden ihre Handies zunehmend auch ohne Vertrag in anderen Geschäften oder online. Damit wurde der Handy-Markt für Hersteller wieder attraktiver.

11.3.4.4 Die Bedrohung durch neue Markteinsteiger

Attraktive Märkte ziehen Markteinsteiger an. So sorgt beispielsweise die Globalisierung immer wieder für den Markteintritt ausländischer Branchenmitglieder in den deutschen Markt. Aber auch kleinere Unternehmen drängen auf attraktive Märkte, wenn sie durch neue Technologien getrieben effizientere Wertschöpfungsketten aufbauen oder einen besseren Service als die großen Marktteilnehmer anbieten können. Nicht zuletzt treten auch Unternehmen in fremde Märkte, wenn sie sich diversifizieren. Jeder Markteintritt führt zu höheren Marktkapazitäten, erhöht den Druck auf die aktuellen Wettbewerber und lässt die Preise sinken. Damit sinkt auch die Rentabilität für die aktuellen Anbieter. So hat sich beispielsweise der Mobiltelefonmarkt deutlich verändert als Apple in den Markt einstieg. Der Marktführer Nokia geriet in erhebliche Probleme und verlor bald seine Vormachtstellung.

Das größte Problem der Medienbranchen liegt darin, dass die Märkte aufgrund der Branchenkonvergenz (vgl. Kapitel 1.3.7) nicht nur durch die direkten Wettbewerber bedroht werden, sondern auch durch Teilnehmer anderer Medienbranchen und Teilnehmer fremder Branchen. Rekrutieren sich die Markteinsteiger aus der eigenen Branche, handelt es sich um intramedialen Wettbewerb (Wettbewerb innerhalb einer Branche). Rekrutieren sich die Markteinsteiger aus einer anderen Medienbranche, handelt es sich um intermedialen Wettbewerb (Wettbewerb zwischen Unternehmen unterschiedlicher Medienbranchen). Dringen die neuen Wettbewerber aus medienfremden Branchen in den Markt ein, handelt es sich um extramedialen Wettbewerb (Wettbewerb zwischen Unternehmen der Medienbranchen und medienfremden Unternehmen oder Betrieben, die zu den Unternehmen der erweiterten Medienindustrie zählen; vgl. Tab. 1.12).

Dadurch, dass z. B. die E-Game-Industrie in der 1990er-Jahren des vergangenen Jahrhunderts an Bedeutung gewann, entstanden Zeitschriften, die sich mit einschlägigen Themen beschäftigen. Verlage kamen schnell auf die Idee, dass sich hier Geld verdienen lässt. Es dauerte nicht lange, bis sich neue Kleinverlage oder ausländische Verlage etablierten, die als Konkurrenten in den Markt einstiegen (z. B. die franz. Verlagsgruppe *webedia* mit GameStar). Aber bald wurden auch die Konsolenhersteller und die Publisher auf den Markt aufmerksam und etablierten entsprechende Spezial-Interest-Zeitschriften, Online-Publikationen oder YouTube-Kanäle.

Die Gefahr, dass neue Wettbewerber in den Markt eintreten, hängt ab von der Höhe der Markteintrittsbarrieren. Je höher die Barrieren, also je geschützter die Position der bereits vorhandenen Wettbewerber, desto höher ist auch die Branchenattraktivität. Porter hat acht wesentliche Markteintrittsbarrieren definiert (vgl. hier und fortfolgend Porter 2013: 41 ff.):

- **Skaleneffekte** (Economies of Scale): Neue Wettbewerber erzielen i. d. R. zu Beginn ein geringeres Absatzvolumen als etablierte Unternehmen. Daraus resultiert ein deutlicher Kostennachteil pro produzierter Einheit, weil Degressionseffekte nicht so stark greifen wie bei den etablierten Unternehmen, die hohe Stückzahlen generieren. Markteinsteiger müssen infolge dessen die Kostennachteile in Kauf nehmen oder sie werden zu hohen Produktionsmengen gezwungen. Das Risiko, in den Markt einzusteigen, ist hoch. Die Größenvorteile können sich über die Produktion hinaus auf nahezu alle Funktionsbereiche des Unternehmens beziehen. Insofern müssen Neueinsteiger jede Kostenposition auf ihr spezifisches Verhältnis zwischen Stückkosten und Produktionsvolumen untersuchen.

Gerade in den Medienbranchen haben solche Skaleneffekte eine überragende Bedeutung. Nicht in der Urproduktion des Mediums, da hier Unikate hergestellt werden, aber die Vervielfältigung hat nur geringe (mitunter keine) Grenzkosten und es gibt keine Kapazitätsgrenzen. Hier wirken sich Skaleneffekte deutlich aus, denn die Stückkosten sinken hier ad infinitum (unbegrenzt, unendlich fortsetzbar) (vgl. Kapitel 3.7.2 und 10.4).

- **Absolute Kostenvorteile**: Etablierte Unternehmen können deutliche Lernkurveneffekte realisieren. Dies ist der Fall, wenn z. B. die Produktionserfahrungen im Unternehmen gehalten werden können und nach außen nicht zugänglich sind. Auch in der Vermarktung haben Unternehmen, die bereits eine Marke aufbauen konnten, deutliche Vorteile, da das Markenguthaben auf weitere Produkte übertragen werden kann.

Absolute Kostenvorteile ergeben sich auch aus geschütztem Know-how auf Basis patentierter Produkte und Verfahren oder kostengünstigen Designs sowie geschützten Zugängen zu notwendigen Inputs. Hier sind vor allem Kreativkräfte und technologische Ressourcen gemeint. Dieser Quellenschutz wirkt sich z. B. bei großen und integrierten Unternehmen aus, die nicht zulassen, dass neue Marktteilnehmer Zugriff auf die Ressourcen von verbundenen Unternehmen bekommen.

- **Produktdifferenzierung**: Verfügen etablierte Unternehmen über bekannte Markenprodukte, ist davon auszugehen, dass Kunden gebunden bzw. mit der Marke verbunden sind und sich loyal gegenüber der Marke verhalten. Je größer die Kundenloyalität ist, desto schwieriger wird es für Neueinsteiger, Kunden abzuwerben. Je älter der Markt ist, desto weniger freies Marktpotenzial ist noch vorhanden. Neukunden müssen hier über Verdrängungswettbewerb gewonnen werden. Verdrängungswettbewerb ist teuer. Dies führt zu Einstiegsverlusten bei den Neueinsteigern. Darüber hinaus liegt das Risiko bei Investitionen in einen neuen Markenaufbau darin, dass bei Misserfolg Sunk Costs (versunkene Kosten) produziert werden. Misslungene Investitionen werfen hier keinen Restwert ab. Sie sind vollständig verloren.

Der Einstieg eines neuen Anbieters wird erschwert, wenn die am Markt erhältlichen Produkte schon sehr stark differenziert sind und über starke Alleinstellungsmerkmale verfügen.

- **Kapitalbedarf**: Ein hoher Investitionsbedarf behindert den Markteintritt, da großer Kapitalbedarf auch hohe Verlustrisiken birgt. Dieses Risiko ist umso höher einzustufen, je größer die Investitionen in Bereiche getätigt werden müssen, die Sunk Costs beinhalten. Hierzu gehören insbesondere Investitionen für Forschung und Entwicklung (F&E) und Investitionen in das Marketing. Hier vor allem der Aufbau von Infrastruktur, die Entwicklung einer Marke und die zu erwartenden Einstiegsverluste. Während Produktionsanlagen im Fall des Misserfolgs noch liquidiert werden können, wären die Investitionen in den F&E- sowie den Marketingbereich vollends verloren.

Diese Einschränkungen ermöglichen es häufig nur kapitalstarken Unternehmen, in einen neuen Markt einzutreten. Das reduziert die Menge der potenziellen Wettbewerber erheblich. Einsteiger mit wenig Eigenkapital, müssten sich die Finanzierungsmittel am Kapitalmarkt besorgen. Risikokapital wiederum ist teurer und reduziert die erwartete Rendite in der Gesamtsicht.

- **Wechselkosten**: Wenn Kunden ihre Lieferanten wechseln, entstehen (einmalige) Wechselkosten. Solche Wechselkosten können Investitionen in andere Technologien oder proprietäre Produkte sein (z. B. eine Änderung des Herstellungsverfahrens oder die Nutzung neuer Komplementärgüter). Wechselkosten können durch Lernkosten entstehen (z. B. die Umstellung von Windows-basierten Anwendungen auf Apple-Software). Auch rechtliche Folgekosten können eine Wechselbarriere darstellen (z. B. Vertragsstrafen bei frühzeitiger Auflösung von Verträgen). Ökonomische Auswirkungen können auch der Verlust von Volumenrabatten und anderen Preisnachlässen haben. Speziell im Konsumentenumfeld wirken zudem auch service- und erlebnisorientierte Einschnitte. Der mögliche Verlust spezieller Serviceangebote, Garantien, After-Sales-Services oder Kundenforen, kann hinderlich wirken. Ebenso der Verlust der Marken- und Erlebniswelt eines Produktangebotes, mit dem vielleicht ein Wir-Gefühl verbunden ist, kann die Wechselbereitschaft eines Kunden reduzieren. Nicht zuletzt wirken auch psychologische Barrieren auf die Wechselbereitschaft (z. B. die Gewohnheit oder persönliche Beziehungen). Solche Anbindungseffekte werden **Lock-in-Effekte** genannt (Lock-in = Gefangennahme) und wirken immer negativ auf die Wechselbereitschaft zu neuen Marktteilnehmern.

Je höher diese Umstellungskosten oder das Umstellungsrisiko für die Kunden sind, desto geringer wird deren Wechselbereitschaft sein. Deswegen werden etablierte Unternehmen versuchen, ihre Kunden so zu binden, damit ein Wechsel für den Kunden zu neuen Anbietern unmöglich oder zumindest sehr teuer für sie und damit nicht lukrativ wird. Ein Kunde wird solange nicht wechseln, bis die voraussichtlichen Wechselkosten durch einen entstehenden Nutzen beim neuen Produkt kompensiert werden.

Im Mediensektor haben die Lock-in-Effekte auf der Konsumentenseite wahrscheinlich größere Bedeutung als auf der Ebene der Vorprodukte. Aus diesem Grunde kommt der Kundenbindung und dem Aufbau von Loyalität gegenüber einer Medienmarke auf den Rezipienten- oder Nutzermärkten große Bedeutung zu.

- **Zugang zu Vertriebskanälen**: Sind wichtige Vertriebskanäle gebunden oder belegt, hat ein neuer Wettbewerber schlechte Absatzmöglichkeiten. Deswegen müssen neue Anbieter schon vor dem Start den Vertrieb des Produktes sicherstellen. Der Einzelhandel muss bereit sein, die Produkte in seine umkämpften Regalmeter aufzunehmen. Dies kann für den Neueinsteiger teuer werden. Werden hingegen digitale Produkte vermarktet, öffnen sich auch für Neueinsteiger eine Vielzahl an Möglichkeiten, eigene Vertriebskanäle aufzubauen.
- **Standortvorteile**: Etablierte Unternehmen haben häufig schon die Standorte besetzt, die den leichtesten Zugang zu Zulieferern, Distributoren und Märkten versprechen. In der materiellen Industrie ist dieser Vorteil von großer Bedeutung. In der Medienwirtschaft nur in Ausnahmefällen (z. B. in der Print-Industrie). Die Produktion digitaler Produkte hat im engeren Sinne keinen optimalen Standort. Know-how-Cluster (Ansiedlungen gleicher oder komplementärer Know-how-Träger) können leicht erweitert werden und geeignete IT-Anbindungen sind in der Regel vorhanden oder können mit nicht allzu großem Aufwand eingerichtet werden.
- **Staatseinfluss**: Die Politik eines Staates kann den Markteintritt freihalten, ihn begrenzen oder ihn gar verhindern. Zu den reglementierten Branchen zählen vor allem der Schienenverkehr, die Stromversorgung, der Spirituosen- und Tabakwarenhandel, der Telekommunikations-, Telemedien- und der Rundfunkmarkt. Staatliche Beschränkungen in den Medienmärkten basieren auf Bundes- oder Landesgesetzen und werden ergänzt durch zahlreiche Einzelnormen oder freiwillige Selbstkontrollen im Filmbereich (FSK) und im Bereich der Unterhaltungssoftware (USK).

Neben Reglementierungen und Auflagen können auch staatliche Subventionen den Markteintritt erschweren oder zu Nachteilen für neue Wettbewerber führen. Gemeint sind hier Subventionen oder Förderungen, die eher an etablierte Marktteilnehmer ausgeschüttet werden als an neue, weil die Zuwendungsverhandlungen durch Kompetenznachweise oder Reputation positiv beeinflusst werden.

11.3.4.5 Die Bedrohung durch Substitute

Unternehmen konkurrieren mit Anbietern, die Produkte auf den Markt bringen, die das eigene Angebot ersetzen. Dabei ist es unerheblich, aus welcher Branche die Substitute kommen. Besteht die Gefahr, dass ein Angebot durch eine Alternative ersetzt werden kann, so verliert der Markt an Attraktivität. Der Taschenrechner verdrängte einst den Rechenschieber; Computer die Schreibmaschine, Laptops bzw. Tablets die Desktop-Computer und Downloadangebote im MP3-Format die CDs. Substitute begrenzen die möglichen Gewinne einer Branche, weil sie eine Obergrenze für die Preise setzen. Solche Ersatzprodukte beeinflussen die Attraktivität einer Branche negativ, da Kunden bei Bedarf zu diesen Produkten wechseln könnten.

Es ist aber nicht immer einfach, Substitute zu identifizieren. Es liegt auf der Hand, dass ein Zeitungsartikel und ein Online-Bericht über das gleiche Thema Konkurrenzprodukte darstellen. Aber wie steht es mit dem Vergleich eines Kinoabends mit einem Abend vor dem Fernsehgerät. Selbst wenn der gleiche Film konsumiert wird, erscheint das Vergnügen unterschiedlich. Dennoch zeigt sich sehr schnell, dass mit der zunehmenden Ausstattung der Haushalte mit TV-Geräten der Kinokonsum zurückging. Ein ähnliches Verhältnis zeigen Bücher gegenüber Amazons Kindle oder anderen E-Book-Readern.

Mitunter konkurrieren auch sehr weit entfernte Branchen, wie ein Beispiel aus der Konsumgüterindustrie zeigt: So leiden Küchengerätehersteller unter der Zunahme von Fast-Food-Restaurants, der Aktienmarkt unter dem Immobilienmarkt und der Markt der Wecker unter dem Smartphone-Markt. Dies liegt daran, dass nicht das Produkt selbst in einem Substitutionsverhältnis stehen muss, sondern dass der Nutzen, den ein Gut für eine Zielgruppe stiftet, betrachtet werden muss. Wer häufig Fast-Food konsumiert, wird sich weniger Küchengeräte anschaffen, wer sich eine Immobilie für die Altersversorgung zulegt, wird weniger Aktien kaufen und wer ein Smartphone hat, wird sich überlegen, ob er noch einen Wecker braucht.

Ob ein **Substitutionsverhältnis** vorliegt oder nicht, kann anhand der **Kreuzpreiselastizität** gemessen werden (vgl. auch Kapitel 10.3). Um diese messen zu können, müssen allerdings die Preis-Absatz-Funktionen der Güter gegeben sein. Die Frage, die der Kreuzpreiselastizität zugrunde liegt, lautet: Wenn sich der Preis für ein Gut (beispielsweise eine TV-Programmzeitschrift) ändert, hat dies Auswirkungen auf die Absatzmenge des anderen Gutes (z. B. die Zugriffsmenge auf Online-Angebote, die TV-Programminformationen anbieten)?

$$\varepsilon_{y,x} = \frac{\frac{\Delta q_y}{q_y}}{\frac{\Delta p_x}{p_x}}$$

$\varepsilon_{y,x}$ = Kreuzpreiselastizität zwischen Gut y und Gut x

Δq_y = Veränderung der Absatzmenge von Gut y

Δp_x = Veränderung des Preises von Gut x

q_y = Absatzmenge von Gut y

p_x = Preis von Gut x

Kann hier eine Reaktion nachgewiesen werden, so handelt es sich um Substitute oder um Komplemente. Wenn mit einer Preissteigerung (Preissenkung) des einen Gutes eine Absatzerhöhung (Absatzsenkung) des anderen Gutes einhergeht, handelt es sich um ein Substitutionsverhältnis. Die Kreuzpreiselastizität ist positiv (größer Null). Folgt auf die Preissteigerung des eines Gutes eine Reduktion der Absatzmenge des anderen Gutes bzw. auf eine Preissenkung eine Zunahme des Absatzes, handelt es sich um ein Komplementärgut. Die Kreuzpreiselastizität ist negativ (kleiner Null). Kann keine Reaktion nachgewiesen werden, so haben die beiden Güter nichts miteinander zu tun. Die Kreuzpreiselastizität ist gleich Null. So können die Preise für Werbezeiten im Fernsehen sinken oder steigen, es wird keine Auswirkungen auf die Absatzmenge von Büchern haben.

Beispiel (für Substitutionsgüter). Angenommen, ein Verlag verkauft 10.000 Hardcover-Bücher BWL (Gut y) zum Preis von 39 Euro und 15.000 E-Book-Versionen des Buches (Gut x) zum Preis von 30 Euro. Nun erhöht der Verlag den E-Book-Preis auf 39 Euro. Daraufhin fällt der Absatz auf 12.000 E-Books und der Absatz der Hardcover-Bücher steigt auf 17.000 Exemplare.

$$\varepsilon_{\text{Buch, E-Book}} = \frac{\frac{7.000}{10.000}}{\frac{9}{30}} = 2{,}3333$$

Nun weiß der Verlag, dass wenn er den Preis der E-Books um 1 % ändert, sich daraufhin die Menge der Hardcover-Bücher um den Faktor 2,3333 ändert. Da der Verlag den Preis um 30 % erhöht, erhöht sich der Mengenabsatz um 2,3333-mal 30 %, also um 7.000 Stück.

Beispiel (für Komplementärgüter). Angenommen DVD-Rohlinge kosten ein Euro pro Stück und DVD-Brenner 30 Euro. Von den Rohlingen werden 100.000 Stück am Markt abgesetzt und es werden 3.000 DVD-Brenner verkauft. Nun senkt der Handel den Preis für die Rohlinge auf 0,80 Euro und bemerkt, dass er plötzlich 3.500 Brenner absetzt.

$$\varepsilon_{\text{Rohling,Brenner}} = \frac{\frac{500}{3.000}}{\frac{-0{,}20}{1}} = -0{,}8333$$

Nun weiß der Handel, dass wenn er den Preis um 1 % ändert, sich daraufhin der Absatz von DVD-Brennern um den Faktor −0,8333 ändert. Da der Handel, den Preis für Rohlinge um 20 Prozent reduziert, erhöht sich die Absatzmenge von Brennern um 16,66 Prozent.

Das Bedrohungspotenzial durch Ersatzprodukte wird an folgenden Einflussfaktoren festgemacht:

- **Güternutzen**: Je ähnlicher der Nutzen von Produkten oder Dienstleistungen ist, desto größer ist die Gefahr, dass der Endabnehmer die Produkte als gleichwertig oder ähnlich ansieht. Der Konkurrenzdruck steigt mit der Anzahl der funktionsgleichen oder funktionsähnlichen Güter.

- **Verfügbarkeit**: Je leichter Ersatzprodukte erreichbar sind, desto höher ist das Bedrohungspotenzial auf dem Markt.
- **Preis-Leistung**: Der Abnehmer wählt jenes Gut unter den vergleichbaren, das das günstigere Preis-Leistungs-Verhältnis bietet. Ist dies beim Ersatzprodukt der Fall, wird es zur Bedrohung. Je weniger Ersatzproduktes es gibt, desto lukrativer ist die Branche für den Anbieter.
- **Loyalität**: Je größer die Produktloyalität im Markt ausgeprägt ist, desto geringer ist die Gefahr, substituiert zu werden. Je geringer das Involvement der Endabnehmer beim Kauf ist, desto höher ist die Gefahr, dass er Alternativen akzeptiert. Von Involvement spricht das Marketing, wenn der Konsument empfindet, dass ein Produkt etwas mit ihm selbst bzw. seiner Persönlichkeit zu tun hat. In diesem Fall hat der Kauf spürbare Auswirkungen auf den Käufer. Involvement kennzeichnet das Engagement, mit dem sich Konsumenten einem Angebot zuwenden (vgl. Esch 2010: 116 ff.). Ist das Involvement hoch und verbindet der Abnehmer hohe Zufriedenheit mit einem Produkt, wird die Wechselbereitschaft gering sein. Aus diesem Grund wechseln Zeitungsleser weniger häufig zum Fernsehkonsum (und umgekehrt), wenn sie sich informieren wollen.
- **Wechselkosten**: Je höher die Umstellungskosten, die mit einem Produktwechsel verbunden sind, desto geringer ist die Wechselbereitschaft der Abnehmer. Aus einem System proprietärer Produkte auszusteigen, ist damit teurer, als wenn sie einzeln austauschbar wären. So verlangt der Umstieg von Microsoftprodukten auf Appleprodukte höhere Investitionen als nur die Anschaffung einer neuen Hardware.

Die Differenzierung der Produktleistungen ist der Schlüssel zum Erfolg. Je mehr (funktionale, emotionale oder technische) Alleinstellungsmerkmale ein Gut aufweist, desto geringer ist die Gefahr, substituiert zu werden. Branchen, die nur in geringem Maße von Substituten bedroht werden, erwirtschaften höhere Renditen.

? **Frage zu Kapitel 11.3.4**

Erläutern Sie Sinn, Ziel und Aufbau der Five-Forces-Analyse und beschreiben Sie in diesem Zusammenhang die wichtigsten Analysebereiche je Untersuchungsobjekt.

11.3.5 Die Asset-Analyse als Suche nach werttreibenden Ressourcen

Die Asset-Analyse ist ein Instrument der unternehmensinternen Analyse und entstammt dem ressourcenorientierten Ansatz, der Organisationen hinsichtlich ihres Marktteilnahmepotenzials untersucht, das durch die Ausstattung mit materiellen und immateriellen Assets gebildet wird. Die Assets, die in einer solchen Analyse fokussiert werden, sind Werte, die Alleinstellungsmerkmale darstellen und einen dauerhaften Wettbewerbsvorteile begründen.

Die Asset-Analyse identifiziert und bewertet die finanzielle, physische, personelle, organisatorische und technologische Ausstattung des Unternehmens hinsichtlich der Schlüsselanforderungen des Marktes und im Vergleich zur Ausstattung der Wettbewerber (vgl. Meffert/Burmann/Kirchgeorg 2015: 223).

Zu den wettbewerbsrelevanten Assets für ein Medienunternehmen zählen vor allem (vgl. in Anlehnung an Wirtz: 2016: 86 f.):

- **Die Marke**: Marken stellen das zentrale Nutzenversprechen dar, bilden das Image und die Reputation der zur Marke gehörenden Nutzenbündel maßgeblich aus und differenzieren die Angebote gegenüber denen der Wettbewerber im Wahrnehmungsraum der Zielgruppenmitglieder. Die Marke dient den Kunden als wichtige Hilfestellung, die angebotenen Vertrauensgüter in groben Zügen ex ante und ex post bewerten zu können (vgl. Kapitel 3.3). Marken machen die Medieninhalte (Vertrauensgüter) bestenfalls zu Erfahrungsgütern.
- **Die Produktlinien**: Eng verwandt mit dem Markenwert sind die Produktlinien zu sehen, die ein Medienunternehmen anbietet. Qualität, Bekanntheit, Reichweite und Preis-Leistung-Verhältnisse stützen den Markenwert und damit auch den Erfolg des Unternehmens. Im Idealfall sind sie einzigartig und nicht durch Wettbewerbsangebote substituierbar.
- **Der Kundenstamm**: Der Kundenstamm bildet für jedes Unternehmen eine zentrale Erfolgsgröße. Im Umfeld von Medienunternehmen umso mehr, als dass die Zweiseitigkeit der Märkte den Rezipientenmarkt doppelt wertvoll macht. Reichweite bringt Werbevolumen (vgl. Kapitel 7.3.2 und Kapitel 9.2). Beide Kundenstämme – die Werbetreibenden und die Rezipienten/Endnutzer – wachsen über einen langen Zeitraum und sind weder zeitnah ersetzlich noch zeitnah zu imitieren.
- **Die Mitarbeiter**: Auf (motivierte) Mitarbeiter in ausreichender Menge und Qualität zurückgreifen zu können, gehört zu den zentralen Assets eines Medienunternehmens, da sie die Know-how-Träger sind und als Team ein Bündel komplementärer Fähigkeiten zur Verfügung stellen. Zu den Assets gehören aber nur die Mitarbeiter, die maßgeblich an der Wertschöpfung oder der Unternehmenssteuerung beteiligt sind. Freie Mitarbeiter gehören nicht dazu. Sie sind „fremde" Kompetenzträger.
- **Die Netzwerke**: Der Erfolg eines Medienunternehmens hängt entscheidend mit davon ab, dauerhaft die gewünschte Inhaltequalität zu liefern. Dies ist nur durch stark integrierte Unternehmen zu schaffen oder durch Unternehmen, die auf bewährte Netzwerke zugreifen können. Sie sind historisch gewachsen und nur sehr schwer zu ersetzen bzw. nachzubauen. Netzwerke umfassen auch die Möglichkeit, Mitarbeiter zu rekrutieren, Inhalte zu beschaffen und zu distribuieren.
- **Technisches Anlagevermögen**: Die technologischen und technischen Möglichkeiten eines Unternehmens machen es unabhängig von Zulieferern und Fremd-Dienstleistern. So können (müssen nicht) Gegenstände des technischen Anla-

gevermögens die Leistungskraft eines Medienunternehmens nachhaltig stärken (vorausgesetzt, die Anlagen werden ausgenutzt).

- **Der Standort**: Der Standort ist immer dann ein relevanter Erfolgsfaktor, wenn die Wertschöpfung kooperationsintensiv ist (TV-Markt), der Absatzmarkt durch die Nähe zum Kunden an Wert gewinnt (z. B. lokaler Zeitungsmarkt) oder die Anbindung an die digitale Infrastruktur von großer Bedeutung ist (Agenturmarkt u. a.m.) etc.
- **Die Finanzsituation**: Die Ausstattung mit finanziellen Mitteln ist in jeder kapitalintensiven Branche eine Kernressource.

Das Ergebnis der Asset-Analyse ist die Zusammenstellung und Abbildung der werttreibenden Ressourcen in Form eines Bewertungsprofils. Dieses Profil vergleicht die Ist- mit der Sollsituation oder die eigene Position mit der des stärksten Wettbewerbers. Ein solches Ressourcenprofil kann als Liniengrafik visualisiert werden (vgl. Abb. 11.12 in Anlehnung an Hinterhuber 2011: 124).

Alle Einstufungen über den Mittelwert können zu den Stärken gezählt, alle Einstufungen unterhalb des Mittelwertes müssen als Schwächen eingestuft werden. Nicht relevante Parameter werden nicht in die Analyse aufgenommen.

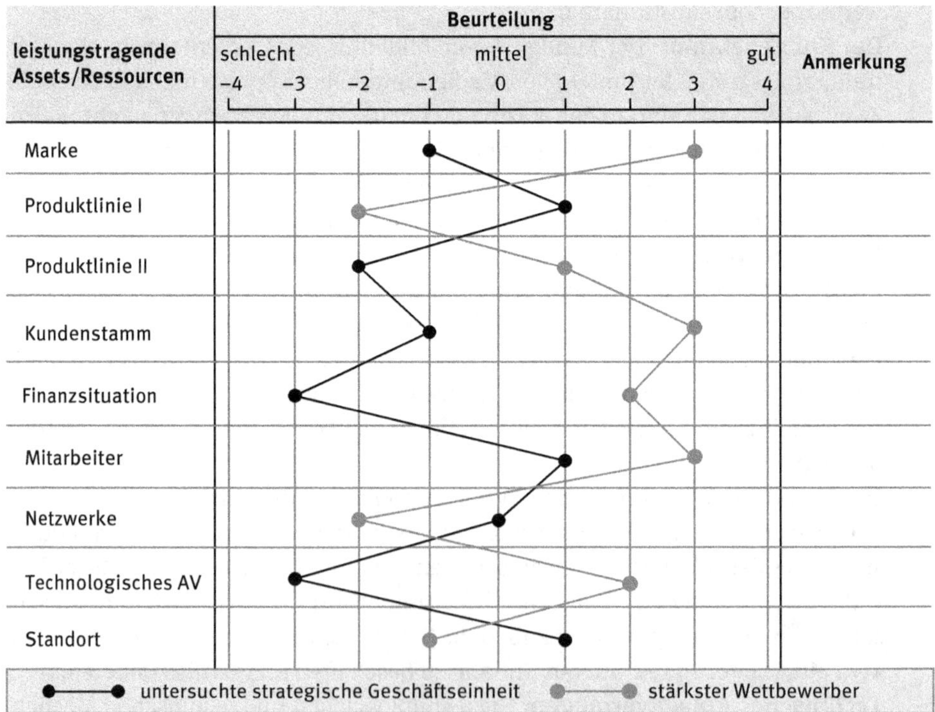

Abb. 11.12: Ressourcenprofil der Stärken und Schwächen (Beispiel Medienunternehmen)

Frage zu Kapitel 11.3.5 ?

Erläutern Sie, welche Assets zu den einschlägigen in Medienunternehmen zählen. Begründen Sie Ihre Einschätzung.

11.3.6 Die VRIO-Analyse zur Identifikation unternehmerischer Kernkompetenzen

Die VRIO-Analyse dient der Untersuchung der Kompetenzen eines Unternehmens und ist ein Ergebnis des ressourcenbasierten Ansatzes, der der marktbasierten Sicht auf eine Organisation, die von Porter in den 1990er-Jahren vorangetrieben wurde, entgegensteht.

Allgemein ist eine Unternehmenskompetenz die Fähigkeit, die materiellen und immateriellen Assets des Unternehmens zu verkaufsfähigen Leistungen zu kombinieren. Da Kompetenzen unterschiedlich wettbewerbs- und kundenrelevant sind, versucht die VRIO-Analyse die Kompetenzen zu identifizieren, die ausschlaggebend für den Unternehmenserfolg sind. Solche Kompetenzen werden Kernkompetenzen (Core Competences) genannt.

VRIO steht als Akronym für die betrachteten Dimensionen:
- **Value** (Wert bzw. Nutzen),
- **Rarity** (Seltenheit),
- **Inimitability** (Nichtnachahmbarkeit) und
- **Organisation** (Eignung der Aufbau- und Prozessorganisation).

Es gibt verschiedene Ansätze der VRIO-Analyse; je nachdem, ob die Wettbewerbssicht oder die Kundensicht in den Fokus der Fragestellungen gerückt wird. Werden die von Kotler und Biemel (2009: 102) herausgearbeiteten Wettbewerbsauswirkungen und die von Krüger und Homp (vgl. 1997) fokussierte Kundensicht miteinander kombiniert, zeigen sich final sogar fünf Merkmale, die Kernkompetenzen auszeichnen:
1. **Kundenrelevanz**: Sie leistet einen signifikanten Beitrag zum Kundennutzen.
   Kundenrelevant ist eine Kompetenz dann, wenn sie zum vom Kunden wahrgenommenen Nutzen des Endproduktes deutlich beiträgt; den Wert der Leistung mitdefiniert.
   Publikumsbegeisternd singen zu können, wenn der Kunde programmiertechnische Leistungen verlangt, wäre ein Beispiel für eine Kompetenz, die nicht kundenrelevant ist. Der Kunde, der ein Softwareproblem hat, würde das Singen sicherlich nicht bezahlen wollen.
2. **Universalität**: Sie stellt ein Potenzial dar, das übertragbar ist.
   Universell ist eine Kompetenz dann, wenn die besondere Fähigkeit auf unterschiedliche Produktanwendungen oder Märkte übertragen werden kann.

Wenn ein Team gut zusammenarbeitet und zeitnah Lösungen anbietet, wird die Problemstellung zweitrangig. Einem funktionierenden Autorenteam ist das Sujet einer Serie weitgehend egal.

3. **Nichtnachahmbarkeit**: Sie ist von Wettbewerbern nicht leicht nachzuahmen oder zu substituieren.
   Nicht einfach nachzuahmen ist eine Kompetenz dann, wenn es dem Wettbewerber nicht möglich ist, die Fähigkeit des Konkurrenten zu imitieren. Nicht leicht zu substituieren ist sie, wenn sie nicht leicht durch Alternativangebote ersetzt werden kann.
   Wenn eine Agentur sehr kreative Konzepte erarbeitet und ein besonderes Verständnis für bestimmte Problemstellungen und deren kommunikative Lösungen hat, dann fällt es nicht leicht, die Dienstleistung nachzuahmen oder das Dienstleistungsniveau durch Alternativangebote zu ersetzen.
4. **Beständigkeit**: Sie sichert dauerhaft Wettbewerbsvorteile.
   Dauerhaft ist eine Kompetenz dann, wenn sie nicht nur sporadisch oder zufällig auftritt, sondern wiederholt und gezielt eingesetzt werden kann.
   Wenn ein Unternehmen oder ein Mitarbeiter eine Marktleistung erbringt, die von Kunden begeistert angenommen wird, das Unternehmen diese Leistung aber nicht wiederholen kann, wäre kein langfristiger Erfolg zu erwarten. In der Musik sprechen die Fachleute vom One-Hit-Wonder.
5. **Institutionalität**: Sie ist organisational verankert.
   Institutionell verankert ist eine Fähigkeit dann, wenn nicht nur ein einzelner Mitarbeiter etwas zu leisten imstande ist, sondern dass die Leistung zu erbringen dem Unternehmen auch möglich ist, wenn dieser Mitarbeiter nicht eingreift.
   Wenn eine TV-Produktionsgesellschaft spannende Filme produziert, kann es durchaus sein, dass die Qualität der Filme hauptsächlich auf die Regieleistung zurückzuführen ist. In diesem Fall hat nicht die Gesellschaft die Kompetenz, tolle Filme zu produzieren, sondern der Regisseur. Wandert der Regisseur ab, verliert die Gesellschaft diese Fähigkeit.

Diese vier Merkmale werden hier als konstituierend für eine Kernkompetenz angenommen. Fehlt eine dieser Eigenschaften, handelt es sich möglicherweise um eine temporäre Fähigkeit, nicht aber um eine Kernkompetenz. Zu beachten ist, dass eine (Kern-)Kompetenz niemals ein Produkt oder Dienstleistung ist, sondern zu Produkten und Dienstleistungen führt. Sie können auch Bestandteil dieser Leistungen sein. In jedem Fall führen sie zu einem Vorteil, der bei Kunden Zahlungsbereitschaft generiert.

Auch das Beherrschen von zentralen Herstellungsprozessen in der Wertschöpfung und das Beherrschen der die Kernprozesse unterstützenden Prozesse können zu den Kernkompetenzen gezählt werden; ebenso, wie das Beherrschen der prozessbezogenen Managementaufgaben.

Die Kompetenz-Analyse als Pendant zur Ressourcenanalyse hat zwei grundsätzliche Aufgaben: Die Identifikation von Kernkompetenzen und die Bewertung der Kernkompetenzen hinsichtlich der Marktrelevanz. Das heißt, während die Ressourcen-Analyse untersucht, was ein Unternehmen hat, hinterfragt die Kompetenz-Analyse, was ein Unternehmen kann; mit welchen Fähigkeiten ein Unternehmen ausgestattet ist.

Die Kompetenz-Analyse ist um Einiges schwieriger durchzuführen als die Ressourcen-Analyse. Denn die Identifikation erfolgstreibender Fähigkeiten ist nicht zwingend einfach, da sie nicht immer offensichtlich sind.

Wichtige und für ein Medienunternehmen typische **Kernkompetenzen** sind vor allem (vgl. Wirtz 2016: 87 f.):

- **Inhaltebeschaffung**: Inhalte beschaffen zu können, gilt dann als Kernkompetenz für Medienunternehmen, wenn es das Unternehmen beherrscht, benötigte Inputfaktoren nachhaltig in der geeigneten Menge und Qualität zu finden. Diese Kompetenz schließt Kontakte zu den Quellen und Autoren ein. Auch die Recherchequalität gehört in diesen Bereich.
- **Entwicklung und Kreation**: Die Kompetenz, Inhalte zielgruppenorientiert herstellen zu können, bildet die zweite Basis für eine erfolgreiche Medienarbeit. Diese Kompetenz schließt die autorenschaftliche, redaktionelle, unterhaltende und künstlerische Entwicklung und Aufbereitung (Veredelung) von Themen sowie die frühzeitige Erkennung von aktueller Relevanz und Trends ein. Diese Kompetenz schließt ein gutes Wissensmanagement und funktionierende organisationsspezifische Routinen ein.

  Die Kompetenz, Produkte erfolgversprechend zu entwickeln, umfasst die Fähigkeit ein ausgewogenes Produktportfolio zu schaffen, dessen Marktattraktivität so hoch ist, dass stetige Umsatzströme aufrechterhalten werden können und alle Aufwendungen refinanziert werden.
- **Absatzförderung**: Die Kompetenz zur Absatzförderung (Werbung, PR) umfasst die Fähigkeit, öffentlichkeitswirksam Aufmerksamkeit für die Produkte zu generieren, sodass vorteilhafte Marktpositionen erreicht bzw. verteidigt werden können. Besonders wichtig ist diese Kompetenz für Medienunternehmen, die nichtserielle Leistungen vermarkten. Dazu gehören Filme, Games, Musik und Bücher.
- **Crossmediale Verwertung**: Die Kompetenz, Inhalte crossmedial verwerten zu können, stellt die Fähigkeit dar, die medial getragenen Leistungen zielgruppen- und kanalspezifisch angepasst zu vermarkten. Sie schließt eng an die technologischen Fähigkeiten des Unternehmens an, da es nicht nur um eine identische Mehrfachverwertung geht.
- **Technologie-Know-how**: Die Technologiekompetenz umfasst die Fähigkeit, Medieninhalte mittels moderner Informations- und Kommunikationstechnologien prozessoptimiert erstellen und vertreiben zu können. Das Ergebnis der technologischen Fähigkeit liegt vor allem in der Generierung von Effizienz- und Kostenvorteilen, während die übrigen Kompetenzen eher erlösorientiert wirken.

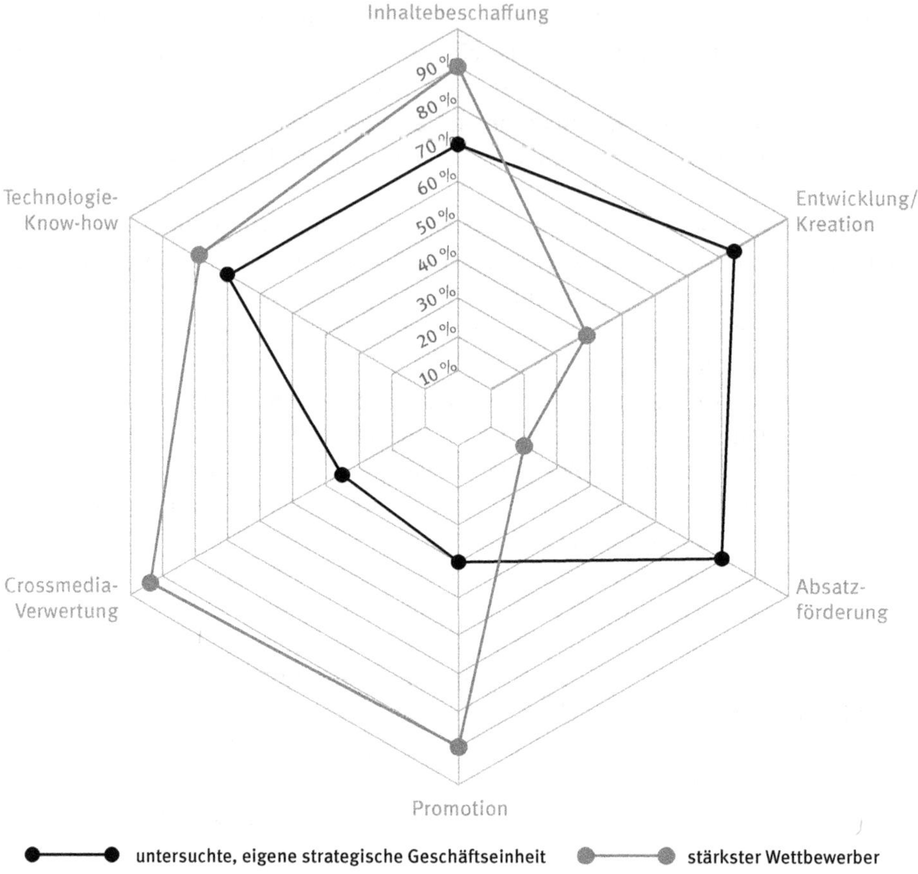

Abb. 11.13: Kompetenzenprofil der Stärken und Schwächen (Beispiel Medienunternehmen)

Auch die Kernkompetenzen können in Form eines Linienprofils abgebildet werden. Eine Alternative bilden Netzwerkgrafiken, die ebenfalls hervorragend geeignet sind, Ausprägungen von Indikatoren vergleichend zu visualisieren. Das entstehende Polygon kann mit so viel Ecken ausgestattet werden, wie es Parameter gibt, die dargestellt werden sollen (vgl. Abb. 11.13).

Immer wenn Parameter positiv ausfallen, handelt es sich um Stärken; andernfalls um Schwächen. Projektneutrale Faktoren können vernachlässigt werden.

?

Frage zu Kapitel 11.3.6

Erläutern Sie, welche unternehmerischen Kernkompetenzen für ein Medienunternehmen entscheidend sind.

11.3.7 Die SWOT-Analyse als strategische Entscheidungsgrundlage

Ausgangspunkt des strategischen Planungsprozesses bilden interne Unternehmens- und externe Umweltanalysen, mit denen Stärken und Schwächen der Unternehmung und ihrer Konkurrenten sowie die strategisch bedeutenden Zustände und Veränderungen der Umwelt im Sinne von Chancen und Gefahren erfasst werden. Auf Basis dieser Erkenntnisse kann geprüft werden, ob das Unternehmen seine gesetzten Ziele mit einem geplanten Vorhaben erreichen kann. Gerade wegen dieser hohen Praxisrelevanz, sollen die Werkzeuge der SWOT-Analyse im Folgenden einzeln vorgestellt werden.

Der SWOT-basierte Analyseprozess erfolgt in sechs Schritten:
1. Strategische Zielformulierung
2. Bestimmung des relevanten Marktes
3. Chancen-Risiken- und Stärken-Schwächen-Analyse
4. Ergebnisauswertung
5. Definition der Problemstellung
6. Formulierung von Handlungsempfehlungen

Zunächst ist also ein Ziel (ein Vorhaben) zu definieren. Ein solches **Ziel** kann beispielsweise die Markteinführung eines neuen Produktes sein, die Erweiterung des Absatzmarktes oder der Ausbau des Unternehmens etc. Zeigt das Ergebnis der Analyse vorteilhafte Bedingungen, wird also durch die Untersuchung eine strategische Lücke sichtbar, die durch das Unternehmen besetzt werden kann (vgl. Schierenbeck und Wöhle 2016: 151), sind Strategien zu entwickeln, dies zu tun. Offenbart die Analyse keine solche freie Position oder Bedingungen, die eher als hinderlich einzuordnen sind, ist das Ziel zu ändern bzw. das Vorhaben aufzugeben.

Ausschlaggebend für solche strategischen Entscheidungen sind die Umwelt- und Marktbedingungen, auf die das Unternehmen keinen Einfluss hat sowie die eigenen Kernkompetenzen und Ressourcen, die dem Unternehmen zur Verfügung stehen. Die Bestimmung der Schlüsselgrößen und die sorgfältige Analyse dieser Einflussfaktoren bildet den Ausgangspunkt der Planung. Allerdings werden nur die Variablen untersucht, die Einfluss auf das Vorhaben haben, also relevant sind. Instrumental greift hier die **Bestimmung des relevanten Marktes** (vgl. Kapitel 11.3.2).

Um entscheiden zu können, ob Relevanz vorliegt, muss das globale Ziel vorliegen. Anhand dieses Ziels kann die Bedeutung und das Gewicht des jeweiligen Einflussfaktors bewertet werden (vgl. Meffert et al. 2015: 220).

Das Instrument, das der Durchführbarkeitsanalyse dient, wird SWOT-Analyse genannt. Der Begriff ist ein Akronym und steht für: S = Strengths, W = Weaknesses, O = Opportunities, T = Threats. Stärken und Schwächen werden im unternehmensinternen Bereich untersucht; Chancen und Risiken im Bereich der Umweltbedingungen außerhalb des Unternehmens. Wichtig dabei ist die Erkenntnis, dass das Management auf die internen Konditionen Einfluss hat, aber auf die externen hingegen nicht.

strategische Zielformulierung	
Bestimmung des relevanten Marktes	
Untersuchung der externen Bedingungen	Untersuchung der internen Bedingungen
Chancen-Risiken-Analyse – PESTEL-Analyse (Analyse des Makroumfeldes)	**Stärken-Schwächen-Analyse** – Ressourcen-Analyse (Analyse der Core-Assets)
– Five-Forces-Analyse (Analyse des Mikroumfeldes)	– VRIO-Analyse (Analyse der Kernkompetenzen)
(qualitative oder quantitative) Ergebnisauswertung	
Definition der Problemstellung	
Formulierung der Handlungsempfehlung	

Abb. 11.14: Struktur-Schema der SWOT-Analyse

Wird die SWOT-Analyse als Werkzeugkasten interpretiert, dann beinhaltet dieser zwei Instrumente für die Untersuchungen des externen Umfelds und zwei Instrumente für die der internen Bedingungen (vgl. Abb. 11.14). Die einzelnen Instrumente sind in den Kapiteln 11.3.2 bis 11.3.6 vorgestellt worden.

Sind die **Chancen und Risiken** bzw. die **Stärken und Schwächen** identifiziert, werden die Ergebnisse zusammengetragen und gegeneinander aufgewogen. Dies geschieht auf qualitative Art oder mit konkreten Messzahlen ausgestattet, auf quantitative Art. Die qualitative Methode schlägt sich in einer SWOT-Matrix und einer daraus resultierenden TOWS-Matrix nieder.

Beispiel (Die qualitative SWOT-Auswertung). Angenommen ein regionaler Zeitungsverlag untersucht seine Möglichkeiten, den eigenen Content auch online anzubieten, um damit Reichweitenverluste auszugleichen und ggfs. zusätzliche Einnahmen zu generieren. Die SWOT-Analyse könnte zu dem Ergebnis kommen, das in Tab. 11.21 dargestellt ist (vgl. in Anlehnung an Friedrichsen, Grüblbauer und Haric 2015: 63).

Die gesammelten Kriterien werden abschließend in der sogenannten TOWS-Matrix thematisch passend gegenübergestellt (vgl. Tab. 11.22), um abwägen zu können, ob die identifizierten Bedingungen eher hinderlich oder förderlich für das eigene Vorhaben sind.

Während die SWOT-Matrix zunächst lediglich die Stärken und Schwächen bzw. die Chancen und Risiken zusammenstellt, vereinigt die TOWS-Matrix die vier Zielfelder in einer logisch zugeordneten Matrixdarstellung. Nun können die einschlägigen Stärken den Chancen und Risiken und ebenso die Schwächen den Chancen und Risiken gegenübergestellt werden. Es entsteht eine übersichtliche Darstellung der aktuellen Bedingungen. Ohne diese Zusammenführung würde die SWOT-Analyse nicht allzu viel Sinn machen. Das Unternehmen wüsste dann zwar, welche Stärken, Schwächen, Chancen und Risiken existieren, aber nicht, welche Bedeutung sie für das Vorhaben des Unternehmens haben.

Tab. 11.21: SWOT-Matrix (regionaler Zeitungsverlag)

Stärken	Schwächen
– lange Erfahrung in der Zeitungsbranche – hohe lokale Bekanntheit – hohe Kundenbindung (Abos) – Kenntnis des lokalen Geschäftslebens – lokale Berichterstattung – ...	– lange Entscheidungswege – mangelhafte Kompetenz im Umfeld von Technologie und neuen Trends – Managementkapazitäten – Zusammenarbeit der Redaktionsbüros – ...
Chancen	**Risiken**
– mobile Datenübertragungsmöglichkeiten – überdurchschnittliches HH-Einkommen in der Region – beliebtes lokales Anzeigenmedium – verändertes Mediennutzungsverhalten – stabile junge Zielgruppe – ...	– verändertes Nutzungsverhalten – wirtschaftliche Entwicklung – Interessensverlust bei jungen Menschen – mangelnde Bereitschaft für Content zu zahlen – zunehmender wirtsch. Druck in der Branche – ...

Tab. 11.22: TOWS-Matrix (Ausschnitt, Beispiel)

beeinflussbare Faktoren / **nicht beeinflussbare Faktoren**	Stärken	Schwächen
Chancen	Kenntnis des lokalen Geschäftslebens beliebtes Anzeigemedium	mangelhafte Kompetenz mobile Datenübertragungsmöglichkeiten
Risiken	hohe Bekanntheit hohe Wettbewerbsintensität	gute Koordination der Redaktionen zunehmender wirtschaftlicher Druck

Die quantitative SWOT-Auswertung

Die wesentlich aufwendigere, aber auch professionellere und aussagekräftigere Variante der SWOT-Analyse, die quantitative, arbeitet Elemente der Nutzwertanalyse (vgl. Kapitel 11.2.3) in das SWOT-Konzept ein und quantifiziert die positive oder negative Einflussstärke einzelner Paramater.

Innerhalb der quantifizierten SWOT-Analyse werden zwei separate Nutzwertanalysen angefertigt. In der einen Analyse werden die Stärken und Schwächen aufgeführt und bewertet; in der anderen die Chancen und Risiken. Die Bewertung erfolgt durch ein Kompetenzteam. Dieses Team stellt zunächst die Kriterien zusammen, die am relevantesten sind und bewertet sie dann im Einzelnen hinsichtlich ihrer Bedeutung. Je nach Bedeutung wird dem Faktor ein Gewicht zugesprochen. Ist das Gewicht zugewiesen, wird geschaut, welche Ausprägung der Faktor in der Unternehmens- oder Marktrealität hat. Im Anschluss werden die Werte des Gewichts und der Ausprägung zu einem Gesamtwert multipliziert. Die einzelnen Gesamtwerte je Kriterium werden addiert und durch die Anzahl der Kriterien zu einem Durchschnittswert geteilt (eine detaillierte Darstellung der Nutzwertanalyse liefert Kapitel 11.2.3).

Die Ergebnisse der beiden Analysen werden abschließend in eine Positionierungsmatrix eingetragen. Dadurch ergibt sich eine spezifische Handlungsempfehlung, die das Management nutzen kann. Das Verfahren soll an folgendem Beispiel erläutert werden.

Beispiel (Die quantitative SWOT-Auswertung). Angenommen ein Zeitungsverlag überlegt, ob er sein klassisches Produktportfolio um eine weitere Dienstleistung – bislang nur sporadisch angeboten – fest erweitern sollte. Diese Dienstleistung versorgt den Leser mit Serviceleistungen über eine „mobile App" und könnte als neue strategische Geschäftsfeldeinheit (SGE) ins Unternehmen implementiert werden.

Das Kompetenzteam des Verlages analysiert mithilfe der PEST- und Five-Forces-Analyse die Marktbedingungen. Es werden acht Parameter gefunden, die relevant für die Entscheidung sind. Diese Parameter werden hinsichtlich ihrer Bedeutung, hinderlich oder förderlich zu sein, gewichtet. Abschließend wird auf einer Skala von −3 bis +3 bewertet, wie hinderlich oder förderlich die vorgefundenen Ausprägungen tatsächlich sind. Damit kann berechnet werden, wie attraktiv der Markt ist. Das gleiche Verfahren wird noch einmal für die internen Unternehmensbedingungen durchgeführt. Das Ergebnis dieser Bemühungen ist den folgenden Darstellungen zu entnehmen.

Die quantitative Auswertung (vgl. Abb. 11.15) zeigt zwei Durchschnittswerte: einen für die Marktattraktivität und einen für die Unternehmensfähigkeiten, die für die neue SGE notwendig wäre. Um nun eine Handlungsempfehlung für die Geschäftsleitung sichtbar zu machen, wären diese Werte noch in eine Positionierungsmatrix zu übertragen. Dies geschieht wie folgt:

Um ein auch optisch korrektes Bild von der Positionierung des Vorhabens zu bekommen, muss darauf geachtet werden, dass auch die Skalierung der Achsen logisch korrekt ist. Ist dies nicht der Fall, wäre nicht sichtbar, wie weit der Positionierungspunkt in dem jeweiligen Quadranten verortet ist. Die in Abb. 11.16 zugrunde gelegte Skalierung von |1| bis |12| geht von der maximalen Punktzahl aus, die im positiven wie im negativen Bereich erreicht werden kann: Also die Summe der Produkte aus Gewichtung (1–7) multipliziert mit dem Betrag der maximal möglichen Bewertungspunktzahl (|3|) geteilt durch die Anzahl der Parameter (x):

$$\frac{\sum_{1}^{n}(G_i \cdot |A_{i\,max}|)}{x}$$

SGE: App — externe Analyse

Beurteilungskriterien	Gewichtungsfaktor (1–7)*	Risiken −3	Risiken −2	Risiken −1	Chancen 1	Chancen 2	Chancen 3	Wert
Marktgröße	4						x	12
jährliche Wachstumsrate	2			x				−2
Gewinnspanne in der Branche	5				x			5
technologische Erfordernisse	6		x					−12
soziokulturelle Faktoren	1					x		2
Mediennutzungsverhalten	7						x	21
Substitutionsfähigkeit	3	x						−9
							Summe	17
							Positionswert **	2,43

SGE: App — interne Analyse

Beurteilungskriterien	Gewichtungsfaktor (1–7)*	Schwächen −3	Schwächen −2	Schwächen −1	Stärken 1	Stärken 2	Stärken 3	Wert
Markenimage	7						x	21
Produktqualität	5		x					−10
relativer Marktanteil	1			x				−1
Distributionsnetzwerk	6				x			6
Stückkosten	4					x		8
Mitarbeiterqualität	3				x			3
Ausbaufähigkeit	2					x		4
							Summe	31
							Positionswert **	4,43

* = Jeder Gewichtungsfaktor sollte nur einmal vergeben werden, um eine deutliche Auseinandersetzung des Core-Teams mit der Bedeutung der Kriterien zu erzwingen.
**= Wertsumme/Anzahl der Kriterien

Die Summe der Gewichtungsfaktoren kann auch auf 1 (= 100 %) normiert werden. Jedem Kriterium werden dann seiner Bedeutung entsprechend prozentuale Gewichtungsanteile zugewiesen. In diesem Fall gilt: Wertesumme = Positionswert.

Abb. 11.15: SWOT-Analyse (quantitative Auswertung, Beispiel)

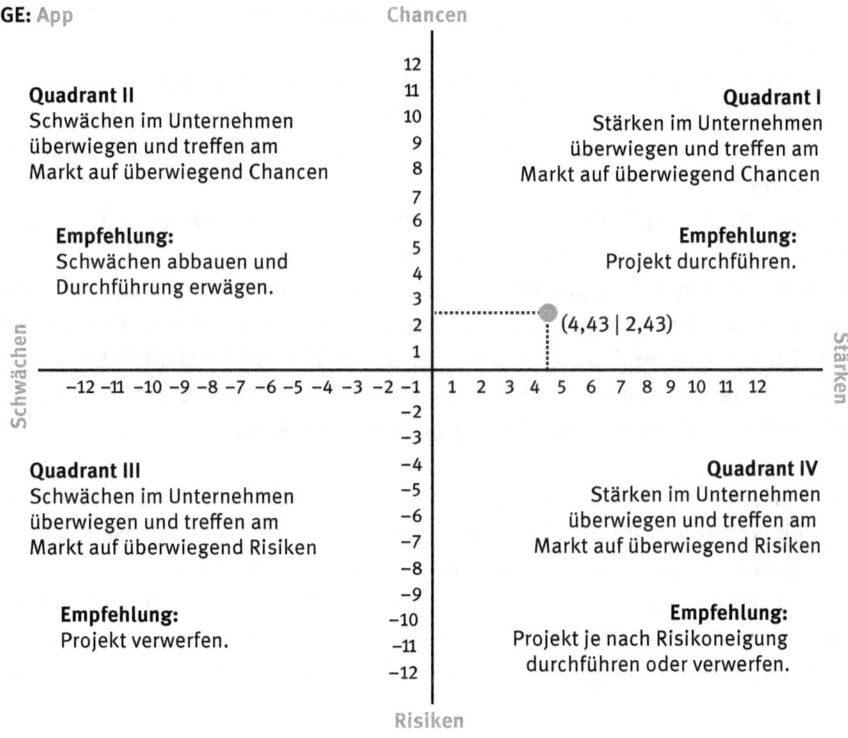

Abb. 11.16: SWOT-Analyse (Ergebnis-Positionierung)

In diesem Beispiel wäre das konkret:

$$\frac{7 \cdot |3| + 6 \cdot |3| + 5 \cdot |3| + 4 \cdot |3| + 3 \cdot |3| + 2 \cdot |3| + 1 \cdot |3|}{7} = \left|\frac{84}{7}\right| = |12|$$

Einen höheren Wert als 12 oder −12 kann das Projekt nicht erreichen; selbst dann nicht, wenn allen Faktoren der Höchstwert 3 oder −3 zugeordnet würde. Dürften bei der Gewichtung – anders als hier im Beispiel – auch Werte mehrfach vergeben werden, so wäre der Höchstwert entsprechend höher. Es könnten ja (unsinnigerweise) für jedes der Kriterien die höchste Wichtigkeit (z. B. 7) angenommen werden. Die Skala würde dann bis auf den Wert |21| auszuweiten sein (7 · (7 · |3|/7).[8]

Ist die Analyse ausgewertet, kommt es zur Definition der konkreten und auf das Vorhaben zugespitzten **Problemstellung**. Mithilfe dieser Problemstellung soll allen Beteiligten klar und deutlich vor Augen geführt werden, welcher Herausforderung das Unternehmen gegenübersteht.

Beispiele zur Formulierung von zentralen Problemstellungen

1. Ein Zeitschriftenverlag stellt fest, dass der Absatz sinkt. Der Hauptwettbewerber gewinnt jedoch Marktanteile durch eine massive Werbeoffensive. Marktanalysen haben gezeigt, dass das Image der eigenen Marke vielen Kunden nicht mehr attraktiv erscheint.
   Die Problemstellung fordert eine Verbesserung des Markenimages.
2. Eine kleinere, alteingesessene Kreativagentur in einem Ballungsgebiet verliert nicht nur Kunden an ortsansässige Großagenturen, sondern auch ihre fähigsten Mitarbeiter.
   Die Problemstellung fordert ein engagiertes und kundenorientiertes Teambuilding sowie die Rückgewinnung abgewanderter Kunden.
3. Ein Verlag, der schon in fast allen Bereichen der Print- und Online-Produktion aktiv ist, will über Synergieeffekte wachsen, ohne die Kostenstrukturen deutlich zu verändern. Die Problemstellung fordert eine Erhöhung der Mehrfachwertungsquote des eigenen Contents, die möglicherweise durch die Ausweitung der Geschäftsfelder auf das TV-Geschäft umgesetzt werden kann.

Sind die Daten analysiert und die Problemstellung erkannt, wäre die Entscheidungsunsicherheit soweit es geht abgebaut. Nun können konkrete Handlungsempfehlungen ausgesprochen werden. Die SWOT-Analyse wäre damit beendet.

Planung, Bewertung der Ist-Situation und Entscheidung gehen also fließend ineinander über. Dies hat die Darstellung insbesondere der SWOT-Analyse (als wahrscheinlich wichtigstes strategisches Planungstool in der betrieblichen Praxis) deut-

8 Ein Beispiel, das mit einer Bewertungslogik arbeitet, die die Gesamtgewichtung auf 100 Prozent normiert, ist in Kapitel 11.2.3 beschrieben.

lich gezeigt. Die Entscheidung ist immer an eine Kosten-Nutzen-Betrachtung geknüpft. Solche Betrachtungen sind auch schon aus der Berechnung der Break-Even-Punkte und Funktionsverlaufsanalysen bekannt (vgl. beispw. Kapitel 10.6.) Allgemein gilt: der Nutzen soll die Aufwendungen übertreffen. Doch die Bedingungen, die den Nutzen definieren, können höchst differenziert und vielschichtig zusammengesetzt sein. Deswegen sind nicht immer eindimensionale Betrachtungen und Bewertungen (z. B. in Geldeinheiten) möglich. Dann helfen die vorgestellten mehrdimensionalen Verfahren weiter.

Fragen zu Kapitel 11.3.7

?

1. Erläutern Sie das Ziel, den Zweck und den Aufbau einer SWOT-Analyse.
2. Erläutern Sie, worin der Unterschied zwischen einer qualitativen und einer quantitativen SWOT-Analyse hinsichtlich der Durchführung und Aussagekraft liegt.
3. Welches Verfahren würden Sie in welchen Situationen vorziehen? Begründen Sie ihre Entscheidung mit Rückgriff auf die Faktoren Aussagekraft und Aufwand.

Teil IV: **Ergebnisse strategischer Entscheidungsprozesse**

12 Welche Strategien verfolgt das Medienmanagement?

Den Anfang des Analyseprozesses bildet eine in der Regel noch weitgehend vage Zielformulierung. Möglicherweise soll ein neuer Standort aufgebaut, das Unternehmen umstrukturiert, ein neues Produkt auf dem Markt gebracht oder ein neues Verkaufsgebiet aufgebaut werden. Das Ergebnis der Ist-Analyse klärt die aktuelle Situation und zeigt dem Management, welche Stärken und Schwächen im Unternehmen existieren, aber auch welche Chancen und Risiken das Unternehmensumfeld bereithält. Liegen die Ergebnisse vor, weiß das Management, welche Bedingungen förderlich und welche hinderlich für ein Vorhaben, d. h. die Zielverfolgung sind. Dieser Zeitpunkt bzw. Wissensstand bildet den Anfang der Strategieformulierung. Es geht um die zentrale Fragestellung, wie die Erfolgspotenziale eines Unternehmens entwickelt und gesichert werden können.

Den Charakter, die Aussage und die Unterschiede des Strategie-, Taktik- und Operationsbegriffs hat schon Kapitel 1.4.3 geklärt. Die folgenden Ausführungen werden sich ausschließlich mit strategischen Optionen eines Medienunternehmens beschäftigen. Als strategisches Management soll hier die Hierarchiestufe in der Managementverantwortung verstanden werden, auf der ausschließlich konstitutive Entscheidungen getroffen werden. Personen oder Gremien, die hier angesiedelt sind, sind der Vorstand bzw. die Unternehmensführung (inkl. Chefredaktion, Programmdirektion sowie die Topvertreter aus den Bereichen Marketing, Finanzen und Personal etc.). Damit grenzt sich dieser Verantwortungsbereich ab vom mittleren Management (Verwaltungs-, Produktions-, Betriebs- und Ressortleiter etc.) und vom unteren Management (Teamleiter, Meister etc.). Die Zuordnung soll aber nur als Modell fungieren, da die konkrete Zuordnung von Funktionsträgern und Hierarchiestufe unternehmensindividuell geregelt ist.

Im Verantwortungsbereich des Top-Managements liegt es, die zukünftigen Herausforderungen des Marktes frühzeitig zu erkennen und zu ergebnisorientiert zu antizipieren. Diese Ergebnisorientierung kann quantifiziert operationalisiert, aber auch qualitativ formuliert werden. Quantifiziert ist die Ergebnisorientierung, wenn sie in Form von Gewinnen, Deckungsbeiträgen und Investitionen etc. ausgedrückt wird. Ist die Ergebnisorientierung lediglich qualitativ formuliert, heißen die Vorgaben beispielsweise Sicherung des Bestands, Chancen mehren und Risiken mindern, die Wettbewerbsposition sichern oder ausbauen und Erfolgspotenziale stärken oder neu aufbauen (vgl. Wöhe 2016: 81). Beide Ergebnisorientierungen sind legitime Anforderungen an das strategische Management.

Dabei geht das klassische Strategieverständnis davon aus, dass es sich in einer Strategie um ein rational geplantes Maßnahmenbündel handelt, das aus den fundamentalen Unternehmenszielen abgeleitet wird. Das jüngere Verständnis unterstellt, dass Strategien aufgrund der zunehmenden Dynamisierung der Umweltbedingungen

https://doi.org/10.1515/9783110519587-012

nicht mehr wirklich als Planungsergebnis eines rationalen Ziel-Mittel-Denkens interpretiert werden können. Strategien werden hier eher als konsistente und stringente Handlungsmuster gesehen. Es folgt heute immer häufiger die Strategie aus dem Handeln und immer weniger häufig das Handeln aus der Strategie. Damit nicht Chaos, sondern Strategie aus Handeln entsteht, muss das Handeln im Nachhinein als konsistente Gesamtheit an Aktivitäten erkennbar sein. (Vgl. Macharzina und Wolf 2008: 253 f.)

Beispiel (Maßnahmen folgen Strategien). Die heutige Axel Springer SE verfolgt seit den 1990er-Jahren des vergangenen Jahrhunderts die Strategie, auch in den Rundfunkmarkt einzusteigen. Das ursprüngliche Kerngeschäft lag im Verlagswesen und im Rollenoffsetdruck von Tageszeitungen und Zeitschriften. Der Konzern sah insbesondere im TV-Bereich lukrative Verbundeffekte im Zusammenhang mit dem Verlagswesen. Springer erwarb Anteile an zwei TV-Produktionsgesellschaften und den Lokalsender Hamburg 1. 2005 versuchte Springer die ProSiebenSat.1 Media AG zu übernehmen. Das wurde durch das Bundeskartellamt verboten, weil unter anderem nach Ansicht der Kommission zur Ermittlung des Konzentrationsgrades (KEK) ein Meinungsmonopol entstünde, wenn die Bildzeitung und ProSiebenSat.1 in einer Hand lägen. Daraufhin kam es zu einem Strategiewechsel. Springer wendete sich verstärkt der Online-Welt zu. So erwarb der Konzern in den letzten Jahren zahlreiche Beteiligungen an Online-Diensten (darunter u. a. so namhafte Portale wie Immowelt oder StepStone). Zunehmend stellt sich das Unternehmen auf den Online-Journalismus und die neuen Medien im Allgemeinen ein, indem sie bezahlungspflichtige Inhalte im Internet und für das Handy anbietet. Doch bei aller medialer Zukunftssicherung ist der Einstieg in die TV-Landschaft bis heute nicht aus dem Zielekanon des Konzerns verschwunden. Ganz im Gegenteil, Springer übernahm 2015 den Fernsehsender N24. Dieser Nachrichtensender soll 2018 unter das Markendach *Welt* gestellt werden. Insgesamt zeigt sich der Springer-Konzern als ein Medienhaus, das sehr stringent nach strategischen Vorgaben geführt wird. *Beabsichtigte* und *realisierte Strategien* (vgl. Mintzberg 1978: 945 f.) bauen aufeinander auf.

Beispiel (Strategien, geboren aus Maßnahmen). Angenommen, eine journalistisch ausgerichtete TV-Produktionsgesellschaft wird von einem Interessenten darauf hin angesprochen, ob sie für ihn einen Imagefilm produzieren möchte. Das Angebot ist verlockend, passt aber nicht in das Konzept der auf Neutralität ausgerichteten Reputation der Gesellschaft. Um das Angebot nicht ablehnen zu müssen, aber auch die Reputation nicht zu beschädigen, gründen die Gesellschafter der TV-Produktionsgesellschaft eine Werbefilm GmbH. Das Geschäft läuft gut an. Beide Gesellschaften wachsen. Nunmehr sind Kunden zunehmend daran interessiert, Bewegtbilder, Animationen und anderen Content auch online zu verwenden. Andererseits erwarten auch die TV-Veranstalter immer häufiger computeranimierte Umsetzungen in den journalistischen Dokumentationen und Fernsehfeatures. Daraufhin beteiligen sich beide Gesellschaften an einer entsprechenden Online-Agentur. Schlussendlich entsteht ein kleines Konglomerat einschlägig tätiger Medienunternehmen, das eigenständig und abgestimmt Verbundeffekte nutzt, um im jeweiligen Kerngeschäft erfolgreich zu arbeiten. In einem solchen Fall könnte eher von einer *unbeabsichtigten Strategie* (vgl. Mintzberg 1978: 945 f.) gesprochen werden, die der Logik eines Bündels erfolgreicher und konsistenter Einzelmaßnahmen folgte.

Unter Würdigung dieser Verschiedenheiten wurde daher von Mintzberg und McHugh (vgl. 1985: 161) ein umfassender Strategiebegriff vorgeschlagen, „in dem Strategie als Grundmuster im Strom der Entscheidungen oder Aktivitäten eines Unternehmens aufgefasst wird“ (Macharzina und Wolf 2008: 254).

Merke: !

Strategien sind Grundmuster, die eine Folge konsistenter Unternehmensaktivitäten auslösen und/oder aus der Folge konsistenter Unternehmensentscheidungen und Unternehmensaktivitäten entstehen. Dementsprechend gibt es nicht nur realisierte und nicht-realisierte Strategien, sondern auch beabsichtigte und unbeabsichtigte. Die Grundmuster (Strategien) werden im Zeitstrom sichtbar.

12.1 Strategische Grundhaltungen im Management

Wenn, wie hier unterstellt, Strategien nichts unumstößlich Festgeschriebenes, sondern Grundmuster im Entscheidungsverhalten nebst resultierender Unternehmensaktivitäten sind, ist es folgerichtet, auch davon auszugehen, dass es strategische Grundhaltungen (vgl. Miles und Snow 1978: 28 ff.) im Unternehmen oder in Personen gibt, die Entscheidungen formal prägen oder vorbestimmen.

Merke: !

Strategische Grundhaltungen sind die hinter den einzelnen Unternehmensausrichtungen liegenden Einstellungen und Dispositionen und prägen die Unternehmens-, die Geschäftsfeld- und die Funktionsstrategien einer Organisation entscheidend und nachhaltig.

Strategische Grundmuster wirken als stabilisierendes Korsett des Entscheidungsverhaltens von Managern, geben Sicherheit, behindern aber auch Neues (vgl. Macharzina und Wolf 2008: 257). Miles und Snow (vgl. 1978: 29 ff.) haben ein Ordnungsraster entwickelt, das vier Managementgrundhaltungen typisiert, die stark mit der persönlichen Risikoneigung der Entscheider korrespondieren:

- Der **Verteidiger** fühlt sich auf den Märkten wohl, auf denen die eigenen Angebote etabliert sind und versucht aufgebaute Positionen zu halten und zu festigen. Sein Fokus liegt in der permanenten Suche nach einem optimalen Preis-Leistungsverhältnis für wohlbekannte Kunden. Er setzt auf Erfahrung und Beständigkeit und versucht Veränderungen zu vermeiden.
- Der **Prospektor** ist ein unruhiger Austarierer von Stärken-Chancen-Konstellationen und immer auf der Suche nach neuen Geschäftsfeldern. Er setzt auf den „First-Mover-Effekt" und versucht neue Märkte zu begründen und neue Geschäftsmodelle umzusetzen.
- Der **Risikostreuer** (Analysierer) ist abgestimmter Verteidiger und Prospektor in einem. Er ist neugierig und vorwärtsorientiert, dabei aber abwägend und vorsichtig. Bewährtes wird gepflegt, Chancen vorsichtig genutzt. Er setzt auf „Second-Moving", wenn es um die Besetzung neuer Märkte geht.
- Der **Anpasser** ist weniger Stratege, mehr Reagierer. Er gestaltet nicht aktiv, sondern reagiert auf Umweltveränderungen und passt eigene Konzeptionen an die gegebenen Bedingungen an. Er setzt auf Flexibilität.

Strategische Grundhaltungen haben deutlichen Einfluss auf die Zielsetzung und Ausformulierung einer Strategie. Während das taktische oder operative Tun häufig auf eine zeitnahe Gewinnmaximierung ausgerichtet ist und sich an vergangenheitsorientierten Steuerungsgrößen (Liquidität, Produktivität und Umsatz etc.) ausrichtet, liegen strategische Zielsetzungen eher in der Erfolgssicherung und dem Ausbau aktueller und zukünftiger Entwicklungspotenziale. In diesem Sinne benötigt die Strategieformulierung auch andere Steuerungsgrößen als die Taktik oder die Ausgestaltung des Tagesgeschäfts. Zentraler Faktor der betrieblichen Steuerung ist häufig der Gewinn. Ist ein hoher Gegenwartsgewinn gegeben, muss dies aber nicht zwingend auf ausgeprägte Leistungsreserven des Unternehmens zurückzuführen sein, die auch in der Zukunft Potenzial entfalten können. Das gute kurzfristige Ergebnis könnte beispielsweise auch durch die Aufzehrung oder den Abbau von Unternehmenssubstanz zustande gekommen sein (vgl. Schneider 1992: 236 zitiert nach Macharzina und Wolf 2008: 259).

Steuerungsgrößen der Strategie sind (positiv oder negativ) vergangenheitsgeprägt, müssen aber zukunftsgerichtet sein. Das heißt, insbesondere die internen aktuellen Bedingungen bestimmen und restringieren die künftigen Möglichkeiten deutlich mit. Strategisch zu entscheiden heißt aber auch, sich von der Vergangenheit zu lösen und über die aktuelle Situation hinaus nach vorne zu schauen. Und hier zählen – anders als in der Gegenwartsbetrachtung – interne Potenziale und Optionen der Umweltentwicklung. Beide gilt es, aufeinander abzustimmen und damit sicherzustellen, dass sich bietende Chancen realisiert werden können.

Damit wird es zunehmend schwierig, quantifizierbare Parameter als Steuerungsgrößen zu nutzen. An die Stelle quantifizierter Größen (Gewinn, Shareholder Value etc.) treten qualitative Zielformulierungen, die dem Top-Management aufgegeben werden (vgl. Wöhe 2016: 81):

- sichere den Bestand,
- nutze die Chancen und meide (gefährliche) Risiken,
- stärke die Wettbewerbsposition,
- sichere bestehende und schaffe neue Erfolgspotenziale

Die Aufgabe besteht also darin, eine langfristige Unternehmenspolitik zu formulieren.

Fragen zu Kapitel 12.1

?

1. Was versteht die Managementtheorie unter einer strategischen Grundhaltung?
2. Welche Grundhaltungen können prinzipiell unterschieden werden?
3. Zu welcher Kategorie würden Sie sich zählen? Begründen Sie Ihre Einschätzung.

12.2 Grundlagen der Unternehmensstrategien

Die Basis der strategischen Unternehmenspolitik bilden die Vision, die Mission und die langfristigen Ziele, die ein Medienunternehmen in seinen Geschäftsfeldern verfolgen will.

Die **Unternehmensvision** verkörpert den Ursprung und die Leitidee, die zur Gründung eines Unternehmens führt. Sie bildet die normative Grundlage für die künftige Unternehmensentwicklung, formuliert, wie das Unternehmen in der Zukunft aussehen soll und bietet den Mitarbeitern Orientierungshilfe für ihr Verhalten. In diesem Sinne werden einer Unternehmensvision drei Leitfunktionen zugewiesen (vgl. Bleicher 1994: 102 f.):

Identitätsfunktion: Die Vision zeigt ein Zukunftsbild des Unternehmens, das allen Mitarbeitern Orientierung bietet.

Identifikationsfunktion: Die Vision zeigt auf, was alle Mitarbeiter eint und gibt ihrer Arbeit einen tieferen Sinn.

Mobilisierungsfunktion: Die Vision regt alle Mitarbeiter an daran mitzuarbeiten, das angestrebte Zukunftsbild zu realisieren und die damit verbundenen Ziele zu erreichen.

Visionen können sich am Kunden, an Wettbewerbern oder am Markt ausrichten. So steht Walt Disney dafür, Menschen glücklich zu machen („make people happy“) und google dafür, Informationen der Welt zu organisieren und für alle zu jeder Zeit zugänglich und nutzbar zu machen. Die Ringier Axel Springer Media AG orientiert ihr Handeln daran, das führende digitale Medienunternehmen in Mittel- und Osteuropa zu werden. Und der Spiegel versteht sich als Leitmedium auf dem politischen Sektor in Deutschland.

So stabil Visionen auch sein müssen, um langfristig wirken zu können, sie können sich auch ändern, wenn die Umweltbedingungen oder personelle Veränderungen im Management eine Anpassung erforderlich machen.

Aus der Vision werden Unternehmensgrundsätze und Unternehmensleitlinien (policies and practices) abgeleitet. Diese wiederum werden zusammenfassend als **Unternehmensmission** (Geschäftszweck) bezeichnet. Die Unternehmensmission ist die schriftliche Ausformulierung der Vision und bildet das „Bindeglied zwischen dem normativen Management, welches das Selbstverständnis eines Unternehmens definiert, und dem strategischen Management, das die Aufgabe hat, die normative Ausrichtung des Unternehmens zu verwirklichen" (Hungenberg 2011: 447). Die Unternehmensmission konkretisiert Aussagen in drei Teilbereichen (vgl. Hungenberg 2011: 447 f.):

Tätigkeitsgebiet: Die Definition des Tätigkeitsbereiches konkretisiert die Gebiete, auf denen ein Medienunternehmen tätig sein will und gibt damit der strategischen Ausrichtung eine Orientierung.

Potenzialausweis: Die Definition der Kompetenzbereiche konkretisiert die Fähigkeiten, die ein Medienunternehmen besitzen oder entwickeln will und beschreibt auch, auf welche Betriebsfaktoren (Ressourcen) der künftige Erfolg abstellen soll. Diese Betriebsfaktoren können beispielsweise Technologien, Rechte oder auch Mitarbeiter etc. sein. Auch die Verhaltensregeln für die Mitarbeiter und Führungskräfte sowie die gewünschte Form der inneren Zusammenarbeit werden hier festgeschrieben.

Wertedefinition: Die Definition der Werte, die die Entscheidungen eines Medienunternehmens leiten oder die das Handeln motivieren, konkretisieren die Grundlage der unternehmerischen Tätigkeit und verdeutlichen die ethischen Standards, an denen sich die Mitwirkung im Unternehmen auszurichten hat.

Während die Vision die Grundlage für die Formulierung der Mission bildet, bildet die Mission die Grundlage für die Formulierung der langfristigen **Unternehmensziele.** Diese auch Oberziele eines Unternehmens genannten Unternehmensziele bilden die Orientierungsgrößen für das Management und operationalisieren die Mission derart, dass das Management den Zielerreichungsgrad der Mission und Vision beeinflussen und überprüfen kann.

Den Gesamtzusammenhang zeigt Tab. 12.1

Fragen zu Kapitel 12.2

1. Definieren Sie die Begriffe und die Aufgabenstellung der Unternehmensvision und Unternehmensmission.
2. Beschreiben Sie die einzelnen Facetten der Vision und Mission.

Tab. 12.1: Grundlagen der Unternehmensstrategien

	Facette	Inhalt	Aufgabe	Leistung
Basis der Unternehmensausrichtung	Vision	Ursprung, Leitidee und normative Grundlage des Unternehmens	Identitätsfunktion	Selbstverständnis; gibt Orientierung, grenzt ein und ab
			Identifikationsfunktion	klärt, was alle Mitarbeiter eint; gleicht Interessen an
			Mobilisierungsfunktion	aktiviert Mitarbeiter, Ziele zu realisieren
	Mission	Unternehmensgrundsätze und Leitlinien für das Handeln	Tätigkeitgebiet	konkretisiert die geschäftlichen Aktionsfelder
			Potenzialausweis	definiert die Kompetenzbereiche und Erfolgsfaktoren
			Wertedefinition	verdeutlicht die ethischen Standards für das Entscheiden und Handeln

12.3 Strategietypen in der Unternehmenspolitik

Manager entwickeln ihrer jeweiligen Position entsprechend Strategien auf drei unterschiedlichen Ebenen: Auf der obersten Ebene werden Gesamtunternehmensstrategien erarbeitet, auf der mittleren Managementebene entstehen Geschäftsfeldstrategien und die Manager auf der unteren Ebene kümmern sich um die Erarbeitung funktionaler Strategien.[1]

12.3.1 Gesamtunternehmensstrategien (Corporate-Strategien)

Gesamtunternehmensstrategien basieren auf einer Kombination von Zielvorstellungen, die in vier Entscheidungsfeldern formuliert werden müssen: Es ist zu klären, wie sich das gesamte Unternehmen größentechnisch entwickeln soll, welche Leistungsbreite und -tiefe angeboten werden soll, wie eigenständig die Leistungserbringung stattfinden soll und wo die Leistungen angeboten werden sollen. Tab. 12.2 systematisiert die Entscheidungsfelder, nennt die strategischen Zielparameter und beschreibt die mit den Entscheidungsfeldern und Zielparametern verbundenen Optionen des Managements.

An diesen vier ineinandergreifenden Entscheidungsfeldern werden (Medien-)Unternehmen als Ganzes ausgerichtet. Entsprechend sind unterschiedliche Strategie-

1 Sehr ausführlich auf Medienunternehmen bezogen bearbeitet Gläser das Thema strategisches Management (vgl. Gläser 2013: Kap. VII).

Tab. 12.2: Entscheidungsfelder, Zielparameter und Optionen von Gesamtunternehmensstrategien

Entscheidungsfeld	Zielparameter	Strategische Optionen
Entwicklung	Stabilisierung	Bewahrung des Erreichten. Verteidigung der erreichten Marktposition
	Abbau (Desinvestition)	Abbau unrentabler oder nicht mehr ins Portfolio passender Geschäftsfelder durch Management-Buy-Outs, Spinn-Offs, Sell-Offs oder Liquidation
	Wachstum (internes oder integratives)	Ausbau der Leistungsfähigkeit und der Absatzmenge durch Leistungsbreiten- und Leistungstiefenerweiterung oder Diversifikationen
Leistungsumfang	Konzentration auf Kernkompetenzen	Fokussierung auf nicht leicht imitierbare Angebotsleistungen
	Diversifikation des Leistungsangebotes	Erweiterung des Leistungsangebotes auf eine breite Palette an Produkten und Dienstleistungen sowie unterschiedliche Märkte
Autonomiegrad	Integration der Wertschöpfungsaktivitäten	Sicherung und Ausbau eines möglichst hohen Autonomiegrades in der Leistungserstellung
	Netzwerkbildung (Kooperation, Allianzen)	Sicherung von Wettbewerbsvorteilen durch Bildung von strategischen Allianzen oder Netzwerken zwischen spezialisierten Unternehmen
räumlicher Bezug (Areale)	lokales, regionales Leistungsangebot	Ausnutzung lokaler oder regionaler Verbundenheiten
	nationales Leistungsangebot	Aufbau nationaler Angebote und Strukturen zur Ausnutzung von Skaleneffekten
	internationales Leistungsangebot	Ausbau ethnozentrisch, polyzentrisch oder geozentrisch ausgerichteter Angebote durch Internationalisierung, Multinationalisierung oder Globalisierung

typen entwickelt worden, die im Folgenden vorgestellt werden. Streng betrachtet, handelt es sich bei den Strategietypen eher um Klassifizierungsansätze, die große Schnittmengen aufweisen.

12.3.1.1 Stabilisierungsstrategien

Ist das strategische Grundmuster eines Medienunternehmens auf Bewahrung ausgerichtet, wird es in der Regel von „Verteidigern" gemanagt (vgl. vorstehend Kapitel 12.1.). Deren Aufgabe liegt darin, das Unternehmen auf traditionellem Kurs zu halten und zu stabilisieren. Beständigkeit soll Sicherheit bieten. Das Unternehmen soll auf gleicher Größe gehalten und Wachstumsrisiken vermieden werden. Stabilisierungsstrategien optimieren Bewährtes und verteidigen so auch das Unternehmen gegen Angriffe neuer Marktteilnehmer.

Stabilität gehört zu den bevorzugten Zielparametern auf Märkten, in denen Wettbewerbspositionen weitgehend gesichert sind und der Markt wenig dynamisch ist. Auf Medienmärkten, die sich ja gerade durch geringe Wechselbarrieren oder Kundenbindungen, dynamisch entwickelnde Angebote und sich veränderndes Mediennutzungsverhalten auszeichnen, ist häufig eher Flexibilität als Traditionalität gefragt. Ausschließlich auf Stabilität zu setzen, dürfte das Überleben des Medienunternehmens langfristig eher gefährden als sichern. Selbst reputationsstarke Zeitungs- und Buchverlage mussten sich beispielsweise dem Druck der technologischen Entwicklung und der daraus folgenden Forderung der Leser, Digital-Varianten der analogen Produkte konsumieren zu können, beugen und ihre Geschäftsfelder erweitern.

12.3.1.2 Abbaustrategien (Desinvestitionsstrategien)

Abbaustrategien (auch Desinvestitionsstrategien genannt) gewinnen zunehmend an Bedeutung, wenn das Shareholder-Denken Quersubventionierungen von Geschäftsfeldern verbietet. Geschäftsfelder, die sich beispielsweise aufgrund der Marktsättigung, demografischer oder technologischer Entwicklungen nicht mehr selber tragen können oder nicht mehr in das strategische Produkt-Markt-Konzept des Unternehmens passen, müssen im Zuge der Gewinnorientierung abgebaut werden (vgl. Welge et al. 2017: 602 ff.).

Desinvestitionsstrategien können mit unterschiedlichen Instrumenten vorgenommen werden. Dazu zählen vor allem das (vgl. Bea und Haas 2016: 193 ff.):

- **Management-Buy-Out**: Das bisherige Management übernimmt das Unternehmen oder Teile des Unternehmens als neue Eigentümer.
- **Spin-Off**: Ein Unternehmenteil wird aus dem Gesamtunternehmen herausgelöst und als rechtlich eigenständiges Unternehmen tätig.
- **Sell-Off**: Das Unternehmen wird an ein anderes Unternehmen verkauft und erhält dadurch neue Eigentümer.
- **Liquidation**: Die Unternehmenstätigkeit wird freiwillig eingestellt. Es handelt sich nur dann um eine Desinvestitionsstrategie, wenn die Liquidation nicht auf Zahlungsunfähigkeit oder Überschuldung zurückzuführen ist.

12.3.1.3 Wachstumsstrategien

Wachstum ist ein weitgehend als wünschenswert angesehener Prozess. Dieses Wachstum kann qualitativ oder quantitativ erfolgen. Qualitatives Wachstum stellt darauf ab, dass die Leistungsfähigkeit, das Know-how, die Personalqualität etc. in einem Unternehmen zunehmen (vgl. Hutzschenreuter 2006). Quantitatives Wachstum hingegen stellt darauf ab, dass sich die Größe des Unternehmens oder dass die Abgabe der Leistungsmenge wächst. Die Motive, die quantitatives Wachstum antreiben, sind zahlreich:

- bessere Ausnutzung von Effekten der Economies of scale und damit Optimierung von Kostenhöhen (vgl. Kapitel 3.7.2),
- Generierung von Economies of Scope und damit Optimierung von Kostenstrukturen (vgl. Kapitel 3.7.2),
- Erhöhung von Marktanteilen und damit Ausbau überlebenssichernder Marktmacht,
- Erleichterung des Kapitalmarktzugangs und damit Vergrößerung der unternehmerischen Handlungsflexibilität.

Nicht zuletzt spielen aber auch persönliche Motive der Top-Manager eine entscheidende Rolle. Impulse, das Wachstum anzutreiben, liefern Machtfantasien, Selbstverwirklichungsvorstellungen oder Prestige- und Einkommensüberlegungen.

Das Top-Management hat zu entscheiden, in welchen Bereichen das Unternehmen qualitativ bzw. quantitativ wachsen soll, hat das Ausmaß des Wachstums zu bestimmen und die Geschwindigkeit des Prozesses. Auch die Art und Weise, wie das Wachstum vorangetrieben werden soll, ist zu definieren. Hier bieten sich zwei Strategieansätze an: Das Unternehmen kann intern oder extern angetrieben wachsen. Interne Wachstumsstrategien treiben das Unternehmen ressourcen- oder kompetenzorientiert an. Wachstumstreiber sind vor allem die eigenen Stärken; in der Regel Know-how, Produkte und Dienstleistungen. Externe Wachstumstreiber sind im Umfeld des Medienunternehmens zu finden, gehören zu den markt- oder wettbewerberorientierten Bedingungen und werden als Chancen vom Management wahrgenommen.

Bereits im Umfeld der Erläuterung von Integrationsstrategien ist dargestellt worden, dass ein Medienunternehmen über die Leistungsbreite, die Leistungstiefe und die Geschäftsfelddiversifikation wachsen kann (vgl. Kapitel 4.2.1). Wachstum über die Leistungsbreite voranzutreiben bedeutet, Ausbau des horizontalen Integrationsgrades. Wachstum über die Leistungstiefe voranzutreiben bedeutet, Ausbau des vertikalen Integrationsgrades. Wachstum über eine Geschäftsfelddiversifikation voranzutreiben bedeutet, Ausbau des lateralen Integrationsgrades.

Werden die Wachstumsquellen mit den Wachstumsrichtungen kombiniert, ergibt sich in Anlehnung an Ansoff (vgl. Ansoff 1966: 123 und hier Kapitel 11.2.2) eine Strategiesystematik, wie sie in Abb. 12.1 dargestellt ist (vgl. auch die Darstellung der wertstufenorientierten Organisationsformen von Medienunternehmen in Abb. 4.4).

Über den **Ausbau der Leistungsbreite** greifen Wachstumsstrategien, die eine horizontale Integration vorantreiben (vgl. Kapitel 4.2.1). Im Rahmen einer internen **horizontalen Integration** weiten Medienunternehmen ihren Absatz auf bestehenden Märkten aus (Marktdurchdringung) oder erweitern ihr Leistungsangebot (Produktentwicklung) und betreten neue Märkte (Marktentwicklung).

		Wachstumsrichtung		
		Leistungsbreite (horizontales Wachstum)	Leistungstiefe (vertikales Wachstum)	GF-Diversifikation (laterales Wachstum)
Wachstumsquelle	intern	Marktdurchdringung Produktentwicklung Marktentwicklung Bildung von Unternehmensgruppen	Aufbau neuer Wertstufen	Einstieg in branchenfremde Produkte und Märkte
	extern	Akquisition von Wettbewerbern	Vorwärtsintegration Rückwärtsintegration	Akquisition branchenfremder Unternehmen

Abb. 12.1: Wachstumsstrategien in den Medienbranchen

Darüber hinaus oder infolge werden Unternehmensgruppen gebildet werden, die einzelne Märkte strategisch abdecken. Ziel ist es, Skaleneffekte auszunutzen und Synergien zu generieren. Dies tun sie durch Ausweitung von Kapazitäten, Aufbau neuer Geschäftsfelder und Marken oder Gründung neuer Unternehmen. Im Rahmen einer externen horizontalen Integration beteiligen sich Medienunternehmen an Wettbewerbern, die auf der gleichen Marktstufe tätig sind. So entstehen ebenfalls Unternehmensgruppen, deren einzelne Mitglieder bestimmte Produkt-Markt-Kombinationen bzw. Markt-Segmente besetzen.

Über den **Ausbau der Leistungstiefe** greifen Wachstumsstrategien, die eine vertikale Integration vorantreiben. Bei der Nutzung von internen Wachstumstreibern setzen die Manager auf den Ausbau oder die Erweiterung der eigenen Wertschöpfungsstufen, um eine höhere Fertigungstiefe umzusetzen. Dadurch steigt das Aktionsspektrum, aber auch die Unabhängigkeit von Zulieferern oder Abnehmern. Strategische Lücken in der vertikalen Wertschöpfungskette können aber auch durch Vorwärts- oder Rückwärtsintegrationen gefüllt werden (vgl. Kapitel 4.2.1). In diesem Fall handelt es sich um Integrationsformen, die externe Wachstumsquellen nutzen.

Über den **Ausbau branchenfremder Geschäftsfelder** (GF) greifen Wachstumsstrategien, die eine laterale Integration vorantreiben. Das bedeutet, dass völlig neue Märkte mit völlig neuen Produkten und Dienstleistungen betreten werden (vgl. Kapitel 4.2.1). Wird eine solche Wachstumsstrategie verfolgt, spricht Ansoff von Diversifikation (vgl. Ansoff 1966). Ziel des lateralen Ausbaus ist zum einen die Risikostreuung, zum anderen aber auch der Einbezug von Komplementärgütermärkten in die eigene Unternehmensstrategie. Letztendlich folgt hieraus das Konvergenzphänomen, dem die Medienwirtschaft als Bestandteil der TIME-Branche ausgesetzt ist. Die Diversifikation kann sowohl intern gesteuert als auch durch die Akquisition branchenfremder Unternehmen vollzogen werden.

12.3.1.4 Diversifikationsstrategien

Diversifikationen beruhen auf unterschiedlichen Produkt-Markt-Tätigkeitsfeldern (vgl. Ansoff 1966). Dementsprechend sind Diversifikationsstrategien darauf ausgerichtet, Wachstum eine neue Richtung zu geben. Diversifikationen können leistungsspezifisch, technologisch oder auch räumlich begründet werden. Leistungsspezifisch bedeutet Diversifikation, eine breite Palette an unterschiedlichen Produktkategorien und Dienstleistungen auf unterschiedlichsten Märkten anzubieten. Technologisch kann die Diversifikation auf die Nutzung unterschiedlicher Produktions- oder Nutzertechnologien (z. B. analog und digital) abstellen. Räumliche Diversifikationen setzen auf die regionenspezifische Unternehmenstätigkeit. So gehört beispielsweise die Internationalisierung zur Gruppe der räumlichen Diversifikationen.

Diversifikationsstrategien helfen bei der **Risikostreuung** auf der Beschaffungs- und auf der Absatzseite. Insbesondere, wenn über die Nutzung unterschiedlicher Technologien, Unternehmensleistungen mehrfach verwertet werden können. Derartige Synergieeffekte werden heute in nahezu allen Endprodukte fertigenden Medienunternehmen genutzt. So ist die P7S1 Media in den unterschiedlichsten Dienstleistungssegmenten verschiedenster Teilbranchen verankert. Zum Konzern gehören nicht nur die zahlreichen TV-Veranstalter, sondern auch Unternehmen wie mydays und Jochen Schweizer (Erlebnisgeschenke), parship (Datingplattform), verivox (Verbraucherportal), wer-weiß-was (Wissensportal) oder aspree media (Gamingplattformen) sowie Unternehmen im Wetter-Service, Reise-Business und Marketing etc.

Diversifikationsstrategien sind aber nicht unumstritten. So zeigen Untersuchungen, dass eine Diversifikation in verwandte Produkt-Markt-Kombinationen die Rentabilität durchaus steigen lassen. Die Rentabilität scheint aber langfristig zu sinken, wenn Unternehmen in den Bereich nicht verwandter Produkt-Markt-Kombinationen investieren (vgl. Metaanalyse von Palich, Cardinal und Miller 2000; zitiert nach Macharzina und Wolf 2008: 266). Ob dies aber auch für die Digitalindustrie gilt, ist nicht belegt. In jedem Fall dient die Ausweitung der Geschäftsfelder in neue Produkte, neue Technologiebereiche und neue Märkte zwar der Risikostreuung, ist aber auch extrem risikobehaftet, weil das Know-how zunächst nicht im Unternehmen verankert ist.

12.3.1.5 Konzentrations- bzw. Fokussierungsstrategien

Konzentrationsstrategien stellen das Gegenteil von Diversifikationsstrategien dar. Während die Diversifikation auf eine breite Streuung der Unternehmenskompetenzen abstellt, fordert die Konzentration, sich auf bestimmte, nicht oder nur schlecht von Wettbewerbern imitierbare Kernkompetenzen zu fokussieren. Die Vertreter der Konzentrationsstrategie empfehlen, Produktbereiche und Dienstleistungen, die Wettbewerber besser bedienen können, fallen zu lassen und sich auf die Angebote zu konzentrieren, in denen sie eine Spitzenposition einnehmen oder einnehmen können und diese auszubauen. Zielparameter dieser Unternehmensausrichtung sind die Kernkompetenzen und die damit verbundenen Angebotsleistungen. Viele Beispiele finden sich in der kleinstrukturierten Zulieferindustrie der Filmbranche (technische Dienstleister, Kreativdienstleister, Spezialagenturen etc.), im Qualitätsjournalismus, in der PR-Branche und im Bereich der Mediaplanung.

12.3.1.6 Integrationsstrategien

Integrationsstrategien korrespondieren mit den Wachstumsstrategien und verbinden diese mit dem Managementanspruch, einen möglichst hohen Autonomiegrad in der Leistungserstellung zu realisieren. Ein Beispiel jenseits der Produktion medialer Inhalte wäre die Integration der Werbevermarktung in das eigene Unternehmen. So erweitern nicht nur Verlage und Rundfunkveranstalter ihr Leistungsportfolio mit eigenen Mediaplanungsangeboten, auch Handelsunternehmen steigen in dieses Geschäft ein. So hat der Metrokonzern mit seiner Werbe-Tochter, der Retail Media Group, den entscheidenden Schritt in den Handel mit Mediadaten ihrer Nutzer gemacht. Den gleichen Weg gehen Amazon und eBay oder auch Zalando und Otto über eigene Vermarktungstöchter (Zalando Media Solutions und Otto Group Media). Das neue Geschäftsfeld wird als Retail Media bezeichnet. Der Vorteil liegt auf der Hand: zielgenaues Targeting und Nähe zum Abverkauf ohne die Abhängigkeit von Big Playern wie Google.

SevenOne Media als Vermarktungseinheit für die P7S1-Gruppe oder IP Deutschland als Vermarkter der RTL-Werbezeiten sind weitere Beispiele. Sie vermarkten nicht nur die TV-Sendezeiten, sondern auch etliche Internetplattformen sowie Mobilangebote der Mediengruppen.

12.3.1.7 Netzwerk- bzw. Allianzstrategien

Netzwerkstrategien (vgl. auch Kapitel 4.2.2) korrespondieren mit den Fokussierungsstrategien und setzen auf mittelbare Wachstumsakzeleration. Mittelbar ist die Beschleunigung durch die Bildung von strategischen Allianzen mit vor- oder nachgelagerten Wertstufen oder mit Komplementärgüteranbietern. Allianzen oder Netzwerke stärken die Wettbewerbsstellung und können umsatzsteigernd oder absatzsichernd wirken, weil Netzwerker einen etwas verminderten Marktdruck ausgeliefert sind. Der Unterscheid zwischen einer Allianz und einem Netzwerk liegt prinzipiell in der Anzahl der kooperierenden Unternehmen. Bei einer Kooperation von zwei Unternehmen spricht die Literatur eher von einer Allianz; bei einer Zusammenarbeit von mehreren Unternehmen eher von einem Netzwerk. Dabei gehen beide Formen über ein zueinander locker abgestimmtes Verhalten der Unternehmen hinaus. Während die rechtliche Selbstbestimmung der Mitglieder voll erhalten bleibt, werden organisatorische oder ökonomische Abhängigkeiten eingegangen. Es geht also eine gewisse Autonomie verloren.

Der große Vorteil strategischer Allianzen liegt darin, dass sich die Teilnehmer auf ihre spezifischen Kernkompetenzen konzentrieren können und komplexe Problemlösungen durch die Kooperation gelöst werden, ohne dass die Fixkosten der Unternehmen wesentlich erhöht werden. Auf der Beschaffungsseite kann ein Partner den Zugriff auf knappe materielle, finanzielle und personelle Ressourcen erleichtern. Im Bereich von Forschung und Entwicklung können Risiken gemindert oder Entwicklungszeiten verkürzt werden. In der Produktion können Ausbringungsmengen flexibilisiert, Kapazitäten optimiert und Degressionseffekte ausgenutzt werden. Im Bereich des Vertriebs öffnen sich möglicherweise neue Märkte und es können logistische Optionen besser genutzt werden. Insgesamt reduzieren sich also vor allem die Transaktionskosten der Akteure; je längerfristiger die Kooperation, desto deutlicher die Einsparungen.

Das branchenübergreifende Phänomen der Allianzstrategie ist die Clusterbildung und damit die positiv wirkende Know-how-Bündelung. Das nachteilig wirkende Pendant zur Know-how-Bündelung ist der Know-how-Transfer und damit der potenzielle Verlust an Alleinstellungsmerkmalen sowie der Verlust der Handlungsfreiheit. Negativ wirken sich Cluster auch auf die Wettbewerbssituation in der Branche aus. Der Weg von der Allianz oder einem Netzwerk zu einer wettbewerbsrechtlich als kritisch anzusehenden Kartellbildung ist nicht lang (vgl. Macharzina und Wolf 2008: 270). Strategische Allianzen insbesondere zwischen Komplementärgüteranbietern sind in den TIME-Branchen Alltag geworden (vgl. Kapitel 1.5.1 und 1.5.4).

12.3.1.8 Arealstrategien

Arealstrategien fokussieren auf die räumliche Produkt-Markt-Kombination eines Unternehmens. Grundsätzlich können hier drei Strategieansätze unterschieden werden. Allerdings ist der dritte Ansatz mehrdimensional (vgl. Gläser 2013: 716 ff.):

- **Lokale und regionale Strategie**: Die Produkte und Dienstleistungen zeigen eine enge lokale oder regionale Verbundenheit. In diesem Sinne kleinräumig fokussiert sind viele Tageszeitungen, der regionale Rundfunk und lokale Internetangebote. Da sich die Fixkosten nur auf eine eher kleine Konsumentenmenge verteilen und die geringe Reichweite keine hochpreisige Werbevermarktung erlaubt, werden hier auch bestenfalls moderate Renditen erwirtschaftet.
- **Nationale Strategie**: Erlaubt das inhaltliche Angebot eine Ausweitung des engen Arealbezugs, entstehen national ausgerichtete Strategien. Die überregionalen Tageszeitungen, der nicht-regionale Rundfunkmarkt und zahlreiche Internetportale sind national verankert. Obwohl der Aufbau nationaler Angebote und Strukturen kapitalintensiv ist, können Kostendegressionseffekte und Reichweitenzunahmen den wirtschaftlichen Erfolg gegenüber den regionalen Angeboten auf Sicht steigern.

- **Internationalisierungsstrategien:** Wenn das Leistungsangebot über nationale Grenzen hinausreichen soll, müssen Internationalisierungsstrategien greifen. Hier werden vier Strategiearten unterschieden (vgl. im Folgenden Sjurts 2004a):
  - **internationale Strategie:** Werden die eigenen Leistungen auf ausländische Märkte exportiert, handelt es sich um eine internationale Strategie. Der Fokus der Geschäftstätigkeit verbleibt auf dem Heimatmarkt. Ein produktorientiertes Beispiel wären Printmedien, die unverändert im Ausland angeboten werden. Kulturelle und landesspezifische Unterschiede bleiben unberücksichtigt. Die Ausweitung des Angebotes erfolgt ethnozentrisch.
  - **multinationale Strategie:** Ist das Unternehmen auf mehreren nationalen Märkten gleichzeitig tätig und passt die Leistungen an die jeweiligen Bedingungen des Gastlandes an, handelt es sich um eine multinationale Strategie. Durchgeführt werden solche polyzentrischen Ausrichtungen durch Unternehmenskooperationen oder durch die Gründung ausländischer Tochterunternehmen. Das Motto multinationaler Strategien lautet „think global, act local“. In diesem Strategiesegment finden sich vor allem Buch- und Zeitschriftenangebote, aber auch Produkte der Film- und Fernsehindustrie.
  - **globale Strategie:** Wenn das Leistungsangebot und die Leistungsaktivitäten durch eine einzige Entscheidungsinstanz gesteuert werden, handelt es sich um eine globale Strategie. Diese geozentrische Orientierung folgt weltweit ausgerichteten Effizienzüberlegungen und sind in der Medienindustrie nur bedingt umsetzbar. Diesem Ansatz am nächsten kommen Unternehmen der Musik-Industrie sowie in Teilen Unternehmen der Game- und Software-Industrie (obwohl vor allem Letztere auch der multinationalen Strategieorientierung zugeordnet werden können).
  - **transnationale Strategie:** Eine als „glocale“ Anpassung bezeichnete Form der Produkt-Markt-Orientierung, wird transnationale (oder auch duale oder gemischte) Strategie genannt. Diese Strategie ist stark differenziert und von einer flexiblen Anpassung an die einzelnen Marktgegebenheiten bestimmt. Deswegen spricht die Literatur hier auch von einer opportunistischen Orientierung. Diese Form der Anpassung findet sich mitunter im Rundfunksektor, indem die Dachstrategie des Senders mit nationalen Produktvarianten kombiniert wird. Auch dominant bildgetragene Zeitschriftenangebote (Geo, Vogue, Playboy etc.) können transnational vermarktet werden.

Frage zu Kapitel 12.3.1 ?

Systematisieren Sie die Entscheidungsfelder, die strategischen Zielparameter und die mit den Entscheidungsfeldern und Zielparametern verbundenen Optionen, die das Management im Bereich der Gesamtunternehmensstrategien haben.

12.3.2 Geschäftsfeldstrategien (Wettbewerbsstrategien)

Geschäftsfeldstrategien (auch Wettbewerbsstrategien genannt) gehören zu der Gruppe von Organisationsstrategien, die einerseits festlegen, wie sich ein Unternehmen vom Wettbewerb abheben will (Präferenz im Wettbewerb) und andererseits definieren, welche Marktbreite ein Unternehmen für sein Leistungsangebot besetzen will (Ort des Wettbewerbs). Solche Strategien sind in der Regel für das Gesamtunternehmen gültig, werden aber dennoch für jedes strategische Geschäftsfeld separat definiert, da die Strategien häufiger nicht am Unternehmen selbst, sondern an der Produkt- oder Dienstleistungsmarke ausgerichtet sind.

Steinmann et al. (vgl. 2013: 215 f.) haben zu diesen beiden Handlungsebenen noch eine dritte hinzugefügt, in dem der Marktteilnehmer die Regeln für sein Agieren gegenüber dem Wettbewerb festlegt und insofern den gegebenen Marktregeln folgt oder sie bricht. Insofern unterscheiden die Autoren die Anpassungsstrategie des sogenannten Rule Takers und die Veränderungsstrategie des Rule Makers bzw. Rule Breakers. Am Markt bereits aktive Teilnehmer verhalten sich eher regelkonform. Innovatoren brechen häufig die Regeln und setzen neue (z. B. Amazon hat den Buchmarkt revolutioniert und Apple den Musikmarkt mit seinen Online-Angeboten; vgl. Gläser 2013: 733). Ob dieses Wettbewerbsverhalten aber einer eigenständigen Strategieformulierung folgt oder lediglich eine Folge der Geschäftsidee ist, kann diskutiert werden. Auf eine separate Darstellung der beiden Ausprägungen soll hier verzichtet werden.

Geschäftsfeldstrategien zu entwickeln setzt voraus, dass ein oder mehrere strategische Geschäftsfelder abgegrenzt werden können. Ein **strategisches Geschäftsfeld** ist das Objekt einer Wettbewerbsstrategie. In diesem Sinne ist ein strategisches Geschäftsfeld ein Teilmarkt, auf dem ein Unternehmen agiert und für den es eigenständige Entscheidungen trifft. Daraus folgt, dass ein Medienunternehmen, wenn es auf unterschiedlichen Märkten oder in unterschiedlichen Branchen tätig ist, auch die einzelnen Bereiche mit eigenen Wettbewerbsstrategien bearbeiten wird (vgl. Robbins et al. 2014: 249). Für jeden einzelnen Markt müssen Wettbewerbsvorteile generiert werden, die die Leistungen des eigenen Unternehmens von der Leistung anderer Unternehmen abhebt.

Jedes strategische Geschäftsfeld bildet eine eigene Planungseinheit, die durch die Bestimmung des relevanten Marktes (vgl. Kapitel 11.3.2) abgegrenzt wird. Unternehmensintern spricht das Management auch von Divisionen, Sparten oder Unternehmensbereichen; also von eigenständigen Organisationsbereichen. Dies können im Konkreten die Ressorts der Zeitungen sein oder aber auch rechtlich eigenständige Tochtergesellschaften eines Konzerns mit ihren jeweiligen Geschäftsbereichen.

Im Rahmen von Geschäftsfeldstrategien bestimmt das Management in Abhängigkeit von der gesamtstrategischen Ausrichtung des Unternehmens vor allem
- wie der Markt bearbeitet werden soll (Marktbearbeitungsstrategien),
- wann und wie ein Markt betreten werden soll (Markteintritts- und Marktsequenzstrategien) und

Tab. 12.3: Entscheidungsfelder, Zielparameter und Optionen für Geschäftsfeldstrategien (GF-Strategien)

Entscheidungsfeld	Zielparameter	Strategische Optionen
Marktbearbeitung (Wettbewerbs-präferenz)	Differenzierung	Erreichen von Einzigartigkeit, hohe Qualität, individuelle Lösungsangebote, Kundenbeziehung, Effektivität
	Kosten	Kostenführerschaft, Transaktionsorientierung, Standardleistungen (Systemleistungen), günstige Preisposition (Value for Money), Effizienz
	Nische	Bearbeitung eng gefasster Marktsegmente, hohe Zielgruppenaffinität, leistungs- oder kostenorientiert
	Outpacing	Kompensation von Kostennachteilen bei Leistungsführerschaft bzw. Kompensation von Leistungsnachteilen bei Kostenführerschaft
Markteintritt (Timing)	Pionier	Innovationsführerschaft, Zeitvorteil, Risikobereitschaft, Skaleneffekte
	Frühe Folgerschaft	Leistungsadaption, Risikobegrenzung
	späte Folgerschaft	Leistungsadaption, Risikoausschluss
Marktsequenz (Timing)	Unverbundenheit	Sequenzieller Markteintritt, Risikobegrenzung, Ressourcenschonung, Reduzierung von Ausfallrisiken
	Gleichzeitigkeit	Paralleler Markteintritt, Geschwindigkeit, Skaleneffekte, Reduzierung von Abhängigkeiten gegenüber Einzelmärkten
Leistungs-integration (Make-or-Buy)	Internalisierung	Eingliederung aller Leistungen in den Wertschöpfungsprozess, Verhinderung von Know-how-Transfer und Kontrollverlust
	Externailsierung	Fokussierung auf Kernkompetenzen, Ausgliederung nicht wettbewerbsrelevanter Leistungen, Kostenoptimierung, Netzwerkbildung

– inwieweit Marktleistungen selbst erstellt oder eingekauft werden sollen (Make- or Buy-Strategien).

Die in diesen drei Bereichen zur Verfügung stehenden Alternativstrategien werden nunmehr vorgestellt.

12.3.2.1 Marktbearbeitungsstrategien (Präferenzstrategien)

Marktbearbeitungsstrategien stellen darauf ab, dass Wettbewerbsvorteile im strategischen Dreieck zwischen Kunden, Wettbewerbern und dem eigenen Unternehmen sichtbar dargestellt und nachhaltig angelegt werden. Ein Wettbewerbsvorteil ist nur dann gegeben, wenn die vorteilhafte Eigenschaft eines Angebotes auch am Markt wirksam wird. Wirksam werden kann die Eigenschaft in drei Bereichen. Das Unternehmen setzt hier auf die Präferenzen der Kunden. Kundenpräferenzen sind entweder auf die Nutzeneigenschaften des Produktes bzw. der Dienstleistung ausgerichtet oder auf den Preis.

Dementsprechend können Vorteile über die Effektivität des Angebotes oder über die Effizienz der Produktion sowie der Transaktion generiert werden. Die Literatur spricht hier spricht von der Herstellung eines **komparativen Konkurrenzvorteils (KKV)** (vgl. Backkaus und Voeth 2015). Ein komparativer Konkurrenzvorteil ist dann gegeben, wenn die Angebotsleistung im Wahrnehmungsraum der Kunden eine vergleichsweise Besserpositionierung einnimmt (vgl. Wilken und Jacob 2015: 147 ff. sowie Weiber und Ferreira 2015: 122 ff.).

Solche Vorteilspositionen sind entweder im Lösungsbereich des Angebotes zu finden (Effektivitätsposition) oder in der Kostensituation des Produktions- und Transaktionsbereichs (Effizienzposition):

Effektivitätsposition im KKV: Eine Lösung ist dann effektiver als das der Wettbewerber, wenn der Kunde das Leistungsangebot als für ihn wirksamer erkennt. Dabei kann es sein, dass mehr Leistung für den gleichen Preis oder mehr Leistung für einen höheren Preis angeboten wird und die Kunden entsprechend zahlungsbereiter sind. Dabei kann die Leistung, d. h. der Produktnutzen, analytisch in Grundnutzen und Zusatznutzen differenziert werden (vgl. Meffert et al. 2015: 362 f.). Der **Grundnutzen** leitet sich aus der technisch-funktionalen Basiseigenschaft eines Produktes ab (ein Film bietet Unterhaltung, eine Nachricht informiert). Der **Zusatznutzen** hat zwei Ausprägungen: einen ästhetischen und einen sozialen. Der Zusatznutzen, der ästhetische Wirkungen beim Nutzer entfaltet, wird Erbauungsnutzen genannt (ich kann der Wirklichkeit entfliehen, wenn ich den Film sehe und mich in ihm verlieren kann; ich fühle mich wohl, wenn ich auf dem aktuellen Nachrichtenstand bin). Der Zusatznutzen, der soziale Wirkungen entfaltet, wird Geltungsnutzen genannt (ich kann mitreden; andere bemerken, dass ich informiert bin).

Die Zusatznutzen werden heute weitaus häufiger in den Fokus der Vermarktung gestellt als der Grundnutzen. Grundnutzen versprechen lediglich Selbstverständlichkeiten. Dass in einer regionalen Zeitung, regionale Berichte stehen, wird niemanden überraschen oder begeistern. Werden die funktionalen Eigenschaften erfüllt, entsteht keine Zufriedenheit beim Kunden. Werden sie nicht erfüllt, stellt sich hingegen Enttäuschung ein.

Leistungsversprechen, die den Abverkauf fördern, sind infolge dessen im Bereich der Zusatznutzen angelegt. Aus diesem Grund werden Markenwelten aufgebaut, die weit mehr versprechen als den Grundnutzen eines Angebotes. Der Erfolg auf Anbieterseite stellt sich durch den höheren Preis ein. Der Nachteil liegt in einer enger begrenzten Absatzmenge.

Die aktuelle Tagespresse und der öffentlich-rechtliche Rundfunk werden weitgehend durch den Gedanken der Qualitätsführerschaft dominiert. Allerdings zwingen insbesondere die privat finanzierten Unternehmen die hohen First Copy Costs und die Werbefinanzierung der Produkte zu Kompromissen, da nur Reichweite die Kosten verteilt und Werbeumsätze steigen lässt.

Effizienzposition im KKV: Eine Lösung ist dann effizienter als die der Wettbewerber, wenn der Anbieter das Leistungsangebot kostengünstiger erstellen kann als es die Wettbewerber können. Das Marktergebnis könnte darin liegen, dass das Angebot preisgünstiger angeboten werden kann. Das Unternehmen, das kostengünstiger produziert, könnte aber auch bei gleichem Marktpreis eine höhere Gewinnspanne realisieren. Wird die kostentechnische Ausrichtung konsequent verfolgt, werden auch Transaktionskosten auf ein notwendiges Minimum reduziert, um einen weiteren Preisvorteil erwirken zu können.

Kundenzufriedenheit wird hier über den Grundnutzen im Verhältnis zum Preis erzielt. Der Begeisterungsfaktor ist im Preis verankert. Dieser kann durch das Weglassen nicht funktionsnotwendiger Leistungseigenschaften niedrig gehalten werden. Typische Effizienzpositionen verfolgen Diskounter im Einzelhandel. Der Erfolg auf Anbieterseite stellt sich durch den höheren Absatz ein.

Auf Medien bezogen scheint es zunächst, dass nur die materielle Herstellung Kostensenkungspotentiale bietet. Aber bei näherer Betrachtung zeigt sich, dass auch in den elektronischen Medienbereichen Kosteneinsparungspotenziale verankert sind.

Diese Einsparungspotenziale liegen aber nicht in der Vervielfältigung und der Verteilung begründet. Es macht schließlich keinen Unterschied, ob eine Rundfunksendung oder ein Downloadangebot wenigen oder vielen Konsumenten zur Verfügung gestellt werden, wenn das technische Netzwerk eingerichtet ist. Einsparungspotenziale liegen vielmehr in der Produktion des Urmasters. Da das Ergebnis ein Vertrauensgut ist, das es dem Rezipienten schwierig macht, es zu bewerten, kann der Produktionsaufwand am Minimum orientiert werden. Dieses Verhalten kann kosteninduziertes Qualitätsmanagement genannt werden.

Werden diese beiden Vorteilsdimensionen idealtypisch auf Marktbearbeitungsstrategien abgebildet, spricht die Literatur von generischen Strategien. Hier kommt Michael E. Porter das Verdienst zu, die beiden Ansätze in zwei diametral entgegengesetzte Strategien eingeordnet und damit zwei generische Marktbearbeitungsstrategien formuliert zu haben: die Strategie der Differenzierung und die der Kostenführerschaft. Wenn über die beiden Angebotsdimensionen Besonderheit der Leistung und Preis der Leistung hinaus auch die Marktbreite in das strategische Kalkül einbezogen wird, ergibt sich eine dritte Strategievariante; die der Nischenstrategie (vgl. Porter 2013: 73 ff. und in Anlehnung an Porter Abb. 12.2).

Strategie der Differenzierung: Differenzierer setzen darauf, ein einzigartiges Produkt mit Premiumpreis anzubieten. Ziel des Unternehmens ist es dabei, dem Kunden eine Erlebniswelt anzubieten, die er bei Wettbewerbern nicht bekommt und darüber einen Preisaufschlag durchsetzen zu können. Der komparative Konkurrenzvorteil wird im Ausbau einer erkennbaren Effektivitätsposition gesucht.

Dabei können unterschiedliche Leistungsfaktoren die Einzigartigkeit begründen. Es können objektive technisch-funktionale Eigenschaften des Produktes sein (3-D-

Spezifität	**Methode (Wettbewerbsvorteil)**	
	Konsumentenperspektive	Unternehmensperspektive
branchenweites Angebot	*Differenzierung* Alleinstellung wahrnehmbarer, relevanter Leistungen	*Kostenführerschaft* Maximierung der Effizienz; Minimierung der Kosten
Angebot im Marktsegment der Branche	*Fokussierung auf Nischenangebote* mit Differenzierungs- oder Kostenvorteilen	

Abb. 12.2: Generische Wettbewerbsstrategien nach Porter

Film). Es können auch besondere Produktausstattungen (Sonderedition eines Buches oder einer Blu-Ray) oder Zusatzservices (Apps, Betreuungsangebote etc.) sein. Daneben werden auch subjektive Qualitätseigenschaften zu den Leistungsfaktoren gezählt (Markenimage, Medienreputation, Inhaltequalität etc.). Welcher Wert zur Präferenz bei den Kunden führt, ist von Zielgruppe zu Zielgruppe oder Leistungsangebot zu Leistungsangebot unterschiedlich. Die Differenzierungsstrategie wird häufig auch mit dem Begriff der Leistungsführerschaft verbunden.

Ein jüngeres Strategiekonzept, das Delta-Modell von Hax und Wilde (vgl. 2001: 9 ff.) setzt auf eine Differenzierungsstrategie, die zwischen individuellen Lösungsangeboten und Systemangeboten unterscheidet. Diese Konzeption gewinnt mit den Fortschritten in der digitalen Industrie deutlich an Bedeutung. Ob das Strategiekonzept aber eine wirklich neue Systematik anbietet, kann diskutiert werden.

Strategie der Kostenführerschaft: Kostenführer setzen darauf, ein Standardprodukt anzubieten, das anderen Produkten ähnlich ist, aber weniger Herstellungskosten verursacht als bei den Wettbewerbern. Der komparative Konkurrenzvorteil wird im Ausbau einer erkennbaren Effizienzposition gesucht.

Um die günstigere Kosten- oder Preisposition erreichen zu können, muss der Anbieter strukturelle Kostenvorteile ausnutzen können oder spezifische Vermarktungsvorteile generieren. Das heißt, die Strategien der Kostenführerschaft setzt darauf, große Produktionsmengen am Markt abzusetzen, um in der Produktion Economies of scale ausnutzen zu können, oder Einsparungen im Marketing (Produktgestaltung, Verpackung, Werbung etc.) zu generieren.

Die Kostenführerschaft wirkt sich am Markt aber nur dann aus, wenn die Kostenvorteile auch in einem niedrigen Preis Ausschlag finden. Im Medienbereich ist die Kostenführerschaft eher weniger stark ausgeprägt. Rezipientenpreise sind häufig schon am möglichen Minimum angelegt und Werbepreise orientieren sich am Absatz. Das heißt, steigende Reichweiten führen immer zu Preisaufschlägen im Werbebereich. Auf dem Rezipientenmarkt ist die Kostenführerschaft hingegen immer dann besonders relevant, wenn kostenlose Angebote vertrieben werden. Dies ist bei frei empfangbaren Rundfunkangeboten der Normalfall. Allerdings werden diese Kostenvorteile nicht an die Rezipienten weitergegeben, sondern sorgen für die Reduktion der Programmkosten.

Nischenstrategie: Nischenanbieter zeichnen sich dadurch aus, dass sie nicht den Gesamtmarkt bedienen, sondern ihre Leistungen innerhalb eines eng gefassten Marktsegments anbieten. Während die ARD, das ZDF, RTL oder Sat.1 beispielsweise ein Vollprogramm anbieten, der stern oder die BUNTE und andere Publikumszeitschriften sich mit ihren populär-aktuellen Inhalten an eine breite Rezipientenmasse wenden, fokussieren sich der KIKA-Kanal oder n24 sowie Computer- oder Sportzeitschriften eher auf ein inhaltlich und zielgruppenbezogen eng abgestecktes Marktsegment.

Im engeren Sinne zeigt die Nischenstrategie in außermedialen Branchen kein generisches Strategiemuster. Lediglich die Marktbreite definiert die Spezifik des Angebotes. Wettbewerbsvorteile generieren sich auch hier über die Leistungsbesonderheit oder den Marktpreis. Das heißt, die Nischenstrategie konkretisiert eher eine der beiden generischen Strategiealternativen (vgl. Hungenberg 2011: 202).

In der Medienwirtschaft bieten Nischenangebote aber nicht nur besondere im Produkt begründete Zielgruppenaffinitäten, sondern insbesondere auch einen speziellen Angebotsbereich für die Werbewirtschaft. Dieser Leistungsvorteil kann zu einer deutlich höheren Zahlungsbereitschaft in der werbetreibenden Wirtschaft führen, da die Streuverluste geringgehalten werden. Insofern kann die Nischenstrategie in der Medienwirtschaft zu den generischen Strategiemustern gezählt werden, muss es aber nicht.

Porter hat infolge dieser von ihm angebotenen Systematik der generischen Wettbewerbsstrategien seine **Unvereinbarkeitshypothese** formuliert (vgl. Porter 2014: 40 ff.). Diese besagt, dass sich ein Unternehmen, das am Markt langfristig erfolgreich sein will, entscheiden muss, ob es sich nach der Kostenführerschaft ausrichten möchte oder als Differenzierer am Markt in Erscheinung treten will. Hier nicht konsistent zu handeln, hat negative Konsequenzen für die Wettbewerbsfähigkeit: Kostensenkungen führen zu Qualitätseinbußen und die Ausarbeitung von Qualitätsvorteilen führt zu Kostensteigerungen. Das Ergebnis nicht konsistent handelnder Unternehmen äußere sich im Renditeverlust.

Aus der Konsistenzannahme folgt die Konvexitätsannahme. „Diese besagt, dass in vielen Branchen ein u-förmiger (konvexer) Zusammenhang zwischen Rentabilität und Marktanteil existiert“ (Hungenberg 2011: 205). So sollen Anbieter mit kleineren Marktanteilen (Spezialisten und hochwertige Markenanbieter) ebenso hohe Renditen erwirtschaften, wie Massenmarktanbieter mit hohen Marktanteilen. Ungünstige Erfolgspositionen nehmen alle anderen Anbieter an, die „zwischen den Stühlen“ sitzen und sich eben nicht für eine der beiden Strategiemöglichkeiten entschieden haben. Diese Annahmen sind allerdings umstritten.

Outpacingstrategie: Die Outpacingstrategie gehört zu den hybriden Wettbewerbsstrategien und setzt genau dort an, wo die Kritik der Unvereinbarkeitshypothese angreift (Strebel 1987: 28–36; Hungenberg 2011: 207 ff.). Dieser Strategietyp versucht, sowohl Leistungs- als auch Kosten- bzw. Preisvorteile durchzusetzen und zwar insofern, als dass ein gegebener Vorteil den gegebenen Nachteil tendenziell kompensieren soll, um die Kombination von Leistungseigenschaften und Preisniveau zu verbessern. Somit ergeben sich zwei Varianten des Outpacings:

- Der **Kostenführer**, der den Kostenvorteil durch den Marktpreis an seine Kunden weitergibt, könnte ab einem bestimmten Kostenniveau auf die weitere Internalisierung der Kostenvorteile, die durch eine weitere Absatzausweitung entstehen, verzichten und die neuen Kostenvorteile in die Verbesserung der Angebotsleistungen investieren. Damit bleiben die Produkte auf dem niedrigen Preisniveau, aber die Leistungseigenschaften werden verbessert.
- Der **Differenzierer**, der eine dem Wettbewerb überlegene Leistung am Markt anbietet und seine Absatzzahlen infolge ausweitet, kann die durch die größere Nachfrage erwirkten Kostendegressionseffekte in der Produktion an den Nachfrager weitergeben. Dadurch bleibt das Qualitätsniveau eingefroren, die Marktpreise allerdings sinken.

Beide Facetten des Strategietyps können helfen, die Wettbewerbsposition des Anbieters zu festigen und einen höheren Substitutionsschutz aufzubauen. Allerdings scheint es sinnvoll zu sein, zunächst eine sichere Position als Kostenführer oder Differenzierer zu erreichen, bevor der **Outpacingprozess** gestartet wird. Unmittelbar mit dem Markteintritt zu beginnen, könnte dazu führen, dass aus Sicht des Nachfragers eine nicht erkennbare Position zwischen den Stühlen eingenommen wird. Allein die Monopolstrategie dürfte eher als endabnehmerfeindlich eingeordnet werden. Hier werden durchschnittliche Leistung zu höchstmöglichen Preisen angeboten, da kein Wettbewerbsdruck existiert. Abbildung 12.3 zeigt (in Anlehnung an Hungenberg 2011: 211) die unterschiedlichen Strategietypen sowie die Logik der Outpacingstrategie.

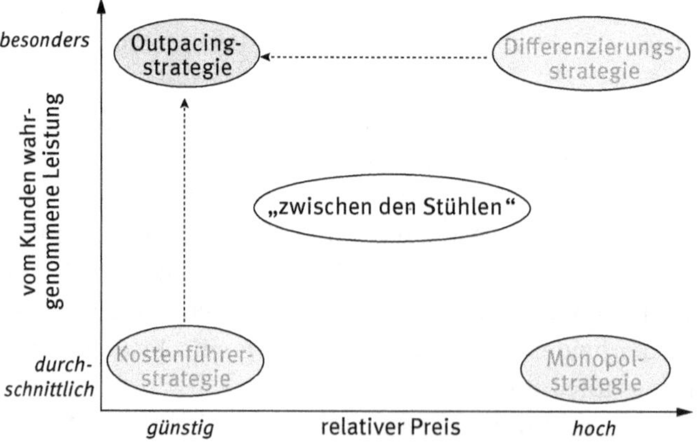

Abb. 12.3: Outpacing im Kontext generischer vs. hybrider Wettbewerbsstrategietypen

In der Medienwirtschaft wird es schwierig, die Differenzierungsstrategie über die Qualität der Medieninhalte zu fahren, da die Qualitätsbewertung in vielen Bereichen subjektiv stattfindet. Dies insbesondere im Unterhaltungssektor. Selbst im sogenannten Qualitätsjournalismus ist der Qualitätsbegriff (jenseits der handwerklichen Beurteilung) nicht objektiv zu fassen. Qualität kann nicht einfach als normativer Elitenbegriff verwendet werden, sondern macht sich auch daran fest, welchen Verständnishorizont der Rezipient hat (d. h., über welches Humankapital der Rezipient verfügt). Der Qualitätsbegriff muss also weit gefasst werden (Services, Image, Produktvarianten etc.). Die Besetzung von thematischen Nischen hingegen wird in vielen redaktionellen Bereichen forciert.

Mit der Frage, wie der Markt bearbeitet werden soll, muss auch die Frage beantwortet werden, wann und wie ein Markt betreten werden soll. Die Antwort geben die sogenannten Markteintritts- und Marktsequenzstrategien.

12.3.2.2 Timingstrategien

Wenn feststeht, dass ein Geschäftsfeld bearbeitet bzw. ein Markt betreten werden soll, muss entschieden werden, welche Rolle der Teilnehmer in Bezug auf den Markteintritt einnehmen will und wie schnell er Märkte auf- und ausbauen will. Der zeitliche Aspekt solcher Timingstrategien orientiert sich an den Wettbewerberaktivitäten und daran, ob die Markteintritte chronologisch oder parallel erfolgen sollen.

- **Markteintrittsstrategien** sind Timingstrategien, die dem Management drei Möglichkeiten in der Alternativenwahl geben. Diese Alternativen definieren drei Typen von Markteintrittsstrategien:
  - **Pionierstrategie**: Unternehmen, die Märkte begründen bzw. als erste betreten, werden als Pioniere bezeichnet. Solche Pioniere rekrutieren sich aus der Gruppe der Leistungsführer in der Medienwirtschaft; vor allem aber aus der mediennahen Komplementärgüterindustrie. Sie bieten innovative Lösungskonzepte an. Diese können produkttechnischer Art sein (z. B. die Wii U von Nintendo, die ein Jahr vor der Sony Playstation 4 und der Xbox One von Microsoft auf dem Markt kam), es können aber auch Begründer neuer Wege beispielsweise in der Intermediation (z. B. die ebay-Plattform) oder der Vermarktung von Inhalten (z. B. Bezahlcontent-Angebote von Verlagen im Internet) sein.

    Pioniere (auch First-Mover genannt) setzen auf First-Mover-Advantages, die eine zumindest temporäre Monopolstellung mit sich bringt oder sie wagen als erste den Schritt auf neues Terrain, um ein Zeichen zu setzen. First-Mover-Advantages werden in der Regel durch den Zeitvorteil generiert, den ein Pionier künftigen Wettbewerbern gegenüber hat. Solche Zeitvorteile können Betriebsgrößenvorteile mit sich bringen, da das Unternehmen schneller größere Mengen anbieten oder eine größere Nutzermasse bedienen kann, als es Folger vermögen. In jedem Fall hat der Pionier Argumentationsvorteile beim Einsatz der kommunikationspolitischen Instrumente gegenüber allen Folgern. Möglicherweise kann der Pionier auch Markteintrittsbarrieren aufbauen (z. B. über Patente).

Ziemlich deutlich zu spüren bekam der Brockkaus-Verlag den First-Mover-Vorteil von wikipedia zu spüren, dem durch den Markteintritt der Web-Enzyklopädie der gesamte Markt für die eigene Hard-Copy-Enzyklopädie weggebrochen ist. 2014 wurde der Vertrieb der gedruckten Brockhaus Enzyklopädie eingestellt. Die CD-ROM-Variante des Brockhaus, die nach dem Markteintritt von Wikipedia auf den Markt kam, hatte ebenfalls kaum noch eine Chance, am Markt erfolgreich zu werden. Auch die spätere Online-Variante des Brockhaus wurde wegen der Marktdominanz von Wikipedia schließlich unter dem Begriff „Brockhaus Wissensservice" auf Bildungsangebote für Schulen konzentriert.

- **Frühe Folgerstrategie**: Folger-Strategien setzen die Unternehmen ein, die das Risiko des First-Movers scheuen, eine Innovation auf den Markt zu bringen. Sie generieren ihre Vorteile aus der Imitation. Während ein First-Mover das volle Risiko der Markteinführung trägt und der Erfolg nicht wirklich sicher ist, greifen frühe Folger (Early Mover) erst in den Markt ein, wenn er sich positiv entwickelt. Early Mover lernen durch Marktbeobachtung. Das kann Vorteile bringen, weil mögliche Fehler, die der Pionier begeht, ausgespart werden können. Außerdem entfallen die Kosten für die Information der Verwender und auch der Ausbau der Vertriebswege kann deutlich weniger schwierig sein. Ebenfalls vorteilhaft könnte die Entwicklung der Produktadaption wesentlich weniger Aufwand verursachen.

  Werden Vertriebswege betreten, die nachteilig für Konsumenten sind – wie z. B. im Angebot von Bezahl-Content – kann der Folger auf erste Gewöhnungseffekte setzen, die der Schritt des Pioniers initiiert hat. Möglicherweise sinkt hier die Reaktanz der Endkunden.
- **Späte Folgerstrategie**: Späte Folger betreten den Markt erst, wenn die Marktstrukturen ausgeprägt sind. Es ist die risikoärmste und kostengünstigste Art des Marktbeitritts, aber auch die renditeärmste, da die Marktanteile schon weitgehend verteilt sind.

- **Marktsequenzstrategien** sind Timingstrategien, die die Markeintrittsgeschwindigkeit definieren. Die Eintrittsgeschwindigkeit ist abhängig davon, wie die zeitliche Abfolge von Markteintritten organisiert wird. Das Management kann hier zwischen zwei unterschiedlichen Marktsequenzstrategien wählen: die Wasserfall- und die Sprinklerstrategie.
  - **Wasserfallstrategie**: Wenn Marktsegemente oder Ländermärkte sequenziell aufgebaut werden, spricht das Management von einer Wasserfallstrategie. Die Grundidee der zeitversetzten Markteintritte liegt darin, zunächst den bereits besetzten Markt abzuarbeiten und erst, wenn die Wachstumsraten im

heimischen Markt abnehmen, neue Gebiete zu besetzen. Dieses Vorgehen schont die eigenen Ressourcen und reduziert damit das Ausfallrisiko durch länderübergreifende Flops.
Eine Wasserfallstrategie umsetzen zu können, setzt allerdings voraus, dass das Produkt einen langen Lebenszyklus hat und nicht durch Wettbewerberprodukte gefährdet wird. Im Umfeld der Medienwirtschaft ist diese Vorgehensweise in der Regel nicht zu empfehlen, da hier oft Geschwindigkeit das ausschlaggebende Argument für den Markterfolg ist.
So könnte es zwar Sinn machen, eine Zeitschrift erst im eigenen Land aufzubauen und Erfahrungen zu sammeln und erst später sprachlich angepasst auf einem weiteren Ländermarkt zu publizieren. Aber ein Game, ein Kinofilm, eine Plattform etc. muss sofort multinational angepasst und zeitnah auf mehreren Märkten gleichzeitig lanciert werden, um potenzielle Wettbewerberreaktionen abzuwehren.
- **Sprinklerstrategie**: Wenn Marktsegemente oder Ländermärkte zeitgleich aufgebaut werden, handelt es sich um eine Sprinklerstrategie. Die Grundidee der simultanen Markteintritte liegt darin, sich dynamisch ändernden Umweltbedingungen aktiv dadurch zu begegnen, dass insbesondere standardisierte Produkte schnell die ausgewählten Märkte penetrieren können. Der Vorteil liegt unter anderem darin, dass Skaleneffekte ausgenutzt werden können und Abhängigkeiten gegenüber Einzelmärkten reduziert werden.

12.3.2.3 Make-or-Buy-Strategien

Tätigkeiten in den einzelnen Geschäftsbereichen selber ausführen oder von Zulieferern ausführen zu lassen, sind Entscheidungsfelder der Make-or-Buy-Strategien. Wenn in diesem Bereich überhaupt eine allgemeine Empfehlung ausgesprochen werden kann, dann orientiert sie sich an der Frage, ob mit der zur Diskussion stehenden Tätigkeit Wettbewerbsvorteile generiert werden können oder nicht. Ist dies der Fall, spricht dies eher für eine Internalisierung der Leistung in die eigene Wertschöpfungskette. Eher sekundäre Funktionen (Personalbeschaffung, technische Hilfsdienste, Sicherheitsdienste und ähnliches mehr) können sicherlich ohne Schwierigkeiten ausgelagert (externalisiert) werden.

Die Motive, die dem zunehmenden Trend des Outsourcings Vorschub leisten, beschreiben Matiaske und Mellewigt (vgl. 2002: 641 ff.) wie folgt:
- Erzielung von Kostenvorteilen und Produktivitätszuwächsen,
- Konzentration auf Kernkompetenzen und
- Steigerung der Qualität in betroffenen betrieblichen Teilfunktionen.

Gegen das Outsourcen von wettbewerbsrelevanten Tätigkeiten spricht hingegen der wahrscheinliche Know-how-Transfer bzw. der Nichtaufbau von Kompetenzen, die Bildung von strategischen Abhängigkeiten und der Kontrollverlust. Vieles spricht dafür, dass jeweils Einzelentscheidungen angeraten sind.

Medienunternehmen sind permanent mit Fragen aus der Make-or-Buy-Problematik und damit insbesondere mit Fragen der Handhabung von Transaktionskosten befasst. Dabei geht es nicht nur um Überlegungen, ob Studioequipment oder eine Druckmaschine gekauft oder angemietet werden soll, ob ein Film eigen- oder fremdproduziert wird, sondern auch darum, ob und wie sogenannte Lock-in-Effekte begründet werden können, ohne dass dies inakzeptable qualitative oder kostenspezifische Konsequenzen hervorruft. Gerade Lock-in-Effekte (lock-in = „einsperren") haben aus transaktionskostentheoretischer Perspektive Licht- und Schattenseiten (vgl. auch Kapitel 7.4). Bindet beispielsweise ein Produzent einen Serienstar langfristig an sich, reduzieren sich aufgrund des Intensivverhältnisses der Vertragsparteien die Transaktionskosten, die mit der Beziehungspflege einhergehen. Wie aber verhindert der Produzent Abhängigkeiten, die sein neuer Star ausnutzen könnte? (vgl. Dreiskämper 2013: 165 und Döbler 2007:58).

Zu den generellen Zielen einer Make-or-Buy-Entscheidung gehört neben der Klärung der Wettbewerbsauswirkungen und der Kostenentwicklung damit auch die Klärung, welche Wirkungen die unterschiedlichen Informationsstände der Beteiligten (die immer auch eigene Ziele verfolgen) nicht nur auf die Effizienz des Tauschaktes, sondern auch auf die Effizienz der Organisation haben.[2]

? **Frage zu Kapitel 12.3.2**

Systematisieren Sie die Entscheidungsfelder, die strategischen Zielparameter und die mit den Entscheidungsfeldern und Zielparametern verbundenen Optionen, die das Management im Bereich der Geschäftsfeldstrategien (Wettbewerbsstrategien) haben.

12.3.3 Funktionsbereichsstrategien

Funktionsbereichsstrategien dienen der Umsetzung von finalen Zielen innerhalb der einzelnen Funktionsbereiche eines Unternehmens. Hierzu zählen vor allem die Bereiche der Programmentwicklung (Forschung- und Entwicklung), Produktion, Marketing und Vertrieb sowie das Personalwesen. Die Ziele und Strategien der Funktionsbereiche werden aus den Vorgaben der Gesamtunternehmens- und der Geschäftsfeldstrategien abgeleitet. Sie konkretisieren die übergeordneten Vorgaben (Detaillierungsfunktion), stimmen sie abteilungsübergreifend ab (Koordinierungsfunktion) und stimmen den operativen Planungsaufwand ab (Schnittstellenfunktion). (Vgl. Welge et al. 2017: 555 ff.)

2 Diese und ähnliche Fragestellungen werden im Bereich der Neuen Institutionenökonomik; insbesondere innerhalb der Transaktionskostentheorie und der Prinzipal-Agent-Theorie behandelt (vgl. in einer Zusammenfassung Dreiskämper 2013: 155–186 sowie Erlei et al. 2007, Richter und Furubotn 2003).

Ein Funktionsbereich ist nichts anderes als ein organisatorisch abgegrenztes Tätigkeitsfeld im Unternehmen. Diese werden anhand der Wertschöpfungskette gefasst. Bea und Haas beschreiben sechs Strategiebereiche, die für die Entwicklung und Nutzung von Leistungspotenzialen besonders relevant sind (vgl. folgend Bea und Haas 2016: 192 f., 491 ff., 539):

- **Beschaffungsstrategien**: Festlegung der Art und Weise, wie Lieferanten ausgewählt werden und welche Aktionsfelder ausgelagert werden.
- **Produktionsstrategien**: Festlegung der Art und Weise, wie die Fertigung organisiert wird.
- **Marketingstrategien**: Festschreibung und Abstimmung der Produkt-, Preis-, Kommunikations- und Distributionspolitik.[3]
- **Finanzierungsstrategien**: Planung des Portfolio- und Cash-Managements.
- **Personalstrategien**: Vorgabenentwicklung für die Personalbeschaffung, Personalentwicklung und Personalführung sowie Ausarbeitung des Anreizsystems.
- **Technologiestrategien**: Auswahl des Technologiefeldes, auf dem das Unternehmen aktiv sein soll, Bestimmung, wann Technologiewechsel initiiert werden und wie eigenständig der Bereich bearbeitet werden soll.

Um Redundanzen zu vermeiden und aufgrund der hohen Spezifik dieses Strategietyps werden die bedeutendsten Funktionsbereichsstrategien in den jeweiligen Kapitelabschnitten und im Kontext der jeweiligen Problemstellungen vorgestellt und nicht an dieser Stelle abgearbeitet.

Welche der Strategien in den Bereichen Gesamtunternehmen, Geschäftsfelder und Funktionsbereiche umgesetzt werden sollten, kann aus den Ergebnissen abgeleitet werden, die mithilfe der bereits vorgestellten Analyseinstrumente (vgl. Kapitel. 11) hervorgebracht werden.

---

3 Ausführlich beschäftigt sich Gläser mit der Darstellung der Marketingstrategien in Medienbetrieben (vgl. Gläser 2013: Kapitel 31).

13 Wie sehen Geschäftsmodelle von Medienunternehmen aus?

Jedes Medienunternehmen hat ein Ziel. In der Regel lautet das formale Oberziel, Rendite zu erwirtschaften und dabei darauf zu achten, dass die Existenz langfristig gesichert ist. Um Gewinne erwirtschaften zu können, müssen marktfähige Leistungen erstellt. bepreist und angeboten werden. Das heißt, es bedarf zunächst einer Idee, welche Leistungen angeboten werden sollen. Darüber hinaus muss überlegt werden, ob diese Leistungen zahlungswillige Verwender finden werden. Auch muss geklärt werden, wie die Angebotsleistungen am Markt bereitgestellt werden können; welche Distributionskanäle also genutzt und wie die Angebotsleistungen präsentiert werden können. Wenn auf diese Fragen Antworten gefunden sind, kann darüber nachgedacht werden, wie die Leistungen erstellt werden können und welcher Ressourcen es bedarf, um den Leistungserstellungsprozess dauerhaft aufrecht zu erhalten. Ist auch das geklärt, kann geprüft werden, wie hoch die Zahlungsbereitschaft der potentiellen Verwender sein wird und ob die möglichen Preise die Herstellungs- und Bereitstellungskosten (zzgl. eines Gewinnaufschlags) decken werden. Dabei ist zu berücksichtigen, dass Wettbewerber am Markt agieren, die ähnliche Ziele verfolgen und ähnliche Leistungen anbieten.

Solche Überlegungen sind unverzichtbar, um einen Überblick über das unternehmerische Vorhaben zu bekommen und die Chancen und Risiken des Vorhabens abwägen zu können. Ein Unternehmen zu gründen oder ein neues Geschäftsfeld zu betreten, ohne dass ein funktionsfähiges Geschäftskonzept modelliert wurde, wäre fahrlässig. Das Geschäftsmodell hilft, einen Überblick über das Gesamtvorhaben zu bekommen und einschätzen zu können, ob es funktionieren kann. Dabei definiert das Leistungsangebot des Medienunternehmens das Geschäftsfeld, auf dem es tätig wird. Die Geschäftsfelder können sehr eng abgegrenzt oder sehr weit gefasst werden. Je nachdem, wie breit oder eng das Geschäftsfeld auf- oder ausgebaut ist, ergeben sich verschiedene Geschäftsfeldtypen. Geschäftsfeldtypen definieren sich durch die Wertschöpfungsaktivitäten, die ein Medienunternehmen ausführt.

In den folgenden Abschnitten wird zunächst die grundsätzliche Architektur von Geschäftsmodellen vorgestellt und im Anschluss thematisiert, welche unterschiedlichen Geschäftsfelder und Geschäftsfeldtypen daraus abgeleitet werden können.

13.1 Die Architektur von Geschäftsmodellen in der Medienwirtschaft

Ein Geschäftsmodell beschreibt die logische Funktionsweise eines Unternehmens bezogen auf seine Leistungserstellung und Leistungsverwertung und konkretisiert damit

https://doi.org/10.1515/9783110519587-013

die Schlüsselfaktoren des Erfolges oder Misserfolges. Final beschreibt das Geschäftsmodell auf eine mehr oder weniger abstrakte Art und Weise, was ein Unternehmen macht, um Gewinne zu erwirtschaften (vgl. Rentmeister und Klein 2003).[1] Es definiert die marktfähige Leistung, die angeboten wird, konkretisiert, welche Ressourcen benötigt werden und woher die Ressourcen bezogen werden, bildet die Wertschöpfungskettenarchitektur ab und erläutert, wie Erlöse am Markt erzielt werden sollen. Das Geschäftsmodell hilft, einen Überblick über das Gesamtvorhaben zu bekommen und einschätzen zu können, ob es funktionieren kann (vgl. hier und fortfolgend Gläser 2014 und Wirtz 2016).

Merke:

Ein **Geschäftsmodell** bildet das betriebliche Leistungssystem eines Unternehmens oder einer Business Unit ab und zeigt damit auf, welche Ressourcen benötigt werden, wie der Wertschöpfungsprozess funktioniert und welche vermarktungsfähigen Güter auf welchen Märkten angeboten werden, um nachhaltig geschäftstragende Erlöse zu generieren. Bestandteil des Geschäftsmodells ist auch die Beschreibung, welche Funktionen die involvierten (internen und externen) Akteure haben.

Aufgrund der hohen Komplexität eines Geschäftsmodells werden Geschäftsmodelle in sechs Partialmodelle zerlegt (vgl. hier und folgend Tab. 13.1)[2]:

Tab. 13.1: Partialmodelle eines integrierten Geschäftsmodells

Das Geschäftsmodell als Gesamtheit verschiedener Partialmodelle					
Leistungsangebotsmodell	Marktmodell	Beschaffungsmodell	Leistungserstellungsmodell	Leistungsverwertungsmodell	Kapitalmodell
Modellierung des Leistungsprogramms anhand der Kundenbedürfnisse und der eigenen Kompetenzen	Modellierung des Gesamtmarktes, der Nachfragermärkte und des Wettbewerberverhaltens	Modellierung der Ressourcenbeschaffung	Modellierung des Transformationsprozesses inkl. der Wert- und Kostentreiber	Modellierung der akquisitorischen und logistischen Bedingungen	Modellierung der Finanzierung und der Erlösgenerierung

1 Eine einheitliche Definition dessen, was ein Geschäftsmodell ist, existiert in der Literatur nicht.

2 Die Ausführungen in diesem Kapitel lehnen sich an die Ausführungen von Wirtz 2016: Kap. 4 und 5 sowie Gläser 2014: Kap. 15–17 und 32 an. Der interessierte Leser findet in beiden Werken ausführliche Informationen über die speziellen Geschäftsmodelle in unterschiedlichen Medienbranchen.

- Das **Leistungsangebotmodell**: Mit der Modellierung des Leistungsangebotes verbunden ist die Darstellung des Leistungsspektrums, das den Kunden angeboten werden soll. In den angebotenen Produkt- und Dienstleistungsprogrammen spiegeln sich die Wünsche der unterschiedlichen Nachfragegruppen und die Kompetenzen des anbietenden Unternehmens wider. Um Nachfragegruppen identifizieren zu können, wird der Markt den Kundenwünschen entsprechend segmentiert.
- Das **Marktmodell**: Im Marktmodell wird konkretisiert, wie der relevante Markt strukturiert ist, welchen Akteuren das Unternehmen gegenübersteht und wie sich die Marktteilnehmer verhalten. Die Akteure, die am Markt aktiv sind, werden in Nachfrager und in Wettbewerber differenziert. Dabei ist darzustellen, wie die Nachfrager (z. B. Konsumenten und werbetreibende Unternehmen) am Markt agieren, welche Bedürfnisse und Preisbereitschaften sie zeigen und welchen Einfluss sie auf den Erfolg des Geschäftsmodells haben.
- Das **Beschaffungsmodell**: Hier wird dargestellt, welche Inputfaktoren in welcher Menge beschafft werden müssen und welche selbst erstellt werden sollen. Hier werden also vor allem Make-or-Buy-Entscheidungen gefällt.
- Das **Leistungserstellungsmodell**: In diesem Entscheidungsbereich werden die innerbetrieblichen Prozesse und Strukturen der Leistungserstellung abgebildet. Vor allem werden die Kernprozesse abgebildet, die zur Wertschöpfung beitragen und Kundenwerte darstellen. Damit wird herausgearbeitet, welche Werttreiber das Transformationsergebnis beflügeln. Damit verbunden ist aber auch die Darstellung der sogenannten Kostentreiber. Hier wird herausgearbeitet, welche Faktoren die Struktur und Höhe der Kosten deutlich beeinflussen. So werden Wettbewerbsvorteile und Wettbewerbsnachteile deutlich.
- Das **Leistungsverwertungsmodell**: Leistungen müssen nicht nur hergestellt werden, sie müssen auch den Weg zum Kunden finden. Das Distributionsmodell dient der Darstellung, welche Absatzkanäle bedient werden und wie die Beziehungen zu den Absatzmittlern gestaltet werden sollen. Während die Bespielung der Absatzkanäle als logistische Distribution bezeichnet wird, fällt die Ausgestaltung der Beziehungen zu den Distributionspartnern in den Bereich der akquisitorischen Distribution. Die logistische Verteilung der Leistungsangebote steht in engem Zusammenhang mit Kostenaspekten. Die akquisitorische Facette verbindet eher Erlöstreiber mit der Distribution. Die Bedeutung des Distributionsmodells ist im Umfeld physischer Medienträger höher als im Bereich immaterieller Datenträger. Dennoch muss darauf geachtet werden, dass die angebotene Leistung an jedem Ort verfügbar sein muss, an dem der Nachfrager das Angebot erwartet.
- Das **Kapitalmodell**: Die Kapitalseite des Geschäftsmodells hat zwei unterschiedliche Facetten. Zum einen muss geklärt werden, wie viel Kapital das Geschäftsfeld benötigt, um lebensfähig zu sein oder zu werden. Es verdeutlicht vor allem, woher das Kapital kommt, das für die Unternehmenstätigkeit notwendig ist. Wie der Ka-

pitalbedarf dauerhaft refinanziert wird, zeigt das Erlösmodell als Teilmodell des Kapitalmodells. Hier wird erläutert, welche Erlösformen das Unternehmen einsetzen will, um nachhaltig Umsätze generieren zu können. Dem Erlösmodell kommt eine ganz besondere Bedeutung zu, da hier entschieden wird, ob das Geschäftsmodell tragfähig ist oder nicht. Konkret wird die Frage beantwortet, ob, wofür und in welcher Höhe bei den Kunden Preisbereitschaft existiert und für welche Kombinationsmöglichkeit von Leistung und Gegenleistung sich das Unternehmen entscheidet, um Zahlungsbereitschaften abschöpfen zu können.

Das **Leistungsangebots**- und das **Leistungsverwertungsmodell** folgen den Marketingüberlegungen innerhalb der jeweiligen Geschäftsfelder. Das **Marktmodell** eines Medienunternehmens folgt den Untersuchungsergebnissen, die vor allem aus der PEST- und der Five-Forces-Analyse stammen (vgl. Kapitel 11.3.3 und 11.3.4). Das **Beschaffungsmodell** wird durch die Grundsätze der Beschaffungspolitik geprägt. Das **Leistungserstellungsmodell** wird durch die eigenen Kernkompetenzen, den Produktionsaufwand, die Risikobereitschaft und die Möglichkeit, Kontrolle ausüben zu können, geformt. Das **Kapitalmodell** folgt einerseits den Empfehlungen der Investitions- und Finanzierungsplanung sowie den Möglichkeiten, die durch das **Erlösmodell** ausgeschöpft werden können.

13.2 Leistungsangebotsmodelle in der Medienwirtschaft

Das Leistungsangebotsmodell arbeitet aus, welche Leistungen bzw. welches Leistungsprogramm wem in welcher Qualität und zu welchem Preis angeboten werden soll. Die Bestandteile dieses Partialmodells zeigt Tab. 13.2.

Tab. 13.2: Bestandteile des medienwirtschaftlichen Leistungsangebotsmodells

Die Referenzbereiche des Leistungsangebotsmodells				
Marktlücke und Marktpotenzial	**Programmpolitik**	**Preispolitik**	**Kommunikationspolitik**	**Angebotsstrategien**
Kundenbedürfnisse Preisbereitschaften	Leistungskern Value Propositio, Produktprogramm	Preiserwartung Preisniveau	USP Kundenbeziehung	Differenzierung Kostenführerschaft Nischenangebote

Ein Unternehmen kann im Sinne der Inside-out-Perspektive untersuchen, ob das, was es anbieten möchte, Nachfrage finden wird. Es kann auch im Sinne der Outside-in-Perspektive den Markt auf unbefriedigte Nachfragebedürfnisse hin analysieren, um dann zu prüfen, ob diese Bedürfnisse durch entsprechende Angebote abgedeckt werden können. Das Ergebnis dieser Prüfungen führt bestenfalls zur Identifikation einer **Marktlücke**. Eine Marktlücke ist ein Ausschnitt aus dem Gesamtmarkt (Marktsegment), dessen Bedürfnisprofil von aktuellen Wettbewerbern noch nicht oder nur unzureichend abgedeckt wird (vgl. Danner 2002). Eine solche Marktlücke muss nicht zwingend ein völlig neues Produkt verlangen. Es reicht aus, dass bestimmte Zielgruppenbedürfnisse nicht ausreichend oder angemessen befriedigt werden. So können beispielsweise bestimmte Themen auf Informations-, Bildungs- oder Unterhaltungsmärkten unterrepräsentiert sein. Nach Identifikation der Lücke muss nun das **Marktpotenzial** eingeschätzt werden. Das heißt, das Medienunternehmen muss die Größe des Marktsegmentes bestimmen. Nur so lässt sich feststellen, ob ein Angebot profitabel sein könnte. Mit der Prüfung der Profitabilität verbunden ist auch die Untersuchung, ob das potenzielle Leistungsangebot auch auf Preisbereitschaften am Markt treffen wird.

Im Umfeld der **Programmpolitik** muss das Unternehmen konkretisieren, welches Produktprogramm auf den Markt gebracht werden soll. Das Unternehmen definiert hier seine Produktarchitektur (vgl. Hass 2002: 95 ff.) und legt damit fest, welche Leistungen und welchen Nutzen den identifizierten Zielgruppen in den Marktsegmenten angeboten werden sollen (Value Proposition). Ein Mehrproduktunternehmen muss darauf achten, dass die einzelnen Produkte in einer Interdependenzbeziehung stehen und als Gesamtheit auf die Zielgruppenmitglieder wirken. Insofern muss das Unternehmen einen eindeutigen Leistungskern herausarbeiten. Das ist nicht immer einfach, da z. T. homogene, aber auch höchst unterschiedliche Leistungsangebote das Gesamtprogramm bestimmen können. So kann eine Werbeleistung relativ leicht als einzelnes Produkt identifiziert und auch aus Kundensicht separat bewertet werden: Es wird ein bestimmter Werberaum oder eine bestimmte Werbezeit bereitgestellt. Die Summe der Werbeleistungen bildet dann das angebotene Werberaum- oder Werbezeitenprogramm. Nicht ganz so leicht ist die Abgrenzung zwischen Produkt und Programm auf dem Rezipientenmarkt. Ein inhaltliches Verbundprodukt wie eine Zeitung oder ein Rundfunkprogramm besteht aus höchst unterschiedlichen Einzelprodukten. Die Zeitung bietet inhaltliche Rubriken wie Politik, Lokales, Wirtschaft, Sport oder Feuilleton, die von eigenständigen Ressorts erstellt werden. So kann die Zeitung als Ganze oder die einzelnen Rubriken als Produkt angesehen und bewertet werden. Wenn eine Online-Zeitung aber ein sogenanntes Newsdesk zusammenstellt, löst die (integrierte) Redaktion diese Grenzen auf. Alle Einzelbeiträge verschmelzen zu einem Ganzen (vgl. Bauer 2005). Auch im TV-Bereich können Sendeprogramme als Ganzes wahrgenommen werden oder es werden die einzelnen Programmbestandteile einzeln bewertet. So kann ein TV-Veranstalter einen guten Ruf im Nachrichtenbereich haben, aber als eher langweilig im Unterhaltungsbereich eingeordnet werden.

Hier hilft es möglicherweise, wenn der Leistungsbereich in die Teilbereiche Leistungskern, Markenpolitik, Verpackung (zumindest im Bereich materieller Medienträger) und sonstige Dienstleistungen differenziert wird (vgl. Nieschlag et al. 2002: 234).

Die **Preispolitik** aus Sicht des strategischen Managements verbindet die programmpolitischen Entscheidungen mit der Leistungserstellungsphilosophie des Unternehmens. Entweder wird das Unternehmen hochwertige Inhalte herstellen oder kostengünstige. Dieser Ausrichtung entsprechend muss das grundsätzliche Preisniveau der Leistungen bestimmt werden. Dieses wiederum ist abhängig von der Preiserwartung der Zielgruppenmitglieder. Die Preiserwartung ist ein Marktdatum, das extern gegeben und kaum (oder nur langfristig) beeinflussbar ist. Es bildet sich durch Preiserfahrungen. Die Erwartung der Konsumenten, im Internet oder im Rundfunk alle Informationen kostenlos zu erhalten, verdeutlicht, warum Bezahlmodelle im Internet oder das Pay-TV einen so schwierigen Stand in Deutschland haben. Preiserfahrung, Preiserwartung und Preisniveau müssen abgestimmt werden. Oberstes Gebot ist aber immer, dass der Preis die Kosten des Angebotes decken muss. Dabei ist es weniger relevant, auf welchem Markt der Preis gefordert werden kann (Konsumenten- oder Werbemarkt). Wie hoch der Preis letztendlich angesetzt werden kann, ist abhängig von der Nachfrageelastizität und von der Wettbewerbssituation. So können Preise kostenorientiert, nachfrageorientiert oder konkurrenzorientiert definiert werden (vgl. Meffert et al. 2015: 482 ff.).

Die **Kommunikationspolitik** definiert, wie die (potenziellen) Zielgruppen angesprochen werden sollen und welches Beziehungsmanagement die Verbindung zum Kunden bestimmen soll. Es reicht auf den hoch kompetitiven Medienmärkten nicht aus, eine Leistung zur Verfügung zu stellen. Das anbietende Unternehmen muss dazu beitragen, dass seine Leistungen von den Zielgruppenmitgliedern wahrgenommen, verstanden und geschätzt werden. Dementsprechend muss die Kommunikationspolitik eine Unique Selling Proposition (USP) formulieren, die das Angebot attraktiv macht und begründet, warum das Angebot einen hohen Nutzen für den Marktpartner hat. Ebenfalls zum Aufgabenbereich der Kommunikationspolitik gehört die Kontaktaufnahme und die Beziehungspflege zum Kunden. Hier müssen Überlegungen angestrengt werden, wie Kunden akquiriert, gebunden und ggfs. zurückgewonnen werden können (vgl. Bruhn 2015 sowie Hippner und Wilde 2006).

Die **Angebotsstrategien** formulieren das grundsätzliche Leistungsverständnis des Unternehmens, ob also differenzierte Produkte oder Programme zur Leistungsführerschaft führen sollen oder ob preisgünstige Lösungen als Folge des Strebens nach Kostenführerschaft am Markt lanciert werden sollen. Die dritte Möglichkeit, sich am Markt zu etablieren liegt darin, Nischenprodukte in einem engen Marktsegment oder für eine spezielle Zielgruppe anzubieten (vgl. Porter 2013 und 2014). In den Medienbranchen ist es nicht unbedingt einfach, objektive Parameter zu definieren, die eine eindeutige Zuordnung eines Leistungsangebotes zu einer der beiden erstgenannten Strategien erlauben. Im Unterhaltungsbereich gilt: Was gefällt, ist hochwertig. Im Informationsbereich und im Bereich der aktuellen Berichterstattung ist die Unterscheidung weniger einfach. Hier müssen handwerkliche von thematischen Diskussionen getrennt werden.

13.3 Marktmodelle in der Medienwirtschaft

Das Marktmodell stellt macht deutlich, wie der Markt strukturiert ist und welches Marktverhalten die Teilnehmer zeigen. So wird verdeutlicht, welchen Bedingungen sich die aktiven Teilnehmer aussetzen und welche Position sie auf dem Markt einnehmen (werden). Einen Überblick über die Bestandteile des Marktmodells gibt Tab. 13.3.

Tab. 13.3: Bestandteile des medienwirtschaftlichen Marktmodells

Die Referenzbereiche des Marktmodells				
relevanter Markt	**Marktphase und Marktstruktur**	**Markt-konzentration**	**Markteintritts-barrieren**	**sonstige Rahmen-bedingungen**
Leistung Region Kunden Technologie	Marktalter und Marktentwicklung Marktform (Anzahl und Größe der Marktteilnehmer)	Teilnehmer-konzentrationsrate Integrations- und Wettbewerbs-intensität	Investitionsbedarf Kostenstrukturen Kosteneffizienz Economies of Scale und Scope	makro-ökonomische Faktoren (PEST) Gewinnrate Gewinnmarge

Um die Marktstruktur abbilden zu können, muss der Markt zunächst abgegrenzt werden. Die Marktabgrenzung kann nach Kundengruppen, Kundenbedürfnissen (Produkte, Substitute, Komplemente), Regionen oder technologischen Aspekten der Produkterstellung oder Produktverwendung vorgenommen werden (vgl. Kapitel. 11.3.2). Abell spricht von der Bestimmung des **relevanten Marktes** (vgl. Abell 1980: Kap. 3).

Neben der Marktabgrenzung stellt das Marktmodell auch die Entwicklung des Marktes dar und zeigt damit, in welcher **Marktphase** sich das Geschäftsfeld befindet und ob der Markt wächst, stagniert oder schrumpft. Hier helfen Lebenszyklus- und Portfolioanalysen. Außerdem müssen die **Marktstrukturen** hinsichtlich der Teilnehmer analysiert werden. Das heißt, es muss untersucht werden, wie viele Wettbewerber oder Kunden am Markt aktiv sind und wie groß diese Teilnehmer sind. Damit lässt sich bestimmen, welchen Einfluss sie auf das eigene Geschäftsmodell nehmen können. Hier hilft die Five-Forces-Analyse weiter (vgl. Kapitel 11.3.4).

Werden die teilnehmerorientierten Strukturen im Zeitvergleich betrachtet, ergeben sich Aufschlüsse über die Konzentrationstendenzen auf dem Markt. Eine statische Betrachtung gibt Auskunft über den Konzentrationsgrad zu einem gegebenen Zeitpunkt. Eine hohe **Marktkonzentration** liegt vor, wenn wenige Anbieter oder Nachfrager einen Großteil des Angebotes bzw. der Nachfrage auf sich vereinen. Der Konzentrationsgrad kennzeichnet die Wettbewerbsintensität auf dem Markt. Dabei ist zwischen ökonomischer und publizistischer Konzentration zu unterscheiden. Im publizistischen Sinne ist ein geringer Konzentrationsgrad immer ein Zeichen für ein vielfältiges Leistungs- und Meinungsangebot. Im ökonomischen Sinne bedeutet ein geringer Konzentrationsgrad, dass viele Wettbewerber am Markt aktiv sind, aber die Stärke der Wettbewerber nicht besonders ausgeprägt ist. Es zeigt sich aber auf allen Medienmärkten, dass die ökonomische Konzentration (gemessen in der sogenannten Konzentrationsrate) tendenziell zunimmt. Damit steigt die Marktmacht der (wachsenden) Wettbewerber. Zu den einzelnen Gattungsmärkten ist bereits in Kapitel 6 ausgeführt worden.

Mit dem Konzentrationsgrad und damit mit der Größe der Unternehmen verbunden ist die Möglichkeit der Teilnehmer, **Markteintrittsbarrieren** aufbauen zu können. Da in der Medienwirtschaft die Reichweite den zentralen Wettbewerbsvorteil darstellt, sind absatzstarke Unternehmen sowohl auf den Konsumentenmärkten als auch auf den Werbemärkten begünstigt (vgl. Auflagen-Anzeigen-Spirale in Abb. 7.3). Economies of Scale werden damit zu strukturellen Barrieren; insbesondere für Neueinsteiger. Um am Markt Fuß fassen zu können, sind Neueinsteiger quasi gezwungen, mit großen Volumina in den Markt einzutreten. Dies erhöht das Risiko gewaltig, da alle Kosten Sunk Costs darstellen. Auch können leistungsbreit aufgestellte Unternehmen Economies of Scope nutzen und damit noch einmal deutliche Kosten- und Umsatzvorteile generieren, indem Content mehrfach verwertet wird und auch weniger reichweitenstarke Werberäume in einem Kombipaket vermarktet werden können.

Eine ähnliche Tendenz wie auf der Anbieterseite zeigt sich auf den Werbemärkten. Die Nachfrageaktivitäten der werbetreibenden Wirtschaft werden immer häufiger gebündelt. Das führt zu einem deutlich erhöhten Preisdruck auf die Intermediäre und damit zu sinkenden Preisen für Werbezeiten und Werbeflächen. Einzig der Konsument ist in einer ewig schwachen Position verhaftet. Lediglich als Gesamtheit betrachtet, verfügen Konsumenten über Marktmacht (Stichwort: Konsumentensouveränität). Da diese aber nicht gemeinschaftlich ausgeübt wird, bleiben hier nur Einzelentscheidungen mit auch nur geringem Einfluss auf die Marktbedingungen.

Nicht zuletzt ist auch zu untersuchen, welche **sonstigen Rahmenbedingungen**, wie beispielsweise makroökonomische Einflüsse auf den Markt einwirken. Hier hilft die PEST-Analyse weiter (vgl. Kapitel 11.3.3). Auch eher allgemeine Analysen wie beispielsweise die Ermittlung der durchschnittlichen Gewinnrate (Gewinn/EK) oder der durchschnittlichen Gewinnmarge (Preis-Kosten-Relation) am Markt bringen Erkenntnisse, die die Chancen-Risiko-Analyse aufwerten.

13.4 Beschaffungsmodelle in der Medienwirtschaft

Das Beschaffungsmodell bildet ab, welche Einflussfaktoren auf die betriebsbedingt zu beschaffenden Ressourcen einwirken, um die Leistungsangebote erstellen zu können. Die Modellbestandteile des Beschaffungsmodells zeigt Tab. 13.4. Mit eingearbeitet wird hier, auf welche Art und Weise die Produktionsfaktoren beschafft werden sollen (Beschaffungsstrategien).

Tab. 13.4: Bestandteile des medienwirtschaftlichen Beschaffungsmodells

Die Referenzbereiche des Beschaffungsmodells					
Objekte	**Kosten**	**Vertrags-bedingungen**	**Erlös-erwartungen**	**sonstige Rahmen-bedingungen**	**Beschaffungs-strategien**
Finanzmittel Arbeitskräfte Rechte Betriebsmittel Werk- und Betriebsstoffe Fremd-leistungen	Beschaffungs-preise für Objekte (insb. Inhalte und Rechte) Transaktions-kosten	Konditionen im Zusam-menhang mit dem Erwerb von Rechten und Lizenzen	Amortisation der Kosten auf Rezipienten-, Werbe- und Rechtemarkt	staatliche Vorgaben (weitgehend nur für Rundfunk interessant)	Direkt-kontrahierung Kooperation Syndikation

Als **Objekte** der Beschaffung gelten alle Produktionsfaktoren, die der Leistungsherstellung dienen (vgl. hier und folgend Gläser 2014: 411 ff.). Hierzu zählen Finanzmittel, Arbeitskräfte und Rechte sowie Betriebsmittel, Werk- und Betriebsstoffe und alle sonstigen Fremdleistungen. Finanzmittel, Arbeitskräfte und Rechte gehören dabei zu den Schlüsselfaktoren in Medienunternehmen.

Finanzmittel decken den Bedarf an Eigen- und Fremdkapital, gehören aber zu den besonderen Risikofaktoren, da der Kapitaleinsatz in der Regel hoch ist und im Fall des Scheiterns verlorengeht. Hier muss ein optimaler Mix zwischen Eigen- und Fremdkapital gefunden werden. Arbeitskräfte sind von ebenso hoher Bedeutung, da vor allem Inhalte herstellende Unternehmen von der Qualität ihrer künstlerischen, redaktionellen und technischen Mitarbeiter abhängig sind. Hier muss ein optimaler Mix zwischen festangestellten und freien Mitarbeitern gefunden werden. Rechte, vor allem Nutzungsrechte an Inhalten (Urheberrechte, Filmrechte, Übertragungsrechte etc.), sind die dritte Schlüsselressource eines Medienunternehmens im engeren und erweiterten Sinne (vgl. Kapitel 1.5.3). Vor allem vor dem Hintergrund, dass der Programmbedarf immer seltener durch selbsterstellten Content abgedeckt wird. Hier muss ein optimaler Mix aus Eigen- und Fremdproduktionen gefunden werden. Rechte gelten zu den Aktivposten mit strategischer Relevanz. Betriebsmittel (Potenzialgüter), wie technische Anlagen (Druckmaschinen, Kameraequipment, Studioeinrichtungen etc.), Grundstücke, Gebäude und die Betriebs- und Geschäftsausstattung sind ebenso zu beschaffen, wie Werkstoffe, Betriebsstoffe und Handelswaren. Hier unterscheidet sich der Bereich, in dem materielle Medienträger hergestellt werden allerdings deutlich von dem Bereich elektronischer Medien. Fremdleistungen, die unterstützenden Wert haben, müssen ebenfalls beschafft werden. Hier handelt es sich um typische Dienstleistungen und Bereitstellungsleistungen Dritter (Reinigungs-, Beratungs- und Kommunikationsdienste etc.).

Welche Ressourcen von wem, in welcher Menge und zu welchem Zeitpunkt beschafft werden können oder müssen, hängt von der Produktionsphilosophie und der Integrationstiefe des Medienunternehmens ab. Hier unterscheiden sich die Medienunternehmen, die selbst produzieren von denen, die Content in fertiger Form einkaufen erheblich. Mitunter werden auch Mischformen der Produktion präferiert (Ko-Produktionen).

Die **Kosten** für die Beschaffung der Objekte stellen immer eine bedeutende Einflussgröße dar. Von besonderer Bedeutung sind die Einkaufspreise für die Inhalte. Diese sind abhängig von der Qualität und Exklusivität, aber auch vom Umfang der Verwertungsrechte (Häufigkeit, Zeitraum und Region) und von der Wettbewerbsintensität auf dem Markt. Neben den Beschaffungspreisen sind auch die Transaktionskosten der Beschaffung zu beachten. Transaktionskosten[3] fallen vor allem im Zusammenhang mit der Suche nach geeigneten Lieferanten und durch den Vertragsabschluss an.

Vertragsbedingungen können höchst unterschiedlich formuliert werden. Da Nichtrivalität in der Nutzung von Inhalten besteht, können Inhalte exklusiv, aber auch mehrfach und zeitversetzt an verschiedene Medienunternehmen verkauft werden. Verkäufer können auch den Erwerb eines Nutzungsrechtes an den Erwerb weiterer Nutzungsrechte koppeln. In diesen Fällen werden Inhaltebündel vermarktet (z. B. Filmpakete). Selbst Vorkaufsrechte an noch nicht produzierten Inhalten werden heute vermarktet (sogenannte Pre-Sales-Verträge). Der Käufer weiß in solchen Fällen zwar nicht, was genau er kauft, aber er verhindert zumindest den Zugriff anderer auf den künftigen Inhalt. Solche Deals sind in der Buch- und Filmindustrie gang und gäbe.

Erlöserwartungen einzuschätzen, gehört ebenfalls zu einem Beschaffungsmodell, denn die potenziellen Erlöse definieren nicht zuletzt die Preisbereitschaft der Käufer. Erlöserwartungen auf Rezipienten-, Werbe- oder Rechtemärkten einzuschätzen ist allerdings immer auch ein stückweit „Kristallkugelpolitik“. Nicht zuletzt amortisieren sich die Kosten auch nicht zwingend unmittelbar durch den Abverkauf bzw. die Reichweite. Mitunter wirken die beschafften Inhalte auch erst langfristig und damit mittelbar über Imageverbesserungen oder Positionsverstärkungen auf dem Markt.

Sonstige Rahmenbedingungen können, müssen aber nicht relevant sein. Zu den sonstigen Rahmenbedingungen gehören staatliche Vorgaben. Diese sind weitestgehend nur im Rundfunk wirksam. Beispielsweise definiert der Rundfunkstaatsvertrag allgemeine Vorgaben für die Programmgestaltung und damit auch mittelbar für die Beschaffungspolitik der Rundfunkveranstalter.

Beschaffungsstrategien sind die Antwort der nachfragenden Medienunternehmen auf die gegebene Marktsituation und die eigene Leistungsphilosophie. Was nicht selbst hergestellt werden kann oder soll, wird entweder direkt im bilateralen Kon-

---

3 Transaktionskosten entstehen, wenn zwischen den an einer Transaktion beteiligten Personen Kommunikationsbedarf oder Konflikte auftreten. Sie setzen sich zusammen aus: Such-, Anbahnungs-, Informations-, Zurechnungs-, Verhandlungs-, Entscheidungs-, Vereinbarungs-, Abwicklungs-, Absicherungs-, Durchsetzungs-, Kontroll-, Anpassungs- und Beendigungskosten.

takt mit dem Rechteinhaber eingekauft, über Kooperationen realisiert oder durch Vermittler beschafft. Das Ziel der Direktkontraktion besteht in der Beschaffung exklusiver Inhalte. Die Kooperation basiert auf Tauschhandel. Inhalte werden mit Kooperationspartner ausgetauscht. So können Ressourceneinsätze geschont werden. Die Inanspruchnahme von Vermittlern hilft Transaktionskosten zu reduzieren und ist ebenfalls faktorschonender als die Eigenerstellung.

Das Beschaffungsmodell zeigt einen engen Bezug zur Marketingstrategie des Unternehmens, da diese über Qualität und Kosten die Marktposition definiert und das Beschaffungskonzept daraufhin nachhaltig feinjustiert, welche Produktionsfaktoren in welcher Qualität zu welchen Kosten eingekauft werden müssen.

13.5 Leistungserstellungsmodelle in der Medienwirtschaft

Das Leistungserstellungsmodell bildet die Einflussfaktoren, die auf die Auswahl der Medieninhalte sowie die Faktorkombination (Entstehungsprozess) wirken, ab. Der Produktionsprozess und die damit verbundenen Inhalte stellen den Leistungskern des Medienunternehmens dar. Der Leistungskern wiederum definiert das Markenprofil und muss auf das geforderte Niveau gehoben bzw. gehalten werden. Mit eingearbeitet in das Leistungserstellungsmodell wird die Festlegung, auf welche Art und Weise die Produktionsfaktoren vorrangig kombiniert werden sollen (Produktionsstrategien).

Tab. 13.5: Bestandteile des medienwirtschaftlichen Leistungserstellungsmodells

Die Referenzbereiche des Leistungserstellungsmodells				
Thema	**Ressourcen-einsatz**	**Produktions-bedingungen**	**Vervielfältigung**	**Produktions-strategien**
Ausgangspunkt: Ideen, Adaptionen, Ereignisse oder Trends Bewertung: Machbarkeit, Relevanz, oder Nützlichkeit (Erfolgsaussicht)	materielle und personelle Ressourcen	kreative und technische Realisierung Kostenstruktur Unsicherheit	materielle Vervielfältigung immaterielle Bereitstellung Packaging von Modulen (Konfiguration)	Eigenproduktion Koproduktion Fremdbezug

Themen entstehen durch Ideen, Adaptionen bereits veröffentlichter Inhalte (z. B. Buch als Filmvorlage), Ereignisse im Zeitgeschehen (z. B. Ausbruch des Vulkans Eyjafjallajökull in Island im Jahre 2010) oder durch das Erkennen aktueller Trends und bilden damit den Ausgangspunkt in der Inhalteproduktion. Die Konzepte (Exposés,

Treatments etc.) werden nach Vorlage auf ihre Machbarkeit, Relevanz und Passgenauigkeit in das Programm des Medienunternehmens hin überprüft. Ausschlaggebend ist für privat-kommerzielle Medienbetriebe in der Regel die Erfolgsaussicht in Form einer erwarteten Reichweite. Für öffentlich-rechtliche Medienbetriebe kann auch entscheidend sein, in welchem Maße das Thema hilft, Hilfestellung in der Alltagsorientierung etc. zu geben.

Im nächsten Schritt muss eingeschätzt werden, welchen **Ressourceneinsatz** das Projekt abverlangt. Dabei werden materielle von personellen Produktionsfaktoren getrennt betrachtet. Häufig stellen die Personalanforderungen den größeren Engpass gegenüber den technischen Einrichtungen und Equipments dar.

Während die **Produktionsbedingungen** (kreative Umsetzung und technische Realisierung) teilweise schon durch die Planung des Ressourceneinsatzes geklärt werden können, bleiben die mit der Produktion der First Copy verbundenen Produktionskosten zunächst weiterhin ein Unsicherheitsfaktor. Die Urmasterproduktion weist einen deutlichen Projektcharakter mit nur geringem Anteil an Standardisierungsmöglichkeiten aus. Damit bleibt der Produktionsprozess zeitlich und bezogen auf den Aufwand nur bedingt planbar. Das Problem ist hier, dass Kosten auch dramatisch steigen können und dass Projekte, die abgebrochen werden müssen, weil Unvorhersehbares eintritt, ausschließlich Sunk Costs produzieren. Teilprodukte sind in der Regel nicht verwertbar.

In technischer Hinsicht stellt die **Vervielfältigung** nur für Produzenten materieller Medienträger eine Planungsaufgabe dar. Hier müssen Druckauflagen oder Pressmengen kalkuliert werden. Im elektronischen Bereich stellt die Reichweite kein Planungsproblem dar, weil das Urmaster einfach rundfunktechnisch gesendet oder digital ins Netz gestellt wird. In inhaltlicher (produktlicher) Hinsicht, kann die Vervielfältigung – verstanden als technische **Konfiguration** von verschiedenen Inhaltsmodulen – allerdings schon ein Planungsproblem darstellen. Dies ist dann der Fall, wenn produktionstechnisch zwar Unikate hergestellt werden, diese Urmaster aber als Module verwertet werden, die in unterschiedlichen Konfigurationen Verwendung finden. So kann eine Nachricht oder ein Bericht etc. durchaus auf mehreren RF-Kanälen und in verschiedenen Print- oder Digitalmedien eingearbeitet werden. Das Packaging entscheidet dann, welche Produktkombination in die Massenproduktion geht. Die reinen Inhalte (z. B. Ideen, Konzepte, Informationen) können sogar über alle Medienträgergrenzen hinweg universell verwertet werden.

Das Produktionsmanagement ist verantwortlich dafür, welche **Produktionsstrategien** im Umfeld der Programmerstellung umgesetzt werden. Die Festlegung erfolgt in engem Zusammenhang mit den unternehmerischen Marktstrategien, die der Medienbetrieb verfolgt. Damit besteht – ebenso wie in der Beschaffungspolitik – auch hier ein enger Zusammenhang mit der Produktpolitik des Unternehmens. Das heißt, das Marketing hat auch deutlichen Einfluss auf die produktionsstrategischen Entscheidungen.

Das Produktionsmanagement muss nicht nur die gesamte Produktstruktur, die Produktionsfaktoren und die Struktur des Produktionsprozesses planen und koordinieren, sondern auch Entscheidungen darüber treffen, welche Inhalte oder Medienträger selbst erstellt oder fremdbezogen werden. Hier sind Make-or-Buy-Entscheidungen zu treffen. In Bezug auf die Erstellung des Contents oder der Medienträger können die Eigenproduktion, die Fremdproduktion und die Koproduktion unterschieden werden.

Im Zuge der **Eigenproduktion** übernimmt das Medienunternehmen selbst die Durchführung aller wesentlichen Produktionsschritte. Das bedeutet nicht, dass der Medienbetrieb alle einzelnen Aufgaben in der Produktion übernimmt. So können einzelne Bestandteile durchaus von außen angeliefert werden. Entscheidend ist der Einfluss auf die Inhalte bzw. deren Aufbereitung. Auch wenn rechtlich verbundene Unternehmen Produktionen beisteuern, gelten die Endergebnisse immer noch als Eigenproduktion. Die Motivation selbst zu produzieren liegt in der Regel darin, eine gewünschte Qualität zu sichern und negative Auswirkungen von Informationsasymmetrieen zu reduzieren (vgl. Heinrich 1999: 158). Damit reduzieren sich auch die Transaktionskosten für die Überwachung und Kontrolle. Deswegen entscheiden sich Produzenten aktueller Berichterstattungen eher für die Eigenproduktion.

Die **Fremdproduktion** wird eingesetzt, um eigene Kapazitäten zu schonen, Fixkosten zu reduzieren und die Kapitalstruktur zu verbessern. Die Fixkostenreduktion ergibt sich dadurch, dass beispielsweise weniger Personal und weniger Betriebsmittel vorgehalten werden müssen. Damit werden die Contenterstellungskosten in variable Kosten umgewandelt. Werden Produktionskapazitäten abgebaut, verringert sich auch das bilanzierte Anlagevermögen. Dies wiederum hat Einfluss auf den Return on Investment, der sich dadurch positiv entwickelt. Allerdings verzichtet das nachfragende Medienunternehmen auch auf einen Großteil seines Einflusses auf Inhalt, Form und Qualität. Wenn Qualität eher untergeordnete Relevanz hat oder weitgehend nur subjektiv bewertet wird, wie beispielsweise im Unterhaltungsbereich, so setzen Medienunternehmen eher auf Fremdproduktionen (vgl. Heinrich 1999: 158). Der Preis, den die nachfragenden Medienunternehmen für diese Vorteile zahlen, ist der Nichtaufbau oder der Verlust von Kernkompetenzen. Dies kann langfristig zu Imageverlusten führen und die eigene Marke schwächen.

Die **Koproduktion** ist eine hybride Produktionsstrategie, die die Vorteile der Eigen- mit den Vorteilen der Fremdproduktion verbindet. Das beauftragende Medienunternehmen kann sich auf die eigenen Kernkompetenzen konzentrieren und alle anderen Produktionsaufgaben an unabhängige (spezialisierte) Unternehmen auslagern. Ein weiterer Aspekt dieser Produktionsform ist die Aufteilung der Finanzierung sowie die Risikoteilung. Allerdings ergeben sich auch hier immer typische Prinzipal-Agent-Probleme, da jeder einzelne Partner auch (unausgesprochen) eigene Ziele verfolgt.

13.6 Leistungsverwertungsmodelle in der Medienwirtschaft

Das Leistungsverwertungsmodell thematisiert, welches Absatzkonzept das Unternehmen verfolgen will und verbindet damit das Marktmodell mit dem Leistungsangebots- und dem Leistungserstellungsmodell und ergänzt die beiden Modelle mit distributionstechnischen Überlegungen. Die Leistungsverwertung wird nur dann profitabel gelingen, wenn die angebotene Leistung ein Problem des Kunden löst und in Qualität, Quantität, Verfügbarkeit (Ort und Zeit) den Vorstellungen des Kunden entspricht.

Die distributionspolitischen Entscheidungen können zwei grundsätzlich verschiedenen Bereichen zugeordnet werden: dem **akquisitorischen Bereich**, der auf Erlösoptimierung und dem **logistischen Bereich**, der auf Kostenoptimierung ausgerichtet ist. Zur Optimierung des akquisitorischen Bereiches gehören Entscheidungen in Bezug auf die Absatzkanäle und Absatzorgane. Zur Optimierung des logistischen Bereiches gehören Entscheidungen in Bezug auf die Verfügbarkeit der Leistungen (vgl. Schögel 2012). Die Facetten des Modells zeigt Tab. 13.6.

Tab. 13.6: Bestandteile des medienwirtschaftlichen Leistungsverwertungsmodells

Die Referenzbereiche des Leistungsverwertungsmodells			
Absatzkanäle	**Absatzorgane**	**Logistik**	**Distributionsstrategie**
direkter/indirekter Vertrieb	Absatzhelfer Absatzmittler	Verfügbarkeit Transport	ubiquitäre, selektive oder exklusive Verfügbarkeit

Die Wahl der **Absatzkanäle** bestimmt, wie der Weg, auf dem die Leistung zum Adressaten gelangt, ausgestaltet wird. Grundsätzlich werden hier zwei Möglichkeiten unterschieden (vgl. Becker 2013: 527 ff.): Der direkte Absatzkanal und der indirekte Absatzkanal. Werden Unternehmensleistungen direkt vertrieben, bedeutet das, dass die Angebote ohne Unterstützung rechtlich selbstständiger Absatzorgane direkt an den Endverwender abgegeben werden. Es findet nur ein Eigentumswechsel statt. Der indirekte Absatzkanal zeichnet sich hingegen dadurch aus, dass bewusst unternehmensfremde, selbstständige Absatzorgane (der Handel) eingeschaltet wird. Es finden zwei oder mehr Eigentumswechsel statt.

So werden materielle Medienträger (Printprodukte, Musik-CDs oder Filme auf DVD oder Blu-Ray etc.) häufig mehrstufig oder im Multi-Channel-Betrieb vermarktet. Ein Buch oder eine Zeitung/Zeitschrift wird vom Verlag über den Großhandel (Barsortiment bzw. Presse-Grosso) und den Einzelhandel (Sortimentsbuchhandel bzw. Presse-Einzelhandel, aber auch Discounter und Supermärkte etc.) an den Endkunden (Leser) geliefert. Daneben können Verlage aber direkt an Kunden liefern. Liefern Verlage direkt an den Endkunden, spricht das Marketing von Disintermediation, da der Handel als Vermittler (Intermediär) ausgeschaltet wird. Bindet der Autor oder

der Verlag den elektronischen Buchhandel (z. B. Bücher.de oder Amazon) in das Vertriebskonzept ein und umgeht damit den klassischen Handel, spricht das Marketing von Reintermediation. „Faktisch handelt es sich dabei um Versandhandel." (Gläser 2014: 483)

Im klassischen Filmbereich übernehmen die Lichtspieltheater den Absatz. Im Bereich elektronischer Medien (z. B. Rundfunk, Internetangebote etc.) ist ebenfalls der indirekte Vertrieb vorherrschend. Kabelnetz- und Satelliten- sowie Plattformbetreiber und Provider fungieren hier als Intermediäre. Es kann aber auch der Standpunkt vertreten werden, dass diese Unterstützung lediglich eine logistische Dienstleistung darstellt, die nicht als eigene Vertriebsstufe angesehen werden kann (vgl. Wirtz 2016: 138). Im Bereich der Werberaumvermarktung sind beide Vertriebskanalkonzepte anzutreffen. Während im Printbereich der Direktvertrieb vorherrschend ist, übernehmen im Rundfunksektor häufiger Werbemittler den Verkauf von Werberäumen.

Die Frage der **Absatzorgane** beschäftigt sich mit der Kontaktherstellung zum Kunden. Es müssen Verkaufsteams zusammengestellt werden. Diese können unternehmensintern rekrutiert werden oder aus verschiedenen externe Dienstleistern bestehen. Zu den unternehmensinternen Absatzorganen zählen eigene Innendienst- und zum Betrieb gehörende Außendienstmitarbeiter, wie beispielsweise der Reisende. Zu den externen Absatzorganen zählen unternehmensfremde Kontakter, wie Absatzmittler (Handel) und Absatzhelfer (z. B. Handelsvertreter oder Makler). Da Absatzorgane nicht nur die Funktion des Abverkaufs erfüllen, sondern auch erklärende und beratende Funktionen ausüben, kommt ihnen vor allem im Bereich der Werberaumvermittlung eine große Bedeutung zu.

Die Anforderungen der **Logistik** werden durch die Formulierung des sogenannten 4-R-Konzepts deutlich: Die richtigen Produkte, zur richtigen Zeit, in der richtigen Menge am richtigen Platz zu geringstmöglichen Kosten zu liefern. Es muss also ein Konzept ausgearbeitet werden, dass die Umsetzung des R-Konzeptes sicherstellt. Bei elektronischen Gütern sorgt die Logistik für die Übertragung der Inhalte. Physische Güter stellen zumindest organisatorisch höhere Ansprüche an die Logistik. Denn hier müssen neben dem physischen Transport auch Fragen der Lagerhaltung und Lieferzeit etc. geklärt werden.

Die **Distributionsstrategie** gibt Auskunft über, ob die Marktleistungen ubiquitär, selektiv oder exklusiv verfügbar sein sollen. Ubiquität bedeutet Überallverfügbarkeit. Dieser Anspruch wird vor allem an Zeitungen und Zeitschriften, aber auch an Trivialliteratur, die als Taschenbücher erschienen sind, gestellt. Das Marketing spricht hier von einem Universalvertrieb. Hier wird praktisch jeder Absatzmittler vom Hersteller akzeptiert, der bereit ist, das Produkt anzubieten. Der Distributionsgrad ist zu maximieren (vgl. Kapitel 9.1.8). Fachbücher und Fachzeitschriften, aber auch Musikträger und Games werden häufig im Fachhandel angeboten (Selektivvertrieb). Seitens der Hersteller gibt es aber wohl kaum Vorgaben, die den Handel ihrer Produkte einschränken. Der Selektivvertrieb resultiert daher eher aus den Kaufgewohnheiten der

Endkunden und möglicherweise den Beratungsanforderungen, die die Konsumenten an den Handel stellen. Da Medien in der Regel ihren Wert über Reichweite generieren, ist der Exklusivvertrieb in der Medienwirtschaft eher die Ausnahme. Raum greift dieser aber insbesondere im Bereich von vermarktbaren Exklusivinformationen.

13.7 Kapitalmodelle in der Medienwirtschaft

Das Kapitalmodell verdeutlicht, welche finanziellen Ressourcen dem Unternehmen zur Verfügung stehen müssen, woher das Kapital kommt und wie die Leistungsangebote refinanziert werden können. Der Schwerpunkt des Kapitalmodells liegt sicherlich in einer überzeugenden Darstellung des Erlösmodells.

Tabelle 13.7 zeigt die drei wesentlichen Facetten des Kapitalmodells. Dabei verzichtet die Systematik auf eine vollständige Darstellung der betrieblichen Finanzierungsarten. Ausgewählt wurden nur die Referenzbereiche, die auf den Start oder den dauerhaften ordentlichen Betrieb des Geschäftsmodells einwirken.

Tab. 13.7: Bestandteile des medienwirtschaftlichen Kapitalmodells

Die Referenzbereiche des Kaptalmodells		
Kapitalbasis	**Sonderfinanzierung**	**Erlösmodell**
Selbstfinanzierung (aus Gewinn), Beteiligung, Kredite	staatliche Hilfen, Venture Capital, Medienfonds	Selbstfinanzierung (aus Erlösen)

Die **Kapitalbasis** sichert ein Unternehmen, hilft, Geschäftsfelder auf- und auszubauen und macht Projekte möglich. Das notwendige Kapital für ein neues Vorhaben kann durch das Unternehmen bereitgestellt werden und wird damit aus Gewinnen finanziert. Das notwendige Kapital kann aber auch von außen zugeführt werden, indem Beteiligungen ermöglicht werden. Solche Beteiligungen können als Unternehmensbeteiligungen Kapital ins Unternehmen bringen (z. B. Aufnahme neuer Gesellschafter) oder als Projektbeteiligungen (z. B. Ko-Produktionen). Ebenfalls üblich ist die externe Kapitalzuführung über die Aufnahme von Krediten.

Sonderfinanzierungen stellen eine weitere Möglichkeit dar, Kapital ins Unternehmen zu führen. Hier greifen staatliche Hilfen (Subventionen oder Verleih- bzw. Produktionsförderungen im Filmgeschäft etc.) oder auch die Vereinnahmung von sogenanntem Venture Capital. Über Venture Capital (Wagniskapital oder auch Risikokapital) können sich vor allem Start-ups mit notwendigem Kapital versorgen. Diese Form der Kapitalbeschaffung (mit begrenztem Investitionshorizont) hat den Vorteil, dass die Risikokapitalgeber in der Regel auch Beratungsleistungen und sonstige Unterstützungen bereitstellen. Eine Sonderform der Beteiligungsfinanzierung kann über

Medienfonds erfolgen. Diese wird vor allem im Filmgeschäft genutzt. (Vgl. Hennerkes 2002: 76 f.)

Dem **Erlösmodell** kommt die wichtigste Funktion innerhalb eines Geschäftsmodells zu. Der Sinn eines Geschäftsmodells liegt schließlich in der überwiegenden Mehrzahl der Fälle darin, Gewinne zu erwirtschaften. Gewinne erwirtschaften zu können setzt voraus, dass Erlöse erzielt werden. Die Art und Weise, wie mit den am Markt angebotenen Leistungen Erlöse erzielt werden können, zeigt das Erlösmodell. Hier wird dokumentiert, welche Erlösformen Medienunternehmen nutzen können oder wollen, um die Kosten der Leistungserstellung refinanzieren zu können.

Wenn der Medienunternehmensbegriff weit gefasst wird (vgl. Kapitel 1.5.3) und damit auch die unterstützenden Dienstleister als Unternehmen der Medienindustrie eingeschlossen werden, zeigen sich vier Märkte, auf denen medienrelevante Leistungen angeboten werden. Werden neben den privat-kommerziellen Erlösformen auch die Einnahmen der öffentlich-rechtlichen Anstalten und staatliche Zuwendungen berücksichtigt, können insgesamt sogar fünf Bereiche identifiziert werden, über die Erlöse erzielt werden können. Aus betriebswirtschaftlicher Sicht handelt es sich hier allerdings nicht um Erlöse. Bei einer engen Fassung des Medienunternehmensbegriffs würden die Erlöse aus den „sonstigen B2B-Märkten“ nicht berücksichtigt, da hier Dienstleistungen oder Vorprodukte gehandelt werden.

Alle im weitesten Sinne relevanten Märkte und die entsprechenden Erlösformen zeigen Tab. 13.8 und Abb. 13.1 (in Anlehnung an Wirtz 2016: 96).

Tab. 13.8: Bestandteile des medienwirtschaftlichen Erlösmodells

Die Referenzbereiche des Erlösmodells				
Rezipientenmärkte	**Werbemärkte**	**Rechtemärkte**	**Gesellschaft und Staat**	**Sonstige B2B-Märkte**
Mediennutzung Medienzugang sonstige DL Merchandising	Werbefläche Werbezeiten	Verwertungsrechte Lizenzen	Haushaltsabgabe Subventionen Medienförderungen	Produktion Vorleistungen Product-Placement und Beistellungen Informationen und Kontakte, Logistik

Rezipientenmärkte stehen im Mittelpunkt des Erlösmodells, wenn sich die Medienprodukte und Dienstleistungen an den Konsumenten wenden. Handelt es sich um private Güter oder Clubgüter (ist also Ausschluss von Konsum möglich), kann das Medienunternehmen Entgelte von den Nutzern einfordern. Solche transaktionsbasierten Entgelte können beispielsweise transaktionsabhängig verlangt werden. Das heißt, eine Zeitung, ein Buch, eine DVD, ein Kinofilm, ein Download etc. kann nach Menge berechnet werden. Der Nutzer zahlt dann den Preis pro Medium. Transaktionsbasierte

Entgelte könnten aber auch nach der Nutzungszeit berechnet werden. Der Nutzer zahlt dann der Leistungsdauer, die er in Anspruch nimmt. Dies ist beispielsweise bei interaktiven Diensten (Hotlines) oder zeitabhängigen VoD-Angeboten der Fall. Dagegen könnten auch transaktionsunabhängige Entgelte fällig werden. Solche Entgelte werden fällig, wenn nicht die tatsächliche Nutzung, sondern die Möglichkeit der Nutzung bezahlt wird. Transaktionsunabhängige Entgelte fallen an, wenn Flatrates, Abonnements oder Pay-TV-Programme per Zeitraum und Channel bezahl werden. Auch Anschlussgebühren (z. B. die Freischaltung von technischen Zugängen) oder Bereitstellungsgebühren (z. B. für einen Decoder) zählen in Bezug auf den Medienkonsum zu den transaktionsunabhängigen Entgelten. Hier zahlt der Nutzer für den Medienzugang. Einigen Bezahlmodellen liegen auch die entgeltliche Nutzung von Archivmaterial und ähnliche Dienstleistungen als Erlösquelle zugrunde. Nicht zuletzt wird auch der Vertrieb von Merchandising-Produkten als lukrative Erlösform von vielen Medienunternehmen genutzt.

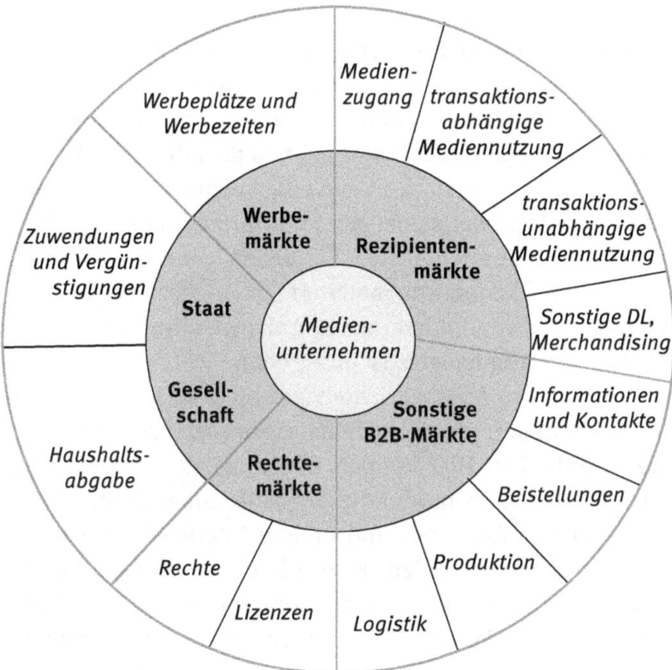

Abb. 13.1: Erlösformen auf unterschiedlichen Medienmärkten

Werbemärkte gehören ebenfalls in vielen Medienbranchen zu den dominanten Erlösquellen von Intermediären. Hier zahlen werbetreibende Unternehmen für den von den Intermediären bereitgestellten Werberaum. Bezahlt wird nach Fläche oder Zeit, die für die Werbeträger in Anspruch genommen werden (Zeitungsanzeigen, Werbespots, Sponsoring, Internetbanner etc.).

Auf **Rechtemärkten** werden Verwertungsrechte und Lizenzen gehandelt. Der Unterschied liegt darin, dass Verwertungsrechte originäre Rechte darstellen, die dem Besitzer jede beliebige Nutzung der Inhalte ermöglicht, während Lizenzen aus den Verwertungsrechten abgeleitete spezifische Nutzungsrechte darstellen, die dem Lizenznehmer vom originären Rechteinhaber eng begrenzte Verwertungen erlauben. (Vgl. Wirtz 2016: 95). So kann ein Verlag oder ein Filmproduzent, der im Besitz der Verwertungsrechte an einem Werk ist, anderen Medienunternehmen das Recht einräumen, bestimmte Vermarktungsfelder zu nutzen (z. B. ein Hörbuch oder ein Taschenbuch für den deutschen Markt zu produzieren oder einen Film auf Blu-Ray zu pressen oder dreimal in zwei Jahren ausstrahlen zu dürfen).

Auch die Gesellschaft und der Staat helfen, Medieninhalte zu finanzieren. Die Unterstützung der **Gesellschaft** trifft allerdings ausschließlich die öffentlich-rechtlichen Rundfunkanstalten. Über die Haushaltsangabe finanzieren die Haushalte in Deutschland mit rund acht Mrd. Euro jährlich die Rundfunkprogramme der öffentlich-rechtlichen TV- und Hörfunkveranstalter. Diese Finanzierungsquelle soll hier von der Finanzierungsquelle Staat getrennt betrachtet werden, weil die Berechnung der Abgabenhöhe, die Zuteilung und die Verwendung der Gelder staatsfern geregelt sind.

Die Unterstützung des **Staates** kann – wie die Haushaltsabgabe – meritorisch, sie kann aber auch ökonomisch motiviert sein. Meritorisch motiviert sind beispielsweise Marktersatzlösungen wie die finanzielle Unterstützung durch die Film- oder Verleihförderung, aber auch Kulturpreise etc. Hierzu zählt auch die Vergünstigung in Bezug auf den Medienabsatz (reduzierter Mehrwertsteuersatz für Printprodukte). Allerdings fördern diese Vergünstigungen allenfalls den Absatz. Sie stellen keine Erlöspotenziale für die Medienunternehmen dar. Ökonomisch motiviert sind hingegen Zuwendungen, die Unternehmensvorhaben subventionieren (z. B. Anlagensubventionen) bzw. fördern (Lohnkostenbeihilfen oder Arbeitsplatzzuschüsse etc.).

B2B-Märkte (Business-to-Business-Märkte) richten sich nicht an Endverwender, sondern bezeichnen den Absatzraum, in dem Geschäftsbeziehungen zwischen mindestens zwei Unternehmen stattfinden. Hier können Erlöse erzielt werden, indem Texte, Beiträge, Animationen, Filme oder produktive Dienstleistungen etc. für Verlage, Rundfunkveranstalter, Plattformbetreiber und andere Intermediäre realisiert oder produziert, gedruckt oder gepresst werden. Es werden auch mediale Vorleistungen angeboten, die Geschäftsprozesse von Wirtschaftsunternehmen unterstützen. Inhalteproduzenten können auch Entgelte realisieren, indem sie Product-Placements anbieten oder Entgeltersatzlösungen nutzen (materielle oder personelle Beistellungen Dritter). Nicht zuletzt werden auch Informationen und Kontakte vermarktet (z. B. durch Vermarktung von Nutzerdaten oder die Vermittlung von Geschäften) oder Plattformen und Verbindungen (Logistik) bereitgestellt.

Das Geschäftsmodell – und hier vor allem das Leistungsangebotsmodell – eines Medienunternehmens definiert das Geschäftsfeld, in dem das Unternehmen aktiv ist. Die typischen Geschäftsfelder in der Medienwirtschaft werden nunmehr dargestellt.

13.8 Geschäftsfelder in der Medienwirtschaft

Unterschieden werden enge oder breite Geschäftsfelder und je nach Modellierung des Geschäftsvorhabens ergeben sich auch verschiedene Geschäftsfeldtypen in der Medienwirtschaft. Diese werden durch den Leistungsumfang und die Leistungstiefe der Wertschöpfungsaktivitäten abgegrenzt (vgl. auch Abb. 4.4 in Kapitel 4.2.2). Damit unterscheiden sich die Kreativen und die Producer von den Redakteuren, Lektoren und Programmveredlern und diese wiederum von den Vervielfältigern, Distributoren und sonstigen Supportern. Einzig die Vollintegratoren (Komplettanbieter) decken alle Bereiche der Wertschöpfung ab (vgl. Abb. 13.2 in Anlehnung an Wirtz 2016: 101).

Geschäftsfelder können von Fokussierern (Spezialisten), von Integratoren oder von Netzwerkern besetzt werden (vgl. Kapitel 4.2.2). Zu den Fokussierern gehören beispielsweise die Freiberufler, aber auch die Marktteilnehmer, die anderen Medienunternehmen Produkte oder Teilprodukte zur weiteren Veredelung oder Vermarktung zuführen (z. B. Agenturen). Zu den Integratoren zählen viele Verlage und allen voran die öffentlich-rechtlichen RF-Veranstalter. Netzwerker finden sich hingegen in allen Bereichen der Medienindustrie; vor allem in der Musik-, Games-und Filmindustrie.

Werden die Geschäftsfelder anhand der Wertschöpfungskette von Medienunternehmen klassifiziert, ergeben sich vier typische Teilbereiche (vgl. in Anlehnung an Wirtz 2016: 100 ff.):

- **Content-Creating/-Production**: Das Kreieren und das Produzieren kann getrennt voneinander oder als Komplettangebot erbracht werden. Häufig arbeiten Kreative oder Kreativ-Gemeinschaften als eigenständig arbeitende Künstler, Autoren und Realisateure. Sie schaffen oder inszenieren Content urheberrechtlich. Produktionseinheiten hingegen sind gefordert, wenn das Urmaster unter Zuhilfenahme technischer Facilities hergestellt werden muss (z. B. Film- und Fernsehproduktion; Musikproduktion etc.). Insbesondere in der journalistischen TV-Produktion arbeiten hier häufig aber auch Organisationen (in der Regel Kapitalgesellschaften in Form der GmbH), die den TV-Anstalten beide Wertschöpfungstätigkeiten gebündelt anbieten.
  Die Kompetenzen, die in beiden Geschäftsfeldern notwendig sind, sind außerordentlich fokussiert. Die Akteure sind in der Regel Zulieferer für die nachfolgenden Wertschöpfer. Der Kapitalbedarf in der Kreativbranche ist gering bis sehr gering; der in der Produktionsbranche gering bis mittel.
- **Content-Editing/-Bundling**: Das redaktionelle Bearbeiten dient der weiteren Veredelung fremderstellter Inhalte. Auch das Zusammenstellen der angelieferten Inhalte zu endfertigen Medienprodukten, gehört in diesen Veredelungsbereich. Der Ressourcenaufwand ist eher als gering einzuordnen; ebenso der Integrationsgrad. Das Unternehmen beschäftigt sich hauptsächlich mit der Auswahl, dem Ankauf und der Zusammenstellung fremderstellter Inhalte. Dementsprechend hoch müssen die redaktionellen Kompetenzen sein. Der Vorteil dieses Geschäftsfeldes liegt darin, dass ein relativ geringes Risikopotenzial vorhanden

Eingangs-logistik	Generierung von Content		Packaging	Marketing und Vertrieb		Ausgangs-logistik	Kunden-dienst
	Faktorkombination (Ur-Produktion)						
Ideen-Entwicklung Informations-beschaffung Rechte-einkauf ggfs. Werbe-akquisition	Konzeption und Programm-planung (Auswahl)	Eigen-produktion Co-produktion Koordination Fremd-produktion	Programm – Bündelung – Redaktion – Layout – Design – Verpackung ggfs. Werbe-platzierung	Programm-marketing Preis-Mengen-planung Kommuni-kation Lizenz-vertrieb	Technische Vervielfäl-tigung – Druck – Pressung	logistische Distribution – Direkvertrieb – indirekter Vertrieb	Beratung Services Add-ons
					– Ausstrahlung – Web-Hosting		

Geschäftsfelder und Geschäftsfeldtypen im Medienbereich:

Content-Creating/-Production

- geringer vertikaler Integrationsgrad
- geringer Ressourcenaufwand im Kreativbereich
- mittlerer Aufwand im Produktionsbereich.
- hohes Wettbewerbsdifferenzierungspotenzial

Content-Editing/-Bundling

- geringer vertikaler Integrationsgrad
- geringer Ressourcenaufwand
- Nutzung fremderstellter Contents
- erfordert Kompetenzen im redaktionellen Bereich und im Bundling von Content
- mittleres bis hohes Wettbewerbsdifferenzierungspotenzial

Media-Supporting (Content-Copying/-Presentation)

- geringer vertikaler Integrationsgrad
- geringer Ressourcenaufwand im Präsentationsbereich
- mittlerer bis hoher Kapitalbedarf im Produktionsbereich
- keine Medienkompetenzen im engeren Sinne erforderlich
- geringes Wettbewerbsdifferenzierungs-potenzial

Complete Media Solutioning

- hoher vertikaler Integrationsgrad in der Wertschöpfung und hoher Ressourcenaufwand
- hohes Wettbewerbsdifferenzierungspotenzial
- erfordert ausgeprägte Kompetenzen und Assets in der Kreation, Veredelung und Produktion

Abb. 13.2: Geschäftsfelder im Medienbereich

ist, da die Kreativ- und die Produktionskosten des originären Medieninhaltes nicht zu tragen sind. Ein Beitrag, der den Anforderungen nicht entspricht, wird nicht angekauft. In diesem Mechanismus liegt auch eine hohe Kosteneffizienz bei breiter Themenabdeckung begründet. Der Nachteil dieses Geschäftsfeldes liegt darin, dass das Unternehmen vom Zulieferernetzwerk und dessen Qualität abhängig ist. Allerdings besteht darin auch die Möglichkeit, bei geringem Risiko ein mittleres bis höheres Differenzierungspotenzial gegenüber den Wettbewerbern aufzubauen. Typische Vertreter, die das Editing und Bundling beherrschen, sind Informationsportale. Zu den typischen Vertretern, die über dieses Geschäftsfeld hinaus allerdings auch im Vertrieb aktiv sind, gehören beispielsweise auch die Anzeigenblätter und die privaten TV-Veranstalter. Diese kaufen die überwiegende Mehrzahl ihrer Beiträge bzw. Sendungen ein und integrieren diese in ihre Zeitung bzw. ihr Sendekonzept.

- **Media Supporting (Content-Copying und -Presentation)**: Inhaltevervielfältiger und reine Präsentatoren fremder Inhalte zeigen den geringsten Integrationsgrad. Medienkompetenzen im engeren Sinne sind nicht erforderlich, da die Inhalte nicht verändert werden. Vervielfältiger drucken, brennen oder verteilen die Inhalte unverändert. Präsentatoren bringen sie allenfalls in ein neues Designumfeld oder Layout. Eine Differenzierung gegenüber ihren Wettbewerbern ist kaum möglich, da mit Standardinhalten gearbeitet wird (z. B. Serviceleistungen im Internet, die direkt in Unternehmensseiten integriert werden) oder übliche technische Dienstleitungen durchgeführt werden. Der Kapitalbedarf ist im Präsentationsbereich eher als gering einzustufen; im technischen Bereich kann dieser durchaus hoch werden (z. B. in Druckereien). Der Vorteil des Supporting-Modells liegt darin, dass Standard-Medieninhalte zeitnah und relativ kostengünstig zur Verfügung stehen. Dies macht die Integration fremderstellter Inhalte über Verwertungsrechte zu einem weitgehend risikolosen Geschäftsfeld. Druckereien und Distributoren hingegen haben einen mittleren bis sehr hohen Kapitalaufwand zu tragen und sind damit abhängig von den Kernbetrieben in der Medienindustrie.
- **Complete Media Solutioning**: Im Höchstmaße vertikal integriert sind die Komplettanbieter. Sie integrieren alle Wertschöpfungsstufenaktivitäten in ihr Geschäftsmodell: von der Ideenentwicklung bis hin zur Vervielfältigung des Urmasters. Der Vorteil liegt vor allem in der Möglichkeit, attraktive Inhalte zu schaffen, die Alleinstellungsmerkmale begründen und damit die eigene Position gegenüber den Positionen der Wettbewerber zu stärken. Der Nachteil liegt darin, dass die angestrebte Unabhängigkeit und Eigenständigkeit einen hohen Ressourcenbedarf (Kapital, Know-how etc.) abfordern und ein hochwertiges Kompetenzpotenzial – vor allem im Personalbereich – vorhanden und nachhaltig vorgehalten sein muss. Typische Beispiele finden sich in der Zeitungs- und Zeitschriftenbranche, aber auch im öffentlich-rechtlichen Rundfunk.

Aus den Beschreibungen der Geschäftsfelder wird deutlich, dass jedes Unternehmen arbeitsteilig organisiert sein muss, wenn es seine Ziele erreichen will. Arbeitsteilig agieren zu können, setzt aber voraus, dass Strukturen existieren, Weisungsbefugnisse geklärt, Aufgaben definiert und Abläufe festgelegt sind. Insofern muss sich jede Unternehmensleitung auch Gedanken über die Organisation des Systems machen. Solche Gedanken beschäftigen sich mit dem Organisationsmanagement innerhalb des Unternehmens und werden im folgenden Kapitel vorgestellt.

Fragen zu Kapitel 13

1. Erläutern Sie, was ein Geschäftsmodell ist, aus welchen Partialmodellen es zusammengesetzt wird und wozu es dient.
2. Erläutern Sie Gegenstand und Ziel der einzelnen Partialmodelle (vgl. Tab. 13.1) eines integrierten Geschäftsmodells.
3. Erläutern Sie die einzelnen Partialmodelle eines medienwirtschaftlichen Geschäftsmodells im Detail.
4. Erläutern Sie die unterschiedlichen Geschäftsfelder und Geschäftsfeldtypen in der Medienwirtschaft anhand der Wertschöpfungskette von Medienunternehmen.

14 Wie sind Medienunternehmen organisiert?

Eins der wesentlichen Aufgabenfelder des Managements besteht in der Koordination der unternehmensinternen Aufgabenfelder (vgl. Kapitel 8). Damit wird das Management zum Koordinationszentrum mit integrativer und strukturbildender Kraft (vgl. Schierenbeck und Wöhle 2016: 122). Es schafft Ordnung. Ordnung führt zu Strukturen, definiert Abläufe für sich wiederholende Aufgaben, weist Zuständigkeiten und Verantwortlichkeiten zu. Eine solche Orientierung und Verbindlichkeit schaffende Ordnung wird als Organisation bezeichnet und stellt ein vom Unternehmen geschaffenes System von Regeln dar, um gemeinsame Ziele effizient verfolgen zu können (vgl. Bea und Göbel 2010: 7).

Die Organisationstrukturen von Medienunternehmen, die in verschiedenen Branchen tätig sind, sind entsprechend dem Geschäftsfeldtyp, den sie repräsentieren, auch höchst unterschiedlich. Dies liegt vor allem daran, weil die Organisation immer auch die Strategie des Unternehmens widerspiegeln muss („structure follows strategy“, Chandler 1996). So ist eine Internetagentur eher flach (wenige Hierarchiestufen) und ein vollintegriertes Verlagshaus eher tief (viele Hierarchiestufen) aufgestellt. Des Weiteren werden in der Agentur eher wenige Unternehmensbereiche, hingegen im Verlag deutlich mehr Unternehmensbereiche existieren. Auch wird die Agentur aktuelle Aufgaben als kompetenzüberspannende Projekte, an denen gemeinsam gearbeitet wird, verstehen, wohingegen der Verlag Spezialisten für bestimmte Märkte, Kunden oder Produkte hat, die in ihrem jeweiligen Bereich mehr oder weniger autonom arbeiten.

Eine Organisation kann sich auf „natürlichem“ Weg entwickeln, indem ein Unternehmen als kleine Einheit gegründet wird und sich mit zunehmender Größe jeweils „evolutionär“ oder zufallsgeprägt weiterentwickelt. Diese Form der Organisationsentwicklung bringt Strukturen und Abläufe hervor, die wahrscheinlich auf Dauer (zumindest ab einer bestimmten Unternehmensgröße oder bei wachsender Aufgabenkomplexität) nicht belastungsfähig sind. Ein derart organisiertes Unternehmen wird schnell „unterorganisiert“ sein und ineffizient werden. Besser ist, die organisatorische Gestaltung systematisch zu planen. Dabei ist aber auch darauf zu achten, dass das Unternehmen nicht „überorganisiert“ wird (vgl. Schierenbeck und Wöhle 2016: 123). Überorganisiertheit lässt keinen Spielraum, auf sich verändernde Bedingungen sinnvoll und flexibel reagieren zu können. Stabilität ist wichtig, aber das Korsett soll Halt und Orientierung bieten, nicht lähmen oder Mitarbeiter demotivieren. Es muss ein Gleichgewicht zwischen Elastizität und Routinisierung sowie sinnstiftendem Tun und fragmentarischer Ablaufoptimierung gefunden werden. Zudem müssen Unternehmen ihre Organisationsform immer wieder an den aktuellen und künftigen Herausforderungen messen und Strukturen sowie Abläufe gegebenenfalls anpassen.

Das Aufgabenfeld der Gestaltung im Organisationsmanagement umfasst drei Bereiche (vgl. Kosiol 1976; nach Schierenbeck und Wöhle 2016: 125):

https://doi.org/10.1515/9783110519587-014

1. **Die Analyse und Synthese der Aufgaben in der Organisation.**
   Die Aufgaben müssen zunächst sinnvoll in ihre Bestandteile zerlegt werden. Zusätzlich sind die organisatorisch relevanten Elemente (Menschen, Maschinen, Informationen etc.) zu erfassen. Im Anschluss erfolgt die zielorientierte Synthese (Verknüpfung) der Aufgabenbestandteile und der Elemente. Es werden also Aufgaben an Menschen übertragen, Sachmittel zugeordnet und Informationskanäle geschaffen. Durch die Übertragung der Aufgaben an Menschen entstehen Stellen (als kleinste Organisationseinheit). Stellen, die zusammengefasst werden können, bilden Abteilungen. Diese können wiederum zu größeren Organisationseinheiten zusammengefasst werden. Letztendlich nimmt die Organisation als Ganzes Gestalt an.
2. **Die Gestaltung von Aufbau und Ablauf der Organisation.**
   Die durch die Synthese gebildeten Strukturen zeigen Beziehungen auf, die sachlogisch bzw. instrumental begründet sind (Aufbauorganisation). Sachlogische Beziehungen zeigen die Verbindung von Aufgaben und personeller Zuordnung. Instrumentale Beziehungen zeigen die Verbindung zwischen Stellen und Sachmitteln. Die Verbindungen zwischen den einzelnen Stellen sind weisungsgebunden (Instanzenwege) oder sachlich bestimmt (Kommunikationswege oder Transportwege).
   Da die Aufgabenerfüllung in den Dimensionen Zeit und Raum stattfindet, sind noch die Austauschbeziehungen festzulegen (Ablauforganisation). Hier wird definiert, in welcher Reihenfolge, in welchem Zeitrahmen oder zu welchem Zeitpunkt Arbeitsgänge und Arbeitsabläufe an welchem Ort durchgeführt werden sollen.
   Während das Ziel der Aufbauorganisation darin liegt, das statische Gerüst der arbeitsteiligen Aufgabenbewältigung organisatorischen Grundelementen zuzuordnen und Beziehungsstrukturen zu gestalten (Effektivitätsanliegen), verfolgt die Ablauforganisation die Gestaltung von Prozessen auf Basis der Aufbauorganisation (Effizienzanliegen).
3. **Die Durchführung des Planungs- und Implementierungsprozesses.**
   Sowohl der Planungsprozess als auch die Implementierung der organisatorischen Aufstellung ist weitestgehend formalisiert. Allerdings unterscheiden sich hier die Aufgabenstellungen und Möglichkeiten abhängig davon, ob Unternehmen neu gegründet werden (Neuorganisation) oder bestehende Unternehmen reorganisiert werden (vgl. Schreyögg und Geiger 2015 oder Schiersmann und Thiel 2013).

14.1 Gestaltungsparameter der Organisation

Das umfassendste Konzept der Organisationsgestaltung misst die Funktionalität der Struktur und das daraus resultierende Geflecht an Austauschbeziehungen an fünf Parametern (vgl. Kieser und Walgenbach 2010: 71 ff.):

1. **Spezialisierung** (Arbeitsteilung),
2. **Koordination**,
3. **Leitungssystem** (Konfiguration),
4. **Entscheidungsdelegation** (Kompetenzverteilung) und
5. **Formalisierung**.

Anhand dieser fünf Gestaltungskriterien können alle Organisationsmodelle geordnet werden. Es gilt aber auch umgekehrt, dass alle Geschäftsfeldtypen ihre Organisation anhand der fünf Parameter finden und ausformulieren können. Denn die eine oder andere Kombination unterschiedlicher Parameterausprägungen empfiehlt das eine oder andere Organisationsystem mehr oder weniger. So soll der geeignete „Fit-Ansatz" (Bea und Hass 2013: 374) für jedes Unternehmen durch die jeweilige Gewichtung der einzelnen Parameter hergeleitet werden.

(zu 1) Die **Spezialisierung**, verstanden als Zerlegung einer Aufgabe in artgleiche Teilaufgaben, bildet einen Eckpfeiler von Organisationssystemen, weil die Aufgabenbewältigung in einem Unternehmen nur in einer arbeitsteiligen Weise betriebswirtschaftliche effizient durchgeführt werden kann. Die Spezialisierung von Organisationseinheiten kann sich in zwei Aspekten voneinander unterscheiden:

- im **Ausmaß der Spezialisierung**: Hier wird untersucht, wie hoch die Anzahl der in einem Unternehmen existierenden spezialisierten Einheiten ist. Dabei ist die kleinste organisatorische Einheit die Stelle, gefolgt von der Arbeitsgruppe bzw. der Abteilung als temporär bzw. dauerhaft zusammenfassende Organisationseinheit. Dabei darf der Begriff „Arbeitsplatz" nicht mit dem der „Stelle" verwechselt werden (vgl. Paul 2015:246). Die Stelle bezeichnet eine Leistungseinheit (Redakteur), der Arbeitsplatz einen Ort (Büro 3 in zweiten Stock).

Im Ausmaß der Spezialisierung unterscheiden sich wenig spezialisierte und hochspezialisierte Organisationen. Der Vorteil hochspezialisierter Betriebe liegt in den Erfahrungskurveneffekten, die sich durch Routinisierung ergeben. Der Nachteil liegt darin, dass Mitarbeiter das Gesamtziel der Unternehmen aus den Augen verlieren können oder unter Motivationsproblemen leiden, da die Abwechselung fehlt. Außerdem steigt der Koordinationsaufwand. Gering spezialisierte Organisationen benötigen weniger Koordinationsaufwand, wirken motivierender auf die Stelleninhaber, sind aber weniger effizient.

- in der **Art der Spezialisierung**: Hier wird unterschieden, ob sich die Spezialisierung der Stellen auf ihre Tätigkeiten (Verrichtungen) beziehen oder auf Objekte. Eine **Spezialisierung nach der Verrichtung** liegt vor, wenn die Unternehmung nach Tätigkeiten bzw. Funktionen organisiert ist. In diesem Fall ergeben sich Abteilungen wie die Beschaffung, die Produktion, das Marketing etc. Diese Hauptorganisationseinheiten heißen auch Funktionsbereich. Die tätigkeitsausübenden

Funktionen wären dann beispielsweise Produktionsfaktoren zu beschaffen, den Film zu schneiden oder ein Werbeplakat zu entwerfen.

Eine **Spezialisierung nach Objekten** liegt dann vor, wenn die Unternehmung nach Produkten, Märkten (Gebieten), Kunden oder Projekten organisiert ist. Ist das Unternehmen nach Produkten organisiert, sind einzelne Bereiche (bzw. Stelleninhaber) im Unternehmen für beispielsweise Nachrichten, Dokumentationen, Musik oder E-Games zuständig. Ist es nach Regionen organisiert sind unterschiedliche Organisationsbereiche z. B. für das Inland oder die einzelnen Kontinente etc. zuständig. Nach Kunden organisiert zu sein, bedeutet, dass von einzelnen Organisationsbereich Endkunden, Groß- oder Einzelhandel etc. betreuen. In nach Projekten organisierten Unternehmungen arbeiten Stelleninhabergruppen einzelne zeitlich befristete, innovative und risikobehaftete Aufgaben mit hoher Komplexität ab. Solche Projekte können Events oder Filme sein, aber auch Werbe- oder PR-Kampagnen.

Die Vorteile der Objektorganisation liegen vor allem in der Nähe zum Markt (Know-how, Informationen), der einfachen Erfolgszurechnung und der hohen Flexibilität der Gesamtunternehmung. Nachteile liegen im Koordinationsaufwand und den Mehraufwendungen durch redundante Funktionsbereiche. Funktionale Organisationssysteme finden sich eher in kleineren und mittelständischen Unternehmen (KMU), da sie personelle Mehraufwendungen vermeiden und mehr Transparenz über den Gesamtunternehmenserfolg ermöglichen.

Eine **Mischform** von funktionaler und objektorientierter Organisation stellt die Matrix-Organisation dar. Sie versucht die jeweiligen Vorteile der beiden Basiskonzepte zu nutzen, kann aber auch zu Unschärfen in der Abgrenzung von Kompetenzen und Verantwortlichkeiten führen.

(zu 2) Die **Koordination**, verstanden als Abstimmung der Teilaufgaben zu einem zielgerichteten Ganzen, bildet den zweiten Eckpfeiler von Organisationssystemen, weil die Aufgabenbewältigung in einem Unternehmen nur abgestimmt möglich ist. Während die Spezialisierung differenziert, steht die Koordination für die Integration.

Optimal wäre es, wenn alle Stellen bzw. alle Leistungseinheiten im Sinne der „Totalinterdependenz aller arbeitsteiligen Aktivitäten“ (Schierenbeck und Wöhle 2016: 135) in einem Koordinationskonzept berücksichtigt würden. Da dies mit zunehmender Stellenanzahl und steigender Komplexität kaum zu bewältigen ist, werden die Koordinationsproblem durch zwei Maßnahmen deutlich vereinfacht:

- Es werden **Abteilungen** gebildet, die Stellen zusammenfassen. Damit kann zwischen abteilungsinternen und abteilungsübergreifenden Beziehungen unterschieden werden. So wird die Anzahl der gesamtbetrieblichen Beziehungen und damit auch der Koordinationsaufwand reduziert.

- Es werden **Leitungsstellen** eingerichtet, die Koordinationsaufgaben übernehmen. Leistungsstellen sind Instanzen, die mit Entscheidungs-, Weisungs- und Kontrollbefugnissen ausgestattet sind. So wird der Koordinationsaufwand reduziert und eine höhere Arbeitsteilungseffizienz erreicht. Diese steigt durch die klare Abgrenzung von Entscheidungs- und Ausführungsaufgaben.

Durch die Umsetzung von Koordinationsprinzipien ergeben sich **Hierarchien**. Damit kann die Hierarchisierung als entscheidende Voraussetzung für das Funktionieren komplexer arbeitsteiliger Betriebsprozesse identifiziert werden. Die Koordination kann mithilfe verschiedener organisatorischer Regeln bewirkt werden: (Vgl. hier und folgend Schierenbeck und Wöhle 2016: 136 f.)

- **Koordination durch persönliche Weisungen**
  Die Organisationsstruktur ist durch einen prinzipiell vertikalen Kommunikationsfluss gekennzeichnet. Anordnungen kommen von oben, Meldungen von unten. Das System ist flexibel und leicht zu handhaben. Die Vorgesetzten müssen hoch qualifiziert sein und werden schnell überlastet.
- **Koordination durch Selbstabstimmung**
  Die Koordinationsaufgaben werden hier den betroffenen Organisationseinheiten weitgehend ohne Vorgabe von Planungsgrößen als Gruppenaufgabe selbst überlassen. Hierarchien werden entlastet und Mitarbeiter stärker motiviert. Mitarbeiter müssen aber qualifiziert sein und es bedarf eines höheren Zeitaufwandes für Abstimmungen in der Gruppe. Außerdem besteht die Gefahr, dass Minderheitenmeinungen systematisch ignoriert werden.
- **Koordination durch Richtlinien oder Pläne**
  Die Richtlinien-Koordination erfolgt auf der Basis festgelegter Verfahrensrichtlinien bzw. genereller Handlungsvorschriften. Anweisungen von Vorgesetzten werden durch Handbücher (Manuals) ersetzt. Der Informationsaufwand kann reduziert werden. Verhaltensmuster eignen sich eher für Routinefälle. Eine solche Richtlinie könnte beispielsweise darin bestehen, dass nur bestimmte Musik- oder Film-Genres produziert werden. Die Richtlinie könnte auch in Qualitätsansprüchen bestehen.
  Die Abstimmung über Pläne erfolgt durch Vorauskoordination im Rahmen der Planung. Koordination und Sollvorgaben sind gegeben und bestimmen die Aktivitäten. Erfordert ein erprobtes und funktionsfähiges Planungssystem.
- **Koordination durch organisationsinterne Märkte**
  Existieren interne Märkte, können die typischen Marktmechanismen zur Koordination genutzt werden. Interne Märkte entstehen, wenn Abteilungen Verrechnungspreise für ihre Leistungen berechnen können oder die Unternehmen in einzelne Profit Center differenziert sind. Auf internen Märkten entstehen Anreizwirkungen. Die Anreize beziehen sich auf die Leistung, die Abstimmungsprozesse und den effizienten Ressourceneinsatz. Diese Koordinationsform funktioniert nur, wenn die internen Märkte real sind und die Verrechnungspreise „korrekt“

sind. In der Regel behindern Kontrahierungszwänge aber die freie Transaktionspartnerwahl und marktübliche Verrechnungspreise.

- **Koordination durch Organisationskultur**
  Ist einerseits die Organisationskultur klar formuliert und tief im Unternehmen verankert und ist andererseits das Handeln der Entscheidungsträger durch eine hohe Identifikation auf gemeinsame Werte und Normen bestimmt, lassen sich Aufgabenstellungen mit hoher Komplexität und Ungewissheit auch über dieses gemeinsame Verständnis abstimmen. Es besteht aber die Gefahr, dass Grundsätze das Handeln stärker bestimmen als es dynamische Umweltbedingungen erlauben.

(**zu 3**) Die **Leitungsfunktion**, verstanden als Instanz mit Entscheidungsbefugnissen, Weisungskompetenzen, Aufsichtspflichten und Kontrollrechten, bildet den dritten Eckpfeiler von Organisationssystemen, weil damit das Stellengefüge gehandhabt wird. Die drei wichtigsten Merkmale des Leitungssystems sind (vgl. folgend Vahs 2015 sowie Kieser und Walgenbach 2010: 126 ff.) die Struktur der Weisungsbeziehung, die Gliederungstiefe und die Leitungsspanne (auch Leitungsbreite genannt).

- **Struktur der Weisungsbeziehung**
  Hinsichtlich der Weisungsbefugnis gegenüber den einzelnen Stelleninhabern können zwei Grundformen unterschieden werden: Das **Einliniensystem** und das **Mehrliniensystem**. Im Einliniensystem hat jeder einzelne Stelleninhaber nur einen einzigen Vorgesetzten. Damit herrscht eine ganz klare Zuordnung von Verantwortlichkeiten zwischen Weisungsbefugtem und Weisungsempfänger vor. Dieses Verhältnis soll nicht nur klare Zuordnungen definieren, sondern auch eine reibungslose Koordination bewirken. Der Nachteil liegt allerdings in einer starken Inanspruchnahme der Vorgesetzten, da dieser Dienstweg grundsätzlich und immer einzuhalten ist. Im Mehrliniensystem herrscht eine Mehrfachunterstellung eines Weisungsempfängers gegenüber mehreren Vorgesetzten vor. Weisungsbefugnis und Verantwortlichkeit der Vorgesetzten sind auf Sachgebiete begrenzt. Damit soll die Entscheidungsqualität verbessert und die Kommunikationswege verkürzt werden. Allerdings kann es auch schnell zu Kompetenzstreitigkeiten und unklaren Verantwortlichkeitsbeziehungen kommen (vgl. Schierenbeck und Wöhle 2016: 139). Abbildung 14.1 (in Anlehnung an Kieser und Walgenbach 2010: 129) zeigt beide idealtypischen Grundformen eines Leitungssystems.

In der Praxis werden häufig die fachliche und die disziplinarische Leistungsbefugnis getrennt. Während der fachliche Vorgesetzte über sachliche Aufgabenstellungen entscheidet, sanktioniert (lobt oder straft) der disziplinarische Vorgesetzte das Tun des Unterstellten. Insofern kann eine Stelle auch mehrere Weisungsbefugte haben, aber nur einen disziplinarischen Vorgesetzten. Beispielsweise könnte ein Kameramann oder eine Grafikerin durchaus den gleichen Projektmanager als fachlichen

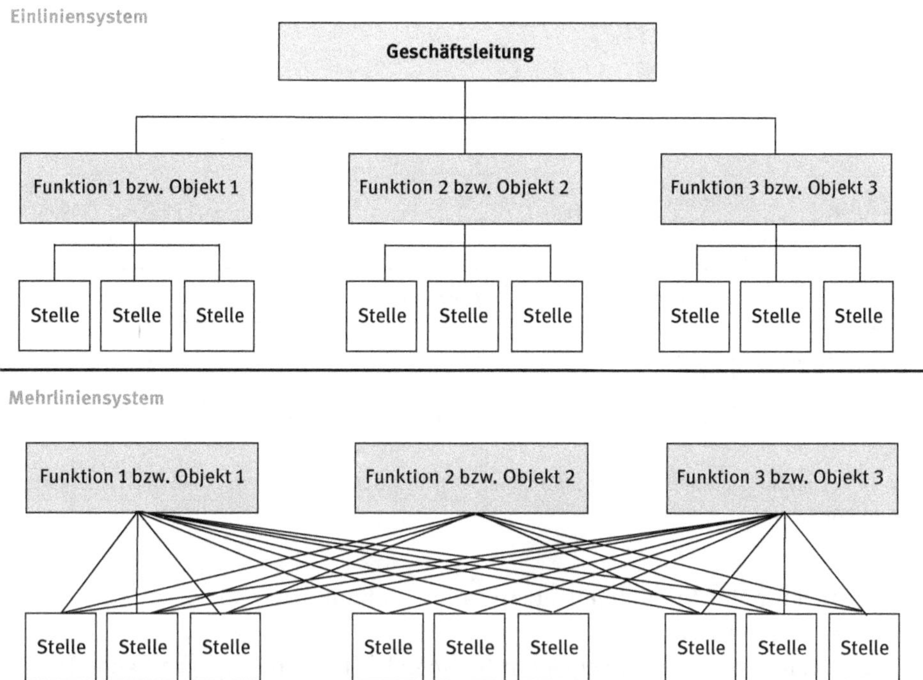

Abb. 14.1: Idealtypische Struktur des Einlinien- und Mehrliniensystems

Vorgesetzen haben. Beide haben allerdings einen jeweils eigenen disziplinarischen Vorgesetzten (z. B. den Studioleiter bzw. den Art Direktor).

Ebenfalls häufig in der Unternehmenspraxis anzutreffen ist eine weitere Modifikation des Linien-Leitungssystems. Diese wird **Stab-Linien-System** genannt. Stab-Linien-Systeme sind Liniensysteme, die mit Leitungsassistenzstellen ausgestattet sind. Diese Stellen sind Leitungsstellen beigeordnet und haben hier eine beratende und unterstützende Funktion. Die Stelleninhaber haben aber selbst keine Weisungs- und Entscheidungsbefugnisse anderen Stellen gegenüber. Stabstellen können generalisierte Aufgaben erfüllen (z. B. der Vorstandsassistent) oder spezialisierte Leistungsbereiche abdecken (z. B. das Controlling). Das Stab-Linien-System ist in den Medienbranchen vorherrschend. In Medienunternehmen werden Stabstellen auch häufig mit PR- und IT-Experten sowie Juristen (Medien- und Wettbewerbsrecht) besetzt (vgl. Breyer-Mayländer und Werner 2003: 252). In vielen Medienunternehmen bildet auch das Key-Account-Management (KAM) eine Stabstelle. Es kann aber auch als Bereich der Vertriebslinie ausgestaltet werden. KAM bedeutet die Betreuung von Schlüsselkunden mit hohem Kundenwert durch spezielle Account-Manager. Grund für den Aufbau eines Key-Account-Managements ist vor allem der langfristige Ausbau der Geschäftsbeziehungen (vgl. Biesel 2013). Key Accounts werden vor allem im Bereich der Werberaumakquisition gebildet oder als Verbindungslinie im Umfeld der Anbieter von Komplementärprodukten.

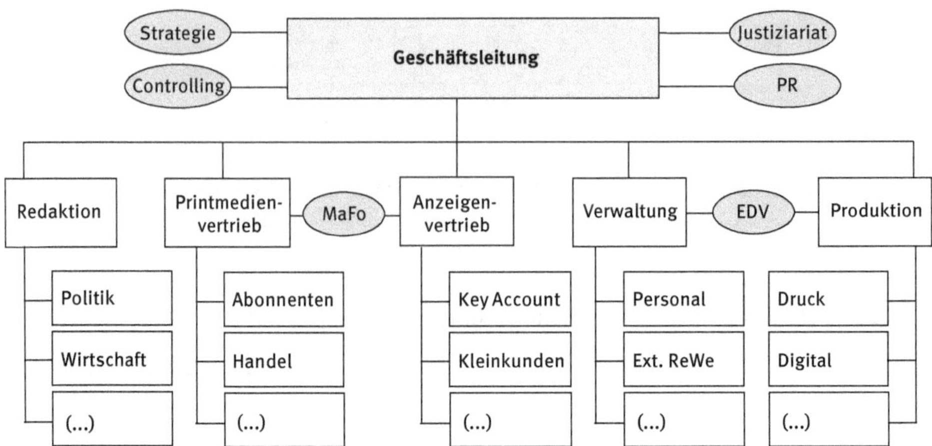

Abb. 14.2: Funktionsorientierung mit Stab-Linien-Organisation im Einliniensystem (Beispiel Printmedienunternehmen)

Ein Beispiel für eine Stab-Linien-Organisation im Einliniensystem zeigt Abb. 14.2 (in Anlehnung an Wirtz 2016: 147).

In Abb. 14.2 sind zwei verschiedene Stab-Stellen-Prinzipien eingearbeitet. Die Geschäftsleitung greift auf die Expertise der Kollegen zu, die die strategische Planung, das Controlling, Rechtsangelegenheiten und die Öffentlichkeitsarbeit verantworten bzw. unterstützen. Hier findet das Prinzip der Delegation statt. Das heißt, die Geschäftsleitung tritt Aufgaben an die Stabstellen ab, die in ihren Kompetenzbereich gehören. Auf der zweiten Ebene der Organisation ist das Prinzip der Stab-Stellen-Zentralisation eingearbeitet. Das heißt, hier sind gleichartige Aufgaben mehrerer Linieninstanzen in einer Stabstelle zusammengefasst. So greifen die beiden Vertriebsabteilungen auf die Arbeitsergebnisse der Stabstelle Marktforschung (MaFo) zu und die Verwaltung sowie die Produktion nutzen beide Arbeitsergebnisse der EDV-Stabstelle.

– **Gliederungstiefe und Leistungsspanne des Stellengefüges**

  Eine Unternehmensstruktur zeichnet sich durch eine bestimmte Anzahl an hierarchischen Ebenen aus (Gliederungstiefe). Dadurch ergeben sich tief aufgestellte Organisationen mit vielen Hierarchieebenen und flach aufgestellte Organisationsstrukturen mit wenigen Hierarchieebenen. Flache Hierarchiestrukturen gelten als besonders vorteilhaft, weil sie die Flexibilität und die Spontanität des Organisationssystems sichern, den vertikalen Kommunikationsfluss verkürzen sowie ganz allgemein dysfunktionale Bürokratisierungserscheinungen eindämmen (vgl. Grochla 1983). Als Nachteil gilt die notwendigerweise große Leitungsspanne, die sich automatisch bei flacher Hierarchie ergibt. Als Leitungsspanne wird die Anzahl der einer Instanz direkt untergeordneten Stellen bezeichnet. Je größer diese Leitungspanne ist, desto schwieriger wird es für die vorgesetzte Instanz, die Leistungsfunktion auszuüben. Überlastung droht.

Damit wird die Festlegung der Leitungspanne zum Optimierungsproblem. „Sie muss auf jeder Ebene im Sinne einer flachen Organisationspyramide möglichst groß sein, allerdings höchstens so groß, dass die Vorgesetzten von ihrer – quantitativen und qualitativen – Leitungskapazität her nicht überfordert werden" (Schierenbeck und Wöhle 2016: 143). Hier ein Optimum zu finden, ist nicht einfach, da es von vielen, nicht zuletzt auch persönlichen Eigenschaften und Fähigkeiten der Führungsinstanz, abhängig ist.
Den Zusammenhang zwischen Gliederungstiefe und Leitungsspanne zeigt Abb. 14.3.

Aufgrund der Gliederungsbreite und -tiefe ergibt sich die typische Pyramidenform organisationaler Strukturen.

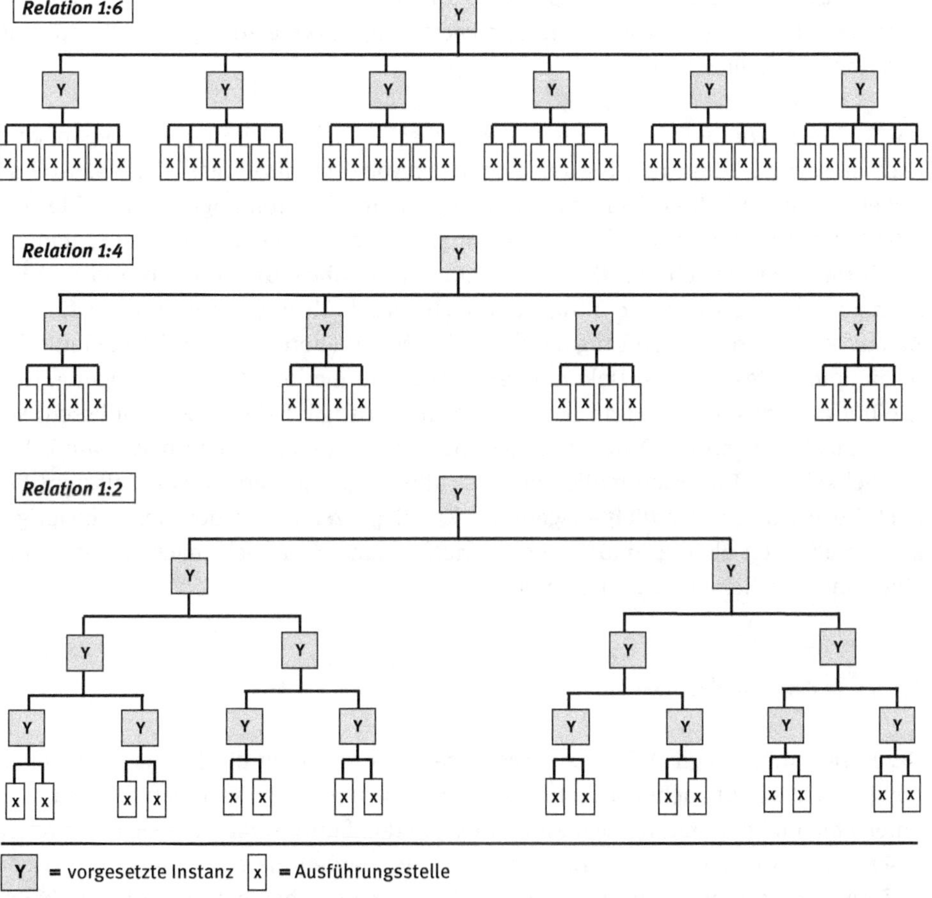

Abb. 14.3: Gliederungstiefe und Leitungsspanne in der Organisation

(**zu 4**) Die **Entscheidungsdelegation**, verstanden als umfangbezogene Übertragung und Verteilung der Entscheidungsbefugnisse in einer Hierarchie, bildet den vierten Eckpfeiler von Organisationssystemen, weil hier die Weisungsbeziehungen inhaltlich gefüllt werden. Die Delegation beinhaltet die Zuweisung von Aufgaben, die Vorgabe von erwarteten Ergebnissen, die Ausstattung der Instanzen und Stellen mit den zur Aufgabenerfüllung notwendigen Rechten und die Zuweisung von Verantwortung (vgl. Kieser und Walgenbach 2010: 151 ff.). Dabei ist darauf zu achten, dass die Kompetenzen und die Verantwortlichkeit kongruent verteilt werden (**Kongruenzprinzip**). Niemand soll für Sachverhalte verantwortlich gemacht werden, die er nicht beeinflussen kann. Außerdem sollen Entscheidungskompetenzen so verteilt werden, dass möglichst wenige Hierarchieebenen zur Koordination benötigt werden, um die Aufgabenstellung zu regeln. Dafür ist es notwendig, die Entscheidungskompetenz der niedrigst möglichen Ebene zuzuweisen (**Subsidiaritätsprinzip**). Dieses Prinzip sorgt dafür, dass die Kommunikationsprozesse optimiert werden. Letztendlich muss jede Entscheidungsdelegation so operationalisiert sein, dass sie eine genaue Zuordnung und Kontrolle ermöglicht.

(**zu 5**) Die **Formalisierung**, verstanden als schriftliche Fixierung der organisatorischen Regeln, bildet den fünften Eckpfeiler von Organisationssystemen, weil so sichergestellt wird, dass Übersichten, Einsichten und Kontrollmöglichkeiten Klarheit schaffen bzw. sichern und auch bei Personalwechsel keine Irritationen aufkommen. Zur Formalisierung gehören **Organigramme**, **Stellenbeschreibungen** und **Richtlinien** zur Durchführung von Tätigkeiten (z. B. Durchführungsverordnungen für den Ankauf von Lizenzen, den Umgang mit freien Mitarbeitern oder die Herstellung des Medienproduktes) und zur Dokumentation von Informationen (z. B. Festlegung, welche Informationsprozesse und Informationen schriftlich fixiert werden müssen) sowie den Leistungen der Mitarbeiter (Grundlage für die Mitarbeiterbewertung). Die Möglichkeit der Prozessformalisierung ist allerdings im medienökonomischen Bereich höchst unterschiedlich ausgeprägt. Kreativprozesse sind deutlich schwieriger zu formalisieren als die industrielle Vervielfältigung. Dennoch macht es Sinn, die Milestones der Herstellung zu fixieren.

14.2 Modelle der organisationalen Dezentralisation

Dezentralisation (auch Differenzierung genannt) bezeichnet die Tendenz, Entscheidungsaufgaben auf nachgeordnete Organisationseinheiten zu verteilen. Dies kann in unterschiedlichem Umfang (vgl. Kapitel 15.1) und auf unterschiedliche Art und Weise geschehen. Zwei Formen der Dezentralisierung werden als sogenannte klassische Differenzierungsmodelle bezeichnet: Die funktionale Organisation und die objektorientierte Organisation (auch divisionale Organisation oder Spartenorganisation genannt).

14.2.1 Modell der funktionalen Organisation

Innerhalb der funktionalen Organisationsstruktur erfolgt die Bildung von Hauptorganisationseinheiten unterhalb der obersten Instanz (Geschäftsführung oder Vorstand) nach der Funktion, die innerhalb dieser Leistungseinheit erfüllt wird. Die Literatur spricht auch von Verrichtung und damit vom Verrichtungsprinzip, nach dem die Hierarchie organisiert wird (vgl. Frese 2005: 424). In einer Betriebsfunktion sind gleichartige Tätigkeiten zu einem Aufgabenfeld zusammengefasst. Daraus resultiert eine hohe Aufgabenspezialisierung mit Know-how-Bündelungen (Kenntnisse und Erfahrungen) bezogen auf ein bestimmtes Verrichtungsfeld. Eine typische funktionale Organisationsstruktur zeigt Abb. 14.4

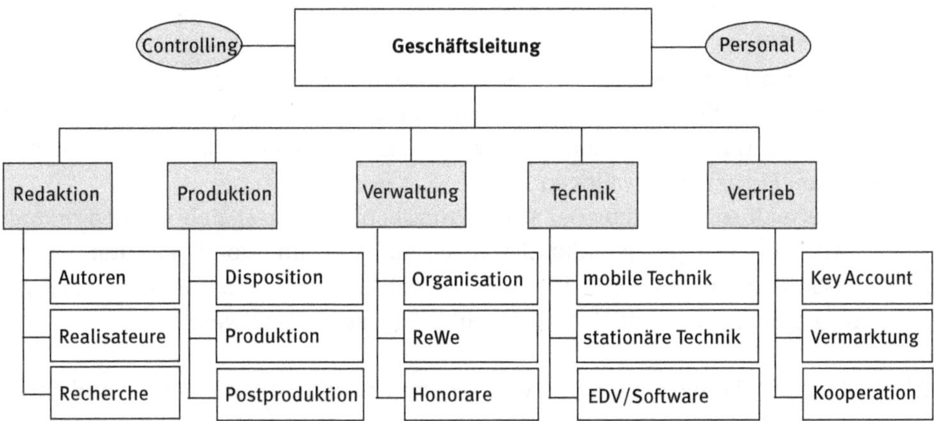

Abb. 14.4: Funktionalorganisation (mit Stabstellen) eines TV-Produktionsunternehmens

Die Funktionalorganisation – ob mit oder ohne Stabstellen – ist eher für kleine und mittelgroße Medienunternehmen geeignet, die sich dadurch auszeichnen, dass ein nur enges Geschäftsfeld bearbeitet bzw. ein sehr homogenes Leistungsprogramm angeboten wird. Dies ist bei kleineren Fachverlagen der Fall, aber auch bei zahlreichen Unternehmen, die im Bereich der TV-Produktion und hier angesiedelter Dienstleistungen (z. B. Postproduktionseinheiten oder Spezial Effekt-Agenturen) oder kleineren Werbe- und PR-Agenturen. Mit zunehmender Differenzierung des Leistungsprogramms und damit verbundener Zunahme der Unternehmensgröße oder spätestens mit der Internationalisierung leidet die Effizienz dieser Struktur. Häufig werden in solchen Organisationsstrukturen sogenannte Stabstellen integriert. Diese spezifischen Fachstellen arbeiten anderen Unternehmensfunktionen zu. Das Besondere an ihnen ist, dass die Stelleninhaber weder disziplinarische noch fachliche Weisungsbefugnis anderen Stelleninhabern gegenüber haben.

Die Funktionalorientierung weist eine in der Regel hohe Ressourceneffizienz aus, leidet aber darunter, dass nur die Geschäftsleitung einen Überblick über den Markt und die Gesamtunternehmung hat und dass Abstimmungsprozesse zeitaufwendig sind, da die nur die Unternehmensführung finale Entscheidungen trifft.

Werden Medienunternehmen generell betrachtet, zeigt sich, dass die Funktionalorientierung vier betriebliche Teilbereiche ausdifferenziert (vgl. Gläser 2014: 817):

1. Der **Programmbetrieb**: Der Programmbetrieb befasst sich mit der Konzeption, Recherche, Autorenschaft und/oder Redaktion der Programmangebote inklusive der Beschaffung von Content aus internen und externen Quellen (z. B. eigenes Archivmaterial oder fertige Programmelemente).
2. Der **Produktionsbetrieb**: Der Produktionsbetrieb befasst sich mit der produktionstechnischen Realisation der Programmelemente. Hier sind vor allem im Rundfunkbereich Vorproduktionen (z. B. Beiträge) und aktuelle Live-Produktionen zu unterscheiden.
3. Der **Distributionsbetrieb**: Der Distributionsbetrieb befasst sich mit der Verbreitung (Bereitstellung oder Transport) der Programmteile oder Programme. Hier sind höchst unterschiedliche Aufgabenstellungen im elektronischen oder im materiellen Vertrieb zu bewältigen.
4. Der **Verwaltungsbetrieb**: Der Verwaltungsbetrieb befasst sich mit den organisatorischen Belangen der administrativen Aufgaben und Vorgänge. Zum Verwaltungsbetrieb können die kaufmännische und die juristische Verantwortung gezählt werden, aber auch die Angelegenheiten des Personalwesens.

Alle Teilbereiche können mehr oder weniger stark ausdifferenziert werden und damit zu mehr oder weniger stark arbeitsteiligen Prozessen und organisatorischen Anforderungen führen. Sind die funktionalen Organisationsstrukturen nicht mehr geeignet, den Anforderungen zu entsprechen, muss die Organisation nach dem Verrichtungsprinzip zumindest unterhalb der Führungsinstanzenebene aufgegeben werden.

14.2.2 Modelle der objektorientierten Organisation (Spartenorganisation)

Die Leistungsdifferenzierung oder die Internationalisierung führt in der Regel dazu, dass Unternehmen restrukturiert werden müssen, weil die Anforderungen an das Unternehmen deutlich steigen. Eine Leistungsdifferenzierung kann im Programmbereich erfolgen, indem unterschiedliche Produkte und Dienstleistungen vermarktet werden (Zeitungen, Zeitschriften, Onlinemedien, verschiedene Fernseh- und Hörfunkprogramme etc.) oder höchst unterschiedliche Kunden betreut werden (z. B. Konsumenten, Handelsunternehmen, Werbungtreibende). Die Internationalisierung führt ebenfalls dazu, dass neue Märkte (Marktareale) betreten werden.

Solche Änderungen führen zu deutlich veränderten Aufgabenstellungen und damit auch zu deutlich unterschiedlichen Anforderungen an die Organisation und ihre Mitarbeiter. Diese Veränderungen können durch eine Anpassung der Organisationsform antizipiert werden. In der Regel greift nun eine objektorientierte Organisationsform. Solche Organisationsformen können sogar zu „Unternehmen im Unternehmen" führen, indem Profit-Center gebildet werden.

Mehrproduktunternehmen sind typischerweise produktorientiert organisiert, weisen aber auch Bereiche aus, die immer noch funktionalorientiert sind und einschlägiges Know-how spartenübergreifend zur Verfügung stellen. Innerhalb der Produktsparten wird hingegen das jeweils erforderlich Leistungs- und Markt-Know-how gebündelt, wobei den einzelnen Divisionen eine relativ große Autonomie eingeräumt wird, damit sie sich auf die Besonderheiten ihrer Produkte, Regionen oder Kunden ausrichten können. Die **divisionale Organisation** setzt also deutlich auf die Dezentralisation von Entscheidungen. Allerdings unterliegen alle Sparten einer einheitlichen Führung durch die Unternehmensleitung, die sich aber auf strategische Führungsaufgaben konzentriert.

Innerhalb der Divisionen kann eine funktionale oder wiederum eine objektorientierte Struktur gewählt werden. In jedem Fall sind die Divisionen, um den Besonderheiten ihres Geschäfts entsprechend handeln zu können, mit allen Funktionen auszustatten, die zur Erfüllung ihrer Marktaufgabe erforderlich sind. Damit wird das System auch funktionenredundant und mit Mehrkosten belastet. So kann sich eine Sparte beispielsweise mit dem Zeitschriftengeschäft und eine andere mit dem TV-Business beschäftigen. In diesem Fall würde es Sinn machen, beiden Sparten unterschiedliche Redaktionen zuzuordnen, aber die Rechercheabteilung und die Werberaumvermarktung beizustellen. So werden Spezialisierungseffekte optimal genutzt, ohne unnötige Kostenpositionen zu schaffen. Beigestellt werden können immer all die Betriebsfunktionen, die nicht unmittelbar der Leistungserbringung dienen und in allen Divisionen in ähnlicher Form anfallen (z. B. auch das Personalwesen, das Controlling und das externe Rechnungswesen). Diese Aufgaben sollten in Zentralbereichen gebündelt werden, die für ihre jeweiligen Aufgabenbereiche fachliche Richtlinienkompetenzen gegenüber den Divisionen besitzen. Dadurch wird die Autonomie der Divisionen zwar eingeschränkt, aber auf diesem Wege lassen sich jene Spezialisierungsvorteile nutzen, die bei einer Aufteilung der Aufgaben auf die einzelnen Divisionen nicht zu realisieren wären. Einen beispielhaften (und ausschnittsweisen) Aufbau unterschiedlicher Spartenorganisationen zeigt Abb. 14.5.

Die konsequenteste Form der divisionalen Organisation liegt vor, wenn aus den Sparten Profit Center gebildet werden. In diesen Fällen trägt die jeweilige Geschäftsbereichsleitung Kosten- und Erlösverantwortung. Da durch die Unternehmensstrategie jedoch trotzdem Vorgaben vorhanden sind, erstreckt sich der Entscheidungsspielraum vorwiegend auf die Produktionsmenge und den Verkaufspreis. Anders gestalten sich diese Entscheidungsspielräume, wenn die Profit Center als rechtlich eigenständige (Tochter-)Unternehmen separiert werden. Die Muttergesellschaft wird damit zur

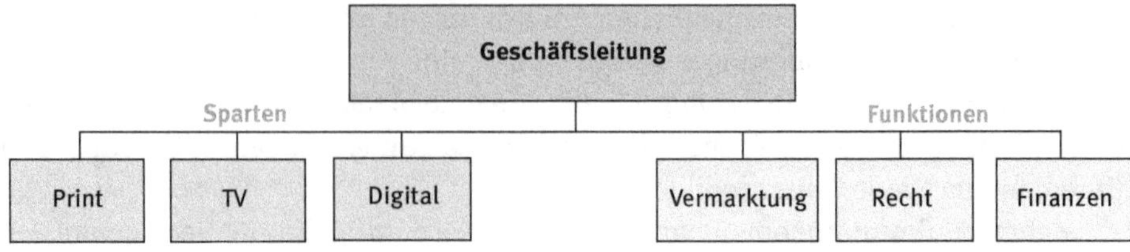

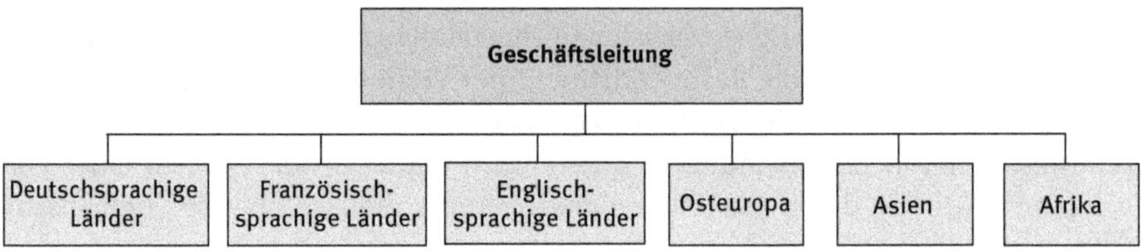

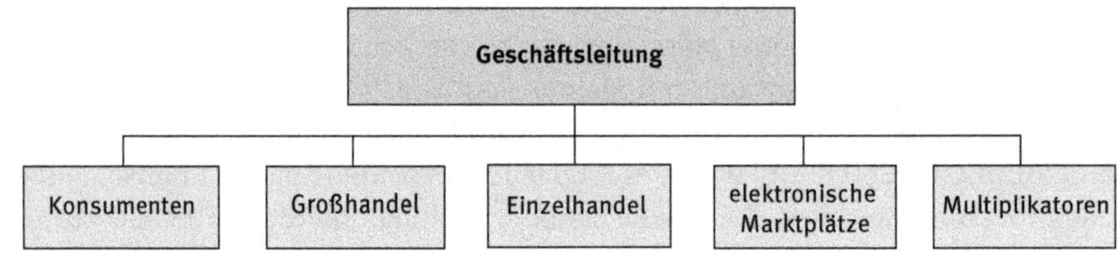

Abb. 14.5: Typen der Divisionalorganisation (Spartenorganisationen)

Holding, die nur hinsichtlich der gemeinsamen strategischen Ausrichtung auf die Tochter- und Enkelgesellschaften einwirkt.

Die Stärke der divisionalen Organisation liegt in ihrer **Marktorientierung**. Innerhalb der Sparten ist es leichter möglich, sich auf die Besonderheiten des Marktes einzustellen. Durch die größere Marktnähe werden Veränderungen schneller erkannt und es wird möglich, schneller auf die Veränderungen reagieren zu können. Auch die Führungskräfte profitieren von dieser Organisationsform, denn sie erhalten deutlich höhere Führungskompetenzen, können unternehmerische Verantwortung wahrnehmen und werden damit motivierter agieren. Allerdings hat diese Autonomie auch ihren Preis: Aus gesamtunternehmerischer Sicht sinkt die Ressourceneffizienz, denn die Struktur führt dazu, dass gleichartige Funktionen mehrfach aufgebaut werden müssen (im Extremfall in jeder einzelnen Division). Dadurch gehen Spezialisierungseffekte verloren und es entstehen zwischen den Divisionen nicht koordinierte Mehrfacharbeiten des gleichen Vorgangs.

Da es kein Rezept für die Aufbauorganisation in bestimmten Unternehmenssituationen gibt, ist die Frage, welches Organisationsschema ein Unternehmen verankern soll, keinesfalls trivial. Ein Medienunternehmen, das in mehreren Geschäftsfeldern international tätig ist, steht beispielsweise vor der Wahl, die Produktgruppen als oberste Gliederungsebene zu nutzen oder die nationalen Märkte (Regionen). Dass sich das Unternehmen divisional organisieren sollte, liegt auf der Hand, nicht aber für welches Gliederungskriterium es sich auf den einzelnen Ebenen entscheiden sollte. „Eine Gliederung nach Produktgruppen stellt die Nutzung der Synergien innerhalb der einzelnen Geschäftsbereiche sicher, hat jedoch gegenüber der regionalen Gliederung den Nachteil, dass unter Umständen nationale Besonderheiten des Marktes nicht immer die notwendige Berücksichtigung erfahren" (Breyer-Mayländer und Werner 2003: 254). Auch wenn neue Geschäftsfelder eingegliedert werden müssen, ist die Gliederung bzw. Zuordnung nicht immer einfach. So können die Online-Medien eines Zeitschriftenverlages durchaus in einer eigenen Sparte zusammengefasst werden. Sie können aber auch den einzelnen Titeln zugeordnet werden. Hier muss zwischen den Vorteilen der Eigenständigkeit von Geschäftsfeldern und den möglichen Synergiepotenzialen abgewogen werden. Das gleiche Problem ist mit der Einordnung von Rechercheabteilungen und ähnlichen Schnittstellenfunktionen verbunden.

14.2.3 Modelle der organisationalen Zentralisation

Zentralisation (auch Integration genannt) beschreibt das Zusammenfassen von Entscheidungsaufgaben auf möglichst hoher Führungsebene. Durch diese Zentralisation sollen die Vorteile der Spezialisierung auf funktionaler und auf objektorientierten Ebene zeitgleich genutzt werden. Zusätzlich sollen die Nachteile der beiden Organisationsformen (Kommunikationsbarrieren und Mehrfachbesetzung) vermieden werden. Das Ergebnis der Verbindung von Funktionsbereichen und Objektbereichen wird **Matrix-Organisation** genannt. Auf dem gleichen Prinzip basiert die **Projekt-Organisation.**

Ursprünglich stammt die Idee der Matrix-Organisation aus dem Markenartikelbereich. Hier wurde der Produktdimension (Sparte) ein Projektmanager zugeordnet. So wurde eine systematische Betreuung und Vertretung der einzelnen Produkte in den Funktionsbereichen möglich. Im Mediensektor ist die Matrixorganisation häufig in Buch- und Zeitschriftenverlagen, aber auch vielen anderen Branchenunternehmen implementiert. Hier übernimmt der Produktverantwortliche die Funktion des Projektmanagers und verantwortet in Abstimmung mit den funktionalen Organisationseinheiten die wirtschaftlichen Bedingungen und Ergebnisse der Titel oder Titelgruppen. (Vgl. Breyer-Mayländer und Werner 2003: 252). Eine beispielshafte Matrix-Organisation für einen Printmedienverlag zeigt Abb. 14.6.

Im Grundmodell der Matrix-Organisation werden die Weisungsbefugnisse gleichberechtigt auf die beiden Organisationsdimensionen verteilt. So entsteht ein symme-

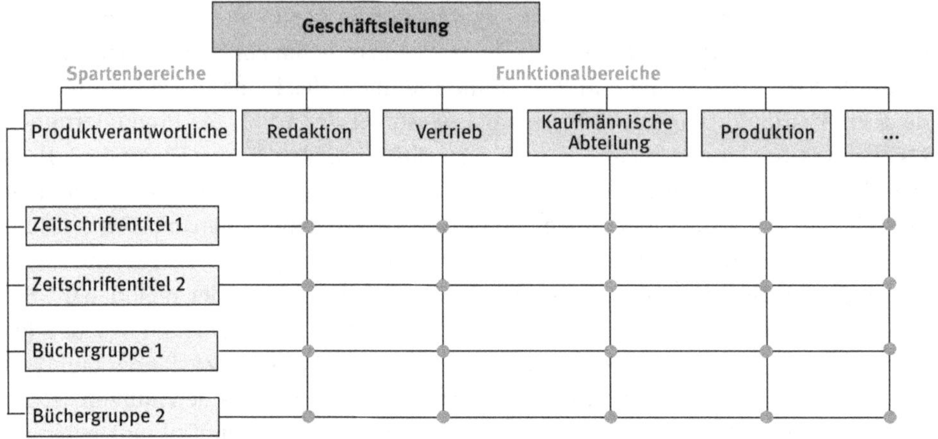

Abb. 14.6: Matrix-Organisation in einem Printmedienverlag

trisches Mehrliniensystem sich kreuzender Weisungslinien. Damit die Mitarbeiter auf den nachgeordneten Ebenen nicht von unterschiedlichen Funktions- oder Produktverantwortlichen widersprüchliche Anweisungen bekommen, sollen Beschlüsse innerhalb der Matrix (des Gremiums) per Konsens gefunden werden. Dies ist angesichts der Mehrfachunterstellung der Mitarbeiter unbedingt notwendig.

Damit werden auch die Schattenseiten der Matrix-Organisation als Führungsgeflecht deutlich: Die Entscheidungsfindung kann lange Zeit in Anspruch nehmen, erfordert hohe Konfliktbereitschaften und bringt nicht selten wenig sachgerechte Konsenslösungen hervor. Es können Machtkämpfe entstehen und infolge des hohen Führungskräftebedarfes leidet auch der Umgang mit dieser Ressource. Des Weiteren kann eine Matrix zur Überbetonung der Innenorientierung führen, anstatt die Markt- bzw. Kundenorientierung zu fördern.

Aus diesen Gründen ist eine Matrix-Organisation auf der zweiten Führungsebene nur dann zu empfehlen, wenn es für das Unternehmen erfolgskritisch ist, bei seiner strategischen Ausrichtung Informationen aus den unterschiedlichsten Perspektiven berücksichtigen zu müssen. Dies ist häufig in global tätigen Unternehmen, aber auch in der Werbe- und PR-Branche oder Beratungs- und IT-Entwicklungsunternehmen der Fall.

Das zweite Modell zentralisierter Organisation wird durch Projekte repräsentiert (**Projekt-Organisation**). Ein Projekt ist ein zielgerichtetes, einmaliges Vorhaben, das aus abgestimmten Tätigkeiten mit Anfangs- und Endtermin besteht und durchgeführt wird, um unter Berücksichtigung von Vorgaben bezüglich Zeit, Ressourcen und Qualität ein definiertes Ziel zu erreichen (vgl. Möller und Dörrenberg 2003: 22).

Projekte werden im laufenden Betrieb durchgeführt. Dies kann die Produktion von Filmen sein, die Erstellung eines Buches oder die Kampagnenberatung im Werbe- oder PR-Bereich etc. Die Projektorganisation zeichnet sich dadurch aus, dass „Spezialisten aus unterschiedlichen Fachbereichen für die Dauer des Projektes organisatorisch zusammengeführt werden." (Wirtz 2016: 154) Damit führt die Projekt-Organisation zu sekundären Organisationsstrukturen, die entweder als Stabs-, Matrix- oder Linien-Projekt-Organisationen etabliert werden können (vgl. Möller und Döhrenberg 2003: 7 ff. sowie Staehle 1999: 762 ff. und hier folgend Dillerup und Stoi 2013: 525 ff.):

Stabs-Projekt-Organisationen zeichnen sich dadurch aus, dass sie weder disziplinarische noch fachliche Weisungsbefugnisse haben. Sie werden dann etabliert, wenn wichtige Entscheidungen vorbereitet oder Entscheidungsprozesse hinsichtlich Zeit und Kosten überwacht werde sollen. Die Verantwortung für das Projekt verbleibt bei der übergeordneten (auftraggebenden) Leitungsstelle.

Matrix-Projekt-Organisationen zeichnen sich dadurch aus, dass sie Projektverantwortung tragen und den zeitlich eingebundenen Mitarbeitern gegenüber zumindest fachlich weisungsbefugt sind. Diese Organisationsform wird häufig bei komplexen Beratungsaufgaben (Kampagnenentwicklung etc.) eingesetzt.

Linien-Projekt-Organisationen zeichnen sich dadurch aus, dass der Projektleiter (zeitlich befristet) sowohl die fachliche als auch die disziplinarische Weisungsbefugnis den Mitarbeitern gegenüber ausübt. Die Mitarbeiter sind während des Projektes vollständig aus ihrer Linienfunktion herausgelöst und arbeiten „Fulltime" am Projekt. Solche Organisationsformen werden insbesondere im Bereich der Filmproduktion oder der Gameentwicklung eingesetzt.

Fragen zu Kapitel 14

?

1. Beschreiben Sie das Aufgabenfeld der Gestaltung im Organisationsmanagement.
2. Erläutern Sie die Gestaltungsparameter, anhand derer eine Organisation geordnet wird.
3. Die Koordination von Unternehmen wird mithilfe verschiedener organisatorischer Regeln bewirkt. Beschreiben Sie diese Regeln.
4. Erläutern Sie kurz drei unterschiedliche Arten von Stellen, die in Aufbauorganisationen auftreten.
5. Beschreiben Sie drei unterschiedliche Formen von Aufbauorganisationen. Im Anschluss nehmen Sie kurz zu den Vor- und Nachteilen der einzelnen Formen Stellung.

15 Welche Aufgaben hat das Personalmanagement?

Das Personalmanagement[1] (auch Human-Resources-Management, HRM genannt) trägt erheblich zum Erfolg von Medienunternehmen bei. „Personal ist eine Schlüsselressource im Medienbereich" (Wirtz 2016: 157). Medienunternehmen, soweit sie Inhalte kreieren, bündeln und produzieren, arbeiten „hochgradig personalintensiv" (Gläser 2014: 847).

Am Wertschöpfungsprozess orientiert benötigen Medienunternehmen Kreative, Programmeinkäufer, Werbefachleute, Produzenten, Techniker, Marketer, Vertriebler und eine Vielzahl unterschiedlicher Service-Mitarbeiter. Hinzu kommen die Mitarbeiter aus den sekundären (bereichsüberspannenden) Unternehmensfunktionen (vgl. Porter 2014: 65 ff.). Hierzu zählen neben dem Management alle sonstigen Mitarbeiter des sogenannten betrieblichen Overheads. Die gesamten Personalkosten liegen hier nicht selten weit über 30 Prozent der Gesamtkosten. Die Größenordnung ist davon abhängig, ob das Unternehmen Inhalte vornehmlich selber erstellt oder Programmware einkauft.

Der Gesamtbereich des Personalmanagements wird als **Personalwirtschaft** bezeichnet. Diese wiederum splittet sich auf in die beiden Bereiche Personalplanung und Personalführung. Zur **Personalplanung** werden die Bereiche Bereitstellung, Allokation und Entwicklung gezählt. Zur **Personalführung** gehören die Bereiche Motivation, Anleitung, Delegation und Kontrolle.

Idealtypisch werden die Aufgaben (und Aufgabengebiete) des Personalmanagements wie folgt gegliedert:

- Zunächst ist der Personalbedarf zu planen (Personalbedarfsplanung).
- Dann folgt die Beschaffung des Personals zur Deckung des Bedarfs (Personalbeschaffung).
- Der Mitarbeiter muss nun an seinem Arbeitsplatz eingesetzt werden (Personaleinsatzplanung).
- Das Personal muss geführt werden (Personalführung).
- Mitarbeiter müssen beurteilt und entlohnt werden (Personalbeurteilung und -entlohnung).
- Aufgrund der dynamischen Umfeldbedingungen müssen Mitarbeiter entwickelt werden (Personalentwicklung).
- Am Ende des Prozesses steht die Freisetzung des Mitarbeiters (Personalfreisetzung).

1 Das Thema Personalmanagement wird von vielen Lehrbüchern gut abgedeckt. So beispielsweise von Berthel und Becker (2017), Holtbrügge (2015), Jung (2011), Kolb (2008), Scherm und Süß (2003) oder Bröckermann (2003). Aus diesem Grunde soll das Thema hier nur einführend abgebildet werden.

https://doi.org/10.1515/9783110519587-015

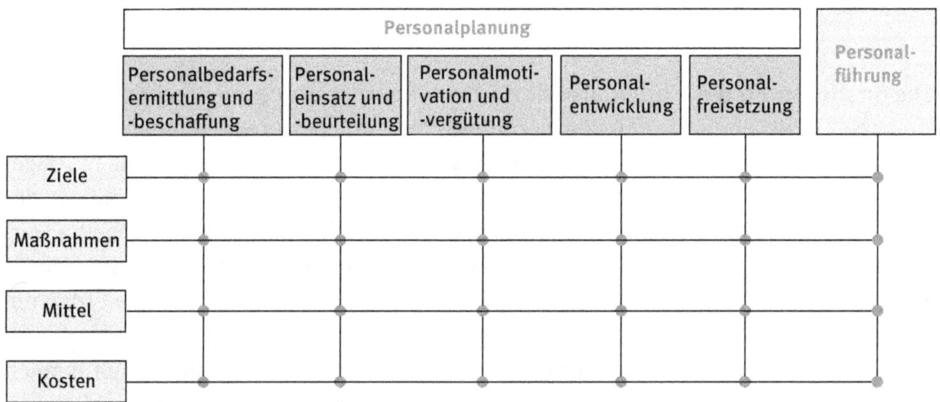

Abb. 15.1: Bereiche und Steuerungsgrößen der Personalwirtschaft

Für jeden einzelnen Personalbereich müssen Ziele, Maßnahmen und Mittel definiert bzw. bereitgestellt werden. Außerdem sind die Kosten zu überwachen (vgl. Abb. 15.1).

Die Ziele im Personalbereich können in wirtschaftliche und soziale Ziele unterschieden werden. Das ökonomische Oberziel besteht darin, dass die mit dem Personaleinsatz verbundenen Kosten geringer sein sollen als die in Geldeinheiten bewertete Arbeitsleistung der Mitarbeiter. Während es einfach ist, die Kosten festzustellen, macht es allerdings erhebliche Mühe, die Arbeitsleistung einzelner Mitarbeiter in der Kreativwirtschaft sinnvoll zu messen. Die Messprobleme beginnen schon mit der Personalbedarfsplanung. Anders als im automatisierten Maschinenbereich vieler Industrieunternehmen kann hier nicht einfach die Arbeitszeit pro Arbeitsvorgang berechnet und mit der Anzahl der Arbeitsvorgänge multipliziert werden, um zu berechnen, über wie viel Kapazität jeder Mitarbeiter verfügt. Dementsprechend bereitet es auch höchste Schwierigkeiten, den Output eines Mitarbeiters in Geld zu bewerten. Denn insbesondere der redaktionelle Output hat ja nicht nur die Dimension Menge, sondern auch Qualität. Auch ist es nicht einfach, den wertmäßigen Anteil eines Produktmoduls (z. B. Artikel oder TV-Beitrag) an einem Medienbündel (Zeitung oder Magazinsendung) zu bewerten.

Das Oberziel der sozialen Ziele in der Personalwirtschaft dürfte in der höchstmöglichen Arbeitsplatzzufriedenheit und Arbeitsplatzsicherheit liegen. Auch hier ergeben sich deutliche Operationalisierungsprobleme; zumindest im Bereich der Messung von Zufriedenheit. Die Zufriedenheitsmessung entzieht sich einer direkten Messung und muss über Stellvertretergrößen indirekt gemessen werden. Allerdings zeigt sich schnell, dass die einzelnen Parameter (Aufgabenfeld, Interesse, Verantwortung, Entlohnung, Wertschätzung etc.) durchaus in ihrer jeweiligen Wertigkeit höchst unterschiedlich und sehr subjektiv von den einzelnen Mitarbeitern bewertet werden.

15.1 Personalbedarfsermittlung und Personalbeschaffung

Die **Bestimmung des Personalbedarfs** steht am Anfang des Personalmanagementprozesses. Wird der Personalbedarf ermittelt, muss die personelle Kapazität definiert werden, die notwendig ist, um das Leistungsprogramm des Unternehmens marktgerecht (in der erforderlichen Güte und Menge) erstellen zu können. Der Umfang der einzelnen Teilaufgaben muss hinsichtlich der quantitativen (wie viele Mitarbeiter werden benötigt?), der qualitativen (welche Qualifikationen müssen vorhanden sein?), der örtlichen (wo werden Mitarbeiter benötigt?) und der zeitlichen (wann werden die Mitarbeiter benötigt?) Anforderungen untersucht werden.

Hierbei wird zwischen dem Bruttopersonalbedarf und dem Nettopersonalbereich unterschieden. Während der Bruttopersonalbedarf den gesamten Bedarf an Mitarbeitern zu einem Zeitpunkt t_i (mit $i = 1, 2, \ldots, n$) darstellt, handelt es sich beim Nettopersonalbedarf um die Menge an Mitarbeitern, die zum Zeitpunkt t_i zusätzlich benötigt werden. Es müssen also gemessen am aktuellen Bestand an Mitarbeitern in t_0 die Personalabgänge bis zum Zeitpunkt t_i (Pensionierung, Kündigung, Elternzeit, sonstige Ereignisse, die zum Abgang führen) und die schon feststehenden Personalzugänge berücksichtigt werden. Die Berechnung erfolgt aufgrund der Anforderungen und Informationen aus allen Funktionsbereichen. Basis für die Bedarfsberechnung ist in der Regel der sogenannte Stellenplan.

Allerdings ist es in der Medienwirtschaft üblich, einen erheblichen Teil des Personalbedarfes durch freie Mitarbeiter abzudecken. Dies ist möglich, weil die Mehrzahl der Leistungen (Artikel, Beiträge etc.) extern und in Form von Projekten abgewickelt werden können. Angesichts der hohen Personalkosten ist es nicht verwunderlich, dass die Möglichkeit des Outsourcings von Personalressourcen sehr extensiv gehandhabt wird. Dabei wirkt es noch förderlich auf die Outsourcingphilosophie, dass Leistungen in der Regel erst bei Lieferung und Abnahme in Rechnung gestellt werden (können). Nicht abgenommene Inhalteangebote werden auch nicht bezahlt.

In der Alltagspraxis hat sich ein zweigleisiges Personalkonzept durchgesetzt (vgl. Gläser 2014: 853):

- Dauerhaft anfallende Aufgaben werden überwiegend durch (unbefristet) Festangestellte erledigt.
- Einzelne Programmbeiträge oder projektbezogene Leistungen liefern häufig freie Mitarbeiter.

Neben der quantitativen Bedarfsermittlung gehört auch die qualitative Bedarfsanalyse zur Personalbedarfsplanung. Grundlage für den qualitativen Personalbedarf bildet die Arbeitsanalyse Die Arbeitsanalyse dient der systematischen Untersuchung der zu lösenden Aufgabe und definiert die Anforderungen an die zu besetzende Stelle und den Umfang der Stelle. Im Ergebnis wird eine Stellenbeschreibung angefertigt und ein daraus abgeleitetes Anforderungsprofil erstellt. In der Stellenbeschreibung werden die für die betreffende Stelle relevanten Führungs- und Leistungsanforderungen sowie deren Einordnung in die Organisationsstruktur beschrieben. Das Anforderungsprofil wiederum definiert die Anforderungshöhe für die einzelnen in der Stelle ausgeschriebenen Anforderungsarten. (Vgl. Thommen et al. 2017: 383 f.) Zu den Anforderungsarten zählen fachliche Kenntnisse (z. B. Know-how, Sprachkenntnisse), kognitive (z. B. analytische, kreative) Fähigkeiten und psychische Kriterien (z. B. Zuverlässigkeit), aber auch sozialpsychologische Eigenschaften (z. B. Kommunikations- und Teamfähigkeit) sowie unter Umständen auch physische Kriterien (z. B. körperliche Belastbarkeit). (Vgl. Paul 2015: 322)

Der **Prozess der Personalbeschaffung** erfüllt die Aufgabe, für die definierten (unbesetzten) Stellen geeignete Mitarbeiter zu finden. Dabei ist grundsätzlich zwischen interner und externer Personalbeschaffung zu unterscheiden. Die Vorteile einer internen Stellenbesetzung liegen darin, dass die Stärken und Schwächen des Kandidaten bekannt sind und dass Kenntnisse des Unternehmens vorliegen. Das verringert die Einarbeitungskosten. Die Vorteile der externen Beschaffung liegen in der größeren Auswahl an qualifizierten Kräften und die fehlende Betriebsblindheit der Bewerber. Außerdem fließt neues Know-how in das Unternehmen ein. Tab zeigt die Personalbereitstellungsmöglichkeiten nach Fristigkeit und Quelle:

Tab. 15.1: Personalbereitstellungsmöglichkeiten nach Quelle und Fristigkeit

	interne Personalbeschaffung	externe Personalbeschaffung
kurzfristiger Personalbedarf	– Mehrarbeit – Urlaubsverschiebung – Aushilfen oder Versetzungen aus anderen Abteilungen	– freie Mitarbeiter – Personalleasing
langfristiger Personalbedarf	dauerhafte Versetzungen aus anderen Abteilungen	Neueinstellungen

Zum Bereich der Personalbeschaffung gehört das Personalmarketing (Personalwerbung), die Personalauswahl und die Einstellung (vgl. folgend Holtbrügge 2015: 85 ff.):

– Das **Personalmarketing** bedeutet, dass bewusst aus der Sicht des Bewerbers gedacht und aktiv versucht wird, durch Setzung geeigneter Rahmenbedingungen gute Kandidaten zu rekrutieren. Die am häufigsten eingesetzten Instrumente sind die innerbetriebliche Stellenausschreibung, die Stellenanzeige in den Medien; vor allem in Zeitungen und auf den einschlägigen Online-Portalen (z. B. stepstone.de, monster.de. jobscout24.de arbeitsagentur.de etc.). Ab einem Jahreseinkommen von rund 300.000 Euro werden häufig auch gezielt Headhunter eingeschaltet, um geeignete Kandidaten diskret zu finden. Um Führungsnachwuchs zu finden, wird heute auch immer intensiver das Hochschul-Recruiting eingesetzt. Unternehmensverantwortliche halten Vorträge in Seminaren und Vorlesungen, vergeben Bachelor- und Masterarbeiten, ermöglichen Praktika und nehmen an Jobmessen teil, um mit guten Absolventen in Kontakt zu kommen. In Zeiten des Fachkräftemangels gewinnt das Active Sourcing eine immer größere Bedeutung (Direktansprache, Messen etc.) und es sind kreative Wege der Mitarbeitergewinnung gefragt. Das Employer Branding spielt dabei heute eine entscheidende Rolle im Umfeld des Recruitings.

- Die **Personalauswahl** erledigt die Aufgabe, aus den zur Auswahl stehenden Bewerbern diejenigen auszuwählen, die den Anforderungen der zu besetzenden Stelle am besten entsprechen. Die Faktoren, die parallel zur Abstimmung des Bewerberprofils mit dem vorgegebenen Anforderungsprofil abgeprüft werden, sind vor allem die Leistungsfähigkeit, der Leistungswille, die Entwicklungsmöglichkeiten des Bewerbers und das künftige (vermutete) Leistungspotenzial. Als Auswahlhilfen haben sich vier Instrumente bewährt (vgl. Thommen et al. 2016: 390 f.): Die Analyse und Bewertung der Bewerbungsunterlagen (Lebenslauf, Zeugnisse und Referenzen), das Bewerberinterview (Einführungsinterview zu Beginn des Prozesses; dies wird später ggfs. als Einstellungsinterview fortgesetzt wird), standardisierte persönlichkeits- oder verhaltensorientierte Situationstests (Intelligenz-, Leistungs-, Wissens-, Einstellungs- und Kreativitätstests etc.), Assessment-Center als komplexe standardisierte Gruppenauswahlverfahren, die Teilnehmer mit typischen Aufgaben und Problemen konfrontieren.
- Die **Einstellung** beendet die Personalbeschaffungsphase. Allerdings ist der Prozess erst beendet, wenn der neue Mitarbeiter in seinen Tätigkeitbereich eingeführt und die Probezeit erfolgreich beendet ist.

15.2 Personaleinsatz und Personalbeurteilung

Die **Personaleinsatzplanung** hat die Aufgabe, den Stellen geeignete Mitarbeiter zuzuordnen. Ziel ist die Sicherstellung des geforderten Arbeitsergebnisses (vgl. folgend Dillerup und Stoi 2013: 616 ff. sowie Thommen et al. 2016: 396 ff.). Die Personaleinsatzplanung in Medienunternehmen muss vier Dimensionen berücksichtigen:

- Den **Arbeitsinhalt**: Der Umfang und die Qualität der Arbeitsleistung ist der Stelle so zuzuordnen, dass die Arbeitserfordernisse auf die physische und psychische Leistungsfähigkeit und Belastbarkeit des Stelleninhabers abgestimmt sind. Sowohl eine Unterforderung als auch eine Überforderung soll vermieden werden. Darüber hinaus sind die persönlichen und Interessen der Mitarbeiter bestmöglichst zu berücksichtigen, um eine größtmögliche Motivation und Arbeitszufriedenheit erreichen zu können. Nur so können die Unternehmensaufgaben in quantitativer, qualitativer und zeitlicher Hinsicht optimal erfüllt werden. Zu unterscheiden sind hier Aufgaben mit hoher oder niedriger Spezialisierung. Dem-

entsprechend muss zwischen ein möglichst optimaler Fit zwischen Tätigkeits-, Entscheidungs- und Kontaktspielraum gefunden werden.
- Den **Arbeitsort**: Es muss entschieden werden, wo der Ort, an dem der Mitarbeiter seine Arbeit verrichtet, lokalisiert ist. Hier gibt es die Möglichkeit, den Platz innerhalb oder außerhalb des Unternehmens einzurichten. Auch die Gestaltung des Arbeitsplatzes ist von großer Bedeutung. Die Arbeitsplatzbedingungen müssen funktional, aber auch an die Bedürfnisse des Mitarbeiters angepasst sein.
- Die **Arbeitszeit**: Es müssen Regelungen definiert oder gefunden werden, die die Zeit, in der der Mitarbeiter seine Arbeitskraft zur Verfügung stellt, festlegen. Hier wird zwischen täglicher, wöchentlicher, monatlicher sowie Jahres- und Lebensarbeitszeit unterschieden. Zumindest in den Kreativbereichen der Medienwirtschaft sind vorwiegend flexible Arbeitszeitkonzepte zu finden (z. B. Gleitzeit, Teilzeitarbeit, aber auch das Konzept der flexiblen Arbeitszeit nach dem Motto: „Feierabend ist, wenn die Arbeit getan ist", ist weit verbreitet).
- Die **Strukturdynamik der Arbeit**: Eine Besonderheit innerhalb der Produktion von Content sind die sich oft verändernden Arbeitsstrukturen. Autoren, Rechercheure, Realisateure, Kameraleute, Entwickler etc. können oder müssen allein oder im Team arbeiten. Die Teams wiederum können relativ stabil sein (Gamebereich, Studiobereich, Postproduktion in der TV-Branche etc.) oder wechseln (wie beispielsweise in der Filmproduktion). Sich permanent wechselnde Arbeitsbedingungen können auf Dauer erheblichen Stress auslösen. Dieser Stress wird um so höher, als dass sich neben den Arbeitsbeziehungen auch die Einsatzorte und die Einsatzzeiten permanent ändern können.

Die **Personalbeurteilung** ist die innerbetriebliche Stellschraube für eine optimale Austarierung von Leistungsanforderung, Leistungsentsprechung und Leistungsergebnis. Nur wenn Mitarbeiter „an der richtigen Stelle", d. h., ihren Fähigkeiten und Interessen entsprechend eingesetzt werden, wird auch das Arbeitsergebnis und die Mitarbeiterzufriedenheit optimal sein. Die Personalbeurteilung ist ebenfalls die Basis für eine leistungsgerechte Entlohnung und eine gezielte Weiterentwicklung des Mitarbeiters. Dabei erfolgt die Beurteilung von Mitarbeitern in zwei Zeitdimensionen: eine vergangenheitsorientierte und eine zukunftsorientierte (vgl. folgend Dillerup und Stoi 2013: 622 sowie Gläser 2014: 863).
- Die **Leistungsbeurteilung** ist eine vergangenheitsorientierte Erfassung und Bewertung der Mitarbeiterperformance. Grundlage der Beurteilung ist das Leistungsergebnis und das Leistungsverhalten im Hinblick auf den Beitrag zur betrieblichen Zielerreichung. Die Qualität der Beurteilung ist abhängig von den Kriterien, die für die Bewertung herangezogen werden. Sie müssen operationalisiert sein, damit das Verfahren und die Ergebnisse rational nachvollziehbar sind. Damit werden auch hohe Kompetenzanforderungen an den Vorgesetzten bzw. den Bewertenden gestellt. Das hier wahrscheinlich aufwendigste Verfahren ist das sogenannte 360-Grad-Feedback. In diesem Verfahren wird der zu Beur-

teilende in einem aufwendigen Prozess nach seiner Selbsteinschätzung gefragt und parallel dazu fremdeingeschätzt durch einen (oder mehrere) subordinierte Mitarbeiter, gleichrangige Kollegen, Vorgesetzte und Kunden. Allerdings konzentriert sich das 360-Grad-Feedback eher auf beobachtbare Soft Skills (Verhalten, Engagement und charakterliche Eigenschaften).

– Die **Potenzialbeurteilung** dient der Einschätzung der künftigen Mitarbeiterperformance. Damit soll realistisch eingeschätzt werden, ob und in welchem Rahmen sich der Mitarbeiter für höherwertige Aufgaben eignet. Dabei dient sie auch als maßgebliche Grundlage für die Personalentwicklung.

Beide Beurteilungen werden für Auswahlentscheidungen (Beförderungen, Bewilligungen von oder Verpflichtungen zu Fortbildungsmaßnahmen, Versetzungen und Entlassungen) genutzt. Personalverantwortliche oder Vorgesetzte haben drei Möglichkeiten, Beurteilungen anzusetzen (Steinmann et al. 2013: 751 ff.): Sie können den Schwerpunkt auf Eigenschaften (z. B. Kreativität, Flexibilität, Loyalität, Auffassungsgabe etc.) legen. Hier werden allerdings subjektiven (Fehl-)Einschätzungen häufig Tür und Tor geöffnet. Beurteilungsverfahren können auch das beobachtbare Verhalten (Arbeits- und Sozialverhalten) in den Mittelpunkt ihrer Analysen stellen. Der Beurteiler kann aber auch die Arbeitsergebnisbetrachtung in den Mittelpunkt stellen. Die Beurteilung hängt dann im Wesentlichen davon ab, ob und wie viele der gesetzten Ziele in welchem Ausmaß vom Mitarbeiter erreicht wurden. Dieser ergebnisorientierte Ansatz spiegelt die Philosophie des Management-by-Objectives wider (vgl. Kapitel 8.5.1).

15.3 Personalmotivation und Personalvergütung

Die Konzepte der Motivation und der Vergütung von Mitarbeitern gehören unmittelbar zusammen. Sie sind interdependent miteinander verbunden. Die Aufgabe dieses Systemverbundes besteht darin, Anreize zu setzen, um potenzielle Mitarbeiter zu gewinnen, vorhandene Mitarbeiter zu binden und höchstmögliche Leistungen bei den Mitarbeitern zu aktivieren (vgl. fortfolgend Thommen et al. 2016: 400–418).

Solche Anreize sind höchst unterschiedlicher Natur und ihre Wirkungen sind abhängig von den Bedürfnissen der einzelnen Mitarbeiter. Insofern ist zunächst zu klären, welche Bedürfnisse die Mitarbeiter haben, um dann Anreize setzen zu können, diese Bedürfnisse zu befriedigen. Das Arsenal an Anreizen, mit dem ein (Medien-)Unternehmen auf diese Bedürfnisse reagieren kann, ist groß. Grundsätzlich lässt es sich in materielle bzw. monetäre Anreize und immaterielle bzw. nicht-monetäre Anreize aufteilen. Allerdings greifen auch hier die Anreizsysteme ineinander, sodass eine exakte Zuordnung nicht immer möglich ist. So kann beispielsweise die Beförderung eines Mitarbeiters das Bedürfnis nach Übernahme von Verantwortung, Macht und soziale Anerkennung befriedigen, ist aber in der Regel auch mit einer

Gehaltserhöhung verbunden. Es ist aber auch festzustellen, dass Anreize in Abhängigkeit davon, welche Bedürfnisse sie befriedigen, ihre Wirkung verstärken oder verlieren. Anreize wirken immer nur dann, wenn sie ein Bedürfnis befriedigen. Je stärker das zu Handlungen aktivierende Bedürfnis bereits befriedigt ist, desto geringer wirken Anreize, die auf das jeweilige Bedürfnis abgestimmt sind. Wenn jemand beispielsweise ein Jahresgehalt von 100.000 Euro bekommt, wirkt eine Gehaltserhöhung von monatlich 300 Euro anders als wenn das Jahresgehalt 30.000 Euro beträgt. Andererseits wird die Vereinbarung über eine sehr flexible Arbeitszeitgestaltung einem Alleinerziehenden mehr bedeuten als die Überlassung eines speziellen Parkplatzes auf dem Firmengelände.

Insofern müssen betriebliche Anreizsysteme ausgearbeitet werden, die auf die Realität der Mitarbeiter abgestimmt sind. Das heißt, ein zweckmäßiges Anreizsystem ist immer auf die Bedürfnisse der Mitarbeiter und ihre Motive zur Leistungserbringung abzustimmen. Nur so können die Anreize wirken und das Verhalten der Mitarbeiter freiwillig und nachhaltig auf die gemeinsame Zielausrichtung aktivieren. Das wiederum bedeutet, dass zunächst die Bedürfnisse zu identifizieren sind, um die Motive zu finden, die Verhalten verstärken oder verhindern. Im Anschluss werden aktivierende Anreize definiert, die das gewünschte Verhalten hervorbringen, aufrechterhalten oder verstärken. Ziel ist, eine „Win-Win-Situation“ zu schaffen, von der sowohl das Unternehmen als auch der Mitarbeiter profitiert.

Dementsprechend sind zwei grundsätzliche Fragen zu beantworten: Wie wird Verhalten begründet und welche Anreize können Verhalten zielgerichtet steuern? Die Antworten auf diese Fragen sind dann auf den konkreten Betriebsalltag des (Medien-)Unternehmens zu übertragen und in ein Motivations- und Vergütungssystem zu implementieren.

15.3.1 Die Personalmotivation als zentrale Herausforderung

Motivationstheorien[2] befassen sich mit der Frage nach dem Warum menschlichen Verhaltens und unterstellen, dass die Gründe dafür, sich auf eine bestimmte Art zu ver-

---

2 Die Literatur kennt eine Vielzahl von Motivationstheorien, die hier allerdings nicht abgearbeitet werden können. Die Frage nach dem was Menschen bewegt, sich zu verhalten, versuchen sogenannte Inhaltstheorien zu beantworten. Die Frage nach dem wie ein bestimmtes Verhalten hervorgerufen werden kann, versuchen sogenannte Prozessmodelle zu erklären. Zu den klassischen Inhaltstheorien zählen u. a. die Theorie der Bedürfnishierarchie (Maslow), das Zwei-Faktoren-Modell (Herzberg), das ERG-Modell (Alderfer), die Leistungsmotivationstheorie (McClelland) und das Profil der fundamentalen Motive (Reiss). Zu den bekanntesten Prozesstheorien der Motivation gehören z. B. die Gleichgewichtstheorie (Adams), die VIE-Motivationstheorie (Vroom), das Erwartungswertmodell (Porter und Lawler), die Theorie der Leistungsmotivation (Atkinson), das erweiterte Motivationsmodell (Heckhausen), die Rollenmotivationstheorien (Miner), Motivationstheorie (Pritchard und Ashwood) sowie verschiedene Attributionstheorien (vgl. Hentze et al. 2005).

halten, im Menschen selbst begründet liegt. Die Umwelt beeinflusse das Verhalten lediglich mittelbar, indem die Umweltbedingungen auf die Motive des Individuums einwirken. Dabei ist ein Motiv zu verstehen als latente und noch nicht aktualisierte Verhaltensbereitschaft (vgl. Hentze et al. 2005: 103 f.). Diese Verhaltensbereitschaft bezieht sich auf die Befriedigung von Bedürfnissen. Das heißt, wird ein Bedürfnis (Mangelempfinden) wahrgenommen, aktiviert dieses Empfinden das Motiv, den Mangel mittels eines geeigneten Objektes auszugleichen. Es entsteht die **Motivation** zum Handeln. Motivation ist die Aktivierung bzw. die Erhöhung der Verhaltensbereitschaft bestimmte Bedürfnisse zielgerichtet auszugleichen.

Für das Unternehmen ist es relevant zu wissen, welche Bedürfnisse bei den eigenen Mitarbeitern vorhanden sind, welche Motive angesprochen werden müssen und welche Reize gesetzt werden müssen, um die Mitarbeiter zu einem bestimmten Verhalten zu motivieren. Diese Fragen versuchen **Inhaltsmodelle** der Motivationsforschung zu beantworten. Solche Inhaltsmodelle sind beispielsweise von Maslow und Herzberg geliefert worden.

Die grundsätzliche Kategorisierung und Hierarchisierung von Bedürfnissen ist bereits in Kapitel 1.4.2 (Maslow'sche Bedürfnispyramide) ausgeführt worden. Einschränkend muss allerdings eingewendet werden, dass vor allem Wachstumsbedürfnisse (das Streben nach Selbstverwirklichung) auf den unteren Mitarbeiterebenen kaum befriedigt werden können. Anders als Maslow formuliert Herzberg (vgl. Herzberg et al. 1959) keine pyramidale Anordnung von Bedürfnissen und ihren Motiven, sondern er kategorisiert die Einflussgrößen horizontal in zwei Bereiche: Zum einen identifiziert Herzberg Faktoren, die auf den Inhalt der Arbeit bezogen sind und zum anderen Faktoren, die auf den Kontext der Arbeit bezogen sind. Erstere nennt er Motivatoren, letztere Hygienefaktoren. Das Modell wird Zwei-Faktoren-Theorie genannt.

Hygienefaktoren wirken derart, dass wenn sie nicht vorhanden sind, Unzufriedenheit hervorgerufen wird. Schlechtestenfalls kommt es zur Frustration. Sind sie jedoch ausreichend vorhanden, kommt es zum Zustand der Nicht-Unzufriedenheit. In besonderer Weise motiviert sind die Mitarbeiter jedoch nicht.

Motivatoren sind Arbeitsbedingungen, die sich nicht auf den Kontext, sondern die Arbeit selbst beziehen. Sind sie ausreichend vorhanden, entsteht die vom Arbeitgeber angestrebte Arbeitsmotivation und die vom Mitarbeiter gewünschte Zufriedenheit. Sind sie nicht ausreichend vorhanden, entsteht Nicht-Zufriedenheit.

Die Folgerung: Hygienefaktoren verhindern bei positiver Ausprägung die Entstehung von Unzufriedenheit. Sie tragen aber nicht zur Bildung von Zufriedenheit bei, da sie als selbstverständlich angesehen werden und nicht als „Belohnung" für engagierten Arbeiten. Erst die Motivatoren sorgen für den Aktivierungsschub, wenn sie positiv ausgeprägt sind. Sie aktivieren Leistungsmotive und befriedigen das Streben nach Selbstzufriedenheit. Den Zusammenhang des Zwei-Faktoren-Modells von Herzberg (vgl. Herzberg 1968: 53 ff.) verdeutlicht Abb. 15.2.

Bezogen auf den Alltag der (freien) Mitarbeiter in Medienunternehmen zeigt sich, dass das gesamte Spektrum positiver wie negativer Einflussfaktoren vertreten ist. Es

Hygienefaktoren		Motivatoren	
Bezahlung, Führungsstil, Arbeitsplatzsicherheit, äußere Arbeitsbedingungen, soziale Beziehungen, Einfluss auf das Privatleben etc.		eigene Fähigkeiten einsetzen und entwickeln, Erfolg, Verantwortung tragen, Anerkennung bekommen, Beförderungen etc.	
Unzufriedenheit	*Nicht-Unzufriedenheit*	*Nicht-Zufriedenheit*	*Zufriedenheit*

Abb. 15.2: Zwei-Faktoren-Modell der Hygienefaktoren und Arbeitsmotivatoren (Herzberg 1968)

gibt sowohl Hygienefaktoren, die deutlich positiv ausgeprägt sind (z. B. die Bezahlung, zumindest soweit der Mitarbeiter festangestellt ist) als deutlich negativ zu Buche schlagen (z. B. Stress, Arbeitszeiten und Einfluss auf das Privatleben). Bei den Motivatoren zeigt das Bild eine ebenso große Spannbreite. Dieses ist eher aber unternehmens- und unternehmengrößenabhängig. Während in kleineren Medienunternehmen aufgrund der flachen Hierarchie wenig Spielraum für Beförderungen ist, aber die Anerkennung und die persönliche Erfolgszurechnung deutlich stärker ausgeprägt ist, zeigen große Unternehmen mehr Möglichkeiten in der individuellen Weiterentwicklung, aber auch einen deutlichen Hang zu eher bürokratischen Entscheidungsfindungsprozessen, die lähmend wirken können.

Anders als die auf die inhaltlichen und kontextualen Bedingungen abstellenden Theorien von Maslow, Herzberg und andere, versuchen **Prozessmodelle** beispielsweise das Zirkulationsmodell (vgl. Porter und Lawler 1968) sowie das Gleichgewichtsmodell (vgl. Adams 1963) das Entstehen von Leistungsbereitschaft und Zufriedenheit durch rationale Komponenten des Mitarbeiterverhaltens zu erklären.

Das **Zirkulationsmodell** vermutet, dass sich Leistung aus einer Kombination von Fähigkeiten und Persönlichkeitseigenschaften ergibt, die durch die eigene Rollenwahrnehmung noch einmal gefiltert wird. Die Anstrengung oder Nicht-Anstrengung, mit der Leistung erbracht wird, ist hingegen noch einmal abhängig von den Erwartungen und Einschätzungen der Mitarbeiter. Einerseits wird die Wahrscheinlichkeit der Belohnung bei Anstrengung eingeschätzt und andererseits die Wertigkeit, die der Mitarbeiter der Belohnung zumisst. Die Zufriedenheit des Mitarbeiters resultiert schließlich aus dem Zusammenwirken von Arbeitserbringung (anstrengungsgesteuerte Leistung) und dem persönlich empfundenen Belohnungswert für die erbrachte Leistung. Je größer die Differenz zwischen der vom Mitarbeiter erwarteten Belohnung und der tatsächlich erhaltenen Belohnung ist, desto geringer ist die Zufriedenheit. Der Wert einer Belohnung resultiert aber aus zwei unterschiedlichen Quellen: einmal kommt er durch die Arbeit selbst (intrinsische Motivation) und einmal durch äußere Faktoren (extrinsische Motivation). Die extrinsische Motivation basiert auf der Befriedigung der ersten drei Grundbedürfnisse, die Maslow in seiner Pyramide auflistet (physiologische Bedürfnisse, Sicherheitsbedürfnisse, soziale Bedürfnisse). Die intrinsische Motivation resultiert aus der Befriedigung der Wachstumsbedürfnisse (Bedürfnis nach Wertschätzung und Selbstverwirklichung). Den Zusammenhang zeigt Abb. 15.3 (in Anlehnung an Porter und Lawler 1968: 165).

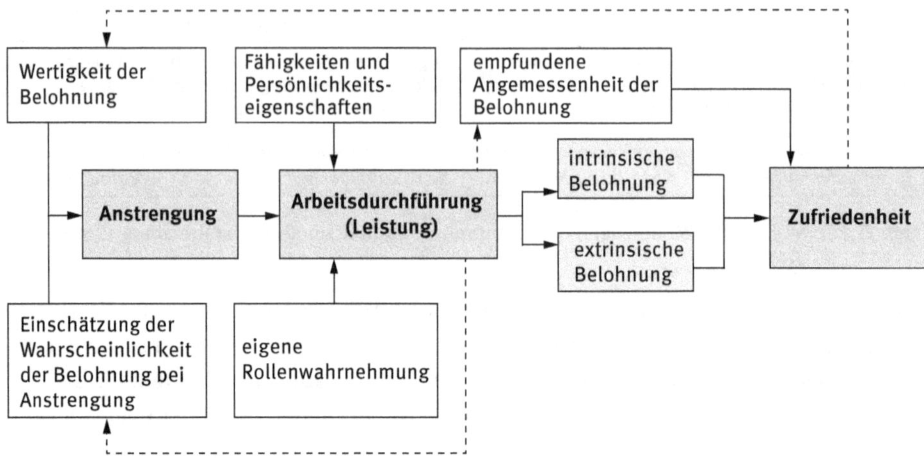

Abb. 15.3: Zirkulationsmodell der Zufriedenheit (Porter und Lawler)

Das **Gleichgewichtsmodell** konstatiert, dass Mitarbeiter Vergleiche anstellen zwischen ihren eigenen Beiträgen (Inputs) und den daraus resultierenden Ergebnissen (Outcomes) sowie den Beiträgen und Ergebnissen von Kollegen, die Gleiches/Ähnliches im Unternehmen tun. Der Mitarbeiter bewertet einen Zustand als gleichgewichtig, wenn das eigene Input-Outcome-Verhältnis demjenigen des Kollegen entspricht. Empfindet er einen Zustand als ungleichgewichtig, erzeugt dieses Gefühl einen Spannungszustand, den er ausgleichen will. Dieser Ausgleich kann auf unterschiedliche Arten angestrebt werden. Der sich benachteiligt fühlende Kollege kann seine Investitionen reduzieren (z. B. Anstrengungen abbauen, Fehlzeiten erhöhen) oder eine höhere Belohnung abfordern (z. B. Gehaltserhöhung, bessere Arbeitsbedingungen). Sieht der betroffene Mitarbeiter keine Möglichkeit, die Situation zu verändern, kann er psychische Abwehrmechanismen einsetzen (die Situation verdrängen oder verleugnen) oder einen anderen Vergleichsmaßstab bzw. eine andere Vergleichsperson wählen. Er kann auch die Vergleichsperson animieren, ihr Input/Output-Verhältnis zu ändern oder er kann das Arbeitsverhältnis aufkündigen.

Wenn dies aufgrund der Tätigkeit möglich ist, spielt in der Alltagspraxis vor allem das empfundene Verhältnis zwischen den vom Mitarbeiter bewirkten finanziellen Umsätzen des Unternehmens bzw. dem (empfundenen) eigenen Beitrag oder Wertanteil an diesen Umsätzen und der empfangenen Vergütung durch den Arbeitgeber eine große Rolle. (Diese Methode gilt aber weit mehr in Phasen erfolgreicher Abschlüsse als für den Fall, dass Fehler zu Umsatzeinbußen oder Fehlinvestitionen geführt haben.)

Sowohl das Zirkulations- als auch das Gleichgewichtsmodell zeigt im Grundsatz eines deutlich: Zufriedenheit erfordert ein faires Gehalt.

15.3.2 Die Personalvergütung als Motivationsinstrument

Die korrekte Entlohnung der Mitarbeiter ist nicht nur eine Frage der Fairness, die Arbeitsleistung eines Mitarbeiters angemessen zu vergüten, sie bestimmt auch die Motivation des Mitarbeiters, Leistung erbringen zu wollen, entscheidend mit. Auch das Konzept der Personalbindung (verstanden als Verbundenheit zum Arbeitgeber) wird nicht zuletzt durch eine subjektiv empfundene Entlohnungszufriedenheit mitbestimmt.

Das Entgelt für einen Mitarbeiter wird aber nicht nur durch monetäre Größen bestimmt. Auch nicht-monetäre Vorteile können deutlichen Belohnungscharakter haben und mitunter sogar stärker motivieren als Geld. Zu den monetären Anreizen gehören der Lohn, betriebliche Sozialleistungen und Beteiligungen. Auch das innerbetriebliche Vorschlagswesen kann zu den Vergütungsformen gezählt werden. Zu den nicht-monetären Anreizen zählen u. a. die Abstimmung von Arbeitsinhalten, die Arbeitsplatzgestaltung, Arbeitszeitregelungen, Aufstiegschancen und viele andere durch das Unternehmen beeinflussbare Steuerungsgrößen. Das sicherlich preiswerteste und unverständlicher Weise trotzdem eher selten genutzte Motivationsinstrument ist das Lob.

Das **Arbeitsentgelt** zu bestimmen, ist eine der zentralen Aufgaben der Personalpolitik. Im engeren Sinne geht es um die Festlegung der Höhe des Lohns bzw. Gehalts (beide werden hier der Einfachheit halber synonym verwendet) für die Mitarbeiter bzw. Mitarbeitergruppen. Das heißt, die Personalverantwortlichen müssen ein Entlohnungssystem entwerfen, das den Schwierigkeitsgraden von Leistungsanforderungen, den Qualifikationen der Leistungserbringer und dem Arbeitsergebnis Rechnung trägt. Zusammengefasst: Das Entlohnungssystem muss die Arbeitswerte der jeweiligen Betriebsfunktionen und Stellen widerspiegeln. Zudem ist gewünscht, dass auch Aspekte der sozialen Gerechtigkeit und des Mitarbeiterverhaltens in dieses System einfließen.

Es ist nicht verwunderlich, dass hier ein Diskussionsfeld aufkommt, das zu höchst kontroversen Auseinandersetzungen führt. Was ist welche Arbeit wert? Was ist gerecht? Was muss berücksichtigt, was kann vernachlässigt werden? All dies sind Fragen, die nicht einfach zu beantworten sind. Es müssen aber rationale Lösungen gefunden werden, weil eine nicht klare und überzeugende Konzeption unausweichlich zu hohen Spannungen im Betrieb führt. Hier helfen auch arbeitsvertragliche Vereinbarungen, die festlegen, dass über die Höhe der Vergütung mit Dritten nicht gesprochen werden darf, nicht weiter. Alles, was verboten ist, reizt und eine lückenlose Überwachung von Gesprächsinhalten ist wohl kaum möglich.

In Betrieben außerhalb der Dienstleistungsbranchen – also vor allem im produzierenden Gewerbe – werden zunächst Normalleistungen fiktiver Stelleninhaber definiert, um den Arbeitswert einer Leistungsstelle zu definieren. Unter einer Normalleistung wird die Leistung verstanden, die von jedem geeigneten, geübten und eingearbeiteten Mitarbeiter über eine längere Zeit erbracht werden kann (vgl. Thommen et al. 2017: 408). Die Normalleistungen werden dann mit einem Arbeitswert verknüpft. Aus dieser Liste kann eine Rangfolge abgeleitet werden, die die Stellen nach ihrem Wertbeitrag hierarchisieren. Doch selbst wenn Einigkeit darüber bestehen würde, welchen Anforderungen welches Gewicht zugemessen werden kann, bleibt die Bewertung der Wertbeiträge innerhalb der einzelnen Stellen immer noch ein Diskussionspunkt (dies ist ein typisches Problem aller Nutzwertanalysen; vgl. Kapitel 11.2.3). Außerdem muss die Kommission zur Ermittlung der Normalleistungen und der Wertbeiträge alle Stellen im Unternehmen, alle Stellenanforderungen und alle Wertbeiträge im Einzelnen kennen. Dies ist, wenn überhaupt, nur in sehr kleinen Unternehmen der Fall.

Um dieses Procedere zu vereinfachen, werden häufig Lohngruppen definiert, die Anforderungen und Wertbeiträge bündeln. So hat die Metallindustrie beispielsweise zehn Lohngruppen gebildet und eine der Lohngruppen als Referenz für die Leistungsanforderungen definiert.[3] Diese Lohngruppe wird mit einem Anforderungsprofil beschrieben und ihr wird ein Punktwert von 100 Prozent (= Ecklohn) zugeordnet. Die Anforderungsprofile der Lohngruppen unterhalb der Referenzlohngruppe werden mit einem geringeren Prozentpunktewert ausgestattet (geringster Wert: 81 Prozent). Lohngruppen oberhalb dieser Referenzgruppe mit einem höheren (maximaler Wert 133 Prozent).

Das Lohngruppenverfahren hilft sicherlich, die Entgeltstrukturen zu vereinfachen, aber es kann die „begrenzt rationale Willkür" in der Abgrenzung und der Festlegung von Wertbeiträgen nicht aus der Welt schaffen. Hier gilt aus Sicht des Unternehmens, dass ein funktionierendes und operationalisiertes System immer noch besser (und vor allem kostengünstiger und weniger zeitaufwendig) ist als kein System zu haben und mit allen Mitarbeitern Einzelvereinbarungen aushandeln zu müssen.

Entlohnungsmodelle sind immer schon kontrovers in Kollegenkreisen diskutiert worden. Spätestens aber seit der durch Manager verursachten Bankenkrise oder den aufmerksamkeitsstarken Insolvenzen von Traditionsunternehmen, werden die Wertbeitrags- und Entlohungssysteme auch in der Politik und der breiten Öffentlichkeit heftig und emotionsgeladen diskutiert. Dies gilt nicht nur für die Bestimmung der in absoluten Werten (z. B. Euro) gemessenen „Grundlöhne" bzw. „Grundgehälter" (z. B. den Mindestlohn), sondern auch für die Form der **Lohnsatzdifferenzierung**. Dem Gerechtigkeitsempfinden der meisten Mitarbeiter entspricht es, dass einem höheren Arbeitswert auch ein höherer **Lohnsatz** zugesprochen wird. Ob dieser Lohnsatz aber linear, treppenförmig, progressiv oder degressiv steigend verlaufen sollte, ist wiederum nicht allgemein konsensiert.

---

3 Die Referenzlohngruppe der Metallindustrie beschreibt ein Anforderungsprofil wie folgt: Facharbeiten, die ein Können voraussetzen, das durch eine fachliche und abgeschlossene Ausbildung erreicht wird, oder Arbeiten, die gleichwertige Spezialfertigkeiten und -kenntnisse erfordern, auch ohne eine abgeschlossene Ausbildung. Die unterste Lohngruppe wird wie folgt charakterisiert: Arbeiten, die nach kurzfristiger Einarbeitung und Unterweisung durchgeführt werden (81 Prozent). Für die höchste Lohngruppe gilt: Hochwertigste Facharbeiten, die überragendes Können, völlige Selbstständigkeit und weitere Qualifikationen erfordern (133 Prozent). (Vgl. Thommen et al. 2017: 409).

Die gebräuchlichste Form der monetären Vergütung folgt dem Gedanken der Leistungszeit oder der Leistungsmenge. Dieser Logik entsprechen der Arbeitszeitlohn bzw. der Akkordlohn sowie als Mischform der Prämienlohn.

Der **Arbeitszeitlohn** wird nach der aufgewandten Arbeitszeit berechnet, indem der vereinbarte Lohnsatz pro Zeiteinheit mit der Anzahl der Zeiteinheiten pro Periode multipliziert wird. Daraus ergeben sich z. B. Stunden- und Monatslöhne. Der Zeitlohn bezieht sich damit mehr auf die Anwesenheit des Mitarbeiters bzw. auf die Zeit, in der der Mitarbeiter mit einer Aufgabenerfüllung beschäftigt ist. Ein unmittelbarer Zusammenhang zwischen leistungsbezogenem Output und Lohnhöhe existiert hier nicht. Damit ist diese Art der Vergütung auch nicht sehr anreizstark, Höchstleistungen zu erbringen. Der Zeitlohn erweist sich dann aber als vorteilhaft, wenn die Leistung nicht oder nur sehr schwer quantitativ messbar ist. Dies ist im Dienstleistungsbereich und damit auch innerhalb der Medienwirtschaft der Fall. Allerdings funktionieren solche Entlohnungsmodelle nur, wenn vorausgesetzt werden kann, dass der Mitarbeiter „reif" genug ist, Verantwortung für sein Tun übernehmen zu können. Die begrenzte Kontrollmöglichkeit des Unternehmens besteht darin, dass in der Regel bekannt ist, welche Normalleistung auf einer Stelle erbracht werden kann. Damit werden Vergleiche (begrenzt) möglich. Zeitlöhne sind im Angestelltenverhältnis gang und gäbe, werden aber häufig auch mit „festen Freien" vereinbart.

Anders als der Zeitlohn, wird der **Akkordlohn** unmittelbar an der Arbeitsleistung ausgerichtet. Nach Festlegung eines Lohnsatzes pro Mengeneinheit, kann durch Multiplikation mit der Leistungsmenge der Lohn berechnet werden. Obwohl diese Form der Entlohnung kaum geeignet ist, Qualitätsarbeiten zu entlohnen, nutzen auch Medienunternehmen den Akkordlohn, um beispielsweise freie Mitarbeiter im Verlagswesen pro Zeile, die sie abliefern bzw. pro Zeile, die schlussendlich abgedruckt wird, zu bezahlen. Für die Medienunternehmen hat diese Entlohnungsform den Vorteil, dass sie nur die Leistungen bezahlen müssen, die auch genutzt werden. So werden die Zulieferkosten nicht nur zu variablen Kosten, sondern diese Kosten werden auch noch einmal nutzungsoptimiert.

Die besondere Situation von freien Mitarbeitern hat dazu geführt, dass mitunter (insbesondere durch öffentlich-rechtliche Rundfunkveranstalter) Honorarrahmen existieren, die Dienstleistungen pauschal entlohnen. Die Pauschalierung kann sich an Einsatzzeiten oder an Mengeneinheiten orientieren. So werden beispielsweise die Anlieferung von sendefertigen Manuskripten und Autorenleistungen in Sendeminuten abgerechnet oder Kreativkräfte mit Tagespauschalen entlohnt. Wird in Sendeminuten abgerechnet, kann es dem Unternehmen egal sein, wie lange ein Autor an dem Beitrag gearbeitet hat. Wird in Anwesenheitspauschalen abgerechnet, entspricht dies eher dem Zeitmodell und es liegt im Verantwortungsbereich des Projektleiters, wie intensiv die Arbeitszeit des Freien (z. B. Kameramann, Lichttechniker oder Cutter etc.) genutzt wird. Beide Modelle realisieren aber beschäftigungsmengenabhängige (variable) Kosten. Das macht die Freien attraktiv für Medienunternehmen. Wer nicht liefert oder nicht anwesend ist, bekommt auch kein Geld.[4]

Der **Prämienlohn** setzt sich aus einem Grundlohn und einem variablen Zuschlag, der Prämie, zusammen. Die Prämienhöhe ist davon abhängig, wie hoch die über die Normalleistung erbrachte Mehrleistung ist und wie sie in Geld bewertet wird. Solche Prämien können für einzelne Mitarbeiter, aber auch für Gruppen ausgelobt werden. Prämien können sich an Leistungsmengen, Fertigstellungsterminen, am Erreichen einer bestimmten Qualität oder der Unterschreitung von Kostengrenzen orientieren. Der Prämienlohn ist ein geeignetes Mittel, Leistungsanreize zu bieten.

Eine große Rolle als Personalbindungs-, aber auch als Anreizinstrument spielen **betriebliche Sozialleistungen**. Sie beruhen primär auf dem Grundsatz der sozialen Gerechtigkeit, können aber neben der Leistungsbereitschaft der Mitarbeiter auch das Image des Unternehmens fördern, die Attraktivität als Arbeitgeber steigern und die Personalbindung unterstützen. Zu den betrieblichen Sozialleistungen zählen u. a. gesetzliche und tarifliche Sozialleistungen, Sonderzahlungen, Betriebsrenten, Bildungsangebote, Kantinenzuschüsse und Zuschüsse für Arbeitskleidung etc.

Beteiligungen gehören zu den modernen Vergütungsformen, die vor allem den Leistungswillen der Mitarbeiter fördern sollen. Die bevorzugten Beteiligungsmodelle sind die Erfolgs- und die Kapitalbeteiligung. Die **Erfolgsbeteiligung** ist eine variable Vergütung, deren Höhe von der Erreichung eines Unternehmensziels abhängig ist. Bei funktional organisierten Unternehmen kann dies nur das Gesamtunternehmensziel sein, da eine spezifischere Zuordnung von Unternehmenserfolgszielen und -beiträgen schwierig ist. Bei divisional organisierten Unternehmen können hingegen die jeweiligen Ziele einzelner Profit Center als Maßstab herangezogen werden. Dabei unterscheiden sich Erfolgsbeteiligungsmodelle auch an der Größe des Kreises, für den die Erfolgsbeteiligung gilt. Häufig ist hier nur die Geschäftsleitung oder das obere und mittlere Management involviert. Es kann aber auch die gesamte Belegschaft berücksichtigt werden. Die Auszahlung erfolgt in der Regel als einmalige Gehaltszulage.

Die **Kapitalbeteiligung** bietet drei Vorteile: Zum einen bietet sie einen Anreiz zur Mehrleistung für die Mitarbeiter. Zum anderen kann sie die Bindung der Mitarbeiter an das Unternehmen erhöhen. Zum dritten kann sie auch als Selbstfinanzierungsquelle dienen, da ein Teil der Wertschöpfung über die Zusatzvergütung in Form von Unternehmensanteilen im Unternehmen bleibt.

Auch das **betriebliche Vorschlagswesen**, verstanden als Einrichtung, die die Ideen der Mitarbeiter systematisch sammelt, fördert und angemessen honoriert, be-

---

4 Das Thema „Ausfallhonorar" ist ein ganz besonders sensibles Thema in der Medienwirtschaft. Nur wenige Unternehmen zahlen (zumindest einen Teilbetrag der vereinbarten Summe), wenn die geschuldete Leistung nicht geliefert werden kann, der Grund dafür aber nicht beim Dienstleister liegt. Dies kann z. B. der Fall sein, wenn der Auftraggeber das Interesse am Beitrag verliert oder äußere Umstände dazu führen, dass die Leistung nicht erbracht werden kann (z. B. der Protagonist verstirbt während der Dreharbeiten oder ein Informant will nicht mehr mitwirken).

inhaltet nicht nur Anreize zur Mehrleistung, sondern kommt dem Unternehmen auch langfristig zugute. Das betriebliche Vorschlagswesen wird in der Literatur mittlerweile auch häufig Ideenmanagement genannt (vgl. Thom 2003). Die Ideen der Mitarbeiter können sich auf die Verbesserung von Verfahren oder Prozessen beziehen, aber auch auf Produkte und viele andere Bereiche. Entlohnt werden die Vorschläge, die umgesetzt werden. Die Belohnung richtet sich in der Regel am Einsparungs- oder Mehrwert. Sie kann materiell erfolgen (Geld- oder Sachprämien) oder immateriell (Belobigungen, Beförderungen etc.). Schwierig ist allerdings häufig die Antwort auf die Frage, wer wofür belohnt werden soll. Je höher ein Ideenentwickler auf der Hierarchiestufe eingeordnet ist, desto eher werden von ihm auch entsprechende Vorschläge erwartet. Und ab welcher Qualität Ideen belohnt werden können, sollten oder müssten, ist auch nicht selbstdefinierend.

Zu den **nicht-monetären Vergütungsformen** gehören zahlreiche Anreize, die vor allem in sozialen Beziehungen verankert sind, aber auch materiell ausgestaltet sein können. Zu den letzteren Belohnungen gehören beispielsweise die Einrichtung einer Kantine, eines Hobby- oder Entspannungsraums oder die Berücksichtigung von Sonderausstattungen am Arbeitsplatz, die der Bequemlichkeit dienen oder den Mitarbeitern einfach Freude machen. Zu den nicht-materiellen Anreizen gehören beispielsweise Arbeitszeitregelungen, die dem Mitarbeiter mehr Freiraum bieten, Entscheidungskompetenzen, die Verantwortung übertragen, eine Vielzahl von Wertschätzungssymbolen (z. B. Ernennung zum „Mitarbeiter des Monats“, besondere Erwähnungen in der Mitarbeiterzeitschrift, Lob und Anerkennung) oder Weiterbildungsangebote.

15.4 Die Personalentwicklung als Antizipationsinstrument

Zur Personalentwicklung gehören alle Maßnahmen, die der Ausbildung, der Fortbildung und der Weiterbildung dienen und die Fähigkeiten der Mitarbeiter in einer Weise zu fördern, dass sie ihre gegenwärtigen und zukünftigen Aufgaben bewältigen können und ihre Qualifikation den gestellten Anforderungen entspricht (vgl. Thommen et al. 2017: 420). Der Unterschied zwischen den drei Teilbereichen liegt darin, dass die **Ausbildung** berufsvorbereitend, die **Fortbildung** berufsbegleitend und die **Weiterbildung** berufsverändernd ausgerichtet ist (vgl. Dillerup und Stoi 2013: 601). Dabei können die Bereiche Fortbildung und Weiterbildung aber auch zusammengefasst werden.

Gerade in der Unternehmenswelt der Medienwirtschaft kommt der Personalentwicklung eine herausragende Bedeutung zu, denn die Arbeitsaufgaben sind in vielen Bereich deutlich geprägt von dynamischen und innovativen Anforderungen an die Mitarbeiter. Insbesondere der technikgetragene Arbeitsprozess (Recherche, Produktion, Vertrieb) verändert sich ständig. Dass die Mitarbeiter (nicht nur) hier auf dem aktuellen Stand sind, ist von größtem Interesse für alle stark im Qualitäts- und Kostenwettbewerb stehenden Medienunternehmen. Zudem kann das erforderliche Personal häufig nicht über den externen Markt gefunden werden, sodass nur eine interne Beschaffung infrage kommt.

Da gerade im Dienstleistungssektor das Know-how als Engpassfaktor wirkt, ist die Personalpolitik zwingend professionell durchzuführen. Dieser Anspruch wird noch dadurch verstärkt, dass die Personalentwicklung hohe Investitionen erfordert und daher unter ökonomischen Gesichtspunkten stattzufinden hat (vgl. Thommen et al 2017: 420).

In vielen vor allem großen Unternehmen wird die Unternehmensfunktion Personalentwicklung in zwei Hauptbereiche aufgeteilt: in den Bereich der Karriereplanung und den Bereich der Aus- und Weiterbildung. In dieser Organisation werden Fortbildungs- und Weiterbildungsanliegen als Gesamtheit zusammengefasst.

Die **Karriereplanung** (auch als Laufbahnplanung bezeichnet) dient aus Unternehmenssicht der Antizipation künftiger Stellenanforderungen und der Sicherung von Führungskräften. Aus Mitarbeitersicht dominiert der Wunsch, gemäß den persönlichen Interessen und Ambitionen die eigene Laufbahn steuern zu können. Die Planung der Laufbahn von Mitarbeitern, verstanden als eine systematische Abfolge von Stellen, die ein Mitarbeiter einnehmen soll, ist hierzulande noch nicht besonders stark ausgeprägt. In vielen Unternehmen dient die Dauer der Zugehörigkeit als Basis für Beförderungen. Diese Methode ist naheliegend, aber nicht immer effektiv. Der Vorteil liegt darin, dass so sicherlich Bindung, Treue und Loyalität gefördert werden. Die Hoffnung, die an diese Methode geknüpft wird, ist, dass ein langjähriger Mitarbeiter das Unternehmen besser kennt als ein nicht so lange Zeit zugehöriger Kollege. In vielen Fällen mag dies stimmen, aber es sind auch ebenso viele Fälle bekannt, in denen es dadurch zu deutlichen Fehlbesetzungen kommt. Der systemimmanente Nachteil liegt vor allem darin, dass so nicht zwingend auch der geeignetste Kollege befördert wird.

Nach Eignung der Mitarbeiter werden Kollegen ausgewählt, wenn die persönliche Beitragsleistung als Basis für Beförderungen dient. Dieses Verfahren setzt allerdings eine systematische Personalbeurteilung voraus. Dabei werden sowohl vergangenheitsorientierte Kriterien herangezogen als auch zukunftsorientierte. Des Weiteren müssen qualitative und quantitative Bewertungskriterien und Maßstäbe entwickelt und Personalentwickler ausgebildet oder eingestellt werden, die solche Verfahren professionell konzipieren und begleiten können.

Die **Personalaus- und -weiterbildung** umfasst alle zielgerichteten, bewussten und planmäßigen personalpolitischen Maßnahmen und Tätigkeiten, die auf eine Vermehrung bzw. Veränderung der Kenntnisse, der Fähigkeiten sowie der Verhaltensweisen der Belegschaftsmitglieder ausgerichtet sind (vgl. Thommen et al. 2017: 421). Hier angesiedelt sind die betriebliche Grundausbildung und die Weiter- und Fortbildung sowie als individualisierte Sonderform der Karriereförderung, das Coaching. Die Charakterisierung der unterschiedlichen Instrumente in der Personalentwicklung zeigt Tab. 15.2 (in Anlehnung an Thommen et al. 2017: 422).

Tab. 15.2: Instrumente der Personalentwicklung

Konzepte	Umsetzung
Into-the-Job	Maßnahmen zur Vorbereitung auf die Übernahme einer neuen Aufgabe oder Position. (Berufsausbildung im dulaen System oder im dualen Studiengang, Einarbeitung, Trainee-Programm, Volontariat, Hospitation, Journalistenschulen, Praktika)
On-the-Job	Umsetzung neuer Arbeitsstrukturierungen; findet unmittelbar am Arbeitsplatz statt. (Job Enlargement (Arbeitserweiterung), Job Enrichment (Arbeitsbereicherung), Job Rotation (Arbeitsplatzwechsel))
Near-the-Job	Maßnahmen, die in enger räumlicher, zeitlicher oder inhaltlicher Nähe zur Arbeit durchgeführt werden. (Stellvertretung, Projektarbeit, Qualitätszirkel, E-Learning (computer- oder webbasiert))
Off-the-Job	Maßnahmen, die in räumlicher, zeitlicher oder inhaltlicher Distanz zur Arbeit durchgeführt werden. (Seminare und Workshops, Studium, Kongresse etc.)
Along-the-Job	Festlegung des zeitlichen, örtlichen und aufgabenbezogenen Einsatzes (Zeithorizont: zwei bis fünf Jahre) (Laufbahnplanung, Nachfolgeplanung)
Out-of-the-Job	Maßnahmen, die den Übergang in den Ruhestand oder einen neuen Job vorbereiten. (gleitender Ruhestand, Unterstützung ungekündigter Mitarbeiter bei der Suche nach einer neuen Arbeitsstelle)
Parallel-to-the-Job	Maßnahmen, die den Mitarbeiter bei der Erfüllung seiner Aufgaben in Form qualifizierter Beratung unterstützen und motivieren. Methoden: Lernpartnerschaften, Coaching, Mentoring, Beratung

Welche Möglichkeiten ein Unternehmen zur Weiterbildung anbietet, ist weitgehend von der Größe und dem damit einhergehenden Professionalisierungsgrad der Personalabteilung abhängig. Mit der Intensität, mit der Betreuungskonzepte eingesetzt werden sowie abhängig vom Umfang der Konzepte steigt auch die Attraktivität des Unternehmens bei Bewerbern. In diesem Bereich gelten vor allem die Bertelsmann-Gruppe und der Springer-Verlag als vorbildlich.

15.5 Die Personalfreisetzung als Abbau von Überkapazitäten

Auch die Personalfreisetzung (auch Personalfreistellung genannt), verstanden als Reduzierung des Personalbestandes, gehört ebenfalls zu den Aufgaben des Personalmanagements. Die Aufgaben bestehen in der Beseitigung von personellen Überkapazitäten sowohl in quantitativer als auch in qualitativer und örtlicher Hinsicht. Dabei ist der Abbau von Kapazitäten nicht zwingend mit einer Beendigung von Arbeitsverhältnissen verbunden. Auch die Veränderung von Arbeitsverhältnissen kann zu einer Verringerung des Gesamtpersonalbestandes führen.

Die Personalfreisetzung kann auf zwei unterschiedliche Arten vorgenommen werden. Zum einen intern und zum anderen extern. Die interne Personalfreisetzung baut kein Personal ab, die externe hingegen schon. Unter **interner Personalfreisetzung** versteht die Personalpolitik die zeitliche und örtliche Personalanpassung ohne Verringerung des Gesamtpersonals. Die externe Personalfreisetzung unterscheidet sich von der internen dadurch, dass die externe Personalfreisetzung die Belegschaft zahlenmäßig verringert. Die verschiedenen Maßnahmen der internen und externen Personalfreisetzung zeigt beispielhaft Tab. 15.3.

Tab. 15.3: Maßnahmen der internen und externen Personalfreistellung

Art der Freisetzung	Maßnahmen (Beispiele)
interne Personalfreisetzung	Weiterentwicklung von Mitarbeitern (Beförderung) Versetzung aus Abteilungen Verzicht auf Neueinstellungen Reduktion der Arbeitszeit oder der Arbeitsintensität Umwandlung von Vollzeitstellen in Teilzeitstellen Zwangsurlaub etc.
externe Personalfreisetzung	Kündigungen Aufhebungsverträge Auslaufenlassen befristeter Verträge Vorzeitige Pensionierung und Förderung des freiwilligen Ausscheidens Natürliche Fluktuation

Die Gründe für den Abbau von Personal können vielfältig sein. Die Hauptursachen werden in den in Tab. 15.4 ausgewiesenen Auslösern gesehen (vgl. folgend Hentze und Kammel 2005: 357 f.).

Freistellungen größeren Ausmaßes haben immer auch negative Wirkungen auf das Image von Unternehmen am Arbeitsmarkt. Genauso wirken sie aber auch nach innen. Die Belegschaft reagiert häufig lethargisch, demotiviert und verunsichert. Aus diesem Grunde ist es ratsam, zunächst alle internen Freisetzungsmöglichkeiten abzuarbeiten und nur im Notfall von externen Freistellungsmaßnahmen Gebrauch zu machen.

Als wertvolle unterstützende Maßnahme beim Abbau von Arbeitsplätzen hat sich das **Outplacement** erwiesen. Outplacement bedeutet, dass externe Personalberater, die auf das Thema spezialisiert sind, „sanfte" Trennungen ermöglichen sollen. Die-

Tab. 15.4: Ursachen der Personalfreistellung

Ursache	**Beschreibung**
Absatz- und Produktionsrückgang	Rückläufige Nachfragen (z. B. konjunkturelle oder saisonale) können einen Personalfreisetzungsbedarf auslösen.
Strukturelle Veränderungen	Die eigenen Güter werden in steigendem Maße von den Nachfragern durch Wettbewerbsangebote substituiert (Nachfrageverschiebungen) oder können auch durch den technologischen Wandel weniger nachgefragt werden (vgl. Zusammenbruch des Anzeigenmarktes).
Saisonal bedingte Beschäftigungs-schwankungen	Saisonwaren oder saisonal bedingte Intensitäten von Dienstleistungen und Produktionsanlagenauslastungen unterliegen starken Schwankungen. Dies führt zu einem stark variierenden Personalbedarf.
Managementfehler	Fehlleistungen des Managements können beschäftigungsrelevante Folgen haben. Die Schwierigkeit besteht hier im Nachweis, ob vermeidbare Managementfehler oder objektiv unvermeidbare äußere Ereignisse zum Personalabbau geführt haben.
Individuelle mitar-beiterbezogene Ursachen	Mangelnde Fähigkeiten und Einstellungen oder nicht vertragskonformes Verhalten (Pflichtverletzung, Störung des Betriebsablaufs etc.) können zu Freistellungen führen. Hier kann unterschieden werden zwischen Freistellungen am aktuellen Arbeitsplatz (Versetzungen) oder der Kündigung (fristlose oder mit vertraglicher Auslauffrist; vgl. § 626 BGB).
Betriebsstillegungen, Betriebsvernichtung Natürliches Betriebsende	Die gewollte oder ungewollte Stilllegung einer Betriebsstätte aus wirtschaftlichen, gesetzlichen oder politischen Gründen führt zu Personalabbau. Von Betriebsvernichtung wird gesprochen, wenn äußere Ereignisse den Betrieb untergehen lassen (Anschlag, Umweltkatastrophe, Brand etc). Das natürliche Betriebsende ist erreicht, wenn der Geschäftszweck nicht mehr weiterverfolgt werden soll.
Standortverlegung	Die Standortverlegung kann das Ergebnis einer Standortanalyse sein und erfolgt beispielsweise durch den Markteintritt eines starken Wettbewerbers. Die Standortverlegung kann zu internen oder externen Freisetzungen führen.
Reorganisation	Werden Betriebszwecke nicht wirtschaftlich oder nicht sicher genug erfüllt, kann eine Änderung der Prozess- oder Aufbauorganisation durchgeführt werden. Dies führt zu internen und/oder externen Freistellungen.
Rationalisierung durch Automation	Eine gesteigerte Automatisierung (Mechanisierung) führt in der Regel immer zur Substitution menschlicher Arbeitskraft in qualitativer und quantitativer Hinsicht (vgl. Digitalisierung der Medienwirtschaft) mit entsprechendem Abbau von Personalbeständen.

se persönliche Beratung soll vor allem den ausscheidenden Mitarbeitern dienen. Zunächst wird der berufliche Werdegang des Mitarbeiters analysiert und ein persönliches Stärken-Schwächen-Profil erstellt. Begleitet werden diese Arbeiten von Coachings hinsichtlich des Anfertigens von professionellen Bewerbungsunterlagen sowie dem persönlichen Auftreten bei Bewerbungsgesprächen bis hin zum Training solcher Gespräche, um Ängste und Unsicherheit abbauen zu können. Solche Outplacements konzentrieren sich aber allzu häufig nur auf die Mitarbeiter des Managements.

Fragen zu Kapitel 15

1. Beschreiben Sie die Teilgebiete der Personalwirtschaft.
2. Beschreiben Sie die wesentlichen Aufgaben und Handlungsfelder der Personalbeschaffung und der Personalentwicklung.
3. Wozu dient die Personalbeurteilung und in welche Teilbereiche wird sie differenziert?
4. Problematisieren Sie das Thema der Personalmotivation unter Zuhilfenahme des Zwei-Faktoren-Modells von Herzberg.
5. Problematisieren Sie das Thema der Personalmotivation unter Zuhilfenahme der Möglichkeiten in der Personalvergütung.
6. Erläutern Sie die grundsätzlichen Möglichkeiten der Personalfreisetzung.

Teil V: **Leistungsverwertung und Leistungssicherung in Medienunternehmen**

16 Wie werden Medienleistungen vermarktet?

Sind Güter zur Befriedigung von Fremdbedarf produziert worden, müssen sie auch vermarktet werden. Die Vermarktung von Unternehmensleistungen (auch Verwertung genannt) meint das Absetzen von Gütern am Markt, um Unternehmensziele zu erreichen. In der Regel lautet das finale Ziel eines Medienunternehmens Gewinn zu erwirtschaften. Dabei geht es aber nicht nur darum, das Produkt in irgendeiner Form potenziellen Kunden dort verfügbar zu machen, wo sie es erwarten. Es geht um weit mehr. Es geht auch darum, das Angebot so zu gestalten, dass es die Bedürfnisse der Verwender auf eine möglichst optimale Weise befriedigt und dass es bestmöglichst bepreist ist. Bestmöglichst bepreist ist es dann, wenn die Preisbereitschaft der Abnehmer gerade noch ausreicht, das geforderte Entgelt zu akzeptieren. Da die Anbieter in Konkurrenz mit anderen Anbietern stehen, müssen sie darüber hinaus dafür sorgen, dass das eigene Produkt so dargestellt wird, dass es aus Sicht der Verwender als vorteilhafter beurteilt wird als die Wettbewerberprodukte.

Diese komplexe Aufgabenstellung wird als **Marketing** bezeichnet. Dieser Begriff ist ein Kunstwort, das aus dem Englischen kommt und bedeutet zunächst nichts anderes als etwas „zum Markt bringen“ (engl. to bring something to the market). Da dies dauerhaft geschieht und im Englischen dafür die ing-Form eingesetzt wird (Partizip Präsens als Verlaufsform von Verben), hat sich das Kunstwort „Marketing“ etabliert.

Das Marketing kann in drei unterschiedliche Bestandteile differenziert werden. Diese greifen zwar konzeptionell ineinander, haben aber unterschiedliche Aufgaben. Homburg differenziert das Gesamtkonstrukt Marketing und damit die Aufgaben des Marketingmanagements wie folgt (vgl. Homburg 2017: 8 ff.):

Die **unternehmensexterne Perspektive** des Marketingmanagements konzentriert sich auf die Konzeption und Durchführung marktbezogener Aktivitäten gegenüber seinen (potenziellen) Abnehmern. Dies beinhaltet die systematische Informationsgewinnung über die Marktgegebenheiten sowie die Ausgestaltung der Produkt-, Preis-, Kommunikations- und Distributionspolitik (**Marketing als Instrumentarienbündel**).

Die **unternehmensinterne Perspektive** des Marketingmanagements beinhaltet die Schaffung der unternehmensinternen Voraussetzungen für die effektive und effiziente Durchführung der marktbezogenen Aktivitäten. Dies beinhaltet die Führung des gesamten Unternehmens nach der Leitidee der Marktorientierung (**Marketing als Führungsinstrument**).

Die **Kundenbeziehungsperspektive** des Marketingmanagements erfordert die konzeptionelle Abstimmung und Integration der marktbezogenen Maßnahmenbündel und des unternehmerischen Selbstverständnisses. Diese zielt ab auf eine optimale Gestaltung von Kundenbeziehungen (**Marketing als Customer Relationship Management**). Die Ausgestaltung der Kundenbeziehung ist dabei abhängig von den originären Unternehmenszielen (bzw. der strategischen Ausrichtung des Unterneh-

https://doi.org/10.1515/9783110519587-016

mens als Leistungs- oder Kostenführer) und kann damit sowohl beziehungsorientiert als auch transaktionskostenorientiert ausgerichtet werden. Qualitätsführer versuchen ihren Kunden ein maßgeschneidert differenziertes Angebot (in der Regel zu höheren Preisen) anzubieten. Kostenführer setzen auf maximale Wertschöpfungseffizienz und bieten ihren Kunden ein möglichst günstiges Preis-Leistungsverhältnis an.

! **Merke:**

Marketing ist eine konzeptionelle unternehmerische Denkhaltung der abgestimmten markt-, ressourcen- oder wertorientierten Unternehmungssteuerung auf der Basis systematischer Marktinformationen, um durch die konsequente Ausrichtung an Kundenbedürfnissen und Wettbewerbsvorteilen eine langfristige Kundenwertoptimierung oder transaktionskostenoptimierte Tauschprozesse zu erzielen, damit absatzpolitische Erfolgspotenziale (Rendite, Marktanteil, Image, Reputation etc.) realisiert werden.

Die folgenden Kapitel zeigen auf, wie der Marketing-Mix aufgebaut ist und erklären, wie die einzelnen Instrumente, die innerhalb des Gesamtkonzeptes eingesetzt werden, aufgebaut sind. Abschließend wird ein kurzer Überblick über die strategische Koordination des Leistungsangebotes geliefert.

16.1 Der Marketing-Mix im Überblick

Ausschlaggebend für eine erfolgreiche Vermarktung des Programms bzw. der einzelnen Produkte innerhalb der Produktlinien ist die Abstimmung aller Facetten, mit denen das Angebot wahrgenommen wird. Dazu gehören das Produkt selbst (Inhalt, Funktion, Design, Verpackung etc.), der Preis (in Bezug zur Leistung), das Produktversprechen, mit dem die Leistung ausgestattet wird (z. B. der Slogan oder der formulierte User Benefit) sowie die Verfügbarkeit des Produktes. Aus diesem Grund wird die instrumentale Ebene des Marketings klassisch in vier aufeinander abzustimmende Bereiche (die sogenannten „4-Ps“) eingeteilt: Produktpolitik, Preispolitik, Kommunikationspolitik (Promotion) und Distributionspolitik (Place) (vgl. Homburg 2017: Teil IV und Meffert et al. 2015: Kap. 4):

- Die **Produktpolitik** umfasst alle Entscheidungen, die im Zusammenhang mit der Gestaltung des aktuellen und zukünftigen Leistungsprogramms einer Unternehmung stehen.
- Die **Preispolitik** umfasst alle Entscheidungen, die im Zusammenhang mit der Festlegung von Entgelten für Unternehmensleistungen stehen.
- Die **Kommunikationspolitik** umfasst alle Entscheidungen, die im Zusammenhang mit der Informierung von und der Interaktion mit Marktpartnern (bzw. Stakeholder) stehen.

- Die **Distributionspolitik** umfasst alle Entscheidungen, die im Zusammenhang mit der Gestaltung von akquisitorischen Aktivitäten, die der Übertragung von Eigentums- oder Verfügungsrechten dienen, stehen. Die logistische Gestaltung des Vertriebs gehört nicht in den engeren Aufgabenbereich des Marketings.

Jochen Becker hat in diesem Zusammenhang ein Drei-Ebenen-Modell (3-P) entwickelt, da seiner Auffassung nach, die Produkt- und die Preispolitik eine untrennbare Einheit darstellen, weil sich die Kunden immer für ein bestimmtes Preis-Leistungsverhältnis entscheiden. Insofern müssen Anbieter immer auch eine bestimmte Kombination von Leistung und Preis definieren. Ändern sie die Qualität oder den Leistungsumfang ihrer Produkte, ändern sich auch die Produktions- oder Transaktionskosten und infolge auch der Preis. Aus diesem Grund fasst Becker die Produkt- und Preispolitik als Produktleistungspolitik (Angebotspolitik) zusammen (vgl. Becker 2013: 489 ff.). Eine Übersicht, die beide Konzepte integriert, zeigt Abb. 16.1 (in Anlehnung an Homburg 2017, Meffert et al. 2015, Bruhn 2014 sowie Becker 2013).

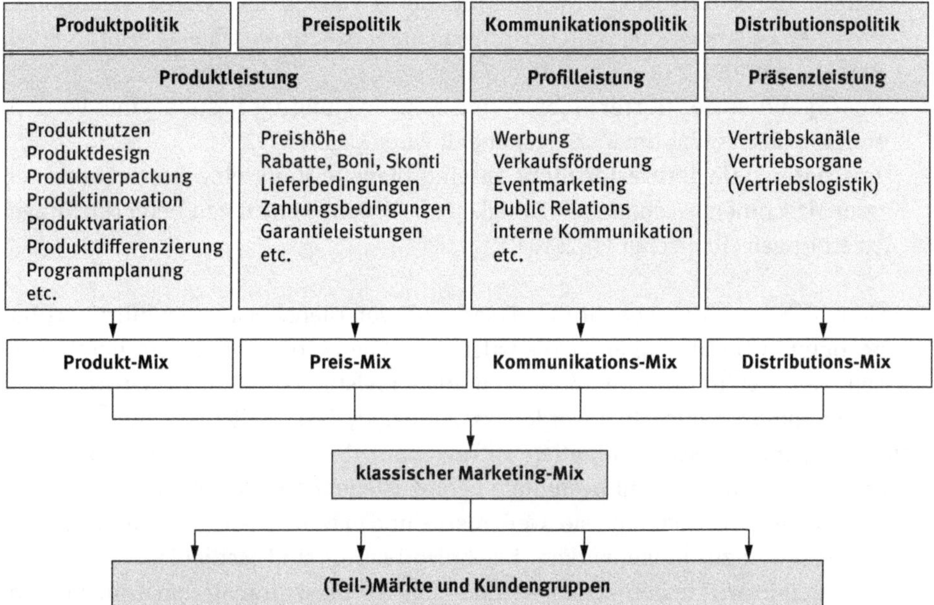

Abb. 16.1: Die Instrumentenbündel und Steuerungsgrößen im klassischen Marketing-Mix

Die Herausforderung des instrumentalen Marketings besteht darin, ein Gesamt-Mix zu definieren, der ineinandergreift und die bereichsspezifischen Stellschrauben so anzieht, dass nicht nur die Einzelmaßnahmen für sich Beiträge zum Unternehmenserfolg liefern, sondern dass die Maßnahmen auch als koordiniertes Bündel konfliktfrei am Markt wirken. Maßnahmen und Ziele müssen bereichsübergreifend komplementär ausgerichtet werden. Dies geschieht optimal dann, wenn alle bereichsbezogenen Maßnahmen einen sachlich, zeitlich und räumlich abgestimmten Marketing-Mix bilden, der auf die Teilmärkte und deren Kundengruppen abgestimmt ist.

Die Frage, die sich im Zusammenhang mit der Betrachtung medienwirtschaftlicher Zusammenhänge stellt ist, ob diese Vier- oder Dreiteilung der Marketingpolitiken im klassischen Marketing-Mix ausreicht, um auch die marktgerichteten Herausforderungen der Medienunternehmen ausreichend zu charakterisieren. Schließlich ist die Kernleistung der Medien eine **Dienstleistung** (vgl. Kapitel 1.5.2) und kein materielles Produkt. Um die Frage zufriedenstellend beantworten zu können, muss zunächst definiert sein, was hier als Dienstleistung verstanden wird. Die Literatur weist sehr unterschiedliche Definitionsansätze aus:

- Aus **tätigkeitsorientierter Sicht** ist die Dienstleistung eine Verrichtung im Dienste eigener oder anderer Interessen an Menschen oder an Objekten (Schüller 1967: 19).
- Aus **prozessorientierter Sicht** ist eine Dienstleistung eine Abfolge von Verrichtungen, die bedarfsdeckend wirken und deren Vollzug den synchronen Kontakt zwischen Leistungsgeber und Leistungsnehmer bzw. deren Objekte erfordert (vgl. Berekhoven 1997: 23).
- Aus **ergebnisorientierter Sicht** ist eine Dienstleistung das Resultat eines Verrichtungsprozesses, das am Markt gehandelt wird (Maleri 1997: 4)
- Aus **potenzialorientierter Sicht** ist eine Dienstleistung eine durch Menschen oder Maschinen geschaffenen Fähigkeit spezifische Leistungen beim Nachfrager zu erbringen (Hentschel 1992: 19 f.)

Eine Kombination dieser konstitutiven Merkmale von Dienstleistungen führt zur **phasenbezogenen Definition** einer Dienstleistung. Diese anzuwenden erscheint angemessen, wenn es um die Definition von Medienleistungen geht. Dieser Ansatz ist auch in Kapitel 1.5.2 vorgestellt worden. Er beinhaltet, dass Medienleistungen im Kern potenzialorientiert, prozessorientiert und ergebnisorientiert sind. Potenzialorientiert sind Medienleistungen, weil bestimmte bereitzustellende Fähigkeiten vorausgesetzt werden. Prozessorientiert sind sie, weil interne und externe Faktoren kombiniert werden müssen und zusammenwirken. Ergebnisorientiert sind Medienleistungen, weil nutzenstiftende Wirkungen erzielt werden (sollen). Diese drei Merkmalsausprägungen machen die Dienstleistung – und damit auch das Dienstleistungsmarketing – zu etwas Besonderem.

Zum einen ist das vom Anbieter bereitgestellte Potenzial (Willigkeit und Fähigkeit) zunächst einmal von Außenstehenden qualitativ nicht festzumachen, da Vertrauensguteigenschaften überwiegen und Informationsasymmetrie vorherrscht (vgl. Kapitel 3.3). Der Leistungsanbieter vermarktet lediglich Leistungsversprechen. Hier kommt vor allem der materiellen Ausstattung oder der Reputation des Anbieters vertrauensbildende Eigenschaften zu. Zum anderen bewirkt die Notwendigkeit der Kombination von internen und externen Faktoren häufig eine Kontaktsituation zwischen den handelnden Personen. Dies ist zwar nicht immer der Fall, da Medienleistungen (z. B. ein Film) auch auf Blu-Ray abgespeichert wird und ein Kontakt zwischen den Leistungserbringern und den Leistungsempfängern gar nicht stattfindet, aber dennoch gibt es ausreichend viele Situationen, in denen die Dienstleistung ohne einen Kontakt zwischen den Parteien nicht stattfinden kann (z. B. Vorlesung, Kinobesuch, Eventveranstaltung etc.). Die Kontaktqualität (und damit die Qualität des Personals, auf Kundenwünsche einzugehen) wiederum ist ein ausschlaggebender Faktor, wenn es um die Bewertung der Leistungsinanspruchnahme geht.

Insofern besteht in der Literatur des **Dienstleistungsmarketings** keine Einigkeit darüber, ob die klassische Systematisierung der Marketinginstrumentarien aus dem Konsumgüterbereich deckungsgleich auf den Dienstleistungsbereich übertragbar ist (vgl. Meffert et al. 2015: 268). Insbesondere in der amerikanischen Literatur hat die Skepsis dazu geführt, das klassische Instrumentarium um drei weitere „Ps“ zu erweitern und auch die Personalpolitik („Personnel“), die Ausstattungspolitik („Physical Facilities“) und die Prozesspolitik („Process Management“) in den Kanon der Marketinginstrumentarien aufzunehmen. Insbesondere der Personalpolitik kommt in vielen Dienstleistungsbereichen eine herausragende Bedeutung zu, da der Kundenbindungserfolg in Form einer stabilen Geschäftsbeziehung ganz besonders von der persönlichen Beziehung zwischen Kunden und Kundenkontaktmitarbeiter abhängt.[1] Den erweiterten Marketing-Mix zeigt Abb. 16.2.

In den folgenden Ausführungen (vgl. Kapitel 16.2–16.5) soll auf die nähere Beschreibung der erweiterten Facetten des Marketinginstrumentariums verzichtet werden, da die Vermarktung von Medienleistungen in der Mehrzahl der Fälle – trotz Dienstleistungscharakter des medialen Leistungskerns – klassisch ausgerichtet werden kann. Der Unterschied zu einem originären Vermarkter von Dienstleistungen (z. B. einem Beratungsunternehmen, einem Friseur oder einer Bank) liegt darin, dass der direkte Kundenkontakt oder der persönliche Besuch eines Kunden beim Leistungserbringer (z. B. Verlag oder TV-Veranstalter) wohl die Ausnahme bildet. Der Kontakt wird eher mittelbar durch den Medienträger hergestellt (z. B. die Zeitung oder das Internet) und damit wird weder das Ambiente der Geschäftsausstattung noch der Leistungserstellungsprozess (von dem der Kunde im Wesentlichen überhaupt nichts mitbekommt) oder die Verhaltensqualität der Mitarbeiter das Kundenverhältnis maßgeblich beeinflussen. Die vergleichsweise wenigen Ausnahmen, in denen Kundenkontakt real stattfindet (z. B. im Bereich von Veranstaltungen, in der Werbeberatung oder an der Hotline) können hier wohl vernachlässigt werden.

1 Dieser Gedanke wird heute in zahlreichen Unternehmen so weit geführt, dass auch innerhalb von Unternehmen „Kundenmärkte“ gebildet werden. Wertschöpfungsbegleitende oder vorgeschaltete Unternehmensabteilungen verstehen die unternehmensinternen Leistungsempfänger quasi als interne Kunden. Der internen Personalpolitik kommt hier die Aufgabe zu, den Mitarbeitern zu verdeutlichen und sie dahingehend zu motivieren, dass die Beziehungen und das Beziehungsverständnis der Mitarbeiter untereinander einem marktorientierten Leistungs- und Serviceverständnis gleichzusetzen sind.

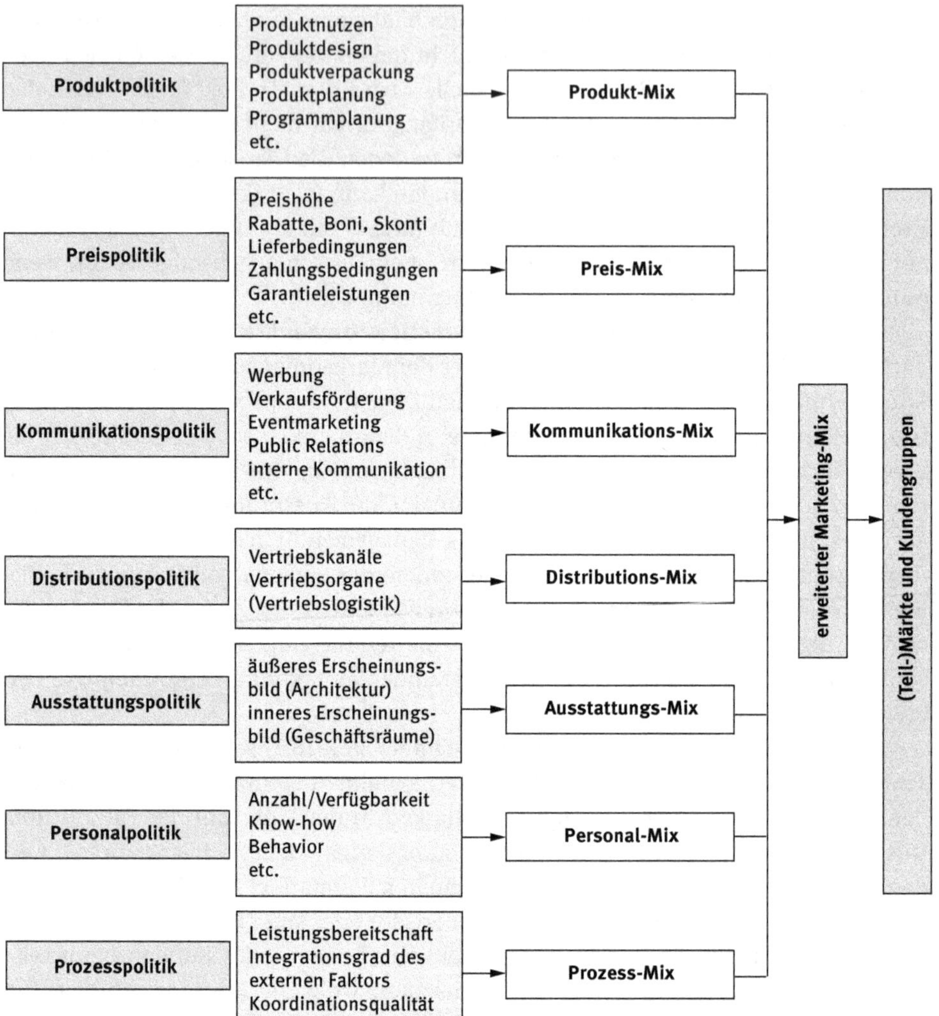

Abb. 16.2: Die Instrumentenbündel und Steuerungsgrößen im erweiterten Marketing-Mix

Fragen zu Kapitel 16.1

1. Definieren Sie den Begriff Marketing auf eine geeignete Art und Weise.
2. Aus welchen drei unterschiedlichen Perspektiven kann das Marketingverständnis eines Unternehmens betrachtet werden und welche Folgen hat die Sicht auf die Ausgestaltung des Marketings?
3. Was versteht das Marketing unter dem Marketing-Mix und wie kann er differenziert werden?
4. Worin können sich die Felder des Marketings-Mixes bei der Vermarktung von materiellen und immateriellen Gütern unterschieden?

16.2 Die Produkt- und Programmpolitik in Medienunternehmen

Die Produkt- und Programmpolitik bildet den Ausgangspunkt marketingtechnischer Überlegungen, denn ohne ein Produkt gibt es keine Marktleistung.[2] Dabei gilt als (generisches) Produkt jedwede Leistung, die einer Person angeboten werden kann, um ein Bedürfnis oder einen Wunsch zu befriedigen (vgl. Kotler et al. 2007: 12). Als Programm bzw. Absatzprogramm hingegen wird die Gesamtheit aller Leistungen bezeichnet, die ein Anbieter auf den Markt bringt (vgl. Meffert et al. 2015: 363).

Mitunter ist die Abgrenzung von Produkt und Programm auf Medienmärkten gar nicht so einfach. Eine Werberaumleistung wie beispielsweise ein TV-Spot, ein Banner oder ein Plakat ist klar als Produkt zu erkennen. Was aber ist im Umfeld der periodischen Printmedien ein Produkt: der Artikel in einer Zeitschrift oder die Zeitschrift selbst? In der Regel werden hier nicht die Berichte, sondern das gesamte Heft als Einheit angesehen. Im Umfeld des Rundfunks ist es wiederum umgekehrt: Der Film, die Nachrichtensendung etc. gilt als Produkt, das Gesamtangebot an Sendungen hingegen als Programm. Es wird deutlich, dass die Abgrenzungen kontextabhängig sind. (vgl. Wirtz 2016: 128).

Produkte setzen sich nach Vershofen (vgl. 1940) aus drei unterschiedlichen Leistungseigenschaften (Nutzenfacetten) zusammen (vgl. Abb. 16.3, in Anlehnung an Meffert et al. 2015: 363):

Während der Grundnutzen lediglich zur Kategorisierung von Leistungen in z. B. Informationen oder Unterhaltung geeignet ist, sorgt häufig erst der Zusatznutzen für den Wettbewerbsvorteil und damit auch direkt für einen gesteigerten Abverkauf. Werden die drei Nutzenfacetten systematisch gemanagt, entsteht eine vierte Produktdimension: Die Marke.[3]

Merke: !

Der **Produktnutzen (Dienstleistungsnutzen)** liegt in der Problemlösung und damit im Wert der Problemlösung für einen Nutzer. Im eigentlichen Sinne wird nicht ein Produkt (z. B. ein Film) am Markt erworben, sondern eine Problemlösung (Langeweile überwinden). Der Produktnutzen besteht aus dem technisch-funktionalen **Grundnutzen** eines Gutes sowie aus dem Zusatznutzen, der sich in den **Erbauungsnutzen** und den **Geltungsnutzen** aufsplittet. Auf Märkten mit homogenen Gütern oder vielen Substituten, drängt der Zusatznutzen in den Fokus der Kaufentscheidung.

2 Um die Ausführungen sprachlich zu vereinfachen sollen im Folgenden die Begriffe Produkt und Dienstleistung (als am Markt angebotene Leistungen) synonym verwendet werden, wenn der Sachverhalt nicht zwingend eine Differenzierung erfordert.

3 Das Thema Marke wird in dieser Publikation nicht berücksichtig. Hier hilft die zahlreich vertretene Marketingliteratur weiter.

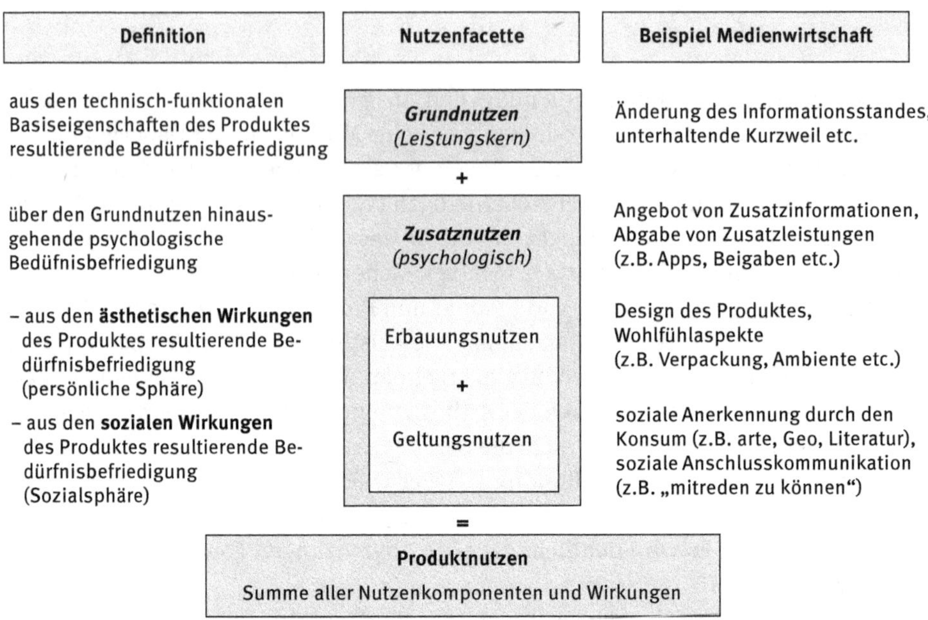

Abb. 16.3: Die Facetten und Steuerungsgrößen des Produktnutzens

Da Medienleistungen auf vier unterschiedlichen Märkten gehandelt werden (auf Rezipienten-, Werbe-, Rechte- und sonstigen B2B-Märkten), können die Ausprägungen der jeweiligen Nutzenfassetten auch ganz unterschiedliche Bedürfnisse befriedigen und unterschiedlich zugeordnet werden. Auf den Werbe- und den Rechtemärkten stehen sicherlich die technisch-funktionalen Grundnutzen der Medienleistungen im Vordergrund; also die Verbreitung von Werbebotschaften oder das Recht Beiträge abdrucken oder ausstrahlen zu können. Auf den Rezipientenmärkten spielen häufig die Zusatznutzen eine wesentlich größere Rolle. So kann sich ein TV-Zuschauer sowohl über die ARD als auch über RTL 2 informieren. Auf beiden Kanälen wird er Informationssendungen finden. Welche der Sendungen aber einen persönlich höheren Erbauungsnutzen verwirklicht, ist subjektiv unterschiedlich. Allgemein dürfte sich jedoch der soziale Geltungsnutzen über die Tagesschau als größer erweisen als über den Konsum einer RTL 2-Nachrichtensendung. Selbst auf B2B-Märkten, auf denen erwartet wird, dass rationale Entscheidungsprozesse die Auswahl des Marktpartners oder des Produktes leiten, zeigt sich häufig eine deutlich emotionalisierte Entscheidungsfindung. Zum Beispiel zählt bei der Auswahl von Werbe- oder PR-Agenturen das Image, die Bekanntheit und die Größe der Agentur deutlich mehr als zu erwarten wäre, wenn nur rationale Kriterien für die Auswahl herangezogen würden.

Das **Absatzprogramm** eines Medienunternehmens setzt sich aus Produktvarianten, Produktarten, Produktgruppen und Produktlinien zusammen und kann von Unternehmen zu Unternehmen sehr unterschiedlich strukturiert sein (vgl. folgend Meffert et al. 2015: 365 ff.):

- Eine **Produktvariante** bezeichnet gleichartige Produkttypen, wie beispielsweise bestimmte Sendeformate (z. B. Fiktionales, Show, Nachrichten etc.) oder Darstellungsformen (Reportage, Dokumentation etc.).
- Eine **Produktart** bezeichnet die Zusammenfassung von verschiedenen Produktvarianten, die eine Einheit bilden, weil sie die gleichen Grundfunktionen erfüllen, dennoch aber unterschiedliche Eigenschaften haben (z. B. Unterhaltungs- und Informationssendungen).
- Eine **Produktgruppe** fasst verschiedene Produktarten als Einheit (Familie) zusammen. Im TV-Bereich sind dies einzelne Sender einer Senderfamilie; im Zeitschriftenbereich können dies die unterschiedlichen Zeitschriftentitel in den einzelnen Sparten oder innerhalb einer Marke sein (z. B. die unterschiedlichen Titel der GEO-Familie).
- Eine **Produktlinie** fasst mehrere Produktgruppen zu Produktbereichen zusammen. Bei einem stark differenzierten Verlag können die einzelnen Bereiche beispielsweise die Gruppe der TV- oder Hörfunk-Sender sein oder die Gruppe der Zeitungen oder der Zeitschriften. Produktlinien können (müssen aber nicht) eigene Geschäftsfelder repräsentieren.

Im Zuge der Programmgestaltung müssen sich Medienunternehmen entscheiden, welche Ausmaße die Programmbreite und die Programmtiefe annehmen und wie das Gesamtprogramm strukturiert werden soll. Die **Programmbreite** definiert die Anzahl der Produktlinien im Programm (die Anzahl alternativer Leistungsangebote). Die **Programmtiefe** wird durch die Anzahl der unterschiedlichen Produkte innerhalb einer Produktlinie gespiegelt.

Medienunternehmen können breit oder schmal und tief oder flach aufgestellt sein. Spezialisten bzw. Fokussierer sind eher schmal aufgestellt, Universalisten eher breit. Der Grad der Spezialisierung oder Universalität ist dann noch einmal abhängig davon, wie tief oder flach das Programm (bzw. im Handel: das Sortiment) ausdifferenziert ist. Auch Medienunternehmen, die breit aufgestellt sind, können ein flach oder tief gestaltetes Programm (Sortiment) haben. Im TV-Bereich repräsentieren die sogenannten Vollprogrammanbieter (ARD, ZDF, RTL etc.) ein breites, aber flaches Angebot. Das heißt, es sind viele Programmressorts (Programmgattungen) vertreten, aber es gibt nur eine sehr begrenzte Anzahl an unterschiedlichen Produkten innerhalb einer Produktlinie (vgl. Abb. 16.4). Spartensender (z. B. Sport 1) sind hingegen schmal (weitgehend nur Sportsendungen) aber tief aufgestellt (es werden viele verschiedene Sportarten gezeigt). Eine ähnliche Aufstellung ist im Zeitschriftenbereich zu finden. Etliche Verlage bringen ein breites Sortiment an General-Interest- und Spezial-Interest-Zeitschriften auf den Markt. Einige Verlage haben sich aber auch auf ein Spartensegment spezialisiert. Dies vor allem im Technik- oder Computerspielebereich.

Programmtiefe
Anzahl der Produktvarianten innerhalb der Produktlinien

Fiction			Non-Fiction			
Spielfilme	Mehrteiler	Serien	Nachrichten	Magazine	Sport	Shows
Krimi	Geschichte	Krankenhaus	ausführlich	Buntes	Fußball	Kochen
Heimat	Technik	Schiff	kurz	WiPol	Events	Game
Abenteuer	Medizin	Straße		Regionales	(...)	Quizz
SiFi	(...)	(...)		(...)		Talk
(...)						(...)

Programmbreite
Anzahl der Produktlinien

Abb. 16.4: Dimensionen des Produktprogramms (Programmbreite und -tiefe im TV; Ausschnitt)

Noch augenfälliger werden die Unterschiede, wenn ein Konsument die Filiale einer großen Buchhandlungskette oder die einer eher kleinen Universitätsbuchhandlung aufsucht, die sich auf Spezialliteratur konzentriert. Beide unterscheiden sich nicht nur deutlich in der Sortimentsbreite (Themengebiete), sondern auch hinsichtlich der vorrätigen Menge an Titeln bzw. Autoren je Buchsparte (vgl. Hinze 2004: 133).

16.2.1 Das operative Produktmanagement

Das operative Produktmanagement ist Teil des Programmmanagements, das darüber entscheidet, welche Handlungsoptionen das Unternehmen in Bezug auf einzelne Produktlinien wahrgenommen werden sollen. In der Regel wird die Produktpolitik am Rezipientenmarkt ausgerichtet. Inhalte, Layout, Formate etc. müssen den Rezipienten gefallen. Medienleistungen werden aber in der Mehrzahl der Fälle auch auf Werbemärkten gehandelt. Dementsprechend muss die Produktpolitik auch die Anliegen der Werbekunden berücksichtigen. Aber die hier gültigen Anforderungen lassen sich auf zwei Anliegen reduzieren: Erstens muss die Zielgruppe stimmen (Streuverluste sollen minimiert werden). Dies lässt sich über die Themen und Produktausgestaltungen lenken. Zweitens zählt die Reichweite innerhalb der relevanten Zielgruppe. Dies lässt sich über die Qualität des Mediums lenken. Wobei der Begriff Qualität in diesem Zusammenhang nur bedeutet, dass die Inhalte auf dem von den Zielgruppenmitgliedern geforderten Niveau liegen. Beide Anforderung auf einen Nenner gebracht: Die **„Performance"**, die ein Medium der werbetreibenden Wirtschaft anbietet, ist entscheidend.

Damit lässt sich das produktpolitische Aufgabenfeld für Werbekunden reduzieren auf eine Bündelung attraktiver Werberäume in zur Verfügung stehenden Medien. Diese Aktivitäten liegen im Aufgabenfeld der Werbeakquisiteure und Mediaplaner. Eine weitaus größere Herausforderung für die Medienunternehmen liegt in der Optimierung der Performance für jedes einzelne Medium. Die Handlungsoptionen lie-

Abb. 16.5: Handlungsoptionen der operativen Programmveränderung

gen in der Beibehaltung dessen, was existiert oder in der zielgerichteten Veränderung. Im Rahmen der Veränderungsoptionen kann zwischen dem Tading-up, dem Trading-down, der Line extension und der Line contraction gewählt werden (vgl. Abb. 16.5).

- Ein **Trading-up** (Produkte aus der Linie verbessern, höherwertig ausbauen) bietet sich an, wenn am oberen Ende des Qualitätslevels von bestehenden Produktlinien noch Zahlungsbereitschaften identifiziert werden können oder der Wettbewerb weniger intensiv ist. Ein Trading-up könnte beispielsweise ein Game- oder Musikverlag durch die Herausgabe von Sondereditions (aufwendigere Verpackung, Begleitmaterial etc.) für bestimmte Produkte durchführen. Diese können deutlich höher bepreist werden, da sie für eine zahlungsbereitere Zielgruppe konzipiert sind.
- Ein **Trading-down** (hochwertige Produkte aus der Linie in ihrer Funktionalität reduzieren) kann sich anbieten, wenn die Wettbewerbsintensität im oberen Qualitätslevel der Produkte sehr stark ist und der Leistungsanbieter ausweichen muss oder wenn kein ausreichendes Wachstum mehr im oberen Preissegment umgesetzt werden kann. Ein Trading-down liegt beispielsweise vor, wenn ein hochwertiges Informationsbündel oder Softwarebündel um einen oder einige Bestandteile reduziert wird oder wenn Funktionalitäten von Produkten reduziert und infolge preiswerter angeboten werden. Ein qualitätsorientiertes Versionieren von Produkten kann ebenfalls zum Trading-down gezählt werden. Dies wäre der Fall, wenn ein Buchverlag nach der Hardcover-Version auch eine Taschenbuchausgabe herausgibt.
- Eine **Line extension** (Produktlinienverlängerung) basiert auf der Hinzunahme von weiteren Produkten in die Produktlinie. Mit einer Line extension kann ein Fernsehsender, der bereits Serien oder Shows im Programm hat, beispielsweise weitere Serien oder Shows ins Programm aufnehmen, um eine bestimmte Positionierung im Wahrnehmungsraum seiner Zuschauer zu festigen oder auszubauen. Aus Sicht des Marketings ist eine möglichst hohe Anzahl an unterschiedlichen Produkten wünschenswert.

- Eine **Line contraction** (Produktlinienverkürzung) basiert auf dem Abbau von Produktvarianten innerhalb einer Produktlinie. Eine Line contaction ist immer dann produktionspolitisch angeraten, wenn Kostenvorteile erwirkt werden sollen. Weniger Produkte bedeutet immer auch weniger Produktionsaufwand, da Maschinen weniger häufig umgerüstet werden müssen bzw. weniger produktionsplätze benötigt werden. Bedeutet eine Line reduction unter Umständen auch, dass die übrigen Produkte in einer höheren Anzahl produziert werden können, hätte diese Maßnahme auch Auswirkungen auf die Fixkostendregression. Insofern wirken Verkürzungen oder Verlängerungen der Produktlinien marketingtechnisch und produktionstechnisch immer gegenläufig.

Die **Kernaufgaben im Programmmanagement** können wie folgt zusammengefasst werden (vgl. Meffert et al 2015: 368):

- **Auffüllen der Produktlinie**: Eine Aufgabe des Produktmanagements ist es, die jeweiligen Produktlinien so zu gestalten, dass keine größeren Lücken im Programm entstehen, dass andererseits aber auch keine schädlichen Kannibalisierungseffekte auftreten. So ist das Angebot von Apple bezüglich der eigenen digitalbasierten Komplementärprodukte (von den IPod-Varianten, über die der IPhones und IPads bis hin zu den portablen und stationären Macs) so engmaschig, wie bei keinem anderen Wettbewerber, aber gleichzeitig auch extrem kannibalisierend. Diese Art der (kaufergänzenden) Kannibalisation ist aber aufgrund der außerordentlich hohen Markentreue der Apple-Kunden auf sich selbst gerichtet (so bleibt der Umsatz im Unternehmen).
  In der Medienwirtschaft weniger von Bedeutung als in der Konsumgüterindustrie ist die Verpackungsgrößensortierung. Während beispielsweise Waschmittel oder Nahrungsmittel in unterschiedlichsten Mengeneinheiten in den Regalen der Supermärkte zu finden sind, kennt die Medienindustrie aufgrund der Nicht-Rivalität im Konsum von Content keine unterschiedlichen Darreichungsformen aufgrund demografischer Haushaltsgrößen.
- **Pflege der Produktlinie**: Die zweite Aufgabe des Produktmanagements besteht in der Pflege der Produktlinien. Mit der Pflege verbunden ist die Herausstellung repräsentativer „Kopfprodukte", die für den Erfolg der Linie stehen. Diese werden in besonderer Form beworben und präsentiert
- **Modernisierung der Produktlinie**: Die dritte Aufgabe des Produktmanagements besteht in der Modernisierung der Produktlinien. Hier kommt der Beobachtung, welche der Produkte in der Nachfrage schwächeln und ein Update (in Form, Funktion, Gestaltung etc.) benötigen, die größte Bedeutung zu.
- **Bereinigung der Produktlinie**: Die vierte Aufgabe besteht in der Bereinigung der Produktlinien von nicht mehr den Anforderungen des Marktes entsprechenden Produkten. Dadurch werden nicht nur Produktlinien aktualisiert, sondern auch Kapazitäten freigesetzt und weniger Kapital gebunden.

Geht es um die Auffüllung oder die Bereinigung der Linien, müssen die Programmverantwortlichen im Auge behalten, dass ein Gesamtprogramm auch **Verbundeffekte** generieren kann, die indirekt über den Abverkaufserfolg von Produkten mitentscheiden. So gibt es Bedarfsverbünde, Nachfrageverbünde und Kaufverbünde. Bedarfsverbünde zeichnen sich dadurch aus, dass bestimmte Güter gemeinsam benötigt werden und in einem komplementären Zusammenhang stehen. Dieser **Bedarfsverbund** kann nachfragewirksam sein oder nicht nachfragewirksam. In einem nicht (zumindest nicht direkt) nachfragewirksamen Komplementärverbund stehen CD-Player und Musik-CDs. Diese beiden Güter können aber sehr wohl in einem Nachfrageverbund oder in einem Kaufverbund stehen. In einem **Nachfrageverbund** stehen Güter, die zusammen nachgefragt werden und deswegen auch zusammen angeboten werden. In einem **Kaufverbund** stehen Güter, die auch zusammen vermarktet werden können. So könnte beispielsweise eine Konsole gleich mit verschiedenen Games im Bundle angeboten werden.

Eine Agentur die beispielsweise Beratungen, Texte oder Design anbietet, tut sicherlich gut daran, alle Leistungen ins Portfolio aufzunehmen. So verbreitert sich nicht nur die Kundenbasis, sondern es wird auch Cross-Selling-Potenzial aufgebaut, indem Kunden und potenziellen Nachfragern Verbundleistungen angeboten werden können.

Die zentralen **Ziele der Produktpolitik** liegen in der Pflege und Gestaltung des Produktprogramms, um die gewünschte Wettbewerbsposition bzw. die Marktanteile, Umsätze und Gewinne zu sichern oder auszubauen. Darüber hinaus gehört die Unterstützung bei der Erschließung neuer Märkte und Kundengruppen dazu sowie die Risikostreuung durch die Etablierung eines ausgewogenen Produktportfolios. Das **Instrumentarium**, dessen sich die Produktpolitik bedient, um den an sie gestellten Aufgaben gerecht zu werden und die vorgegebenen Ziele unterstützen zu können, zeigt Abb. 16.6.

Der Einsatz der produktpolitischen Instrumente (aber auch die der peis-, kommunikations- und distributionspolitischen) orientiert sich an der Zeitlinie eines Produktes. Diese Zeitlinie wird in Phasen eingeteilt, die ähnlich dem Lebenszyklus biologischer Organismen den Verlauf von der Entstehung über das Wachstums und die Reife bis hin zum Verfall kennt. Dieses Modell wird Produktlebenszyklus genannt. Es stellt ein zeitraumbezogenes Marktreaktionsmodell dar und sagt aus, dass jedes Produkt fünf Zeitphasen durchläuft und innerhalb der einzelnen Phasen spezifische Herausforderungen und Anforderungen an das Marketing stellt. Wie intensiv die Herausforderungen wirken, wie hoch die Anforderungen konkret sind oder wie lange die Phasen andauern, ist jedoch für jedes Produkt unterschiedlich. So kann ein Produkt in der Einführungsphase absolut betrachtet geringe oder hohe Investitionen verlangen, aber es hat gemessen an den Investitionen in den restlichen Phasen seiner Existenz in der Einführungsphase immer einen hohen Kapitalbedarf. In der Wachstumsphase werden die ersten Nachahmerprodukte von Wettbewerbern auf den Markt gebracht. Ob allerdings wenige oder viele Substitute auf dem Markt gebracht werden, ist von Produkt

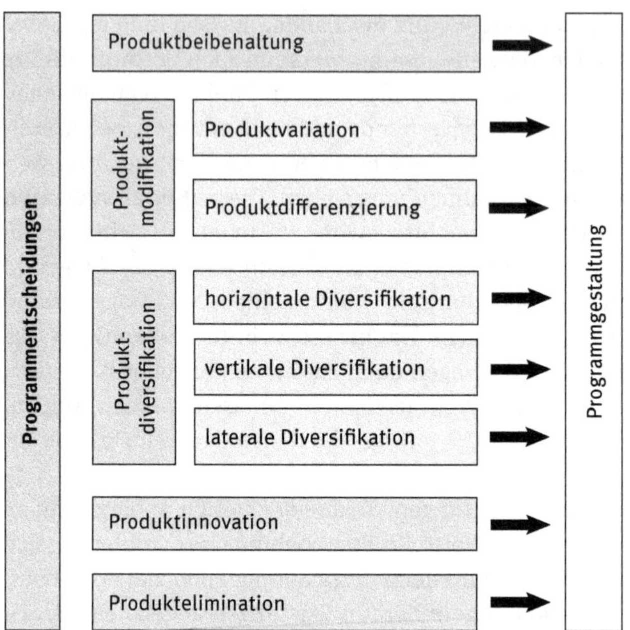

Abb. 16.6: Produktpolitische Instrumente

zu Produkt verschieden. In der Reifephase des Produktlebenszyklusses werden immer die höchsten Umsätze bzw. Absatzzahlen, ob hier allerdings 10.000 oder 100 Mio. Produkte gehandelt werden, ist ebenfalls höchst unterschiedlich. Letztendlich variiert auch die Lebenszeit eines Produktes sehr uneinheitlich. Eine aktuelle Nachricht ist binnen weniger Stunden nicht mehr handelbar, Filme erzielen noch nach Jahren Lizenzeinnahmen und Zeitungen existieren z. T. schon seit Jahrzehnten.

Den grundsätzlich unterstellten Verlauf eines Produktlebenszyklusses mit Anmerkungen zu den produktpolitischen Handlungsoptionen, die innerhalb der Phasen zum Einsatz kommen, zeigt Abb. 16.7.

Charakteristisch für den Produktlebenszyklus ist die in Abb. 16.7 dargestellte Entwicklung der Absatz- bzw. Umsatzkurve. Dem Produktlebenszyklus voraus geht die Phase der Entwicklung. Das produktpolitische Instrument, das von den Unternehmen genutzt wird, ist die **Produktinnovation**. In dieser Phase werden neue Produkte entwickelt.

Nach Markteinführung erfolgen die ersten Neugierkäufe. Soweit das Produkt noch nicht ganz den Ansprüchen der Kunden entspricht, kann es in der **Einführungsphase** zu Produktverbesserungen kommen. Feedback der Rezipienten sorgt für Anregungen. In der materiellen Güterindustrie spricht der Produzent auch davon „Kinderkrankheiten" zu beseitigen. In dieser Phase verfügt der Produzent auch noch nicht um umfangreiche Produktionserfahrungen.

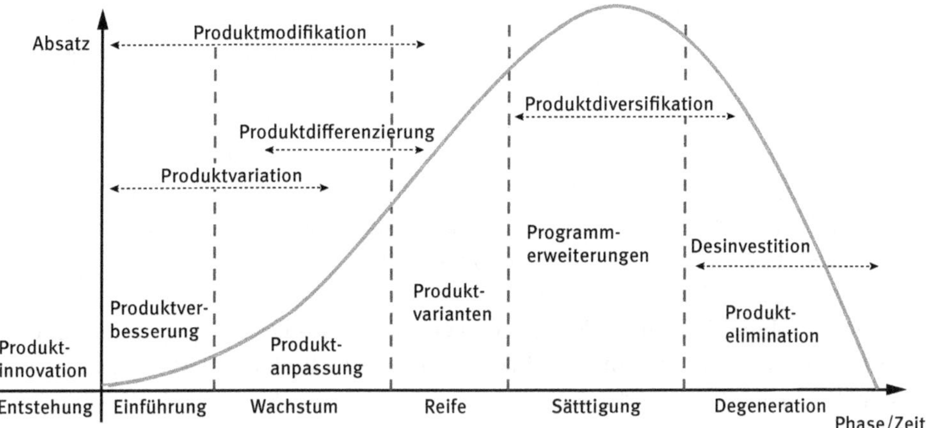

Abb. 16.7: Produktpolitische Handlungsoptionen im Produktlebenszyklus

In der **Wachstumsphase** steigt der Absatz bzw. die Reichweite, da die soziale Anschlusskommunikation einsetzt. Auch die Mund-zu-Mund-Propaganda zufriedener Nutzer beginnt zu wirken. In der Verbrauchgüterindustrie käme es in dieser Phase auch zu ersten Ersatzkäufen. Das Wachstum nimmt im Idealfall zunächst überproportional zu. Bezogen auf eine Umsatzkurve würde in dieser Phase das Maximum der Grenzumsätze erreicht (Wendepunkt vom progressiven zum degressiv steigenden Verlauf der Umsatzkurve). Letzte Anpassungen des Produktes finden statt. Diese Anpassungen können durch den Markteintritt von Produktnachahmern motiviert sein. Dieser Umschwung leitet auch den nächsten Phasenwechsel ein.

Die **Reifephase** ist geprägt durch eine weitere Ausdehnung des Wachstums, aber die Wachstumsraten nehmen deutlich ab (degressive Wachstumssteigerung). Der Produkterfolg und die große Bekanntheit führt spätestens in dieser Phase häufig zu, dass Produktdifferenzierungen auf den Markt gebracht werden. Das heißt, dass ähnliche Produkte (Varianten, Versionen) in anderer Ausführung, Qualität und Preis zusätzlich auf den Markt gebracht werden. Der Anbieter setzt darauf, dass die Bekanntheit des bereits eingeführten Produktes dazu führt, neue Käuferschichten erreichen zu können.

Auf die Reifephase folgt die **Sättigungsphase**. Die Sättigungsphase ist geprägt durch das Absatzmaximum. Die Reichweitensteigerung findet ein Ende. Ein weiteres Wachstum ist nicht möglich oder zu erwarten. Ist das Maximum überwunden, beginnen auch die Grenzabsätze negativ zu werden. Das heißt die Steigung wird negativ. Der Absatz beginnt zu fallen. In dieser Phase beginnen Unternehmen häufig darüber nachzudenken, ob und wie sie das Zukunftsrisiko im Produktportfolio besser streuen können. Sie diversifizieren möglicherweise ihr Programm.

Wann genau der Phasenübergang zur **Degenerationsphase** stattfindet, ist nicht geklärt. In jedem Fall ist diese Phase durch einen deutlichen Absatzrückgang gekennzeichnet. Das Ende des Lebenszyklusses wird eingeleitet. In der Regel ist die natürliche Veralterung des Produktes für den Rückgang verantwortlich. Das Interesse der Rezipienten nimmt ab. Es kann aber auch in Bezug auf eine Serie sein, dass die Geschichte „auserzählt" ist oder das in Bezug auf eine Special-Interest-Zeitschrift ein Trend ausläuft. Die Frage, die sich dem Management stellt ist, ob das Produkt oder ob der Produktbereich aufgegeben wird. Im ersten Fall findet eine Eliminierung statt, im zweiten eine Desinvestition.

Die einzelnen, innerhalb der Phasen genutzten produktpolitischen Instrumente im Marketing-Mix (Innovation, Modifikation, Diversifikation und Eliminierung), werden in den folgenden Unterkapiteln vorgestellt.

16.2.2 Die Produktinnovation

Mit dem Begriff „Innovation" wird heute (insbesondere in der Werbung) inflationär umgegangen. Jede noch so kleine Änderung an einem Produkt wird als Neuheit angepriesen. Dies hat aber eher werbliche Motive als dass es einer betriebswirtschaftlichen Definition genügt. Im engeren Sinne ist eine Produktinnovation eine prinzipiell neue Art der Problemlösung durch ein Produkt. Im weiteren Sinne können auch Produkte dazu gezählt werden, die bisher nicht vom Unternehmen produziert wurden. Im ersten Fall spricht das Marketing von **Marktneuheuten**, im zweiten von **Unternehmensneuheiten** (vgl. Nieschlag et al. 2002). Des Weiteren können echte Produktinnovationen (die Erfindung des Faustkeils, des Rades, des Taschenrechners oder Computers etc.) von schrittweisen (inkrementellen) Neulösungen unterschieden werden. Eine schrittweise innovative Reihe von Neulösungen zeigen beispielsweise die Apple-Produkte, Miniaturisierungen oder Apps.

Produktinnovation nehmen eine besondere Stellung in der Programmgestaltung ein. Vor dem Hintergrund gesättigter Märkte, rechtlicher Restriktionen (Jugendschutz, Datenschutz. Produkthaftpflicht etc.), dem Eindringen von Billiglohnländerprodukten in die heimischen Märkte und der Verkürzung der Lebenszyklen von Produkten, müssen Unternehmen ihre Ressourcen in stärkerem Maße in die Entwicklung neuer Produkte investieren (vgl. Meffert et al. 2015: 273 f.).

Informationstrigger (Auslöser, die Innovationsprozesse in Gang bringen) können aus dem Unternehmen selbst kommen oder extern begründet sein sowie kurzfristig und langfristig wirken (vgl. Tab. 16.1).

Obwohl die Unternehmen der Medienwirtschaft zur Kreativindustrie zählen, bedeutet das nicht, dass auch eine hohe innere Beweglichkeit den Alltag von Medienunternehmen prägt. Kreativität, Flexibilität und Dynamik bezeichnen Eigenschaften, die sich weitgehend auf die Inhalteproduktion beziehen, nicht auf das Management oder das Unternehmen. Ganz im Gegenteil, es zeigt sich deutlich, dass die Führungs-

Tab. 16.1: Innovationstrigger für Innovationen

	interne Auslöser	externe Auslöser
kurzfristig wirkend	Rezipienten- und Werbekundenwünsche Ergebnisse aus der Entwicklungsabteilung Marktforschungsergebnisse Absatz-/Umsatzeinbrüche	neue Wettbewerberangebote neue Trends neue technologische Möglichkeiten
langfristig wirkend	Überalterung des Leistungsangebotes neue Marktfeldstrategien Ideenforen (Brainstormings, Brainwritings)	verändertes Mediennutzungsverhalten demografische Entwicklungen Änderungen rechtlicher Rahmenbedingungen

spitzen in den Medienunternehmen, die im Fokus der Öffentlichkeit stehen (mit sehr wenigen Ausnahmen) eher wie Kaufleute denken und nicht wie Visionäre. Das ist insofern nicht schlecht, als dass Kaufleute vorsichtig und bedacht handeln. Kaufleute entscheiden und handeln aber notwendigerweise immer träge. Das Abwiegen von Vor- und Nachteilen, von Neuem und Altbewährtem, das der Sicherung des Unternehmens gilt, hat nämlich zwei gefährliche Haken. Häufig wird an Altbewährtem festgehalten, weil sich die Entscheider eine möglich andere Verfahrensweise oder einen anderen Zustand schlecht vorstellen können und gleichzeitig mit dem Bewährten gute Erfahrungen gemacht haben. Das noch nicht Realisierte passt nicht in die vergangene Erfahrungswelt und ist entsprechend schwierig abzuschätzen. Solange „der Laden läuft" sollte also lieber nichts geändert werden. Dazu gesellt sich die Verlustangst bzw. Risikoaversion. Etwas aufzugeben, fällt den Menschen schwerer als etwas anzunehmen. Wenn ein Mensch etwas besitzt und aufgeben soll, schätzt er den Wert dessen weitaus höher ein, als wenn er es erwerben würde (vgl. Thaler und Sunstein 2017: 44 f. und 55 f.)[4]. Diese Verlustaversion verstärkt noch einmal die Einschätzung des Status Quo hinsichtlich seines Wertes. Mit anderen Worten: Auch Entscheider sind eher Bewahrer als Veränderer.

Aus diesem Grunde wirken unternehmensinterne Trigger auch weniger stark als externe Anreize. Wenn der Markt oder der Wettbewerber neue Bedingungen diktiert, wird eine Reaktion schnell existenziell. Interne Anreize werden zunächst dahinge-

4 Versuche von Thaler und Sunstein haben dies durch einfache Versuche gezeigt: Studierenden, denen zu Beginn einer Vorlesung eine Tafel Schokolade oder eine Tasse zum Kauf angeboten wurde, konnten für die Produkte jeweils einen vernünftigen Preis festgelegen, den sie zu zahlen bereit wären. Dementsprechend bekamen sie das von ihnen gewählte Produkt ausgehändigt. Nach der Vorlesung mussten die Studierenden einen Preis festlegen, für den sie bereit wären, ihr Produkt an einen Kommilitonen zu verkaufen. Im Durchschnitt verlangten die Betroffenen das Doppelte dessen, was sie selbst bezahl haben (Thaler und Sunstein 2017).

hend abgeklopft, warum diese Idee noch nicht durch andere verwirklicht wurde. Wäre sie wirklich gut, so lautet hier oft die Killerphrase, dann wären die anderen doch auch längst auf die Idee gekommen. Hier unterscheiden sich kleine Unternehmen und Unternehmen aus der Internetökonomie erheblich von den klassischen Medienunternehmen. Allerdings unterliegen die Entscheidungsheuristiken auch hier einem systematischen Fehler: der Optimismusfalle. So zeigen die Ergebnisse von Untersuchungen in sehr vielen unterschiedlichen Bereichen fast immer das gleiche Ergebnis: Entscheider sind unrealistisch, wenn es um die eigene Person geht. Fast jeder glaubt von sich einen überdurchschnittlich hohen Sinn für Humor zu haben, überdurchschnittlich gut Auto fahren zu können etc. Geht es nach der Einschätzung von Ehen und deren Haltbarkeit, glaubt fast jeder zum Zeitpunkt der Hochzeit, dass seine Ehe nicht scheitern wird. Das gleiche gilt für die Einschätzungen über den Markterfolg des eigenen Produktes in der Phase der Produktentwicklung oder des Unternehmenserfolgs bei der Gründung. Die Realiät hingegen zeigt, dass eben nicht alle, sondern nur die Hälfte der Bevölkerung überdurchschnittlich viel Humor haben oder überdurchschnittlich gut Auto fahren kann, dass nicht kaum eine, sondern 40 Prozent der Ehen geschieden werden und dass auch fast jede zweite Neugründung im Konkurs oder der Aufgabe des Geschäftsvorhabens binnen der ersten fünf Jahre endet.

Eine vernünftige (auf rationalen Überlegungen, Einschätzungen und Fakten basierende) Entscheidung zu treffen, ist alles andere als trivial und manchmal ist auch einfach Mut gefordert oder die berühmte „Nase für‘s Geschäft“ ausschlaggebend. In jedem Fall dynamisieren Innovationen den Wettbewerb und können Vorteile am Markt begründen, andererseits sind mit der Entwicklung neuer Lösungen immer auch ganz erhebliche Risiken verbunden. So kann die Entwicklung eines neuen Zeitschriftentitels schnell mehrere 10.000 Euro kosten. Die Entwicklung eines E-Games kann sogar Millionen Euros verschlingen. Ob der Markt die Produkte auch annimmt, steht auf einem ganz anderen Blatt. Ist das nicht der Fall, sind die Investitionen verloren. Dieser Umstand führt dazu, dass vor allem TV-Veranstalter lieber Imitationsstrategien fahren und Formate übernehmen, die schon am Markt (z. B. im Ausland) erfolgreich sind.

Bei Innovationsstrategien müssen somit zwei unterschiedliche **Risikoarten** unterschieden werden. Auf der einen Seite besteht das Risiko, ein nicht akzeptiertes Produkt auf den Markt zu bringen (Risiko: falsches Produkt). Auf der anderen Seite besteht das Risiko, mit einem vom Markt angenommenen Produkt zu spät auf den Markt zu gehen (falsche Zeit). Während im ersten Fall Sunk Costs entstehen, produziert der zweite Fall Opportunitätskosten (entgangene Gewinne). Beide Risiken können fatale Folgen haben, wie ein Blick in die Komplementärindustrie der TV-Veranstalter deutlich zeigt: Der japanische Unterhaltungselektronikkonzern Pioneer brachte als einer der ersten Hersteller ein TV-Gerät mit Plasmabildschirm heraus. Doch wegen des hohen Preises, hohen Stromverbrauchs und der relativ geringen Lebensdauer floppte das Produkt. Der deutsche Hersteller Loewe hingegen verpasste den Trend zu flachen Bildschirmen und konnte später nur knapp die Insolvenz verhindern (vgl. Meffert et al. 2015: 275).

Um den Pioniervorteil nutzen zu können, stehen die Unternehmen unter erheblichem Zeitdruck. Das kann dazu führen, dass die Entwicklungszeit auf ein Minimum reduziert wird. Was in solchen Fällen passieren kann, hat der Skandal um die überhitzten Akkus beim Smartphone Galaxy Note 7 im Jahr 2016 gezeigt. Die weltweite Rückrufaktion hat nicht nur viele Hundert Millionen Euros an Kosten verursacht, sondern auch einen erheblichen Imageschaden nach sich gezogen. Auch wenn Flops bei den Inhalteherstellern weniger öffentlichkeitswirksam verlaufen, es gibt sie. In der TV-Saison 2016/17 sind bei den großen acht Sendern 21 neue Programme in den Abendstunden angelaufen. Nur sechs davon konnten überzeugen, alle anderen wurden kurz nach Premierenstart abgesetzt. Sie blieben unter der erwarteten Reichweite (vgl. Meedia 2016: o. S.).

So ernüchternd es klingt, das Nicht-Funktionieren von auf den ersten Blick vielversprechenden Ideen ist der Normalfall. Die erfolgreiche Markteinführung stellt die Ausnahme dar. Eine deutschlandweite Untersuchung von Kerka et al. (vgl. Kerka et al. 2006: 2, z. n. Meffert et al. 2016: 379) zeigt ein ernüchterndes Ergebnis: Nur sechs Prozent der Neuproduktideeen werden zu Produkterfolgen. Da die Ideen- und folgend die Produktentwicklungskosten mit jeder Stufe im Entwicklungsprozess progressiv ansteigen, ist es essentiell, dass die Erfolgsaussicht so früh wie möglich eingeschätzt werden kann.

Um die Erfolgsaussicht bewerten zu können, werden unterschiedliche Instrumente eingesetzt. Zunächst werden Checklisten mit „Muss-Kriterien" abgeprüft oder Scoring-Modelle eingesetzt (vgl. Kapitel 11.2.3). Passieren die Projektideen diese Prüfungsstufe (Grobauswahl), folgen Wirtschaftlichkeitsanalysen wie beispielsweise die Break-Even-Analyse (vgl. Kapitel 10.6), die Kapitalwertmethode (vgl. Kapitel 10.11.1) oder die Amortisationsrechnung (vgl. Kapitel. 10.10.4). Darüber hinaus werden Machbarkeitsstudien in Auftrag gegeben und letztlich Markttests durchgeführt. Der Markttest besteht darin, dass Pilotmedien veröffentlicht werden und abgewartet wird, wie der Markt reagiert. Bleiben die Quoten oder die Reichweiten unter dem notwendigen Niveau und erscheinen Nachbesserungen nicht sinnvoll, verschwinden die Sendungen oder Titel wieder „klammheimlich".

Aufgabe zur Break-Even-Analyse. Eine neue App soll mit 4,99 Euro bepreist werden. So kann ein Stückdeckungsbeitrag von 3,99 Euro erzielt werden. Die Entwicklungs- und Markteinführungskosten (First Copy Costs) liegen insgesamt bei 5.000 Euro. Wie hoch muss die abgesetzte Menge am Markt sein, um in die Gewinnzone zu kommen?

Aufgaben zur Kapitalwertmethode.
1. Ein neues Produkt soll entwickelt und im Jahr 2018 auf den Markt gebracht werden. Die F&E-Kosten betragen 10.000 Euro. Die Markteinführungskosten liegen bei rund 90.000 Euro. In diesen 90.000 Euro ist eine Lizenz für 10.000 Euro enthalten. Alle Aufwendungen fallen im Jahre 2018 an. In diesem Jahr wird aber voraussichtlich auch schon ein Überschuss in Höhe von 10.000 Euro erwirtschaftet. In den Folgejahren liegen die Überschüsse höchstwahrscheinlich bei

30.000 € p.a. Aber es werden auch noch zusätzlich Werbeaufwendungen in Höhe von 5.000 Euro p.a. aufzubringen sein. Die Lebenszeit des Produktes wird wahrscheinlich 4 Jahre nach Einführung (2021) enden. 2021 kann die Lizenz noch für 5.000 Euro weiterverkauft werden. Der Kapitalmarktzins liegt derzeit bei 2 %.
Lohnt sich die Markteinführung absolut und relativ (gegenüber einer festverzinslichen Wertanlage)?

2. Es soll im laufen Jahr 2018 ein Konzept und ein Buch für eine neue Dokumentationsreihe entwickelt werden. Der TV-Sender sichert dem Autorenteam vier Lizenzzahlungen zu, die mit der Ausstrahlung der späteren Produktionen, fällig werden. Zwei Zahlungen in Höhe von 25.000 Euro werden 2019 fällig. Zwei weitere Zahlungen in gleicher Höhe im Jahre 2020. Wenn die Eischaltquote der ersten beiden Sendungen im Durchschnitt über 15 Prozent liegen, wird im Jahr 2020 eine Sonderzahlung in Höhe von zusätzlichen 10.000 Euro ausgezahlt.
   Das Autorenteam rechnet mit einem Opportunitätszinssatz von 5 Prozent. Das Risiko einzugehen, dass die Sonderzahlung wegfallen kann, wollen sich die Autoren mit einem auf den Opportunitätszinssatz aufgeschlagenen Risikozinszuschlag in Höhe von weiteren 5 Prozent berücksichtigen.
   Das Konzept zu entwickeln wird kalkulatorisch mit 100.000 Euro angesetzt. Sollte das Team den Vertrag unterschreiben? Sie könnten alternativ auch etwas anderes machen, mit dem sie 100.000 Euro verdienen können.

Aufgabe zur Amortisationsrechnung. Die Geschäftsleitung soll sich zwischen zwei Projekten entscheiden (vgl. Tab. 16.2). Welches der beiden Projekte sollen sie realisieren? Die Entscheidung soll nach der dynamischen Amortisationsrechnung gefällt werden. Es ist das Projekt zu wählen, das die kürzere Amortisationszeit benötigt. Der Marktzins für Alternativinvestitionen liegt bei 4 Prozent.

Tab. 16.2: Projektwahl nach der dynamischen Amortisationsrechnung

Zeit	Projekt A			Projekt B		
	Zahlung	**Barwert**	**Kum. Barwert**	**Zahlung**	**Barwert**	**Kum. Barwert**
0	−100.000			−170.000		
1	28.000			42.500		
2	28.000			46.000		
3	30.000			47.500		
4	50.000			51.000		
5	0			38.500		

16.2.3 Die Produktbeibehaltung und Produktmodifikation

Die Produktbeibehaltung bedeutet, dass das aktuelle Programm oder Produkt unverändert bestehen bleibt. Die Produktbeibehaltung kann aus Überzeugung geschehen, wenn die Marktuntersuchungen anzeigen, dass Änderungen nicht notwendig sind. Es kann aber auch sein, dass Marktveränderungen nicht erkannt werden, Marktchancen nicht genutzt oder Marktrisiken ignoriert werden. Im Alltag der Medienwirtschaft zeigt sich, dass viele Produkte (bzw. Programme) sehr stabil im Zeitablauf am Markt angeboten werden. Dies gilt vor allem für die Struktur von Zeitungen und Zeitschriften, aber auch für die Mehrzahl der Rundfunkangebote.

Die **Produktmodifikation** (Produktveränderung) bedeutet, dass die ursprüngliche Produktkonzeption beibehalten wird (Funktion, Nutzen), die Produkte selbst aber verändert werden. Innerhalb der Produktmodifikation kann zwischen der Produktvariation und der Produktdifferenzierung unterschieden werden. (vgl. folgend Meffert et al. 2015: 417 ff., Thommen et al. 2017: 85 und Gläser 2014: 452 f.):

- Die **Produktvariation**: Entscheidungen der Produktvariation befassen sich mit der Veränderung von Produkten, die am Markt lanciert sind und an sich veränderten Nachfragerbedürfnissen angepasst oder aufgrund neuer Wettbewerbsprodukte wieder neu positiv hervorgehoben werden sollen. In erster Linie handelt es sich also um eine Produktverbesserung.
- Die **Produktdifferenzierung**: Entscheidungen der Produktdifferenzierung zielen darauf ab, Nachfragebedürfnisse unterschiedlicher Zielgruppen durch das zeitlich parallele Angebot mehrerer Produktvarianten besser bedienen oder um neue Marktsegmente erschließen zu können. Hier handelt es sich um eine Programmvertiefung, weil das bestehende Produkt durch zusätzliche Produktvarianten ergänzt wird.

Der wesentliche Unterschied zwischen beiden produktpolitischen Instrumenten liegt darin, dass bei der Variation die Anzahl der Produkte im Programm gleichbleibt, da das veränderte Produkt vom Markt genommen wird. Im engeren Sinne handelt es sich also um einen Akt der Produktpflege bzw. Produktaktualisierung. Bei der Differenzierung steigt die Anzahl der Produkte im Programm, da einzelne Produktelemente in weiteren Produktvarianten abgewandelt werden und zusätzlich zum Ausgangsprodukt auf den Markt gebracht werden. Im engeren Sinne handelt es sich also um eine Reaktion auf eine dichtere Marktsegmentierung (gender-, interessen- oder technik-orientiert etc.). Eine spezielle Form der Produktdifferenzierung ist in der **Mass-Customization** zu sehen (Individualisierung von Standardangeboten; z. B. die Zusammenstellung von Newslettern).

Typische Beispiele für die Produktvariation sind der Relaunch einer Zeitschrift oder einer Website, die Veränderung (Kürzung oder Verlängerung) von Sendeformaten oder auch die überarbeitete Neuauflage eines Lehr- oder Fachbuches. Typische

Beispiele für Produktdifferenzierungen sind die Erweiterungen von Programmsparten im Verlags- oder Rundfunkgeschäft. So kann ein TV-Veranstalter seine Genres beispielsweise um einzelne Formate erweitern (Aufnahme einer Koch-Show oder einer literarischen Talk-Runde) oder ein Verlag sein Programm erweitern (neben Medizinliteratur auch Fachliteratur aus dem Bereich Psychologie publizieren).

Ansatzpunkte für die Veränderung oder Erweiterung des Produktprogramms sind technische, funktionale oder physische Eigenschaften sowie zeitliche Aspekte. Als Grundlage vor allem für Produktdifferenzierungen bietet sich die Möglichkeit an, Medienleistungen als Modulvariationen anzubieten. So können Musik-CDs, TV-Serien, Buchbände etc. in ganz unterschiedlichen Versionen auf den Markt gebracht werden. Die Unterschiede können sich auf Funktionalitäten beziehen, auf Verpackungen oder ästhetischen Eigenschaften etc. Aber auch die Leistungen selbst können modular zusammengesetzt werden. Hier können Kernleistungen durch sogenannte **Value-Added-Services** ausgebaut werden. Value-Added-Services sind Sekundärleistungen, die mit der Kernleistung in Verbindung stehen (Bonusmaterial, Hintergrundinformationen, crossmediale Angebote etc.). Diese Art der unterschiedlichen inhaltlichen oder formalen Ausgestaltungen im Kern identischer oder erweiterter Produktleistungen, die an den Kundenpräferenzen ausgerichtet werden und der Absatzoptimierung dienen, wird Versionierung genannt. Das **Versioning** hat zur Folge, dass unterschiedliche Qualitäten für unterschiedlich zahlungsbereite Kunden geliefert werden. Beispiele für die Versionierung von Produkten sind das Buch, das als Hardcover oder E-Book erscheint, Filme, die in verschiedenen Sprachversionen in die Kinos gehen oder Hörfunksendungen, die auch als Podcast publiziert werden (vgl. Sjurts 2011: 636 und Gläser 2014: 153).

Eine Anpassung kann aber auch in zeitlicher Hinsicht erfolgen. In diesem Fall spricht das Marketing vom Windowing. **Windowing** bedeutet, dass die Liefer- oder Zugriffszeiten an die Preisbereitschaft der Kunden angepasst werden. Das Windowing zielt darauf ab, zeitliche Verwertungsfester zu definieren, indem Inhalte nicht zeitgleich, sondern zeitlich nacheinander im Markt positioniert werden. Als Beispiel mag der Film dieses Procedere verdeutlichen: Zunächst wird er als Kinofilm platziert, dann als Home-Entertainment-Variante (DVD, Blu-Ray) auf den Markt gebracht. Im Anschluss wird der Film im Pay-TV gesendet und abschließend im Free-TV ausgestrahlt (vgl. Schumann et al. 2014: 71).

! **Merke:**

Mass Customization bedeutet, dass Teile aus Standardangeboten individuell nach Kundenwünschen konfiguriert und vermarktet werden.
Versioning bedeutet, dass verschiedene Versionen eines Produkts zu unterschiedlichen Preisen am Markt angeboten werden. Formen des Versioning sind z. B. Basis-, Standard- und Premium-Varianten eines Leistungsangebotes.

Windowing bedeutet, zeitliche Verwertungsfester zu definieren, indem Inhalte nicht zeitgleich, sondern zeitlich nacheinander im Markt positioniert werden. Auch hier geht es um die Abschöpfung von Zahlungsbereitschaften der Kunden.

Die **Herausforderung für das Produktmanagement** liegt darin, den richtigen Handlungszeitpunkt für Produktveränderungsaktivitäten zu bestimmen. Da Änderungen, bevor sie marktwirksam werden können, Vorlaufzeiten benötigen, müssen die Entscheidungen frühzeitig getroffen werden. Den richtigen Zeitpunkt insbesondere für die Produktvariation zu bestimmen, ist nicht trivial. Das gleiche gilt für die Frage nach einer ausreichend starken Differenzierung der Leistungsangebote. Die Differenzierung soll helfen, die Kundenwünsche zielgenauer befriedigen zu können, um höhere Zahlungsbereitschaften zu erwirken und die eigenen Gewinne zu steigern. Beachtet werden muss in diesem Zusammenhang aber, dass eine Fragmentierung des Angebotes einerseits den Absatz einzelner Varianten reduzieren kann und andererseits auch negative Auswirkungen auf den produktspezifischen Gesamtumsatz hat. Mit der Absatzreduktion ist auch eine Verminderung der Produktionsmenge verbunden. Und mit dieser wiederum gehen Degressionseffekte verloren. Das heißt, die segmentspezifischen Produktionskosten pro Stück können steigen. Bezogen auf die Produktlinie muss also ein „Fit" gefunden werden, der insgesamt (und nicht nur auf einzelne Segmente) zu einer Gewinnsteigerung führt.

Soweit dies mathematisch möglich ist, können Optimierungsberechnungen angestellt werden. Formal ist dies sehr einfach: Es muss einerseits die Stückkostenfunktion für Entwicklung, Produktion, Marketing und Vertrieb und anderseits die durchschnittliche Ertragsfunktion bei Produktdifferenzierung bestimmt und formuliert werden. Im Anschluss werden die Grenzkosten und die Grenzerlösfunktion bestimmt und der Punkt gesucht, an dem die Bedingung „Grenzkosten der Differenzierung" und „Grenzerlös der Differenzierung" gleichhoch sind (vgl. zur algebraischen Methodik Kapitel 10.7). An diesem Punkt zeigt sich der optimale Produktdifferenzierungsgrad des Produktprogramms.

Das Problem besteht in der Realität allerdings darin, dass weder die Kosten noch die Erlöse im Vorfeld exakt bestimmt werden können. Und selbst, wenn sie ex post formuliert werden können, wären wiederum Änderungen (Reduktion oder Ausweitung der Produktlinien) nicht exakt zu bestimmen. Sind die notwendigen Daten und Auswirkungen nicht bekannt (was den Normalfall darstellt), helfen nur Entscheidungsheuristiken weiter. Mit anderen Worten: Es bleibt nichts anders übrig als das Trial-and-Error-Verfahren. Allerdings gestaltet sich der Entscheidungsalltag im Umfeld von Digitalprodukten nicht so schwierig, da hier die Grenzkosten in vielen Fällen zu vernachlässigen sind und ein optimaler Differenzierungsgrad weitgehend allein an den Umsätzen festgemacht werden kann.

16.2.4 Die Produktdiversifikation

Die Produktdiversifikation dient zumeist der Risikostreuung und kann ebenso gut statt den operativen, den strategischen Entscheidungen im Medienbetrieb zugeordnet werden. Die Absicht hinter Diversifikationsmaßnahmen besteht darin, durch die Aufnahme neuer Produkte neue Märkte zu betreten und sinkende Gewinne auf den traditionellen Märkten zu kompensieren und dortige Abhängigkeiten zu reduzieren. Das Marketing kennt drei unterschiedliche Formen der Produktdiversifikation (vgl. folgend Thommen et al 2017: 85 sowie Gläser 2014: 453):

- **Horizontale Diversifikation** bedeutet, dass das Absatzprogramm um Produkte oder Programme erweitert wird, die in einem sachlichen Zusammenhang mit den bisherigen Produkten stehen. Dieser Zusammenhang kann technisch, zielgruppenbezogen oder vertriebssystembezogen sein. Ein technischer und auch zielgruppenbezogener Zusammenhang liegt beispielsweise vor, wenn ein TV-Sender Videoportale eröffnet oder sich an bestehenden Portalen beteiligt (z. B. RTL und Watchbox (vormals Clipfish) oder die Gründung von RTL NEXT als video-, bild- und textbasiertes Boulevard-Medium sowie ProSiebenSat.1 und Maxdome).
- **Vertikale Diversifikation** bedeutet, dass Produkte ins Absatzprogramm aufgenommen werden, die bisher von einem Lieferanten oder einem Abnehmer angeboten wurden. Für den Fall, dass Lieferantenprodukte nunmehr selbsterstellt werden sollen, handelt es sich um eine **vorgelagerte vertikale Diversifikation** (Rückwärtsintegration). So könnte eine Druckerei die Arbeiten der Grafik übernehmen oder ein TV-Produktionsbetrieb integriert die Autorenschaft ins eigene Programm. Eine **nachgelagerte vertikale Diversifikation** (Vorwärtsintegration) nimmt Produkte oder Dienstleistungen ins eigene Programm auf, die zuvor von Kunden vermarktet wurden. So könnte beispielsweise ein Verlag die Postzustellung seiner Zeitungen und Zeitschriften in Eigenregie übernehmen oder eine Werbeagentur die Mediaplanung für ihre Kunden.
- **Laterale Diversifikation** bedeutet, dass das Produktprogramm mit völlig neuen Produkten angereichert wird. Mit den neuen Produkten werden neue Märkte betreten. Dies ist beispielsweise geschehen, als die großen Filmstudios in Amerika Themenparks und Ferienressorts eröffnet haben oder indem Merchandisingprodukte vermarktet werden.

Obwohl mit der Diversifikation des Produktprogramms Risikostreuung beabsichtig wird und Abhängigkeiten abgebaut werden sollen, gehören die Maßnahmen selbst zu den risikoreichsten Veränderungen im Unternehmen. Denn es wird nicht nur viel Kapital benötigt, sondern auch das noch mangelhafte Know-how auf den neuen Märkten sorgt zunächst für eine hohe Unsicherheit.

16.2.5 Die Produktelimination

Jeder Produktlebenszyklus läuft irgendwann aus; ob nach Jahrzehnten, Jahren, Monaten oder noch kürzeren Zeiträumen. Dem Produktmanagement kommt hier die Aufgabe zu, das Lebensende eines Produktes zu erkennen und darauf rechtzeitig und angemessen zu reagieren. Die Rechtzeitigkeit bezieht sich auf den Zeitpunkt. Die Angemessenheit auf die Frage, ob ein einzelnes Produkt oder eine ganze Produktlinie aus dem Programm genommen werden sollte. Im Fall, dass nur ein Produkt aufgegeben wird, handelt es sich um eine **Eliminierung**. Wird eine ganze Produktlinie oder ein Leistungsbereich eingestellt, handelt es sich um eine **Desinvestition**. Im letzteren Fall wird ein ganzer Unternehmensbereich produktionstechnisch abgebaut. Diese Maßnahme beinhaltet ggfs. die Aufgabe von Standorten und den Verkauf von Maschinen sowie den Abbau von Personal. Durch eine Desinvestition kann beispielsweise Cash Flow generiert werden, durch eine Eliminierung eher weniger. Da die Desinvestition strategisch veranlasst wird, soll sie in den weiteren Ausführungen vernachlässigt werden.

Bespiel zur Unterscheidung von Eliminierung und Desinvestition:
Ein Verlag stellt die Herausgabe eines Zeitschriftentitels ein oder ein TV-Produzent verzichtet in Zukunft darauf, kurze Nachrichtenfilme (sogenannte NiFs) zu produzieren. In beiden Fällen handelt es sich um eine Elimination. Ein Medienkonzern könnte aber auch eine ganze Zeitschriftensparte verkaufen oder der TV-Produzent die eigenen Kapazitäten im Redaktionsbereich abbauen. In diesen Fällen handelt es sich um eine Desinvestition.

Die Schwierigkeit besteht darin, den richtigen Zeitpunkt für den Ausstieg zu bestimmen. Wann ist dieser gekommen bzw. woran kann der Ausstiegszeitpunkt operationalisiert werden? Jedes Produkt, dass produziert wird, steht in Konkurrenz um die knappen Ressourcen im Unternehmen (Redaktions-, Programmierungs- oder Produktionskapazitäten sowie Marketingetats etc.), aber auch ggfs. um Regalplätze im Einzelhandel (dies trifft auf digitale Produkte natürlich nicht zu). Schädliche Auswirkungen auf Unternehmensprozesse (Effizienzeinbußen) oder eine Fehlallokation von Ressourcen soll natürlich vermieden werden. Andererseits handelt es sich hier auch nicht um eine persönlich subjektive „Gefällt-mir-nicht-mehr“-Entscheidung. Das bedeutet, es müssen Kriterien gefunden werden, die sowohl als Alarmsystem fungieren als auch Grenzwerte festlegen, die Handlungsbedarf anzeigen.

In der Betriebspraxis stehen dementsprechend qualitative und quantitative Parameter und Maßstäbe zur Verfügung, die dieser Forderung entsprechen. Welchen der Kriterien Bedeutungsvorrang eingeräumt wird, kann nicht verallgemeinert beantwortet werden. Das heißt, es können keine Angaben über die Gewichtung der unterschiedlichen Parameter gemacht werden. Tab. 16.3 gibt eine Übersicht über die Parameter, die in der Betriebspraxis eingesetzt werden.

Tab. 16.3: Entscheidungsfaktoren für die Produkteliminierung

	quantitative Faktoren	qualitative Faktoren
statische Maßstäbe	absoluter Umsatz relativer Umsatz (Anteil am Gesamtumsatz des Unternehmens) Deckungsbeitrag/Gewinn absoluter Marktanteil relativer Marktanteil Kosten(steigerung)	Änderung von rechtlichen Rahmenbedingungen (Verbote, Gebote) Produktverbundeigenschaft (Bestand/Auflösung)
dynamische Maßstäbe	Umsatz-, Marktanteils-, Deckungsbeitrags- und Gewinnentwicklungen	Produktveralterung Weiterentwicklung eigener oder fremder Substitutionsprodukte Veränderung demografischer oder technologischer Rahmenbedingungen negative Diskussion in der Öffentlichkeit

Während die quantitativen Faktoren schnell und direkt im Unternehmen selbst generiert und durch das Controlling geliefert werden können, erfordern die meisten qualitativen Faktoren eine Marktbeobachtung. Unter statischen Maßstäben wird hier verstanden, dass absolute oder relative Grenzwerte gesetzt werden. Fällt beispielsweise der Umsatz, der Deckungsbeitrag oder der Marktanteil unter eine bestimmte Höhe, werden entsprechende Meldungen an das Management generiert. Auch die Beobachtung der Parameter im Zeitverlauf ist gängige Praxis. So wird dokumentiert, wie sich die jeweiligen Größen entwickeln.

Die qualitativen Größen hingegen können nicht auf eine direkt messbare Dimension reduziert werden. Hier sind äußere Bedingungen zu beobachten oder Interpretationen gefragt. Ändert sich beispielsweise die Rechtlage kann das zu Verboten führen oder Gebote beinhalten, die aus Sicht des Unternehmens nicht erfüllt werden sollen, weil sie zu hohe Kosten verursachen. Auch Produktverbundeigenschaften können einen Ausschlag für oder gegen eine Eliminierung gegeben. Stehen zwei Angebotsleitungen beispielsweise im Produktionsverbund, bedeutet die Aufgabe des einen wahrscheinlich auch die Aufgabe des anderen Produktes.

Insbesondere Produktionsverbünde zeigen deutlich, dass beispielsweise eine ausschließliche Orientierung an Gewinnerwartungen nicht immer geeignet ist, sondern eine Beobachtung des Deckungsbeitrags (vgl. Kapitel 9.1.4) mehr Sinn macht.

Beispiel. Eine Zeitschriftenbeilage, die regelmäßig von einem Verlag herausgegeben wird, schwächelt seit geraumer Zeit. Es wird erwogen, sie aus dem Programm zu nehmen, da sie keinen Gewinn erwirtschaftet. Diese Zeitschriftenbeilage wird redaktionell aus vorhandenem Content zusammengestellt und zusammen mit anderen Zeitschriften auf einer Druckmaschine hergestellt. Nun sei unterstellt, dass die Zeitschriftenbeilage Umsätze erwirtschaftet, die genauso hoch sind, wie die Kosten, die sie verursacht. Die Kosten setzen sich aber zusammen aus den variable Kosten und den Fixkosten der Produktion. Diese Fixkosten wiederum beinhalten auch einen Teil der Druckkosten (z. B. einen Anteil an den Abschreibungen). Würde die Produktion eingestellt, würden die Gewinne des Verlags schrumpfen, obwohl der Gewinnbeitrag der Beilage (wie oben festgelegt) null beträgt.

Warum? Weil z. B. die Fixkostenanteile der Druckmaschine, die zuvor von der Zeitschriftenbeilage getragen wurden, nach Eliminierung von den anderen Produkten getragen werden müssen. Da sich die sonstigen Bedingungen im Umfeld der anderen Zeitschriftenprodukte nicht ändern (Umsatz und variable Kosten bleiben identisch), sie aber höhere Fixkostenanteile zugewiesen bekommen, sinken die Gewinne in Höhe der zusätzlichen Fixkostenanteile (Anmerkung: $G = U-(K_v+K_f)$. In diesem Fall würde sich eine Eliminierung des Produktes Zeitschriftenbeilage erst empfehlen, wenn der Deckungsbeitrag unter null sinkt. Denn das würde bedeuten, dass der Umsatz die variablen Kosten der Produktion nicht mehr deckt bzw. dass die variablen Kosten höher sind als der erzielbare Umsatz (Anmerkung: $DB = U - K_v$). Und das wiederum bedeutet, es werden Verluste erwirtschaftet, *weil* produziert wird.

Fragen zu Kapitel 16.2

?

1. Definieren Sie, was das moderne Marketing unter einem Produkt versteht und beschreiben Sie dabei die einzelnen Facetten, die den Produktnutzen ausmachen.
2. Woraus setzt sich das Absatzprogramm eines Medienunternehmens zusammen?
3. Welche vier Handlungsoptionen hat das Programmmanagement zur Veränderung von Produktlinien und was wird innerhalb dieser Möglichkeiten getan?
4. Welche produktpolitischen Instrumente stehen dem Management zur Verfügung? Strukturieren Sie die Instrumente in einer geeigneten Form.
5. Charakterisieren Sie anhand des Lebenszyklusmodells, welche produktpolitischen Instrumente in welchen Phasen eingesetzt werden.
6. Stellen Sie die wesentlichen Charakteristika der produktpolitischen Motive und Ziele dar, die mit der Produktvariation und der Produktdifferenzierung verbunden sind.
7. Stellen Sie die wesentlichen Charakteristika der produktpolitischen Motive und Ziele dar, die mit der Produktdifferenzierung verbunden sind.
8. Unterscheiden Sie die Entscheidungsfaktoren, die der Produkteliminierung zugrunde liegen.

16.3 Die Preispolitik in Medienunternehmen

Die Preispolitik umfasst alle Entscheidungen im Rahmen der Vereinbarungen über das Entgelt für das Leistungsangebot. Anlässe für Preisentscheidungen sind gegeben, wenn neue Produkte auf den Markt gebracht werden, wenn sich Kostenhöhen oder Kostenstrukturen im Unternehmen verändern, sich die (Gesamt-)Nachfrage ändert oder Wettbewerberprodukte Preisveränderungen fordern bzw. nahelegen.

16.3.1 Preispolitische Strategien und Ziele

Der Preispolitik steht eine ganze Reihe wirkungsvoller Strategien zur Verfügung, mit der die grundsätzliche Ausrichtung der Unternehmens- und Geschäftsfeldpolitik unterstützt werden kann. Hier sind vor allem die Preispositionierung und die lebenszyklusabhängigen Normstrategien zu nennen (vgl. Meffert et al. 2016: 461 ff., Thommen et al. 2017: 113 ff., Gläser 2014: 471 ff.).

Unter **Preispositionierung** versteht das Marketing die preispolitische Grundorientierung für Angebotsleistungen hinsichtlich der Kombination von Preis- und Nutzenüberlegungen innerhalb eines Geschäftsfeldes; mitunter auch für alle Portfolios eines Unternehmens. Unterschieden wird die **Hochpreispolitik** (Premiumstrategie) von der **Niedrigpreispolitik (**Discountstrategie. Zwischen diesen beiden Extremvarianten ist die **Mittelpreispolitik** (Mittelpreisstrategie) angesiedelt. Eine neue Variante – insbesondere im Umfeld von Digitalprodukten, die über das Internet vermarktet werden – wird **Freemium-Strategie** genannt:

- Die **Premiumstrategie** (Hochpreispolitik): Innerhalb der Hochpreisstrategie steht nicht der Preis, sondern die Leistung im Mittelpunkt. Hochpreisige Produkte werden mit einer hohen Produktqualität, einem guten Service (Beziehungspflege) und eine darauf abgestimmte Kommunikationspolitik vermarktet. Der Premiumgedanke schlägt sich in der **Markenpolitik** nieder. Ziel ist es, einen anderen Produkten überlegenen Produktnutzen anzubieten, wobei hier nicht nur auf den technisch-funktionalen Produktnutzen abgestellt wird, sondern vielmehr die Zusatznutzen stark ausgeprägt werden. Die Premiumstrategie führt immer dann zu hohen Gewinnen, wenn die Preise nicht durch den erhöhten Kostenaufwand aufgezehrt werden. Premiumstrategien werden in Unternehmen verfolgt, die auf Leistungsführerschaft ausgerichtet sind. Die hohen Preise sollen Image und Exklusivität vermitteln. Premiumstrategien werden bei vielen Markenprodukten in der Komplementärgüterindustrie (Unterhaltungselektronik) eingesetzt, aber auch z. T. bei renommierten Publikums- und Fachzeitschriften.
- Die **Discountstrategie** (Niedrigpreispolitik): Niedrigpreisstrategien sind darauf ausgerichtet, dass die Transaktionskosten reduziert werden. Das Angebot fokussiert sich auf die Kernleistungen des Produktes und vernachlässigt die Faktoren Service, Verpackung und Präsentationsaufwand. Eine Discountstrategie setzt auf

niedrige Preise bei guter Kernleistung. Dies setzt auch die Produktion und den Absatz einer hohen Stückzahl voraus, da Erfahrungskurven- und Degressionseffekte einen erheblichen Beitrag zur Kostenreduktion beitragen. Die Discountstrategie geht mit der Marktbearbeitungsphilosophie der Kostenführerschaft einher. Discountstrategisch werden vor allem Medien angeboten, die lediglich auf die Befriedigung eines Grundnutzens ausgerichtet sind. Dies ist vor allem bei der überwiegenden Mehrzahl der Programmzeitschriften der Fall.

- Die **Mittelpreisstrategie** (Mittelpreispolitik): Wesentlich konturenloser sind Preissetzungen, die auf ein ausgewogenes Preis-Leistungsverhältnis ausgerichtet werden. Hier wird eine mittlere Leistungsqualität zu einem von den Kunden als relativ durchschnittlich empfundenen Preis angeboten. Die Gefahr, die mit einer Mittelpreispolitik verbunden ist, liegt darin, profillos zu wirken und wie Porter es ausdrückte, „zwischen den Stühlen" zu landen (vgl. Porter 2014: 43 sowie Kapitel 12.3.2).

Lebenszyklusabhängige Preisstrategien werden im Einklang mit der preisstrategischen Grundausrichtung abhängig von der Lebensphase eines Produktes definiert. Vor allem in der Phase der Markteinführung unterscheiden sich die preisstrategischen Optionen erheblich.

- **Penetrationspreisstrategie**: Wird ein Produkt auf den Markt gebracht, mit dem ein Massenmarkt mit hoher Preiselastizität so schnell wie möglich durchdrungen werden soll, oder wenn die Gefahr besteht, dass das neue Produkt schnell durch andere Anbieter nachgeahmt wird, dann ist die Penetrationspreisstrategie die erste Wahl. Sie zeichnet sich dadurch aus, dass ein Einführungspreis gewählt wird, der auch deutlich unter dem gewinnmaximalen Preis liegt. Über diesen niedrigen Markteinführungspreis sollen Probierkäufe ausgelöst werden, vor allem aber soll der Markt so schnell wie möglich durchdrungen werden, um die Produktion schnellstmöglich ausweiten zu können. Durch die Ausweitung der Produktion entstehen Degressionseffekte. Diese können dazu führen, dass eine akzeptable Gewinnmarge erreicht wird oder dass Nachahmer vom Markteintritt abgehalten werden, weil sie mit geringeren Auflagen den Marktpreis des Pioniers nicht halten können. Die Gefahr liegt allerdings darin, dass spätere Preiserhöhungen nicht durchgesetzt werden können und dass die Amortisationszeit (vgl. Kapitel 10.1.11) für die Entwicklungs- und Markteinführungskosten sehr viel Zeit in Anspruch nehmen kann.
- **Freemium-Strategie**: Die Extremform der Penetrationsstrategie existiert im Bereich digitaler Produkte (vgl. Clement und Schreiber 2016: Kap. 6 und 7 sowie Linde 2005: Kap. 3), die über das Internet verbreitet bzw. vermarktet werden. Diese Extremform wird **„Follow-the-Free"** genannt und meint, die Abgabe der Medienleistung zum Nulltarif. Das Ziel liegt darin, so schnell wie möglich eine kritische Masse zu erreichen. So werden beispielsweise Anti-Viren- oder PC-Optimierungsprogramme in einer Basisversion kostenlos an Nutzer abgegeben. Spätere

Upgrades mit wichtigen Zusatzleistungen werden dann bepreist. Diese Methode wird im Marketing Freemium-Strategie genannt. Ist die erreichte Masse groß genug, amortisieren die Umsätze, die mit den Upgrades erzielt werden, die Entwicklungs- und Markteinführungskosten leicht. In diesem Zusammenhang wirken sich vor allem die nicht vorhandenen Grenzkosten der Produkte positiv auf das Erlösmodell aus. Wird die kritische Masse nicht erreicht oder kommt das Angebot zu spät, weil sich schon ein mächtiges Netzwerk durch ein Alternativprodukt gebildet hat, besteht die Gefahr für den Anbieter darin, dass die First Copy Costs ihre Wirkung als Sunk Costs entfalten. In diesem Punkt liegt die Tatsache begründet, dass im Internet ein sogenannter Geschwindigkeitswettbewerb vorherrscht.

- **Skimmingstrategie**: Der Follow-the-Free-Strategie und der Penetrationspreisstrategie entgegengesetzt wirkt die Abschöpfungsstrategie (auch Skimmingstrategie genannt). Die **Abschöpfungsstrategie** besteht darin, dass mit der Markteinführung ein möglichst hoher Preis für das Produkt verlangt wird und dieser Preis erst im Laufe der Zeit sukzessive gesenkt wird. Ziel dieser vor allem bei Elektronikprodukten zu beobachtenden Skimmingstrategie ist es, die Investitionen in die Neuprodukte schnellstmöglich zu amortisieren. Die Amortisation soll bestenfalls abgeschlossen sein, wenn Nachahmerprodukte auf den Markt kommen und der hohe Preis gesenkt werden muss. Dies geschieht durch die Abschöpfung der Konsumentenrente (Preisbereitschaft); insbesondere die derjenigen Käufer, die als elitäre Innovatoren bezeichnet werden, da sie sehr preisunempfindlich reagieren. Geboten ist diese Strategie besonders dann, wenn ausreichend Innovatoren auf der Käuferseite vorhanden sind, wenn das Produkt aktuell nicht substituiert werden kann und wenn die Produkte einen nur kurzen Produktlebenszyklus haben. Die Gefahren, die mit dieser Strategie verknüpft sind, liegen darin, dass hohe Gewinnmargen Nachahmer anlocken und die Marktdurchdringungszeit länger dauert. Bestenfalls können aber auch Marktbarrieren über Patente aufgebaut werden.

Preisstrategien, die im Laufe der auf die Einführungsphase folgenden Lebenszyklusphasen eingesetzt werden, unterscheiden sich grundsätzlich nur noch durch den gewählten Aktions- bzw. Reaktionszeitpunkt. So kann ein Anbieter seinen Produktpreis proaktiv senken, wenn ein neuer Anbieter droht in den Markt einzusteigen (Abschreckungsstrategie). Er kann den Produktpreis auch unmittelbar nach dem Markteintritt verändern oder er ändert ihn in Abhängigkeit von der Absatzmenge. Letztendlich besteht auch die Möglichkeit, den Preis über lange Perioden konstant zu halten. Die Preiskonstanz liegt sowohl der Premiumstrategie als auch der Promotionstrategie zugrunde.

- Die **Premiumstrategie** beinhaltet, dass ein höher Preis über die gesamte Lebenszeit des Produktes aufrechterhalten wird. Die Strategie wird vor allem bei imagestarken Produkten aufgrund der intensiven Aufladung mit Zusatznutzen verfolgt.

– Die **Promotionstrategie** setzt diametral entgegengesetzt an: Die Produkte werden durchgehend auf sehr niedrigem Preisniveau gehalten und haben die Aufgabe, mit diesem Preis Konkurrenten dauerhaft zu unterbieten. Der Preis ist dabei so gewählt, dass er sich auf dem kleinstmöglichen Level befindet, das bei einem ausreichend großen Absatz noch Gewinn bzw. keinen Verlust einfährt.

Preispolitische Entscheidungen gelten als die flexibelsten, wirkungsstärksten und reaktionsschnellsten Maßnahmen im Marketing-Mix und wirken extrem nachhaltig auf die Gewinnsituation eines Unternehmens (vgl. Homburg 2017: 652). Preisveränderungen wirken oft direkt und ohne zeitliche Verzögerung auf Absatz, Umsatz und Gewinn (vgl. Herrmann 2014: 35). Preise bestimmen, ob etwas gekauft wird und häufig auch, wie oft ein Produkt gekauft oder eine Dienstleistung in Anspruch genommen wird. Ob ein Preis von Kunden als angemessen akzeptiert wird, hängt ab von den Referenzpreisen, die der Kunde „abgespeichert" hat. In jedem Fall muss das Preis-Leistungsverhältnis so austariert sein, dass der Kunde den Preis, den er zahlen muss, subjektiv geringer eingeschätzt wird als der Wert des Produktnutzens, den er bekommt (vgl. Meffert et al. 2015: 437). Anders ausgedrückt: Der **Nettonutzen einer Leistung** als Differenz zwischen Produktnutzen (Bruttonutzen) und Produktpreis (Negativnutzen bzw. Opfer) muss positiv sein. Darüber hinaus sollte der Nettonutzen größer sein als bei verfügbaren Konkurrenzangeboten (vgl. Simon 1995: 5). Preisveränderungen können sich deswegen deutlich auf das Kaufverhalten der Kunden auswirken. Preiserhöhungen führen zu einem Aufschub der Kaufentscheidung. Preissenkungen führen zu vorgezogenen Kaufentscheidungen.

Preispolitische Ziele sind in der Regel dem Gewinnprimat untergeordnet, stehen in diesem Sinne aber enger im Zusammenhang mit spezifischen markt- und betriebsgerichteten Zielen. **Marktgerichtete Ziele** der Preispolitik sind beispielsweise die Gewinnung neuer oder Bindung aktueller Kunden, die Ausweitung von Marktanteilen, die Verdrängung von Wettbewerbern, die Ausweitung der Absatzmenge oder der Aufbau eines bestimmten Preisimages (preiswert zu sein oder Exklusivwaren anzubieten). **Betriebsgerichtete Ziele** sind in der Verwirklichung einer optimalen Kostensituation, der Kapazitätenauslastung oder der Arbeitsplatzsicherheit zu sehen. (Vgl. Meffert et al. 2015: 441)

Wie sich Preisveränderungen auswirken können, ist schon in Kapitel 10.1.1 (Erlösverlaufsanalysen) dargestellt worden. Abbildung 16.8 (vgl. Meffert 2015: 442) verdeutlicht noch einmal explizit, wie wenig eindeutig die Ziel-Mittel-Relation bezüglich der Faktoren Preis-Mengen-Kombination und der Umsatz- oder Gewinnerzielung sein können.

Abbildung 16.8 zeigt, dass ausgehend vom Prohibitivpreis eine Preissenkung auf p_1 sowohl dazu führt, dass die Umsätze als auch die Gewinne steigen. Preissetzungen zwischen p_1 und p_2 hingegen steigern zwar den Umsatz, stehen aber in Konflikt mit dem Gewinnziel. Weitere Preissenkungen erhöhen zwar den Absatz, reduzieren aber sowohl den Umsatz und lassen auch den Gewinn noch weiter schrumpfen.

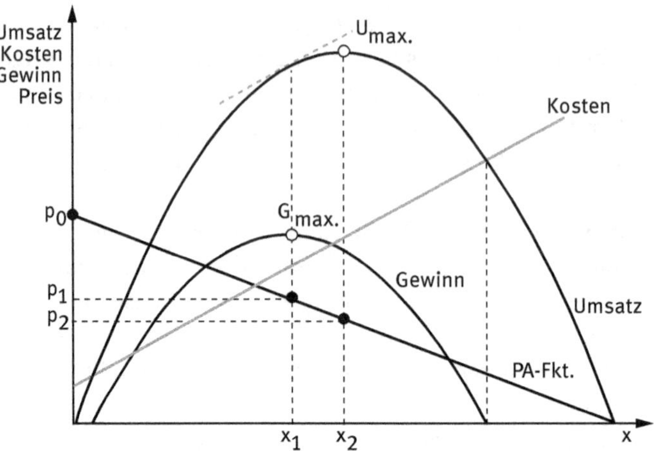

Abb. 16.8: Umsatz- und Gewinnveränderung bei Preisvariation im Monopol

Um den „richtigen“ Preis für ein Angebot zu finden, ist einiges an Aufwand nötig. Denn es müssen sowohl die endogenen (betriebsinternen) als auch die exogenen (nicht betriebsinternen) Einflussfaktoren analysiert und berücksichtigt werden. Betriebsintern wirken vor allem die Kosten und die Kostenstrukturen. Es können aber auch Produktions- oder Produktverbünde auf die Preiskalkulation einwirken. Zu den exogenen Faktoren der Preisbestimmung gehören eine weitaus größere Vielzahl (von denen nur einige hier genannt werden sollen):

- die Preiselastizität der Nachfrage (vgl. Kapitel 10.2.2),
- das Preisinteresse der Nachfrager (Motivation der Abnehmer nach Preisinformationen zu suchen und diese bei ihren Kaufentscheidungen zu berücksichtigen),
- die Preiskenntnis (Abgespeicherte preisbezogene Informationen der Nachfrager, Referenzpreise etc.),
- die preisabhängige Qualitätsbeurteilung (Vereinfachungsstrategie der Nachfrager, die kognitiv anstrengende Qualitätsbeurteilung zu umgehen und vereinfacht anzunehmen, dass teure Produkte wertiger sind als preiswerte) und die
- die Marktform (Anzahl und Konzentration von Wettbewerbern auf dem Markt)

Um dieses Bündel an Einflüssen angemessen zu berücksichtigen, kommen drei unterschiedliche Preisfindungsmethoden zum Einsatz:

- die betriebliche, die absichern muss, dass die Preise die Kosten decken,
- die verhaltensbezogene, die zwischen der Dringlichkeit des Kaufmotivs und psychologischen Preisfaktoren austariert sowie
- die Sicht auf die Marktsituation, durch die einkalkuliert wird, wie die Wettbewerbssituation am Markt auf die Preise wirkt.

Dabei stellen diese drei Preisfindungskonzepte keine Alternativen dar, sondern müssen als integriertes Gesamtkonzept gesehen werden (vgl. fortfolgend Freidank 2012, Meffert et al. 2015 sowie Wöhe und Döring 2016).

16.3.2 Die kostenorientierte Preisfindung

Die kostenbezogene Preisfindung dient zunächst der Ermittlung der Preisuntergrenze für ein Produkt bzw. eine Dienstleistung. Für preispolitische Entscheidungen ist es daher wichtig, zwischen fixen und variablen Kosten (vgl. Kapitel 3.7.2). bzw. Einzelkosten und Gemeinkosten zu unterscheiden (vgl. Kapitel. 20.2). Dementsprechend werden Kosten hinsichtlich ihrer Mengenabhängigkeit und Zurechenbarkeit getrennt betrachtet. Die notwendigen Daten liefert das Controlling aus der Kostenrechnung.

Obwohl zwischen der Kostensituation und dem Absatzpreis unter marktwirtschaftlichen Gesichtspunkten kein direkter Zusammenhang besteht, ist die kostenorientierte Preisfindung weit verbreitet in der Betriebspraxis. Sie ermittelt die Verkaufspreise pauschal durch einen (beliebig durch Managemententscheidung festgelegten) Gewinnaufschlag auf die vorkalkulierten Stückkosten. Dieses Verfahren ist als **Cost Plus Pricing** bekannt. Im Cost-Plus-Pricing errechnet sich der Verkaufspreis dann wie folgt:

$$p = \text{vorkalkulierte Stückkosten} \cdot (1 + \text{Gewinnzuschlag})$$

Welche Daten in die Vorkalkulation zur Berechnung der Stückkosten eingehen, kann unterschiedlich ausfallen. Will das Unternehmen eine kurzfristige Preisuntergrenze bestimmen, werden lediglich die variablen Kosten berücksichtigt (Teilkostenkalkulation). Wird eine langfristige Preisuntergrenze gesucht, müssen alle verursachten Kosten in die Kalkulation einbezogen werden (Vollkostenkalkulation). Je nachdem, welches Verfahren gewählt wird, können sich erheblich unterschiedliche Kostenhöhen ergeben. Beide Verfahren sind zudem mit Problemen behaftet.

Die **Vollkostenrechnung** kalkuliert mit den totalen Stückkosten (variable Kosten plus anteilige Fixkosten). Die Zuordnung der Fixkostenanteile auf die Kostenträger erfolgt aber über einen mehr oder weniger willkürlich gewählten Verteilungsschlüssel. Dementsprechend ist auch die sich berechnende Kostenbasis für den Gewinnaufschlag über die Zuordnung der Fixkosten subjektiv und stark von betriebssituativen Überlegungen abhängig. Es besteht immer die Gefahr, sich „aus dem Markt“ zu kalkulieren, weil ggfs. der Kostenträger preislich am Markt nicht tragfähig bzw. belastbar genug ist. Zudem wird die Kalkulation als Vollkostenrechnung dadurch konjunkturanfällig bzw. abhängig von Absatzmengenschätzungen. In Phasen hoher Auslastung der Produktionskapazitäten bzw. bei sehr optimistischer Annahme über die potenziellen Absatzzahlen verteilen sich die Fixkosten stärker auf die Ausbringungsmenge als in Zeiten geringerer Auslastung bzw. bei eher pessimistischen Absatzprognosen. Damit wird die Kalkulationsbasis prozyklischen Schwankungen bzw. einem subjektiven Optimismusfaktor unterworfen.[5]

Beispiel. Ein kleiner Buchverlag hat Fixkosten in Höhe von 50.000 Euro. Die variablen Kosten je Buchprodukt liegen bei zehn Euro je Stück. Der Verlag kalkuliert mit einem Gewinnaufschlag von 50 Prozent. Wird unterstellt, dass insgesamt 2.000 Bücher produziert und am Markt abgesetzt werden, ergibt sich ein Buchpreis in Höhe von:

$$p = \left(\frac{50.000}{2.000} + 10\right) \cdot \left(1 + \frac{50}{100}\right) = 52{,}50 \text{ Euro}$$

Werden die Fixkosten aber auf 2.500 Bücher verteilt bzw. wird angenommen, dass 2.500 Bücher verkauft werden, ergibt sich hingegen ein Preis von 45,00 Euro. Andererseits fallen die 50.000 Euro Fixkosten aber auch an, wenn kein einziges Buch produziert wird. Unter diesen Umständen würde jeder Buchverkauf mit einem Preis über zehn Euro hinaus, den Fixkostenbetrag anteilig abbauen.

Das Beispiel zeigt, dass eine Preisfindung auf Vollkostenbasis mitunter schlecht geeignet ist, einen ökonomisch sinnvollen Preis zu bestimmen. Dies gilt ganz besonders für Mehrproduktunternehmen, wenn Fixkosten auf mehrere Produkte verteilt werden können. Eine Alternative bietet die Kalkulation auf Grenzkostenbasis oder Einzelkosten an (Teilkostenrechnung).

Die **Teilkostenrechnung** berücksichtigt nur die variablen Kosten der Kostenträgerproduktion. Damit fällt die Zuordnung von Fixkosten in der Teilkostenrechnung weg. Auch Konjunktureinflüsse und Beschäftigungsgradabhängigkeiten werden ausgeblendet.

Auf Basis der Grenzkosten oder Einzelkosten berechnete Stückkosten berücksichtigen aber die Fixkosten des Betriebs nicht. Da aber auch diese letztlich durch die Produkte bezahlt werden müssen, reicht ein Preis, der die Einzelkosten deckt nicht aus, um den Betrieb überlebensfähig zu machen.

Der Schlüssel für die Lösung dieses Problems liegt in der Deckungsbeitragsorientierung. Als Differenz zwischen Umsatzerlösen und variablen Kosten zeigt der Deckungsbeitrag an, wie hoch der Beitrag eines Produktes ist, den der Verkaufserlös zur Deckung der fixen Kosten beiträgt (vgl. Kapitel 9.1.4). Sind die Gesamtfixkosten eines Betriebs bekannt, kann abgeschätzt werden, wie hoch der Stückdeckungsbeitrag bei gegebener Absatzmenge sein muss, um die gesamten Fixkosten zu decken. Damit er-

---

5 In diesem Punkt liegt auch ein erheblicher Nachteil der Break-Even-Analyse (vgl. Kapitel 10.6) begründet. Denn abhängig von der Höhe der Stückkosten, die berücksichtigt werden, verlagert sich auch der Break-Even-Punkt; sowohl hinsichtlich seiner Höhendimension (Preis) als auch hinsichtlich der Mengendimension (Stückzahl).

gibt sich die Preisfindung wie folgt:

$$p = \text{vorkalkulierte variable Stückkosten} \cdot (1 + \text{Deckungsbeitragszuschlag})$$

Der Vorteil der Kalkulation auf Teilkostenbasis gegenüber der auf Vollkostenbasis liegt darin, dass über die Aufaddierung der Einzelkosten bekannt ist, wie hoch die absolute kurzfristige Preisuntergrenze für ein Produkt ist (= variable Stückkosten bzw. durchschnittliche Einzelkosten). Über die Zuordnung von produktindividuellen Solldeckungsbeiträgen und unter der einschränkenden Beachtung, dass die Summe aller Deckungsbeiträge die gesamten Fixkosten decken müssen, wird die Preispolitik beweglich und kann auf Marktbesonderheiten Rücksicht nehmen. Produkte, mit einer geringeren Preiselastizität der Nachfrage (vgl. Kapitel 10.1.2) und einer höheren Preisakzeptanz können mit höheren Deckungsbeitragszuschlägen belastet werden. Produkte, die unter sehr starkem Wettbewerbsdruck stehen, werden hingegen weniger belastet. Die Produkte sollten aber immer die durch ihre Produktion verursachten (vermeidbaren) Kosten erwirtschaften. Vermeidbar sind die variablen, die produktionsmengenabhängigen Kosten. Dieser Gedanke trägt auch dem Grundsatz Rechnung, dass Fixkosten kurzfristig nicht entscheidungsrelevant sind, denn sie „belasten das Betriebsergebnis in jedem Fall, gleichgültig, ob produziert wird oder nicht.“ (Meffert et al. 2015: 485)

Beispiel (forts.). Der kleine Buchverlag hat immer noch Fixkosten in Höhe von 50.000 Euro. Er produziert nun aber zwei Bücher. Das eine verkauft sich mit 1.500 Exemplaren gut, das andere mit 500 Exemplaren weniger gut. Die variablen Kosten je Buchprodukt liegen bei zehn Euro je Stück. Auf Vollkostenbasis ergibt sich eine Kalkulationsgrundlage von 35 Euro (25 Euro Fixkostenanteil plus zehn Euro Einzelkosten) je Buch. Damit ist ein durchschnittlicher Deckungsbeitragszuschlag von 250 Prozent pro Buch notwendig, um die Fixkosten insgesamt decken zu können.

$$p = 10\text{ Euro} \cdot \left(1 + \frac{250}{100}\right) = 35\text{ Euro}$$

Bei dieser Produktionsmenge liegen die Gesamtkosten bei 70.000 Euro (50.000 Euro Fixkosten und 20.000 variable Kosten). Auf Basis der Deckungsbeitragszuschlagsrechnung (250 %), generiert der Abverkauf einen Gesamterlös in Höhe von

$$U = 10\text{ Euro} \cdot \left(1 + \frac{250}{100}\right) \cdot 2.000\text{ Exemplare} = 70.000\text{ Euro}$$

Das heißt, die Gesamtkosten sind gedeckt. Es entsteht weder Gewinn noch Verlust.

Mit Rücksicht auf den Markt und den Absatzmöglichkeiten könnte aber auch eine Reihe anderer (differenzierter) Zuschlagsvarianten das Ziel der Kostendeckung erreichen, dabei aber mögliche Absatzchancen nutzen. Beispielsweise würde auch eine 3:1-Verteilung des Zuschlags (300 Prozent bzw. 30 Euro auf das verkaufsstarke und

100 Prozent bzw. 10 Euro auf das verkaufsschwache Buch) die Fixkosten decken:

$$\begin{aligned} U &= \left(10 \text{ Euro} \cdot \left(1 + \frac{300}{100}\right) \cdot 1.500 \text{ Exemplare}\right) \\ &\quad + \left(10 \text{ Euro} \cdot \left(1 + \frac{100}{100}\right) \cdot 500 \text{ Exemplare}\right) \\ &= 70.000 \text{ Euro} \end{aligned}$$

Die individualisierte Kostenverteilung (40 Euro bzw. 20 Euro) entspricht vielleicht mehr den Erfordernissen des Marktes und führt vielleicht zur Absatzsteigerung des weniger stark nachgefragten Produktes, weil jetzt nur noch 20 Euro dafür bezahlt werden müssen. Das stark nachgefragte Buch hingegen wird unter der Preiserhöhung (hoffentlich) nicht wesentlich an Absatz verlieren.

Die im Beispiel berechneten Umsätze decken die Gesamtkosten. Das heißt, der Break-Even-Punkt wird erreicht. Problematisch wird der Teilkostenansatz, wenn die Fixkosten in ihrer tatsächlichen Summe nicht korrekt ermittelt oder die Absatzzahlen nicht realistisch eingeschätzt wurden. Um Marktpreise zu definieren, die Gewinne erwirtschaften sollen, müssen auf die Kalkulationsbasis noch die gewünschten (oder möglichen) Gewinnmargen aufgeschlagen werden. Ob die Preise dann auch marktfähig sind, muss sich erweisen.

In der Medienwirtschaft werden kostenorientierte Preiskalkulationen sehr häufig eingesetzt. Buchverlage nutzen hochkomplizierte Softwaren für die Kalkulation ihrer Produkte und berücksichtigen dabei eine Mischung aus Vollkosten- und Einzelkostenansätzen. Betriebe der Filmindustrie und der Werbewirtschaft kalkulieren häufig ähnlich, wenn sie ihre Kalkulationen transparent machen müssen. Produzenten bzw. Agenturen stellen Projektpläne auf und verknüpfen die einzelnen Leistungen (Kostenarten) mit Tagessätzen oder Pauschalen. Das kumulierte Endergebnis der Kostenpositionen weist die Gesamtkosten aus. Werden auf die Gesamtkosten prozentual anteilige Aufschläge berechnet, spricht die Betriebswirtschaft vom sogenannten **Mark-up-Pricing.** So könnten beispielsweise auf die kalkulierte Endsumme für ein Filmprojekt 15 Prozent Handlungskosten aufgeschlagen werden, wenn der Verwaltungsaufwand nicht explizit berechnet werden kann. Auf die sich dann berechnende Endsumme könnte noch eine Gewinnmarge in Höhe von z. B. zehn Prozent der Kosten aufgeschlagen werden. So wäre die Zusammensetzung des Endbetrages für das Projekt völlig transparent. Nicht zuletzt überprüft auch die Kommission zur Ermittlung des Finanzbedarfes der Rundfunkveranstalter (KEF) den Rundfunkbeitrag für die Öffentlich-rechtlichen aufgrund der Kostensituation.

Der kostenorientierten Preispolitik kommt neben der Mindestpreisklärung noch eine weitere Aufgabe zu, die im Betriebsalltag von großer Bedeutung ist. Wie aus dem vorstehenden Beispiel des Zwei-Produkt-Buchverlages deutlich wird, hilft die innerbetriebliche Kostenklärung auch, **Mischkalkulationen** (auch Ausgleichskalkulation oder Kompensationskalkulation genannt) aufzustellen, um Preise den Marktchancen der Produkte entsprechend festzulegen, ohne die Kostensituation des Betriebes aus den Augen zu verlieren. Solche Kalkulationen werden im Bundling von Produkten (Preisbündelung) eingesetzt oder in Form einer Quersubventionierung (vgl. Kapitel 16.3.5).

16.3.3 Die marktformorientierte Preisfindung

Die marktformbezogene Preisfindung (auch wettbewerbsorientierte Preisfindung genannt) dient der Ermittlung von Preisen im Kontext einer bestimmten Wettbewerbssituation. Die Wirtschaftstheorie kennt drei grundsätzlich unterschiedliche Angebotsmarktformen: Das Monopol, das Oligopol und die atomistische Konkurrenzsituation (Polypol).

16.3.3.1 Die Preisfindung im Angebotsmonopol

Ein Monopolist (z. B. ein regionaler Zeitungsverlag) hat es einfach. Als einziger Anbieter am Markt kann er sich aussuchen, wie hoch der Preis sein soll. Ein Monopolist kann als Mengenanpasser oder als Preisanpasser agieren. Als Mengenanpasser wird er definieren, wie viele Produkte er produzieren (verkaufen) will und den Preis auf diese Menge abstimmen. Er kann aber auch festlegen, wie hoch der Preis sein soll und dementsprechend die Produktionsmenge (Verkaufsmenge) anpassen. Ist er Gewinnmaximierer wird der Monopolist den Cournot'schen Punkt bestimmen. Dafür muss der Monopolist seine Preis-Absatz-Funktion und seine Kostenfunktion kennen. Indem beide Funktionen abgeleitet und gleichgesetzt werden (Grenzerlös = Grenzkosten), kann sowohl der gewinnmaximale Preis als auch die sich daraus ergebene gewinnmaximale Menge berechnet werden. Er kann aber auch die Gewinnfunktion aus der Differenz der Umsatz- und Kostenfunktion bestimmen und dann über die erste Ableitung das Gewinnmaximum berechnen (vgl. Kapitel 10.1 und 10.7). Wie das Gewinnmaximum im Monopol grafisch bestimmt werden kann (Cournot'scher Punkt oder Gewinnfunktion), zeigt Abb. 16.9.

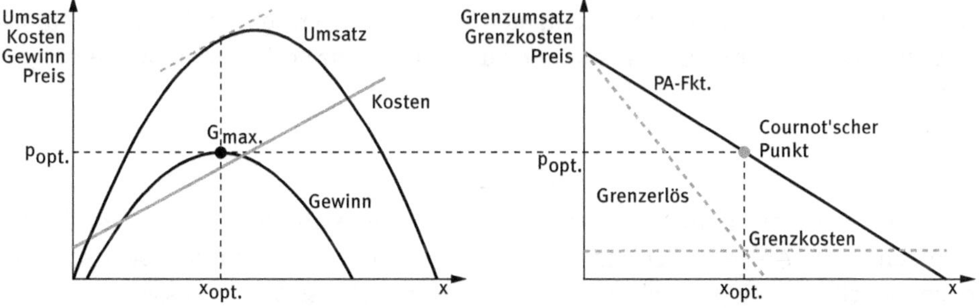

Abb. 16.9: Zwei Möglichkeiten der gewinnmaximalen Preis-Mengen-Bestimmung im Monopol

16.3.3.2 Die Preisfindung im Angebotsoligopol

Ein Angebotsoligopol liegt vor, wenn wenige Wettbewerber und viele Nachfrager am Markt aktiv sind. Würde ein Anbieter einen zu hohen Preis verlangen, werden die Nachfrager auf die Wettbewerberangebote ausweichen. Die Reaktionsstärke ist abhängig davon, wie vergleichbar die Produkte aus Sicht der Nachfrager eingeschätzt werden. Sind die am Markt angebotenen Produkte relativ gleich im Nutzen, wird eine eher elastische Nachfragefunktion vorliegen und die Abwanderung heftiger ausfallen. Bei hoher Alleinstellung im Produktnutzen ist die Preiselastizität der Nachfrage dagegen unelastischer (vgl. Kapitel. 10.2.2).

In einem Angebotsoligopol können drei typische Verhaltensweisen der Preisfindung beobachtet werden (vgl. Meffert et al. 2015: 487):

- **Das friedliche Preisfindungsverhalten**: Das preis- und absatzpolitische Verhalten ist nicht darauf gerichtet, den Konkurrenten zu schaden, sondern im Wesentlichen darauf, die wichtigsten eigenen unternehmerischen Ziele zu erreichen. Es entstehen Leitpreise (Branchendurchschnittspreise), an die sich alle Anbieter prinzipiell halten. Solche Preise bestimmen beispielsweise den Abonnentenmarkt im Bereich der Tageszeitungen.
- **Das kriegerische Preisfindungsverhalten**: Das preis- und absatzpolitische Verhalten ist darauf ausgerichtet, den Konkurrenten zu verdrängen oder zu vernichten. Es entstehen Kampfpreise, die in der Regel vom branchenstärksten (marktbeherrschenden) Unternehmen gesetzt werden. Kampfpreise finden sich in der Zeitschriftenbranche (insbesondere bei Markteinführungen), aber auch ganz extrem in der Werberaumvermarktung von Rundfunkunternehmen sowie in Netzwerkindustrien (Winner-takes-all-Märkte).
- **Das abgestimmte Preisverhalten**: Das preis- und absatzpolitische Verhalten wird stillschweigend gleichgeschaltet (kollektives Preisverhalten), um Konkurrenzsituationen erst gar nicht aufkommen zu lassen oder abzubauen. Geeignet für diese Art Preisverhalten sind Märkte, auf denen wenige große Unternehmen beheimatet sind, die sich den Markt aufteilen. Diese Art der Absprachepolitik ist verboten, wenn sie zum Nachteil der Konsumenten stattfindet.

In der Praxis ist häufig zu beobachten, dass Preissenkungen sehr schnell nachgeahmt werden. Andererseits sind die Reaktionen der Konkurrenz bei Preiserhöhungen zögerlicher.

16.3.3.3 Die Preisfindung bei atomistischer Konkurrenz (Polypol)

Unter atomistischer Konkurrenz wird die Wettbewerbssituation verstanden, in der sich sehr viele Anbieter den Markt teilen. Der Unterschied zum volkswirtschaftlichen Modell des Polypols soll darin gesehen werden, dass die Voraussetzungen des vollkommenen Marktes nicht gegeben sind. Das heißt, weder existiert die Markttransparenz (alle wissen alles) noch ist die Reaktionsgeschwindigkeit unendlich hoch (jeder kann sofort in jeder beliebigen Region einkaufen oder anbieten) und es müssen Transaktionskosten (z. B. Transportkosten und Suchkosten) berücksichtigt werden (vgl. Kapitel 2.2).

Unter solchen (wesentlich realistischeren) Bedingungen können Preise für vergleichbare Güter leicht voneinander abweichen, ohne dass ein Anbieter gleich seine gesamte Nachfrage verliert. Andererseits wird jeder Anbieter nur einen kleinen Teil der Gesamtnachfrage befriedigen können. Der Markt ist also immer größer als die Angebotskapazität jedes einzelnen Anbieters.

Sind solche Bedingungen gegeben, werden sich alle Anbieter an einem Durchschnittspreis (marktüblichen Preis) orientieren. Liegen die Angebotskosten pro Stück (k) unterhalb des Marktpreises (p*), wird jeder Anbieter so viel anbieten, wie er kann (Kapazitätsgrenze). Liegen seine Angebotskosten oberhalb des Marktpreises, wird er den Markt nicht betreten oder ihn verlassen (vgl. Abb. 16.10).

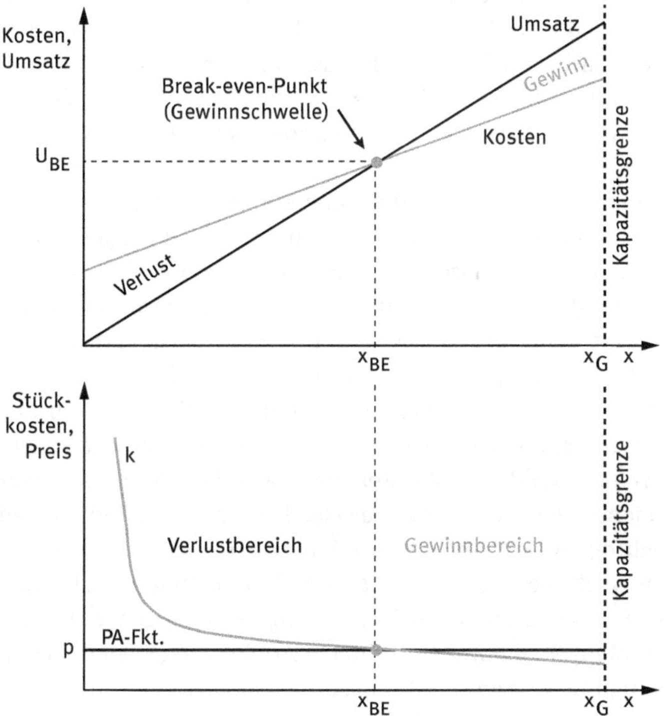

Abb. 16.10: Gewinnmaximale Preis-Mengen-Bestimmung bei atomistischer Konkurrenz (Polypol)

Da die Wettbewerber im engeren Sinne keinen Einfluss auf die Höhe des Preises haben, werden sie als Mengenanpasser aktiv. Das heißt, die Kapazitätsgrenze des Anbieters limitiert das Angebot und den Umsatz. Ist ein Absatz über die Break-Even-Menge (x_{BE}) hinaus nicht zu erwarten, würde der Marktpreis die Stückkosten nicht decken.

Es würden Verluste entstehen. Wenn der Marktpreis steigt, wird der Break-Even-Punkt früher erreicht. Damit kann der Anbieter früher in den Markt einsteigen bzw. seinen Gewinn erhöhen. Wie hoch die Stückkosten und die Kapazitätsgrenzen jeweils sind, kann von Anbieter zu Anbieter höchst unterschiedlich sein.

16.3.3.4 Die Preisfindung bei monopolistischer Konkurrenz

Unter monopolistischer Konkurrenz wird die Wettbewerbssituation verstanden, in der es Anbieter geschafft haben, ihr Angebot so auszugestalten, dass es Alleinstellungsmerkmale hat, die es von denen der Wettbewerber abgrenzt bzw. abhebt. Einerseits haben Nachfrager sachliche, zeitliche oder räumliche Präferenzen und andererseits haben Anbieter ihr Angebot an diesen Präferenzen ausgerichtet und so differenziert, dass es sich in preisrelevanten Bereichen von denen anderer Angebote unterscheidet. Damit sind die Angebote nur bedingt vergleichbar.

Solche Märkte werden von den Anbietern aktiv herbeigeführt, um einen größeren Preisspielraum generieren zu können. Das Instrument, das zu solchen Marktbedingungen führt ist die Markenpolitik. Das Ergebnis ist, dass ein Anbieter durch die Produktdifferenzierung einen monopolistischen Spielraum bekommt, innerhalb dessen es ihm möglich ist, ähnlich wie in einem Monopol, Preis oder Menge festzulegen (vgl. Hardes und Uhly 2007: 246).

So können Tageszeitungen oder Unterhaltungsprogramme im Allgemeinen als Substitute gesehen werden, aber bei genauerer Betrachtung hat jede Tageszeitung und jedes Unterhaltungsprogramm Eigenschaften, die sie von anderen Produkten des gleichen Genres unterscheiden. Das preispolitisch Interessante an dieser Situation ist, dass sich die Preis-Absatz-Funktion für solche Güter ändert: Sie verläuft doppelt geknickt (vgl. Gutenberg 1984: 282 ff. und Kapitel 10.1.4 in dieser Publikation).

Abbildung 16.11 zeigt, dass durch den Verlauf der individuellen Preis-Absatz-Funktion drei Absatzbereiche entstehen. Im oberen und unteren (atomistischen) Bereich gelten die konkurrenzgebundenen Marktbedingungen. Sobald der Anbieter seinen Preis in diese Bereiche setzt, nimmt die Preiselastizität zu. Preisänderungen führen zu deutlichen Nachfragereaktionen. Im reaktionsärmeren (unelastischeren) monopolistischen Bereich wirkt die Präferenzpolitik des Unternehmens (z. B. über das Image des Produktes). Preisvariationen bewirken geringere Mengenänderungen. Die gewinnmaximale Preis-Mengenkombination wird der Anbieter nach der üblichen Gewinnmaximierungsbedingung Grenzerlös = Grenzkosten (GE = GK) bestimmen.

Da sich in dem Beispiel aus Abb. 16.11 zwei solche Situationen zeigen, muss analysiert werden, in welchem der beiden Bereiche der PA-Fkt. das absolute Gewinnmaximum erreicht wird. Dies ist aber im gegebenen Beispiel nicht weiter schwierig, da sich deutlich zeigt, dass die (dunkelgraue) Fläche, die die Preis-Mengen-Kombinationen zeigt, bei denen die Grenzerlöse niedriger sind als die Grenzkosten, größer ist als die (hellgraue) Fläche, in der wieder die Grenzerlöse des Produktes höher sind als seine Grenzkosten. Dementsprechend liegt das Gewinnmaximum im ersten Schnitt-

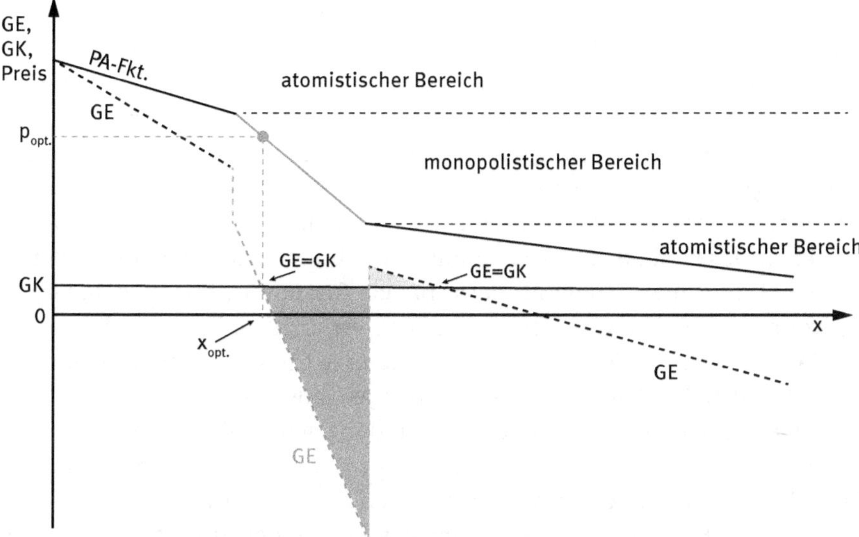

Abb. 16.11: Gewinnmaximale Preis-Mengen-Bestimmung bei monopolistischer Konkurrenz (Markenprodukte)

punkt von Grenzerlösen und Grenzkosten. Ein Rechenbeispiel, das sich aber nur mit der Umsatzmaximierung bei monopolistischer Konkurrenz beschäftigt, wird in Kapitel 10.1.4 angeboten. Zur Berechnung des Gewinnmaximums müsste aber lediglich die Kostenfunktion bekannt sein und berücksichtigt werden.

Für Preis-Absatz-Funktionen gilt allgemein, dass der reaktionsärmere Bereich immer umso größer ist,

- je geringer die Substituierbarkeit des Produktes,
- je undurchschaubarer der Markt und
- je höher die Intensität der Kundenpräferenzen ist (vgl. Meffert et al. 2015: 489).

Nicht nur die Markenpolitik, auch der wachsende Konzentrationsgrad in der Medienwirtschaft hat zur Folge, dass sich auf vielen Nischen-Märkten verstärkt monopolistische Preisbereiche bilden und die Preise auf relativ hohem Niveau erstarren.

16.3.4 Die nachfrageorientierte Preisfindung

Die nachfragebezogene Preisfindung (auch wertorientierte Preisfindung oder Value Pricing genannt) dient der Optimierung von Preisen anhand der Kundenpräferenzen. Während im Kontext der betrieblichen Bedingungen die Preisuntergrenze definiert wird und im Rahmen der Marktbetrachtung Preisvergleiche stattfinden, führt allein die Nachfrageorientierung zu Preisen, die Produkte auch absatzfähig machen.

Produkte sind dann attraktiv für Nachfrager, wenn ihr Preis „stimmt". Kunden kaufen Produkte nur dann, wenn sie einen Nettonutzenvorteil erkennen, wenn also der Preis für das Produkt als geringwertiger eingeschätzt wird als der Wert der Bedürfnisbefriedigung durch das Produkt. Das heißt, es ist nicht der absolute Preis ausschlaggebend, sondern der relative. Dieser wird durch das Preis-Leistungsverhältnis ausgedrückt. Ist das Produkt günstiger als anderswo, bringt es ihm einen Preisvorteil. Ist das Produkt für ihn wertvoller als der verlangte Gegenwert, bringt es ihm einen Leistungsvorteil. Der Gegenwert, der vom Kunden verlangt wird, ist – insbesondere in der Medienwirtschaft – nicht zwingend monetärer Art sein. Er kann auch mit Aufmerksamkeit zahlen. Das Mindeste, das er einbringen muss, ist Zeit.

Im Umfeld der nachfrageorientierten Preisfindung geht es darum, ein optimales Preis-Leistungsverhältnis aus Sicht des Anbieters zu finden. Die Optimalitätsbedingung liegt also nicht darin, einen möglichst hohen Nettonutzenvorteil für den Kunden zu definieren. Es geht darum, den subjektiv empfundenen Nettonutzenvorteil (die Konsumentenrente) möglichst weit abzuschöpfen. Nur so können Gewinne maximiert werden. Nichts würde einen Kunden glücklicher machen, als das Produkt geschenkt zu bekommen. Auf die Gewinnsituation des Unternehmens würde diese Art der Kundennutzenmaximierung allerdings fatal wirken. Wenn der Preis aber so angesetzt wird, dass er gerade noch als vorteilhaft vom Kunden interpretiert wird, ist das Unternehmensziel erreicht.

Nachfrageorientierte Preisoptimierung heißt also, die maximale Preisbereitschaft des Kunden für eine Leistung zu finden und diese dann auch abzuschöpfen. Die Zahlungsbereitschaft kann beispielsweise durch die Preis-Absatz-Funktion ermittelt werden (vgl. Kapitel 10.2.1), die Reaktionen der Käufer auf Preisänderungen hingegen mit der Preiselastizität der Nachfrage (vgl. Kapitel 10.2.2). Diese Analysen untersuchen allerding immer aggregierte Reaktionen von Preisänderungen auf Absatzmengen oder Reaktionen von Angebotsmengen auf Preishöhen.

Ein zweiter Bereich befasst sich mit der Optimierung des Leistungsangebotes, um „ein Paket zu schnüren", das auf die Zielgruppenmitglieder abgestimmt ist. Hierzu zählt die Anreicherung des technisch-funktionalen Nutzens um Services, Garantien, Markenimages und sonstige Added Values. So können Produkte einerseits der Vergleichbarkeit entzogen und andererseits durch Bundle-Preise preispolitisch intransparent werden. Andererseits können auch direkt preislich wirkende Instrumente eingesetzt werden, um die Vorteilhaftigkeit zu erhöhen (Preisdifferenzierung). Hierzu zählen vor allem Rabatte. Das Rabattsystem ist nahezu unüberschaubar geworden und einzig von der Kreativität der Vertragspartner, Anlässe zu finden, abhängig. Zu den verbreitetsten Rabattformen gehören die Funktions-, Mengen-, Zeit- und Treuerabatte (vgl. Becker 2017: 524, Thommen et al. 2017: 115 f. sowie Gläser 2014: 471):

– **Funktionsrabatte**: Der Hersteller räumt dem Groß- und Einzelhandel einen Rabatt ein, weil dieser die Lagerung, die Präsentation und die Beratung interessierter Kunden übernimmt sowie das Verkaufsrisiko übernimmt. Funktionsrabatte können auch in Form von Werbekostenzuschüssen eingeräumt werden. Auch Zweitplatzierungs- und Sonderaktionsrabatte gehören dazu. Typisch für den Buchhandel.

- **Mengenrabatte**: Der Anbieter räumt Kunden zur Steuerung von Mengen oder Auftragsinhalten Rabatte ein. Mengenrabatte werden nach Auftragsvolumen oder nach Auftragszusammensetzung gewährt. Typisch für die Verkaufsförderung.
- **Zeitrabatte**: Mit Zeitrabatten werden Abverkäufe zeitlich gesteuert. Die Rabatte beziehen sich auf einen Zeitpunkt oder auf einen Zeitraum. Typisch für Produkteinführungen, Ausverkäufe von Restauflagen, Saisonware und Frühbestellungen.
- **Treuerabatte**: Anbieter versuchen mit Treuerabatten die Kundenbindung zu fördern. Typisch sind Jahres-Rückvergütungen oder Rabatte auf Folgeaufträge.

Ein dritter Bereich der Preispolitik wird durch Berücksichtigung von psychologischen und sozialen Einflussfaktoren ausgestaltet, die die Reaktionen von Nachfragern auf alternative Preise mitbestimmen. Hierzu zählen vor allen die Konstrukte Preisinteresse, Preiskenntnis, Referenzpreise, Preisschwellen und das Konstrukt der psychologischen Preise (vgl. folgend Meffert et al. 2015: 449 ff., Diller 2014 sowie Diller 2008):

- **Preisinteresse**: Das Preisinteresse bezieht sich auf die motivationale Intensität, nach Preisinformationen zu suchen und diese bei der Kaufentscheidung zu berücksichtigen. In der Regel steigt die Preisbereitschaft mit sinkendem Preisinteresse (es wird weniger verglichen). Die Herausstellung von Qualitäts- und Servicevorteilen dämpft das Preisinteresse. Die Unterstreichung der eigenen Preiswürdigkeit erhöht das Preisinteresse.
  Zu unterscheiden sind vor allem **Smart-Shopper** von hybriden Shoppern. Smart-Shopper zeigen ein besonders intensiv ausgeprägtes Preisinteresse, da sie sie günstigste Möglichkeit für ein Produkt an Markt aktiv suchen. **Preishybride Shopper** zeigen in Abhängigkeit von der Produktkategorie intensives oder weniger intensives Preisinteresse.
- **Preiskenntnis**: Preiskenntnis ist das Ergebnis eines Lernprozesses und bezieht sich auf die Preisinformationen, die ein Nachfrager im Gedächtnis gespeichert hat. Dazu zählt die Kenntnis über durchschnittliche Preise in einer Produktkategorie (Preisempfinden) sowie die über Preiskorridore (niedrigster bzw. höchster Preis) am Markt. Bei zufriedenen Kunden sinkt die Preiskenntnis, weil der Preis gegenüber der Produktleistung an Bedeutung verliert. Daraus resultiert nicht nur eine höhere Preisbereitschaft, sondern auch die Erfahrung, dass zufriedene Kunden einer Preissenkung wenig Aufmerksamkeit schenken und sie häufig gar nicht bemerken.
- **Referenzpreise**: Referenzpreise sind Preisanker, die als Bezugsgröße für die Beurteilung von Preisen dienen. Ein Preisurteil hängt insofern nicht nur vom absoluten Preis eines Gutes ab, sondern auch vom Bezugspunkt, der zur Beurteilung herangezogen wird. Insofern wirken zum Beispiel Platzierungseffekte, wie

die Ausstellung von günstigen neben teuren Produkten positiv auf den Abverkauf der preiswerteren Waren. Verkaufsfördernd wirkt auch die Angabe von überhöhten „Normalpreisen".

- **Preisschwellen**: Eine Preisschwelle ist der Punkt, an dem sich die Preisbeurteilung der Nachfrager sprunghaft verändert. Wird der Preis oberhalb der Preisschwelle gesetzt, bricht der Absatz ein. Ein Preis unterhalb der Preisschwelle lässt Zweifel an der Qualität des Produktes aufkommen.
- **Psychologische Preise**: Aufgrund des Preisschwellenempfindens werden Preise „psychologisch gesetzt". Hier werden gebrochene, runde und glatte Preise unterschieden. Zu den gebrochenen Preisen gehören alle Preise, die mit den Ziffern 1 bis 9 enden (z. B. 0,99 Euro oder 4,45 Euro). Auf volle 10 Cent aufgerundete Preise heißen runde Preise (z. B. 0,90 Euro oder 4,40 Euro) und auf volle Eurobeträge lautende Preise zählen zu den glatten Preisen. Da glatte Preise häufig Preisschwellen darstellen, werden Produkte häufig mit gebrochenen Preisen knapp unter der Schwelle angegeben (üblich im Einzelhandel). Runde Preise wirken mitunter aber „ehrlicher", weil ein Kommastellenbetrag wenig begründbar erscheint. In der Regel wird allerdings vermieden, glatte Preise auszuweisen. So werden Printprodukte mit runden Preisen gehandelt. Runde und glatte Preise haben auch den Vorteil, dass sie im Transaktionsprozess schneller zu handhaben sind (Wechselgeld). E-Games wiederum zeigen alle drei Ausprägungen, werden aber am häufigsten mit gebrochenen Preisen gehandelt, die mit der Ziffer 9 enden und knapp unter einem Schwellenpreis liegen (z. B. 29,99 Euro oder 49,99 Euro).

Zu den psychologischen Faktoren der Preisgestaltung gehört auch der Einbezug eines Phänomens, das bei der Preisbeurteilung von insbesondere neuen oder unbekannten Produkten zu beobachten ist. Konsumenten wenden hier aufgrund ihrer Unkenntnis über Produktionsprozesse und Produktionskosten eine Beurteilungsheuristik an, die ihnen hilft, eine kognitiv aufwendige und anstrengende Qualitätsbeurteilung zu vereinfachen. Sie unterstellen, dass die Produktionskosten den Produktpreis maßgeblich beeinflussen und schließen daraus, dass höheren Preisen ein aufwendigerer Produktionsprozess zugrunde liegt. Mit anderen Worten: Es wird unterstellt, dass höhere Preise auch auf eine höhere Qualität schließen lassen. Dieses Phänomen wird **preisabhängige Qualitätsbeurteilung** genannt.

Nicht ohne Grund werden in der Ankündigungs- und Begleitkommunikation von Kinofilmen häufig die großen Etats, die die Produktion verschlingt, herausgestellt. Damit wird der Eindruck erweckt, es handele sich um einen sehr aufwendig produzierten und damit auch sehr guten (actionreichen etc.) Film. Dass rund 30 Prozent des Filmbudgets in das Marketing des Filmes fließt, wird nicht erwähnt. Darüber hinaus ist gerade das Filmgeschäft wohl ein deutliches Beispiel dafür, dass eine durchgehend positive Korrelation zwischen Produktionskosten und Qualität nicht beobachtet werden kann.

16.3.5 Preisdifferenzierung als preispolitisches Instrument

Preisdifferenzierung bedeutet, unterschiedlich hohe Preise von den Nachfragern für identische oder fast identische Leistungen zu fordern. Die Preisdifferenzierung dient der bestmöglichen Abschöpfung von unterschiedlich hohen Zahlungsbereitschaften von Abnehmern und damit der Optimierung von Gewinnpotenzialen. Das Marketing unterscheidet grundsätzlich zwischen horizontaler Preisdifferenzierung und vertikaler Preisdifferenzierung (vgl. Meffert et al. 2016: 461 ff., Thommen et al. 2017: 113 ff., Gläser 2014: 471 ff., Clement und Schreiber 2016: Kap. 6 und 7 sowie Linde 2005: Kap. 3). Aus Sicht der Anbieter geht es in diesem Zusammenhang um die Ausweitung der **Produzentenrente.** Als Produzentenrente wird die Differenz zwischen dem Preis, den der Hersteller am Markt realisieren kann und dem Preis, den er mindestens benötigt, um rentabel zu bleiben, bezeichnet.

Bei der **horizontalen Preisdifferenzierung** wird der Gesamtmarkt in unterschiedliche Käufergruppen unterteilt, die sich durch ihre verschiedene Preisbereitschaft unterscheiden (vgl. Abb. 16.12; in Anlehnung an Simon und Fassnach 2015: 235 ff. und 511 f. sowie Heinrich 1999: 165 f.).

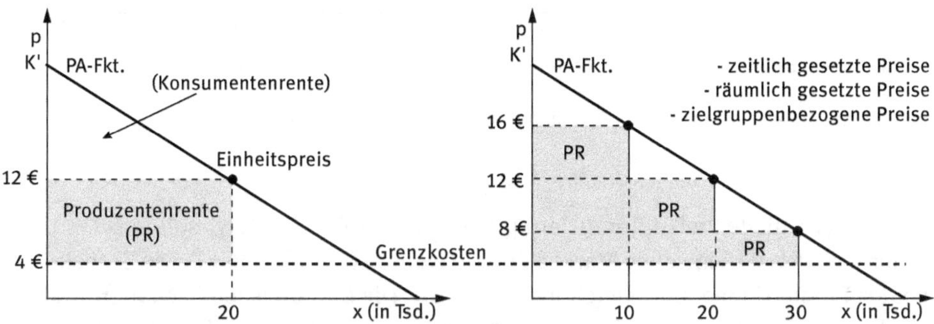

Abb. 16.12: Modell der gewinnoptimierten horizontalen Preisdifferenzierung (identische Güter)

Beispiel (Horizontale Preisdifferenzierung). Ein Film (eine Blu-Ray) soll auf den deutschen Markt gebracht werden. Die Grenzkosten (Vervielfältigung, Verpackung und Marketing) liegen bei 4 Euro. Der Preis wird auf 12 Euro gesetzt. Zu diesem Preis werden bei gegebener Preis-Absatz-Funktion (PA-Fkt.) 20.000 Exemplare verkauft (vgl. Abb. 16.12, linker Teil). Damit liegt der Gewinn (bzw. die Produzentenrente) bei 160.000 Euro (Fixkosten sollen vernachlässigt werden). Alternativ (vgl. Abb. 16.12, rechter Teil) könnte aber auch folgendes Szenario geschaffen werden: Bei einer Vorbestellung beim Produzenten, die die unverzügliche Zusendung der Blu-Ray nach Erscheinen garantiert, kostet sie 16 Euro. Wird der Film über den Handel bezogen, kostet er 12 Euro und nach Ablauf von drei Jahren kostet die Blu-Ray nur noch 8 Euro.

Da zu jedem Preis jeweils 10.000 Exemplare abverkauft werden, generiert der Hersteller einen Gewinn von 240.000 Euro [(12 Euro + 8 Euro + 4 Euro) · 10.000 Exemplare].

Bei der **vertikalen Preisdifferenzierung** wird der Gesamtmarkt in unterschiedliche Teilmärkte unterteilt, wobei sich auf jedem Teilmarkt Käufergruppen mit unterschiedlichen Preisbereitschaften befinden. Das bedeutet, dass die Preis-Absatz-Funktionen auf den Märkten unterschiedlich steil verlaufen (vgl. Abb. 16.13).

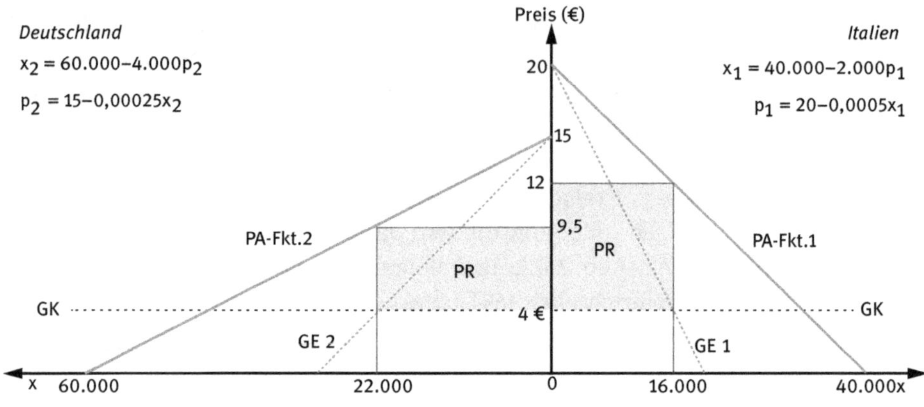

Abb. 16.13: Modell der vertikalen Preisdifferenzierung (3. Grades, Beispiel)

Beispiel (Vertikale Preisdifferenzierung). Ein Film (eine Blu-Ray) soll auf den deutschen und den italienischen Markt gebracht werden (vgl. Abb. 16.13). Die Grenzkosten beider Produktionen sind gleichhoch (4 Euro). Die Zahlungsbereitschaften und die Marktgrößen in Deutschland sind anders als in Italien. In Deutschland liegt der Prohibitivpreis bei 15 Euro, in Italien bei 20 Euro. Das Marktpotenzial liegt in Deutschland bei 60.000 Käufern und in Italien bei 40.000. Deswegen ergeben sich auf den Märkten unterschiedliche Preis-Absatzfunktionen. In diesem Fall wird der Gesamtgewinn maximiert, wenn auf jedem Einzelmarkt die Cournot-Menge abgesetzt wird. Die Daten aus Abb. 16.13 können den beiden Länderspalten der Folgetabelle entnommen werden (vgl. Tab. 16.4).[6]

Bei Preisdifferenzierungsmöglichkeit – wenn also die Märkte differenziert bearbeitet werden können – könnte der Rechteinhaber insgesamt 249.000 Euro (= 128.000 Euro + 121.000 Euro) Gewinn erwirtschaften.

Würde das Angebot nicht zu unterschiedlichen Preisen angeboten werden können, weil es sich beispielsweise um einen amerikanischen Film handelt, der auf bei-

6 Die Gewinnbestimmung im Allgemeinen wird detailliert in Kapitel 10.7 erklärt.

Tab. 16.4: Vertikale Preisdifferenzierung auf Länderebene/horizontale Preisdifferenzierung auf Gesamtmarktebene

	Italien	Deutschland	Gesamtmarkt
Nachfragefunktion	$x_1 = 40.000 - 2.000p_1$	$x_2 = 60.000 - 4.000p_2$	$x = 100.000 - 6.000p$
Preis-Absatzfunktion	$p_1 = 20 - 0{,}0005x_1$	$p_2 = 15 - 0{,}00025x_2$	$p = 16{,}66 - 0{,}00017x$
Grenzkosten	4 Euro	4 Euro	4 Euro
Gewinn-Maximierungs-bedingung ($U' = K'$)	$20 - 0{,}001x_1 = 4$	$15 - 0{,}0005x_2 = 4$	$16{,}66 - 0{,}00034x = 4$
gewinnmaximale Preis-Mengen-Kombination	$x_1 = 16.000$ $p_1 = 12$	$x_2 = 22.000$ $p_2 = 9{,}5$	$x_1 = 37.235$ $p_1 = 10{,}33$
Produzentenrente (PR)	$16.000 \cdot (12 - 4) = 128.000$	$22.000 \cdot (9{,}5 - 4) = 121.000$	$37.235 \cdot (10{,}33 - 4) \approx 235.700$

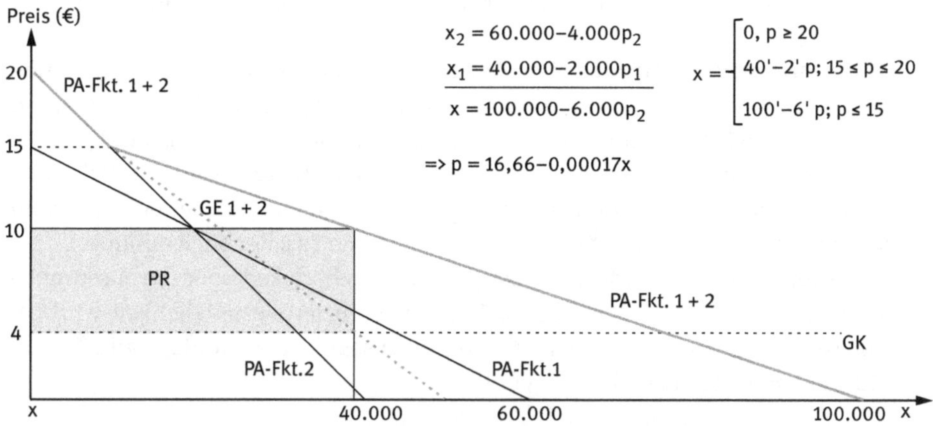

Abb. 16.14: Einheitspreisbestimmung durch Aggregation zweier Märkte

den Märkten in der Originalversion über das Internet vertrieben wird, muss der Rechteinhaber zwar auf die vertikale Preisdifferenzierung verzichten, nicht aber auf horizontale. Seine Gewinne optimiert der Anbieter, indem er die Märkte zu einem Markt zusammenfasst und dann die Cournotmenge bestimmt. Die Vorgehensweise und Lösung für diesen Fall kann der Spalte „Gesamtmarkt" in Tab. 16.4 und der Grafik in Abb. 16.14 entnommen werden.

Ohne Preisdifferenzierung liegt das Gewinnmaximum bei Einheitspreiseberechnung für beide Länder bei nur rund 235.700 Euro.

Um Preise differenzieren zu können, müssen drei Voraussetzungen gegeben sein:
- die Nachfrager müssen unterschiedliche Preisbereitschaften haben,
- die Nachfrager müssen klar in Segmente (Zielgruppen) aufgeteilt werden können,
- der Anbieter muss (zeitlich, räumlich oder sachlich) monopolistischen Spielraum haben.

Gewinnoptimal wäre es für den Anbieter, wenn alle Käufer ihre individuellen Präferenzen offenlegen müssten, in diesem Fall würde die gesamte Konsumentenrente abgeschöpft, da jeder genau den Preis bezahlen müsste, den er maximal zu zahlen bereit wäre.

In Abhängigkeit von den anbieterseitigen Möglichkeiten werden drei Differenzierungsgrade unterschieden:
- **Differenzierung 1. Grades**: Die individuelle Bedürftigkeit und Dringlichkeit ist ausschlaggebend für die Zahlungsbereitschaft. Diese (beste) Differenzierungsmöglichkeit ist in Auktionen umsetzbar, wenn beispielsweise Exklusivinformationen vermarktet werden. Denkbar ist aber auch die Vermarktung von individuellen Dienstleistungen, deren Preis verhandelbar ist. Ansonsten handelt es sich eher um eine theoretische Möglichkeit, weil Abnehmer ihre Präferenzen nicht offenlegen.
- **Differenzierung 2. Grades**: Der Abnehmer wählt selbst aus gegebenen Möglichkeiten (Produktvarianten) anhand seiner Zahlungsbereitschaft. Diese Art der Wahl wird Selbstselektion genannt und stellt die 2nd-best-Lösung dar. Diese Differenzierungsmöglichkeit wird beispielsweise angeboten, wenn zeitliche oder produktliche Unterschiede existieren; wenn also der Zugriffszeitpunkt gewählt werden kann oder statt der Hardcover-Version eine Taschenbuchvariante.
- **Differenzierung 3. Grades**: Die Zielgruppenzugehörigkeit oder die Marktregion ist ausschlaggebend für den Preis. Diese Differenzierungsmöglichkeit wird beispielsweise angeboten, wenn der Markt sauber segmentiert werden kann (Inland, Ausland oder Manager, Student etc.).

Die Differenzierungen 2. und 3. Grades sind die häufigsten und einfachsten am Markt durchzusetzenden Methoden, um die Zahlungsbereitschaften unterschiedlicher Kundengruppen abschöpfen zu können. Eine Übersicht über die Differenzierungsgrade und die damit häufig verbundenen preispolitischen Maßnahmen zeigt Tab. 16.5.

In der Medienwirtschaft sind alle Formen der Preisdifferenzierung vertreten. Wegen ihrer besonderen Bedeutung soll auf vier Formen noch kurz eingegangen werden: die Preisbündelung, das Windowing, das Versioning (als eine Art „unechter" Preisdifferenzierung) und die Quersubventionierung.

Die **Preisbündelung** ist eine Form der Preisdifferenzierung, bei der mehrere Produkte zu einem Angebot zusammengefasst und verkauft werden. So können Einzelpreise verschleiert sowie gleichzeitig das Cross-Selling und der Absatz gesteigert werden (vgl. Wübker und Schmidt-Gallas 2003: 750 f.). Typisch für **Bundle-Angebote** in der Medienwirtschaft sind Channel-Bündelungen und deren Paketvermarktung im

Tab. 16.5: Formen der Preisdifferenzierung

Differenzierungsgrad	Parameter	Beispielmaßnahmen
1	individuelle Präferenzen	Preisverhandlungen, Auktionen, Reverse Pricing (Kunde macht Preisvorschlag)
2	Zeit	Zeittarife, Archivmaterialpreise, Preise für aktuelle Meldungen (Windowing), Saisonpreise in der Werbeplanung, Frühbucherrabatte, Last-Minute-Preise
	Mengen	Abonnementpreise, Mengenrabatt, Miles & More-Punkte, Komplettpreis für Leistungsbündel (Bundling)
	Leistung	Preise nach Verwendungszweck (Haushalts-/Business-Tarife, Soft-/Hard-Cover-Versionen, Sondereditionen (Versioning)
	Wechselkosten	Aufschläge wegen Lock-in-Effekten und Netzwerkaufschläge
	Yield (Revenue) Management	Preisfestlegungen in Abhängigkeit von Kapazitätenauslastungen (z. B. unterschiedliche Werbetarife bei Nichtauslastung)
3	Aggregierte Präferenzen oder Merkmale	Preise für unterschiedliche Gruppen (Kinder, Studenten, Manager, Berufsgruppen etc.) oder Regionen (länderspezifische Preise)

Pay-TV-Angebot von Sky. Die Pakete können einzeln erworben werden. Wobei jedes Paket aus einer Anzahl von Kanälen besteht. Es können aber auch bestimmte Pakete miteinander kombiniert und zusammen erworben werden. Die Preise setzen sich je Paket und Paketbündel unterschiedlich zusammen. Ein Rückschluss auf den Preis eines einzelnen Kanals ist für den Kunden nicht möglich. Eine Preisbündelung ist dann vorteilhafter, wenn den Produkten ein sehr ähnlicher Nutzen beigemessen wird. Eine Einzelpreisstellung ist allerdings tendenziell immer dann vorteilhafter, wenn der Nutzen der Produkte aus Sicht der Nachfrager sehr unterschiedlich ist (vgl. Meffert et al. 2015: 475 f.). Aus diesem Grund werden Kanäle, die ein ähnliches Publikum ansprechen, zusammengefasst und im Pay-TV als Bundle angeboten. Dabei wird drauf geachtet, dass die einzelnen Bündelungen auf Zielgruppeninteressen fokussieren. Kunden, denen ein Themen- oder Genrebündel nicht ausreicht, sind dann gezwungen, mehrere Bündel zu kaufen. Wer hingegen ein besonders reichweitenstarkes Programm sehen möchte, muss dieses häufig als eigenständiges Programm erwerben oder als transaktionsbasiertes Ereignis kaufen. So können Boxkampf-Übertragungen etc. einzeln gebucht werden. Der Sportkanal hingegen überträgt eine ganze Reihe von Sportarten, beinhaltet aber nicht das Fußball-Bundesliga Paket. Das muss separat gekauft werden.

Je höher die Programmzahl bei einer großen Zuschauermasse, desto vorteilhafter wird die Bündelung, weil die Streuung der individuellen Zahlungsbereitschaften durch große Programmbündel abnimmt. Mit anderen Worten: Mit steigender Anzahl der gebündelten Güter gleicht sich die aggregierte Zahlungsbereitschaft der Konsumenten an. Die Menge der Konsumenten, die eine durchschnittliche Zahlungsbereitschaft haben, steigt also mit der Gütermenge, die gebündelt wird.

Das **Windowing** ist vor allem aus der Filmwirtschaft bekannt und bezeichnet eine Form der Mehrfachvermarktung über verschiedene Trägermedien bzw. in unterschiedlichen Verwertungsfenstern (Windows). Zunächst versucht der Rechteinhaber die hohe Zahlungsbereitschaft der Kinogänger abzuschöpfen. Wenn dieser Vertriebskanal ausgebeutet ist, werden die Verwertungsrechte in weitere Vertriebskanäle gegeben. Die Verwertungsreihenfolge nach dem Kinokanal lautet in der klassischen Variante: Verkauf als Blu-Ray oder DVD, Vermarktung über Pay-per-View und Pay-TV und abschließend erfolgt die Ausstrahlung im Free-TV. So kann der Film über fünf Vertriebskanäle vermarktet werden. Allerdings zeigt sich, dass erstens die Verwertungsdauer innerhalb der einzelnen Fenster immer kürzer werden und dass zweitens die Umsätze über das Home Entertainment sowie die über die unterschiedlichen TV-Formen lukrativer geworden sind als die Verwertung über den Kinokanal.

Das **Versioning** ist eine Art „unechter Preisdifferenzierung". Dies deshalb, weil hier nicht die identische, sondern eine ähnliche Leistung zu unterschiedlichen Preisen vermarktet wird. Allgemein wird unter Versionierung die Ausstattung von Produkten mit leicht unterschiedlichen Nutzenfacetten verstanden. Der Grundgedanke liegt darin, unterschiedliche Versionen zur gleichen Zeit anzubieten, aus der sich der Konsument selbst das Produkt mit dem für ihn höchsten Nutzen auswählt. So kann eine DVD oder Blu-Ray mit Extras ausgestattet werden, der Film als Director's Cut angeboten werden, Bücher werden als Hard- oder Soft-Cover-Version oder als E-Book auf den Markt gebracht, Bilder in unterschiedlichen Auflösungen etc. Auch im Fernsehbereich werden Versionierungen angeboten (verschiedene Kameraperspektiven bei Formel 1- oder Fußball-Übertragungen). Die Möglichkeiten zu differenzieren, sind enorm, da die Produkte nicht nutzenrival sind. Da gerade Medienprodukte leicht und kostengünstig zu vervielfältigen sind, ist auch der Ansporn hoch, über die Differenzierung der Angebotsleistung diese mehrfach zu verwerten. Die Methodik ist immer gleich: Eigenschaften werden hinzugefügt, weggelassen, verändert oder erweitert. Das Problem für die Anbieter liegt weniger in den praktischen Versionierungsmöglichkeiten begründet als darin, Segmente zu definieren, für die separate Zahlungsbereitschaften existieren. Es müssen erkennbare und von den Kunden wertgeschätzte Leistungssprünge produziert werden, für die es spezifische Zielgruppen gibt.

Zusätzlich muss darauf geachtet werden, dass wenn für Luxusversionen (relativ gesehen) hohe Preise festgelegt werden sollen, die Preissetzung für die Basisleistung nicht zu niedrig ausfallen darf. Varian hat gezeigt, dass eine optimale Versionierung (maximale Gewinnerwirtschaftung) an bestimmte Bedingungen geknüpft ist (vgl. Varian 2012: 518 f.): Bei Versionen mit unterschiedlicher Qualitäten beeinflusst das Vorhandensein der Version mit geringerer Qualität die Zahlungsbereitschaft für die Version mit höherer Qualität. Eine Maximalpreissetzung ausgerichtet an der jeweiligen maximalen Zahlungsbereitschaft für die einzelnen Versionen ist nicht möglich. Am besten scheint es zu sein, den maximal akzeptierten Preis für die jeweils hochwertigeren Produkte gegenüber den Produkten mit der jeweils geringeren Qualität leicht zu reduzieren. Die Preisabstände „nach oben" sollten also geringer werden. So bestehen immer Anreize, die höhere Qualität zu kaufen. Im Verhältnis zueinander liegt die jeweils optimale Preishöhe der abgestuft leistungsstarken Produkte unter dem Preis, der erzielt werden könnte, wenn das jeweilige Produkt als alleinige Version im Markt angeboten würde.

Von einer **Quersubventionierung** wird gesprochen, wenn unzureichende Gewinne oder Verluste bei einem Produkt bewusst in Kauf genommen werden, um den Absatz und die Gewinnerzielung bei anderen Produkten zu fördern (vgl. Homburg 2017: 655). Im Medienbereich finden sich dieser Art der Preisfestsetzung in zwei Formen (vgl. Gläser 2014: 469 und Ludwig 1998: Kap. 6):

- Quersubventionierung innerhalb eines Geschäftsfeldes.
  Beispiel: Buchmarkt. Hier werden Edelprodukte (Hochglanzkataloge etc.) mit negativem Deckungsbeitrag durch lukrative Massenware mitgetragen.
- Quersubventionierung über die Geschäftsfeldergrenzen hinweg.
  Beispiel: Zeitschriftenmarkt. Hier werden die negativen Deckungsbeiträge der Rezipientenmarkterlöse durch die Deckungsbeiträge aus den Werbeeinnahmen querfinanziert. Erst beide Erlöse zusammengerechnet erwirtschaften einen positiven Gesamtdeckungsbeitrag.

Das Instrument der Quersubventionierung ist ein probates Mittel, das in vielen Bereichen der Medienwirtschaft eingesetzt wird. Neben der Printmedienindustrie wird es auch in vielen Komplementärgüterindustrien wie beispielsweise der Games-Industrie gepflegt. Hier werden die Konsolen durch die Spiele subventioniert. Auch innerhalb der TIMES-Industrie wird das Instrument gerne und häufig genutzt. Zu denken ist hier u. a. an die Quersubventionierung der Drucker durch die Druckpatronen.[7]

Aufgaben.

1. Ein spezieller Fotoband wird auf zwei Märkten angeboten und die Nachfragefunktionen werden wie folgt geschätzt: $x_1 = 80 - p_1$ und $x_2 = 120 - 2p_2$. Seine Grenzkosten liegen konstant bei 10 Euro. Fixkosten sollen vernachlässigt werden.
   (a) Welche gewinnmaximalen Preise kann der Anbieter bei Preisdiskriminierung fordern?
   (b) Welchen gewinnmaximalen Preis kann der Anbieter fordern, wenn er nicht diskriminieren kann?
   (c) Wie hoch sind die jeweiligen gewinnmaximalen Umsätze und Gewinne?

7 Aus Sicht der Volkswirtschaft führen Quersubventionierungen zur Fehlallokation von gesellschaftlichen Ressourcen, da von subventionierten Produkten mehr hergestellt werden als hergestellt würden, wenn die Preise alle Kosten, die anfallen, auch internalisieren würden. Bei den künstlich verteuerten Produkten ist es umgekehrt. Ebenso leidet auch die distributive Effizienz aus volkswirtschaftlicher Sicht, da die Haushaltseinkommen nicht bestmöglichst verwendet werden.

2. Ein Verlagsportal bietet zwei Zielgruppen (Privatkunden und Unternehmen) Informationen aus den Bereichen Politik, Wirtschaft, Börse und Management an. Die Zahlungsbereitschaften können der nachfolgenden Tabelle entnommen werden (vgl. Tab. 16.6):

Tab. 16.6: Preisbereitschaften zweier Zielgruppen (Versionierung)

Info-Bereiche	Zahlungsbereitschaften in Euro	
	Privatkunden	**Unternehmen**
Politik	250	300
Wirtschaft	100	200
Börse	50	150
Management	–	100
Max. Zahlungsbereitschaft	400	750

Bei gruppenbezogener Preisbildung betragen die Erlöse insgesamt 1.150 Euro (400 Euro + 750 Euro). Im Vertriebsalltag zeigt sich allerdings, dass die Bundle-Kombination für Unternehmen vom Markt nicht wirklich gut angenommen wird. Neukunden aus dem Business-Segment entscheiden sich in vielen Fällen für die Privatversion und verzichten aus Kostengründen auf die Informationen aus dem Managementbereich. Der Umsatz liegt dann bei 800 Euro, da beide Zielgruppen auf das Angebot in Höhe von 400 Euro zurückgreifen.
Welches Versioning könnten Sinn machen, um Anreize zum Kauf zu setzen und gleichzeitig mehr als 800 Euro zu erwirtschaften?
3. Der einzige Pay-TV-Anbieter am Markt überlegt, ob er seine beiden TV-Programme (A, B) einzeln vermarkten soll (Unbundling) oder im Paket (Bundling). Es gibt zwei gleichgroße Zuschauergruppen, die aber unterschiedliche Preisbereitschaften haben. Die Preisbereitschaft pro Monat zeigt sich wie folgt:

Tab. 16.7: Preisbereitschaften für zwei Programme (Bundling)

Angebot	Zahlungsbereitschaften in Euro	
	Zuschauergruppe 1	**Zuschauergruppe 2**
Programm 1	30	50
Programm 2	45	40

(a) Wie hoch soll der Anbieter den Preis für Programm A und B setzen, wenn er nicht im Bundling anbietet?
(b) Wie hoch sollte der Anbieter den Preis setzen, wenn der ein Programmpaket schnürt?
(c) In welchem Fall ist der Gewinn für ihn höher?

16.3.6 Preissetzung bei zwei Erlösquellen

Kommt die Werbung als zweite Finanzierungsquelle zu den Vertriebserlösen hinzu, entstehen Wechselwirkungen, die bereits unter dem Stichwort „zweiseitiger Markt“ diskutiert wurden (vgl. u. a. Kapitel 6.3). Es entsteht eine typische „Plattform“. Eine solche Plattform kann die Zeitung sein, die Zeitschrift, das Pay-TV-Programm, das mit Werbespots angereichert ist etc. Ziel einer zweiseitigen Plattform ist es, beide Seiten des Marktes so zu koordinieren, dass der Gewinn, der über beide Marktseiten entsteht, maximiert wird. Auf diese Weise lassen sich beide Netzwerkeffekte durch eine entsprechende Mengen- oder Preissetzung ausnutzen. Durch die Wechselwirkung auf den Märkten wird es möglich, auf einem Markt sogar unterhalb der Stückkosten anzubieten, um Wachstumseffekte auf dem anderen Markt zu generieren (vgl. Clement und Schreiber 2016 sowie Linde 2005). Das bedeutet beispielsweise, dass der Vertriebspreis einer Zeitung die Kosten der Herstellung nicht decken muss. Indem aber das Medium preiswert auf den Markt gebracht wird, erhöht sich die Reichweite des Mediums. Und mit der Reichweite steigt die Attraktivität des Mediums für die werbetreibende Wirtschaft (vgl. Auflagen-Anzeigen-Spirale in Kapitel 7.3.2). Eine steigende Attraktivität wiederum führt zur erhöhten Zahlungsbereitschaft der Werbungstreibenden.

Besondere Bedeutung haben die Wechselwirkungseffekte auf den Free-TV-Märkten oder dem Markt der Anzeigenblätter. Hier wird auf dem Rezipientenmarkt die Reichweite „um jeden Preis“ maximiert und beobachtet, wie sich die Preis-Absatzfunktion auf dem Werbemarkt ändert, um die Werbepreise anzupassen. Ist der Netzeffekt, der vom Rezipientenmarkt ausgeht, hoch genug, können auch Negativpreise in Kauf genommen werden. Ein **Negativpreis** liegt vor, wenn der Preis die (Grenz-)Kosten nicht deckt. Möglicherweise dient die kostenlose Abgabe des Mediums auch dem Ausgleich von Negativeffekten durch ein als störend empfundenes Werbeaufkommen. Wenn – wie in Special-Interest-Zeitschriften häufig gegeben – die Werbung hingegen als nützliche Informationsquelle von den Rezipienten angesehen wird, kann es sogar zu doppelten Positiveffekten kommen. So vergrößert sich die Angebotsmenge auf beiden Märkten: Die Reichweite und das Werbeaufkommen wachsen.

Immer gilt das Grundprinzip, dass die Marktseite mit relativ schwachen Netzeffekten die Marktseite mit stärkeren Netzeffekten subventioniert. Wenn also Werbekunden aus einer hohen Auflage einen größeren Nutzen ziehen als Leser aus einem großen Anzeigenvolumen, so würde daraus ein tendenziell geringer Preis für Leser und ein höherer Preis für Anzeigenkunden resultieren. Denn der relativ stärkere Netzeffekt ginge vom Lesermarkt aus (vgl. Clement und Schreiber 2016 sowie Linde 2005).

Werden zwei Umsatzquellen, die miteinander verbunden sind, in der Preisbildung berücksichtigt, müssen auch beide Nachfrage- bzw. Preis-Absatz-Funktionen in die Preissetzung einbezogen werden. Rein formal betrachtet, ergeben sich für die Nachfragemengen auf dem Rezipientenmarkt (x) und dem Werbemarkt (s) sowie für die Preise auf dem Rezipientenmarkt (p) und dem Werbemarkt (r) separate Funktionen, die mit wechselseitig wirkenden Verbindungsgrößen (d und g) Einfluss auf die Preis-Mengen-Kombinationen nehmen. Die Nachfragefunktionen werden formal wie folgt definiert (vgl. dazu ausführlich in Kapitel 10.7.4):

Nachfragefunktion auf dem **Rezipientenmarkt**: $x = a_R - b_R \cdot p + d \cdot s$

Nachfragefunktion auf dem **Werbemarkt**: $s = a_W - b_W \cdot r + g \cdot x$

Mit d ist der Wirkungsfaktor gemeint, der vom Werbemarkt auf den Rezipientenmarkt wirkt und mit g wird der umgekehrte Effekt quantifiziert. Über diese beiden Faktoren sind die Märkte miteinander verbunden. Deswegen wirkt sich der Werbemarkt auf den Rezipientenmarkt aus und stärker noch der Rezipientenmarkt auf den Werbemarkt. Wie die Wirkungen mathematisch und grafisch untersucht werden, ist in Kapitel 10.1.7 im Einzelnen genau erklärt. Sind die Märkte verbunden, zeigen sich immer (positive oder negative) **wechselseitige Wirkungen**. Dieser Zusammenhang wird in der Steigung und Lage der Grenzerlösfunktion deutlich. Sollte die Preis-Absatzfunktion auf dem Rezipientenmarkt bei einem sehr niedrigen Prohibitivpreis beginnen, weil die Zahlungsbereitschaft der Rezipienten kaum ausgeprägt ist, verläuft die Preis-Absatzfunktion sogar unterhalb der Gesamtgrenzerlösfunktion (vgl. auch die letzten Ausführungen in Kapitel 10.7). In diesem Fall wäre der Preis für die Copy kleiner als die Grenzkosten und die Produzentenrente auf dem Rezipientenmarkt wäre negativ. Also müsste die Copy durch die Werbung querfinanziert werden (vgl. Dewenter und Rösch 2015).

Dass beide Märkte wechselseitig miteinander verbunden sind, zeigt sich in den Preis-Mengen-Kombinationen auf den jeweiligen Märkten. Das relative Preis-Menge-Gefüge auf dem Rezipientenmarkt wird durch das Verhältnis von Copy-Preis und Anzeigenmenge auf dem Werbemarkt beschrieben. Wirkt die Werbung störend, schlägt der Verlag den Schaden, der den Lesern zugefügt wird, auf den Werbepreis auf. Der Schaden kann dann auch in Form von sinkenden Copy-Preisen ausgeglichen werden. „Interessanterweise hängt der Preis pro Anzeige für den Leser aber nicht davon ab, ob Werbung als störend oder nutzenstiftend wahrgenommen wird [...], sondern wie stark Werbekunden von Lesern profitieren.“ (Dewenter und Rösch 2015). Auf dem Werbemarkt entsteht hingegen ein Preis-Menge-Gefüge, das vom Verhältnis Preis für die Werbung im Verhältnis zur Reichweite auf dem Rezipientenmarkt bestimmt wird. Das heißt, der Preis für die Werbung ist abhängig von der Reichweite. Dieser Preis ist bereits als Tausend-Kontaktpreis bekannt (der Quotient wird nur der besseren Lesbarkeit wegen mit 1.000 multipliziert). Der Wirkungsfaktor, der vom Rezipientenmarkt ausgeht, hebt die Absatzmenge auf dem Werbemarkt. Das wiederum heißt, je stärker die Anzeigenkunden profitieren, desto weniger zahlen Konsumenten pro Anzeige bzw. desto mehr Nutzen erhalten sie pro Anzeige.

Fragen zu Kapitel 16.3

?

1. Definieren Sie die Aufgaben und Ziele der Preispolitik.
2. Was versteht die Preispolitik unter dem Begriff Preispositionierung und welche drei „Positionenkorridore“ können Sie identifizieren, wenn Sie das Preis-Leistungsverhältnis für die Preissetzung zugrunde legen?
3. Welche Preisstrategien zeigen sich, wenn Sie das Lebenszyklusmodell für die Preissetzung zugrunde legen?
4. Welche betriebsinternen und welche betriebsexternen Faktoren müssen Sie bei der Preissetzung beachten, um den „richtigen“ Preis für die angebotene Leistung definieren zu können?
5. Welche Preisfindungsverfahren können grundsätzlich unterschieden werden und welche Aufgaben und Zielsetzungen sind mit den einzelnen Preisfindungsverfahren verbunden?
6. Wie funktioniert die kostenorientierte Preisfindung?
7. Welche marktformorientierten Preisfindungsverfahren werden grundsätzlich unterschieden und nach welchem Schema werden die optimalen Preise innerhalb der Marktformen gefunden?
8. Was bedeutet der Begriff „monopolitische Konkurrenzsituation“, warum streben die meisten Medienunternehmen mit ihren Produkten eine solche Marktposition an und wie tun sie dies?
9. Welche Faktoren sind für die nachfrageorientierte Preisfindung von besonderer Bedeutung?
10. Was bedeutet Preisdifferenzierung und welches Ziel ist mit diesem Instrument verbunden?
11. Unterschieden Sie die horizontale von der vertikalen Preisdifferenzierung und beschreiben Sie deren Vorteile.
12. Unterscheiden Sie die drei Differenzierungsgrade und nennen Sie jeweils Beispiele ihres Einsatzes.
13. Beschreiben Sie die Konzepte Preisbündelung, Windowing, Versionierung und Querfinanzierung.
14. Beschreiben Sie die Wirkung von zweiseitigen Märkten unter Zuhilfenahme der verbundenen Nachfragefunktionen auf den einzelnen Märkten.

16.4 Die Kommunikationspolitik in Medienunternehmen

Wird die Angebotsleistung – bestehend aus der Problemlösung und dem dafür geforderten Entgelt – lediglich am Markt angezeigt (z. B. in die Regale des Einzelhandels geräumt), bleibt es möglicherweise dem Zufall überlassen, ob das Angebot genutzt (gekauft) wird oder nicht. Der potenzielle Nutzer benötigt Informationen über die Angebotsleistung oder Hilfestellungen, die ihm die Kaufentscheidung erleichtern. Diese Hilfestellungen zu liefern, ist Aufgabe der Kommunikationspolitik (vgl. Meffert et al. 2015: 569 ff., Thommen et al. 2017: 120 ff., Bruhn 2014: 199 ff., Becker 2009: 565 ff. sowie Gläser 2014: 475 ff.).

Unter **Kommunikationspolitik** versteht das Marketing die Planung, die abgestimmte und integrierte Ausgestaltung und die Kontrolle aller Kommunikationsmaßnahmen eines Unternehmens mit dem Ziel, den eigenen Leistungen im Wahrnehmungsraum der internen und externen Zielgruppen ein Profil zu verleihen, das hilft, die Unternehmensziele zu erreichen. Es geht darum, den Informationsaustausch und die Interaktion mit den Zielgruppenmitgliedern so zu gestalten, dass deren Meinungen, Einstellungen, Erwartungen und das Verhalten selbst positiv beeinflusst (bestärkt oder verändert) werden.

Damit kommt der Kommunikationspolitik von Medienunternehmen die wahrscheinlich wichtigste Funktion im Marketing-Mix zu, denn anders als in der typischen materiellen Konsumgüterindustrie werden in den Mediensegmenten nahezu ausschließlich Erfahrungs- und Vertrauensgüter gehandelt (vgl. u. a. Kapitel 3.3). Das bedeutet, dass die Kernleistungen der Medien (Informationen oder Unterhaltungsoptionen) vor dem Kauf nicht bewertet werden können. Dementsprechend sind die Leistungen so zu kommunizieren, dass der Kaufwunsch trotz hoher Informationsasymmetrie realisiert wird. Das ist alles andere als eine triviale Aufgabe und stellt hohe Anforderungen an die Unternehmen.

16.4.1 Aufgaben, Ziele und Techniken in der Kommunikationspolitik

Die Unternehmenskommunikation dient der nach innen und nach außen gerichteten Selbstdarstellung und dem Dialog mit den Stakeholdern. Die nach innen gerichtete Kommunikation hat die Aufgabe, die Identität (Selbstverständnis) und die Zugehörigkeit (Wir-Gefühl) zu stärken, die Motivation (Leistungsbereitschaft) der Mitarbeiter zu fördern sowie die Arbeitsmoral und den Arbeitsprozess zu verbessern. Nach außen gerichtet, sollen Informationen verbreitet, Objekte (Leistungen, Marken oder das Unternehmen selbst) am Markt profiliert und gepflegt werden. Zudem soll die Bekanntheit gesteigert, Vertrauen aufgebaut und Kunden langfristig gebunden werden.

Die Antworten, die die Unternehmenskommunikation zu finden hat, formuliert Lasswell als Wortmodell über Kommunikation (vgl. Lasswell 1967: 178). Dieses Modell ist als **Lasswell-Formel** in die Literatur eingegangen und lautet:

- Wer (Medienunternehmen)
- sagt was (Botschaft)
- unter welchen Bedingungen (Wettbewerbssituation, Umweltbedingungen)
- über welche Kanäle (Kommunikationsinstrumente)
- auf welche Art und Weise (Gestaltung der Botschaft)
- zu wem (Zielgruppenmitgliedern)
- mit welcher Wirkung (Kommunikationserfolg)?

Die Lasswell-Formel gilt als Orientierungsmöglichkeit, kommunikationspolitische Entscheidungen effektiv und effizient zu treffen. Wobei die Beantwortung der Effizienzfrage das größte Problem darstellt. Effizienz ist das Beurteilungskriterium für die Wirtschaftlichkeit, mit dem sich beschreiben lässt, in welcher Art und Weise eine Maßnahme ein vorgegebenes Ziel erreicht hat. Gefordert ist die Optimalität. Die

Unternehmensführung definiert aber SMART formulierte quantitative Ziele (vgl. Kapitel 1.4.3), wie beispielsweise bestimmte Umsatz-, Gewinn- oder Marktanteilsziele. Das Problem liegt auf der Hand: Kommunikationsmaßnahmen stehen zwar in einer direkten Mittel-Zweck-Beziehung zu den übergeordneten Unternehmenszielen, d. h. sie leisten ohne Zweifel ihren Beitrag zur Zielerreichung, aber sie stehen nur in einem indirekten Zusammenhang mit den konkreten ökonomischen Erfolgsgrößen. Wenn der Zusammenhang nur mittelbar besteht und nicht eindeutig abgegrenzt werden kann, wird die Effizienzmessung unmöglich.

Aus diesem Grunde sollten sich **kommunikationspolitische Zielsetzungen** an den den ökonomischen Zielen vorgelagerten psychografischen Zielen ausrichten. Solche Ziele sind die Abgrenzung (Differenzierung), die Bekanntheit und das Wissen über ein Produkt, die Einstellung zum Produkt und final die (Wieder-)Kaufabsicht:

- Die **Abgrenzung** (Differenzierung): Das eigene Angebot muss deutlich von Wettbewerberangeboten unterscheidbar gemacht werden. Den Zielgruppenmitgliedern soll es leicht gemacht werden, ein klares Bild über die Unterschiede zu gewinnen. Dabei ist es egal, ob die Unterschiede kommunikativ konstruiert sind oder auf funktionalen Eigenschaften beruhen. Wichtig ist, dass die Zielgruppenmitglieder eine Präferenz für das Kommunikationsobjekt entwickeln. Nur wenn das Unternehmen die eigene Angebotsleitung von Wettbewerberangeboten vorteilhaft abgrenzt, wird das Besondere erkennbar.
- Die **Bekanntheit** und **Wissen**: Das Angebot muss bekannt gemacht werden. Was bekannt und verstanden ist, wird eher gekauft als das Unbekannte. Außerdem ist die Bekanntheit und das Produktwissen Voraussetzung für die Bildung von Präferenzen.
- Die **Einstellung**: Das Marketing versteht unter einer Einstellung die aus Erfahrung abgeleitete Wertung eines Individuums gegenüber dem Kommunikationsobjekt. Sie drückt sich kognitiv als Annahme oder Überzeugung, affektiv als Gefühl oder Emotion und konativ als Verhaltensabsicht bzw. im Verhalten aus (vgl. Kroeber-Riel und Gröppel-Klein 2013: 232 ff. sowie Gerrig und Zimbardo 2008). Über die Einstellung werden das Kaufverhalten, die Loyalität und das Weiterempfehlungsverhalten gesteuert.
- Die **(Wieder-)Kaufabsicht**: Ohne eine Kaufabsicht zu generieren (besser gesagt: ohne den Kauf), wird der Unternehmenserfolg ausbleiben. Bestenfalls schafft es die Kommunikation, auch den dauerhaften Wiederkauf abzusichern.

Die Zielsetzungen können mit drei unterschiedlichen **Komunikationstechniken** verfolgt werden (vgl. Kroeber-Riel und Esch 2008: 55 ff.):

- Die **Informierung**: Die Kommunikationstechnik der Informierung wird eingesetzt, wenn Angebotsleistungen noch unbekannt sind. Sie stellt auf Wissenserweiterung ab und wird häufig eingesetzt, wenn neue oder spezielle Produkte angeboten werden oder wenn Images aufgebaut, Befürchtungen abgebaut oder Eindrücke korrigiert werden sollen. Die Informierung ist die am häufigsten in der

Einführungsphase des Lebenszyklusses verwendete Kommunikationstechnik, wird aber auch in Krisenzeiten oft verwendet.

- Die **Emotionalisierung**: Das oberste Ziel der Emotionalisierung liegt in der Änderung oder Bestätigung vorhandener Einstellungen. Interesse soll geweckt und Aufmerksamkeit gefördert werden. Das Produkt wird als Erlebnis dargestellt. Die Emotionalisierung dient dem Aufbau und der Festigung einer vom Anbieter gewünschten Positionierung im Wahrnehmungsraum der Konsumenten. So sollen Wünsche geweckt und Präferenzen aufgebaut werden.
- Die **Aktualisierung**: Als Aktualisierung wird die Kommunikationstechnik bezeichnet, die darauf abzielt, das Kommunikationsobjekt im Gedächtnis des Konsumenten zu halten und als aktuelle Kaufalternative erinnert zu werden.

In der Praxis werden die drei Techniken häufig kombiniert eingesetzt. Allerdings zeigt sich fast immer deutlich, auf welche Technik stärker gesetzt wird. In der Regel ist dies die Emotionalisierung. Insbesondere auf Märkten mit weitgehend homogenen Gütern oder Gütern, die schwierig zu differenzieren sind, ist die Emotionalisierung die Technik erster Wahl. Über die Emotionalisierung können Kundenbeziehungen stärker gefestigt werden als über die Informationsebene. Gefühle wirken intensiver als Fakten. Verzichtet werden kann aber auf keine der drei Alternativen. Sie ergänzen sich.

Aus diesem Grunde muss die Kommunikationspolitik eines Unternehmens eine Einheit darstellen. Sie muss einer Strategie folgen, die die Botschaften, die Gestaltung der Kommunikationsinhalte und den räumlichen wie zeitlichen Einsatz der Kommunikationsinstrumente ausrichtet und koordiniert. Diese Aufgabe wird umso wichtiger, als dass die Vielzahl der Kommunikatoren auf dem Markt eine gewaltige Anzahl an Kommunikationsmaßnahmen und gleichartiger Botschaften kreieren. Damit wird es immer schwieriger aus dem Sammelsurium an Informationen und Erlebniswelten herauszuragen. Auch die Reaktanz auf Seiten der Nachfrager, die aus der zunehmenden Informationsüberlastung folgt, intensiviert den Aufmerksamkeitswettbewerb noch einmal dramatisch.

16.4.2 Entscheidungsfelder der Kommunikationsstrategie

Werden die schon in der Lasswell-Formel benutzten W-Fragen in ein strategisches Konzept überführt, ergibt sich ein Bild über das Aufgabenspektrum, das in der Kommunikationspolitik zu bewältigen ist (vgl. Abb. 16.15).

Als **Objekt** der Kommunikationsstrategie wird das Produkt, die Person, das Unternehmen oder die Region etc. bezeichnet, die Gegenstand der Maßnahmen sind, für die die kommunikationspolitischen Ziele definiert werden. Als **Zielgruppe** gilt der Adressat der Bemühungen. Die Botschaft beschreibt den **Inhalt** der Maßnahme. Wobei in diesem Zusammenhang der Inhalt nicht nur aus dem formulierten Slogan besteht, sondern die gesamte Copy-Strategie umfasst.

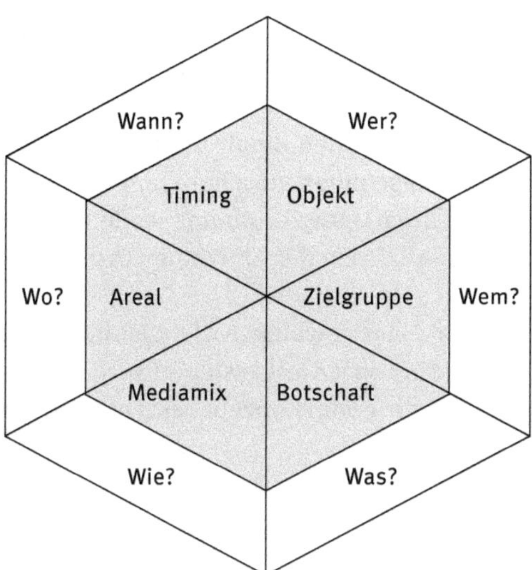

Abb. 16.15: Entscheidungsfelder in der Kommunikationsstrategie

Die **Copy-Strategie** beschreibt die kreative Umsetzung der Kommunikationsstrategie. Sie beinhaltet die Basisbotschaft in Form einer bestimmten, auf das Produkt abgestellten Erlebniswelt (repräsentiert durch typische Fotos, Farben, Formen etc.), mit der die angestrebte Positionierung z. B. visuell und auditiv erlebbar wird (brand promise). Diese Erlebniswelt muss prägnant sein, sich von den Konkurrenzangeboten unterscheiden und nah an den Präferenzen der Zielgruppe liegen. Sie stellt den kreativen Rahmen dar, innerhalb dessen der USP (unique selling proposition) bzw. der UAP (unique advertising proposition) den Wettbewerbsvorteil des Produktes als Kommunikationsidee konkretisiert. Ein **USP** ist häufig aus einer technische-funktionalen Produkteigenschaft abgeleitet (Focus-Slogan aus dem Jahre 1995: „Fakten, Fakten, Fakten"; alter Slogan DER SPIEGEL: „Spiegel-Leser wissen mehr"). Der UAP nutzt hingegen kommunikativ konstruierte Nutzeneigenschaften (Focus-Slogan aus dem Jahre 2017: „Menschen im Focus"; DER SPIEGEL: „Keine Angst vor der Wahrheit"). Die Nutzenbotschaft wiederum wird in der Regel durch eine **Nutzenbegründung** (Reason Why) unterstützt, die dem Endkunden aufzeigt, warum er das angebotene Produkt nutzen sollte (Beweisführung über Problemlösungseigenschaften des Produktes). Abgeschlossen wird die Copy-Strategie mit der Festlegung der **Tonality**. Die Tonality definiert den Stil des Kommunikationsauftritts. Sie gibt Auskunft über die Atmosphäre und den Charakter der Kommunikation (z. B. das Layout, Bild-Text-Verhältnis, die Ansprecheart (rational oder emotional) und das Niveau). Die Copy-Strategie bildet damit die Grundlage für die Ausgestaltung aller Maßnahmen in allen Instrumenten.

Sind die Inhalte, Formen, Farben und Töne etc. festgelegt, müssen die Kommunikationsmittel (z. B. TV-Spot, Plakat, Anzeige, Banner etc.), die Kommunikationsträger (= Kommunikationskanäle wie z. B. TV, Kino, Hörfunk, Zeitung, Internet etc.) definiert werden. Auch die Frage nach den zu nutzenden Kommunikationsinstrumenten (z. B. Werbung, PR, Event-, Guerilla- oder Online-Marketing etc.) ist zu beantworten. Das Marketing spricht von der Definition des **Media-Mixes**.

Werden die Kommunikationskanäle festgelegt, werden damit implizit auch die Reichweite und das Areal bestimmt, in dem die Botschaften zu sehen, hören oder zu lesen sind. Das heißt, der **geografische Ort** (das Areal) muss bestimmt werden. Ebenso die **zeitliche Priorisierung** und zeitliche Ausgestaltung der Aktivitäten in und zwischen den Kommunikationsintervallen.

Damit steht die Kommunikationspolitik vor einer gewaltigen Herausforderung. Diese ist nur dann effizient zu bewältigen, wenn sie konzertiert gesteuert wird. Im Zusammenhang mit dieser Aufgabe spricht das Marketing vom Konzept der „Integrierten Kommunikation".

16.4.3 Das Konzept der integrierten Kommunikation

Die Unternehmenskommunikation dient der Selbstdarstellung und dem Dialog mit allen aktuell und dauerhaft relevanten Stakeholdergruppen. Dazu kann sie sich einer zunehmenden Anzahl an Kommunikationskanälen und Instrumenten bedienen sowie einer schier unendlichen Anzahl verschiedener Maßnahmen. Dies spricht zunächst dafür, dass alle möglichen Wettbewerbsvorteile, die das Unternehmen zu bieten hat, formuliert und über geeignete Kanäle gestreut werden: Je mehr desto besser. Mit dieser Methode würden allerdings zwei Probleme entstehen: Erstens verliert ein Objekt sein markantes Profil (Alleinstellungsmerkmal), wenn es als „eierlegende Wollmilchsau" vermarktet wird und damit auch seine Chance, als einzigartig im Wahrnehmungsraum der Bezugsgruppenmitglieder positioniert werden zu können. Und zweitens können Zielgruppenmitglieder unterschiedlichen Teilöffentlichkeiten angehören. Werden nun die Botschaften auf die Präferenzen einzelner Teilöffentlichkeiten abgestimmt, kann es schnell zu Irritationen kommen. Würde beispielsweise der Vorstand auf der internen Weihnachtsfeier ausdrücken, dass die Mitarbeiter im Zentrum der strategischen Unternehmensbemühungen stehen, auf der Hauptversammlung aber vortragen, dass die Aktionäre diesen Platz einnehmen und auf der Homepage wäre zu lesen, dass der Kunde im Fokus des Handelns steht, wäre dies für jemanden, der sowohl Mitarbeiter als auch Anteilseigner und Kunde ist, mehr als irritierend. Das Unternehmen würde an Glaubwürdigkeit verlieren – und zwar in allen drei Gruppen. Solche Inkonsistenzen sind zu vermeiden. Eine uneinheitliche Wahrnehmung führt zu Verzerrungen.

Um Teilöffentlichkeiten zielgruppengerecht anzusprechen, aber keine Inkonsistenzen aufzubauen, ist eine integrierte Unternehmenskommunikation unabdingbar (vgl. Bruhn 2011: 17 ff.). Integrierte Kommunikation generiert aus den differenzierten Quellen der internen und externen Kommunikation von Unternehmen eine Einheit. Vermittelt werden soll ein konsistentes Erscheinungsbild über das Bezugsobjekt (Leistung, Unternehmen etc.) an die Zielgruppen. Um dieses Ziel zu erreichen, ist eine zentrale Steuerung aller Kommunikationsinhalte und -maßnahmen notwendig. Die Steuerung umfasst die zielorientierte Koordination der Kommunikation auf allen Ebenen und in alle Richtungen. Dafür müssen auch die organisatorischen und personellen Voraussetzungen geschaffen und in den Betrieb implementiert werden (vgl. fortfolgend Bruhn 2005 sowie Meffert et al. 2015: 610 ff.).

Die formale Abstimmung der Kommunikation

Im Zusammenhang mit der Schaffung und Vermittlung eines in sich stimmigen Erscheinungsbildes vom Kommunikationsobjekt ist eine Unterscheidung zwischen inhaltlicher, formaler und zeitlicher Integration sinnvoll (vgl. Tab. 16.8 in enger Anlehnung an Bruhn 2005: 97 ff. und Meffert et al. 2015: 610).

Tab. 16.8: Formen der integrierten Kommunikation

Form	Gegenstand	Ziele	Instrumente	Zeithorizont
inhaltliche Integration	*thematische Abstimmung*	*Konsistenz, Eigenständigkeit*	*einheitliche Botschaften, Argumente, Bildmotive*	*langfristig*
formale Integration	Einhaltung formaler Gestaltungsprinzipien	Prägnanz, Klarheit	einheitliche Symbole, Logos, Slogans, Schrifttyp, Farben etc.	mittel- bis langfristig
zeitliche Integration	Abstimmung innerhalb und zwischen Planungsperioden	Konsistenz, Kontinuität	Ereignisplanung (Timing)	kurz- bis mittelfristig

– Die **inhaltliche Integration** bildet in Zeiten des „Information Overload" den Schwerpunkt der integrierten Kommunikation. In den Bereich der inhaltlichen Integration fallen sämtliche Maßnahmen, die die Kommunikationsmittel thematisch miteinander abstimmen. Durch den Slogan, die Kernbotschaft, das Kernargument und die Schlüsselbilder etc. wird das gewünschte Erscheinungsbild vereinheitlicht und auf das zentrale Ziel (das Selbstverständnis) abgestimmt. Einheitliche Botschaften lassen den Adressaten leichter, schneller und nachhaltiger lernen, was vermittelt werden soll. Ein positives Beispiel bietet das ZDF mit seinem Slogan „Mit dem Zweiten sieht man besser", der seit 1999 benutzt wird. Ein eher schlechtes Beispiel bietet das Nachrichtenmagazin Focus: von 1994 bis 2017 hat der Focus neunmal den Slogan gewechselt.[8] Obwohl Langfris-

8 Schneller auf den Punkt (1994), Fakten. Fakten. Fakten (1995), Gut, wenn man die Fakten kennt (2002), Montag ist Focus-Tag (2003), Fakten für Ihre Zukunft (2008), Das moderne Nachrichtenmaga-

tigkeit sinnvoll und gefordert ist, scheinen sich die Verantwortlichen nicht allzu häufig in dem erforderlichen Maße mit den Botschaften zu beschäftigen und daraufhin zu überprüfen, ob der gewählte Slogan auch die Unternehmensziele und das Selbstverständnis des Unternehmens tatsächlich verkörpert. Mitunter wird die langfristige Ausrichtung sogar als Monotonie oder Kreativitätslosigkeit fehlinterpretiert.

- Die **formale Integration** umfasst die Abstimmung sämtlicher Kommunikationsmittel durch Verwendung einheitlicher Gestaltungsprinzipien und soll eine leichtere Wiedererkennung und verbesserte Botschaftsaufnahme bei der Zielgruppe ermöglichen. Die formale Integration ist leichter umzusetzen und in der Mehrzahl der Unternehmen auch mit einem hohen Verbindlichkeitsgrad implementiert. Sie umfasst die formalen Prinzipien nach denen Kommunikationsmittel und -instrumente gestaltet werden. Das Ergebnis sind einheitliche Unternehmens- sowie Markenzeichen oder Logos, die, in Richtlinien (z. B. Corporate-Design-Programmen) festgeschrieben, leicht verordnet und kontrolliert werden können. Unternehmenszeichen und Logos werden in der Kommunikationspraxis selten(er) verändert und wenn, handelt es sich eher um eine Modernisierung als um ein grundsätzliches Neudesign.
- Die **zeitliche Integration** findet einerseits zwischen den Instrumenten statt, damit sie sich in ihrer Wirkung unterstützen. Andererseits soll die Kontinuität innerhalb der einzelnen Instrumente gewährleistet werden, was die Vertrautheit der Empfänger mit der Kommunikationsbotschaft verbessert und das Lernen erleichtert. Die zeitliche Integration umfasst auch die Planung des Maßnahmeneinsatzes. Besonderes Augenmerk muss auf die Kontinuität der Aussagen gelegt werden, denn zu häufig wechselnde Kommunikationsbotschaften verhindern einen nachhaltigen Lernerfolg. Das Resultat wäre der Glaubwürdigkeitsverlust. Bruhn sieht einen der häufigsten Gründe für Diskontinuitäten im Personalwechsel an den verantwortlichen Positionen (vgl. Bruhn 2005: 100 ff.)

Die Abstimmung der Kommunikation auf und zwischen den Marktstufen

Die inhaltliche, formale und zeitliche Abstimmung von kommunikativen Ansprachen und Maßnahmen müssen sowohl in horizontaler Richtung als auch in vertikaler Richtung vorgenommen werden. Die horizontale Abstimmung verbindet die Ansprachen auf einer Marktstufe. Die vertikale Abstimmung synchronisiert die Ansprache über verschiedene Marktstufen hinweg.

- Die **horizontale Integration** stellt darauf ab, Kommunikationsmaßnahmen zielgruppenorientiert abzustimmen. Horizontal wird diese Richtung genannt, weil Zielgruppen auf jeweils einer Marktstufe angesiedelt sind. So beispielsweise wer-

---

zin (2010), Das Nachrichtenmagazin (2010), Das Entscheidende im Focus (2012), Menschen im Focus (2017) (vgl. Slogans.de; Abruf am 08.01.2017).

den die Zulieferer von den Mitarbeitern und die wiederum von den Kunden (Konsumenten, Händler oder Unternehmen) oder der allgemeinen Öffentlichkeit unterschieden. Da die Zielgruppen in der Kommunikationspraxis zumeist aufgrund ihrer unterschiedlichen Präferenzen unterschiedlich angesprochen werden und auch unterschiedliche Maßnahmen an sie adressiert sind, ist es Aufgabe der integrierten Kommunikation (horizontale Integration) darauf zu achten, dass die Aussagen innerhalb der einzelnen Marktstufen unabhängig von der gewählten Maßnahme und den gewählten Instrumenten starke Ähnlichkeiten bzw. Gemeinsamkeiten aufweisen. So sind die Botschaften, die über Mailings, Verkaufsförderungsaktionen oder Events gestreut werden, innerhalb einer Zielgruppe zu vereinheitlichen.

– Die **vertikale Integration** bezieht sich nicht auf homogene Zielgruppen, sondern auf die Heterogenität der Zielgruppen, die der Mehrstufigkeit von Märkten zugrunde liegt. Die Verantwortung der vertikalen Integration liegt darin, die Zielgruppenansprache auf den verschiedenen Ebenen der Märkte zu synchronisieren. Die Botschaften, die an die Zulieferer gesendet werden, sollen sich im Wesentlichen nicht von den Kernaussagen und Gestaltungsformen der Botschaften, die an Zielgruppen auf anderen Marktstufen gesendet werden, unterscheiden. Dementsprechend müssen die Kommunikationsinhalte der jeweiligen Dialogpartner auf den Marktstufen (z. B. Herstellerzentrale, Tochterunternehmen, Verkaufsniederlassungen, Handelsvertreter etc.) gleichgeschaltet werden (vertikale Integration). Nur so wird gewährleistet, dass auch die externen Kommunikationspartner (Zulieferer, Kunden, Händler etc.) gleiche oder ähnliche Inhalte verbreiten.

Die instrumentelle Abstimmung der Kommunikation

Zum effizienten Einsatz des kommunikativen Gesamtkonzeptes gehört auch die Abstimmung des Einsatzes von Kommunikationsinstrumenten im Mediamix. Hier ist zu denken an die Koordination zwischen den unterschiedlichen Instrumenten und an die Feinjustierung innerhalb der Instrumentenbereiche. Der Einsatz muss auf beiden Ebenen koordiniert werden.

– Die **interinstrumentelle Integration** umfasst die Vernetzung der Aktivitäten und den koordinierten Einsatz der Maßnahmen zwischen den verschiedenen Instrumenten der Mitarbeiter-, Markt- oder allgemeinen Stakeholderkommunikation. Konkret müssen die Werbung, die Dialogkommunikation, die Verkaufsförderung etc., aber auch die Corporate-PR, die Social Communication oder die Krisenkommunikation nicht nur aufeinander abgestimmt werden, sondern auch ihrer Bedeutung entsprechend hierarchisiert bzw. priorisiert werden (interinstrumentelle Integration). Trotz der häufig unterschiedlichen Kommunikationsinhalte muss darauf geachtet werden, dass über die Instrumente einheitliche Aussagen und Werte etc. vermittelt werden.

- Die **intrainstrumentelle Integration** ist für die Vernetzung der Mittel und Maßnahmen innerhalb der einzelnen Instrumentenbereiche zuständig. Im Rahmen der intrainstrumentelle Integration gilt es z. B. die Mediawerbung im TV- und Radiobereich abzustimmen oder die handels- und konsumentengerichteten Verkaufsförderungsaktionen zu koordinieren sowie die unterschiedlichen Sponsoringaktivitäten etc. eines Unternehmens oder einer Marke durch ein übergreifendes Dachthema zu lenken.

Abgerundet wird das Aufgabenfeld der integrierten Kommunikation durch die Lenkung des Managementprozesses hinsichtlich der planerischen, organisatorischen und personellen Aufgaben. Zum **planerischen Bereich** gehören die Situationsanalyse der Kommunikation, die Formulierung von Zielen, die Entwicklung eines strategischen Konzeptes sowie die inhaltliche Planung und begleitend die Kontrolle der Kommunikationsmaßnahmen. Zum **organisatorischen Bereich** zählen die Aufgaben, die mit der Aufbau- und Ablauforganisation im Unternehmen verbunden sind. So z. B. die Schaffung entsprechender Stellen und Abteilungen oder die Implementierung von Entscheidungsgremien. Dem **personellen Bereich** zugeordnet sind die Aufgaben, die sich mit der Motivation, der Kooperationsbereitschaft, der Qualifikation, den Führungsaufgaben etc. befassen, um die Integration zu erleichtern. Insbesondere der Erfolgsbeitrag dieser drei Aufgabenfelder ist nicht hoch genug einzuschätzen, denn die Integrationsbemühungen stoßen häufig auf Widerstände im Unternehmen, die durch Abteilungsegoismen genährt und gefördert werden.

Das **Ziel der Integration** ist darin zu sehen, dass ein synergetischer Einsatz der Kommunikationsinstrumente bei gleichen Kommunikationskosten zu höheren Kommunikationswirkungen führt bzw. bei gegebenen Kommunikationsziele zu geringeren Kosten. Denn die unterschiedlichen Kommunikationsfachabteilungen können die gleichen Kommunikationsmittel nutzen und Kosten für abteilungsindividuelle Produktionen vermeiden. Ebenso wird eine straffere interne Organisation Kostensenkungspotenziale generieren. Auch der Dialog mit unterschiedlichen Kommunikationsagenturen kann kostengünstiger gestaltet werden, denn wenn ein einheitliches Kommunikationskonzept zugrunde gelegt wird, reduzieren sich auch die Beratungshonorare und die Menge an Auftragsarbeiten deutlich. Neben dem Kostenfaktor wirkt eine zweite Synergie im inhaltlichen Bereich: Der Lerneffekt bei den Kommunikationspartnern wird durch Gleichartigkeit und Wiederholung von Aussagen und Symbolen deutlich gestärkt. Zudem werden Irritationen vermieden.

16.4.4 Die Festlegung und Verteilung des Kommunikationsbudgets

Der unbegrenzten Anzahl an kreativen und instrumentalen Möglichkeiten, die Kommunikation zu gestalten und zu platzieren, steht im Unternehmensalltag ein nur begrenztes Budget gegenüber. Wünschenswert wäre es sicherlich, sehr viele Instrumente zu nutzen und eine möglichst hohe Reichweite zu generieren. Diesem Wunsch steht allerdings die ökonomische Realität knapper Ressourcen gegenüber. Aufgabe des Kommunikationsmanagements ist es daher, sowohl die Höhe des Budgets als auch die Verteilung des Budgets zu bestimmen.

Die Bestimmung der Budgethöhe

Soll die Höhe des Budgets bestimmt werden, stehen zwei Methoden zur Wahl: wirkungsgestützte und nicht-wirkungsgestützte.

Wirkungsgestützte Methoden der Budgethöhenbestimmung basieren auf der Vermutung, dass ein Ursache-Wirkungszusammenhang zwischen der Höhe eines Budgets (Abszisse) und der Zielgröße (z. B. Bekanntheit oder Absatz auf der Ordinate) besteht. Die Beziehung kann beispielsweise durch eine s-förmige oder eine konkav (degressiv steigend) verlaufende Funktion beschrieben werden, die auf einer bestimmten Höhe auf dem Ordinatenabschnitt beginnt. Beginnt sie auf einem Ordinatenabschnitt, bedeutet dies, dass ein gewisser Grundabsatz oder eine bestimmte Bekanntheit etc. auch ohne Kommunikationsmaßnahmen stattfinden wird. Liegt eine s-förmige Funktion zwischen Kommunikationsbudget und dem Absatz vor, bedeutet das, dass die Budgetverwendung zunächst nur geringe Auswirkungen auf den Abverkauf hat. Mit zunehmender Maßnahmenplatzierung steigt dann der Effekt überproportional an. Eine weitere Ausweitung des Budgets würde dann (ab dem Wendepunkt der Funktion) schließlich wieder zu zunehmend sinkenden Zuwachsraten im Absatz führen. Kleine Budgets einzusetzen, wäre also ebenso wenig hilfreich, wie zu große. Ist das Budget zu klein, verpufft die Wirkung. Sehr große Budgets werden ineffizient.

Das Problem der wirkungsbezogenen (analytischen) Budgetbestimmung liegt darin, dass die Gültigkeit eines bestimmten kausalen Zusammenhangs zunächst nur vermutet werden kann. Außerdem verkürzt das Modell die Wirklichkeit um alle sonstigen Einflüsse, die auf die Absatz- oder Kommunikationssituation wirken. Wirkungsmodelle haben in Bezug auf den Unternehmensalltag eher einen grundlegend erklärenden Charakter mit geringerer Praxisrelevanz. Auf eine Darstellung der verschiedenen Wirkungsmodelle, die grundlegend schon vor Jahrzehnten entwickelt wurden, soll deswegen hier verzichtet werden. Der interessierte Leser sei auf die einschlägige Originalliteratur verwiesen (vgl. z. B. Vidale und Wolfe 1957, Weinberg 1960, Krautter 1973, Meffert und Freter 1974, Landwehr 1988).

Nicht-wirkungsgestützte Methoden der Budgethöhenbestimmung stellen das übliche Handwerkzeug in der Budgetplanung dar. Am häufigsten werden heuristische Verfahren zur Budgetbestimmung eingesetzt. In diesem Umfeld werden Planungskennziffern festgelegt, die das Kommunikationsbudget aufgrund eines festgelegten Prozentsatzes einer bestimmten Bezugsgröße bestimmen. Typisch sind einfache Bezugsgrößen wie Umsatz und Gewinn oder Branchendurchschnittsaufwendungen.

Wird der Umsatz oder der Gewinn der abgelaufenen Periode als Bezugsgröße gewählt, bedeutet dies, dass ein bestimmter Prozentsatz „automatisch“ zur Verfügung gestellt wird. Wie hoch dieser Satz ist, ist unternehmensindividuell bestimmt und basiert auf den Erfahrungen in den vergangenen Jahren oder an der Position des Produktes im Lebenszyklus. Dementsprechend kann der Anteil fix oder variabel festgelegt sein. Noch wesentlich unverlässlicher ist die Methode, den Etat über einen Prozentsatz zur Verfügung stehender finanzieller Mittel zu bestimmen. Die Stärke der drei Verfahren liegt darin, dass Etats schnell und komplikationslos bestimmt werden können. Nachteilig wirkt sich aus, dass die sich errechnenden Budgets prozyklisch definiert werden. Das heißt, in guten Zeiten stehen hohe Etats zur Verfügung, in schlechten geringe. Sinnvoller wäre wohl die umgekehrte Logik.

Eine zweite Methode besteht in der Budgetbestimmung in Abhängigkeit der Ausgaben, die ähnlich große Wettbewerber investieren oder die Orientierung am Branchendurchschnitt. Diese Methode wird begründet mit der Annahme, dass es sinnvoll sei, in etwa die Kommunikationsausgaben zu veranschlagen, die auch Wettbewerber einsetzen, um den eigenen Marktanteil zu halten. Sinnlos wird dieser Ansatz hingegen, wenn der zum Vergleich herangezogene Wettbewerber nicht in der gleichen Situation ist, wie das eigene Unternehmen. Auch hier besteht also eine erhöhte Gefahr der Fehlallokation.

Aufwendiger als alle beschriebenen Methoden, aber auch sinnvoller, sind Budgetgrößenbestimmungen aufgrund einer Ziel-Maßnahmen-Kalkulation. Solche Verfahren gehören zu den marktbezogenen Ansätzen. Hier wird kostenmäßig bewertet, welche Maßnahmen bei welcher Reichweite und welchem Werbedruck (vgl. Kapitel 9.2) zu realisieren sind, um ein bestimmtes Ziel erreichen zu können. Die Maßnahmenaufwendungen werden schlussendlich aufaddiert und bilden den notwendigen Gesamtetat. Ist die rechnerische Größe nicht zu finanzieren, müssen die Pläne im Rahmen der Zielerreichungsplanung optimiert werden. Ein solcher Planungsprozess wird anhand eines fiktiven Projektbeispiels in Abb. 16.16 (in Anlehnung an Meffert et al. 2015: 584) dargestellt. Der Vorteil dieses Planungsverfahrens liegt auf der Hand: Es ist sachlogisch begründet. Der Nachteil wird aber auch offensichtlich: Das Verfahren ist aufwendig und es muss im Vorfeld relativ exakt eruiert werden, was erreicht werden soll und was getan werden muss.

Die Allokation des Budgets

Der in Abb. 16.16 dargestellte Planungsprozess beinhaltet neben der Budgethöhenbestimmung auch den zweiten Teil der Budgetplanung: die Allokation des Etats und damit die Zuteilung der Teilbudgets auf die einzelnen Instrumente, die innerhalb der Projektmaßnahmen genutzt werden sollen inklusive der Produktionskosten für die Kommunikationsmittel.

Bezüglich der Budgetallokation werden zwei Stufen unterschieden: Die Intermediaplanung und die Intramediaplanung:

- Als **Intermediaplanung** wird der Prozess bezeichnet, innerhalb dessen die Kommunikationskanäle bzw. die Mediengattungen bestimmt werden, die in einer Kampagne genutzt werden sollen.
- Die **Intramediaplanung** konkretisiert die Auswahl der Kommunikationsträger (Medientitel oder Sender) innerhalb der Gattungen.

Aufgabe:
Relaunch einer TV-Programmzeitschrift

Ziel:
Steigerung der gestützten Markenbekanntheit in der Zielgruppe Z
von 50 % auf 60 % innerhalb der kommenden 6 Monate

Rahmenbedingungen:
Die MaFo beziffert die ZG-Größe mit 13,7 Mio. Personen und Ø 10 Botschaftskontakten pro Zielperson, um den angestrebten Bekanntheitsgrad zu erreichen. Das heißt, mit den geplanten Maßnahmen müssen 137 Mio. Kontakte in der ZG erreicht werden.

Folgende Kommunikationsinstrumente und -maßnahmen sind geplant (die Intramediaplanung wird hier nicht berücksichtigt). Ausgegehend von geschätzten Bruttoreichweiteen (BRW) und dem gegebenen Tausend-Kontaktpreis (TKP) ergeben sich voraussichtlich die nachstehend aufgeführten Kosten:

Instrumente/Maßnahmen	BRW	TKP	Gesamtkosten in €
klassische Werbung			
TV-Spots	55 Mio.	17,10 €	940.500 €
Zeitschriftenanzeigen	30 Mio.	10,11 €	303.300 €
Hörfunkspots	35 Mio.	3,47 €	121.450 €
Online-Werbung			
Gewinnspiel	5 Mio.	0,15 €	750 €
Sponsoring			
Trikotsponsoring	12 Mio.	3,80 €	45.600 €
Streuplanung gesamt	137 Mio.		1.412.000 €
Produktionskosten			
TV-Spot			65.000 €
Zeitschriftenanzeige			14.000 €
Hörfunkspot			4.000 €
Gewinnspiel			3.000 €
Trikotausstattung			2.000 €
Produktionskosten gesamt			88.000 €
Gesamtkosten			1.500.000 €

Vergleich des notwendigen Budgets mit der zur Verfügung stehenden Budgethöchstgrenze. Dann entweder Durchführung der geplanten Maßnahmen oder Anpassung des Plans.

Abb. 16.16: Kommunikationsbudgetplanung (Höhe und Verteilung; ohne Zeitdimension)

Der **Mediaplan** vereint beide Planungen und ergänzt die Auswahl durch den Belegungsplatz und Belegungszeitplan. Er umfasst den gesamten Planungsprozess zur gezielten Nutzung von Massenmedien (Zeitschriften, Zeitungen, Hörfunk, Fernsehen, Internet etc.). Der Medienplan gibt damit die Kommunikationsintensität (Kommunikationsdruck) und die Reichweite wieder (vgl. Kapitel 9.2). Ziel der Mediaplanung ist die Auswahl und Belegung der Kommunikationsträger mit maximaler Wirkung bei gegebenen Bedingungen. Die Auswahl erfolgt aufgrund der Verbreitungsqualität der Medien (Auflage, Reichweite, Einschaltquote, User, Kontaktzahl etc.), der Schaltkosten (absolut und TKP) sowie der Kontaktqualität (Eignung zur Präsentation der Werbebotschaft), die durch das Medium hergestellt werden kann.

Die Auswahl der zur Verfügung stehenden **Kommunikationsinstrumente** ist gewaltig. Sie reicht von der klassischen Werbung, über die Public Relations, Guerilla-, Viral-, Ambient-Marketing bis hin zur personifizierten Online-Kommunikation. Eine allgemein konsensierte Systematik bezüglich der Einteilung der Instrumente ist in der Literatur nicht zu finden. Insbesondere die alternativen Kommunikationsinstrumente machen erheblich Probleme. Mitunter sind nicht einmal die Definitionen in Fachkreisen allgemein akzeptiert. Mit „gutem Willen" kann aber doch eine wenn auch rudimentäre Typologie angeboten werden, die zwischen den sogenannten „Above-the-Line"- und den „Below-the-Line"-Kommunikationsinstrumenten unterscheidet. Die „Linie" (Line) stellt die Wahrnehmungsschwelle des Adressaten dar (vgl. Schwarzbauer 2009: 29 ff.):

1. Zu den **Above-the-Line-Medien** (**ATL**) zählen alle Medien, die Werbung wahrnehmbar für den Adressaten transportieren. Hierzu zählen vor allem die Medien, die die Zielgruppenmitglieder unpersönlich ansprechen und breit gestreut sind (z. B. die Massenmedien). Zu den Above-the-Line-Kommunikationsmaßnahmen zählen entsprechend die Maßnahmen, die ihre Werbebotschaften deutlich ausweisen bzw. diese erkennbar machen (Printanzeigen, Fernsehwerbung, Radiowerbung, Außenwerbung, Kinowerbung und Teile der Onlinewerbung).
2. Zu den **Below-the-Line-Medien** (**BTL**) zählen alle Medien, die Werbung nicht vordergründig oder direkt wahrnehmbar für den Adressaten transportieren. Hierzu zählen vor allem die Medien, die die Zielgruppenmitglieder direkt und persönlich ansprechen. Die Ansprache kann aber auch unpersönlich sein. Auch die Streuungsbreite kann unterschiedliche Ausmaße annehmen (z. B. Event-Marketing, Sponsoring, Product-Placement, Direct-Marketing, Verkaufsförderung, Public Relations, Messen oder neuere alternative Werbeformen wie Viral Marketing, Sensation-Marketing, Guerilla-Marketing, Buzz-Marketing, Ambush-Marketing oder Ambient-Marketing etc.). Zu den Below-the-Line-Kommunikationsmaßnahmen zählen entsprechend die Maßnahmen, die ihre Werbebotschaften nicht oder nur unterschwellig erkennbar machen (Guerilla-Aktionen, Aktionen am Point of Interest/of Sale, Events, Teile der Online-Kommunikation etc.).

Im Rahmen dieser Publikation können nur einige beispielhaft ausgewählte Instrumente, die für Medienunternehmen größere Bedeutung haben, kurz skizziert werden (vgl. ausführlich in Gläser 2014 und Wirtz 2016; verwiesen sei auch auf die zahlreiche Literatur im Segment Marketing).

16.4.5 Ausgewählte Kommunikationsinstrumente und ihre Bedeutung für Medienunternehmen

Das wohl bedeutendste Instrument in der auf den Abverkauf von Marktleistungen abzielenden Kommunikation ist die Werbung.

- **(Klassische) Werbung** ist die entgeltliche, öffentliche, absichtliche und zielgerichtete Kommunikation von Botschaften an mehr oder minder bekannte Zielgruppen, die über Medien transportiert werden und beim Adressanten spezifische Verhaltensdispositionen[9] stärken bzw. gewünschte Verhaltensäußerungen (z. B. Kauf/Wiederkauf) bewirken sollen.

Wer sich die Statistik über die Werbeaufwendungen der Branchen in Deutschland anschaut, wird feststellen, dass jedes Jahr aufs Neue die Medien selbst ihre besten Kunden sind. Das Netto-Werbevolumen, das Medienunternehmen jährlich für die Werbung verausgaben, liegt bei über drei Mrd. Euro. Allen voran setzen die Rundfunkveranstalter das Instrument der Werbung intensiv ein. Jedoch haben diese auch den Vorteil, dass sie Eigenwerbung (**On-Air-Promotion**) in großem Umfang einsetzen können, ohne sich finanziell zu belasten. Dabei kann die Eigenwerbung innerhalb eines Kanals ausgestrahlt werden oder innerhalb einer Senderfamilie. Es können auch Gattungsgrenzen überwunden werden, wenn beispielsweise im WDR-Hörfunk für ein WDR-Fernsehformat geworben oder im Online-Auftritt von RTL 2 auf eigene Sendeprodukte hingewiesen wird. Diese Art der Werbung wird als CrossMedia-Werbung bezeichnet. Besonders prominent sind die Programm-, Genre- oder Image-Trailer in der Eigenwerbung vertreten.[10] Eine Studie hat ermittelt, dass Sat.1 im Jahre 2002 über 72.000 und RTL mehr als 67.000 Trailer ausgestrahlt hat (vgl. Böringer 2005: 85). Das sind rund 200 Trailer pro Tag. Neben der On-Air-Promotion wird auch die **Off-Air-Promotion** intensiv genutzt. Das sind Werbemaßnahmen außerhalb des eigenen Senderaums. So werben die Sender (und Verlage) auch regelmäßig in Zeitschriften oder auf Plakatwänden und Litfasssäulen (Out of Home-Media).

- **Out of Home-Media (OoH, Außenwerbung)** ist die Bezeichnung für Werbung im öffentlichen Raum (z. B. die Werbung auf Plakaten, Litfasssäulen, City-Light-Poster, Taxi-Türen etc.). Auch hier zeigen sich häufig Anwendungen, die der Digitalisierung gedankt sind. Über den Einsatz von QR-Codes beispielsweise wird die Interaktion mit Kommunikationspartner möglich. Eine besondere Form des OoH stellt das Ambient Media dar.

---

9 Eine Verhaltensdisposition ist die Bereitschaft des Organismus, sich unter spezifischen Bedingungen auf eine bestimmte Art zu verhalten (vgl. Perrez und Patry 1981).

10 Ein Programm-Trailer bewirbt eine bestimmte Sendung. Ein Genre-Trailer bewirbt eine bestimmte Kompetenz des Senders; beispielsweise die Politik- oder Sportberichterstattung. Ein Image-Trailer bewirbt den Sender als Ganzes („Mit dem Zweiten sieht man besser") (vgl. Gläser 2014: 476).

- **Ambient Media** bezeichnet Werbemittel, die als Außenwerbung im direkten Lebensumfeld ihrer Zielgruppe eingesetzt werden (Swing-Ads, Warenproben, Gratispostkarten, Pizzakartons etc.) und häufig schnellere und provokantere Wirkungen als die Plakatierung im klassischen Bereich des OoH erzielen.

On-Air- und Off-Air-Promotion findet – ebenso wie die Contentvermarktung – auf zwei Märkten statt. Alle Maßnahmen, die sich an den Zuschauermarkt wenden, zählen zur sogenannten **Audience Promotion**. Alle Maßnahmen, die sich an die Werbekunden richten, zählen zur **Sales Promotion**. Gläser weist zu Recht darauf hin, dass die Begrifflichkeit Promotion für Werbemaßnahmen mehr als unglücklich gewählt ist, denn im wissenschaftlichen Fachjargon steht dieser Begriff für das Instrument der Verkaufsförderung. Die Verkaufsförderung wird hier aber relativ streng vom Instrument der Werbung abgegrenzt (vgl. Gläser 2014: 477).

- Unter den Begriff **Verkaufsförderung (VkF)** werden alle kommunikationspolitischen Maßnahmen gefasst, die die Verkaufsbemühungen des Herstellers oder Handels unterstützen und auf eine Absatzsteigerung abzielen. Die Maßnahmen sind zeitlich beschränkt, haben Aktionscharakter und umfassen eine Vielzahl unterschiedlicher Möglichkeiten. Die Verkaufsförderung gehört in den Bereich des Push-Marketings.

Aufgrund der Distributionsform beschränkt sich die VkF im TV- und Radiobereich weitgehend auf den Endkunden (Zuschauer, Hörer). Der Printbereich kennt auch die Händler- und die Verkäuferpromotion. Soweit das Medium zumindest teilweise werbefinanziert ist, wird die VkF auch in der Werbeakquisition eingesetzt. Dies insbesondere deswegen, weil das Produkt Werbung in einem Medium erklärungsbedürftig ist und der Beratung im persönlichen Verkaufsgespräch bedarf. Hier dienen auch explizit ausgearbeitete Mediadaten als Verkaufsförderungsunterlage.

Beispiele für VkF-Aktionen im Kundenbereich sind Gewinnspiele, Prospekte, Anrufaktionen, Autogrammstunden, Zugaben, Werbegeschenke, Gratis- oder Probeabonnements, Leser-werben-Leser- und Freundschaftswerbe-Aktionen (z. B. im Pay-TV) etc. Im Zentrum steht die Aktivierung und Motivierung des Publikums, der Leser und der User, aber auch die Verstärkung der Kundenbindung.

Zur VkF gehören auch das Merchandising und das Licensing. Das **Merchandising** ist eine VkF-Maßnahme, die dem Handel die Möglichkeit einräumt, Werbemittel und Streuartikel (Kugelschreiber, Kalender, USB-Sticks etc.) des Herstellers zu nutzen, um die Popularität beider (Hersteller und Handel) zu fördern und die Markenposition oder die Kundenbindung zu stärken. Die Artikel werden kostenlos oder zum Selbstkostenpreis abgegeben. Das **Licensing** verfolgt hingegen ökonomische Ziele mit der Einräumung von Nutzungsrechten, bestimmte Marken und Artikel (Begleitbücher und DVDs, Personalities (z. B. eine Moderatorenmarke), Toys & Games, Textilien etc.), kommerziell verwerten zu dürfen. Hier werden Popularitäten gewinnorientiert vermarktet und gleichzeitig Markenbekanntheiten und Kundenbindungen gefördert sowie größere Reichweiten erzielt und Absatzpotenziale erschlossen.

Das Sponsoring, Product-Placement und der Einsatz von Testimonials sind in der Medienlandschaft schon seit vielen Jahren etabliert (nicht nur als Erlösquelle, sondern auch als selbstgenutztes Kommunikationsinstrument). Auch das Event-Marketing als punktuelle und zeitlich limitierte Form der Anreiz- und Erlebniskommunikation wird immer häufiger eingesetzt. Die Public Relations hingegen zählt zu den Begleitinstrumenten, die permanent innerhalb von Unterstützungsmaßnahmen zum Einsatz kommen. In Bezug auf die Werbewirtschaft dienen auch Messen als wertvolle Informations- und Kontaktplattformen zwischen den Werberaumanbietern und Werberaumnachfragern.

- **Sponsoring** umfasst die Bereitstellung von Geld, Sachmitteln, Dienstleistungen und Knowhow durch Unternehmen zur Förderung von Personen oder Organisationen im sportlichen, kulturellen oder sozialen Bereich (vgl. Bruhn 2014: 236). Sponsoringziele liegen vor allem in der Erhöhung der Bekanntheit und dem Imagetransfer. Das Sponsoring steht damit in enger Nähe zu VkF-Aktivitäten.
- **Product-Placement** ist die gezielte Einbindung eines Markenartikels in eine (Film-)Szene. Dieses Produkt (z. B. eine Tageszeitung) kann handlungsneutral eingesetzt werden, indem beispielsweise der Hauptdarsteller eine Zeitung deutlich sichtbar und identifizierbar unter dem Arm eingeklemmt, trägt. Das Produkt kann aber auch kreativ in die Handlung integriert sein (der Hauptdarsteller nennt oder nutzt die Zeitung in einer Spielszene oder er setzt einen bestimmten Browser bei der Recherche ein). Im ersten Fall spricht das Marketing von On-Set-Placement, im zweiten von Creative Placement. Ziel ist die positive Integration von Produkten, um den Erinnerungseffekt zu stärken und die Marke emotional zu positionieren. An das Product-Placement sind in Deutschland strenge Rechtsnormen angelegt.
- **Einsatz von Testimonials** bedeutet, dass Personen vorgeben, ein beworbenes Produkt selbst zu nutzen oder dessen Wert zu bezeugen (to testify). Als Testimonials wirken Menschen, „wie Du und ich“ oder bekannte Persönlichkeiten, mit einem bestimmten Image/Status. Entscheidend ist, dass entweder Ähnlichkeit erkannt wird oder dass eine positive emotionale Beziehung (Wertschätzung etc.) zum Testimonial besteht. Häufig werden Moderatoren als Referenzkunden eingesetzt.
- **Event-Marketing** umfasst die erlebnisorientierte Inszenierung von firmen- oder produktbezogenen Ereignissen. Events setzen auf emotionale und psychische Reize bzw. auf eine multisensuale Ansprache und fördern über das Mitmacherlebnis Identifikationspotenziale. Sie können allerdings nur einer begrenzten Anzahl von Stakeholdern angeboten werden und sind in der Regel sehr kostenintensiv. Andererseits kann sehr reichenweitenstark über die inszenierte Erlebniswelt und die Impressionen der Teilnehmer berichtet werden.

- **Public Relations (PR)** vermitteln Informationen über Kommunikationsobjekte und stellen darauf ab, Vertrauensverhältnisse zu den Stakeholdergruppen aufzubauen, um die Beziehungen zu vereinfachen und möglichst positiv zu gestalten. Der Gedanke, der aus Unternehmenssicht hinter der PR steht lautet: Gute Beziehungen fördern den Absatz und/oder reduzieren Konfliktkosten. Eine bedeutende, aber bei weitem nicht die wichtigste Facette der PR ist die Pressearbeit. In der PR geht es um die Kontaktpflege und den Imageaufbau bzw. die Pflege des Images. Letztendlich hilft die PR das Unternehmen zu stabilisieren, d. h. die Krisenfestigkeit zu stärken, indem die Beziehungen zu den Anspruchsgruppen vertrauensvoll und starkbandig gestaltet werden. Das Instrumentarium, das der PR zur Verfügung steht, ist sehr vielfältig und reicht von der Pressemitteilung, über hausinterne Events, der Ausschreibung von Wettbewerben, dem Sponsoring bis hin zur Beteiligung oder Ausrichtung von Dialogforen und Aktivitätsplattformen im Internet.
- **Social-Media-Marketing (SMM)** gehört in den Bereich der **Online-Kommunikation**, die sehr vielfältig ausgestaltet werden kann. Das Social-Media-Marketing beschreibt die Nutzung sozialer Netzwerke für Marketingzwecke. Es koordiniert Elemente des Marketingmixes mit der Zielsetzung, kundenorientiert zu kommunizieren und nutzt dafür spezifische Plattformen. Diese Plattformen können in drei Schwerpunktgruppen differenziert werden: In soziale Netzwerke (z. B. Facebook, My Space, Xing etc.), in Entertainmentplattformen (z. B. YouTube, Flickr etc.) und in Informationsplattforen (Blogs, Twitter, Wikipedia etc.). Über solche Plattformen werden beispielsweise Aktionen im Viralmarketing (Guerilla-Marketing) gestreut.
- **Viralmarketing** ist ein Marketinginstrument, welches das gezielte Auslösen und Kontrollieren von Kommunikation in sozialen Netzwerken von Mund zu Mund, von Maus zu Maus oder von Mobile zu Mobile umfasst. Durch emotionale oder monetäre Anreize werden Verbraucher animiert, Informationen zum Zwecke der Vermarktung von Unternehmen und deren Leistungen (häufig über das Internet) in ihrem sozialen Netzwerk zu verbreiten (vgl. Pradel und Schulte 2006: 72).
- **Guerilla-Marketing** ist die Kunst, den von Werbung übersättigten Konsumenten größtmögliche Aufmerksamkeit durch unkonventionelles bzw. originelles Marketing zu entlocken. Dazu ist es notwendig, dass sich der Guerilla-Marketeer möglichst (aber nicht zwingend) außerhalb der klassischen Werbekanäle und Marketing-Traditionen bewegt (vgl. Pradel und Schulte 2006: 22). Das Grundprinzip lautet: Durch Überraschung Begeisterung erzielen. Eine größere Reichweite werden Guerilla-Maßnahmen aber erst durch virale Aktionen erreichen, da sie örtlich begrenzt stattfinden. Dafür sind die Kosten solcher Aktionen relativ niedrig. Die größte Gefahr liegt im sogenannten Vampireffekt begründet, d. h. die Maßnahme wird erinnert, die Marke bzw. der Absender hingegen nicht. Ein Beispiel für einen solchen Effekt zeigt das Computerspiel „Mohrhuhnschießen", das im Jahre 1999 entwickelt wurde, um die schottische Whisky-Marke „Johnnie Walker" zu

promoten. Das Spiel selbst wurde so populär, dass es zeitweise den Betriebsalltag in deutschen Unternehmen bedrohte, weil die Mitarbeiter das Spiel exzessiv nutzten. Mit der Whisky-Marke brachte es kaum jemand in Verbindung.
Ob das Viralmarketing dem Guerilla-Marketing über-, unter- oder beigeordnet ist, wird in der Literatur uneinheitlich diskutiert, soll aber hier nicht weiter problematisiert werden. Wegen der zunehmenden Bedeutung soll abschließend noch das Blog-Marketing als alternative Form der Marketing-Kommunikation vorgestellt werden.

- **Blog-Marketing** ist die Bewerbung des eigenen Unternehmens, der eigenen Marken, Produkte oder Dienstleistungen über eine (offizielle) Website eines Unternehmens mit dem Ziel, Kundendialoge zu initiieren. In Form eines tagebuchähnlichen Journals werden dabei Meinungen, Informationen und Weblinks veröffentlicht, wobei eine häufige Aktualisierung und das Erscheinen in umgekehrt chronologischer Reihenfolge typische Merkmale sind (vgl. Schwarzbauer 2009: 32).

Entscheidend für den erfolgreichen Einsatz und die Wirkungseffizienz der Kommunikationsinstrumente ist die konzertierte Bündelung und Abstimmung aller Maßnahmen, Inhalte und Timings im Sinne (der bereits dargestellten) integrierten Kommunikation.

Fragen zu Kapitel 16.4

?

1. Beschreiben Sie die Aufgaben und Ziele der Kommunikationspolitik.
2. Was besagt die Lasswell-Formel und welche Bedeutung hat sie für das Kommunikationsmanagement?
3. Welche Techniken der Kommunikation werden in der Vermittlung von Botschaften eingesetzt und worin unterscheiden sie sich?
4. Beschreiben Sie die Entscheidungsfelder einer Kommunikationstrategie.
5. Was versteht die Kommunikationspolitik unter einer Copy-Strategie und aus welchen Facetten besteht sie. Beschreiben Sie.
6. Beschreiben Sie das Konzept der integrierten Kommunikation hinsichtlich seiner allgemeinen Aufgaben und Ziele.
7. Was bedeutet im Zusammenhang mit der integrierten Kommunikation die formale, inhaltliche und zeitliche Integration?
8. Was ist jeweiliges Ziel und worin unterscheidet sich die horizontale von der vertikalen Integration kommunikativer Aufgaben?
9. Wie können Kommunikationsbudgets der Höhe nach bestimmt werden? Systematisieren Sie Ihre Antwort.
10. Was versteht die Kommunikationspolitik unter der Allokation des Budgets?
11. Was ist ein Mediaplan?
12. Was sind und worin unterschieden sich ATL- von BTL-Medien?
13. Beschreiben Sie drei beliebige Kommunikationsinstrumente und nennen Sie einschlägige vor- und Nachteile.

16.5 Die Distributionspolitik in Medienunternehmen

Die Distributionspolitik umfasst die Regelung und Bestimmung aller betrieblichen Aktivitäten, die dazu beitragen, eine Leistung vom Ort ihrer Entstehung unter Überbrückung von Raum und Zeit an jene Stellen heranzubringen, wo sie in den Verfügungsbereich des Abnehmers übergehen soll (vgl. Becker 2013: 527 ff., Thommen et al. 2017: 89 ff., Meffert et al. 2015: 511 ff., Kotler et al. 2009: 1073 ff.).

16.5.1 Aufgaben und Ziele der Distributionspolitik

Zu den **Aufgaben der Distributionspolitik** gehört es, die Leistungen zu präsentieren und verfügbar zu machen. Die Distributionspolitik sorgt für die Übertragung der Verfügungsrechte. Mediengüter werden Käufern bzw. Verwendern über eine Vielzahl von Vertriebskanälen angeboten. Grundsätzlich gilt das Prinzip der **Ubiquität**. Ubiquität (Allgegenwärtigkeit) bedeutet im Kontext der Distributionspolitik, dass eine Ware praktisch überall erhältlich sein soll. Dies gilt vor allem für Zeitungen und Zeitschriften, aber zunehmend auch für Bücher. Materielle Musik- und Game-Träger werden jedoch noch weitgehend über den Fachhandel distribuiert. Der E-Commerce deckt heute alle Bereiche des Medienhandels ab.

Das Marketing unterscheidet zwei grundsätzlich abgegrenzte Entscheidungsfelder in der Distributionspolitik, fühlt sich aber nur für einen dieser Handlungsbereiche originär zuständig. Unterschieden wird die akquisitorische Distribution von der logistischen Distribution. Die **akquisitorische Distribution** befasst sich mit der Festlegung und Steuerung der Absatzkanalstruktur (Wie kommt das Produkt zum Verwender?) sowie mit der Auswahl und der Steuerung der Vertriebsorgane (Wer stellt den Kontakt zum Verwender her?). Somit beeinflussen akquisitorische Entscheidungen den Distributionsgrad (vgl. Kapitel 9.1.8) und damit die Absatz- und Erlösfunktion des Unternehmens. Die **logistische Distribution** befasst sich mit Fragen des Transportes der Waren. Die Anforderungen können als 4-R-Konzept formuliert werden: „Das richtige Produkt, zur richtigen Zeit, in der richtigen Menge, am richtigen Ort zu möglichst geringen Kosten". Die Logistik verantwortet den Warentransport, die Lagerung und lieferungsrelevante Standortbelange. Logistische Distributionsentscheidungen beeinflussen die Lieferbereitschaft und damit die Kostenfunktionen des Unternehmens. Für logistische Fragen erklärt sich das Marketing nur in sehr engen Grenzen zuständig.

Die spezifischen **Ziele der Distributionspolitik** folgen dieser Zweiteilung und können sowohl auf den Endabnehmer als auch auf den Handel ausgerichtet sein. Sie differenzieren sich in ökonomische, versorgungsorientierte und psychologische Ziele (vgl. Tab. 16.9).

Um seine vertrieblichen Ziele erreichen zu können, kann ein Unternehmen unterschiedlich vorgehen. Salopp ausgedrückt, kann das Unternehmen die Vertriebsaufga-

Tab. 16.9: Zielbereiche und Ziele der Distributionspolitik

Zielbereiche der Distributionspolitik	Zielausprägungen
ökonomische Ziele	Halten oder Erhöhen der Absatzmengen
	Sicherstellung von Deckungsbeiträgen und Preisniveaus
	Senkung von Vertriebs- und Logistikkosten, etc.
versorgungs-orientierte Ziele	Aufbau und Sicherstellung eines gewünschten Distributionsgrades für das gesamte Sortiment
	Beeinflussung des Bevorratungsverhaltens des Handels (Lieferung von fertigungsoptimalen Bestellmengen)
	Senkung von Lieferzeiten
	Erhöhung der Lieferbereitschaft und Lieferzuverlässigkeit, etc.
psychologische Ziele	Sicherstellung eines guten Vertriebsimages
	Sicherstellung einer qualitativ angemessenen Beratung
	Sicherstellung der bestmöglichen Kooperationsbereitschaft des Handels, etc.

ben selbst übernehmen oder anderen übertragen. Beide Formen haben Vor- und Nachteile, auf die noch eingegangen wird. Anlässlich dieser beiden Alternativen unterscheidet die Distributionspolitik zwei grundsätzlich verschiedene Vertriebskonzepte, kennt aber auch hybride Formen, die beide Konzepte in sich vereinen. Das erste Konzept orientiert sich an der Wegstrecke, die ein Produkt vom Hersteller zum Endkunden zurückzulegen hat. Dieser Weg kann kurz oder länger sein. Der kürzeste Weg ist die Direktlieferung vom Hersteller an den Endkunden. Länger sind die Wege über den Handel. Das zweite Konzept orientiert sich an der Anzahl der Wege, die genutzt werden sollen, um die Produkte an den Kunden übergeben zu können. Mit dem ersten Konzept wird die vertikale Absatzkanalstruktur bestimmt; mit dem zweiten die horizontale.

16.5.2 Die Gestaltung der Absatzkanalstruktur

Als Absatzkanal wird der Weg bezeichnet, den ein Produkt vom Hersteller zum Endkunden nimmt. Die Absatzkanalstruktur, die durch die Wege entsteht, kann direkte Vertriebswege aufweisen und indirekte. Dementsprechend wird zwischen dem direkten und dem indirekten Vertrieb unterschieden. Der **direkte Vertrieb** ist dadurch gekennzeichnet, dass zwischen dem Hersteller und dem Endkunden nur ein einziger Eigentumswechsel stattfindet. Der Hersteller gibt das Produkt direkt an den Endverbraucher weiter. Der **indirekte Vertrieb** ist dadurch gekennzeichnet, dass das Produkt auf dem Weg vom Hersteller zum Endkunden mehr als einmal den Eigentümer wechselt. Wird nur der Einzelhandel zwischengeschaltet, wechselt das Produkt zweimal den

Eigentümer. Ist auch der Großhandel involviert, resultieren drei Eigentumswechsel. Aufgrund der Wechselhäufigkeit werden tiefe von flachen Absatzkanalstrukturen unterschieden.

Hat das Absatzkanalmanagement über die **Tiefe des Absatzkanals** entschieden, muss noch über die **Breite der Absatzkanäle** befunden werden. Die Breite des Absatzkanals bestimmt die Verfügbarkeit der Ware am Markt und wird durch die Anzahl der Absatzmittler auf einer Marktstufe definiert. Sie beantwortet die Frage, wie viele Groß- und/oder Einzelhändler in die Distribution involviert sind. Das Marketing spricht auch von involvierten Betriebsformen. Die **Betriebsform** erfasst, welche Stellung ein Handelsbetrieb in der Distributionskette einnimmt. Betriebsformen sind beispielsweise der Großhandel, der Einzelhandel, der Import- und Exporthandel.

Die Tiefe des Absatzkanals im konkreten Sinne wird über die Anzahl der der Betriebstypen definiert, die innerhalb der Betriebsformen eingesetzt werden. **Betriebstypen** sind Kategorien von Verkaufsstätten, die ähnliche Merkmalskombinationen aufweisen. Zu den Betriebstypen des Großhandels zählen der Presse-Grosso, Sortimentsgroßhandel, Spezialgroßhandel, Cash & Carry Großhandel, Zustell-Großhandel etc. Zu den Betriebstypen des Einzelhandels zählen der Presse-Einzelhandel, die Discounter, Fachgeschäfte, Supermärkte, Online-Shops, Tele-Shops, Versandhäuser etc.

Die absatzkanalpolitischen Entscheidungsfelder fasst Abb. 16.17 zusammen.

Grundsätzlich entscheidet sich der Kreative (z. B. Autor, Entwickler, Produzent etc.), ob er sein Werk (z. B. Text, Bild, Film, Game) direkt an den Endnutzer (z. B. Le-

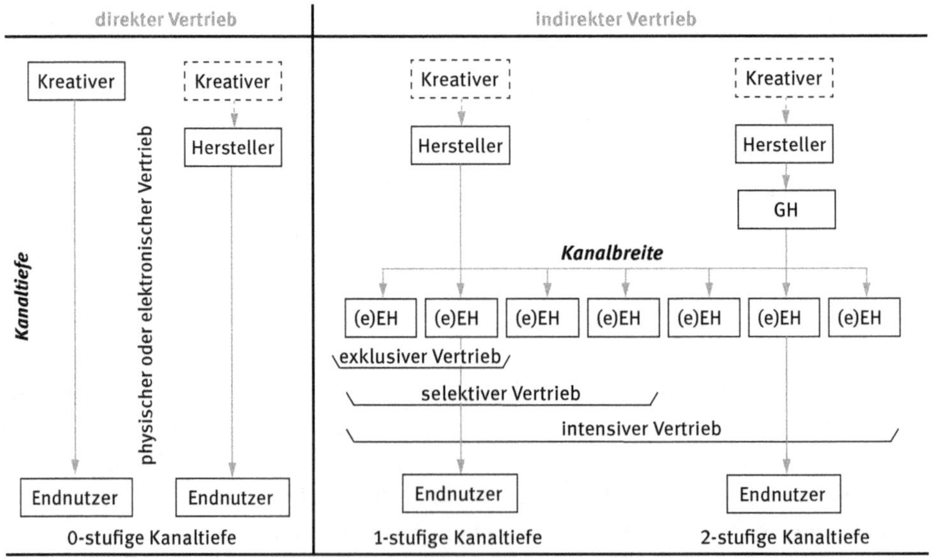

Abb. 16.17: Entscheidungen in der Absatzkanalgestaltung

ser, Zuschauer, Hörer, Nutzer) liefert oder über einen Hersteller (z. B. Verlag, Rundfunkanstalt, Publisher) distribuieren lässt. In beiden Fällen kann von einem Direktvertrieb gesprochen werden, weil für den Fall, dass der Kreative nicht selbst distribuiert, er quasi ein Vorprodukt an den Hersteller abliefert, das dieser dann endfertig und ausliefert. Der Direktvertrieb kann sowohl physisch als auch elektronisch erfolgen. In der elektronischen Variante wird das Produkt entweder über einen Download zugänglich gemacht oder über eine Plattform zur Nutzung bereitgestellt werden (Downloads beispielsweise für E-Books; Plattformen für Online-Spiele). Zwischenstufen sind auf dem Verteilungsweg nicht eingegliedert. Es findet nur eine einzige Rechteübertragung auf dem Vertriebsweg statt. Die Kanaltiefe hat den Wert null. Der Handel wird ausgeschlossen. Das Marketing spricht beim Direktvertrieb von **Disintermediation.**

Entscheidet sich der Hersteller nicht selbst zu distribuieren oder zumindest einen Teil des Absatzes dem Handel zu überantworten, entsteht indirekter Vertrieb. Abbildung 16.17 zeigt, dass dieser ein- oder mehrstufige Kanal Tiefe hat. Er könnte auch über die Darstellung in Abb. 16.17 hinaus weitere Stufen enthalten. Dies wäre der Fall, wenn zwischen Hersteller und Großhandel oder Großhandel und Einzelhandel noch ein Importeuer oder Exporteuer zwischengeschaltet wäre.

Je nachdem, wie breit gestreut, das Produkt erhältlich sein soll, werden unterschiedlich viele Absatzmittler auf einer Distributionsstufe eingeschaltet. Es lassen sich drei Ausgestaltungsformen unterscheiden:

1. Die **intensive Distribution**: Wird eine hoher Distributionsgrad angestrebt, müssen so viele Händler wie möglich akquiriert werden. Eine qualitative Auswahl oder Beschränkung findet dementsprechend nicht statt. Durch die intensive Distribution soll eine ubiquitäre Verfügbarkeit gesichert werden. Dies gilt vor allem für Güter des täglichen Bedarfs. Auf den Medienbereich bezogen, werden vor allem Zeitungen und Zeitschriften, aber zunehmend auch Bücher mit einem sehr hohen Distributionsgrad ausgestattet.
2. Die **selektive Distribution**: Die Händler werden nach bestimmten Qualitätskriterien ausgewählt. Typische Qualitätskriterien im selektiven Distributionskonzept sind die Beratungsqualität, die Verkaufsfläche, die Geschäftsausstattung etc. Fachmärkte erfüllen diese Anforderungen. Selektive Distribution wird im Musik- und Game-Handel betrieben. Aber auch hier werden die Strukturen immer durchlässiger.
3. Die **exklusive Distribution**: Die Führung von exklusiven Premiummarken ist häufig mit exklusiven Distributionskonzepten verbunden. In diesem Konzept werden die Händler nach Qualitätsmerkmalen gefiltert und der besonderen Beratungsqualität wegen anzahlmäßig beschränkt. Dies ermöglicht hohe Handelsspannen und eine größere Bereitschaft für besondere Verkaufsbemühungen. Die Exklusivität kann auch dem Image der Marke geschuldet sein, an nur ausgewählten Verkaufsstellen verfügbar zu sein.

Im Zusammenhang mit der Distribution gewinnt der **Mehrkanalabsatz** (Multi-Channel-Vertrieb) immer mehr an Bedeutung. Dies ist vor allem der Tatsache geschuldet, dass Medien leicht digital vertrieben werden können. Die digitale Distribution hat zudem den Vorteil, dass die Nachfragewünsche individualisierter befriedigt werden können und ein unmittelbarer Kontakt zum Endverbraucher hergestellt werden kann. So ist der Multi-Channel-Vertrieb heute zum Normalfall geworden. Nach dem Prinzip „viele Köche verderben den Brei“ kann es im Mehrkanalvertrieb aber auch dazu kommen, dass Leistungen und Marken mit unterschiedlichen Botschaften vertrieben werden, da der Hersteller die Kontrolle verliert. Um dieser Gefahr entgegenzuwirken, werden vor allem im markenbewussten Komplementärgüterbereich große und imagestarke **Flagship Stores** betrieben, die nicht nur Umsatz generieren sollen, sondern die Produkte (Marke) auch erlebnisstark inszenieren, um den Markenkern herauszustellen und vor einer flächendeckenden Erodierung zu bewahren (vgl. Moore et al. 2009: 139 ff., zit. n. Meffert et al. 2015: 526).

Damit ist die Frage, wie die Distribution ausgestaltet werden kann im Allgemeinen beantwortet; nicht aber, warum der Hersteller den Handel überhaupt einschaltet. Vordergründig könnte angenommen werden, dass einfach nur dem Kundenwunsch entsprochen wird, d. h. die Produkte werden an den Orten angeboten, an denen sie vom Kunden erwartet werden. Das ist natürlich korrekt, aber nicht der tatsächliche Grund für die **Intermediation** (Einschaltung des Handels). Denn der Kunde erwartet das Produkt an den Orten, an denen er gelernt hat, dass das Produkt dort erhältlich ist. Der Kausalzusammenhang zwischen Erwartung und Erhältlichkeit ist also umgekehrt.

Die Antwort auf die Frage liefert die Ökonomie mit ihrer Rationalitätsforderung (ökonomisches Prinzip). Im Zusammenhang mit dem Vertriebssystem gibt es zwei Zielgrößen: den Umsatz und die Kosten. In diesen beiden Parametern liegt auch die Lösung des Problems verankert. So kann die Antwort auf unterschiedliche Arten formuliert werden: Der Handel wird vom Hersteller eingeschaltet,

- wenn er ihm hilft, einen bestimmten Distributionsgrad kostengünstiger zu realisieren als er es allein könnte,
- wenn er ihm hilft, Umsatzsteigerungen zu realisieren, die größer ausfallen als die zusätzlichen Kosten, die er aufwenden muss, wenn er den Handel nutzt (Grenzerlöse $\geq$ Grenzkosten des Fremdvertriebs)
- wenn die Gewinnmarge, die der Hersteller an den Handel abgeben muss, nicht durch die Kosteneinsparungen aufgezehrt werden.

Die wesentlichen **Vor- und Nachteile** des direkten bzw. indirekten Vertriebs aus Sicht des Herstellers zeigt Tab. 16.10. (vgl. Winkelmann 2012: 638 und Meffert et al. 2015: 517, 531)

Tab. 16.10: Vor- und Nachteile des direkten und indirekten Vertriebs

Vertriebsform	Vorteile	Nachteile
direkter Absatz	– transparente Kundenbeziehungen – besserer Zugriff auf Kunden bei erklärungsbedürftigen Gütern – größere Sorgfalt bei transportempfindlichen Gütern – hohe Bedarfspotenziale in bestimmten Gebieten können effizient befriedigt werden – größere Preisspielräume – einfachere Kanalsteuerung – vollständigte Ergebnistransparenz	– Filialnetzaufbau ist langwierig, kostenintensiv und risikoreich – e-Shop-Systemaufbau erfordert IT-Kompetenz – hohe logistische Kompetenz erforderlich – niedrigerer Distributionsgrad – hohe Verkaufsanstrengungen – geringe Marktexpansionsmöglichkeiten – hohe Verwaltungskosten – höhere Abhängigkeit gegenüber einzelnen Kunden – starke Markenbekanntheit notwendig
indirekter Absatz	– geringere Investitionen des Herstellers – effiziente und schnelle Einführung neuer Produkte – Handel übernimmt Beratungsleistungen – Handel übernimmt Teile der Lagerhaltung – Handel stellt Sortiment zusammen, Hersteller kann sich spezialisieren – Hersteller kann sich auf wenige Händler konzentrieren und trotzdem hohe Marktbreite erreichen – vereinfachte Organisation	– fehlender Kontakt zum Endabnehmer – geringere Gewinnmargen – höherer Koordinationsaufwand – Abhängigkeiten gegenüber Absatzmittler – Kontrolle über Produktpräsentation geht verloren – Kontrolle über Servicequalität geht verloren – Gefahr der Beeinträchtigung des Produktimages durch stark unterschiedliche Geschäftsstättenimages oder Lage der Geschäftsstätten
Multi-Channel-Absatz	– umfassende, individuelle und kostengünstige Betreuung vorhandener Kunden – multiple Kundenbindung durch ein Netzwerk an Geschäfts- und Servicebeziehungen – kanalübergreifendes Cross-Sellingpotenzial – individuelle Ansprache und Gewinnung neuer Kundensegmente – größere Möglichkeiten zur identitätskonformen Markenpräsentation	– Konflikt der Absatzkanäle kann das Vertriebsengagement (die Effizienz der Kanäle) reduzieren – steigender Koordinationsaufwand durch Komplexitätserhöhung – hohe Investitionen beim Aufbau – fehlende Kompetenzen in Kanalbereichen – unzufriedene Kunden durch eine nicht integrierte und kanalübergreifende Kundenbetreuung – Entstehung von Irritationen im Markenimage durch mangelhafte Abstimmung der Absatzkanäle

Immer wenn Parteien zusammenarbeiten, kann es zu Konflikten kommen. So auch im Vertrieb. Hier liegt ein typisches **Trade-Off-Problem** vor, das sich zwischen Herstellerunabhängigkeit und Kooperationssynergie bewegt. Wesentliche Ziele des Herstellers und des Handels, die Konfliktpotenzial in sich tragen, zeigt Tab. 16.11.

Tab. 16.11: Konfliktpotenziale zwischen Hersteller und Handel

Ziele des Herstellers	Ziele des Handels
– Profilierung der eigenen Produkte und Marken	– Profilierung der eigenen Einkaufsstätte und Handelsmarken
– besondere Platzierung der eigenen Produkte	– POS-fokussierte Werbung mit Beistellungen des Herstellers
– kontinuierlicher Fluss von Produktinnovationen	– Konzentration auf profitable Innovationen
– Vermarktung des gesamten Produktprogramms	– Konzentration auf profitstarke, zielgruppenaffine Angebote
– Reduktion der Handelsspanne als Kostenfaktor	– Produktplatzierung nach Kauf- und Sortimentskriterien
– kostenneutrale Verlagerung von Vertriebsfunktionen auf den Handel (Beratung, Lagerung etc.)	– zusätzliche Vergütung bei Übernahme von Vertriebsfunktionen des Herstellers
– Fertigungsoptimale Bestellmengen	– Minimierung der Lagerhaltung (Just-in-Time-Anlieferung)

Zu den technisch-ökonomischen und zielorientierten Problemstellungen kommen auch noch eine Reihe verhaltens- und motivationspsychologische **Konfliktfelder** hinzu (vgl. Kotler et al. 2015: 1020 ff.). Hier sind vor allem die Rollenbeziehungen und die Machtbeziehungen zu nennen. **Rollenbeziehungen** führen zu Konflikten, weil jeder Marktpartner eine unterschiedliche Auffassung davon haben kann, welche Aufgaben an die eigene Rolle und die des Marktpartners geknüpft sind. Diese Rollenerwartungen divergieren beispielsweise deutlich im Bereich der Abverkaufsunterstützung (z. B. die Durchführung und Finanzierung von Werbemaßnahmen am POS). Der Handel sieht hier verstärkt den Hersteller in der Pflicht. Sind die wechselseitigen Erwartungen nicht klar definiert, ist die Gefahr von Rollenkonflikten hoch (vgl. Meffert et al. 2015: 516). **Machtbeziehungen** führen unweigerlich zu Konflikten, wenn die Marktmacht unterschiedlich verteilt ist. Der Handel kann bei geringer Alleinstellung des Produktes mit Auslistung drohen, wenn seine Forderungen nicht realisiert werden. Der Hersteller könnte mit Kanalverkürzung drohen, wenn beispielsweise besondere Präsentationsformen nicht umgesetzt werden. Dafür muss das Produkt aber auch für den Handel sehr attraktiv sein und vielleicht zum Imageverlust führen, wenn er es nicht vorhält.

Einen optimalen Vertriebs-Fit zu finden, ist nicht einfach und verlangt heute ein intensives, kontinuierliches und qualitativ hochwertiges Vertriebsmanagement, das mit einem umfangreichen Controlling-Instrumentarium und hoher Führungskompetenz ausgestattet ist.

Es gibt eine Reihe von Varianten des direkten und indirekten Vertriebs, auf die hier aber nicht weiter eingegangen werden soll. Genannt seien das Shop-in-Shop-System und der Fabrikverkauf (Factory-Outlet) als direkte Vertriebswege und der Vertragshandel oder das Franchising als indirekte Vertriebskanäle.

16.5.3 Die Wahl der Absatzorgane (Intermediäre)

Wenn die Systementscheidungen getroffen sind, müssen die Strukturen mit Kontaktstellen besetzt werden. Das heißt, es muss festgelegt werden, wer den Kontakt zum Abnehmer herstellt. Aus Sicht des Managements geht es nunmehr um die akquisitorische Distribution im engeren Sinne: den Verkauf. In Frage kommen unternehmenseigene Vertriebsorgane (direkter Vertrieb) und unternehmensfremde Vertriebsorgane (indirekter Vertrieb). Eine Übersicht bietet Abb. 16.18.

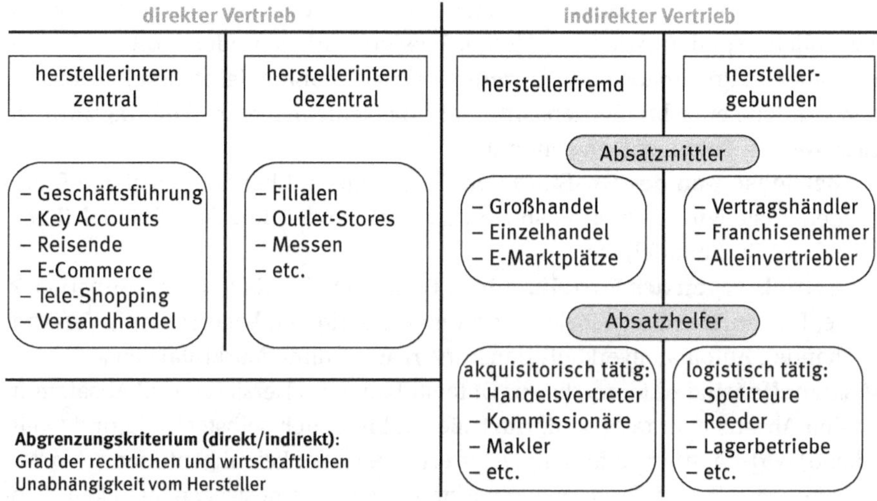

Abb. 16.18: Absatzorgane im Vertriebskanalsystem

Grundsätzlich tragen alle Mitarbeiter, die Kundenkontakt haben, vertriebliche Verantwortung (auch wenn es vielen Betroffenen nicht in ausreichendem Maße bewusst ist). Zu den **Absatzorganen des direkten Vertriebssystems** gehören speziell dafür ausgebildete Funktionsträger. Beispielsweise die Mitglieder der Geschäftsführung. Diese sind überwiegend aktiv, wenn hochrangige persönliche Kontakte zu den Kunden notwendig sind. Diese Funktion übernehmen auch die Key Accounts, die für die Betreuung von Schlüsselkunden zuständig sind. Des Weiteren können Mitarbeiter (Verkäufer) im Außendienst aktiv sein. Diese werden Reisende genannt und wie die Key Accounter weitgehend über die Zentrale des Herstellers geleitet. Zentral gesteuert wird auch der elektronische Handel über eigene E-Shops oder der Versandhandel. Das Tele-Shopping wird zu den zentral gesteuerten Vertriebsorganen gezählt, weil der TV-Sender nur die Plattform zur Verfügung stellt und die Anbieter auf eigenes Risiko verkaufen. Zu den dezentral gesteuerten Verkaufsaktivitäten zählen die Abverkäufe über das eigene Filialnetz oder die Factory-Outlets, die insbesondere Auslaufmodelle und Restbestände vermarkten. Der Messeverkauf zählt zu den zeitlich befristeten Absatzaktivitäten.

Absatzorgane des indirekten Vertriebs sind dadurch charakterisiert, dass sie nicht zum Mitarbeiterkreis gehören bzw. rechtlich nicht ins Unternehmensgeflecht eingebunden sind. Diese Gruppe von Absatzorganen wird in Absatzmittler und in Absatzhelfer differenziert.

- **Absatzmittler** sind rechtlich und wirtschaftlich selbstständige Absatzorgane, die Produkte von Lieferanten auf eigene Rechnung und auf eigenes Preis- und Absatzrisiko kaufen und ohne wesentliche Be- oder Verarbeitung oder Einbau in andere Produkte verkaufen. Absatzmittler, die an den Endverbraucher (an jedermann) verkaufen, zählen zum **Einzelhandel.** Der **Großhandel** verkauft seine Waren an gewerbliche Kunden (Wiederverkäufer, Wiederverarbeiter oder Großabnehmer), nicht aber an Privathaushalte. Einzelhandel und Großhandel stellen Betriebsformen dar. Jede einzelne Betriebsform hat unterschiedliche Erscheinungsformen. Diese werden Betriebstypen genannt.
  - **Betriebstypen des Großhandels:** Sortimentsgroßhandel, Spezialgroßhandel, Zustellgroßhandel, Cash & Carry-Großhandel, Regalgroßhandel (Rack-Jobber-Großhandel) etc.
  - **Betriebstypen des Einzelhandels:** Fachgeschäfte, Kaufhäuser, Supermärkte, Einkaufszentren, Kioske, Discounter, Boutiquen, Lagerverkauf, Versandhandel, Automatenverkauf, Haustürverkauf, Online-Marktplatz etc.
- **Absatzhelfer** sind Akteure, die zur Unterstützung der Hersteller und Absatzmittler sind Absatzhelfer tätig sind. Auch sie sind rechtlich selbstständig und (weitgehend) wirtschaftlich unabhängig. Sie erwerben aber kein Eigentum an den Waren, die sie für ihre Lieferanten vermarkten und tragen deswegen auch keine Abverkaufs- und Preisrisiken für die Produkte, die sie anbieten, transportieren oder lagern.

  Zu den **akquisitorischen Absatzhelfern** zählen Handelsvertreter, Kommissionäre, Makler und andere.
  - **Handelsvertreter** (vgl. §§ 84 ff. HGB): Selbstständiger Gewerbetreibender, der in fremden Namen und auf fremde Rechnung Waren vermittelt. Die Bezahlung erfolgt auf Provisionsbasis.
  - **Kommissionäre** (vgl. §§ 383 ff. HGB): Selbstständiger Gewerbetreibender, der auf eigenen Namen, aber auf Rechnung seiner Auftraggeber Waren kauft und verkauft. Die Bezahlung erfolgt umsatzabhängig.

- **Makler** (vgl. §§ 93 ff. HGB): Selbstständiger Vermittler, der Kaufwillige und Verkaufswillige zusammenbringt und gegen Erfolgsprovision (Courtage) Gelegenheiten zu Geschäftsabschlüsse vermittelt.

Zu den **logistischen Absatzhelfern** zählen Spediteure, Reeder, Lagerbetriebe und andere raum- und zeitüberbrückende Unterstützer.

16.5.4 Die logistische Distribution

Die Absatzlogistik umfasst alle Tätigkeiten der technischen Überführung von Unternehmensleistungen an den Ort der Transaktion und sorgt damit für den physischen oder elektronischen Transport der Angebotsleistungen. Sie hat dafür Sorge zu tragen, dass die richtigen Produkte, zur richtigen Zeit, in der richtigen Menge, am richtigen Ort zu möglichst geringen Kosten vorhanden sind bzw. geliefert werden. Die Logistikleistungen beinhalten damit nicht nur den Transport im engeren Sinne, sondern auch die Lagerhaltung und das Bestandsmanagement sowie die Auftragsabwicklung (Gestaltung des Informationsflusses zwischen Hersteller und Abnehmer). Ziel ist es, Fehlmengen zu vermeiden und die Servicequalität zu optimieren. Einen Überblick über den Leistungsanspruch und die Aufgabenbereiche der Logistikfunktion zeigt Abb. 16.19.

Die vier Zieldimensionen, die kostenminimierend optimiert werden sollen, sind die Lieferzeit, die Lieferzuverlässigkeit, die Lieferqualität und die Lieferbereitschaft. Das ist einfacher gefordert als getan, denn bei näherer Betrachtung wird deutlich, dass die Zielbereiche zum Teil stark konkurrieren oder schwierig zu operationalisieren sind.

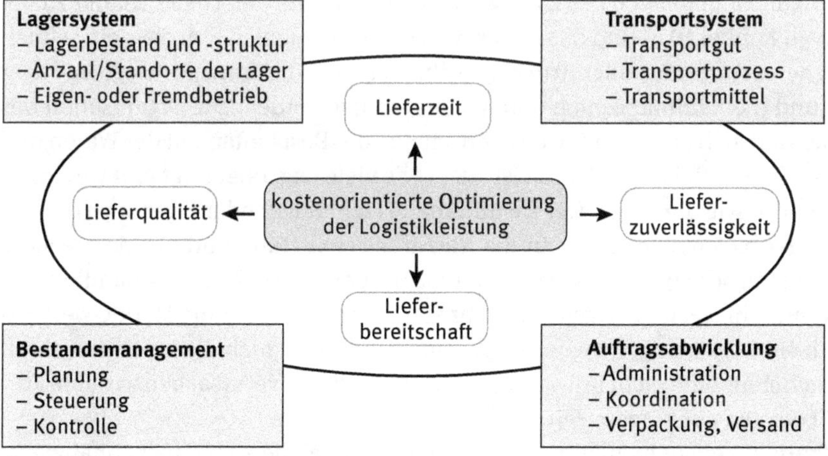

Abb. 16.19: Leistungsanspruch und Aufgabenbereiche der Logistikfunktion

Die **Lieferzeit** umfasst die Zeitspanne zwischen Auftragseingang beim Anbieter und dem Eintreffen der Ware beim Kunden. Je kürzer die Lieferzeit, desto flexibler kann der Kunde disponieren. Kurze Lieferzeiten erfordern aber auf Seiten der Hersteller, dass sie einen hohen Lagerbestand vorhalten müssen. Damit erhöht sich die **Lieferbereitschaft**, aber auch die Kapitalbindung durch höhere Lagerhaltungskosten (vgl. Trade-off-Problem der optimalen Bestellmenge in Kapitel 10.1.8). Verlängert sich die Lieferzeit durch ein restriktives Bevorratungsverhalten, sinken zwar die Lagerhaltungskosten, aber die Lieferbereitschaft sinkt ebenfalls entsprechend. Mit dem Absinken der Lieferbereitschaft wiederum könnte die Absatzmenge sinken. Das heißt, Fehlmengen führen immer zu Opportunitätskosten.

Die **Lieferqualität** sagt etwas darüber aus, ob eine Lieferung vollständig, unbeschädigt und mit allen erforderlichen Dokumenten ausgestattet beim Abnehmer ankommt. Damit ist sie das Maß für den Grad der Einhaltung der mit den Kunden abgestimmten Beschaffenheit der Ware zum Zeitpunkt des Wareneingangs in Bezug auf den Liefertermin, die Menge, Güte und Vollständigkeit. Alle Eigenschaften zusammen bestimmen das Vertriebsimage und damit die **Lieferzuverlässigkeit.** Diese beschreibt die Wahrscheinlichkeit, mit der die Termin- und Liefertreue des Versenders eingehalten wird, sprich wie zuverlässig die bestellte Ware beim Kunden ankommt. Sie wird auch als Liefertreue bezeichnet.

Für Kunden sind Liefertreue und Lieferqualität die wesentlichen Parameter zur Beurteilung der Logistikleistung. Bei sonst gleichen oder sehr ähnlichen Produkteigenschaften entscheiden die Liefertreue und Lieferqualität häufig darüber, wo ein Auftrag platziert wird.

Um diese Zielparameter optimal ausrichten zu können, bedarf es eines systematischen Managements des Lager- und Transportsystems, eines optimierten Bestandsmanagements und einer effizienten Auftragsabwicklung.

Die Aufgaben im Bereich des Lagerwesens liegen darin, den Lagerbestand zu optimieren (vgl. Kapitel 10.8) und das **Lagersystem** so zu organisieren, dass ein schnelles und sicheres Auffinden aller Artikel gewährleistet ist, die Transportwege im Lager kurz sind und die Räumlichkeiten optimal ausgenutzt werden. Die Organisation des Lagers orientiert sich an der Größe des Sortiments, der Beschaffenheit der Waren und deren Umschlaghäufigkeit. Zu klären ist auch, wie viele Lager benötigt und wo sie angelegt werden sowie die Frage, wer sie unterhält (Fremdlager oder Eigenlager).

Eigenlager bieten sich an, wenn die Nachfrage sehr stabil und die Märkte stark konzentriert sind oder wenn Produkte vor Auslieferung eine spezielle Behandlung erfordern. Wenn hingegen die Nachfrage sehr stark schwankt oder die Märkte weit verstreut sind, sind Fremdlager angeraten. Letztendlich spielt auch die Investitionskraft des Unternehmens eine nicht unwichtige Rolle. Fremdlager verursachen variable Kosten oder Fixkosten auf kürzere Zeit.

Das **Transportsystem** zu gestalten ist eine Aufgabe, die zum einen abhängig ist vom Transportgut (z. B. Größe, Empfindlichkeit, Verderblichkeit etc.) selbst. Auch der Transportprozess (Häufigkeit, Intervall, Zeitfenster, Geschwindigkeit etc.) wirkt auf die Ausgestaltung des Transportsystems. Letztendlich ist das Transportmittel zu bestimmen. Hier stehen die Schiene, die Straße, der Wasserweg, die Luft oder Rohr- bzw. Datenleitungen zur Auswahl. Berücksichtigt werden muss auch, ob nur Lieferungen anstehen oder auch die Selbstabholung (bzw. Download) möglich sein soll.

Das **Bestandsmanagement** plant und kontrolliert das Lager- und Transportsystem. Hinzu kommt die Aufgabe, alle Aktivitäten der Logistik so zu konzipieren und zu steuern, dass Lagerbestände bei Erhaltung oder Erhöhung des Lieferserviceniveaus und der damit einhergehenden Kundenzufriedenheit so weit wie möglich reduziert werden.

Die **Auftragsabwicklung** umfasst neben der Ziel- und Prozessplanung vor allem operative Aufgaben. Damit steht die Auftragsabwicklung im Zentrum der Kundenbeziehung. Aufgaben, die in diesem Bereich anfallen, sind die administrativen Erfordernisse der Abwicklung (z. B. Auftragsbestätigung, Fakturierung), die Initiierung und Koordination des Abwicklungsprozesses bis hin zur Bestimmung von Verpackung und Versand.

Da Medien in unterschiedlicher Form am Markt gehandelt werden und diese Formen bestimmte Problembereiche ausblenden oder verstärken, soll abschließend auf die spezielle Vertriebslogistik in Medienunternehmen eingegangen werden. Allerdings sind die Ausführungen zusammenfassender Art. Eine detailliertere Analyse des Prozessdesigns in den einzelnen Gattungen liefern Gläser (2014) und Wirtz (2016).

16.5.5 Der Vertrieb von Medienprodukten

Werden Medienleistungen für den Vertrieb systematisiert, können vier unterschiedliche Vertriebswelten identifiziert werden:

Vertrieb von materiellen Nicht-Presseerzeugnissen

Zu den Nicht-Presseerzeugnissen zählen zunächst die materiell getragenen Medien wie Bücher sowie auf optische Speichermedien gepresste Musik, Filme und Games. Diesen vier höchst unterschiedlichen Medien ist gemein, dass ihr Vertrieb sehr stark vom Handel abhängig ist (vgl. Breyer-Mayländer und Werner 2003: 208).

Bücher, DVDs, Blu-Rays und CDs werden einerseits direkt von den Verlagen (z. B. über eigene elektronische Shopsysteme) vermarktet. Dies allerdings nur in relativ geringen Mengen. Größer ist der (indirekte) Absatz über den Handel. Dieser Absatzweg kann einstufig oder zweistufig sein (vgl. Kapitel 16.5.2).

- **Einstufiger Absatz** ist dann gegeben, wenn der Verlag den Einzelhandel direkt beliefert.
- **Zweistufiger Absatz** liegt dann vor, wenn der Verlag Großhändler versorgt, die dann wiederum den Einzelhandel beliefern.

Das Problem für die Verlage besteht hier darin, zwischen direktem Vertrieb, der höhere Gewinnspannen liefert, und dem indirekten Vertrieb, der eine höhere Marktpräsenz und Reichweite verspricht, aber einen Gewinnanteil für den Händler verbraucht, abzuwägen. Den Handel zu verärgern wäre fatal.

Betreiben Verlage Direktvertrieb zu den Endkunden, handelt es sich um eine sogenannte **Dis-Intermediation**, „da sie den Handel als intermediäre Einrichtung aussteuern und umgehen" (Gläser 2014: 483). Fallen Vertriebsstufen nicht weg, sondern verschieben sich Vertriebsstufen (beispielsweise vom stationären zum elektronischen Buchhändler) spricht das Marketing von **Re-Intermediation**. „Faktisch handelt es sich dabei um Versandhandel" (Gläser 2014: 483).

Im Buchhandel besteht, anders als im Handel mit Musik, Games oder Filmen die sogenannte **Buchpreisbindung**. Buchpreisbindung bedeutet, dass hier der Einzelhandel keinen Preisspielraum hat, eigene Preisvorstellungen durchzusetzen. Die Endpreise werden durch die Verlage diktiert. Im Buchpreisbindungsgesetz von 2002 heißt es dazu: „Das Gesetz dient dem Schutz des Kulturgutes Buch. Die Festsetzung verbindlicher Preise beim Verkauf an Letztabnehmer sichert den Erhalt eines breiten Buchangebots. Das Gesetz gewährleistet zugleich, dass dieses Angebot für eine breite Öffentlichkeit zugänglich ist, indem es die Existenz einer großen Zahl von Verkaufsstellen fördert" (§ 1 BuchPrG).

Die Buchpreisbindung gilt mindestens 18 Monate ab Erscheinungsdatum des Werkes (vgl. § 8 BuchPrG). Mengenrabatte und andere Vergünstigungen an Großhändler oder Benachteiligungen von kleinen Absatzmittlern sind damit ausgeschlossen.

Vertrieb von materiellen Presseerzeugnissen

Der Vertrieb von Zeitungen und Zeitschriften ist geprägt von gesellschafts- und medienpolitischen Normen. Ziel des Gesetzgebers ist, dass Presseerzeugnisse leicht und frei für jeden Menschen zugänglich sind, da sie Meinungsvielfalt, Transparenz und Informiertheit fördern und damit für die Funktionsfähigkeit der Gesellschaft eine Schlüsselrolle einnehmen. Angebotsvielfalt soll in Meinungsvielfalt transformiert werden (vgl. Ludwig 1998: 112).

Der Vertrieb von Presseerzeugnissen erfolgt auf drei grundsätzlich unterschiedliche Arten:

- Über den ein- und zweistufigen **Einzelverkauf**
  Einstufig ist beispielsweise die Belieferung des Bahnhofsbuchhandels. Zweistufig ist der Absatz über das Presse-Grosso[11], der wiederum den Einzelhandel (z. B. Lebensmitteleinzelhandel oder Kioske) beliefert. Dieser Absatzweg ist dadurch bestimmt, dass keine langfristige Abnahmeverpflichtung besteht.

11 „Das Presse-Grosso ist die Großhandelsform des Pressemarktes, die die unterschiedlichen Formen des Einzelhandels und zum Teil auch den Automatenverkauf abdeckt. Sie genießen Gebietsschutz" (Breyer-Mayländer und Werner 2003: 214).

- Über das **Abonnement**
  Die Absatzart über das Abonnement ist sowohl mit zeitlicher Abnahmeverpflichtung, aber auch mit Preisnachlässen versehen. Die Belieferung erfolgt direkt im Auftrag des Verlags; entweder postalisch oder über (Früh-)Zulieferer.
- Über den **Lesezirkel**
  Die Vertriebsart Lesezirkel besteht aus der Vermietung von Presseprodukten. „Hier erwirbt der Nutzer der Presseprodukte kein Eigentum, sondern lediglich das Recht auf Nutzung für eine bestimmte Zeit" (Breyer-Mayländer und Werner 2003: 212).

Da gewährleistet sein soll, dass alle Presseprodukte am Markt verteilt werden, hat ein Verlag ein Recht darauf, dass seine Produkte verteilt werden. Im Gegenzug hat der Einzelhandel das Recht, nicht verkaufte Exemplare zurückgeben zu können (Remissionsrecht). Damit handelt der Verkäufer nicht auf eigenes Risiko. Das Risiko des Abverkaufs trägt der Verlag. Zurückgegebene (remittierte) Titel werden Remittenden genannt. Hätte der Handel das Absatzrisiko für die „leicht verderbliche" Ware Presse zu tragen, würde er immer nur so viele Presseerzeugnisse einkaufen, wie er glaubt, mit Sicherheit verkaufen zu können. Neue oder kleinauflagige Titel hätten von vornherein keine Chance. Nur die Rücknahme aller unverkauften Exemplare und damit die Übernahme des gesamten Absatzrisikos durch den Verlag garantiert die Versorgung des Handels mit einer ausreichenden Menge, um alle Absatzchancen zu nutzen (vgl. VDZ.de).

Vertrieb von Rundfunkerzeugnissen

Der Begriff „Rundfunk" (Radio und Fernsehen) wird sowohl medienpolitisch (inhaltlich) als auch technisch (logistisch) benutzt. Medienpolitisch wird von Radio- und Fernsehinhalten gesprochen, wenn Inhalte in gleicher Form in Echtzeit[12] an viele, nicht individuell adressierte Rezipienten elektronisch übermittelt werden. Im technischen Verständnis handelt es sich um ein unidirektionales (einseitig gerichtetes) Verteilsystem für Hörfunk- und Fernsehprogramme. (Vgl. Freyer 2009: 292) Rundfunkprogramme können auch via Internet verteilt werden; dann nämlich, wenn sie ins Internet gestreamt werden, um von internetfähigen Empfangsgeräten abgerufen werden zu können.

Der Rundfunk wird wegen seiner herausragenden Bedeutung für die Funktionsfähigkeit der Gesellschaft noch stärker reguliert als der Bereich der Presseerzeugnisse. Die wichtigste gesetzliche Grundlage ist der bundeseinheitliche Rundfunkstaatsvertrag. Zuständig für die geregelte Frequenzvergabe und Lizenzierung der einzelnen

12 „Arbeitsweise einer elektronischen Rechenanlage, bei der das Programm oder die Datenverarbeitung (nahezu) simultan mit den entsprechenden Prozessen in der Realität abläuft" (Duden).

(nichtkommerziellen und kommerziellen) Sender in den Bundesländern sind die jeweiligen Landesmedienanstalten (Aufsichtsbehörden).

Im elektronischen Bereich des Rundfunks steht der indirekte Vertrieb deutlich im Mittelpunkt der Absatzstrategien. Die Verbreitung von Rundfunkinhalten (Fernsehen und Hörfunk) erfolgt über Satelliten- und Kabelnetzbetreiber. Die terrestrische Übertragung (seit Ende März 2017 über DVB-T2) via Sendernetze nimmt an Volumen ab. Die Übertragung über das Internet via Provider nimmt hingegen an Volumen zu.

Vertrieb von Online-Medien

Online-Medien werden via Internet übertragen. Abgerufen werden die Inhalte über internetfähige Endgeräte: PC, Laptop, Tablet, Konsolen und Smartphones. „Für die Online-Medien wird die Wahl des Distributionskanals nur dann relevant, wenn dies bereits bei der Gestaltung des Angebots berücksichtigt werden muss, wie dies bei Websites oder mobilen Endgeräten (portable devices) der Fall ist." (Breyer-Mayländer und Werner 2003: 222) Technische Engpässe sind hier nicht zu erwarten.

?

Fragen zu Kapitel 16.5

1. Beschreiben Sie die Aufgaben und die spezifischen Ziele der Distributionspolitik.
2. Erläutern Sie den Unterschied zwischen dem direkten und dem indirekten Vertrieb und nehmen Sie Stellung zu den jeweiligen Vor- und Nachteilen.
3. Was versteht das Marketing unter den Begriffen der Intermediation und Disintermediation?
4. Beschreiben Sie den Unterschied zwischen intensiver, selektiver und exklusiver Distribution und nennen Sie jeweils typische Produkte, die entsprechend vermarktet werden. Im Anschluss begründen Sie die jeweilige Produkt-Vertriebsform-Kombination.
5. Beschreiben Sie den Multi-Channel-Ansatz sowie seine Vor- und Nachteile.
6. Worin liegen die Konfliktpotenziale zwischen Hersteller und Handel?
7. Beschreiben Sie die Absatzorgane des indirekten Vertriebs.
8. Problematisieren Sie das Thema „logistische Distribution" anhand ihrer Entscheidungsbereiche und Zieldimensionen.
9. Beschreiben Sie die Besonderheiten im Vertrieb von materiellen Medienprodukten und grenzen Sie sie von den Besonderheiten im Vertrieb von immateriellen Medienprodukten ab.
10. Worin liegen die Besonderheiten im Vertrieb von Presse- und Rundfunkerzeugnissen?

17 Wie werden Leistungsprozesse in Medienunternehmen abgesichert?

Als Leistungsprozess kann das gesamte auf ein Ziel hin abgestimmte Wertschöpfungsgeschehen in einem Unternehmen bezeichnet werden. Dieses Geschehen zu sichern und zu optimieren, ist Aufgabe des Managements im Zusammenhang mit dem formalen Oberziel des Unternehmens, den Betrieb langfristig zu sichern.

Grundlegend für die Sicherung des Unternehmens ist es, ein marktorientiertes Portfolio aufzubauen und zu pflegen sowie zukunftsgerichtete Investitionsentscheidungen zu treffen und dafür Sorge zu tragen, dass die Finanzierung der betriebsnotwendigen Aktivitäten gesichert ist. Dementsprechend soll im Folgenden einführend und komprimiert auf die strategischen Herausforderungen und operativen Möglichkeiten in diesem Verantwortungsbereich eingegangen werden.

17.1 Die Ressourcenzuweisung als Grundlagenentscheidung

Unternehmen überleben, wenn sie ihre Wettbewerbsvorteile sichern. Dies bedeutet aber nicht, erst auf eingetroffene Veränderungen zu reagieren, sondern vorab, unter Einbezug der potenziellen Gegebenheiten, proaktiv zu planen und die notwendigen rationalen Entscheidungen frühzeitig zu treffen (vgl. Bea und Haas 2016: 1 sowie Welge 2012, S. 460). Da das unternehmerische Umfeld geprägt ist von ständigem Wandel, besteht die große Herausforderung für Unternehmen darin, diesen Wandel bestenfalls vorherzusehen und frühzeitig zu antizipieren. Insbesondere neue Technologien, Innovationen, geänderte Kundenanforderungen oder Aktivitäten des Wettbewerbs erfordern hier ein hohes Maß an Flexibilität und Weitsicht.

Aus Sicht der marktorientierten Unternehmensführung müssen vor allem die Geschäftsfelder im Unternehmen strategisch optimiert werden. Dazu ist es jedoch notwendig, ein genaues Bild von der Marktsituation, der Einordnung der Produkte und deren Ertragskraft zu haben, um entsprechende strategische Entscheidungen für die Gestaltung und Weiterentwicklung des Produktportfolios treffen zu können.

Auf die grundlegenden Möglichkeiten, solche Managemententscheidungen vorzubereiten, ist schon in Kapitel 11 eingegangen worden. Eines der hier vorgestellten Werkzeuge ist die Portfolioanalyse (vgl. Kapitel 11.2.2), die in vielfältiger Weise eingesetzt wird. Herausragende Bedeutung hat dieses Werkzeug im Bereich der Geschäftsfeldplanung und der damit verbundenen Ressourcenzuweisung (vgl. auch Kapitel 12.3.2; Geschäftsfeldstrategien).

Ein Geschäftsfeld umfasst einzelne oder produktionsverwandte Geschäftsbereiche, für die getrennt vom Rest des Unternehmens eigenständig geplant und entschieden werden kann (vgl. Kotler und Biemel 2006:117). Anders ausgedrückt: Strategische Geschäftsfelder sind organisatorische Einheiten mit eigenständigem Handlungs- und

https://doi.org/10.1515/9783110519587-017

Entscheidungsspielraum (vgl. Pfaff 2004: 113) und stellen Produkt-Markt-Kombinationen dar, die in der Regel als Produktgruppen, Marken oder länderspezifisch abgegrenzte Märkte abgebildet werden (vgl. Olbrich 2006: 54).

Der Gesamterfolg der Unternehmung setzt sich aus der Summe der Einzelerfolge in den einzelnen Geschäftsfeldern zusammen (vgl. Scherr et al. 2008: 135). Da Unternehmen nur begrenzte Budgets zur Verfügung haben, stehen die Geschäftsfelder trotz ihrer Unabhängigkeit voneinander in Konkurrenz beispielsweise bei der Allokation der Ressourcen. Deswegen müssen die Ressourcenzuweisungsentscheidungen durch fundierte Analysen gestützt werden. Es geht um die Frage, in welche Produkt- oder Dienstleistungsbereiche angesichts der Ressourcenknappheit investiert werden soll und welche Geschäftsfelder eher restriktiv oder abschöpfend behandelt werden sollen (vgl. Gläser 2014: 703). Die Portfoliotechnik des strategischen Managements „entstand in den 70er Jahren aufgrund zunehmender Planungs- und Steuerungsprobleme großer, in Sparten oder Profit-Center strukturierter Mehrprodukteunternehmungen" (Welge 2012: 461). Die bekanntesten Geschäftsfeldanalysen (Portfolioanalyen) sind die von der Boston Consulting Group und die von General Electric, die in Zusammenarbeit mit McKinsey entwickelt wurde.[1]

Ziel von Portfolioanalysen ist es, anhand der Positionierung von strategischen Geschäftsfeldeinheiten (SGF oder SGE) in der Portfolio-Matrix unter Berücksichtigung der Unternehmenssituation als auch den zu erwartenden Umweltentwicklungen, Normstrategien hinsichtlich der Ressourcenzuweisung und Marktaktivitäten ablesen zu können (vgl. Hinterhuber 2011: 146).

17.1.1 Die Marktwachstum-Marktanteilsanalyse der Boston Consulting Group

Ein Werkzeug, dessen sich das Management bedienen kann, ist die Portfolioanalyse nach der Empfehlung der Boston Consulting Group (BCG). Die BCG übertrug die aus der Finanzwirtschaft bereits bekannte Portfoliotechnik zur Optimierung von Wertpapierbeständen auf die Problemstellungen im Management von Ressourcenzuteilungen, wenn unterschiedliche strategische Geschäftsfelder (SGF) zu steuern sind.

„Ein Portfolio ist eine zweidimensionale Abbildung [.], bei der eine Achse (Abszisse) eine interne, beeinflussbare Variable und die andere Achse (Ordinate) eine externe Variable repräsentiert, die vom Unternehmen nicht oder nur indirekt beeinflussbar ist." (Bruhn 2014: 69) Im Zusammenhang mit der Analyse von Geschäftsfeldern kann der interne, beeinflussbare Parameter z. B. durch die Größe eines Geschäftsfeldes repräsentiert werden. Nicht beeinflussbar und damit ein extern gegebener Parameter ist beispielsweise das Marktwachstum. Da die BCG einen Erfolgszusammenhang zwi-

1 Sowohl die Boston Consulting Group als auch McKinsey gehören zu den weltweit führenden Beratungsunternehmen. Die General Electric Company ist mit über 125 Mrd. US-$ Umsatz einer der größten Mischkonzerne der Welt.

schen der Größe des eigenen Geschäftsfeldes gegenüber den Marktanteilen der Wettbewerber auf diesem Markt (gemessen als relativer Marktanteil) und dem Wachstum auf dem durch das Geschäftsfeld besetzten Markt (gemessen in Prozent) unterstellt, wird eine sinnvolle Portfoliodarstellung möglich, wenn diese Beziehungsparameter auf die Achsen abgetragen werden. Die Frage, wie die Geschäftsfelder in diese Matrix eingetragen werden sollten, beantwortet die BCG mit Kreisen (Blasen), wobei die Größe der Kreise durch unternehmensspezifische Parameter wie beispielsweise den Anteil der SGF am Gesamtumsatz oder Cash-Flow bestimmt wird. Je größer der Anteil, desto größer der Kreis (vgl. Kreikebaum, Gilbert und Behnam 2011: 264 sowie Bruhn 2014: 69). Damit ist das Grundgerüst der Portfoliodarstellung definiert. Aus dieser Grundorientierung ist auch der Name dieser Portfoliotechnik abgeleitet: Marktanteil-Marktwachstum-Portfolio. Das **Marktanteil-Marktwachstum-Portfolio** wird auch kurz BCG-Matrix oder Vier-Feld-Matrix genannt. Die **BCG-Matrix** gehört zu den absatzmarktorientierten Konzepten.

Da der Erkenntnisgewinn durch eine solche Darstellung steigt, wenn die Achsen skaliert sind, wird das Wachstum in Prozent abgetragen und der relative Marktanteil als dimensionslose Zahl. Die beiden Parameter werden wie folgt definiert:

$$\text{Marktwachstum (\%)} = \frac{\text{Marktvolumen aktuell} - \text{Marktvolumen des Vorjahres}}{\text{Marktvolumen des Vorjahres}} \cdot 100$$

$$\text{Relativer Marktanteil} = \frac{\text{Umsatz des eigenen Analyseobjektes(z .B. SGF)}}{\text{Umsatz des Analyseobjektes des stärksten Wettbewerbers}}$$

Das Marktwachstum gilt als Attraktivitätsfaktor für den Markt. Als Trennlinie zwischen hohem und niedrigem Wachstum wird im Portfolio das durchschnittliche Wachstum der letzten vier bis fünf Jahre herangezogen (In den 1960er-Jahren, in denen die BCG-Matrix entwickelt wurde, lag dies bei rund zehn Prozent). Der relative Marktanteil bewertet die Marktstellung im Vergleich zum stärksten Wettbewerber. Beträgt er genau den Wert eins, entspricht der Umsatz der SGE dem Umsatz des stärksten Wettbewerbers auf diesem Markt. Beide Unternehmen haben den gleichen Marktanteil. Der Wert eins gilt auch als senkrechte Trennlinie auf der Abszisse und kennzeichnet die Bereiche hoher und niedriger relativer Marktanteile. Aufgrund der Achseneinteilung ergibt sich eine **Vier-Feld-Matrix**. Die vier Quadranten einer BCG-Matrix werden als Question Marks, Stars, Poor Dogs und Cash Cows bezeichnet. Alternativ werden auch die deutschen Begriffe Fragezeichen, Stars, arme Hunde und Milchkühe verwendet.

Die Ergebnisse der internen Analyse werden als Blasen in die BCG-Matrix eingetragen. Die relevante Zielgröße der BCG-Matrix ist in der Regel der Cash-Flow. Die

Bedeutung des Cash-Flows basiert auf den Erkenntnissen der PIMS-Studie[2] und des Erfahrungskurvenkonzeptes, denn „je stärker das Marktwachstum und je höher der Marktanteil, umso ergiebiger fällt der endgültige Beitrag zum Cash-Flow aus, wenn auch ein aktuelles Marktwachstum wegen der hohen Investitionstätigkeit zunächst Cash-Flow bindet." (Bea und Haas 2009: 158 f.) Beim Erfahrungskurvenkonzept wird davon ausgegangen, dass sich wiederholende Tätigkeiten zu einer Erhöhung der Qualität und einer Senkung der Kosten führen (vgl. Kapitel 3.7.3; Economies of Experience).

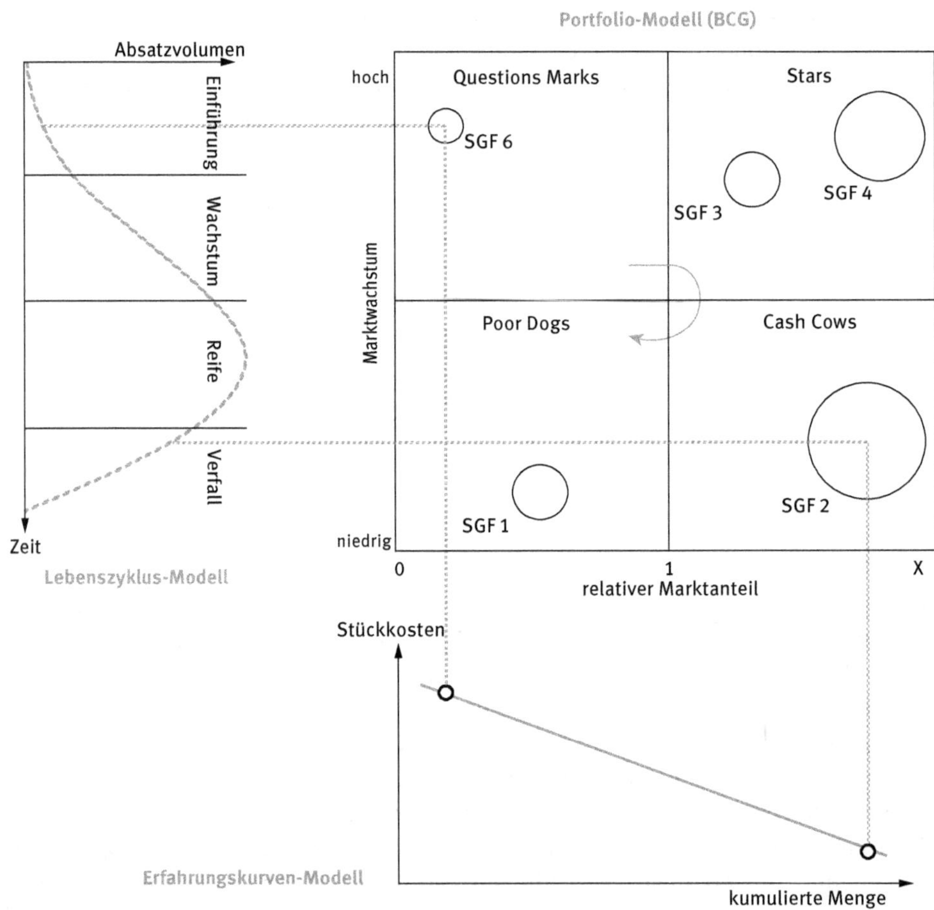

Abb. 17.1: BCG-Portfolio im Kontext des LZ- und Erfahrungskurvenkonzeptes

2 Weitere Informationen zum Thema PIMS siehe Meffert, Burmann und Kirchgeorg 2015: 254, 277 sowie Macharzina und Wolf 2010: 364. PIMS steht für „Profit Impact of Market Strategies" (Gewinnauswirkung von Marktstrategien) und beschreibt, welche Schlüsselfaktoren eines Unternehmens mit seinem wirtschaftlichen Erfolg korrelieren.

Das BCG-Konzept zeigt damit nicht nur eine große Nähe zum Erfahrungskurvenkonzept, sondern auch zum Lebenszyklusmodell, da sich die wesentlichen Bedingungen der beiden Modelle in der Portfoliokonzeption widerspiegeln (vgl. Abb. 17.1; in Anlehnung an Gläser 2014: 706).

Die Wirklichkeit in der Medienwirtschaft zeigt, dass es mitunter angeraten ist, die Vier-Feld-Matrix um zwei weitere Felder zu erweitern und eine **Sechs-Feld-Matrix** zu konstruieren. Diese Idee ist der Tatsache geschuldet, dass heute viele Unternehmen auf Märkten aktiv sind, die nicht nur ein geringes, sondern sogar ein negatives Wachstum aufweisen. Wird dieser Idee gefolgt, ergeben sich unterhalb der Quadranten „Poor Dogs" und „Cash Cows" zwei weitere. Sie weisen „Underdogs" und „Buckets" aus (vgl. Macharzina und Wolf 2008: 361).

Abbildung 17.2 zeigt das fiktive Beispiel eines Verlages, der mit acht strategischen Geschäftsfeldern am Markt aktiv ist. Eines davon ist noch in der Phase der Question Marks (Digitalservices), zwei sind in der Star-Phase (Belletristische Literatur und das Verwerten von Lizenzrechten), zwei in der Phase der Cash Cows (Schulbücher (als größtes Geschäftsfeld) und Ratgeberliteratur). Die Kinderbücher gehören zu den Poor Dogs. Außerdem ist der Verlag mit noch zwei Produkt-Markt-Kombinationen auf deutlich schrumpfenden Märkten aktiv: mit Kunst- und Fotobüchern sowie mit Lexika. Obwohl der Verlag im Bereich der Kunst- und Fotobüchern Marktführer ist (der relative Marktanteil ist größer als eins), scheint dieser Bereich auch aus Sicht des generierten Cash-Flows (Blasengröße) relativ geringbedeutend geworden zu sein. Noch unbefriedigender ist die Situation der Lexika. Der Markt schrumpft, der relative Marktanteil gegenüber den Alternativangeboten am Markt ist gering und der Cash-Flow liegt in etwa auf dem Niveau des Geschäftsfeldes „Kunst- und Fotobücher". Soweit die Situation.

Was aber ist aus der Portfoliodarstellung hinsichtlich der Zukunftsaussichten, der geforderten Aktivitäten und der Ressourcenverteilung im Unternehmen zu schließen?

Zunächst können die Geschäftsfelder aufgrund der Quadrantenzugehörigkeit qualifiziert werden und außerdem sind den einzelnen Quadranten Normstrategien zugeordnet, die Empfehlungen hinsichtlich der geforderten Aktivitäten und damit verbundenen Ressourcenzuteilungen aussprechen.

– **Question Marks** (Fragezeichen, Hoffnungsträger):
  Geschäftsfelder, die zu den Question Marks gezählt werden, gehören häufig zu den Nachwuchsprodukten und stellen die Hoffnungsträger eines Unternehmens dar. Sie befinden sich in einem stark wachsenden Markt, jedoch noch mit geringem Marktanteil. Hier sollte folglich der Marktanteil erhöht werden, um aus dem Question Mark ein Star heranwachsen zu lassen. Gelingt das nicht, verschlingen sie oft über Jahre hinweg sehr viel Kapital. Erreichen sie keine dominante Marktstellung bevor das Wachstum nachlässt, können sie zu Sorgenkindern (Poor Dogs) werden. Damit verkürzt sich der Lebenszyklus des Geschäftsfeldes (bzw. der Produkte). Daher stellt sich oft die Frage, ob in ein Question Mark stärker investiert werden soll, um seinen Marktanteil zu erhöhen und den Marktführer

einzuholen oder ob der Markt endgültig verlassen werden soll (diese Frage ist namensgebend für Produkte in diesem Quadranten). Hierbei ist vor allem eine schnelle Entscheidung gefragt, da es am ungünstigsten ist, die ursprüngliche Wettbewerbslage nicht zu verändern. Aus diesem Grunde lautet die **Normstrategie** für Fragezeichen „Beobachten“. Sie wird auch als Selektionsstrategie in der Literatur ausgewiesen. Aufgrund der knappen Ressourcen erscheint es sinnvoller, lieber sehr wenige Fragezeichen auf den Markt zu bringen und das Kapital den Erfordernissen in dieser Marktphase entsprechend zu bemessen, als mehrere Neuprodukte gleichzeitig auf den Markt zu bringen und die Strategie zu verwässern. Question Marks benötigen Investitionen, weil sie selbst noch keinen Cash-Flow (Einzahlungsüberschuss) generieren. Die Investitionen in die Marktentwicklung sind hoch und die Stückzahlen niedrig.

Der Verlag (vgl. Abb. 17.2) hat ein neues Geschäftsfeld, die Digitalservices, aufgebaut. Das Wachstum ist mit knapp über 15 Prozent überdurchschnittlich hoch, aber der relative Marktanteil ist mit rund 0,4 noch schwach ausgeprägt. Das Geschäftsfeld bedarf weiterer Investitionen, um die Strukturen auszubauen, vor allem aber für die Kundenakquisition (z. B. die Werbung). Da die Grenzkosten hier gering sein dürften, verspricht das Geschäftsfeld eine lukrative Zukunft, wenn eine kritische Masse erreicht ist.

- **Stars** (Stars, Zukunftsträger):
  Hat ein Fragezeichen Erfolg, wächst es zum Star heran (Wachstumsphase). Stars haben einen hohen Marktanteil (sind Marktführerprodukte oder Marktführersegmente) und befinden sich in einem stark wachsenden Markt. Sie haben daher auch einen sehr hohen Kapitalbedarf. In der Mitte der Starphase wird in der Regel der der Break-Even-Punkt erreicht (auch die Vorlaufkosten sind eingespielt). Ab diesem Punkt setzten sie viel Cash frei und haben – gemessen an der gesamten Phase – insgesamt einen relativ ausgeglichenen Netto-Cash-Flow. Es kommen aber auch Konkurrenzprodukte auf den Markt, deren Wachstum abzuwehren ist. Der Verdrängungswettbewerb beginnt. Die Fixkostendegression sorgt für sinkende Produktionskosten. Der Stückdeckungsbeitrag ist hoch und die Gewinnzuwächse erreichen ihren Höhepunkt. Zu beachten gilt, dass ein „echter“ Star einen doppelt oder mehrfach so hohen relativen Marktanteil haben sollte, wie der seines größten Konkurrenten. Nur dann kann später auch mit einem hohen Kapitalrückfluss gerechnet werden. Der Star von heute soll der Cash-Lieferant von morgen werden. Die **Normstrategie** für Stars lautet offensiv investieren, da Marktanteile ausgebaut werden müssen und die eigenen Deckungsbeiträge nicht ausreichen, das Wachstum zu finanzieren.

Der Verlag (vgl. Abb. 17.2) managt zwei Star-Geschäftsfelder: das Licensing und belletristische Literatur. Das Licensing (Vermarktung von Markenrechten aus der Unterhaltungsindustrie). Beide Geschäftsbereiche sind strategisch gut positioniert und soll-

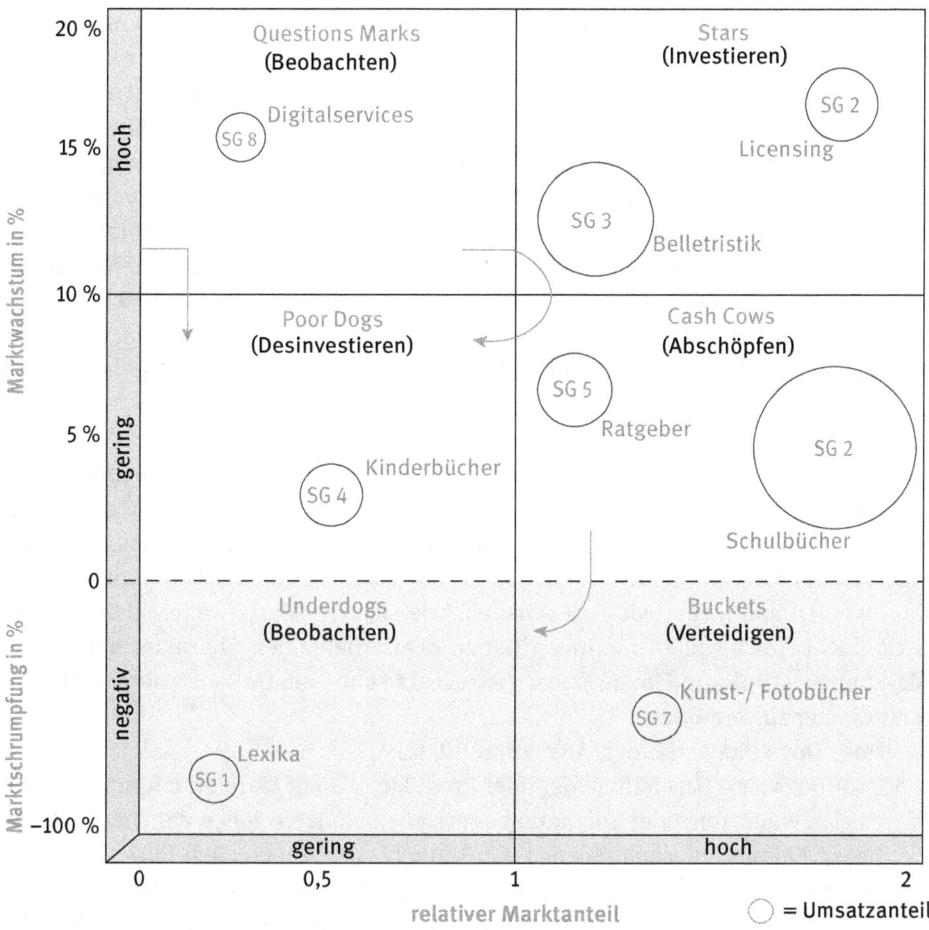

Abb. 17.2: Erweiterte BCG-Matrix (Beispiel Verlag)

ten weiter ausgebaut werden, um die Marktanteile zu erhöhen. Die kostengünstigste Art des Ausbaus im Literaturgeschäft könnte im E-Book-Segment liegen. Ob noch Ausbaupotenzial im Lizenzgeschäft möglich ist, müsste eruiert werden. In beiden Bereichen könnten kommunikationspolitische Maßnahmen unterstützend wirken. Dies muss nicht auf die klassische Werbung beschränkt sein; auch Maßnahmen am POS (z. B. besondere Platzierungen) können den Abverkauf steigern. Weitere Investitionen könnte der Vertrieb fordern; möglicherweise im Bereich E-Commerce.

– **Cash Cow** (Melkkühe, Finanziers):
  Cash Cows haben die Starphase hinter sich und das Marktwachstum ist auf unter zehn Prozent gefallen. Allerdings haben sie ihren großen relativen Marktanteil gehalten. Durch die große Produktionsmenge (Absatzmenge) realisieren sie immer noch eine hohe Fixkostendegression. Dadurch aber, dass sie keine Neuinvesti-

tionen mehr benötigen, sind die Fixkosten wesentlich niedriger als in der Starphase. Auch die Erfahrungskurveneffekte sind nun optimal. Der Cash-Flow steigt auf sein höchstes Niveau. Mit diesem Mittelzufluss können (müssen) andere Geschäftsfelder quersubventioniert werden. Daher kommt ihnen auch eine besondere Bedeutung zu. Primäres Ziel eines Unternehmens muss die Sicherung der Cash Cows sein. Sie finanzieren nicht nur ihr eigenes Wachstum, sondern auch Dividenden, Gemeinkosten der Zentrale, Kosten für Forschung und Entwicklung anderer Geschäftsfelder, Zinsen des Unternehmens und die Investitionen. Die **Normstrategie** für Cash Cows gehört zu den Defensivstrategien und wird Abschöpfungsstrategie genannt. Cash Cows werden „gemolken". Ein Unternehmen, das keine Cash Cow hat, hat auch keinen Finanzier und muss selbst „Cash" in den Betrieb pumpen.

Der Verlag hat ein angestammtes Geschäftsfeld im Bereich der Schulbücher und ist ebenfalls Marktführer im Segment Ratgeberliteratur. Der Schulbuchbereich ist lukrativ und stabil; ein verlässlicher Cash-Generator. Das Ratgebersegment könnte sich für eine Vitalisierung empfehlen, da der Markt noch wächst und der Marktanteil ausgebaut werden kann. Hier wäre zu schauen, wie sich der Markt weiterentwickelt. Im Schulbuchbereich sollten die Investitionen eher erhaltenden Charakter haben. Der Marktanteil ist aufgrund langfristiger Verträge und einer relativ konstanten Nachfrage kaum weiter zu vergrößern.

- **Poor Dogs** (Sorgenkinder, Auslaufprodukte):
  Poor Dogs sind Geschäftsfelder oder Produkte, die auf Märkten mit nur noch geringem Wachstum oder Stagnation angesiedelt sind. Sie gehen dem Ende des Lebenszyklusses entgegen. Sie erzielen kaum bis gar keinen Cash-Flow. Der Markt ist relativ unattraktiv geworden. Die Produkte drohen zu Cash-Fallen zu werden. Nur bei starken Interdependenzen mit anderen Geschäftsfeldern (z. B. Bezugs- u. Lieferverflechtung, Produktions- oder Nachfrageverbund), ist eine Liquidation hinauszuschieben. Allerdings ist sofort zu liquidieren, wenn kein positiver Deckungsbeitrag mehr erwirtschaftet werden kann. Die **Normstrategie** lautet entsprechend Desinvestition.

Die Kinderbücher gehören im Beispielsverlag zu den Poor Dogs. Das Wachstum auf dem Markt liegt nur noch bei rund 2,5 Prozent, der relative Marktanteil bei 0,5. Dies mag eine Folge der Digitalisierung und des neuen Mediennutzungsverhaltens sein. Ist dem so, könnte darüber nachgedacht werden, den Bereich vollständig abzubauen. Der Blasengröße folgend, liegt der Umsatzanteil bei rund 10 Prozent. Soweit noch Deckungsbeitrag erwirtschaftet wird, kann der Bereich aus Imagegründen auch beibehalten werden. Ressourcen sind aber so weit wie möglich abzubauen und auf Investitionen sollte verzichtet werden. Eine Alternative zur Angebotskonzentration wäre die Umstellung auf Digitalangebote im Kindersegment. Damit könnte der Bereich möglicherweise revitalisiert werden. Hier können nur zusätzliche Marktanalysen Aufschluss geben.

Da die BCG-Darstellung ihre Abbildungsgrenzen dort hat, wo die Märkte nicht mehr wachsen, sondern schrumpfen, muss sie für entsprechende Situationen erweitert werden. Denn es kann durchaus sein, dass ein Geschäftsfeld noch hohe relative Marktanteile hat, aber auf einem schrumpfenden Markt etabliert ist. Ist dem so, wird die Cash-Cow zum Bucket.

– **Buckets** (Schaufel- bzw. Eimerprodukte):
  Als Buckets werden Geschäftsfelder oder Produkte bezeichnet, die auf stagnierenden oder schrumpfenden Märkten einen relativ hohen Marktanteil haben. Da in diesen Feldern durchaus noch Cash-Flow „eingeschaufelt" bzw. angesammelt wird, empfiehlt sich als **Normstrategie** eine Verteidigungsstrategie. Es muss darauf geachtet werden, dass auf größere Mitteleinsätze verzichtet wird. Ressourcenzuweisungen werden auf ein absolutes Minimum reduziert und Cash-Flow abgeschöpft.

Der Verlag hat festgestellt, dass sich der Bereich der Kunst- und Fotobücher zum Bucket entwickelt hat. Er ist zwar Marktführer in diesem Segment, aber der Markt schrumpft gewaltig. So lange dieser Bereich Werte zur Finanzierung des Verlags beiträgt, sollte er den Bereich verteidigen. Möglicherweise könnte der Bereich auch aus Imagegründen aufrechterhalten werden. Auf Quersubventionierungen und Investitionen in diesen Bereich hinein sollte aber verzichtet werden.

– **Underdogs** (Außenseiterprodukte):
  Underdogs gehen ihrem Ende entgegen. Sie haben nur noch geringe relative Marktanteile auf schrumpfenden oder stark schrumpfenden Märkten. Der erste Reflex rät, ein solches Geschäftsfeld vom Markt zu nehmen, weil ihnen kaum eine Überlebenschance zugestanden wird. Doch sie könnten größere Chancen als Poor Dogs haben, ihren Marktanteil auszuweiten. Denn viele Mitbewerber werden aufgrund des negativen Marktwachstums aus dem Markt austreten. Hier durchzuhalten könnte sich lohnen. Allerdings ist Vorsicht geboten. Als **Normstrategie** wäre die Beobachtung angeraten. Entweder wird das Geschäftsfeld dann gehalten, soweit keine Investitionen notwendig sind oder es wird schlussendlich desinvestiert.

Der Bereich „Lexika" ist ein Underdog im Verlag. Ein solcher Bereich ist Risiko und Chance zugleich. Der Markt ist wegen der zahlreichen Online-Alternativen zusammengebrochen. Dies trifft alle Verlage, die Lexika herstellen. Deswegen könnte hier eine Chance für den Beispielverlag liegen. Je mehr Wettbewerber den Markt verlassen, desto größer wird die Chance für die Verbliebenen. Es gilt vorsichtig abzuwarten, wenn der Deckungsbeitrag noch positiv ist. Andernfalls ist das Geschäftsfeld zu schließen.

Das Marktanteils-Marktwachstums-Portfolio hat sich in der Vergangenheit als eines der bedeutendsten strategischen Instrumente insbesondere für Mehrproduktunternehmen durchgesetzt. Es gilt, wenn es kreativ genutzt und eingesetzt wird, als wichtiger Impulsgeber für die Ressourcenverteilung und damit für die Existenzsicherung des Unternehmens. Nur mit einem ausgewogenen Portfolio können die Wachstumschancen für das Gesamtunternehmen optimal genutzt werden. Dabei sollten die mit der BCG-Matrix verbundenen Normstrategien allerdings immer nur als Empfehlung angesehen werden. Sie müssen jederzeit auf die individuellen Situationen des Unternehmens und des Marktes flexibel angepasst werden.

Abschließend sei noch ein häufig anzutreffendes „Interpretationsproblem" erwähnt, das die Aussagekraft des relativen Marktanteils betrifft: Ist der Wert größer als eins, bedeutet dies, dass das eigene Unternehmen das größte am Markt ist. Ist der Wert hingegen kleiner als eins, bedeutet dies nur, dass es mindestens ein Unternehmen gibt, das größer ist (es können auch Hunderte sein). Auch bei einem Wert von genau eins lautet die Aussage lediglich, dass es kein größeres Unternehmen gibt. Es kann aber durchaus etliche geben, die gleichgroß sind.

17.1.2 Die Multifaktorenanalyse nach GE/McKinsey

Eine Alternative zur BCG-Analyse stellt die zeitlich später von General Electric und McKinsey (im Folgenden einfach McK-Matrix genannt) entwickelte Multifaktorenmethode dar.[3] Die McKinsey-Analyse nimmt einen deutlichen Kritikpunkt an der BCG-Methode – nämlich die geringe Komplexität und damit die Simplifizierung von Abhängigkeiten – zum Anlass, die Faktoren der Analyse auf eine breitere Basis zu stellen. Während bei der BCG-Matrix die beiden Achsen jeweils durch nur einen Messfaktor repräsentiert wird, nutzt die McK-Matrix mehrere Dimensionen zur Charakterisierung der Wertstellungen von Geschäftsfeldern (oder Produkten) im Unternehmen. So soll die Analyse der Komplexität der unternehmerischen Situation gerechter werden.

Um die leichte Darstellbarkeit des Portfolios in einem zweidimensionalen Koordinatensystem zu erhalten, werden zwei Gruppen von Faktoren gebildet und jede einzelne Gruppe in einer jeweiligen Gesamtdimension zusammengefasst. Diese Dimensionen sind die „Marktattraktivität" und die „relative Wettbewerbsstärke". Zudem arbeitet die McK-Matrix mit neun und nicht mit vier Feldern. Das Grundschema der McK-Matrix mit ihren jeweiligen Handlungsempfehlungen in den neun Feldern zeigt Abb. 17.3.

Die innere Logik der Matrix führt zu drei unterschiedlichen Bereichen, die jeweils durch drei Felder abgegrenzt werden. Ist die Marktattraktivität hoch und der relative Wettbewerbsvorteil mindestens mittelhoch, zeigen sich drei Felder, in denen die Mittel des Unternehmens gebunden werden. Ist das Geschäftsfeld hier positioniert, werden in der Regel die Investition und der Geschäftsfeldausbau empfohlen. Es handelt sich um die wirklich starken Geschäftsfelder des Unternehmens. Die über die Querachse (von oben links nach unten rechts) verlaufenden Felder beheimaten Geschäfts-

3 Genau genommen ist die Marktwachstum-Marktanteil-Matrix (BCG-Matrix) eine Sonderform der Multifaktorenmatrix (McK-Matrix), da sie formal mit nur zwei Faktoren arbeitet.

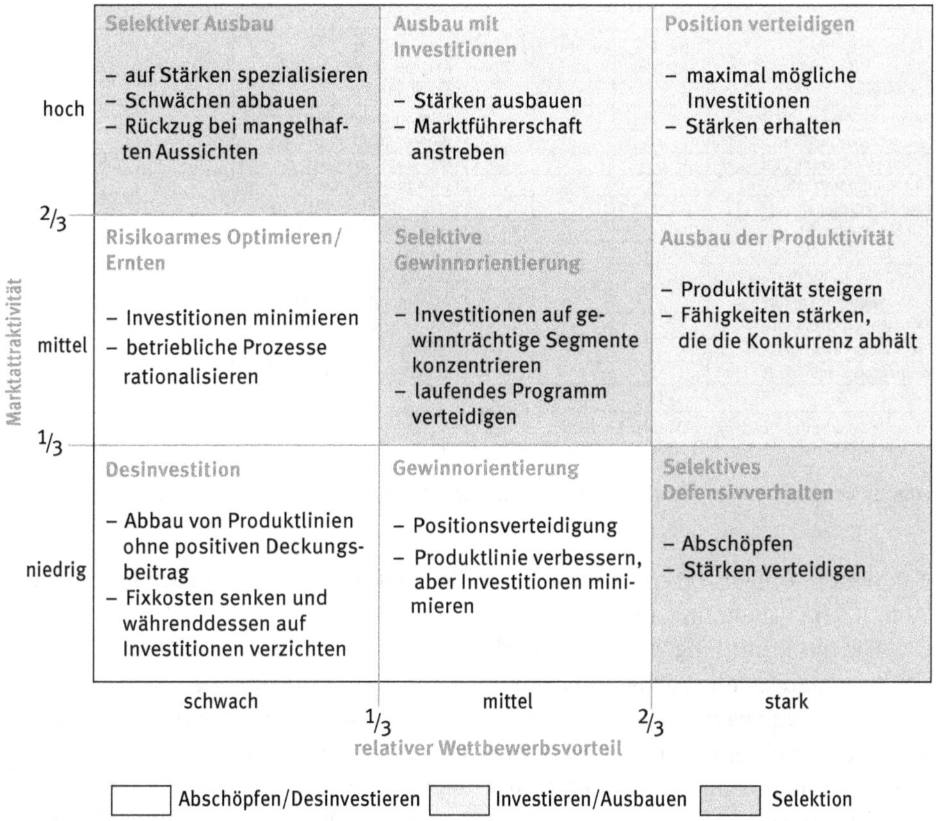

Marktattraktivität	schwach	mittel	stark
hoch	**Selektiver Ausbau** – auf Stärken spezialisieren – Schwächen abbauen – Rückzug bei mangelhaften Aussichten	**Ausbau mit Investitionen** – Stärken ausbauen – Marktführerschaft anstreben	**Position verteidigen** – maximal mögliche Investitionen – Stärken erhalten
mittel	**Risikoarmes Optimieren/Ernten** – Investitionen minimieren – betriebliche Prozesse rationalisieren	**Selektive Gewinnorientierung** – Investitionen auf gewinnträchtige Segmente konzentrieren – laufendes Programm verteidigen	**Ausbau der Produktivität** – Produktivität steigern – Fähigkeiten stärken, die die Konkurrenz abhält
niedrig	**Desinvestition** – Abbau von Produktlinien ohne positiven Deckungsbeitrag – Fixkosten senken und währenddessen auf Investitionen verzichten	**Gewinnorientierung** – Positionsverteidigung – Produktlinie verbessern, aber Investitionen minimieren	**Selektives Defensivverhalten** – Abschöpfen – Stärken verteidigen

Achsen: Marktattraktivität (Grenzen bei 1/3 und 2/3); relativer Wettbewerbsvorteil (Grenzen bei 1/3 und 2/3)

Legende: Abschöpfen/Desinvestieren – Investieren/Ausbauen – Selektion

Abb. 17.3: Schema der GE-/McKinsey-Matrix zur Portfolioanalyse

felder, bei denen im Einzelnen geprüft werden muss, ob investiert, abgeschöpft oder abgebaut wird. Ist die Marktattraktivität maximal mittelhoch und der relative Wettbewerbsvorteil entweder schwach oder mittelhoch ausgeprägt, zeigen sich drei Felder, in denen die Mittel des Unternehmens freigesetzt oder reduziert werden sollten. Soweit die Logik der Matrix.

Wie aber setzen sich die Dimensionen der Matrix zusammen und wie werden die Positionierungen der Geschäftsfelder gefunden? Das Prinzip ist bestechend einfach: Die einzelnen Dimensionen setzen sich aus einer beliebig großen Mengen an Einzelfaktoren zusammen. Die Marktattraktivität kann beispielsweise über Faktoren wie das Marktwachstum, die Marktgröße, das Marktrisiko oder Markteintrittskosten etc. ermittelt werden. Die Faktoren relativer Marktanteil, Produktqualität, Vertriebs-, Standort- oder Kostenvorteile, die Innovationsfähigkeit oder Preisvorteile sind mögliche Bestandteile der Dimension der relativen Wettbewerbsstärke. Welche und wie viele Faktoren gewählt werden, ist abhängig von der unternehmensindividuellen Situation. Um die Analyse nicht zu umfänglich zu machen, sollten sich die Analysten auf zehn

Analyse der Marktattraktivität

zu beurteilende Kriterien (Beispiele)	Gewich-tungsfaktor*	Punktwert (1-6)**	gewicht. Wert
Marktgröße			
jährliche Wachstumsrate			
Gewinnspanne (Branche)			
Wettbewerbsintensität			
Distributionsstruktur			
Markteintrittsbarrieren			
Lieferantenmacht			
Kundenmacht			
technologische Erfordernisse			
soziokulturelle Faktoren			
Mediennutzungsverhalten			
rechtliche Faktoren			
Substitutionsfähigkeit			
	1	Summe:	

Analyse der eigenen (relativen) Wettbewerbsstärke

zu beurteilende Kriterien (Beispiele)	Gewich-tungsfaktor*	Punktwert (1-6)**	gewicht. Wert
Marktanteil			
Wachstumsrate (Marktanteil)			
Produktqualität			
Markenimage			
Distributionsnetz			
Kundenloyalität/Lock-ins			
Produktionskapazität			
Produktionseffizienz			
Stückkosten			
Versorgungssicherheit			
Leistungsfähigkeit F&E			
Qualifikation Mitarbeiter			
Qualifikation Führungskräfte			
	1	Summe:	

* = die Summe des Gesamtgewichtes ist 1 (=100%).
**= je höher die Punktzahl, desto größer der angenommene Nutzen

Abb. 17.4: Multifaktoren-Ansatz zur Abschätzung der Marktattraktivität und Wettbewerbsstärke

Faktoren je Dimension beschränken. Ein Beispiel mit relevanten Parametern bietet Abb. 17.4 (in Anlehnung an Koltler und Biemel 2006: 123).

Für die Ermittlung der Marktattraktivität und der relativen Wettbewerbsstärke schlagen nahezu alle Fachautoren ein Punktebewertungsverfahren vor (vgl. auch Kapitel 11.2.3, Nutzwertanalyse und Scoringmodelle). Für die Bestimmung der Gewichte kann eine Präferenzmatrix eingesetzt werden (vgl. ebenfalls Kapitel 11.2.3). Ein geeignetes Scoringmodell für die McK-Matrix zeigt Abb. 17.4. Diese macht auch deutlich, dass die Summe der gewichteten Einzelwerte schließlich eine Gesamtpunktzahl ergibt, die die Lage des Geschäftsfeldes auf der jeweiligen Achse bzw. die Koordinate im Koordinatensystem bestimmt. Auch die Skalierung auf den jeweiligen Matrix-Abschnitten folgt der Logik des Punktwertverfahrens. Das heißt, die maximal mögliche Punktzahl (im vorstehenden Beispiel wäre das der Wert 6, weil der höchste Punktzahlenwert (= 6) mit der höchstmöglichen Gewichtung (= 1) multipliziert wird). Da die McK-Matrix mit neun Feldern arbeitet, drittelt sich der maximale Achsenwert. Der genaue Koordinatenwert eines Geschäftsfeldes ergibt sich aus der maximal möglichen Punktzahl je Dimension.

Es gibt zwischen der BCG- und der McK-Matrix neben den formalen Unterschieden auch inhaltliche: Die Zielgröße der McK-Analyse ist in der Regel die Steigerung des ROI und nicht die des Cash-Flows (vgl. Bea und Haas 2016: 161 ff.). Auch hier liegt die Begründung in der PIMS Studie und dem Erfahrungskurvenkonzept (vgl. Meffert et al. 2015: 277). Letztendlich unterscheiden sich auch die Enddarstellungen der beiden Konzepte. Während in der BCG-Matrix die Cash-Flow- oder Umsatzanteile der Geschäftsfelder eingetragen werden, werden in der McK-Matrix oft die Marktgrößen als Blasen eingezeichnet und mit einem Kuchenausschnitt schraffiert, der den Anteil des eigenen Geschäftsfeldes anzeigt.

17.1.3 Möglichkeiten und Grenzen der BCG- und McKinsey-Analyse

So hilfreich Portfolio-Analyse auch sind, es mangelt auch nicht an Kritik. Hilfreich sind sie, weil sie Managern helfen, zukunfts- und strategieorientiert zu denken, die Strukturen ihres Unternehmens zu verstehen und anstehende Probleme früher zu erkennen. Andererseits sollten sie aber auch mit Vorsicht genutzt werden (vgl. Kotler und Biemel: 2006: 124). Denn deren größte Stärken verantworten gleichzeitig auch ihre größten Schwächen. Während eine BCG-Analyse leicht, schnell und objektiv erstellt werden kann, liegt die Kritik eben auch und gerade in ihrer Simplifizierung und darin, dass ausschließlich auf Wachstumskriterien abgestellt wird. Die Stärke der McK-Analyse liegt in der möglichen Berücksichtigung aller relevanten Einflussfaktoren und der individuellen Bewertung der Einflussfaktoren. Dadurch offenbart sich aber auch ihre Schwäche. Es ist durchaus möglich, die Ergebnisse auf eine gewünschte Position in der Matrix zu manipulieren. Beobachtungen zeigen auch, dass viele Geschäftsfelder nach einer Analyse in der Mitte der Matrix zu finden sind. Dies kann daran liegen, dass in den zugrundeliegenden Auswahl- und Bewertungsdiskussionen Kompromisse gewählt wurden. Auch die Annahme von Durchschnittswerten führt zu einer Egalisierung von Positionen. Vor allem aber sind Geschäftsfelder nicht notwendigerweise immer exakt voneinander abzugrenzen und Wechselwirkungen (z. B. Synergien) zwischen einzelnen Geschäftsfeldern werden völlig vernachlässigt. Eine grobe Zusammenfassung der Möglichkeiten und Kritikpunkte liefert Abb. 17.5.

	BCG-Matrix	McKinsey-Matrix
Möglichkeiten	– Entscheidungshilfe für strategische Planung und Ressourcenzuteilung – übersichtliche Visualisierung/systematische Clusterung des komplexen Gesamtgefüges – Berücksichtigung von einzelnen Abhängigkeiten zwischen Unternehmen und Umwelt	
	– einfache Handhabung – objektiv und selbsterklärend – schnell erstellbar	– Einbezug vielzähliger Einflussfaktoren – gegenwarts- und zukunftsgerichtet – differenzierte Strategieableitung möglich
Kritik	– keine Existenz allgemeingültiger Kriterien für die SGF-Abgrenzung – mangelnde Berücksichtigung bestehender Interdependenzen zwischen den SGF-Einheiten – keine schematische Ableitung von Normstrategien ohne Situationsbetrachtung möglich	
	– Marktwachstum und relativer Marktanteil als Indikatoren sind unzureichend – Wachstum als alleiniger Wertmaßstab – ausschließlich gegenwartsbezogen – Achsenabgrenzungen frei wählbar – radikale Vereinfachung bei Normstrategieempfehlungen	– hoher Komplexitätsgrad und Erklärungsbedarf – hoher Beschaffungs- und Bewertungsaufwand hinsichtlich der Daten – subjektive Verzerrungen durch Auswahl der Kriterien und Gewichtung möglich – fehlender Zeitfaktor (Zeithorizont)

Abb. 17.5: Möglichkeiten und Kritikpunkte an den Portfolioanalysen

Die Portfoliomethoden ermöglichen es aber, die strategischen und analytischen Perspektiven des Managements zu schärfen und Entscheidungen auf Datenbasis hartnäckig auszudiskutieren, anstatt sich auf Gefühle und Eindrücke verlassen zu müssen (vgl. Kotler und Biemel 2006: 125).

?

Fragen zu Kapitel 17.1

1. Beschreiben Sie den Sinn, das Ziel und den Aufbau der BCG-Methode in der Portfolio-Analyse.
2. Beschreiben Sie den Sinn, das Ziel und den Aufbau der Mc-Kinsey-Methode in der Portfolio-Analyse.
3. Worin liegen die Stärken und Schwächen der beiden Methoden im Vergleich zueinander?

17.2 Investitionsentscheidungen

Während der Abbau von Geschäftsfeldern Kapital freisetzen kann, sind Geschäftsfeldentscheidungen, die auf Wachstum ausgerichtet sind, immer mit Investitionen verbunden. Der Grundgedanke von Investitionen ist es, „dass Geld ausgegeben wird, um Voraussetzungen zu schaffen, die es ermöglichen, zu einem späteren Zeitpunkt wieder Geld einzunehmen (oder weniger Geld auszugeben), wobei man im Allgemeinen erwartet, die später eingehenden geldwerten Vorteile seien größer als die heute ausgegebenen Geldsummen." (Treschel 1973: 13) Im Rahmen betrieblicher Leistungsprozesse wird daher von Investitionen immer dann gesprochen, wenn es sich um Maßnahmen handelt, die die Produktions- und Absatzkapazität der Unternehmung quantitativ oder qualitativ sichern bzw. verändern (vgl. Schierenbeck und Wöhle 2016: 375). **Investitionen** sind Ausgaben, die eine Kapitalbindung bewirken. Die Kapitalbindung kann kurzfristig oder langfristig sein. Sie kann sich auf Sachanlagen beziehen (z. B. Studioausstattung), auf Finanzanlagen (z. B. Beteiligungen) oder auf Umlaufvermögen (z. B. Forderungen, Vorräte). Derartige Investitionen zählen zu den aktivierungspflichtigen Ausgaben. Investitionen in die Ideenentwicklung (F&E), in geringwertige Wirtschaftsgüter oder in den laufenden Produktions-, Vertriebs- oder Kommunikationsprozess sind hingegen nicht aktivierungsfähig. Bilanztechnisch drückt sich das Investitionsgeschehen auf der Aktivseite aus (vgl. Kapitel 19.2), da hier die Kapitalverwendung dokumentiert wird.

Im Rahmen betrieblicher Leistungsprozesse, auf die sich dieses Kapitel beschränkt[4], sind Investitionsentscheidungen also vor allem dann zu treffen, wenn

4 Auf Fragen der Unternehmensbewertung wird nicht weiter eingegangen. Hier sei auf die einschlägige einführende Literatur verwiesen; z. B. Schierenbeck und Wöhle 2016 oder Wöhe und Döring 2013 sowie auf die weiterführende Literatur; z. B. Schmidlin 2013 u. v. a. m.

Potenzialfaktoren (insbesondere Betriebsmittel) beschafft werden müssen, wenn das Produktionsprogramm umgestellt oder erweitert werden soll oder das Distributionssystem ausgebaut wird. Solche Investitionen werden auch Realinvestitionen genannt. **Realinvestitionen** haben häufig deutlichen Einfluss auf das Kostengfüge und die zukünftige Ertragskraft des Unternehmens.

Neben diesen Möglichkeiten, Investitionen nach Objekten zu ordnen, können sie auch nach ihrem Zweck systematisiert werden. Hier können Ersatzinvestitionen von Erweiterungsinvestitionen oder auch Diversifikationsinvestitionen von Rationalisierungsinvestitionen unterschieden werden (vgl. Thommen et al. 2017: 334 ff.). **Ersatzinvestitionen** werden beispielsweise notwendig, wenn alte oder nicht mehr funktionierende Kameraequipments, Druck- oder Kopiermaschinen durch gleichartige Anlagen ersetzt werden müssen. **Erweiterungsinvestitionen** sind fällig, wenn Geschäftsfelder aus- oder aufgebaut werden, also beispielsweise neben den mobilen Produktionseinheiten auch ein Studio eingerichtet werden soll. **Diversifikationsinvestitionen** docken hier gedanklich an und haben eine große Schnittmenge mit den Erweiterungsinvestitionen. Der Unterschied besteht lediglich darin, dass Investitionen, die den Diversifikationsprozess unterstützen, in Bereichen getätigt werden, die das aktuelle Leistungsprogramm ergänzen (vgl. horizontale und vertikale Diversifikation) oder neue Leistungsbereiche eingliedern (laterale Diversifikation). **Rationalisierungsinvestitionen** dienen der Kostensenkung oder der Qualitätsverbesserung. In diesem Fall werden bestehende Anlagen ausgewechselt, um entsprechende Effekte zu generieren. So könnte beispielsweise ein moderneres Lagersystem Arbeitskräfte einsparen oder eine neue Software grafische Arbeiten ermöglichen, die vorher nicht möglich waren und gleichzeitig Arbeitsprozesse verkürzt.

Investitionsentscheidungen haben deutlichen Einfluss auf das Unternehmen. Sie binden Kapital, das anderen Verwendungszwecken dann nicht mehr zur Verfügung steht. Angesichts knapper Ressourcen muss also wohlüberlegt sein, wofür das Geld ausgegeben wird. In diesem Anspruch liegt aber ein Grundproblem verankert: Investitionsentscheidungen sind häufig sehr komplex, haben langfristigen Einfluss auf das Betriebsgeschehen und werden unter Unsicherheitsbedingungen getroffen. Je langfristiger die Investitionsentscheidung wirkt, desto größer ist auch die Gefahr, dass sich die Daten, die der Entscheidung zugrunde gelegt wurden, ändern. Daher erfordern auch Investitionsentscheidungen einen formalisierten Planungs- und Entscheidungsprozess, wie er im Managementbereich üblich ist. Er läuft über die Analyse der Ausgangssituation, erfordert dann die Definition von Zielen und Überlegungen, welche Maßnahmen helfen können, die Ziele zu erreichen. Im Anschluss muss berechnet werden, welches Budget notwendig ist, die Maßnahmen durchzuführen. Nun wird die Entscheidung unter Berücksichtigung des gegebenen Budgets zielorientiert getroffen, welche der Alternativen realisiert werden soll. Dann muss die Investition getätigt und letztendlich hinsichtlich des Zielerreichungsgrades und der Zweckmäßigkeit evaluiert werden.

Das Werkzeug zur Evaluierung der Wirtschaftlichkeit von Investitionsalternativen ist die Investitionsrechnung. Die Investitionsrechnung splittet sich in zwei Verfahrensarten auf (vgl. Tab. 17.1):

Tab. 17.1: Verfahren der Investitionsrechnung

Statische Investitionsrechnung	Dynamische Investitionsrechnung
Kostenvergleichsrechnung	Barwertberechnung
Gewinnvergleichsrechnung	Kapitalwertmethode
Rentabilitätsrechnung	Interne Zinsfußmethode
Amortisationsrechnung	Annuitätenmethode

Zu den Verfahren ist bereits in Kapitel 9.1 (Kennzahlen), Kapitel 10.10 und Kapitel 10.11 (Werkzeuge des operativen Managements) ausgeführt worden.

Der wesentliche Unterschied zwischen beiden Arten von Verfahren besteht darin, dass die dynamischen Verfahren zeitliche Unterschiede im Anfall der Zahlungen einer Investition wertmäßig berücksichtigen, während das bei den statischen Verfahren nicht der Fall ist. Mit anderen Worten: bei den dynamischen Verfahren werden alle mit einem Investitionsprojekt verbundenen Vorabzahlungen auf einen bestimmten Zeitpunkt aufgezinst bzw. alle nachträglichen Zahlungen abgezinst. Das bedeutet, Einzahlungen und Auszahlungen werden umso höher bewertet, je früher sie entstehen. Dieses Vorgehen wird wie folgt begründet: Je früher Einzahlungen aus einer Investition erhalten werden und je länger Auszahlungen hinausgeschoben werden können, desto höher ist der Zinsertrag, der sich durch die Reinvestition von Einzahlungsüberschüssen erzielen lässt bzw. desto geringer ist der Zinsaufwand, der sich als Folge der Abdeckung von Auszahlungsüberschüssen ergibt. Damit sind dynamische Verfahren exakter als statische und diesen vorzuziehen. Die statischen Verfahren liefern allenfalls Näherungen für die Ergebnisse der dynamischen Verfahren. (Vgl. Blohm et al. 2012: 42) Da es bei Investitionsentscheidungen in der Regel längerfristiger Natur sind, können dynamische und statische Verfahren zu unterschiedlichen Ergebnissen führen (vgl. Paul 2015: 424).

Statische Verfahren werden dann bevorzugt, wenn die zu beurteilenden Projekte nicht durch schwankende Zahlungsströme gekennzeichnet sind oder die Investitionsbeträge eher gering sind und wenig Auswirkungen auf betriebliche Abhängigkeiten verursachen (vgl. Thommen et al. 2017: 348). Aber auch dynamische Investitionsrechnungsvarianten können nicht alle Nachteile der statischen Verfahren beheben. So leiden diese Rechnungen insbesondere unter der Datenunsicherheit, wenn die Zahlungsreihen weit in die Zukunft reichen oder wenn die Investitionsnutzungszeiten letztendlich kürzer ausfallen als ursprünglich angenommen. Auch wenn die Ein- und Auszahlungen nicht eindeutig zugeordnet werden können, ergeben sich Kalkulationsunsicherheiten.

17.3 Finanzierungsentscheidungen

Die güterwirtschaftlichen Leistungsprozesse spiegeln sich in den Finanzprozessen der Medienunternehmen wider. Darüber hinaus gibt es auch reine Finanzbewegungen, die nichts mit dem Leistungsprozess im engeren Sinne zu tun haben. Zu den leistungsbezogenen Finanzprozessen zählen Einnahmen und Ausgaben, die im Zusammenhang mit der betrieblichen Tätigkeit stehen; beispielsweise die Bezahlung von Gehältern, Material oder Rechten oder die Einnahmen, die mit dem Absatz von Produkten und Dienstleistungen stehen. Zu den reinen Finanzbewegungen zählen hingegen kapitalbindende Ausgaben oder kapitalfreisetzende Einnahmen, die unabhängig vom betrieblichen Wertschöpfungsprozess sind; beispielweise die Gewährung von Krediten oder die Beteiligung an Unternehmen bzw. die Veräußerung von Anlage- und Sachvermögen oder die Vereinnahmung von Kreditrückzahlungen. Gläser stellt in diesem Zusammenhang auch völlig korrekt fest, dass ein Medienunternehmen durchaus in den güterwirtschaftlichen Vorgängen erfolgreich agieren kann, aber durch Missmanagement im Bereich der autonomen Finanzprozesse in Schieflage gerät (vgl. Gläser 2014: 493).

Die Finanzierung ist das Pendant zur Investition und dient damit der Beschaffung von Kapital. Während über Investitionen Kapital verwendet (in Vermögen umgewandelt) wird und bilanztechnisch auf der Aktivseite aufgelistet ist, wird das für die Investitionen eingesetzte Kapital auf der Passivseite der Bilanz ausgewiesen. Aus diesem Grund ist das Vermögen eines Unternehmens genauso hoch wie das Kapital, das im Unternehmen gebunden ist. Das Kapital kann aber Eigenkapital oder Fremdkapital sein. Das **Eigenkapital** steht dem Unternehmen (im Prinzip) auf unbegrenzte Zeit zur Verfügung. Es wird entweder von außen zugeführt (z. B. durch die Eigentümer) oder es ist im Leistungsprozess entstanden und einbehalten worden (z. B. einbehaltene Gewinne). Das **Fremdkapital** wird dem Unternehmen für eine bestimmte Zeitspanne von Dritten überlassen (Gläubigerkapital).

Der **Kapitalbedarf** wird dominant durch sechs Determinanten bestimmt (vgl. Gutenberg 1980):

- Die **Prozessanordnung**: Wie viele Stufen/Prozesse durchläuft ein Auftrag bis zur Fertigstellung. Kann parallel gearbeitet werden oder ist ein Nacheinander zwingend notwendig?

In der Unikatsproduktion der Medienwirtschaft sind die Herstellungsprozesse in der Regel zeitlich gestaffelt. Dadurch werden Finanzbedarfe nacheinander fällig. Was in der Regel zu einem niedrigeren Kapitalbedarf führt als wenn Prozesse parallel ablaufen.

- Die **Prozessgeschwindigkeit**: Wie lang ist die Zeitspanne zwischen Kapitalbindung und Kapitalfreisetzung (Zahlungseingang)? Je kürzer die Kapitalbindungsdauer, desto günstiger für das Unternehmen.

Die Prozessgeschwindigkeit ist in der Medienwirtschaft unterschiedlich lang. Während die Zeitung binnen weniger Tage produziert ist, zeigt sich die Kinofilmproduktion wesentlich zeitelastischer. Von der Stoffentwicklung bis zur Verwertung können Jahre vergehen (ein Jahr für die Stoffentwicklung und andere Vorarbeiten, drei bis vier Monate für die Produktion und noch einmal Monate bis Jahre für die Verwertung).

- Das **Beschäftigungsniveau**: Wie viele Produkte werden produziert und wie stark kann die Fixkostendegression wirken? Je mehr Output produziert wird, desto mehr Material wird benötigt, desto geringer aber auch die Kapitalbindung pro Stück.

Das realisierte Beschäftigungsniveau ist ebenfalls höchst unterschiedlich im Umfeld der Medienproduktion. Während materielle Massenprodukte hohe Niveaus erreichen, liegen die Niveaus in den Teilbereichen der Unikatsproduktion sehr niedrig. Immaterielle Massenprodukte hingegen binden nur geringe Kapitalwerte in der Bereitstellung.

- Das **Produktionsprogramm**: Welche Güter werden produziert; eher im Produktionsverbund stehende oder sehr verschiedene und wie viele solcher Produkte werden hergestellt?

Hier entstehen unterschiedliche Kapitalbedarfe je nachdem, ob Fokussierer oder Integratoren betrachtet werden. Fokussierer haben deutliche Vorteile gegenüber den Integratoren.

- Die **Betriebsgröße**: Wie gut ist das Verhältnis zwischen den Produktionskapazitäten und der Ausbringungsmenge? Optimal ist die Betriebsgröße dann, wenn die Produktionsmenge der stückkostenminimalen Produktionsmenge entspricht. Überkapazitäten belasten das Unternehmen durch nicht produktive Fixkosten. Unterkapazitäten verhindern Verwertungsmöglichkeiten.

Die optimale Produktionsmenge für einen Kreativbetrieb zu bestimmen, ist unmöglich. Für Massenvervielfältiger gelten die üblichen Bedingungen, die in Kapitel 10.4 (Kostenverlaufsanalyse) diskutiert werden.

- Das **Preisniveau**: Wie teuer sind Produktionsfaktoren und wie hochpreisig können die Produkte vermarktet werden?

Je teurer die Produktionsfaktoren sind, desto mehr Kapital wird gebunden; je niedriger die Marktpreise und Absatzmengen der Leistungsergebnisse des Medienunternehmens sind, desto länger dauert die Amortisationszeit des gebundenen Kapitals.

17.3.1 Die Finanzplanung und Finanzkontrolle

Kapitalbedarf und laufender Betrieb erfordern eine Berechnung des kontinuierlichen Finanzbedarfes. Die Frage, die im Rahmen der **Finanzplanung** zu beantworten ist, ist die Frage, wie viel Kapital kurz- oder langfristig benötigt wird und wie dieser Bedarf gedeckt werden kann. Für die Finanzplanung wird die **Kapitalbedarfsrechnung** eingesetzt. Die Ergebnisse der Kapitalbedarfsrechnung finden in den kurz- und langfristigen Finanzplänen Niederschlag. „In der Praxis spielt die kurzfristige Finanzplanung insofern eine größere Rolle, als dadurch der akute Finanzbedarf festgestellt und die Liquidität sichergestellt wird." (Paul 2015: 433) Die kurzfristige Finanzplanung und die Empfehlung daraus abzuleitender Finanzierungsmaßnahmen gehört zum Aufgabenfeld des Cash-Managements.

Der Kapitalbedarf setzt sich aus dem Bedarf für das Anlagevermögen und dem Bedarf für das Umlaufvermögen zusammen. Den Bedarf für das Anlagevermögen liefert das Investitionsmanagement aufgrund von Kostenvoranschlägen für die Potenzialfaktoren. Dieser Bedarf wird langfristig geplant. Der Kapitalbedarf für das Umlaufvermögen ergibt sich aus der Kapitalbindungsdauer und damit aus dem Zeitintervall zwischen den Aus- und Einzahlungen. Dabei werden die eigenen und die gewährten Zahlungsziele berücksichtigt. „Mithilfe der Finanzpläne soll die permanente Zahlungsfähigkeit sowie die Finanzierung der für die betrieblichen Tätigkeiten erforderlichen Mittel sicherstellen." (Thommen et al. 2017: 282) Die Daten für die langfristige Finanzplanung liefert das Controlling über die Plan-Gewinn- und Verlust-Rechnung. Damit kann der prognostizierte Netto-Cash-Flow berechnet werden, der den Mittelzufluss aus laufender Geschäftstätigkeit ausweist. Zusammen mit der Mittelverwendungsplanung werden dann Über- und Unterdeckungen frühzeitig sichtbar. So können gegebenenfalls notwendige Gegensteuerungsmaßnahmen eingeplant werden.

Die Daten für die kurzfristige Finanzplanung, die in Nicht-Krisenzeiten einen Zeitraum von drei bis zwölf Monaten abdeckt, liefert das Cash-Management. Aufgabe des **Cash-Managements** ist es, die Zahlungsströme zu überwachen und die Liquidität sicherzustellen. Das primäre Ziel besteht darin, die Auszahlungs- und Einzahlungsströme so aufeinander abzustimmen, dass keine größeren Zahlungsüberschüsse und keine Fehlbeträge entstehen. Kommen kurzfristig Überschüsse vor, werden diese kurzfristig angelegt. Unterdeckungen werden mit kurzfristigen Krediten abgesichert. Zu den Möglichkeiten, die das Cash-Management hat, zählen die Optimierung und Ausnutzung von Zahlungsfristen, die Beschleunigung der Zahlungsabwicklung und – wenn Unternehmensverbünde existieren – die Koordinierung der Liquiditätspolitik über die Grenzen der einzelnen Gesellschaften hinweg.

Planung erfordert **Kontrolle** und setzt sie gleichsam voraus. Die Finanzkontrolle kann statisch auf einen bestimmten Zeitpunkt oder auf die Entwicklung des Kapitalbedarfes innerhalb eines Zeitraums ausgerichtet werden.

Die **statische Analyse** bedient sich zentraler Kennzahlen, von denen die bekanntesten in Kapitel 9 vorgestellt werden. Dazu gehören die Rentabilität und die Liquidität (vgl. Kapitel 9.1.2), verschiedene Deckungsbeitragsgrößen (vgl. Kapitel 9.1.4), der Return on Invest (vgl. Kapitel 9.3.1) und verschiedene Kapitalstrukturkennzahlen (vgl. Kapitel 9.3.2) sowie viele andere Detailkennzahlen, auf die hier im Rahmen einer einführenden Übersicht nicht weiter eingegangen wird.

Die **dynamische Analyse** nutzt die erstellten Finanzpläne und arbeitet vor allem mit der Größe des Cash-Flows, der auf unterschiedliche Methoden berechnen lässt und damit aufeinander abgestimmte Größen symbolisieren kann (Cash-Flow aus operativer Tätigkeit, aus Investitionstätigkeit und aus Finanzierungstätigkeit). Die dynamische Analyse nutzt die Kapitalflussrechnung, die das Ziel verfolgt, „in strukturierter Art und Weise Veränderungen des Finanzmittelbestandes im Zeitablauf darzustellen und deren Ursachen transparent zu machen." (Thommen et al. 2017: 288) Ausgangspunkt der Analyse sind zwei aufeinander folgende Bilanzen.

Um die Kapitalbedarfe gemäß der Finanzplanung zu decken, die durch Neugründung, Leistungserstellung oder Investitionsvorhaben generiert werden und vor allem, um die Liquidität zu wahren, kann das Unternehmen auf unterschiedliche **Finanzierungsarten** bzw. Finanzierungsformen zurückgreifen. Anhand zweier unterschiedlicher Dimensionen systematisiert, können die Möglichkeiten der Kapitalbedarfsdeckung in einer Matrix abgebildet werden. Diese Dimensionen sind die Rechtsstellung des Kapitalgebers und die Herkunft der Finanzmittel. Die Rechtsstellung bezeichnet die rechtliche Verbindung des Kapitalgebers zum Unternehmen (Eigenkapitalgeber, Fremdkapitalgeber). Die Anzeige der Herkunft dokumentiert die Quelle des Kapitals (innerbetrieblich, außerbetrieblich). Die Finanzierungsarten-Matrix zeigt Abb. 17.6. (in Anlehnung an Perridon et al. 2016: 420).

	Innenfinanzierung	Außenfinanzierung
Eigenfinanzierung	Finanzierung aus – einbehaltenen Gewinnen – Abschreibungsrückflüssen – Vermögensumschichtungen	Finanzierung über Beteiligungen
Fremdfinanzierung	Finanzierung aus Rückstellungen	Finanzierung durch Kredite

Abb. 17.6: Finanzierungsarten-Finanzierungsformen-Matrix

Auf die Finanzierungsarten und ihre Bedeutung für Medienunternehmen soll abschließend kurz einführend eingegangen werden.

17.3.2 Die Innenfinanzierung: Kapitalbildung aus eigener Kraft

Im Zentrum der Innenfinanzierung „aus eigener Kraft" (Eigenfinanzierung) steht die Selbstfinanzierung über die Einbehaltung erzielter Gewinne (**Überschussfinanzierung**). Indem Unternehmen an ihren Märkten aktiv sind und Produkte absetzen, generieren sie Umsätze. Umsätze führen zu Einzahlungen und die Einzahlungen dienen der Bezahlung „von Rechnungen". Bestenfalls sind die Einzahlungen höher als die Auszahlungen. Die Differenz wird als Cash-Flow bezeichnet. Dieser **Cash-Flow** (vereinfacht als Einzahlungsüberschuss bezeichnet) beinhaltet sowohl den Gewinn als auch die Gegenwerte für die Abschreibungen und die Anteile, die den Rückstellungen zugeführt werden. Anders ausgedrückt: „Der Cash-Flow ist der disponible Geldbetrag aus der regulären Geschäftstätigkeit" (vgl. Gläser 2014: 496).

Im Rahmen der **Selbstfinanzierung** ist das Erlösmodell von entscheidender Bedeutung für die Höhe der Einzahlungen. Die Systematik des Erlösmodells für Medienunternehmen wird in Kapitel 13.7 (insbesondere Tab. 13.8) vorgestellt. Es zeigt sich, dass sich Medienunternehmen über fünf Märkte (Rezipienten-, Werbe-, Rechte- und sonstige B2B-Märkte sowie über Marktersatzlösungen (Haushaltsabgabe, Förderungen und Subventionen) finanzieren können, indem sie dort jeweils transaktionsabhängige oder transaktionsunabhängige Erlöse erzielen.

Neben der Selbstfinanzierung wirken auch **Abschreibungsgegenwerte** liquiditätswirksam, wenn in den Preisen für die Produkte die Abschreibungen internalisiert sind. Dies sollte zwar der Normalfall sein, weil die Produktion schließlich den Werteverzehr ursächlich verantwortet und der Abverkauf der Produkte das Anlagevermögen langfristig finanzieren muss. Es ist aber gerade bei kleineren Kreativagenturen häufig genug der Fall, dass dieser Umstand vernachlässigt wird, um preislich wettbewerbsfähig zu sein. Zu Liquiditätseffekten kommt es, weil Abschreibungen zwar Aufwand darstellen, aber keine Auszahlungen verursachen.

Letztlich können auch **Vermögensumschichtungen** die Liquidität beeinflussen. Vermögensumschichtungen sind Vorgänge, die darauf ausgerichtet sind, Vermögensteile zu liquidieren. Dies kann beispielsweise durch den Verkauf von Forderungen geschehen, durch Desinvestitionen oder auch durch Maßnahmen, das Kapital effizienter einzusetzen. Vermögensumschichtungen können aber auch zu Beiträgen im Bereich der Überschussfinanzierung (Selbstfinanzierung) führen. Das ist dann der Fall, wenn der Veräußerungserlös nicht mit dem Buchwert übereinstimmt (vgl. Schierenbeck und Wöhle 2016: 503).

Innen- und gleichzeitig fremdfinanziert zu sein, klingt zunächst paradox, aber es ist logisch herleitbar. Es handelt sich um die Finanzierung durch **Rückstellungen** bzw. Rückstellungsgegenwerte. Rückstellungen sind „Fremdkapital, das dem Grunde und/oder der Höhe und der Fälligkeit nach ungewiss ist und dessen wirtschaftliche Verursachung in der abgelaufenen Rechnungsperiode liegt." (Olfert und Reichel 2008: 385) Typische Beispiele sind Rückstellungen für unterlassene Instandhaltung, für Risiken aus (z. B. Schadensersatz-) Prozessen, oder Pensionsrückstellungen für Mitarbeiter (vgl. Olfert und Reichel 2008: 386 ff.). In all diesen Fällen werden Mittel buchhalterisch „zur Seite gestellt", um damit für die zu erwartenden Verpflichtungen in der Zukunft aufzukommen. Es handelt sich folglich um Mittel, die vom Unternehmen selbst erwirtschaftet wurden, also um Innenfinanzierung. Es handelt sich aber ebenfalls um (potenzielle) Schulden (Verbindlichkeiten) und dementsprechend um Fremdkapital (vgl. Pauls 2015: 430).

17.3.3 Die Außenfinanzierung: Kapitalzuwachs durch Dritte

Außenfinanzierung stellt einen Vorgang dar, der Kapital von außen in das Unternehmen fließen lässt. Dieses Kapital kann dauerhaft zur Verfügung gestellt werden oder temporär. Wird es dauerhaft im Unternehmen belassen, handelt es sich um die Zuführung von „frischem" Eigenkapital. In diesem Fall spricht die BWL von Beteiligungsfinanzierung oder auch Einlagenfinanzierung. Im Fall zeitlich begrenzter Zurverfügungstellung handelt es sich um eine Kreditfinanzierung.

Im Rahmen der **Beteiligungsfinanzierung** sind mehrere Varianten möglich und üblich. Beteiligungsfinanzierung spült aber immer Kapital in die Bilanzposition Eigenkapital und stärkt damit nicht nur die Finanzkraft des Unternehmens, sondern erhöht auch die Haftungsgrundlage sowie die Sicherheit der Gläubiger. Soweit es sich um große Medienkonzerne handelt, wird die Finanzierung üblicherweise **über die Börse** laufen, wenn eine Beteiligung für Dritte attraktiv genug dargestellt werden kann. Die neuen Miteigentümer erhalten im Gegenzug für ihr eingelegtes Kapital Aktien. Je nachdem, ob mit dieser Beteiligung Mitspracherechte eingeräumt werden oder nicht, können unterschiedliche Aktien ausgegeben werden. Stammaktien sichern volles Mitspracherecht. Vorzugsaktien bieten hingegen den Vorzug einer höheren Dividende; allerdings zum Preis des Verzichts auf Mitspracherechte. Der Effekt auf der Unternehmensseite, der mit dem Börsengang verbunden ist, zeigt sich in einer Erhöhung der Eigenkapitalquote und erhöhter Liquidität. Zu den erfolgreichen Börsengängen zählt der von Sky (damals noch Premiere) im Jahre 2005 (Emissionsvolumen: rund 1,2 Mrd. Euro). Zu den wenig erfolgreichen Börsengängen zählt der der Deutschen Telecom Anfang der 2000er Jahre. Das Emissionsvolumen beziffert sich zwar auf ein deutlich Vielfaches gegenüber dem von Sky, aber die Kurse brachen nach dem Börsengang ein, weil sie überbewertet waren. Auch das Platzen der „dotcom-Blase" (Spekulationsblase im Bereich der Unternehmen aus der New Economy) im Jahre 2000 wirkt in Anlegerkreisen bis heute nach. Viele hochdotierte Unternehmen existieren längst nicht mehr. Viele Hoffnungsträgerunternehmen konnten den Gewinnerwartungen nicht gerecht werden oder hatten durch unüberlegte Aufkäufe ihre gesamte Liquidität verloren und wurden selbst zu Insolvenzkandidaten. Insbesondere die letztgenannte Ursache verdeutlicht, dass zwischen Kapital und Liquidität deutlich unterschieden werden muss. Nicht ausreichende Liquidität führt in die Insolvenz.

Die Beteiligungsfinanzierung **ohne Zugang über die Börse** ist wesentlich weit verbreiteter – nicht nur in der Medienindustrie. Dieses Instrumentes bedienen sich die kleinen und mittelständischen Unternehmen. Allerdings sind gerade für die Medienwirtschaft zwei Ausformungen der Beteiligungsfinanzierung ohne Börsengang zu unterscheiden: Die Aufnahme von Gesellschaftern in die Gesellschaft (Unternehmensbeteiligung) und die Projektbeteiligung in Form der Gründung eines zeitlich befristeten Unternehmens.

Die Aufnahme neuer Gesellschafter oder die Zuführung von Kapitals durch (zusätzliche) Einlagen vorhandener Gesellschafter ist (neben dem Fall der Unternehmensgründung) typisch für Expansion. Kleinere und mittelgroße Kapitalgesellschaften, vor allem aber Personengesellschaften „tun sich schwer mit dieser Form der Finanzierung. Denn der Kreis der Finanziers ist notwendigerweise auf eine kleine Anzahl von Personen begrenzt." (Paul 2015: 430) Insbesondere die zahlreichen BGB-Gesellschaften müssen hier mit erheblichen Schwierigkeiten rechnen, da eine Gesellschafteraufnahme leicht möglich ist, aber die Haftungslage eher abschreckend wirkt (vgl. Kapitel 4.5, Rechtsformen). Dennoch scheint es mitunter notwendig zu sein, diesen Schritt zu tun.

In der Medienwirtschaft (insbesondere der Filmindustrie) spielen auch Medienfonds und das Crowdfunding eine (wenn auch untergeordnete) Rolle. **Medienfonds** sind spezielle Investmentfonds (häufig als GmbH & Co KG organisiert), bei denen das Vermögen zur Finanzierung von Filmproduktionen eingesetzt wird (vgl. Sjurts 2011: 382). Das **Crowdfunding** (Schwarmfinanzierung) bezeichnet eine „Kapitaleinsammelmethode", bei der eine Vielzahl von Personen über das World Wide Web aufgerufen wird, sich an einem Projekt (in der Regel ein Film) als Finanziers zu beteiligen (vgl. Sterblich et al. 2015). Hier liegt auch ein Übergang von der Unternehmensbeteiligung zur Projektbeteiligung und damit der Gründung von Medienunternehmen auf Zeit.

Im Rahmen der **Kreditfinanzierung** sind ebenfalls mehrere Varianten möglich und üblich. Kreditfinanzierung bedeutet, dass Dritte einem Unternehmen Kapital auf Zeit (in der Regel gegen Entgelt) zur Verfügung stellen. Im Rahmen der Kreditfinanzierung werden reine Finanzkreditgeber von Kunden und Lieferanten als Kapitalgeber unterschieden. Spielen Banken die Rolle des Kreditgebers, können kurzfristige von langfristigen Krediten unterschieden werden. Kurzfristig sind z. B. Kapitalüberlassungen in Form von Kontokorrentkrediten (Überziehungskrediten) üblich. Mittel- und langfristig laufen unterschiedliche Formen von Bankdarlehen. Es gibt noch eine Reihe sonstiger Instrumente (z. B. Industrieobligationen, Schuldverschreibungen etc.), auf die hier nicht weiter eingegangen werden soll.

Neben den Banken tragen auch **Kunden** zur Finanzierung von Medienunternehmen bei. Kunden können Anzahlungen auf noch zu erbringende Leistungen tätigen. Solche Kredite spielen in der Medienwirtschaft eine große Rolle. Insbesondere in Kinofilm- und TV-Filmgeschäft werden häufig Pre-Sales abgeschlossen. Ein **Pre-Sale-Vertrag** regelt die Einräumung von Verwertungsrechten an einen Lizenznehmer bevor der Film fertiggestellt ist. Diese frühzeitige Einräumung der Rechte goutiert der Lizenznehmer entweder mit der Zurverfügungstellung von Finanzmitteln oder mit einer Bürgschaft auf Kredite, die der Herstellung des Films dienen.

Auch **Lieferanten** gewähren Kredite. Im Umfeld des Handelsgewerbes werden sie Handelskredite genannt. Indem ein externer Dienstleister dem abnehmenden Medienunternehmen auf seine Zuliefererleistung ein Zahlungsziel von 14 bis 90 Tagen einräumt, stunden sie quasi die Zahlung. So arbeiten beispielsweise nahezu alle Freiberufler in der Medienwirtschaft. Angesichts der mehr als kritischen Zahlungsoral der Leistungsempfänger bedeutet das für die schwächsten Glieder in der gesamten Wertschöpfungskette, dass sie ihren gesamten Umsatz im Durchschnitt auf 60 bis 90 Tage vorfinanzieren müssen.

Kapital-und Finanzmanagement der Medienunternehmen können helfen, auf Zeit absehbare oder akut konkrete Probleme zu entschärfen. Lösen können sie die Probleme, die dem Kapitalbedarf zugrunde liegen, nicht. Hier sind Maßnahmen notwendig, die das Ergebnis verbessern. Ergebnisverbessernde Maßnahmen werden aber nicht in der Finanzabteilung, sondern im Controlling entwickelt.

17.4 Das Controlling als Steuerungszentrale

Es gibt viele Definitionen und Auffassungen darüber, was das Controlling ist, welche Aufgaben und welche Stellung es innerhalb eines Unternehmens hat. Diese Auffassungen reichen von der Auswertung und Bereitstellung unternehmensinterner Daten, die für das Management relevant sind, bis hin zum integrierten Führungskonzept zur zielorientierten Unternehmenssteuerung. Allen Verständnissen gemein ist allerdings, dass „Controlling“ weder für „Kontrolle“ noch für „Revision“ steht, sondern – abgeleitet aus dem englischen 'to control' – für regeln bzw. steuern. In diesem Sinne kann das Controlling drei Konzeptionsverständnissen folgen:

- Die **informationsorientierte Konzeption**: Hier wird die Aufgabe des Controllings in der Informationsversorgung des Managements gesehen und umfasst die Beschaffung, Aufbereitung und Kommunikation von Informationen für das Management.
- Die **rationalitätssichernde Konzeption**: Hier wird die Aufgabe des Controllings in der Sicherstellung von Effektivität und Effizienz im Management gesehen und umfasst die Entlastung und fachliche Ergänzung des Managements, um die Wirtschaftlichkeit in der Führung zu erhöhen und gleichzeitig opportunistisches Verhalten auf der Führungsebene entlarven zu können.
- Die **koordinationsorientierte Konzeption**: Hier wird die Aufgabe des Controllings in der Koordination der Führungsteilsysteme gesehen und umfasst die aufgrund der Differenzierung von Führungsbereichen und den Interdependenzen zwischen der strategischen und operativen Planung notwendige Abstimmung aller Beziehungen und Handlungen.

Insbesondere die in sehr dynamischen Umwelten agierenden Medienunternehmen (z. B. in der Digitalindustrie) profitieren deutlich davon, wenn die Koordinationsfunktion im Controlling gelebt wird und dabei stark informationsorientiert ausgerichtet ist. Einerseits fällt es damit leichter, sich den schnell ändernden Umweltbedingungen anzupassen als auch Zukunftschancen innovativ zu nutzen.

Wenn aber das Controlling einerseits unternehmensinterne Daten aufbereitet und kommuniziert und andererseits Steuerungsfunktionen ausübt, worin liegt dann der Unterschied oder die Grenze zwischen einem Controller und einem Top-Manager auf der einen bzw. einem Manager aus dem Bereich (internes) Rechnungswesen auf der anderen Seite?

Inhaltlich und aufgabenbezogen sind die Grenzen tatsächlich fließend, aber formal doch klar abzugrenzen: Das betriebliche Rechnungswesen erfasst die wirtschaftliche Situation zahlenmäßig, bereitet die Zahlen systematisch auf und stellt sie (übersichtlich) dar. Dabei konzentriert sich das Rechnungswesen auf Daten aus der Vergangenheit und am aktuellen Informationsbedarf. Das Controlling erarbeitet mit diesen Daten ein rationales Konzept, damit die richtigen Unternehmensentscheidungen getroffen werden können. Controlling ist gegenwarts- und zukunftsbezogen. Es bietet dem Management ein Informationsangebot und spricht Empfehlungen aus. Aus diesem Grund wird der Controller häufig auch als „interner Berater“ oder als „Navigator“ bezeichnet. Der Top-Manager wiederum nutzt die Vorleistungen und fällt Entscheidungen. Ihm kommt die Funktion des Informationsnachfragers zu. Das heißt aber andererseits auch, dass nur der Top-Manager die unternehmerische Entscheidungsbefugnis hat und nur er die Gesamtergebnisverantwortung trägt.

Wie umfassend die **Controlling-Konzeption** in einem Unternehmen ausgearbeitet sein kann, zeigt sich, wenn nicht auf die Reichweite des Steuerungsintervalls (operatives oder strategisches Controlling) oder den Abstraktionsgrad des Steuerungsobjektes (Produkt, Projekt, Linie, Unternehmen) abgestellt wird, sondern wenn die Controlling-Felder über die Funktionsbereiche des Unternehmens aufgelistet bzw. abgegrenzt werden. Die Controlling-Felder grenzen zwei große Bereiche ein. Der erste Bereich umfasst den Kernprozess des Unternehmens, der die Leistungserstellung und Leistungsverwertung (primäre Unternehmensaktivitäten) abbildet. Der zweite Bereich wird über die Service- bzw. unterstützenden Betriebsfunktionen abgegrenzt (vgl. folgend Gläser 2014: 952):

- Beschaffungs-, Produktions- und Absatz-Controlling begleitet vom Finanz- und Prozesscontrolling (vgl. Horvath 2011) oder alternativ: Input-Controlling, Output-Controlling sowie Controlling des Input-Output-Relation (vgl. Köcher 2002 und Gläser 2003)
- F&E-, Personal-, Investitions- und Anlage-, Projekt-, Qualitäts- und Risiko-Controlling.

Eine zentrale Folge der Controlling-Empfehlungen sind **Budgetierungen** und die Delegation der Verfügungsrechte über die Ressourcen. Das **Planungsergebnis** besteht in der Definition eines Gesamtkonzeptes verschiedener **Budgets** (wertmäßig definierte Einheiten), die Entscheidungsgremien für eine bestimmte Zeitperiode und verbunden mit formalen Zielvorgaben und einem bestimmten Verbindlichkeitsgrad zur Verfügung gestellt werden (vgl. Horvath 2011: 202). Budgetierungen und Zuweisungen werden über ein gesamtheitlich ausgerichtetes **Budgetierungssystem** erstellt und koordiniert. Die Koordination soll helfen, das Unternehmen als Ganzes über die organisatorischen Handlungseinheiten auf ein Oberziel hin auszurichten (vgl. Horvath 2011: 215 ff.). Das Gesamtkonzept ist als Rahmen bzw. als Stütze mit hohen Freiheitsgraden zu verstehen; nicht als enges Korsett, das Handlungs- und Entscheidungsspielraum ausschließt, aber auch nicht als mehr oder weniger unverbindliche Empfehlung.

Steht der **Informationscharakter des Controllings** im Vordergrund, arbeitet das System mit Kennzahlen und Zielsystemen. Obwohl eine Kennzahl nicht per se ein Instrument des Controllings ist, sondern nur dann, wenn sie koordinierenden oder steuerungsrelevanten Wert hat, erscheinen auch hier wieder die „üblichen Verdächtigen“: Die Rentabilitäten als Kennzahlen für den Unternehmenserfolg, der Cash-Flow als Größe für den finanziellen Erfolg, verschiedene Gewinngrößen (EBIT, EBITA, EBITDA) für die Messung des betrieblichen Erfolgs sowie verschiedene wertorientierte Kennzahlen (z. B. EVA, CFROI, CVA). Aber auch Kennzahlensysteme, wie der ROI (vgl. Kapitel 9.3.1) oder komplexe Steuerungs- und Analyseinstrumente, wie die Balanced Scorecard (BSC; vgl. Kapitel 11.3.1) sowie Qualitätsmanagementkonzepte, wie das EFQM-System.[5]

Im Folgenden soll anhand eines Beispiels aus dem TV-Bereich ein Eindruck über die Kennzahlenlogik (privat-kommerzieller TV-Veranstalter) gegeben werden.[6] Das Oberziel der Privat-Kommerziellen liegt in der Erwirtschaftung von Rendite (vgl. Kapitel 1.5.3 und 4.6). Deswegen brauchen diese TV-Veranstalter Controlling-Instrumente, „die ihnen die konsequente Verfolgung ihrer kommerziellen Zeile ermöglichen.“ (Gläser 2014: 961) Orientiert am Input-Output-Schema eines Controllingkonzeptes ergeben sich damit folgende Kenngrößen bzw. Gruppen von Kennzahlen (vgl. Tab. 17.2).

Da der Deckungsbeitrag als monetäre „Spitzenkennzahl“ gilt, wird dieser beispielsweise durch Herunterbrechen in ein Kennzahlensystem transformiert. In diesem Kennzahlensystem werden die Kosten- und Werttreiber des betrieblichen Erfolgs sichtbar (vgl. Abb. 17.7).

Die **Schwierigkeiten des Controllings** beginnen immer dort, wo zentrale Erfolgsgrößen nicht eingesetzt werden können oder nicht quantifizierbare Größen das unternehmerische Ziel mitbestimmen. Beide Ausnahmesituationen sind beispielsweise beim öffentlich-rechtlichen Rundfunk gegeben. Während sich die Controlling-Logik im Bereich des Inputs nicht von dem der privat-kommerziellen Rundfunkunterneh-

5 Zum Studium der einschlägigen Kennzahlen und Kennzahlensysteme sei auf die spezielle Literatur im Bereich des Controllings verwiesen (z. B. Weber und Schäffer 2016).

6 Die Darstellung der Kennzahllogik folgt der Publikation von Köcher (Köcher 2002: 214), die Kommentare und die Systematik der Kennzahlen folgen den Ausführungen von Gläser (Gläser 2014: 961).

Tab. 17.2: Kennzahlensystematik privat-kommerzieller TV-Veranstalter

Prozessebene	mengenmäßig (real)	wertmäßig (monetär)
Input	realer Ressourcenverzehr	Kosten (z. B. Sendeminuten)
Output	Kontakt-Leistung (Reichweite, Marktanteil etc.)	Erlös (aus Umsatz)
Output-Input-Relation	Produktivität	Kosten-Kontakt-Relation (z. B. TKP, Deckungsbeitrag)

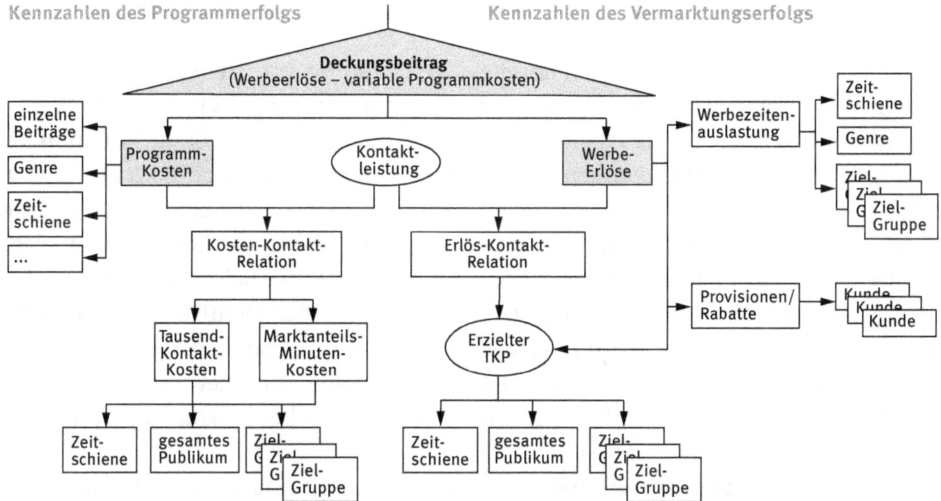

Abb. 17.7: Kennzahlenlogik von TV-Veranstaltern (am Beispiel Deckungsbeitrag)

men unterscheiden muss, sieht das im Bereich des Outputs und damit auch im Bereich der Output-Input-Relation völlig anders aus. Die öffentlich-rechtlichen Sender haben einen Versorgungsauftrag. Insofern können ohne Weiteres die Reichweite oder die Programmkosten je Kontakt als Erfolgskriterium akzeptiert werden. Die monetäre Vermarktung mit einer Kennzahl, wie beispielsweise den Erlös zu belegen, hilft aber nicht weiter. Damit fällt der Deckungsbeitrag als erfolgsorientierte Messzahl weg.

Auch wenn es um die programmliche **Qualitätsdiskussion** geht, öffnet sich eher ein Diskussionsfeld, denn eine Lösung. Welche Qualität ist gegeben, wovon ist sie im Sinne einer Operationalisierung abhängig und welches Output-Input-Verhältnis ist optimal? Das sind Fragen, die allgemeingültig wohl kaum beantwortet werden können. Dennoch müssen hier Maßstäbe und Indikatoren gefunden werden, um die durch Beiträge finanzierten Programmangebote sinnvoll budgetieren zu können. Das Motto: „Es kostet eben, was es kostet“, ist keine befriedigende Antwort.

Doch tatsächlich existiert auch ein solcher Budgetierungsansatz vereinzelnd in kommerziell ausgerichteten Medienunternehmen. Dieser Ansatz wird **Beyond Budgeting** genannt (vgl. Rieg 2001: 571 ff.). „Grundgedanke ist es, das Budget im herkömmlichen Sinn komplett abzuschaffen. Anstelle dessen werden den Managern nur Ertragsziele vorgegeben, die nach einer bestimmten, einmal definierten objektiven Methode festgelegt werden." (Paul 2015: 453) Dass sich dieses Konzept nicht durchgesetzt hat und sich wohl auch nicht durchsetzen wird, liegt nahe. Hier konfligieren zumindest die Ziele ‚Optimierung des Ertrags bei größtmöglicher Flexibilität und Freiheit in der Gestaltung' einerseits und das Ziel ‚Sicherheit in der Planung' andererseits. Literatur und Praxis sind sich angesichts der zahlreichen Konzepte und Diskussionen einig: Es gibt nicht das eine, für alle Unternehmen passende Controlling-Modell. Jedes Medienunternehmen muss daher selbst versuchen, die für sich ideale Lösung zu finden (vgl. Paul 2014: 33).

Neben der konzeptionellen Planung, der Lieferung von steuerungsgeeigneten Kennzahlen und der konkreten Budgetierung gehört auch das **Reporting** (Berichtswesen) zu den Aufgaben des Controllings. Das Management ist über die Situation im Unternehmen und alle relevanten Daten, die zur Steuerung des Betriebes notwendig sind, zu informieren. Dabei muss das Berichtswesen aber so aufgebaut sein, dass nur eindeutig definierte und einheitlich verwendete Größen benutzt und kommuniziert werden. Dass das nicht immer trivial ist, macht ein einfaches Beispiel deutlich: Jeder weiß, was Umsatz ist und im Unternehmen sind auch etliche Statistiken im Umlauf, die Umsatzzahlen ausweisen. Aber es handelt sich in den Berichten keineswegs immer um den gleichen Umsatzbegriff. Mal ist er als Bruttoumsatz ausgewiesen (Erlöse vor Boni und Skonti), mal als Netto-Umsatz (Erlöse abzüglich Boni, Skonti oder ähnliche erlösmindernde Preisnachlässe).

Auch **Abgrenzungsprobleme** führen zu unklaren Situationsdefinitionen. Insbesondere im Bereich vieler Kostenpositionen zeigt sich, dass bei weitem nicht alle Zuordnungen eindeutig geklärt sind. So sind beispielsweise im Personalwesen viele Kostenpositionen strittig, was ihre Zuordnung betrifft. Sind beispielsweise Weiterbildungsmaßnahmen für Verkaufspersonal bei Neueinführung eines Produktes Kosten des Personal- oder des Produktbereiches? Auch die **Aufschlüsselung von Gemeinkosten** ist keineswegs ein sich selbst lösendes Problem. Diese Schwierigkeiten zeigen sich regelmäßig bei der Zuordnung von Overhead-Kosten (z. B. Verwaltung, Kantine etc.). Anhand dieser wenigen und noch sehr einfachen Fragestellungen zeigt sich schon sehr deutlich, wie wichtig ein für das Unternehmen passendes Controllingsystem ist.

Das Controllingsystem ist maßgeblich an der Entscheidungsqualität im Management beteiligt. Das System, dessen Handhabung und Auswertung ist aber nur die eine Facette des Entscheidungsfindungsprozesses. Ebenso wie die Intelligenz, die Kreativität, das Know-how und die Erfahrung der Manager, spielt auch die Datenqualität, die Verfügbarkeit und die Aufbereitung von Daten eine entscheidende Rolle. An dieser Stelle kommt das **Rechnungswesen** ins Spiel. Einen Überblick bzw. einführenden

Einblick in das Wesen, die Aufgaben und Lösungen des Rechnungswesens gibt das abschließende Kapitel dieser Publikation, das sich mit der Sammlung, Zusammenstellung und Dokumentation des Leistungsprozesses in Medienunternehmen anhand monetärer Daten befasst.

Fragen zu Kapitel 17.4

?

1. Welche Aufgaben hat das Controlling im Unternehmen?
2. Warum gilt das Controlling als Unterstützungsinstrument für das Management im Unternehmen?
3. Was versteht das Controlling unter Budgetierung?
4. Auf welche Schwierigkeiten stößt das Controlling bei der Bewertung des Outputs im öffentlich-rechtlichen Rundfunk?
5. Was versteht das Controlling unter „Beyond Budgeting“? Wie stehen Sie zu diesem Ansatz? Diskutieren Sie kurz.

Teil VI: **Erfassung, Dokumentation und monetäre Analyse des Leistungsprozesses in Medienunternehmen**

18 Wie ist das betriebliche Rechnungswesen aufgebaut?

Die Leistungserstellung verbraucht Unternehmenswerte (Ressourcen) und bindet Kapital. Die Leistungsverwertung generiert Erlöse und setzt Kapital frei. Aus diesem Prozess entstehen Gewinne oder Verluste. Wie hoch solche Gewinne oder Verluste sind, interessiert neben den Unternehmensmanagern noch eine ganze Reihe anderer Stakeholder – aus unterschiedlichsten Gründen. Die Eigentümer wollen wissen, ob ihr Kapital vermehrt oder gemindert wurde. Die Gläubiger (Kapitalgeber, Lieferanten etc.) wollen wissen, wie risikoreich ihr Geld angelegt ist. Die Mitarbeiter wollen wissen, ob der Arbeitgeber seinen Zahlungsverpflichtungen künftig nachkommen kann oder wie sicher ihr Arbeitsplatz ist. Die Kunden wollen wissen, ob die Garantieleistungen und Serviceverträge in der Zukunft eingehalten werden können. Und nicht zuletzt will der Staat wissen, wie hoch die Steuerzahlungspflicht des Unternehmens ist.

Das Bündel an Dokumentationen, das der Information der vorgenannten Zielgruppen dient, wird im sogenannten **externen Rechnungswesen** zusammengefasst. Es richtet sich an alle externen bzw. nicht in den internen Leistungsprozess involvierten Interessensgruppen. Der **Zweck** des externen Rechnungswesens liegt in seiner **Informations-** und **Dokumentationsfunktion** sowie im Ausweis der steuerrechtlich relevanten **Zahlungsbemessung.** Die geltenden Vorschriften zur Darstellung und zum Umfang der zu liefernden Dokumentationen sind im Handelsgesetzbuch (HGB) und in den einschlägigen Rechtsvorschriften, die für die einzelnen Rechtsformen gelten, geregelt. Hinzu kommen die Vorschriften der Abgabenordnung (AO), des Einkommensteuergesetzes (EstG) und des Körperschaftssteuergesetzes (KStG). Die Vorschriften des HGB etc. dienen vor allem dem Gläubigerschutz. Die Vorschriften in den drei fiskalischen Regelwerken haben steuerrechtliche Relevanz.

Die zweite Gruppe von Interessenten, die Daten und Fakten aus dem Wertschöpfungsprozess und den ihn begleitenden Zahlungsströmen benötigen, sind die Manager im Unternehmen. Rationales **Planen, Steuern** und **Kontrollieren** von Unternehmensprozessen ist eben ohne Faktenwissen nicht möglich. Um die Unternehmensführung (sowie das Controlling) mit den notwendigen Informationen versorgen zu können, müssen Daten zusammengestellt oder generiert werden, die qualifizierte Aussagen hinsichtlich des Güterverzehrs und dessen Zusammenhang mit der Leistungserstellung ermöglichen. Mit diesen Erkenntnissen kann das Management Entscheidungen objektiv fundieren.

Da diese (sensiblen) Informationen nur an Adressaten im Unternehmen gerichtet werden, wird dieses Darstellungs- und Analyseinstrument **internes Rechnungswesen** genannt. Zwar greifen sowohl das interne als auch das externe Rechnungswesen auf die gleichen Ausgangsdaten (z. B. Eingangs- oder Ausgangsrechnungen, Materialverbräuche, Bestandsveränderungen etc.) zu, verwenden sie aber aufgrund ihrer verschiedenen Aufgaben unterschiedlich.

https://doi.org/10.1515/9783110519587-018

So will der Staat beispielsweise wissen, wie hoch der Gewinn ist, um die Steuer bemessen zu können. Dieser sogenannte pagatorische Gewinn wird im externen Rechnungswesen den gesetzlichen Vorschriften entsprechend ermittelt und ausgewiesen. Ob mehr oder weniger Gewinn hätte erzielt werden können, wenn anders agiert worden wäre oder ob das Medienunternehmen mehr Umsatz mit Zeitungen, Zeitschriften oder Online-Versionen der einzelnen Titel erzielt hat, kann und will der Fiskus überhaupt nicht bewerten. Es entzieht sich auch seinem Wissen, da er auf entsprechende „Geheimdaten" keinen Zugriff hat. Das Management hingegen interessiert sich nicht nur für den Gesamtgewinn einer Periode, sondern vor allem dafür, welchen Gewinnbeitrag einzelne Leistungen erwirtschaftet haben und wie profitabel die jeweiligen Leistungen sind. Diese Daten liefert das interne Rechnungswesen.

Da beide Systeme die gleichen Grundlagendaten nutzen, müssen sie miteinander verbunden sein, aber auch klare Grenzen aufweisen. Gäbe es keine klaren Grenzen, litte die Effektivität. Wären sie nicht verbunden, würde das Gesamtsystem nicht effizient arbeiten.

18.1 Die Struktur des betrieblichen Rechnungswesens

Die beiden Bereiche des betrieblichen Rechnungswesens sind inhaltlich verbunden, indem die betrieblichen Vorgänge in der Leistungserstellung und Leistungsverwertung datentechnisch erfasst werden und jedem, der im Unternehmen mit diesen Informationen arbeiten muss, Zugriffsrechte eingeräumt werden. Das ganze System ist natürlich softwareunterstützt. So werden Rechnungen verbucht, Kontobewegungen aufgezeichnet oder Lagerbestandsveränderungen erfasst. Einfache Lösungen zur Buchhaltung oder Einnahmen-Überschuss-Rechnung sind seit Jahren für wenig Geld am Softwaremarkt erhältlich. Größere Unternehmen oder Konzerne arbeiten natürlich mit wesentlich umfangreicheren und leistungsstärkeren Lösungen. Aber auch der freiberufliche Journalist oder Kameramann kann alle notwendigen Erfassungs- und Aufarbeitungsarbeiten leicht selbst erledigen. Fachliche Vorkenntnisse sind nicht notwendig. Die Softwaren und die Eingabebedienung sind selbsterklärend. Wer sich – aus welchen Gründen auch immer – mit dem Thema nicht beschäftigen möchte, übergibt seine (steuerrechtlich relevanten) Unterlagen an einen Steuerberater und lässt die Arbeiten durch den Dienstleister erledigen.

Soweit der Geschäftsbetrieb eine kaufmännische Einrichtung erfordert, werden die Arbeiten zum Jahresabschluss schon etwas umfangreicher. Doch unabhängig von der Größe des Unternehmens oder dem Umfang der Geschäftsvorfälle gilt immer: Aufzeichnungen und Auswertungen (Gewinnermittlung, Ermittlung der Umsatzsteuerzahllast etc.) müssen gemacht werden – korrekt, geordnet, systematisch und für Dritte nachvollziehbar. Das verlangt der Gesetzgeber. Die Pflicht für Kaufleute ergibt sich aus § 242 HGB. Die Pflicht, eine Steuerklärung abgeben zu müssen, regelt § 149 AO.

Zwar müssen Gewinne und andere abgabenrechtlich relevante Größen (z. B. Umsätze, Löhne, Sozialabgaben etc.) ermittelt werden, aber es gibt beispielsweise kein Gesetz, das fordert, die Umsätze mit einzelnen Kunden oder Kundengruppe, Produkten oder Produktgruppen auszuweisen. Für den Manager oder Selbstständigen kann es hingegen sehr aufschlussreich sein, wenn er weiß, mit wem er Umsätze in welcher Höhe macht (vgl. Ermittlung des CLV in Kapitel 9.1.6 oder ABC-Analyse in Kapitel 11.2.1). Ähnlich verhält es sich mit der Kostensituation. Die Gesamtkosten zu ermitteln ist notwendig, um Gewinne ermitteln zu können. Für welche Produkte, an welchen Stellen im Betrieb oder welcher Art die Kosten sind, ist für Außenstehende weniger relevant als für diejenigen, die das Unternehmen zukunftssicher managen sollen.

Damit ist es ist leicht zu schlussfolgern, warum die beiden Teile des Rechnungswesens verbunden sind. Da so die gesammelten Daten nach unterschiedlichen Kriterien geordnet und konfektioniert werden können, ist jede gewünschte Informationszusammenstellung darstellbar. Weil Manager in unterschiedlichen Branchen auch neben den für alle Unternehmen üblichen Auflistungen und Auswertungen branchen- oder sogar unternehmensspezifische Datenzusammenstellungen benötigen, gibt es branchenspezifische Softwareprogramme oder unternehmensindividuell programmierte Lösungen.

Werden beide Systeme des Rechnungswesens im Verbund darstellt, zeigt sich die Gesamtstruktur des betrieblichen Rechnungswesens (vgl. Abb. 18.1).

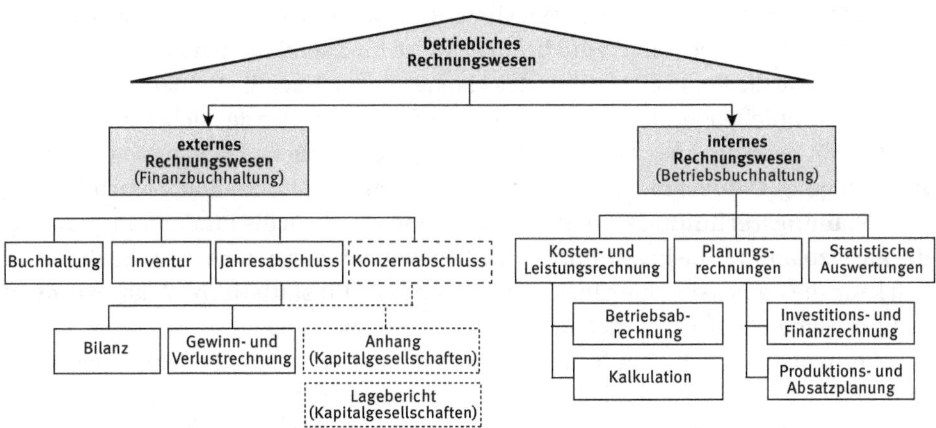

Abb. 18.1: Struktur des betrieblichen Rechnungswesens

Bestandteile des externen Rechnungswesens: Für Unternehmen, die die Einrichtung eines kaufmännischen Betriebs erfordern, gelten im Rahmen des externen Rechnungswesens die Vorschriften der §§ 238, 239 HGB zur **Buchführungspflicht** und §§ 240, 241 HGB zur Aufzeichnung des Inventars. Das **Inventar** wird durch die Inventur erfasst. Darüber hinaus muss ein Jahresabschluss nach den Regelungen in §§ 242–256 HGB aufgestellt werden. Der **Jahresabschluss** besteht aus der **Bilanz** (Darstellung des Vermögens und der Kapitalstruktur zu einem Stichtag) und der **Gewinn- und Verlustrechnung** (Darstellung der Ertragslage und Ausweis des Unternehmenserfolgs für eine Periode). Soweit das Unternehmen eine Kapitalgesellschaft ist bzw. eine bestimmte Unternehmensgröße vorliegt, gelten die zusätzlichen Vorschriften, Anhänge und Lageberichte zu formulieren, die in §§ 264–289 HGB geregelt sind. Des Weiteren gelten die Vorschriften des Publizitätsgesetzes (PublG). Für Konzerne gilt, dass Muttergesellschaften einen Konzernabschluss aufzustellen haben (vgl. §§ 290–315a HGB). Aufgrund der zunehmenden Internationalisierung gewinnt auch die Kapitalmarktorientierung in der Aufstellung von Jahresabschlüssen eine große Rolle. Ein Unternehmen ist dann kapitalmarktorientiert, wenn Teile des Kapitals auf organisierten Märkten gehandelt werden. Solche Unternehmen müssen ihren Abschluss nach IFRS (International Financial Reporting Standards) erstellen (vgl. § 315a HGB).

Bestandteile des internen Rechnungswesens: Zum internen Rechnungswesen gehören die Kosten- und Leistungsrechnung (heute auch häufig Kosten- und Erlösrechnung genannt), die Planungsrechnungen und sonstige betriebliche Statistiken. Die **Kosten- und Leistungsrechnung** (KLR) ermittelt, welche Arten von Kosten im Unternehmen anfallen, welche Angebote (Objekte oder Dienstleistungen) welche Kosten verursachen und wo die Kosten im Unternehmen anfallen. Ebenso wird analysiert, wofür Erlöse in welcher Höhe erzielt werden. Damit gilt die KLR auch als kurzfristige (Zeithorizont max. ein Jahr) Erfolgsrechnung. Ex ante dient sie der Entscheidungsfindung im Management und wird beispielsweise für Kalkulationen benötigt. Ex post unterstützt sie die Kontrollaufgaben des Managements. Über die Betriebsabrechnung werden die anfallenden Kosten im Betrieb auf z. B. Hauptkostenstellen verteilt. Sie stellt damit auch die Ausgangsdaten für die innerbetriebliche Leistungsverrechnung zur Verfügung. Darüber hinaus werden die gesammelten Informationen auch für konkrete **Planungsrechnungen** eingesetzt. Hier sind vor allem die Produktionsplanung, die Absatzplanung, die Investitions- und die Finanzplanung zu nennen. Schlussendlich kann die Datensammlung im Unternehmen auch für **statistische Auswertungen** genutzt werden (z. B. für betriebswirtschaftliche Auswertungen).

Zusammenfassend kann festgestellt werden, dass das externe Rechnungswesen Information an Außenstehende über die Vermögens-, Finanz- und Ertragslage des Unternehmens liefert. Das interne Rechnungswesen hingegen soll es dem Management ermöglichen, rationale Entscheidungen zu treffen, mit denen das Unternehmen gesteuert wird. Es gibt Auskunft über die Erfolgs-, Finanz- und Liquiditätslage des Unternehmens (vgl. Thommen et al 2017: 201)

Aus den unterschiedlichen Anforderungen folgt auch ein grundsätzlicher Unterschied in der Ausgestaltung der beiden Systeme. Das Unternehmen ist im externen Rechnungswesen an strenge Vorgaben gebunden, allerdings „in der Ausgestaltung des internen Rechnungswesens völlig frei, d. h. an keine gesetzlichen Restriktionen gebunden. Jedes Unternehmen kann und wird sein internes Rechnungswesen also so einrichten, wie es den spezifischen Bedürfnissen entgegenkommt." (Paul 2015: 412) Ziel ist es, die Quellen des Erfolgs oder Misserfolgs zu identifizieren.

18.2 Begriffe des betrieblichen Rechnungswesens

Das betriebliche Rechnungswesen unterscheidet vier Begriffspaare, die im Zusammenhang mit Zahlungs- und Leistungsströmen stehen und exakt definiert sind. Die einzelnen Begriffe haben eine grundlegende Bedeutung. Da einige von ihnen in der Alltagssprache auch synonym verwendet werden, ist das Verständnis für die Begriffsabgrenzungen im Sinne der BWL wichtig, um der weiteren Logik in den Ausführungen folgen zu können. Die vier Begriffspaare sind:

1. Auszahlungen und Einzahlungen (Veränderungen des Zahlungsmittelbestandes)
2. Ausgaben und Einnahmen (Veränderung des Geldvermögens)
3. Aufwand und Ertrag (Veränderung des Betriebsvermögens)
4. Kosten und Leistungen (Veränderung des betriebsbedingten Erfolgs)

und werden wie folgt definiert und voneinander abgegrenzt (vgl. Schultz 2017: Kap. 1.3 sowie Wöhe und Döring 2016: 635 ff.):

(zu 1) (a) **Auszahlungen** bezeichnen den Abfluss von liquiden Mitteln durch den Abgang von Bar- oder Buchgeld.

(b) **Einzahlungen** bezeichnen den Zufluss von liquiden Mitteln durch den Zugang von Bar- oder Buchgeld.

(zu 2) (a) **Ausgaben** bezeichnen die Minderung des Geldvermögens.

(b) **Einnahmen** bezeichnen die Zunahme des Geldvermögens.

Das Geldvermögen wird aus dem Zahlungsmittelbestand zuzüglich Forderungen (ausstehende Zahlungen von Kunden) und abzüglich Verbindlichkeiten (Schulden) eines Unternehmens berechnet.

(zu 3) (a) **Aufwand** stellt den Wert aller verbrauchten Leistungen einer Periode dar und führt zur Minderung des Reinvermögens.

(b) **Ertrag** stellt den Wert aller erbrachten Leistungen einer Periode dar führt zur Zunahme des Reinvermögens.

Das Reinvermögen (= Eigenkapital) besteht aus dem Geldvermögen und dem Sachvermögen. Ertrag führt zu einem Wertzuwachs (= Eigenkapitalmehrung). Aufwand führt zu einer Wertminderung (= Eigenkapitalminderung). Aufwand und Ertrag sind die zentralen Größen der Gewinn- und Verlustrechnung. Ertrag minus Aufwand ist die Gewinngröße im externen Rechnungswesen und Grundlage für die Gewinnbesteuerung.

Die Zusammenhänge der vorstehenden Referenzgrößen im externen Rechnungswesen zeigt Tab. 18.1

Tab. 18.1: Zusammenhang der Referenzgröße „Vermögen“

	Kassenbestand
+	Bankguthaben
=	betrieblicher Zahlungsmittelbestand
+	Forderungen
–	Verbindlichkeiten
=	Geldvermögen
+	Sachvermögen
=	Reinvermögen (Nettovermögen, Eigenkapital)

(zu 4) (a) **Kosten** sind bewerteter Verzehr von Gütern und Dienstleistungen, der durch die betriebliche Leistungserstellung verursacht wird (betriebszweckbezogene Wertminderung) und führt zur Minderung des Betriebsergebnisses.
(b) **Leistungen** (= **Erlöse**) sind der Wert aller erbrachten Leistungen einer Periode. Sie führen zur Zunahme des Betriebsergebnisses.
Das Betriebsergebnis bezeichnet den Erfolg der gewöhnlichen Betriebstätigkeit. Kosten und Leistungen (Erlöse) sind Größen des internen Rechnungswesens. Der Unterschied zwischen Aufwand und Kosten sowie Ertrag und Leistung liegt in der Betriebszweckbezogenheit. Aufwand und Ertrag können, müssen aber nicht das Ergebnis des Wertschöpfungsprozesses sein.

Da diese Begriffsvielfalt für alle Einsteiger in die BWL anfänglich schwierig auseinanderzuhalten ist, sollen sie noch einmal technisch differenziert dargestellt (vgl. Abb. 18.2 und Abb. 18.3; in enger Anlehnung an Thommen et al. 2017: 203) und mit einschlägigen Beispielen versehen werden.

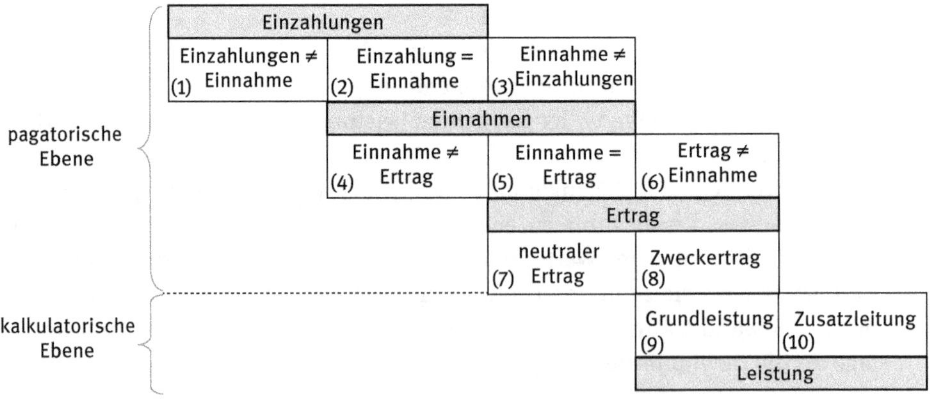

Abb. 18.2: Abgrenzung von Einzahlung, Einnahme, Ertrag und Leistung

Beispiele für die in Abb. 18.2 aufgezeigten Vorgänge sind:

Zu (1) Ein Verlag erhält die Gutschrift auf seinem Konto, die eine ausstehende Forderung gegenüber einem Kunden ausgeleicht: Der Buchgeldbestand erhöht sich. Das Vermögen des Verlages aber nicht, da die Forderung schon als Einnahme verbucht war.

Zu (2) Eine Buchhandlung verkauft ein BWL-Fachbuch an einen Studierenden, der bar bezahlt: Sowohl der Bargeldbestand als auch das Geldvermögen des Buchhändlers haben sich erhöht.

Zu (3) Eine Agentur, die für Ihren Kunden Textarbeiten erledigt hat, schickt diesem eine Rechnung: Der Bestand an liquiden Mitteln ändert sich nicht, das Geldvermögen allerdings wächst durch die neue Forderung (eine solche Forderung muss als Umsatz verbucht werden und wird bereits als Vermögensbestandteil interpretiert).

Zu (4) Ein Buchautor erhält eine Anzahlung auf eine Textleistung, die er im nächsten Jahr abliefern muss: Das Geldvermögen des Autors erhöht sich zwar, aber eine Eigenkapitalmehrung findet nicht statt.

Zu (5) Ein Zeitungsverlag verkauft eine Copy, die in der Abrechnungsperiode produziert wurde: Das Geldvermögen wächst, das Sachvermögen bleibt gleich hoch. Das Eigenkapital (Reinvermögen) erhöht sich.

Zu (6) Ein Musikverlag produziert CDs und führt sie dem Lager zu: Das Sachvermögen hat sich erhöht, das Geldvermögen hingegen nicht.

Zu (7) Eine Aktiengesellschaft zahlt ihren Aktionären eine Dividende, verkauft eine Maschine oder bekommt eine Steuerrückzahlung: Im ersten Fall liegt *betriebsfremder Ertrag* vor, im zweiten *außerordentlicher* und im dritten Fall handelt es sich um einen *periodenfremden Ertrag*. In allen drei Fällen erhöht sich das Reinvermögen. Die Vorgänge haben aber mit der gewöhnlichen betrieblichen Tätigkeit des Unternehmens nichts zu tun.

Zu (8)/(9) Ein privater TV-Sender verkauft Werbezeit an einen Konsumgüterhersteller: Der Ertrag wird durch die gewöhnliche betriebliche Tätigkeit des Unternehmens erwirtschaftet. Damit sind Ertrag und Leistung identisch.

Zu (10) Es zeigt sich, dass eine Sachanlage in der Bilanz geringer bewertet ist, als in der Kosten- und Leistungsrechnung.

Beispiele für die in Abb. 18.3 aufgezeigten Vorgänge können analog zu bereits erläuterten Abgrenzungen formuliert werden:

Zu (1) Ein Mitarbeiter entnimmt der Kasse einen Geldbetrag oder gleicht eine Verbindlichkeit durch Überweisung aus: Der Buchgeldbestand vermindert sich. Das Vermögen des Unternehmens aber nicht, da die Verbindlichkeit schon zum Zeitpunkt des Entstehens als Ausgabe verbucht wurde.

Zu (2) Ein Verlag bezieht Papier und zahlt den Rechnungsbetrag sofort per Nachnahme: Sowohl der Bargeldbestand als auch das Geldvermögen des Verlages haben sich vermindert.

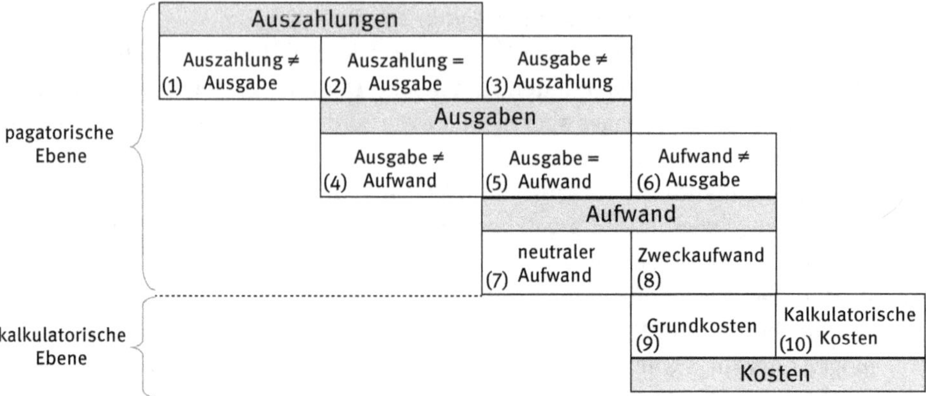

Abb. 18.3: Abgrenzung von Auszahlung, Ausgabe, Aufwand und Kosten

Zu (3) Eine TV-Filmproduktionsgesellschaft kauft eine neue Kamera auf Ziel (auf Rechnung): Der Bestand an liquiden Mitteln ändert sich nicht, das Geldvermögen allerdings sinkt durch die neue Verbindlichkeit (eine solche Verbindlichkeit stellt Schulden dar und muss mit ihrer Entstehung verbucht werden).

Zu (4) Ein Blu-Ray-Hersteller kauft Rohstoffe und einen neuen Kopierer ein: Das Geldvermögen des Herstellers sinkt sofort, allerdings erhöht sich auch das Sachvermögen. Somit ändert sich das Reinvermögen nicht, da kein Aufwand stattfindet.

Zu (5) Eine Special-Effect-Agentur überweist die Versicherungsprämie. Außerdem werden Kreditzinsen vom Konto abgebucht: Das Geldvermögen sinkt in beiden Fällen, das Sachvermögen bleibt gleichhoch. Damit sinkt das Eigenkapital (Reinvermögen).

Zu (6) Ein Musikverlag entnimmt Rohlinge aus dem Lager und führt sie der Produktion zu. Zudem werden Abschreibungen verbucht: In beiden Fällen sinkt das Sachvermögen, das Geldvermögen hingegen ändert sich nicht.

Zu (7) Ein Unternehmen verkauft Wertpapiere aus dem Bestand und realisiert dabei Verluste, muss eine Forderung ausbuchen, weil ein Kunde insolvent ist und zahlt Gewerbesteuer nach: Im ersten Fall liegt *betriebsfremder Aufwand* vor, im zweiten *außerordentlicher* und im dritten Fall handelt es sich um einen *periodenfremden Aufwand*. In allen drei Fällen vermindert sich das Reinvermögen. Die Vorgänge haben aber mit der gewöhnlichen betrieblichen Tätigkeit des Unternehmens nichts zu tun.

Zu (8)/(9) Ein Bühnenbauer zahlt Löhne und Gehälter und verbraucht Produktionsmaterial: Der Aufwand wird durch die gewöhnliche betriebliche Tätigkeit des Unternehmens verursacht. Damit sind Aufwand und Kosten identisch.

Zu (10) Ein Unternehmer rechnet in ein Projekt kalkulatorischen Unternehmerlohn und eine kalkulatorische Miete für genutzte Räume ein: Solche Größen werden zwar in einer internen Kalkulation eingerechnet, stellen aber handelsrechtlich keinen Aufwand dar.

Wichtige Leitfragen, die bei der Einordnung der Vorgänge in die Rechnungswesensysteme helfen, lauten:
- Verändert der Geschäftsvorfall den betrieblichen Erfolg oder lediglich Bestände?
- Steht der Vorfall im unmittelbaren Zusammenhang mit dem Unternehmenszweck?
- Bezieht sich der Vorfall auf die laufende Periode oder erstreckt er sich über mehrere Perioden?

Da die beiden Systeme des Rechnungswesens mit zum Teil identischen, zum Teil mit unterschiedlichen Größen arbeitet, können sich auch unterschiedliche Ergebnisse einstellen, wenn die Gewinnsituation des Unternehmens betrachtet wird. Vereinfacht ausgedrückt gibt es zwei **Gewinnbegriffsverständnisse**: das aus dem externen Rechnungswesen und das aus dem internen Rechnungswesen (vgl. Scheffler 2013: 43).
- Der **Gewinn aus der externen Erfolgsrechnung** wird über die **Gewinn- und Verlustrechnung** (G+V) ermittelt. Diese fasst die Aufwendungen und Erträge zusammen und bildet mit der Differenz den (pagatorischen) Gewinn. Pagatorisch wird dieser Gewinn bezeichnet, weil alle Erträge und Aufwendungen, die diesen Gewinn bilden, auf tatsächlichen Zahlungsvorgängen beruhen müssen (vgl. Kapitel 20.1). Die pagatorische Gewinnermittlung bildet das sogenannte **Gesamtergebnis** des Betriebs ab.
- Der **kalkulatorische Gewinn aus der internen Erfolgsrechnung** wird durch die **KLR** berechnet, indem die Differenz zwischen Leistung und Kosten gebildet wird. Im Gegensatz zum pagatorischen Gewinn werden hier nicht die Zahlungsströme als Grundlage genommen, sondern die in Geldeinheiten bewerteten Mengenbewegungen, die auf den Betriebszweck bezogen sind (Schultz 2017). Das Ergebnis wird **Betriebsergebnis** genannt.

Den Unterschied zeigt Tab. 18.2 (vgl. Wöhe und Döring 2017: 640)

Tab. 18.2: Gesamtergebnis und Betriebsergebnis (Beispiel)

	Position		Beispielzahlen (in GE)
	Ertrag		*3.250*
–	*Aufwand*	–	*2.000*
=	Gesamtergebnis (G+V)	+	1.250
–	neutrales Ergebnis	–	250
=	ordentliches Ergebnis	+	1.000
–	Zusatzkosten:		
	kalkulatorische Eigenkapitalzinsen	–	100
	kalkulatorischer Unternehmerlohn	–	600
	kalkulatorische Miete	–	230
=	**Betriebsergebnis (KLR)**	**+**	**70**

Der Unternehmer im vorstehenden Beispiel ist um 1.250 Geldeinheiten (GE) reicher geworden. Abzüglich der 250 GE, die nicht durch eine betriebszweckbezogene Tätigkeit erwirtschaftet wurden (z. B. Aktiengewinne), verbleibt eine betriebsbedingte Mehrung des Reinvermögens (Eigenkapitals) in Höhe von 1.000 GE. Der Unternehmer hätte sein Geld, das er ins Unternehmen „gesteckt" hat, auch anlegen können. Für den entgangenen Zinsgewinn setzt er 100 GE an. Anstatt im eigenen Hause tätig zu sein, hätte er auch einer anderen Beschäftigung nachgehen können. Dort hätte er 600 GE verdient. Zusätzlich hat er für die Ausführung betrieblicher Zwecke Privaträume zur Verfügung gestellt. Die Mieteinnahmen dafür hätten am Markt 230 GE eingebracht. Gemessen an den möglichen Alternativen, die vom ordentlichen Betriebsergebnis abzuziehen wären, hat sich die finanzielle Lage des Unternehmers nach der internen Berechnungsmethode nur um 70 GE verbessert. „Das Betriebsergebnis gilt daher als Residualgewinn (Restgewinn), mit dem der Markt [...] die Übernahme des unternehmerischen Risikos honoriert." (Wöhe und Döring 2017: 641)

Angesichts dieses Beispiels drängt sich die Situation vieler Freiberufler auf. Würden alle Freiberufler eine solche kalkulatorische Gewinnermittlung durchführen, wäre das Ergebnis wahrscheinlich im Durchschnitt sehr ernüchternd. Allerdings würde dies auch voraussetzen, dass sie eine Wahl hätten, anderweitig (beispielsweise festangestellt) arbeiten zu können.

?

Fragen zu Kapitel 18

1. Erläutern Sie den Aufbau des betrieblichen Rechnungswesens.
2. Erläutern Sie die Gemeinsamkeiten und die Unterschiede zwischen den Begriffen Einzahlung, Einnahme, Ertrag und Leistung.
3. Erläutern Sie die Gemeinsamkeiten und die Unterschiede zwischen den Begriffen Auszahlung, Ausgabe, Aufwand und Kosten.
4. Ausgehend von der folgenden Abbildung sollen die Geschäftsvorfälle (a) bis (f) jeweils ihrer richtigen Zuordnung und Höhe entsprechend eingetragen werden. Es werden jeweils mehrere Spalten angesprochen. Die Zuordnung der Beträge ist zu begründen. Auf die Formulierung von Buchungssätzen etc. (vgl. Kapitel 19.3) wird hier verzichtet, da es mehr um das Verständnis der Begriffe geht.

	Einzahlung	Auszahlung	Einnahme	Ausgabe	Ertrag	Aufwand	Leistung	Kosten
(a)								
(b)								
(⋮)								

(a) Zielkauf von zwei Fernsehbeiträgen à 25.000 €. Ein Beitrag wird direkt gesendet.
(b) Eingang einer Rechnung des Steuerberaters über 5.000 €, der ein Gutachten zur geplanten Umwandlung der GbR in eine GmbH angefertigt hat.

(c) Im Zuge eines Verlagsauftrags sind Beiträge angefertigt worden, die bis zum Abruf durch den Verlag noch nicht ausgeliefert werden. Die Herstellungskosten betragen 7.000 Euro; der voraussichtliche Verkaufspreis liegt bei 9.000 Euro.
(d) Eine TV-Produktionsunternehmung verkauft eine gebrauchte Kamera für 6.800 Euro auf Ziel. Der Verkaufswert liegt 1.800 Euro über dem Buchwert (Bilanzwert).
(e) Eine Druckerei entnimmt ihrem Lager Rollenpapier, das sie zum Einkaufspeis in Höhe von 17.000 Euro gekauft hat, und verbraucht es.
(f) Ein freiberuflich tätiger Autor erwirtschaftete 60.000 Euro an Honoraren im abgelaufenen Geschäftsjahr. Diesen Umsätzen standen Aufwendungen (Büromaterial, Reisekosten und Abschreibungen) im Wert von 15.000 Euro gegenüber. In diesem Jahr hat er sich auch eine Spezialsoftware für 2.500 Euro angeschafft (ist bereits in den Abschreibungen enthalten), anstatt das Geld bei der Bank zu 2 Prozent Zinsen anzulegen. Sein Büro hat sich der Freiberufler in der eigenen Wohnung eingerichtet. Die Wohnungsmiete für die 120 Quadratmeter beträgt 1.200 Euro. Das Büro ist 12 Quadratmeter groß. Würde er bei einem Verlag arbeiten, könnte er monatlich 4.000 Euro verdienen.
Wie hoch ist sein pagatorisches Gesamtergebnis (Grundlage für die Einkommenssteuerzahllast) und wie hoch ist sein kalkulatorisches Betriebsergebnis?

19 Wie funktioniert das externe Rechnungswesen?

Durch die verschiedenen Aufgaben und die verschiedenen Ansprüche an das Rechnungswesen, ergeben sich auch unterschiedliche Funktionsweisen und Methoden in den beiden Bereichen. Die Grundzüge sollen einführend und lediglich einen Überblick schaffend vorgestellt werden. Für ein intensiveres Studium sei auf die zahlreiche Spezialliteratur nebst Übungsbüchern verwiesen (z. B. speziell für die Medienindustrie: Kühnle und Gläser 2018; allgemein für das Thema Buchhaltung und Jahresabschluss: Döring und Buchholz 2015 oder Busiek und Ehrmann 2010; für die Kostenrechnung und das allgemeine Thema Controlling: Freidank und Fischbach 2012 oder Küpper 2008).

19.1 Informationsdarstellung im externen Rechnungswesen

Das externe Rechnungswesen (Rechnungslegung) bildet die finanzielle Situation des Unternehmens nach außen ab (**Finanzbuchhaltung**). Dokumentiert wird die Vermögens-, Finanz- und Ertragslage des Unternehmens, gegliedert in Bilanz, Gewinn- und Verlustrechnung, Kapitalflussrechnung (Cash-Flow-Rechnung) und weiteren Publikationen, die nicht notwendigerweise zahlenorientiert sind (z. B. Anhang und dem Lagebericht). Auf das Grundprinzip der Bilanz, der Gewinn- und Verlustrechnung sowie der Buchführung soll kurz eingegangen werden (vgl. folgend Schultz 2017).

19.2 Der Aufbau der Bilanz

Eine Bilanz ist eine auf einen bestimmten Stichtag bezogene Gegenüberstellung von Vermögen und Kapital eines Unternehmens. Die Bilanz wird aus dem Inventar abgeleitet. Das Inventar wird über die **Inventur** ermittelt, in der eine stichtagsbezogene detaillierte Liste des Vermögens und Kapitals zahlen- und wertmäßig angefertigt wird. Die Inventur muss mindestens alle zwölf Monate gemacht werden (vgl. § 240 HGB). Dabei gibt es ganz unterschiedliche Methoden zur Durchführung einer Inventur. Sie kann an einem Stichtag durchgeführt werde, aber auch permanent, indem Bestandsänderungen lückenlos fortgeschrieben werden. Das Inventar gliedert sich analog zur Struktur in einer Bilanz in die drei Teile „Vermögensgegenstände", „Schulden" und „Reinvermögen". Bei der Aufstellung einer Bilanz werden die Inventar-Einzelpositionen zu übergeordneten Einheiten zusammengefasst, um externen Lesern keinen zu detaillierten Einblick zu gewähren und eine höhere Übersichtlichkeit herzustellen. Es werden auch nur die Wertangaben zum Inventar übernommen, nicht die Mengenangaben.

https://doi.org/10.1515/9783110519587-019

Eine Bilanz wird in Form einer zweispaltigen Tabelle (T-Kontenform) dargestellt. In der linken Spalte werden die als „Aktiva" bezeichneten Vermögensgegenstände, in der rechten Spalte das als „Passiva" bezeichnete Eigen- und Fremdkapital des Unternehmens aufgeführt. Daneben enthalten beide Bilanzseiten noch Korrekturpositionen (sogenannte Rechnungsabgrenzungsposten aufgrund periodenübergreifender Vorgänge). Durch die auf der Aktivseite abgebildeten Vermögenswerte zeigt sich, wofür das Kapital des Unternehmens eingesetzt wurde (Kapitalverwendung). Die Vermögenswerte sind in die Bereiche **Anlagevermögen** und **Umlaufvermögen** aufgeteilt. Die Angaben auf der Passivseite zeigen die Herkunft des Kapitals und gliedern sich entsprechend in **Eigenkapital** und in **Fremdkapital**. Damit wird deutlich, wie viel des Vermögens (linke Seite der Bilanz) durch Eigenkapital und wie viel durch Fremdkapital finanziert ist (vgl. Abb. 19.1).

Aktiva	Passiva
Anlagevermögen (AV)	Eigenkapital (EK)
immaterielle Vermögensgegenstände	gezeichnetes Kapital
Sachanlagen	Rücklagen
Finanzanlagen	Gewinn-/Verlustvortrag
	Jahresüberschuss/Jahresfehlbetrag
Umlaufvermögen (UV)	
Vorräte	Fremdkapital (FK)
Forderungen und sonstige Vermögensgegenstände	Rückstellungen
	Verbindlichkeiten
Wertpapiere	– ggü. Kreditinstituten
liquide Mittel (Bank, Kasse)	– ggü. Lieferanten
Rechnungsabgrenzungsposten (ARP)	Rechnungsabgrenzungsposten (PRP)
Bilanzsumme	Bilanzsumme

Abb. 19.1: Aufbauschema einer Bilanz (nach HGB)

Die Positionen Anlagevermögen und Umlaufvermögen sind nach dem Kriterium der Liquidierbarkeit (Veräußerbarkeit) geordnet; beginnend mit dem am schwierigsten zu liquidierenden Vermögensgegenständen. Zu den **immateriellen Vermögensgegenständen** gehören beispielsweise Marken- oder Verlagsrechte, Patente, Lizenzen etc. **Sachanlagen** sind materielle Potenzialfaktoren wie beispielsweise Grundstücke und Gebäude, Maschinen, Studioeinrichtungen oder die Geschäftsausstattung. Zu den **Finanzanlagen** zählen u. a. Beteiligungen an Unternehmen oder Kapitalmarktpapiere wie beispielsweise Aktien oder festverzinsliche Wertpapiere. Das **Umlaufvermögen** grenzt sich vom Anlagevermögen dadurch ab, dass es nicht dauerhaft im Geschäftsbetrieb verankert ist, sondern „umläuft". Es umfasst alle Vermögensgegenstände, die im Rahmen des Betriebsprozesses der kurzfristigen Veräußerung, dem Verbrauch oder der Verarbeitung oder der Zahlung dient. **Rechnungsabgren-**

zungsposten sind notwendig, wenn periodenübergreifende Geschäftsvorfälle im Unternehmen stattgefunden haben. Sie grenzen die Periodenwirksamkeit von Leistung und Gegenleistung ab. Das ist notwendig, weil die Bilanz eine stichtagsbezogene Aufstellung ist. Aktive Rechnungsabgrenzungsposten (ARP) stellen Leistungsforderungen, passive (PRP) stellen Leistungsverbindlichkeiten in der Zukunft dar. Alle Werte sind aber genau bekannt.

! **Merke:**

Die **Bilanz** ist eine Zeitpunktrechnung, die zu einem bestimmten Stichtag den Stand des Vermögens (Aktiva) einerseits und den Stand des Eigen- und Fremdkapitals (Passiva) andererseits darstellt.
Durch die Auflistung und Gegenüberstellung der Aktiva und Passiva gibt die Bilanz Auskunft über die Finanzlage (Zahlungsfähigkeit) des Unternehmens und über dessen Kapitalstruktur.

Die Positionen auf der Passivseite sind nach dem Kriterium des unternehmerischen Risikos gegliedert. Das **Eigenkapital** setzt sich aus Größen zusammen und wird auf unterschiedliche Arten definiert. Rechtlich ist es das dem Unternehmen direkt oder indirekt von Gesellschaftern oder Aktionären zugeführte Kapital. Bilanztechnisch ist es die Residualgröße aus der Differenz zwischen Vermögen und Fremdkapital. Buchhalterisch setzt es sich aus den Einzelpositionen wie beispielsweise dem Stammkapital (gezeichnetes Kapital), den Rücklagen und dem Gewinn- bzw. Verlustvortrag sowie dem Jahresüberschuss/Jahresfehlbetrag (als Ergebnis der aktuellen Gewinn- und Verlustrechnung) zusammen. Rücklagen werden gebildet, um beispielsweise die Haftungsbasis zu erweitern. Der Gewinn- oder Verlustvortrag setzt sich aus dem nicht verwendeten Rest des Bilanzgewinnes/-verlustes aus dem Vorjahr zusammen.

Das **Fremdkapital** umfasst alle Werte, die dem Unternehmen durch Gläubiger befristet und rückzahlbar zur Verfügung gestellt sind oder aus der Innenfinanzierung stammen (vgl. Rückstellungen). **Rückstellungen** sind Verbindlichkeiten, die hinsichtlich ihres Bestehens oder der Höhe ungewiss sind, aber mit hinreichend großer Wahrscheinlichkeit erwartet werden. Dabei sind die Rückstellungen deutlich vom Begriff der Rücklagen zu trennen. Rücklagen gehören hingegen zum Eigenkapital. Von den Rechnungsabgrenzungsposten unterscheiden sich die Rückstellungen insofern, als dass bei Rechnungsabgrenzungsposten die genaue Höhe der Verbindlichkeit gekannt ist. Rückstellungen werden hingegen durch Schätzungen oder Wahrscheinlichkeitserwägungen errechnet. Die **Verbindlichkeiten** werden noch einmal differenziert aufgelistet. Zum einen werden die Summen zusammengefasst, die Banken geschuldet werden (hier werden lang- von mittel- und kurzfristigen Verbindlichkeiten unterschieden) und andererseits die Verbindlichkeiten aufgeführt, die sich aus erhaltenen Lieferungen und Leistungen ergeben haben. Letztendlich werden analog zu den aktiven Rechnungsabgrenzungsposten noch die **passiven Rechnungsabgrenzungsposten** aufgeführt.

Eine Bilanz ist definitionsgemäß immer ausgeglichen (d. h. Vermögen = Kapital; die Bilanzsummen auf beiden Seiten sind immer gleichhoch). Dies ist der Fall, weil das Eigenkapital wiederum definitionsgemäß die Differenz zwischen dem Vermögen und dem Fremdkapital ist. Das heißt, dass das Eigenkapital die Bilanz immer zum Ausgleich bringt. Ist das Fremdkapital ausnahmsweise größer als das Vermögen, nimmt das Eigenkapital einen negativen Wert an. In diesem Fall liegt eine Überschuldung vor, die bei Unternehmen mit der Rechtsform einer Kapitalgesellschaft (GmbH, AG) zur Eröffnung eines Insolvenzverfahrens zwingt (vgl. § 19 InsO).

Für Medienunternehmen ist die Bilanzierung ihrer Werte nicht immer ganz einfach. Anders als in vielen Unternehmen anderer Wirtschaftszweige setzt sich das **Vermögen von Medienunternehmen** nicht selten zu einem sehr hohen Prozentsatz (beispielsweise 70 Prozent) aus immateriellen Vermögensbestandteilen zusammen. Das heißt, die größten Werttreiber in Medienunternehmen sind nicht konkrete, physisch vorhandenen Anlagen etc., sondern Nutzungsrechte und Lizenzen, Wissen und Know-how (vgl. Ulrich 2006: 65 und folgend Gläser 2014: 511 ff.). Werte wie beispielsweise Filmrechte, Übertragungsrechte und Lizenzen sind – unabhängig davon, ob sie eingekauft oder selbsterstellt sind – nicht einfach in der rechentechnischen Abbildung zu handhaben. Der Werteverzehr von Content ist ebenso schwierig zu quantifizieren, wie auch die bilanzielle Zuordnung des Programmvermögens zum Anlage- oder Umlaufvermögen. Diese Bewertungsproblematik wird noch einmal dadurch erschwert, dass TV-Veranstalter oft Paketkäufe tätigen und sich dann Einzelpreise den Paketbestandteilen schwierig zuordnen lassen.

Die Bewertung von Aktiva ist nicht nur aufgrund markttechnischer Schwankungen schwierig (z. B. durch Kursveränderungen im Bereich des immateriellen Anlagevermögens). Auch die Wertveränderungen im Sachanlagenbereich führen dazu, dass die Potenzialfaktoren jährlich neu bewertet werden müssen. Hier spielt der sogenannte Werteverzehr eine große Rolle. **Werteverzehr** meint, dass Potenzialfaktoren über die Zeit an Wert verlieren. Da sie aber in der Regel länger als eine Periode genutzt werden, muss die Wertminderung buchhalterisch berücksichtigt werden. Dies geschieht durch das Instrument der Abschreibung.

Unter **Abschreibung** versteht das Rechnungswesen die Erfassung und Verrechnung von Wertminderungen, die bei Vermögensgegenständen des Anlage- und Umlaufvermögens eintreten. Durch eine Abschreibung wird der bestehende Wertansatz eines Vermögensgegenstandes vermindert. Das berücksichtigt zum einen den Wertverlust, den ein Anlagevermögensgegenstand durch Abnutzung, Alterung, rechtliche Bedingungen (z. B. Patentablauf, Lizenzauslauf) oder technologischen Fortschritt (z. B. Wertverfall eines Verfahrens oder Produktes durch Innovationen) erleiden. Abschreibungen vorzunehmen ist aber auch dadurch notwendig, weil der Aufwand, der durch die Beschaffung von Anlagevermögensgegenständen nicht in voller Höhe in die Gewinn- und Verlustrechnungen eingehen darf, sondern über eine bestimmte Anzahl von Jahren verteilt werden muss. Hier will der Gesetzgeber dafür sorgen, dass die Gewinnentwicklung des Unternehmens verstetigt wird. Das wird durch Abschreibungen insofern erzwungen, als dass der Aufwand auf die voraussichtliche Nutzungsdauer des beschafften Wirtschaftsgutes periodengerecht verteilt wird. Im Steuerrecht werden Abschreibungen als „Absetzung für Abnutzung“ (abgekürzt: AfA) bezeichnet.

> **Merke:**
> Unter **Abschreibung** versteht das Rechnungswesen die Erfassung und Verrechnung von Wertminderungen, die bei Vermögensgegenständen des Anlage- und Umlaufvermögens eintreten. Die Abschreibungen können verbrauchsbezogen, wirtschaftlich oder zeitlich bedingt sein.

Abschreibungen können auf unterschiedliche Art und Weise vorgenommen werden: zeitabhängig (linear, degressiv oder progressiv) oder leistungsabhängig (z. B. bezogen auf die Nutzungsintensität). Hier ist jede die Realität sinnvoll abbildende Methode möglich. Allerdings gilt das nur im Rahmen der Kosten- und Leistungsrechnung. Für das externe Rechnungswesen gibt es genaue gesetzliche Bestimmungen für jeden einzelnen Gegenstand, welche Verfahren eingesetzt werden dürfen (in der Regel nur das lineare Abschreiben) und auf welchen Zeithorizont (Jahre) die Abschreibung stattzufinden hat.

Beispiel. So müssen die Anschaffungskosten eines Computers beispielsweise auf fünf Jahre verteilt werden. Das heißt, wenn der PC 2.500 Euro gekostet hat, dürfen fünf Jahre lang jeweils 500 Euro gewinnmindernd in die GuV-Rechnung eingebucht werden. Nach dem ersten Jahr „erscheint“ der PC mit einem Wert von 2.000 Euro in der Bilanz. Im vierten Jahr würde er noch mit 500 Euro in der Bilanz berücksichtigt. Nach Abschluss der fünf Jahre wäre er aus der Bilanz „verschwunden“. Da er aber noch im Unternehmen eingesetzt wird, wird er wahrscheinlich noch mit einem „Erinnerungswert“ von einem Euro im Anlagevermögen gelistet.

Hier zeigt sich auch der Unterschied zur Denkweise in der KRL: Warum sollte ein PC, der sieben Jahre lang eingesetzt wird, nur auf fünf Jahre abgeschrieben werden? Und warum sollte die Wertminderung linear vorgenommen werden, wo doch jeder weiß, dass der PC im ersten Jahr den größten Wertverlust erleidet, hingegen der Wertunterschied im sechsten und siebten Jahr kaum einen Unterschied macht? Genau an diesem Punkt greift der Controller ein und formuliert unternehmensindividuelle Abschreibungsmethoden, die der Realität entsprechen. So kann ein wesentlich realistischer Werteverfallsverlauf definiert und registriert werden. Die Auskunft, die „die Bücher“ dann über die Bestandswerte geben, sind realitätsnäher und damit auch besser geeignet, die Position und den „Kurs“, auf dem das Unternehmen unterwegs ist, bestimmen zu können. Damit wird auch noch einmal deutlich, was mit der „Navigatorfunktion“ des Controllings in Kapitel 17.4 gemeint ist.

19.3 Die Buchführung

Die kaufmännische Buchführung existiert in zwei Ausprägungsformen: die einfache und die doppelte Buchführung. Bei der einfachen Buchführung werden lediglich Einnahmen und Ausgaben in chronologischer Reihenfolge erfasst (Einnahmen-Überschuss-Rechnung). Diese darf aber nur von Steuerpflichtigen eingesetzt werden, wenn der Unternehmer in zwei aufeinanderfolgenden Jahren nicht mehr als 600.000 Euro Umsatz und 60.000 Euro Gewinn oder Verlust realisiert hat (§ 4 Absatz 3 EstG in Verbindung mit § 241a HGB). Das trifft auf die überwältigende Mehrzahl der Freiberufler in der Medienwirtschaft zu. Das Einzige, was hier zu tun ist, ist die Einnahmen und die Ausgaben aufzulisten und die Differenz auszurechnen.

Das im kaufmännischen Bereich übliche Buchführungssystem ist das der **doppelten Buchführung**. Bei der doppelten Buchführung wird der Periodenerfolg auf zweifache Weise ermittelt: zum einen durch einen Bestandsvergleich über die Bilanz, zum anderen durch die Gewinn- und Verlustrechnung. Zudem werden bei der Verbuchung von Geschäftsvorfällen immer mindestens zwei Konten berührt. Die Aufzeichnungen müssen den **Grundsätzen ordnungsgemäßer Buchführung** (GoB) genügen, d. h. sie müssen klar und übersichtlich sowie vollständig und richtig sein.

Merke: !

Unter **Buchführung** versteht das Rechnungswesen die in Zahlenwerten vorgenommene, lückenlose, zeitliche und sachlich geordnete Aufzeichnung aller Geschäftsvorgänge in einer Unternehmung auf der Basis von Belegen. Sie ist das zahlenmäßig dokumentierte Spiegelbild einer Unternehmung und dient dem Zweck, den gesetzlichen Informationsanforderungen nachzukommen. Sie ist gleichzeitig die Informationsquelle für das interne Rechnungswesen.

Buchführung bezeichnet die in Zahlenwerten vorgenommene, lückenlose, zeitliche und sachlich geordnete Aufzeichnung aller Geschäftsvorgänge in einer Unternehmung aufgrund von Belegen. Sie ist das zahlenmäßige Spiegelbild einer Unternehmung und wichtige Informationsquelle für den Unternehmer und dient außerdem dazu, den gesetzlich fixierten Informationsanforderungen von Behörden nachzukommen.

Die Verbuchung von Vorgängen (Eingabe und Zuordnung der Daten) erfolgt unter Zuhilfenahme eines sogenannten **Buchungssatzes**, der jedem Buchungsvorgang jeweils zwei Konten wertmäßig zuteilt. Die wertmäßig erfassten Vorgänge werden mit ihren Wertbeiträgen auf den Konten verbucht. Alle Konten sind als T-Konten konzipiert und haben dadurch eine Seite, auf der Zuwächse gebucht und eine Seite, auf der Abgänge gebucht werden (der T-Strich steht für die die Seiten trennende Linie). Es gilt dabei immer und ohne Ausnahme die Regel, dass eines der durch die Buchung angesprochenen Konten auf der Soll-Seite (linke Seite des Kontos) und das andere dann automatisch auf der Haben-Seite (rechte Seite) angesprochen wird.

Buchungssätze haben daher auch immer den gleichen Aufbau. Das macht die Buchführung auch für Dritte leicht nachvollziehbar. Im Buchungssatz wird zunächst das Konto genannt, bei dem im Soll gebucht wird, anschließend das Konto mit der Habenbuchung. **Sollbuchung** und **Habenbuchung** werden durch das Wörtchen ***„an"*** miteinander verbunden. Damit wird jeder Buchungssatz formal mit *„Konto X* ***an*** *Konto Y"* formuliert. Ein typischer Buchungssatz lautet beispielsweise

„Kasse 100 Euro an Bank 100 Euro".

Das bedeutet, dass 100 Euro vom Bankkonto abgehoben und in die Kasse gelegt wurden. Würde der Buchungssatz umgekehrt

„Bank 100 Euro an Kasse 100 Euro"

lauten, so bedeutet dies, dass 100 Euro der Kasse entnommen und auf das Bankkonto eingezahlt wurden.

Würde andererseits die Hälfte einer Lieferantenrechnung, die über 1.000 Euro lautet, zur Hälfte über die Bank bezahlt und zur Hälfte bar bezahlt, dann lautet der Buchungssatz

„Verbindlichkeiten LL 1.000 an Bank 500 Euro, Kasse 500 Euro".

Niemandem, der Buchungssätze beherrscht, bereitet es Schwierigkeiten, den grundsätzlichen Vorgang, der hinter einer Buchung steht, zu erkennen (auch wenn das Studierende zunächst anders einschätzen). Woran liegt das? Es liegt daran, dass es unterschiedliche Arten von Konten gibt, diese aber immer gleich aufgebaut sind. Alle Konten haben zwei Seiten. Die linke Seite trägt die Bezeichnung „Soll" und die rechte Seite trägt die Bezeichnung „Haben". Der Buchungssatz lautet immer „Sollkonto an Habenkonto". „Der Buchungssatz zeigt also, welche Konten durch den Geschäftsvorfall betroffen sind und auf welcher Kontoseite der Sachverhalt jeweils zu verbuchen ist. Im Buchungssatz wird zunächst das Konto genannt, bei dem im Soll gebucht wird, anschließend das Konto mit der Habenbuchung" (Schultz 2015).

Obwohl Konten formal identisch aufgebaut sind, unterscheiden sie sich in einem Punkt. Sie unterscheiden sich dadurch, auf welcher Kontoseite Anfangsbestand, Zugänge, Abgänge und der Endbestand zu verbuchen sind. Es gibt Konten deren „Wert" zunimmt, wenn sie im Buchungssatz zuerst genannt werden. Diese Konten werden **Aktivkonten** genannt. Anfangsbestände und Zugänge werden in Aktivkonten auf der Sollseite verbucht. **Passivkonten** hingegen nehmen ab, wenn sie im Buchungssatz zuerst genannt werden. Anfangsbestände und Zugänge werden auf der Habenseite verbucht. Abgänge werden bei Passivkonten auf der Sollseite verbucht. Diese Eigenschaft unterscheidet Aktivkonten von Passivkonten.

Ebenso gibt es Konten, die direkt aus der Bilanz gebildet werden und damit einen bestimmten Jahresanfangs- und einen Jahresendbestand haben (**Bestandskonten**) und es gibt Konten, die immer am Jahresende durch eine Abschlussbuchung „bereinigt" (auf null gebracht) werden, weil deren Endwerte in die Gewinn- und Verlustrechnung (GuV) übertragen werden (**Erfolgskonten**). Bestandskonten haben einen Anfangsbestand, Erfolgskonten nicht. Die Konten-Systematik zeigt Tab. 19.1.

Tab. 19.1: Kontenarten/-typen im externen Rechnungswesen

Kontenarten	Aktivkonten	Passivkonten
Bestandskonten (*aus Bilanz abgeleitet*)	*Konten, die die Bestände der Vermögenspositionen aufnehmen. Anfangsbestand und Zugänge auf der Sollseite (links). Abgänge auf der Habenseite (rechts).*	*Konten, die die Bestände der Kapitalpositionen aufnehmen. Anfangsbestand und Zugänge auf der Habenseite (rechts). Abgänge auf der Sollseite (links).*
	Der aus der Bilanz übernommene Anfangsbestand wird auf der Seite des Kontos eingetragen, auf der er in der Bilanz steht. Die Endwerte der Konten werden in die Abschlussbilanz übertragen.	
	Aufwandskonten	**Ertagskonten**
Erfolgskonten (aus erfolgswirksamen Geschäftsvorfällen gebildet)	Konten, die den Aufwand verbuchen (z. B. Gehälter, Abschreibungen etc.). Aufwendungen werden im Soll gebucht. Sie vermindern das Eigenkapital.	Konten, die Erträge erfassen (z. B. Umsatz; erhaltene Provisionen etc.). Erträge werden im Haben gebucht. Sie erhöhen das Eigenkapital.
	Diese Konten haben keinen Anfangsbestand, weil sie am Jahresende immer über das GuV-Konto abgeschlossen werden. Das heißt, der Endbestand geht in die GuV ein. Ist die Summe der Ertragskonten größer als die der Aufwandkonten, liegt Gewinn vor. Im umgekehrten Fall, ist Verlust erwirtschaftet worden.	

Da die Bilanz zwei Seiten hat, die Aktivseite und die Passivseite, gliedern sich auch die Bestandskonten in zwei Arten von Konten: In Aktivkonten und in Passivkonten. Die **Aktivkonten** sind die Konten, die mit den Positionen auf der Aktivseite der Bilanz in Verbindung stehen. Die **Passivkonten** stehen mit den Konten auf der Passivseite in Verbindung. So ist beispielsweise das Konto „Anlagevermögen" ein Aktivkonto und das Konto „Verbindlichkeiten aus Lieferungen und Leistungen" ein Passivkonto.

Das Entscheidende ist, dass die Konten unterschiedliche (entgegengesetzte) Eigenschaften haben: Aktivkonten nehmen auf der Aktivseite zu und auf der Passivseite ab. Das heißt, Zugänge werden auf der Aktivseite verbucht, Abgänge auf der Passivseite. Bei Passivkonten ist es genau umgekehrt. Genau so funktioniert auch die Buchungslogik bei Erfolgskonten. Aufwendungen (als Unterkonten des Eigenkapitals) vermindern das Eigenkapital (Passivkonto) und werden auf der Sollseite gebucht. Erträge (ebenfalls Unterkonten des Eigenkapitalkontos) erhöhen das Eigenkapital und werden auf der Habenseite gebucht.

!

Merke:

Bestandskonten werden aus der Bilanz eines Unternehmens abgeleitet. Jedem Posten in der Bilanz wird ein eigenes Bestandskonto zugeordnet. Am Jahresanfang werden die Bilanzwerte auf die Bestandskonten gebucht. Das heißt, der Anfangsbestand eines Bestandskontos zum Jahresbeginn ist mit dem Wert der Bilanzposition der Vorjahresschlussbilanz identisch. Der aus der Bilanz übernommene Anfangsbestand wird auf der Seite des Kontos eingetragen, auf der er in der Bilanz steht. Ergeben sich dann Änderungen innerhalb der Abrechnungsperiode werden diese dem Konto gutgeschrieben oder abgebucht. Der sich am Jahresende auf dem Konto befindende Endbestand wird dann in die Abschlussbilanz übernommen.

- **Aktivkonten** sind Konten, die sich aus der Aktivseite der Bilanz – den Vermögenspositionen der Bilanz – ergeben.
- **Passivkonten** sind Konten, die sich aus der Passivseite der Bilanz – den Kapitalpositionen der Bilanz – ergeben.

Erfolgskonten werden erst eröffnet, wenn sie durch einen betrieblichen Vorgang angesprochen werden müssen. Auf den Erfolgskonten werden Aufwendungen (wie Löhne, Gehälter) und Erträge (wie z. B. Verkaufserlöse) verbucht und am Jahresende über das GuV-Konto abgeschlossen. Das GuV-Konto dient als Sammelkonto für alle Aufwendungen und Erträge. Aufwendungen vermindern das Eigenkapital und werden auf den Aufwandskoten im Soll gebucht, während Erträge als das Eigenkapital erhöhende Positionen im Haben der Erfolgskonten gebucht werden. Erfolgskonten sind so gesehen Unterkonten des Eigenkapitals.

- **Aufwandskonten** erfassen die erfolgswirksamen Wertminderungen und werden buchungstechnisch wie Aktivkonten gebucht (Zugänge im Soll, Abgänge im Haben). Aufwandskonten werden über die GuV am Jahresende abgeschlossen.
- **Ertragskonten** erfassen die erfolgswirksamen Werterhöhungen und werden buchungstechnisch wie Passivkonten gebucht (Zugänge im Haben, Abgänge im Soll). Ertragskonten werden über die GuV am Jahresende abgeschlossen.

Da der Buchungssatz immer das Konto, das im Soll angesprochen wird, zuerst nennt und erst nach der Adressierung „an“ das Konto, das im Haben gebucht wird, offenbart sich der Sachverhalt, der aus einem Buchungssatz hervorgeht. Um richtig interpretieren oder buchen zu können, muss allerdings bekannt sein, zu welcher Kontenart die angesprochenen Konten gehören. Nur wenn ein Aktivkonto im Soll angesprochen (also zuerst genannt) wird, nimmt es zu. Wird es nach der Adressierung „an“ angesprochen, vermindert sich der Bestand. Umgekehrt ist es bei den Passivkonten. Werden sie zuerst angesprochen, reduziert sich der Bestand. Werden sie als Ziel genannt, nimmt der Wert auf dem Konto zu. Den Zusammenhang zwischen den Bestandskonten, Erfolgskonten, der Bilanz und der GuV-Rechnung zeigt Abb. 19.2.

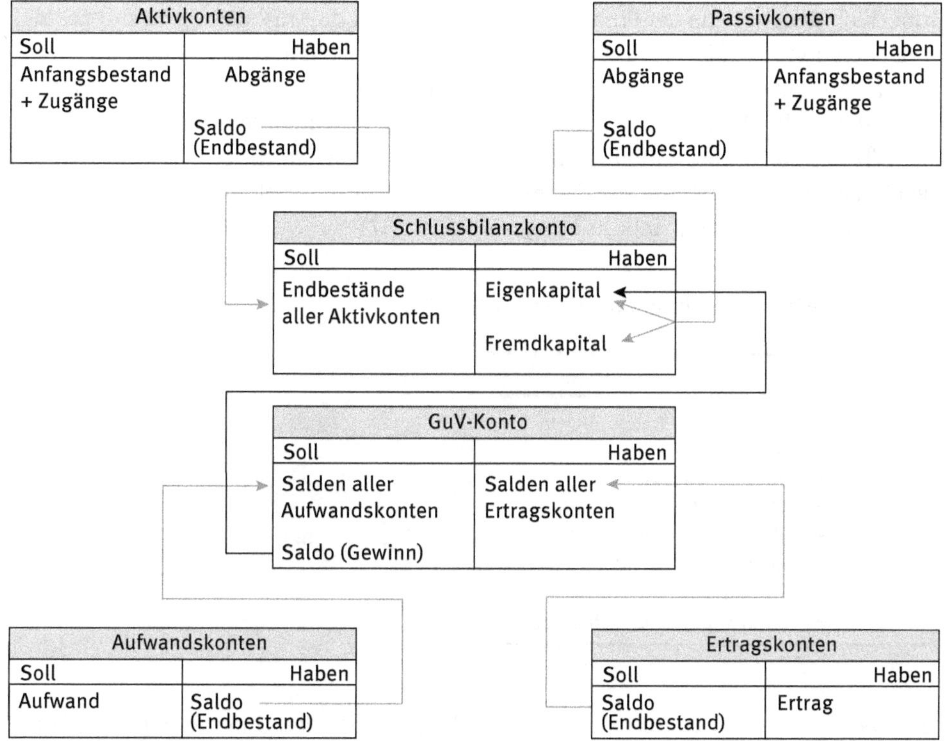

Abb. 19.2: Aufbauschema der Finanzbuchhaltung

19.4 Die Gewinn- und Verlustrechnung

Die Gewinn- und Verlustrechnung (GuV) ist eine gesetzlich geforderte Zeitraumrechnung (vgl. § 242.2 HGB) und informiert über die Ertragslage des Unternehmens in der abgelaufenen Rechnungsperiode. Gewinn ergibt sich, wenn die Erträge größer waren als die Aufwendungen. Damit wird über die GuV auch die Vermögensänderung über das Geschäftsjahr abgebildet. Gewinn führt zu einer Zunahme des Eigenkapitals oder kann nach den gesetzlichen Bestimmungen an die Eigentümer ausgeschüttet werden.

Merke:

Die **Gewinn- und Verlustrechnung** ist eine Zeitraumrechnung, die über die Ertragslage des Unternehmens informiert. Sie stellt die erwirtschafteten Erträge den Aufwendungen gegenüber und bildet mit dem Differenzbetrag den Gewinn/Verlust (bzw. die Vermögensveränderung) aus dem abgelaufenen Geschäftsjahr ab.

Innerhalb des Systems der Finanzbuchhaltung bildet die GuV das Verbindungsstück zwischen den Geschäftsvorfällen im abgelaufenen Geschäftsjahr und der Anfangsbilanz zu Beginn des Geschäftsjahres. Sie übernimmt die Werte aus den Erfolgskonten und saldiert die Werte zu einem Endwert (der dann Gewinn oder Verlust darstellt).

Für Kapitalgesellschaften ist die Gliederung der GuV-Rechnung in § 275 HGB geregelt. Die einfachste Variante, die gemäß § 275 Absatz 5 HGB nur für Kleinstkapitalgesellschaften gilt, zeigt Tab. 19.2. (vgl. Schultz 2017)

Tab. 19.2: Gewinn- und Verlustrechnung (nach § 275 HGB)

lfd. Nr.		Position
1		Umsatzerlöse
2	+	sonstige Erträge
3	–	Materialaufwand
4	–	Personalaufwand
5	–	Abschreibungen
6	–	Sonstige Aufwendungen
7	–	Steurern
8	**=**	**Jahresüberschuss/-fehlbetrag**

Bei der Gliederung des Betriebserfolgs in der GuV hat das Unternehmen ein Wahlrecht zwischen dem sogenannten Gesamtkostenverfahren und dem Umsatzkostenverfahren. Der wesentliche Unterschied besteht darin, dass das **Gesamtkostenverfahren** (GKV) bei der Gewinnermittlung alle produzierten Leistungen berücksichtig, wohingegen das **Umsatzkostenverfahren** (UKV) nur die umgesetzten Leistungen betrachtet. Das bedeutet, dass das Umsatzkostenverfahren die Lagerbestandsänderungen nicht berücksichtigt, das Gesamtkostenverfahren aber sehr wohl. Bei der Ermittlung des Finanzergebnisses unterscheiden sich die beiden Verfahren hingegen nicht. Natürlich kommen beide Verfahren zu dem gleichen Ergebnis. Um die Unterschiede deutlich zu machen, kann (Tab. 19.3) herangezogen werden.

Zusammenfassend kann festgestellt werden (folgend Schultz 2017):

– Beim Gesamtkostenverfahren werden die Aufwendungen nach Aufwandsarten gegliedert. Außerdem gehen die gesamten Aufwendungen, die in einer Periode angefallen sind, in die Betriebsergebnisberechnung ein, ohne Rücksicht darauf, ob die hergestellten Produkte auch verkauft wurden. Eine Synchronisation mit den Umsatzerlösen wird dadurch erreicht, dass Lagerzugänge (Bestandsmehrungen) wie zusätzliche Umsätze behandelt und Lagerabgänge (Bestandsverminderungen) wie Umsatzminderungen verbucht werden. Selbst hergestellte Vermögensgegenstände des Anlagevermögens (sog. „Aktivierte Eigenleistungen" wie z. B. Filme oder Games) sind wie ein zusätzlicher Umsatz zu berücksichtigen.

– Beim Umsatzkostenverfahren werden den Umsatzerlösen nur die Aufwendungen gegenübergestellt, die zur Erstellung der verkauften Leistungen entstanden sind. Ferner sind die Aufwendungen nicht nach Aufwandsarten, sondern funktionell (z. B. nach Erzeugnissen) gegliedert.

Tab. 19.3: Gewinn- und Verlustrechnung (nach Gesamt- und Umsatzkostenverfahren)

	Gesamtkostenverfahren (§ 275.2 HGB)	**Umsatzkostenverfahren** (§ 275.3 HGB)	
1	*Umsatzerlöse*	*Umsatzerlöse*	1
2	Erhöhung oder Verminderung des Bestands an fertigen und unfertigen Erzeugnissen	Herstellungskosten der zur Erzielung der Umsatzerlöse erbrachten Leistungen	2
3	Andere aktivierte Eigenleistungen (z. B. selbsterstelltes Anlagevermögen)	= Bruttoergebnis vom Umsatz	3
4	Sonstige betriebliche Erträge	Vertriebskosten	4
5	Materialaufwand (bezogene Waren und Dienstleistungen etc.)	Allgemeine Verwaltungskosten	5
6	Personalaufwand	Sonstige betriebliche Erträge	6
7	Abschreibungen		
8	Sonstige betriebliche Aufwendungen	Sonstige betriebliche Aufwendungen	7
	= Betriebsergebnis	= Betriebsergebnis	
9	Erträge aus Beteiligungen		8
10	Erträge aus anderen Wertpapieren und Ausleihungen des Finanzanlagevermögens		9
11	Sonstige Zinsen und ähnliche Erträge		10
12	Abschreibungen auf Finanzanlagen und auf Wertpapiere des Umlaufvermögens		11
13	Zinsen und ähnliche Aufwendungen		12
	= Finanzergebnis		
14	Steuern vom Einkommen und vom Ertrag (KSt, GewESt)		13
15	= Ergebnis nach Steuern		14
16	Sonstige Steuern (Steuern, die nicht in Pos. 8 und 14 (beim GVK) bzw. Pos. 7 und 13 (beim UKV) enthalten sind)		15
17	= Jahresüberschuss bzw. Jahresfehlbetrag		16

Tabelle 19.3 zeigt die einzelnen GuV-Positionen, die durch § 275 Absatz 2 und 3 HGB vorgegeben sind. Zur Anwendung des Gesamtkostenverfahrens sind geringere organisatorische Voraussetzungen erforderlich; allerdings ist eine erzeugnisbezogene Er-

folgsanalyse nicht durchführbar, da die Aufwendungen nicht den einzelnen Produkten zugerechnet werden können. Eine derartige Analyse ermöglicht das Umsatzkostenverfahren, bei dem die Aufwendungen nach Produkten aufgegliedert sind.

19.5 Anhang und Lagebericht

Nach § 264 HGB müssen Kapitalgesellschaften ihren Jahresabschluss um einen **Anhang** erweitern, der mit der Bilanz und der Gewinn- und Verlustrechnung eine Einheit bildet. Mittelgroße und große Kapitalgesellschaften müssen zudem einen Lagebericht aufstellen. Der Anhang dient der Erläuterung von Bilanz und Gewinn- und Verlustrechnung.

Der **Lagebericht** soll den Verlauf des letzten Geschäftsjahres und die Lage des Unternehmens so darstellen, dass „ein den tatsächlichen Verhältnissen entsprechendes Bild vermittelt wird" (§ 289 HGB). Er soll ausgewogen, umfassend und bezüglich Umfang und Komplexität angemessen sein. Er beinhaltet einen Rückblick auf das abgeschlossene Geschäftsjahr, beleuchtet die aktuelle Situation und wagt einen Ausblick auf künftige Entwicklungsperspektiven. Viele Unternehmen nutzen ihn zur positiven Darstellung des Unternehmens. Feste Bestandteile des Lageberichts bilden Angaben zur Geschäftsentwicklung (Ertrags-, Vermögens- und Finanzlage) sowie ein Chancen- und Risikenbericht. Ferner ist im Lagebericht über die Forschungs- und Entwicklungsaktivitäten des Unternehmens, dessen Zweigniederlassungen sowie über die Vergütungen der Mitglieder von Leitungs- und Überwachungsorganen (Vorstand, Aufsichtsrat u. a.) zu berichten. (Vgl. Schultz 2017)

? **Fragen zu Kapitel 19**

1. Erläutern Sie Sinn und Zweck des externen Rechnungswesens.
2. Stellen Sie den Aufbau einer Bilanz dar und erläutern Sie kurz die einzelnen Bilanzpositionen.
3. Definieren sie den Begriff Abschreibung und erläutern Sie, warum auf Abschreibungen betriebswirtschaftlich nicht verzichtet werden kann.
4. Was ist ein Buchungssatz und wie ist er aufgebaut.
5. Erläutern Sie den Unterschied zwischen Aktiv- und Passivkonten.
6. Erläutern Sie den Unterschied zwischen Bestands- und Erfolgskonten.
7. Was ist eine Gewinn- und Verlustrechnung (GuV) und in welcher Beziehung steht sie zur Bilanz?
   Worin besteht der grundsätzliche Unterscheid zwischen dem Gesamt- und dem Umsatzkosterfahren in der GuV?

20 Wie funktioniert das interne Rechnungswesen?

Das interne Rechnungswesen ist darauf ausgerichtet herauszufinden, wie hoch beispielsweise die Herstellungs- oder Vertriebskosten einzelner Produkte oder Produktlinien sind, welche Kosten in welchen Betriebsbereichen anfallen und wie die Fixkosten (Gemeinkosten) auf unterschiedliche Bezugsobjekte verteilt werden können. Darüber hinaus wird selbstverständlich auch die Erlösseite des Betriebs, der einzelnen Betriebsbereiche und Produkte analysiert. Zur Beurteilung der Rentabilität kann auf die Analyse der Erlösseite nicht verzichtet werden.

Das Instrument, dass Betriebe in diesem Zusammenhang einsetzen, ist die Kosten- und Leistungsrechnung. Heute wird eher der Begriff Kosten- und Erlösrechnung benutzt. Das liegt daran, dass die moderne BWL den Begriff Leistung nicht mehr als Pendant zum Kostenbegriff einsetzt, sondern mit Mengeneinheiten misst. Insofern ist Erlös = Leistung (Menge) mal Wertansatz ($E = x \cdot p$). Definitionsgenauer wäre es demnach, von **Kosten- und Erlösrechnung** zu sprechen. Im Umfeld dieser einführenden Beschreibungen zum internen Rechnungswesen soll auf eine differenzierte Betrachtung verzichtet und beide Begriffe synonym verwendet werden. Werden die beiden Bestandteile ausdifferenziert, zeigt sich, dass die Leistungsrechnung (und damit die Mengenbetrachtung) die Basis der Erlösrechnung darstellt. Insgesamt aber nimmt die Leistungs- bzw. die Erlösrechnung eine im Gegensatz zur Kostenrechnung eher untergeordnete Position ein, wenn es um die praktische Ausrichtung des Unternehmens geht. Zumindest bereitet die Kostenrechnung weniger Schwierigkeiten, da Kostengrößen im Prinzip leicht zu ermitteln sind.

In Bezug auf die Wertermittlung von innerbetrieblich erbrachten Teilleistungen sieht die Situation ganz anders aus. In einer Erlösrechnung müssen alle Wertschöpfungsbeiträge mit Werten berücksichtigt werden. Doch wie sollen kreative Vorbereitungen bewertet werden? Wem ist der größere Wertbeitrag zuzumessen: der Idee oder der Ausführung? Wenn Leistungen das Ergebnis eines Arbeitsprozesses kooperativer Zusammenarbeit sind, wird die Leistungserfassung und Leistungsbewertung zu einer Herausforderung. Das Gleiche gilt für die Steuerungsaufgaben des Managements oder den Leistungsbeiträgen des „Overheads“. Eine verursachergerechte und leistungsanteilsgerechte Verrechnung von Wertbeiträgen ist ebenso wichtig wie schwierig.

Fragen der Kostensituation sind einfacher zu beantworten. Welche Fragestellungen auch immer beantwortet werden sollen, die notwendigen Basisdaten zieht das interne Rechnungswesen aus der Finanzbuchhaltung. Nach Konfiguration der Daten und eigenen Berechnungen, werden die Ergebnisse dem Controlling zur Verfügung gestellt, damit hier Empfehlungen für zielführende unternehmerische Entscheidungen entwickelt werden können.

https://doi.org/10.1515/9783110519587-020

Merke:

Die **Kosten- und Leistungsrechnung (KLR, Erlösrechnung)** ist ein institutionalisiertes Informationssystem, das alle wirtschaftlich auswertbaren Vorgänge der Informationsgewinnung und -verarbeitung über angefallene oder geplante Geschäftsvorgänge beinhaltet und an Unternehmensinterne gerichtet ist. Sie dient der kurzfristen Erfolgsplanung (Wirtschaftlichkeitskontrolle) und als Entscheidungshilfe für das bereichsübergreifende und das produktspezifische Management.

Das interne Rechnungswesen ist völlig frei von Vorschriften und kann den unternehmensindividuellen Ansprüchen und Anforderungen entsprechend ausgestaltet werden. Dennoch haben sich grundsätzliche Fragestellungen, Verfahren, Methoden und Kennzahlen für alle Betriebe als sinnvoll erwiesen. Diese Zusammenhänge gilt es zu verstehen. Da es im Rahmen von Einführungsveranstaltungen um das grundlegende Verständnis von Zusammenhängen geht, sollen sich die Ausführungen in diesen letzten Kapitelabschnitten auch auf die Kostenrechnung als Kern der KLR konzentrieren. Im Bereich der Kostenrechnung sind drei – im weiteren Sinne vier – Fragen von größtem Interesse:

- Welche Kosten sind im Unternehmen angefallen?
- Wo sind die Kosten angefallen?
- Wofür sind die Kosten entstanden?

  Die Erweiterung dieses Fragenkatalogs führt zur vierten Frage:
- Mit welchen Kosteneinflussfaktoren muss gerechnet werden?

Die Antworten auf diese Fragen sind höchst relevant für die Einschätzung des Risikos, das Medienunternehmen durch die Produktion tragen und vor allem für die Preisbildung. Die Antwort auf die letzte Frage bietet eine gute Gelegenheit, in die Gesamtproblematik einzuführen.

20.1 Kosteneinflussfaktoren im Medienbereich

Kosten als bewerteter Verzehr von Ressourcen vermitteln zunächst den Eindruck, dass lediglich innerbetriebliche Einflussfaktoren auf die Kostensituation wirken. Dem ist nicht so. Insofern können Einflussfaktoren, die als **Kostentreiber** oder **Kostenbremsen** wirken können, in zwei Bereiche differenziert werden und zwar in unternehmensexterne und unternehmensinterne (in Anlehnung an Thommen et al. 2016: 255):

- **Unternehmensexterne Einflussfaktoren** sind die vom Unternehmen nicht beeinflussbaren Daten.

  Solche Daten werden beispielsweise durch den Markt vorgegeben oder durch technologische oder technische Gegebenheiten. So gibt der Markt Lohnsätze, Zinssätze und Lieferantenpreisniveaus vor, aber auch die Menge an verfügbarem Personal oder die Menge und Qualität an Content-Ressourcen, die nicht durch

das Unternehmen selbst erstellt werden können. Nicht zuletzt sind auch die Ereignisse und Angebote auf dem Inhaltebeschaffungsmarkt, die „Schlagzeilen- oder Star-Qualität" haben, genau so wenig steuerbar wie das sich verändernde Mediennutzungsverhalten.
Auch **technische Bedingungen** sind nicht verhandelbar, sondern weitgehend vorgegeben. Jedes Medium muss im Einzelfertigungsverfahren erstellt werden, jedes digitale Gut kann kostengünstiger verteilt werden als stoffliche Datenträger. Die Massenproduktion hat keine (nennenswerten) Output-Grenzen und auch die Produktdifferenzierung (vgl. Versionierung; Kapitel 17.3.5) ist nicht schwierig.

Aus den Beispielen wird deutlich, dass die Fakten und Daten zwar nicht beeinflusst werden können, aber nicht zwingend negativ auf die Kostensituation wirken.

- **Unternehmensinterne Einflussfaktoren** sind Variablen, die durch Entscheidungen im Unternehmen beeinflusst werden können. Dieser Bereich ist ungleich größer als der erste und beinhaltet auch eine große Vielfalt an Variablen. Zu den Variablenbereichen gehören:
  - **Beschäftigung und Programm**: Neben dem Beschäftigungsgrad (Auslastung der Produktionskapazitäten) und der Produktionsintensität (Fertigungsgeschwindigkeit), wirken auch die Programmzusammenstellung (Programmtiefe und Programmbreite) und vor allem die Qualität deutlich kostentreibend. Dabei gilt allgemein, dass je höher die Auslastung und die Geschwindigkeit und je größer die Verbundwirkungen ausfallen, desto positiver wirken diese Einflussfaktoren auf die Kostensituation. Die Qualität steht immer im Zielkonflikt mit der Kostensituation. Damit haben Medienunternehmen, die Produktionsverbundprodukte (bspw. Printmedien im Verbund mit ihren elektronischen Pendants) herstellen, Chancen auf deutliche Kostenvorteile. Ob ein eher integriertes oder ein fokussiertes Medienunternehmen größere Vorteile hat, entscheidet die Intensität, mit der produziert wird sowie die Höhe der Transaktionskosten.
  - **Auftragsgröße**: Während in der „typischen" Konsum- oder Investitionsgüterindustrie die Auftragsgröße deutlich auf die Kostensituation wirken kann, ist diese Variable für Medienunternehmen weniger relevant. Aufgrund der Einzelfertigung ist die Auftragsgröße bei der Produktion des Urmasters per Definition immer eins. Im Bereich der Massenproduktion spielt die Auftragsgröße insofern eine Rolle, als dass beispielsweise Umrüstungen an Maschinen (Häufigkeit und Aufwand) die Kosten durchaus nach oben treiben.
  - **Zeitliche Ablaufplanung**: Die Urmasterherstellung hat häufig trotz der hohen Komplexität des Produktionsvorgangs chronologischen Charakter. Mitunter können Teilaufgaben aber auch parallel erledigt werden. So ist die Entwicklung des Designs eines Mediums weitestgehend unabhängig vom Inhalt, der dargestellt werden soll. Andererseits kann die Postproduktion eines Films in der Regel erst beginnen, wenn die Produktion abgeschlossen ist. Die zeitli-

che Koordination der Aufgaben wirkt ebenfalls kostentreibend; beispielweise dadurch, dass Überbeanspruchungen oder Wartezeiten entstehen können. Dies ist einer der Gründe, warum Filme und ähnlich komplexe Medieninhalte im Kooperationsverfahren produziert werden. Das heißt, Teile der Produktion werden ausgelagert und damit zu variablen Kosten. Durch die Auslagerung von Arbeitsschritten werden die „zu bezahlenden" Wartezeiten minimiert.
- **Kapazitätsentscheidungen**: Die Entscheidungen, die im Zusammenhang mit der Größe des Betriebes stehen, gehören zu den herausragenden Relevanzfaktoren für die Ausgestaltung der gesamtbetrieblichen Kostensituation. Hier ist nicht nur die offensichtliche Frage der technischen Kapazität ausschlaggebend. Nichtauslastungen von Potenzialfaktoren führen in allen Bereichen zu Leerkosten und zu geringe Kapazitäten führen zu Mindermengen und damit zu suboptimalen Umsatzergebnissen. Die optimale Betriebsgröße wird natürlich auch durch die personelle Ausstattung definiert. Zu große oder unterbesetzte Kreativabteilungen (Redaktion, Grafik etc.) haben beispielsweise die gleichen Wirkungen wie suboptimale Maschinenausstattungen.

Die Kostentreiber zu identifizieren hilft bei der Planung des Geschäftsfeldes sowie bei der allgemeinen Risikobewertung, nicht allerdings bei der Bewältigung der kostentechnischen Herausforderungen. Wie mit den variablen Einflussfaktoren konkret umgegangen werden sollte, kann nur eine komplexe und vor allem integrierte inhaltliche Betrachtung der Kosteneinflussfaktoren beantworten. Diese Lösung bietet die Kostenrechnung. Sie ist in drei Bereiche gegliedert, die ineinandergreifen und als Gesamtsystem sowohl konkrete Vorschläge für die Preiskalkulation liefert als auch über eine komplexe Betriebsabrechnung alle relevanten Daten darstellt, die eine kostenorientierte Steuerung der Geschäftsfelder bzw. des Unternehmens ermöglicht.

Um die Kostenrechnung sinnvoll nutzen zu können, müssen die unterschiedlichen Verständnisse über die verschiedenen Kostenbegriffe verinnerlicht sein. Denn der Kostenbegriff hat sechs unterschiedliche Dimensionen, die infolge zu völlig unterschiedlichen Bezugspunkten und damit auch zu unterschiedlichen Diskussionen führen. Diese sechs Kostendimensionen sind im Laufe dieser Publikation alle schon angesprochen worden, sollen hier aber noch einmal komprimiert dargestellt werden (vgl. Tab. 20.1). Auf diese Begrifflichkeiten wird in den folgenden Erläuterungen zurückgegriffen.

Bezugnehmend auf die drei eingangs gestellten zentralen Fragen gliedert sich die Kostenrechnung in die Bereiche der Kostenartenrechnung, Kostenstellenrechnung und Kostenträgerrechnung. Die **Kostenartenrechnung** beantwortet die Frage, welche Kosten angefallen sind. Die **Kostenstellenrechnung** beantwortet die Frage, wo die Kosten angefallen sind und die **Kostenträgerrechnung** beantwortet die Frage, wofür die Kosten angefallen sind. Das Gesamtsystem arbeitet nach dem in Abb. 20.1 dargestellten Schema.

Tab. 20.1: Kostendimensionen und ihre Kostenbegriffe (Definitionen und Beispiele)

Dimension	Begriffe	Kurzerklärung/Beispiel
Beschäftigungsgrad	fixe Kosten	beschäftigungs- bzw. produktionsmengenunabhängige Kosten (z. B. First Copy Costs, Miete, Gehälter)
	sprungfixe Kosten	innerhalb eines Intervalls (bestimmte Auslastung) fixe und zwischen den Intervallen treppenartig springende Kosten (z. B. Honorare, Gehälter, Abschreibungen)
	variable Kosten	beschäftigungs- bzw. produktionsmengenabhängige Kosten (z. B. Materialkosten, Energiekosten, Provisionen); sie können linear, degressiv, progressiv oder s-förmig verlaufen
	Nutzkosten	Teil der Fixkosten, der zur Wertschöpfung beiträgt (z. B. der Teil der Maschinenkosten/Arbeitszeiten, die produktiv genutzt werden)
	Leerkosten	Teil der der Fixkosten, der nicht zur Wertschöpfung beiträgt (z. B. Maschinenstillstand oder Unterauslastung, Krankheitszeiten)
Zurechenbarkeit	Einzelkosten	einem Objekt (Kostenträger) direkt zuordbare Kosten (z. B. Materialkosten, Beitragshonorare, Reisekosten)
	Gemeinkosten	einem Objekt (Kostenträger) nicht direkt zuordbare Kosten (z. B. Verwaltungskosten, Kosten von Vertriebskanälen), die über einen Schlüssel verteilt werden müssen
Abbaubarkeit (Kostenremanenz)	strukturelle	Kosten der Organisation und Infrastruktur (Verwaltung, interne Kommunikation, Koordination)
	flexible Kosten	aus der Produktion ursächlich abgeleitete Kosten (Produktionskosten)
Kalkulationsbasis	Teilkosten	Basis der Teilkostenrechnung, bei der nur die variablen Kosten, die Einzelkosten oder die variablen Gemeinkosten betrachtet und einem Kostenträger (z. B. Bericht, Film) zugeordnet werden.
	Vollkosten	Basis der Vollkostenrechnung, bei der alle angefallenen Kosten betrachtet und einem Kostenträger (z. B. Bericht, Film) zugeordnet werden.
Zeitbezug	Istkosten	Kosten, die in der Vergangenheit tatsächlich angefallen sind
	Normalkosten	Kosten, die in vergangenen Perioden durchschnittlich angefallen sind
	Plankosten	Kosten, die für eine zukünftige Periode angenommen (geplant, prognostiziert) werden
Entscheidungsbezug	relevante Kosten	Kosten, die durch eine Entscheidung beeinflusst werden können (Z. B. Produktionskosten, Grenzkosten)
	irrelevante Kosten	Kosten, die durch eine Entscheidung nicht beeinflusst werden können, weil sie in der Vergangenheit entstanden sind (z. B. Fixkosten)

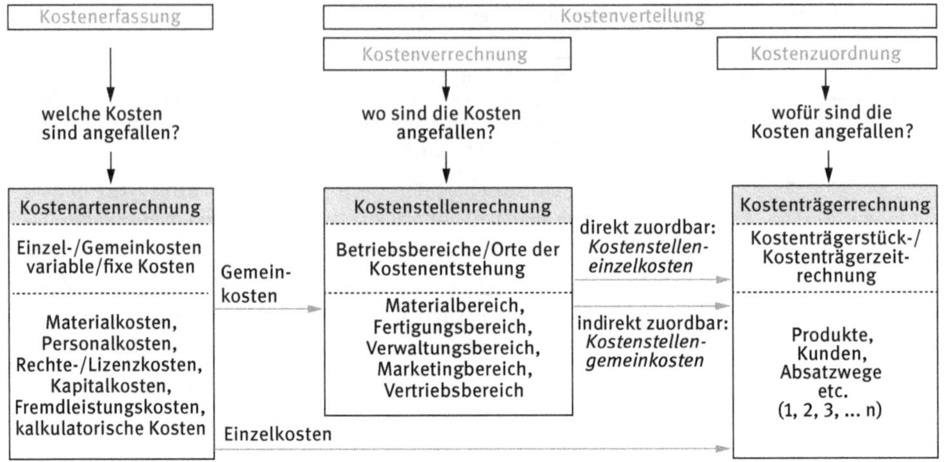

Abb. 20.1: Aufbau (Schema) der Kostenrechnung

20.2 Die Kostenartenrechnung

In der Kostenartenrechnung werden alle Kosten, die in der Abrechnungsperiode angefallen sind, gesammelt und nach Arten gruppiert. Das heißt, alle Kosten werden auch insofern klassifiziert, als dass sie nicht nur der Höhe nach erfasst werden, sondern auch danach, in welchen Bereichen sie anfallen und zusätzlich noch sowohl nach dem Kriterium Einzel- und Gemeinkosten zu sein als auch hinsichtlich ihrer Eigenschaft, variabel oder fix zu sein. Dazu führen Unternehmen Kostenartenpläne, in denen alle Kostenarten gelistet sind, die im Unternehmen anfallen (können). Die Daten liefert die Buchhaltung. So erhält das Management einen Überblick darüber, wie hoch die Materialkosten oder die Personalkosten, die Zinsen und die Abschreibungen etc. sind und wie viel Geld für Fremdleistungen aufgebracht werden muss.

Die Kosten können vielfach differenziert werden. So werden die Materialkosten beispielsweise in Rohstoffkosten, Kosten für Hilfsstoffe, Betriebskosten und Warenkosten unterteilt. Die Personalkosten hingegen werden üblicherweise in Lohnkosten oder Gehaltskosten und Personalzusatzkosten differenziert. Auch der Bereich Fremdleistungen umfasst eine große Menge an Kostenarten. Beispielsweise die Honorare für freie Mitarbeiter, aber auch die Kosten für die Rechtsberatung, Versicherungsprämien oder den Wachdienst sowie Leasinggebühren, Mieten und vieles mehr.

Eine der wichtigsten Differenzierungen für die nachfolgenden Prozessschritte in der Kostenrechnung ist neben der **Differenzierung nach Bereichen**, die Differenzierung nach dem **Kriterium der Zurechenbarkeit** zu beispielsweise einem Produkt oder Kunden (Kostenträger). Diese Zurechenbarkeit der Kosten führt zu den Begriffen Einzelkosten und Gemeinkosten. Können Kosten einem Kalkulationsobjekt (z. B. einem Produkt oder einer Dienstleistung) konkret und direkt zugeordnet werden, zählen sie zu den **Einzelkosten**. Können sie nicht direkt, sondern nur über einen Verteilschlüssel zugeordnet werden, gehören sie zu den **Gemeinkosten**. Die meisten Fixkosten sind Gemeinkosten. Variable Kosten sind ihrem Charakter entsprechend Einzelkosten, werden in Einzelfällen aber auch als Gemeinkosten behandelt, wenn eine exakte Zuordnung mehr Aufwand als Sinn macht. In diesen Fällen spricht die KLR von „unechten Gemeinkosten". Zu diesen unechten Gemeinkosten zählen beispielsweise Hilfsstoffe in der Produktion oder der Stromverbrauch bei Studioaufzeichnungen. Sie gehören eindeutig zu den variablen Kosten, auf eine separate Zuordnung wird aber aus Gründen der Wirtschaftlichkeit der Kostenrechnung verzichtet. Deswegen werden sie wie Gemeinkosten behandelt und über einen Verteilschlüssel den Kostenträgern zugeordnet.

Beispiel (Einzel- und Gemeinkosten). In einem Studio werden mehrere TV-Events produziert. Die Kameracrew ist hier für alle Events zuständig. Andererseits arbeiten jeweils zwei Redaktionskräfte und die Moderatoren freiberuflich und ausschließlich für ein einziges dieser Produkte. Für jede Show zahlt der Produzent eine Lizenzgebühr an den Rechteinhaber. Darüber hinaus wird auch das Catering eventweise separat ausgerichtet. Jede Sendung wird aufgezeichnet und im Anschluss auf 50 DVDs gebrannt.

Hier wird deutlich, dass der Produzent sinnvollerweise zwischen direkt mit einer TV-Sendung verbundenen Kosten und allgemeinen Kosten, die er auf die verschiedenen Shows verteilen muss, unterscheiden sollte, wenn er wissen will, wie teuer ihn die jeweiligen Produktionen kommen. Eine einfache Addition der Kosten würde hier nicht helfen.

Zu den Einzelkosten in vorstehendem Beispiel zählen die Honorare der Redaktionskräfte und Moderatoren, die Lizenzgebühren sowie die Kosten des Caterings und die Vervielfältigungskosten (Materialkosten) für die DVDs. Zu den Gemeinkosten zählen die Studio- und sonstigen Technikkosten, die Gehälter oder Honorare für die Kameracrew. Diese Kosten können den einzelnen Events als Kostenträger nicht eindeutig und direkt zugerechnet werden. Sie müssen über einen Kostenverteilungsschlüssel den einzelnen Events zugerechnet werden, um ein brauchbares Bild über die Kostensituation zu bekommen.

Beispiel (forts.). Die Studio- und Technikkosten betragen 3.000 Euro pro Monat (= Abschreibungen). In diesem Zeitraum werden vier unterschiedliche TV-Events produziert. Von den Personalkosten entfallen 10.000 Euro auf die Kameracrew und jeweils 200 Euro pro Tag auf die beiden Redaktionskräfte, die an den einzelnen Shows mitarbeiten. Die Moderatoren erhalten 2.000 Euro pro Show. Für jede Show zahlt der Produzent eine Lizenzgebühr in Höhe von 1.000 Euro. Jedes Catering kostet 500 Euro und jede produzierte DVD verursacht Kosten in Höhe von zwei Euro.

Eine Differenzierung der Kostenpositionen in Einzel- und Gemeinkosten ist Tab. 20.2 zu entnehmen.

Tab. 20.2: Einzel- und Gemeinkosten

Kostenposition	Betrag	Kostenart	Verteilungsschlüssel
Studio- und Technikkosten	3.000 Euro	Gemeinkosten	1/4 je Show
Gehalt Kameracrew	10.000 Euro	Gemeinkosten	1/4 je Show
Honorare Redaktion	200 Euro/Tag	Einzelkosten	–
Lizenzkosten	2.000 Euro/Show	Einzelkosten	–
Cateringkosten	500 Euro/Show	Einzelkosten	–
Vervielfältigungskosten	2 Euro/DVD	Einzelkosten	–

Nach Erfassung sämtlicher Kosten werden die Gemeinkosten separiert und auf die Kostenstellen verteilt.

20.3 Die Kostenstellenrechnung

Kostenstellen sind Orte der Kostenentstehung. Die Kostenstellenrechnung ist das Bindeglied zwischen der Kostenarten- und der Kostenträgerrechnung (vgl. Thommen et al. 2017: 259). Sie übernimmt die Gemeinkostenpositionen aus der Kostenartenrechnung und teilt sie den Verursachungsstellen im Unternehmen zu. Die Einzelkosten müssen hier nicht betrachtet werden, weil sie den Kostenträgern direkt zugeordnet werden können.

Die Gemeinkosten werden nur deshalb über diesen Zwischenschritt der Kostenstellenrechnung geführt, um mithilfe der hierbei vorgenommenen Bestimmung von Kostensätzen für die Inanspruchnahme der einzelnen Kostenstellen eine spätere Weiterverrechnung möglich zu machen (vgl. Schierenbeck und Wöhle 2016: 836 f.). Um die Zurechnung sachlogisch und verursachergerecht vornehmen zu können, muss das Unternehmen in sinnvolle Teilbereiche untergliedert werden. Die Sinnhaftigkeit ergibt sich aus der Möglichkeit, die Teilbereiche deutlich voneinander abgrenzen zu können. Solche Abgrenzungskriterien führen zu räumlichen Abgrenzungen (Orte) oder zu funktionalen Abgrenzungen (Abteilungen, Aufgabenbereiche). Diese Abgrenzungen werden in einem Kostenstellenplan (geordnetes Verzeichnis aller Kostenstellen im Unternehmen) widergespiegelt.

Das Kostenstellensystem soll einerseits aussagekräftig und feingliedrig, andererseits aber auch nur soweit ausdifferenziert sein, wie es wirtschaftlich notwendig ist. Die Übersichtlichkeit darf nicht gefährdet werden. Die Be- und Verrechnungen werden schließlich nicht um ihrer selbst willen gemacht, sondern sie sollen helfen, das Unternehmen besser steuern zu können.

Der **Kostenstellenplan** ist im Einzelnen wie folgt gegliedert (vgl. folgend Schierenbeck und Wöhle 2016: 837):

– Allgemeine Kostenstellen: Sie erbringen Leistungen für sämtliche Teile des Unternehmens (Immobilien, Sozialdienste, Energie, Instandhaltung etc.).

- Fertigungsstellen, die wiederum unterteilt sind in:
  - Hauptkostenstellen: Diese sind unmittelbar in den Prozess eingespannt, der die Herstellung der Hauptprodukte des Unternehmens zum Gegenstand hat (Redaktion, Grafik, Produktion, Studio etc.)
  - Nebenkostenstellen: Sie bearbeiten dagegen Produkte, die nicht zum eigentlichen Produktionsprogramm gehören (Nebenprodukte, Abfallverwertung, technische Leistungen).
  - Hilfskostenstellen: Sie dienen nur mittelbar der Herstellung absatzfähiger Endprodukte (Hilfskräfte, Requisitenbau etc.).
- Materialstellen: Ihnen obliegen sämtliche materialwirtschaftlichen Aufgaben (Einkauf, Lager etc.).
- Verwaltungsstellen: Sie umfassen alle Abteilungen mit allgemeinen Verwaltungs-, Service- und Leistungsfunktionen (Geschäftsleitung, Personalabteilung, Rechtsabteilung, Controlling etc.)
- Vertriebsstellen: Ihre Aufgabe ist die marktliche Verwertung der erzeugten Produkte (Werbung, Versand, Verkauf, Kundendienst etc.).

Die Verteilung der Gemeinkosten und die Ermittlung der Verrechnungssätze erfolgt im **Betriebsabrechnungsbogen (BAB)**. Der Betriebsabrechnungsbogen ist ein tabellarisches Konstrukt, das zeilenweise nach Kostenarten und spaltenweise nach Kostenstellen gegliedert ist. Er wird heute natürlich EDV-basiert erstellt (und häufig Auswertungsrechnung genannt).

Der Betriebsabrechnungsbogen umfasst in seiner maximalen Ausprägung alle (systematisch aufbereiteten) Daten der Kosten- und Erlösrechnung und gibt einen umfassenden Einblick in die betriebliche Gesamtsituation (vgl. Abb. 20.2). Der „kleine Bruder“ des Betriebsabrechnungsbogens wird Kostenstellenbogen genannt und enthält lediglich die Daten der Kostenstellenrechnung. Der **Kostenstellenbogen** zeigt, wie die Gemeinkosten auf die Kostenstellen verteilt werde, wie die Kostenstellen untereinander abgerechnet werden (Ausweis der sogenannten Kostenstellenumlagen) und er ermittelt die Gemeinkostenzuschläge, die den prozentualen Zuschlag auf die Einzelkosten quantifizieren, mit dem die Kostenträger schlussendlich belastet werden. Dieser Zuschlag wird dann im Sinne der sogenannten **Zuschlagskalkulation** den Kostenträgern hinzugerechnet.

Im BAB werden zunächst die primären Gemeinkosten verrechnet. Das sind Gemeinkosten, die von Externen erbracht wurden oder klar zu beziffern und direkt einzelnen Kostenstellen zugeordnet werden können. Solche Kosten sind beispielsweise Betriebskosten, Kosten der Leitungsstellen, Redaktionskosten, Abschreibungen, Zinsen etc. Diese werden auf die Kostenstellen verteilt und mit den von ihnen verbrauchten Kostenanteilen belastet. Die Ermittlung ist relativ einfach, da Rechnungen oder Belege über die Leistungen vorliegen. Um die jeweiligen Kosten verteilen zu können, muss ein Verteilungsschlüssel gebildet werden. Hier dienen Mengengrö-

Abb. 20.2: Schematischer Aufbau des Betriebsabrechnungsbogens (BAB)

ßen (Verbrauch, Fläche, Anzahl etc.), Zeitgrößen (Maschinenstunden, Arbeitsstunden etc.) oder Wertgrößen (Anschaffungswerte, Lohnsumme etc.) als Hilfe.

So könnten beispielsweise die laufenden Betriebskosten eines Verlages auf die Kostenstellen über die Fläche verteilt werden, indem die Kostensumme prozentual auf die Kostenstellen über die Quadrat- oder Kubikmeter (umbauter Raum) zugeordnet werden.

Sind die primären Gemeinkosten verteilt, erfolgt die Zuordnung der sekundären Gemeinkosten. Sekundäre Gemeinkosten sind innerhalb des Unternehmens entstanden und sollen auf andere Kostenstellen verteilt werden, da sie aus einer innerbetrieblichen Leistungserbringung von Stellen für andere Stellen entstanden sind. „Aufgabe der Sekundärkostenumlage ist es, sämtliche auf den Vorkostenstellen angefallenen Gemeinkosten möglichst verursachungsgerecht auf Endkostenstellen umzulegen. Nach Durchführung der Umlage dürfen auf den Vorkostenstellen keine Kosten mehr verblieben sein, da nur Endkostenstellen ihre Kosten weiter an Kostenträger (Produkte) verrechnen können." (Schultz 2017)

Zur Verrechnung stehen unterschiedliche Methoden zur Verfügung. Dazu zählen das **Blockumlageverfahren** (Gesamtumlage der Kosten auf die Endkostenstellen in einem „Block"; prozentual aufgesplittet), das **Stufenleiterverfahren** (treppenartige Verteilung der Gemeinkosten der Vorkostenstellen auf jeweils nachfolgende Kostenstellen), das **Gutschrift-Lastschrift-Verfahren** (Verteilung der Kosten über innerbetriebliche Verrechnungspreise) oder über **mathematische Verfahren** (die Leistungsverflechtung der Vorkostenstellen eines Unternehmens wird durch ein Gleichungssystem abgebildet. Für jede Vorkostenstelle wird eine lineare Gleichung aufgestellt. Das Ergebnis der Auflösung des Gleichungssystems besteht in genauen Verrechnungspreise („Kostenpreise") für jede Vorkostenstelle). Zu den Verfahren führt Schultz (2017) ausführlich und mit Beispielen belegt aus.

„Nach Durchführung der Sekundärkostenumlage sind die Gemeinkosten, die die einzelnen Endkostenstellen zu tragen haben, bekannt. Als letzte Phase der Kostenstellenrechnung wird nun für jede Endkostenstelle ein Gemeinkostenzuschlagssatz errechnet, der für die Kalkulation benötigt wird." (hier und folgend Schultz 2017)

Die resultierenden Zuschlagssätze errechnen sich wie folgt:

$$\text{Zuschlagssatz} = \frac{\sum \text{Gemeinkosten}}{\text{Bezugsgröße}}$$

Als Bezugsgröße werden im Regelfall Einzelkosten (Lohneinzelkosten, Materialeinzelkosten), Fertigungszeiten, Maschinenlaufzeiten oder auch die Herstellkosten verwendet. Mit dem Zuschlagssatz können dann im Rahmen der Kalkulation die Gemeinkosten auf den Kostenträger (z. B. das Produkt) umgelegt werden.

20.4 Die Kostenträgerrechnung

Ein Kostenträger ist das Objekt, dem die Kosten zugerechnet werden. Solche Objekte sind vor allem die Produkte eines Unternehmens, können aber auch einzelne Aufträge, Projekte oder Kunden etc. sein. Die Herstellung oder Betreuung dieser Objekte verursacht die Kosten final. Sie tragen die Kosten und müssen die Kosten auch wieder erwirtschaften. Ziel der Kostenrechnung ist herauszufinden, mit welchen Kosten in welcher Höhe die Kostenträger belastet werden bzw. welche Erträge sie erwirtschaften müssen, damit die Kosten getragen werden. Der wesentliche Aufgabenbereich der Kostenträgerrechnung ist demnach die genaue Ermittlung der Herstellkosten und der Selbstkosten je Einheit oder alternativ je Zeitraum. Insofern wird die Kostenträgerrechnung als Kostenträgerstückrechnung oder als Kostenträgerzeitrechnung durchgeführt. Die **Kostenträgerzeitrechnung** führt zur Ermittlung des **Periodenerfolgs** und zur Überwachung der Wirtschaftlichkeit auch für unterjährige Zeitperioden (Quartal, Monat, Woche). Die **Kostenträgerstückrechnung**, die im Folgekapitel näher betrachtet werden soll, dient vor allem der **Kalkulation** der Kosten für die produzierte Einheit eines Produkts.

Die Kostenträgerstückrechnung nutzt im Wesentlichen vier Verfahren, um die Kosten einzelnen Kostenträgern zuzuordnen:

1. Zuschlagskalkulation
2. Divisionskalkulation
3. Äquivalenzziffernkalkulation
4. Kuppelkalkulation.

Diese Kalkulationsverfahren liefern das relevante Zahlenmaterial für die kostenorientierte Preisfindung (vgl. Kapitel. 16.3.2) und ermitteln die Preisuntergrenze für ein Produkt oder eine Dienstleistung. Die Kalkulationsverfahren beschreibt Tab. 20.3 (vgl. inhaltlich Thommen et al. 2017: 261 f).

Tab. 20.3: Verfahren der Kostenträgerstückrechnung

Verfahren	Einsatzfeld	Grundlage und Charakteristikum
Zuschlags-kalkulation	Einzel-produktion Serien-produktion	Mehrstufiger, abgrenzbarer Produktionsvorgang mit unterschiedlichen Kostenstrukturen. Kosten müssen und können differenziert zugeordnet werden. Die Zuschlagssätze für die Zurechnung der Gemeinkostenanteile liefert der BAB. Die Selbstkosten berechnen sich aus Einzelkosten zzgl. Zuschläge.
Divisions-kalkulation	Massen-fertigung	Der Produktionsprozess besteht aus einer weitgehend homogenen Leistung. Das Produkt ist gleichartig. Die Selbstkosten pro Stück (k) berechnen sich aus den Gesamtkosten der Periode dividiert durch die in dieser Periode erstellte Menge (Anzahl an Kostenträgern).
Äquivalenz-ziffern-kalkulation	Sorten-fertigung	Produktion von gleichartigen Produkten. Die Produktionskosten stehen in einem festen Verhältnis zueinander und können mit Verhältniszahlen ausgedrückt werden. Das Kostenverhältnis beschreibt die unterschiedlich hohe Inanspruchnahme der Ressourcen. Die Kosten werden errechnet, indem eine Sorte (Kosten je Stück) als Referenzgröße herangezogen wird. Ihr wird die Äquivalenzgröße 1 zugeordnet. Den anderen Produktvarianten werden entsprechend ihrem Mehr- oder Minderverbrauch abweichende Äquivalenzziffern zugeordnet. Für jede Sorte wird dann die produzierte Menge mit der Kennziffer multipliziert. Damit ergibt sich eine sogenannte Rechnungseinheit pro Variante. Die gesamten Selbstkosten der Periode werden dann durch die Summe der Rechnungseinheiten dividiert. Die so ermittelten Gesamtkosten je Einheit des Referenzproduktes dienen dann als Grundlage für die Berechnung der Selbstkosten je Sortenprodukt (Äquivalenzziffer einer Sorte mal (Gesamtkosten/Summe der Rechnungseinheiten). Demnach ergibt sich eine Kalkulationsformel für die Sorte i (Z_i = Äquivalenzziffer der Sorte i) wie folgt (vgl. Schierenbeck und Wöhle 2016: 864): $$k = \frac{K}{x_1 \cdot Z_1 + x_2 \cdot Z_2 \ldots x_n \cdot Z_n} \cdot Z_i$$
Kuppel-kalkulation	Kuppel-produktion	Es fallen während der Produktion gleichzeitig mehrere Produkte an. Die Gesamtkosten der Produktion können nicht auf die Einzelprodukte verteilt werden. Sie entstehen als Gesamtheit. In diesem Fall können zwei unterschiedliche Zurechenverfahren eingesetzt werden: **Marktpreisverhältnisrechnung** (alle Produkte sind Hauptprodukte): Die Kosten des Produktionsprozesses werden anteilig im Verhältnis der mit ihren Marktpreisen gewichteten Mengenanteile aufgeschlüsselt.

Die in der **Medienwirtschaft** deutlich am stärksten vertretene Kalkulationsmethode ist die Zuschlagskalkulation, weil erstens Unikate produziert werden und weil zweitens der Produktionsprozess klar gegliedert werden kann. Tab. 20.4 zeigt ein typisches Beispiel für eine Buchkalkulation zur Überprüfung des Ladenpreises (Quelle: Gläser 2014: 559):

Tab. 20.4: Kalkulation eines Buches nach der Zuschlagskalkulation (Beispiel)

	Position	Summe
	Brutto-Ladenpreis	10,00 Euro
–	MwSt.	0,65 Euro
=	Netto-Ladenpreis (Warenwert)	9,35 Euro
–	Buchhändlerrabatt (Sortimenter-Rabatt = 45 %)	4,20 Euro
=	Netto-Abgabepreis	5,15 Euro
–	Pauschalhonorar (Autor, 5 %)	0,47 Euro
–	Gemeinkosten (46 % vom Netto-Abgabepreis)	2,37 Euro
–	Technische Herstellkosten/Buch	2,00 Euro
=	Verlagsgewinn/Buch	0,31 Euro

Aus dieser Kalkulation ergibt sich ein Gewinnaufschlag in Höhe von 0,31 Euro pro Buch. Würden auf die technischen Herstellkosten zzgl. dem Pauschalhonorar (insgesamt 2,47 Euro als Einzelkosten) noch die Gemeinkosten in Höhe von 2,37 Euro aufgeschlagen, ergibt die Summe insgesamt 4,84 Euro. Sie beziffert die sogenannten Selbstkosten. Auf diese Selbstkosten würde nun der Plangewinn in Höhe von 0,31 Euro aufgeschlagen. Wird im Folgenden weiter mit den Werten aus Tab. 20.4 gearbeitet, „landet" der Brutto-Ladenpreis wieder bei 10,00 Euro. Die erste Methode wird retrograde, die textlich beschriebene wird progressive Methode genannt.

Abschließend seien noch zwei wichtige Kostengrößen der Kostenrechnung (Herstellkosten und Selbstkosten) schematisch vorgestellt, um Kalkulationen besser verstehen zu können: Um den Verkaufspreis eines Produktes bestimmen zu können, werden die Materialkosten und die Fertigungskosten zu den Herstellkosten aufaddiert. Auf die Herstellkosten werden kann die Verwaltungs- und Vertriebskosten aufgeschlagen. Das Ergebnis sind die Selbstkosten. Das Schema sieht wie in Abb. 20.3 dargestellt aus.

Logischerweise sind die einzelnen Rechenoperationen in den Kalkulationsverfahren keine anspruchsvolle Arbeit. Ex post-Berechnungen sind ziemlich einfach, wenn die Verteilschlüssel festgelegt sind. Höchst anspruchsvoll sind ex ante Kalkulationen für Medienprodukte. Hier liegt der Urquell für mannigfaltige Fehlkalkulationen. Die Kalkulation von anstehenden Projekten verlangt sehr hohe Sachkenntnis und Praxiserfahrung. Während die reine Struktur des Projektes noch relativ einfach durch z. B. einschlägiges Hochschulwissen abgebildet werden kann (Segmentierung des Herstellungsprozesses von der Idee bis zur Endfertigung), verlangt es viel Erfahrung, tatsächlich alle relevanten Kostenpositionen im Vorfeld zu erfassen und mit den wahrscheinlichsten Risiken oder Kostenhöhen zu bewerten. Zur Königsdisziplin der Kalkulation gehören sicherlich Film- und Game-Projekte, weil es hier eine Vielzahl unterschiedlicher Kostenblöcke mit wiederum einer noch wesentlich größeren Vielzahl an Positionen und Möglichkeiten gibt, die anhand der „Auszüge" (exakte Analyse aller Storyboardszenen in Hinsicht auf jede einzelne Anforderung) unter Berücksichtigung eines

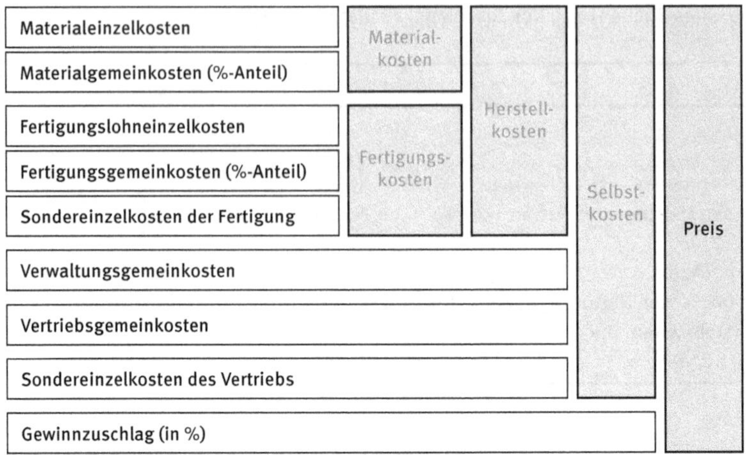

Abb. 20.3: Schematischer Aufbau zur Preisfindung über die Zuschlagskalkulation

realistischen Zeitfensters für die Ressourcennutzung zu kalkulieren sind. Das ist heute ohne eine branchenspezifische Kalkulationssoftware so gut wie nicht mehr möglich.

Zahlreiche Kalkulationsschemata für einzelne Medienbereiche (Film, TV, Radio, Buch, Game etc.) und **Kalkulationen für konkrete Medienprodukte** werden in Gläser 2016: 540–559 sowie in Schellmann et al. 2017: 710–734 angeboten.

20.5 Kostenrechnungssysteme im Vergleich

Die Verrechnungen auf die Kostenträger können verfahrenstechnisch sehr unterschiedlich gemacht werden. Das betriebliche Rechnungswesen unterscheidet zwei unterschiedliche Kostenrechnungssysteme, die jeweils zwei alternative Bezugsgrößen verwenden (vgl. Tab. 20.5).

Tab. 20.5: Kostenrechnungssysteme

Kostenrechnungssysteme	
nach Sachumfang verrechnend	nach Zeitbezug verrechnend
Vollkostenrechnung	Istkosten-/Normalkostenrechnung
Teilkostenrechnung	Plankostenrechnung

Kostenrechnungssysteme, die Kosten nach dem Sachumfang auf die Kostenträger verrechnen, sind die Vollkostenrechnung und die Einzelkostenrechnung. Systeme, die mit einem vergangenheits- oder zukunftsbezogenen Zeithorizont arbeiten, sind die Ist-

bzw. Normalkostenrechnung und die Plankostenrechnung . Da die Kostenrechnung eines Unternehmens der Überprüfung der Kostensituation und gleichzeitig auch der Preiskalkulation für die einzelnen Kostenträger dient, kann je nach konkreter Fragestellung das eine oder andere System effektiver weiterhelfen (vgl. folgend Thommen et al. 2017: 263 ff.).

Das Vollkostenrechnungssystem
ist ein Kostenverrechnungsverfahren, das alle angefallenen Kosten in einem Betrieb auf die Kostenträger verrechnet; auch die, die nicht durch den Kostenträger verursacht wurden. Damit sind in der Vollkostenrechnung die Einzelkosten und die Gemeinkosten (anteilsmäßig) zu berücksichtigen. Preiskalkulatorisch ergibt sich ein Preis, der die langfristige Preisuntergrenze angibt. Untergrenze deshalb, weil noch kein Gewinnaufschlag berücksichtigt ist.

Würde ein Unternehmen kalkulatorisch nur die Kosten berücksichtigen, die ein Produkt durch seine Herstellung verursacht, könnten allgemeine betriebliche Kosten nicht gedeckt werden. Zu solchen allgemeinen Kosten gehören beispielsweise die Gehälter des Managements, die Kosten des Fuhrparks, die Gebäudeabschreibungen bis hin zum Hausmeistergehalt oder den Raumpflegeaufwendungen etc.

Die Vollkostenrechnung bereitet allerdings auch Probleme. Da alle Kosten über den Betriebsabrechnungsbogen verteilt werden, der aber nur Einzel- und Gemeinkosten differenziert, findet keine Trennung in fixe und variable Kosten statt. Aufgrund dieser fehlenden Kostenaufsplittung, werden auch alle fixen Kosten proportional auf die Kostenträger umgelegt. „Je höher beispielsweise die Einzelkosten als Bezugsbasis zur Verteilung der Gemeinkosten im BAB ausfallen, desto mehr Fixkosten werden auf die Kostenträger verteilt." (Thommen et al. 2017: 263) Dieses Vorgehen widerspricht nicht nur dem Verursacherprinzip, sondern führt auch zu einem verzerrten Bild der Kostensituation einzelner Kostenträger und kann zu Fehlentscheidungen im Steuerungsmanagement der Portfolios zur Folge haben. Wird auf Basis der Vollkosten geplant, kann es zu Produkteliminationen kommen, obwohl die Produkte die durch sie verursachten Kosten decken. Zu hohe Gemeinkostenzuschläge könnten rechnerisch einen negativen Stückerfolg hervorrufen oder nicht mehr konkurrenzfähige Preise zur Folge haben. Möglicherweise ergäbe sich durch eine solche Situation auch eine falsche „Make-or-Buy-Entscheidung". Ist der Marktpreis möglicherweise niedriger als die fehlerhaft kalkulierten Selbstkosten, könnte das vermeintlich nicht kostendeckende Produkt extern beauftragt werden, anstatt über die vielleicht sinnvollere Eigenfertigung.

Das Teilkostenrechnungssystem
ist ein Kostenverrechnungsverfahren, das Auskunft darüber gibt, wie hoch die durch die Herstellung eines Kostenträgers unmittelbar verursachten Kosten sind. Es werden nur Teile der insgesamt anfallenden Kosten berücksichtigt, nämlich die variablen Kosten bzw. die Einzelkosten. Preiskalkulatorisch ergibt sich ein Preis, der die kurzfristige,

untere Grenze der monetären Marktverwertung angibt, weil weder die Gemeinkosten noch ein Gewinnaufschlag verrechnet sind.

Der entscheidende Unterschied zur Vollkostenrechnung ist also die Trennung von fixen und variablen Kosten. Diese Grundidee folgt auch dem Grundsatz, dass nur entscheidungsrelevante Kosten bei Entscheidungsproblemen heranzuziehen sind. Dieser Ansatz ist der modernere im Vergleich zur Vollkostenrechnung. Heute werden Teilkostenrechnungen immer dann eingesetzt, wenn die Wirtschaftlichkeit kontrolliert, wenn Pläne budgetiert oder Unternehmensentscheidungen rechnerisch fundiert werden sollen (vgl. Schierenbeck und Wöhle 2016: 826). Die Fixkosten werden in diesem Fall „als Fixkostenblock von der Kostenartenrechnung in die Kostenträgerzeitrechnung überführt und nach verschiedenen Formen der Teilkostenrechnung unterschiedlich behandelt" (Thommen et al. 2017: 264). Erst durch die exklusive Berücksichtigung der variablen Kosten wird auch eine exakte und verursachungsgerechte Kostenzurechnung möglich.

Die beiden wichtigsten Formen der Teilkostenrechnung arbeiten mit dem Deckungsbeitrag (vgl. zur Definition und Logik der Größe Kapitel 9.1.4): die Deckungsbeitragsrechnung (auch einstufiges Direct Costing genannt) und die mehrfach gestufte Deckungsbeitragsrechnung. Der Deckungsbeitrag (= Differenz aus Erlösen und variablen Kosten) eignet sich hervorragend zur Beurteilung der Erfolgssituation eines Produktes, da er Auskunft darüber gibt, wie viel ein Produkt zur Deckung der Fixkosten beiträgt. Ist der Deckungsbeitrag positiv, wird das Produkt produziert. Ist er negativ, wird das Produkt nicht produziert oder eliminiert. Das Produkt (bzw. die Produktlinie) mit dem höchsten Stückdeckungsbeitrag ist auch das wertvollste „Pferd im Stall". Der von allen Produkten und Dienstleistungen erwirtschaftete Deckungsbeitrag muss größer als die Fixkosten sein, wenn Gewinn erzielt werden soll. Die Differenz zwischen dem Gesamtdeckungsbeitrag und den Fixkosten ist der Gewinn.

Die einstufige Deckungsbeitragsrechnung ist simpel in der Durchführung. Es müssen nur die Nettoerlöse (Erlöse abzüglich Provisionen, Rabatte etc.) des Produktes oder Bereiches aufaddiert werden. Von dieser Summe werden die variablen Kosten abgezogen. Die sich errechnende Differenz muss ausreichend hoch sein, damit die Fixkosten des Betriebs gedeckt werden. Ergibt sich eine positive Differenz, bezeichnet diese Größe den Betriebserfolg ($G = DB - K_f$).

In der mehrstufigen Deckungsbeitragsrechnung unterscheidet sich hier insofern, als dass die gesamten Fixkosten nach rechnungszielabhängigen Merkmalen differenziert, stufenweise vom jeweils verbleibenden Deckungsbeitrag abgezogen wird. Die Fixkostenteilbereiche werden üblicherweise in Produkt-, Produktgruppen-, Bereichs-, und Unternehmensfixkosten aufgesplittet. Einen selbsterklärenden Vergleich zwischen einstufiger und mehrstufiger Deckungsbeitragsrechnung zeigt Tab. 20.6 (in Anlehnung an Thommen et al. 2017: 266).
Eine Kontrollrechnung zeigt, dass die einstufige und die mehrstufige Deckungsbeitragsrechnung (immer) zu dem gleichen Betriebsergebnis führt. Der Gesamtdeckungsbeitrag beträgt im vorstehenden Beispiel insgesamt 1.485 Geldeinheiten. Die gesamten

Tab. 20.6: Mehrfach gestufte Deckungsbeitragsrechnung

	Produktlinien	**Taschenbücher**		**Fachbücher**	
	Produkte	**I**	**II**	**III**	**IV**
	Nettoerlös	900	800	400	600
–	variable Kosten	405	360	180	270
=	*Deckungsbeitrag I*	495	440	220	330
–	Produktionsfixkosten (z. B. Miete für Produktionshalle etc.)	10	10	5	5
=	*Produktdeckungsbeitrag II*	485	430	215	325
=	Summe der Deckungsbeiträge II	915		540	
–	fixe Produktgruppenkosten (z. B. Gehalt des Marketingleiters etc.)	50		50	
=	Produktgruppendeckungsbeitrag III	865		490	
–	Bereichsfixkosten (z. B. Gehälter der techn./akquis. Bereichsleitung etc.)	90		120	
=	Bereichsdeckungsbeitrag IV	775		370	
=	**Summe der Deckungsbeiträge IV**	**1.145**			
–	Unternehmensfixkosten (z. B. Gebäude, Vorstandsgehälter etc.)	325			
=	Betriebserfolg	820			

Fixkosten betragen 665 Geldeinheiten. Die Differenz beträgt also ebenfalls 820 Geldeinheiten.

Wenn noch einmal das Buchprojekt aus Tab. 20.4 herangezogen wird, in dem sich ein Stückgewinn von 0,31 Euro errechnet hat, dann würde im Umfeld der Deckungsbeitragsrechnung kein Stückgewinn berechnet werden können, aber es kann verursachergerecht überprüft werden, ob das Buch Deckungsbeiträge ins Unternehmen spült oder nicht (vgl. Tab. 20.7; Quelle: Gläser 2014: 559). Im Übrigen gilt anzumerken, dass der in Tab. 20.4 berechnete Stückgewinn nur dann korrekt ist, wenn auch die gesamten Gemeinkosten korrekt zugerechnet wurden. Insofern ist die Deckungsbeitragsrechnung wesentlich geeigneter als Basis für Planungsentscheidungen herzuhalten.

Das Ergebnis zeigt einen Stückdeckungsbeitrag in Höhe von 1,13 Euro. Dieses Ergebnis ist beruhigend für das Management, denn es zeigt auf, dass mit jedem verkauften Buch 1,31 Euro vereinnahmt werden, die die Fixkosten zu decken helfen werden. Diese Aussage ist wesentlich weniger spekulativ als die Gewinnaussage im ersten Beispiel.

Wenn aber ein Deckungsbeitragsaufschlag (vgl. Kapitel 9.1.4) festgelegt werden soll, muss das Management auch exakt wissen, wie hoch die Fixkosten im Unternehmen sind und es muss die Absatzzahlen der Produkte oder Produktgruppen realistisch prognostizieren. Sonst kann es ein „schlimmes Erwachen" geben, weil die Fixkosten ungedeckt bleiben.

Die letzte Frage, die es zu klären gilt ist, mit welchen Werten hinsichtlich des Kostenhöhenansatzes im Zeitablauf kalkuliert werden soll. Hier stehen drei Möglichkei-

Tab. 20.7: Kalkulation eines Buches nach der Zuschlagskalkulation (Beispiel)

	Position	Summe
	Brutto-Ladenpreis	10,00 Euro
–	MwSt.	0,65 Euro
=	Netto-Ladenpreis (Warenwert)	9,35 Euro
–	Buchhändlerrabatt (Sortimenter-Rabatt = 45 %)	4,20 Euro
=	Netto-Abgabepreis	5,15 Euro
–	Vertreterprovision (8 % vom Netto-Abgabepreis)	0,41 Euro
–	Auslieferung (12 % vom Netto-Abgabepreis)	0,62 Euro
=	Deckungsbeitrag I	4,12 Euro
–	Pauschalhonorar (Autor, 5 %)	0,47 Euro
–	Technische Herstellkosten/Buch	2,00 Euro
=	Deckungsbeitrag II	1,65 Euro
–	Werbung (10 % vom Netto-Abgabenpreis)	0,52 Euro
=	**Deckungsbeitrag III**	**1,13 Euro**

ten zur Auswahl: Kosten, die real verausgabt wurden, Kosten, wie sie im Durchschnitt in der Vergangenheit waren oder Kosten, wie sie wahrscheinlich in der nahen Zukunft sein werden. In diesem Sinne wird das zweite Kostenrechnungssystem nicht nach dem Sachbezug (wie die Voll- und die Teilkostenrechnung), sondern nach dem Zeitbezug ausgestaltet (vgl. Thommen et al 2017: 267 ff.).

Das Ist-Kostenrechnungssystem
ist ein Kostenverrechnungsverfahren, das mit tatsächlich angefallenen Kosten (Ist-Kosten) arbeitet. Das heißt, es werden tatsächliche Verbräuche mit Anschaffungspreisen verrechnet. Diese Methode hat den Nachteil, dass zufällige Schwankungen im abgelaufenen Jahr deutlichen Einfluss auf die Berechnungen haben. Für zukunftsorientierte Preis- oder Programmplanungen ist diese Methode nur eingeschränkt geeignet. Für Kontrollaufgaben bezogen auf die jeweils letzte Periode ist das Verfahren gut geeignet.

Das Normalkostenrechnungssystem
ist ein Kostenrechnungsverfahren, das mit Durchschnittswerten der Ist-Kosten aus den vergangenen Jahren (Normalkosten) arbeitet und so Zufallsschwankungen egalisiert. Die Annahme von Durchschnittskosten stabilisiert die Werte der Kostenermittlung. Andererseits bildet das System dann aber nur in Maßen realistische Ergebnisse ab. Auch diese Rechnung ist für eine exakte Planung nur bedingt geeignet. Als Kontrollsystem verliert sie noch mehr an Relevanz.

Das Plankostenkostenrechnungssystem
ist ein Kostenverrechnungsverfahren, das mit künftig erwarteten oder mit angestrebten Kosten (Plankosten) arbeitet, die aus Sicht der Planung innerhalb der Wertschöpfungsprozesse anfallen werden oder sollen. Diese Rechnung ist im wahrsten Sinne des Wortes kalkulatorisch, aber bestens geeignet, als Pendant zur Ist-Kosten- oder Normalkostenrechnung eingesetzt zu werden, um Soll-Ist-Vergleiche durchführen zu können. Ergeben sich Abweichungen, kann eine Soll-Ist-Abweichungsanalyse durchgeführt werden, die Aufschluss über den weiteren Planungs- und Steuerungsbedarf gibt. Solche Plankostenrechnungen verursachen mehr Aufwand, lohnen sich aber, weil Abweichungen früh erkannt werden können.

Die Normalkostenrechnung und die Plankostenrechnung werden hauptsächlich in der Teilkostenrechnung eingesetzt, da diese Verbindung der Lenkungsfunktion am besten entspricht. Die Vollkostenrechnung muss eher als Unterstützung der Verrechnungsfunktion im Rechnungswesen verstanden werden. Dementsprechend arbeitet die traditionelle Vollkostenrechnung mit Ist-Kosten.

Fragen zu Kapitel 20

?

1. Erläutern Sie den Sinn und Zwecke des internen Rechnungswesens.
2. Welche Fragen beantwortet die Kosten-und Leistungsrechnung (KLR)?
3. Welche Kosteneinflussfaktoren wirken insbesondere auf Medienunternehmen?
4. Stellen Sie den grundsätzlichen Aufbau der Kostenrechnung dar.
5. Unterscheiden Sie Einzel- von Gemeinkosten und bilden Sie jeweils Beispiele.
6. Was ist ein Kostenstellenplan, wie ist dieser grundsätzlich gegliedert und in welcher Verbindung steht er zum Betriebsabrechnungsbogen?
7. Erläutern Sie das Ziel der Kostenträgerrechnung und erläutern Sie die unterschiedlichen Verfahren der Kostenträgerstückkosten.
8. Welche vier Kostenrechnungssysteme unterscheidet die Kostenrechnung? Beschreiben Sie deren Sinn und Zweck.

Literatur

Abell, Derek (1980): Defining the Business. The Starting Point of Strategic Planning, Englewood Cliffs.

Akerlof, G. A. (1970): The Market for Lemons: Quality Uncertainty and the Market Mechanism. In: Quarterly Journal of Economics 84, 3: 488–500.

Andler, Kurt (1929): Rationalisierung der Fabrikation und optimale Losgröße. München.

Ansoff, Harry I. (1965): Checklist for Competitive and Competence Profiles. Corporate Strategy. New York.

Anzenbacher, Arno (1981): Einführung in die Philosophie. Wien.

Backhaus, Klaus/Voeth, Markus (Hrsg.) (2015): Handbuch Business-to-Business-Marketing. 2. Auflage. Wiesbaden.

Bain, J. S. (1956): Barries to new competition, Cambridge (Mass.).

Bain, J. S. (1968): Industrial organization, 2nd. Edn., New York.

Bamberg, Günter/Coenenberg, Adolf G./Krapp, Michael (2012): Betriebswirtschaftliche Entscheidungslehre. 15. Auflage. München.

Bauer, Christoph (2005): Tageszeitungen im Kontext des Internets. 1. Auflage. Wiesbaden.

Bauer, H. H. (1989): Marktabgrenzung. Konzeption und Problematik von Ansätzen und Methoden zur Abgrenzung und Strukturierung von Märkten unter besonderer Berücksichtigung von marketingtheoretischen Verfahren. Berlin.

Bea, Franz X./Göbel, E. (2010): Organisation. 4., neu bearbeitete und erweiterte Auflage. Stuttgart.

Bea, Franz X./Haas, Jürgen (2016): Strategisches Management. 8. Auflage. Stuttgart.

Becker, Garry S. (1965): A Theory of the Allocation of Time. In: Economic Journal. 75: 493–517.

Becker, Jochen (2013): Marketing-Konzeption. Grundlagen des zielstrategischen und operativen Marketing-Managements. 10. erweiterte und überarbeitete Auflage. München.

Bentele, Günter/Brosius, Hans-Bernd (Hrsg.): Lexikon Kommunikations- und Medienwissenschaft. Wiesbaden.

Berekoven, Ludwig (1997): Der Dienstleistungsmarkt in der Bundesrepublik Deutschland. Göttingen.

Berekoven, Ludwig/Eckert, Werner/Ellenrieder, Peter (2009): Marktforschung. Methodische Grundlagen und praktische Anwendung. 12., überarbeitete und erweiterte Auflage. Wiesbaden.

Berninghaus, Siegfried K./Ehrhart, Karl-Martin/Güth, Werner (2010): Strategische Spiele. Eine Einführung in die Spieltheorie. 3., verbesserte Auflage. Heidelberg. London. New York.

Berthel, J./Becker, F. G. (2017): Personal-Management. 11. Auflage. Stuttgart.

Bester, Helmut (2012): Theorie der Industrieökonomik. 6. Auflage. Berlin. Heidelberg.

Beyer, Andrea/Carl, Petra (2012): Einführung in die Medienökonomie. 3. Auflage. Konstanz. München.

Bieback, Karl-Jürgen (1976): Die öffentliche Körperschaft. Berlin.

Biesel, Hartmut H. (2013): Key Account Management erfolgreich planen und umsetzen: Mehrwert-Konzepte für Ihre Top-Kunden. 3. Auflage. Wiesbaden.

Blake, Robert R./Mouton, Jane S. (1986): Verhaltenspsychologie im Betrieb. Der Schlüssel zur Mitarbeit. Düsseldorf.

Blankart, C. B. (1994): Öffentliche Finanzen in der Demokratie. Eine Einführung in die Finanzwissenschaft. 2. überarbeitete Auflage. München.

Bleicher, Knut (2004): Das Konzept integriertes Management. Visionen – Missionen – Programme. 7., überarbeitete und erweiterte Auflage. Frankfurt am Main/New York.

Blohm, H./Lüder, K./Schaefer, C. (2012): Investition: Schwachstellenanalyse des Investitionsbereichs und Investitionsrechnung 10. Auflage. München.

Bonfadelli, Heinz/Friemel, Thomas N. (2014): Medienwirkungsforschung. 5. Auflage. Konstanz.

https://doi.org/10.1515/9783110519587-021

Brehler, Reiner (1998): Planungstechniken. Eine anwendungsorientierte Einführung. Wiesbaden.

Breyer-Mayländer, Thomas/Werner, Andreas (2003): Handbuch der Medienbetriebslehre. München.

Bröckermann, R. (2003). Personalwirtschaft. Stuttgart.

Bruhn, Manfred (2005): Unternehmens- und Marketingkommunikation. Handbuch für ein integriertes Kommunikationsmanagement. Wiesbaden.

Bruhn, Manfred (2014): Marketing. Grundlagen für Studium und Praxis. 12. Auflage. München.

Bruhn, Manfred (2015): Relationship Marketing. Das Management von Kundenbeziehungen. 4. überarbeitete Auflage. München.

Bruton, James (2016): Corporate Social Responsibility und wirtschaftliches Handeln: Konzepte – Maßnahmen – Kommunikation (Management und Wirtschaft Praxis, Band 81). Berlin.

Bühner, Rolf (2004): Betriebswirtschaftliche Organisation. 10. bearbeitete Auflage. München. Wien.

Burkart, Roland (2002): Kommunikationswissenschaft. 4. Auflage. Wien. Köln. Weimar.

Business Software Alliance (BSA). 2011. Eighth Annual BSA-IDC Global Software Piracy Study.

Bussiek, Jürgen/Ehermann, Harald (2010): Buchführung. 6. Auflage. Ludwigshafen.

Chandler, Alfred D. Jr. (1996): Strategy and Structure: Chapters in the History of the American Industrial Enterprise. Cambridge (Massachusetts).

Clement, Reiner/Schreiber, Dirk (2016): Internet-Ökonomie: Grundlagen und Fallbeispiele der vernetzten Wirtschaft. Berlin. Heidelberg.

Coase, Ronald H. (1937): The Nature of the firm. Economica 4: 386–405. London.

Corsten, Hans/Gössinger, Ralf (2007): Dienstleistungsmanagement. 5. Auflage. München.

Danner, Marc (2002): Strategisches Nischenmanagement. Entstehung und Bearbeitung von Marktnischen. Wiesbaden.

Deutscher Bundestag (2016): Finanzierungslandschaft privater regionaler Fernsehsender. Wissenschaftliche Dienste WD 10 – 3000-019/16. Berlin.

Dewenter Ralf/Haucap Justus (2008): Wettbewerb als Aufgabe und Problem auf Medienmärkten: Fallstudien aus Sicht der „Theorie zweiseitiger Märkte", Helmut-Schmidt-Universität, Fachgruppe Economics, Diskussionspapier Nr. 78. http:/www.econstor.eu/dspace/bitstream/10419/38737/1/586157727.pdf. Zugegriffen: 5. Dez. 2012

Dewenter, Ralf/Rösch, Jürgen (2015): Einführung in die neue Ökonomie der Medienmärkte. Eine wettbewerbsökonomische Betrachtung aus Sicht der Theorie der zweiseitigen Märkte. Wiesbaden.

Dickenberger, D./Gniech, G./Grabitz, H. J. (2002): Die Theorie der psychologischen Reaktanz. In: Frey, Dieter/Irle, Martin (Hrsg.): Theorien der Sozialpsychologie. Bd. 1. Bern, Göttingen, Toronto, Seattle.

Diekmann, Andreas (2009): Spieltheorie: Einführung, Beispiele, Experimente. Reinbek bei Hamburg.

Diller, Hermann (2008): Preispolitik. 4. Auflage. Stuttgart.

Diller, Hermann (2014): Preisinteresse und hybrider Kunde. In: Diller, Hermann/Hermann, Andreas (Hrsg.): Handbuch Preispolitik: Strategien – Planung – Organisation – Umsetzung. Wiesbaden: 241–257.

Dillerup, Ralf/Stoi, Roman (2013): Unternehmensführung. 4., komplett überarbeitete und erweiterte Auflage. München.

Döbler, Thomas (2007): Die Theoriefamilie der Neuen Institutionenökonomik – Transaktionskosten, Verfügungsrechte und Prinzipal Agent. In: Steininger, Christian (Hrsg.): Politische Ökonomie der Medien. Theorie und Anwendung. Wien. Berlin: 55–66.

Döring, Ulrich/Buchholz, Rainer (2015): Buchhaltung und Jahresabschluss. Mit Aufgaben und Lösungen. 14. Auflage. Berlin

Döring, Ulrich (2004): Zwischen Effizienz und Ethik. In: Döring, Ulrich/Kussmaul, Heinz (Hrsg.): Spezialisierung und Internationalisierung: Entwicklungstendenzen der deutschen Betriebswirtschaftslehre. Festschrift für Prof. Dr. Dr. h.c. mult. Günter Wöhe zum 80. Geburtstag am 2. Mai 2004. Wiesbaden.

Dornbach, Wolfgang (1987): Journalismusforschung in der Bunderepublik: Offene Fragen trotz „Forschungsboom". In: Wilke, Jürgen (Hrsg.): Zwischenbilanz der Journalistenaus-bildung. München: 105–142.

Dreiskämper, Thomas (2008): Medienökonomie. Eine Autopolemik. Ökonomische Überlegungen zu den Grenzen der grenzenlosen Verantwortung eines Medienmanagers. In: Institut für Informations- und Kommunikationsökologie (Hrsg.), zfkm (Zeitschrift für Kommunikationsökologie und Medienethik) 1/2008: 84–98. Duisburg.

Dreiskämper, Thomas (2010): Schriftenreihe Medienökonomie. Externe Effekte und die Unmöglichkeit der Internalisierung im Medienbereich. http:/www.dreiskaemper.de/index.php/wissenschaft.html

Dreiskämper, Thomas (2013): Medienökonomie I: Lehrbuch für Studiengänge medienorientierter Berufe: Konzeptionsansätze und theoretische Fundierungen der Medienökonomie. Münster.

Dreiskämper, Thomas (2017): Makroökonomische Analyse der Medienwirtschaft. Forschungsfelder, Erkenntnisinteressen, Konzepte und Grenzen der Medienökonomie. München.

Eggert, Andreas (2001): Konzeptionelle Grundlagen des elektronischen Kundenbeziehungsmanagements. In: Eggert, Andreas/Fasscott, Georg (Hrsg) (2001): eCRM, Electronic Customer Relationship Management. Management der Kundenbeziehungen im Internetzeitalter. Stuttgart: 87–106.

Eisenführ, Franz/Theuvsen, Ludwig (2004): Einführung in die Betriebswirtschaftslehre. 4. Auflage. Stuttgart.

Engelhardt, W. H./Kleinaltenkamp, M./Reckenfelderbäumer, M. (1992): Dienstleistungen als Absatzobjekt. Arbeitsbericht Nr. 52 des Instituts für Unternehmensführung und Unternehmensforschung an der Ruhr-Universität Bochum. Bochum.

Erlei, Mathias/Leschke, Martin/Sauerland, Dirk (2007): Neue Institutionenökonomik. 2. Auflage. Stuttgart.

Esch, Franz-Rudolf (2010): Wirkung integrierter Kommunikation: Ein verhaltenswissenschaftlicher Ansatz für die Werbung. 5. Auflage. Wiesbaden

Esch, Franz-Rudolf (2010a): Strategie und Technik der Markenführung. 6. Auflage. Wiesbaden.

Fabris, Hans Heinz (1981): Massenmedien – Instrumente der „Skandalisierung" oder „Vierte Gewalt"? Zum Kontrollpotential der Medien. In: Christian Brünner (Hrsg.): Korruption und Kontrolle. Böhlau, Wien: 239–264.

Faßler, Manfred (1997): Was ist Kommunikation? Eine Einführung. München.

Feldmann, Valerie/Zerdick, Axel (2004): E-Merging-Media. Die Zukunft der Kommunikation. In: Zerdick, Axel/Schrape, Klaus/Burgelmann, Jean-Claude/Silverstone, Roger/Feldmann, Valerie/Heger, Dominik K./Wolff, Carolin: E-Merging-Media. Kommunikation und Medienwirtschaft der Zukunft. European Communication Council Report. Berlin. Heidelberg. New York:10–30

Frantzke, Anton (1999): Grundlagen der Volkswirtschaftslehre. Mikroökonomische Theorie und Aufgaben des Staates in der Marktwirtschaft. Stuttgart.

Freidank, Carl-Christian (2012): Kostenrechnung. Grundlagen des innerbetrieblichen Rechnungswesens und Konzepte des Kostenmanagements. 9., aktualisierte Auflage. München.

Frese, E (2005): Grundlagen der Organisation: Entscheidungsorientiertes Konzept der Organisationsgestaltung. 9., vollständig überarbeitete Auflage. Wiesbaden.

Frey, Bruno (1990): Ökonomie ist Sozialwissenschaft – Die Anwendung der Ökonomie auf neue Gebiete. München.

Freyer, Ulrich (2009): Nachrichten-Übertragungstechnik: Grundlagen, Komponenten, Verfahren und Systeme der Telekommunikationstechnik. München.

Friedl, Gunther/Hofmann, Christian/Pedell, Burkhard (2017): Kostenrechnung: Eine entscheidungsorientierte Einführung. 3. Auflage. Wiesbaden.

Friedrichsen, Mike/Grüblbauer, Johanna/Haric, Peter (2015): Strategisches Management von Medienunternehmen. Einführung in die Medienwirtschaft mit Case-Studies. 2. Auflage. Wiesbaden.

Fritsch, Michael (2014): Marktversagen und Wirtschaftspolitik. Mikroökonomische Grundüberlegungen staatlichen Handelns. 9. vollständig überarbeitete Auflage. München.
Geiger, Ingmar (2011): Strategien des Geschäftsbeziehungsmanagements. In: Kleinaltenkamp, Michael/Plinke, Wulff/Geiger, Ingmar/Jacob, Frank/Söllner, Albrecht (2011): Geschäftsbeziehungsmanagement. 2. Auflage. Wiesbaden: 141–194.
Gerrig, Richard J./Zimbardo, Philip G. (2008): Psychologie. 18., aktualisierte Auflage. München.
Gessler, Michael (Hrsg.) (2011): Kompetenzbasiertes Projektmanagement. 4. Auflage. Band 1. Deutsche Gesellschaft für Projektmanagement. Nürnberg.
Geyer, Helmut (2013): Praxiswissen BWL – Crashkurs für Führungskräfte und Quereinsteiger. 2. Auflage. Freiburg.
Gieseking, Thomas (2009): Gewinnoptimale Preisbestimmung in werbefinanzierten Märkten: Eine conjoint-analytische Untersuchung eines Publikumszeitschriftenmarktes Wiesbaden.
Gigerenzer, Gerd (2013): Risiko. Wie man die richtigen Entscheidungen trifft. München.
Gläser, Martin (2014): Medienmanagement, 3. vollständig überarbeitete Auflage. München.
Gläser, Martin (2003): Controlling im Rundfunk – Ganzheitliche Steuerung privater und öffentlich-rechtlicher Rundfunk-Unternehmen. In: Brösel, G./Keuper, F. (Hrsg.): Medienmanagement. Aufgaben und Lösungen. München. Wien: 147–170.
Goolsbee, Austan/Levitt, Steven/Syverson, Chad (2014): Mikroökonomik. Stuttgart.
Gossen, Hermann Heinrich (1854): Entwickelung der Gesetze des menschlichen Verkehrs, und der daraus fließenden Regeln für menschliches Handeln, Braunschweig.
Groll, K. (1991): Erfolgssicherung durch Kennzahlensysteme. 4. Auflage. Freiburg i. Br.
Gutenberg, Erich (1982): Grundlagen der Betriebswirtschaftslehre, Band 1, Die Produktion. 24. Auflage. Berlin, Heidelberg, New York.
Hardes, Heinz-Dieter/Uhly, Alexandra (2007): Grundzüge der Volkswirtschaftslehre, München.
Harris, F. W. (1913): How Many Parts to Make at Once Factory: The Magazine of Management 10, 2: 135–136,152. Reprinted in Operations Research 38(6): 947–950, 1990; abrufbar unter:
http:/userhome.brooklyn.cuny.edu/irudowsky/CIS10.31/articles/EOQModel-OriginalPaper.pdf. Abgerufen am 09.06.17
Hass, Berthold H. (2002): Geschäftsmodelle von Medienunternehmen. Wiesbaden.
Haucap Justus/Wenzel Tobias (2011): Wettbewerb im Internet: Was ist online anders als offline? Düsseldorfer Institut für Wettbewerbsökonomie. http:/www.dice.hhu.de/fileadmin/redaktion/Fakultaeten/Wirtschaftswissenschaftliche_Fakultaet/DICE/Ordnungspolitische_Perspektiven/016_OP_Haucap_Wenzel.pdf. Zugegriffen: 05.05.2017
Haufler, Andres (2014): Das Paretoprinzip. Erreichbar unter: http:/www.ecpol.econ.uni-muenchen.de/downloads/wipo1/ss09/wipo1-02.pdf. Abgerufen am 02.06.2017
Heinhold, Michael (2010): Kosten- und Erfolgsrechnung in Fallbeispielen. 5. Auflage. Stuttgart.
Heinrich, Jürgen (2010): Medienökonomie. Band 1: Mediensystem, Zeitung, Zeitschrift, Anzeigenblatt. 3. Auflage. Wiesbaden.
Hennerkes, Christian (2002): Medienfonds als Finanzierungsinstrument für deutsche Kinospielfilmproduktionen. Baden-Baden.
Hentschel, B. (1992): Dienstleitungsqualität aus Kundensicht. Vom merkmals- zum ereignisorientierten Ansatz. Wiesbaden.
Hentze, Joachim/Graf, Andrea/Kammel, Andreas/Lindert, Klaus (2005): Personalführungslehre: Grundlagen, Funktionen und Modelle der Führung. 4. Auflage. Stuttgart.
Herdzina, Klaus/Seiter, Stephan (2009): Einführung in die Mikroökonomik. 11. Auflage. München.
Herrmann, Andreas (2014): Relevanz des Preismanagements für den Unternehmenserfolg. In: Diller, Hermann/Hermann, Andreas: Handbuch Preispolitik: Strategien – Planung – Organisation – Umsetzung. Wiesbaden: 33–45.
Herzberg, Frederick (1968): One more time: how do you motivate employees? In: Harvard Business Review 46, 1: 53–62.

Herzberg, Frederick/Mausner, Bernhard/Snyderman, Barbara (1959): The Motivation to Work. 2. Auflage. New York.
Hickethier, K. (2010): Einführung in die Medienwissenschaft. 2. aktualisierte und überarbeitete Auflage. Stuttgart.
Hiller, H./Füssel, S. (2006): Wörterbuch des Buches. Frankfurt. a. M.
Hilke, W. (1984): Dienstleistungsmarketing aus Sicht der Wissenschaft. Diskussionsbeiträge des Betriebswirtschaftlichen Seminars der Universität Freiburg. Freiburg.
Hinterhuber, Hans H. (2011): Strategische Unternehmensführung I. Strategisches Denken: Vision, Ziele, Strategie. 8. Auflage. Berlin.
Hinterhuber, Hans H./Matzler, Knut (2002): Kundenorientierte Unternehmensführung. Kundenorientierung – Kundenzufriedenheit – Kundenbindung. 3. Auflage. Wiesbaden.
Hinze, Franz (2004): Gründung und Führung einer Buchhandlung: Gründung und Führung einer Buchhandlung: Standortwahl und Geschäftsraum – Formalitäten – Beschaffung und Lagerhaltung – Verkauf und Kundenservice – Rechtsform – Buchführung – Betriebsstatistik. Frankfurt am Main.
Hippner, Hajo/Wilde, Klaus D. (2006): Grundlagen des CRM. Konzepte und Gestaltung. 2. Auflage. Wiesbaden.
Hofert, Svenja (2012): Praxisbuch für Freiberufler: Alles, was Sie wissen müssen, um erfolgreich zu sein. 4. überarbeitete Auflage. Offenbach.
Holtbrügge, D. (2015): Personalmanagement. 6. Auflage. Berlin et al.
Homann, Karl/Suchanek, Andreas (2005): Ökonomik. Eine Einführung. 2. Auflage. Tübingen.
Homburg, Christian (2017): Marketingmanagement. Strategie – Instrumente – Umsetzung – Unternehmensführung. 6. Auflage. Wiesbaden.
Homp, Cristian/Wilfried Krüger (1997): Kernkompetenz-Management. Wiesbaden.
Horvárth, Péter (2011): Controlling. 12., vollständig überarbeitete Auflage. München.
Hügens, Torben (2008): Balanced Scorecard und Ursache-Wirkungsbeziehungen: Kausale Modellierung und Simulation mithilfe von Methoden des Qualitative Reasoning (Information – Organisation – Produktion). Wiesbaden.
Hungenberg, Harald (2011): Strategisches Management in Unternehmen. Ziele – Prozesse – Verfahren. 6., überarbeitete Auflage. Wiesbaden.
Hutzschenreuter, Thomas (2006): Wachstumsstrategien – Einsatz von Managementkapazitäten zur Wertsteigerung. 2. Auflage. Wiesbaden.
Hutzschenreuter, Thomas (2015): Allgemeine Betriebswirtschaftslehre: Grundlagen mit zahlreichen Praxisbeispielen. 6. Auflage. Wiesbaden.
Jackson, Barbara B. (1985): Build Customer Relationships that Last. In: Harvard Business Review 63, 6: 120–128.
Jost, Peter-J. (2001): Die Prinzipal-Agenten-Theorie in der Betriebswirtschaftslehre. Freiburg.
Jung, H. (2011): Personalwirtschaft. 9. Auflage. München
Kamiske, G./Brauer, J. (1995). Qualitätsmanagement von A bis Z, Erläuterungen und moderne Begriffe des Q-Managements 2. Auflage. München.
Kaplan, Robert S./Norton, David N. (1997): Balanced Scorecard. Strategien erfolgreich umsetzen. Stuttgart.
Karmasin, Matthias (2001): Das Medienunternehmen als kommunikationswissenschaftliches und ökonomisches Betrachtungsobjekt. Konturen einer Theorie der Medienunternehmung. In: Karmasin, Matthias/Knoche, Manfred/Winter, Carsten (Hrsg.): Medienwirtschaft und Gesellschaft I. Medienunternehmen und die Kommerzialisierung von Öffentlichkeit. Münster.
Karmasin, Matthias/Winter, Carsten (2000) Kontexte und Aufgabenfelder von Medienmanagement. In: Karmasin/Winter (Hrsg.): Grundlagen des Medienmanagements. München: 15–39.
Karmasin, Matthias/Winter Carsten (2002): Globale Kommerzialisierung von Medienkultur. In: Karmasin, Matthias (Hrsg.): Medien und Ethik. Stuttgart: 9–36.

Katz, Elihu/Blumler, J. G./Gurevitch, M. (1974). Utilization of mass communication by the individual. In: Blumler, J. G./Katz, E. (Hrsg.): The uses of mass communication: Current perspectives on gratifications research. London: 19–32.

Kessel, Katja/Reimann, Sandra (2010): Basiswissen Deutsche Gegenwartssprache. 3. Auflage. Stuttgart.

Kiefer, Marie-Luise (2005): Medienökonomik. Einführung in eine ökonomische Theorie der Medien. 2. Auflage. München/Wien.

Kiefer, Marie-Luise/Steininger Christian (2013): Medienökonomik. 3. Auflage. München.

Kieser, A./Walgenbach, P. (2010): Organisation. 6., überarbeitete Auflage. Stuttgart.

Knieps, Günter (2008): Wettbewerbsökonomie. Regulierungstheorie, Industrieökonomie, Wettbewerbspolitik. 3. Auflage. Heidelberg.

Knoblich, H./Oppermann, R. (1996): Dienstleistung – Ein Produkttyp. In: der markt 35, 136: 13–22.

Köcher, A. (2002): Controlling der werbefinanzierten Medienunternehmung. Köln.

Kolb, M. (2008): Personalmanagement. Wiesbaden.

Kosiol, Erich (1976): Organisation der Unternehmung. 2. Auflage. Wiesbaden.

Kotler, Philip/Keller, Kevin L./Biemel Friedhelm (2007): Marketing-Management. Strategien für wertschaffendes Handeln. 12. Auflage. München.

Kotler, Philip/Bliemel, Friedhelm (2009): Marketing-Management. Analyse, Planung und Verwirklichung. 10. überarbeitete und aktualisierte Auflage. München.

Kotler, Philip/Keller, Kevin Lane/Opresnik, Marc Oliver (2015): Marketing-Management: Konzepte – Instrumente – Unternehmensfallstudien. 14. aktualisierte Auflage. Hallbergmoos.

Krallmann, Herrmann/Bobrik, Anette (2013): Systemanalyse im Unternehmen: Prozessorientierte Methoden der Wirtschaftsinformatik. 6. Auflage. München.

Krause, Hans-Ulrich (2016): Controlling-Kennzahlen für ein nachhaltiges Management. Ein umfassendes Kompendium kompakt erklärter Key Performance Indicators. München.

Krautter, J. (1973): Marketing-Entscheidungsmodelle. Wiesbaden.

Kreutzer, Ralf, T. (2014): Praxisorientiertes Marketing. 2. Auflage. Wiesbaden.

Kreutzer, Ralf, T. (2016): Online Marketing: Kompaktwissen. Wiesbaden.

Kroeber-Riel, W./Gröppel-Klein, A. (2013): Konsumentenverhalten. 10. Auflage. München

Koeber-Riel, W./Esch, F.-R. (2004): Strategie und Technik der Werbung. Verhaltenswissenschaftliche Ansätze. 6. Auflage. Stuttgart.

Küpper, Hans-Ulrich (2013): Controlling: Konzeption, Aufgaben, Instrumente. Stuttgart.

Kürble, Peter (2006): Die unternehmensinterne Wertschöpfungskette bei Dienstleistungen am Beispiel der TV-Programmveranstalter. Arbeitspapier Nr. 4 der FOM. http:/econstor.eu/bitstream/10419/75192/1/749738359.pdf. Abgerufen am 07.01.2016

Landwehr, R. (1988): Standardisierung der internationalen Werbeplanung: Eine Untersuchung der Prozessstandardisierung am Beispiel der Werbebudgetierung im Automobilmarkt. Frankfurt am Main.

Lange, Bernd-Peter (2008): Medienwettbewerb, Konzentration und Gesellschaft. Interdisziplinäre Analyse von Medienpluralität in regionaler und internationaler Perspektive. Wiesbaden.

Laukemann, Marc (2016): Partnergesellschaft. 3. Auflage. München.

Lasswell, H. D. (1967): The structure and function of communication in society. In: Berelson, B./Janowitz, M (Hrsg.): Reader in public opimion communication. 2. Auflage. New Yortk: 178–192.

Lehmann, Christian: ‚Typologie' vs. ‚Klassifikation'. Universität Erfurt, abgerufen am 03.02.17. Text erreichbar unter: http:/www.christianlehmann.eu/ling/typ/typ_vs_klasse.php

Linde, Frank (2005): Ökonomie der Information. Göttingen.

Lindenberg, Siegwart (1985): An assesment of the new political economy: Its potential for the social sciences and for sociology in particular. In: Sociological Theory. 3: 99–114.

Lobigs, Frank (2005): Medienmarkt und Medienmeritorik. Beiträge zur ökonomischen Theorie der Medien. Dissertation. Zürich.

Lück, Helmut (1996): Kurt Lewin. Weinheim.

Ludwig, Johannes (1998): Zur Ökonomie der Medien: Zwischen Marktversagen und Querfinanzierung: Von J. W. Goethe bis zum Nachrichtenmagazin Der Spiegel. Wiesbaden.

Macharzina, Klaus/Wolf, Joachim (2008): Unternehmensführung. Das internationale Managementwissen. Konzepte – Methoden – Praxis. Wiesbaden.

Marchthaler, Jörg: Wertanalyse, Value Management, Wertorientierte Unternehmensführung: Entwicklungen und Methoden. Blankenheim.

Maleri, R. (1994). Grundlagen der Dienstleistungsproduktion. 4. Auflage. Berlin, Heidelberg.

Mankiw, Gregory N./Taylor, Mark P. (2012): Grundzüge der Volkswirtschaftslehre. 5., überarbeitete und erweiterte Auflage. Stuttgart.

Martens, Dirk/Herfert, Jan/Karbe, Tobias (2012): Auswirkungen digitaler Piraterie auf die Ökonomie von Medien. Untersuchung der Effekte von Urheberrechtsverletzung auf die Film-, Musik- und Games-Wirtschaft in Deutschland und der Region Berlin-Brandenburg. Berlin.

Maslow, Abraham H. (1954/1981): Motivation und Persönlichkeit (Originaltitel: Motivation and Personality) 12. Auflage. Reinbeck.

Matiaske, W./Mellewigt, T. (2002): Motive, Erfolge und Risiken des Outsourcings – Befunde und Defizite der empirischen Outsourcing-Forschung. In: Zeitschrift für Betriebswirtschaft 72, 6: 641–659.

McGregor, Douglas (1960): The Human Side of Enterprise. New York.

Meedia (2016): Fast nur Flops, vor allem bei ProSieben und RTL II: die erste Neustart-Bilanz der TV-Saison 2016/17. Veröffentlicht am: 23.09.2016 unter: http:/meedia.de/2016/09/23/fast-nur-flops-vor-allem-bei-prosieben-und-rtl-ii-die-erste-neustart-bilanz-der-tv-saison-201617 (abgerufen am 28.12.2017)

Meffert, Heribert (2009): Marketing. Grundlagen marktorientierter Unternehmensführung. Konzepte – Instrumente – Praxisbeispiele. 9. überarbeitete und erweiterte Auflage. Wiesbaden.

Meffert, Heribert/Bruhn, Manfred/Hadwich, Karsten (2015): Dienstleistungsmarketing. Grundlagen – Konzepte – Methoden. Mit Fallstudien. 8., vollständig überarbeitete und erweiterte Auflage. Wiesbaden.

Meffert, Heribert/Burmann, Christoph/Kirchgeorg, Manfred (2015): Marketing. Grundlagen marktorientierter Unternehmensführung. Konzepte – Instrumente – Praxisbeispiele. 12., überarbeitete und aktualisierte Auflage. Wiesbaden.

Meffert, Heribert/Freter, Hermann (1974): Entscheidungsmodelle der Werbebudgetierung. Das Wirtschaftsstudium 4, 5: 52–70.

Meier, Werner A./Trappel, Josef (2001): Medienökonomie. In: Jarren, Otfried/Bonfadelli, Heinz: Einführung in die Publizistikwissenschaft. Bern. Stuttgart. Wien: 161–196.

Meier-Hayoz, A./Forstmoser, P. (1978): Grundriss des schweizerischen Gesellschaftsrechts. 3. Auflage. Bern.

Miles, R. E./Snow, C. C. (1978): Organizational Strategy, Structure and process. New York.

Mintzberg, H. (1978): Patterns in Strategy Formation. In: Management Science 24, 9: 934–948.

Mintzberg, H./McHugh, A. (1985): Strategy Formation in an Adhocracy. In: Administrative Science Quarterly. 30, 2: 160–197.

Möller, Thor/Dörrenberg, Florian (2003): Projektmanagement. München.

Musgrave, Richard A. (1957): A Multiple Theory of Budget Determination. Finanzarchiv 17: 333–343.

Neumann, John von/Morgenstern, Oskar (2004): Theory of Games and Economic Behavior. Princeton NJ (Erstveröffentlichung 1944)

Nieschlag, Robert/Dichtl, Erwin/Hörschgen, Hans (2002): Marketing. 19. Auflage. Berlin.

Olbrich, Rainer (2006): Marketing: Eine Einführung in die marktorientierte Unternehmensführung. 2. Auflage. Berlin, Heidelberg.

Olfert, Klaus (2005): Kompakt-Training. Einführung in die Betriebswirtschaftslehre. Ludwigshafen (Rhein).

Olfert, Klaus/Reichel, Christopher (2008): Finanzierung, 14., verbesserte und aktualisierte Auflage. Ludwigshafen.

Olfert, Klaus/Rahn, H.-J. (1999): Einführung in die Betriebswirtschaftslehre. Ludwigshafen.

Palich, I. E./Cardinal, L. B./Miller, C. C. (2000): Curvilinearity in the Diversification-Performance-Linkage – AN Examination of Over Three Decades of Research. In: Strategic Management Journal, 21, 2: 155–174.

Paul, Joachim (2015): Praxisorientierte Einführung in die Allgemeine Betriebswirtschaftslehre. Mit Beispielen und Fallstudien, 3., aktualisierte Auflage, Wiesbaden.

Paul, Joachim (2014): Beteiligungscontrolling und Konzerncontrolling. Wiesbaden.

Pepels, Werner (2009): Handbuch des Marketings. 5. Auflage. München.

Pepels, Werner (2015): Grundlagen des Vertriebs. 3. vollständig überarbeitete Auflage. Berlin.

Perridon, Louis/Steiner, Manfred/Rathgeber, Andreas W. (2016): Finanzwirtschaft der Unternehmung. 17., überarbeitete Auflage. München.

Pfaff, Dieter (2004): Praxishandbuch Marketing – Grundlagen und Instrumente, Frankfurt.

Picot, A./Ditl, H./Franck, E. (2008): Organisation: Eine ökonomische Perspektive. 5. Auflage, Stuttgart.

Picot, A./Reichwanld, R./Wigand, R.T (2003): Die grenzenlose Unternehmung. Information, Organisation und Management, 5. Auflage. Wiesbaden.

Pinkdyck, Robert/Rubinfeld, Daniel L. (2005): Mikroökonomie. 6. Auflage. München.

Piper, Nikolaus (2007): Ökonom aus Königstein. Artikel in der Süddeutschen Zeitung vom 19. Januar 2007.

Plinke, Wulff/Söllner, Ralf (2017): Kundenbindung und Abhängigkeitsbeziehungen. In: Bruhn, Manfred/Homburg, Christian (2017) (Hrsg.): Handbuch Kundenbindungsmanagement: Strategien und Instrumente für ein erfolgreiches CRM. 8., vollständig überarbeitete und erweiterte Auflage. Wiesbaden.

Porter, Michael E. (2013): Wettbewerbsstrategie: Methoden zur Analyse von Branchen und Konkurrenten. 12. aktualisierte und erweiterte Auflage. Frankfurt.

Porter, Michael E. (2014): Wettbewerbsvorteile: Spitzenleistungen erreichen und behaupten. 8. durchgesehene Auflage. Frankfurt.

Pradel, Marcus/Schulte, Thomas (2006): Guerilla Marketing für Unternehmertypen. o. O.

Prechtl, Peter (2016): Axiom. In: Helmut Glück (Hrsg.): Metzler Lexikon Sprache. Stuttgart.

Preißler, Peter, R. (2008): Betriebswirtschaftliche Kennzahlen: Formeln, Aussagekraft, Sollwerte, Ermittlungsintervalle. München.

Pross, Harry (1979): Publizistik: Thesen zu einem Grundcolloquium. Neuwied.

Purkert, Walter (2001): Brückenkurs Mathematik für Wirtschaftswissenschaftler. 4. durchgesehene Auflage. Stuttgart. Leipzig. Wiesbaden.

Raab, Gerhard/Unger, Alexander/Unger, Fritz (2000): Marktpsychologie. Grundlagen und Anwendung. 3. Auflage. Wiesbaden.

Rau, Harald (2007): Qualität in einer Ökonomie der Publizistik. Betriebswirtschaftliche Lösungen für die Redaktion. Wiesbaden.

Rentmeister, Jahn/Klein, Stefan (2003): Geschäftsmodelle – ein Modebegriff auf der Waagschale. In: ZfB-Ergänzungsheft 1:17–30.

Richter, Rudolf/Furubotn, Eiric G. (2003): Neue Institutionenökonomik. 3. Auflage. Tübingen.

Ridder, H.-G. (2006): Personalwirtschaftslehre. 2. Auflage. Stuttgart.

Rieck, Christian (2010): Spieltheorie. Eine Einführung. 10., überarbeitete Auflage. Eschborn.

Rieg, R. (2001): Beyond Budgeting. In: Controlling Nr. 11/2001: 571 ff.
Rimscha von, Björn/Siegert, Gabriele (2015): Medienökonomie. Eine problemorientierte Einführung. Wiesbaden.
Robbins, Stephen, P./Coulter, Mary/Fischer, Ingo (2014): Management. Grundlagen der Unternehmensführung. 12., aktualisierte Auflage. Hallbergmoos.
Röpke, Jochen (1979): Wettbewerb, Pressefreiheit und öffentliche Meinung. Eine Analyse der Wirkungen. In: Schmollers Jahrbuch. Zeitschrift für Wirtschafts- und Sozialwissenschaften: 171–192
Ronneberger, Franz (1971): Sozialisation durch Massenkommunikation. Stuttgart.
Ronneberger, Franz (1974): Die politischen Funktionen der Massenkommunikation. In: Langenbucher, Wolfgang (Hrsg.): Zur Theorie der politischen Kommunikation. München: 193–205.
Rühl, Manfred (1998) Politische Kommunikation – Wirtschaftswissenschaftliche Perspektiven. In: Jarren O./Sarcinelli U./Sachser U. (Hrsg.): Politische Kommunikation in der demokratischen Gesellschaft. Handbuch mit Lexikonteil, Opladen. Wiesbaden: 173–185.
Samuleson, Paul/Nordhaus, William (1998): Volkswirtschaftslehre. 15. Auflage. Wien. Frankfurt.
Sander, Matthias (2011): Marketing-Management: Märkte, Marktforschung und Marktbearbeitung. 2. Auflage. Konstanz und München.
Saxer, Ulrich (1974): Funktionen der Massenmedien in der modernen Gesellschaft. In: Kurzrock, Reuprecht/Rust, Holger/Saxer, Ulrich (Hrsg.): Medienforschung. Berlin: 22–33.
Scheffler, Wolfgang (2013): Besteuerung von Unternehmen III: Steuerplanung. 2. Auflage. Heidelberg.
Schellmann, Bernhard/Baumann, Andreas/Gläser, Martin/Kegel Thomas (2017): Handbuch Medien. Medien verstehen – gestalten – produzieren. 7., erweiterte und verbesserte Auflage. Haan-Gruiten.
Schenk, Michael (2007): Medienwirkungsforschung. 3. Auflage. Tübingen.
Scherm, E./Süß, S. (2003): Personalmanagement. München.
Scherr, Maximilian/Berg, Achim/König, Birgit/Rall, Wilhelm (2008): Einsatz von Instrumenten der Strategieentwicklung in der Beratung. In: Bamberger, Ingolf (Hrsg.): Strategische Unternehmensberatung, 5. Auflage. Wiesbaden: 125–152.
Schewe, Gerhard (2015): Unternehmensverfassung: Corporate Governance im Spannungsfeld von Leitung, Kontrolle und Interessenvertretung. Wiesbaden.
Schierenbeck, Henner/Wöhle, Claudia B. (2016): Grundzüge der Betriebswirtschaftslehre. 19. Auflage. München.
Schiersmann, Christiane/Thiel, Heinz-Ulrich (2013): Organisationsentwicklung: Prinzipien und Strategien von Veränderungsprozessen. 4. Auflage. Berlin.
Schmidlin, Nikolas (2013): Unternehmensbewertung & Kennzahlenanalyse: Praxisnahe Einführung mit zahlreichen Fallbeispielen börsennotierter Unternehmen. 2., überarbeitete Auflage. München.
Schmidt, G.: Organisation und Business Analysis – Methoden und Techniken. ibo Schriftenreihe Bd. 1. 15., unveränderte Auflage. Gießen.
Schneider, Dieter (1992): Investition, Finanzierung und Besteuerung. 7., vollständig überarbeitete und erweiterte Auflage. Wiesbaden.
Schnettler, Josef/Wendt, Gero (2003): Konzeption und Mediaplanung für Werbe- und Kommunikationsberufe. Lehr- und Arbeitsbuch für die Aus- und Weiterbildung. Berlin.
Schögel, Marcus (2012): Distributionsmanagement. Das Management der Absatzkanäle. München.
Schönstedt, Eduard (1999): Der Buchverlag: Geschichte, Aufbau, Wirtschaftsprinzipien, Kalkulation und Marketing. Stuttgart.
Scholz, Christian (Hrsg.) (2006): Handbuch Medienmanagement. Berlin. Heidelberg.

Schoppen, Willi (2015): Corporate Governance: Geschichte – Best Practice – Herausforderungen. Frankfurt am Main.

Schreyögg, Georg/Geiger, Daniel (2015): Organisation: Grundlagen moderner Organisationsgestaltung. Mit Fallstudien. 6. Auflage. Wiesbaden.

Schubert, Klaus/Klein, Martina (2011): Das Politiklexikon. 5., aktualisierte Auflage. Bonn.

Schülein, Johann August/Reitze, Simon (2016): Wissenschaftstheorie für Einsteiger, 4. Auflage, Wien.

Schüller, A. (1967): Dienstleistungsmärkte in der Bundesrepublik Deutschland. Sichere Domäne selbstständiger mittelständischer Unternehmen? Köln.

Schuldenzucker, Ulrike (2014): Prüfungstraining. Analysis und Lineare Algebra. Stuttgart.

Schultz, Volker (2017): Basiswissen Rechnungswesen: Buchführung, Bilanzierung, Kostenrechnung, Controlling. 8. Auflage. Darmstadt.

Schumann, Matthias/Hess, Thomas/Hagenhoff, Svenja (2014): Grundfragen der Medienwirtschaft. Eine betriebswirtschaftliche Einführung. 6. Auflage. Berlin.

Schwaninger, Markus (1994): Managementsysteme. Das St. Galler Management-Konzept. Frankfurt am Main.

Schwarzbauer, Florian (2009): Modernes Marketing für das Bankgeschäft. Mit Kreativität und kleinem Budget zu mehr Verkaufserfolg. Wiesbaden.

Seidel, Horst/Temmen, Rudolf (2000): Grundlagen der Volkswirtschaftslehre. 18. Auflage. Bad Homburg vor der Höhe.

Shapiro, Carl/Varlan, Hal R. (1999): Information Rules: A Strategic Guide to the Network Economy. In: Harvard Business School Press, Boston.

Simon, Hermann (1995): Preismanagement kompakt: Probleme und Methoden des modernen Pricing. Wiesbaden.

Simon, Hermann/Fassnach, Martin (2015): Preismanagement: Strategie – Analyse – Entscheidung – Umsetzung. Wiesbaden.

Sjurts, Insa (2005): Strategien in der Medienbranche. Grundlagen und Fallbeispiele. 3. überarbeitete und erweiterte Auflage. Wiesbdanen.

Sjurts, Insa (2004): Der Markt wird's schon richten!? Medienprodukte, Medienunternehmen und die Effizienz des Marktprozesses. In: K.-D. Altmeppen/M. Karmasin (Hrsg.), Problemfelder der Medienökonomie. Medien und Ökonomie (Bd. 2). Wiesbaden: 159–182.

Sjurts, Insa (2004a): Strategische Optionen in der Medienkrise: Print, Fernsehen, neue Medien. München

Sjurts, Insa (2005): Strategien in der Medienbranche. Grundlagen und Fallbeispiele. 3. Auflage. Wiesbaden.

Sjurts, Insa (Hrsg.) (2011): Gabler Lexikon Medienwirtschaft. 2. aktualisierte und erweiterte Auflage. Wiesbaden.

Smith, Adam (1776/2005): An Inquiry into the Nature and Causes of the Wealth of Nations. (dt. 2005: Untersuchung über Wesen und Ursachen des Reichtums der Völker). Stuttgart.

Staehle, W. H. (1999): Management. 8. Auflage. München.

Stapleton, Tony (Course Team Chair) (2000): Complexity and the External Environment. The Open University.

Starbatty, Joachim (2002): Das Menschenbild in den Wirtschaftswissenschaften. http:/www.uni-tuebingen.de/uni/wwa/download/GeschWipo/176.pdf (Zugriff: 24.04.09).

Statistisches Bundesamt (Hrsg.) (1996): Pressestatistik 1994. Wiesbaden. Stuttgart (1996 erschien die letzte Pressestatistik, dann wurde sie eingestellt)

Steinmann, Horst/Schreyögg, Georg (2005): Management. Grundlagen der Unternehmensführung. 6. Auflage. Wiesbaden.

Sterblich, Ulrike/Kreßner, Tino/Theil, Anna/Bartelt, Denis (2015): Das Crowdfunding-Handbuch. Freiburg.

Strebel, Xavier Gilbert, Paul (1987): Strategies to outpace the competition. In: Journal of Business Strategy. Band 8, Nr. 1.

Swoboda, B., Giersch, J., & Foscht, T. (2006): Markenmanagement – Markenbildung in der Medienbranche. In: Scholz, C. (Hrsg.): Medienmanagement. Heidelberg: 789–813.

Tatievskaya, Elena (2003): Einführung in die Aussagelogik. Berlin.

Teichert, Willi (1972/1973): Fernsehen als soziales Handeln. In: Rundfunk und Fernsehen 20: 421–439; und: Fernsehen als soziales Handeln II. In: Rundfunk und Fernsehen 23: 301–320.

Thom, N. (2003): Betriebliches Vorschlagswesen. Ein Instrument der Betriebsführung und des Verbesserungsmanagements. 6., überarbeitete und ergänzte Auflage. Berlin.

Thommen, Jean-Paul/Achleitner, Ann-Kristin/Gilbert, Dirk Ulrich/Hachmeister, Dirk/Kaiser, Gernot (2017): Allgemeine Betriebswirtschaftslehre. Umfassende Einführung aus managementorientierter Sicht. 8., überarbeitete und erweiterte Auflage. Wiesbaden.

Tomczak, Torsten/Reinecke, Sven/Reinecke, Sabine (2009): Kundenpotenziale ausschöpfen – Gestaltungsansätze für Kundenbindung in verschiedenen Geschäftstypen. In: Hinterhuber, Heinz H./Matzler, Kurt (Hrsg.) (2009): Kundenorientierte Unternehmensführung. Kundenorientierung – Kundenzufriedenheit – Kundenbindung. 6. Auflage. Wiesbaden: 107–132.

Treschel, F. (1973): Investitionsplanung und Investitionsrechnung. 2. Auflage. Bern.Stuttgart.

Tucker, A. W. (1950): A Two-Person Dilemma – The Prisoner's Dilemma. Nachdruck in: Straffin, P. D. (1983): The Mathematics of Tucker – A Sampler, In: Two-Year College Mathematics Journal, 14, 3: 228–232.

Ulrich, Klaus (2005): Bewertung von Medienunternehmen. In: Drukarczyk, J./Ernst, D. (Hrsg): Branchenorientierte Unternehmesbewertung. München: 56–72.

Ulrich, Hans (1970): Die Unternehmung als produktives soziales System. 2. Auflage. Bern. Stuttgart.

Ulrich, P./Fluri, E. (1995): Management. Eine konzentrierte Einführung. 7. Auflage. Stuttgart.

Unger, Fritz/Fuchs, Wolfgang/Michel, Burkhard (2013): Mediaplanung. Methodische Grundlagen und praktische Anwendungen. 6. Auflage. Berlin. Heidelberg.

Vahs, Dietmar (2015): Organisation: Ein Lehr- und Managementbuch. 9. Auflage. Stuttgart.

Vahs, Dietmar/Schäfer-Kunz, Jan (2015): Einführung in die Betriebswirtschaftslehre. 7., überarbeitete Auflage. Stuttgart.

Varian, Hal R. (2011): Grundzüge der Mikroökonomik. 8. überarbeitete und verbesserte Auflage. München.

Vershofen, Wilhelm (1940): Handbuch der Verbrauchsforschung. Berlin.

Vettiger, H. (2006): Einführung in die Betriebswirtschafts- und Managementlehre. Zürich/Chur.

Vidale, M. L./Wolfe, H. B. (1957): An operations-research study of sales response to advertising. Operations Research 5, 3: 370–381.

Weber, Bernd/Rager, Günther (2006): Medienunternehmen – Die Player auf den Medienmärkten. In: Scholz, Christian (Hrsg.) (2006): Handbuch Medienmanagement. Berlin. Heidelberg. New York: 117–143.

Weber, Jürgen/Schäffer, Utz (2016): Einführung in das Controlling. 15. Auflage. Stuttgart.

Weber, Max (1922): Wirtschaft und Gesellschaft. Grundriss der verstehenden Soziologie. Kap. III. Die Typen der Herrschaft. http:/www.textlog.de/7323.html. Abgerufen am 25.05.2017

Weiber, Rolf/Ferreira, Katharina (2015): Transaktions- versus Geschäftsbeziehungsmarketing. In: Backhaus, Klaus/Voeth, Markus (Hrsg.) (2015): Handbuch Business-to-Business-Marketing. 2. Auflage. Wiesbaden: 121–146

Weinberg, R. S. (1960): An analytical approach to advertising expenditure strategy. New York.

Weischenberg, Siegfried (1992): Journalistik. Bd. 1: Mediensysteme, Medienethik, Medien-institutionen. Opladen.

Weizsäcker, Carl Christian von (1997): Wettbewerb in Netzen. In: Wirtschaft und Wettbewerb (WuW); Handelsblatt Fachmedien. Band 47: 572–579

Welge, Martin (2012): Strategisches Management: Grundlagen – Prozess – Implementierung. 6., aktualisierte Auflage. Wiesbaden.

Welge, Martin/Eulerich, Marc (2014): Corporate-Governance-Management: Theorie und Praxis der guten Unternehmensführung. Wiesbaden.

Welge, Martin/Al-Laham, Andreas/Eulerich, Marc (2017): Strategisches Management. Grundlagen – Prozess. Implementierung. 7. Auflage. Wiesbaden.

Wehrheim, Michael/Wirtz, Holger (2013): Die Partnerschaftsgesellschaft: Recht, Steuer, Betriebswirtschaft (Rechtsformen der Wirtschaft, Band 15). 5. völlig neu bearbeitete Auflage. Berlin.

Wersig, Gernot (1985): Die kommunikative Revolution. Strategien zur Bewältigung der Krise der Moderne. Opladen.

Wilken, Robert/Jacob, Frank (2015): Vom Produkt- zum Lösungsanbieter. In: Backhaus, Klaus/Voeth, Markus (Hrsg.) (2015): Handbuch Business-to-Business-Marketing. 2. Auflage. Wiesbaden: 127–164.

Williamson, Oliver E. (1990): Die ökonomischen Institutionen des Kapitalismus: Unternehmen, Märkte, Kooperationen. Tübingen.

Winkelmann, Peter (2012): Vertriebskonzeption und Vertriebssteuerung. Die Instrumente des integrierten Kundenmanagements – CRM. 5., vollständig überarbeitete und erweiterte Auflage. München.

Winter, Stefan (2015): Grundzüge der Spieltheorie. Ein Lehr- und Arbeitsbuch für das (Selbst-)Studium. Berlin. Heidelberg.

Wirtz, Bernd W./Becker, Daniel R. (2002): Geschäftsmodellansätze und Geschäftsmodellvarianten im Electronic Business. In: WiSt – Wirtschaftsstudium, Heft 2/2002: 85–90.

Wirtz, Bernd W./Pelz, R. (2006): Medienwirtschaft – Zielsysteme, Wertschöpfungsprozesse und -strukturen. In: Scholz, C. (Hrsg.): Handbuch Medienmanagement. Berlin, Heidelberg, New York: 261–278.

Wirtz, Bernd W. (2016): Medien- und Internetmanagement. 9. Auflage. Wiesbaden.

Wittmann, W. (1959): Unternehmung und unvollkommene Information: Unternehmerische Voraussicht – Ungewißheit und Planung. Köln.

Wöbken, Hergen (2010): „Digitale Mentalität der Webaktiven"; Institut für Strategieentwicklung (Hrsg.).

Wöhe, Günter/Döring, Ulrich (2013): Einführung in die Allgemeine Betriebswirtschaftslehre. 25., überarbeitete und aktualisierte Auflage. München.

Wolf, Joachim (2013): Organisation, Management, Unternehmensführung: Theorien, Praxisbeispiele und Kritik. 5. Auflage. Wiesbaden.

Woratschek, H. (1998): Positionierung, Analysemethoden, Entscheidungen, Umsetzung. In: Meyer, A. (Hrsg.): Handbuch Dienstleistungsmarketing. Band 1. Stuttgart: 693–710.

Woratschek, H. (2001): Zum Stand einer „Theorie des Dienstleistungsmarketings". In: Die Unternehmung. 55, 4/5: 261–278.

Wübker, G./Schmidt-Gallas, D. (2014): Pricingstrategien für Banken. In: Diller, Hermann/Hermann, Andreas (2014): Handbuch Preispolitik. Wiesbaden: 667–687.

Yukl, G. (2013): Leadership in Organizations. 8-th Edition. London.

Zentes, Joachim/Swoboda, Berhard/Schramm-Klein, Hanna (2013): Internationales Marketing. 3. Auflage. München.

Zydorek, Christoph (2013): Einführung in die Medienwirtschaftslehre. Wiesbaden.

Stichwortverzeichnis

https://doi.org/10.1515/9783110519587-022

L

www.ingramcontent.com/pod-product-compliance
Lightning Source LLC
LaVergne TN
LVHW081321110826
845149LV00007B/1561
* 9 7 8 3 1 1 0 5 1 9 5 5 6 *